Recht verhandeln

Die Sprache des Rechts

Studien der interdisziplinären Arbeitsgruppe
Sprache des Rechts
der Berlin-Brandenburgischen
Akademie der Wissenschaften

Im Auftrag der
Berlin-Brandenburgischen
Akademie der Wissenschaften
herausgegeben von
Kent D. Lerch

Band 2

Recht verhandeln

Argumentieren, Begründen und Entscheiden im Diskurs des Rechts

Herausgegeben von
Kent D. Lerch

Walter de Gruyter · Berlin · New York

Diese Publikation erscheint mit Unterstützung der Senatsverwaltung für Wissenschaft, Forschung und Kultur des Landes Berlin

∞ Gedruckt auf säurefreiem Papier, das die US-ANSI-Norm über Haltbarkeit erfüllt.

ISBN 3-11-018398-6

Bibliografische Information Der Deutschen Bibliothek

Die Deutsche Bibliothek verzeichnet diese Publikation in der Deutschen Nationalbibliografie; detaillierte bibliografische Daten sind im Internet über http://dnb.ddb.de abrufbar.

Printed in Germany
Lektorat und Satz: Avinus, Berlin
Einbandgestaltung: Christopher Schneider, Berlin

Vorwort

Die Sprachlichkeit des Rechts ist einer der wenigen Gegenstände, denen sowohl Sprach- wie auch Rechtswissenschaft seit langem großes Interesse entgegengebracht haben. So selten sich die beiden Disziplinen auch gegenseitig wahrgenommen und beeinflusst haben, so einig sind sie sich doch immer darin gewesen, dass zwischen Recht und Sprache ein enger Zusammenhang bestehe, den es zu ergründen gelte.

Die Berlin-Brandenburgische Akademie der Wissenschaften hat daher im November 1999 eine interdisziplinäre Arbeitsgruppe *Sprache des Rechts. Vermitteln, Verstehen, Verwechseln* gebildet, der Prof. Dr. Manfred Bierwisch, Prof. Dr. Rainer Dietrich, Prof. Dr. Wolfgang Klein als Sprecher, Prof. Dr. Dr. h.c. mult. Dieter Simon und Prof. Dr. Christine Windbichler angehörten, und an der Prof. Dr. Günther Grewendorf, Prof. Dr. Regina Ogorek und Prof. Dr. Hans-Peter Schwintowski als auswärtige Kooperationspartner mitwirkten. Die interdisziplinäre Arbeitsgruppe hatte sich als Aufgabe gesetzt, die Entstehung, Auslegung und Anwendung von Rechtstexten interdisziplinär und unter Anwendung empirischer Methoden zu erforschen.

Auf der Grundlage der Arbeitssitzungen, Workshops und Symposien, welche die Arbeitsgruppe *Sprache des Rechts* durchgeführt hat, sind für die sprach- wie rechtswissenschaftliche Grundlagenforschung eine Vielzahl von Beiträgen entstanden, welche in den drei Bänden der Schriftenreihe *Die Sprache des Rechts* vorgelegt werden. Da es den mit dem Gegenstand befassten Sprach-, Rechts- und Sozialwissenschaftlern bisher an einem Hilfsmittel fehlte, das sie an die aktuellen Forschungsprobleme der Rechtslinguistik heranführt, soll die Schriftenreihe als Arbeitsinstrument dienen, mit dessen Hilfe sich Interessierte aller Disziplinen einen umfassenden Überblick über den gegenwärtigen Stand der Kenntnisse zur Sprache des Rechts verschaffen können.

Der zweite Band der Schriftenreihe handelt vom Argumentieren, Begründen und Entscheiden im Diskurs des Rechts. Ein Drittel der hier vorliegenden Aufsätze geht auf Vorträge zurück, welche auf Arbeitssitzungen und Symposien der Arbeitsgruppe gehalten wurden, während alle weiteren Beiträge auf die Anfrage des Herausgebers hin eigens für diese Veröffentlichung angefertigt wurden.

Alle Artikel wurden nochmals gründlich durchgesehen und soweit erforderlich aktualisiert. Die in den verschiedenen Disziplinen gebräuchlichen unterschiedlichen Zitierweisen wurden durch eine einheitliche Zitierkonvention ersetzt, um den Benutzern die Arbeit mit der Schriftenreihe zu erleichtern; des Weiteren wurden die Beiträge an die Regeln der neuen deutschen Rechtschreibung angepasst.

Gedankt sei an erster Stelle den Autorinnen und Autoren des Bandes für ihre engagierte Mitarbeit an diesem Buch, für ihre Kreativität und für die von ihnen aufgewandte Zeit und Arbeitskraft.

Möglich gemacht wurde die Schriftenreihe durch den Präsidenten und den Rat der Berlin-Brandenburgischen Akademie der Wissenschaften, welche der Veröffentlichung dieser Schriftenreihe zugestimmt haben. Dank gebührt wie auch bei dem ersten Band der Wissenschaftsadministration, dem Präsidialbüro, der Bibliothek und der Verwaltung der Akademie. Der Druck und die verlegerische Betreuung des Bandes lag in den Händen von Dr. Heiko Hartmann, dem Cheflektor Sprach- und Literaturwissenschaft des Verlags Walter de Gruyter; auch ihm und seinen Mitarbeitern sei nochmals gedankt.

Nicht vergessen sei Benjamin Lahusen, dem an dieser Stelle für sein Engagement bei der Redaktion des zweiten Bandes zu danken ist. Lektorat und Satz wurden von Anja Sieber, der Leiterin des Avinus Lektoratsservice, umsichtig betreut.

Dieter Simon hat die Arbeiten an der Schriftenreihe stets wohlwollend begleitet. Seiner Ermutigung ist auch der nun vorliegende zweite Band zu verdanken.

Berlin, Februar 2005 KENT D. LERCH

Inhalt

Abkürzungen

a. F.	alte Fassung
ABl. EG	Amtsblatt der Europäischen Gemeinschaften
Abs.	Absatz
AcP	Archiv für die civilistische Praxis
AE	Alternativentwurf
AG	Amtsgericht
AGB	Allgemeine Geschäftsbedingungen
AGBG	Gesetz zur Regelung der Allgemeinen Geschäftsbedingungen vom 9.12.1976 in der Fassung der Bekanntmachung vom 29.6.2000 (BGBl. I, 946), aufgehoben durch Art. 6 Nr. 4 des Gesetzes zur Modernisierung des Schuldrechts vom 26.11.2001 (BGBL. I, 3138)
AGE	Appellationsgerichtsentscheide (Schweiz)
ARSP	Archiv für Rechts- und Sozialphilosophie
Art.	Artikel
AVB	Allgemeine Versicherungsbedingungen
BaFin	Bundesanstalt für Finanzdienstleistungsaufsicht
BaöRV	Beiträge zum ausländischen öffentlichen Recht und Völkerrecht (Veröffentlichungen des Max-Planck-Instituts für ausländisches öffentliches Recht und Völkerrecht)
BAV	Bundesaufsichtsamt für Versicherungswesen
BayVBl	Bayerische Verwaltungsblätter
BB	Der Betriebs-Berater (Zeitschrift)
Bd.	Band
BDSG	Bundesdatenschutzgesetz in der Fassung der Bekanntmachung vom 20.12.1990 (BGBl. I, 2954)
BGB	Bürgerliches Gesetzbuch vom 18.8.1896 (RGBl. S. 195) in der Fassung der Bekanntmachung vom 2.1.2002 (BGBL. I, 42, ber. 2909 und BGBl. I 2003, 738)

BGBl.	Bundesgesetzblatt
BGH	Bundesgerichtshof
BGHSt	Entscheidungen des Bundesgerichtshofes in Strafsachen
BGHZ	Entscheidungen des Bundesgerichtshofes in Zivilsachen
BlPMZ	Blatt für Patent-, Muster- und Zeichnungswesen
BMJ	Bundesminister der Justiz
BNatSchG	Bundesnaturschutzgesetz vom 25.3.2002 (BGBl. I, 1193)
BPatG	Bundespatentgericht
BPatGE	Entscheidungen des Bundespatentgerichts
BSGE	Entscheidungen des Bundessozialgerichts
BT-Drs./ BT-Drucks.	Drucksachen des Deutschen Bundestages
BV	Bundesverfassung (Schweiz)
BVerfG	Bundesverfassungsgericht
BVerfGE	Entscheidungen des Bundesverfassungsgerichts
BVerwG	Bundesverwaltungsgericht
BVerwGE	Entscheidungen des Bundesverwaltungsgerichts
DB	Der Betrieb (Zeitschrift)
DJ	Deutsche Justiz (Zeitschrift)
DJZ	Deutsche Juristenzeitung
DPMA	Deutsches Patent- und Markenamt
DVBl	Deutsches Verwaltungsblatt (Zeitschrift)
EGMR	Entscheidungen des Europäischen Gerichtshofes für Menschenrechte
EGOWiG	Einführungsgesetz zum Gesetz über Ordnungswidrigkeiten vom 24.5.1968 (BGBl. I, 203)
EMRK	Europäische Konvention zum Schutze der Menschenrechte und Grundfreiheiten vom 4.11.1950 (BGBl. 1952 II, 685)

EuGH	Gerichtshof der Europäischen Gemeinschaften
EuZW	Europäische Zeitschrift für Wirtschaftsrecht
EWGV	Vertrag zur Gründung der Europäischen Wirtschaftsgemeinschaft vom 25.3.1957 (BGBl. II 753, 766)
FHH	Freie und Hansestadt Hamburg
Fn.	Fußnote
GA	Goltdammer's Archiv für Strafrecht (seit 1953; davor: Deutsches Strafrecht)
GG	Grundgesetz für die Bundesrepublik Deutschland vom 23.5.1949 (BGBl. S. 1)
GGO	Gemeinsame Geschäftsordnung
GRUR	Gewerblicher Rechtsschutz und Urheberrecht (Zeitschrift)
GRUR Int.	Gewerblicher Rechtsschutz und Urheberrecht, Internationaler Teil
GVG	Gerichtsverfassungsgesetz vom 27.1.1877 (RGBl. 41) in der Fassung der Bekanntmachung vom 9.5.1975 (BGBl. I 1077)
HGB	Handelsgesetzbuch vom 10.5.1897 (RGBl. S. 219)
Hmb. GVBl.	Hamburger Gesetz- und Verordnungsblatt
JAG	Juristenausbildungsgesetz
JR	Juristische Rundschau
JuS	Juristische Schulung
JZ	Juristenzeitung
KG	Kammergericht
KJ	Kritische Justiz (Zeitschrift)
KOM	Europäische Kommission
KritV	Kritische Vierteljahresschrift für Gesetzgebung und Rechtswissenschaft
KUG	Gesetz betreffend das Urheberrecht an Werken der bildenden Künste und der Photographie vom 9.1.1907 (RGBl. 7)
LG	Landgericht

LiLi	Zeitschrift für Literaturwissenschaft und Linguistik
m. w. N.	mit weiteren Nachweisen
n. F.	neue Fassung
MA	Markenartikel (Zeitschrift)
MarkenG	Gesetz über den Schutz von Marken und sonstigen Kennzeichen (Markengesetz – MarkenG) vom 25.10.1994 (BGBl. I, 3082, ber. BGBl. 1995 I, 156).
Mitt	Mitteilungen der deutschen Patentanwälte
MuW	Markenschutz und Wettbewerb (Zeitschrift)
NJW	Neue Juristische Wochenschrift
NJW-RR	NJW-Rechtsprechungs-Report Zivilrecht
NuR	Natur und Recht (Zeitschrift)
NVersZ	Neue Zeitschrift für Versicherung und Recht
NVwZ	Neue Zeitschrift für Verwaltungsrecht
NVwZ-RR	Neue Zeitschrift für Verwaltungsrecht, Rechtssprechungs-Report
OLG	Oberlandesgericht
ÖPA	Österreichisches Patentamt
ÖPBl	Österreichisches Patentblatt
OVGE	Entscheidungen der Oberverwaltungsgerichte für das Land Nordrhein-Westfalen in Münster sowie für die Länder Niedersachsen und Schleswig-Holstein in Lüneburg
OWiG	Gesetz über Ordnungswidrigkeiten in der Fassung der Bekanntmachung vom 19.2.1987 (BGBl. I, 602)
RG	Reichsgericht
RGBl.	Reichsgesetzblatt
RGZ	Entscheidungen des Reichsgerichts in Zivilsachen
RJ	Rechtshistorisches Journal
Rn.	Randnummer

Rz.	Randzeichen
SchMitt	Schweizerische Mitteilungen über gewerblichen Rechtsschutz und Urheberrecht
SGB	Sozialgesetzbuch
StGB	Strafgesetzbuch vom 15.5.1871 (RGBl. S. 127) in der Fassung der Bekanntmachung vom 13. November 1998 (BGBl. I, 3322)
StPO	Strafprozeßordnung vom 1.2.1877 (RGBl. 253) in der Fassung der Bekanntmachung vom 7.4.1987 (BGBl. I, 1074, ber. 1319)
StV	Strafverteidiger (Zeitschrift)
ThürVBl	Thüringer Verwaltungsblätter
UPR	Umwelt- und Planungsrecht (Zeitschrift)
VBlBW	Verwaltungsblatt Baden-Württemberg
Vol.	Volume
VVDStRL	Veröffentlichungen der Vereinigung der Deutschen Staatsrechtslehrer
VVG	Gesetz über den Versicherungsvertrag vom 30.5.1908 (RGBl. S. 263)
VwGO	Verwaltungsgerichtsordnung vom 21.1.1960 (BGBl. I 17) in der Fassung der Bekanntmachung vom 19.3.1991
WM	Zeitschrift für Wirtschafts- und Bankrecht, Wertpapiermitteilungen Teil IV
WRP	Wettbewerb in Recht und Praxis (Zeitschrift)
WZG	Warenzeichengesetz vom 5.5.1936 (RGBl.II 134) in der Fassung der Bekanntmachung vom 2.1.1968 (BGBl.I 29)
ZfRSoz	Zeitschrift für Rechtssoziologie
ZGB	Schweizerisches Zivilgesetzbuch vom 10.12.1907 oder Zivilgesetzbuch der DDR vom 19.6.1975 (GBl. I, 465)
ZIP	Zeitschrift für Wirtschaftsrecht; bis 1982: Zeitschrift für Wirtschaftsrecht und Insolvenzpraxis
ZPO	Zivilprozeßordnung vom 30.1.1877 (RGBl. 83) in der Fassung vom 12.9.1950 (BGBl. 533)
ZRG (RA)	Zeitschrift der Savigny-Stiftung für Rechtsgeschichte, Romanistische Abteilung

ZRP	Zeitschrift für Rechtspolitik
ZRph	Zeitschrift für Rechtsphilosophie
ZStW	Zeitschrift für die gesamte Strafrechtswissenschaft
ZUR	Zeitschrift für Umweltrecht

KENT D. LERCH

Recht verhandeln

Eine Vorbemerkung

Argumentieren, Begründen und Entscheiden sind das tägliche Brot des Juristen. Anwälte, die einen Rechtsstreit gewinnen wollen, brauchen Argumente; Richter, die einen Rechtsstreit zu entscheiden haben, sind gehalten, ihre Entscheidung zu begründen. Sie müssen in der Begründung zeigen, dass und inwieweit ihre Entscheidungen auf Recht und Gesetz beruhen. Allerdings muss der Richter entscheiden, komme was wolle: er hat Recht zu sprechen, auch wenn das Gesetz schweigt. Dies treibt den Richter aus der stillen Erkenntnis des Gesetzes in die Öffentlichkeit der Argumentation. Der Konflikt um das, was das Recht sagt, bedarf der Entscheidung, die auf der freien, aus dem Inbegriff der mündlichen Verhandlung geschöpften richterlichen Überzeugung beruht. Ihre Begründung ist bezogen auf die im Verfahren vorgebrachten Überlegungen und erlaubt es zu überprüfen, ob tatsächlich den besseren Argumenten der Vorzug gegeben wurde. Durch die Ausnutzung der Konfliktperspektiven kommt dem Verfahren eine zentrale Rolle für die Bildung des Rechts zu: erst durch das fortwährende Argumentieren, Begründen und Entscheiden entfaltet sich das Recht.

Das alles ist Juristen nur zu vertraut und fast schon selbstverständlich – so sehr, dass das Verfahren in der juristischen Methodenlehre nicht vorkommt. Wie der Widerstreit der Argumente ausgetragen, wie Recht verhandelt und im streitigen Verfahren gewonnen wird, scheint für sie nicht von sonderlichem Interesse zu sein. Das juristische Alltagsverständnis ist nach wie vor geprägt von der dem Rechtspositivismus verhafteten Vorstellung, es gelte nur, das Recht, das in den Rechtstexten enthalten sei, aus diesen herauszupräparieren, da dort die Entscheidung jedes einzelnen Rechtsfalls im Prinzip bereits vorweggenommen sei. Durch „richtige" Auslegung „finde" man das richtige Recht und könne es dann „anwenden". Der Richter ist danach nur der Mund, der die Worte des Gesetzes ausspricht. Reduziert man aber die richterliche Rede auf die Verlautbarung eines im Gesetz schon vorhandenen Inhalts, dann dient das Verfahren nur noch der Klärung des Sachverhalts und spielt für die eigentliche Rechtserkenntnis keine Rolle. Diese vollzieht sich vielmehr allein im Kopf des Richters. Das Arcanum der juristischen Erkenntnis, die lediglich durch die spätere Begründung nachvollziehbar gemacht werden kann, wird dabei durch den Rückzug des Gerichts aus der Öffentlichkeit der Verhandlung in die Stille des Beratungszimmers zum Ausdruck gebracht.

Die klassische Methodenlehre erweist sich damit als einem juristischen Determinismus verhaftet: Dem Richter ist die einzig richtige Entscheidung vom Gesetz vorgegeben und bestimmt. Als Erkenntnis von etwas Vorgegebenem bedarf diese Entscheidung keiner Rechtfertigung; Diskussion und Streit über Erkenntnisse sind nicht geboten. Das Verfahren dient nur dazu, den Uneinsichtigen zur Erkenntnis hinzuführen. Die Begründung des Urteils hat damit auch nicht die Aufgabe, die Entscheidung zu rechtfertigen, sondern dient nur der Demonstration ihrer Richtigkeit: Wird die Entscheidung als dem Richter vom Gesetz vorgegeben gedacht, dann kann ihre Begründung nur in dem Nachweis bestehen, dass das richterliche Urteil die Entscheidung des Gesetzgebers reproduziert. Die Begründung hat dann die Aufgabe, den Beweis zu erbringen, dass etwas der Fall ist. Dass etwas der Fall ist, lässt sich aber nur dadurch beweisen, dass man Wege zur Erkenntnis des fraglichen Sachverhalts aufzeigt, dass man die Methode angibt, mit deren Hilfe die Wirklichkeit zu erkennen ist.

Als diese Methode soll die Auslegung der Gesetze dienen. Das Bild der Auslegung bringt wiederum das deterministische Verständnis der juristischen Methodenlehre zum Ausdruck: Der „Rechtsanwender" legt nur aus, was vorher im Text schon enthalten war. Gegenstand der Auslegung ist der Gesetzestext als „Träger" des in ihm niedergelegten Sinnes, um dessen Verständnis es in der Auslegung gehe. Auslegung sei „Auseinanderlegung", Ausbreitung und Darlegung des in dem Text beschlossenen, aber noch gleichsam verhüllten Sinnes. Durch die Auslegung werde dieser Sinn „zur Sprache gebracht". Statt induktiv an der Argumentationspraxis im Gerichtsverfahren als sozialem Prozess anzusetzen, wird also aus einer Theorie des Textverstehens abgeleitet, was die Gerichte zu tun haben; statt von den praktischen Verläufen juristischer Argumentation her nach der Bedeutung juristischer Texte zu fragen, wird über eine Theorie der Bedeutung juristischer Texte entschieden, um auf dieser Grundlage die möglichen Bindungen der Gerichte zu bestimmen. Der Richter soll durch das Gesetz im Sinne seiner vorgegebenen Bedeutung gebunden sein. Die juristische Methode weist ihm den Weg vom Wort des Gesetzes zu dessen einzig richtiger Bedeutung.

Wenn die juristische Methode aber die Leistung erbringen soll, welche die tradierte Methodenlehre von ihr erwartet, müsste sie klare Regeln liefern können, welche die Voraussetzungen, die Anwendung und die Rangfolge der Auslegungsschritte bestimmen. Nur dann wäre die Methodenlehre in der Lage, den Weg zur einzig richtigen Erkenntnis zu bestimmen. Gerade dies vermag sie aber nicht. Unklarheit besteht schon hinsichtlich der methodischen Instrumente. Auf den ersten Blick mag dies nicht so scheinen, hält sich die gerichtliche Praxis doch ganz offenkundig an die klassischen Kanones der Auslegung. Die Gerichte sind ausgesprochen konservativ und verwenden nur extrem selten neue methodische Vorschläge aus der Literatur. Dies liegt zum einen daran, dass die in der Literatur zur Ergänzung oder Ersetzung der Kanones angebotenen Regeln oft noch schwieriger zu handhaben sind und noch mehr Unbestimmtheit aufweisen als die Regeln, die sie ersetzen sollen, zum anderen aber auch daran, dass das Recht die gesellschaftliche Aufgabe hat, Erwartungsstabilität zu garantieren. Es wird daher geradezu als Gebot richterlicher Klugheit angesehen, eine Diskussion in der Lehre erst dann aufzugreifen, wenn sich ein überzeugendes und gesichertes Ergebnis herausgeschält hat. Deswegen beschränken sich die Gerichte auf die „hergebrachten Methoden der Gesetzesauslegung", die das Bundesverfassungsgericht in seinen Entscheidungen wiederholt herausgestellt hat:

> „Während die ‚subjektive' Theorie auf den historischen Willen des ‚Gesetzgebers' = Gesetzesverfassers, auf dessen Motive in ihrem geschichtlichen Zusammenhang abstellt, ist nach der ‚objektiven' Theorie, die in Rechtsprechung und Lehre immer stärkere Anerkennung gefunden hat, Gegenstand der Auslegung das Gesetz selbst, der im Gesetz objektivierte Wille des Gesetzgebers. ‚Der Staat spricht nicht in den persönlichen Äußerungen der an der Entstehung des Gesetzes Beteiligten, sondern nur im Gesetz selbst. Der Wille des Gesetzgebers fällt zusammen mit dem Willen des Gesetzes' (Radbruch, Rechtsphilosophie, 4. Aufl. 1950, S. 210 f.). Diesem Auslegungsziel dienen die Auslegung aus dem Wortlaut der Norm (grammatische Auslegung), aus dem Zusammenhang (systematische Auslegung), aus ihrem Zweck (teleologische Auslegung) und aus den Gesetzesmaterialien und der Entstehungsgeschichte (historische Auslegung). Um den objektivierten Willen des Gesetzgebers zu erfassen, sind alle diese Auslegungsmethoden erlaubt. Sie schließen einander nicht aus, sondern ergänzen sich gegenseitig." (BVerfGE 11, 126, 129 f.)

Trotz dieser auf den ersten Blick klaren Stellungnahme bleibt noch vieles offen. Nach Arthur Kaufmann sind die expliziten methodischen Reflexionen des Bundesverfassungsgerichts „mehr ein Selbstbedienungsladen als eine Anleitung zu sinnvollem Gebrauch". Streiten kann man über die Anzahl der Kanones: ob also historische und genetische Auslegung voneinander zu unterscheiden sind, ob die teleologische Auslegung wirklich zum Kanon gehört etc. Gleichermaßen ungeklärt ist ihre Reihenfolge, wie auch die Frage, ob man bei einem Auslegungsproblem stets alle Instrumente anwenden muss. Auch hinsichtlich des Ergänzungsverhältnisses der Kanones halten sich die Gerichte bedeckt; jedenfalls ist nicht zu erkennen, dass sie bei jedem Problem immer alle Kanones verwenden würden. Stattdessen werden die Kanones exemplarisch zur Klärung der im Verfahren aufgetauchten Streitfragen eingesetzt. Darüber hinaus ergeben sich natürlich auch in der Anwendung vielfältige Schwierigkeiten. Kommt es bei der grammatischen Auslegung auf den Sprachgebrauch des Gesetzgebers, des Gesetzes oder vielleicht sogar des Lesers an? Muss man bei der historischen Auslegung neben den früheren Gesetzestexten auch noch geschichtliches Wissen verarbeiten? Wie kann bei der systematischen Auslegung die Unendlichkeit von Weiterverweisungen sinnvoll begrenzt werden? Und wie ist schließlich bei der teleologischen Auslegung ein Zweck festzustellen, wem ist dieser zuzurechnen und wie macht man daraus ein Argument?

Schließlich steht man, wenn man bei einem Auslegungsproblem mehrere oder vielleicht sogar alle Kanones angewendet hat, vor dem Problem ihrer Gewichtung. Aus der zitierten Äußerung des Bundesverfassungsgerichts zu den Methoden der Gesetzesauslegung scheint sich eine klare Lösung zu ergeben, doch auch das Verfassungsgericht selbst ist insoweit nicht konsequent, als es in vielen Fällen die genetische Auslegung zur allein entscheidenden gemacht oder ihr jedenfalls eine führende Rolle gegeben hat. Die Literatur hat daraus gefolgert, wer in den Entscheidungsbänden des Bundesverfassungsgerichts Antwort auf die Frage suche, welche der herkömmlichen Auslegungslehren er wann anwenden solle, sei am Ende verwirrter als zu Beginn. Die Rechtsprechung praktiziere einen „Methodenpluralismus", da

> „trotz aller von der Praxis kaum zur Kenntnis genommenen methodologischen Darlegungen über Rang und Reichweite des einzelnen Interpretationsschemas je nach der Dienlichkeit eines offiziell anzuerkennenden Interpretationselementes höchst willkürlich oder scheinbar willkürlich, nämlich vom Ergebnis bestimmt, historische oder grammatische, systematische oder zweckreflektierende Interpretationsmerkmale selektiv benutzt werden."
> (Esser, Vorverständnis und Methodenwahl in der Rechtsfindung, 124)

Allerdings hat die methodische Literatur auch keine Alternative zu den Gerichten zu bieten. So fordert Larenz, der Klassiker der Methodenlehre, die Auslegungsgesichtspunkte gegeneinander abzuwägen, lehnt aber eine Rangfolge der Kanones ausdrücklich ab. Angesichts der Unklarheiten der klassischen Lehre bezüglich Anwendungsweise, Reihenfolge und Ranghöhe der Kanones kann man daher nur festhalten, dass es keine allgemein anerkannte, die Lösung gerade auch des Problemfalles determinierende Methode gibt. Wenn es aber keine eindeutige Methode gibt, kann dem Richter auch nicht der Weg zur einzig richtigen Erkenntnis des Falles gewiesen werden.

Die Einsicht in die Unzulänglichkeit der juristischen Methodik ist allerdings nicht neu. Schon vor dreißig Jahren hat Esser festgestellt, dass die Methodenlehre die Handlungsbedingungen der juristischen Praxis verfehlt, eine Feststellung, die bis heute nicht widerlegt worden ist. Nicht ohne Grund hat man in den letzten Jahren vom Scheitern der juristischen Methodik im Rechtsalltag gesprochen und konstatiert, die juristische Methodenlehre sei an ihren Idealisierungen gestorben; ihr mangelnder Sinn für die rechtliche und soziale Wirklichkeit habe ihr ein Überleben in eben dieser Wirklichkeit auf die Dauer unmöglich gemacht.

Da der real existierende Methodensynkretismus nur eine unstrukturierte Sammlung von Instrumenten liefert und fast alle wichtigen Bestandteile der Entscheidungssituation ausklammert, bleibt er gegenüber der Aufgabe einer Entscheidung sozialer Probleme unterkomplex. Stellt man allein auf den Richter und den Gesetzestext ab, so gibt es keine Instanz, welche dem Richter die zu treffende Entscheidung als Erkenntnis vorgeben könnte. Der Richter trifft seine Entscheidung aber nicht allein mit dem Text. Es geht vielmehr ein streitiges Verfahren voraus, in welchem die Parteien sich bemühen, Argumente für die ihnen günstige Lesart des Gesetzestextes beizubringen. Diese Argumente hat der Richter zur Kenntnis zu nehmen, zu würdigen und der auf dem jeweiligen Stand der Kunst besseren Argumentation Vorrang einzuräumen. Die Entscheidung wird nicht im Bewusstsein des Richters gefunden, sie vollzieht sich im sozialen Raum eines diskursiven Verfahrens.

> „Was ein Leser im finsteren Inneren seiner Gedanken denkt, sofern er sich überhaupt die Zeit nimmt, vom Text abzuschweifen, braucht uns nicht zu interessieren. Wenn er anfängt zu interpretieren, bereitet er Argumentation vor. Er kann dies tun, in dem er zunächst Kommunikation in der Form eines Selbstgesprächs (nicht: in der Form eines Gesprächs mit dem Text!) oder in der Form artikulierten, verbalisierten Denkens simuliert, gleichsam probeweise kommunizierend. Aber dann beherrschen ihn bereits die Kriterien dessen, was man überzeugend sagen kann. Es geht dann nicht mehr nur um ‚dunkle Stellen', sondern um die Frage, in welchen Zusammenhängen man sich in der Kommunikation auf welche Texte beziehen kann."
> (Luhmann, Das Recht der Gesellschaft, 362 f.)

Dessen ungeachtet werden das Verfahren und der Argumentationsprozess von der klassischen Methodenlehre vollkommen ausgeblendet und nur der Richter in den Blick genommen. Mit der Fixierung auf die richterliche Erkenntnis als einer kognitiven Leistung verschwindet aber die soziale Komponente und damit fast alles, was für die Entscheidung und Bestimmung des Interpretationsprozesses eine Rolle spielen könnte. Die Konsequenz liegt darin, dass die methodischen Instrumentarien im Verhältnis zu der ihnen auferlegten Aufgabe vollkommen unterbestimmt bleiben.

Eingestanden hat die juristische Methodenlehre ihr Scheitern allerdings nicht. Nach wie vor wird in den Standardwerken der Methodenliteratur daran festgehalten, dass auch die Entscheidung umstrittener Rechtsfragen ein Akt der Erkenntnis sei. Das soll selbst für innovative Entscheidungen gelten, wie etwa die „erstmalige Auffüllung einer Gesetzeslücke im Wege einer Analogie oder einer teleologischen Reduktion". Die gängigen Anleitungen der Praxis dagegen reagieren auf das Versagen der juristischen Methodik mit einer Verdeckungsstrategie. So werden in den Lehrbüchern zur Vorbereitung auf das Zweite Staatsexamen semantische Fragen als logische Operationen ausgegeben:

> „Hier spricht nicht ein Jurist zu Juristen, sondern das Gericht zu den Parteien kraft staatlicher Autorität. Konjunktive und Optative (‚möchte', ‚dürfte', ‚sollte') gehören nicht in ein Urteil. ... Zweifel an der eigenen Ansicht dürfen nicht ersichtlich werden."
> (Berg/Zimmer, Gutachten und Urteil, 128).

Letztlich ist es daher nur konsequent, dass im Rahmen des Urteils nicht für Recht befunden, sondern für Recht erkannt wird.

An Versuchen, die juristische Methodik operabel zu machen, hat es in der Methodenlehre gleichfalls nicht gefehlt. Der positivistische Ansatz fordert das Offenlegen der wahren Entscheidungsgründe, um ein „Spiel mit offenen Karten" zu ermöglichen. Da die vorhandenen Regeln offensichtlich nicht ausreichen, sind weitere Entscheidungsregeln einzuführen, die das Gesetz verdrängen oder moralisch unterfüttern sollen. Aber weder das Heranziehen unverbindlicher moralischer Regeln, subjektiver Gerechtigkeitsüberzeugungen oder sonstiger privater Umstände können eine Rechtsentscheidung begründen, denn die Begründung hat nicht allein darzulegen, warum der Entscheidende so und nicht anders entschieden hat; ihr Gegenstand ist vielmehr auch, ob und wie sich der Rechtsanwender am Maßstab des Rechts orientiert hat. Subjektive Überzeugungen oder moralische Regeln können faktische Gründe für eine Entscheidung sein, aber sie sind eben keine Rechtsgründe, welche die Anforderungen einlösen könnten, die die Verfassung an eine richterliche Begründung stellt.

Darüber hinaus krankt der positivistische Ansatz aber auch an der Annahme, dass der Text bei der Interpretation identisch bleibt und lediglich eine Verdeutlichung desselben in anderen Zeichen erfolgt. Die Identität des Textes ist allerdings selbst eine Interpretationsfrage, weshalb man heute Interpretation als Produktion neuer Texte aufgrund von alten versteht, das heißt als Vermehrung und Erweiterung der Textgrundlage. Deswegen kann Schrift aber keine Determinationsgrundlage für die Herstellung von Recht sein:

> „Schrift ist nur eine Form, die eine Differenz von Textkörper und Interpretation, von Buchstaben und Geist des Gesetzes erzeugt. Es gibt keine schriftliche Fixierung des geltenden Rechts, ohne dass dadurch ein Interpretationsbedarf entsteht. Beides wird in einem Zuge, als eine Zwei-Seiten-Form erzeugt. Sobald Texte geschrieben sind, entsteht daher ein Problem der Interpretation."
> (Luhmann, Das Recht der Gesellschaft, 362).

Auch wenn das positivistische Modell der Rechtserkenntnis praktisch nicht funktioniert, bleibt die von ihm aufgeworfene Problemstellung dennoch erhalten; allein die sprachlichen Bedingungen müssen differenzierter betrachtet werden. Recht existiert nur in Sprache und nur durch Sprache. Eine Flucht vor den Problemen sprachlicher Bedeutung ist für die Jurisprudenz daher nicht möglich. Es gilt vielmehr, dieses Feld genauer zu beschreiben.

Bisher wurde das Problem darin gesehen, dass sich zu wenig objektive Bedeutung im Text finde, so dass der Richter noch durch Werte, Moral und Gerechtigkeit unterstützt werden müsse. Die Ausgangssituation juristischer Entscheidungen stellt sich indes gerade umgekehrt dar: Das Gericht findet nicht zu wenig, sondern zu viel an Bedeutung. Jede der beiden streitenden Parteien hat eine sehr spezifische Vorstellung davon, was der fragliche Normtext für ihr Regelungsproblem „sagt" oder „bedeutet"; dazu kommen die dogmatischen Bedeutungserklärungen der Rechtsliteratur, die gerichtlichen Vorentscheidungen und die mitgebrachten Gebrauchsweisen aus der Rechtstradition, der Entstehungsgeschichte, der Alltagssprache und der juristischen Fachsprache, wobei sich die Verwendungsweisen nicht nur der Parteien, sondern auch der Gerichte und der Literatur meist gegenseitig ausschließen. Es wird also nicht die Bedeutung, sondern der Konflikt um die Bedeutung vom Normtext in die Entscheidungssituation mitgebracht. Genau diesen Konflikt um die sprachliche Bedeutung muss der Richter am praktischen Fall entscheiden. Die Rechtstheorie ist daher gehalten, das Problem der richterlichen Entscheidung im diskursiven Rahmen praktischer Argumentationsprozesse neu zu stellen. Die juristische Methodik wird damit von der unlösbaren Aufgabe entlastet, den Weg zur einzig richtigen Erkenntnis zu weisen.

Die Hermeneutik hat auf diese Herausforderung zu reagieren versucht, indem sie den Begriff der Erkenntnis durch das Attribut „schöpferisch" spezifizierte. Aber das ist keine befriedigende Lösung. Während der paradox anmutende Begriff der „kreativen Erkenntnis" einen Stellenwert im Rahmen eines Modells des Verstehens hat, das die aktive Rolle des Interpreten im Verhältnis zu dem zu interpretierenden Werk und dessen Urheber betont, so dass man von der musikalischen oder literarischen Interpretation als schöpferischer Erkenntnis sprechen mag, kommt es bei der Tätigkeit des Juristen gerade darauf an klarzustellen, wem eine bestimmte Entscheidung zuzurechnen ist. Der Unterschied zwischen der kognitiven und der kreativen Komponente der richterlichen Entscheidung darf daher nicht durch harmonisierende Formeln verdeckt werden. Hält man an der scharfen kategorialen Unterscheidung zwischen Kognition und Dezision fest, so liegt auf der Hand, dass sich die Entscheidung strittiger Rechtsfragen nicht im Wege der reinen Erkenntnis vollzieht. Erkenntnis ist ohne gleichwertige Alternative; die Alternative zur Erkenntnis ist der Irrtum. Wenn es aber bei umstrittenen Rechtsfragen nicht um Erkenntnis geht, fragt sich, ob es die Rechtswissenschaft lediglich mit (Willens-)Entscheidungen zu tun hat. Gelöst werden kann dieses Problem durch die Einsicht, dass Entscheidung nicht notwendig Willkür bedeutet.

Die Theorie der juristischen Argumentation markiert einen dritten Weg zwischen juristischem Determinismus einerseits und juristischem Dezisionismus andererseits. Der juristische Determinismus bedarf keiner Theorie der Argumentation, während es für den juristischen Dezisionismus eine solche Theorie nicht geben kann. Juristische Argumentation ist dagegen von wesentlicher Bedeutung für eine dritte Position, die die richterliche Entscheidung weder als reine „Anwendung" des Gesetzes noch als Akt richterlicher Willkür, sondern als vom Gesetz nicht festgelegte, aber gleichwohl rational begründbare Entscheidung betrachtet. Die Theorie der juristischen Argumentation zielt daher nicht auf eine methodengerechte und in diesem Sinne „richtige" Entscheidungsfindung, sondern auf die überzeugende Begründung der gefundenen Entscheidung.

Die Kritik an der Vorstellung vom bloßen Auffinden und Anwenden des Rechts führte daher bereits in den fünfziger Jahren zu einem Wiederaufgreifen der klassischen Rhetorik als einer Argumentationstheorie, mit der sich leichter als mit traditioneller Semantik oder Logik begreifen lässt, was vor sich geht, wenn Juristen Entscheidungen fällen: weniger die mechanisch gedachte Ausführung eines Justizsyllogismus als vielmehr ein konstruierendes topisches Problemdenken. Auch lässt sich mit klassischer Rhetorik und moderner Argumentationstheorie analysieren und verstehen, was weitgehend unabhängig von der Urteilsfindung als dessen Begründung auftritt und in der Regel viel stärker auf Plausibilität und größtmöglichen Konsens denn auf deduktive Stringenz abzielt. Diesen Vorzügen verdankt es die Theorie der juristischen Argumentation, dass sie auch heute noch neben Hermeneutik und logisch-sprachphilosophisch orientierten Ansätzen als dritte wichtige Theorieströmung die juristische Methodendiskussion beherrscht.

Die Fragen nach der Bedeutung des Rechtstextes und nach den Methoden juristischen Arbeitens bleiben dabei erhalten; es ändert sich nur ihr Kontext. Sie stehen nun nicht mehr im Zusammenhang eines spekulativen Modells zur Erzeugung der einzig richtigen Entscheidung im Kopf des Richters, sondern im praktischen Kontext einer Beurteilung von Argumenten. Der Gesetzestext ist damit kein im Akt des Lesens abzubildender Gegenstand mehr, für den es eine einzige richtige Lesart gibt; er ist vielmehr Bezugspunkt eines Argumentationsprozesses zwischen den Angehörigen einer Sprachgemeinschaft. Die Frage, wann eine Lesart der anderen vorzuziehen ist, kann nicht einsam von einem mit dem Maß der objektiven Bedeutung ausgestatteten Richter entschieden werden. Entscheiden kann man darüber nur noch, indem man die Argumente für die eine oder andere Lesart vergleicht. Mit der pragmatischen Wende verlagert sich die epistemische Autorität des Ich, das sein Inneres inspiziert, auf das Wir der Kommunikationsgemeinschaft, vor der ein jeder seine Auffassungen rechtfertigt.

Allerdings fragt sich, ob es für diese Rechtfertigung ideale Maßstäbe gibt, denen zu genügen ist, oder ob sie empirisch zu lesen ist als Durchsetzung einer Lesart in einem bestimmten Verfahren, ob es also um eine an philosophischen Maßstäben zu messende rationale Rechtfertigung oder um eine an der argumentativen Geltung orientierte Überprüfung von Lesarten geht. Beide Varianten einer pragmatischen Wende führen Risiken mit sich. Ein rein empirischer Ansatz steht in der Gefahr, dass sich im Raum semantischer Unbestimmtheiten der jeweils stärkere Machtfaktor unkontrolliert durchsetzt, ohne dass noch kritische Maßstäbe zur Verfügung stünden. Das Problem der Gerechtigkeit wäre damit vollständig einem jeweils aktuellen Kräfteverhältnis ausgeliefert und verlöre seine über den Einzelfall hinausweisende Rolle. Dagegen steht ein Ansatz, der nach den Bedingungen idealer Rechtfertigung fragt, in der Gefahr, dass in den herangezogenen Maßstäben verborgene Entscheidungen eingehen und damit das Problem der Gerechtigkeit einen endgültigen, aber partikulären Gehalt gewinnt. Beide Gefahren müssen in einer Theorie der juristischen Argumentation und Begründung vermieden werden, wenn sie rechtsstaatlichen Maßstäben genügen will.

Da der Gesetzestext selbst aber nichts hergibt als nur Worte, muss im Konflikt um jede Bedeutung des Textes gerungen werden. Der Kampf ums Recht stellt sich damit dar als Auseinandersetzung um die Bedeutung des Gesetzes. Die Parteien versuchen, ein bestimmtes Verständnis der Textbedeutung mit spezifischen Argumenten gegen andere Verständnisweisen durchzusetzen. Der Streit dreht sich also um sprachliche Gebrauchsweisen. Das Gesetz eröffnet dem Konflikt als widerstreitender Anspruch auf das eigene Recht seinen Raum. Mit dem Gesetz kann der Konflikt zur Sprache gebracht werden. Ausgetragen werden kann er nur in der Sprache, denn in diesem Streit stehen sich zwei unversöhnliche Ansprüche auf die Bedeutung des Gesetzes für die eigene Sache gegenüber, die nach einer Entscheidung verlangen. Das Gesetz bietet den Rahmen für den Kampf um das Recht in der Sprache, der durch das Durchsetzen einer bestimmten Bedeutung des Gesetzestextes für den verhandelten Konflikt entschieden wird. Es ist dieser Kampf mit der Sprache, dem das Recht seine Entstehung verdankt.

Der Richter muss entscheiden, auch wenn sich eine Entscheidung niemals in Gründe auflösen lässt. Das heißt aber noch nicht, dass die Entscheidung aus dem normativen Nichts käme, denn der Richter steht nicht nur unter einem Entscheidungs-, sondern auch unter einem Begründungszwang. Er weiß bereits im Verfahren, dass er ohne gute Gründe mit seinem Urteil nicht durchkommen wird. Die Pflicht, seine Entscheidung später begründen zu müssen, zwingt ihn von vornherein, sich jeden für die Entscheidungsfindung notwendigen Schritt sorgfältig zu überlegen. Auch wenn sich das Moment der Entscheidung weder durch Sprache noch durch Argumentation vollständig auflösen lässt, muss das Urteil deswegen noch nicht zur Ausübung von blinder Herrschaft und Willkür werden. Mit der Anforderung der Begründung als Sicherheit gegen subjektives Belieben ist vielmehr eine Schranke gegen Willkür gesetzt, welche die vom Richter ausgeübte Gewalt mindestens irritiert, indem sie sein Tun kontrollierbar macht. Die Gerechtigkeit ist daher der Gewalt des Richters nicht vollkommen ausgeliefert. Nach wie vor gilt, was Brinkmann in seiner Schrift *Ueber die richterlichen Urtheilsgründe* schon 1826 feststellte:

> „Wo aber die Gerechtigkeit ihr Haupt frei erheben darf, da scheint es von selbst geboten zu seyn, daß sie sich über die Art und Weise, wie sie ihr Amt verwaltet, offen ausspreche und so auch den leisesten Argwohn entferne, als werde sie durch geheimnisvolle Maximen geleitet."

Wie die Gerechtigkeit ihr Amt verwaltet und wie sich das Argumentieren, Begründen und Entscheiden im Diskurs des Rechts vollzieht, darauf versuchen die Autoren des Sammelbandes in den nachstehenden Beiträgen Auskunft zu geben.

RALPH CHRISTENSEN

Die Paradoxie richterlicher Gesetzesbindung

Eine bestimmte Sicht der Jurisprudenz ist in den letzten Jahren untergegangen. Danach leben die Juristen in einem dreistöckigen Gebäude.[1] Die herrschaftlichen Zimmer werden von der Rechtstheorie bewohnt. In den Vitrinen sind wertvolle Schätze aufgestellt: die Antworten auf die Frage nach dem Wesen des Rechts. In den darunter liegenden Gesindezimmern legen die Methodiker dar, wie man mit dem in seinem Wesen bestimmten Recht zu arbeiten hätte. Im Keller schließlich erledigen die Dogmatiker die Alltagsarbeit. Zusammengebrochen ist dieses Gebäude, als man bemerkte, dass das Recht seine gesellschaftliche Aufgabe nur erfüllen kann, solange es ihm gelingt, sich einer Definition zu entziehen.[2] Das Recht hat kein beherrschbares Wesen, das von der Präsenzmetaphysik[3] zu einer Definition fixiert werden könnte.[4] Nur solange die Frage, was Recht ist, offen bleibt, kann es seine Aufgabe erfüllen, den gesellschaftlichen Konflikten ein Medium zu liefern.

Die großen Erzählungen vom Wesen des Rechts sind also zu Ende gegangen. Was bedeutet dies für die Disziplin der juristischen Methodik? Es heißt zunächst, dass sich Methodik nicht mehr als der einzige Weg zur Wahrheit des Rechts ausgeben kann. Juristische Methodik

---

1 Vgl. zur Entfaltung dieses Bildes und der Diskussion seiner rechtstheoretischen Implikationen ALEXANDER SOMEK, Juristische Expertise, in: KENT D. LERCH (Hrsg.), *Recht verstehen. Verständlichkeit, Missverständlichkeit und Unverständlichkeit des Rechts*. Berlin 2004, 413 ff.

2 Vgl. dazu grundlegend NIKLAS LUHMANN, Metamorphosen des Staates, in: DERS., *Gesellschaftsstruktur und Semantik 4*. Frankfurt am Main 1999, 101 ff. Vgl. dazu auch NILS WERBER, Vor dem Vertrag. Probleme des Performanzbegriffs aus systemtheoretischer Sicht, in: UWE WIRTH (Hrsg.), *Performanz. Zwischen Sprachphilosophie und Kulturwissenschaften*. Frankfurt am Main 2002, 366 ff., insbesondere 379–382.

3 Vgl. zu diesem Begriff JACQUES DERRIDA, Die Struktur, das Zeichen und das Spiel im Diskurs der Wissenschaften vom Menschen, in: DERS., *Die Schrift und die Differenz*. Frankfurt am Main 1976, 422 ff., 440 f.; vgl. zum Gegenbegriff des Ereignisses JACQUES DERRIDA, *Eine gewisse unmögliche Möglichkeit, vom Ereignis zu sprechen*. Berlin 2003, 20 ff.; NIALL LUCY, *A Derrida Dictionary*. Oxford 2004, 99 ff., m. w. N.

4 Das heißt natürlich nicht, dass das in erneuter Auflage nicht ständig versucht wird. Vgl. dazu ROBERT ALEXY, *Begriff und Geltung des Rechts*. Freiburg 1994, 201.

verliert damit ihren normativen und der Praxis übergeordneten Charakter. Wie das Recht anzuwenden ist, lässt sich nicht mehr aus seinem Wesen deduzieren. Aber nach wie vor stellt sich die Frage, wie rechtliche Arbeit strukturiert ist und was dabei als kunstgerecht gelten kann. Nach dem Ende der großen Erzählungen fällt also die juristische Methodik aus den metaphysischen Wolken in den juristischen Alltag.

Die Struktur juristischen Handelns im Alltag zu erklären, zielt auf etwas Gewöhnliches. Man will nicht hinter dem Alltagsgeschäft etwas Unerhörtes aufdecken, wie etwa den Feind, die Gewalt oder eine Paradoxie. Aber es mag sich zeigen, dass das Triviale doch sehr komplex ist. Vielleicht findet sich das Unerhörte nicht auf der Wesensebene hinter dem Recht, sondern mitten im Alltagsgeschäft. Dies zu beantworten, ist die Aufgabe einer Theorie der Praxis.[5] Sie muss untersuchen, inwieweit die von der Politik in der Verfassung festgeschriebenen Vorgaben in der Praxis des Rechts auch eingelöst werden. Natürlich werden diese Vorgaben eines rechtsstaatlichen Verfahrens, der Gesetzesbindung usw. im Rechtssystem entsprechend seiner Eigenlogik verarbeitet. Recht und Politik sind eben strukturell gekoppelt.[6] Allerdings bleibt ein politisches Moment im Recht erhalten. Es zeigt sich immer dort, wo die Schließung der Selbstreferenz im Rechtssystem scheitert.[7] In der Praxis wird dieses Scheitern dadurch verborgen, dass man den Methoden juristischer Textverarbeitung Leistungen unterstellt, die sie gar nicht erbringen können. Es ist vor allem die Sprache, der man die Last auferlegt, verkürzt verstandene rechtsstaatliche Vorgaben einzulösen. Wenn man das Scheitern dieser internen Schließungsprozesse protokolliert, verschiebt man die Grenzen des Systems.[8] Die methodische Einlösung rechtsstaatlicher Vorgaben erweist sich dabei als scheinbar. Aber durch dieses Scheitern werden die verfassungsrechtlichen Vorgaben der gerichtlichen Arbeit zum praktischen Problem präzisiert. Sie verschwinden nur als rhetorische Fassaden.

Im Folgenden wird zunächst die Gesetzesbindung als grundlegende Analyseperspektive diskutiert. Im Anschluss erfolgt dann ein Über-

---

[5] Vgl. zur Entfaltung dieses Begriffs in Anknüpfung an die sprachanalytische Tradition von Ryle und Brandom: RALPH CHRISTENSEN/HANS KUDLICH, *Theorie richterlichen Begründens*. Berlin 2001, 269 ff.

[6] Vgl. dazu NIKLAS LUHMANN, *Das Recht der Gesellschaft*. Frankfurt am Main 1993, 440 ff., 564 f., 566.

[7] Vgl. zu dieser Problematik URS STÄHELI, *Sinnzusammenbrüche. Eine dekonstruktive Lektüre von Niklas Luhmanns Systemtheorie*. Weilerswist 2000, 46 ff.; sowie DERS., Semantik und/oder Diskurs: ‚Updating' Luhmann mit Foucault?, in: *kultuRRevolution*, Nr. 47 (2004), 14 ff.

[8] Vgl. dazu STÄHELI, Sinnzusammenbrüche (Fn. 7), 271 ff.

blick über die Instrumente juristischer Argumentation. Abschließend wird die Frage gestellt, unter welchen Voraussetzungen ein gerichtliches Urteil diesen Vorgaben genügt.

A. Die Gesetzesbindung

Eine Entscheidungsanalyse muss keine Maßstäbe erfinden. Die Gerichte sind an Gesetze und die Verfassung gebunden. Wie der Richter die in Art. 20 III und 97 I GG geregelte Gesetzesbindung erfüllen kann, ist allerdings streitig. Traditionell formuliert man die Gesetzesbindung im Rahmen eines Rechtserkenntnismodells als Bindung an einen im Text vorgegebenen Bedeutungsgegenstand. Diesem semantischen Modell steht ein pragmatisches Modell gegenüber. Danach sollen die Bindungen nicht in einem der Erkenntnis vorgegebenen Gegenstand liegen, sondern in Anforderungen an das richterliche Handeln bestehen. Dabei geht es um ein Modell gebundener Rechtserzeugung.

I. Die Gesetzesbindung im legalistischen Rechtsstaatsverständnis

Die juristische Methodik hat sich zunächst als monologisches Modell richterlicher Erkenntnis entwickelt. Obwohl das Recht als soziale Einrichtung aus Kommunikation besteht und dem Verfahren als Ausnutzung von Konfliktperspektiven für die Bildung des Rechts eine offensichtlich zentrale Rolle zukommt, wird hier die Perspektive eingeschränkt auf einen Bewusstseinsprozess in der Person des Richters. Das Richtersubjekt und der im Gesetz niedergelegte Rechtsgedanke sind die beiden Pole. Die anderen Beteiligten und das Verfahren als Ganzes bleiben außen vor. Eine juristische Entscheidung begründen heißt demnach zeigen, dass sie aus dem Gesetz abgeleitet ist.

1. Was ist Gegenstand der Rechtserkenntnis?

Die herkömmliche Lehre versteht Auslegen als Erkennen des normativen Gehalts von geschriebenen Rechtsvorschriften.[9] Gegenstand der Aus-

---

[9] Vgl. LÉONTIN-JEAN CONSTANTINESCO, *Das Recht der Europäischen Gemeinschaften. Bd. I: Das institutionelle Recht*. Baden-Baden 1977, 808, sowie RUDOLF BERNHARDT, Die Auslegung völkerrechtlicher Verträge, insbesondere in der neueren Rechtsprechung internationaler

legung ist demnach nicht die *Ausdrucksseite* oder der Text als Zeichenkette, sondern von vornherein die *Inhaltsseite* als objektive Bedeutung des Textes. Diese Bedeutung wird schlicht erkannt und nicht etwa vom Leser und Entscheider (mit)erzeugt. Daraus folgt eine typische Definition:

> „Gegenstand der Auslegung ist der Gesetzestext als Träger dieses normativen Sinnes. Der Gesetzestext selbst ist nicht mit dem normativen Sinn gleichzusetzen, sondern dieser liegt sozusagen ‚hinter' dem Text als das von den Zeichen und Zeichenverbindungen, die den Wortlaut bilden, Bezeichnete."[10]

Das ist eine Vorentscheidung für die Beobachtung erster Ordnung. Die angeblich notwendige Verknüpfung von Zeichen und Bedeutung wird im Rahmen der methodischen Literatur mit dem Repräsentationsgedanken begründet. Der Normtext repräsentiert demnach einen ihm zugrunde liegenden Gedanken. Der Gesetzgeber schreibt einen Text, weil er etwas mitzuteilen hat, nämlich seine Vorstellungen und Ziele. Erst jenseits der bloßen Schrift liegt als Meinen, als Idee oder gemeinte Idee der volle Sinn des Textes.[11] Diese geistigen Entitäten gehen danach dem Schreiben voraus und werden vom Text nur nachgezeichnet oder ausgedrückt. Immer wieder nehmen juristische Methodiker das alte theologische Modell von der Sprache als Kleid des Gedankens auf.[12] Um einen Normtext vollständig zu verstehen, muss der Rechtsanwender hiernach den hinter dem Text verborgenen Grundgedanken oder Wert erfassen.[13] Der Gesetzestext ist demnach „Träger" oder „Ausdruck" des als stabiler Bezugspunkt hinter ihm stehenden Sinns.

Gerichte, in: *BaöRV* 40 (1963), 1 ff., 17; JOSEF BLANK, *Europäische Fusionskontrolle im Rahmen der Art. 85, 86 des EWG-Vertrages.* Baden-Baden 1991, 89.

[10] Vgl. JOCHEN ANWEILER, *Die Auslegungsmethoden des Gerichtshofs der Europäischen Gemeinschaften.* Frankfurt am Main 1997, 26.

[11] Vgl. zu diesen schon in der Alltagssprache nahe gelegten metaphysischen Annahmen über das Verhältnis von Schrift, Sprache und Text: JACQUES DERRIDA, Semiologie und Grammatologie. Gespräch mit Julia Kristeva, in: DERS., *Positionen.* Wien 1986, 52 ff., 55 ff.

[12] Vgl. dazu etwa die Formulierung bei KARL LARENZ, *Methodenlehre der Rechtswissenschaft.* Berlin 1983, 194. Aus der Sicht der subjektiven Lehre findet sich eine typische Formulierung des Repräsentationsgedankens etwa bei GERHARD ROTH-STIELOW, Umwelt und Recht, in: *NJW* 1970, 2057 ff., 2058, der sogar explizit die Theologen bemüht, um die Sprache als Leib des Geistes darzustellen. Vgl. allgemein zum Einfluss der Theologie auf die juristische Denkweise HORST DREIER, Kanonistik und Konfessionalisierung – Marksteine auf dem Weg zum Staat, in: *JZ* 2002, 1 ff. m. w. N. in Fn. 2 und 3.

[13] So die oft zitierte Wendung bei LARENZ, Methodenlehre der Rechtswissenschaft (Fn. 12), 299.

2. Die Verdopplung des Erkenntnisgegenstands

Die sprachtheoretischen Annahmen der herkömmlichen Auslegungstheorie führen damit in eine Zwei-Welten-Lehre: die Rolle des Richters ist die Auslegung, d. h. er erkennt die unterstellte objektive Textbedeutung. Dort, wo er diesen Rahmen überschreitet und zu einer Entscheidung findet, die in der objektiven Textbedeutung nicht vorgegeben ist, betreibt er Rechtsfortbildung. Allerdings übernimmt er dabei noch nicht die Rolle des Gesetzgebers, weil er auch in den Lücken des Rechts an objektiv vorhandene allgemeine Rechtsgrundsätze gebunden bleibt. Diese garantieren ihm als zweiter Code hinter dem Gesetz auch dort noch einen Erkenntnisgegenstand, wo die objektive Textbedeutung versagt. Der Richter betreibt Erkenntnis also entweder im Reich der Gesetze oder im Reich der Rechtsprinzipien. Aber er gestaltet nicht. Denn das, so das positivistische Paradigma, ist die Rolle des Gesetzgebers.

Dieser argumentative Rückzug in die doppelte Geborgenheit sicherer Rechtserkenntnis verläuft in der methodischen Literatur folgendermaßen:

> „Eine Lücke ist eine Unterbrechung in einem Text oder in einer Serie, eine leere Stelle in einem Ganzen, also das, was fehlt, um den Text zu vervollständigen. Der Lückenbegriff dient in der juristischen Methodenlehre dazu, die Befugnis oder sogar Verpflichtung des Richters zu umschreiben, auch dann eine Rechtsfrage zu beantworten, wenn das anwendbare Normensystem keine ausdrückliche Regelung enthält."[14]

Aber woher bezieht der Richter jetzt die Sicherheit oder Objektivität seiner Antwort? Der klassische Ansatz sorgt dafür, dass er nicht mit seiner Verantwortung allein bleibt, sondern in der beschützenden Werkstatt des Rechts unterkommt, wo ihm die Prinzipien diese Last abnehmen. Dazu wird der Begriff „Auslegung" auf die Metaebene einer zweiten Objektivität ausgedehnt: Auslegung hat nunmehr als Gegenstand ihrer Erkenntnis nicht nur das geschriebene, sondern auch das ungeschriebene Recht. Damit kommt eine reiche Hinterwelt in den Blick, die mit ihrer Vielfalt für den Schrecken entschädigt, den die zum Glück nur vordergründigen Lücken im Recht zunächst hervorgerufen haben.

---

14 ANWEILER, Die Auslegungsmethoden des Gerichtshofs der Europäischen Gemeinschaften (Fn. 10), 52.

3. Die Entlastung von richterlicher Verantwortung

Nun haben aber, linguistisch betrachtet, Texte und damit auch Normtexte keinen objektiven Sinn. Das schadet auch nicht, solange der Leser oder der auslegende Richter glaubt, der von ihm angenommene oder dem Text beigelegte Sinn sei eben objektiv. Sobald er aber an der Objektivität seiner Lesart des Gesetzes zu zweifeln beginnt, wird es schwierig. Wenn man die Metapher vom verhüllten Sinn ernst nimmt und versucht, diesen Gegenstand zu erkennen, findet man an Stelle sicherer Objektivität nur *eine Mehrzahl* konfligierender Möglichkeiten. Vor diesem Sturz ins Bodenlose muss der auf die klassische Lehre vertrauende Richter bewahrt werden. Deshalb wird der Verlust von Objektivität einer bestimmten Bedeutungsvariante in eine Lücke umgedeutet. Diese betrifft aber nur eine erste Schicht von Objektivität. Der objektive Textsinn hat zwar versagt, aber trotz dieser Lücke kann die Erkenntnis in einer zweiten Schicht von Objektivität wieder sicheren Tritt fassen: in den allgemeinen Rechtsgrundsätzen oder Prinzipien. Damit steht die Rechtsfindung nicht nur auf festem, sondern sogar auf doppeltem Boden.

Mit der Ausdehnung des Begriffs der Auslegung auch auf einen Fundus an Rechtsprinzipien hat die argumentative Bewegung der klassischen Lehre ihr strategisches Ziel erreicht: Die Objektivität des Rechts ist gesichert. Aber dies hat seinen Preis. Die Frage, wie der Richter auf ein Rechtsproblem noch antworten kann, wenn die scheinbare Objektivität einer Lesart ins Fragliche gleitet, führt nämlich in eine doppelte Schwierigkeit. Zunächst zeigt sich die methodische Unsicherheit, welche Instrumente der Richter eigentlich zur Verfügung hat, um eine Mehrzahl von Varianten miteinander zu vergleichen und die eine von ihnen den anderen vorzuziehen; zum andern das normative Problem, wie weit sich der Richter mit seiner Argumentation vom Text entfernen darf, ohne die Rolle des Gesetzgebers zu usurpieren. Diese Doppelung von methodischer und normativer Fragestellung wird von der traditionellen Lehre auf ein einziges ontologisches Postulat reduziert: „Es gibt allgemeine Rechtsgrundsätze." Deswegen bestehe kein methodischer Reflexionsbedarf. Es sei nach wie vor nur eine Erkenntnis zu vollziehen. Deshalb gebe es auch kein normatives Problem funktionaler Gewaltenteilung, denn durch die Bindung an diese Grundsätze sei der Richter klar vom Gesetzgeber geschieden.

Die Frage „was ist Gegenstand richterlicher Erkenntnis" führt so zu einer Verdoppelung des Rechts. Dort, wo das Gericht die „objektive Bedeutung" nicht erkennen kann, braucht es „allgemeine Prinzipien" als zweiten Code hinter dem Text. „Anwendung" bleibt damit die Exekution einer vorgefertigten Norm am Fall. Es fehlen die Momente der Verschiebung und Streuung.[15] Diese werden in eine Reserveontologie abgeschoben.

II. Die Gesetzesbindung im verfahrensbezogenen Rechtsstaatsverständnis

Diese traditionelle Verdoppelung des Rechts stellt eine degenerative Problemverschiebung dar.[16] Die „Was-ist-Frage" der herkömmlichen Lehre mündet in die argumentative Beliebigkeit von Ontologie. Sie muss deswegen durch die Frage ersetzt werden: Wie funktioniert Rechtsanwendung?[17]

Als *Gegenstand* juristischer Textarbeit kommt dann nicht die objektive Bedeutung in Betracht. Sie steht erst am Ende juristischer Arbeit, ist nicht deren Voraussetzung. Gegenstand ist vielmehr das gesetzliche Textformular, die Zeichenkette.

1. Wie funktioniert Rechtsanwendung?

Wenn nun die Zeichenkette als Gegenstand der Rechtsarbeit bestimmt wird, ist damit in keiner Weise gesagt, dass dem vom Gesetzgeber geschaffenen Normtext noch keine sprachliche Bedeutung zukäme. Das wäre nicht nur kontraintuitiv, auch könnte man die Zeichenketten des positiven Rechts gar nicht als solche erkennen.[18] Normtexte sind keine bedeutungsleeren Zeichen. Sie haben in der Situation juristischer Entscheidung im Gegenteil eher zu viel als zu wenig Bedeutung. Mit dem Normtext wird eine große Anzahl von Verwendungsweisen verknüpft,

---

15 Vgl. zum Begriff Anwendung JACQUES DERRIDA, *Als ob ich tot wäre*. Wien 2000, 13 f. Bei dem Wort Applikation wird für Derrida noch „pli" im Sinne von Falte konnotiert. Von dort unterscheidet er das herkömmliche Verständnis von Anwendung als Entfaltung eines fertig Vorgegebenen von dem Verständnis der Anwendung als Komplikation im Sinn einer Verschiebung von Text und Leser.

16 Vgl. dazu IMRE LAKATOS, Falsifikation und die Methodologie wissenschaftlicher Forschungsprogramme, in: IMRE LAKATOS/ALAN MUSGRAVE (Hrsg.), *Kritik und Erkenntnisfortschritt*. Braunschweig 1974, 89 ff., 113 ff.

17 Die Ersetzung der „Was-ist-Fragen" durch die „Wie-funktioniert-es-Fragen" ist eines der grundlegenden Anliegen der Hermeneutik und wird etwa in der Arbeit von Jochen Hörisch betont. Vgl. dazu JOCHEN HÖRISCH, Die Wut des Verstehens, in: *Der blaue Reiter* 2 (1998), 60 ff., 67.

18 ALEXANDER SOMEK, Der Gegenstand der Rechtserkenntnis. Baden-Baden 1996, 59, Fn. 284 und ALEXANDER SOMEK/NIKOLAUS FORGÓ, *Nachpositivistisches Rechtsdenken. Inhalt und Form des positiven Rechts*. Wien 1996, 36.

die er in den Konfliktfall mitbringt. Jede der streitenden Parteien hat eine recht dezidierte Vorstellung davon, was der fragliche Normtext für ihr Anliegen, ihre Interessen „sagt" oder „bedeutet". Es gibt außerdem meist eine Mehrzahl dogmatischer Bedeutungserklärungen in der Literatur und eine Reihe von gerichtlichen Vorentscheidungen. Dazu kommen die *mitgebrachten Verwendungsweisen* aus der Rechtstradition, der Entstehungsgeschichte, der „Alltagssprache" und der juristischen Fachsprache. Manche von ihnen, einschließlich die der Gerichte und der Literatur, schließen einander aus. Mitgebracht vom Normtext in die Entscheidungssituation wird also nicht „die Bedeutung", sondern ein Konflikt um Bedeutungen. Und genau diesen muss der Richter am praktischen Fall entscheiden.

Die Betrachtung muss also gedreht werden, und zwar um die verfassungsrechtlichen Anforderungen des Rechtsstaatsgebots als Angelpunkt. Die Gesetzesbindung kann sich nicht auf die Rechtsnorm als etwas Vorgegebenes beziehen, sondern sie bezieht sich auf die Struktur eines Herstellungsprozesses.

2. Vom Gegenstand zur Konstruktion

Bisher war die Diskussion in einem falschen Bild richterlicher Tätigkeit befangen (und ein Bild vernebelt bekanntlich mehr als tausend Worte): Der Abstand zwischen Normtext und Fallentscheidung sollte durch die Brücke juristischer Auslegung überwunden werden, deren Grundpfeiler fest in der vorgegebenen Rechtsnorm ruhten. Die Doktrin der Rechtsprinzipien hat mit ihrer zunehmenden Ausdehnung ungewollt deutlich gemacht, wie brüchig dieses vorgeblich feste Fundament tatsächlich ist. Aber sie hat nicht die Konsequenz gezogen, das immer weiter eingeschränkte rechtsnormtheoretische Paradigma des Positivismus durch ein neues zu ersetzen. Die nachpositivistischen Ansätze machen demgegenüber klar, dass keine schon vorhandene Brücke uns die Anstrengung abnehmen kann, den Abstand zwischen Normtext und konkreter Entscheidung zu überwinden. Gefordert ist vielmehr eine Konstruktion, die den vom Rechtsstaatsprinzip vorausgesetzten technischen Maßstäben genügt.

Die Anforderungen an praktische Rechtsarbeit werden dadurch nicht geringer, sondern höher. Denn der Richter muss die hergestellte Rechtsnorm dem einschlägigen Normtext rechtsstaatlich kontrolliert zurechnen. Es gibt damit zwar nicht mehr das automatische Förderband der Begriffsexplikation, das den Richter vom Normtext zur Entscheidung bringt. Aber er muss diese Divergenz in methodisch kontrollierter Weise überwinden.

Was gewinnt man mit diesem Übergang von der vermeintlich objektiv vorgegebenen Bedeutung zum tatsächlichen Konflikt um die Bedeutung des Textes?

Der Ort, an dem die Untersuchung ansetzen muss, ist nicht eine von den überlieferten Anforderungen des Positivismus diktierte Theorie sprachlicher Bedeutung, sondern die praktische semantische Tätigkeit der Juristen. An die Stelle illusionärer Bindungen, die das richterliche Sprechen abschließend determinieren sollen, tritt eine wirkliche Verantwortung.

Im Rahmen einer Beobachtung zweiter Ordnung kann die sprachtheoretische Reflexion neben ihrer kritischen dann auch eine konstruktive Funktion entfalten.[19] Die kritische führt zunächst zu der Einsicht, dass weder der Gesetzgeber noch der Normtext die Entscheidung eines konkreten Streitfalls ganz determinieren können. Der Richter wird als der Dritte zur entscheidenden Instanz. In der semantischen Praxis seines Sprachhandelns kann die Reflexion Ansatzpunkte und Strukturen einer Verantwortung sichtbar machen, die nicht einfach subjektiv angeeignet werden kann.

Die Entscheidung wird getroffen „Im Namen des Volkes". Das heißt, seine eigene Entscheidung gibt der Richter im Namen eines anderen:

> „Prinzipiell ist dies Unsinn, man kann nichts im Namen des anderen geben. Was man geben kann, gibt man prinzipiell nur im eigenen Namen. Wenn es dennoch möglich und notwendig ist, im Namen des anderen zu geben und diese Verantwortung zu übernehmen, bedeutet dies – und was ich jetzt sagen werde, mag sich sehr sonderbar und mit dem gesunden Menschenverstand äußerst unvereinbar anhören –, die Verantwortung, die wir übernehmen oder die wir übernehmen wollen, ist immer die Verantwortung für den anderen. Dies ist das Schwierigste, was es zu tun gibt. Wenn ich Verantwortung in meinem Namen für mich übernehme, und da ich nicht identisch mit mir bin, ich bin mir nur angewendet, dann bedeutet, die Verantwortung für mich selbst zu übernehmen, dass ich nach dem Gesetz eines anderen in mir handle."[20]

---

19 Vgl. dazu am praktischen Beispiel der Zusammenarbeit von Rechtswissenschaftlern und Sprachwissenschaftlern auch FRIEDRICH MÜLLER (Hrsg.), *Untersuchungen zur Rechtslinguistik*. Berlin 1989.

20 DERRIDA, Als ob ich tot wäre (Fn. 15), 37. Das Problem Eigenname/Name und der Zusammenhang zur Verantwortung ist auch ein durchgängiges Thema in JACQUES DERRIDA, *Politik der Freundschaft*. Frankfurt am Main 2000, 23, 102, 106, 110, 115, 129, 255, 306, 310, 338 ff., 356, 388 f. Vgl. zum Problem des Eigennamens außerdem noch JACQUES DERRIDA, *OTOBIOGRAPHIEN* – Die Lehre Nietzsches und die Politik des Eigennamens, in: JACQUES DERRIDA/FRIEDRICH KITTLER, *Nietzsche – Politik des Eigennamens*. Berlin 2000, 7 ff., sowie JACQUES DERRIDA, Passionen. „Die indirekte Opfergabe", in: DERS., *Über den Namen*. Wien 2000, 15 ff.

Diese Verantwortung, die sich nicht einfach aneignen lässt, ist schwierig. Aber sie wird dem Richter von außen auferlegt, schon durch die Zwänge des Verfahrens und die darin vorgebrachten Argumente; verbunden mit der Pflicht, die Entscheidung zu begründen, im Namen des Volkes.

3. Die Offenlegung richterlicher Verantwortung

Daran zeigt sich, dass eine Beobachtung zweiter Ordnung die Rechtsarbeit nicht etwa bestätigend verdoppelt, sondern den Ansatzpunkt wirklicher Verantwortung im juristischen Handeln erst sichtbar machen kann. Die unfruchtbare Alternative von Positivismus und Dezisionismus, von Auslegungsrhetorik und freirechtlicher Praxis kann damit überwunden werden.[21] In der Diskussion um die richterliche Verantwortung hatte die herkömmliche Lehre zwei Bereiche unterschieden: einmal den der Bedeutungserkenntnis, wo der Richter auf den passiven Vollzug des Gesetzessinns beschränkt sein soll. Zum andern den des „Richterrechts", worin der Richter angeblich Prinzipien erkennt und diese dann genauso mechanisch anwendet wie vorher die Normtexte. Eine Rechtserzeugungsreflexion kann diese „Zweiweltenlehre" durch eine genauere Problemstellung überwinden. Der Richter ist Rechtsetzer, aber Rechtsetzer zweiter Stufe.[22] Das heißt, die Rechtsnorm ist ihm nicht vorgegeben, sie wird von ihm hergestellt. Aber er muss sie dem vom Gesetzgeber geschaffenen Normtext plausibel zurechnen können. Darin liegt die *Geltungs*anforderung des Normtextes, die auf dem Weg über die Gesetzesbindung und andere Vorschriften eine richterliche Dienstpflicht darstellt.[23] Geltung ist etwas,

> „das dem ‚geltenden Recht', das heißt: der Normtextmenge (der Gesamtheit aller Normwortlaute in den Gesetzbüchern) zugeschrieben wird. Die Geltungsanordnung besteht darin, Rechtspflichten zu erzeugen: gegenüber den Normadressaten im allgemeinen darin, sich in ihrem Verhalten, soweit die Normtexte für dieses einschlägig erscheinen, an diesen verbindlich zu orientieren; und gegenüber den zur Entscheidung berufenen Juristen im Sinn einer Dienstpflicht, diese Normtexte, soweit für den Entscheidungsfall passend, zu Eingangsdaten ihrer Konkretisierungsarbeit zu machen, sie also für

---

[21] Vgl. dazu ANUSHEH RAFI, *Kriterien für ein gutes Urteil*. Berlin 2004, 41 ff. (gebundener Dezisionismus), 149 ff.

[22] Vgl. zu diesem Stichwort als Kennzeichnung des von der Strukturierenden Rechtslehre entwickelten Modells: HORST SENDLER, Richterrecht – rechtstheoretisch und rechtspraktisch, in: *NJW* 1987, 3240 ff., 3240.

[23] Vgl. FRIEDRICH MÜLLER, *‚Richterrecht'*. Berlin 1986, 51.

das Erarbeiten einer Rechts- und einer Entscheidungsnorm tatsächlich heranzuziehen und methodisch korrekt zu berücksichtigen."[24]

Eine Rechtserzeugungsreflexion leistet für den Richter scheinbar weniger als eine Rechtserkenntnislehre. Sie formuliert seine Verantwortung. Die Rechtserkenntnislehre dagegen begrenzt und verendlicht das, was ein Richter leisten muss, auf die einzige Aufgabe korrekter Erkenntnis. Das ist überschaubar. Andernfalls ist Verantwortung unendlich weit entfernt und gleicht einem Gespenst.[25] Aber in diesem scheinbaren Mangel der neuen Sichtweise liegt der Gewinn einer nicht schon berechenbaren Verantwortung. Ihre Erfüllung verlangt ein großes Maß an Wissen. Aber sie kann niemals in Wissen eingelöst werden. Verantwortung beinhaltet das Moment eines Bruchs, dem Gewissheit fehlt.[26]

B. Die Instrumente juristischer Argumentation

Die Mittel der Auslegung sind weder von der Sprache noch von der Natur des Verstehens her vorgegeben. Trotzdem ist auffällig, dass z. B. Wortlaut, Entstehung, Systematik und Zweckargument in ganz verschiedenen Rechtstraditionen und von ganz verschiedenen Gerichten verwendet werden. Die Verwendungsweise dieser Canones der Auslegung ist natürlich nicht identisch und es gibt viele Unterschiede im Detail zwischen den verschiedenen Rechtstraditionen. Gemeinsam ist aber immerhin die Verknüpfung der Einzelbedeutung mit der jeweiligen Gesamtheit verfügbarer Texte. Der sachliche Grund für diese Ähnlichkeit dürfte wohl in der holistischen Struktur sprachlicher Bedeutung liegen.[27] Danach lässt sich die Bedeutung eines Textes nur in der ent-

---

24 MÜLLER, ‚Richterrecht' (Fn. 23), 51.

25 Vgl. zur Figur des Gespenstes grundlegend DERRIDA, Politik der Freundschaft (Fn. 20), 20, 68, 111 f., 122, 182 f., 187, 190, 197, 258, 359 ff., 384, 390 sowie JACQUES DERRIDA, *Marx' Gespenster*. Frankfurt am Main 1995.

26 DERRIDA, Als ob ich tot wäre (Fn. 15), 41 f.: „Ich muss also einem Gespenst gehorchen, und die Entscheidung findet statt, während ich unter dem Gesetz oder vor dem Gesetz des anderen stehe, leidenschaftlich aktiv und passiv. (...) Und selbstverständlich ist eine begrenzte oder endliche Verantwortung eine Unverantwortlichkeit. Sobald man durch ein bestimmendes Urteil weiß oder zu wissen glaubt, was die eigene Verantwortung ist, gibt es keine Verantwortung. Damit eine Verantwortung eine Verantwortung ist, muss man, sollte man wissen, was immer man wissen kann. Man muss versuchen, das Maximum zu wissen, doch der Moment von Verantwortung oder Entscheidung ist ein Moment des Nicht-Wissens, ein Moment jenseits des Programms. Eine Verantwortung muss unendlich sein und jenseits jeder theoretischen Gewissheit und Bestimmung." Vgl. zum Begriff der Verantwortung außerdem noch DERRIDA, Politik der Freundschaft (Fn. 20), 66, 68 f., 71 f., 84, 105 f., 108, 252, 296, 297, 305 ff., 309 f., 312, 316, 337 ff., 354, 356, 368, 395.

27 Die holistische Struktur von Bedeutung wurde in der postanalytischen Philosophie vor allem von Davidson und Rorty herausgearbeitet. Als gut verständliche Darstellung vgl.

wicklungsoffenen Gesamtheit einer Sprache bestimmen. Diese Erkenntnis ist sozusagen der Konvergenzpunkt so unterschiedlicher Entwicklungen wie der angelsächsischen postanalytischen Philosophie, der in Frankreich unter dem Stichwort Dekonstruktion entwickelten Strukturalismuskritik und der in Deutschland unter Berufung auf die Humboldt-Tradition vollzogenen pragmatischen Wende in der Sprachwissenschaft. Aber wenn Bedeutung eine holistische Größe ist und man über den Konflikt verschiedener Lesarten zu entscheiden hat, ist das Ganze gerade nicht verfügbar. Das heißt, man muss die Kontexte schrittweise erarbeiten, ohne sich die Illusion machen zu können, damit das Ganze restlos im Griff zu haben. Die Formen dieses schrittweisen Erschließens von Bedeutung haben sich dann historisch herausgebildet und stabilisiert in den heutigen Canones der Auslegung.

I. Die Auslegungsregeln als Kontextlieferanten

Ein Bedeutungskonflikt wird entschieden, indem man das fragliche Zeichen kontextualisiert. Die Gerichte bestimmen die Bedeutung eines Gesetzestextes, indem sie andere Texte zur Bestätigung oder Abgrenzung heranziehen. Diese Kontexte werden erschlossen durch die sogenannten Canones der Auslegung. Die grammatische Auslegung erschließt den Kontext des Fachsprachgebrauchs bzw. der Varianten der Alltagssprache. Die systematische Auslegung erschließt den Kontext des Gesetzes bzw. der Rechtsordnung als Ganzes. Die historische Auslegung erbringt den Kontext früherer Normtexte und die genetische den der Gesetzesmaterialien. Das sind die klassischen Canones von Savigny.

1. Wortlaut: Wie normativ ist Sprache?

Der Ausgangspunkt für die Spracharbeit der Juristen ist die Krise. Kommunikation läuft nicht als reibungslos eingespielte Gewohnheit, wo Unklarheiten entweder einvernehmlich beseitigt oder als irrelevant behandelt werden. Vielmehr besteht über die Fortsetzung der Kommunikation Streit. Dieser wurde durch Einschaltung von professionellen Juristen, durch Anfertigung von Schriftsätzen, Ausgestaltung eines Verfahrens usw. allmählich auf den Gesetzestext hingeführt, um dessen Lesart jetzt ein Konflikt besteht.

VERENA MAYER, *Semantischer Holismus. Eine Einführung*. Berlin 1997.

Eine erste und sicher nahe liegende Reaktion auf diese Krise ist, auf die Sprache selbst zurückzugehen. Darauf, was die Wörter, um die Streit besteht, wirklich bedeuten. Dazu dient das Wortlautargument.[28] Ein Wortlautargument oder die grammatische Auslegung wird auf der Textoberfläche sichtbar, wenn sich ein Gericht ausdrücklich auf den „Wortlaut" beruft. Ein grammatisches Argument liegt auch dann vor, wenn sich ein Gericht auf einen genau bezeichneten Normtext beruft oder den Wortlaut eines Normtextes zitiert. Das Wortlautargument soll von der Zeichenkette zur Bedeutung führen. Da aber dieser Übergang streitig und damit nicht mehr selbstverständlich ist, bedarf er der Begründung. Zwei Begründungsstrategien sind dabei häufig. Einmal die Berufung auf ein Wörterbuch und zum anderen die Berufung auf die eigene Sprachkompetenz.

a) Was leistet ein Wörterbuch für die Auslegung?

Die Hoffnung der Juristen darauf, dass ihnen das Wörterbuch mit seinen Bedeutungsbeschreibungen die Arbeit abnehmen könnte, trügt zwangsläufig. Eine durch die Sprache in Gestalt der Bedeutung sprachlicher Ausdrücke vorgegebene Grenze finden sie nicht. Sie treffen im Wörterbuch auf immer weitere Varianten des Sprachgebrauchs und Belege für dessen Vielfalt und Reichtum. Bedeutung kann man niemals erkennen. Denn jedes Wörterbuch hat eine Konzeption, in der Vorentscheidungen für eine bestimmte Auswahl stecken.

Vor dem Hintergrund des semantischen und praktischen Holismus erscheint das Konzept des sprachlichen Fehlers in einem ganz anderen Licht, als es dem Verlangen nach einer Begründung juristischer Entscheidungen durch Sprache recht sein kann. In der Sprachwissenschaft ist heute anerkannt, dass sich eine funktionierende Sprache nur als Gesamtheit beschreiben lässt. Die Bedeutung eines einzelnen Wortes verweist auf die entwicklungsoffene Gesamtheit aller anderen und kann nur im Zusammenhang gemeinsamer Überzeugungssysteme bestimmt werden.[29] Die Sprache lässt sich nicht begreifen nach der Architektur

---

[28] Vgl. als Überblick MATTHIAS KLATT, *Theorie der Wortlautgrenze*. Baden-Baden 2004, erstes Kapitel. Zur Kritik am Ansatz des Autors RALPH CHRISTENSEN, *Wortlautgrenze: spekulativ oder pragmatisch?* (in Vorbereitung).

[29] Der sogenannte Holismus der heutigen Sprachwissenschaft ist keineswegs eine radikale Neuerung. Besonders in der deutschen von Humboldt herkommenden Tradition war er immer anerkannt: „Es gibt nichts einzelnes in der Sprache, jedes ihrer Elemente kündigt sich nur als Teil eines ganzen an", WILHELM VON HUMBOLDT, Über das Vergleichen des Sprachstudium in Beziehung auf die verschiedenen Epochen der Sprachentwicklung, in: DERS., *Schriften zur Sprachphilosophie*. Werke in fünf Bänden, Bd. III. Darmstadt 1963, 10. Der neuerliche Akzent auf diesen Holismus knüpft vor allem an die Sprachphilosophie Donald Da-

der Großrechner, wo es eine Zentraleinheit gab, in der die Regeln gespeichert waren, und Terminals, wo diese Regeln lediglich angewendet wurden. Vor allem die Sprachgeschichte hat gezeigt, dass die Ordnung der Sprache nach dem Muster des Marktes als „invisible-hand-Phänomen" entsteht.[30] Sie gleicht eher einem Netz, dessen Architektur vom einzelnen Nutzer – mehr oder weniger relevant – mitgestaltet wird. Vor diesem Hintergrund markieren sprachliche Fehler nicht mehr als einen *„Grenzwert des Verständlichen"*[31], „d. h. ihr Bereich beginnt dort, wo es nicht mehr möglich wäre, eine Wortgebrauchs- und Urteilspraxis als konsistent zu verstehen."[32]

Daraus folgt aber auch, dass jede Korrektur eines Sprechers riskant und begründungsbedürftig ist:

> „Dementsprechend sind weder Artikulation noch Verständnis nur reproduktiv; sie sind vielmehr auch unkontrollierbar schöpferisch, und jede individuelle Sinnzuweisung verschiebt die geltenden Grenzen der semantischen Normalität."[33]

Der Rekurs auf eine in Bedeutungsbeschreibungen bzw. -erklärungen festgeschriebene und damit dem Sprachgebrauch buchstäblich „vorgeschriebene" Bedeutung kann nicht als Maßstab für die Entscheidung über Sinn und Unsinn und damit über die Möglichkeiten und Grenzen einer Verwendung sprachlicher Ausdrücke einspringen. Dies ist der Grund dafür, dass Wörterbuch, Lexikon sowie alle sonstigen anerkannten und selbst ernannten Autoritäten in Sachen Sprache mit ihren Bedeutungserklärungen und -definitionen immer wieder nur Beispiele für den Sprachgebrauch in bestimmten Kontexten geben können. Sie liefern „keine gemeinsame Grammatik, keine gemeinschaftlichen Regeln, keine tragbare Interpretationsmaschine, die so eingestellt ist, dass sie die Bedeutungen beliebiger Äußerungen ausspuckt."[34]

---

vidsons an: vgl. dazu MATTHIAS SCHAEDLER-OM, *Der soziale Charakter sprachlicher Bedeutung und propositionaler Einstellungen.* Würzburg 1997, 35 ff., sowie MAYER, Semantischer Holismus (Fn. 27).

[30] Vgl. dazu das grundlegende Werk von RUDI KELLER, *Sprachwandel.* Tübingen 1994, vor allem 87 ff.

[31] KATHRIN GLÜER, Sprache und Regeln. *Zur Normativität von Bedeutung.* Berlin 1999, 65.

[32] GLÜER, Sprache und Regeln (Fn. 31), 28.

[33] KLAUS GLOY, Sprachnormen als ‚Institutionen im Reich der Gedanken' und die Rolle des Individuums in Sprachnormierungsprozessen, in: KLAUS J. MATTHEIER (Hrsg.), *Norm und Variation.* Frankfurt am Main 1997, 27 ff., 30.

[34] DONALD DAVIDSON, Eine hübsche Unordnung von Epitaphen, in: EVA PICARDI/JOACHIM SCHULTE (Hrsg.), *Die Wahrheit der Interpretation. Beiträge zur Philosophie Donald Davidsons.* Frankfurt am Main 1990, 203 ff., 226.

b) Die Besinnung auf die eigene Sprachkompetenz

Der Rückgriff auf die eigene Sprachkompetenz kommt als Alternative in Betracht. Dies wird häufig als Lehnstuhlmethode bezeichnet. Man lehnt sich zurück und stellt sich die Frage, wie man selbst als idealer Sprecher die streitige Wendung gebrauchen würde. Aus den Regeln des Gebrauchs soll sich ergeben, welche Art Verwendung sprachliche Ausdrücke zulassen.

> „Die Anknüpfung der grammatischen Auslegung an den allgemeinen Sprachgebrauch, d. h. an die Umgangssprache, liegt insofern am nächsten, weil angenommen werden kann, dass derjenige, der etwas sagen will, die Worte mit dem Sinn gebraucht, in dem sie gemeinhin verstanden werden."[35]

Die Gebrauchsregeln bestimmen damit deren Bedeutung und weisen so die Grenzen möglicher Rede. Kurzum, Regeln „legen fest, unter welchen Umständen" ein Ausdruck „korrekterweise verwendet werden kann."[36] Zwar bleibt es jedem unbenommen, so zu reden, wie ihm der Schnabel gewachsen ist; um den Preis allerdings, nicht ernst genommen zu werden oder sich gar mit dem, was man zu sagen hat, nicht mehr verständlich machen zu können. In diesem von der Absicht auf Verständigung ausgehenden Druck wechselseitiger Konformität liegt, Kripkes kommunitaristisch gewendetem Wittgenstein zufolge, die ganze Normativität von Sprache.[37] Und so verdankt ihm, wie Kathrin Glüer resümiert, die Sprachphilosophie „einen neuen Slogan: ‚Bedeutung' ist normativ'."[38]

Mit der Regel im Rücken soll sich der Richter an das kritische Geschäft machen können, darüber zu befinden, inwiefern Äußerungen der Verfahrensbeteiligten im Rahmen einer möglichen Verwendungsweise des Gesetzes als Ausdruck von Recht liegen. Und sie soll ihn so in die Lage versetzen, sprachlich die Spreu vom Weizen zu trennen, um dementsprechend sein Urteil zu fällen.

Dies scheint nach den gängigen Vorstellungen von Sprache einleuchtend und muss sich doch wieder von der Praxis eines anderen belehren

---

35 ANWEILER, Die Auslegungsmethoden des Gerichtshofs der Europäischen Gemeinschaften (Fn. 10), 84.

36 JOACHIM GLOCK, Wie kam die Bedeutung zur Regel?, in: *Deutsche Zeitschrift für Philosophie* 2000, 429 ff., 431.

37 Siehe SAUL KRIPKE, *Wittgenstein über Regeln und Privatsprache. Eine elementare Darstellung.* Frankfurt am Main 1987. Zur Kritik GLÜER, Sprache und Regeln (Fn. 31), 84 ff.; sowie DIES., Bedeutung zwischen Norm und Naturgesetz, in: *Deutsche Zeitschrift für Philosophie* 2000, 449 ff., v. a. 454.

38 KATHRIN GLÜER, Schwerpunkt: Sprache und Regeln. Ist Bedeutung normativ?, in: *Deutsche Zeitschrift für Philosophie* 2000, 393 f., 293.

lassen.[39] Denn vor Gericht geht es sprachlich nicht um ein Verstehen sprachlicher Äußerungen. Die Feuerprobe darauf haben die Äußerungen der Parteien bereits bestehen müssen, damit ihr Anliegen überhaupt als ein rechtliches gelten kann. Sie wird den Parteien von zahlreichen institutionalisierten Auflagen abverlangt. Und sie fordert von ihnen einen nicht unerheblichen Aufwand, wie etwa die Formulierung von Schriftsätzen und die Einschaltung professioneller Juristen, um sich ins Spiel einer Entscheidung von Recht zu bringen. Mit dem Eintritt in das Verfahren steht also nicht mehr die Frage einer Regelkonformität zur Debatte. Vielmehr treten gegensätzliche Rechtsmeinungen in einen semantischen Kampf um die Bedeutung des Gesetzestextes ein.[40]

Es geht den Parteien also, allgemein gesprochen, nicht darum, welche Bedeutung ein Ausdruck hat, sondern darum, welche ihm zukommen soll. Und das heißt nach der eigenen Voraussetzung des semantischen Normativismus, dass es den Parteien auch nicht darum geht, was der Regel gemäß ist, sondern darum, was als Regel gelten soll. Als unabhängige Berufungsinstanz für die Entscheidung kann die Regel so aber nicht mehr greifen. Sie ist es, die als Einsatz im semantischen Kampf auf dem Spiel steht, indem die Parteien versuchen, jeweils ihre Lesart des Normtextes als Recht im Fall durchzusetzen.[41] Auch in ihrer pragmatischen Wendung kann Sprache den Konflikt der Bedeutungen somit nicht entscheiden.

Der von der herkömmlichen Lehre vorausgesetzte semantische Normativismus scheitert an den Unwägbarkeiten von Sprache als Praxis. Die Verhältnisse im Gerichtssaal treiben nur das auf die Spitze, was im Alltag regelmäßig vorkommt. Die Entscheidung über Regelkonformität einer sprachlichen Äußerung kann nicht durch Sprache vorgegeben sein; nicht einmal die Entscheidung darüber, ob die Verwendung eines Ausdrucks sich noch im Rahmen des Üblichen bewegt. Und schon gar nicht vermag eine Norm bzw. Regel eindeutig und unwiderruflich vorzuzeichnen, was in jedem Einzelfall ihre korrekte Befolgung ist.[42] Regeln vermögen daher auch nicht, die Verwendung sprachlicher Aus-

---

[39] Grundsätzlich angesichts der praktischen Verhältnisse von Verständigung DAVIDSON, Eine hübsche Unordnung von Epitaphen (Fn. 34), 227.

[40] Ausführlich dazu FRIEDRICH MÜLLER/RALPH CHRISTENSEN/MICHAEL SOKOLOWSKI, *Rechtstext und Textarbeit*. Berlin 1997, 59 ff.

[41] Näher dazu RALPH CHRISTENSEN/MICHAEL SOKOLOWSKI, Recht als Einsatz im semantischen Kampf, in: EKKEHARD FELDER (Hrsg.), *Semantische Kämpfe in den Wissenschaften. Kritische Beiträge zum Verhältnis von Semantik und Pragmatik in ausgewählten Wissenschaftsdisziplinen.* Berlin 2005 (im Erscheinen).

[42] Siehe KRIPKE, Wittgenstein über Regeln und Privatsprache (Fn. 37).

drücke auf eine ihnen zukommende Bedeutung festzulegen, wie es der Normativismus will.

Um eine derartige Festlegung leisten zu können, müsste die Regel für die Bedeutung sprachlicher Ausdrücke konstitutiv im Sinne Searles sein.[43] Nimmt man das jedoch ernst, so könnte paradoxerweise die Regel genau deshalb den abweichenden Sprachgebrauch nicht vom korrekten unterscheiden: „Denn jeder semantisch inkorrekte Gebrauch" würde, wie Kathrin Glüer zu Recht einwendet, damit automatisch zu einem „Bedeutungswandel oder -verlust". Das aber heißt nichts anderes, als dass mit der Alternative „korrekt/bedeutungslos" ausgerechnet der Verstoß gegen die Regel als Alternative entfällt.[44] Der semantische Normativismus scheitert an der Konstituierungsthese, die ihm seine Durchschlagskraft verleihen sollte. Denn wenn man diese aufweicht, indem man *Bedeutung* als Basis für die Unterscheidung von Korrektheit oder Inkorrektheit, von Konformität oder Verstoß zulässt, verliert die Regel ihr Privileg einer Ermöglichungsbedingung sinnvoller Rede. Sie wäre nur noch einer der vielen Gesichtspunkte dafür, sich Klarheit über einen bestimmten Sprachgebrauch zu verschaffen. Sie wäre „eine behelfsmäßige Durchgangsstation zwischen Satz und Interpretation, welche die Erkenntnis der Struktur erleichtert, für die richtige Interpretation von Äußerungen aber keineswegs notwendig ist."[45]

Mit der praktischen Instabilität des Regelhaften bricht aber der juristischen Praxis der objektive Erkenntnisgegenstand weg. Es fragt sich, was die Regel hier überhaupt noch austragen kann. Donald Davidsons, vor allem gegen Kripke gewendete Antwort lautet: gar nichts.[46] Wenigstens dann nicht, wenn es überhaupt um die Möglichkeit geht, sich sprachlich verständlich zu machen. Bedeutung gewinnen Äußerungen ganz ohne Regeln allein durch Interpretation. Um zu ihrem Verständnis zu gelangen, braucht es nicht einmal eine gemeinsame Sprache. Wäre dies unabdingbare Voraussetzung, so wäre es ganz und gar unerklärlich, dass es zum Verständnis auch noch der vordergründig abstrusesten Wortverdrehungen und Sprachspielereien kommen kann, wie Davidson anhand der sogenannten „Malapropismen" zeigt.[47] Worauf es für die Verständigung also ankommt, sind weder Regeln, noch ist es

[43] So GLOCK, Wie kam die Bedeutung zur Regel? (Fn. 36), 443 ff. Dagegen GLÜER, Bedeutung zwischen Norm und Naturgesetz (Fn. 37), 462 ff.

[44] Vgl. GLÜER, Bedeutung zwischen Norm und Naturgesetz (Fn. 37), 460.

[45] VERENA MAYER, Regeln, Normen, Gebräuche. Reflexionen über Ludwig Wittgensteins „Über Gewissheit", in: *Deutsche Zeitschrift für Philosophie* 2000, 409 ff., 418.

[46] Siehe DONALD DAVIDSON, Die zweite Person, in: *Deutsche Zeitschrift für Philosophie* 2000, 395 ff., v. a. 396 ff. Zuvor schon DERS., Kommunikation und Konvention, in: DERS., *Wahrheit und Interpretation*. Frankfurt am Main 1990, 372 ff.

[47] Siehe DAVIDSON, Eine hübsche Unordnung von Epitaphen (Fn. 34), 203 ff.

eine gemeinsame Sprache. Es ist vielmehr nur nötig, „dass wir dem anderen etwas liefern, das als Sprache verständlich ist."[48] Möglich wird dies dadurch, dass unsere Äußerungen immer in einem weiten Zusammenhang von Praktiken und Überzeugungen stehen. Dazu ist ferner nötig, dem anderen zu unterstellen, dass er sehr wohl weiß, wovon er redet und was er tut und dass er sich im Großen und Ganzen seine Überzeugungen auf den gleichen Wegen bildet wie wir auch. Dieses „Prinzip der Nachsicht"[49] besagt nicht, dass Verstehen zu völliger Konformität zwingen würde. Es bietet ganz im Gegenteil die Grundlage dafür, Divergenzen festzustellen. Von Sprache bleibt damit allerdings nicht mehr als ein kontextsensibler Differenzierungsprozess, der sich ständig verändert.[50] Und was man die Bedeutung eines Ausdrucks nennt, ist eine mehr oder weniger flüchtige Momentaufnahme in diesem Prozess; ein Knoten in einem Netz von Differenzen, den Verständnis und Interpretation schürzen und den der nächste Akt der Verständigung wieder lösen kann.

Normativität kann nie aus der Sprache kommen, sondern immer nur von Sprechern. Sprachnormen sind durch und durch praktisch. Sie dienen den Zwecken der Vereinfachung und Stabilisierung von Kommunikation. Für Juristen allerdings nimmt die Frage einer Normierung von Sprache eine schärfere Gangart an. Juristen werden erst in dem Moment angerufen, in dem ein Konflikt über Normen für die Sprecher unlösbar geworden ist. Sprachlich gesehen, hat der Rechtsstreit also nichts mit Normen zu tun. Er geht darum, was im Fall als Norm gelten *soll.* Der Richter entscheidet dementsprechend darüber, was als normativ durchzusetzen ist.

c) Normativität wird in der Sprache nicht vorgefunden, sondern hergestellt

Als Zwischenergebnis ist zweierlei festzuhalten: Erstens sind Sprachregeln eine soziale Praxis, die vom Sprecher mitgeformt wird. Zweitens ist jede Beschreibung wegen des holistischen Charakters der Sprache mit der Einschränkung der Beobachterperspektive zu versehen. Was bedeutet dies nun für die in der juristischen Sprachtheorie gesuchte Normativität?

---

48 DAVIDSON, Die zweite Person (Fn. 46), 401.

49 Zu diesem Prinzip im Hinblick auf die „Bedingungen des Verstehens" hier nur KARSTEN STÜBER, *Donald Davidsons Theorie sprachlichen Verstehens.* Frankfurt am Main 1993, 144 ff.; ANITA EICHINGER, *Donald Davidsons Theorie sprachlichen Verstehens.* Frankfurt am Main 2002, 46 ff.; SEBASTIAN REIMER, *Von Wahrheit zu Bedeutung?* Paderborn 2002, 116 ff.

50 Dazu HELGE SCHALK, Zu den Zeichen selbst: Der Sinn der Bedeutung, in: *Journal Phänomenologie* 13 (2000), 2 f., 2.

Natürlich hat Sprache mit Normativität zu tun. Sie ist, jedenfalls wenn man vom Regelbegriff in der Tradition Wittgensteins ausgeht, tendenziell normativ. Wenn ein Sprecher das Wort ergreift, beansprucht er mit seiner Sprachverwendung Korrektheit. Dieses Problem wurde zunächst unter dem Stichwort Sprachnormen in der Linguistik diskutiert. Neuerdings spricht man aber auch in der analytischen Philosophie von einer „normativistischen Wende". Fraglich ist, ob die Ergebnisse dieser Diskussion den Juristen beim Abtragen ihrer Begründungslasten helfen können.

In der strukturalistischen Linguistik waren Sprachnormen zunächst die Auswahl aus mehreren Möglichkeiten des Sprachsystems. Ein Nachhall dessen findet sich noch bei Lyotard, wenn er das Äußern eines Satzes als Unrecht gegenüber den unterdrückten Möglichkeiten der Sprache begreift.[51] Mit der pragmatischen Wende in den Sprachwissenschaften wurde dieser methodische Begriff ersetzt durch einen sozialen, wonach Sprachnormen als Institutionen in der kommunikativen Praxis anzusehen sind.[52] Sie dienen den Zwecken der Vereinfachung und Stabilisierung von Kommunikation. Dabei wird aber betont, dass diesen Sprachnormen keinerlei legitimierende Rolle zukommt, sondern sie jederzeit gekündigt werden können, wenn die Zwecke der Kommunikation es fordern oder erlauben.

Mit diesen beiden Begriffen ist aber die Problemebene, auf welcher die Juristen auftreten, noch nicht erreicht. Juristen braucht man erst im Kommunikationskonflikt, wo unterschiedliche Sichtweisen des Sachverhalts und unterschiedliche Lesarten des Normtextes antagonistisch aufeinander treffen. In dieser Situation kann man sich nicht darauf beschränken, auf die Normativität als implizite Tendenz der Sprache zu verweisen. Vielmehr stehen sich zwei Versuche zur Instituierung dieser Normativität unversöhnlich gegenüber. Man kann sich auch nicht über diese Verschiedenheit und Vielfalt der Sprache freuen, sondern muss eine Entscheidung treffen. Damit stößt man auf das Problem der Kodifikation von Sprachregeln:

> „Den meisten Regeln bzw. Handlungsmustern, denen wir täglich folgen, folgen wir blind, d. h. ohne eine Beschreibung dieser Regeln im Kopf zu haben. Normen – im Unterschied zu anderen Regeln – verlangen dagegen nach Beschreibungen bzw. Formulierungen, und zwar deswegen, weil Normierer

---

[51] Vgl. GEBHARD WARMER/KLAUS GLOY, *Lyotard. Darstellung und Kritik seines Sprachbegriffs.* Aachen 1995, 105 ff.

[52] GLOY, Sprachnormen als ‚Institutionen im Reich der Gedanken' und die Rolle des Individuums in Sprachnormierungsprozessen (Fn. 33), 27 ff.; DERS., Sprachnormenforschung in der Sackgasse?, in: *Beiträge zur Geschichte der deutschen Sprache und Literatur* 115 (1993), 30 ff.

und Normenadressaten (diejenigen, die einer Norm unterliegen) auf den Gegenstand der Norm verweisen können müssen (...)."[53]

Für Sprachnormen ist charakteristisch, dass sie sich Verbindlichkeitscharakter beilegen und ihren Anlass in einem Sprachkonflikt finden.[54] Diese Art von Sprachnormen verhält sich zum Kommunikationskonflikt metasprachlich und es stellt sich die Frage, woher sie ihre Legitimität beziehen kann.

Gerade die „normativistische Wende" in der analytischen Philosophie bestätigt nun die schon in der Linguistik erarbeitete Position, dass die Sprache selbst diese Legitimität nicht zu liefern vermag. Die normative Tendenz ist danach der Sprache implizit und kann gerade nicht die Gestalt expliziter Regeln annehmen, weil der Sinn der dabei verwendeten Begriffe bereits die Existenz von Normen voraussetzen würde.[55] Sprache entscheidet nur über Verständlichkeit. Ob aber ein verständlicher Sprachgebrauch angemessen, korrekt usw. ist, entscheidet sich durch die normativen Einstellungen der an der jeweiligen sozialen Praxis Beteiligten. Das heißt, man kann Sprache besser verstehen, wenn man berücksichtigt, dass in konkreten Sprachspielen normative Praktiken durch entsprechende Einstellungen der Beteiligten instituiert werden. Aber nicht die Sprache entscheidet über die Legitimität oder den Konflikt dieser Praktiken, sondern die Beteiligten.

Das Normativitätsproblem verweist also nicht auf eine in der Sprache vorhandene normative Bedeutungssubstanz sondern auf eine Praxis des Forderns und Lieferns von Gründen, den sogenannten „space of reason".[56] Damit trifft sich die „normativistische Wende" der analytischen Philosophie mit den Ergebnissen der Linguistik. Denn dort wurde schon immer betont, dass eine Sprachnorm nicht durch Sprachgründe gerechtfertigt werden kann, sondern Sachgründe aus dem

---

53 RAINER WIMMER, Sprachkritik und reflektierter Sprachgebrauch, in: *Sprache und Literatur* 1983, 3 ff., 7. Wimmer stellt den metasprachlichen Charakter der Normformulierung in den Vordergrund, während Gloy stärker auf den Bezug zur sprachlichen Normalitätserwartung abstellt. Das weist auf den „Charakter der Normen als Sinngrößen mit sozialer Geltung bei den Handelnden" hin. Vgl. GLOY, Sprachnormen als ‚Institutionen im Reich der Gedanken' und die Rolle des Individuums in Sprachnormierungsprozessen (Fn. 33), 31; „Normen sind intentionale Sachverhalte; sie sind gewollt bzw. werden als von anderen gewollt (als deren normative Erwartungen) erlebt und erlegen bestimmte Verpflichtungen, etwas zu tun oder zu unterlassen auf. Als derartige Sinngebilde stellen sie interpretative Konzepte der Sprachpraxis dar, die in vielen Fällen für die Beschaffenheit der sprachlichen Vorkommnisse verantwortlich gemacht werden." GLOY, ebd., 28.

54 WIMMER, Sprachkritik und reflektierter Sprachgebrauch (Fn. 53), 8.

55 SEBASTIAN KNELL, Die normativistische Wende in der analytischen Philosophie. Zu Robert Brandoms Theorie begrifflichen Gehaltes und diskursiver Praxis, in: *Allgemeine Zeitschrift für Philosophie* 2000, 225 ff., 235.

56 ROBERT BRANDOM, *Making it explicit. Reasoning, Representing and Discursive Commitment.* Cambridge (Mass.) 1994, 5.

jeweiligen Sprachspiel braucht. Wir müssen also davon ausgehen, dass wir in der Sprache nicht nur Bewohner, sondern auch Architekten dieses „space of reason" sind.[57] Damit wird offensichtlich, dass das Setzen einer Sprachnorm die Möglichkeit ihrer Kritik hervorbringt und dass die Entscheidung über konfligierende Sprachnormen keinen Erkenntnisakt, sondern ein ethisches Problem darstellt.

Juristisches Entscheiden ist semantische Arbeit *an* der Bedeutung sprachlicher Ausdrücke. Diese Arbeit besteht in der Entscheidung von Bedeutungskonflikten zur Festlegung auf Sprachnormen. Sprachnormen können aber nicht einfach dadurch konstatiert werden, dass man im Wörterbuch nachschlägt. Sprachnormen deuten vielmehr auf legitimatorische Standards. Und die müssen angesichts der Vielfalt und Divergenz des Sprachgebrauchs immer wieder gesetzt und auch durchgesetzt werden. Solange Äußerungen überhaupt verständlich sind, ist jeder Versuch zu ihrer Korrektur oder Zurückweisung bereits der erste Zug in einem Normierungskonflikt, der auf bestimmte Standards der Legitimierung pocht. Die aber sind selbst zu rechtfertigen. Denn in der Situation der Entscheidung über Recht anhand von Sprache steht nicht Sinn gegen Unsinn, sondern Bedeutung gegen Bedeutung, eine vorneweg so gut wie die andere. Normativität ist also in der Tat kein Naturprodukt der Sprache, das man abbauen kann wie Bodenschätze. Sprache ist ein Marktphänomen. Legitimität kann man sich dort nicht umsonst besorgen. Man zahlt mit Argumenten. In der Praxis ihres Entscheidens wissen die Juristen das. Nur in der Theorie ist es noch nicht angekommen.

2. Zusammenhang: Gibt es in Texten eine Sinnmitte?

Die Systematik soll es ermöglichen, das einzelne Auslegungsproblem in den Gesamtzusammenhang der Rechtsordnung zu stellen. Man kann dabei enge und weite Kontexte unterscheiden. Fraglich ist aber, ob sich bei der Auslegung des Gesetzes ein letzter finden lässt, der die Öffnung des Textes endgültig begrenzt, oder ob man mit dem Problem der Unendlichkeit der Kontexte pragmatisch umgehen muss.

a) Die Sinntotalität des Buches

Wenn Rechtserkenntnis möglich sein soll, braucht sie einen Gegenstand, mit dem sie übereinstimmt. Dieser Gegenstand wiederum ist als Gesetz nur dann möglich, wenn es für die Öffnung des Textes eine letzte Grenze

57 KNELL, Die normativistische Wende in der analytischen Philosophie (Fn. 55), 245.

gibt. Erst diese Grenze definiert den Gegenstand der Erkenntnis. Deswegen muss die herkömmliche Auslegungslehre als Rechtserkenntnislehre behaupten, dass das Ganze der Rechtsordnung mehr sei als die Fluchtlinie der praktischen Arbeit der Gerichte. Dieses Ganze müsste in der systematischen Auslegung für die Erkenntnis vielmehr verfügbar sein. Die Verfügbarkeit soll erreicht werden über den Begriff des Lesens.

Lesen kann man einen Text nur, wenn man schon begonnen hat, ihn zu verstehen. Der Leser braucht eine Verständnishypothese. In der herkömmlichen Methodenlehre wird nun diese Hypothese mit dem medialen Paradigma des Buches aufgeladen. Aus dem Wirtschaftsgut wird demnach eine metaphysische Figur, deren Aufgabe darin besteht, das Gleiten der Schrift in definierten Grenzen ruhig zu stellen. Das Buch mit all seinen Enden aus Fußnoten, Randbemerkungen, Lektüren usw. wird zur Sinntotalität gerundet. Diese wiederum soll dann dem Verstehen des Lesers Form und Maß geben.

Vor allem die klassische Hermeneutik hat diese Form des Buches zum ontologischen Strukturmoment des Verstehens gemacht:

> „Der Sinn dieses Zirkels, der allem Verstehen zugrunde liegt, hat aber eine weitere hermeneutische Konsequenz, die ich den ‚Vorgriff der Vollkommenheit' nennen möchte. Auch das ist eine offenbar formale Voraussetzung, die alles Verstehen leitet. Sie besagt, dass nur das verständlich ist, was wirklich eine vollkommene Einheit von Sinn darstellt."[58]

Mit diesem Vorgriff soll nahe gelegt werden, dass im Text eine objektive Sinneinheit vorhanden ist, die den Leser zu führen vermag. Dieser Sinn ist der für den Leser objektiv vorgegebene Bezugspunkt. Aus der Sicht der Leser mag sich der Sinn eines Textes wandeln.[59] Aus der Sicht des Textes ist die jeweilige Lesart nur eine unter vielen, welche die Sinnfülle des Textes im Prinzip nie erschöpfen können. Deswegen lässt sich vom Standpunkt der klassischen Hermeneutik her sagen, dass das Werk gerade im Wandel identisch bleibt.

Die klassische Hermeneutik kommt damit dem Anliegen herkömmlicher juristischer Methodik stark entgegen. Mit ihrem autoritären Begriff von Tradition und ihrem Konzept der Interpretation als Teilhabe an der hermeneutischen Wahrheit wendet sie sich gegen einen drohenden Subjektivismus des Lesens. Die Bindung des Richters an das Gesetz könnte mit diesem objektivistischen Konzept eines Überlieferungsgeschehens einlösbar werden. Wenn Gadamer „methodos" mit „Weg des Nachgehens" übersetzt und als Möglichkeit eines „Immer-wieder-nachgehen-Könnens" bestimmt, wird eine Methode zur Strukturierung

---

[58] HANS-GEORG GADAMER, *Hermeneutik I. Wahrheit und Methode.* Gesammelte Werke Bd. 1. Tübingen 1990, 299.

[59] GADAMER, Wahrheit und Methode (Fn. 58), 379.

dieses Vorgangs sichtbar. Der Vorgriff auf Vollkommenheit besagt methodisch, dass man den Text als Buch nehmen muss, welches eine klar abgegrenzte und vollkommene Einheit von Sinn darstellt. Dabei wird dem Leser eine „transzendente Sinnerwartung"[60] als Bucherwartung unterstellt, welche dann im hermeneutischen Zirkel mit der geschlossenen Sinntotalität des vorliegenden Buches zunehmend verschmilzt. Der Spielraum möglicher Lektüren ist damit klar fixiert. Es gibt keinen Raum zwischen Leser und Text, sondern der Leser muss in der Sinntotalität des Textes verschwinden. Allein der Text spricht. Er führt in der Interpretation ein Selbstgespräch.

Der hermeneutische Zirkel muss mit juristischen Inhalten gefüllt werden, um diese Einfalt für den Richter methodisch verfügbar zu machen. Man will die Verfügbarkeit der Rechtsordnung als Sinnganzes dadurch erreichen, dass man das Ganze auf ein Zentrum hin reduziert: die Gerechtigkeit bzw. die Rechtsidee. Dieses Zentrum garantiere die Kohärenz des Systems und erlaube die Auslegung und Anwendung seiner Elemente im Innern einer Formtotalität als gerechte Lösung des Streitfalls.[61]

Die traditionell normative Vorstellung des geschlossenen Textes ist auf dem Weg über die Buchreligionen tief in unserem Alltagsbewusstsein verankert. Aber das heißt nicht, dass sie in der Praxis einlösbar sei. Wenn man in einem Rechtsstreit von dogmatischen Inhalten über methodische Aussagen zu grundlegenden Gerechtigkeitsvorstellungen gelangt, findet man dort kein festes Fundament. Man hat damit zwar eine Bewegung im diskursiven Netz des Rechts vollzogen, aber diese führt nicht von der Unsicherheit in die Gewissheit – eher im Gegenteil. In einer pluralistischen Gesellschaft sind die letzten Grundlagen besonders divergent und die diskursiven Vorkehrungen institutioneller Art laufen gerade darauf hinaus, diesen Streit zu vermeiden. Die Gerechtigkeitsvorstellungen liefern keinen letzten Horizont des rechtlichen Wissens, aus dem die Entscheidung konkreter Streitigkeiten *deduziert* werden könnte. Vielmehr liegt die Leistung des Rechts für die funktionale Differenzierung genau darin, auf dem Weg über die Trennung von Recht und Moral diese letzten Grundlagen aus konkreten Streitigkeiten herauszuhalten. Hinter diesen Stand geht es nicht zurück. Ein Archimedischer Punkt, von dem aus man die Einheit des Rechts fixieren könnte, ist nicht verfügbar. Es bleibt für die Gerichte nur eine Fluchtli-

---

60 HANS-GEORG GADAMER, *Vom Zirkel des Verstehens*. Gesammelte Werke Bd. 2. Tübingen 1990, 57 ff., 61 f.

61 Vgl. zu den hier angesprochenen strukturellen Problemen: DERRIDA, Die Struktur, das Zeichen und das Spiel im Diskurs der Wissenschaften vom Menschen (Fn. 3), 422 f.

nie, auf der sie versuchen, Widersprüche in der Rechtsordnung zu vermeiden.

Es wird hier also der Weg vom Textäußeren zu den inneren Werten des Rechts empfohlen. Ein Gericht darf sich nicht damit begnügen, auf der äußerlichen Ebene Texte zu verknüpfen, sondern muss in die Tiefe vorstoßen. Deswegen verlangt die Methodenliteratur eine „vertikale Auslegung".[62] Es handelt sich dabei um eine Forderung, nicht um eine Beschreibung. Tatsächlich findet man immer Verknüpfungen von Normen, die auf derselben Ebene liegen. Die Tiefe des Rechts ist nicht erreichbar.

Die Gründe dafür sind prinzipieller Art. Sie liegen im Begriff des letzten Kontexts: „Der gesamte Kontext jedoch ist weder prinzipiell noch in der Praxis beherrschbar. Bedeutung ist kontextgebunden, der Kontext jedoch ist unbegrenzt."[63] Die Unbegrenztheit des Kontextes erscheint zunächst kontraintuitiv, denn unser Blick ist fokussiert. Aber die Fokussierung erfolgt vor einem *offenen* Horizont, der gerade nicht zu fassen ist:

> „Der Kontext ist in einem doppelten Sinn unbegrenzt. Erstens steht jeder Kontext einer weitergehenden Beschreibung offen. Im Prinzip gibt es keine Begrenzung, was in einen gegebenen Kontext eingeführt werden oder sich als für die Performanz eines bestimmten Sprechakts als relevant erweisen könnte. Diese strukturale Offenheit des Kontextes ist für alle Disziplinen wesentlich: Der Wissenschaftler entdeckt Faktoren, die vorher als für das Verhalten gewisser Objekte nicht relevant galten; der Historiker bewertet bestimmte Ereignisse unter dem Aspekt neuer oder neu interpretierter Daten; der Literaturkritiker stellt eine Beziehung zwischen einer Passage und einem Text oder Kontext her, die diese in einem neuen Licht erscheinen lassen."[64]

Gerade weil die Bedeutung vom Kontext bestimmt wird, ist sie für Veränderungen offen. Und es kommt noch ein zweiter Grund hinzu.

> „Der Kontext ist auch in einem anderen Sinne nicht beherrschbar: Jeder Versuch zur Kodifizierung des Kontexts kann auf den Kontext, den er beschreiben will, aufgepfropft werden und so einen neuen Kontext schaffen, der sich der vorherigen Formulierung entzieht. Versuche, Grenzen zu beschreiben, ermöglichen immer eine Verschiebung dieser Grenzen; so hat Wittgensteins Ausführung, dass man nicht ‚Bu Bu Bu' sagen und damit ‚wenn es nicht regnet, gehe ich spazieren' meinen kann, paradoxerweise die Möglichkeit geschaffen, genau dies zu tun."[65]

---

62 ALBERT BLECKMANN, Die systematische Auslegung im europäischen Gemeinschaftsrecht, in: DERS., *Studien zum Europäischen Gemeinschaftsrecht*. Köln 1986, 41 ff., 44.

63 JONATHAN CULLER, *Dekonstruktion*. Reinbek bei Hamburg 1988, 137.

64 CULLER, Dekonstruktion (Fn. 63), 137.

65 Ebd., 138.

b) Strategien systematischer Auslegung

Der Weg „in die Tiefe" des Rechts mündet also ins Nirgendwo. Deswegen bleibt den Gerichten gar nichts anderes übrig, als die Rechtssätze horizontal zu vernetzen. Der Kontext einer Bedeutung muss immer neu beschrieben werden. Die Einheit des Rechts ist kein fester Punkt, den man erreichen könnte. Sie liegt vielmehr auf der Fluchtlinie ständig neuer Beschreibungen. Diese Fluchtlinie ist auch nicht Gegenstand einfacher Beobachtung. Sie wird nur dann sichtbar, wenn man die Beobachter beobachtet. Das Heranziehen des Kontextes führt damit nicht zur Sinnmitte des Rechts, sondern in die Beobachtung zweiter Ordnung. Genau diese Konsequenz zeigt sich mit voller Deutlichkeit in der Praxis der Gerichte. In der weit überwiegenden Anzahl der Entscheidungen besteht das systematische Argument im Verweis des Gerichts auf seine eigene Rechtsprechung. Das heißt, die Systematik wird vollzogen als Beobachtung zweiter Ordnung. Diese Beobachtung zweiter Ordnung wirft Legitimationsfragen auf, die bisher nur unter dem missverständlichen Titel des Präjudizes als Rechtsquelle thematisiert wurden. Erst wenn man sich klar macht, dass das Recht nicht Quellen *entnommen*, sondern unter einschränkenden Vorgaben vom Gericht *geschaffen* wird, kann man von der unzulänglichen Metaphysik der „Quellen" wegkommen und operationale methodische Fragen erörtern.

Im Rahmen der überlieferten Prozeduren systematischer Textbearbeitung hat zunächst eine Abgrenzung zur grammatischen Auslegung zu erfolgen. Die Schwierigkeit liegt darin, dass die Einheit eines Textes keine semantische, sondern eine pragmatische Größe ist. Diese Einheit ist also nicht natürlich gegeben, sondern hängt von der jeweiligen Fragestellung des Interpreten ab. Gewiss liegt systematische Auslegung dann vor, wenn man von einem Normtext mit eigener amtlicher Nummerierung auf einen anderen übergreift. Aber sie kann auch innerhalb eines einzelnen Normtextes erfolgen, wenn in ihm verschiedene Regelungen enthalten sind; sogar innerhalb desselben Satzes, wenn dieser etwa Meinungs- und Pressefreiheit nebeneinander garantiert. Die Abgrenzung wird also durch die aus der Fragestellung folgende Sicht auf die fragliche Texteinheit bestimmt.

Die systematische Auslegung verknüpft mindestens zwei Normtexte zu einem Argument. Auf der Textoberfläche wird dies durch Nennung der betroffenen Normtexte meist ersichtlich. Eine grundlegende Form systematischer Auslegung liegt darin, Widersprüche in der Bedeutungsfixierung zu vermeiden.[66] Gemeinhin wird dieser Grundsatz als Beobachtung erster Ordnung formuliert:

> „Ihm zufolge haben gleichlautende Begriffe ein und derselben Rechtsordnung – mögen sie in einem engeren oder weiteren Textzusammenhang stehen – grundsätzlich auch den gleichen Inhalt."[67]

Weil Texte eine Bedeutung aber nicht einfach „haben", muss der Grundsatz für die Strukturierung des Materials durch den Beobachter formuliert werden. Das wird auch deutlich, wenn es in der Praxis heißt: „Diese Bestimmungen sind gleichlautend und müssen einheitlich ausgelegt werden (...)."[68] Im Gegenschluss hat man dann bei unterschiedlichen Formulierungen die Option unterschiedlicher Bedeutungszuweisung.[69] Trotzdem gibt es die Möglichkeit, bei gleicher Formulierung unterschiedlich zu interpretieren, wenn dafür besondere Gründe sprechen. Meist wird diese Strategie als *funktionsdifferente Auslegung* bezeichnet. Sie bestätigt wiederum, dass die Einheit der Rechtssprache eben kein Gegenstand der Beobachtung ist, sondern nur als Anforderung an die Aktivität der Gerichte gelten kann. Immer dann, wenn es gewichtige Gegengründe gibt, ist das Ziel der Einheitlichkeit zu suspendieren.

Eine andere Arbeitsmethode des Gerichts liegt darin, aus der Stellung einer Regelung innerhalb eines bestimmten Kapitels Konsequenzen abzuleiten.[70] Zur Profilierung des Regelungsumfangs kommen aber nicht nur benachbarte Vorschriften in Betracht, sondern es können auch weiter entfernt liegende Normtexte Ansatzpunkte bieten.[71] Die hierbei leitende Vermutung lässt sich etwa folgendermaßen formulieren:

> „Die Norm A darf daher nicht so ausgelegt werden, dass sie auch nur teilweise mit dem Sachverhalt übereinstimmt, der von der Vergleichsnorm B geregelt wird. Aus dem Inhalt der Norm B kann somit negativ auf den Inhalt der Norm A geschlossen werden und umgekehrt. Das Ideal besteht bei dieser Form der Anwendung der systematischen Auslegungsmethode darin, den Inhalt der Norm A mit präzisen Begriffen zu umreißen, die den gesamten Inhalt der Norm umfassen, aber nicht in die Regelungsmaterie der Norm B hinübergreifen."[72]

---

[66] Vgl. etwa zu den Voraussetzungen, unter denen eine einheitliche Auslegung des Gemeinschaftsrechts zu erfolgen hat, EuGH, Rs. 133/99, Rn. 26.

[67] MICHAEL POTACS, *Auslegung im öffentlichen Recht*. Baden-Baden 1994, 78.

[68] EuGH, Slg. 1963, 417 ff., 432.

[69] EuGH, Slg. 1981, 2781 ff., 2794 (Analog Devices).

[70] Vgl. etwa EuGH, Slg. 1964, 1251 ff., 1275 (Costa/ENEL); EuGH, Slg. 1976, 91 ff., 100 (Manghera).

[71] Vgl. dazu EuGH, Slg. 1969, 193 ff., 201 (Kommission/Italienische Republik); EuGH, Slg. 1971, 69 ff., 81 (Sirena).

[72] ANWEILER, Die Auslegungsmethoden des Gerichtshofs der Europäischen Gemeinschaften

Weitere Strategien der systematischen Auslegung hängen von den rechtlichen Vorgaben für das Gericht ab. So kann man im Einzugsbereich der Grundrechte von mehreren möglichen Interpretationen die am wenigsten belastende wählen.[73]

c) Von der Systematik erster Ordnung zur Systematik zweiter Ordnung

In der Praxis der Gerichte ist die Einheit des Rechts nicht verfügbar. Die Gerichte reagieren darauf mit einer Ergänzung der Systematik erster Ordnung durch eine Systematik zweiter Ordnung. Das heißt, sie beobachten nicht das Recht, sondern den Beobachter des Rechts.

In einer empirischen Studie wurde mit Hilfe der Datenbank Juris eine statistische Abhandlung über die Zitierpraxis deutscher Gerichte erstellt[74], wobei u. a. die Frage aufgeworfen wurde, in wie vielen bundesdeutschen Gerichtsurteilen Entscheidungen anderer Gerichte zitiert werden. Die Untersuchung stützte sich bei ihren Vergleichen in erster Linie auf Entscheidungen aus den Jahren 1980 und 1988. Ergebnis war, dass 1446 von 3046 in Juris gespeicherten Urteilen der obersten Bundesgerichte aus dem Jahr 1980 Zitate enthielten.[75] Bei Urteilen aus dem Jahr 1988 war dieser Anteil mit 3503 von 5603 Urteilen noch etwas höher[76]. Daraus ergibt sich, dass in weit mehr als der Hälfte aller Begründungstexte dieser Gerichte auf mindestens ein Urteil eines anderen Gerichts Bezug genommen wird.[77]

Bei den Untergerichten war der Anteil wesentlich geringer, von den 10143 in Juris gespeicherten Dokumenten aus dem Jahr 1980 wurde in weniger als einem Viertel auf andere Urteile verwiesen, 1988 stieg diese Quote immerhin auf ein knappes Drittel (rund 3800 von 13376).[78]

In dieser Untersuchung wird deutlich, dass es eine überragende Bedeutung der Praxis der eigenen Gerichtsbarkeit gibt.[79] Nur für einen geringen Teil aller Urteile spielt die Rechtsprechung anderer Gerichtszweige eine Rolle; dieser Anteil bewegt sich in der Regel im Promille-

(Fn. 10), 178; vgl. etwa EuGH, Rs. 159/00, Rn. 26 ff.

73 Vgl. dazu EuGH, Slg. 1969, 419 ff., 425 (Stauder); EuGH, Slg. 1978, 169 ff., 179 (Lührs); EuGH, Slg. 1988, 169 ff., 206 (Dänemark/Kommission).

74 ROLAND WAGNER-DÖBLER/LOTHAR PHILIPPS, Präjudizien in der Rechtsprechung. Statistische Untersuchung anhand der Zitierpraxis deutscher Gerichte, in: *Rechtstheorie* 1992, 228 ff.

75 WAGNER-DÖBLER/PHILIPPS, Präjudizien in der Rechtsprechung (Fn. 74), 230.

76 Ebd.

77 Ebd.

78 Ebd.

79 Ebd., 233.

Bereich, nur gelegentlich steigt er auf mehr als 5 %.[80] Es war festzustellen, dass hierbei das Bundesverfassungsgericht sowie der Bundesfinanzhof eine große Rolle spielen.

Weiter wurde untersucht, wie sich die Entscheidungen der Bundesgerichte bzw. der Bundesgerichtshöfe auf die unteren Instanzen auswirken. Die Frage war jetzt, wie oft in Begründungstexten unterer Instanzen anderen Urteilen zugestimmt oder aber widersprochen wurde. Das wurde dann mit dem entsprechenden Verhalten der obersten Bundesgerichte verglichen. Hier war zu bemerken, dass bei nachgeordneten Instanzen der Anteil bestätigender Bezugnahmen höher ist als bei den obersten Bundesgerichten.[81]

Der Befund einer wachsenden Bedeutung von Präjudizien bestätigt sich auch bei anderen Gerichten wie dem EuGH. Das Vorkommen von Argumenten in der Judikatur des Gerichtshofs wurde für den Entscheidungsjahrgang 1999 empirisch untersucht.[82]

Eine Inhaltsanalyse[83] der EuGH-Begründungen vom Jahrgang 1999 kommt zu folgendem Ergebnis:

> „Der Verweis auf frühere Rechtsprechung ist nicht nur in jeder Hinsicht die häufigste Argumentationsform in den Entscheidungen des EuGH, die Häufigkeit des Verweises auf frühere Rechtsprechung übertrifft die der übrigen Argumentationsformen zudem um ein Vielfaches. Dies verlangt eine grundsätzliche Neubewertung der Gewichtung der Argumentationsform in der Methodik des EuGH: Der Verweis auf frühere Rechtsprechung steht hier an erster Stelle, die Argumentationsformen der ‚klassischen' Auslegungscanones sind dem nachgeordnet."[84]

Wie lässt sich diese Entwicklung von der Kohärenz der Gesetze zu jener der Urteile[85] beschreiben? Zunächst kann man nicht sagen, die Sys-

---

[80] WAGNER-DÖBLER/PHILIPPS, Präjudizien in der Rechtsprechung (Fn. 74), 233.

[81] Ebd., 238.

[82] Vgl. dazu die grundlegende Arbeit von MARIELE DEDERICHS, *Häufigkeit und Bedeutung methodischer Argumente in den Begründungen des Gerichtshofs der Europäischen Gemeinschaften.* Baden-Baden 2004, auf die im Folgenden Bezug genommen wird.

[83] Vgl. zu dieser Methode MARIELE DEDERICHS/RALPH CHRISTENSEN, Inhaltsanalyse als methodisches Instrument zur Untersuchung von Gerichtsentscheidungen, vorgeführt am Beispiel der Rechtsprechung des EuGH, in: FRIEDRICH MÜLLER (Hrsg.), *Untersuchungen zur Rechtslinguistik III.* Berlin 2004. Außerdem grundlegend zu dieser Methode KLAUS MERTEN, *Inhaltsanalyse. Einführung in Theorie, Methode und Praxis.* Opladen 1995; WERNER FRÜH, *Inhaltsanalyse. Theorie und Praxis.* Konstanz 2001; speziell für die Anwendung auf das Recht auch JUTTA LIMBACH, Die sozialwissenschaftliche Inhaltsanalyse richterlicher Entscheidungen, in: *JA* 1976, 353 ff.

[84] STÄHELI, Sinnzusammenbrüche (Fn. 7).

[85] Im Rahmen der Systemtheorie kommt das Stichwort Kohärenz nicht vor. Das vorliegende Problem wird dort unter der Überschrift Konsistenz der Entscheidungspraxis verhandelt. Vgl. dazu NIKLAS LUHMANN, Gerechtigkeit in den Rechtssystemen der modernen Gesellschaft, in: DERS., *Ausdifferenzierung des Rechts.* Frankfurt am Main 1999,

tematik erster Ordnung werde durch die der zweiten Ordnung verdrängt, denn die normale systematische Auslegung kommt weiterhin vor. Besser könnte man von einem Ergänzungsverhältnis sprechen, denn die Systematik zweiter Ordnung kann nur dort verwendet werden, wo das entsprechende Gericht schon tätig war. Dies bestätigt sich auch dadurch, dass der Internationale Gerichtshof seltener auf die eigene Rechtsprechung Bezug nimmt, weil er eben meistens neue Fragen zu beantworten hat. Die Beobachtung zweiter Ordnung kommt nur in einer „dichten" Rechtsordnung in Betracht. Dabei ist das Wort „Ergänzung" aber immer noch missverständlich. Denn es konnotiert Randgebiete und entlegene Provinzen des Rechts. Tatsächlich aber kommt die Systematik zweiter Ordnung gerade in den zentralen Bereichen zum Tragen, wo es die meisten Judikate gibt.

Die Systematik erster Ordnung zeigt sich dagegen eher in den Randgebieten und bei speziellen Rechtsfragen. Wenn man diese Entwicklung zureichend beschreiben will, muss man von einem wachsenden Überwiegen der Systematik zweiter Ordnung gegenüber derjenigen erster Ordnung ausgehen. Eine Inhaltsanalyse des EuGH-Jahrgangs 1999 kommt bezüglich des Stellenwerts der Bezugnahme auf eigene Judikatur innerhalb der Argumentation des Gerichts zu folgendem Ergebnis:

> „Die Gewichtung der Argumentationsformen in der Methodik des EuGH muss grundsätzlich neu bewertet und dem Verweis auf frühere Rechtsprechung gegenüber den übrigen Argumentationsformen eine herausragende Bedeutung beigemessen werden. Der Verweis auf frühere Rechtsprechung wird in den Entscheidungen des EuGH im Jahrgang 1999 insgesamt 1199-mal verwendet und ist damit die häufigste Argumentationsform. Der Verweis auf frühere Rechtsprechung wird in den Entscheidungen des EuGH im Jahrgang 1999 mehr als doppelt so häufig verwendet, wie die grammatikalische Auslegung als zweithäufigste Argumentationsform und mehr als viermal so häufig wie die teleologische Auslegung als dritthäufigste Argumentationsform. Von den 259 Entscheidungen des EuGH im Jahrgang

374 ff., 394 ff. Dabei macht sich die Systemtheorie immer noch Illusionen über die Möglichkeit von Konsistenz und die mangelnde Beachtlichkeit von deren Fehlen. Dazu grundsätzlich STÄHELI, Sinnzusammenbrüche (Fn. 7). Kern des Problems ist der von Luhmann aus der Protologik von Spencer Brown übernommene Begriff der Kondensierung bzw. Konfirmation. Die Protologik sieht von der Zeit ab. Wenn man solche zeitabstrakten methodischen Annahmen auf zeitlich strukturierte Thematiken überträgt, erzeugt man dadurch idealistische Illusionen von Dauerhaftigkeit und Stabilität. Sachadäquater ist demgegenüber der eine prinzipielle Verschiebung enthaltende Begriff der Iteration. Eine Dekonstruktion dieser Annahmen der Systemtheorie muss im vorliegenden Zusammenhang unterbleiben. Vgl. dazu STÄHELI, Sinnzusammenbrüche (Fn. 7), 280 ff.; DIRK BAECKER, Zeit und Zweideutigkeit im Kalkül der Form, in: *Nummer 3*, 4/5 (1996), 11 ff.; RODOLPHE GASCHÉ, *The Tain of the mirror*. Cambridge (Mass.) 1986, insbes. 192 und öfter. In der Systemtheorie können diese idealistischen Grundannahmen nur funktionieren, weil sie die Rhetorizität von Sprache unterschätzt und exiliert. Vgl. dazu STÄHELI, Sinnzusammenbrüche (Fn. 7), 150 ff.

1999 enthalten nur 38 keinen Verweis auf frühere Rechtsprechung, d. h. 85 % aller Entscheidungen des EuGH im Jahrgang 1999 enthalten wenigstens einen Verweis auf frühere Rechtsprechung. In 154 der 259 Entscheidungen des EuGH im Jahrgang 1999 ist der Verweis auf frühere Rechtsprechung die häufigste Argumentationsform. Damit ist der Verweis auf frühere Rechtsprechung auch bezogen auf einzelne Entscheidungen die häufigste Argumentationsform. Der EuGH stützt seine Argumentation in einer Entscheidung typischerweise nicht nur einmal, sondern mehrfach auf frühere Rechtsprechung."[86]

Wie ist dieses Phänomen der Bindung an eigene Entscheidungen theoretisch zu erfassen? Im Rahmen der herkömmlichen Lehre wird das Präjudiz zur subsidiären Rechtsquelle. Jenseits der „Wortlautgrenze" oder bei „Unbestimmtheit" des Textes sollen die Vorentscheidungen in die Bresche springen und dem Richter Rechtserkenntnis ermöglichen. Das Rechtserkenntnismodell bleibt so die prinzipielle Schranke bei der Untersuchung der Rolle des Präjudizes. Wenn der Normtext als Gegenstand der Bedeutungserkenntnis versagt, wird er von der Vorentscheidung als Gegenstand der Erkenntnis ersetzt. In einem nicht näher einzugrenzenden Bereich wird dem Präjudiz damit eine normtextähnliche Rolle eingeräumt. Es ist angeblich Gegenstand der Rechtserkenntnis und der richterlichen Bindung. Aber natürlich kann der Text einer Vorentscheidung dem Leser ebenso wenig eine feste Bedeutung als Gegenstand vorgeben, wie dies der Normtext vermochte. Nach dem praktischen Versagen des Rechtserkenntnismodells bleibt die argumentative Rolle des Präjudizes nach wie vor zu bestimmen.

Die bisherige Diskussion um die Wirkung von Vorentscheidungen wird durch die prinzipiellen Schranken der traditionellen Rechtserkenntnislehre behindert. Diese wirken bis in die Terminologie hinein. Man stellt die faktische Wirkung von Präjudizien in der kontinentalen Tradition ihrer normativen Wirkung in der angelsächsischen gegenüber.[87] Normativität wird dabei als statische Eigenschaft eines Textes ver-

---

[86] DEDERICHS, Häufigkeit und Bedeutung methodischer Argumente in den Begründungen des Gerichtshofs der Europäischen Gemeinschaften (Fn. 82).

[87] Vgl. zur Diskussion BERNHARD SCHIMA, Zur Wirkung von Auslegungsentscheidungen des Gerichtshofes der Europäischen Gemeinschaften, in: BIRGIT FELDNER/NIKOLAUS FORGÓ (Hrsg.), *Norm und Entscheidung*. Wien 2000, 280 ff.; AKOS G. TOTH, The Authority of Judgements of the European Court of Justice: Binding Force and Legal Effects, in: *Yearbook of European Law* 4 (1984), 1 ff.; ANDRÉ U. PIETREK, *Verbindlichkeit von Vorabentscheidungen nach Art. 177 EWGV*. Frankfurt am Main 1989; JOHN J. BARCELÒ, Precedent in European Community Law, in: NEIL MACCORMICK/ROBERT S. SUMMERS (Hrsg.), *Interpreting Precedents: A Comparative Study*. Dartmouth 1997, 407 ff.; ULRICH EHRICKE, Die Bindungswirkung von Urteilen des EuGH im Vorabentscheidungsverfahren nach deutschem Zivilprozessrecht und nach Gemeinschaftsrecht, in: *Vorträge, Reden und Berichte aus dem Europa-Institut der Universität des Saarlandes Nr. 364*. Saarbrücken 1997; ANTHONY ARNELL, Interpretation and Precedent in English and Community Law: Evidence of Crossfertilization?, in: MADS ANDENAS (Hrsg.),

standen, den man einfach anwenden muss. Diese Vorstellung stimmt weder für Gesetze noch für die angelsächsischen Präjudizien. Wenn man im Rahmen einer Rechtserzeugungsreflexion Normativität nicht als Gegenstand, sondern als Prozess fasst, kann man in der bisher unklaren Diskussion über die Bindungswirkung von Vorentscheidungen besser differenzieren: eine *Bindung an Normtexte* heißt, dass man sich nicht mittels besserer Argumente einfach davon lösen darf. Eine *argumentative Bindung* bedeutet, dass ein Kontext der Entscheidung die Richtung gibt, aber durch bessere Argumente verdrängt werden kann.

Präjudizien können, insofern sie methodisch haltbar sind, der aktuellen Entscheidung Richtung geben und wirken damit auf die Normativität ein. Aber sie fungieren nicht als legitimierender Zurechnungspunkt neuer Entscheidungen. Sie sind nur Argumente.

3. Vorgeschichte: Kann man aus Erfahrung lernen?

Bei der historischen Auslegung muss man die Entstehungsgeschichte von der Vorgeschichte des Normtextes unterscheiden.

a) Unterscheidung von genetischer und historischer Auslegung

In Lehre und Rechtsprechung werden diese beiden Elemente nicht selten miteinander vermengt. So bezeichnet etwa das Bundesverfassungsgericht[88] die Auslegung aus „Gesetzesmaterialien und Entstehungsgeschichte" als „historische". Korrekt heißt diese Auslegung, von der das Gericht spricht, die *genetische.* Die *historische* ist dagegen die rechtsgeschichtliche (gesetzgebungsgeschichtliche) anhand der Texte von Normvorläufern, Normvorbildern als Antwort auf die Frage: Wie war das denn früher geregelt?

Die historische Auslegung arbeitet also mit *Normtexten,* und zwar *mit anderen Normtexten* als den im vorliegenden Fall zu bearbeitenden, nämlich mit früheren, nicht mehr geltenden Wortlauten. Von der *systematischen* Auslegung, bei der ebenfalls andere Vorschriften vergleichend herangezogen werden, unterscheidet sich die *historische* dadurch, dass außer Kraft gesetzte Normtexte sowie mit ihrer Hilfe entwickelte Rechtsnormen mit gleichem, ähnlichem oder zumindest funktionell vergleichbarem Normprogramm, und zwar aus älteren Zeitabschnitten, in die Überlegung eingeführt werden.

English Public Law of Europe. London 1998, 93 ff.

88 BVerfGE 11, 130 und ständige Rspr.

Die genetische Auslegung arbeitet mit *Nicht-Normtexten* (Diskussionen, Überlegungen, Entwürfe, Parlamentsreden, Ausschussberichte, amtliche Begründungen) aus der rechtspolitischen Debatte, vor allem aber aus den Verhandlungen der legislativen Gremien; und zwar betreffen diese Texte die Entstehungsgeschichte und Gesetzgebungsmaterialien *derselben Normtexte*, nämlich der im Fall zu bearbeitenden.

b) Beispiele aus der nationalen Gerichtsbarkeit

In der Praxis werden historische und genetische Auslegung häufig verbunden. So etwa bei der Diskussion um das sogenannte materielle Prüfungsrecht des Bundespräsidenten bei der Ausfertigung von Gesetzen.

Die Gegner einer materiellen Prüfungsbefugnis des Bundespräsidenten weisen mit besonderem Nachdruck auf die gegenüber dem Reichspräsidenten der Weimarer Reichsverfassung geschwächte Stellung des Bundespräsidenten hin, den das Grundgesetz in die Rolle des repräsentativen Staatsoberhaupts zurückgedrängt habe. Die staatsrechtliche Stellung des Bundespräsidenten verwehre ihm jede Einflussnahme auf die gesetzgeberische Willensbildung. Das folge schon aus der Grundentscheidung der Verfassung für ein gewaltenteilendes System und daraus, dass dem Bundespräsident eine Befugnis zur materiellen Prüfung nicht ausdrücklich zugewiesen sei. Zudem wird aus der geschwächten Stellung des Staatsoberhauptes eine restriktive Auslegung auch der ihm verbleibenden Befugnis gefordert. Gegen diese Einschränkung wird zu Recht geltend gemacht, dass die auf induktivem Wege gefundene Bewertung beim Vergleich der Befugnisse des Reichspräsidenten und des Bundespräsidenten nicht wieder zur Einschränkung einer dem Bundespräsidenten verbliebenen Befugnis verwendet werden dürfe. Das würde einen Zirkelschluss bedeuten, da gerade zu prüfen ist, ob die Verringerung der Befugnisse des Präsidenten auch die Ablehnung etwa einer materiellen Prüfungsbefugnis enthalte.

Ein weiteres Problem, bei dessen Diskussion die historische Auslegung eine Rolle spielt, ist die Frage, ob Art. 11 GG (Freizügigkeit) auch die Einreise und Ausreise erfasst. Die Entstehungsgeschichte spricht gegen die Erstreckung der Freizügigkeit auf die Ausreise. Der Parlamentarische Rat lehnte es ab, die Auswanderungsfreiheit in den Grundrechtskanon aufzunehmen.[89] Vermutlich wurde eine größere Auswanderungswelle wegen der bestehenden Umstände im Nachkriegsdeutschland befürchtet. Auch die historische Auslegung spricht gegen eine Einbeziehung. Die Auswanderungsfreiheit fand in Art. 112 I WRV eine

[89] Vgl. BVerfGE 6, 32 – Elfes-Entscheidung.

selbstständige Regelung gegenüber der Freizügigkeit des Art. 111 S. 1 WRV. Weiter ist bei der Auslegung des Art. 11 GG zu berücksichtigen, dass der Parlamentarische Rat auch die Frage des Zuzugsrechts der Bewohner in dem Gebiet der ehemaligen DDR in die Bundesrepublik entscheiden wollte. Anders ist es bei der Einreise. Art. 111 S. 2 WRV regelte das Recht, sich im Reich an jedem beliebigen Ort aufzuhalten oder niederzulassen und konkretisierte das den Reichsbürgern in Art. 111 S. 1 WRV garantierte Freizügigkeitsrecht. Eine Sonderregelung, wie sie Art. 112 I WRV für die Auswanderung beinhaltete, gab es für die Einreise nicht.

c) Beispiele aus der internationalen Gerichtsbarkeit

Die historische Konkretisierung von Vorläufernormen spielt im jungen Gemeinschaftsrecht naturgemäß eine geringe Rolle. Allerdings werden ihre Möglichkeiten mit der Zeit zunehmen. Dort, wo sich die Möglichkeit historischer Konkretisierung bietet, wendet der EuGH Argumentationsmuster an, die aus der nationalen Methodenkultur bekannt sind. Im Sekundärrecht wird die historische Konkretisierung möglich, wenn Vorgängerverordnungen oder Richtlinien existieren.[90] Die anzuwendende Verordnung oder Richtlinie erweitert oftmals frühere Regelungen. Häufig wird die Vorgängerregelung im Bereich von Richtlinien durch die nachfolgende aber auch verändert und ergänzt. Diese vor allem im Sekundärrecht zu beobachtende Entwicklung ist eine Quelle von zusätzlichen Argumenten. Dabei interpretiert der EuGH eine neue Bestimmung so, dass die Kontinuität der Rechtsstruktur gewahrt wird. Das heißt, wenn die anderen Konkretisierungselemente mehrere Möglichkeiten eröffnen, ist der Lesart der Vorzug einzuräumen, welche den Zusammenhang am besten gewährleistet.[91] Wenn aber der Normtext vom Gesetzgeber verändert wird, dann ist die Kontinuitätsregel suspendiert und es ist im Gegenteil davon auszugehen, dass diese Veränderung zu einer neuen Lesart führen muss.[92] So führt der EuGH zur Frage des Entzugs einer Trennungszulage für EG-Beamte folgende Argumentation ins Feld:

> „Schon die Tatsache, dass vorliegend das Wort ‚Umkreis' durch das Wort ‚Entfernung' ersetzt worden ist, lässt einwandfrei erkennen, dass die Verfasser des Textes von dem Begriff der ‚Luftlinie' (der in dem Wort ‚Umkreis'

---

[90] Vgl. MARCUS LUTTER, Die Auslegung angeglichenen Rechts, in: *JZ* 1992, 593 ff., 599; ANWEILER, Die Auslegungsmethoden des Gerichtshofs der Europäischen Gemeinschaften (Fn. 10), 255.

[91] EuGH, Slg. 1969, 43 ff., 51 (Klomp).

[92] Vgl. POTACS, Auslegung im öffentlichen Recht (Fn. 67), 138 f.

klar zum Ausdruck kam) abgehen und dem gegenüber den Begriff der (Straßen- oder Schienen-)Strecke einführen wollten."[93]

Insgesamt führt die historische Auslegung also in eine Kontinuitäts- bzw. Diskontinuitätsvermutung. Bei unveränderter Übernahme einer alten Vorschrift wird Kontinuität vermutet. Bei Änderungen des Wortlauts wird jedenfalls eine partielle Diskontinuität angenommen.

4. Entstehungsgeschichte: Will der Autor etwas sagen?

Die subjektive Auslegungslehre verwendet die genetische Konkretisierung, um den Willen des Autors zu bestimmen:

> „Vermittels dieser Methode erforscht der Auslegende den wahren Willen des historischen Vertrags- oder Gesetzgebers, bemüht sich also um eine möglichst genaue Kenntnis dessen, was die Schöpfer mit dem Erlass der Norm erreichen wollten."[94]

Die Bedeutung des Textes wird dann mit dem Willen des Gesetzgebers gleichgesetzt.[95] Normen gelten hier als Willensausdruck eines gebietenden Subjekts. Entscheidend soll die Feststellung sein, welchen besonderen Sinn eine historisch bestimmte Personengruppe mit den gewählten Worten verbunden hat. Die Vorstellungen, Absichten und Wertorientierungen dieser Personen sind möglichst genau zu ermitteln[96] und fixieren dann den Inhalt des Textes[97].

---

[93] EuGH, Slg. 1961, 239 ff., 261 f. (Simon).

[94] ANWEILER, Die Auslegungsmethoden des Gerichtshofs der Europäischen Gemeinschaften (Fn. 10), 247.

[95] Vgl. zur Kritik an der Ermittlung eines psychologischen Willens des Gesetzgebers und entsprechender Beweiserhebung: MICHAEL GROPP, *Die Rechtsfortbildung contra legem – Ein Beitrag zur rechtstheoretischen Erforschung der Grundlagen richterlicher Rechtsfortbildung im Privatrecht.* Berlin 1974, 75; KARL CLAUSS, Zum Begriff der Unklarheit, in: JZ 1960, 306 ff., 308, Fn. 29.

[96] Vgl. dazu THOMAS HONSELL, *Historische Argumente im Zivilrecht.* Ebelsbach 1982, 172 f., m. w. N.

[97] CARSTEN BUCK, *Über die Auslegungsmethoden des Gerichtshofs der Europäischen Gemeinschaft.* Frankfurt am Main 1998, 26 f., m. w. N.: „Zu betonen ist, daß nach der hier vertretenen Meinung bei der Auslegung von Rechtsvorschriften auf den historischen Willen abzustellen ist. Demnach muß ein Rechtsetzer jenen Sinngehalt gegen sich gelten lassen, der seiner Äußerung nach Maßgabe von Kommunikationsregeln zu ihrem Entstehungszeitpunkt beizumessen ist. Die Festlegung auf die Ermittlung des historischen Willens wird schon durch das Verständnis von Rechtsnormen als durch Kommunikationsregeln zum Ausdruck gebrachte Willenserklärungen nahegelegt. Denn nur die zum Entstehungszeitpunkt maßgeblichen Umstände können einem Rechtsetzer bei der Erklärung seines Willens als von ihm berücksichtigt zugesonnen werden. In Systemen grundsätzlich abänderbarer Normen – wie dem Gemeinschaftsrecht und der österreichischen Rechtsordnung – spricht außerdem für ein Abstellen auf den ‚historischen Willen', daß die Aufhebung und Änderung von Rechtsvorschriften grundsätzlich den

a) Kritik der subjektiven Auslegungslehre

Aber kann man wirklich die Bedeutung eines Textes mit dem Willen seines Autors gleichsetzen? Bei der Vorstellung, hinter dem Gesetz stehe ein formierender Wille, den der Normtext erst nachträglich verkörpert, wird die Sprache auf ein bloßes Ausdrucksmedium ohne Eigengewicht reduziert.[98] Wenn man dieses vom Repräsentationsgedanken behauptete Modell eines vorausdrücklichen Willens und seiner nachträglichen Verkörperung ernst nimmt, muss man die Frage stellen, welche Seite bei dieser Verknüpfung die eigentlich formierende ist. Diese Frage betrifft das grundlegende Problem einer Lehre, nach der die Textbedeutung durch die Absicht des Textproduzenten festgelegt wird. Eine Absicht ist immer etwas Bestimmtes, und eine bestimmte Absicht kann man nur im Rahmen einer bestimmten Sprache haben.[99] Das heißt, dass die Absicht nicht vom Sprachsystem unabhängig ist, sondern sich in dieses einschreibt.[100] Daher kann man nicht von einer vorausdrücklichen Intention auf die Bedeutung des Textes schließen, sondern nur umgekehrt von der Bedeutung eines Textes zurück auf die Intention.[101] Die Bedeutung eines Textes kommt nicht, wie die subjektive Auslegungslehre es voraussetzt, so zustande, dass der Textproduzent irgendwelche bedeutungsverleihenden Akte ausführt, sondern die Intentionalität des Textproduzenten muss an ein bestimmtes System sprachlicher Bedeutungen[102] anknüpfen. Aus diesem Grund kann der gesetzgeberische oder auktoriale Wille nicht als Archimedischer Punkt außerhalb der Sprache angesehen werden, welcher gegenüber der Viel-

---

dafür zuständigen Rechtsetzungsorganen vorbehalten ist. Sofern diese Organe keine Änderung der Rechtslage vornehmen, ist darin ein Einverständnis mit dem Willen und den Wertungen des historischen Gesetzgebers zu sehen."

98 Vgl. zur Kritik an dieser Reduktion JACQUES DERRIDA, *Die Stimme und das Phänomen*. Frankfurt am Main 1979, 79 ff.; vgl. weiterhin JEAN-FRANCOIS LYOTARD, *Der Widerstreit*. München 1987, 229 (Nr. 188).

99 Vgl. dazu LUDWIG WITTGENSTEIN, *Philosophische Untersuchungen*. Werkausgabe Bd. 1. Frankfurt am Main 1984, Randbemerkungen unter § 38. Auch §§ 337 ff., 358. Zusammenfassende Darstellung bei EIKE V. SAVIGNY, *Die Philosophie der normalen Sprache*. Frankfurt am Main 1980, 36 ff. Kurze Darstellung der sprachphilosophischen Kritik am sinnkonstitutiven Subjekt auch bei ALBRECHT WELLMER, Zur Dialektik von Moderne und Postmoderne. Vernunftkritik nach Adorno, in: DERS., *Zur Dialektik von Moderne und Postmoderne*. Frankfurt am Main 1985, 48 ff., 77 ff.

100 Vgl. dazu JACQUES DERRIDA, Signatur, Ereignis, Kontext, in: DERS., *Randgänge der Philosophie*. Frankfurt am Main 1976, 124 ff., 150.

101 Vgl. dazu auch MANFRED FRANK, *Das individuelle Allgemeine*. Frankfurt am Main 1985, 251 ff., wo am Beispiel der Position Hirschs gezeigt wird, dass der Rekurs auf „authorial meaning" keineswegs auf die Individualität des Autors zurückführt.

102 Vgl. zu diesem Problem die grundlegende Auseinandersetzung Derridas mit Husserl: DERRIDA, Die Stimme und das Phänomen (Fn. 98), 54 f. und öfter.

falt der Interpretationen den identischen Textsinn wahrt.[103] Der vorausdrückliche Wille kann sich mit dem Normtext nur nach Maßgabe einer Ordnung verknüpfen. Diese Ordnung muss als Struktur formulierbar sein und ist damit auf Bedeutung und Sprache verwiesen.[104] Damit kommt die angeblich äußerliche sprachliche Form der vorgeblich reinen Innerlichkeit des Willens zuvor. Wittgenstein hat dementsprechend an verschiedenen Sprachspielen gezeigt, dass es nicht möglich ist, Meinen oder Wollen als sprachunabhängigen Akt zu vollziehen.[105] Das Wollen ist kein privater Akt reiner Innerlichkeit, sondern wird Subjekten im Kommunikationsprozess aufgrund bestimmter Kriterien zugeschrieben, die ihrerseits ein Sprachspiel eigener Art darstellen.[106] Als Ursprung seines Ausdrucks kommt der Wille immer zu spät. Tatsächlich hat die auktoriale Intention nie einen rein individuellen Status, sondern kann nur einer sprachlichen Konvention folgend formuliert werden, deren Kontext sie nie vollständig überblickt.

b) Möglichkeiten genetischer Auslegung

Die Technik der Auslegung will eine Hierarchie zwischen dem Gesetz und dem Urteil als abgeleitetem Text herstellen. Danach soll der Richter nicht seinen Willen an die Stelle des Willens des Gesetzgebers setzen. Nun ist aber jedes Lesen eine Sinnverschiebung. Denn der Leser versteht den Text meist aus einer völlig neuen bzw. anderen Lebenssituation heraus, oder, wie man neuerdings formuliert; er pfropft den Text auf einen neuen Kontext auf. Verhindern lässt sich diese Produktivität des Lesens nicht. Das ist heute unumstritten. Aber vielleicht lässt sie sich erschweren, bremsen oder in ihrer Gewalt, die sie dem Text antut, teilen und kontrollieren.

Als Bremsklötze für die Geschwindigkeit der Sinnvermehrung kommen drei Instanzen in Frage: der Autor, der Text und der Vorgang des Lesens. Der heutige Ansatz liegt beim Leser. Die Bezeichnungen dafür sind verschieden: Rezeptionsästhetik, reader-orientated criticism oder

---

103 Vgl. dazu auch MANFRED FRANK, *Was ist Neostrukturalismus?* Frankfurt am Main 1983, 25 ff.

104 Vgl. als knappe Darstellung der bei DERRIDA, Die Stimme und das Phänomen (Fn. 98), entwickelten Kritik: FRANK, Was ist Neostrukturalismus? (Fn. 103), insbes. 288 ff. Dort auch die Parallelisierung der Position Derridas zur sprachanalytischen Position Tugendhats im Hinblick auf die Kritik an einem vorsprachlichen Bewusstsein.

105 Vgl. dazu LUDWIG WITTGENSTEIN, *Philosophische Untersuchungen.* Frankfurt am Main 1984, § 552, § 665. Vgl. auch zur Grammatik von „Meinen", „Wollen" u. Ä. §§ 36, 540, 661, 693. Siehe dazu auch DIETRICH BUSSE, *Historische Semantik.* Stuttgart 1987, 119 ff.

106 Vgl. dazu Ulrich SCHROTH, Theorie *und Praxis subjektiver Auslegung im Strafrecht.* Berlin 1983, 22 mit Verweis auf Wittgenstein.

Konstruktivismus. Man kommt damit auf eine Wahrheit zurück, die schon Lichtenberg formulierte, wenn er das Lesen als Picknick bezeichnete, zu dem der Autor die Wörter und der Leser die Bedeutung beisteuern. Wenn man den Vorgang des Lesens so ins Zentrum rückt, heißt das natürlich nicht, dass Autor und Text verschwinden. Sie treten nur als Ursprung bzw. Gegenstand der Bindung des Lesers zurück. Sie tauchen aber als Widerstände für dessen Konstruktionen wieder auf. Denn der Leser ist bei der Konstruktion der Bedeutung nicht frei. Er wird in seiner Lesetechnik durch seine Ausbildung und die jeweilige Kultur formiert. Mitreden über die Bedeutung darf er erst als „projektierter Leser", „informierter Leser", „Modell-Leser", „Superleser" usw. Um mitreden zu können, muss er die Materialien kennen.

Häufig wird die Möglichkeit der genetischen Konkretisierung aus texttheoretischen Überlegungen abgelehnt. Die Vorstellungen, Absichten und Zwecke des historischen Gesetzgebers können für die Auslegung keine Rolle spielen, weil sich das Gesetz nach seinem Erlass von den Absichten und Zwecken seiner Urheber ablöst. Das so entstandene eigenständige Gebilde muss nunmehr aus sich selbst verstanden werden.[107] Der beherrschenden Stellung des Gesetzgebers wird dabei eine Heterogonie der Zwecke[108] entgegengehalten:

> „Der Zusammenhang einer Zweckreihe besteht demnach nicht darin, dass der zuletzt erreichte Zweck schon in den ursprünglichen Motiven (...) als Vorstellung enthalten sein muß, (...), sondern er wird wesentlich dadurch vermittelt, dass infolge nie fehlender Nebeneinflüsse der Effekt einer Handlung mit der im Motiv gelegenen Zweckvorstellung im allgemeinen sich nicht deckt."

Über die Vervielfältigung und Anreicherung des Ursprungszwecks soll hier das Gesetz der Heterogonie der Zwecke ein „Prinzip des Wachstums geistiger Werte"[109] begründen und damit den selbständigen Organismus[110] des Rechts von seinem Urheber ablösen. Nun gibt es aber nicht nur ein vermehrendes Wachstum, sondern auch ein Zurückblei-

---

107 Vgl. etwa KARL BINDING, Handbuch des Strafrechts Bd. I. Leipzig 1885, 455 ff. Binding bemüht sich als einer der ersten um eine systematische Kritik der Prämissen der subjektiven Lehre.

108 Siehe dazu ALEXANDER MENNICKEN, Das Ziel der Gesetzesauslegung – Eine Untersuchung zur subjektiven und objektiven Auslegungslehre. Bad Homburg 1970, 26.

109 WILHELM WUNDT, *System der Philosophie.* Leipzig 1919, 327. Vgl. zu den Problemen dieser Wachstumsregel: ERNST BLOCH, Über Heterogonie der Zwecke, in: DERS., *Philosophische Aufsätze zur objektiven Phantasie.* Gesamtausgabe Bd. 10, Frankfurt am Main 1977, 431 ff., insbes. 435 ff.

110 Vgl. grundsätzlich zum Organismusbegriff: REINHOLD ZIPPELIUS, *Das Wesen des Rechts.* München 1978, 167 f. Kritisch zur Organismusmetapher: FRIEDRICH MÜLLER, *Die Einheit der Verfassung.* Berlin 1979, 162 und öfter. Zur politischen Funktion: DERS., *Korporation und Assoziation.* Berlin 1965, 87, 89, 90, 95 ff., 98 ff., 146 f.

ben gegenüber dem Ursprungszweck. Dieser bleibt demnach als Bezugspunkt nötig, um die Frage des Wachstums oder Zurückbleibens beurteilen zu können. Weiter wird geltend gemacht, dass der Gesetzgeber bzw. Vertragspartner schon seine ursprüngliche Zwecksetzung inhaltlich gar nicht voll überblicken kann:

> „Es ist ein häufiger Irrtum zu meinen, dass der Gedanke der vollständige Sklave unseres Willens sei und nur das hervorbringe, was wir wollen, während doch der Gedanke dem Willen gegenüber seine volle Selbständigkeit hat und vielfach über die Tragweite des Willens hinausgeht. Das Denken hat unendlich viele Zusammenhänge, es zeigt in den Begriffen einen Ideeninhalt, den der subjektiv Denkende nicht ahnt."[111]

Weil jeder Gedanke selbständig und gegen die Absicht seiner Schöpfer fortwirken kann, ist das Recht als geistige Wirklichkeit etwas Eigenständiges. Die Entscheidung muss daher unabhängig von den Materialien dem Gesetz selbst entnommen werden. Auch in diesem Einwand ist wieder Richtiges enthalten, das dann aber durch zu große Generalisierung falsch wird.

Ein grundsätzlicher Einwand gegen die genetische Konkretisierung ist zunächst das sogenannte Versteinerungsargument. Danach lässt das Auslegungsziel der Ermittlung des gesetzgeberischen Willens keine Anpassung des Gesetzes an aktuelle Probleme zu und versteinert insoweit seine Umsetzung. Vor allem im Gemeinschaftsrecht gewinne dieses Argument im Hinblick auf die Dynamik einer immer enger werdenden Gemeinschaft ein entscheidendes Gewicht:

> „Zur Verwirklichung des gemeinsamen Marktes und der Ziele des Art. 2 EGV ist es unverzichtbar, anstelle des historischen Willens der Vertragspartner auf den objektivierten Willen des Vertrages abzustellen. Eine Gegenüberstellung der Eindrücke von den Vertragsverhandlungen mit der Praxis des Gerichtshofs belegt überzeugend die Diskrepanz zwischen dem heutigen Stand der Gemeinschaftsrechte und den ursprünglichen Vorstellungen der Vertragsstaaten."[112]

Dieses Argument steht der genetischen Konkretisierung aber nur dann entgegen, wenn man der subjektiven Auslegungslehre folgt und das Ergebnis der genetischen Konkretisierung zum Inhalt des Gesetzes erklärt. Dies wurde hier aber schon aus allgemeinen bedeutungstheoretischen Erwägungen abgelehnt. Dass die Ergebnisse genetischer Konkretisierung bei der Auslegung des Gesetzes eine Rolle spielen, ist mit dem Versteinerungsargument noch nicht ausgeschlossen. Denn die Dy-

---

[111] JOSEF KOHLER, Lehrbuch des Bürgerlichen Rechts. Bd. 1. Berlin 1906, 123.

[112] BUCK, Über die Auslegungsmethoden des Gerichtshofs der Europäischen Gemeinschaft (Fn. 97), 145. Unter Bezug auf ULRICH EVERLING, Vertragsverhandlungen 1957 und Vertragspraxis 1987, in: *Festschrift für Hans von der Groeben*. Baden-Baden 1987, 111 ff., 126.

namik einer immer enger werdenden Gemeinschaft wäre nur dann gefährdet, wenn dieses Element ausschlaggebende Bedeutung hätte. Im Gesamtprozess der Konkretisierung wird es dagegen durch die Ergebnisse anderer Elemente, wie vor allem der teleologischen Auslegung, relativiert. Deswegen kann das Versteinerungsargument zwar der subjektiven Auslegungsdoktrin, nicht aber der genetischen Konkretisierung entgegengehalten werden.

Das faktische Problem einer Vielzahl von Gremien macht zwar die Aussicht darauf, einen gesetzgeberischen Willen zu ermitteln, eher unwahrscheinlich. Es vermehren sich aber auch die Grundlagen für Argumente:

> „Da der Gesetzgeber ein Gremium ist (...), kann es nicht auf die Vorstellung einzelner Abgeordneter ankommen. Aber vielfach gibt es Materialien darüber, wie diejenigen, die den Gesetzestext verfaßt haben (...) oder wie die Meinungsführer im Parlament das Gesetz verstanden haben."[113]

Wegen der Beteiligung einer Mehrzahl von Organen wird der Umfang der Materialien im Gemeinschaftsrecht größer. Damit nimmt auch die Möglichkeit zu, aus diesen Texten Argumente zu gewinnen.

Das in dem angesprochenen Diversifikationsproblem enthaltene kritische Potenzial lässt sich noch weiter entfalten. Dabei werden die praktischen Schwierigkeiten der Arbeit mit den Materialien gegen die Möglichkeit gewendet, aus diesen Kontexten Argumente abzuleiten. Die Unsicherheit und Lückenhaftigkeit der Materialien gewährt das Gegenteil eines sicheren Ausgangspunkts:

> „Tatsache ist, dass die gesamte Praxis (...) sich auf die Entstehungsgeschichte beruft, wo diese für die sonst wünschenswerte Entscheidung verwertet werden kann, und dass im gegenteiligen Fall die Motive usw. beiseitegeschoben oder als unwichtig widerlegt werden."[114]

Damit wird die Tendenz angesprochen, dass mit Hilfe von willkürlich ausgewählten Einzeläußerungen der vorgeblich einheitliche Wille des Gesetzgebers seine Konturen verliert und sich deswegen in der Praxis als beliebig auszufüllende Fiktion erweist.[115] Auch diese Gefahr ist durch die erhöhte Komplexität des Gesetzgebungsvorgangs im Gemeinschaftsrecht noch erhöht. Die in der Verwendung der Materialien als Begründungsinstanz potenziell liegende Beliebigkeit wird deutlich, wenn man berücksichtigt, dass der gemeinschaftsrechtliche Gesetzge-

---

[113] Vgl. dazu BUCK, Über die Auslegungsmethoden des Gerichtshofs der Europäischen Gemeinschaft (Fn. 97), 35 f.

[114] JOHANNES G. GMELIN, *Quousque?* Hannover 1910, 70.

[115] Vgl. dazu CARL SCHMITT, *Gesetz und Urteil.* Berlin 1969, 25. Weitere Nachweise bei HONSELL, Historische Argumente im Zivilrecht (Fn. 96), 42 f.

ber ein pluriformes und heterogenes Gebilde ist[116], dem sich schwerlich ein einheitlicher Wille zuschreiben lässt. Die Entstehungsgeschichte weist nicht nur Zufälligkeiten auf, sondern vor allem auch Widersprüche zwischen einzelnen Äußerungen, die ohne eine systematische Strukturierung dann oft die Begründung gegensätzlicher Ergebnisse erlauben.

c) Genetische Auslegung jenseits der Willensmetapher

Um mit diesem Problem fertig zu werden, muss man die genetische Konkretisierung vom Begriff des Willens ablösen. Zunächst wird dabei die Willensmetapher durch den Begriff einer Handlung ersetzt, die es sowohl kausal als auch in ihrer Finalität zu verstehen gilt.[117] Der Fortschritt dieser Ersetzung kann sich jedoch nur dann auswirken, wenn man auch die vorgestellte Einheitlichkeit und Homogenität der Normierungshandlung auflöst. Dabei kann der vorgestellte Gesamtwille durch ein Mehrheits- oder Agentenmodell[118] ersetzt werden. Danach ist der gesetzgeberische Wille mit dem der Mehrheit der gesetzgeberischen Körperschaft gleichzusetzen, beziehungsweise mit dem Willen derjenigen Personen, die den verabschiedeten Entwurf oder Vertrag formuliert haben.

Doch auch im Rahmen eines Mehrheits- oder Agentenmodells bleibt der Nachweis einer gemeinsamen Handlungsfinalität bzw. -absicht schwierig.[119] Selbst wenn man unterstellt, dass die betreffenden Personen die von ihnen formulierte Zeichenkette unter möglichst vollständiger Berücksichtigung des Kontextes reflektieren, beseitigt dies nicht alle Unsicherheiten über den Gebrauch der verwendeten Zeichen.[120] Zwar kann man die als gemeinsam behauptete Absicht auf grundlegende Gesichtspunkte und Zwecke einschränken.[121] Aber die Unterstellung solcher Zwecke als gemeinsame bedarf noch einer Begründung.

---

[116] Siehe dazu UWE KRÜGER, *Der Adressat des Rechtsgesetzes.* Berlin 1969, 13. Vgl. auch KARL ENGISCH, *Einführung in das juristische Denken.* Stuttgart 1977, 91 mit differenzierten Folgerungen auf 95.

[117] Vgl. dazu SCHROTH, Theorie und Praxis subjektiver Auslegung im Strafrecht (Fn. 106), 83 ff.

[118] Vgl. dazu GERALD MACCALLUM, Legislative Intent, in: ROBERT S. SUMMERS (Hrsg.), *Essays in Legal Philosophy.* Cambridge 1968, 237 ff., 262 ff. (majority model), 266 ff. (agency model).

[119] Vgl. zu den Schwierigkeiten einer Ermittlung: KARL ENGISCH, *Wahrheit und Richtigkeit im juristischen Denken.* Stuttgart 1963.

[120] Vgl. dazu MACCALLUM, Legislative Intent (Fn. 118), 254 f.

[121] Vgl. dazu etwa ULRIKE KÖBL, Allgemeine Rechtstheorie. Aspekte der Gesetzesbindung, in: *Festschrift zum 25jährigen Bestehen des Bundessozialgerichts.* Köln 1979, 1005 ff., 1029.

Allerdings gewinnt diese Zurechnung eine gewisse Plausibilität durch eine linguistische Analyse, welche parallele Phänomene aus dem juristischen Bereich in die Untersuchung einbezieht.[122] Auch bei juristischen Personen redet man von Absichten, die man bei Bedarf etwa ihren Organen zuschreibt. Dabei lässt sich auch nicht sagen, dass das Wort ‚Absicht' in einem metaphorischen oder von der wörtlichen Bedeutung abgelösten Sinn gebraucht werde. Der Sprachgebrauch verweist hier vielmehr auf soziale Regeln, nach denen das Handeln einzelner einer Gesamtheit zugerechnet wird.[123] Es ist kein Grund ersichtlich, der die Existenz ähnlicher Regeln im Rahmen der genetischen Konkretisierung ausschließen könnte.

Die allgemeine Möglichkeit einer Zurechnung kann so als begründet angesehen werden. Aber es bleiben technische Fragen offen:

> „Hinsichtlich der Brauchbarkeit solcher Materialien stellt sich zunächst ohnehin die Frage, welche der am Abschluss der Gemeinschaftsverträge beteiligten Personen ausschlaggebend für den Willen ihres jeweiligen Mitgliedstaates sein sollen: die jeweiligen Unterhändler, nur der Leiter der Verhandlungsdelegation oder nur der zuständige Minister."[124]

Die Art und Weise dieses Zurechnens fordert also neben der Beachtung rechtlicher Gesichtspunkte noch eine genauere Untersuchung der vorausgesetzten sprachlichen Regeln. Insoweit müssen die als Kontexte zum Normtext herangezogenen Materialien auf einen inneren Zusammenhang hin befragt werden. Die als Anknüpfungspunkt für ein Argument in Betracht kommende Einzeläußerung muss in die Struktur des Gesetzgebungsverfahrens systematisch eingeordnet werden.[125] Der innere Zusammenhang wird allerdings noch nicht erfasst, wenn man normative Strukturierungsvorschläge der Gesetzgebungslehre als Beschreibungen liest. Gesetzgebung ist nicht schlicht einvernehmliches Handeln, sondern in seiner Realität meist sehr konflikthaft. Darin liegt für das herkömmliche Verständnis eine große Schwierigkeit:

> „Die Ansichten der Vertragsparteien werden im Allgemeinen sogar entgegengesetzt gewesen sein. Zudem sind solche Äußerungen während der Ver-

---

122 Siehe dazu MACCALLUM, Legislative Intent (Fn. 118), 250 ff. Vgl. dazu die Aufforderung, das Sprachspiel anzuschauen, bei SCHROTH, Theorie und Praxis subjektiver Auslegung im Strafrecht (Fn. 106), 78.

123 Vgl. dazu MACCALLUM, Legislative Intent (Fn. 118), 251.

124 ANWEILER, Die Auslegungsmethoden des Gerichtshofs der Europäischen Gemeinschaften (Fn. 10), 248. Grundlegend dazu und zu weiteren: STANLEY PAULSON, Attributing Intentions to Collective Bodies, in: *Ars Interpretandi* (1998), 69 ff.

125 Eine allerdings sehr allgemeine Beschreibung des Gesetzgebungsverfahrens gibt SCHROTH, Theorie und Praxis subjektiver Auslegung im Strafrecht (Fn. 106), 84.

tragsverhandlungen häufig nur als taktische Züge zu verstehen und geben nicht die eigentliche Absicht der Parteien kund."[126]

Die Realität des Verfahrens kommt erst dann in den Blick, wenn man sich von dem stillschweigend vorausgesetzten Modell der Gesetzgebung als einem Fall *kooperativen* Handelns[127] ablöst und diesen Prozess im Rahmen einer Semantik *kompetitiven* Handelns begreift. Erst dann können die widersprüchlichen Einzeläußerungen als Teile eines kompetitiven Handlungsspiels systematisch verortet und in ihrer Tragweite verstanden werden. Im Rahmen der subjektiven Auslegungslehre hat die sog. Paktentheorie[128] der Lösung dieser Aufgabe vorgearbeitet. Wenn man diese Theorie von den impliziten Willens- und Vertragskonstruktionen[129] ablöst, bringt sie anstelle der anthropomorph aufgefassten Absichten[130] und des personifizierten Gesetzgebers den Vorgang der Gesetzgebung als arbeitsteiligen Prozess[131] in den Blick. Dabei werden vor allem die zeitliche Reihenfolge, aber auch rechtliche Gesichtspunkte wie etwa die Mehrheitsregel und der Kontext der Einzeläußerung zur Strukturierung verwendet. Das ermöglicht neben der Zurechnung auch ein Gewichten der als Anknüpfungspunkt dienenden Einzelaussage. An diese Vorarbeiten der Paktentheorie kann die semantische Analyse des Gesetzgebungsverfahrens als eines kompetitiven Handlungsspiels vertiefend anknüpfen.

---

126 ANWEILER, Die Auslegungsmethoden des Gerichtshofs der Europäischen Gemeinschaften (Fn. 10), 248 f.

127 Vgl. dazu JÜRGEN HABERMAS, Wie ist Legitimität durch Legalität möglich?, in: *KJ* 1987, 1 ff., 15 f., der zunächst konzediert, dass die „Konkurrenz widerstreitender Interessen" die Übertragung seines auf Einverständnis zielenden Argumentationsmodells erschwert, dann aber doch die Notwendigkeit einer solchen Übertragung nahe legt. Auch in der herkömmlichen Vorstellung eines einheitlichen Gesamtwillens und personifizierten Gesetzgebers ist das Modell eines auf die kooperative Herstellung von Gemeinsamkeiten zielenden Handlungszusammenhangs enthalten, welches sowohl den Eigenwert als auch das praktische Gewicht von Differenzen und Konflikten verkennt.

128 Vgl. zur Paktentheorie: EBERHARD BADEN, Zum Regelungsgehalt von Gesetzgebungsmaterialien, in: JÜRGEN RÖDIG (Hrsg.), *Studien zu einer Theorie der Gesetzgebung*. Berlin 1976, 369 ff., insbes. 378; näher zu den Regeln der genetischen Auslegung auch SCHROTH, Theorie und Praxis subjektiver Auslegung im Strafrecht (Fn. 106), 37 ff.; vgl. zur Paktentheorie noch die Nachweise bei ENGISCH, Einführung in das juristische Denken (Fn. 116), 249, Fn. 106.

129 Vgl. dazu BADEN, Zum Regelungsgehalt von Gesetzgebungsmaterialien (Fn. 128), 369 ff.

130 Vgl. zu den Warnungen vor anthropomorphen und vereinfachenden Fiktionen: KRÜGER, Der Adressat des Rechtsgesetzes (Fn. 116), 14. CHAIM PERELMAN, *Logik und Argumentation*. Königstein im Taunus 1979, 79.

131 Vgl. dazu EBERHARD BADEN, *Gesetzgebung und Gesetzesanwendung im Kommunikationsprozeß*. Baden-Baden 1977, 60, auch allgemein 57 ff.

Entgegen der objektiven Lehre in ihrer strengen Form ist damit die Möglichkeit genetischer Auslegung dargetan.[132] Ihr Stellenwert und ihre Einordnung in den Gesamtvorgang der Konkretisierung hängen allerdings von den methodenbezogenen Normen im Umkreis des Rechtsstaatsprinzips ab.

II. Die Kombination der Auslegungsregeln zu Schlussfiguren

Neben die Canones als einfache Elemente, deren Leistung nur eben darin besteht, Kontexte zu erschließen, treten die zusammengesetzten Argumentformen wie z. B. die teleologische Auslegung und die verschiedenen Schlussformen.

1. Zweck und Notwendigkeit seiner Begründung

Die Verwendung des teleologischen Arguments wird auf der Textoberfläche eines Urteils kenntlich, wenn dort nach „Sinn und Zweck", „Ziel" oder dem „Geist" des Gesetzes gefragt wird.[133] Auch die Wendung „Zweck" erscheint häufig bei Berücksichtigung eines teleologischen Arguments. Eine weitere Wendung, die teleologische Argumentation anzeigt, ist „sollen" oder das Wort „dient".

Die teleologische Auslegung zählt zu den zusammengesetzten Schlussformen, weil der Zweck zunächst begründet werden muss, bevor mit ihm gearbeitet werden kann.

a) Überschätzung des Zwecks

Die traditionelle Methodenliteratur sieht im Recht ein Instrument zur Verwirklichung staatlicher Zwecke. Im deutschen Rechtskreis wurde das vor allem von der sogenannten Wertungsjurisprudenz ausbuchstabiert. Allerdings ist die instrumentelle Sicht des Rechts unterkomplex. Sie übersieht bereits die funktionale Differenzierung zwischen Recht und Politik. Vor allem aber machen die Sprache und der rechtliche Kommunikationsprozess jeden Instrumentalismus zunichte. Zwecke

---

132 Vgl. zur Möglichkeit genetischer Auslegung unter Auseinandersetzung mit Einwänden, die sich aus einem an Gadamer orientierten hermeneutischen Ansatz ableiten lassen: SCHROTH, Theorie und Praxis subjektiver Auslegung im Strafrecht (Fn. 106), 28 ff. Vgl. im Übrigen zur Verteidigung der subjektiven Auslegung ENGISCH, Einführung in das juristische Denken (Fn. 116), 247, Fn. 98.

133 Vgl. ALBERT BLECKMANN, Rechtsquellen, in: MANFRED DAUSES (Hrsg.), *Handbuch des EG-Wirtschaftsrechts. Bd. I.* München 1997, Rn. 15, Fn. 23, 25, 26.

kann man nur *in der Sprache* formulieren und verfolgen. Sie liegen ihr nicht im Sinn eines Repräsentationsmodells zu Grunde. Man sieht das schon daran, wie die herkömmliche Lehre die Zwecke des Gesetzes formuliert: es wird einfach eine bestimmte nahe liegende Lesart des Normtextes zum Zweck des Gesetzes ernannt. So ist es etwa der Zweck einer Schadenersatznorm, dem Geschädigten zu einem Ersatzanspruch zu verhelfen. Dieses Vorgehen ist nicht nur zirkulär, sondern führt vor allem auch zu einem Voluntarismus, der willkürlich einzelne Lesarten als grundlegende Zwecke des Rechts auszeichnet.

Teleologische Auslegung hat also besondere Risiken. Denn häufig kann das vermeintliche Abzielen auf den abstrakt gültigen Regelungszweck nicht verdecken, dass hier tatsächlich massive Vorurteile, Wert- und Normvorstellungen rechtspolitischer, allgemeinpolitischer, moralischer und religiöser Art unreflektiert zur Wirkung kommen.[134]

Das Risiko dieser Vorgehensweise wird noch erhöht, wenn man der teleologischen Auslegung Vorrang einräumt[135] und sie sogar zur Grenze vertretbarer Rechtsansichten macht:

> „Um eine sichere Abgrenzung zwischen Rechtsanwendung und Rechtssetzung zu gewährleisten und dem Gewaltenteilungsprinzip Beachtung zu verschaffen, darf im Wege der Auslegung die objektiv erkennbare Zielsetzung des Gesetzes nicht verfehlt werden. Diese bildet eine Grenze für die Rechtsanwendung in allen ihren Erscheinungsformen."[136]

Auch wenn man den Zweck nicht einfach behauptet oder aus einer Paraphrasierung des Normtextes gewinnt, sondern ihn mit Hilfe der Canones ableitet, liegt hier das Willkürrisiko darin, dass dieser Zweck an die Stelle der Wortlautgrenze tritt. Aus der instrumentellen Sicht wird so eine Instrumentalisierung des Rechts für die jeweiligen politischen Zwecke des Zeitgeistes.

b) Die Begründung des Zwecks

Gebunden bleibt die Rechtserzeugung mittels teleologischer Auslegung dadurch, dass sie als zusammengesetzte juristische Schlussform zunächst eine Begründung des fraglichen Zwecks voraussetzt.

> „Die teleologische Interpretation ist kein selbstständiges Element der Konkretisierung, da Gesichtspunkte von ‚Sinn und Zweck' der zu deutenden Vorschrift nur insoweit heranzuziehen sind, als sie mit Hilfe der anderen

[134] DIETRICH BUSSE, Was ist die Bedeutung von Gesetzestexten, in: FRIEDRICH MÜLLER (Hrsg.), *Untersuchungen zur Rechtslinguistik*. Berlin 1989, 93 ff., 99.

[135] MARKUS FRISCH, *Die richtlinienkonforme Auslegung nationalen Rechts*. Münster 2000, 10, LARENZ, Methodenlehre der Rechtswissenschaft (Fn. 12), 343 ff., FRANZ BYDLINSKI, *Juristische Methodenlehre und Rechtsbegriff*. Wien 1991, 556 f.

[136] FRISCH, Die richtlinienkonforme Auslegung nationalen Rechts (Fn. 135), 11.

Elemente belegt werden können. Das Unterstellen einer Ratio, die unter keinem anderen Konkretisierungsgesichtspunkt nachweisbar ist, disqualifiziert sich als *normgelöste* subjektive ‚Wertung' oder ‚Abwägung'. Die Frage nach dem ‚Sinn und Zweck' der zu konkretisierenden Norm bildet jedoch eine unterscheidbare und damit selbstständige Fragestellung bei jeder Arbeit mit grammatischen, historischen und systematischen sowie mit den über die Canones hinaus entwickelten Elementen der Konkretisierung. In deren Rahmen und durch sie kontrolliert kann das Argument aus dem ‚Telos' der (in der Regel noch nicht abschließend erarbeiteten) Vorschrift brauchbare zusätzliche Hilfsgesichtspunkte bieten."[137]

Die Herleitung des Zwecks entscheidet über die Einordnung des teleologischen Arguments. Wird er aus Wortlaut oder Systematik abgeleitet, spricht man von der objektiv teleologischen Auslegung. Wird der Zweck aus den Materialien bezogen, heißt die Methode subjektiv teleologische Interpretation.

c) Chancen und Risiken teleologischer Auslegung

Die teleologische Auslegung nach dem Regelungszweck gewinnt besonders dort an Bedeutung, wo die Rechtsordnung gewissermaßen im Fluss ist. Das ist beispielsweise im Europarecht der Fall. Entsprechend argumentiert der EuGH in seiner Rechtsprechung auffallend häufig teleologisch. Das betrifft vor allem die Abstützung der grammatischen Auslegung, bei der das Gericht das Problem einer in sich divergenten Mehrsprachigkeit von Recht zu bewältigen hat und überhaupt erst einmal über eine authentische Fassung von Normtexten entscheiden muss. Teleologische Auslegung ist aber auch dort besonders gefordert, wo die etablierte Rechtsordnung durch vollkommen neuartige Entwicklungen in der Welt herausgefordert wird.

Aus der Grundstruktur der teleologischen Auslegung ergibt sich auch ihr besonderes Problem. Sie führt keineswegs zur Eindeutigkeit, sondern erbringt eine konfligierende Vielfalt von Ergebnissen. Die teleologische Auslegung kann nie den festgefügten Bahnen der Kausalität folgen. Das ergibt sich schon daraus, „daß historische Prozesse und damit alles menschliche Handeln nicht objektiv bestimmt sind, sondern ins Reich der Möglichkeiten fallen, d. h. immer auch anders ausfallen können als im konkreten Fall."[138] Die Folgen einer vom Zweck her begründeten Lesart lassen sich nie vollständig überblicken.

---

137 FRIEDRICH MÜLLER/RALPH CHRISTENSEN, *Juristische Methodik*. 9. Aufl., Berlin 2004, Rn. 364.

138 PHILIPPE MASTORNARDI, Gesetzgebungsstrategie bei Unsicherheit: Umgang mit unbestimmten Zielen und Wirkungen, in: *Gesetzgebung heute* 1998, 69 ff., 69.

Zum zweiten ist die teleologische Auslegung einer prinzipiellen Unbestimmtheit in Bezug auf das mit ihr verfolgte Ziel ausgesetzt. Man kann sich angesichts der vielen divergierenden Zielsetzungen, die sich in einer pluralistischen und zudem hochdifferenzierten Gesellschaft mit der einen Norm verfolgen lassen, nicht sicher über den Zweck sein. Die Kunst der teleologischen Auslegung ist es, methodisch nachvollziehbar mit ihrer eigenen doppelten Kontingenz fertig zu werden und sie nicht durch das päpstliche Werturteil zu überspielen.

2. Umkehrschluss als Respektierung des Gesetzgebers

Aufgabe des Umkehrschlusses ist es nachzuweisen, dass „von einer Rechtsvorschrift nur der von ihr ausdrücklich erwähnte Tatbestand erfasst ist."[139] Im Gegensatz zu einer semantischen Vervielfachung des Regelungsumfangs durch den Analogieschluss geht es beim Umkehrschluss um Verknappung. Er ist im wahrsten Sinne des Wortes ein Ausschluss. Mit dem Umkehrschluss lehnt man eine Analogie ab. Er ist in einem demokratischen Rechtsstaat die nahe liegende und nicht der Begründung bedürftige Lesart. Erst die Analogie bedarf einer besonderen Begründung.

3. Analogieschluss und Begründung einer Lücke

Die Möglichkeit eines Analogieschlusses besteht, wenn eine sogenannte Lücke im Gesetz vorliegt. Dabei ist der herkömmliche Begriff der Lücke äußerst unklar. Um diesen Begriff rechtsstaatlich präzise handhaben zu können, sind zwei Voraussetzungen zu unterscheiden: Erstens muss man, um eine Lücke im Gesetz annehmen zu können, ein Regelungsziel angeben. Zweitens muss man feststellen, dass das Gesetz diesem Regelungsziel nicht genügt.

a) Begründung der Lücke

Das vorausgesetzte Regelungsziel bedarf einer Begründung. Ohne eine solche Begründung ist davon auszugehen, dass das Gesetz eine abschließende Regelung darstellt und das fragliche Ziel eben gerade nicht enthält. Im Strafrecht ist dies durch Art. 103 Abs. 2 GG vorgegeben. Eine darüber hinausgehende Argumentation ist dort nicht mehr möglich. Das StGB ist abschließend. In anderen Rechtsgebieten besteht dieses

---

[139] POTACS, Auslegung im öffentlichen Recht (Fn. 67), 157.

Verbot nicht, so dass die regelmäßig anzunehmende Lesart, das Gesetz sei eine abschließende Regelung, mit entsprechenden Argumenten widerlegt werden kann.

Als Argument gegen die vorrangige Lesart abschließender Regelung genügt nicht jede Begründung. Die rechtspolitischen Wunschvorstellungen eines Richters, Gutachters oder Rechtsunterworfenen können dem vom demokratisch legitimierten Gesetzgeber geschaffenen Text nicht entgegengehalten werden: Denn die Annahme einer Lücke ist „keine Aussage über einen Gegenstand und seine Defektheit, sondern ein Werturteil über die Regelungsbedürftigkeit und -möglichkeit (...)."[140] Rechtspolitik genügt als Begründung nicht.

Ein Zuviel an Begründung liegt demgegenüber vor, wenn das Fehlen einer Regelung im Wege einer Gesamtanalogie begründet wird unter Bezug auf die Rechtsordnung als Ganzes, die Rechtsidee oder die Gerechtigkeit. Die Rechtsordnung als Ganzes oder die Gerechtigkeit sind als holistische Größen gerade nicht handhabbar. Auch wenn entschlossene Juristen immer wieder abgesunkene Philosopheme wie den Neuhegelianismus, Neukantianismus oder bestimmte Lesarten der Diskurstheorie bemühen, vermag das nichts an dem Umstand zu ändern, dass Rechtsidee oder Gerechtigkeit als formulierbare Größen nicht zentral oder als zentrale Größen nicht formulierbar sind. Damit schlägt die Scheinobjektivität eines Bezugs auf das Ganze in subjektive Willkür um.

Zwei Strategien zur Begründung einer Lücke sind allerdings legitim: einmal die Ableitung der Lücke aus der Entstehungsgeschichte. Dabei wird über ein genetisches und evtl. historisches Element ein bestimmter Plan des Gesetzgebers nachgewiesen, welcher im Text nur unvollständig realisiert ist. Dann liegt eine sogenannte planwidrige Lücke vor. Daneben gibt es noch die sogenannte Wertungslücke. Dabei wird eine höherrangige Norm oder ein höherrangiger Normenkomplex zur Begründung der Lücke herangezogen. Beide Strategien haben allerdings auch Probleme. Die planwidrige Lücke setzt zum einen den Plan voraus. Diesen kann man mit Hilfe der Regierungsbegründung oder der Debatte in Ausschüssen oder Plenum des Parlaments begründen. Die entscheidende Engstelle ist aber der Nachweis, dass dieser Plan aus einem Fehler des Gesetzgebers heraus nur unvollständig realisiert wurde. Dieser Nachweis bedarf des Einsatzes aller Konkretisierungselemente und dürfte nur extrem selten zu führen sein.

---

140 Vgl. JOSEF ESSER, *Vorverständnis und Methodenwahl in der Rechtswissenschaft*. Frankfurt am Main 1972, 177 ff., 179; HELMUT COING, *Grundzüge der Rechtsphilosophie*. Berlin 1993, 281 ff.

Die Wertungslücke setzt demgegenüber die Konkretisierung einer höherrangigen Vorschrift voraus und zusätzlich den Nachweis, dass auf der darunter liegenden Ebene das gerade gewonnene Normprogramm der höherrangigen Vorschrift nur unvollständig realisiert ist. Aber selbst wenn diese Argumentationssequenz gelingt, stellen sich noch weitere normative Probleme. Diese ergeben sich aus dem Grundsatz der funktionellen Gewaltenteilung. Denn der Richter ist nicht befugt, an Stelle des demokratisch legitimierten Gesetzgebers die Verfassung zu Normtexten zu konkretisieren. Daher erscheint im Hinblick auf Gewaltenteilung und Gesetzesvorbehalt in diesem Bereich nur eine Analogie zu Gunsten des Bürgers denkbar. Nicht aber eine Analogie zu Lasten des Bürgers.

b) Die Reichweite der Lücke

Wenn die Begründung des Regelungsziels gelungen ist, muss festgestellt werden, inwieweit dieses Regelungsziel im Gesetz realisiert ist. Hier liegen die größten Schwierigkeiten in der von der herkömmlichen Jurisprudenz gepflegten Sprachtheorie und Rechtsnormtheorie. Wenn man mit dem klassischen Gesetzespositivismus das Gesetz als anwendbaren Befehl versteht, hat man immer, wenn dies nicht möglich ist, eine Lücke. Die Rechtsordnung bestünde dann fast nur noch aus Lücken. Denn das Gesetz ist praktisch nie ein anwendbarer Befehl. Der Bereich der Lücken bleibt fast genauso groß, wenn man mit der herkömmlichen Auslegungslehre das Gesetz als dem Fall vorgeordnete normative Substanz versteht. Eine solche normative Substanz stellt sich bei genauer Betrachtung immer als Projektion heraus, so dass man Lücken nur vermeiden kann, wenn man genaue Betrachtungen des Gesetzes vermeidet. Erst wenn man den Normtext als Eingangsdatum für die lege artis herzustellende Rechtsnorm begreift, lässt sich der aktive Anteil des Richters an der Entscheidung innerhalb der Gesetzbindung begreifen. Damit kann die Überforderung des Gesetzes und die grenzenlose Expansion des Lückenbegriffs überwunden werden.

Man stößt dann allerdings auf ein zweites Erkenntnishindernis[141] in der juristischen Sprachtheorie. Juristen machen in ihrem Zugriff auf die Sprachwissenschaft aus dem linguistischen Begriff der Regel eine gesetzespositivistische Norm, welche eindeutig zu entscheiden erlaubt, ob ein Sprachgebrauch legitim ist oder nicht.[142] Wenn die Regel dies

---

[141] Vgl. zu diesem Begriff GASTON BACHELARD, *Die Bildung des wissenschaftlichen Geistes.* Frankfurt am Main 1987, 46 ff.

[142] Vgl. dazu ROBERT ALEXY, Die logische Analyse juristischer Entscheidungen, in: ROBERT ALEXY/HANS-JOACHIM KOCH/LOTHAR KUHLEN/HELMUT RÜßMANN (Hrsg.), *Elemente*

nicht erlaubt, im Bereich von Vagheit, Mehrdeutigkeit usw., muss dann mit Prinzipien gearbeitet werden. Wenn die Sprachregel so aufzufassen wäre, gäbe es bei der sprachlichen Konstitution der Rechtsnorm wiederum nur Lücken. Tatsächlich sind aber Sprachregeln eher so beschaffen, wie die von den Juristen erfundenen Prinzipien. Das heißt, sie sind nur vorläufige Zwischenschritte bei der Interpretation und bedürfen einer genauen Abgrenzung und Abstufung im Verhältnis zu anderen Sprachregeln. Erst wenn man neben der herkömmlichen Rechtsnormtheorie auch noch die beschränkte juristische Sicht der Sprache aufgibt, kann man die Leistung des Gesetzes realistisch einschätzen und die Restgröße der Lücke präzise bestimmen.

c) Beispiele für den Analogieschluss

Das häufigste Risiko des Analogieschlusses ist eine Gesamtanalogie, welche mit holistischen Größen argumentiert. Ein aktuelles Beispiel für diese Problematik ist die Auseinandersetzung zwischen dem OVG Münster und dem Bundesverfassungsgericht über die Möglichkeit des Verbots von neonazistischen Demonstrationen nach § 15 VersG im Hinblick auf das Merkmal der öffentlichen Ordnung. Das OVG Münster geht davon aus, dass das Grundgesetz eine antinationalsozialistische Grundordnung sei, die entsprechende Meinungsinhalte von vornherein ausschließe, und sieht deswegen eine Grundlage für entsprechende Verbote. Demgegenüber nimmt das Bundesverfassungsgericht an, dass die Justiz sich auch gegenüber neonazistischen Versammlungen meinungsneutral verhalten müsse. In der versammlungsrechtlichen Literatur[143] wird das Vorgehen des OVG Münster als Rechtsfortbildung gesehen. Das Versammlungsgesetz weise eine Lücke auf, wenn es nicht erlaube, neonazistische Versammlungen wegen ihres Meinungsinhalts zu verbieten. Diese Lücke könne durch eine Erweiterung des Begriffs der öffentlichen Ordnung geschlossen werden. Danach soll der Begriff der öffentlichen Ordnung in § 15 VersG nicht einfach auf moralische Vorstellungen in der Bevölkerung verweisen, sondern diese moralischen Vorstellungen seien eben auch geprägt von den elementaren Schutzgütern der Verfassung:

> „Vielmehr kennzeichnet die öffentliche Ordnung den Grundkonsens, der sich in der Rechtsordnung als Summe des positiven Rechts niedergeschlagen hat, ohne dass diese deshalb im Einzelfall einschlägige, handhabbare Tatbe-

---

einer juristischen Begründungslehre. Baden-Baden 2003, 9 ff., 16 f.; DERS., Rechtsregeln und Rechtsprinzipien, in: ebd., 217 ff.

143 Vgl. dazu ULRICH BATTIS/KAI GRIGOLEIT, Neue Herausforderungen für das Versammlungsrecht?, in: *Neue Zeitschrift für Verwaltungsrecht* 2001, 121 ff.

stände zur Verfügung stellen könnte. Die gegenüber der Integrität dieser Rechtsordnung subsidiäre Funktion der öffentlichen Ordnung fängt damit Lücken auf, die allgemeinen oder bereits spezifischen besonderen Implikationen der Rechtssetzung geschuldet sind. Dem juristischen Analogieschluss ähnlich erlaubt sie den Ordnungsbehörden unter Wahrung des Gesetzesvorbehalts, die freiheitsschützenden und freiheitsbegrenzenden Linien der Rechtsordnung auszuziehen."[144]

Damit können neonazistische Versammlungen, wenn sie gegen den „Grundkonsens" der Verfassung verstoßen, nach § 15 VersG verboten werden. Inhalte der Verfassung werden damit zentriert zu einem Grundkonsens, welcher dann Orientierung für eine Rechtsfortbildung durch die Gerichte liefern soll:

„Auf ihn soll sich die öffentliche Ordnung als Verweisungsbegriff beziehen. Aber was ist der normative Inhalt des Grundkonsenses und wie lässt sich dessen Inhalt methodisch bestimmen? Einzelne Normen wie Art. 26, Art. 139 GG und Eingriffstatbestände kann man in Gesetzestexten ausfindig machen. Welche Erkenntnismittel stehen aber zur Bestimmung des Grundkonsenses zur Verfügung? Welcher Grundkonsens der positiven Rechtsordnung mit Blick auf Nazismus und Neonazismus zugrunde liegt, das wird man sich nur aus der positiven Rechtsordnung selbst und ihrer Einzeltatbestände erschließen können. Ein anderes Erkenntnismittel ist nicht ersichtlich, denn außer den Einzeltatbeständen hat sich nichts ‚niedergeschlagen' oder ‚manifestiert'. An den einzelnen Tatbeständen der positiven Rechtsordnung kann man erkennen, wie weit der antinazistische Grundkonsens wirklich gereicht hat. Die Debatte im Bundestag über die Strafbarkeit der so genannten Auschwitz-Lüge ist ein Lehrstück über den wahren Grundkonsens – mehr war nicht möglich. Deshalb ist es methodisch unzulässig, den ‚Grundkonsens' bzw. die ‚Summe der Rechtsordnung' gegen die Einzeltatbestände der positiven Rechtsordnung auszuspielen."[145]

Ein weiteres Beispiel für eine unzulässige Gesamtanalogie ist der Versuch, für gewisse Extremfälle die Möglichkeit polizeilicher Folter zu legitimieren. Dann müsste aber in Bezug auf die Folter eine Regelungslücke im Polizeigesetz bestehen:

„Zweifellos liegt keine Formulierungslücke vor. Darunter ist das Fehlen einer gesetzlichen Regelung zu verstehen an einem Ort und in Bezug auf eine Frage, wo nach dem gesetzlichen Plan eine Regelung zu erwarten ist. Eine Formulierungslücke schließt § 35 BwPolG sicher aus: Zwang bei Vernehmungen ist ausnahmslos verboten. Doch es könnte eine Wertungslücke vor-

---

144 Vgl. dazu BATTIS/GRIGOLEIT, Neue Herausforderungen für das Versammlungsrecht? (Fn. 143), 128.

145 Vgl. dazu ULLI RÜHL, „Öffentliche Ordnung" als sonderrechtlicher Verbotstatbestand gegen Neonazis im Versammlungsrecht?, in: *Neue Zeitschrift für Verwaltungsrecht* 2003, 531 ff., 537.

> liegen. Das Gesetz regelt ein bestimmtes Problem, tut dies aber auf eine Art und Weise, die unvernünftig und ungerecht ist."[146]

Hier eine Wertungslücke anzunehmen, ist vollkommen unhaltbar. Eine solche Lücke entsteht nicht durch Berufung auf Vernunft oder Gerechtigkeit. Denn diese taugen nicht als Deduktionsgrundlage für Einzelentscheidungen. Vernunft und Gerechtigkeit sind wichtige Ziele für die Arbeit der Gerichte und die Rechtskultur als Ganze. Aber der einzelne Jurist kann sie weder handhaben noch definieren. Deswegen ist eine Wertungslücke nur anzunehmen, wenn eine höherstufige Norm an der entsprechenden Stelle eine Regelung fordert und diese fehlt. Im Gegenteil verbieten alle höherstufigen Rechtsquellen von der Verfassung über das Europarecht bis zum Völkerrecht das Foltern eindeutig. Das Fehlen einer einfachgesetzlichen Regelung über das Foltern im Polizeigesetz ist damit gerade keine Lücke, sondern eine abschließende Regelung. Dies bestätigt auch der Verweis in § 10 Abs. 4 PolG auf § 136a StPO.

Ein gelungener Analogieschluss ist die Entscheidung, ob bei geheimhaltungsbedürftigen Unterlagen eine Beweisverwertung nur durch das Gericht in Betracht kommt, ohne dass den übrigen Verfahrensbeteiligten Kenntnis und Einsicht gewährt wird.[147] Alternative wäre eine Entscheidung nach Beweislastgrundsätzen. Dies führt allerdings dann zum Nachteil, wenn sich die nicht beweisbelastete Partei auf den Geheimnisschutz beruft. In diesem Fall wäre die Klage nach allgemeinen Grundsätzen daher abzuweisen. Nach einer Entscheidung des Bundesverfassungsgerichts zu § 99 VwGO alter Fassung gibt es hier allerdings eine Alternative:

> „Ein In-Camera-Verfahren ist danach zulässig, wenn hierdurch die Rechtsschutzposition der beweisbelasteten Partei allenfalls verbessert werden kann. Dieser Grundgedanke ist nicht auf Auskunftsklagen gegen den öffentlichrechtlichen Dienstherrn beschränkt. Er gilt grundsätzlich auch für Klageverfahren in der Hauptsache. Jedenfalls in diesen Fällen ist damit das In-Camera-Verfahren auch im Hauptsacheverfahren die verfassungsrechtlich vorzugswürdige und gebotene Lösung. Es wahrt den Geheimnisschutz für die beweisbelastete Partei. Gleichzeitig ermöglicht es die vollständige Kontrolle der tatsächlichen Grundlagen der Entscheidung durch das Gericht und ist daher gemessen am Gebot effektiven Rechtsschutzes immer noch die bessere Lösung. Es bleibt allein die Beschränkung des rechtlichen Gehörs des Beteiligten, der die geheimzuhaltenden Unterlagen nicht kennt und nicht kennen darf. Diese Beschränkung ist sachlich gerechtfertigt und damit hinzuneh-

---

146 WINFRIED BRUGGER, Würde gegen Würde, in: *VBlBW* 1995, 446 ff., 448 f.

147 Vgl. dazu BVerfG, 101, 106 ff.

men, da dies seine Rechtsschutzposition gegenüber der Alternative der Beweislastentscheidung allenfalls verbessert, jedenfalls nicht verschlechtert."[148]

4. Größenschluss und quantitative Verschiedenheit

Im Größenschluss wird von der Möglichkeit eines weitergehenden Eingriffs auf die Zulässigkeit eines geringfügigeren Eingriffs geschlossen. Dieser Schluss wird gemeinhin formuliert als argumentum a maiore ad minus oder auch maius minus continet.

Als Beispiel wäre an eine Norm zu denken, die im Bereich der Ausführung der Bundesgesetze durch die Länder nach Artikel 84 GG die Erteilung einer Genehmigung durch die Landesbehörde von der Zustimmung eines Bundesministers abhängig macht. In der Literatur wird vertreten, dass eine solche Regelung über einen Größenschluss aus Artikel 84 V GG gerechtfertigt werden könnte. Denn Artikel 84 V GG lässt eine Weisung durch den Bundesminister an die Landesbehörden zu. Bei der Weisung liegt die ganze Verantwortung bei dem anweisenden Bundesminister. Dem Land kann mit einer Weisung also die ganze Verantwortung zu 100 % entzogen werden. Daraus könnte man nun schließen, dass damit auch gerechtfertigt wäre, dem Land nur 50 % der Verantwortung zu entziehen, indem zu der Genehmigung durch die Landesbehörde eine Zustimmung des Ministers tritt. Dann könnte man vom Größeren, nämlich 100 %, auf das Kleinere, also 50 %, schließen.

Allerdings überbrückt der Größenschluss nur eine rein quantitative Verschiedenheit bei einem qualitativ gleichen Eingriff. Qualitative Unterschiede im Eingriff können damit nicht überwunden werden. Daran scheitert der Größenschluss im vorliegenden Fall. Denn Artikel 84 V GG erlaubt die Weisung nur für einzelne Fälle, nicht als Behelfsmittel der laufenden Verwaltung. Unsere Norm sieht die Zustimmung jedoch in jedem einzelnen Fall vor und bringt damit einen qualitativen Unterschied ins Spiel, an dem der Größenschluss scheitert.

Eine weitere problematische Verwendungsweise des Größenschlusses liegt bei der Diskussion um die Folter bei polizeilicher Befragung vor: Wenn sogar die polizeiliche Tötung eines Bürgers erlaubt sei, dann erst recht seine Folterung.[149] Der Schluss vom Größeren auf das darin enthaltene Kleinere ist aber nur möglich, wenn es sich wirklich um eine rein quantitative Verschiedenheit handelt. Qualitative Differenzen kön-

---

148 THOMAS MAYEN, Verwertbarkeit von geheimgehaltenen Verwaltungsvorgängen im gerichtlichen Verfahren?, in: *Neue Zeitschrift für Verwaltungsrecht* 2003, 537 ff., 542.

149 BRUGGER, Würde gegen Würde (Fn. 146), 446 ff., 447.

nen mit dem Größenschluss aber nicht überbrückt werden. Die Folter ist aber kein Minus zur Tötung, was man schon daran erkennen kann, dass manche Menschen bereit sind, zur Verteidigung ihrer Würde ihr Leben aufs Spiel zu setzen.

5. Reduktion als semantische Verknappung

Die Etymologie hilft bereits auf den entscheidenden Sprung. Man braucht sich nur an das lateinische „re-ducere" als einem „Zurückbringen" oder „Zurückführen" zu erinnern. Damit ist von vornherein klar, dass es sich bei der Reduktion um eine einengende Argumentation handelt im Unterschied etwa zu den ergänzenden und erweiternden Argumentationsformen der Analogie und des Größenschlusses. Die sind eben „produktiv". Das heißt, sie entlocken dem Normtext einen weitergehenden Sinn.

Die Reduktion produziert nicht. Sie verbraucht einen möglichen Sinn, ähnlich wie im Grunde auch der Umkehrschluss. Der Umkehrschluss schneidet aber von vornherein eine mögliche Semantisierung des Normtextes ab. Man könnte ihn gewissermaßen als eine aus dem Schweigen der Vorschrift geborene Desemantisierung betrachten. Die Reduktion ist eher eine aus der Fülle der Auslegungsmöglichkeiten geborene Resemantisierung. Bei einer Reduktion wird auf Grund sonstiger Kriterien ein engerer Sinngehalt angenommen, als er der sprachlichen Plausibilität der betreffenden Rechtsvorschrift nach zum Ausdruck kommt. In diesem Sinn kann man sagen, dass durch Reduktion die sprachliche Plausibilität einer Bestimmung nach Maßgabe sonstiger Kriterien eingeengt wird. Die Reduktion dient dazu, einem Überschwang an möglicher Bedeutungsproduktion einen Riegel vorzuschieben. Ähnlich wie beim Umkehrschluss geht es darum, gegen ein Ausschöpfen sprachlicher Möglichkeiten spezifische juristische Kontexte zur Geltung zu bringen. Wenn man im Rahmen der grammatischen Auslegung in einem guten Lexikon nachschlägt, findet man sehr viele Beispiele, von denen einige in juristische Kontexte nicht passen. Die Begründung dafür liefert der Reduktionsschluss. Er muss sich dabei zur Einschränkung der Möglichkeit grammatischer Auslegung auf die Systematik des Gesetzes beziehen oder auf den mit Hilfe der Systematik begründeten Zweck. Nur dann erfolgt die Reduktion lege artis.

6. Konformauslegung als Normenkontrolle

Die verfassungskonforme Auslegung ist keine Auslegungsmethode. Sie ist eine Vorzugsregel zwischen verschiedenen mit den üblichen Methoden erarbeiteten Ergebnissen. Daraus folgt, dass sie selbst methodenkonform verwendet werden muss. Sie kommt erst dann zum Einsatz, wenn die normalen Methoden zu mehreren gleichrangigen Ergebnissen führen. Damit verbindet die verfassungskonforme Auslegung Normauslegung und Normenkontrolle.

Zugleich ergeben sich daraus ihre Grenzen. Die verfassungskonforme Auslegung darf keinesfalls zum Vehikel dafür werden, dass Richter und Gesetzgeber heimlich ihre Plätze tauschen. Ihre Grenzen ergeben sich aus der Verfassung, an erster Stelle aus der Funktionsverteilung zwischen Gericht und Gesetzgeber. Das heißt konkret, dass das als Ergebnis einer verfassungskonformen Auslegung erarbeitete Verständnis keinesfalls auf eine Korrektur des vom Gesetzgeber geschaffenen Normtextes hinauslaufen darf. Der Grundsatz verfassungskonformer Auslegung fordert, von zwei möglichen Lesarten die auszuwählen, die mit der Verfassung in Einklang steht. Allerdings nur, wenn der umfassend konkretisierte Wortlaut diese Lesart noch zulässt. Sonst würde man gegen die funktionelle Gewaltenteilung verstoßen und dem Gesetzgeber einen Normtext unterschieben, den er gar nicht gemacht hat.[150]

III. Normbereich oder die strukturelle Kopplung des Rechts mit der Wissenschaft

Ein weiterer Kontext für die Entscheidung ist die Wirklichkeit. Aber weil keiner einen privilegierten Zugang zur Realität hat, formuliert man besser: die Nachbarwissenschaften wie Soziologie, Psychologie, Ökonomie usw. Der Name für diesen Kontextlieferanten wechselt. Früher sprach man von der Natur der Sache oder von natürlichen Ordnungen. Das Bundesverfassungsgericht spricht neuerdings von Normbereichselementen.

---

[150] Dieser Zusammenhang gilt natürlich auch für die gemeinschaftsrechtskonforme Auslegung, vgl. dazu MARC AMSTUTZ, Zwischenwelten zur Emergenz einer interlegalen Rechtsmethodik im europäischen Privatrecht, in: GUNTHER TEUBNER/CHRISTIAN JOERGES (Hrsg.), *Rechtsverfassungsrecht*. Baden-Baden 2003, 213 ff.

1. Sprache und Wirklichkeit

Die Sprache gibt in einem realistisch genommenen Sinne keine „Repräsentation", kein Abbild der Wirklichkeit her und schon gar nicht ein eindeutiges. Wirklichkeit wird vielmehr in Sprache und als solche von Sprache präsentiert.

Das macht auch jenes Beispiel deutlich, das Wittgenstein inspirierte: die Skizze eines Autounfalls. Diese gibt zwar in gewisser Weise ein Bild des Geschehens. Es ist in einem strengen Sinne jedoch keine bloße Reproduktion der Welt. Die Skizze trägt nicht unmittelbar Eigenschaften des Geschehens. Sie hat in diesem Sinne auch nicht die Welt zum Gegenstand. Vielmehr handelt es sich hier um ein Bild, das man sich von der Welt macht, um sich anhand dessen auf das fragliche Geschehen als einem ihrer Fälle zu beziehen. Und die „Eigenschaften" sind solche, die man selbst dem fraglichen Geschehen zumisst, um deutlich machen zu können, wovon dabei die Rede ist. All dies bestimmt sich von dem Zweck her, das Verhalten der Beteiligten zu beurteilen. Von daher interessieren nur dafür relevante Umstände. Dies bestimmt die Art von Bild, das man zeichnet. Wirklichkeit und „Sprache" kommen so in der Strukturierung eines Falls von Welt überein, die vom Zweck einer Entscheidung über Tatsachen ausgeht. Sie kommen aber nicht darin überein, dass das eine ein Abbild des anderen wäre, dieses unmittelbar „repräsentieren" würde.

2. Referieren als Handlung

Es ist also nicht die Sprache, die sich auf die Wirklichkeit bezieht. Es sind die Sprecher. Sie legen sich jeweils im Akt der Bezugnahme auf eine Referenz fest. Verständlich machen können sie sich damit, indem sie dies in einer in der Sprechergemeinschaft akzeptierten Weise tun. Das heißt, dass sie sich an die durch die Gebrauchsgeschichte des betreffenden Ausdrucks fixierte Referenz halten. Referieren ist ein durch und durch sozialer Vorgang d. h. die jeweilige Bezugnahme eines sprachlichen Ausdrucks kann nicht im Sinne einer abstrakten Extension des Bedeutungsbegriffs gewonnen werden, sondern diese erfolgt sprecherabhängig.[151]

Zwingend ist die jeweilige Bezugnahme mit einem bestimmten Ausdruck dann nur insofern, als die jeweilige Sprechergemeinschaft darauf

---

151 BERND JEAND'HEUR, *Sprachliches Referenzverhalten bei der juristischen Entscheidungstätigkeit*. Berlin 1989, 140.

mit den normativen Praktiken der Zurechtweisung und Korrektur reagiert.

Sachverhalte, ob sie bestehen oder nicht, „sind immer Sachverhalte eines Spiels."[152] Zu diesen Spielen, zu unserer Lebensform, gehört aber die Bestellung von Autoritäten in Sachen Welt, den „Experten". Ihnen obliegt die Generierung und Pflege eines maßgeblichen Wissens darum, wie es sich tatsächlich verhält.

> „Jede Sprachgemeinschaft weist (eine) Art von sprachlicher Arbeitsteilung auf, dass heißt, sie verwendet wenigstens einige Ausdrücke, für die gilt: Die mit diesen Ausdrücken verknüpften Kriterien kennt jeweils nur eine Teilmenge aller Sprecher, die diesen Ausdruck beherrschen, und ihre Verwendung durch andere Sprecher beruht auf einer spezifischen Kooperation zwischen diesen und den Sprechern aus den jeweiligen Teilmengen."

Letztere sind von daher auch die relevante Berufungsinstanz für jene Zweifels- und Konfliktfälle, mit denen es Juristen zu tun haben. In solchen Fällen werden

> „sich die anderen Sprecher auf das Urteil dieser sachkundigen Sprecher verlassen. Die Identifizierungsmethode, über die diese sachkundigen Sprecher verfügen, steht also auch dem gesamten Sprachkollektiv zu Gebote, selbst wenn nicht jedes einzelne Glied dieses Kollektivs über sie verfügt; auf diese Weise kann noch die ausgefallenste Wahrheit (...) Teil der sozialen Bedeutung werden und gleichzeitig fast allen Sprechern, die (ein) Wort beherrschen, unbekannt sein."[153]

Juristen sind Experten in Bezug auf normative Ordnungen und die Entscheidung von Streitfällen. Experten in Sachen Wirklichkeit sind sie indes nicht. Da sie dennoch über die tatsächlichen Verhältnisse zu entscheiden haben, sind sie dafür auf die entsprechenden Experten angewiesen. Das Referenzproblem wird damit zur Schnittstelle zu den thematisch angesprochenen Wissenschaften, mit denen sich der Jurist für seine Festlegung des Bezugs zu verlinken hat. Zwar hat er die fachfremden Erkenntnisse dem Zweck seiner Arbeit zu unterwerfen und sie für sich zu gewichten. Ihm kommt aber dabei gerade nicht die Rolle eines Richters über die Wahrheiten der Welt zu. Vielmehr erfordert Normbereichsanalyse eine Zusammenarbeit, welche die nichtjuristischen Beteiligten nicht an ihnen fremde normative Fragestellungen kettet, aber auch die methodische und politische Verantwortung für das Ganze der rechtlichen Entscheidungsvorgänge bei den normkonkretisierenden Juristen belässt.[154] In der Verarbeitung der Leistung an-

---

152 BRUNO STRECKER, *Beweisen. Eine praktisch semantische Untersuchung*. Tübingen 1976, 93.

153 HILARY PUTNAM, *Die Bedeutung von „Bedeutung"*. Frankfurt am Main 1990, 38.

154 MÜLLER/CHRISTENSEN, Juristische Methodik (Fn. 137), Rn. 482.

derer Systeme für das Recht entsprechend seiner Eigenlogik steckt das, was Luhmann strukturelle Kopplung nennt.[155]

Zusammengenommen ergibt sich für das Verhältnis des Rechts zur Welt ein komplexes Wechselspiel. Weder besagt der Normtext allein schon alles, was in dem zu entscheidenden Sachverhalt juristisch von Belang ist. Noch hat es der Jurist mit den schlichten Gegebenheiten des Falls zu tun. Vielmehr sind Welt und Recht durch ein komplexes Band miteinander verbunden, das der Jurist im Einzelfall immer wieder erst zu knüpfen hat. Für die juristische Entscheidungstätigkeit sind „Recht" und „Wirklichkeit" keine selbstständig gegebenen Größen, die in einem lediglich äußeren Verhältnis zueinander stehen und erst nachträglich zueinander in Beziehung zu setzen wären. „Vielmehr bilden die Anordnung, das Normprogramm, und das dadurch Geordnete wirksame Momente der Normkonkretisierung von nur relativer Selbständigkeit."[156] „Sache" und „Norm" der Entscheidung sind in Hinblick auf das Ergebnis der Arbeit daran gleichermaßen als Konstituens rechtlicher Normativität zu betrachten. Auf den Punkt gebracht lässt sich Recht daher als ein „sachbestimmtes Ordnungsmodell" charakterisieren, „als verbindlicher Entwurf einer Teilordnung für die Rechtsgemeinschaft".[157]

3. Übergriffs- und Unterwerfungsfehler

Recht hat genuin mit Wirklichkeit zu tun und ist auf sie verwiesen. Der Charakter beispielsweise der Verfassungsbegriffe als Verweisungsbegriffe auf die soziale Wirklichkeit zeigt sich besonders deutlich bei den Grundrechten und im Bereich der Kompetenzen bei der Gesetzgebung. Für die Rundfunkfreiheit sagt das Bundesverfassungsgericht: „Inhalt und Tragweite verfassungsrechtlicher Bestimmungen hängen (auch) von Ihrem Normbereich ab; ihre Bedeutung kann sich bei Veränderungen in diesem Bereich wandeln."[158] Die technische Veränderung von drahtlosem Rundfunk mit begrenzten Frequenzen zum Breitbandkabel verändert den Inhalt der Rundfunkfreiheit: Man kann von der Innen-

---

155 Vgl. zu diesem Begriff LUHMANN, Das Recht der Gesellschaft (Fn. 6), 266 f., 286 f. Vgl. als Beispiele für strukturelle Kopplung NIKLAS LUHMANN, *Die Gesellschaft der Gesellschaft.* Frankfurt am Main 1998, 779. Vgl. auch FRANK BECKER/ELKE REINHARDT-BECKER, *Systemtheorie. Eine Einführung für die Geschichts- und Kulturwissenschaften.* Frankfurt am Main 2001, 65–67.

156 OLIVER PASSAVANT, Norm/Normativismus, in: NORBERT ACHTERNBERG (Hrsg.), *Ergänzbares Lexikon des Rechts.* Darmstadt 1986.

157 PASSAVANT, Norm/Normativismus (Fn. 156).

158 Vgl. dazu BVerfGE 74, 297 ff., 350. Dazu auch schon BVerfGE 73, 117 ff.

pluralität öffentlich-rechtlicher Rundfunkanstalten langsam zu einem Modell der Außenpluralität übergehen. Inhaltliche Vielfalt soll dann durch die Vielzahl der Anbieter hergestellt werden und nicht mehr durch öffentlich-rechtliche Rundfunkräte.

Das Recht ist als Sollensaussage auf die Formung der Realität bezogen. Man braucht, um die Tragweite einer Regelung einschätzen zu können, Informationen über die Wirklichkeit. Es geht hier um die Verknüpfung des rechtlichen Sprachspiels mit anderen Sprachspielen und mit Wissenschaften wie Ökonomie, Soziologie usw. Diese Verknüpfung muss man zunächst einmal erkennen. Sonst ist die juristische Argumentation unvollständig. Aber selbst wenn man sie erkennt, gibt es noch spezifische Fehlerrisiken. In jeder typischen Geisteswissenschaft sind die anderen Disziplinen mit Stellvertretern präsent. Es gibt eine Rechtsphilosophie, Rechtssoziologie, Rechtslinguistik usw. Ein Problem entsteht dann, wenn diese interne Repräsentation den Anschluss an den Stand der Kunst verliert und unter Niveau argumentiert. Ein Klassiker sind hier die Entscheidungen des BGH zum Wesen der Ehe. Ein Übergriffsfehler liegt also vor, wenn eine nötige Rückkopplung an die Fachwissenschaften unterbleibt und der Richter sich zum Soziologen, Linguisten usw. aufschwingt. Die Peinlichkeiten, die sich daraus ergeben, kann man auch beim verfassungsrechtlichen Kunstbegriff beobachten. Mit dem Übergriffsfehler wird die Festlegung auf einen Bezug des Normtextes zu blinder Dezision. Und der abstraktive Normativismus hält durch die Hintertür Einzug in die Entscheidung. Die Logik des Rechts bleibt erhalten, aber die Leistung anderer Systeme wird nicht integriert.[159]

Sein Gegenstück hat der Übergriffsfehler im Unterwerfungsfehler. Zwar haben sich Juristen bei den Experten über die Kriterien einer nach Stand des gesellschaftlichen Wissens angemessenen Referenzfixierung für den Normtext kundig zu machen. Juristen sind aber keine Forscher. Das dem Juristen obliegende Interesse an der Sache ist nicht das der Neugier, sondern das einer normativ wirksamen Entscheidung. Das heißt, das Hervorheben einzelner Tatsachen und Strukturen aus dem Sachbereich als „grundlegend" – im Sinn von normativ mitbegründend – erfolgt nicht nach empirischen Gesichtspunkten durch den Sozialwis-

---

159 Vgl. zu diesen Diensten, die die Teilsysteme anderen Systemen zur Verfügung stellen: „Das politische System nutzt die Vorgaben der Wissenschaft, um mit ihrer Hilfe Entscheidungen zu treffen, das Wirtschaftssystem greift sie auf, wenn sie profitabel erscheinen – das Rechtssystem schließlich lässt sich durch Gutachten in Prozessen unterstützen (...). Für alle Systeme gilt, dass sie sich durch die Bereitstellung und Entgegennahme von Leistungen mit den jeweils anderen Systemen in einem ständigen Austauschprozess befinden." BECKER/REINHARDT-BECKER, Systemtheorie (Fn. 155), 64.

senschaftler, sondern nach juristischen durch den Rechtsarbeiter, der für die Entscheidung des fraglichen Falles verantwortlich ist.[160]

Entzieht sich der Jurist dieser Verantwortung, so hält durch die Hintertür ein prinzipienlos opportunistischer Soziologismus Einzug in die Entscheidung. Rechtsarbeit büßt ihre Veranwortung ein. Hier verdrängt also die Leistung des Wissenschaftssystems die Logik des Rechts. Der Unterwerfungsfehler resultiert in der normativen Wendung einer faktischen Entwicklung. Tatsächliche Entwicklungen aber sind an das Normprogramm, als dem Ausdruck eines genuin rechtlichen Interesses an der Realität, rückzukoppeln und daran zu messen. Wenn das Normprogramm solche Entwicklungen gerade verbieten will, dann können sie natürlich nicht zur Bestimmung des Inhalts des fraglichen Normtextes herangezogen werden. Methodisch gewendet bedeutet dies, dass Normbereichsargumente beim Konflikt mit textbezogenen Konkretisierungselementen zurücktreten müssen. Sonst würde man das Recht jeder Tatsächlichkeit ausliefern und damit verraten.

Die strukturelle Kopplung des Rechts mit Leistungen des Wissenschaftssystems kann also nach zwei Seiten hin scheitern. Beim Übergriffsfehler wird die vom Wissenschaftssystem angebotene Leistung von eigenen Vorurteilen des Richters ersetzt. Beim Unterwerfungsfehler wird dagegen mit der juristischen Verantwortlichkeit die Logik des Rechts geopfert.

IV. Dogmatische und rechtspolitische Argumente

Die Dogmatik ist ein Korb von Sätzen und bedarf der Qualifikation durch die juristische Methodik. Erst danach kann ihr Stellenwert fixiert werden. Rechtspolitische Argumente sind dagegen eine Residualkategorie für normgelöste politische Argumente.

Für die Einordnungen dogmatischer Argumente sind folgende Fragen wichtig: Handelt es sich um ein Argument aus dem Wortlaut, der Systematik usw., eine zusammengesetzte Schlussform oder nur um normgelöste Theorieelemente bzw. rechtspolitische Auffassungen? Erst nachdem man die Meinung von der Person abgelöst hat, lässt sich ihr Stellenwert in der Argumentation bestimmen. Der sogenannte Meinungsstreit wird dadurch nicht nur versachlicht, sondern auch rechtsstaatlichen Anforderungen unterworfen. Realistisch, und das heißt: linguistisch ausgedrückt, ist Dogmatik das Reservoir der sich zurzeit durchsetzenden juristischen Bedeutungsfestsetzungen und Referenzfi-

---

160 MÜLLER/CHRISTENSEN, Juristische Methodik (Fn. 137), Rn. 238.

xierungen, also der Positionen zur Bedeutung und zur Art des Wirklichkeitsbezugs des „geltenden Rechts" (der Gesamtmenge der in Kraft befindlichen Normtexte). Unbestreitbare Objektivität haben auch die Argumente der Dogmatik nicht, wegen der Bedingungen von Sprachlichkeit und ihrer Eingebundenheit in den Streitstand des laufenden Falls. Eine derart überzogene Erwartung muss nicht nur von der strukturierenden, sondern von jeder Dogmatik enttäuscht werden. Vor allem bedeutet „strukturieren" nicht, Konkretisierungselemente wie die dogmatischen oder andere bis in die Einzelheiten vorweg fixieren zu wollen – wegen der dargelegten, dem Vorgang der Konkretisierung wesentlichen Eigenschaft von Rechtsarbeit, fallgebunden zu sein, wäre das ein abwegiges Ziel. Es heißt dagegen, Gesichtspunkte zu entwerfen, von denen aus die Architektur einer Falllösung rational entwickelt werden kann, wodurch dann die sachlichen Einzelheiten Maßstab und Richtung erhalten. Vor allem heißt „strukturieren", diese Operationen mit Mitteln durchzuführen, die verallgemeinerungsfähig sind. Dadurch werden die Vorgänge gleichheitlicher, als es sonst möglich wäre; und ferner im Dienst von Rechtsstaat und Demokratie besser nachprüfbar, weil in engere und genauere Einzelschritte zerlegt.

V. Gibt es eine Rangfolge juristischer Argumente?

Die herkömmliche methodische Lehre[161] kann nicht zu einer Rangfolge juristischer Argumente kommen, weil es aus ihrer Sicht bei der Interpretation um die einheitliche *Erkenntnis* einer im Text vorgegebenen Bedeutung geht. Die Mittel dieser Erkenntnis sind dann gleichrangig, denn Erkenntnisinstrumente ordnet man nicht nach Gewicht, sondern allenfalls nach Erfolg oder Misserfolg. Bei einem Widerspruch zwischen den Ergebnissen verschiedener Konkretisierungselemente stellt sich dann nicht die Frage nach dem besseren Argument; sondern der Widerspruch wird in die Bedeutung hinein verlängert, die dann etwa als mehrdeutig oder inkonsistent gilt. Etwas anderes ergibt sich aber für die neue Sichtweise, die sich von der Fiktion des Ermittelns einer im Normtext vorgegebenen Bedeutung löst. Wenn die Bedeutung des Normtextes realiter in einem Argumentationsprozess erst hergestellt

[161] Vgl. dazu ARTHUR KAUFMANN, Gesetz und Recht, in: DERS., *Rechtsphilosophie im Wandel*. Frankfurt am Main 1972, 131 ff., m. w. N.; GERHARD HASSOLD, Strukturen der Gesetzesauslegung, in: CLAUS-WILHELM CANARIS/UWE DIEDERICHSEN (Hrsg.), *Festschrift für Karl Larenz*. München 1983, 211 ff., 211 f.; ENGISCH, Einführung in das juristische Denken (Fn. 116), 235 f., Fn. 80.

wird, dann stellen sich die Fragen nach dem besseren Argument und nach der Rangfolge mit systematischer Notwendigkeit.[162]

1. Sind Vorrangregeln prinzipiell unmöglich?

Aus dem Scheitern einer überzeugenden Begründung von Vorrangregeln im Rahmen der Rechtserkenntnislehre wird teilweise gefolgert, Vorrangregeln seien prinzipiell unmöglich.[163] Es handle sich bei den Konzepten juristischer Methodik bloß um Handwerksregeln, denen schon im Hinblick auf ihre fehlende Einheitlichkeit eine Steuerungskraft nicht zukommen könne.

Das Charakterisieren juristischer Methodik als Handwerksregel[164] ist gewiss zutreffend. Aber daraus lässt sich kein Argument gegen Vorrangmodelle ableiten. Auch die wirklichen Handwerker sind es gewöhnt, jedenfalls unter dem Druck eines Architekten, Regeln und Präferenzen zu respektieren. Juristen müssen häufig das Einhalten von Regeln der Kunst in anderen Lebensbereichen überprüfen. Bei denen

---

162 Vgl. als Nachweis der bisherigen Versuche zur Erarbeitung von Rangfolgekatalogen JOACHIM RAHLF, Die Rangfolge der klassischen juristischen Interpretationsmittel in der strafrechtswissenschaftlichen Auslegungslehre, in: EIKE VON SAVIGNY, *Juristische Dogmatik und Wissenschaftstheorie*. München 1976, 14 ff., 17 ff. (Bejahung), 22 f. (Leugnung), 23 f. (unklare Stellungnahmen). Auch auf der Ebene der Argumentationstheorie wurde die Forderung, Argumente zu gewichten, wieder aufgenommen: EIKE V. SAVIGNY, Die heterogene Basis als wissenschaftstheoretisch bedeutsames Merkmal der strafrechtsdogmatischen Argumentation, in: EIKE VON SAVIGNY, *Juristische Dogmatik und Wissenschaftstheorie*. München 1976, 161 ff., 162; CHRISTIAN CLEMENS, *Strukturen juristischer Argumentation*. Berlin 1977, 20; OTA WEINBERGER, Topik und Plausibilitätsargumentation, in: *ARSP* 1973, 17 ff., 24. Vgl. im Übrigen MÜLLER/CHRISTENSEN, Juristische Methodik (Fn. 137), Rn. 429 ff.

163 Vgl. zur Skepsis gegenüber einer Steuerung der Rechtspraxis durch Methodik: GÖRG HAVERKATE, *Gewißheitsverluste im juristischen Denken. Zur politischen Funktion der juristischen Methode*. Berlin 1977; ULRICH SCHEUNER, Die Bindung des Richters an Gesetz und Verfassung, in: *VVDStRL* 34 (1975), 95 ff. Präzise Fragen bei GERD ROELLECKE, Die Bindung des Richters an Gesetz und Verfassung, in: *VVDStRL* 34 (1975), 7 ff., 42 mit einer als Paradoxon formulierten Schlussthese Nr. 22 sowie differenzierter Einschätzung der Bedeutung juristischer Methodik auf Seite 38. Starke Relativierung der Bedeutung juristischer Methodik bei ROLF WANK, *Grenzen richterlicher Rechtsfortbildung*. Berlin 1978, 77 und ff.

164 Vgl. NEVILLE BROWN/FRANCIS G. JACOBS, *The Court of Justice of the European Communities*. 3. Aufl., London 1989, 276, 291, wo „science" der „judicial art" in der Arbeit des EuGH gegenübergestellt wird. Zur Methodenlehre als Handwerkslehre vgl. WOLFGANG FIKENTSCHER, *Methoden des Rechts in vergleichender Darstellung. Bd. I: Frühe und religiöse Rechte/Römischer Rechtskreis*. Tübingen 1975, Vorwort IX; WANK, Grenzen richterlicher Rechtsfortbildung (Fn. 163), 78 ff.

ihrer eigenen Kunst[165] sind sie zwar, wie das Praktizieren des Rechtsbeugungsparagraphen und des gerichtlichen Willkürverbots zeigt, sehr vorsichtig. Beim Beurteilen anderer Berufsgruppen, wie etwa Mediziner oder Architekten, können sie gelegentlich strenger werden. All das belegt jedenfalls, dass Kunstregeln durchaus bindend sind und auch Präferenzen kennen. Nur deswegen konnte Robert Brandom in seiner Semantik die normativen Maßstäbe gerade der alltäglichen Sprachspiele entfalten.[166]

Das alte Einheitlichkeitsargument bestreitet die Möglichkeit einer Bindung der Rechtspraxis mittels juristischer Methodik unter Hinweis auf die Varianz von Theorien und Lehrmeinungen, die hier vertreten werden.[167] Der Pluralismus methodischer Ansätze mache es der Justiz unmöglich, sich an methodischen Grundsätzen zu orientieren. Tatsächlich gibt es in der juristischen Methodik zahlreiche wissenschaftliche Ansätze. Doch dieser Pluralismus kann nicht als Schaden angesehen werden.[168] Wie die neuere wissenschaftstheoretische Diskussion betont, ist eine Vielzahl miteinander konkurrierender Erkenntnis-Programme eine der wichtigsten Bedingungen für Fortschritt in der Sache und für die wechselseitige Kritik.[169] Und die Justiz ist von Verfassungs wegen nicht verpflichtet, ein geschlossenes Gesamtkonzept der juristischen Methodik zu entwickeln oder zu vertreten. Sie genügt rechtsstaatlichen Anforderungen schon dann, wenn ihre Argumentation nachvollziehbare und kontrollierbare Strukturen aufweist.[170] Nur so kann die Praxis auch auf neue Einsichten der juristischen Methodendiskussion reagieren und ihre eigenen Standards weiterentwickeln. Die Rechtsprechung lehnt es aus guten Gründen ab, sich zu einem einheitlichen methodischen Konzept im Sinn einer bestimmten Rechts- oder Wissenschaftstheorie zu bekennen. Auch ohne eine unterstellte einheitliche Konzep-

---

165 Vgl. zu Jurisprudenz und Regeln der Kunst sowie dem Bezug zur Medizin: ROLF GRÖSCHNER, Hippokratische techne und richterliche Kunst, in: MICHAEL KILIAN (Hrsg.), *Jurisprudenz zwischen techne und Kunst*. Tübingen 1987, 11 ff., insbes. 25 ff.

166 ROBERT BRANDOM, *Expressive Vernunft*. Frankfurt am Main 2000.

167 So kann etwa aus der Sicht von KLAUS ROTH-STIELOW, *Die Auflehnung des Richters gegen das Gesetz*. Villingen 1963, 49, die Auslegung nur auf eine einzige und endgültig festgelegte Weise erfolgen.

168 Der Pluralismus ist in der juristischen Diskussion noch immer verdächtig. Notfalls wird er zum Ausdruck unaufgelöster gesellschaftlicher Widersprüche erklärt. Vgl. dazu INGEBORG MAUS, Zur Problematik des Rationalitäts- und Rechtsstaatspostulats in der gegenwärtigen juristischen Methodik am Beispiel Friedrich Müllers, in: WOLFGANG ABENDROTH/BERNHARD BLANKE/ULRICH PREUß U.A., *Ordnungsmacht?* Frankfurt am Main 1981, 153 ff., 156.

169 Vgl. dazu nur HELMUT SPINNER, *Pluralismus als Erkenntnismodell*. Frankfurt am Main 1974, insbes. 74 ff.

170 Vgl. dazu MÜLLER/CHRISTENSEN, Juristische Methodik (Fn. 137), Rn. 2.

tion ist aber in der Art und Weise, wie Kontexte praktisch herangezogen werden, eine gewisse Rangfolge der Argumente zu erkennen.[171] Diese Ansätze zu verallgemeinern und am Verfassungsrecht zu messen, ist eine der Aufgaben[172] von Rechtstheorie und juristischer Methodik. Eine zweite liegt darin, neue Alternativen zu den praktischen Arbeitsweisen vorzuschlagen. Dafür ist gerade der Pluralismus eine wertvolle Voraussetzung. Gleichzeitig verhindert er in keiner Weise, dass die Methoden der Praxis das verfassungsrechtlich geforderte Maß an Rationalität erreichen können.

Weitergehend wird deshalb von einzelnen Autoren behauptet, die juristische Methodik werde von der Praxis nicht als Mittel des Begründens oder Überprüfens ihrer Interpretationen eingesetzt, sondern diene nur als rhetorische Fassade für anderweitig gefundene Ergebnisse.[173].Die Analyse der Praxis lässt diesen Schluss aber nicht zu. Man kann im praktischen Vorgehen der Gerichte durchaus den Ansatz zu rationaler Gewichtung erkennen. Ihre Operationen sind der Verallgemeinerung zugänglich und widerlegen die Behauptung völliger methodischer Beliebigkeit der Rechtspraxis.

Eine angeblich fehlende Steuerungskraft juristischer Methodik wird auch noch mit deren gleichbleibender Rolle bei politischen Systemwechseln begründet.[174] Eine derartige Rolle lässt sich aber nicht nachweisen. Der immer als Beispiel herangezogene Systemwechsel von der Weimarer Republik zum Nazismus belegt das Gegenteil. Die damalige Diskussion lässt entgegen der üblichen Einschätzung sogar eine große Bedeutung der juristischen Methodik erkennen. Gerade der Einschnitt zwischen dem rechtsstaatlichen System von Weimar und dem totalitären des Nationalsozialismus macht deutlich, welches entscheidende

---

[171] Vgl. dazu MÜLLER/CHRISTENSEN, Juristische Methodik (Fn. 137), Rn. 26, 361 d, 362, 429 ff., 494. Vgl. zu diesbezüglicher Skepsis: WERNER KRAWIETZ, *Juristische Entscheidung und wissenschaftliche Erkenntnis.* Wien 1978, 72; einschränkend in der Weise, dass Präferenzregeln von der Rechtsprechung überwiegend einzelfallbezogen aufgestellt würden: SCHROTH, Theorie und Praxis subjektiver Auslegung im Strafrecht (Fn. 106), 71.

[172] Vgl. dazu MÜLLER/CHRISTENSEN, Juristische Methodik (Fn. 137), Rn. 429 ff. Zu den Aufgaben juristischer Methodik vgl. auch noch HASSOLD, Strukturen der Gesetzesauslegung (Fn. 161), 211 ff., 212 ff.

[173] Vgl. zur „Vorspiegelung": HAVERKATE, Gewißheitsverluste im juristischen Denken (Fn. 163), 168; SPIROS SIMITIS, Die Bedeutung von System und Dogmatik — dargestellt an rechtsgeschäftlichen Problemen des Massenverkehrs, in: *AcP* 172 (1972), 131 ff., 172; FRIEDEL ECKOLD-SCHMID, *Legitimation durch Begründung.* Berlin 1974, 19. Fraglich ist allerdings, ob sich „wirkliche" von anderen Gründen abschichten lassen. Vgl. dazu STEPHEN TOULMIN, *Der Gebrauch von Argumenten.* Weinheim 1996, 41; vgl. zu Positivismus als rhetorischer Fassade auch EBERHARD FRANSSEN, Positivismus als juristische Strategie, in: *JZ* 1969, 766 ff.

[174] WANK, Grenzen richterlicher Rechtsfortbildung (Fn. 163), 77 ff.

Gewicht den Standards juristischer Argumentation für die Prägung einer Rechtsordnung zukommt. Nachdem die Nationalsozialisten die aus der Weimarer Zeit stammenden Ansätze zu einer rechtsstaatlichen Argumentationskultur völlig beseitigt hatten, konnten Vorschriften, deren Normtext unverändert geblieben war, nun zu gänzlich anderen Ergebnissen führen. Carl Schmitt hat 1935 die sogenannte Analogienovelle im Strafrecht folgendermaßen kommentiert:

> „Gesetze, die sich zwar äußerlich als bloße ‚Änderungen' geben, in der Sache aber das geänderte Gesetz im Ganzen umwandeln, indem sie tragende Bestimmungen des alten Gesetzes durch neue ersetzen (...). Sie schaffen kein neues Strafgesetzbuch, wohl aber ein neues Strafrecht, indem sie das Analogieverbot aufheben, durch ein Analogiegebot ersetzen und eine rechtsschöpferische Mitarbeit des Richters erwarten. Sie heben dadurch das bisherige Strafgesetzbuch aus den Angeln. Das ist eine fundamentale Wandlung, nicht eine bloße ‚Änderung'. Ein Strafgesetzbuch mit Analogieverbot und ein solches mit Analogiegebot sind nicht mehr identisch dasselbe Strafgesetzbuch. Hier liegt ganz offensichtlich mehr als eine äußerliche ‚Gleich-' oder ‚Umschaltung' vor. Auch die mit unverändertem Wortlaut weitergeführten Regelungen stehen jetzt auf einer anderen Grundlage und in einem anderen juristischen Gesamtrahmen und erhalten dadurch einen neuen Inhalt."[175]

Diese Aussage belegt, welche Bedeutung gesetzliche Auslegungsregeln und damit auch praktisch geltende argumentative Standards für eine Rechtsordnung haben.[176] Eine Betrachtung dieses rechtsgeschichtlichen Einschnitts bestätigt die Skepsis in Bezug auf die Bedeutung der Methodik nicht, sondern widerlegt sie.

2. Vorrangregeln und einzelfallbezogene Gewichtung

Gegen die Möglichkeit einer rechtsstaatlich kontrollierbaren Rangfolge juristischer Argumente wird ferner vorgebracht, dass eine solche nicht abstrakt und generell vorherbestimmt werden könne,[177] sondern sich nur aus dem Gewicht der Argumente im Einzelfall ableiten lasse.[178] Die Begründung dieser Sicht arbeitet mit dem Argument, hinter den Konkretisierungselementen stünden Interessen, die im konkreten Fall in

---

175 CARL SCHMITT, Kodifikation oder Novelle?, in: *DJZ* 1935, Sp. 919 ff., 923.

176 Dies wird auch durch eine intensive Untersuchung des nationalsozialistischen Strafrechts bestätigt, die gerade im Hinblick auf solche argumentativen Standards bloße Normtextkontinuität von Rechtskontinuität unterscheidet. Vgl. dazu GERHARD WERLE, *Justizstrafrecht und polizeiliche Verbrechensbekämpfung im Dritten Reich.* Berlin 1989, 30 ff., 36 ff.

177 Vgl. dazu HONSELL, Historische Argumente im Zivilrecht (Fn. 96), 17 ff.

178 Vgl. dazu etwa SCHROTH, Theorie und Praxis subjektiver Auslegung im Strafrecht (Fn. 106), 71.

unterschiedlicher Intensität betroffen seien.[179] Die Zuordnung von Konkretisierungselementen und Interessen wird dabei folgendermaßen durchgeführt:

> „Wird beispielsweise von einer Auslegungshypothese behauptet, sie verstoße gegen den Wortlaut einer Vorschrift zuungunsten eines Täters, so wird damit ein Vertrauensinteresse der Rechtsunterworfenen zur Geltung gebracht. Wird von einer Auslegungshypothese gesagt, sie führe im Allgemeinen zu ungerechten Ergebnissen, so wird hiermit ein Interesse an Entscheidungen artikuliert, die allgemein akzeptiert werden. Wird der Wille des historischen Gesetzgebers an Auslegungshypothesen herangetragen, so wird das Interesse, Auslegungshypothesen an die gesetzgeberische Entscheidung zurückzubinden, zur Geltung gebracht. Auslegungshypothesen werden dann unter dem Gesichtspunkt der ‚Authenzität' analysiert."[180]

Diese Sicht führt trotz ihrer Übersichtlichkeit aber zu neuen Schwierigkeiten. Schon der Ansatz einer Zuordnung von Konkretisierungselementen und Interessen erscheint als Repräsentationsmodell fragwürdig. Aber selbst davon einmal abgesehen, sind die Einzelheiten dieses Vorschlags recht problematisch. Dass die grammatische Auslegung das Vertrauen des Rechtsverkehrs schütze, ist ein altehrwürdiges Argument der objektiven Auslegungslehre. Wie in der neueren Literatur mehrfach gezeigt wurde, ist es jedoch nach dem Stand heutiger Sprachwissenschaft nicht mehr zu halten.[181] Man müsste dafür eine homogene Alltagssprache voraussetzen können, in die sich der juristische Diskurs zudem noch bruchlos einzufügen hätte. Ebensowenig lässt sich die Gerechtigkeit mit der allgemeinen Akzeptanz kurzschließen. Denn über die Frage, was als gerecht zu akzeptieren ist, herrschen in einer pluralistischen Gesellschaft sehr unterschiedliche Vorstellungen. Auch die Kopplung von historischem Gesetzgeber und „Authenzität" verkürzt die wirklichen Zusammenhänge. Zwar wird zugegeben, dass die Legislative kein Kollektivorgan ist und ihr auch kein einheitlicher Wille unterstellt werden kann. Aber in dem Bild einer einheitlichen gesetzgeberischen Handlung als Bezugspunkt[182] von „Authenzität" wirkt immer noch die Fiktion eines homogenen Gesetzgebers nach. Die vielschichtigen Beziehungen zwischen Gesetzgebungsprozess und fertigem Normtext sind nur durch eine Semantik kompetitiven Handelns zu erfassen

---

179 SCHROTH, Theorie und Praxis subjektiver Auslegung im Strafrecht (Fn. 106), 70.

180 So SCHROTH, Theorie und Praxis subjektiver Auslegung im Strafrecht (Fn. 106), 35. Schroth verwendet durchgängig die Schreibweise „Authenzität".

181 Vgl. dazu RAINER HEGENBARTH, *Juristische Hermeneutik und linguistische Pragmatik*. Königstein im Taunus 1982, 191 ff.; BADEN, Zum Regelungsgehalt von Gesetzgebungsmaterialien (Fn. 128), 387, jeweils m. w. N.

182 Vgl. dazu SCHROTH, Theorie und Praxis subjektiver Auslegung im Strafrecht (Fn. 106), 87 und öfter.

und lassen sich keineswegs auf ein „Authenzitätsinteresse" nach dem Muster von Autor und Werk zurückführen.[183] Die Konkretisierungselemente sind nicht Ausdruck isolierter Interessen, sondern Fragerichtungen, die dazu dienen, Kontexte in den Entscheidungsprozess einzubeziehen.[184]

Erst wenn man die vergebliche Suche nach einem hinter den Mitteln der Interpretation stehenden Wesen aufgibt, kann man dann die Frage stellen, was es heißt, dass deren Ergebnisse für die Entscheidung „im Einzelfall" verschiedene Aussagekraft haben. Der Einzelfall ist nicht dadurch gekennzeichnet, dass in generelle Interessen verschieden intensiv eingegriffen wird, sondern dadurch, dass zwischen den Parteien Streit[185] um die Fallerzählung und die Lesart des Normtextes besteht. Es stehen sich damit mindestens zwei konkurrierende Interpretationen gegenüber, die sich auf die von den Konkretisierungselementen erfragten Kontexte in unterschiedlicher Weise beziehen können. Zentral ist aber, ob die von einer der Interpretationen vorgeschlagene Verknüpfungsweise durch das Ergebnis eines bestimmten Elements *eindeutig*[186] ausgeschlossen wird. Die fragliche Interpretation lässt sich dann nur noch dadurch „retten", dass ein höherrangiges Element dieses Zwischenergebnis seinerseits eindeutig aus dem Feld schlagen kann. Es stehen sich also nicht generelle, sondern konkret erfragte Kontexte gegenüber.[187] Diese werden auch nicht abstrakt abgewogen oder vergli-

---

[183] GÉRARD GENETTE, Impliziter Autor, impliziter Leser?, in: FOTIS JANNIDIS/GERHARD LAUER/MATIAS MARTINEZ/SIMONE WINKO (Hrsg.), *Texte zur Theorie der Autorschaft*. Stuttgart 2000, 185 ff.; MICHEL FOUCAULT, Was ist ein Autor, in: FOTIS JANNIDIS/GERHARD LAUER/MATIAS MARTINEZ/SIMONE WINKO (Hrsg.), *Texte zur Theorie der Autorschaft*. Stuttgart 2000, 198 ff.; MARTHA WOODMANSEE, Der Autor-Effekt. Zur Wiederherstellung von Kollektivität, in: FOTIS JANNIDIS/GERHARD LAUER/MATIAS MARTINEZ/SIMONE WINKO (Hrsg.), *Texte zur Theorie der Autorschaft*. Stuttgart 2000, 295 ff.; MARTHA WOODMANSEE/PETER JASZI, Die globale Dimension des Begriffs der ‚Autorschaft', in: FOTIS JANNIDIS/GERHARD LAUER/MATIAS MARTINEZ/SIMONE WINKO (Hrsg.), *Rückkehr des Autors*. Tübingen 1999, 391 ff.; PIER GIUSEPPE MONATERI, „All This and So Much More": Original Intent, Antagonism and Non-Interpretivism, in: *Ars Interpretandi*, Münster 1998, 99 ff.

[184] Vgl. dazu MÜLLER/CHRISTENSEN, Juristische Methodik (Fn. 137), Rn. 375; ähnlich die Argumentation bei ROELLECKE, Die Bindung des Richters an Gesetz und Verfassung (Fn. 163), 38.

[185] Vgl. zu diesem Gesichtspunkt als „Regelkonflikt": HUBERT ROTTLEUTHNER, *Richterliches Handeln. Zur Kritik der juristischen Dogmatik*. Frankfurt am Main 1973, 22 ff.

[186] Vgl. dazu MÜLLER, ‚Richterrecht' (Fn. 23), 81.

[187] Insoweit kann man HONSELL, Historische Argumente im Zivilrecht (Fn. 96), 17 zustimmen bei der Aussage: „Es gibt aber kein gängiges Argument, das generell durch ein anderes ausgeschlossen oder widerlegt würde." Ein genereller Ausschluss wäre ein Argumentationsverbot. Hier geht es aber um den Konflikt zweier Argumente. Dieser lässt sich nur konkret feststellen. Aber die Regel für seine Entscheidung muss generalisierbar sein.

chen, sondern nur unter der Voraussetzung, dass ein Konfliktfall[188] vorliegt, d. h. dass sie das Schicksal der sich im Streit befindenden Interpretationen in gegensätzlicher Weise beeinflussen. Wenn man also den oft beschworenen „Einzelfall" näher betrachtet, wird deutlich, dass generelle Vorrangregeln nicht nur nötig, sondern auch möglich sind.

3. Vorrangregeln im Rahmen einer Rechtserzeugungsreflexion

Eine Interpretation ist besser, wenn sie die von der Zeichenkette und dem mitgebrachten Bedeutungskonflikt bereitgestellten Anschlussmöglichkeiten für die Argumentation effektiver nutzt. Argumentativ effektiver heißt, dass sie die Einwände bzw. Widerlegungen des Gegners entweder in die eigene Argumentation integrieren oder ausräumen kann. Wie macht man das?

Was als Widerlegung gilt und wie man eine solche ausräumt bzw. integriert, darüber gibt es im juristischen Bereich sehr viel implizites Wissen. Formuliert wird dieses von der Disziplin der juristischen Methodik. Danach gibt es für die Entscheidung des Konflikts von Argumenten in der Praxis der Gerichte Ansätze, die zwar noch einer Strukturierung bedürfen, aber im Prinzip in die richtige Richtung weisen. Zu denken ist hier an die vom Bundesverfassungsgericht unter dem missverständlichen Titel „objektive Auslegungslehre" eingeführte Regel für die Vorzugswürdigkeit von Argumenten. Danach soll im Konfliktfall die historische und genetische Auslegung hinter der grammatischen bzw. systematischen Auslegung zurücktreten. Denn letztere stünden näher am Normtext und erlaubten auch den Normunterworfenen eine bessere Orientierung.

Wenn man an diese schon praktizierten Kriterien anknüpft, ergibt sich im Falle von Konflikt bzw. Widerlegung die Notwendigkeit einer doppelten Bewertung. Erstens sind die Argumente normstrukturell oder abstrakt zu bewerten. Zweitens müssen die Argumente konkret nach ihrer Intensität oder Schwere eingeordnet werden. Normstrukturell ist das Gewicht eines Arguments umso größer, je näher es am Normtext steht. Das heißt, textbezogene Argumente schlagen Normbereichsargumente aus dem Feld und diese wiederum bloß rechtspolitische Bewertungen usw. Neben diese Einordnung des Arguments in die Normstruktur als direkt textbezogen, indirekt textbezogen und norm-

---

188 Vgl. zum Begriff Konflikt MÜLLER/CHRISTENSEN, Juristische Methodik (Fn. 137), Rn. 434 ff., 516, 551.

gelöst[189] muss eine konkrete Bewertung treten. Diese lässt sich aber nur schwer vom jeweiligen Fall abheben. Als Unterscheidungen bieten sich an Möglichkeit, Plausibilität und Evidenz.[190] Möglich ist dabei ein Argument, wenn es nicht von vornherein ausgeschlossen ist. Plausibel heißt, dass das Argument überzeugend ist, aber Alternativen denkbar sind. Evident ist ein Argument, wenn im Moment gar keine Alternativen denkbar sind.

C. Vom Gesetzestext über die Argumentation zur Begründung

Wenn man von der Unterscheidung von Medium und Form[191] ausgeht, ist das Recht ein Medium für die Austragung gesellschaftlicher Konflikte. Indem es diesen Konflikten im Verfahren eine Form gibt, kann es selbst zur Entscheidung geformt werden. Wenn man ergänzend den engeren Medienbegriff der empirischen Medienwissenschaft heranzieht,[192] wird außerdem noch deutlich, dass das Recht eine Medienkonstellation ist. Es besteht aus dem Buch der Gesetze, der Sprache des Verfahrens und der geschriebenen Begründung. Inhalt eines Mediums ist jeweils ein anderes Medium:[193] Im Gesetzbuch findet sich die gesprochene Sprache des Verfahrens, und der dort ausgetragene Streit mündet in den vom Richter geschriebenen Text der Urteilsbegründung. Ob der Richter und seine Entscheidungstätigkeit an die politischen Vorgaben der Verfassung gebunden werden kann, entscheidet sich in den Prozessen der Umschreibung von einem Medium zum anderen.

---

[189] Zu dieser Unterscheidung MÜLLER/CHRISTENSEN, Juristische Methodik (Fn. 137), Rn. 431, 437 ff.

[190] NIKLAS LUHMANN, Theoriesubstitution in der Erziehungswissenschaft. Von der Philanthropie zum Neuhumanismus, in: DERS., *Gesellschaftsstruktur und Semantik 2*. Frankfurt am Main 1993, 105 ff., 119.

[191] Vgl. NIKLAS LUHMANN, *Die Wissenschaft der Gesellschaft*. Frankfurt am Main 1990, 181 ff.; DERS., *Die Kunst der Gesellschaft*. Frankfurt am Main 1995, 165 ff.; DERS., Die Gesellschaft der Gesellschaft (Fn. 155), 190 ff. Zu weiteren Nachweisen vgl. THOMAS KHURANA, Niklas Luhmann – Die Form des Mediums, in: ALICE LAGAAY/DAVID LAUER (Hrsg.), *Medientheorie*. Frankfurt 2004, 97 ff., 99 ff.

[192] Das wären z. B. Buch, Zeitung, Computer usw. Vgl. dazu ALICE LAGAAY/DAVID LAUER, Einleitung – Medientheorien aus philosophischer Sicht, in: DIES., *Medientheorie*. Frankfurt 2004, 7 ff., 21 ff. m. w. N.

[193] Vgl. dazu NIELS WERBER, Medien in Medien der Weltgesellschaft. Programmatische Tendenzen im Medien- und Kommunikationsbegriff der Systemtheorie, in: CLAUDIA LIEBRAND/IRMELA SCHNEIDER (Hrsg.), *Medien in Medien*. Köln 2004, 106 ff. m w. N.

Wenn diese Transkriptionen[194] vom Gesetz über die Argumentation zur Begründung gelingen, findet ein Legitimationstransfer vom Gesetzestext auf den Entscheidungstenor statt.

Zu Recht wird in neueren Ansätzen festgestellt, dass die richterlichen Bindungen nie in der Weise funktioniert haben,

> „wie es seinem Entwurf gemäß hätte funktionieren sollen, nämlich über einen Richter als ‚Subsumtionsautomaten', sondern stets über (notstandsbedingte) Winkelzüge und Hinterlisten vollzogen wurde, die methodologisch bis heute nicht registriert und aufgearbeitet sind."[195]

Wenn man diese notstandsbedingten Winkelzüge methodisch erfassen will, muss man untersuchen, inwieweit ergangene Urteile den verfassungsrechtlichen Vorgaben aus Demokratie, Rechtsstaat und Gewaltenteilung genügen. Zu untersuchen ist dies anhand der Begründung, die zwischen Urteil, Gesetz und Verfahren vermitteln soll. Als Instrumente der Untersuchung können dabei die juristische Methodik, die Argumentationstheorie und in Bezug auf die hier ausgeschlossene Sachverhaltserzählung die Sozial- und Textwissenschaften dienen. Eine besonders wichtige Analyseebene ist dabei die Sprache als Medium, in dem der Bezug zwischen Gesetz und Urteil hergestellt wird. Herkömmlich werden die Aporien der juristischen Entscheidung hinter unrealistischen Annahmen über die Leistungsfähigkeit der Sprache versteckt. Erst im Freilegen dieser Aporien wird die Rechtlichkeit von Recht sichtbar.

I. Der Gesetzestext als Medium für Gründe

Eine Besonderheit juristischer Argumentation ist die Bindung an das Gesetz. Um seine Auslegung wird gestritten. Das Gesetz ist also Feld der Argumentation. Eine weitere Besonderheit, welche für die normale Argumentation nicht gilt, liegt noch darin, dass das Gesetz außerdem Grenze der Argumentation sein soll. Ist eine solche Grenze in der Argumentation überhaupt denkbar?

---

194 Vgl. zu diesem grundlegenden Begriff der Medientheorie LUDWIG JÄGER, Transkriptivität. Zur medialen Logik der kulturellen Semantik, in: LUDWIG JÄGER/GEORG STANITZEK (Hrsg.), *Transkribieren. Medien/Lektüre.* München 2002, 19 ff. Transkriptionsprozesse im Recht untersuchen RALPH CHRISTENSEN/KENT D. LERCH, Transkriptionen. Das Umschreiben des Rechts im Verfahren, in: *Paragrana. Internationale Zeitschrift für Historische Anthropologie* 15 (im Erscheinen).

195 AMSTUTZ, Zwischenwelten zur Emergenz einer interlegalen Rechtsmethodik im europäischen Privatrecht (Fn. 150), 227 f., unter Bezug auf die grundlegende Arbeit von REGINA OGOREK, *Richter, König oder Subsumtionsautomat? Zur Justiztheorie im 19. Jahrhundert.* Frankfurt am Main 1986.

> „Ältere Interpretationslehren waren davon ausgegangen, dass der Text beim Interpretieren identisch bleibt. Und noch heute liest man: ‚Interpretation versteht sich als Verdeutlichung desselben in anderen Zeichen.' Allerdings ist die Identität der Textgrundlage selbst bereits eine Sache der Interpretation (sofern man sich nicht mit der reinen Materialisation begnügt). Deshalb wird heute Interpretation eher verstanden als Produktion neuer Texte anhand alter Texte, als Erweiterung der Textgrundlage, wobei der Ausgangstext dann nur noch als Referenz dient. In jedem Fall ist Interpretation das Herstellen von mehr Text."[196]

Wenn Interpretation nicht einfach offen legt, was als Bedeutung im Text schon vorhanden war, sondern diese Texte zu neuen Texten transkribiert, dann stellt sich das Problem einer Interpretationsgrenze in neuer Weise.

1. Die Gewalt der Interpretation

Der Streit um Interpretation und Gebrauch von Texten ist alles andere als ein müßiges Spiel. Die zugrunde liegenden moralischen, politischen und philosophischen Fragen sind zwar in der Literaturwissenschaft und der Sprachphilosophie nicht immer leicht zu entdecken. In der Jurisprudenz dagegen geht es um Gewalt; um richterliche und um sonstige Entscheidungsgewalt, verbunden mit Texten. Die Brisanz von Kontroversen liegt hier klar zutage. Für die Bürger, die sich mit ihren Konflikten in die Hand des Gerichts geben, wird Interpretation und Gebrauch von Rechtstexten zum höchst praktischen Problem. Es stellt sich von Anfang an: professionelles Umformulieren der „lebensweltlichen" Fallerzählung in den juristischen Sachverhalt durch Versicherungsfunktionäre, Rechtsberater, Anwälte (Standesgewalt), durch Polizei, gegebenenfalls Staatsanwaltschaft, Gericht (Staatsgewalt). Deren subtile Form besteht hier in Sprachbemächtigung: Den Beteiligten wird *ihre* Sprache durch autoritative Fachsprache enteignet. In der Folge werden sie sich anpassen bzw. sich die Dienste einer Fachperson mit deren Fachsprache kaufen müssen; in *ihrer* Sprache werden sich das Verfahren oder der Prozess jedenfalls nicht mehr abspielen.

Wenn Methodik den juristischen Umgang mit Texten reflektieren will, hat sie keine Wahl: sie ist eine politische Disziplin. Ihr Thema ist auch das Verhältnis von bürgerlicher Freiheit und staatlicher Gewalt.

Der Richter übt, wie Artikel 92 der Verfassung unzweideutig erklärt, Gewalt aus. Dabei ist in der deutschen Sprache ‚Gewalt' nicht notwendig negativ codiert. Sie kann auch positiv verstanden werden als ‚Wal-

[196] LUHMANN, Das Recht der Gesellschaft (Fn. 6), 340.

ten' der guten Obrigkeit.[197] Will man die positive und negative Bedeutungskomponente auseinander halten, braucht man Beiworte wie legitime/illegitime Gewalt. Im Englischen dagegen kann man schon im Hauptwort nuancieren und *power, authority, force* und *violence* unterscheiden. Ob der Richter nun *authority* oder *violence*, legitime oder illegitime Gewalt ausübt, soll im Sinn der Tradition davon abhängen, ob er sich mit seiner Entscheidung innerhalb der Grenzen des Rechts hält oder nicht. Die Grenzen des Rechts sind durch Interpretation zu ermitteln. Solange der Richter auslegt, ist demnach die von ihm ausgeübte Gewalt demokratisch legitimiert, denn er kann seine Entscheidung auf ein für alle beschlossenes Gesetz zurückführen. Hört er auf zu interpretieren und verwendet er Texte nur noch zu Machtzwecken, übt er eine illegitime Gewalt aus, die demokratisch nicht mehr gerechtfertigt werden kann. Die Unterscheidung von bloßer Auslegung und machtfunktionalem Gebrauch trägt damit eine schwere politische Bürde: Nicht weniger als die praktische Einlösung des demokratischen Modells hängt davon ab. Die methodische Abschichtbarkeit der Interpretation von machtfunktionaler Benutzung des Gesetzes ist folglich das Nadelöhr, durch das die Unterscheidung von gerechtfertigter und nicht mehr zu rechtfertigender staatlicher Gewalt hindurch muss.

Damit steht im Mittelpunkt juristischer Methodik die Frage, ob und wie in der praktischen Rechtsarbeit eine Grenze zwischen legitimer richterlicher Gewalt und illegitimer Machtanmaßung gezogen werden kann. Die Frage einer Grenzziehung innerhalb der Interpretation stellt sich jedoch *in jeder* auf die Arbeit mit Texten bezogenen Wissenschaft. Ein kurzer Blick über die engeren Grenzen des Fachs hinaus kann zum besseren Verständnis der juristischen Schwierigkeit beitragen. Die Grenzproblematik ist in letzter Zeit innerhalb von Sprachphilosophie, Semiotik und Literaturwissenschaft deutlich in den Vordergrund getreten.[198]

2. Ist eine Grenze der Auslegung möglich?

Der schon klassische Streit in den textbezogenen Wissenschaften ging darum, ob Bezugspunkt und Grenze der Auslegung entweder in der Absicht des Autors oder in einer von dieser Absicht unabhängigen Aussage des Textes selbst gefunden werden müssen. Als Konvergenzpunkt so verschiedener Strömungen wie philosophischer Hermeneutik,

---

197 Vgl. als ein andersartiges Beispiel die positive Variante in der Verwendung des Wortes „Gewalt“ als „revolutionäre Gewalt“: WALTER BENJAMIN, Zur Kritik der Gewalt, in: DERS., *Gesammelte Schriften. Bd. II 1*. Frankfurt am 1980, 179 ff., 202.

198 Angeregt wurde diese Debatte vor allem durch Umberto Eco und seine Schriften: vgl. UMBERTO ECO, *Die Grenzen der Interpretation*. München 1992.

literarischem New Criticism und linguistischem Strukturalismus hatte sich zu Beginn der 60er Jahre überwiegend die objektive Variante durchgesetzt.[199] Erst auf der Basis dieser objektiven, von der Autorintention unabhängigen Verständnisweise des Textes als Sinneinheit, Sprachikone oder Struktur konnte dann die Frage nach dem *aktiven Anteil* der Interpretation gestellt werden.[200] Sie bedrohte die hermeneutische Sinneinheit des Textes mit der Arbeit der Dekonstruktion[201], entzog der Sprachikone des New Criticism ihre Autonomie zugunsten der Erwartungssysteme des Lesers[202] und stürzte als *pragmatische Wende* die statische Sprachstruktur des Strukturalismus in den Strom der Rede.[203] Kurz: die Situation hat sich grundlegend geändert. Während Anfang der 60er Jahre für diejenigen eine schwere Begründungslast angenommen wurde, die eine aktive Rolle des Textrezipienten aufweisen wollten, hat heute der einen schwierigen Stand, wer eine Grenze der Auslegung geltend machen will.[204]

Umberto Eco hat auf diese Veränderung der Situation reagiert. Anfang der 60er Jahre betonte er in seinem Buch „Das offene Kunstwerk" als einer der ersten die aktive Rolle des Rezipienten und wurde dafür von strukturalistischer Seite scharf kritisiert.[205] Heute nun wendet er sich gegen den einseitigen Pendelausschlag zugunsten des Lesers und will die „Grenzen der Interpretation" aufweisen: auch wenn man den Text als ein Picknick verstehen könne, zu dem der Autor die Wörter und der Leser den Sinn beisteuere, seien diese Wörter doch gegenüber einer beliebigen Sinnzuweisung sperrig.[206] Daran scheitere ein Verständnis des Textes als offenes Universum, worin der Interpret unendlich viele Sinnzusammenhänge finden könne.[207] Selbst der von seiner

---

199 STEFAN COLLINI, Die begrenzbare und die unbegrenzbare Interpretation, in: UMBERTO ECO, *Zwischen Autor und Text*. München 1994, 7 ff., 13 f.

200 ECO, Die Grenzen der Interpretation (Fn. 198), 71; knapper Überblick über die Kritik an der autorenbezogenen Bedeutungskonzeption bei TERRY EAGLETON, *Einführung in die Literaturtheorie*. Stuttgart 1988, 32 ff.

201 Als einführenden Überblick EAGLETON, Einführung in die Literaturtheorie (Fn. 200), 132 ff.

202 Vgl. zur Rolle des Lesers in der neueren Literaturtheorie EAGLETON, Einführung in die Literaturtheorie (Fn. 200), 46–51, 132; CULLER, Dekonstruktion (Fn. 63), 36 ff., 81–86.

203 Dazu ECO, Die Grenzen der Interpretation (Fn. 198), 350 ff.

204 ECO, Die Grenzen der Interpretation (Fn. 198), 22.

205 Vgl. UMBERTO ECO, Überzogene Textinterpretation, in: DERS., *Zwischen Autor und Text*. München 1994, 52 ff., 60.

206 UMBERTO ECO, Das Irrationale gestern und heute, in: DERS., *Über Spiegel und andere Phänomene*. München 1990, 9 ff., 30.

207 Vgl. als Warnung vor der unendlichen Interpretation auch ECO, Das Irrationale gestern und heute (Fn. 206), 15 ff.; sowie ECO, Die Grenzen der Interpretation (Fn. 198), 430 ff.; vgl. dazu auch HELGE SCHALK, *Umberto Eco und das Problem der Interpretation*. Würzburg 2000, 176 ff.

Lage und seinem Urheber abgelöste Text schwebe nicht in einem Vakuum. Gemessen am kulturellen Schatz von Autor und Leser, der aus Grammatik, Enzyklopädie und Kulturkonventionen bestehe, sowie dank gewisser Kriterien der Sparsamkeit von Interpretation könne er zwar vieles, aber eben nicht alles bedeuten. Die Sperrigkeit der Wörter in Verbindung mit dem schon erwähnten kulturellen Vorrat vermöge gewisse Deutungen als abwegig auszuschließen.[208]

Diese Sperrigkeit ergibt sich für Eco daraus, dass der Text auf einen exemplarischen Leser hin angelegt sei, welcher seinerseits einen exemplarischen Autor unterstelle. Daher folge die Aussage des Textes weder nur aus der Textkohärenz und einem vorgegebenen Bedeutungssystem noch allein aus dem Erwartungssystem des Lesers. Bedeutung konstituiere sich vielmehr aus einer komplexen Wechselbeziehung zwischen dem sozialen Kulturbestand des Autors und dem des Lesers.[209] Das Ergebnis dieses Prozesses unterscheidet Eco als *intentio operis*[210] sowohl von den Absichten des Autors als auch von denen des Rezipienten. Die Textintention liege genauso offen zutage wie der gestohlene Brief.[211] Man müsse sie nur sehen wollen. Sie existiert demzufolge als Mutmaßung des Lesers über einen Text, der ersonnen wurde, um einen exemplarischen Leser zu erzeugen, der über den Text mutmaßt. In dieser luftigen Konstruktion wird der Text als Grenze durch die Interpretation fortwährend konstituiert. Die Interpretation orientiert sich dabei an der mit der semiotischen Strategie[212] gleichgesetzten *intentio operis* und überprüft ihre diesbezügliche Mutmaßung an der Textkohärenz:

> „Zwischen der mysteriösen Entstehungsgeschichte eines Textes und dem unkontrollierbaren Driften künftiger Lesarten hat die bloße Präsenz des Textes etwas tröstlich Verläßliches als ein Anhaltspunkt, auf den wir stets zurückgreifen können."[213]

Diese Präsenz des Textes als verlässliche Grenze der Interpretation will die pragmatische Texttheorie erschüttern.[214] Beschreibungen sind aus

---

208 Zum soeben erwähnten Kriterium der Falsifizierbarkeit: ECO, Die Grenzen der Interpretation (Fn. 198), 51 ff.; vgl. dazu auch SCHALK, Umberto Eco und das Problem der Interpretation (Fn. 207), 189 ff.

209 Zur Rolle des Lesers in Ecos Semiotik vgl. ECO, Überzogene Textinterpretation (Fn. 205), 52 ff., 61 ff.; dazu SCHALK, Umberto Eco und das Problem der Interpretation (Fn. 207), 151 ff.

210 ECO, Das Irrationale gestern und heute (Fn. 206), 9 ff., 31.

211 ECO, Das Irrationale gestern und heute (Fn. 206), 72, in Anspielung auf die Erzählung gleichen Namens von Edgar Allan Poe.

212 Zur Verwendung des Strategiebegriffs ECO, Überzogene Textinterpretation (Fn. 205), 52 ff., 74 ff., 250 ff.

213 ECO, Die Grenzen der Interpretation (Fn. 198), 75 ff., 97.

214 Vgl. dazu und zum Folgenden RICHARD RORTY, *Der Spiegel der Natur*. Frankfurt am Main 1984.

ihrer Sicht immer nur Mittel für bestimmte Zwecke und nie Entsprechungen zu etwas Objektivem. Deswegen dürfe sich auch ein bestimmtes Verständnis des Textes nicht einbilden, dessen wahre Bedeutungssubstanz freizulegen oder zu seinem wirklichen Wesen vorzudringen. Wenn Eco dagegen eine *intentio operis* behaupte, nehme er eine nichtrelationale Wesenseigenschaft eines Textes an, die der äußeren Interpretation als Grenze entgegengehalten werden solle.

Gegen solche intrinsischen (d. h. von innen kommenden) Eigenschaften des Textes spreche schon der Umstand, dass sich eine Grenze zwischen Texten niemals klar angeben lasse. Auch dürfe das berechtigte Anliegen, den gewalttätigen oder oberflächlichen Leserimpuls zu disziplinieren, nicht dazu führen, eine bestimmte Phase sorgfältiger und den Regeln der Kunst entsprechender Textarbeit zur „Objektivität" des Textes zu überhöhen. Die von Eco als Überprüfungsinstanz der Interpretation herangezogene Kohärenz sei keine interne Eigenschaft des Textes, sondern werde als Ergebnis der Interpretation vom Leser erst erstellt.

Auch in der Sicht der dekonstruktivistischen Texttheorie[215] hat sich Eco durch den Wunsch nach einer Grenze verführen lassen. Die Bedeutung eines Texte sei kontextbezogen und deswegen (entgegen Rorty) nicht beliebig. Aber der Kontext sei unbegrenzt und deswegen die (von Eco gesuchte) Grenze nicht anzugeben. Weil die Beschreibung semiotischer Mechanismen *rekursiv* wirke, werde jede Beschreibung einer Grenze schon als solche wieder ins Gespräch gezogen und damit überschritten.

Die damit angedeutete Debatte macht Probleme sichtbar, die sich erst im Bereich des Rechts in voller Schärfe stellen. Die herkömmliche Auffassung einer Interpretationsgrenze der Rechtsarbeit wurde aus intrinsischen Eigenschaften des Textes abgeleitet. Damit verblieb man in der Vorstellung vom Text als einem Behälter, worin die Entscheidung des Rechtsfalls schon enthalten sei und nur noch ausgelegt werden müsse. Als Behälter fungierte dabei die Bedeutung des Textes, die in der Lage sei, der Rechtserkenntnis einen Gegenstand in Form einer Rechtsnorm vorzugeben. Ein solcher Gegenstand ist aber nicht auffindbar; daher wurde die Fiktion des Behälters immer mehr ausgedehnt. An die Stelle des einzelnen Normtextes traten die Rechtsordnung oder ihre Sinneinheit als Ganzes oder sogar die Gerechtigkeitsidee. Im Gegensatz zu diesem Rückzug (wissenschaftshistorisch: degenerative Problemverschiebung) kann eine Rechtserzeugungsreflexion die grundlegende Perspektive verändern: der „Gegenstand" ist

---

[215] Vgl. JONATHAN CULLER, Ein Plädoyer für die Überinterpretation, in: UMBERTO ECO, *Zwischen Text und Autor.* München 1994, 120 ff.

eine bloße Projektion des Lesers und genau um diesen Leser (Zeichenbenutzer, Richter, Rechtsarbeiter) als Achse ist die Analyse zu drehen. Die Gesetzesbindung ist dann nicht länger auf einen angeblich vorgegebenen Inhalt des Gesetzes bezogen, sondern wird im Prozess der *Herstellung* der Rechtsnorm verwirklicht. Die Projektion vorgeblich innerer Eigenschaften des Textes wird damit durch das Verständnis der Auslegungsgrenze als relationale Größe ersetzt. Gebunden ist der Richter zunächst an den vom Gesetzgeber geschaffenen Normtext als Zeichenkette im Sinn seiner „Geltung". Dessen für den Fall entscheidende *Bedeutung* muss er als „Normativität" der Rechtsnorm erst herstellen. Aber dabei ist er nicht frei, sondern an die von den rechtsstaatlichen Vorgaben der Verfassung sanktionierten Standards einer Argumentationskultur gebunden.

3. Die Zeichenkette als sozialer Fokus der Argumentation

An die Stelle von fiktiven Gegenstandsprojektionen treten damit real fundierte Beziehungen zwischen Zeichenkette (Normtext im Gesetzbuch), wissenschaftlichen Standards (juristische Methodik inkl. Dogmatik) und politischen Entscheidungen in der Verfassung (demokratischer Rechtsstaat). Dabei ist aber zu bedenken, dass auch der Kontext von Normtexten ein bestimmter, aber nicht begrenzbarer ist. Die Rolle der klassischen Canones besteht gerade darin, mit Fachsprachgebrauch (grammatische) Parlamentsdebatten (genetische), Vorläufertexten (historische Auslegung) usw. diese bestimmten Kontexte zu erschließen. Aber die Canones sind nur zu einer Vermehrung und Vervielfältigung des Textsinnes in der Lage, ohne schon für sich allein eine Entscheidung zwischen konfligierenden Lesarten zu erlauben. An dieser Stelle greifen die politischen Entscheidungen der Verfassung ein. Sie ermöglichen zunächst, eine Hierarchie in die Kontexte zu bringen, wonach der spezifischere, engere Kontext bei einem Konflikt Vorrang haben soll. Aber allein damit wäre noch nicht viel gewonnen. Außerdem überträgt die Verfassung dem Richter die Gewalt, den methodologischen Konflikt verschiedener Interpretationsvarianten zu entscheiden. Dies jedoch nicht unbegrenzt, sondern erschwert durch die Vorgabe, in der Begründung darzulegen, dass und wie er seine Entscheidung am Normtext und den damit verbundenen methodisch operationalisierten Anschlusszwängen des juristischen Sprachspiels legitimieren kann.

Die Grenze der Interpretation hat in der Jurisprudenz damit jeden fiktiven oder spekulativen Charakter verloren und wird zum Ernstfall der politischen Abgrenzung von individueller Freiheit und sozialer Gemeinschaft. Der Richter führt keine theoretisch-kognitive Rechtserkenntnis durch, er übt vielmehr praktische Gewalt aus. Diese Gewalt wird geteilt, erschwert und kontrolliert durch den Bezug zum Normtext und zu argumentativen Standards, den er in seiner Begründung plausibel darlegen muss.

Die Aufgabe im Rechtsstreit ist nicht erst die Herstellung von Verständnis, sondern dessen Bewertung. Der Streit entsteht nicht aus einem Mangel, sondern sozusagen aus einem Überfluss an Verstehen. Beide Gegenparteien haben das Gesetz je auf ihre Weise durchaus verstanden. Es geht gerade um einen Konflikt einander ausschließender Lesarten desselben Gesetzes. Das führt zu einem Paradox: „Entscheidungen gibt es nur, wenn etwas prinzipiell Unentscheidbares (nicht nur: Unentschiedenes!) vorliegt. Denn andernfalls wäre die Entscheidung schon entschieden und müsste nur noch ‚erkannt' werden."[216] Beide Lesarten sind je in sich verständlich und gehören damit zur Sprache. Welche von beiden ist vorzuziehen? Der Richter erklärt nicht die Bedeutung, die der Text bereits vor dem Fall hatte, sondern er produziert für den Fall eine Lesart und stellt damit eine insoweit verbindliche Sprachnorm auf. Wie kann der Wortlaut des Gesetzes hier als Grenze wirken?

Die Verknüpfung zwischen Gesetzgeber und Richter darf weder zu stark noch zu schwach gefasst werden. Zu stark wäre es, wenn man vom Gesetzgeber verlangte, alle künftigen Lesarten und damit die Bedeutung seiner Texte im Voraus zu determinieren. Diese Forderung des Positivismus scheitert an den sprachlichen Realitäten. Zu schwach gefasst wäre die Verknüpfung andererseits, wenn die Wahl des Ausgangspunkts für die Entscheidung ins freie Belieben des Richters gestellt wäre. Denn der Gesetzgeber kann durch die Vorgabe des Ausgangstextes den schöpferischen Prozess der Rechtsnormsetzung – linguistisch gesehen – nachdrücklich „irritieren". In diesem Sinn könnte man das Verhältnis zwischen Gesetzgeber und juristischem Entscheider als *strukturelle Kopplung* bezeichnen. Zu den Dienstpflichten etwa des Richters, den Normtext als Ausgangspunkt zu nehmen, kommen noch die methodenbezogenen Normen der Verfassung und ihre Präzisierung durch die Wissenschaft hinzu. So entsteht eine dreigliedrige Kette zwischen Gesetzgeber, Wissenschaft und Umsetzung, exemplarisch durch die Justiz. Die *Rechtsnorm* als die generelle Bedeutung des geltenden Rechts für „einen Fall wie diesen" setzt der Richter. Hier ist der Gesetzgeber mit der Determination in aller Regel überfordert. Den Ausgangspunkt seiner Entscheidung muss sich der Richter aber von außen als *Normtext* vorgeben lassen. Andernfalls wäre die Be-

---

216 LUHMANN, Das Recht der Gesellschaft (Fn. 6), 308.

einflussung durch den Gesetzgeber als rationaler Kern von Gewaltenteilung und richterlicher Bindung aufgehoben.

> „Die Schriftform des Textes garantiert nicht unbedingt Grenzen der Kühnheit des Interpretierens, wohl aber die Einheit des sozialen Zusammenhangs einer kommunikativen Episode. Sie konstituiert ein soziales Medium für das Gewinnen neuer Formen, nämlich guter Gründe für eine bestimmte Auslegung des Textes."[217]

Inhalt des Mediums Gesetzbuch ist also ein anderes Medium: die Sprache des Verfahrens und die dort vorgebrachten Gründe.

II. Die streitige Argumentation im Verfahren

Weil die Entscheidung als Recht nicht einfach aus dem Gesetzestext herausspringt, findet das Verfahren statt. Als Inhalt des Mediums Gesetzbuch findet sich die gesprochene Sprache. Aber im Verfahren spricht man nicht nur; man streitet. Es geht darum, was überhaupt geschehen ist, und es geht darum, was das Gesetz sagt. Das heißt, es läuft ein semantischer Kampf. Bei der Frage, was geschehen ist, ist die semantische Seite vor allem ein Bezeichnungskonflikt, bei der Frage, wie das Gesetz zu lesen sei, handelt es sich vor allem um einen Bedeutungskonflikt.[218]

1. Das Verfahren als semantischer Kampf

Da die juristische Methodik bisher vor allem als Hermeneutik des Gesetzbuchs konzipiert war, hat sie das Verfahren kaum wahrgenommen. Es wurde ihm nur eine dienende Rolle zugewiesen, die vor allem in einer Pädagogik gegenüber dem Rechtsunterworfenen lag. Das Recht, welches schon vorher fertig im Buche stand, wurde den Beteiligten im Verfahren nur didaktisch vermittelt. Erst mit der pragmatischen Wende in der Sprachwissenschaft kommt das Verfahren als eigenständige Realität und Performanz des Rechts in den Blick.

„Semantische Kämpfe" gelten[219] dem Vokabular öffentlicher Rede und Argumentation. Sie gelten den Worten in ihrer Bedeutung als Mit-

---

217 LUHMANN, Das Recht der Gesellschaft (Fn. 6), 308.

218 Vgl. dazu JOSEF KLEIN, „Wortschatz, Wortkampf, Wortfelder in der Politik", in: DERS. (Hrsg.), *Politische Semantik. Bedeutungsanalytische und sprachkritische Beiträge zur politischen Sprachverwendung*. Opladen 1989, 3 ff., 21; sowie FRITZ HERMANNS, *Schlüssel-, Schlag- und Fahnenwörter. Zur Begrifflichkeit und Theorie der lexikalischen „politischen Semantik"*. Heidelberg 1994, 31 ff.

219 Dazu KLEIN, „Wortschatz, Wortkampf, Wortfelder in der Politik" (Fn. 218), 3 ff.

tel solcher Rede. Allerdings sind semantische Kämpfe alles andere als lediglich der „Streit um Worte", als der sie geführt werden müssen. Es geht den Kontrahenten um substantiell weitaus mehr als „nur um Worte (oder Wörter)". Und ihr Kampf darum kann nur

> „dadurch verstanden und erklärt werden, dass man begreift, (...) dass dieses Mehr der eigentliche Inhalt der Auseinandersetzung ist, ohne dass es jedoch möglich wäre, diesen Inhalt von den Wortbedeutungen zu trennen."[220]

Semantische Kämpfe entzünden sich „am Konflikt darüber, welche Bedeutung einem in Rede stehenden Ausdruck zukommen soll." Und zwar in jeder Hinsicht. Semantische Kämpfe entzünden sich ebenso an „Konflikten über die Angemessenheit der Bezeichnung für einen Problemverhalt", wie sie ihren Zündstoff etwa immer wieder in „Konflikten über implizite Unterstellungen, über umstrittene Konnotationen"[221] finden. Und in diesen Bedeutungs- und Bezeichnungskonflikten erschöpfen sie sich nicht.

„Semantisch" sind solche Auseinandersetzungen darin, dass sie auf die den öffentlichen Sprachgebrauch leitende und tragende „Terminologie"[222] ausgehen. Die Öffentlichkeit kann dabei sehr präzise definiert sein. Sie mag sich etwa auf den von den Wänden eines Gerichtssaals umschlossenen, eminent „sozialen Raum"[223] beschränken. Immer zielt die Auseinandersetzung auf die Terminologie, die der Rede ihre Bahnen vorzeichnet. Semantisch zielt die Auseinandersetzung auf jene Terminologie in dem gleichfalls denkbar weitesten Sinne eines Fundus an Nominationen, Klassifikationen und Kategorisierungen[224], auf die sich die Debatte jeweils verlegt, um zu sagen, was in ihr „Sache ist", was dafür „von Bedeutung ist" und „Sinn macht", und was damit für alle Beteiligten, oft auch für viele über deren engeren Kreis hinaus, und

[220] RAINER WIMMER, Gebrauchsweisen sprachlicher Ausdrücke, in: HANS JÜRGEN HERINGER/GÜNTHER ÖHLSCHLÄGER/BRUNO STRECKER/RAINER WIMMER, *Einführung in die praktische Semantik*. Heidelberg 1977, 24.

[221] GEORG STÖTZEL, Semantische Kämpfe im öffentlichen Sprachgebrauch, in: GERHARD STICKEL (Hrsg.), *Deutsche Gegenwartssprache. Tendenzen und Perspektiven. Jahrbuch 1989 des Instituts für Deutsche Sprache*. Berlin 1990, 45 ff., 45 Fn. 1.

[222] Für den engeren Bereich der Politik hier durchaus WOLFGANG BERGSDORF, *Herrschaft und Sprache. Eine Studie zur politischen Terminologie in der Bundesrepublik Deutschland*. Pfullingen 1983.

[223] Zum Begriff PIERRE BOURDIEU, Sozialer Raum und „Klassen", in PIERRE BOURDIEU, *Sozialer Raum und „Klassen". Leçon sur la leçon. Zwei Vorlesungen*. Frankfurt am Main 1985, 7 ff.

[224] BOURDIEU, Sozialer Raum und „Klassen" (Fn. 223), 35. Ähnlich auch ANSELM STRAUSS, *Spiegel und Masken. Die Suche nach Identität*. Frankfurt am Main 1974, 13 ff.

manchmal sogar für alle „auf dem Spiel steht".[225] Und das sind daher zugleich all die sprachlichen Arrangements und symbolischen Ordnungen, auf die ein jeder festgelegt ist, der in der Debatte ernst genommen werden will. Sie „terminieren" so in der Tat den Sprachgebrauch, indem sie der Debatte die Grenzen ihres Sinns ziehen, dort, wo ihm bisher keine gezogen sind.[226] Über diese Grenzen zu verfügen ist denn auch der Einsatz, der in den „Auseinandersetzungen um die Bedeutung eines Ausdrucks im weitesten Sinne" als deren Anlass, Preis und Wert wiederum selbst auf dem Spiel steht. Und der Debatte die Grenzen ihres Sinns durch den eigenen Sprachgebrauch zu verfügen, ist der Gewinn, den sie verspricht.

Förmlich zum „Kampf" wird die Auseinandersetzung dann, wenn dieser Gewinn durch den Sieg über die Konkurrenz errungen werden soll. „Kämpfe um Wörter und Bedeutungen werden als Konkurrenzkämpfe ausgetragen."[227] In ihnen gilt es jeden Anspruch aus dem Feld zu schlagen, der sich dem des eigenen Sprachgebrauchs entgegenstellt. Es geht nach der Logik der Verdrängung des anderen darum,[228] den eigenen Sprachgebrauch allein in den Stand der Terminologie zu setzen, die in der Debatte über Sinn und Unsinn entscheidet. In der Terminologie liegt die „Gewalt von Bedeutung"[229] als Maßstab, an dem sich bemisst, wer in der Auseinandersetzung um die Sache etwas zu sagen hat, und wer nicht, wessen Behauptungen Anerkennung verdienen, und wer nichts weiter von sich gibt als nur leere Worte, soziales Geräusch allenfalls, mit dem geringsten aller denkbaren Werte an Beachtung, dem des störenden, abzustellenden Rauschens.

> „Der Witz (...) eines solchen semantischen Kampfes besteht darin, die Verwendung eines Ausdrucks im öffentlichen Sprachgebrauch durchzusetzen, an den eine bestimmte Haltung (...) semantisch gebunden ist."[230]

Und zu ergänzen ist gleich, dass das natürlich vor allem dann gilt, wenn unterschiedliche Verwendungsweisen ein und desselben Ausdrucks dafür in Frage kommen. Semantische Kämpfe werden in aller Schärfe darum geführt, von welcher Bedeutung ein Ausdruck für jeden

---

225 Entsprechend unterscheidet KLEIN, „Wortschatz, Wortkampf, Wortfelder in der Politik" (Fn. 218), 17 als „Typen des Kampfs um Wörter" die „Bezeichnungskonkurrenz, deskriptive Bedeutungskonkurrenz" und die „deontische Bedeutungskonkurrenz".

226 Siehe allgemein LUDWIG WITTGENSTEIN, *Philosophische Untersuchungen*. Werkausgabe Bd. 1. Frankfurt am Main 1984, §§ 68 f.

227 Vgl. KLEIN, „Wortschatz, Wortkampf, Wortfelder in der Politik" (Fn. 218), 17.

228 Siehe grundsätzlich MICHEL SERRES, *Der Parasit*. Frankfurt am Main 1981, 339: „Die Logik des Kampfes ist die der Entscheidung: Man schlägt zu, man schneidet, man säbelt nieder."

229 Dazu FRIEDRICH MÜLLER, *Essais zur Theorie von Recht und Verfassung*. Berlin 1990, 198 f.

230 RUDI KELLER, Kollokutionäre Akte, in: *Germanistische Linguistik*. 1/2 (1977), 28.

zu sein hat, der sich in der Debatte zu Wort zu melden gedenkt. Entsprechend geht es den Kontrahenten im semantischen Kampf darum, ihre eigenen Erklärungen[231] zur Bedeutung eines Ausdrucks als einzige „Erklärung der Bedeutung" durchzusetzen.

> „Lasst uns nicht vergessen, dass ein Wort keine Bedeutung hat, die ihm gleichsam von einer von uns unabhängigen Macht gegeben wurde, so dass man eine Art wissenschaftlicher Untersuchung anstellen könnte, um herauszufinden, was das Wort *wirklich* bedeutet. Ein Wort hat die Bedeutung, die ihm jemand gegeben hat."[232]

Im semantischen Kampf setzen die Kontrahenten alles daran, dann selbst nicht einfach nur irgendjemand, sondern allein derjenige zu sein, der den Worten ihre Bedeutung gibt. Sie setzen alles daran, durch den eigenen Sprachgebrauch allein zu bestimmen, von welcher Bedeutung ein Ausdruck für die Auseinandersetzung wirklich ist. Und sie wollen so, dass es allein in ihrer Macht steht, welche Bedeutung ein Wort hat. Damit aber scheint dem semantischen Kampf als Praxis nichts ferner zu liegen als jene Verfahren, in denen aus dem Gesetz Recht gewonnen werden soll. Kommt es auf den Rechtsstreit, so hat aller Kampf der Kontrahenten um Sprache in ihrer Bedeutung für ihren Konflikt in der Sache zu ruhen, um dem Gesetzeswort das ihm geschuldete Gehör zu schenken. Und es zählt allein das Gesetz.

Man muss nicht Positivist sein, um die Gesetzesbindung als Garantie auch nur eines „Minimums" an Rechtstaatlichkeit juristischer Konfliktlösungen anzuerkennen.[233] Gerade diese Bindung unterscheidet Recht von Willkür. Wenn dies Positivismus ist, so müssen alle guten Juristen Positivisten sein. Und sie sind es in der Regel auch in dem besonderen Sinn, dass sie davon ausgehen, sich als praktische Entscheidungsträger bei der Produktion von Entscheidungs- oder Begründungstexten zur Erzeugung von Recht an die Zeichenketten halten zu müssen, die ihnen der demokratisch legitimierte Gesetzgeber geliefert hat.[234] Recht ist an das Gesetz gebunden, an den Normtext. Und man braucht sich dafür nicht einmal auf die kontinentaleuropäische Tradition kodifizierten Rechts zu beziehen. Auch Präzedenzen vermögen nur in verbindlicher

---

[231] Siehe dann auch für die konstativ/deklarative Doppelbödigkeit von solcherlei „Erklärungen" LUDWIG WITTGENSTEIN, *Philosophische Bemerkungen.* Werkausgabe Bd. 2. Frankfurt am Main 1984, § 14 zum inneren Zusammenhang von Beschreibung und Vorschrift.

[232] LUDWIG WITTGENSTEIN, *Das Blaue Buch.* Werkausgabe Bd. 5. Frankfurt am Main 1984, 52.

[233] Eingehend zum Problem eines scheinbar unumgänglichen Minimalgehalts an Positivismus in der Rechtstheorie JAN M. BROEKMAN, The Minimum Content of Positivism, in: *Rechtstheorie* 1985, 349 ff.

[234] Zu solchem Rechtsgeltungspositivismus wie überhaupt zu Einzelheiten der folgenden Ausführungen MÜLLER/CHRISTENSEN/SOKOLOWSKI, Rechtstext und Textarbeit (Fn. 40).

Vertextung ihre Rolle zu spielen und ihrer Aufgabe gerecht zu werden. Und sie werfen, was ihre Bedeutung angeht, damit die gleichen Probleme auf wie die Kodifizierungen im engeren Sinne. Der Text des Rechts, das „Gesetzeswort", jedenfalls setzt den Rahmen, in dem ein jeder Anspruch auf Recht überhaupt erst als ein solcher auftreten kann. Er steckt das Feld ab, auf dem die Bürger ihren Anspruch dann auch als ihr Recht behaupten können. Und mit den Verfahren zur Entscheidung solcher Ansprüche sind auch die Bahnen vorgezeichnet, auf denen um Recht zu kämpfen ist.

Damit kann auch der Einsatz präzisiert werden, um den es bei der Rechtserzeugung geht. Die Bedeutung des Gesetzes als Recht liegt in nichts anderem als in all den Erklärungen, die zu seiner Bedeutung beigebracht werden. Auch die Bedeutung des Normtextes, des „Gesetzeswortes" ist, was die Erklärungen zur Bedeutung des Normtextes vorbringen. Und zwar all die Erklärungen, die die Parteien in eigener Sache mit dem Anspruch auf eine rechtliche Entscheidung zu ihren Gunsten abgeben, aber auch all die Erklärungen der Bedeutung des Normtextes als Recht, die durch die amtliche Entscheidung darüber entstehen.

Das „Gesetz" ist von daher immer erst akut zu produzieren. Es muss erst zum Text einer Norm fortgeschrieben werden. Und es muss überhaupt erst aktuell in diesem „Moment von Bedeutung" vor den Fall gesetzt werden, eben als leitender Satz, als „Schiene", auf die der Fall zu bringen und in den Urteilsspruch überzuleiten ist. Damit wird nicht etwa nur das Gesetzeswort in seiner ihm schon substantiell eigenen Aussage aktualisiert. Gesetze werden in keinerlei Sinn „nur angewendet". Sie sind immer erst in die entscheidende Norm für den Fall umzuwenden. Zu meinen, es werde dabei lediglich interpretativ eine Bedeutung festgestellt, die der Gesetzestext schon irgendwie bei sich „hat", oder gar zu meinen, es werde lediglich erkannt, was „hinter" den Worten des Gesetzes steckt und zwischen seinen Zeilen „verborgen" ist, heißt, die Semantik der Rechtserzeugung auf den Kopf zu stellen.

2. „Kampf ums Recht im Raum der Sprache"[235]

Seine „Bedeutung" gewinnt das Gesetz als „Angriffspunkt" der Entscheidung über die Semantisierungen, in denen die Parteien das Gesetz

---

[235] Vgl. dann so umgekehrt zur Definition von Politik JÜRGEN FRESE, Politisches Sprechen, Thesen über einige Rahmenbedingungen, in: ANNAMARIA RUCKTÄSCHEL (Hrsg.), *Sprache und Gesellschaft*. München 1972, 105.

für sich einzunehmen suchen. Vor Gericht sind die Interpretationen des Gesetzestextes Strategie. Sie sind strategisches Handeln, abgestellt auf die Durchsetzung der jeweiligen Rechtsversion. In den sprachlichen Schlägen, die sie zur Konfigurierung des Falls gegen den Gegner austeilt, in den Schnitten, die sie zum Ausschluss von Widerworten setzt und in den wechselseitig begrifflichen Enteignungen von Text, die sie für dessen Positionierung als Ausdruck von Recht vornimmt, ist die juridische Strategie[236] der Logik des Kampfes unterworfen. Das gleiche gilt für ihr Ziel, den Gewinn an Recht aus der Entscheidung über die Bedeutung des Gesetzestextes zu ziehen. Im rechtsstaatlichen Verfahren ist solche Entscheidung allerdings nicht mehr dem bloßen Spiel der Kräfte in verbaler Attacke und Gegenattacke überlassen. Vielmehr ist der semantische Kampf im Verfahren eingehegt.

Für die Parteien geht es in der gerichtlichen Auseinandersetzung nicht darum, ihr Recht zu finden. Das „haben" sie längst. Sie haben es sich vor ihrem Erscheinen bei Gericht schon herausgenommen. „Ihr Recht" steht für sie gar nicht mehr zur Debatte, sondern es soll ihnen in aller Form verbrieft werden. Ihrer Sache soll dort zum Durchbruch verholfen werden, wo ihnen die Staatsgewalt einen umstandsloseren Weg verwehrt oder wo es ihnen Erfolg versprechender erscheint, sich mit der Amtlichkeit ihres Rechts einen Revers auf den Einsatz staatlicher Gewalt ausstellen zu lassen.

Damit ist „Recht" für die Parteien kein Selbstzweck. Es ist ihnen nicht einmal ein Eigenwert über den „eigentlichen" ihres Kampfes um die strittige Sache hinaus. Das Recht, in dessen Formalitäten sich der Kampf vor Gericht fasst und in dessen Termen er sich ausbuchstabiert, ist ihnen überhaupt nicht Zweck der Übung. „Recht" als Prämie ihrer Manöver im Gerichtssaal ist den Kontrahenten vor allem das Mittel dafür, den Kampf in eigener Sache siegreich zu bestehen. „Recht" ist für die Parteien der Weg, durch die gegenseitige Demontage ihrer Äußerungen, durch die gegenseitige Delegitimierung ihres Handelns und durch die gegenseitige Diskreditierung als Akteure einander in eine Lage zu manövrieren, in der ihr Wort in der Sache schlicht nichts mehr gilt, in der sie so buchstäblich der Worte „beraubt" und „sprachlos" sind. „Recht" als Rhetorik wird von den Kontrahenten vor Gericht zum

---

236 „Strategie" hier im Sinn der diskursiven Strategien nach Foucault. Die „beziehen sich auf die Diskursobjekte, Äußerungsformen, Begriffsmanipulation: im ersten Fall stellen sie die verschiedenen Weisen dar, die Objekte abzuhandeln; im zweiten Fall stellen sie die verschiedenen Weisen dar, über Äußerungsformen zu verfügen; im dritten Fall stellen sie die verschiedenen Weisen dar, die Begriffe zu manipulieren; in jedem Fall handelt es sich um *regulierte* Weisen, Diskursmöglichkeiten anzuwenden." ANGÈLE KREMER-MARIETTI, *Michel Foucault – Der Archäologe des Wissens.* Frankfurt am Main 1976, 155.

Mittel dafür gemacht, einander in eine Lage zu bringen, in der sie als Sprecher in eigener Sache nichts mehr zu gewinnen haben, um damit einander „außer Gefecht" zu setzen. Und so ist schließlich „Recht" als Prämie ihrer Anstrengung im Verfahren das Instrument dafür, die Staatsgewalt für sich einzunehmen, indem vom anderen nichts bleibt als das geschlagene Opfer.

3. Der Streit als Material für die Begründung

Um gegen die Ansprüche der Parteien auf das Gesetzeswort den ihm gebührenden Platz als Herr des Verfahrens einnehmen zu können, muss sich der Richter erst den dafür nötigen Raum schaffen. Er muss den Normtext von den konkurrierenden Ansprüchen der Parteien im Weg einer negativen Semantik freiräumen. Zu Beginn des Rechtsstreits sieht sich der Richter mit einer semantisch gesetzgeberischen Gewalt der Parteien konfrontiert, die sich der Bedeutung des Gesetzeswortes bereits bemächtigt hat. Dagegen hat der Richter sich Zug um Zug in der ihm von Amts wegen übertragenen Gewalt über den Normtext selbst erst einmal durchzusetzen und auch zu behaupten. Denn sie sind Subjekte des Verfahrens und ihre Argumente müssen im Hinblick auf die Begründung ernst genommen werden.

Der Richter kann die Entscheidung auch nicht verweigern.[237] Die Polarität[238] des Anspruchs der Parteien auf das ungeteilte und unangefochtene Ganze der Berechtigung macht eine Entscheidung unausweichlich. Damit der Richter sie indes zu seiner Entscheidung über das Recht machen kann, muss er die Bedeutungserklärungen der Parteien vom Normtext trennen. Die Semantik des Normtextes wird vom Ausgangspunkt zum Ziel und die semantischen Erklärungen der Parteien werden zum bloßen Argument. Sie werden eingestellt in die theoretische Basis eines auf die Bedeutung des Normtextes bezogenen Argumentationsvorgangs.

Schritt für Schritt unterwirft der Richter die Parteien seiner Amtsgewalt. „Neutral" ist er dabei allein darin, dass er ihnen in gleicher Weise die Waffe einer sich jeweils ausschließenden Semantik des Normtextes entwindet und diese Waffe der Semantik unterschiedslos gegen alle Kontrahenten richtet. Im Übrigen ist er alles andere als neutral. Auch er ist Kombattant im Kampf um das Recht mit den Mitteln der Sprache. Er

---

237 Zum Rechtsverweigerungsverbot z. B. MÜLLER/CHRISTENSEN, Juristische Methodik (Fn. 137), Rn. 223.

238 Zum „Prinzip der Polarität" CARL VON CLAUSEWITZ, *Vom Kriege*. Frankfurt am Main 1991, 28 f.

steht nicht über der mit dem Konflikt verhandelten Sache. Er macht sie sich von Amts wegen zu Eigen. „Führend“ ist der Richter in der Verhandlung des Konflikts allerdings, indem er sich mit der Macht seiner Worte zu der ausschlaggebenden Kraft einer Erzeugung von Recht profiliert; und „führend“ vor allem auch dadurch, dass so zunehmend nur noch er zur Sache spricht, während allen anderen tendenziell zunehmend Schweigen geboten wird. So „gibt“ denn der Richter im wahrsten Sinne des Wortes „das Gesetz“. Er gibt es den Parteien. Er gibt ihnen das Gesetz der Handhabung des Konfliktstoffs und derjenigen ihres Streits darum. Er gibt es ihnen dadurch, dass er sie seinem „Willen zum Gesetz“ unterwirft.[239]

Das „Dispositiv des Rechts“ ist das des semantischen Kampfes. In ihm hat das Recht seine Praxis. Juristische Textarbeit bringt das Gesetz als Normtext zu seiner Bedeutung als Rechtsnorm und macht es damit als das Recht geltend, den zur Lösung anstehenden Konflikt zu regeln. In seiner Arbeit am Text wandelt er den rohen Stoff des amtlich gesetzten Wortlauts in das Produkt einer den Fall entscheidenden Rechtsnorm – ein Produkt im Übrigen, das er sogleich wieder in Arbeit nimmt. Zur Seite des Konflikts hin nimmt der Richter seinen Text als Stoff für die Schlussfolgerung hin zur Entscheidungsnorm. Zur Seite des „Rechts als Text“[240] hin liefert ihm sein Erzeugnis einer Rechtsnorm sogleich wieder das Material für das Abfassen der Urteilsbegründung; er verbraucht es sozusagen für die Erzeugung von Legitimität.

III. Die Begründung bezieht die Argumentation auf den Gesetzestext

Die Notwendigkeit einer Begründung von Gerichtsurteilen ergibt sich in der deutschen Verfassung aus dem Rechtsstaatsprinzip und im Gemeinschaftsrecht bzw. internationalen Recht schon aus dem Grundsatz einer geordneten Rechtspflege.[241] Was von einer Begründung verlangt werden muss, wird definiert durch die praktische Entwicklung der jeweiligen Rechtskultur. Allerdings steckt darin auch ein prinzipielles Problem. Was kann man von einer Begründung verlangen?

---

239 Praxeologisch zum Begriff des „sich das Gesetz geben“ im Sinn der wechselseitigen „Entwaffnung“ und des gegenseitigen „Niederwerfens“ CLAUSEWITZ, Vom Kriege (Fn. 238), 20.

240 Ausführlich dazu DIETRICH BUSSE, Recht als Text. Linguistische Untersuchungen zur Arbeit mit Sprache in einer gesellschaftlichen Institution. Tübingen 1992.

241 Vgl. dazu: EGMR NJW 1999, 2429.

1. Kriterien für eine gute Begründung

In Betracht käme Akzeptanz. Man könnte so lange begründen, bis noch der letzte einverstanden wäre. Das mag im Freundeskreis vorkommen, im Rechtssystem nicht. Seine Funktion ist, eine Entscheidung zu treffen, dort wo gemeinsame Akzeptanz aller Beteiligten gerade nicht mehr möglich ist. Wenn Annahme durch die Betroffenen als wirkliche oder psychologische Größe damit gerade nicht in Betracht kommt, was kann man dann eine gute Begründung nennen?

Man könnte daran denken, die Akzeptanz zu idealisieren. Eine Begründung ist gut, wenn man sie in einer idealen Sprechsituation anerkennen müsste. Aber dieser Weg ist nicht gangbar. Denn entweder lässt man die ideale Sprechsituation undefiniert; dann weiß niemand, wann eine Begründung gut ist; oder man definiert die Regeln für die Konstitution dieser idealen Situation. Dann hat man aber zwei Folgeprobleme: Erstens erkennt man sofort, dass die Situation des Rechts gerade nicht die des herrschaftsfreien idealen Sprechens ist. Man muss dann zu allen möglichen Hilfsregeln greifen, die das Problem nur verschieben. Wichtiger ist aber die zweite Klippe. Sobald man die Regeln des herrschaftsfreien Sprechens definiert, ist der, der sie nicht erfüllt, nicht mehr in der Vernunft. Statt Herrschaftsfreiheit zu erzeugen, hat man die Menschen eingeteilt in rationale Subjekte und therapiebedürftige Objekte.

An die Stelle der Akzeptanz muss man deswegen die Geltung einer Argumentation setzen. Eine Begründung ist gut, wenn sie gilt. Was heißt nun Geltung einer Argumentation.

Argumentation ist eine Sequenz von Sprechakten, die man einteilen kann in Behauptung, Begründung und Widerlegung. Ein Vorgang also, den man aus jedem juristischen Prozess kennt. Die Begründung eines Urteils soll das Ergebnis dieses Prozesses darstellen. Es gibt innerhalb der Jurisprudenz vor allem im Bereich der Rechtsmittelverfahren eine große Menge impliziten Wissens darüber, wann eine juristische Begründung gültig ist. Um dieses implizite Wissen theoretisch erfassen zu können, bedarf es wiederum eines Blickes von außen. Nützlich ist hier die Hilfe der philosophischen Argumentationstheorie.

2. Die philosophische Argumentationstheorie

Die Argumentationstheorie entwickelt sich in der Philosophie von einem Spezialgebiet zu einer zentralen Bedingung für zukünftiges philosophisches Weiterdenken. Die philosophische und wissenschaftstheoretische Entwicklung führt von ganz verschiedenen Voraussetzungen aus zu dem Ergebnis, dass die Rationalität einer Argumentation nicht von außen begründet werden kann. Denn für eine Letztbegründung fehlt uns ein der Argumentation entzogener Archimedischer Punkt. Die Praxis des Argumentierens ist damit die einzige Instanz möglicher Verbindlichkeit. Das heißt aber nicht, dass die Philosophie vor der faktischen Argumentation kapitulieren müsste. Vielmehr muss sie ihr Vorgehen ändern. Statt in einer Missionarsstellung Rationalität von oben überzustülpen, muss sie von innen her im prinzipiell unabgeschlossenen Prozess der Argumentation mitarbeiten. Die Philosophie wird damit als Argumentationstheorie zur reflexiven Aufstufung der Praxis.

Die Bandbreite philosophischer Argumentationstheorie reicht von rein empirischen Analysen über rhetorische Untersuchungen der argumentativen Wirkmechanismen bis zu normativ ausgerichteten Versuchen, einen Regelkanon des Argumentierens zu erarbeiten. Das Problem dieser Entwicklung liegt darin, dass die von der Argumentationstheorie vorgeschlagenen Unterscheidungen nicht anders als argumentativ entwickelt werden können. Objekt- und Metaebene sind von Anfang an kontaminiert. Deswegen kann auch der Anfang der Argumentationstheorie nicht oberhalb praktischen Streitens liegen, sondern nur inmitten der Argumentation. Und diese Entwicklung vollzieht sich nicht einfach in der Philosophie, sondern in jeder Argumentation, die sich selbst zum Thema macht. Argumentationstheorie im Recht ist deswegen nicht denkbar von außen, vom Feldherrnhügel der Philosophie aus, sondern nur von innen, als mitarbeitende Reflexion.

3. Die Geltung als Kriterium

Wenn die philosophische Argumentationstheorie diese mitarbeitende Reflexion am Beispiel der Begründung von Rechtsentscheidungen vollzieht, ergibt sich folgendes: Der Prozess wird ausgelöst durch die Rechtsmeinung der Parteien, die sich natürlich gegenseitig ausschließen. Durch das gerichtliche Verfahren werden die Parteien zu einer Distanzierung von diesen Meinungen gezwungen, indem sie ihre Anträge begründen müssen. Mit der Formulierung der Schriftsätze, mit der Einschaltung eines professionellen Juristen wird die Rechtsmeinung bis zu einem gewissen Grad schon der Probe unterzogen, ob sie auch für sich betrachtet, unabhängig von der Person des Klägers oder des Beklagten, Bestand haben kann. Schon damit ist der erste Schritt vom Meinungskampf zum semantischen Kampf um Gesetzestexte vollzogen und es beginnt damit der Prozess der Argumentation. Diese Argumentation im Prozess hat, wenn man juristischer Erfahrung und philosophischer Analyse folgt, eine retroreflexive Struktur. Das heißt, der Begründungszusammenhang einer Rechtsmeinung wirkt auf die Voraussetzungen, die in diese Begründung eingehen, zurück. Es handelt sich hier um eine Rückkopplungsschleife, die sich aus der Dynamik der Argumentation ergibt. Weil der Prozess widerstreitende Rechtsmeinungen klärt und zur Entscheidung bringt, steht nicht von vornherein fest, welche Annahmen als sicher in Anspruch genommen werden können. Erst im semantischen Kampf oder Argumentationsprozess selbst, wenn die Geltung der zur Anspruchsbegründung herangezogenen Rechtsmeinungen untersucht wird, kann die Bedeutung einzelner Elemente der Argumentation sichtbar werden. Diese entfaltet sich erst in der Beziehung des einzelnen Elements zu den anderen Elementen und wird vom Fortgang des Gesamtprozesses verändert. Der nächste Schritt kann dabei die vorherigen Schritte beeinflussen und zu ihrer Revision führen. Es wird also im Rechtsstreit die ursprüngliche Rechtsmeinung aufgrund der vorgebrachten Einwände und Widerlegungen beständig reformuliert, was wiederum zu einer Veränderung der Gegenargumente führen kann.

Dieser retroreflexive Prozess der Argumentation kann idealerweise so lange weitergehen, bis eine gültige Version der streitigen Rechtsmeinung erreicht ist. Dann müssen die Prozessbeteiligten eine entsprechende theoretische Basis verfügbar machen und alle Einwände ihres Prozessgegners ausräumen bzw. so reformulieren, dass sie in die Begründung der eigenen Rechtsmeinung integriert werden können. Mit diesem Status der Einwandfreiheit ist im Ergebnis eine gültige These erreicht[242] bzw. der Streit der Rechtsmeinungen richtig entschieden.

Dieses Ergebnis muss in der Begründung des Urteils dargestellt werden. Die Begründung ist damit nicht an der Akzeptanz der Beteiligten orientiert, dem bloßen Meinungsstand. Sie ist vielmehr orientiert am Stand der Argumente, das heißt der Geltung. Geltung ist Einwandfreiheit. Wenn und solange eine Rechtsentscheidung alle gegen sie vorgebrachten Argumente integriert oder ausräumt, ist sie gültig.

---

242 Vgl. zu diesem Kriterium der Geltung von Argumentation HARALD WOHLRAPP, Die diskursive Tendenz, in: HARALD WOHLRAPP (Hrsg.), *Wege der Argumentationsforschung*. Stuttgart 1995, 395 ff., 400; sowie GEERD LUEKE-LUEKEN, Konsens, Widerstreit und Entscheidung, in: HARALD WOHLRAPP (Hrsg.), *Wege der Argumentationsforschung*. Stuttgart 1995, 358 ff., 378.

IV. Transkription als Legitimitätstransfer

Kann man den Übergang vom Gesetz über die Argumentation zur Begründung so gestalten, dass die demokratische Legitimität des Normtextes auf die Urteilsformel übertragen werden kann? Um diese Frage zu beantworten, muss man die Transkriptionsprozesse in der Medienkonstellation des Rechts untersuchen. Recht ist notwendig an Sprache gebunden. In einem System geschriebenen Rechts treten seine Vorschriften als Normtexte auf, d. h. als amtlich autorisierte Textformulierungen geltenden Rechts. Die Rechtsordnung bildet ein Kontinuum von Texten, die für anders nicht lösbare Konfliktfälle sanktioniert sind durch ‚als solche' sprachlose Gewalt, die wiederum ihrerseits durch die zugehörigen Verfahren sprachlich vermittelt wird. *Rechtsstaatliches Recht* arbeitet möglichst wenig mit bloßer und möglichst weitgehend mit sprachlich geformter, vermittelter und kontrollierbarer konstitutioneller Gewalt.[243] Diese Form von Sprachlichkeit der Rechtsordnung entspricht dem Streben des bürgerlichen Verfassungsstaats der Neuzeit nach *Rationalität.* Diese ist funktionell zweideutig. Sie ist doppelt wirksam, indem sie einmal Herrschaftsprozesse erleichtern hilft, zum andern die Voraussetzung für Konsens schafft. Das drückt sich in einer doppelten Form von Sprachlichkeit der Rechtstexte aus: *anordnende* und *rechtfertigende Texte.* Diese durchgehende Textstruktur setzt historisch die Organisationsleistungen des Verfassungsstaats der Moderne (wie: innere Souveränität und Monopol legitimer Gewaltausübung, Normenhierarchie und systematischer Rechtsschutz) voraus.

1. Anordnende und rechtfertigende Texte

Recht ist (auch) Instrument von Herrschaft. Als rechtsstaatlich geformtes ist es zugleich Instrument der Begrenzung von Herrschaft. Insoweit Macht inhaltlich und prozedural *als Recht* in spezifischer Formalisierung auftritt, ist sie auch spezifischen Bedingungen, Brechungen, Kontrollen unterworfen.[244] Die Formalisierung unseres Typus von Rechtsordnung erfolgt durch Sprache. Diese unterwirft die Herrschaftsvorgänge der Kommunikation, der Möglichkeit sprachlicher Kritik, der Notwendigkeit sprachlicher Rechtfertigung. Im *demokratischen* Rechtsstaat nach dem Modell des Grundgesetzes sollen rechtsstaatliche Form

---

243 Vgl. hierzu FRIEDRICH MÜLLER, *Recht, Sprache, Gewalt.* Berlin 1975, 18 ff., 29 f.

244 Das Bundesverfassungsgericht leitet aus dem Rechtsstaatsprinzip in ständiger Rechtsprechung die Forderung nach Voraussehbarkeit und Berechenbarkeit ab; vgl. zuletzt BVerfGE 99, 216, 242.

und demokratische Politik im Sinn eines „materiellen Rechtsstaats" zusammenkommen. Nicht dem formalistisch-autoritären Rechtsstaat mit Zügen des Obrigkeitsstaates, wohl aber dem freiheitlich-demokratischen Rechtsstaat entsprechen zusätzliche verfassungsrechtliche Sicherungen der *Konsensfunktion* seiner Rechtstexte: auf der Seite der *anordnenden Texte* Forderungen wie Tatbestandsbestimmtheit, Rückwirkungsverbote, rechtliches Gehör usw.; auf der Seite der *rechtfertigenden Texte* das Gebot der Methodenehrlichkeit (d. h. des Übereinstimmens von Finden und Begründen der Entscheidung), die verschiedenen Begründungspflichten, Einzelinstitute wie das der abweichenden Meinung bei Entscheidungen des Bundesverfassungsgerichts usw.

Über solche Beispiele hinaus lässt sich die *Textstruktur* dieser Rechtsordnung insgesamt nach folgenden Ebenen gliedern: a) nach *abstrakt anordnenden* Texten (Gesetzeswortlauten und – soweit sie über den Fall hinaus verbindlich sein können – Texten von Rechtsnormen) und diese Normtexte *rechtfertigenden* Texten (amtlichen Begründungen von Gesetzen, „Motiven" der gesetzgebenden Gremien, Debatten und Verhandlungen, Ausschussberichten und, im Fall der Rechtsnormen, Entscheidungsgründen); sowie b) nach *konkret anordnenden* Texten (Entscheidungsnormen, welche die Rechtsprechung entwirft oder die die Exekutive erlässt) und diese *rechtfertigenden* Texten (Entscheidungsgründen in Exekutive und Rechtsprechung).

Der demokratische Rechtsstaat „hat" nicht, er „ist" eine Textstruktur. Diese unterscheidet ihn von den anderen Typen der Staatsorganisation; denn der Rest ist allen Typen gemeinsam: „sächliche" und „persönliche Mittel" im Sinn des Verwaltungsrechts. Den Gebäuden, deren Möblierung, den Papierstapeln, den Amtspersonen ist es nicht anzusehen, ob sie einen Rechts- oder einen Nicht-Rechtsstaat am Funktionieren halten. Nur die Semantik und die Strukturierungsart der staatsproduzierten Textmasse distinguieren ein rechtsstaatliches System.

Die Rechtsordnung ist ein Sprachspiel unter anderen, aber eben das einzige mit angehäufter allgemeiner Gewalt versehene, das Sprachspiel des Staates. Alles, was an dessen Institutionen nicht verdinglichte oder direkte Gewalt ist, ist Sprache, mündlicher oder schriftlicher Text; und nicht zuletzt seine als „Recht" bezeichneten Handlungsformen. Anders gesagt: Die einzige Möglichkeit, die im Staat angehäufte Gewalt zu disziplinieren, einzugrenzen, zu teilen und zu kultivieren, besteht in Sprache. Sie liegt in der Textualität des gewaltgestützten Rechts und in den in dieser anfallenden Komplikationen, Brechungen, Faltungen und sprachvermittelten Selbstbindungen. *Gewaltenteilung* ist vor allem eine Text-Teilung (für die Institutionen nebeneinander und die Instanzen übereinander), eine Text-Verteilung (für die Auffächerung der Kompetenzen) und eine Text-Kontrolle (das System der checks and balances). Die Gewaltenteilung als Textteilung, auf symbolischer Ebene verankert, ist eine Aufteilung der Gewaltbefugnis, unter den und den Voraussetzungen Texte der und der Art mit den und den Wirkungen bzw. Relationen zu anderen Texten zu produzieren. Gewaltenteilung als Teilung, Verteilung und Kontrolle der Textkompetenzen ist eine der wesentlichsten Eigenschaften rechtsstaatlicher Textstruktur.

2. Begründung und Recht auf Sprache

Der Richter hat im Rechtsstaat keine Kompetenzkompetenz, sondern eine umgrenzte Ermächtigung. Der Begriff „Kompetenzkompetenz" kommt aus der obrigkeitsstaatlichen Tradition. Er bedeutet, dass der Staat die unbeschränkte Kompetenz hat, sich selber Kompetenzen zu verschaffen. Auf den Richter unter dem Grundgesetz passt diese überlieferte Vorstellung nicht. Dem Richter wird die rechtsprechende Gewalt übertragen, aber nur soweit er der in Artikel 97 GG angeordneten Gesetzesbindung genügt. Den Umstand, dass seine Entscheidung der Gesetzesbindung Genüge tut, muss der Richter in der Begründung seines Urteils darlegen. Dabei muss er sich mit den Interpretationen der Prozessbeteiligten und mit den einschlägigen Entscheidungen anderer Gerichte auseinandersetzen. So findet die Souveränität seiner Interpretation Grenzen.

Über die Pflicht zur Begründung der Entscheidung ist der Richter an überprüfbare Maßstäbe gebunden.[245] Dieser Pflicht des Gerichts entspricht auf der Seite des Bürgers ein Recht auf Sprache. Er hat ein subjektives Recht darauf, dass der Richter seine Entscheidung nicht einfach nur fällt, sondern sie in der Begründung auch dem demokratisch legitimierten Normtext zurechnet. Direkt mit Hilfe von Rechtsmitteln gegen die Entscheidung und indirekt mit Hilfe der fachlichen Kritik ist dieses Recht auch einklagbar.

Das Bundesverfassungsgericht versteht dieses aus Artikel 103 GG abzuleitende Recht sehr weit. Der in Art. 103 GG geregelte Anspruch auf rechtliches Gehör gebietet zwar nicht grundsätzlich ein Rechtsgespräch, aber verbietet doch immerhin eine Überraschungsentscheidung.[246]

---

[245] Vgl. MÜLLER/CHRISTENSEN/SOKOLOWSKI, Rechtstext und Textarbeit (Fn. 40), 138 ff.

[246] BVerfGE 98, 218, 263, unter Bezug auf BVerfGE 83, 24, 35; 86, 133, 144 f.: „Art. 103 Abs. 1 GG gibt den Verfahrensbeteiligten das Recht, sich nicht nur zu dem für die jeweilige gerichtliche Entscheidung maßgeblichen Sachverhalt, sondern auch zur Rechtslage zu äußern, und verpflichtet das Gericht, den Vortrag der Beteiligten zur Kenntnis zu nehmen und in Erwägung zu ziehen. Dabei kann es in besonderen Fällen geboten

3. Legitimationstransfer

Eine Entscheidung, solange sie eine Rechtsentscheidung und keine bloße Gewalt sein will, muss dem Betroffenen Einfluss auf die Sprache geben, die in der Entscheidung an die Stelle seiner eigenen tritt. Wenn dagegen diese Sprache schon vorher feststeht, haben wir kein Recht vor uns, sondern nur sprachlich verbrämte Gewaltausübung. Darin liegt die wichtige Rolle des Rechts auf Gehör.

Die Textstruktur des Rechtsstaats[247] bewirkt eine Einschränkung der Verknüpfungsmöglichkeiten und eine Hierarchisierung von Texten, ausgehend von den Postulaten der Voraussehbarkeit, Berechenbarkeit und Einzelfallgerechtigkeit. Ziel dabei ist ein Transfer der demokratischen Legitimation des Gesetzgebers auf die Einzelfallentscheidung. Um diesen zu erfassen, muss man zunächst anordnende und rechtfertigende Texte unterscheiden.

Sowohl der Normtext als auch der gerichtliche Tenor sind *anordnende Texte.*[248] Sie unterscheiden sich dadurch, auf unterschiedlichen Konkretisierungsstufen im Prozess der Entscheidungsfindung zu stehen. Während sich aber die Legitimität der Anordnung im Normtext aus der demokratischen Legitimation des Gesetzgebers ergibt, muss die des Gerichts jeweils erst noch begründet werden.

Diesem Legitimitätstransfer dient die Entscheidungsbegründung als *rechtfertigender Text.*[249] In ihr tauchen die Auslegungsinstrumente im Rahmen von Argumentformen auf.

Die Aufgabe der Urteilsbegründung ist damit der Legitimationstransfer. Um diese Aufgabe zu erfüllen, hat sie bestimmten Anforderungen zu genügen. Sie muss den Stand der Geltung erreichen, indem

---

sein, die Verfahrensbeteiligten auf eine Rechtsauffassung hinzuweisen, die das Gericht seiner Entscheidung zugrunde legen will. Es kann im Ergebnis der Verhinderung eines Vertrags zur Rechtslage gleichkommen, wenn das Gericht ohne vorherigen Hinweis auf einen rechtlichen Gesichtspunkt abstellt, mit dem auch ein gewissenhafter und kundiger Prozeßbeteiligter selbst unter Berücksichtigung der Vielfalt vertretbarer Rechtsauffassungen nicht zu rechnen brauchte. Allerdings ist zu beachten, daß das Gericht grundsätzlich weder zu einem Rechtsgespräch noch zu einem Hinweis auf seine Rechtsauffassung verpflichtet ist. Auch wenn die Rechtslage umstritten oder problematisch ist, müssen daher die Verfahrensbeteiligten grundsätzlich alle vertretbaren rechtlichen Gesichtspunkte von sich aus in Betracht ziehen und ihren Vortrag darauf einstellen."

247 FRIEDRICH MÜLLER, *Juristische Methodik und Politisches System.* Berlin 1976, 80 ff., 95 ff.

248 Vgl. MÜLLER/CHRISTENSEN/SOKOLOWSKI, Rechtstext und Textarbeit (Fn. 40), 117.

249 Vgl. ebd., 117, 121 ff. sowie STEFAN BRINK, *Über die richterliche Entscheidungsbegründung.* Frankfurt am Main 1999, der bei der Rechtfertigungsfunktion weiter differenziert zwischen erklärender und kontrollierender Funktion der Begründung.

sie den besseren Argumenten den Vorrang gibt und das Gesetz als Grenze der Argumentation respektiert.

D. Die Gesetzesbindung als Paradoxiemanagement

Der Transfer der gesetzlichen Legitimität auf das Urteil kann nur gelingen, wenn die vom Gericht gewählte Auslegungsvariante des Normtextes haltbar ist. Die Auslegungsvariante gibt dem Normtext seine Bedeutung und kann deswegen auch Rechtsnormhypothese genannt werden. Diese Rechtsnormhypothese wird überprüft an den Argumenten, die im Verfahren vorgebracht werden. Das Verfahren organisiert einen Konflikt, um der Begründung richterlicher Entscheidung einen Relevanzhorizont zu verschaffen, der gegebenenfalls im Rahmen der Amtsermittlung zu ergänzen ist, sodass er dem Niveau der wissenschaftlichen Diskussion genügt. Die Rechtsnormhypothese muss den Stand der Geltung erreichen. Das heißt, sie muss alle Gegenargumente entweder integrieren oder widerlegen. Dann ist dem Gesetz als Grenze Genüge getan. Der Rechtsstaat kann eine Grenze im Normtext nicht objektiv vorgeben. Aber er fordert von den Gerichten eine Praxis der Grenzziehung.

Die triviale Alltagspraxis der Jurisprudenz weist also bei genauer Betrachtung Untiefen auf. Es zeigt sich nämlich das Paradox, dass Juristen an das gebunden sind, was sie selbst produzieren. Aber das ist kein Grund für panischen Schrecken. Denn mit den geschilderten methodischen Instrumenten verfügen die Gerichte über ein äußerst erfolgreiches und praktisch bewährtes Instrumentarium zum Paradoxiemanagement. Auch zeigt sich in der Interpretationsleistung von Gerichten ein Moment von Gewalt, welches darin liegt, dass sie die gleitende Bedeutung von Texten fixieren. Aber auch darauf muss man nicht mit einem Rückzug ins Reich der Ideale reagieren. Denn diese Gewalt ist zwischen Gesetzgeber und Richter geteilt, durch das Verfahren mediatisiert und vielfältigen Kontrollen unterworfen. In einem rechtsstaatlichen Verfahren ist der dann verbleibende Rest hinreichend eingehegt und kultiviert.

Das verfassungsrechtliche Rechtsstaatsprinzip ist eine Entscheidung für die Praxis einer Grenze: es verlangt vom Rechts„anwender", dem engeren, spezifischeren Kontext bei der Bedeutungsbestimmung den Vorrang einzuräumen. Unter den Vorgaben des durch den Normtext gesetzten Textformulars (des „Gesetzes") und der an die methodenbezogenen Normen der Verfassung rückgebundenen Standards methodischer Zurechnung sind die Möglichkeiten zum Durchsetzen einer bestimmten Interpretationsweise im Recht deutlich stärker eingeschränkt und damit kontrollierbarer als in einem nur auf das politische Sprachspiel bezogenen semantischen Konflikt. Eine Grenze juristischer Textarbeit ergibt sich so als Relation zwischen drei Faktoren: Der vom Gesetzgeber verabschiedete Normtext als Zeichenkette muss Ausgangs- und Zurechnungsgröße der Entscheidung sein. Die von der Wissenschaft entwickelten methodischen Instrumentarien eröffnen Kontexte für die Bedeutungsbestimmung. Ausgehend von den methodenbezogenen Normen der Verfassung können diese Kontexte in eine Rangfolge gebracht werden, gleichzeitig sorgt der prozessrechtliche Rahmen des Gerichtsverfahrens für ihre Verendlichung. Außerdem gibt es zur weiteren Kontrolle den Instanzenzug, unterstützt von der begleitenden Kritik der Wissenschaft am Tun der Gerichte. All diese Faktoren zusammengenommen ergeben die Gesetzesbindung. Der Rechtsstaat ist nicht monologisch-richterbezogen, sondern diskursiv-verfahrensbezogen. Er verlässt sich nicht auf einsame Erkenntnis, sondern fordert eine öffentliche Diskussion, in der sich die besseren Argumente für die Lesart des Gesetzes durchsetzen sollen.

Allerdings vermag keine Methodik die interpretatorische Gewalt und die Paradoxien in ihrer Einhegung aufzuheben. Das wäre Illusion und Fassade für unkontrollierte Machtausübung. Methodik muss vielmehr die inneren Aporien einer Entscheidung protokollieren. Denn diese zeigen sich in jedem noch so unbedeutenden Verfahren. Nur eine Entscheidung, die durch das Paradox der Bindung von Gewalt hindurchgegangen ist, ist eine Rechtsentscheidung. Die Gesetzesbindung nimmt dem Richter[250] nicht die Verantwortung ab. Sie ist die Grundlage für seine Verantwortung.[251] Denn er muss die Verknüpfung zum Gesetz herstellen, die möglich ist, ohne dort seine Entscheidung vorzufinden.

Recht ist aus dem Streit der Parteien erst zu schaffen. Schaffen heißt aber nicht, etwas zu machen, das gerade fehlt, etwas, das abwesend ist, anwesend zu machen. Das wäre nur eine weitere Verlängerung der Präsenzmetaphysik. Recht ist weder im Gesetzestext anwesend noch im Sprechen der Parteien, noch in der richterlichen Begründung. Recht existiert als Aufschub. Weil wir es im Text nicht finden können, sprechen wir. Und weil wir uns im Sprechen nicht einigen können, muss

---

250 Grundlegend für die Geschichte und die verschiedenen Varianten des Richterbildes DIETER SIMON, *Die Unabhängigkeit des Richters*. Darmstadt 1975.

251 Vgl. hierzu REGINA OGOREK, „Rassenschande" und juristische Methode: die argumentative Grammatik des Reichsgerichts bei der Anwendung des Blutschutzgesetzes von 1935, in: *Kritische Vierteljahresschrift für Gesetzgebung und Rechtswissenschaft* 2003, 279 ff. Die dort analysierte argumentative Grammatik des Reichsgerichts sollte als erstes Kapitel in jedem Methodenlehrbuch stehen.

entschieden werden. Aber weil anders entschieden werden könnte, braucht man eine Begründung. Da aber auch diese zur Überzeugung nicht ausreicht, braucht man Rechtsmittel. Auch in der Rechtskraft endet der Aufschub des Rechts nicht. Zwischen den Parteien und in der Literatur kann immer noch weiter gestritten werden. Trotzdem: Auch wenn das Recht nie endgültig gefunden wird, ist mit seinem Aufschub im Verfahren etwas erreicht. Das Gefühl des Unrechts ist ein Stück weit artikuliert. Der semantische Kampf um die Lesart des Gesetzes ist ein Stück weit zur Argumentation kultiviert. Und das Ergebnis liefert weiteren Streitfällen bessere Gründe.

Der Entzug des Rechts aus dem Gesetz in das Verfahren, von dort in die Entscheidung, ihre Begründung und die daran anschließende Kritik kann negativ begriffen werden als sein Verschwinden. Aber man kann es auch positiv begreifen als von Regeln der Kunst geordneter Versuch, die Verdinglichung der Gerechtigkeit zu verhindern. Der Eigenwert des Rechts liegt gerade in diesem Entzug. Ob ein Verfahren sich als Performanz der Macht oder des Rechts entwickelt, kann nicht von vornherein sichergestellt werden. Es kann nur wahrscheinlich gemacht werden durch rechtsstaatliche Vorgaben, Entwicklung einer daran orientierten Argumentationskultur, Ausbildung der Richter, wissenschaftliche Kritik und weitere soziale Komponenten der Gesetzesbindung. Am Ende aber liegt es in der Verantwortung des Richters.

Literatur

Alexy, Robert, Begriff und Geltung des Rechts. Freiburg 1994.

Alexy, Robert, Die logische Analyse juristischer Entscheidungen, in: Robert Alexy/Hans-Joachim Koch/Lothar Kuhlen/Helmut Rüßmann (Hrsg.), Elemente einer juristischen Begründungslehre. Baden-Baden 2003, 9 ff.

Alexy, Robert, Rechtsregeln und Rechtsprinzipien, in: Robert Alexy/Hans-Joachim Koch/Lothar Kuhlen/Helmut Rüßmann (Hrsg.), Elemente einer juristischen Begründungslehre. Baden-Baden 2003.

Amstutz, Marc, Zwischenwelten zur Emergenz einer interlegalen Rechtsmethodik im europäischen Privatrecht, in: Gunther Teubner/Christian Joerges (Hrsg.), Rechtsverfassungsrecht. Baden-Baden 2003.

Anweiler, Jochen, Die Auslegungsmethoden des Gerichtshofs der Europäischen Gemeinschaften. Frankfurt am Main 1997.

Arnell, Anthony, Interpretation and Precedent in English and Community Law: Evidence of Crossfertilization?, in: Mads Andenas (Hrsg.), English Public Law of Europe. London 1998.

Bachelard, Gaston, Die Bildung des wissenschaftlichen Geistes. Frankfurt am Main 1987.

Baden, Eberhard, Gesetzgebung und Gesetzesanwendung im Kommunikationsprozeß. Baden-Baden 1977.

Baden, Eberhard, Zum Regelungsgehalt von Gesetzgebungsmaterialien, in: Jürgen Rödig (Hrsg.), Studien zu einer Theorie der Gesetzgebung. Berlin 1976.

Baecker, Dirk, Zeit und Zweideutigkeit im Kalkül der Form, in: Nummer 3, 4/5 (1996), 11 ff.

Barcelò, John J., Precedent in European Community Law, in: Neil MacCormick/Robert S. Summers (Hrsg.), Interpreting Precedents: A Comparative Study. Dartmouth 1997.

Battis, Ulrich/Grigoleit, Kai, Neue Herausforderungen für das Versammlungsrecht?, in: Neue Zeitschrift für Verwaltungsrecht 2001, 121 ff.

Becker, Frank/Reinhardt-Becker, Elke, Systemtheorie. Eine Einführung für die Geschichts- und Kulturwissenschaften. Frankfurt am Main 2001.

Benjamin, Walter, Zur Kritik der Gewalt, in: Walter Benjamin, Gesammelte Schriften. Band II 1. Frankfurt am 1980, 179 ff.

Bergsdorf, Wolfgang, Herrschaft und Sprache. Eine Studie zur politischen Terminologie in der Bundesrepublik Deutschland. Pfullingen 1983.

Bernhardt, Rudolf, Die Auslegung völkerrechtlicher Verträge, insbesondere in der neueren Rechtsprechung internationaler Gerichte, in: BaöRV 40 (1963), 1 ff., 17.

Binding, Karl, Handbuch des Strafrechts. Band I. Leipzig 1885.

Blank, Josef, Europäische Fusionskontrolle im Rahmen der Art. 85, 86 des EWG-Vertrages. Baden-Baden 1991.

Bleckmann, Albert, Die systematische Auslegung im europäischen Gemeinschaftsrecht, in: Albert Bleckmann, Studien zum Europäischen Gemeinschaftsrecht. Köln 1986, 41 ff.

Bleckmann, Albert, Rechtsquellen, in: Manfred Dauses (Hrsg.), Handbuch des EG-Wirtschaftsrechts. Band I, München 1997, Rn. 15, Fn. 23, 25, 26.
Bloch, Ernst, Über Heterogonie der Zwecke, in: Ernst Bloch, Philosophische Aufsätze zur objektiven Phantasie. Gesamtausgabe Bd. 10, Frankfurt am Main 1977, 431 ff.
Bourdieu, Pierre, Sozialer Raum und „Klassen", in: Pierre Bourdieu, Sozialer Raum und „Klassen". Leçon sur la leçon. Zwei Vorlesungen. Frankfurt am Main 1985, 7 ff.
Brandom, Robert, Expressive Vernunft. Frankfurt am Main 2000.
Brandom, Robert, Making it explicit. Reasoning, Representing and Discursive Commitment. Cambridge (Mass.) 1994.
Brink, Stefan, Über die richterliche Entscheidungsbegründung. Frankfurt am Main 1999.
Broekman, Jan M., The Minimum Content of Positivism, in: Rechtstheorie 1985, 349 ff.
Brown, Neville/Jacobs, Francis G., The court of Justice of the European Communities. 3. Aufl., London 1989.
Brugger, Winfried, Würde gegen Würde, in: VBlBW 1995, 446 ff.
Buck, Carsten, Über die Auslegungsmethoden des Gerichtshofs der Europäischen Gemeinschaft, Frankfurt am Main 1998.
Busse, Dietrich, Historische Semantik. Stuttgart 1987, 119 ff.
Busse, Dietrich, Recht als Text. Linguistische Untersuchungen zur Arbeit mit Sprache in einer gesellschaftlichen Institution. Tübingen 1992.
Busse, Dietrich, Was ist die Bedeutung von Gesetzestexten, in: Friedrich Müller (Hrsg.), Untersuchungen zur Rechtslinguistik. Berlin 1989, 93 ff.
Bydlinski, Franz, Juristische Methodenlehre und Rechtsbegriff. Wien 1991.
Christensen, Ralph, Wortlautgrenze: spekulativ oder pragmatisch? (in Vorbereitung).
Christensen, Ralph/Kudlich, Hans, Theorie richterlichen Begründens. Berlin 2001.
Christensen, Ralph/Lerch, Kent D., Das Gesetz des Buches, in: Paragrana 2005 (im Erscheinen).
Christensen, Ralph/Sokolowski, Michael, Recht als Einsatz im semantischen Kampf, in: Ekkehard Felder (Hrsg.), Semantische Kämpfe in den Wissenschaften. Kritische Beiträge zum Verhältnis von Semantik und Pragmatik in ausgewählten Wissenschaftsdisziplinen. Berlin 2005 (im Erscheinen).
Clausewitz, Carl von, Vom Kriege. Frankfurt am Main 1991.
Clauss, Karl, Zum Begriff der Unklarheit, in: JZ 1960, 306 ff.
Clemens, Christian, Strukturen juristischer Argumentation. Berlin 1977.
Coing, Helmut, Grundzüge der Rechtsphilosophie. Berlin 1993.
Collini, Stefan, Die begrenzbare und die unbegrenzbare Interpretation, in: Umberto Eco, Zwischen Autor und Text. München 1994, 7 ff.
Constantinesco, Léontin-Jean, Das Recht der Europäischen Gemeinschaften Band I. Das institutionelle Recht. Baden-Baden 1977.
Culler, Jonathan, Dekonstruktion. Reinbek bei Hamburg 1988.

Culler, Jonathan, Ein Plädoyer für die Überinterpretation, in: Umberto Eco, Zwischen Text und Autor. München 1994, 120 ff.

Davidson, Donald, Die zweite Person, in: Deutsche Zeitschrift für Philosophie 2000, 395 ff.

Davidson, Donald, Eine hübsche Unordnung von Epitaphen, in: Eva Picardi/Joachim Schulte (Hrsg.), Die Wahrheit der Interpretation. Beiträge zur Philosophie Donald Davidsons. Frankfurt am Main 1990, 203 ff.

Davidson, Donald, Kommunikation und Konvention, in: Donald Davidson, Wahrheit und Interpretation. Frankfurt am Main 1990.

Dederichs, Mariele/Christensen, Ralph, Inhaltsanalyse als methodisches Instrument zur Untersuchung von Gerichtsentscheidungen, vorgeführt am Beispiel der Rechtsprechung des EuGH, in: Friedrich Müller (Hrsg.), Untersuchungen zur Rechtslinguistik III. Berlin 2004.

Dederichs, Mariele, Häufigkeit und Bedeutung methodischer Argumente in den Begründungen des Gerichtshofs der Europäischen Gemeinschaften. Baden-Baden 2004.

Derrida, Jacques, Marx' Gespenster. Frankfurt am Main 1995.

Derrida, Jacques, Als ob ich tot wäre. Wien 2000.

Derrida, Jacques, Die Stimme und das Phänomen. Frankfurt am Main 1979.

Derrida, Jacques, Die Struktur, das Zeichen und das Spiel im Diskurs der Wissenschaften vom Menschen, in: Jacques Derrida, Die Schrift und die Differenz. Frankfurt am Main 1976, 422 ff.

Derrida, Jacques, Eine gewisse unmögliche Möglichkeit, vom Ereignis zu sprechen. Berlin 2003.

Derrida, Jacques, *OTOBIOGRAPHIEN* – Die Lehre Nietzsches und die Politik des Eigennamens, in: Jacques Derrida/Friedrich Kittler, Nietzsche – Politik des Eigennamens. Berlin 2000, 7 ff.

Derrida, Jacques, Passionen. „Die indirekte Opfergabe", in: Jacques Derrida, Über den Namen, Wien 2000, 15 ff.

Derrida, Jacques, Politik der Freundschaft. Frankfurt am Main 2000.

Derrida, Jacques, Semiologie und Grammatologie. Gespräch mit Julia Kristeva, in: Jacques Derrida, Positionen. Wien 1986, 52 ff.

Derrida, Jacques, Signatur, Ereignis, Kontext, in: Jacques Derrida, Randgänge der Philosophie. Frankfurt am Main 1976, 124 ff.

Dreier, Horst, Kanonistik und Konfessionalisierung – Marksteine auf dem Weg zum Staat, in: JZ 2002, 1 ff.

Eagleton, Terry, Einführung in die Literaturtheorie. Stuttgart 1988.

Eckold-Schmid, Friedel, Legitimation durch Begründung. Berlin 1974.

Eco, Umberto, Das Irrationale gestern und heute, in: Umberto Eco, Über Spiegel und andere Phänomene. München 1990, 9 ff.

Eco, Umberto, Die Grenzen der Interpretation. München 1992.

Eco, Umberto, Überzogene Textinterpretation, in: Umberto Eco, Zwischen Autor und Text. München 1994, 52 ff.

Ehricke, Ulrich, Die Bindungswirkung von Urteilen des EuGH im Vorabentscheidungsverfahren nach deutschem Zivilprozessrecht und nach Gemeinschaftsrecht, in: Vorträge, Reden und Berichte aus dem Europa-Institut der Universität des Saarlandes, Nr. 364. Saarbrücken 1997.

Eichinger, Anita, Donald Davidsons Theorie sprachlichen Verstehens. Frankfurt am Main 2002.

Engisch, Karl, Einführung in das juristische Denken. Stuttgart 1977.

Engisch, Karl, Wahrheit und Richtigkeit im juristischen Denken. Stuttgart 1963.

Esser, Josef, Vorverständnis und Methodenwahl in der Rechtswissenschaft. Frankfurt am Main 1972, 177 ff., 179.

Everling, Ulrich, Vertragsverhandlungen 1957 und Vertragspraxis 1987, in: Festschrift für Hans von der Groeben. Baden-Baden 1987, 111 ff.

Fikentscher, Wolfgang, Methoden des Rechts in vergleichender Darstellung. Band I: Frühe und religiöse Rechte/Römischer Rechtskreis. Tübingen 1975.

Foucault, Michel, Was ist ein Autor, in: Fotis Jannidis/Gerhard Lauer/Matias Martinez/Simoe Winko (Hrsg.), Texte zur Theorie der Autorschaft, Stuttgart 2000, 198 ff.

Frank, Manfred, Das individuelle Allgemeine. Frankfurt am Main 1985.

Frank, Manfred, Was ist Neostrukturalismus? Frankfurt am Main 1983.

Franssen, Eberhard, Positivismus als juristische Strategie, in: JZ 1969, 766 ff.

Frese, Jürgen, Politisches Sprechen. Thesen über einige Rahmenbedingungen, in: Annamaria Rucktäschel (Hrsg.), Sprache und Gesellschaft. München 1972, 105.

Frisch, Markus, Die richtlinienkonforme Auslegung nationalen Rechts. Münster 2000.

Früh, Werner, Inhaltsanalyse. Theorie und Praxis, Konstanz 2001.

Gadamer, Hans-Georg, Hermeneutik I. Wahrheit und Methode, in: Gesammelte Werke. Band 1. Tübingen 1990.

Gadamer, Hans-Georg, Vom Zirkel des Verstehens, in: Gesammelte Werke. Band 2. Tübingen 1990, 57 ff.

Gasché, Rudolph, The Tain of the mirror. Cambridge (Mass.) 1986.

Genette, Gérard, Impliziter Autor, impliziter Leser?, in: Fotis Jannidis/Gerhard Lauer/Matias Martinez/Simone Winko (Hrsg.), Texte zur Theorie der Autorschaft, Stuttgart 2000, 185 ff.

Glock, Joachim, Wie kam die Bedeutung zur Regel?, in: Deutsche Zeitschrift für Philosophie 2000, 429 ff.

Gloy, Klaus, Sprachnormen als ‚Institutionen im Reich der Gedanken' und die Rolle des Individuums in Sprachnormierungsprozessen, in: Klaus J. Mattheier (Hrsg.), Norm und Variation. Frankfurt am Main 1997, 27 ff.

Gloy, Klaus, Sprachnormenforschung in der Sackgasse?, in: Beiträge zur Geschichte der deutschen Sprache und Literatur 115 (1993), 30 ff.

Glüer, Kathrin, Bedeutung zwischen Norm und Naturgesetz, in: Deutsche Zeitschrift für Philosophie 2000, 449 ff.

Glüer, Kathrin, Schwerpunkt: Sprache und Regeln. Ist Bedeutung normativ?, in: Deutsche Zeitschrift für Philosophie 2000, 393 f.

Glüer, Kathrin, Sprache und Regeln. Zur Normativität von Bedeutung. Berlin 1999.

Gmelin, Johannes G., Quousque? Hannover 1910, 70.

Gropp, Michael, Die Rechtsfortbildung contra legem – Ein Beitrag zur rechtstheoretischen Erforschung der Grundlagen richterlicher Rechtsfortbildung im Privatrecht. Berlin 1974.

Gröschner, Rolf, Hippokratische techne und richterliche Kunst, in: Michael Kilian (Hrsg.), Jurisprudenz zwischen techne und Kunst. Tübingen 1987, 11 ff.

Habermas, Jürgen, Wie ist Legitimität durch Legalität möglich?, in: KJ 1987, 1 ff.

Hassold, Gerhard, Strukturen der Gesetzesauslegung, in: Claus-Wilhelm Canaris/Uwe Diederichsen (Hrsg.), Festschrift für Karl Larenz. München 1983, 211 ff.

Haverkate, Görg, Gewißheitsverluste im juristischen Denken. Zur politischen Funktion der juristischen Methode. Berlin 1977.

Hegenbarth, Rainer, Juristische Hermeneutik und linguistische Pragmatik. Königstein im Taunus 1982.

Hermanns, Fritz, Schlüssel-, Schlag- und Fahnenwörter. Zur Begrifflichkeit und Theorie der lexikalischen „politischen Semantik". Heidelberg 1994, 31 ff.

Honsell, Thomas, Historische Argumente im Zivilrecht, 1982, S. 17 ff.

Hörisch, Jochen, Die Wut des Verstehens, in: Der blaue Reiter 2 (1998), 60 ff.

Humboldt, Wilhelm von, Über das vergleichende Sprachstudium in Beziehung auf die verschiedenen Epochen der Sprachentwicklung, in: Wilhelm von Humboldt, Schriften zur Sprachphilosophie. Werke in fünf Bänden. Band III. Darmstadt 1963, 10.

Jäger, Ludwig, Transkriptivität. Zur medialen Logik der kulturellen Semantik, in: Ludwig Jäger/Georg Stanitzek (Hrsg.), Transkribieren. Medien/Lektüre. München 2002, 19 ff.

Jeand'Heur, Bernd, Sprachliches Referenzverhalten bei der juristischen Entscheidungstätigkeit. Berlin 1989.

Kaufmann, Arthur, Gesetz und Recht, in: Arthur Kaufmann, Rechtsphilosophie im Wandel. Frankfurt am Main 1972, 131 ff.

Keller, Rudi, Kollokutionäre Akte, in: Germanistische Linguistik 1/2 (1977), 28.

Keller, Rudi, Sprachwandel. Tübingen 1994.

Khurana, Thomas, Niklas Luhmann – Die Form des Mediums, in: Alice Lagaay/David Lauer (Hrsg.), Medientheorie. Frankfurt 2004, 97 ff.

Klatt, Matthias, Theorie der Wortlautgrenze. Baden-Baden 2004.

Klein, Josef, „Wortschatz, Wortkampf, Wortfelder in der Politik", in: Josef Klein (Hrsg.), Politische Semantik. Bedeutungsanalytische und sprachkritische Beiträge zur politischen Sprachverwendung. Opladen 1989, 3 ff.

Knell, Sebastian, Die normativistische Wende in der analytischen Philosophie. Zu Robert Brandoms Theorie begrifflichen Gehaltes und diskursiver Praxis, in: Allgemeine Zeitschrift für Philosophie 2000, 225 ff.

Köbl, Ulrike, Allgemeine Rechtstheorie. Aspekte der Gesetzesbindung, in: Festschrift zum 25jährigen Bestehen des Bundessozialgerichts. Köln 1979, 1005 ff.

Kohler, Josef, Lehrbuch des Bürgerlichen Rechts. Band 1. Berlin 1906.

Krawietz, Werner, Juristische Entscheidung und wissenschaftliche Erkenntnis. Wien 1978.

Kremer-Marietti, Angèle, Michel Foucault – Der Archäologe des Wissens. Frankfurt am Main 1976, 155.

Kripke, Saul, Wittgenstein über Regeln und Privatsprache. Eine elementare Darstellung. Frankfurt am Main 1987.

Krüger, Uwe, Der Adressat des Rechtsgesetzes. Berlin 1969.

Lagaay, Alice/Lauer, David, Einleitung – Medientheorien aus philosophischer Sicht, in: Alice Lagaay/David Lauer, Medientheorie. Frankfurt 2004, 7 ff.

Lakatos, Imre, Falsifikation und die Methodologie wissenschaftlicher Forschungsprogramme, in: Imre Lakatos/Alan Musgrave (Hrsg.), Kritik und Erkenntnisfortschritt. Braunschweig 1974, 89 ff.

Larenz, Karl, Methodenlehre der Rechtswissenschaft. Berlin 1983.

Limbach, Jutta, Die sozialwissenschaftliche Inhaltsanalyse richterlicher Entscheidungen, in: JA 1976, 353 ff.

Lucy, Niall, A Derrida Dictionary. Oxford 2004.

Lueke-Lueken, Geerd, Konsens, Widerstreit und Entscheidung, in: Harald Wohlrapp (Hrsg.), Wege der Argumentationsforschung. Stuttgart 1995, 358 ff.

Luhmann, Niklas, Das Recht der Gesellschaft. Frankfurt am Main 1993.

Luhmann, Niklas, Die Gesellschaft der Gesellschaft. Frankfurt am Main 1998.

Luhmann, Niklas, Die Kunst der Gesellschaft. Frankfurt am Main 1995, 165 ff.

Luhmann, Niklas, Die Wissenschaft der Gesellschaft. Frankfurt am Main 1990, 181 ff.

Luhmann, Niklas, Gerechtigkeit in den Rechtssystemen der modernen Gesellschaft, in: Niklas Luhmann, Ausdifferenzierung des Rechts. Frankfurt am Main 1999, 374 ff.

Luhmann, Niklas, Metamorphosen des Staates, in: Niklas Luhmann, Gesellschaftsstruktur und Semantik 4. Frankfurt am Main 1999, 101 ff.

Luhmann, Niklas, Theoriesubstitution in der Erziehungswissenschaft. Von der Philanthropie zum Neuhumanismus, in: Niklas Luhmann, Gesellschaftsstruktur und Semantik 2. Frankfurt am Main 1993, 105 ff.

Lutter, Marcus, Die Auslegung angeglichenen Rechts, in: JZ 1992, 593 ff.

Lyotard, Jean-Francois, Der Widerstreit. München 1987.

MacCallum, Gerald, Legislative Intent, in: Robert S. Summers (Hrsg.), Essays in Legal Philosophy. Cambridge 1968, 237 ff.

Mastornardi, Philippe, Gesetzgebungsstrategie bei Unsicherheit: Umgang mit unbestimmten Zielen und Wirkungen, in: Gesetzgebung heute 1998, 69 ff.

Maus, Ingeborg, Zur Problematik des Rationalitäts- und Rechtsstaatspostulats in der gegenwärtigen juristischen Methodik am Beispiel Friedrich Müllers, in: Wolfgang Abendroth/Bernhard Blanke/Ulrich Preuß u.a., Ordnungsmacht? Frankfurt am Main 1981, 153 ff.

Mayen, Thomas, Verwertbarkeit von geheimgehaltenen Verwaltungsvorgängen im gerichtlichen Verfahren?, in: Neue Zeitschrift für Verwaltungsrecht 2003, 537 ff.

Mayer, Verena, Regeln, Normen, Gebräuche. Reflexionen über Ludwig Wittgensteins „Über Gewissheit", in: Deutsche Zeitschrift für Philosophie 2000, 409 ff.

Mayer, Verena, Semantischer Holismus. Berlin 1997.

Mennicken, Alexander, Das Ziel der Gesetzesauslegung – Eine Untersuchung zur subjektiven und objektiven Auslegungslehre. Bad Homburg 1970.

Merten, Klaus, Inhaltsanalyse. Einführung in Theorie, Methode und Praxis. Opladen 1995.
Monateri, Pier Giuseppe, „All This and So Much More": Original Intent, Antagonism and Non-Interpretivism, in: Ars Interpretandi, Münster 1998, 99 ff.
Müller, Friedrich/Christensen, Ralph, Juristische Methodik. Band 1. 9. Aufl., Berlin 2004.
Müller, Friedrich (Hrsg.), Untersuchungen zur Rechtslinguistik. Berlin 1989.
Müller, Friedrich/Christensen, Ralph/Sokolowski, Michael, Rechtstext und Textarbeit. Berlin 1997.
Müller, Friedrich, ‚Richterrecht'. Berlin 1986.
Müller, Friedrich, Die Einheit der Verfassung. Berlin 1979.
Müller, Friedrich, Essais zur Theorie von Recht und Verfassung. Berlin 1990, 198 f.
Müller, Friedrich, Juristische Methodik und Politisches System. Berlin 1976.
Müller, Friedrich, Korporation und Assoziation. Berlin 1965.
Müller, Friedrich, Recht, Sprache, Gewalt. Berlin 1975.
Ogorek, Regina, „Rassenschande" und juristische Methode: die argumentative Grammatik des Reichsgerichts bei der Anwendung des Blutschutzgesetzes von 1935, in: Kritische Vierteljahresschrift für Gesetzgebung und Rechtswissenschaft 2003, 279 ff.
Ogorek, Regina, Richter, König oder Subsumtionsautomat? Zur Justiztheorie im 19. Jahrhundert. Frankfurt am Main 1986.
Passavant, Oliver, Norm/Normativismus, in: Norbert Achternberg (Hrsg.), Ergänzbares Lexikon des Rechts. Darmstadt 1986.
Paulson, Stanley, Attributing Intentions to Collective Bodies, in: Ars Interpretandi 1998, 69 ff.
Perelman, Chaim, Logik und Argumentation, Königstein im Taunus 1979, 79.
Pietrek, André U., Verbindlichkeit von Vorabentscheidungen nach Art. 177 EWGV. Frankfurt am Main 1989.
Potacs, Michael, Auslegung im öffentlichen Recht, Baden-Baden 1994.
Putnam, Hilary, Die Bedeutung von „Bedeutung". Frankfurt am Main 1990.
Rafi, Anusheh, Kriterien für ein gutes Urteil. Berlin 2004.
Rahlf, Joachim, Die Rangfolge der klassischen juristischen Interpretationsmittel in der strafrechts-wissenschaftlichen Auslegungslehre, in: Eike v. Savigny, Juristische Dogmatik und Wissenschaftstheorie. München 1976.
Reimer, Sebastian, Von Wahrheit zu Bedeutung? Paderborn 2002.
Roellecke, Gerd, Die Bindung des Richters an Gesetz und Verfassung, in: VVDStRL 34 (1975), 7 ff.
Rorty, Richard, Der Spiegel der Natur. Frankfurt am Main 1984.
Roth-Stielow, Gerhard, Umwelt und Recht, in: NJW 1970, 2057 ff.
Roth-Stielow, Klaus, Die Auflehnung des Richters gegen das Gesetz. Villingen 1963.
Rottleuthner, Hubert, Richterliches Handeln. Zur Kritik der juristischen Dogmatik. Frankfurt am Main 1973.

Rühl, Ulli, „Öffentliche Ordnung" als sonderrechtlicher Verbotstatbestand gegen Neonazis im Versammlungsrecht?, in: Neue Zeitschrift für Verwaltungsrecht 2003, 531 ff.
Savigny, Eike v., Die heterogene Basis als wissenschaftstheoretisch bedeutsames Merkmal der strafrechtsdogmatischen Argumentation, in: Eike v. Savigny, Juristische Dogmatik und Wissenschaftstheorie. München 1976, 161 ff.
Savigny, Eike v., Die Philosophie der normalen Sprache. Frankfurt am Main 1980.
Schaedler-Om, Matthias, Der soziale Charakter sprachlicher Bedeutung und propositionaler Einstellungen. Würzburg 1997.
Schalk, Helge, Umberto Eco und das Problem der Interpretation. Würzburg 2000.
Schalk, Helge, Zu den Zeichen selbst: Der Sinn der Bedeutung, in: Journal Phänomenologie 13 (2000), 2 f.
Scheuner, Ulrich, Die Bindung des Richters an Gesetz und Verfassung, in: VVDStRL 34 (1975), 95 ff.
Schima, Bernhard, Zur Wirkung von Auslegungssentscheidungen des Gerichtshofes der Europäischen Gemeinschaften, in: Birgit Feldner/Nikolaus Forgó (Hrsg.), Norm und Entscheidung. Wien 2000, 280 ff.
Schmitt, Carl, Gesetz und Urteil. Berlin 1969, 25.
Schmitt, Carl, Kodifikation oder Novelle?, in: DJZ 1935, Sp. 919 ff., 923.
Schroth, Ulrich, Theorie und Praxis subjektiver Auslegung im Strafrecht. Berlin 1983.
Sendler, Horst, Richterrecht – rechtstheoretisch und rechtspraktisch, in: NJW 1987, 3240 ff.
Serres, Michel, Der Parasit. Frankfurt am Main 1981.
Simitis, Spiros, Die Bedeutung von System und Dogmatik – dargestellt an rechtsgeschäftlichen Problemen des Massenverkehrs, in: AcP 172 (1972), 131 ff.
Simon, Dieter, Die Unabhängigkeit des Richters. Darmstadt 1975.
Somek, Alexander/Forgó Nikolaus, Nachpositivistisches Rechtsdenken. Inhalt und Form des positiven Rechts. Wien 1996.
Somek, Alexander, Der Gegenstand der Rechtserkenntnis. Baden-Baden 1996.
Somek, Alexander, Juristische Expertise, in: Kent D. Lerch (Hrsg.), Recht verstehen. Verständlichkeit, Missverständlichkeit und Unverständlichkeit von Recht. Berlin 2004, 413 ff.
Spinner, Helmut, Pluralismus als Erkenntnismodell. Frankfurt am Main 1974.
Stäheli, Urs, Semantik und/oder Diskurs: ‚Updating' Luhmann mit Foucault?, in: kultuRRevolution, Nr. 47 (2004), 14 ff.
Stäheli, Urs, Sinnzusammenbrüche. Eine dekonstruktive Lektüre von Niklas Luhmanns Systemtheorie. Weilerswist 2000.
Stötzel, Georg, Semantische Kämpfe im öffentlichen Sprachgebrauch, in: Gerhard Stickel (Hrsg.), Deutsche Gegenwartssprache. Tendenzen und Perspektiven. Jahrbuch 1989 des Instituts für Deutsche Sprache. Berlin 1989, 45 ff.
Strauss, Anselm, Spiegel und Masken. Die Suche nach Identität. Frankfurt am Main 1974, 13 ff.

Strecker, Bruno, Beweisen. Eine praktisch semantische Untersuchung. Tübingen 1976.
Stüber, Karsten, Donald Davidsons Theorie sprachlichen Verstehens. Frankfurt am Main 1993.
Toth, Akos G., The Authority of Judgements of the European Court of Justice: Binding Force and Legal Effects, in: Yearbook of European Law 4 (1984), 1 ff.
Toulmin, Stephen, Der Gebrauch von Argumenten. Weinheim 1996.
Wagner-Döbler, Roland/Philipps, Lothar, Präjudizien in der Rechtsprechung. Statistische Untersuchung anhand der Zitierpraxis deutscher Gerichte, in: Rechtstheorie 1992, 228 ff.
Wank, Rolf, Grenzen richterlicher Rechtsfortbildung. Berlin 1978.
Warmer, Gebhard/Gloy, Klaus, Lyotard. Darstellung und Kritik seines Sprachbegriffs. Aachen 1995, 105 ff.
Weinberger, Ota, Topik und Plausibilitätsargumentation, in: ARSP 1973, 17 ff.
Wellmer, Albrecht, Zur Dialektik von Moderne und Postmoderne. Vernunftkritik nach Adorno, in: Albrecht Wellmer, Zur Dialektik von Moderne und Postmoderne. Frankfurt am Main 1985, 48 ff.
Werber, Niels, Medien in Medien der Weltgesellschaft. Programmatische Tendenzen im Medien- und Kommunikationsbegriff der Systemtheorie, in: Claudia Liebrand/Irmela Schneider (Hrsg.), Medien in Medien. Köln 2004, 106 ff.
Werber, Nils, Vor dem Vertrag. Probleme des Performanzbegriffs aus systemtheoretischer Sicht, in: Uwe Wirth (Hrsg.), Performanz. Zwischen Sprachphilosophie und Kulturwissenschaften. Frankfurt am Main 2002, 366 ff.
Werle, Gerhard, Justizstrafrecht und polizeiliche Verbrechensbekämpfung im Dritten Reich. Berlin 1989.
Wimmer, Rainer, Gebrauchsweisen sprachlicher Ausdrücke, in: Hans Jürgen Heringer/Günther Öhlschläger/Bruno Strecker/Rainer Wimmer, Einführung in die praktische Semantik. Heidelberg 1977, 24.
Wimmer, Rainer, Sprachkritik und reflektierter Sprachgebrauch, in: Sprache und Literatur 1983, 3 ff.
Wittgenstein, Ludwig, Das Blaue Buch. Werkausgabe Band 5. Frankfurt am Main 1984.
Wittgenstein, Ludwig, Philosophische Bemerkungen. Werkausgabe Band 2. Frankfurt am Main 1984.
Wittgenstein, Ludwig, Philosophische Untersuchungen. Werkausgabe Band 1. Frankfurt am Main 1984.
Wohlrapp, Harald, Die diskursive Tendenz, in: Harald Wohlrapp (Hrsg.), Wege der Argumentationsforschung. Stuttgart 1995, 395 ff.
Woodmansee, Martha/Jaszi, Peter, Die globale Dimension des Begriffs der ‚Autorschaft', in: Fotis Jannidis/Gerhard Lauer/Matias Martinez/Simone Winko (Hrsg.), Rückkehr des Autors. Tübingen 1999, 391 ff.
Woodmansee, Martha, Der Autor-Effekt. Zur Wiederherstellung von Kollektivität, in: Fotis Jannidis/Gerhard Lauer/Matias Martinez/Simone Winko (Hrsg.), Texte zur Theorie der Autorschaft. Stuttgart 2000, 295 ff.
Wundt, Wilhelm, System der Philosophie. Leipzig 1919, 327.
Zippelius, Reinhold, Das Wesen des Rechts. München 1978, 167 f.

Ralph Christensen und Michael Sokolowski

Die Krise der Kommunikation und die Möglichkeit juristischen Argumentierens

Ausgangspunkt des Rechts ist der Konflikt.[1] Dieser beginnt als Widerstreit, d. h. als praktischer Konflikt ohne Erklärung außerhalb von Rechts- und Tauschverhältnissen: „Was diesen Zustand anzeigt, nennt man normalerweise Gefühl. ‚Man findet keine Worte' usw."[2] Streng genommen kann man ihn nur in der ersten Person formulieren, in der dritten wäre er schon objektiviert: „Der Widerstreit ist der instabile Zustand und der Moment der Sprache, in dem etwas, das in Sätze gebracht werden können muss, noch darauf wartet."[3]

I. Die Aufgabe des Rechts

Aus dieser Situation erwächst das Problem des Rechts: „Jedes Unrecht muss in Sätze gebracht werden. Eine neue Kompetenz (oder Klugheit) muss gefunden werden."[4] In die erste Person wird damit eine objektivierende Instanz eingeführt, welche zwischen den beiden Konfliktparteien vermitteln soll. Um diese Aufgabe zu lösen, müsste das Recht ein Verfahren zur Entscheidungsfindung spezifizieren und ein streng geregeltes Vokabular sowie objektive Maßstäbe für die Streitentscheidung zur Verfügung stellen. Damit wäre die gemeinsame Sprache gefunden, welche das Unrecht formuliert und durch Entscheid beseitigt. Offen bleibt, ob der Rechtsstreit das Unrecht aus der Perspektive der ersten Person in die Perspektive der dritten Person transponieren kann.

---

[1] Niklas Luhmann, Konflikt und Recht, in: Ders., *Ausdifferenzierung des Rechts*. Frankfurt am Main 1999, 92 ff., 92, m. w. N. in Fn. 1.

[2] Jean-Francois Lyotard, *Der Widerstreit*. Frankfurt am Main 1987, 33.

[3] Lyotard, Der Widerstreit (Fn. 2), 33.

[4] Ebd.

II. Das Problem der Artikulation des Unrechts

Die Anträge der Parteien sind sprachlich formuliert, ebenso wie die Gesetzestexte, Vorentscheidungen und Lehrmeinungen. Kann sich das Recht also für seine Aufgabe, das Unrecht zu artikulieren, auf eine gemeinsame Sprache stützen?

1. Der Rechtsstreit als Kommunikationskrise

Vor Gericht geht es nicht um Verständigungsprobleme, die man unter Berufung auf die gemeinsame Sprache beilegen könnte. Beide Parteien haben das Gesetz verstanden. Nur in gegensätzlicher Weise. Es lässt sich auch nicht behaupten, dass eine der beiden Lesarten des streitigen Sachverhaltes und der Gesetzestexte außerhalb von Sprache und Bedeutung liege und nur unverständliches Gestammel darstelle. Die Vorstellung der Sprache als ein gemeinsamer Regelapparat versagt. Wie aber sollen die Parteien sich einig werden können, wenn sie durch Antagonismus ihrer Überzeugungen in ein und derselben Sache bei Licht besehen nicht einmal „dieselbe Sprache sprechen"?

Der Rechtsstreit ist die Krise von Kommunikation par excellence. Jedenfalls dann, wenn man sich unter Kommunikation mehr vorstellt, als gezwungenermaßen überhaupt noch miteinander reden zu müssen. Mehr aber ist mit dem Eintritt in das Verfahren einer Entscheidung von Recht nicht zu erwarten. Zwar wird die ursprüngliche Brachialität der Auseinandersetzung darin gemildert, dass der „Kampf ums Recht" nur sprachlich ausgetragen werden kann. Sofern aber zugleich „das Element des Streites und des Kampfes" ein dem Rechtsbegriff „ureigenes" ist,[5] kehrt dieses im Verfahren als der offene „Bürgerkrieg der Sprache mit sich selbst" wieder.[6]

Auf eine Formel gebracht sind die Parteien in den „Kampf um das Recht im Raum der Sprache" verstrickt.[7] Die Sprache gibt keine den Parteien gemeinsame Verständigungsbasis ab. Vielmehr steht sie als Einsatz selbst auf dem Spiel. Die Parteien wollen sie durch ihr jeweiliges Verständnis vereinnahmen und dieses so als Recht im anstehenden Fall durchsetzen. Die Bedeutung der betroffenen Normtexte und Begriffe löst sich in eine Vielzahl konträrer Bedeutsamkeiten auf.

---

[5] RUDOLF VON JHERING, *Der Kampf ums Recht*. Frankfurt am Main 1992, 100.

[6] Diese Formulierung bei JEAN-FRANCOIS LYOTARD, *Das postmoderne Wissen*. Wien 1982.

[7] Vgl. FRIEDRICH MÜLLER/RALPH CHRISTENSEN/MICHAEL SOKOLOWSKI, *Rechtstext und Rechtsarbeit*. Berlin 1997, 68 ff.

Der Streit geht über Sprache. Im Antagonismus der Ansprüche auf das „Idiom"[8] des Rechts steht jene Sprache zur Disposition, die zwischen den Parteien vermitteln sollte. Jede Einlassung und Äußerung der Parteien zum Fall setzt Sprache im Dienste des jeweils eigenen Interesses ein. Dies lässt Sprache in die Kluft des diametralen Gegensatzes fallen.[9]

Dass Sprache umstritten ist, heißt aber nicht, dass die Akteure im Rechtsstreit hoffnungslos aneinander vorbeireden müssten. Im Gegenteil. Kompetitives Handeln wie der semantische Kampf ist Inter-Aktion auf dem höchsten Niveau der wechselseitigen Angewiesenheit der einzelnen Züge der Sprecher aufeinander. Jedes Missdeuten wird stehenden Fußes mit dem Misserfolg abgestraft. Um also im Rechtsstreit bestehen zu können, sind die Parteien darauf angewiesen, genau auf den anderen zu hören. Ein Konflikt ist soziologisch gesehen ein hoch integriertes System von Kommunikation.[10]

Erst ein Perspektivenwechsel erklärt, wieso Verständigung trotz des elementaren Mangels an gemeinsamer Sprache möglich ist. Man wechselt dabei vom Sprecher zum interpretierenden Hörer. Verstehen ist kein Sprachverstehen. Es ist „Personenverstehen".[11] Das heißt, „dass das Verstehen einer sprachlichen Äußerung nicht als das Verstehen eines sprachlichen *Ausdrucks*, vielmehr als Verstehen einer handelnden *Person*, die sich in der Äußerung ausdrückt, aufzufassen ist."[12] Die Akteure sind dazu nicht in der Lage, weil sie die gleiche Sprache sprechen. Vielmehr sind sie dazu in der Lage, weil sie von sich aus in der ihnen eigenen Sprache[13] Vermutungen über die Absichten und Ziele des Anderen anstellen können. Sie vermögen diese in Einklang mit dem Kontext zu bringen, in dem diese Äußerungen stehen. Und sie können anhand der Reaktionen ihr Verständnis überprüfen und sich darauf einstellen.

Zu den für das Interpretieren nötigen Vorstellungen gehört, im Anderen ein sprachbegabtes Wesen zu sehen. Von daher versuchen wir

---

8 Im Sinne von LYOTARD, Der Widerstreit (Fn. 2), 23, 232 f. und öfter.

9 Allgemein dazu KLAUS GLOY, „Der Abgrund zwischen den Sätzen" – Eine Kluft zur Sprachtheorie, in: GEBHARD WARNER/KLAUS GLOY, *Lyotard. Darstellung und Kritik seines Sprachbegriffs*. Aachen 1995, 81 ff.

10 NIKLAS LUHMANN, Konflikt und Recht (Fn. 1), 92 ff., 101.

11 Vgl. SYBILLE KRÄMER, Sprache, Sprechakt, Kommunikation. Sprachtheoretische Positionen des 20. Jahrhunderts. Frankfurt am Main 2001, 177.

12 SYBILLE KRÄMER, Sprache und Sprechen oder: Wie sinnvoll ist die Unterscheidung zwischen einem Schema und seinem Gebrauch? Ein Überblick, in: SYBILLE KRÄMER/EKKEHARD KÖNIG (Hrsg.), *Gibt es eine Sprache hinter dem Sprechen?* Frankfurt am Main 2002, 97 ff., 119.

13 Dazu, dass es im Grunde so viele Sprachen wie Sprecher gibt: DONALD DAVIDSON, Die zweite Person, in: *Deutsche Zeitschrift für Philosophie* 48 (2000), 395 ff.

dem, was er uns darbietet, in einer uns vertrauten Weise Bedeutung zu verleihen. Dazu ist nötig, dem Anderen zu unterstellen, dass er sehr wohl weiß, wovon er redet und was er tut. Und dafür wiederum ist nötig, dass wir bis zum „Beweis des Gegenteils" unterstellen, dass sich der Andere im Großen und Ganzen nicht anders durch die Welt bewegt, als wir es auch tun. Dieses „Prinzip der Nachsicht" besagt nun gerade nicht, dass Verstehen zu völliger Konformität zwingen würde. Es bietet ganz im Gegenteil überhaupt erst die Grundlage, einen Anhaltspunkt dafür, Varianzen und Divergenzen festzustellen und ihnen in Hinblick auf die Bedeutung, in der der Andere Sprache verwendet, Rechnung zu tragen.

Gerade mit Davidson wird klar, wie es überhaupt zu einer Situation des förmlichen Antagonismus von Sprachen im Rechtsstreit kommen kann. Die Akteure sind nicht irgendwelchen Einflüsterungen einer ihrer Rede unterliegenden Sprache ausgeliefert, denen sie gleichermaßen auf Gedeih und Verderb folgen müssten, um einander zu verstehen. Sie werden in dem, was sie zu sagen haben, und in dem, was sie verstehen, nicht von der Sprache determiniert. Vielmehr verhalten sie sich in der Sprache zu ihr. Es bleibt ganz in der Hand der Akteure, dem Auftreten des Anderen Sinn zu geben und diesen entsprechend zu handhaben. In dieser Distanz ist die Interpretation der Äußerungen offen. Als Distanzierung setzt Sprache die Stellungnahme frei. Die Äußerung öffnet sich kritisch der Affirmation und Negation gleichermaßen.

Sprache wird so zum Medium von Differenz und Dissens.[14] Kommunikation ist kein „Mitteilungshandeln", in dem die Akteure Botschaften austauschen würden, die sie aufgrund ihnen gemeinsamer Schematismen zu entziffern hätten. Kommunikation ist eine „Verstehensoperation". Es kommt zwar darauf an, einen Sinn in die Äußerungen des Anderen zu bringen; wie dies geschieht, ist aber völlig offen. Denn „das Verstehen (ist) ein Vorgang, für den es unerheblich ist, ob richtig oder falsch verstanden wurde, ob sich Konsens oder Dissens ergibt, ob die Mitteilung angenommen oder abgelehnt wird."[15] Möglich ist dies, weil Sprache in jedem ihrer Momente eben selbst eine kontrastiv kritische Scheide darstellt. In der Sprache liegt damit konstitutiv ein „Potential zur Widerrede"[16]. „Jede Aussage ist mit einer Gegenaussage korreliert; jede Bejahung verweist auf ihre Negation. Sprache stif-

---

[14] Siehe NIKLAS LUHMANN, *Die Gesellschaft der Gesellschaft*. Frankfurt am Main 1997, vor allem 193 ff.

[15] KRÄMER, Sprache, Sprechakt, Kommunikation (Fn. 11), 159 f.

[16] Ebd., 161.

tet also nicht einfach Konsens, sondern bietet immer auch die Möglichkeit zum Dissens."[17]

Im Rechtsstreit als Krise sind die Verhältnisse allerdings weit über einen bloßen Dissens hinaus auf die Spitze getrieben. Im Antagonismus des Anspruchs auf das eine Recht sind die Positionen nicht nur konträr. Sie stehen in der Konkurrenz einer völligen Unvereinbarkeit miteinander. Mit einem Wort, sie sind inkommensurabel.[18] Und die Frage ist, wie damit selbst jenes Minimum an geteilten Überzeugungen möglich sein kann, das es für eine Interpretation der jeweiligen Äußerungen im gegenseitigen Sinne braucht.

2. Macht Inkommensurabilität einen Rechtsentscheid unmöglich?

Der Frage, ob es inkommensurable Sprachspiele gibt, könnte man polemisch die entgegen halten, ob es denn welche geben kann, die es nicht sind. Wittgenstein spricht zwar an keiner Stelle ausdrücklich von einer Unvereinbarkeit der Sprachspiele im Sinne jenes Begriffs von Inkommensurabilität, den Paul Feyerabend und Thomas Kuhn für das Verhältnis von Theorien und Paradigmen in die Wissenschaftstheorie eingeführt haben.[19] Dennoch lassen sich die Vorstellungen Wittgensteins von Sprachspielen durchaus in diese Richtung treiben, wie es dann auch Lyotard „nach" Wittgenstein tut.[20] Die Frage ist allerdings, ob man mit dieser Radikalisierung Wittgensteins nicht den einen kleinen, aber entscheidenden Schritt zu weit geht, wie es der Sache nach Davidson gegen Kuhn und Feyerabend geltend macht.[21]

Die Vielgestaltigkeit der Sprachspiele, die Wittgenstein konstatiert, bekommt dadurch eine Tendenz von Unvereinbarkeit, dass sie irreduzibel ist. Kein Sprachspiel lässt sich durch ein anderes ersetzen. Keines lässt sich auf ein anderes zurückführen. Und keines lässt sich aus ei-

---

17 KRÄMER, Sprache, Sprechakt, Kommunikation (Fn. 11), 161.

18 Entsprechend zur Definition von Inkommensurabilität GEERT-LUEKE LUEKEN, *Inkommensurabilität als Problem rationalen Argumentierens*. Stuttgart 1992, 29 ff.

19 Siehe PAUL K. FEYERABEND, Wider den Methodenzwang. Skizze einer anarchistischen Wissenschaftstheorie, Frankfurt am Main 1976. Zu Feyerabend und Wittgenstein WOLFGANG WELSCH, Vernunft. Die zeitgenössische Vernunftkritik und das Konzept der transversalen Vernunft. Frankfurt am Main 1996, 419 ff. Weiter THOMAS S. KUHN, Die Struktur wissenschaftlicher Revolutionen. 2. Aufl., Frankfurt am Main 1979. Zum Konzept der Inkommensurabilität in der Wissenschaftstheorie LUEKEN, Inkommensurabilität als Problem rationalen Argumentierens (Fn. 18), 23 ff.

20 Siehe JEAN-FRANCOIS LYOTARD, „Nach" Wittgenstein, in: DERS., *Grabmal des Intellektuellen*. Graz 1985, 68 ff. Zu Lyotard und Wittgenstein WELSCH, Vernunft (Fn. 19), 418 f.

21 Siehe DONALD DAVIDSON, Was ist ein Begriffsschema?, in: DERS., *Wahrheit und Interpretation*. Frankfurt am Main 1990, 261 ff. Dazu LUEKEN, Inkommensurabilität als Problem rationalen Argumentierens (Fn. 18), 124 ff.

nem anderen ableiten. Indem die Sprachspiele von daher auch gleichrangig sind, gibt es keine übergeordnete Instanz, kein Metaspiel, deren bloße Erscheinungsformen sie jeweils wären. Mit anderen Worten: „Die Sprachspiele sind nicht nur mannigfaltig, sie sind heterogen."[22] Ordnungen in die Sprachspiele zu bringen oder gar Hierarchien in sie einzuziehen, sind wieder Spiele ganz eigener Art. Von daher kann es auch keinen von ihnen unabhängigen Maßstab geben, über dessen Kamm sie sich allesamt scheren ließen. Sprachspiele sind in ihrer Eigensinnigkeit letztlich unvergleichbar. Ihre Verschiedenheit ist „radikal". Denn es ist unmöglich, sie „in eine Beziehung zu setzen, die einen kontinuierlichen Übergang oder eine neutrale, unparteiische Entscheidung zwischen ihnen erlaubt."[23]

Genau hier setzt die Zuspitzung durch Lyotard an. Die Sprachspiele sind für ihn nicht nur heterogen. Sie verschließen sich in ihrem Eigensinn geradezu hermetisch. Die Mannigfaltigkeit und Verschiedenheit der Sprachspiele ist nicht nur radikal, sondern total. Wo Wittgenstein meint, noch eine „Struktur von Unterschiedlichkeit bei Überschneidung" ausmachen zu können, vermag Lyotard nurmehr eine „Struktur von Heterogenität mit Abgründen" zu sehen.[24]

Die Situation ließe sich noch so lange hinnehmen, wie die in den Sprachspielen prozessierten Orientierungen schlicht koexistent wären. Brisant wird es jedoch, wenn sie in Konkurrenz oder gar in Konflikt treten. Genau das ist im juristischen Verfahren durch die Konfrontation der Parteien der Fall. Inkommensurabilität liegt vor, sofern sich Unvereinbares darin einig ist, denselben Platz einzunehmen.[25]

Die so miteinander über Kreuz liegenden Sprachspiele verbindet nichts, woran eine Vermittlung ansetzen könnte. Sie stehen einander in schroffer Andersartigkeit gegenüber. Eine Schlichtung oder ein Ausgleich ist nicht mehr denkbar. Nicht einmal eine Beilegung, die irgendetwas von einem Einvernehmen an sich hätte. Eine Entscheidung über ihre Angemessenheit und Berechtigung kann nicht mehr zwischen ihnen getroffen werden, da sich auf nichts bauen lässt, auf das hin sich die fraglichen Spiele eins wie das andere beziehen ließen. Eine Entscheidung kann nur noch grundlos über sie gefällt werden. Kurzum: Es kehrt zwangsläufig der „Widerstreit" zurück als „Konfliktfall zwischen (wenigstens) zwei Parteien, der nicht angemessen entschieden werden kann, da eine auf beide Argumentationen anwendbare Urteilsregel fehlt. Die Legitimität der einen Argumentation schlösse dann nicht

---

[22] WELSCH, Vernunft (Fn. 19), 403.
[23] LUEKEN, Inkommensurabilität als Problem rationalen Argumentierens (Fn. 18), 30.
[24] WELSCH, Vernunft (Fn. 19), 419.
[25] LUEKEN, Inkommensurabilität als Problem rationalen Argumentierens (Fn. 18), 32.

auch ein, dass die andere legitim ist. Wendet man dennoch dieselbe Urteilsregel auf beide an, um ihren Widerstreit gleichsam als Rechtsstreit zu schlichten, so fügt man einer von ihnen Unrecht zu (einer von ihnen zumindest, und allen beiden, wenn keine diese Regel gelten lässt)."[26]

Für das juristische Verfahren als der institutionalisierten Regulierung von Streit wäre dies fatal. Jede Entscheidung im Konflikt der Rechtsmeinungen und Lesarten der Normtexte ließe sich nur noch durch einen Akt der Gewalt, durch das Machtwort fällen. Und das juristische Verfahren selbst verspielte zwangsläufig alle ihm als die Einhegung von Gewalt gesellschaftlich zugebilligte Legitimität. „Die für den Rechtsstaat zentrale Unterscheidung von legitimer und illegitimer Gewalt, von guten und schlechten Entscheidungen scheint damit zunächst keinen Boden mehr zu finden."[27]

Die Frage ist allerdings, ob Inkommensurabilität wirklich so weit gehen kann. Denn schon die bescheidene Nachfrage, wie denn Sprachspiele, „wenn sie einerseits völlig heterogen sein sollen, andererseits überhaupt in Konflikt geraten können"[28], lässt sich dann nicht beantworten.

3. Wie viel Gemeinsamkeit braucht ein Konflikt?

Bertrand Russell ist bei seinen Erläuterungen der Einstein'schen Relativitätstheorie einmal dem populären Missverständnis entgegen getreten, sie besage, dass alles relativ ist. Denn wenn dem so wäre, so gäbe es nichts, zu dem eines relativ sein kann. Ein jedes wäre absolut.[29] Dies ist sinngemäß auch die Pointe der Kritik, die Davidson am strikten Inkommensurabilitätskonzept von Thomas Kuhn und Paul Feyerabend übt.

Entweder Orientierungssysteme, Theorien, Paradigmen oder eben Begriffsschemata sind tatsächlich in jederlei Hinsicht miteinander unvereinbar und unverträglich. Dann gibt es nichts, durch das man sie überhaupt noch in eine Beziehung setzen könnte. Also auch nicht in die, inkommensurabel zu sein. Kann man das, so hat man dadurch wenigstens schon einmal einen Aspekt des Vergleichs.

Das „Konkurrenzverhältnis zwischen" Theorien, Paradigmen oder Orientierungssystemen „steht" also „in einer eigentümlichen Beziehung zu ihrer radikalen Verschiedenheit." Jedenfalls zu der, die die strikte

---

26 LYOTARD, Der Widerstreit (Fn. 2), 9.

27 RALPH CHRISTENSEN/HANS KUDLICH, *Theorie richterlichen Begründens.* Berlin 2001, 97.

28 WELSCH, Vernunft (Fn. 19), 319. Zu dieser Frage im Hinblick auf Feyerabend und Kuhn auch LUEKEN, Inkommensurabilität als Problem rationalen Argumentierens (Fn. 18), 31 f.

29 Siehe BERTRAND RUSSELL, *Das ABC der Relativitätstheorie.* Frankfurt am Main 1989.

Inkommensurabilitätsthese behauptet. Die führt sich genau an dem Punkt ad absurdum, an dem sie diese Verschiedenheit auf die Spitze der „Annahme vollständiger wechselseitiger Abgeschlossenheit verschiedener Orientierungssysteme" treibt[30] – die Heterogenität also umstandslos als Hermetik behauptet. Dies liegt etwa dem Bild Lyotards vom „Archipel" eines modular insularen Nebeneinander der Ordnungen in ihrem sprachlichen Ausdruck zugrunde.[31] Und auch Feyerabend und Kuhn „beziehen die Inkommensurabilitätsthese auf umfassende, in sich strukturierte, weitgehend abgeschlossene Rede- und Handlungskomplexe."[32]

Die konkurrierenden Systeme sind nach der strikten Inkommensurabilitätstheorie schlichtweg ineinander unübersetzbar und damit vollkommen beziehungslos. Sie erscheinen geradezu als „Käfige", aus denen man allenfalls ausbrechen kann. Dies aber nur, um sich so stehenden Fußes in einem anderen wieder zu finden.[33] Wäre dieser Käfig allerdings wirklich so vollkommen verschlossen, so ließe er sich nicht als ein solcher wahrnehmen. „Wenn die Käfige, in denen wir uns immer schon befinden, überhaupt keine Öffnungen und Verbindungen nach außen haben, dann können wir weder von anderen, besseren oder schlechteren Käfigen wissen, noch von sonst etwas außerhalb unseres Käfigs."[34] Gefangen im Käfig wäre man vollkommen frei. Zum Käfig macht ihn erst der Blick durch die Gitterstäbe, der ihn als Grenze wahrnehmbar macht. Auf der Fluchtlinie des Blicks eröffnet sich ein Raum, der dann mit dieser Grenze ein anderes aufscheinen lässt. Zugleich lässt das Auftreffen des Blicks durch die Gitter auf ein Gegenüber nunmehr „da draußen" den Käfig als Raum des Eigenen auftauchen.

Etwas prosaischer ausgedrückt ist „Konkurrenz (...) ohne einen irgendwie gemeinsamen Bezugspunkt, ein gemeinsames Ziel, einen Anspruch oder einen Gegenstand nicht denkbar. Die Verschiedenheit der Theorien kann also, insofern sie konkurrieren, nicht so radikal sein, dass sich überhaupt keine Gesichtspunkte finden ließen, hinsichtlich derer sie in Beziehung zueinander gesetzt werden können."[35] Der Punkt also, an dem wir eine Verschiedenheit wahrzunehmen und zu

---

30 LUEKEN, Inkommensurabilität als Problem rationalen Argumentierens (Fn. 18), 126.

31 Dazu WELSCH, Vernunft (Fn. 19), 330 ff. Zur Frage, ob diese Beschränkung nur für das Bild oder für die ganze Theorie Lyotards gilt, vgl. TILMAN BORSCHE, Mit dem Widerstreit leben, in: *Dialektik* 1 (2001), 19 ff., 27 m. w. N. in Fn. 9.

32 LUEKEN, Inkommensurabilität als Problem rationalen Argumentierens (Fn. 18), 30.

33 Dazu LUEKEN, Inkommensurabilität als Problem rationalen Argumentierens (Fn. 18), 122 ff.

34 Ebd., 126.

35 Ebd., 31.

artikulieren vermögen, ist genau die Pforte in das andere Spiel. Es ist der Berührungs- und Reibepunkt, an dem unser Spiel auf das andere trifft. Im juristischen Verfahren ist dies etwa die Absicht auf eine Entscheidung zu eigenen Gunsten. Auf diese hin werden die Äußerungen der gegnerischen Partei aufgenommen.

Die Möglichkeit des Vergleichs anhand der aus der eigenen in der anderen Welt gesetzten Gemeinsamkeiten ändert nichts daran, dass es beim Widerstreit bleibt. Ebenso wie es unsinnig wäre, eine Abgeschlossenheit konkurrierender Systeme anzunehmen, ebenso widersinnig wäre es, die den Vergleich ermöglichende Gemeinsamkeit in einem ihnen gleich unterliegenden Grundzug zu sehen. Die Masterwelt und gar eine alles einbegreifende Universalerzählung würde ihre Verschiedenheit vollkommen verwischen, ihre Unterschiede verschwinden lassen und den Begriff der Inkommensurabilität sozusagen von der anderen Seite her ad absurdum führen. Wenn alles sich letztlich gleicht, gibt es keine Unterschiede oder Kontraste mehr, gegenüber denen man „Gemeinsamkeit" als eine solche geltend machen und konstatieren könnte. Sinn setzt immer Scheidung voraus, ist genuin kritisch.

Von beiden Seiten her, von der Unmöglichkeit einer vollkommenen Verschiedenheit einerseits und von der Unmöglichkeit einer vollkommenen Gleichheit andererseits, bleibt also immer der Stachel des Widerstreits. Mit der Sprache bleibt er immer in der Welt. Überall, wo „wir umfassendere Systeme oder Versionen haben", die in ihrem Anspruch auf die eine Wahrheit in Konflikt oder auch im Anspruch, eine Welt zu sein, in Konkurrenz treten, „lassen sich ihre Bereiche daher nur schwer als solche innerhalb einer Welt betrachten, sondern besser als zwei verschiedene Welten, und da die beiden sich einer friedlichen Einigung widersetzen, sogar als Welten im Widerstreit."[36] Prallen die in der Sprache aufeinander, so ist es daher immer erst einmal aus mit dem friedlichen Dasein der einen wie der anderen.

4. Artikulation oder Unterdrückung des Widerstreits

Wie kann man mit dem Widerstreit umgehen? Der Rechtsstreit bietet eine Chance für die Arbeit daran. Genau die Möglichkeit eines Vergleichs aus der Setzung von gemeinsamen Bezugspunkten, die den Widerstreit erst in Erscheinung treten lässt, bietet den Angriffspunkt, ihn in Arbeit zu nehmen. Eine Ebene, auf der das Trennende festgestellt werden und mit der Formulierung eines dafür zu schaffenden Idioms

---

[36] NELSON GOODMAN, *Weisen der Welterzeugung*. Frankfurt am Main 1990, 141.

begonnen werden kann.[37] „Was zuvor unterliegen musste, weil es bestenfalls eine Stimme, aber noch keine Sprache hatte, kann sich jetzt artikulieren und Gehör finden. Der Widerstreit, der zuvor unentdeckt geblieben oder übergangen worden war, kann nun expliziert und ausgetragen werden."[38] Vergleich beruht auf Setzungen und verweist damit auf ein den involvierten Personen verfügbares Handeln. Im juristischen Verfahren ist dies eben die Auseinandersetzung mit der gegnerischen Position, die diese in ihrem Sinn als Formierung von Recht aufnimmt und sich in der eigenen Äußerung dazu vor sich stellt.

Das Thema des Unrechts ist mit der Möglichkeit einer Arbeit am Widerstreit nicht erledigt. Ganz im Gegenteil. Es bekommt damit erst seine Spitze.

Die Auseinandersetzung mit widerstreitenden Orientierungen ist immer nur aus der Perspektive der eigenen möglich. Was „gemeinsam" sein muss, um sich die andere, die fremde Welt zum eigenen Bilde zu machen, ist die praktische Unterstellung von Überzeugungen, um auf dieser Basis zu Einschätzung und Konstatierung von Differenz und Divergenz zu kommen. Das Maß des Sinns im anderen kann so aber immer nur der eigene Verstand sein. Dies aber vermag den Anderen nicht genuin zu Wort kommen zu lassen. Es übertönt ihn in der eigenen Rede. Das Nachsichtsprinzip als Transfer und Transponierung, das die Verständigung über die Kluft der Sprachen hinweg ermöglicht, nötigt zugleich zu Unterwerfung. Denn mit der unumgänglichen Perspektivierung der Gemeinsamkeiten wird nolens volens das eigene System immer als Standard dafür gesetzt, sich das andere in der eigenen Sprache zurechtzulegen. Damit wird die Bedingung der Möglichkeit des Verstehens zugleich zur Bedingung seiner Unmöglichkeit.

Mit der Artikulierung des Widerstreits, durch die im Übrigen auch die eigene Position um ihre Selbstverständlichkeit gebracht und sich fremd wird, kann zwar der „Übergang vom ‚Schlachtfeld' zum ‚Gerichtssaal', von Unterdrückung zu Diskursivität" vollzogen werden.[39] Gerade weil aber dadurch der Widerstreit erst in aller Schärfe in Erscheinung tritt, vermag er durch diesen Übergang erst recht nicht mehr gelöst zu werden. „Zwar kommt es zu einer Transformation, die nicht nur die eine, die bislang unterdrückte Seite, sondern durchaus beide Kontrahenten betrifft. Sie vermögen jetzt in einen argumentativen Prozess des Austauschs ihrer Positionen einzutreten – aber dessen Ergebnis kann, sofern es sich wirklich um einen Widerstreit handelt, nicht

[37] Vgl. LYOTARD, Der Widerstreit (Fn. 2), 33 f.

[38] WELSCH, Vernunft (Fn. 19), 322.

[39] WELSCH, Vernunft (Fn. 19), 324 mit Verweis auf JEAN-FRANCOIS LYOTARD, *Der Enthusiasmus. Kants Kritik der Geschichte.* Wien 1988, 114.

in einem Konsens und einer Entscheidung, sondern nur in der Klarheit darüber bestehen, dass hier keine Entscheidung mehr möglich ist. Legitimerweise kann sich nur ein Konsens über den Dissens – über den Widerstreitscharakter dessen, was ein bloßer Streit zu sein schien – einstellen."[40]

Allerdings bleibt die Notwendigkeit der Argumentation als Gemeinsamkeit. Der Rechtsstreit ist die Einigkeit im Antagonismus der Versionen innerhalb des Deutungssystems Recht. Die Parteien wollen jeweils ihre Version in die Rechtsposition rücken, ohne dass es eine neutrale Bezugsversion gäbe, die hier die Schiedsrichterrolle übernehmen könnte. Die Gemeinsamkeiten, die die Auseinandersetzung ermöglichen, liegen weder in der Sprache noch in den Überzeugungen davon, was jeweils Recht sei. Sie liegen allein in den Praktiken, aus der eigenen Position sich die andere zurechtzulegen und die eigene darauf abzustellen. Sie sind keine in der Sache vorliegende oder mit der Sprache zuhandene. Sie können nur einander unterstellt und damit für die eigene Sicht hergestellt werden. Was bleibt, sind die Praktiken des Bezugs der Akteure – gewissermaßen als konkrete Ausformulierungen des „Prinzips der Nachsicht".

Welche Praktiken das im Rechtstreit sein könnten, braucht allerdings erst gar nicht gefragt zu werden. Dies ist durch den Legitimierungs- und Begründungszwang im Rechtsstreit vorbestimmt: als Rationalitätsgebot für die Auseinandersetzung vor Gericht eben der Zwang zu argumentieren. Es stellt sich also nicht die Frage, ob argumentiert werden kann und soll. Es stellt sich vielmehr die Frage, wie angesichts der kommunikativen Verhältnisse, das heißt unter den Bedingungen der Inkommensurabilitität und des Entscheidungszwangs, so argumentiert werden kann, dass das als Arbeit am Widerstreit unvermeidliche Unrecht darin nicht nur stumm ertragen werden muss, sondern vielmehr selbst noch einmal zur Sprache kommen kann.

III. Das transversale Medium der Argumentation

Die Entscheidung über Recht soll nicht durch Zweikampf oder Würfel fallen, sondern durch einen unbeteiligten Dritten. Dieser soll nicht nach Gusto oder Machtlage entscheiden, sondern nach Verarbeitung der vorgebrachten Argumente am Gesetz. Die guten Argumente sollen dabei den Ausschlag geben.

---

[40] WELSCH, Vernunft (Fn. 19), 322.

Wissen über Argumentation gibt es bei den Juristen, den Sprachwissenschaftlern und den Philosophen. Mittlerweile hat sich dieses Wissen zur eigenen Disziplin organisiert: der Argumentationstheorie. Was ist danach ein gutes Argument? Die Antworten auf diese Frage lassen sich in fünf Gruppen einteilen. Als gutes Argument gilt

- das verständigungsorientierte,
- das erfolgreiche,
- das wohlgeformte,
- das verfahrensgerechte,
- das geltende.

Die Diskussion dieser Antworten wird zeigen, dass es weniger um eine Entscheidung, als um eine Ordnung dieser Aspekte geht.

1. Der konsensorientierte Ansatz

Der Zwang zur Argumentation verdankt sich aus der Sicht der Konsenstheorie nicht einfach der Kontingenz des Rechtsverfahrens. Er ist vielmehr schon immer vorausgesetzt, wenn wir sprechen.

a. Der transzendentale Zwang zur Argumentation

Vernünftig ist das, dem niemand guten Gewissens widersprechen kann. Das macht die Zwanglosigkeit des „Zwang(s) des besseren Arguments" aus.

Allerdings ist ein ganzer „Katalog von Argumentationsvoraussetzungen"[41] nötig, um zu gewährleisten, dass nichts den zwanglosen Zwang stört. Die Sprecher haben bei dem zu bleiben, was sie einmal vorgebracht haben. Sie sollen nicht plötzlich auf das Gegenteil umschwenken oder sich gar widersprechen. „Verschiedene Sprecher dürfen den gleichen Ausdruck nicht mit verschiedenen Bedeutungen benutzen."[42] Sie dürfen also den Sinn ihrer Äußerungen nicht opportunistisch den Gegebenheiten anpassen. Sie müssen bereit sein, alles, was sie zu sagen haben, in die Waagschale des Disputs zu werfen. Damit sie dieses wagen können, sollen sie fern aller Nöte, die sie in den

---

[41] Vgl. JÜRGEN HABERMAS, Diskursethik – Notizen zu einem Begründungsprogramm, in: DERS., *Moralbewusstsein und kommunikatives Handeln*. Frankfurt am Main 1983, 53 ff., 96.

[42] Hier und im Folgenden vgl. HABERMAS, Diskursethik – Notizen zu einem Begründungsprogramm (Fn. 41), 96 ff. in ausdrücklichem Anschluss an ROBERT ALEXY, *Theorie der juristischen Argumentation. Die Theorie des rationalen Diskurses als Theorie der juristischen Begründung*. Frankfurt am Main 1983.

Konflikt getrieben haben, „von Handlungs- und Erfahrungsdruck entlastet, problematisch gewordene Geltungsansprüche prüfen können." Natürlich müssen alle Beteiligten, weil sie sprechen können, einander ernst nehmen und sich nur die lautersten Absichten unterstellen. Dazu gehört auch, dass sie selbst an das glauben, was sie sagen. Sie sollen nicht vom Thema abschweifen, ausschließlich zur Sache reden und dort, wo es einmal nötig ist, dieses zu wechseln, nur die allerbesten Gründe dafür vorbringen. Dies sollen die Bedingungen einer „idealen Sprechsituation" sein, „die jeder kompetente Sprecher, sofern er überhaupt in eine Argumentation einzutreten meint, als hinreichend erfüllt voraussetzen muss." Denn die „Argumentationsteilnehmer können der Voraussetzung nicht ausweichen, dass die Struktur ihrer Kommunikation, aufgrund formal zu beschreibender Merkmale, jeden von außen auf den Verständigungsprozess einwirkenden oder aus ihm selbst hervorgehenden Zwang, außer dem des besseren Argumentes, ausschließt und damit auch alle Motive außer dem der kooperativen Wahrheitssuche neutralisiert."

b. Die Ausblendung des Widerstreits

Nun sieht Habermas selbst, dass damit die „argumentative Rede" „unwahrscheinlichen Bedingungen genügen muss." In der Tat zeigt schon der kursorische Überblick, dass mit ihnen geradezu alles ausgeblendet ist, was den Konflikt etwa im Rechtsstreit ausmacht und was den Kontrahenten für die Arbeit daran abverlangt wird. Der Widerstreit der Idiome findet keine Artikulationsmöglichkeit. So vermag die Konsenstheorie auch die „Möglichkeit inkommensurabler Orientierungssysteme nicht ernsthaft in Rechnung zu stellen." Noch mag sie einsehen, „dass Begriffe wie Kommunikation, Verständigung und Argumentation selber kontrovers sein können".[43] Ausgeblendet werden der Antagonismus der Überzeugungen und die Diametrie der Orientierungen, die die Kontrahenten in den Konflikt treiben. Von vornherein ausgeblendet wird schließlich das massiv vitale Interesse der Kontrahenten an einer Entscheidung in eigener Sache, die sie überhaupt die Arbeit am Konflikt auf sich nehmen lässt. Dabei ist nicht gesagt, dass dieses nicht auch in der Erzielung seiner einvernehmlichen Regelung liegen kann. Nur kann das aus der Lage des Zusammenpralls inkommensurabler Positionen nie Voraussetzung für einen Einstieg in Argumentation sein und schon gar nicht deren essentielle Bestimmung sein, sondern allenfalls einer der Wege zur Lösung des Konflikts. Der kon-

[43] LUEKEN, Inkommensurabilität als Problem rationalen Argumentierens (Fn. 18), 236.

senstheoretische Ansatz verleugnet so um seiner Grundlagen willen jene praktischen Verhältnisse, die Konflikte wie den Rechtsstreit ausmachen.[44]

c. Die normative Sprachauffassung

Die Rede von den „immer schon vorausgesetzten idealisierten Bedingungen" führt auf die Spur jener Kuratel, unter die die Konsenstheorie ganz entgegen der von ihr beanspruchten Zwanglosigkeit die Argumentierenden stellen will. Sie sieht diese Bedingungen nämlich in nicht weniger begründet als in jener der Möglichkeit von Verständigung überhaupt.[45] Wer also um des schnellen Sieges willen in der Auseinandersetzung meint, sich darüber hinwegsetzen zu können, vergibt sich nichts weniger, als überhaupt Kommunizierender zu sein. Dies ist so, weil sprachliche Verständigung nichts anderes sein kann als die „auf gültiges Einverständnis abzielende Kommunikation"[46]. Alles andere, was sonst noch so im wechselhaften Spiel menschlicher Rede vor sich gehen mag, verdient diesen Namen nicht. Hier ist im Besonderen die Ausgrenzung des erfolgsorientierten „strategischen" Handelns hervorzuheben, dem die Dignität von Verständigung abgesprochen wird und das so gar nicht erst als Kandidat eines legitimen Vorgehens in der argumentativen Auseinandersetzung in Betracht kommt. Abgelesen wird diese Bestimmung von Verständigung am Wechselspiel der von einem Sprecher mit einem jeden Sprechakt erhobenen Geltungsansprüche und deren affirmativer Quittierung durch den Hörer dann, wenn er die Äußerung verstanden hat. Jedenfalls ist es das, worauf ein jeder Sprecher es abgesehen hat. Analog zum Ausschluss der Realitäten des Argumentierens als Konfliktbewältigung zugunsten von dessen Bestimmung aus dem Begriff, wird Verständigung definitorisch genau um die Dimensionen verkürzt, die sich einer Begründung der Konsensprätention widersetzen.

d. Pragmatischer Fundamentalismus

Nun ließe sich dies mit einem Achselzucken als philosophisches Glasperlenspiel hinnehmen, wäre es nicht mit einer ganz massiven ord-

---

[44] Vgl. auch LUEKEN, Inkommensurabilität als Problem rationalen Argumentierens (Fn. 18), 234 f.

[45] Zur eingehenden Kritik dieses Anspruchs LUEKEN, Inkommensurabilität als Problem rationalen Argumentierens (Fn. 18), 223 ff.

[46] JÜRGEN HABERMAS, *Theorie des kommunikativen Handelns. Bd. 1.* Frankfurt am Main 1987, 525.

nungshüterischen Absicht verbunden. Die Bestimmung von Verständigung wird für das Spiel der Argumentation, das in ihr gründen soll, „normativ gewendet, d. h. als von und gegenüber Teilnehmern der jeweiligen Praxis einklagbare Forderung bereitgestellt, deren Nichterfüllung durch Teilnehmer wegen der damit potentiell verbundenen Destruktion dieser Praxis zu deren Ausschluss berechtigt."[47] Wer sich nicht an Verständigung hält, hat jedes Recht auf Verständnis verwirkt.

Damit verwandelt der konsenstheoretische Ansatz „seine Reflexionsresultate, sein Teilnehmerwissen in einen (durch Beobachter anwendbaren) Apparat von Regeln und Normen, ohne die faktische Zustimmung anderer Teilnehmer jeweils noch mal einzuholen."[48] Er weigert sich sogar, ihm entgegenstehende Positionen überhaupt ernsthaft zur Kenntnis zu nehmen.[49] Damit verwandelt sich die freundliche Utopie der Herrschaftsfreiheit in eine kommunikative Supermacht.

2. Der werbeorientierte Ansatz

Die Ursituation für Argumentation ist in unserer Kultur das Gerichtsverfahren der griechischen Polis.[50] Die Agora war die Bühne für Rhetoren. Der Glanz ihres öffentlichen Erfolges führte zum Neid der Philosophen. In der Stille der Akademie versucht man seither den argumentativen Erfolg unter Aufsicht zu stellen. Das Thema der Argumentation ist seither aufs Engste mit dem der Wahrheit, der Gerechtigkeit und der Vernunft verbunden.

a. Von der transzendentalen Nötigung zur rhetorischen Kontingenz

Die Argumentation soll im Streit der Königsweg zu Einsicht und Überzeugung sein. Mit der Frage, was dafür dann das geeignete, was ein „gutes" und was ein „schlechtes" Argument sei, zeigt sich zugleich auch deren Kehrseite. Wohin die philosophische Aufsicht über die Argumentation führt, hat sich bei der Diskussion der Konsenstheorie gezeigt. Es ist dies die Gefahr der Ausgrenzung, Beschneidung, der Polizei[51] – einer schnellen transzendentalen Eingreifreserve gewisser-

---

47 LUEKEN, Inkommensurabilität als Problem rationalen Argumentierens (Fn. 18), 226.

48 Ebd., 236.

49 Die Auseinandersetzung mit Lyotard etwa blieb eine Geisterdebatte, stellvertretend geführt von Manfred Frank. Siehe MANFRED FRANK, *Die Grenzen der Verständigung. Ein Geistergespräch zwischen Lyotard und Habermas*. Frankfurt am Main 1988.

50 BORSCHE, Mit dem Widerstreit leben (Fn. 31), 22 f.

51 So im Hinblick auf Transzendentalpragmatik und Diskursethik WOLFGANG KUHLMANN, Ethik der Kommunikation, in: KARL OTTO APEL/DIETRICH BÖHLER/ALFRED BERLICH/

maßen. Und ebenso wie die Universalerzählung ist auch die Argumentation als ihr Sprachrohr mit der Einsicht in die „unsägliche" Vielfalt der Sprachspiele in Verruf geraten. Heute misstraut man den großen Erzählungen und akzeptiert die Vielfalt der Lebensformen und Sprachspiele.

Damit kommt es zur Wiederkehr der Rhetorik. Argumentation erschöpft sich demnach in ihrer Wirkung. „Argumentiere und gewinne" empfiehlt uns „Amerikas Anwalt Nr. 1" in einem Buch, das beansprucht, die hohe Kunst des erfolgreichen Argumentierens zu lehren.[52] Mit dem Gewinn als einzigem Kriterium erscheint Argumentation als Mittel sozialer Selbstbehauptung: Dass argumentieren lernen siegen lernen heiße, dieses marktorientierte Credo eines Gerry Spence hätte jedenfalls die antiken Rhetoriker so wenig irritiert, wie die Sophisten, für die – anders als für Platon und seine Anhänger – Theoriearbeit in der sozialen Praxis von Nutzen sein sollte. Deshalb scheuten sich die Sophisten auch nicht, Wissen und Redenkönnen als lehrbare, also käufliche Güter zu behandeln.[53] Das strategische Interesse hat in der Argumentation seine Berechtigung. Entscheidend ist aber, dass sich das strategische Handeln das Medium der Argumentation nicht einfach unterwerfen und es absorbieren darf. Man würde sonst den Krieg der Bürger in den Gerichtssaal hinein verlängern, statt ihn mit Sprache und Argumenten einzuhegen. Schon Clausewitz warnte davor, dass sich der Krieg nicht die Politik unterwerfen dürfe, weil er sich sonst zum Absolutum des wechselseitigen Totschlags steigere. Der Krieg habe sich vielmehr der Politik als deren Fortsetzung zu unterwerfen und werde so durch einen äußerlichen Zweck eingehegt.[54] Die Rhetorik als kritische Reflexion der jeweiligen Mediengrenzen wird allerdings unter Wert verkauft, wenn sie nur noch die „how-to"-Frage nach dem Gewinnen von Streitigkeiten stellt. Damit wäre sie nur noch die Küchenfee einer verkürzten Praxis, „die nur noch den werbenden Charakter argumentierender Rede sieht".[55]

GERHARD PLUMPE (Hrsg.), *Politische Philosophie/Ethik 1*. Frankfurt am Main 1980, 292 ff., 305.

52 GERRY SPENCE, *Argumentiere und gewinne*. München 1996.

53 JOSEF KOPPERSCHMIDT, *Argumentationstheorie*. Hamburg 2000, 11.

54 Siehe CARL VON CLAUSEWITZ, *Vom Kriege*. Frankfurt am Main 1991, 17 ff.

55 GEERT-LUEKE LUEKEN, Paradigmen einer Philosophie des Argumentierens, in: DERS. (Hrsg.), *Formen der Argumentation*. Leipzig 2000, 13 ff., 15 in Bezug auf RICHARD RORTY, *Kontingenz, Ironie und Solidarität*. Frankfurt am Main 1989.

b. Normative Praktiken in der Sprache werden übersehen

Die Sprache wird damit im Unterschied zur Transzendentalpragmatik nicht normativ aufgeladen. Aber es zeigt sich das umgekehrte Risiko: Die Vorstellung von Sprache als widerstandsloses Durchzugsgebiet von kommunikativer Macht ist nicht haltbar. Während die normative Sprachvorstellung ihren Gegenstand verfehlt, indem sie ihn überhöht, wird er hier unterlaufen.

Mit den normativen Praktiken in der Sprache wird Entscheidendes verfehlt. Schließlich wissen wir, dass wir uns in der Wahl unserer Worte irren können. Wir bemerken, dass wir uns falsch ausgedrückt haben, wenn wir auf Unverständnis stoßen. Wir werden auf Fehler aufmerksam gemacht und zurechtgewiesen. Wir werden darüber belehrt, was man so sagt und was nicht. Wittgensteins Behauptung, „*in der Sprache* wird alles ausgetragen"[56], gilt damit auch für Normativität. Fragen der Verbindlichkeit und Maßgeblichkeit von Bedeutung und Regeln verweisen auf eine normative Praxis,[57] deren Ergebnis erst all die Konventionen, Regeln, Normen und Werte sind, an denen unser Sprachgebrauch bemessen wird und an denen wir uns orientieren. Regeln, Normen und Werte treten nur als eine solche Praxis jeweils in Erscheinung. Und das heißt natürlich auch, dass sie mit ihr der ständigen Revision und Veränderung ausgesetzt sind.

c. Das sprachkritische Geschäft der Juristen

Linguistisch lässt sich das Geschäft des Juristen als das der Sprachkritik betrachten, so wie sie Rainer Wimmer bestimmt.[58] Ihren Anlass findet solche Sprachkritik genau in jenem Konflikt um sprachliche Normierungen, den vor Gericht der Antagonismus der Lesarten evoziert. Diese beanspruchen eine Kodifizierung eingefahrener kommunikativer Gepflogenheiten und wollen sich Verbindlichkeitscharakter beilegen. Genau dieser Anspruch ist Gegenstand jener Kritik, die durch das Spiel der Beibringung von Gründen zu einer Entscheidung führen soll.[59] Diese Begründungen dienen dazu, möglichst überzeugend für die eine oder andere Position einzunehmen. Mit der dadurch prakti-

---

56 Vgl. LUDWIG WITTGENSTEIN, *Philosophische Grammatik.* Werkausgabe Bd. 4. Frankfurt am Main 1986, § 95.

57 Grundlegend dazu ROBERT B. BRANDOM, *Making it Explicit. Reasoning, Representing and Discursive Commitment.* Cambridge (Mass.) 1994.

58 Siehe RAINER WIMMER, Sprachkritik und reflektierter Sprachgebrauch, in: *Sprache und Literatur* 1983, 3 ff.

59 Vgl. RAINER WIMMER, *Wie kann man Sprachkritik begründen?* (in Vorbereitung).

zierten Thematisierung und Reflexion des Sprachgebrauchs einschließlich des jeweils eigenen[60] kann Überredung in Überzeugung, sprachliche Gewalt in kommunikative Ordnung und damit Nötigung in Entscheidung überführt werden. Mangels einer übergeordneten Instanz allerdings können die Gründe nur aus dem jeweiligen Sprachspiel selbst geschöpft werden, das sie in seinem Fundament zugleich eben begründen, konstituieren. Normierungen schweben nicht über Praxis. Sie haben selbst ihren Grund, ihre Berechtigung allein in ihr.

Im Konflikt der Lesarten der einschlägigen Normtexte muss die Entscheidung über Grenzen des Zulässigen aus dem ganzen sprachlichen und praktischen Zusammenhang seiner Verwendung heraus entschieden werden. Dies macht das Moment der Reflexion aus. Diese Entscheidung wiederum kann nur in einer Ausgrenzung all der Verwendungsweisen liegen, die dieser ganze Zusammenhang erlaubt. Dies macht das Moment des Kritischen auch in einem ganz elementaren Sinne des Scheidens aus. Juristisches Entscheiden ist semantische Arbeit *an* der Bedeutung sprachlicher Ausdrücke. Diese Arbeit besteht in der Entscheidung von Bedeutungskonflikten zur Festlegung auf Sprachnormen. Und die wiederum deuten auf legitimatorische Standards und verlangen nach diesen. Dies macht das Moment der Begründetheit des sprachkritischen Geschäfts aus.

Für die Semantik, auf die sich der Jurist festlegt, hat er zu argumentieren. Das Rüstzeug dafür bieten ihm die Canones der Auslegung als wesentlich das Spiel des Rechts begründende Praktiken. Der Gebrauch sprachlicher Ausdrücke lässt sich daher immer nur durch seine Konsistenz, seine Plausibilität und seine Akzeptanz im jeweiligen System, mit einem Wort durch die Kohärenz der jeweils für verbindlich angesehenen Überzeugungen rechtfertigen.[61] Die sich aus den Canones der juristischen Methodik ergebenden Fragerichtungen verknüpfen die Texte, von denen der Streit ums Recht seinen Ausgang nimmt, mit weiteren Kontexten, um so durch Abgrenzung und Verbindung die Bedeutung des Normtextes zu bestimmen. Als juristische Argumentformen[62] dienen sie der Widerlegung oder der Integration von Gegenargumenten. Im ersten Fall fungieren sie als Verknappungsinstanzen, welche die Flut von Verständnisweisen reduzieren, die den Normtext zu überschwemmen drohen. Im zweiten Fall führen sie dagegen zu einer grö-

---

[60] Zum Moment des „reflektierten Sprachgebrauchs" als Moment von Sprachkritik: WIMMER, Sprachkritik und reflektierter Sprachgebrauch (Fn. 58), 3 ff.

[61] Allgemein dazu DONALD DAVIDSON, Eine Kohärenztheorie der Wahrheit und der Erkenntnis, in: PETER BIERI, *Analytische Philosophie der Erkenntnis.* 2. Aufl., Frankfurt am Main 1992, 271 ff.

[62] Dazu DENNIS PATTERSON, *Recht und Wahrheit.* Baden-Baden 1999.

ßeren Bedeutungsvielfalt. Die Eröffnung von Kontexten wie Lexika, andere Gesetze, Materialien usw. bringt diese Kontexte im juristischen Diskurs in eine Ordnung. Aufgrund der gebotenen Bindungen an Recht und Gesetz hat dabei der engere, der spezifischere Kontext im Konfliktfall den weiteren und vom Normtext entfernteren Kontext aus dem Felde geschlagen.

d. Die Überredung ergibt sich kommunikativen Machtstrukturen

Reduziert man das juristische Geschäft auf ein reines Durchsetzungsinteresse, das heißt, beschränkt man sich darauf, die eigene Bedeutungsgebung dem Text als die ihm eigene aufoktroyieren zu wollen, dann setzt man sich über den entscheidenden Punkt der argumentativen Praktiken hinweg. „Als ‚gute' Argumente erscheinen solche, die die Kraft haben, jemanden zu erreichen, jemanden zu überzeugen, seine Ansichten und Handlungen zu beeinflussen und gemeinschaftliche Ordnungen zu stiften. Dass wir aber von guten Argumenten nicht zuletzt auch verlangen, dass sie gültig sein sollen, und dies gehört zu unserem Begriff des guten Arguments, fällt einfach unter den Tisch."[63]

Die rhetorische Dimension darf nicht verkürzt werden auf die bloße Frage nach der Wirkung von Argumenten. Im Übergang von der Mündlichkeit zur Schriftlichkeit entstanden, war sie eine Reflexion auf die Mediengrenzen. Rhetorik war frühe Medientheorie. Erst in der Wahrnehmung der Philosophen wurde sie auf eine Wirkungslehre verkürzt. Wenn man diese Verkürzung bejaht und fortsetzt, macht man nur den spiegelverkehrten Fehler zur philosophischen Überhöhung der Argumentation.

Der Rhetorik ist zuzugeben, dass die Entscheidung zum Argumentieren keine unhintergehbare ist. Erzwungen ist sie nur durch die Kontingenz des Verfahrens. Aber daraus folgt nicht, dass man den bloßen Erfolg zum Kriterium des guten Arguments machen muss. Für Gorgias war die Wahrheit nur ein schmückendes Beiwerk der Rede. Der Erfolg konnte als Kriterium für das gute Argument genügen, solange man unter Freien und Gleichen war, das heißt, dass Sklaven und Frauen nicht reden durften. Sobald man den Unfreien und Nicht-Gleichen eine Stimme zubilligt, wird diese Theorie zum Risiko. Um die leisere Stimme der Schwachen zu hören, muss man die Definition des Gorgias umkehren. Der Erfolg schmückt das gute Argument. Aber er definiert es nicht. Sonst liefert man das Recht den Stärkeren aus. Denn der Erfolg ist häufig der Knecht des Geldes oder der Macht.

---

63 LUEKEN, Paradigmen einer Philosophie des Argumentierens (Fn. 55), 15.

3. Der formorientierte Ansatz

Was ein gutes Argument ist, ist weder von einer Vernunft der Sprache vordefiniert, noch kann man auf diese Frage verzichten. Deswegen muss man die Argumentation selbst befragen. Argumentieren ist etwas anderes, als sich einfach nur dem Spiel von Rede und Widerrede hinzugeben und sich darin möglichst bravourös zu schlagen. Zum Argumentieren, so wie es „ein Teil unseres Lebens" ist, gehört, dass wir unsere Behauptungen beweisen oder doch zumindest einigermaßen starke Belege dafür ins Feld führen können. Es gehört dazu, dass wir Schlüsse ziehen, und dass wir diese widerlegen. Kurzum, wenn man fragt, was das Argumentieren denn nun ausmache, zumal ein „gutes" Argument, dann „erhält man oft zur Antwort, „dass das Argument oder die Argumentation ‚logisch' sei."[64]

a. Der formale Geltungsbegriff

Im formorientierten Ansatz hat sich die überlieferte Verbindung von Logik und Argumentation durchgehalten, nicht zuletzt auch für eine Theorie juristischen Argumentierens und Begründens.[65] Beim Argumentieren geht es immer darum, den anderen für die eigenen Behauptungen einzunehmen, sprich „die Akzeptanz der These beim Adressaten der Argumentation zu erzeugen oder zu vergrößern."[66] So will es jedenfalls der enge Zusammenhang zwischen Argumentieren und Überzeugen, den man traditionell sieht. Das allein aber reicht, wie der werbeorientierte Ansatz zeigt, bei weitem noch nicht aus. Denn dafür kann dem Sprecher zunächst einmal jedes Mittel recht sein. Der Unterschied zwischen Argumentation und Rhetorik bliebe verwischt.[67] Worum es also beim Argumentieren im Besonderen geht, ist, die Akzeptanz nicht über einen Einfluss auf die Person zu bewirken. Vielmehr soll sie sich aus den vorgebrachten Behauptungen und Thesen selbst ergeben. Dies jedenfalls meint man herkömmlicherweise, wenn man die „Funktion von Argumentationen" darin sieht, „die *rationale* Akzeptanz auf *rationale* Weise zu erzeugen oder zu vergrößern."[68] Fragt man, wie dies denn

---

64 GEERT-LUEKE LUEKEN, Vorwort, in: DERS. (Hrsg.), *Formen der Argumentation*. Leipzig 2000, 7 ff., 7.

65 Siehe beispielsweise CHAIM PERELMAN, *Juristische Logik als Argumentationslehre*. Freiburg im Breisgau 1979; ULRICH KLUG, *Juristische Logik*. 4. Aufl., Berlin 1982; HANS-JOACHIM KOCH/HELMUT RÜßMANN, *Juristische Begründungslehre*. München 1982.

66 CHRISTOPH LUMER, Argumentationstheorie und Logik, in: GEERT-LUEKE LUEKEN (Hrsg.), *Formen der Argumentation*. Leipzig 2000, 53 ff., 55.

67 Vgl. LUMER, Argumentationstheorie und Logik (Fn. 66), 55.

68 Ebd., 56.

vor sich gehen soll, wenn dafür die Autorität oder auch Macht des Sprechers nicht in Frage kommt, dann ist man bei der Logik.

Akzeptanz ergibt sich aus der besonderen Beziehung, in der die vorgetragene Behauptung zu anderen steht, die als akzeptabel gelten. „Rationale Akzeptanz einer These ist dasselbe wie über eine Erkenntnis der These zu verfügen; und der rationale Weg dahin ist das Erkennen der Wahrheit der These."[69] Dieser Weg wiederum soll sich aus jenen Wahrheit generierenden oder erhaltenden Prozeduren ergeben, die unter dem Titel der „Logik" strukturell kanonisiert sind. Der formorientierte Ansatz in der Argumentationstheorie zeichne sich dadurch aus, dass er „sich in der Frage der Geltung einer Argumentation am Ideal eines logischen Folgerungsbegriffs orientiert."[70]

b. Argumentieren als Folgern aus Prämissen

Damit das funktionieren kann, sind allerdings eine Reihe recht gravierender Maßnahmen zu treffen. „Im logischen Paradigma wird eine Argumentation als ein abstrakter Gegenstand, als ein Komplex von Sätzen, Propositionen, Urteilen oder dergleichen verstanden. So erscheint sie sozusagen als isolierter Text, der unabhängig davon zu beurteilen ist, wer die Argumente wem gegenüber in welcher Situation vorbringt und was sonst noch im Vollzug eines argumentativen Gesprächs geschieht."[71] Es zählt nur die Argumentform der Ableitung von Konklusionen aus Prämissen. „Hat man mittels (...) Ersetzungen, semantischen Stabilisierungen, Ergänzungen, Tilgungen, Festsetzungen und Umformungen eine Argumentation in eine ‚inhaltsleere' logisch-syntaktische Form gebracht, so ist die Frage der Geltung des Schlusses zu einer Frage der Zulässigkeit in einem Kalkül geworden."[72]

Mit dieser Abstraktion, die dann das leidenschaftslose „Berechnen" von Wahrheit allein aus der Struktur ermöglichen soll[73], handelt sich der formorientierte Ansatz allerdings gleich schon sein erstes Problem ein. Denn im lebendigen praktischen Lauf der Debatte ist keineswegs von vornherein klar, welche von all den Äußerungen nun genau als Argument zählt. Und hat man sich die entsprechenden Aussagen isoliert, so ist auch noch nicht so ohne weiteres klar, was genau ihren „nackten"

---

[69] Vgl. LUMER, Argumentationstheorie und Logik (Fn. 66), 56.

[70] LUEKEN, Paradigmen einer Philosophie des Argumentierens (Fn. 55), 17. Als Beispiele siehe etwa JON ELSTER, *Rationale Argumentation. Ein Grundkurs in Argumentation- und Wissenschaftstheorie.* Berlin 1988; WESLEY SALMON, *Logik.* Stuttgart 1983.

[71] LUEKEN, Paradigmen einer Philosophie des Argumentierens (Fn. 55), 18.

[72] Ebd, 25.

[73] Ebd., 27 f.

Gehalt unabhängig von all jenen Umständen ihrer Äußerung ausmachen soll, die sich in ihr indexalisch semantisiert wieder finden. Vor Gericht etwa geschieht immer einiges, das dazu dient, sich mit den Einlassungen zugleich als Beteiligter in einer bestimmten Rolle zu positionieren und so das Wechselspiel eines rechtsförmigen Verfahrens immer wieder erst zu erzeugen.[74] Die Aussage in der Sache lässt sich davon nicht so ohne weiteres trennen. Der schlichte Satz „Da war nichts" kann in der Auseinandersetzung darum, ob ein Polizist zu Recht nur in vermeintlicher Notwehr geschossen hat oder nicht, dazu dienen, einen Zeugen als Lügner hinzustellen. Er kann dem Selbstschutz des Opfers dienen, das damit, falls es überlebt hat, einen eigenen kriminellen Anteil am Geschehen zu vertuschen versucht. Oder er kann die Wahrheit einer Prämisse widerlegen. Wie soll man also den Satz reduziert auf die Form „x ist P" nehmen? „Bevor wir" also „überhaupt an eine Argumentation im Sinne eines abstrakten Satzkomplexes kommen, sind Verstehensleistungen und Urteilskräfte aufzubringen, die ohne eine Reflexion auf die fraglichen Kontexte, Umstände, Personen und Positionen nicht auskommen."[75] Damit ist nicht gesagt, dass eine Skelettierung argumentativer Handlungen auf jene Sätze hin nicht gelingen kann, die in die Maschinerie der Schlussformeln und Wahrheitsfunktionen eingespeist werden können. Es fragt sich nur, welchen Vorteil dies erbringen kann, wenn wir ohnehin erst einmal „eine Vielzahl von Gesichtspunkten heranziehen und unsere eigene Position einbringen" müssen. Denn „ohne sachliche, situative und personale Einbettungen bedeuten die Sätze gar nichts. Und so richtig es ist, dass die Sätze nicht schon deshalb gelten oder nicht gelten, weil uns die Person ge- oder missfällt, so können wir doch nicht unberücksichtigt lassen, ob sie von einer Expertin, einer notorischen Lügnerin, einer Betroffenen oder Angeklagten stammen. In der Argumentationspraxis spielen Einschätzungen der Kompetenz und Glaubwürdigkeit, des Interesses und des Wissens von Argumentierenden eine wichtige Rolle. Und diese Einschätzungen schlagen auf das Verständnis und die Beurteilungen ihrer Sätze durch."[76]

Die Antwort des formorientierten Ansatzes auf die Frage nach dem Nutzen ist natürlich genau der Verweis auf die Wahrheitsmaschine.

---

[74] Siehe dazu die diskursanalytischen Untersuchungen von Gerichtsverfahren bei LUDGER HOFFMANN, *Kommunikation vor Gericht*. Tübingen 1983; GABRIELE LÖSCHPER, *Bausteine für eine psychologische Theorie richterlichen Urteilens*. Baden-Baden 1999. Weiter die Beiträge in LUDGER HOFFMANN (Hrsg.), *Rechtsdiskurse. Untersuchungen zur Kommunikation in Gerichtsverfahren*. Tübingen 1989; sowie hier im Besonderen CHRISTENSEN/ KUDLICH, Theorie richterlichen Begründens (Fn. 27), 195 ff.

[75] LUEKEN, Paradigmen einer Philosophie des Argumentierens (Fn. 55), 19.

[76] Ebd.

Aber fügt sich rechtliche Argumentation überhaupt in das Schema einer gültigen Schlussformel? Offenbar lässt sie sich nicht so ganz auf eine dafür nötige monodirektionale Linie bringen. Meistens muss man ein wenig zwischen Prämisse und Konklusion hin und her hüpfen. Bekanntlich führen solche Umstände dann Toulmin dazu, sich gegen die dürren Schemata zugunsten einer komplexeren Anordnung von Argumenten und ihren Absicherungen zu wenden.[77] Denn wenn das Argument alle juristische Plausibilität der Welt für sich hat, warum sollte man es dann deswegen nicht akzeptieren, weil es sich nicht in das Format eines simplen Syllogismus pressen lässt? Und umgekehrt gefragt, wieso soll die kanonisierte Schlussform Rationalität für sich beanspruchen können, wenn sie vor offenkundig vernünftigen Argumenten versagt? Was sich hier zeigt ist, dass es keineswegs von vornherein ausgemacht ist, welche Gestalt ein gültiger Schluss anzunehmen hat. Die aber ist für das Urteil über die Folgerung lebensnotwendig, auf die es dem Argument schließlich ankommt.

c. Die Rückkehr des Verdrängten

Zu seinen Gunsten mag nun der formorientierte Ansatz einwenden, dass diese missliche Lage nur entsteht, wenn man den relativ primitiven und unflexiblen Syllogismus als das allein selig machende „Paradigma gültigen Folgerns" betrachtet.[78] Die Logik habe demgegenüber ein weitaus reichhaltigeres Arsenal an Folgerungsbeziehungen zu bieten. Wenn aber die Argumentation in ihrer Struktur nicht selbst eine bestimmte Art von Folgerungsregel für den Übergang von Prämisse zu Konklusion vorgeben kann, dann müssen hier die Argumentierenden einspringen. „Das aus dem logischen Paradigma hergeleitete Verfahren der Ergänzung und Transformation mag allerlei Regelexplikationen generieren, kann aber den Argumentierenden auf keine bestimmte Regel verpflichten, solange er diese nicht als von ihm implizit in Anspruch genommene anerkennt und alternative Regelexplikationen anzubieten bereit ist."[79]

Damit ist aber die für den logischen Ansatz nötige Formalität gefährdet. Die Semantik der als Argument geltend gemachten Äußerungen lässt sich nicht mehr länger aus dem Spiel halten. „Wir haben es

---

[77] Siehe STEPHEN TOULMIN, *Der Gebrauch von Argumenten.* 2. Aufl., Weinheim 1996, 86 ff.; hier v. a. 126 ff. zu den „Gefahren der Einfachheit".

[78] Eingehend zu den Problemen damit LUEKEN, Paradigmen einer Philosophie des Argumentierens (Fn. 55), 19 ff.

[79] LUEKEN, Paradigmen einer Philosophie des Argumentierens (Fn. 55), 24.

also mit semantischen *Prozessen* zu tun, in denen Interpretationen lokal vollzogen und beständig modifiziert werden."[80]

d. Semantische Verschiebungen

Für die Verrechnung von Sätzen ist ihre semantische Stabilität nötig. Diese zentrale Voraussetzung für einen rein logischen Ansatz ist aber nicht garantiert. Was ein „Satz" besagt, hängt vom Verständnis ab, das man in der gegebenen Lage für die Person aufbringt. Dies aber ist mit jeder weiteren Äußerung der neuerlichen Interpretation offen. „Die Betrachtung formaler Beziehungen zwischen Sätzen erfordert, dass diese Sätze und ihre Bestandteile eine gewisse semantische Stabilität aufweisen. Ihr Sinn muss bestimmt sein bzw. klar bestimmt werden können, auch um zu beurteilen, welche Sätze denselben und welche verschiedenen Sinn haben. Dies ist allerdings keine triviale Voraussetzung, nicht nur, weil bei normalsprachlichen Sätzen der Sinn häufig nur sehr grob umrissen und vieldeutig ist, sondern auch, weil sich häufig in Argumentationen der Sinn verschiebt, erst allmählich heraus- und dann weiterbildet. Für eine logische Betrachtung von formalen Folgerungsverhältnissen sind solche semantischen Instabilitäten gleichsam das Folgern störende Überlagerungen, die in der Analyse vorab beseitigt werden müssen. Wenn aber semantische Verschiebungen, Desambiguierungen etc. wesentlich zum Argumentieren dazugehören, wenn die Bearbeitung des Sinns der Sätze und die Beurteilung der Folgerungsverhältnisse miteinander einhergehen, dann ist semantische Stabilität keine Voraussetzung, sondern ein mögliches Resultat von Argumentationen."[81]

Die semantischen Verschiebungen unterlaufen dabei nicht etwa der Argumentation. Und schon gar nicht stellen die mit ihnen einhergehenden Äquivokationen Fehler dar, wie es der formorientierte Ansatz zu seinem eigenen Wohle behauptet.[82] Vielmehr stellen sie ein entscheidendes sprachliches Moment dar, in dem sich die Argumentierenden positionieren und durch das der Argumentationsprozess seine agonale Dynamik gewinnt. Arnulf Deppermann zeigt dies eindrücklich für eine Debatte um Umweltfragen, in der der Begriff der Freiheit eine

---

80 ARNULF DEPPERMANN, Verschiebungen in Argumentationsprozessen: Zur wechselseitigen Elaboration von Semantik, Quaestiones und Positionen der Argumentierenden, in: GEERT-LUEKE LUEKEN (Hrsg.), *Formen der Argumentation*. Leipzig 2000, 141 ff., 150.

81 LUEKEN, Paradigmen einer Philosophie des Argumentierens (Fn. 55), 23.

82 Ausführlich zur entsprechenden Annahme eines Trugschlusses DEPPERMANN, Verschiebungen in Argumentationsprozessen (Fn. 80), 141 ff.

entscheidende Rolle spielt.[83] Dieser erfährt hier eine „lokale semantische Elaboration", in der „drei Größen des argumentativen Prozesses systematisch im Wechsel aufeinander zugeschnitten sind: die semantischen Verschiebungen der Bedeutung eines Ausdrucks, die Position, die eine Partei vertritt, und die Quaestiones, die die Partei im Laufe der argumentativen Auseinandersetzung aufwirft und bearbeitet. Während diese drei Größen in Bezug auf Vertreter einer Position in einem Verhältnis wechselseitiger Konstitution und Elaboration zueinander stehen, können sie sich inkommensurabel zur semantischen Praxis, zur Position und zu den Quaestiones des Opponenten verhalten. Semantische Verschiebungen können deshalb in Argumentationsprozessen dissoziative Wirkungen entfalten."[84] Dies erinnert nicht nur an die Auslegung des Rechtsstreits als semantischer Kampf. Vielmehr erweist sich dieser als das treibende Moment des Prozessierens von Argumentationen.

In dem von Deppermann untersuchten Beispiel wird „Freiheit" zum Schlüsselwort und damit zur „Arena" der Konfrontation der vertretenen Positionen.[85] Auf der einen Seite wird behauptet, dass es keinerlei Rechtfertigung für die Einschränkung der Freiheit des Einzelnen gäbe. Daher könne man vom Bürger auch nicht verlangen, zugunsten des Umweltschutzes nennenswerte Einbußen etwa an Mobilität oder im Konsum hinzunehmen. Ganz anders sieht die Gegenposition aus. Ein Verzicht verringere nicht etwa die Freiheit, sondern könne ganz im Gegenteil zu ihr beitragen. In dem Wort „Freiheit" prallen also zwei ganz gegensätzliche Überzeugungen aufeinander. Dabei handelt es sich nicht etwa um eine Mehrdeutigkeit oder Ambiguität. Dies wäre der Fall, wenn hier zwei verschiedene oder unverträgliche Bedeutungen vorlägen und man nicht wüsste, in welcher man es nehmen sollte. Demgegenüber wird das Wort von den Argumentierenden in zwei widerstreitenden Lesarten dargeboten, die gemessen an den mit diesen vorgetragenen Überzeugungen jeweils nicht eindeutiger sein könnten. „In jedem Verwendungsfall gibt es genau eine kontextuell (hinrei-

---

83 Vgl. DEPPERMANN, Verschiebungen in Argumentationsprozessen (Fn. 80), 141 ff.

84 DEPPERMANN, Verschiebungen in Argumentationsprozessen (Fn. 80), 141.

85 Linguistisch zu Schlüsselwörtern WERNER NOTHDURFT, Schlüsselwörter. Zur rhetorischen Herstellung von Wirklichkeit, in: WERNER KALLMEYER (Hrsg.), *Gesprächsrhetorik. Rhetorische Verfahren in Gesprächsprozessen.* Tübingen 1996, 351 ff. Zu deren Rolle in Debatten FRITZ HERMANNS, *Schlüssel-, Schlag- und Fahnenwörter. Zu Begrifflichkeit und Theorie der lexikalischen „politischen Semantik".* Heidelberg 1994. Zur lehrreich anleitenden Figur des Worts „als Arena des Klassenkampfes" bei VALENTIN N. VOLOSINOV, *Marxismus und Sprachphilosophie.* Frankfurt am Main 1975. Zur eingehenden Analyse des Argumentationsverlaufs hier und im Folgenden DEPPERMANN, Verschiebungen in Argumentationsprozessen (Fn. 80), 144 ff.

chend) eindeutige Lesart, doch diese Lesarten unterscheiden sich voneinander."[86] Es handelt sich also um einen der „Fälle, bei denen sich die Bedeutung, die einem Ausdruck zukommt, beim Übergang von einem ersten zu einem nächsten Gebrauch des gleichen Ausdrucks verschiebt."[87] Das Übereinkommen in dem einen Ausdruck ermöglicht so im Umschlag, dass das Auseinandertreten seiner Lesarten als die Konfigurierung eines Konflikts verstanden werden kann. „Ein wesentlicher Teil der Konfrontation zwischen den Parteien wird" hier also „genau dadurch realisiert, dass sie unterschiedliche Semantiken von ‚Freiheit' entfalten. Obwohl semantische Verschiebungen Probleme bereiten können, da sie oft zur Dissoziation des Argumentationsprozesses führen können, sind sie vital für die Entfaltung der Positionen der Parteien und folglich auch für ihre Kommunikation."[88]

Der Durchgang durch den formorientierten Ansatz hat so zunächst ein etwas enttäuschendes Ergebnis. Bei Licht besehen landen wir bei einer kritischen Musterung seines Anspruchs genau da, wo wir mit dem Rechtsstreit von Anfang an waren. Auch und gerade Rechtsbegriffe sind „wesentlich umstritten".[89] Sie sind der Bezugspunkt, der ihre Semantisierungen durch die konträren Lesarten in das Verhältnis eines Konflikts bindet. Dabei geraten diese Semantisierungen mit jedem Austausch von Gründen und mit jeder Ausarbeitung als Verarbeitung dieser Gründe ins Gleiten und werden sogleich wieder im Anspruch darauf aufgefangen, allein gegenüber den anderen als Bedeutung des Begriffs in Frage zu kommen. Man kann auch an jene Fälle denken, in denen es um das Tragen eines Kopftuchs am Arbeitsplatz ging. Freiheit steht gegen Freiheit: die Freiheit der muslimischen Lehrerin in der Ausübung ihrer Religion gegen eine Verpflichtung staatlicher Instanzen, sich von weltanschaulichen Festlegungen frei zu halten, neutral zu sein; die in ihren Grundrechten verankerte Freiheit der muslimischen Kassiererin gegen die Freiheit ihres Arbeitgebers in der Gestaltung einer Ausübung seines Gewerbes – ein Streit in den Abwägungen, der seinen Schauplatz in der Frage findet, was „Freiheit" meint. Warum also nicht gleich dort mit einer Klärung des Begriffs der Argumentation ansetzen, wo wir scheinbar ohnehin immer wieder landen: im Gerichtssaal.

---

[86] DEPPERMANN, Verschiebungen in Argumentationsprozessen (Fn. 80), 144.

[87] Ebd.

[88] Ebd., 152.

[89] Grundsätzlich dazu WALTER B. GALLIE, Essentially Contested Concepts, in: *Proceedings of the Aristotelian Society* 56 (1956), 167 ff. Ausführlich auch WILLIAM E. CONNOLLY, *The Terms of Political Discourse.* Princeton 1993.

4. Der regelorientierte Ansatz

Schon der Klassiker Toulmin hatte gegen das Ungenügen einer auf die reine Logik reduzierten Vorstellung von Argumentationen die Verhältnisse im juristischen Verfahren ins Feld geführt. Ihm geht es genau um das „praktische Geschäft des Argumentierens“[90] Um dem gerecht zu werden, reichen weder eine dürre Syllogistik, noch überhaupt die Reduktion argumentativer Übergänge auf einen irgendwie gearteten „logischen oder mathematischen Formelcharakter“[91] aus. Die Unzulänglichkeit des logischen Grundmodells der schlichten Ableitung der Konklusion aus Ober- und Unterprämisse liest Toulmin dabei ausdrücklich an der „Analogie mit der Jurisprudenz“ ab.[92] „Rechtliche Äußerungen haben viele verschiedene Funktionen: Geltendmachen von Ansprüchen, identifizierendes Beweismaterial, Zeugenaussagen über strittige Ereignisse, Interpretationen eines Gesetzes oder Diskussionen seiner Gültigkeit, Ansprüche darauf, von seiner Verwendung ausgenommen zu werden, Bitten um mildernde Umstände, Schuldsprüche und Strafaussprüche.“[93] Aus der Vielfalt all dieser „verschiedenen Aussageformen“ und ihrer „Rolle im Gerichtsprozess“ leitet Toulmin auch für den Übergang von dem „speziellen Fall des Rechts zur Betrachtung rationaler Argumentationen“ die Forderung nach einem „Argumentationsschema“ ab, „das nicht weniger kompliziert ist als das im Recht gebrauchte.“[94]

a. Orientierung am Recht

Für Toulmin dient die Analogie zum Recht noch dazu, eine Vorstellung von einem angemessenen inneren Aufbau von Argumenten zu gewinnen, wobei „Argument“ weiter „als semantisch-logischer Terminus für Schlüsse“ zu lesen ist; wenngleich nur für solche, die „in natürlichsprachlicher Form inhaltlich gefüllt“ sind, allerdings „unabhängig davon, welche Sprechhandlung den – aus Prämissen und Konklusion bestehenden – Schluss trägt“.[95] Demgegenüber wird die Analogie des Gerichts von einem regelorientierten Ansatz, zumal dem forensischen

---

[90] Vgl. TOULMIN, Der Gebrauch von Argumenten (Fn. 77), 87.

[91] JOSEF KLEIN, Rhetorik und Argumentation. Eine Einführung, in: *Der Deutschunterricht*, H. 5 (1999), 3 ff., 4 ff.

[92] Siehe TOULMIN, Der Gebrauch von Argumenten (Fn. 77), 87.

[93] TOULMIN, Der Gebrauch von Argumenten (Fn. 77), 88. Zur Adaption des Toulminschen Schemas: DENNIS PATTERSON, *Recht und Wahrheit*. Baden-Baden 1999, 195 ff.

[94] TOULMIN, Der Gebrauch von Argumenten (Fn. 77), 88.

[95] KLEIN, Rhetorik und Argumentation (Fn. 91), 4 ff.

Amsterdamer Herkunft, geradezu beim Wort genommen. Im Grund seines Herzens pragmatisch, will sich dieser Ansatz genau der Sprechhandlungen der Beteiligten annehmen. Und er will von ihnen her aufklären, was Argumentationen ausmacht.[96] Damit ist die Betrachtungsweise erst einmal konsequent in die Richtung gedreht, auf die es ohnehin immer ankommt. „Wenn die logische Perspektive beim Theoretisieren über Argumentation nicht hinreicht und vielleicht sogar irreführt, liegt es nahe, sozusagen am andern Ende anzufangen, die Perspektive zu drehen und das Argumentieren zunächst als Handeln zu untersuchen."[97] Während Toulmin also angeregt durch das gerichtliche Verfahren im Bereich des Sprachlichen bleibt, will der regelorientierte Ansatz mit der Wendung in den Bereich des Praktischen Argumentation buchstäblich überhaupt als ein solches modellieren. Für ihn sind Argumentationen „komplexe aufeinander bezogene (...) sprachliche (...) Handlungen".[98]

Ausgangspunkt ist das Verhältnis des Konflikts. Hier treten die Handelnden als „Proponenten und Opponenten oder Protagonisten und Antagonisten einer These, ganz analog zu den Rollen von Ankläger und Verteidiger vor Gericht, auf."[99] Und ganz wie vor Gericht sind beim Argumentieren nicht nur die Rollen verteilt, sondern es ist auch geregelt, was die Argumentierenden zu tun oder zu lassen haben, um ihre Überzeugungen wirksam zu vertreten. Das heißt, „Argumentation wird als ein explizit oder implizit geregeltes Verfahren verstanden, in dessen Rahmen eine Auseinandersetzung zwischen mindestens zwei Gegenspielern stattfindet." Dazu gehören all die Dinge, die auch Toulmin am Rechtsstreit beeindrucken. Die „Gewichtung von Evidenzen" ebenso wie die Verteilung der „Begründungslasten". Die Rechte, sich Gehör zu verschaffen und das Seine zugunsten der eigenen Position zu tun, ebenso wie die Pflichten, den anderen zu Wort kommen zu lassen, auf ihn einzugehen, sowie sich überhaupt an die Gepflogenheit eines geordneten Ablaufs des Austauschs der Argumente zu halten.[100] Kurz-

---

[96] Siehe etwa FRANS H. VAN EEMEREN/ROB GROOTENDORST, Speech Acts in Argumentative Discusssions, A Theoretical Model for the Analysis of Discussions towards Solving Conflicts of Opinions. Dordrecht 1984; FRANS H. VAN EEMEREN/ROB GROOTENDORST, Argumentation, Communication and Fallacies. A Pragma-Dialectical Perspective, Hillsdale (N. J.) 1992; FRANS H. VAN EEMEREN/ROB GROOTENDORST/SALLY JACKSON/ SCOTT JACOBS, Reconstructing Argumentative Discourse. Tuscaloosa 1993.

[97] LUEKEN, Paradigmen einer Philosophie des Argumentierens (Fn. 55), 28.

[98] Ebd., 31.

[99] Ebd., 28.

[100] Ebd.

um: „Die Argumentierenden erscheinen als Streitparteien, deren Konflikt durch ein Verfahren entschieden werden muss."[101]

b. Die Rationalität des Verfahrens

Das reicht natürlich noch nicht aus. Auch vor Gericht geht es bekanntlich nicht immer zivilisiert zu. Ebenso wenig, wie es für den formorientierten Ansatz genügt, das Ziel der Argumentation in der Herstellung der Akzeptanz von Argumenten zu sehen, ebenso wenig kann dem regelorientierten Ansatz der Verweis auf eine Ordnung des Verfahrens genügen. Bekanntlich sind auch Boxkämpfe streng reglementiert, ohne dass hier jemand auf die Idee käme, in diesem Schlagabtausch so etwas wie körperliches Argumentieren zu sehen. Und umgekehrt muss man nicht nur an politische Debatten denken, um zu wissen, dass auch Argumentationen nicht davor gefeit sind, in Entgleisungen zu geraten. Es bedarf also der Vernunft. Rational ist, was nach den Regeln des Verfahrens zulässig ist. „Das Verfahren schließt die Beurteilung der regelgerechten, also korrekten Durchführung und des Ausgangs der Auseinandersetzung ein."[102] Gelingen kann das natürlich nur, wenn die Regelungen nicht in den Händen der Argumentierenden liegen und von diesen ganz nach dem Gusto ihres Durchsetzungsinteresses gedreht und gewendet werden können. Die Antwort des regelorientierten Ansatzes auf die Frage nach seiner Vernunft liegt also im Verweis auf die Besonderheiten seiner Ordnung. Es sind dessen Regeln, die die Beteiligten zur Räson eines zivilisierten Ablaufs des Argumentationsprozesses bringen. Von daher „ist eine ‚gelungene' Argumentation eine solche, die einem vorab geregelten Verfahren entsprechend zu einer Entscheidung führt. Gewisse Regeln, Verfahren, Normen und Kriterien werden als vorgegeben – und damit der Argumentation entzogen – unterstellt."[103]

c. Normativer Positivismus

Hier taucht unversehens ein für Juristen alter Bekannter auf. Ein normativer Positivismus.[104] Der regelorientierte Ansatz ist ausgerechnet

---

[101] LUEKEN, Paradigmen einer Philosophie des Argumentierens (Fn. 55), 28 f.

[102] Ebd., 31.

[103] Ebd., 29.

[104] Rechtstheoretisch zu dessen Kritik hier MÜLLER/CHRISTENSEN/SOKOLOWSKI, Rechtstext und Textarbeit (Fn. 7), 19 ff. RALPH CHRISTENSEN, Die leere Schatztruhe. Wenn die Sprache die Erwartung der JuristInnen enttäuscht, in: *Juridicum* 3 (1997), 33 ff. Linguistisch gegen einen entsprechenden Sprachnormativismus: KATHRIN GLÜER, *Sprache und Regeln. Zur Normativität von Bedeutung.* Berlin 1999; DIES., Bedeutung zwischen Norm

dort, wo er für seine Modellierung von Argumentationen dem Bild des Gerichtsverfahrens am nächsten kommt, am weitesten von den Realitäten des Rechtsstreits entfernt. Das Verfahrensrecht kann ebenso wenig wie jedes Recht in einer den entsprechenden Regelungen und Vorschriften innewohnenden Normativität liegen. Das Verfahrensrecht ist von den Normtexten nicht objektiv vorgegeben. Das zeigen nicht nur die zum Leidwesen überlasteter Richter häufig und bis an den Rand der Prozessverschleppung geführten Streitigkeiten darum. Das zeigen vor allem auch die damit mitunter verbundenen Debatten um einen Rechtsmissbrauch.[105] Etwa in der sogenannten Konfliktverteidigung bricht in der Befolgung von Regeln genau die Frage nach diesen selbst auf. Der Vollzug der Regelung, das Regelfolgen erweist sich in dem Moment als brüchig, in dem es als ein solches in Erscheinung tritt. Die Entscheidung über einen Gebrauch oder Missbrauch der den Argumentierenden zugestandenen Rechte auf Handeln kann damit nicht von den dafür vorgesehenen Regelungen her entschieden werden. Mit dem Streit darum, ob es sich um einen Anwendungsfall handelt, oder aber, ob deren Grenzen mit der inkriminierten Handlung überschritten sind, steht die Regel auf dem Spiel.[106] Die mit der Inkriminierung eines Missbrauchs oder auch nur eines Abweichens von der Regel in Frage gestellte Handlung ist nicht einfach Unfall oder zufälliges Missgeschick des ansonsten sicheren Normalverlaufs der Dinge. Allein die Möglichkeit des Zweifels und die daraus erwachsende Notwendigkeit einer Entscheidung erweisen die Abweichung als internes Moment des Regelfolgens. Der Zweifel, was nach der Regel ist, ist „Lebenselement" jeden normativen Bemühens. Und ihn im Fall der Verfahrensvorschriften für den Prozess vor Gericht auszuräumen, gehört wesentlich mit zum Geschäft des Juristen.

---

und Naturgesetz, in: *Deutsche Zeitschrift für Philosophie* 48, 393 ff; PIRMIN STEKELER-WEITHOFER, Sind Sprechen und Verstehen ein Regelfolgen?, in: SYBILLE KRÄMER/EKKEHARD KÖNIG (Hrsg.), *Gibt es eine Sprache hinter dem Sprechen.* Frankfurt am Main 2002, 190 ff. Ansonsten hier im Engeren RALPH CHRISTENSEN/MICHAEL SOKOLOWSKI, Wie normativ ist Sprache? Der Richter zwischen Sprechautomat und Sprachgesetzgeber, in: ULRIKE HAß-ZUMKEHR (Hrsg.), *Sprache und Recht. Jahrbuch 2001 des Institut für Deutsche Sprache.* Berlin 2002, 64 ff., 66 ff.

105 Dazu RALPH CHRISTENSEN/HANS KUDLICH, Recht und Missbrauch des Rechtsmissbrauchs, in: BIRGIT FELDNER/NIKOLAUS FORGÓ (Hrsg.), *Norm und Entscheidung. Prolegomena zu einer Theorie des Falls.* Wien 2000, 189 ff. Ausführlich auch HANS KUDLICH, *Strafprozess und allgemeines Missbrauchsverbot.* Berlin 1998.

106 Dazu die Kritik am Regelplatonismus und Konventionalismus Searlescher Prägung bei JACQUES DERRIDA, Signatur, Ereignis, Kontext, in: JACQUES DERRIDA, *Randgänge der Philosophie.* Wien 1976, 142 ff.; JACQUES DERRIDA, Limited Inc., in: *Glyph* 2 (1977), 162 ff. Diese Kritik trifft hier insofern in besonderem Maße, als sich der pragmadialektische Amsterdamer Ansatz ausdrücklich an der Sprechakttheorie Searles orientiert. Kritisch dazu LUEKEN, Paradigmen einer Philosophie des Argumentierens (Fn. 55), 30 f.

Natürlich glauben auch die Vertreter des regelorientierten Ansatzes nicht, dass sich die Befolgung einer Regel einfach so ergibt, dass Regelungen in stiller Hartnäckigkeit von sich aus wirksam zu werden vermögen. Ihr Stufenmodell eines Ablaufs von Argumentationen und das Regelwerk, das sie dafür aus den Verhältnissen des Gerichtsverfahrens extrahieren, soll als ein Instrumentarium zur Einschätzung und Beurteilung argumentativen Handelns dienen:[107] in kritischer Absicht zur Überprüfung der argumentativen Güte der Handlungen der Beteiligten, in pädagogischer Absicht zur Anleitung eines guten Argumentierens. Mit der Frage allerdings, inwiefern der Maßstab dafür in Regeln liegen kann, gerät dieser Ansatz in Turbulenzen.

d. Was heißt „in der Regel"?

Lueken macht zu Recht geltend, dass „jede Anrufung und Formulierung einer Regel ein Vorschlag (ist), der *im* ‚Spiel' zur Disposition steht."[108] Keine Regel, auch nicht eine bis in die feinsten Haarspitzen durchformulierte, vermag als „eine neutrale, dritte Instanz" zu fungieren. „deren Anerkennung schon vorab geklärt ist, wenn man an dieser Praxis überhaupt teilnimmt."[109] Denn keine Regel vermag ihre Anwendung zu regeln. Und schon gar nicht vermag eine Regel eindeutig und unwiderruflich vorzuzeichnen, was in jedem Einzelfall ihre Befolgung ist.[110] Es sei denn, man wollte im Sinne eines unendlichen Regresses unterstellen, dass es für die Anwendung dieser Regel wiederum eine Regel geben müsse. Umgekehrt heißt das, dass jede Regel mit dem Abweichen von ihr in Frage gestellt ist – mehr noch, im Grunde damit erst als „Regel" thematisiert ist. Denn jede Abweichung, so wissen es um die Praxis besorgte Linguisten längst, ist „kreativ". Sie kann immer auch als Vorschlag einer neuen Regel, als Vorstoß zu einer Regeländerung gesehen werden.[111] Damit verliert das Postulat einer Regel jedes Privileg gegenüber der Praxis. Und wenn diese Praxis die des Streits, des Konflikts ist, dann gerät die Formulierung einer Regel umgehend in seinen Sog.

Das heißt nun nicht, dass es überhaupt keinen Sinn machen würde, sich um eine Regulierung streitiger Auseinandersetzungen zu bemü-

---

[107] Eingehender dazu LUEKEN, Paradigmen einer Philosophie des Argumentierens (Fn. 55), 29 ff.

[108] LUEKEN, Paradigmen einer Philosophie des Argumentierens (Fn. 55), 33.

[109] Ebd.

[110] Siehe das bei SAUL A. KRIPKE, *Wittgenstein über Regeln und Privatsprache*. Frankfurt am Main 1987, insgesamt skeptisch entwickelte Argument.

[111] Vgl. HANS JÜRGEN HERINGER, *Praktische Semantik*. Stuttgart 1974, 26.

hen. Nur muss man sich eben darüber im Klaren sein, dass dies dann Teil des Ganzen ist. Und „für den Argumentationstheoretiker, der implizite Regeln der Argumentationspraxis explizit machen will," der, mehr noch, überhaupt Regeln dafür aufstellen will, „heißt das, dass er nicht einfach eine theoretische Behauptung über die Praxis macht, die bloß hinsichtlich ihrer faktischen Geltung befragt werden kann. Er macht vielmehr einen praktischen Vorschlag, dessen Geltung von den Teilnehmern der Argumentationspraxis anerkannt werden muss und der, falls er anerkannt wird, einen Eingriff darstellt, insofern nun explizite Regeln zur Verfügung stehen, auf die sich die Teilnehmer explizit berufen können. Das verändert die Praxis."[112] Und damit auch, was man ihr fallweise als geregelten Ablauf zubilligen kann.

Ganz analog zum Scheitern des formorientierten Ansatzes an seinen Prätentionen einer semantischen Stabilität muss der regelorientierte Ansatz an seiner Prätention einer pragmatischen Stabilität in Schwierigkeiten geraten. Denn will er nicht entgegen aller argumentativer Vernunft seine Vorgaben für das Verfahren schlicht dogmatisch verordnen, so muss er die Frage genau an die zurückgeben, über die doch eigentlich befunden werden soll: an die Argumentierenden. Wir sind also wieder in die Kommunikationskrise zurückgeworfen. Nur diesmal nicht von der Seite der Semantik, sondern von der Seite der Pragmatik. Denn ganz so, wie eine Fixierung von Argumenten in ihrem Gehalt von semantischen Verschiebungen auf Trab gehalten wird, ganz so bleibt eine normative Festlegung des Argumentierens durch das „pragmatische Changieren" der Regelformulierungen in Unruhe. Der Rückschlag, den der regelorientierte Ansatz damit erleidet, ist, wie nicht anders zu erwarten, wenn man der Praxis auf den Grund zu gehen gedenkt, aber eigentlich noch heftiger, noch elementarer. Er stößt in den Widerstreit zurück. Der lässt sich ebenso wenig wie in ein Idiom in die Metaregel bannen. Er feiert ganz im Gegenteil in jedem Traum davon seine fröhlichen Urstände. Es bleibt die Frage nach der Argumentation als Arbeit daran. Was bei der Hand bleibt, ist allerdings auch der Moment, über dem der Widerstreit in jedem Sinne wahrnehmbar wird. Der Moment, in dem er in Erscheinung tritt, ebenso, wie zugleich der Moment, als der er so in Arbeit genommen werden kann. Es ist dies das Aufeinandertreffen der Meinungen und Überzeugungen in der gegenseitigen Interpretation als Konflikt. Man kann die Argumentation nicht nach einem vorgegebenen Modell formen. Jedenfalls zum Teil generiert sie ihre Formen selbst. Dies berücksichtigt erst eine Fassung der Argumentationstheorie als aufstufende Selbstreflexion.

---

112 LUEKEN, Paradigmen einer Philosophie des Argumentierens (Fn. 55), 33.

5. Der geltungsorientierte Ansatz

Aus der Diskussion der argumentationstheoretischen Ansätze lassen sich bereits an dieser Stelle die Anforderungen an ein Konzept von Argumentation ableiten, das den spezifischen Verhältnissen im Rechtsstreit gerecht zu werden und so die Chance einer Antwort auf die Frage nach der Möglichkeit juristischen Argumentierens zu bieten vermag.

Gegenüber der transzendentalistischen Anmaßung des konsensorientierten Ansatzes sollte es sich auf die Wirklichkeit der Argumentation einlassen. Umgekehrt sollte das Konzept gegenüber der krude bellizistisch auf das Faktische der Macht ausgehenden Erfolgsorientiertheit des werbeorientierten Ansatzes Kriterien für eine Zivilisierung der Auseinandersetzung bereitstellen. Damit ist dem institutionalisierten Anspruch des juristischen Verfahrens auf eine Einhegung von Gewalt Rechnung zu tragen. Was die Sprache angeht, hat das gesuchte Konzept gegenüber der Stase des formorientierten Ansatzes der semantischen Dynamik der Konfliktaustragung Raum zu geben. Und was den Weg zu einer solchen Entscheidung angeht, hat das gesuchte Konzept schließlich gegenüber dem normativen Positivismus des regelorientierten Ansatzes dem Umstand Rechnung zu tragen, dass die Arbeit am Verfahren immer Teil seines Laufs ist.

a. Wie kann Argumentieren als offenes System funktionieren?

Aus der Sicht des geltungstheoretischen Ansatzes ist die Argumentation nicht vorgeordnet. Weder durch transzendentale Vorgaben, noch durch die Logik oder das Verfahren. Vielmehr handelt es sich um einen in seinem Verlauf und Ergebnis offenen Prozess, der dennoch nicht in einen Bellizismus zurückfällt. Der geltungsorientierte Ansatz versteht sich als „eine dialogisch-pragmatische Perspektive"[113] und macht damit von vornherein klar, dass es ihm um das Argumentieren als ein wechselseitig aufeinander bezogenes Handeln von Personen geht. Damit wendet sich der geltungsorientierte Ansatz auch ausdrücklich gegen einen allein formorientierten. Denn „wo wir rechnen können", und sei es nur, dass wir Semantiken als richtiges Verständnis gegeneinander aufrechnen, wo es nur um ein dem „ganze(n) Gewimmel der menschlichen Handlungen"[114] entrücktes Spiel der Formeln gehen soll, da „brauchen wir nicht zu argumentieren."[115]

---

[113] Vgl. LUEKEN, Paradigmen einer Philosophie des Argumentierens (Fn. 55), 35.
[114] Siehe LUDWIG WITTGENSTEIN, *Zettel*. Werkausgabe Bd. 8, Frankfurt am Main 1984, § 567.
[115] Vgl. LUEKEN, Paradigmen einer Philosophie des Argumentierens (Fn. 55), 35.

In der Vorstellung einer nicht schon vorgeordneten Dynamik der Auseinandersetzung hallt Davidsons Vorstellung von Kommunikation ohne gemeinsame Sprache nach – ein Prozessieren von Interpretationen, das in den Momenten innehält, in denen nichts mehr dagegen spricht, die Äußerungen des Anderen in einem bestimmten Sinn zu nehmen. Ganz entsprechend sieht Wohlrapp in der Argumentation einen Forschungsprozess, dessen Ergebnisse dann als argumentativ gültig betrachtet werden können, wenn keine Einwände mehr gegen sie vorliegen, wenn sie also „einwandfrei" sind.[116] Verwundern kann diese Parallele nicht, denn so ist Argumentieren eben Kommunikation.[117]

Wenn der geltungsorientierte Ansatz diese dann als „Dialog" betrachtet, mag das friedensbewegter klingen als es eigentlich ist. Argumentation ist und bleibt die Auseinandersetzung widerstreitender Positionen und die Austragung von Konflikten. „Argumentieren ist symbolisches Handeln, das auf eine Kontroverse zum Zwecke ihrer Überwindung in einem Konsens bezogen ist." [118] Und auch mit einer intimen Zwiesprache hat dies nichts zu tun. „Worum es hier in erster Linie geht, ist die *konkrete Adressiertheit* von Argumentationen: Wer argumentiert, richtet sich dabei an bestimmte konkrete Personen, die er durch seine Argumentation zu erreichen versucht, von denen er verstanden werden will. Das können einzelne oder mehrere Personen sein, aber auch der Argumentierende selbst, der sich (d. h. sein *alter ego*) von etwas überzeugen will."[119] Argumentatives Handeln ist ganz im Sinne Davidsons der Versuch, Sinn zu machen. Von sich aus für den anderen, indem sie ihm „etwas geben", das dieser als Argument hinnehmen kann. „Der konkrete Dialogpartner ist beim Argumentieren persönlich angesprochen – als Person mit eigenen Orientierungen, Meinungen, Erfahrungen, Neigungen. Und der Argumentierende spricht selbst als eine solche Person."[120]

Dabei zeigt sich, ganz im Sinne des Nachsichtsprinzips, die Verwobenheit der einzelnen argumentativen Züge „mit Netzen eigener und fremder, mehr oder weniger zusammenhängender Orientierungen, in denen sich Personen ausdrücken, die ein bestimmtes Leben führen, etwas wissen und können, Erfahrungen haben und Ziele verfolgen. Die

---

[116] Siehe dazu HARALD WOHLRAPP, Argumentative Geltung, in: DERS. (Hrsg.), *Wege der Argumentationsforschung*. Stuttgart 1995, 280 ff.

[117] Von daher wäre sicherlich auch eine synchrone Lektüre interessant von DAVIDSON, Die zweite Person (Fn. 13), 395 und GEERT-LUEKE LUEKEN, Über die zweite Person, in: DERS. (Hrsg.), *Kommunikationsversuche. Theorien der Kommunikation*. Leipzig 1997, 182 ff.

[118] LUEKEN, Inkommensurabilität als Problem rationalen Argumentierens (Fn. 18), 218.

[119] Ebd., 37.

[120] Ebd.

Dialogpartner spielen beim Argumentieren nicht einfach bestimmte Rollen, sondern bringen ihre *Geschichte* und ihre *Positionen*, sozusagen ihre ‚Stellung' im Leben und in der Welt zum Ausdruck. Und wenn sie die Äußerungen des anderen verstehen, verstehen sie nicht nur den sprachlichen Sinn isolierter Sätze und Meinungen, sie verstehen ein Stück weit, wer der andere ist, was für ein Mensch er ist, wie er denkt und lebt."[121] Der Umstand, dass auch wir ein solches Leben führen, gibt die Basis dafür ab zu ermessen, worin wir mit dem anderen übereinstimmen und worin wir uns unterscheiden, was also wir von seinen Äußerungen zu halten haben. Wir können dies, weil wir bis zum Beweis des Gegenteils annehmen, dass sich der andere wohl in der Lage, die uns vertraut ist, ganz ähnlich verhält. Von Sprache allerdings ist hier keine Rede – schon gar nicht von einer gemeinsamen.

b. Grundzüge des Argumentierens

Der geltungsorientierte Ansatz ist nicht nur „dialogisch", sondern auch zugleich „pragmatisch" orientiert und kann deswegen die Grundzüge des Argumentierens herausarbeiten. „Wir können grob zwischen drei argumentativen *‚Operationen'* unterscheiden. Es sind dies: das *Setzen von Thesen*, das *Erheben von Einwänden* und das *Geben von Gründen."* Dies ist nun nicht, wie es der formorientierte Ansatz tut, so zu verstehen, „dass zunächst syntaktisch-semantische Formbestimmungen von ‚These'. ‚Einwand' und ‚Grund' gegeben werden, um dann die entsprechenden Operationen als das Äußern einer These, eines Einwands oder eines Grunds zu bestimmen. Vielmehr sollen die Operationen von vornherein pragmatisch (*als Handlungen* also) beschrieben werden, denn auf der Ebene von Sätzen allein ist oft gar nicht auszumachen, ob das Geäußerte eine These, ein Einwand oder ein Grund sein soll. Es zeigt sich meist erst im Handlungszusammenhang."[122]

c. Die Dynamik des Argumentierens

Damit zeigt sich der Aspekt einer prinzipiellen Unsicherheit. „Argumentieren ist ein Handeln unter Bedingungen der Unsicherheit. Die Unsicherheit mag sich daraus ergeben, dass etwas nicht gelingt, weil das Wissen und Können nicht ausreicht, oder daraus, dass wir entge-

---

[121] Vgl. LUEKEN, Paradigmen einer Philosophie des Argumentierens (Fn. 55), 37 f. Man vergleiche dies mit DONALD DAVIDSON, Radikale Interpretation, in: DERS., *Wahrheit und Interpretation*. Frankfurt am Main 1990, 183 ff., 199 zum Nachsichtsprinzip.

[122] Vgl. LUEKEN, Paradigmen einer Philosophie des Argumentierens (Fn. 55), 40 f.

genstehende Belange anderer Personen ernst nehmen müssen."[123] Durch die Differenz und Diametrie der Überzeugungen, die hier zur Sprache gebracht werden, ist Argumentation beständig der Frage ausgesetzt. Daher betrachtet der geltungsorientierte Ansatz Argumentieren als einen Forschungsprozess. Hier ist nicht Wissenschaft gemeint, die sich häufig zugute hält, Paradebeispiel des Argumentierens zu sein. Es geht um „jedes Suchen neuer Erfahrungen und Orientierungen".[124] Allerdings handelt es sich beim Argumentieren um einen Forschungsprozess, der sich zugleich selbst in Arbeit zu nehmen hat. Denn mit der stets im Hintergrund lauernden Frage, was denn eigentlich als ein Grund zählen kann, den man für seine Überzeugungen vorbringt, und bei was es sich um einen Einwand handeln könnte, mit dem man Äußerungen zu widerlegen gedenkt, kann nie ausgeschlossen werden, „dass Teile der Argumentationsbasis im dialogischen Forschungsprozess fraglich werden und verbessert, umgebaut, neu konstruiert werden müssen. Das Argumentieren ist dann nicht bloß ein Erforschen von ‚Neuland' im Ausgang von einem sicheren ‚Basislager', es ist zugleich eine *Bearbeitung* dieser Argumentationsbasis."[125]

Sich eine solche Basis an Orientierung zu verschaffen, ist das Ziel des Argumentierens, das sich aus dem Bestreben der Überwindung ihrer Grundsituation der Unsicherheit ergibt. „Ausgehend von der Argumentationsbasis suchen wir Orientierung in einem unsicheren Gebiet. Die dabei unternommenen Schritte sind, bei aller Verlässlichkeit der Basis, immer mit Unsicherheit behaftet. Auf der Basis von Gewusstem und Gekonntem stellen wir Erwägungen an, die uns zu Vermutungen und Vorschlägen führen" – zu solchen, denen die Argumentation eben Geltung zu schaffen vermag. So will Argumentation jeweils mit sich zu Ende kommen, sich in einer Situation aufheben, in der die Dinge klar gestellt sind und man vielleicht sogar ein wenig auf sicherem Grunde steht – wohl wissend, dass dafür nichts als selbstverständlich genommen werden darf. „Im argumentativen Dialog werden diese Suchbewegungen im Lichte des vom Dialogpartner Gewussten und Gekonnten kontrolliert, bevor man zum Probehandeln aufgrund der Vermutungen und Vorschläge kommt. Die Suchbewegungen stehen unter *ständiger dialogischer und praktischer* Kontrolle durch Prüfbewegungen. Dadurch erhöht sich ihre Verlässlichkeit, aber ihr grundsätzlich unsicherer Charakter bleibt bestehen. Erst wenn sich die Vermutungen und Vorschläge nicht nur als argumentativ gültige Thesen erwiesen, sondern auch zu praktisch bewährten Orientierungen stabilisiert ha-

---

[123] Vgl. LUEKEN, Paradigmen einer Philosophie des Argumentierens (Fn. 55), 39.
[124] Ebd., 38 f.
[125] Ebd., 39.

ben, gehen sie in den Bestand des verlässlichen Wissens und Könnens ein."[126]

d. Das Ziel des Argumentierens

Dem Streitcharakter des juristischen Verfahrens trägt der geltungsorientierte Ansatz Rechnung, indem er im Argumentieren ein Handeln sieht, „das auf eine Kontroverse (...) bezogen ist." Ziel ist „ihre Überwindung". Wenn der geltungsorientierte Ansatz zur „Überwindung" der Kontroverse den „Konsens" vorsieht, dann kann dies allerdings nicht so ohne weiteres für das Gerichtsverfahren übernommen werden.[127] Gemeinsamkeit kann nun für das juristische Verfahren ganz sicher nicht als Motiv und Ziel des Argumentierens angenommen werden. Vor Gericht geht es, wenn die alltäglichen Mechanismen einer einvernehmlichen Konfliktregelung untereinander versagt haben. Hier muss die Institution mit dem von ihr autoritativ auferlegten Zwang, sich auseinander zu setzen, einspringen. Und was das Ziel dieser Auseinandersetzung angeht, so steht die den Beteiligten mit dem Richterspruch auferlegte Entscheidung für den Mangel an Einsicht.

Es macht die Stärke des geltungsorientierten Ansatzes aus, auch in den eigenen Bestimmungen offen für die jeweils besonderen Verhältnisse zu sein, unter denen argumentiert wird. Er strebt nicht die von der Praxis abgehobene, belehrende Globaltheorie an. Vielmehr versteht er sich als eine Reflexion von Praxis, indem er diese sowohl als Quelle wie auch als Korrektiv für die argumentationstheoretische Begriffsbildung ansieht. Dadurch ist er in der Lage, die spezifisch regionale Eigendynamik des Argumentierens etwa im juristischen Verfahren in den Blick zu nehmen. Das zeigt sich nun auch an dem Konsensbegriff, den der geltungstheoretische Ansatz für seine Zielbestimmung des Argumentierens veranschlagt.[128] Der hat nichts mit dem pragmatischen Fundamentalismus Frankfurter Schule zu tun. Vielmehr soll „Konsens bestehen, wenn die Kontroverse wirklich überwunden ist, d. h. wenn kein Zweifel und keine Einwände mehr vorhanden sind." Dabei muss nun aber „nicht völlige Einigkeit in der kontroversen Sache erzielt wer-

---

126 LUEKEN, Paradigmen einer Philosophie des Argumentierens (Fn. 55), 39 f.

127 Entsprechend zur Definition von „Argumentieren" LUEKEN, Inkommensurabilität als Problem rationalen Argumentierens (Fn. 18), 218.

128 Ausführlich dazu LUEKEN, Inkommensurabilität als Problem rationalen Argumentierens (Fn. 18), 192 ff.

den; es genügt ein Konsens darüber, dass die Argumentation nicht weitergeführt werden soll." [129]

Vor Gericht beendet die Entscheidung den Streit dann, wenn die Argumente erschöpft sind. Sie kann sich ihrerseits nur dadurch gegenüber einer Willkür des Eingriffs in den Streit rechtfertigen, dass sie Geltung beanspruchen kann. „Es geht" also auch vor Gericht „nicht etwa bloß um die Umwandlung einer Kontroverse in Akzeptanz, sondern um ihre Überwindung durch Gründe."[130] Sind diese unumgänglich, nicht mehr zu widerlegen, spricht also nichts mehr gegen ein in der Argumentation erreichtes Ergebnis, so ist jene Einwandfreiheit erreicht, die es rechtfertigt, den Streit mit ihm zu entscheiden. Die dafür nötige Überzeugungskraft gewinnen Argumente aus dem Bestand von Meinungen, Ansichten und Normen, welche die Beteiligten anerkennen. Auf diese Weise vermögen Argumente die ihnen praktisch zugedachte Wirkung zu tun, Gegenteiliges aus dem gemeinsamen Stand gültigen Wissens und akzeptierter Meinungen auszuschließen und sich selbst als Teil dieses Bestands zu etablieren. Dadurch werden sie eben „zwingend" und vermögen ihrerseits nun als Basis weiteren Argumentierens zu dienen. Auf einen Nenner gebracht ist es also der Sinn von Argumentationen, „mit Hilfe des kollektiv Geltenden etwas kollektiv Fragliches in etwas kollektiv Geltendes zu überführen."[131] Wobei „kollektiv" dann hier konkret das meint, was in der Gemeinde der Juristen als den autoritativ mit seiner Erzeugung Betrauten für Recht genommen wird, bzw. als solches in Frage gestellt ist.

IV. Der argumentative Kampf um die Verkettung des Normtextes

Juristen müssen argumentieren. Aber wie? Von den philosophischen Argumentationstheorien können dafür einige Hinweise aufgenommen werden – vom konsenstheoretischen Ansatz etwa die freundliche Utopie der Herrschaftsfreiheit ohne transzendentale Nötigung.[132] Dem werbeorientierten Ansatz ist zuzugeben, dass der agonale Grundzug von Ar-

---

[129] Vgl. LUEKEN, Inkommensurabilität als Problem rationalen Argumentierens (Fn. 18), 220.

[130] Vgl. LUEKEN, Inkommensurabilität als Problem rationalen Argumentierens (Fn. 18), 220.

[131] Dazu WOLFGANG KLEIN, Argumentation und Argument, in: *Zeitschrift für Literaturwissenschaft und Linguistik* 38/39 (1980), 9 ff. Im Hinblick auf den Rechtsstreit CHRISTENSEN/KUDLICH, Theorie richterlichen Begründens (Fn. 27), 246 ff.

[132] Dazu JOACHIM NANNINGA, Zur Kritik der konstruktiven Ethik und Theorie des praktischen Wissens, in: JÜRGEN MITTELSTRAß (Hrsg.), *Methodenprobleme der Wissenschaften vom gesellschaftlichen Handeln*. Frankfurt am Main 1979, 273 ff.

gumentationen nie verleugnet werden kann. Der formorientierte Ansatz liefert mit der Logik eine Basis, auf der semantische Verschiebungen sichtbar gemacht werden können. Und vom regelorientierten, dass es dazu der Ordnung eines Verfahrens doch bedarf. Denn immerhin sollen sich Argumentationen durch eine über das bloße strategische Geschick hinausgehende Vernünftigkeit auszeichnen. Die allerdings, und das schließt den Kreis wieder zur Kritik des konsensorientierten Ansatzes, kann den Argumentierenden nie auferlegt sein. Vielmehr ist es ihre Angelegenheit, sich mit jedem ihrer Züge im Spiel immer wieder aktuell für sie zu entscheiden.[133]

Philosophische Argumentationstheorien können auf das Recht nicht angewendet werden. Sonst stünden sie als feste Wahrheiten außerhalb der Argumentation. In Betracht kommt nur eine Unterstützung bei der aufstufenden Selbstreflexion juristischer Tätigkeiten. Denn auch im Rechtsstreit geht es um die Überführung von kollektiv Fraglichem in kollektiv Geltendes. Die Frage ist allerdings, welche Basis es denn überhaupt dafür geben kann, wenn der Widerstreit das juristische Verfahren kennzeichnet.

1. Was ist im Rechtsstreit gemeinsam?

Juristisches Argumentieren ist die polemische Praxis von Sprache, gebannt in die Formalitäten des Verfahrens. Dieses hat dort die Brücke zu schlagen, wo aufgrund der Inkommensurabilität der Überzeugungen ein Abgrund klafft. Notwendig ist dies, da ansonsten nicht einmal eine Unverträglichkeit von Überzeugungen darüber, was rechtens sei, vernehmlich werden kann. Was nichts miteinander zu tun hat, kann sich auch nicht widersprechen. Das Verfahren also bringt dafür die Parteien im Streit zusammen, indem sie sich in ihm ihren Rollen als Gegner zu stellen haben. Mit dem Eintritt in das Verfahren wird der Widerstreit ihrer Überzeugungen als die Kontroverse einander entgegen stehender Positionen in Szene gesetzt.[134] Das Verfahren stellt also eine Gemeinsamkeit genau dadurch her, dass es den Gegensatz praktiziert.

Das klingt nicht nur paradox, sondern ist es zunächst auch. In der Situation der Inkommensurabilität, so, wie sie der Antagonismus der Rechtsmeinungen vor Gericht schafft, versetzt der Einsatz von Argumentation die Beteiligten zunächst in die Lage eines Doublebinds. „Sie

---

133 Vgl. LUEKEN, Inkommensurabilität als Problem rationalen Argumentierens (Fn. 18), 19 f.

134 Allgemein zur Situationsinszenierung als Herstellung von Gemeinsamkeit und einer Begründungsbasis LUEKEN, Inkommensurabilität als Problem rationalen Argumentierens (Fn. 18), 288 ff.

sind an ihre eigene Position gebunden und wollen sie nur aufgrund überzeugender Einwände ändern."[135] Zugleich sind sie an einer Entscheidung interessiert. Das Verbindende daran kann nur in einer Verbindlichkeit für beide liegen. Dies für die eigene Position zu erreichen, indem sie eben in den Stand eines kollektiven Geltenden gesetzt wird, löst die Dynamik des Argumentationsprozesses aus. Und es lässt zugleich den Widerstreit immer wieder durchschlagen, da sich dieser Anspruch nur durch die Verdrängung des Anspruchs der Gegenpartei verwirklichen lässt. „Das Paradoxe der Situation ist dadurch gekennzeichnet, dass weiteres Argumentieren die Kontroverse stets zu radikalisieren, statt sie einer (...) Lösung näher zu bringen scheint. Jeder der Kontrahenten mag eine noch so große Bereitschaft haben, zu überzeugen und sich überzeugen zu lassen, doch je stärker er diese Bereitschaft in Form von Einwänden und Begründungen in argumentatives, (...) Handeln umsetzt, in desto weitere Ferne scheint" die Konfliktlösung zu rücken.[136]

Die Lösung liegt hier, wie so oft, im Problem. Man muss sie nur vor sich sehen. Der entscheidende Hinweis ist die Rede von „Einwänden" und „Begründungen". Argumentieren als Begründungsspiel[137] heißt nicht einfach nur, zur Sache zu reden. Argumentieren verlangt immer, sich die Rolle der entsprechenden Äußerungen für das Spiel deutlich zu machen. Die Frage, woraus die Begründungen und Zurückweisungen geschöpft werden können, verweist dann auch auf die „Möglichkeit, mit einer paradoxen Doppelbindungssituation" fertig zu werden, nämlich „aus ihr herauszutreten."[138] Praktisch vermögen die Argumentierenden die Situation des Doublebind auseinander zu legen und sich aus der Verfangenheit darin zu lösen, indem sie ihre eigene Position als These einer Rechtsmeinung formulieren. Nun kann die Äußerung als These in Arbeit genommen werden. Damit kann als erstes das Interesse der Auseinandersetzung bedient werden. Die neuerliche Äußerung, die dies leistet, kann dann als zweites in einer Handhabung der Gründe bzw. Einwände über ein Zurückweisen oder Akzeptieren in die Arbeit einer Behauptung der eigenen Position genommen werden. Damit kann das Interesse des Verharrens in den eigenen Überzeugungen bedient werden. Sei es, dass es sich bestätigt; sei es, dass es durch Aufgeben gegenstandslos wird.

---

[135] LUEKEN, Inkommensurabilität als Problem rationalen Argumentierens (Fn. 18), 277.

[136] Ebd., 278, hier adaptiv um die ausdrückliche Konsensorientierung gekürzt.

[137] Eingehend dazu LUEKEN, Inkommensurabilität als Problem rationalen Argumentierens (Fn. 18), 237 ff.

[138] Ebd., 279.

Konkret geschieht dies im Rechtsstreit dadurch, dass die Kontrahenten nicht einfach nur in ihren Rechtsmeinungen verharren und aus ihnen heraus agieren. Um sie als berechtigt auszuweisen, haben sich die Parteien in ihren Äußerungen in einen von ihren Überzeugungen unabhängigen Bezug zu setzen. In den zum Text, indem sie ihre Einlassungen als dessen Lesarten geltend machen. Die Arbeit des Juristen ist genuin Arbeit am Text. Ohne diesen Textbezug wäre das Verfahren von der Beliebigkeit eines Schauspiels, in dem einer als Richter und einige als Anwälte verkleidet sind und im Mobiliar eines Gerichtssaals umherlaufen.[139] Es wäre reine Staffage. Im Bezug zu den jeweils einschlägigen Normtexten verkörpert sich gewissermaßen der Sinn des Verfahrens als ein Streit um Recht sprachlich.[140] Von daher ist es zugleich auch dieses Übereinkommen im Text, das ihn changierend in die sich diametral gegenüberstehenden Lesarten kippen lässt, ohne dass umgekehrt der Text in seiner Bedeutung als Recht anders gegeben wäre als darin.[141] Er liefert also kein Drittes an Sprache, zu dem die Äußerungen der Parteien in einer ihnen äußerlichen Beziehung stünden. Vielmehr liefert der Text nur den Zwang, die eigene Position in ihn zu fassen und auf die andere zu beziehen.

Diese Situation lässt sich mit jenem Bild eines Hasen/Enten-Kopfes erläutern, durch das Wittgenstein den Aspektwechsel beim Sehen-Als erläutert.[142] Dabei handelt es sich um eine Strichzeichnung, die man entweder als Kopf eines Hasen oder aber als Kopf einer Ente sehen kann. Der Witz daran ist, dass diese Figur weder das eine noch das andere ist. Man sieht immer nur das eine zurzeit. Noch ist die Figur nur eines von beiden und das andere dementsprechend eine Störung der Wahrnehmung. Man kann umstandslos immer das andere sehen. Wie bei all solchen Kippfiguren spielt sich hier jeweils also ein Gestaltwandel in toto ab, in der die Lineatur der Zeichnung changiert, ohne je aufzuhören, genau diese Lineatur zu sein, die das tut. Analog verhält es sich mit dem jeweils im Rechtsstreit zur Debatte stehenden Normtext. Der Widerstreit formuliert sich dann darin, dass der Text immer nur in die eine oder in die andere Lesart fallen kann. Diese Lesarten koexistieren nicht. Sie konkurrieren in derselben Stelle von Sprache, die

139 Womit hier keineswegs etwas gegen die Bedeutsamkeit der Szenerie wiederum als Rechtszeichen gesagt sein soll. Dazu THOMAS-MICHAEL SEIBERT, *Zeichen, Prozesse. Grenzgänge zur Semiotik des Rechts.* Berlin 1996, 155 ff.

140 Dazu hier SEIBERT, Zeichen, Prozesse (Fn. 139), 33 ff.

141 Allgemein dazu SEIBERT, Zeichen, Prozesse (Fn. 139), 166 ff.

142 Siehe LUDWIG WITTGENSTEIN, *Philosophische Untersuchungen.* Werkausgabe Bd. 1, Frankfurt am Main 1984, Teil II, xi. Dazu in Hinblick auf das Problem der Inkommensurabilität LUEKEN, Inkommensurabilität als Problem rationalen Argumentierens (Fn. 18), 56 ff.

der Normtext als komplexes Zeichen von Recht darstellt. Solange jedenfalls, wie nicht eine von ihnen Stück für Stück abgetragen, „gelöscht", ist. Wie dies geschieht, was also dafür ein juristisches Argument zu sein vermag, ergibt sich genau aus dem Umgang mit Text, den das juristische Geschäft in seiner Selbstschöpfung als gesellschaftliche Praxis zu pflegen hat.

2. Was ist ein juristisches Argument?

Juristisches Argumentieren heißt, den Text von Recht durch den Widerstreit der Lesarten in Arbeit zu nehmen. Der Gang dieser Arbeit am Text von Recht mit dem Ziel einer Entscheidung lässt sich entlang der Grundzüge der Argumentationssituation beschreiben. Die kann „als wechselseitige Entäußerung der Orientierungssysteme der beteiligten Personen durch argumentative Handlungen aufgefasst werden, als das Einnehmen, Sichern oder Verändern ihrer Positionen. Sie wird dadurch ausgelöst, dass die beteiligten Personen mit ihren jeweiligen Orientierungen in Konflikt geraten. Die Kontroverse nötigt die Teilnehmer, Teile ihrer Orientierungssysteme (ihrer Subjektivität) als Position zu entäußern, zur Disposition zu stellen und gemeinsam mit dem Kontrahenten zu prüfen."[143]

Vor Gericht tragen die Parteien ihre Orientierungen in Gestalt jener entsprechenden Semantisierungen von Normtexten vor, die sich natürlich gegenseitig ausschließen. Als Basis und Rechtfertigung ihres Anspruchs auf Recht zugleich dient ihnen der Normtext, „das Gesetz". Sie nehmen so ihre Positionen im Rechtsstreit ein. Das Gesetz aber kann nun gerade nicht ein Text in einer bestimmten Bedeutung sein, denn die steht gerade mit dem Streit auf dem Spiel. Das Verständnis, das die Parteien von der Zeichenkette mitbringen, ist bereits eine These. Und die ist dann natürlich dem Angriff ausgesetzt. Der stößt sie aus der Sicherheit ihrer Behauptung in die Fragwürdigkeit und schafft für ihren Erhalt die Not der Begründung. Für diese Begründung steht aber keinerlei dem Streit entzogene Instanz zur Verfügung. Das Recht steht ja gerade zur Debatte. Es kann daher nur wieder Text für Text einstehen. Die Parteien haben sich also jener Texte zugunsten ihrer Rechtsmeinungen zu bedienen, die aktuell nicht in Zweifel stehen und die so für eine Bedeutung von Recht genommen und gehandhabt werden können. Ganz entsprechend der Grundformel einer Überführung von kollektiv Fraglichem in kollektiv Geltendes ist so die eigene Rechtsmeinung durch den Nachweis ihrer Konsistenz und Kohärenz als dessen

---

[143] LUEKEN, Inkommensurabilität als Problem rationalen Argumentierens (Fn. 18), 209.

integraler Bestandteil auszuweisen und in den Stand eben des kollektiv Geltenden zu setzen. Juristisches Argumentieren ist das Bemühen um eine Anreicherung des anerkannten Texts von Recht durch den eigenen.

Bemühen und Ziel der Parteien ist es also, ihre Behauptungen durch den Gebrauch der dafür anerkannten Argumentformen durchzusetzen. In den kontinentaleuropäischen Traditionen sind dies die Canones, die herkömmlich als Methoden der Auslegung von Gesetzestexten verstanden werden.[144] Sie stellen als kulturell anerkannte Formen des Gebrauchs von Begründungen und damit zugleich auch als selbstdefinierende Handlungsweisen die Formen juristischer Argumentation dar.

Die Canones führen zur Integration und Widerlegung von Argumenten und tragen so zur Entscheidung über den Konflikt um die Lesart des Gesetzes bei. Sie erschließen Kontexte, seien diese historisch, genetisch oder systematisch, die es erlauben, die Bedeutung des jeweiligen Normtextes herauszustellen. Mangels einer Substanz an Recht vermögen auch nur sie, diese Rolle zu spielen. Das heißt, es kann beim juristischen Argumentieren immer nur darum gehen, Text für Text zu setzen. Wenn so aber die Canones das Mittel zur Ausarbeitung von Argumenten sind, dann erhebt sich die Frage, woraus dafür wiederum die Gründe geschöpft werden können. Und die Antwort kann, ganz entsprechend dem Prinzip der Nachsicht, nur lauten, aus den ganzen „Netzen eigener und fremder, mehr oder weniger zusammenhängender Orientierungen, in denen sich Personen ausdrücken, die ein bestimmtes Leben führen, etwas wissen und können"[145]; hier konkret aus jenem Gewebe von Text, das den Rechtsstaat als eine Textstruktur ausmacht.[146]

3. Der holistische Charakter juristischen Argumentierens

Juristen argumentieren, indem sie die von ihnen vorgebrachten Rechtsmeinungen auf eine Norm zurückführen. Sie entwerfen dafür ihre Überzeugungen als Lesarten der entsprechenden Texte. Die Berechtigung der von ihnen dabei im Einzelnen gesetzten Bezüge schöpfen sie aus

---

144 Grundlegend dazu FRIEDRICH MÜLLER/RALPH CHRISTENSEN, *Juristische Methodik. Bd. 1.* 8. Aufl., Berlin 2002, Rn. 154 ff. und öfter. Zum Arbeiten der juristischen Argumentformen anhand ausführlicher Beispielanalysen aus der europäischen Rechtsprechung FRIEDRICH MÜLLER/RALPH CHRISTENSEN, *Juristische Methodik. Bd.* 2. Berlin 2002. Traditionsübergreifend dazu weiter DENNIS PATTERSON, *Recht und Wahrheit.* Baden-Baden 1999, 195 ff.

145 LUEKEN, Paradigmen einer Philosophie des Argumentierens (Fn. 55), 37.

146 Dazu MÜLLER/CHRISTENSEN/SOKOLOWSKI, Rechtstext und Textarbeit (Fn. 7), 99 ff.

den Argumentformen. Damit fügen sie ihre Rechtsmeinungen in das Netz der Rechtsordnung ein. Die von ihnen in der Sache geäußerten Überzeugungen werden so als Behauptung von Recht der Wahrheitsfrage zugänglich, die sich schon prinzipiell dann allerdings nur als einer nach der Kohärenz im ganzen System des Rechts stellen lässt.[147] Die Argumentformen verknoten die einzelnen Rechtsbehauptungen mit dem Netz einer ganzen Textstruktur von Recht. Zugleich aber ist deren Wahrheit strittig. Und mit ihr werden auch die für sie zur Stützung herbeigezogenen Überzeugungen aus dem ganzen Schatz juristischer Kenntnis zur Bewährung ausgesetzt. Mit jedem Argument also, das im Rechtsstreit vorgebracht wird, steht die Stabilität des Netzes in Frage. Und das kann auch gar nicht anders sein, sofern juristisches Argumentieren im Wechselspiel der Interpretation sich als Arbeit an Sprache, als Entscheidung von Bedeutung vollzieht. Weder die Sprachbedeutung so, wie sie in den von den Parteien vorgebrachten Lesarten in Erscheinung tritt, noch die Sprachform so, wie sie dem Juristen mit dem Text als Zeichen von Recht zur Hand ist, sind festgeschürzte Knoten im Netz. Sicher, dies mag halten, solange der Streit nur um das richtige Anwenden der Argumentformen geht, solange also lediglich Fragen der juristischen Kunstfertigkeit zur Debatte stehen. Im Moment ihrer Thematisierung als Streit um Recht aber droht ihnen die Auflösung und damit der Zusammenbruch des jeweilig Fraglosen.[148]

Juristisches Argumentieren ist also Arbeit im Moment des freien Falls. Mit jeder These, jeder Begründung und auch jedem Einwand ist der Knoten im Netz, der Halt für diesen Moment geben soll, immer wieder neu zu schürzen. Dafür erschließen die Argumentformen Kontexte, seien diese historisch, genetisch oder systematisch, die es erlauben, die Bedeutung des jeweiligen Normtextes herzustellen und im Ausgang von ihm Recht zu schaffen. Wie jederlei Bedeutung ist diese also auch holistisch. Demzufolge gilt auch für die Äußerungen, in denen die Parteien ihre Rechtsmeinungen vorbringen, dass „eine sprachliche Einheit nur im Kontext Bedeutung hat, wobei sprachliche Einheiten u. a. Wörter, Begriffe, komplexe Ausdrücke, Sätze, Überzeugungen oder Äußerungen sein können, während als Kontext u. a. Sätze, Sprachen, Theorien, Vokabulare, Überzeugungssysteme oder Äußerungs-

---

[147] Grundsätzlich dazu DAVIDSON, Eine Kohärenztheorie der Wahrheit und Erkenntnis (Fn. 61), 271 ff.

[148] Grundsätzlich dazu WILLARD VAN ORMAN QUINE, Zwei Dogmen des Empirismus, in: DERS., *Von einem logischen Standpunkt. Neun logisch-philosophische Essays*, Frankfurt am Main 1979, 27 ff., 47 ff.

zusammenhänge auftreten."[149] Und eben dieser Kontext bietet alles, was dafür nötig ist, um sprachlichen Ausdrücken ihre Bedeutung zu geben.

Juristisches Argumentieren ist Arbeit an Recht auf dessen Entscheidung hin. Mit einer jeden solchen Entscheidung, die das juristische Argument in Geltung setzt, fällt Recht als Textstruktur, gleich den Teilen eines Kaleidoskops, in sich in ein neues „Bild". Juristisches Argumentieren bewegt die Textstruktur des Rechtstaats in sich. Dies verweist auf nichts anderes, als dass die Praxis von Recht, juristisches Argumentieren, immer wieder „für sich selbst" zu sorgen hat. Daraus vermag weder ein Gott der Gerechtigkeit noch das Maß der Sprache zu erlösen. Die Frage ist allein, wie Juristen inmitten des Gerichtssaals die ihnen damit gestellte Aufgabe zu bewältigen vermögen, die keine andere ist, als sich beim eigenen Schopf der Argumente aus dem Sumpf der Grundlosigkeit der Gründe zu ziehen. Und die Antwort liegt ganz nüchtern und konkret in der retroreflexiven Struktur der Argumentation[150], die das Kunststück erlaubt, an Begründetem und Grund zugleich zu wirken.

4. Begründen und Widerlegen

Nun ist zwar Begründen so eng mit dem Argumentieren verbunden, dass dieses nahezu damit bestimmt wird. Juristisches Argumentieren weist indes gegenüber diesen allgemeinen Verhältnissen eine entscheidende Besonderheit auf. Vor Gericht geht es nicht mehr um eine Berechtigung der Einlassungen der Parteien als Rechtsmeinung. Die muss von vornherein schon erhöhten und instituiert regulierten Begründungsanforderungen genügen, um überhaupt für den Prozess der Entscheidung von Recht ins Spiel gebracht werden zu können. Die Begründetheit von Rechtsmeinungen ist also nicht mehr Teil des Verfahrens. Sie ist vielmehr die Eintrittskarte für die Teilnahme am Verfahren. Im Verfahren geht es dann um eine Rechtfertigung dafür, in der zu entscheidenden Sache die eine oder die andere der vorgetragenen Positionen zu beziehen. Jede der Parteien beansprucht das allein für sich. Dies macht eben die Inkommensurabilität aus. Um sich damit auch in der schlussendlichen Entscheidung von Recht durchzusetzen, bleibt al-

---

149 VERENA MAYER, *Semantischer Holismus. Eine Einführung.* Berlin 1997, 35 ff. Siehe auch MATHIAS SCHÄDLER-OM, *Der soziale Charakter sprachlicher Bedeutung und propositionaler Einstellungen.* Würzburg 1997.

150 Grundlegend dazu HARALD WOHLRAPP, Die diskursive Tendenz, in: DERS. (Hrsg.), *Wege der Argumentationsforschung,* Stuttgart 1995, 395 ff., hier vor allem 408 f. Im Einzelnen auch CHRISTENSEN/KUDLICH, Theorie richterlichen Begründens (Fn. 27), 243 ff.

so nur der Weg, die gegnerische Rechtsmeinung aus ihrer Stellung als eine solche auszuhebeln. Nicht diese ist anzugreifen, sondern die Gründe, die für sie sprechen und die sie für sich beansprucht.

Das Vorgehen der Parteien zur Begründung der eigenen und zugleich Widerlegung der gegnerischen Rechtsmeinung muss daher zwangsläufig retroreflexiv sein, so, wie es Harald Wohlrapp überhaupt als Grundzug von Argumentationen sieht. Gemeint ist damit, dass Argumente nicht allein „vorwärts" auf ihren Erfolg bzw. auf eine Entscheidung zu ihren Gunsten gerichtet sind. Vielmehr richten sie sich als Reaktion auf den Verlauf der Argumentation zur Behauptung ihrer Stellung auch zurück auf die vorangegangenen Schritte und vor allem auch auf deren Untermauerung wiederum durch Gründe. „Der Begründungszusammenhang, der darauf angelegt ist, die These als erreichbar darzustellen, wirkt auch auf die Voraussetzungen, die in die Begründung eingehen, zurück."[151] Da einerseits Einwände sich bereits auf Elemente vor der eigentlichen Begründung beziehen können, umgekehrt die Begründung als Verteidigung der These durch eine Reformulierung der angegriffenen Schritte erfolgen kann, bezieht sich der argumentative Klärungsprozess nicht nur auf die in der These und den Argumenten explizit angesprochenen Inhalte, sondern betrifft auch die Vielzahl von Voraussetzungen.

Juristisches Argumentieren ist durch das Widerspiel von Integrieren und Widerlegen gekennzeichnet. Als Angriffspunkt für die jeweiligen argumentativen Züge bietet sich dabei das Moment der „Rechtfertigung", der „Garantie" bzw. der „Schlussregel" in der Struktur von Begründung an.[152] Dieses stellt die Gelenkstelle dar, die das jeweilige Argument an instituierten Wahrheiten von Recht anschließt und ihm den Weg in das juristisch Geltende ebnen soll.

Das Integrieren als positivierende Positionierung der eigenen Rechtsmeinung besteht dann darin, als Schlussregel bereits als geltend durchgesetzte Argumente einzusetzen. Da diesen so das Prestige diskursiver Wahrheit zukommt, ermöglicht es ihre Einverleibung in das eigene Argument, dessen Rechtfertigung mit der „Stützung", dem „Rückhalt" der jeweiligen Auseinandersetzung um das Recht überhaupt kurzzuschließen. Die Berechtigung für das eigene Argument ist damit gewissermaßen außer Konkurrenz gestellt, da sie nur noch um den Preis vom

---

151 Vgl. WOHLRAPP, Die diskursive Tendenz (Fn. 150), 408 f.

152 Zur Adaption des Toulminschemas für den Bereich juristischen Argumentierens DENNIS PATTERSON, *Recht und Wahrheit*. Baden-Baden 1999, 195 ff. Eingehend zur Struktur des Begründungsspiels auch in kritischer Auseinandersetzung mit Toulmins Schema LUEKEN, Inkommensurabilität als Problem rationalen Argumentierens (Fn. 18), 243 ff., hier vor allem 249 ff.

Gegner angreifbar ist, im Zuge dessen zugleich auch das Fundament der eigenen Position zu erschüttern. Damit kann der Kunstgriff gelingen, den Normtext zu besetzen, ohne sich damit zugleich der Anmaßung eines Vollzugs richterlichen Urteilens schuldig machen zu müssen, d. h. jenes Recht zu setzen, über das erst im Ergebnis des Verfahrens zu entscheiden ist.

Entsprechend geht es dem Widerlegen darum, die Rechtfertigung bzw. Garantie von Argumenten zu erschüttern. Durch deren Ausschaltung wird der Bezug des angegriffenen Arguments zur „Stützung", zum „Rückhalt" zerrissen. Das gegnerische Argument wird wieder in die Luft gehängt. Damit kann der Kunstgriff gelingen, es auszuschließen, ohne es dafür in seiner Rechtfertigung als Rechtsmeinung denunzieren zu müssen. Denn dies hieße, nicht Recht zu prozessieren, sondern das laufende Verfahren in seinen Voraussetzungen noch einmal in Frage zu stellen. Natürlich kommt dies in juristischen Auseinandersetzungen auch vor. Damit wird dann aber nicht mehr argumentativ prozessualisiert. Vielmehr wendet sich die Argumentation so thematisierend auf sich selbst zurück, um sich im Ausgang des Schlagabtauschs darum selbst entsprechend neu einzusetzen. Alles in allem stellt sich juristisches Argumentieren so als eine in den Sequenzen von Integration und Widerlegung ausgearbeitete antagonistische Begründungspraxis dar.

In juristischem Argumentieren bleibt, wenngleich nun durch eine Methode von Vernunft kultiviert, der Widerstreit am Werk. Die Begründungs- und Widerlegungssequenzen, die diese Vernünftigkeit der Auseinandersetzung prozessieren, unterminieren subversiv die Grundlegungen von Argumenten. Sowohl der Versuch der Inthronisierung der eigenen Position als Recht durch die Absorbierung der Gründe allein für sie als auch durch Entzug aller Gründe für die gegnerische Position sind darauf gerichtet, Argumente förmlich zu „verzehren". Gelingt es, das eigene Argument für eine Geltung als Recht durchzusetzen, dann muss und soll es aufhören, ein solches zu sein. Der thetische und damit jederzeit der Fraglichkeit ausgesetzte Charakter als Argument soll aufgehen in der unangefochtenen Geltung als Recht. Praktisch und notwendigerweise auch personifiziert wird dies im Gerichtsverfahren dadurch, dass am Ende des Argumentierens eine dritte Instanz, die des Richters den Parteien das thetische Meinen aus der Hand nimmt und es ihnen in seinem Ergebnis als Urteil über sie zurückgibt.[153] Der hat dann seine eigene reichliche Not damit, dies getreu den Anforderungen an Rechtsstaatlichkeit zu begründen.[154]

---

153 Im Einzelnen dazu MÜLLER/CHRISTENSEN/SOKOLOWSKI, Rechtstext und Textarbeit (Fn. 7), 94 ff.

154 Dazu insgesamt CHRISTENSEN/KUDLICH, Theorie richterlichen Begründens (Fn. 27).

Argumentieren unter den Bedingungen der Inkommensurabilität hat nichts mit einem Ausgleich in den Überzeugungen zu tun. Argumentieren unter den Bedingungen der Inkommensurabiltät, so, wie es der Rechtsstreit praktiziert, läuft immer auf eine Durchsetzung der eigenen Überzeugung hinaus. Wie aber kann dann bei allem Bemühen um Begründung das Ergebnis einer solchen juristischen Argumentation eine über einen Erfolg in der Verdrängungsleistung hinausgehende Geltung beanspruchen?

5. Geltung

Juristisches Argumentieren zielt darauf ab, den eigenen Anspruch auf das Recht durchzusetzen. Dennoch hat es sich in diesem Anspruch stets zu legitimieren. Einer Akzeptanz durch alle Beteiligten steht dabei der sich praktisch durchgehend durchsetzende Charakter eines Widerstreits entgegen. Es bleibt nur die Entscheidung zugunsten einer Position, die sie in ihrer Begründetheit zuungunsten der anderen ratifiziert. An die Stelle der Akzeptanz muss man deswegen Geltung setzen. Und wie für alles, so muss auch hier die Praxis des Argumentierens selbst sorgen.

Sie tut dies, indem sie darauf hinarbeitet, dass sich im Streit nichts mehr gegen die eine sich so in Geltung setzende Position sagen lässt. „Die Auszeichnung ‚gültig' wird dabei relativ zum Stand des argumentativen Dialogs (‚*argumentationsstandrelativ*') vorgenommen. Gültig heißt eine These dann, wenn ein Stand der Diskussion erreicht ist, in dem keine Einwände mehr vorgebracht werden (können), keine Einwände bestehen, weil sie nicht da sind. Dies lässt sich in der Formel zusammenfassen: Argumentative Geltung ist Freiheit von Einwänden, kurz: ‚*Einwandfreiheit*'. Wo keine Einwände mehr vorliegen, besteht auch kein Bedarf zum weiteren Begründen."[155] Im Rechtsstreit ist auf diese Weise eine gültige Version der umstrittenen Lektüre der einschlägigen Normtexte zu erreichen, die den Richter darin rechtfertigt, sie in den Stand von Recht als dessen Bedeutung zu erheben. Dafür müssen die Parteien die Einwände des Gegners ausräumen oder sie so reformulieren, dass sie in die Begründung der eigenen Rechtsmeinung integriert werden können. Mit diesem Status der Einwandfreiheit ist im Ergebnis eine gültige These erreicht und durch sie kann dann auch der Streit der Rechtsmeinungen richtig entschieden werden.

Die Ruhe allerdings, die damit in den Gerichtssaal einkehrt, kann nur eine vor dem nächsten Sturm der Auseinandersetzung sein. Geltung qua Einwandfreiheit ist immer nur eine Lizenz von Recht auf Zeit.

---

[155] LUEKEN, Paradigmen einer Philosophie des Argumentierens (Fn. 55), 43.

Wenn und solange eine Rechtsentscheidung alle gegen sie vorgebrachten Argumente integriert oder ausräumt, ist sie gültig. Aber eben nur „wenn". Und eben nur „solange". Der Pflicht des Juristen, solche Geltung frei von Willkür auf die im Fegefeuer der Argumentation bewährten Maßstäbe zu gründen, bleibt das Recht auf Sprache als Widerpart erhalten. Jede Geltung ist nur so gut wie die Argumentation, die sie erreicht. Auch eine argumentativ gültige Begründung kann erschüttert werden, wenn – sei es in der Rechtsmittelinstanz, sei es in der wissenschaftlichen Begleitung einer Entscheidung oder sei es durch einen findigeren Anwalt in einem neuen Verfahren – ein neues Argument gegen die bisherige Begründung vorgebracht wird. Ist dieser Einwand wirklich neu und nicht nur eine Paraphrase eines bereits erfolgreich widerlegten Einwandes, so ist zu prüfen, ob er in die bisherige Argumentation integriert oder widerlegt werden kann. Ist dies nicht möglich und betrifft der Einwand tragende Elemente der Begründung, so verliert sie ihre argumentative Gültigkeit. Hat sie Bestand, so ist neuerlich der Stand der einen Überzeugung erreicht. Aber eben: „neuerlich".

Und der Widerstreit? Durch die Abarbeitung aller Einwände ist er vorläufig sprachlos. Aber das Unrecht ist damit nicht verschwunden.

V. Gerechtigkeit als Möglichkeit, den Widerstreit auszutragen

Wie man heute weiß, lässt sich die Grenze eines Systems innerhalb seiner selbst nicht formulieren, ohne als Grenze aufzuhören.[156] Dies macht den Auftrag des Rechts, das Unrecht zu formulieren, schwierig: „Syntax und Vokabular der Sprache des Rechts sind bekanntlich jeweils begrenzt, jedenfalls explizit und streng geregelt. Ich muss ein Unrecht, von dem ich meine, dass es mir widerfahren sei, rechtlich namhaft machen und als Normverletzung darstellen können, andernfalls ist es nicht justiziabel; d. h. es ist rechtlich nicht existent. Nun ist jede wirkliche Sprache des Rechts (Syntax und Vokabular; Verfahrensregeln und Tatbestandsmerkmale) ‚gesetzt'. Gewöhnlich ist sie durch die Herrschenden gesetzt, oder sie haben sie sich jeweils durch Auslegung angeeignet. Zwangsläufig werden dabei aber denkbare Tatbestände ausgegrenzt, weil sie in der Sprache des geltenden Rechts (hier und heute) nicht darstellbar sind. Wenn nun ein Konflikt unter dem Gesetz zur Entscheidung ansteht, d. h. vor Gericht verhandelt wird,

---

[156] Vgl. dazu ERNESTO LACLAU, Subjekt der Politik, Politik des Subjekts, in: DERS., *Emanzipation und Differenz*. Wien 2002, 79 ff., 85, 87; DERS., Was haben leere Signifikanten mit Politik zu tun?, in: *Emanzipation und Differenz*. Wien 2002, 65 ff., 66.

dann wird wohl nach den Regeln der geltenden Grammatik des Rechts argumentiert, und zwar über alles, was das Gesetz als mögliche Tatbestände zu erfassen erlaubt, nicht aber über das Gesetz selbst. So wird am Ende ein Konsens hergestellt, der dem Gesetz Genüge tut, unabhängig von der Frage, ob er dem Anliegen der Parteien ‚gerecht' wird."[157] Das Unrecht bleibt also als Gegenüber des Gesetzes erhalten. Es ist zwar nicht unmotiviert, aber im Gegensatz zum Recht regellos und grenzenlos. Von keiner Position innerhalb des Rechts lässt sich daher sein Gegensatz Unrecht endgültig bestimmen.

Es stellt sich die Frage, ob damit nicht die Möglichkeit einer begründeten Rechtsentscheidung verloren geht. Ohne den letzten Grund eines Gerechtigkeitsbegriffs, der das Unrecht endgültig fixiert, könnte das Recht zum amorphen Patchwork ohne totalisierende Effekte werden. Eine Gesellschaft, in der sich aufgrund der Abwesenheit von Fundamenten nichts regeln lässt, wäre eine Gesellschaft ohne Recht. Aber auch umgekehrt wäre eine Gesellschaft, in der sich aus dem letzten Grund des Gerechtigkeitsbegriffs alles arithmetisch ableiten lässt, eine Gesellschaft, in der eben ohne Rechtsentscheidung alles schon vorentschieden wäre. Darin zeigt sich, dass es gerade die Leerstelle[158] der Gerechtigkeit ist, welche die Begründung von Recht ermöglicht. Ihr Begriff rückt damit vom Grund in den Horizont. Erst das Fehlen des letzten Grundes ermöglicht die Begründung von Entscheidungen.

So wird das Recht, um mit Thomas Seibert zu sprechen, zum Enthymem. Der letzte Obersatz fehlt. Und doch müssen ständig unzulängliche Stellvertreter formuliert werden. Gerechtigkeit ist damit nicht mehr als die immer wieder eröffnete Möglichkeit, den Widerstreit auszutragen. Als Ziel sowohl unerreichbar als auch unverzichtbar, ermöglicht sie den Weg des Rechts.

---

[157] BORSCHE, Mit dem Widerstreit leben (Fn. 31), 25.

[158] Vgl. dazu ERNESTO LACLAU, Jenseits von Emanzipation, in: DERS., *Emanzipation und Differenz*. Wien 2002, 23 ff., 40 ff.

NORBERT GROEBEN UND URSULA CHRISTMANN

Argumentationsintegrität als Zielidee im Rechtssystem?

1. Problemstellung: Argumentation und Rechtssystem – von der Inokulationsfunktion der Eristik

Schon der Volksmund weiß, dass Recht haben und Recht bekommen „zweierlei paar Stiefel sind". Woran liegt das? Auf höchstem Abstraktionsniveau daran, dass im menschlichen Bereich die größten Stärken häufig auch das Einfallstor für große Schwächen darstellen. Im vorliegenden Fall: Die Stärke unseres Rechtssystems – im Vergleich zu früheren Systemen – ist es sicherlich, dass nicht (mehr) Offenbarungswissen, Intuition oder ererbte (monarchische) Position über die Rechtsprechung entscheiden, sondern – vom Ansatz her – rationale Argumentation. Es müssen Tatsachenbelege angeführt und unter Bezug auf geltendes Recht mit korrekten Schlussverfahren zusammengeführt werden, um zum Beispiel eine (möglichst zwingende) Begründung eines Schuldvorwurfs zu erreichen. Diese argumentative Grundstruktur der Rechtsfindung enthält aber auch eine Versuchung: die Versuchung, unabhängig von der Sachangemessenheit mit allen möglichen Mitteln, sozusagen um jeden Preis, Recht zu behalten. Seit Schopenhauer nennt man diesen Teil der Dialektik „eristische Dialektik", d. h. „Kunst zu disputiren, und zwar so zu disputiren, dass man Recht behält, also *per fas et nefas*" (im Recht wie im Unrecht).[1]

Das Ziel, quasi um jeden Preis Recht zu behalten, steht aber in einer bestimmten Inkohärenz zur Argumentationsstruktur an sich, insofern es sich nicht an den „eigentümlich zwanglosen Zwang des besseren Arguments"[2] hält. Eristische Kunstgriffe unterlaufen, verfehlen die Rationalität der Argumentation, wie es auch an dem bekanntesten Beispiel, dem argumentum ad personam bzw. ad hominem (bei Schopenhauer

---

[1] Vgl. ARTHUR SCHOPENHAUER, *Die Kunst, Recht zu behalten*. Frankfurt am Main 1989, 9 (Original 1864).

[2] JÜRGEN HABERMAS, *Vorstudien und Ergänzungen zur Theorie des kommunikativen Handelns*. Frankfurt am Main 1984, 144.

etwa Kunstgriff 16)[3], deutlich wird, dessen Inakzeptabilität selbst im Alltagsbewusstsein (d. h. für die Alltagskommunikation) fest verankert ist. Das klassische alltagskommunikative Beispiel stellt der Fall des pubertierenden Sohnes dar, der den Vater kritisiert und vom Vater zu hören bekommt, dass er in der Pubertät sei und von daher gesehen sowieso kritisieren muss. Wenn auf diese Art und Weise durch ein (psychologisierendes) argumentum ad personam die sachliche Diskussion verweigert wird, wird dies sowohl von (argumentationstheoretischer) Experten- wie von der Laienseite als unkorrekt eingeschätzt. Die Frage ist, worin diese Unkorrektheit im Einzelnen besteht.

Die Antwort ist bereits in der Explikation und Begründung der Eristik von Schopenhauer vorgezeichnet. Dessen Antwort auf die Frage, woher das Bestreben, in jedem Fall Recht zu behalten, kommt, lautet: „von der natürlichen Schlechtigkeit des menschlichen Geschlechts"[4], die er ausdifferenziert in Eitelkeit, Geschwätzigkeit und Unredlichkeit.[5] Die Unkorrektheit eristischer Kunstgriffe besteht also vor allem auf einer moralischen Ebene, d. h. die Inkohärenz zwischen eristischen Kunstgriffen und der Grundstruktur der Argumentation ist eine moralische. Damit aber erscheint auch die Eristik selbst – qua Lehre von der Kunst des Rechtbehaltens – als potenziell moralisch problematisch. Doch auch hier gibt schon Schopenhauer die Lösungsperspektive vor: Die Rekonstruktion der eristischen Kunstgriffe hat nicht in erster Linie das Ziel, diese einzusetzen, sondern sie zu kennen, um sich gegen sie verteidigen zu können.[6] Die Hauptaufgabe ist es also, „jene Kunstgriffe der Unredlichkeit im Disputiren aufzustellen und zu analysiren; damit man bei wirklichen Debatten sie gleich erkenne und vernichte."[7] Das moralische Ziel einer Eristik ist es also, durch die Aufdeckung der entsprechenden Kunstgriffe ihre Effektivität zu destruieren, indem die Argumentationsteilnehmer/-innen durch Kenntnis der entsprechenden Strategien gegen ihre Wirksamkeit geimpft werden. Das ist die Inokulationsfunktion der Modellierung von ethisch problematischen Gegenstandsbereichen.

Diese Inokulationsfunktion gilt also für die Analyse eristischer Argumentationsstrukturen generell, in verstärktem Ausmaß aber sicherlich für deren Analyse im juristischen Bereich. Das Ziel der Rechtsprechung kann es in keinem Fall sein, dass die „moralische Schlechtigkeit" eines Täters durch die „moralische Schlechtigkeit" im (argumentativen)

---

[3] SCHOPENHAUER, Die Kunst, Recht zu behalten (Fn. 1), 44.
[4] Ebd., 9.
[5] Ebd., 10.
[6] Ebd., 16.
[7] Ebd., 19 f.

Prozess der Rechtsprechung ungeahndet bleibt. Die Zielidee von Recht und Gerechtigkeit impliziert mit konzeptueller Notwendigkeit, dass sich unredliche Argumentationsweisen möglichst wenig oder gar nicht durchsetzen können (sollen). Vielmehr ist das Gegenteil als normative Zielidee anzusetzen: Diejenige Position sollte sich durchsetzen, die möglichst ohne unredliche Kunstgriffe auskommt. Damit ist das positive Zielkriterium einer Ethik der Kommunikation (auch und gerade für den juristischen Bereich) benannt: Argumentationsintegrität.

Integrität oder Redlichkeit des Argumentierens bedeutet dabei eine Form von Unbestechlichkeit gegenüber der Versuchung, Recht behalten zu wollen.[8] Die Kenntnis argumentativ-eristischer Strategien soll daher letztlich nicht nur gegen deren Wirksamkeit schützen, wenn sie vom Gegenüber angewendet werden, sondern vor allem auch gegen die Versuchung, sie zur Durchsetzung eigener Interessen selbst anzuwenden. Wir werden in diesem Sinne im Folgenden zunächst das Konzept der Argumentationsintegrität als zentrale Zielidee einer Ethik der Argumentation explizieren und begründen (2). Von dieser Rechtfertigung der Zielidee rationalen Argumentierens aus sollen dann einzelne Standards des integren Argumentierens (als Vermeidung von argumentativer Unintegrität) ausdifferenziert und mit den zugehörigen konkreten rhetorischen Strategien verbunden werden (3). Es schließt sich die Analyse der Bedingungen an, unter denen (objektive) Regelverletzungen der Argumentationsintegrität im Einzelfall auch zu einem Schuldvorwurf führen (können) (4), um von hier aus in Form eines Ausblicks spezifische offene Fragen der Anwendung dieses Konzepts im Rechtssystem zu thematisieren (5).

2. Das Konzept der Argumentationsintegrität

Um das Konzept des fairen oder integren Argumentierens zu explizieren, ist zunächst eine Abklärung des Argumentationsbegriffs vonnöten. Hier sind in der argumentationstheoretischen Diskussion zwei idealtypische Traditionen[9] zu unterscheiden: zum einen die deskriptive, zum

[8] Vgl. NORBERT GROEBEN/MARGRIT SCHREIER/URSULA CHRISTMANN, Fairness beim Argumentieren: Argumentationsintegrität als Wertkonzept einer Ethik der Kommunikation, in: *Linguistische Berichte* 147 (1993), 355–382; NORBERT GROEBEN/MARGRIT SCHREIER/URSULA CHRISTMANN, *Argumentationsintegrität (I): Herleitung, Explikation und Binnenstrukturierung des Konstrukts*. Arbeiten aus dem SFB 245, Bericht Nr. 28. Heidelberg 1990.

[9] FRANS H. VAN EEMEREN/ROB GROOTENDORST/TJARK KRUIGER, *Handbook of argumentation theory. A critical survey of classical backgrounds and modern study*. Dordrecht 1987; ECKEHARD EGGS, Argumentation, in: GERT UEDING (Hrsg.), *Historisches Wörterbuch der Rhetorik. Bd. 1*. Tübingen 1992, 914–991; PAUL-LUDWIG VÖLZING, Argumentation. Ein

anderen die eher normative Argumentationstheorie. Die deskriptive Argumentationstheorie versucht schlicht beschreibend dasjenige abzubilden, was in unserer Gesellschaft als Argumentation angesehen und realisiert wird. Für die normative Argumentationstheorie dagegen enthält das Argumentationskonzept bereits konstitutiv wertende Begriffsteilmengen, sodass eine präskriptive Spezifizierung in Richtung auf eine „gute Argumentation" unverzichtbar ist.[10] Wenn man mit Hilfe des Konzepts der Argumentationsintegrität eine Ethik der Kommunikation zu explizieren und zu implementieren versucht, dann stellt natürlich die normative Argumentationstheorie[11] den sinnvollen Ansatzpunkt dar. Zugleich darf sich aber eine solche kommunikative Ethik nicht unrealistisch von den in der Gesellschaft vorhandenen Argumentationsvorstellungen entfernen. Wir haben daher versucht, die beiden argumentationstheoretischen Traditionen zusammenzuführen, indem wir aufeinander aufbauend einen deskriptiven und präskriptiven Argumentationsbegriff rekonstruiert haben.

Dabei lässt sich die bisherige Diskussion der deskriptiven Argumentationstheorie so zusammenfassen, dass in einer Argumentation versucht wird,

- eine strittige Frage (Voraussetzung)
- durch partner-/zuhörerbezogene Auseinandersetzung (Prozess)
- einer begründeten Antwort (Ziel)
- von transsubjektiver Verbreitung (Ziel)

zuzuführen.[12]

Die damit postulierten vier definitorischen Merkmale sind folgenderweise zu verstehen: Eine strittige Frage als Voraussetzung von Argumentation liegt vor, wenn hinsichtlich eines Meinungsgegenstandes unterschiedliche *Überzeugungen* existieren und ein Interesse daran besteht, diese Meinungsverschiedenheit zu klären.[13] Das Merkmal der

---

Forschungsbericht, in: *Zeitschrift für Literaturwissenschaft und Linguistik* 38 (1980), 204–235.

[10] JOSEF KOPPERSCHMIDT, *Methodik der Argumentationsanalyse.* Stuttgart 1989; JOSEF KOPPERSCHMIDT, *Rhetorik.* Stuttgart 1973.

[11] FRANS H. VAN EEMEREN/ROB GROOTENDORST, A pragma-dialectical perspective on norms, in: *Communication and Cognition* 24 (1991), 25–42; FRANS H. VAN EEMEREN/ROB GROOTENDORST, Rationale for a pragma-dialectical perspective, in: *Argumentation* 2 (1988), 271–291.

[12] Ausführlich: GROEBEN/SCHREIER/CHRISTMANN, Fairness beim Argumentieren (Fn. 8); GROEBEN/SCHREIER/CHRISTMANN, Herleitung, Explikation und Binnenstrukturierung des Konstrukts (Fn. 8).

[13] HELMUT GEIßNER, Mit Gründen streiten (Argumentationspraxis), in: *Diskussion Deutsch* 16 (1985), 140, 141; WOLFGANG KLEIN, Logik der Argumentation, in: PETER SCHRÖDER/

,Partnerbezogenheit' der Argumentationsdefinition bezieht sich auf den Prozess der Auseinandersetzung mit den divergierenden Auffassungen; diese Auseinandersetzung kann in einer aktuell oder virtuell dialogischen Situation stattfinden. Eine aktuell-dialogische Situation ist dadurch gekennzeichnet, dass (mindestens) zwei Personen miteinander sprechen; in einer virtuell-dialogischen Situation spricht oder schreibt eine Person (zu) einer anderen – diese Explikation erlaubt es, Massenkommunikations-Prozesse ebenfalls als potenziell argumentative zu rekonstruieren. Partnerbezogenheit zeigt sich dann darin, dass ein/-e Sprecher/-in auf die Meinungen und Beiträge anderer Argumentationsteilnehmer/-innen direkt oder indirekt Bezug nimmt, indem er/sie Beiträge aufgreift, ergänzt, kommentiert, vertieft etc.[14] Ziel dieses Auseinandersetzungsprozesses ist es, die eigene Position so zu begründen, dass sie für die anderen Argumentationsteilnehmer/-innen akzeptabel wird, d. h. übernommen werden kann (Merkmal der ,transsubjektiven Verbreitung': Überführung einer subjektiv vertretenen in eine transsubjektiv akzeptierte Position). Das Begründen von Positionen gilt dabei als Grundprinzip von Argumentieren überhaupt. Begründen heißt, dass der/die Sprecher/-in versucht, die eigene Position an andere Behauptungen anzubinden und sie auf diese Weise für die Hörer/-innen akzeptabel zu machen.[15] Begründungen können dabei unterschiedlich komplex sein und mehr oder weniger differenziert elaboriert werden.

Unter der Perspektive dieser deskriptiven Argumentationsdefinition ist die Güte und Legitimität der eingesetzten Mittel und Strategien nicht thematisch. Es kommt einzig und allein darauf an, die Teilnehmenden von der Richtigkeit der eigenen Position zu überzeugen – weitgehend unabhängig davon, auf welche Weise das geschieht. Für eine präskriptive Auffassung des Argumentationsbegriffs stehen jedoch die eingesetzten Mittel sehr wohl auf dem Prüfstand. Entsprechend sind unter dieser Perspektive Kriterien dafür anzugeben, wie eine vernünftige Argumentation aussehen soll, die darauf ausgerichtet ist, mit *guten* Gründen zu überzeugen. Unter dieser Perspektive ist also zu fordern, dass die Begründungen in einer Argumentation möglichst rational sein sollen und das Anstreben der hörerseitigen Akzeptanz der eigenen Position möglichst kooperativ erfolgen sollte. Daraus ergibt sich

---

HUGO STEGER (Hrsg.), *Dialogforschung. Jahrbuch 1980 des Instituts für Deutsche Sprache.* Düsseldorf 1981, 226, 228.

14 FRANS H. VAN EEMEREN/ROB GROOTENDORST, *Speech acts in argumentative discussions.* Dordrecht 1984, 9; GISELA FRIXEN, Struktur und Dynamik natürlichsprachlichen Argumentierens, in: *Papiere zur Linguistik* 36 (1987), 45, 65.

15 HENK PANDER MAAT, Argumentation. Zur Charakterisierung und Abgrenzung eines Forschungsgegenstandes, in: *Studium Linguistik* 16 (1985), 1, 15 f.

als präskriptive Argumentationsdefinition, dass in einer Argumentation versucht wird,

- eine strittige Frage (Voraussetzung)
- durch partner-/zuhörerbezogene Auseinandersetzung (Prozess)
- einer *(möglichst rational)* begründeten Antwort (Ziel)
- von *(möglichst kooperativer)* transsubjektiver Verbreitung (Ziel)

zuzuführen.[16]

Unter rationalen Begründungen sind dabei solche zu verstehen, die es den Hörern/-innen erlauben, Einsicht in die Gründe des/der Sprechers/-in zu gewinnen, die weder kognitiv noch motivational verzerrt sind.[17] Sofern es sich bei den angeführten Gründen um rationale handelt, wird der/die Hörer/-in sie gemäß dem „eigentümlich zwanglosen Zwang des besseren Arguments"[18] akzeptieren müssen. Das Bemühen des/der Sprechers/-in, den anderen von der Richtigkeit der eigenen Position zu überzeugen, darf dabei allerdings nicht beliebig sein, sondern es müssen die berechtigten Interessen der anderen Teilnehmer/-innen berücksichtigt werden – und genau dies ist mit der zweiten präskriptiven Spezifizierung, nämlich der ‚Kooperativität' gemeint.[19] Kooperativität bezieht sich in diesem Zusammenhang auf den Aspekt der Zustimmungsfähigkeit von Argumenten, die dann gegeben ist, wenn Teilnehmer/-innen einen Lösungsvorschlag gerade auch unter Berücksichtigung ihrer eigenen Interessen akzeptieren können.[20]

Argumentation stellt demgemäß ein Verfahren dar, dessen Ziel es ist, eine strittige Frage durch Einführen und Abwägen von guten und vernünftigen Gründen (Zielmerkmal der Rationalität), die von möglichst vielen Teilnehmern/-innen vor dem Hintergrund ihrer jeweiligen Interessen akzeptiert werden können (Zielmerkmal der Kooperativität), zu klären. Rationalität und Kooperativität stellen dabei die Wertungskriterien dar, die die Grundlage für eine ethische Beurteilung von Argumentationsbeiträgen bieten.

Damit das Ziel einer Argumentation, nämlich zu einer vernünftigen und kooperativen Lösung einer strittigen Frage zu gelangen, erreicht wird, müssen die Teilnehmenden sich an bestimmte Spielregeln halten,

---

16 GROEBEN/SCHREIER/CHRISTMANN, Fairness beim Argumentieren (Fn. 8), 366.

17 Ebd., 364 f.

18 HABERMAS, Vorstudien und Ergänzungen zur Theorie des kommunikativen Handelns (Fn. 2), 144.

19 GROEBEN/SCHREIER/CHRISTMANN, Fairness beim Argumentieren (Fn. 8), 365 f.

20 PAUL-LUDWIG VÖLZING, *Begründen – Erklären – Argumentieren.* Heidelberg 1979.

die wir als Bedingungen des integren Argumentierens bezeichnen. Wir haben vier solche Bedingungen formuliert:[21]

(I) Formale Richtigkeit: Die Teilnehmenden müssen folgerichtig argumentieren und ihre Position inhaltlich begründen.

(II) Inhaltliche Richtigkeit/Aufrichtigkeit: Die Teilnehmenden an einer Argumentation müssen aufrichtig sein, d. h. abgekürzt, sie dürfen nur solche Meinungen und Überzeugungen zum Ausdruck bringen, die sie selbst in dieser Form für richtig erachten.

(III) Inhaltliche Gerechtigkeit: Die vorgebrachten Argumente müssen sachlich und persönlich angemessen, d. h. gerecht sein.

(IV) Prozedurale Gerechtigkeit/Kommunikativität: Die Durchführung des Verfahrens muss gerecht sein, d. h. die einzelnen Teilnehmenden dürfen weder bei der Entfaltung ihrer Argumente noch bei der Suche nach einer Lösung behindert oder benachteiligt werden.

Wir gehen davon aus, dass Personen, die sich auf das Verfahren der Argumentation einlassen, eine ungefähre Vorstellung von diesen Bedingungen haben und zumindest implizit erwarten, dass sie eingehalten werden. Die Einhaltung der Bedingungen bezeichnen wir als faires oder integres Argumentieren, den bewussten Verstoß gegen die Bedingungen als unfaires oder unintegres Argumentieren. Uninteger argumentiert demnach eine Person, die im Dienste der eigenen Interessen (um Recht zu behalten oder die eigene Position durchzusetzen) andere ‚austrickst', indem sie:[22]

(I) nicht folgerichtig argumentiert oder ihre Behauptungen nicht oder unzureichend begründet (fehlerhafte Argumentationsbeiträge);

(II) unaufrichtig ist (z. B. die Wahrheit verfälscht), d. h. wider bessere Überzeugung argumentiert (unaufrichtige Argumentationsbeiträge);

(III) sachlich und persönlich ungerecht ist, d. h. die Person des Gegenübers herabsetzt (inhaltlich ungerechte Argumente);

---

[21] Ausführlich: GROEBEN/SCHREIER/CHRISTMANN, Fairness beim Argumentieren (Fn. 8), 366 f.; GROEBEN/SCHREIER/CHRISTMANN, Herleitung, Explikation und innenstrukturierung des Konstrukts (Fn. 8); MARGRIT SCHREIER/NORBERT GROEBEN/URSULA CHRISTMANN, „That's not fair!" Argumentational integrity as an ethics of argumentative communication, in: *Argumentation* 9 (1995), 267–289.

[22] GROEBEN/SCHREIER/CHRISTMANN, Fairness beim Argumentieren (Fn. 8), 375 f.

(IV) die gleichberechtigte Teilnahme anderer Personen erschwert oder unmöglich macht (ungerechte Interaktion).

Die normative Zielidee, die hinter dieser Konzeption einer argumentativen Ethik steht, ist die einer beschränkten Rationalität, die also nicht den absoluten Wahrheitsanspruch von Gründen, sondern deren relative Plausibilität unter den jeweils gegebenen historischen und räumlichen Bedingungen in den Mittelpunkt stellt.[23] Es geht demnach nicht um das Erreichen von maximaler Rationalität und Kooperativität, sondern um ein dem jeweiligen Zweck und der jeweiligen Argumentation entsprechendes Optimum.[24] Die Optimierung von Rationalität wird durch das Verfahren der Argumentation in dem Sinne ermöglicht, dass die durch begrenzte Verarbeitungskapazität, begrenztes Wissen, kognitive Verzerrungen etc. je individuellen Beschränkungen von Rationalität im Austausch mit anderen zumindest zum Teil überwunden werden können. Im argumentativen Austausch können also Begrenzungen der je individuellen Vernunft aufgedeckt werden, was zur Verminderung dieser Begrenzungen beitragen kann. Wenn man davon ausgeht, dass dies zu einer Verbesserung der conditio humana beiträgt, dann ist das Anstreben eines Optimums an Rationalität lebenspraktisch gerechtfertigt. Und dies gilt sowohl für den individuellen als auch für den öffentlichen Bereich; auf gesellschaftlicher Ebene kann der öffentliche Gebrauch von Vernunft (im Sinne von Kritik, Offenlegen und Korrektur bestehender Verhältnisse) eine Bedingung der Möglichkeit zur Überwindung gesellschaftlicher Irrationalismen darstellen.[25]

Die Optimierung von Kooperativität meint komplementär, dass im Rahmen von Argumentationen Interessenkonstellationen nicht nur erkannt und aufgedeckt, sondern auch optimierend verändert werden können (z. B. Interessenmodifikationen, Interessenausgleich durch Kompromisse, Integration unterschiedlicher Interessen, Stufenpläne mit sequenzieller Berücksichtigung unterschiedlicher Interessen etc.).[26] Und zwar deshalb, weil Argumentation idealtypisch ein reflexiv-transparentes Verfahren darstellt, in dem die Teilnehmer/-innen grundsätzlich die Bereitschaft haben müssen, ihre jeweiligen Interessen zu ändern

---

[23] GROEBEN/SCHREIER/CHRISTMANN, Herleitung, Explikation und Binnenstrukturierung des Konstrukts (Fn. 8), 18 ff.

[24] Ebd., 24.

[25] Ebd., 22 f.

[26] MATTHIAS GATZEMEIER, Grundsätzliche Überlegungen zur rationalen Argumentation (mit Bezug auf den schulischen Unterricht), in: RUDOLF KÜNZLI (Hrsg.), *Curriculumentwicklung*. München 1975, 147–158.

und in dem die „(Un-)Vereinbarkeit von Interessenskonstellationen selbst Gegenstand der argumentativen Reflexion" sein soll.[27]

Sowohl die Optimierung von Rationalität als auch die Optimierung von Kooperativität führen somit zu einer Überwindung individueller Beschränkungen. Dabei sollten sich die beiden Zielperspektiven einander wechselseitig korrigieren und ergänzen. Die Rationalität einer Lösung soll nicht auf Kosten der Interessen anderer gehen, die Interessen der Beteiligten sollen nicht auf Kosten der Rationalität berücksichtigt werden.[28] Anzustreben ist somit eine optimierende Integration von Rationalität und Kooperativität, die wir als regulative Zielidee auffassen und unter dem Begriff der Verallgemeinerbarkeit zusammengefasst haben. Damit ergibt sich folgende (deduktive) Konzeptstruktur (vgl. Abb. 1), die sowohl die definierenden Merkmale des Konzepts ‚Argumentations(un-)integrität' als auch die präskriptiven Rechtfertigungsaspekte dieser Konzeptexplikation enthält.

Verallgemeinerbarkeit

Rationalität		**Kooperativität**	
Formale Richtigkeit	Inhaltliche Richtigkeit/ Aufrichtigkeit	Inhaltliche Gerechtigkeit	Prozedurale Gerechtigkeit/ Kommunikativität

Abb. 1: Binnenstruktur von ‚Argumentieren'

Wie eingangs bereits angeführt, hängt die Brauchbarkeit einer solchen präskriptiven Konzeption allerdings nicht zuletzt davon ab, ob sie sich nicht zu weit von den in der Alltagskommunikation mit dem Konzept des Argumentierens verbundenen Vorstellungen und Zielsetzungen entfernt. Wir haben daher empirisch überprüft, ob dieses präskriptive Verständnis von Argumentation und argumentativer Fairness (als dem zur Argumentationsintegrität äquivalenten Alltagsbegriff) von den Teilnehmer/-innen an Alltagskommunikation geteilt wird. Im juristischen Bereich ist dies die Frage nach der „Parallelwertung in der Laiensphäre".[29] Und in der Tat hat sich gezeigt, dass auch und gerade in der Alltagskommunikation mit dem Argumentationsbegriff solche präskriptiven Vorstellungen eines guten und fairen Argumentierens verbunden sind.

---

27 GROEBEN/SCHREIER/CHRISTMANN, Herleitung, Explikation und Binnenstrukturierung des Konstrukts (Fn. 8), 29.

28 Ebd.

29 KARL LACKNER, *Strafgesetzbuch*. 21. Aufl., München 1995, § 15, Rn. 14.

Zur Überprüfung dieser Annahme haben wir die komplexen Überzeugungssysteme zum Argumentieren und zur Argumentationsintegrität bei Laien (N = 10), Juristen/-innen (N = 10) und Kommunalpolitikern/-innen (N = 50) mittels eines halbstrukturierten Interviews erhoben, das sich u. a. auf den subjektiven Argumentationsbegriff und die Anforderungen an redliches Argumentieren bezog.[30] Die Interviewinhalte wurden anschließend mittels eines Systems von wissenschaftsanalogen Begriffsrelationen in graphische Struktur-Bilder gebracht (Dialog-Konsens-Methodik)[31], die in kondensierter Form die subjektiven Überzeugungsstrukturen der Versuchspartner/-innen zum Bereich Argumentieren enthalten. Diese von uns so genannten Subjektiven Theorien konnten durch eine inhaltsanalytische Auswertung sowohl untereinander als auch mit der oben dargestellten wissenschaftlichen Explikation des Konzepts ‚Argumentationsintegrität' verglichen werden. Dabei zeigte sich, dass die beiden zentralen, präskriptiven Zielmerkmale von Argumentation, nämlich ‚rational begründete Antwort' und ‚kooperative transsubjektive Verbreitung', wie auch das Voraussetzungsmerkmal der ‚strittigen Frage' von allen drei Untersuchungsgruppen signifikant häufig als wesentliche Bestandteile von Argumentation genannt wurden; das gilt jedoch nicht für das motivationale Voraussetzungsmerkmal ‚Interesse an der Klärung einer Meinungsverschiedenheit'. Das Prozessmerkmal der ‚partner- und zuhörerbezogenen Auseinandersetzung' wurde nur von der Gruppe der Kommunalpolitiker/-innen, nicht jedoch von den Laien und Juristen/-innen signifikant häufig angeführt. In Bezug auf die Bedingungen und Merkmale des (un-)integren Argumentierens ergab sich, dass das Merkmal III ‚inhaltlich ungerechte Argumente' von allen drei Gruppen überzufällig häufig genannt wurde und das höchste Gewicht erhielt, gefolgt von den Merkmalen II ‚unaufrichtige Argumentationsbeiträge', IV ‚ungerechte Interaktionen' und I ‚fehlerhafte Argumentationsbeiträge'. Inhaltlich ungerechte Argumente haben danach im Alltagsdenken offensichtlich ei-

---

[30] URSULA CHRISTMANN/NORBERT GROEBEN, *Argumentationsintegrität (VI): Subjektive Theorien über Argumentieren und Argumentationsintegrität – Erhebungsverfahren, inhaltsanalytische und heuristische Ergebnisse.* Arbeiten aus dem SFB 245, Bericht Nr. 34. Heidelberg 1991; URSULA CHRISTMANN/NORBERT GROEBEN, *Argumentationsintegrität (XI): Retrognostische Überprüfung der Handlungsleitung Subjektiver Theorien über Argumentations(un-)integrität von Kommunalpolitikern/innen.* Arbeiten aus dem SFB 245, Bericht Nr. 64. Heidelberg 1993.

[31] Zur Dialog-Konsens-Methodik vgl. ausführlich: BRIGITTE SCHEELE/NORBERT GROEBEN, *Dialog-Konsens-Methoden.* Tübingen 1988; BRIGITTE SCHEELE (Hrsg.), *Struktur-Lege-Verfahren als Dialog-Konsens-Methodik.* Münster 1992; BRIGITTE SCHEELE/NORBERT GROEBEN/URSULA CHRISTMANN, Ein alltagssprachliches Struktur-Lege Spiel als Flexibilisierungsversion der Dialog-Konsens-Methodik, in: BRIGITTE SCHEELE (Hrsg.), *Struktur-Lege-Verfahren als Dialog-Konsens-Methodik.* Münster 1992, 152–197.

nen gewichtigeren Stellenwert als formale Argumentationsfehler. Darüber hinaus wurden von allen Untersuchungsgruppen Integritätsverletzungen negativ bewertet.[32] Als negative Folgen solcher Verstöße wurden für das Verfahren der Argumentation insbesondere verzerrter Konsens und Entwertung der Argumentationskultur erwartet; außerdem wurde in Bezug auf die Qualität der Interaktion ein Vertrauensverlust, die Verschlechterung der Gesprächsatmosphäre und eine Täter-Opfer-Umkehrung prognostiziert.

3. Standards und Strategien (un-)integren Argumentierens

Die Merkmale von (un-)integren Argumentationen stellen zwar eine Konkretisierung der übergeordneten Zielideen von Rationalität und Kooperativität dar, bleiben aber auf einem so hohen Abstraktionsniveau, dass ein konkretes Arbeiten in der Praxis damit noch nicht möglich ist. Die seit den 1970er Jahren vor allem im Rahmen von Management-Trainings wachsende Flut von Rhetorik-Ratgebern enthält dagegen eine Vielzahl von konkreten rhetorischen Strategien (vergleichbar den eristischen Regeln bei Schopenhauer), die allerdings zumeist nicht in Bezug auf ihre moralische Vertretbarkeit oder Problematik diskutiert werden.[33] Wir haben daher zur Binnenstrukturierung dieser rhetorischen Strategienvielfalt clusteranalytische Untersuchungen bei (Rhetorik-)Experten/-innen sowie Laien durchgeführt, die auch einen Bezug zu den Zielkriterien der Rationalität und Kooperativität ermöglichen.[34] Die Untersuchungspartner/-innen werden dabei gebeten, einen ihnen vorgelegten Satz von Rhetorik-Strategien nach Ähnlichkeit in Häufchen zu gruppieren, und zwar in so viele Häufchen, wie es ihnen angemessen erscheint. Die resultierenden Gruppierungen lassen sich mit dem statistischen Auswertungsmodell der Clusteranalyse so aufarbeiten,

---

32 Für eine experimentelle Überprüfung der Negativbewertung von Integritätsverletzungen vgl. MARGRIT SCHREIER/NORBERT GROEBEN/GERHARD BLICKLE, The effects of (un-) fairness and (im-)politeness on the evaluation of argumentative communication, in: *Journal of Language and Social Psychology* 14 (1995), 260-288; GERHARD BLICKLE/ NORBERT GROEBEN *Argumentationsintegrität (II): Zur psychologischen Realität des subjektiven Wertkonzepts - ein experimenteller Überprüfungsansatz am Beispiel ausgewählter Standards.* Arbeiten aus dem SFB 245, Bericht Nr. 29. Heidelberg 1990.

33 MARGRIT SCHREIER, *Rhetorische Strategien und Integritätsstandards: Zur Relation von Rhetorik, Dialektik und Argumentationsintegrität.* Unveröffentl. Diplomarbeit am Psychol. Institut der Universität Heidelberg 1992.

34 MARGRIT SCHREIER/NORBERT GROEBEN, *Argumentationsintegrität (III): Rhetorische Strategien und Integritätsstandards.* Arbeiten aus dem SFB 245, Bericht Nr. 30. Heidelberg 1990; MARGRIT SCHREIER/NORBERT GROEBEN, Ethical guidelines for the conduct in argumentative discussions: an exploratory study, in: *Human Relations* 49 (1996), 123–132.

dass festgestellt werden kann, welche Gruppierungslösung von der Mehrheit der Untersuchungsteilnehmer/-innen bevorzugt wird. Als Untersuchungsmaterial wurden aus den wichtigsten Rhetorik-Ratgebern der 1970er und 1980er Jahre die ca. 200 am häufigsten genannten Rhetorik-Strategien zusammengestellt, die für die empirischen Untersuchungen noch einmal (durch Eliminierung von Redundanzen etc.) auf eine Teilstichprobe reduziert wurden – und zwar 87 Strategien für die Studie mit den Experten/-innen und 46 Strategien für die Studie mit den Laien. Als Rhetorik-Experten/-innen wurden Hochschul-Lehrkräfte der Rhetorik ausgewählt (N = 30); die Laien waren Studierende sozialwissenschaftlicher Fächer an der Universität Heidelberg (N = 30) sowie Personen ohne Abitur (N = 30). In beiden Untersuchungen ergab sich eine übereinstimmende 11-Cluster-Lösung, die auch gut der skizzierten Merkmalsstruktur des Konzepts Argumentations(un-)integrität zuzuordnen war.[35] Diese Cluster können daher als Standards des integren Argumentierens rekonstruiert werden, für die im Folgenden auch jeweils die wichtigsten, paradigmatischen Strategien angegeben werden sollen. Da in der Regel eine zureichende präskriptive Rechtfertigung nur für Unterlassensforderungen möglich ist, nicht für Positiv-Gebote, sind die Standards durchgehend in der Form solcher Unterlassensforderungen formuliert.[36]

Das Merkmal I (fehlerhafte Argumentationsbeiträge) vereint lediglich zwei Standards unter sich, nämlich Stringenzverletzung und Begründungsverweigerung. Der Standard 1 ‚Stringenzverletzung' lautet: *Unterlasse es, absichtlich in nicht stringenter Weise zu argumentieren.*

Strategien: 1. Umkehrschlüsse; 2. Fehlschlüsse; 3. danach-deshalb-Argumentation; 4. Vermischung von Ursache und Gleichzeitigkeit; 5. Erschleichung von Gründen; 6. unzulässige Verallgemeinerung.

Ein ‚Umkehrschluss' liegt vor, wenn aus einer korrekten Aussage, z. B. dass alle A gleich B sind, fälschlicherweise in umgekehrter Richtung gefolgert wird, dass alle B gleich A sind. Im Alltag z. B.: *Alle Gewerkschaftsmitglieder sind gegen die Streichung des Weihnachtsgeldes; also sind alle, die gegen die Streichung des Weihnachtsgeldes sind, Gewerkschaftsmitglieder.* Unter den ‚Fehlschlüssen' sind alle weiteren logisch nicht korrekten Schlüsse zusammengefasst, für die in der Alltagskommunikation der häufigste Fall die invaliden Syllogismen sind. Beispiel: *Wenn Paul Grippe hat, ist er krank. Paul ist krank. Also: Paul hat Grippe.* Oder: *Wenn Paul Grippe hat, ist er krank. Paul hat nicht Grippe. Also: Paul ist*

[35] Vgl. SCHREIER/GROEBEN, Rhetorische Strategien und Integritätsstandards (Fn. 34); SCHREIER/GROEBEN, Ethical guidelines (Fn. 34).

[36] Vgl. ebd.

nicht krank. Eine ‚danach-deshalb-Argumentation' liegt vor, wenn ein Zustand dem anderen Zustand zeitlich vorausgeht und daraus fälschlicherweise abgeleitet wird, der erste Zustand sei die Ursache des zweiten. Beispiel: *Am 1. Januar hat Herr Scholl die Leitung der Spielwarenabteilung übernommen. Nach dem 1. Januar ist der Umsatz stark zurückgegangen. Also ist Herr Scholl für den Umsatzrückgang verantwortlich.* Die gewichtigste Ursache dürfte hier darin liegen, dass im Spielwarenbereich ein großer Teil des Jahresumsatzes im Weihnachtsgeschäft getätigt wird. Bei der ‚Vermischung von Ursache und Gleichzeitigkeit' handelt es sich in der Regel um die Vermischung von Kausalität und Korrelation, d. h. es wird aus der gleichzeitigen Veränderung zweier Zustände fälschlicherweise der Schluss gezogen, dass einer der beiden Zustände den anderen bedingt. Bei der Korrelation zwischen Gewaltbereitschaft Jugendlicher und deren Alkoholkonsum ist z. B. sowohl die Kausalrelation ‚*Alkohol macht Jugendliche gewaltbereit*' als auch ‚*Gewaltbereite Jugendliche tendieren (mehr als andere) zu Alkoholexzessen*' möglich. Am wahrscheinlichsten ist allerdings der Einfluss einer gemeinsamen Drittvariable, von der sowohl Gewaltbereitschaft als auch Alkoholkonsum abhängen, wie z. B. die soziale Schicht. Bei der ‚Erschleichung von Gründen' wird in einer Behauptung etwas vorausgesetzt, was erst noch zu beweisen ist (petitio principii). Beispiel: *Die PKK-Anhänger sind alle gewalttätig, und wer von den Kurden nicht gewalttätig ist, ist auch kein richtiger PKK-Anhänger.* Eine ‚unzulässige Verallgemeinerung' besteht darin, dass aus ausgewählten Einzelfällen allgemeingültige Gesetzmäßigkeiten oder Prinzipien abgeleitet werden (‚*Wenn ich nicht alles alleine mache…*').

Standard 2: ‚Begründungsverweigerung': *Unterlasse es, Deine Behauptungen absichtlich nicht oder nur unzureichend zu begründen.*

Zugeordnete Strategien: 1. Allgemeinheitsverweis; 2. Präzedenzverweis; 3. reine Analogie; 4. ‚gesunder Menschenverstand'; 5. Autoritätsverweis; 6. Verweis auf Sprichwörter; 7. Gefühlsappell; 8. Rückzug auf ein allgemeines Prinzip; 9. Behauptungswiederholung.

Ein ‚Allgemeinheitsverweis' liegt vor, wenn sich jemand lediglich auf generelle Bezugsgruppen beruft wie z. B.: *Führungskräfte müssen nach einiger Zeit abgelöst werden. Das machen doch alle so.* Beim ‚Präzedenzverweis' werden ähnlich gelagerte Fälle aus der Vergangenheit – übergeneralisierend – angeführt, z. B.: *Führungskräfte müssen …; damit hatten wir in unserer bisherigen Firmengeschichte Erfolg, und daher sollten wir es heute genauso machen.* Bei ‚reinen Analogien' werden weitreichende Schlüsse aus einem bildhaften Vergleich gezogen: *Führungskräfte …; das ist wie der Ölwechsel beim Auto.* Die Strategie ‚gesunder

Menschenverstand' enthält die Instanz, auf die in unzureichend begründender Weise Bezug genommen wird, in der Benennung – bisweilen auch durch vergleichbare Formulierungen wie ‚gesundes Volksempfinden' ersetzt etc. Beim ‚Autoritätsverweis' werden solche Instanzen angeführt, bei denen angenommen wird, dass sie als nicht weiter in Frage gestellte Autoritäten akzeptiert werden, z. B.: *Führungskräfte ...; das sagt die renommierte Unternehmensberatung Mac Cormack.* Beim ‚Verweis auf Sprichwörter' werden Alltagsweisheiten angeführt wie: *Das sagt doch schon der Volksmund: „Neue Besen kehren gut!"* Ein ‚Gefühlsappell' liegt vor, wenn an die Emotionen der anderen Teilnehmer/-innen appelliert wird, um damit die fehlende sachliche Begründung zu überspielen: *Führungskräfte ... Stellen Sie sich nur einmal vor, Sie sind eine hochqualifizierte Nachwuchskraft – aber Sie werden trotz bester Referenzen nicht ans Ruder gelassen!* Beim ‚Rückzug auf ein allgemeines Prinzip' handelt es sich in der Regel um die Anführung abstrakter Normen, für die eine (übergeneralisierte) Geltung ohne Rücksicht auf spezifische situative Bedingungen behauptet wird: *Führungskräfte ... Ich bin grundsätzlich für Wechsel – in allen Lebensbereichen.* Und die ‚Behauptungswiederholung' besteht darin, dass in der Regel die zu begründende These lediglich in gleichen oder anderen Worten wiederholt wird, allerdings zumeist mit erhöhtem Nachdruck: *Führungskräfte ... Warum? Ich sage Ihnen: Es ist absolut notwendig, Führungskräfte nach einiger Zeit abzulösen.*

Während das Merkmal I (fehlerhafte Argumentationsbeiträge) zwei Standards unter sich vereint hat, werden die folgenden Merkmale (II – IV) jeweils von drei Standards spezifiziert. Beim Merkmal II – unaufrichtige Argumentationsbeiträge – sind dies die Standards ‚Wahrheitsvorspiegelung' (3), ‚Verantwortlichkeitsabschiebung' (4) und ‚Konsistenzvorspiegelung' (5).

Der Standard 3 – ‚Wahrheitsvorspiegelung' – lautet: *Unterlasse es, Behauptungen als objektiv wahr auszugeben, von denen Du weißt, dass sie falsch oder nur subjektiv sind.*

Strategien: 1. absichtlich falsche Behauptungen aufstellen; 2. eigene Sicht als gesicherte Tatsache darstellen; 3. etwas Strittiges voraussetzen; 4. absichtlich falsche Daten, Termine oder Zitate anführen.

Die Strategie ‚absichtlich falsche Behauptungen aufstellen' ist eine so direkte Form eines unaufrichtigen Argumentationsbeitrags, dass sie zumeist nur angewendet wird, wenn sich die entsprechende Behauptung in der konkreten Argumentationssituation nicht unmittelbar überprüfen lässt. Bei der Strategie ‚die eigene Sicht als gesicherte Tatsache darstellen' wird eine Position, von der der/die Sprecher/-in weiß, dass es sich lediglich um die eigene Meinung handelt, so vorgebracht, als sei damit eine Tatsache oder etwas Bewiesenes dargestellt. ‚Etwas Strittiges voraussetzen' heißt, dass der argumentative Streitpunkt so vorgebracht wird, als sei er bereits (im Sinne der eigenen Position) entschieden. Das trifft z. B. zu, wenn man bei der Debatte um die doppelte Staatsbürgerschaft das Argument vorbringt: *Da Integration nur stattfinden kann, wenn man sich bewusst für eine bestimmte Staatsbürgerschaft entscheidet und auch bereit ist, die alte aufzugeben, ist es im Sinne eines harmonischen Zusammenlebens unabdingbar, dass jede Person nur eine Staatsangehörigkeit innehaben kann.* Für die Strategie ‚absichtlich falsche Daten, Termine oder Zitate anführen' gelten in der Regel die gleichen situativen Charakteristika wie bei der ersten Strategie (des ‚Aufstellens falscher Behauptungen').

Standard 4: ‚Verantwortlichkeitsverschiebung': *Unterlasse es, Verantwortlichkeiten absichtlich ungerechtfertigt in Abrede zu stellen, in Anspruch zu nehmen oder auch auf andere (Personen oder Instanzen) zu übertragen.*

Strategien: 1. Kompetenz negieren; 2. Verweise auf widrige Umstände; 3. Sündenböcke suchen; 4. ungerechtfertigt Verdienste in Anspruch nehmen.

Die Strategie ‚Kompetenz negieren' ist diejenige, die im Umgang mit Behörden besonders häufig erfahren wird: wenn sich jemand hinsichtlich einer Handlung unberechtigterweise für nicht verantwortlich erklärt. Ein – potenzielles, aber paradigmatisches – Beispiel ist der liegen gebliebene, weil nicht vollständig (an die richtige Abteilung) adressierte Antrag: *Wie Sie wissen, bin ich ja nur für die Bearbeitung von BAFÖG-Anträgen zuständig. Wenn irrtümlicherweise ein anderer Antrag auf meinem Schreibtisch landet, ist es nicht mein Problem. Ich bin nicht dafür da, kreuz und quer durch unser Haus zu laufen und falsch zugestellte Anträge richtig zuzuteilen.* Beim ‚Verweis auf widrige Umstände' wird eine Handlung, für deren Folgen man verantwortlich ist, so dargestellt, als sei es nicht möglich gewesen, anders zu handeln, beispielsweise wegen angeblicher Sachzwänge. (*Sie kennen ja nicht den ganzen Aktenberg, der sich auf meinem Schreibtisch türmt. Da war es für mich unmöglich, den Antrag schneller zu bearbeiten.*) Die Strategie ‚Sündenböcke suchen' besteht schlicht darin, sich in Bezug auf eine bestimmte Handlung fälschlicherweise für nicht verantwortlich zu erklären. In der Psychologie gibt es den Fachausdruck ‚Extrapunitivität' dafür, d. h. es wird immer zuerst die Schuld bei anderen gesucht – und gefunden – unabhängig davon, wie die Verantwortlichkeitslage in der Tat ist.

Während diese ersten drei Strategien Varianten des Abschiebens von Verantwortlichkeit für negative Ereignisse darstellen, handelt es sich bei der vierten Strategie um positive Ereignisse, deren Verursachung ungerechtfertigterweise als Verdienst in Anspruch genommen wird. Man schreibt sich selbst also das Verdienst für eine bestimmte, zu positiven Konsequenzen führende Handlung zu, obwohl eine andere Person für diese Handlung und damit auch die positiven Effekte verantwortlich war. (Beispiel: Die Aussage *Ich darf mit Recht behaupten, dass sich die Wartezeiten für die Antragsteller/-innen seit meiner Übernahme des Ressorts vor einem Jahr von sechs auf vier Wochen verkürzt haben,* wenn diese Verkürzung schlicht auf eine Verringerung der Zahl der Anträge zurückzuführen ist). Die Strategie der ‚ungerechtfertigten Inanspruchnahme von Verdiensten' ist der Grund dafür, dass der Standard nicht ‚Verantwortlichkeits*ab*schiebung', sondern ‚Verantwortlichkeits*ver*schiebung' heißt.

Standard 5: ‚Konsistenzvorspiegelung': *Unterlasse es, absichtlich nicht oder nur scheinbar in Übereinstimmung mit Deinen sonstigen (Sprech-) Handlungen zu argumentieren.*

Strategien: 1. Widerspruch; 2. Hintertürchen offen halten; 3. Handlungsdiskrepanz; 4. Prinzipienverschiebung.

Bei der Strategie ‚Widerspruch' handelt es sich darum, dass jemand Widersprüchliches äußert, d. h. zunächst das eine, kurz darauf das Gegenteil behauptet. Weil ein solcher Fehler mit seiner Offenkundigkeit so leicht erkennbar ist, erscheint es für die Alltagsreflexion auf den ersten Blick höchst unplausibel, dass diese Strategie in der Tat auch wirklich eingesetzt wird. Das ist aber gleichwohl der Fall, wenn auch häufig so, dass der Widerspruch nicht völlig explizit verbalisiert wird, sondern sich durch logische Inferenzen ergibt. (Beispiel aus der Diskussion um Rauchen am Arbeitsplatz: *Ich bin dafür, dass Rauchen am Arbeitsplatz verboten wird. Schließlich wird man fürs Arbeiten bezahlt, nicht für den Genuss. Jeden Morgen, wenn ich in die Kaffeeküche unserer Abteilung komme, um Kaffee aufzusetzen, dann riecht es dort nach kaltem Rauch – und da soll einem noch der Kaffee schmecken…*). Bei der Strategie ‚Hintertürchen offen halten' wird bewusst eine so unklare Ausdrucksweise gewählt, dass man hinterher immer behaupten kann: *‚Da haben Sie mich falsch verstanden'*. Die häufigste Strategie der Konsistenzvorspiegelung dürfte allerdings die ‚Handlungsdiskrepanz' sein, bei der ein bestimmter Grundsatz vertreten wird, an den sich die entsprechende Person allerdings selbst nicht hält – z. B. wenn in einer Diskussion jemand fordert, dass die Diskussionsteilnehmer/-innen ausreden können müssen, er selbst aber immer wieder andere unterbricht. Die (letzte) Strategie der ‚Prinzipienverschiebung' weist eine ähnliche Struktur wie die Handlungsdiskrepanz auf; dabei geht es allerdings um die sprachliche Abbildung dieser Diskrepanz, indem ein und dasselbe Prinzip in einem bestimmten Zusammenhang für gültig, in einem anderen Zusammenhang für ungültig erklärt wird. (Beispiel in Fortführung des obigen Widerspruchs: Auf den Einwand, dass doch auch Kaffeetrinken ein Genuss sei und damit verboten werden müsse, kommt die Erwiderung: *Beim Kaffeetrinken ist das etwas anderes, das ist ja kein Genuss, sondern ich brauche ab und zu einen Kaffee, um konzentriert zu arbeiten.*)

Das Merkmal III (inhaltlich ungerechte Argumente) vereint drei Standards unter sich, nämlich ‚Sinnentstellung' (6), ‚Unerfüllbarkeit' (7) und ‚Diskreditieren' (8), die den Kern des Alltagsverständnisses von unfairem Argumentieren ausmachen.

Standard 6 ‚Sinnentstellung': *Unterlasse es, fremde oder eigene Beiträge sowie Sachverhalte absichtlich sinnentstellend widerzugeben.*

Strategien: Bei diesem Standard sind die Strategien noch einmal in drei Unterkategorien auszudifferenzieren, nämlich ‚Hochspielen', ‚Herunterspielen' und ‚Verdrehen'. Unter das ‚Hochspielen' fallen die Strategien: 1. Strohmänner aufbauen und 2. Übertreiben. Dem Herunterspielen sind zugeordnet: 3. Bagatellisieren und 4. Relativieren. Das ‚Verdrehen' besteht aus: 5. bewusstes Missverstehen, 6. Positionsverdrehung, 7. Begriffsverdrehung.

Bei der Strategie ‚Strohmänner aufbauen' wird aus der Position des Gegenübers nur ein Teilaspekt herausgegriffen, der dann aufgebauscht und vehement bekämpft wird, so als ob damit die gesamte Position getroffen würde. Als Beispiel sei auf die Diskussion um die Einführung eines Gesetzes gegen das Rauchen in öffentlichen Gebäuden zurückgegriffen. Ein Strohmann wird in folgendem Argument aufgebaut: *Wenn Sie sagen, dass Sie das Rauchen durch das neue Gesetz einschränken wollen, dann bedeutet das, dass Sie damit einen ganzen Wirtschaftszweig ruinieren.* Beim ‚Übertreiben' geht es darum, dass – zumeist – die Position des Gegenübers übertrieben dargestellt wird. Beispiel: *Das neue Gesetz gegen das Rauchen in öffentlichen Gebäuden führt dazu, dass wir es mit zigtausenden von Prozessen zu tun haben werden – dabei ist unser Rechtssystem jetzt schon überlastet.* Wenn dagegen Argumente des Gegenübers verniedlicht und heruntergespielt werden, handelt es sich um die Strategie des ‚Bagatellisierens' – Beispiel: *Also wegen der paar Zigaretten, die der durchschnittliche Bundesbürger an einem Tag raucht, brauchen wir doch kein neues Gesetz.* Die Strategie ‚Relativieren' ist auch als Relativierungsausrede bekannt; dabei wird die Kritik an der eigenen Position so verallgemeinert, dass sie an Bedeutung verliert. Beispiel: *Aber ich bitte Sie! Wenn Sie kritisieren, dass die Nichtraucher und Nichtraucherinnen bei der jetzigen Rechtslage erst klagen müssen, damit sie zu ihrem Recht kommen, da müssten sie auch gegen viele andere Gesetze sein, die wir schon haben, und bei denen erst einmal ein Kläger auftreten muss, ja dann müssten sie auch gegen das ganze Bürgerliche Gesetzbuch sein.*

In der Kategorie des ‚Verdrehens' ist das ‚bewusste Missverstehen' eine klassische Strategievariante, bei der der Äußerung eines Gegenübers absichtlich ein falscher Sinn gegeben wird. Beispiel: *So, es ist Ihnen also vollkommen egal, was mit den Arbeitsplätzen in der Tabakindustrie passiert, und Sie wollen die Raucher bloßstellen und belehren und aus jedem Raucher einen überzeugten Nichtraucher machen...* Dabei ist natürlich die Position des Gegenübers nicht korrekt dargestellt, sodass es eine gewisse Überlappung zur Strategie der ‚Positionsverdrehung' gibt; diese Strategie soll zur präziseren Unterscheidbarkeit allerdings dann auf den Fall konzentriert werden, in dem nur die Vorzüge der eigenen und die Nachteile der Position des Gegenübers dargestellt werden. Spezifischer, weil von einem einzelnen Wort ausgehend, ist die letzte Strategie, die ‚Begriffsverdrehung', bei der ein Begriff des Gegenübers aufgenommen wird, dieser aber mit einem anderen Sinn verwendet wird, um dann gegen den veränderten Sinn zu argumentieren. Beispiel: Wenn das Gegenüber gesagt hat: *Wir wollen ein Gesetz, auf das sich die Nichtraucher/-innen zur Not berufen können, damit sie nicht immer gleich klagen müssen, um Recht zu erhalten. Damit entlasten wir gleichzeitig unser Rechtssystem; das muss sich ohnehin mit zu vielen Bagatelldelikten befassen*, sagt B (begriffsverdrehend): *Sehen Sie, Sie sagen ja selbst, dass das Problem des Rauchens eine Bagatelle ist. Und für eine Bagatelle wollen Sie ein Gesetz auf den Weg bringen, was den Steuerzahler viel Geld kostet...*

An der Relation von Begriffsverdrehung und bewusstem Missverstehen bzw. Positionsverdrehung wird eine Eigentümlichkeit deutlich, die für alle Strategien gilt: Die Strategien sind selbstverständlicherweise nicht disjunktiv, sondern überlappen sich zum Teil, und zwar nicht nur horizontal, sondern auch vertikal. Das heißt es gibt (generellere) Strategien, die durch den Einsatz anderer (konkreterer) Strategien realisiert werden (z. B. bewusstes Missverstehen durch Begriffsverdrehung). Diese indem-Relation der Strategienrealisierung kann innerhalb eines einzelnen Standards, aber auch zwischen verschiedenen Standards auftreten. Trotz dieser potenziellen inhaltlichen bzw. funktionalen Überlappung der Strategien ist ihre konzeptuelle Unterscheidung sinnvoll, um zu identifizieren, von welchem Aspekt im konkreten Einzelfall die ethische Problematik einer Argumentation ausgeht.

Der Standard 7 – Unerfüllbarkeit – ist derjenige Standard, der am wenigsten Strategien unter sich vereint, die allerdings wegen des Gewichts der ethischen Problematik gleichwohl zu einem eigenen Standard zusammengefasst sind. Er lautet: *Unterlasse es, und sei es auch nur leichtfertig, für solche (Handlungsauf-)Forderungen zu argumentieren, von denen Du weißt, dass sie so nicht befolgt werden können.*

Strategien: 1. zwei sich wechselseitig ausschließende Forderungen aufstellen; 2. Unerfüllbarkeit; 3. Methode der abgewandelten Randbedingungen.

Auch bei der Strategie ‚zwei sich wechselseitig ausschließende Forderungen aufstellen' möchte man auf den ersten Blick meinen, dass eine solche (präskriptive) Widersprüchlichkeit zu offensichtlich ist, um wirklich als Unintegritäts-Strategie eingesetzt zu werden. Aber auch hier gilt, dass implizit oder explizit solche Widersprüchlichkeiten durchaus geäußert werden, z. B. in der Forderung, *mit wenigen Worten eine ausführliche Erläuterung zu geben.* Ähnlich verhält es sich bei der Strategie der ‚Unerfüllbarkeit', die so zentral ist, dass sie auch dem Standard insgesamt den Namen verleiht. Hier geht es darum, ein Gegenüber zu einer bestimmten Handlungsweise aufzufordern, obwohl klar ist, dass das Gegenüber diese Aufforderung nicht befolgen kann. Dabei wird die Unerfüllbarkeit zumeist implizit vorliegen, wie im Beispiel des Vorgesetzten in einer strukturschwachen Region, der einen 55-jährigen Mitarbeiter auffordert: *Dann kündigen Sie doch, wenn es Ihnen hier nicht passt!* Diese Implizitheit ist auch symptomatisch für die letzte Strategie, die ‚Methode der abgewandelten Randbedingungen', bei der z. B. in Fragen überzogene Bedingungen eingebaut werden, denen das Gegenüber aus begrifflichen oder praktischen Gründen nicht gerecht werden kann. Symptomatisch dafür ist etwa die Frage eines Betriebsratsmitglieds an eine promovierte Führungskraft: *Haben Sie denn schon einmal 30 Jahre lang an einer Werkbank gearbeitet?*

Der letzte Standard innerhalb des Merkmals III (inhaltlich ungerechte Argumente) ist der Standard 8, das Diskreditieren: *Unterlasse es, andere Teilnehmer/-innen absichtlich oder leichtfertig zu diskreditieren.*

Dieser Standard stellt für die Alltagsreflexion das Zentrum von argumentativer Unfairness dar, weswegen unter ihm auch eine Fülle von (konkreteren) Strategien versammelt ist: 1. persönlich werden; 2. das Gegenüber lächerlich machen; 3. Argumentationsfähigkeit absprechen; 4. moralische Redlichkeit anzweifeln; 5. das Gegenüber nicht ernst nehmen; 6. unberechtigte Vorwürfe erheben; 7. das Gegenüber vorführen; 8. psychologisieren; 9. Schlechtes über das Gegenüber andeuten.

Die Strategie des argumentum ad personem oder ad hominem (‚persönlich werden') ist nicht nur die bekannteste, sondern auch die am häufigsten monierte Variante unintegrer Argumentation. Sie liegt vor, wenn nicht auf sachliche Einwände eingegangen wird, sondern stattdessen die Person des Gegenübers abgewertet wird; z. B.: *Ach, Sie wol-*

len doch immer nur opponieren können, es macht Ihnen Spaß, sich als den paradoxen und geistreichen Radikalen aufzuspielen ... Die folgenden Strategien akzentuieren spezifische Aspekte dieses Persönlich-Werdens, so z. B. bei Strategie 2 (‚das Gegenüber lächerlich machen'), indem man sich über das Aussehen oder die Aussprache des Gegenübers lustig macht. Bei der dritten Strategie (‚Argumentationsfähigkeit absprechen') wird das Gegenüber in der Regel hinsichtlich der thematischen strittigen Frage für inkompetent erklärt (z. B.: *Sie sind noch zu jung/schon zu alt/noch nicht lange genug in der Firma/kein Fachmann etc.*). Gerade im Kontext der Argumentationsintegrität ist die (unredliche) Thematisierung moralischer Aspekte einer Person besonders gravierend, wie z. B. bei der vierten Strategie, nämlich – unberechtigt – die moralische Redlichkeit des Gegenübers anzuzweifeln, z. B. den anderen bezichtigen, die Unwahrheit zu sagen etc. In der Regel komplexer und indirekter kommt die fünfte Strategie, ‚das Gegenüber nicht ernst nehmen', daher, die eine Entwertung der Selbstdefinition des Gegenübers darstellt, sei es durch Nicht-Beachtung oder durch Signalement, dass man es nicht ernst nimmt, indem in Floskeln oder Stereotypen geantwortet wird, indem mechanisch oder ‚vergiftet' Komplimente gemacht werden (*Wenn Sie sich über etwas aufregen, sehen Sie noch attraktiver aus als sonst.*). Die Strategie 6, ‚unberechtigte Vorwürfe erheben', bezieht sich auf erfundene oder irrelevante Fehler bzw. Versäumnisse aus der Vergangenheit, die dem Gegenüber vorgeworfen werden, um es dadurch zu verunsichern oder unglaubhaft zu machen. Beispiel: *Ich erinnere Sie nur daran, wie lange der letzte Vorgang bei Ihnen liegen geblieben ist – ganz egal, aus welchen Gründen. Und da kommen Sie nun und wollen auch noch eine Gehaltserhöhung?* Die Strategie 7 (‚das Gegenüber vorführen') besteht in der Regel aus einem Komplex von indirekten/uneigentlichen Sprechakten, mit dem das Gegenüber öffentlich lächerlich gemacht werden soll, indem man sich z. B. selbst dumm stellt, sich ironisch für inkompetent erklärt etc., z. B. *Was Sie da sagen, mein junger Freund, übersteigt meine schwache Fassungskraft. Es mag stimmen, allein ich kann es nicht verstehen und enthalte mich daher eines Urteils.* Das Eingangsbeispiel unserer Einleitung (des pubertierenden Sohnes) enthielt schon eine Manifestation der Strategie 8 (‚Psychologisieren'), bei der sachliche Probleme als persönliche Schwierigkeiten dargestellt werden. (Beispiel: *Sie sperren sich als Gewerkschaft doch nur aus dem Grund gegen jede Kürzung des Weihnachtsgeldes, weil Sie neidisch sind auf alle, die mit einem Firmenwagen vorfahren!*) Besonders indirekt verfährt dann schließlich die letzte Strategie (9: ‚Schlechtes über das Gegenüber andeuten'), bei der negative Schlussfolgerungen über die Person des Gegenübers nahe gelegt werden. (Beispiel: *Ich möchte hier nicht auf konkrete Vorkommnisse eingehen, aber ich muss schon sagen, es erstaunt mich doch etwas, dass Sie eine Gehaltserhöhung als gerechtfertigt ansehen können.*)

Die Vielzahl der unter den Standard ‚Diskreditieren' zu subsumierenden Strategien macht schon deutlich und wahrscheinlich, dass in diesem Bereich besonders häufig Kombinationen einzelner Strategien zur Realisierung der Funktion ‚Diskreditieren' vorkommen und eingesetzt werden.

Das Merkmal IV (ungerechte Interaktionen) bezieht sich auf die prozedurale Dimension und subsumiert ebenfalls drei Standards unter sich: ‚Feindlichkeit' (9), ‚Beteiligungsbehinderung' (10) und ‚Abbruch' (11).

Der Standard 9 (‚Feindlichkeit') geht in dieselbe Richtung wie das Diskreditieren, allerdings enthalten die diesbezüglichen Strategien eine noch größere Intensität und weisen die entsprechende prozedurale Ausrichtung auf. Der Standard lautet: *Unterlasse es, Deinen Gegner in der Sache absichtlich als persönlichen Feind zu behandeln.*

Strategien: 1. Einschüchterungsversuche durch Grobheiten; 2. Provozieren; 3. Verunsichern; 4. Einschnappen.

‚Einschüchterungsversuche durch Grobheiten' sind darauf ausgerichtet, durch verbale Aggressivität das Gegenüber so zu verunsichern, dass keine gleichberechtigte Teilnahme am Argumentationsverlauf mehr möglich ist. (Beispiel: *Sagen Sie mal, sind Sie so blöd, oder tun Sie nur so?*). Beim ‚Provozieren' wird versucht, ein Gegenüber zum Zorn zu reizen, entweder durch Unhöflichkeit oder durch das Ansprechen eines Themas, das für das Gegenüber wie ein ‚rotes Tuch' ist. (Beispiel: *Was Sie da sagen, ist völliger Quatsch. Und außerdem: Wie viel Anläufe haben Sie nochmal für Ihr Jura-Examen gebraucht? Und da kommen Sie daher und meinen, Sie müssten uns erst einmal über die Rechtslage informieren?*) Die Strategie ‚Verunsichern' wird durch demonstrative Nachfragen realisiert oder auch durch die Aufforderung, die Bedeutung allgemein verständlicher Ausdrücke zu erläutern. (Beispiel: *Woher wissen Sie das denn so genau?* Oder: *Wenn Sie der Meinung sind, Sie seien berechtigt, Bafög zu beziehen, können Sie einmal erläutern, was Sie unter ‚berechtigt' verstehen?*) Bei der Strategie ‚Einschnappen' wird ein sachlicher Einwand absichtlich persönlich genommen oder eine an und für sich sachliche Frage als persönlich kränkend dargestellt. (Beispiel: Bei einer Diskussion im Betriebsrat, ob eine Einführung der Gleitzeit sinnvoll wäre, votiert A dafür, woraufhin B fragt: *Und was meinen Ihre Kollegen dazu?* Darauf A: *Ja, wenn Sie meinen, dass ich mich mit dieser Frage noch nicht gründlich genug befasst habe…*)

Der Standard 10 (Beteiligungsbehinderung) bildet das Zentrum der ungerechten Interaktionen, weswegen er auch durch die meisten unterschiedlichen Strategien gekennzeichnet ist. Er lautet: *Unterlasse es, absichtlich in einer Weise zu interagieren, die das Mitwirken anderer Teilnehmer/-innen an einer Klärung behindert.*

Strategien: 1. Unterbrechen; 2. Monologisieren; 3. Handlungsdruck erzeugen; 4. gehäufte Verwendung von Fachausdrücken und Fremdwörtern; 5. Tabuisierung; 6. etwas vorschieben; 7. vom Thema ablenken; 8. Einwände vorwegnehmen; 9. Anhäufung von Unterscheidungen; 10. eigene Person an ein Argument hängen; 11. Etikettierung.

Die beiden ersten Strategien sind die einfachsten und am direktesten auf die Beteiligungsbehinderung ausgerichteten: indem man wiederholt und absichtlich andere Teilnehmer/-innen nicht zu Ende sprechen lässt bzw. selbst so lange spricht, dass andere kaum zu Wort kommen. Bei der dritten Strategie (‚Handlungsdruck erzeugen') werden Entscheidungen als so dringend dargestellt, dass sie sofort getroffen werden müssen und keine Zeit bleibt, um auf das Für und Wider der strittigen Frage im Einzelnen einzugehen. *(Als vorletzten Tagesordnungspunkt möchte ich für meine Abteilung die Anschaffung von … beantragen. Da wir noch einen wichtigen weiteren Punkt zu besprechen haben und angesichts der fortgeschrittenen Zeit erübrigt sich wohl eine ausführliche Diskussion – bestehen irgendwo gravierende Einwände?)* Die ‚gehäufte Verwendung von Fachausdrücken und Fremdwörtern' stellt besonders dann eine Beteiligungsbehinderung dar, wenn einzelne (oder alle) Teilnehmer/-innen absehbarerweise mit diesen Ausdrücken Schwierigkeiten haben werden. Die Strategie der ‚Tabuisierung' liegt vor, wenn man versucht, bestimmte Frage- und Kritikperspektiven erst gar nicht zur Sprache kommen zu lassen (indem z. B. jegliche – auch konstruktive – Kritik als ‚*Unterhöhlung unserer Position*' abgelehnt wird). Die Strategie ‚etwas vorschieben', überlappt sich häufig mit der Strategie ‚Handlungsdruck erzeugen', indem nämlich, wenn andere Recht zu behalten drohen, plötzlich etwas Dringliches vorgeschoben wird, um die Diskussion zu beenden (z. B. *Zeitmangel*). Bei der Strategie des ‚vom Thema-Ablenkens' wird in der gleichen Situation die Variante gewählt, dass man plötzlich von einem ganz anderen Thema spricht und dabei so tut, als gehöre es zur Sache. Komplexer ist die Strategie der ‚Vorwegnahme von Einwänden', die auch nicht damit zu verwechseln ist, dass in rationaler Weise die Pro-und-Kontra-Argumente für eine strittige Frage abgearbeitet werden; bei der unintegren ‚Vorwegnahme von Einwänden' handelt es sich dagegen um den Versuch, durch die Benennung dieser Einwände ihre Diskussion zu verhindern und damit erwartbare Kritik im Keim zu ersticken. (Beispiel: *Ich weiß, dass Sie gleich entgegnen werden, dass wir unsere Computer auch aufrüsten könnten, statt leistungsfähige neue Rechner anzuschaffen. Natürlich haben wir diese Möglichkeit auch durchdacht. Aber ich würde diesen Antrag nicht stellen, wenn es nicht wirklich nötig wäre, das können Sie mir glauben.*) Die Strategie der ‚Anhäufung von Unterscheidungen' ist das Analogon zum Filibustern in der Politik, d. h. es wird die eigene Position in immer feineren Unterscheidungen dargestellt, sodass letztlich unklar wird, welche Position eigentlich vertreten wird und wie all die aufgesplitterten Aspekte diskutiert werden können. Die Strategie, ‚die eigene Person an ein Argument hängen', stellt das aktive Komplement zur Strategie ‚Einschnappen' beim vorhergehenden Standard dar; wenn man die eigene Person an ein Argument hängt, soll die Diskussion dadurch eingeschränkt werden, dass eine potenzielle Gegenargumentation wie ein persönlicher Angriff aussehen würde. (Beispiel: *Glauben Sie etwa, mir persönlich würde es finanziell nichts ausmachen, wenn ich auf mein Weihnachtsgeld verzichten müsste? Und trotzdem bin ich für diese Maßnahme!*) Schließlich versucht die letzte Strategie – ‚Etikettierung' – die gegnerische Position durch abwertende Schlagworte in ein schlechtes Licht zu rücken. (*Das ist autoritär/totalitär/frauenfeindlich/rassistisch etc. etc.*)

Der letzte Standard (insgesamt und des Merkmals ‚ungerechte Interaktionen') ist der Standard 11 ‚Abbruch': *Unterlasse es, die Diskussion ungerechtfertigt abzubrechen.*

Strategien: 1. strittige Frage als irrelevant darstellen; 2. Rückzug auf scheinbar Ausdiskutiertes; 3. Ausweichen; 4. Übergehen.

Es geht hier also nicht darum, dass die Diskussion u. U. als Antwort auf bestimmte Unintegritäten abgebrochen wird; dies würde in der Regel explizit (nach metakommunikativer Vorankündigung) geschehen. Vielmehr geht es um einen (zumeist impliziten) auf jeden Fall ungerechtfertigten Abbruch, der sich z. B. darin manifestiert (Strategie 1), dass die strittige Frage als irrelevant behauptet wird (um dadurch die eigene Position durchzusetzen: *Ich verstehe nicht, warum wir uns überhaupt über das Ziel des Betriebsausflugs streiten, das Entscheidende ist doch, dass wir überhaupt einen Ausflug machen, dann können wir doch am einfachsten nach … fahren…*). Beim ‚Rückzug auf scheinbar Ausdiskutiertes' wird wider besseres Wissen so getan, als ob bereits eine ausreichende Klärung stattgefunden hätte, obwohl diese noch aussteht. Die Strategie ‚Ausweichen' liegt vor, wenn versucht wird, der Behandlung eines Problems dadurch zu entgehen, dass man vorgeschobene oberflächliche Aspekte in den Mittelpunkt stellt, nur um andere (Argumente) nicht zum Zuge kommen zu lassen. Und beim ‚Übergehen' handelt es sich um die einfache Strategie, bestimmte Argumente, Einwände etc. einfach nicht zu hören und dementsprechend auch nicht zu behandeln.

Bei all diesen Strategien handelt es sich um einen – impliziten – Abbruch der Argumentation, weil dadurch die gegenseitige Unterstellung der Argumentationsteilnehmer/-innen, dass bis zur gemeinsamen Klärung der strittigen Frage (rational) diskutiert wird (s. o. Punkt 2 Argumentationsdefinition), de facto aufgekündigt wird. Die in diesem Punkt vorgenommene Ausdifferenzierung der Merkmale (un-)integren Argumentierens in ein System von elf Standards und zugehörigen Strategien lässt sich in einer entsprechenden Grafik (vgl. Abb. 2 nächste Seite) zusammenfassen, die die rhetorische Gesamtstruktur des Konzepts Argumentations(un-)integrität komprimiert verdeutlicht.

4. Von Standardverletzungen zum Schuldvorwurf

Wir haben oben (Punkt 3) unintegres Argumentieren definiert als bewusste Verletzung der vier herausgearbeiteten Argumentationsbedingungen. Diese Definition impliziert, dass die Bewertung eines Argumentationsbeitrags als uninteger notwendig zwei Komponenten enthält:

- Es muss eine argumentative Regelverletzung vorliegen (Verletzung eines der explizierten Standards);
- die Regelverletzung muss mit einem gewissen Grad an Bewusstheit herbeigeführt worden sein (absichtlich, wissentlich oder leichtfertig).

Diese Unterscheidung zwischen Regelverletzung einerseits und subjektiver Bewusstheit andererseits spiegelt die im deutschen Strafrecht elaborierte Struktur einer Handlungsbewertung wider, die zwischen objektiven und subjektiven Tatbestandsmerkmalen unterscheidet.[37] Objektive Tatbestandsmerkmale sind jene Merkmale einer Handlung, die von außen festgestellt werden können – im Bereich des Alltagshandelns z. B. Falschparken, etwas wegnehmen, töten etc., im Argumentationsbereich die herausgearbeiteten Standardverletzungen.

---

[37] Vgl. ADOLF SCHÖNKE/HORST SCHRÖDER, *Strafgesetzbuch. Kommentar*. 22. Aufl., München 1985, vor §§ 13 ff., Rn. 62 (Bearbeiter: THEODOR LENCKNER).

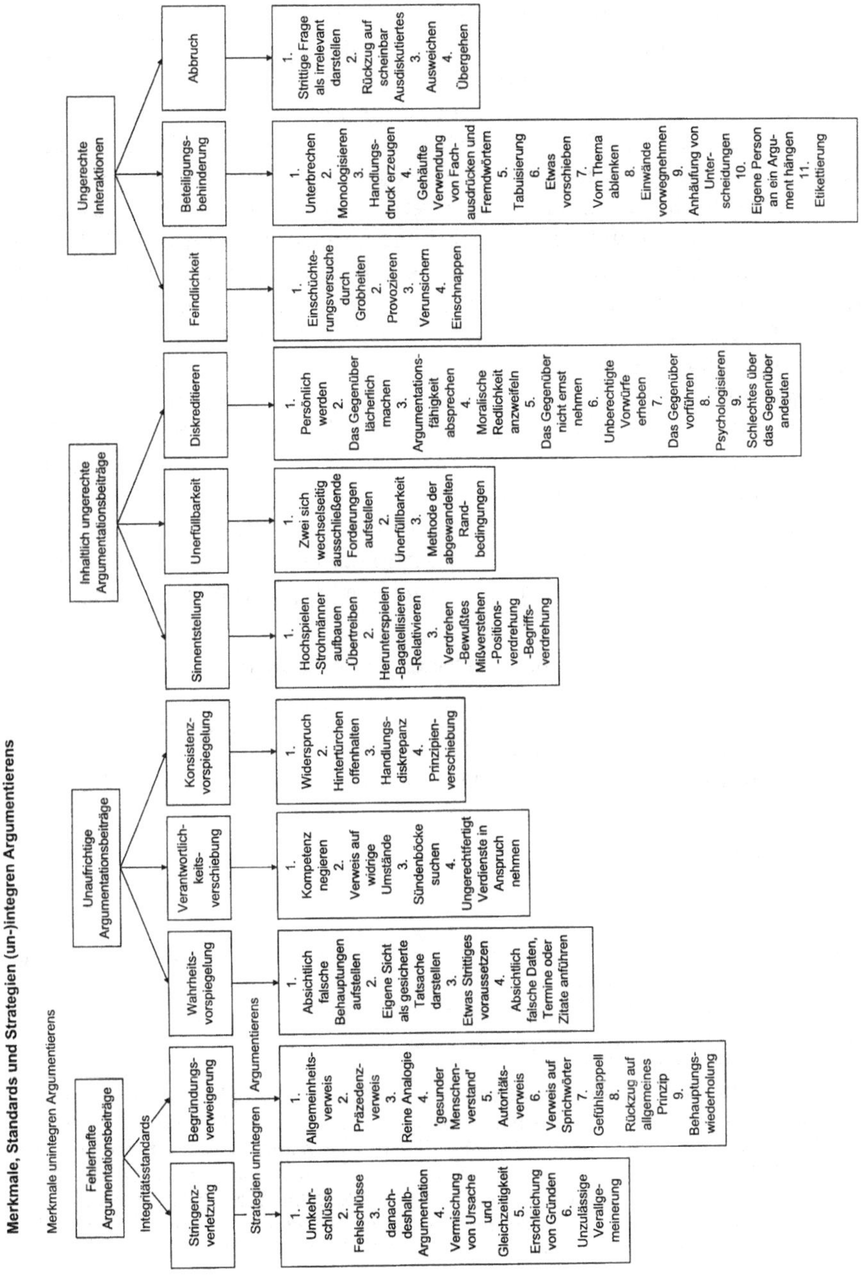

Abb. 2: Standard-Strategien-System

Subjektive Tatbestandsmerkmale[38] beziehen sich auf den Bewusstheits- qua Intentionalitätszustand bei der Tatausführung – im Alltagshandeln z. B. Bereicherungsabsicht bei der Wegnahme einer Tasche, im Argumentationsbereich die absichtliche oder leichtfertige Verletzung des jeweils thematischen Standards. Strafrechtlich relevant wird eine Handlung erst dann, wenn sowohl objektive als auch subjektive Tatbestandsmerkmale vorliegen. Dabei bemisst sich die Schwere eines Delikts nach der Schwere der objektiven Tatbestandsmerkmale (Falschparken vs. Töten), dem Grad der subjektiven Tatbestandsmerkmale (leichtfertig vs. absichtlich) und der Kombination von beiden.[39]

Die Grundstruktur dieses strafrechtlichen Modells unterstellen wir auch im Argumentationsbereich bei der Bewertung argumentativer Beiträge als unfair oder uninteger. Unintegres Argumentieren stellt danach eine Kombination von objektiven (von außen beobachtbaren) Merkmalen des Argumentationsbeitrags (Fehlschlüsse, sinnentstellende Darstellung, Diskreditieren etc.) und subjektiven Tatbestandsmerkmalen dar. Die Wertigkeit der objektiven Tatbestandsmerkmale und das Ausmaß der subjektiven Tatbestandsmerkmale bezeichnen wir als Basiskomponenten des Unintegritätsurteils[40] (vgl. Abb. 3).

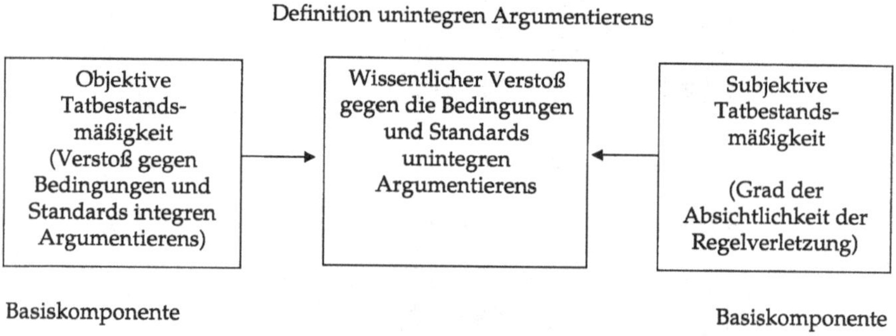

Abb. 3: Das Zwei-Komponenten-Modell der Unintegritätsbewertung

---

38 Johannes Wessels, *Strafrecht – Allgemeiner Teil.* 18. Aufl., Heidelberg 1988.

39 Ausführlich: Ralph Nüse/Norbert Groeben/Eva Gauler, *Argumentationsintegrität (V): Diagnose argumentativer Unintegrität – (Wechsel-)Wirkungen von Komponenten subjektiver Werturteile über argumentative Sprechhandlungen.* Arbeiten aus dem SFB 245, Bericht Nr. 33. Heidelberg 1991; Ralph Nüse/Norbert Groeben/Ursula Christmann/Eva Gauler, Schuldmindernde versus -begründende Zusatzattributionen in moralischen Handlungsbeurteilungen, in: *Gruppendynamik,* 24 (1993), 165–198.

40 Ralph Nüse/Norbert Groeben/Eva Gauler, Diagnose argumentativer Unintegrität. Objektive und subjektive Tatbestandsmerkmale bei Werturteilen über argumentative Sprechhandlungen, in: *Zeitschrift für experimentelle und angewandte Psychologie* 39 (1992), 533–558.

Führt man die Analogie zum Strafrecht weiter aus, so ist zu berücksichtigen, dass nicht jede Kombination von objektiven und subjektiven Tatbestandsmerkmalen strafrechtlich relevant wird; z. B. gibt es einen Unterschied zwischen fahrlässiger Sachbeschädigung und fahrlässiger Tötung. Entsprechend gehen wir davon aus, dass auch nicht jede Kombination von objektiven und subjektiven Tatbestandsmerkmalen im argumentativen Bereich als uninteger angesehen wird. So dürfte ein leichtfertiger Fehlschluss eher nicht als unfair empfunden werden, ein wissentlicher dagegen eventuell schon; und während ein leichtfertiger Fehlschluss nicht den Unintegritätsvorwurf auf sich zieht, tut es eine leichtfertige Einschüchterung des Gegenübers in einer Argumentation sehr wohl.[41]

Wir nennen diese zwei Komponenten der Unintegritätsbewertung Basiskomponenten, weil es sich um notwendige, aber nicht hinreichende Bedingungen für einen Unintegritätsvorwurf handelt.[42] Auch hier lässt sich die Rechtssprechung als Heuristik für die Modellierung der moralischen Bewertung von Integritätsverletzungen nutzen. Denn auch in unserem Rechtssystem wird nicht jeder absichtliche Verstoß z. B. gegen die Straßenverkehrsordnung verurteilt und sanktioniert, weil u. U. rechtfertigende Gründe vorliegen können (etwa der Transport eines lebensgefährlich Verletzten ins Krankenhaus); in diesem Fall erfolgt weder ein Schuldvorwurf noch eine Sanktionierung. In Analogie zum Strafrechtsmodell[43] gehen wir also davon aus, dass neben der Tatbestandsmäßigkeit auch die Rechtswidrigkeit und Vorwerfbarkeit bei der Bewertung einer argumentativen Regelverletzung zu berücksichtigen ist. Die Frage nach den Rechtfertigungsgründen bezieht sich also auf die Rechtswidrigkeit des Handelns und damit die Festlegung, ob es sich um Unrecht handelt oder nicht. Auf der Basis dieser Unrechtsfeststellung folgt dann die Schuldfeststellung und damit die Vorwerfbarkeit der Handlung, allerdings nur, wenn keine Entschuldigungsgründe vorliegen. Auch ein Unintegritätsvorwurf impliziert also die konstitutiven Wertungsstufen moralischer Urteile, nämlich Tatbestandsmäßigkeit, Rechtswidrigkeit/Unrecht und Vorwerfbarkeit/Schuld. Dabei bauen diese Wertungsstufen aufeinander auf; denn erst wenn sichergestellt ist, dass die objektiven und subjektiven Tatbestandsmerkmale erfüllt sind, stellt sich die Frage nach den Rechtfertigungen; und erst wenn feststeht, dass keine Rechtfertigungen vorliegen, wird die Frage

[41] GROEBEN/NÜSE/GAULER, Diagnose argumentativer Unintegrität (Fn. 40).

[42] Ebd.

[43] SCHÖNKE/SCHRÖDER, StGB. Kommentar (Fn. 37), vor §§ 13 ff, Rn. 12 ff.; WESSELS, Strafrecht – Allgemeiner Teil (Fn. 38), 20.

nach der persönlichen Verantwortung im Sinne von Schuld gestellt[44] (vgl. Abb. 4).[45]

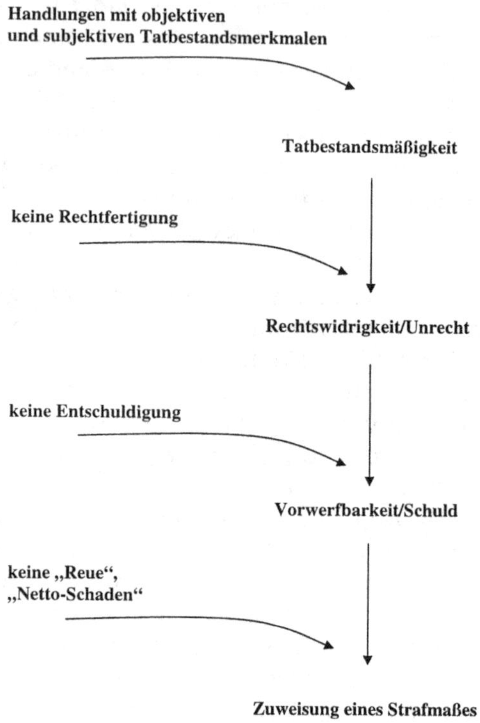

Abb. 4: Wertungsstufen moralischer Urteile

Als letzte Stufe sieht das Rechtssystem dann noch die Zuweisung eines Strafmaßes vor, durch die deutlich wird, dass für die Beurteilung der Verwerflichkeit einer Handlung noch weitere Aspekte relevant sind. So können Handlungen auf der gleichen Stufe in Abhängigkeit von bestimmten Wertvorstellungen als unterschiedlich verwerflich beurteilt werden.[46] Dazu gehören z. B. Bösartigkeit, Rücksichtslosigkeit, weiter

[44] SCHÖNKE/SCHRÖDER, Strafgesetzbuch. Kommentar (Fn. 37), vor §§ 13 ff, Rn. 103; WESSELS, Strafrecht – Allgemeiner Teil (Fn. 38), 105 f; ausführlich: NÜSE/GROEBEN/CHRISTMANN/GAULER, Schuldmindernde versus -begründende Zusatzattributionen (Fn. 39).

[45] Eine ähnliche Abbildung findet sich auch bei JOHN M. DARLEY/THOMAS R. SHULTZ, Moral rules: Their content and acquisition, in: *Annual Review of Psychology* 41 (1990), 525–556.

[46] WESSELS, Strafrecht – Allgemeiner Teil (Fn. 38), 117.

reichende schlechte Absichten etc. So wird in der Regel ein Handtaschendiebstahl bei alten Frauen als schlimmer eingestuft im Vergleich zu (gut betuchten) Frauen jüngeren Alters; eine Beleidigung am Telefon ist nachts schlimmer als am Tag usw.[47] Einen speziellen Fall stellt hier die sog. ‚Fahrlässigkeit zweiter Ordnung' dar: Wenn man sich z. B. fahrlässig in einen Zustand der Unzurechnungsfähigkeit bringt, kann diese Unzurechnungsfähigkeit nicht mehr als Entschuldigung angeführt werden. Auch dieser Aspekt des allgemeinen Strafrechts lässt sich auf den Argumentationsbereich übertragen, insofern als in bestimmten Kontexten eine erhöhte personen- oder situationsspezifische Sorgfaltspflicht anzusetzen ist.

Bei dieser Anwendung des Strafrechtsmodells der Handlungsbewertung auf den Argumentationsbereich unterstellen wir, dass das Rechtsmodell eine präzisierende Ausarbeitung der im Alltagsleben vorhandenen Wertungsstufen moralischer Urteile darstellt, sodass diese Wertungsstufen auch in der alltagskommunikativen Bewertung von argumentativer Unintegrität eingesetzt werden.[48] Das bedeutet, es wird auf der ersten Stufe – intuitiv – das Vorliegen objektiver und subjektiver Tatbestandsmerkmale überprüft. Bei den objektiven Tatbestandsmerkmalen qua Standardverletzungen führt die unterstellte Parallelwertung in der Laiensphäre zu der Annahme, dass das objektive Wertkonzept ‚Argumentationsintegrität' zwar von den je konkreten Personen/Individuen nicht vollständig kognitiv abgebildet wird, d. h. es liegt in der Regel keine vollständige Kenntnis aller herausgearbeiteten Integritätsstandards vor.[49] Aber man kann davon ausgehen, dass das je individuelle Konzept von argumentativer Fairness einen substanziellen Überlappungsbereich zum überindividuellen Wertkonzept ‚Argumentationsintegrität' aufweist, d. h. dass hier eine Annäherung an das objektive Wertkonzept vorliegt, indem eine Mehrzahl der herausgearbeiteten Standards auch intuitiv vertreten werden. Zugleich wird in der alltagskommunikativen Situation von den Argumentationsteilnehmern/-innen entschieden, ob sie eine Standardverletzung als bewussten Verstoß gegen die Argumentationsbedingungen ansehen oder nicht (mit den Abstufungen von Absichtlichkeit bis Fahrlässigkeit/Leichtfertigkeit; s. u.).

---

[47] MONIKA PLATE/HANS SCHNEIDER, *Schwereeinschätzungen von Gewalthandlungen*. Wiesbaden 1989.

[48] NÜSE/GROEBEN/CHRISTMANN/GAULER, Schuldmindernde versus -begründende Zusatzattributionen (Fn. 39).

[49] Empirisch: CHRISTMANN/GROEBEN, Subjektive Theorien über Argumentieren und Argumentationsintegrität (Fn. 30); CHRISTMANN/GROEBEN, Retrognostische Überprüfung der Handlungsleitung Subjektiver Theorien (Fn. 30).

Auch für argumentative Regelverstöße werden auf der nächsten Stufe potenzielle Rechtfertigungsgründe intuitiv ‚kalkuliert'; so werden Regelverstöße im Dienste guter Absichten ggf. nicht als unrechtmäßig eingestuft (etwa eine Notlüge). Aber selbst beim Fehlen solcher Rechtfertigungsgründe wird auch in Alltagskommunikationen u. E. auf einen persönlichen Schuldvorwurf verzichtet, wenn erkennbare Entschuldigungsgründe vorliegen. In einer hitzigen Debatte etwa kann bei emotionaler Erregung schon einmal eine Standardverletzung (z. B. Stringenzverletzung) unterlaufen, ohne dass dies persönlich vorgeworfen wird.

Dieses Modell der Wertungsstufen auch für die Unintegritätsbewertung von Argumentationsbeiträgen stellt zunächst einmal eine rationale Rekonstruktion alltäglicher Urteilsprozesse dar. Die empirische Überprüfung hat zum einen die Relevanz der Wertungsstufen, zum anderen die Binnenstrukturierung und -gewichtung von objektiven und subjektiven Tatbestandsmerkmalen aufzuklären. Bei letzterem handelt es sich um die Frage, was das größere Gewicht für den Unintegritätsvorwurf besitzt: der Schweregrad der Regelverletzung (objektives Tatbestandsmerkmal) oder der Grad der vermuteten Absichtlichkeit (subjektives Tatbestandsmerkmal).

Zur Überprüfung dieser Frage haben wir im Rahmen eines Experiments mit den beiden Faktoren ‚Wertigkeit der objektiven Tatbestandsmerkmale' und ‚Ausmaß der subjektiven Tatbestandsmäßigkeit' an 62 Versuchspersonen den Einfluss dieser Faktoren auf die Unintegritätsbewertung untersucht.[50] Den Faktor ‚Wertigkeit der objektiven Tatbestandsmerkmale' (Schwere der argumentativen Regelverletzung mit drei Faktorstufen: hoch, mittel und niedrig) haben wir durch Vorgabe von 12 Beispielszenarios realisiert, die jeweils konkrete argumentative Sprechhandlungen mit objektiven Regelverletzungen aufwiesen. Der Faktor ‚Ausmaß der subjektiven Tatbestandsmäßigkeit' (mit den Ausprägungen absichtlich, leichtfertig und unwissentlich) wurde durch Angabe von Zusatzinformationen über den Intentionalitätszustand des relevanten Sprechers im Anschluss an die Darbietung der Beispiele variiert. Aufgabe der Versuchspersonen war es, zum einen anzugeben, in welchem Ausmaß die jeweilige Standardverletzung in den Beispielszenarios ihrer Meinung nach eine Argumentation behindert (Behinderungsrating), und zum anderen, die Standardverletzungen danach zu bewerten, ob sie so schlimm sind, dass sie dem Sprecher auch persönlich vorzuwerfen sind (Unintegritätsbewertung), bzw. ob sie es nicht weiter schlimm finden, wie der Sprecher argumentiert (Neutralurteil).

---

50 GROEBEN/NÜSE/GAULER, Diagnose argumentativer Unintegrität (Fn. 40).

Die Operationalisierung der Unintegritätsbewertung erfolgte also im Sinne eines Schuldurteils. Die Ergebnisse zeigen, dass bei Standardverletzungen hoher Wertigkeit (schweren Regelverletzungen), die leichtfertig herbeigeführt werden, sowie bei Standardverletzungen mittlerer Wertigkeit, die absichtlich begangen werden, signifikant mehr Unintegritätsbewertungen als Neutralurteile abgegeben werden. Hingegen resultieren signifikant mehr Neutralbewertungen bei Standardverletzungen niedriger Wertigkeit (leichten Regelverstößen), die unwissentlich und leichtfertig herbeigeführt werden; desgleichen bei Standardverletzungen mittlerer Wertigkeit, die unwissentlich begangen werden. Darüber hinaus zeigte sich, dass bei Vorliegen niedrig wertiger argumentativer Regelverstöße das absichtliche Herbeiführen signifikant häufig nicht als uninteger bewertet wird, während das unwissentliche Herbeiführen eines schweren Regelverstoßes sehr wohl zum Unintegritätsvorwurf führt. Insgesamt konnte also nicht nur der Einfluss der als Basiskomponenten angesetzten Faktoren ,Wertigkeit der objektiven Tatbestandsmerkmale' und ,Ausmaß der subjektiven Tatbestandsmäßigkeit' nachgewiesen, sondern auch deren Relation aufgeklärt werden: Der Schweregrad der Regelverletzung besitzt eindeutig ein höheres Gewicht als das Ausmaß der subjektiven Tatbestandsmäßigkeit (Intentionalitätsgrad), d. h. mit steigendem Schweregrad einer argumentativen Regelverletzung urteilen die Versuchspersonen offensichtlich strenger. Dies geht sogar so weit, dass schwere Regelverletzungen auch dann als uninteger bewertet werden, wenn der Sprecher sich des Verstoßes gar nicht bewusst war, ein Ergebnis, das sich auch in weiteren Untersuchungen immer wieder bestätigt hat.[51]

Diese Grundstruktur, dass der Schweregrad einer Regelverletzung (als objektives Tatbestandsmerkmal) für die Unintegritätsbewertung das größere Gewicht besitzt im Vergleich zur subjektiven Tatbestandsmäßigkeit (vermuteter Grad der Absichtlichkeit), ist auch bereits in den Standardformulierungen mit abgebildet. Denn diese Relation ist dafür verantwortlich, dass in der Mehrheit der Standards die Absichtlichkeit explizit in die Formulierung aufgenommen worden ist, bei zwei Standards allerdings, die von der objektiven Tatbestandsmäßigkeit her als besonders schwer empfunden werden (nämlich Unerfüllbarkeit (7),

---

[51] URSULA CHRISTMANN/UDO SLADEK/NORBERT GROEBEN, Der Einfluß personaler und interaktiver Kontextinformationen auf die Diagnose und Bewertung argumentativer (Un-)Integrität, in: *Sprache und Kognition* 3 (1998), 107–124; URSULA CHRISTMANN/CHRISTOPH MISCHO/NORBERT GROEBEN, Components of the evaluation of integrity violations in argumentative discussions: Relevant factors and their relationships, in: *Journal of Language and Social Psychology* 19 (2000), 315–341.

Diskreditieren (8)), die Leichtfertigkeit ebenfalls als Standardverletzung expliziert wird.

Das Modell der Wertungsstufen moralischer Urteile und damit auch Unintegritätsbewertungen impliziert also, dass mit den elaborierten Standards der Argumentationsintegrität kein ethischer Rigorismus verbunden sein soll und ist. Es geht nicht darum, jegliche objektive Regelverletzung aufzuspießen und zum Vorwurf zu machen, sondern es geht nur um jene Regelverletzungen, die in der Tat Ausdruck eines ‚schlechten Willens' sind und sowohl vermieden werden könnten wie sollten. Dazu gehört nach dem Modell der Wertungsstufen dann allerdings auch die Einbeziehung möglicher Rechtfertigungs- und Entschuldigungsgründe. Auch zu diesem Problem haben wir empirische Untersuchungen durchgeführt, die zeigen, dass sogar in der Alltagskommunikation ein differenziertes Abwägen vorgenommen wird, auf Grund dessen ein schon gefälltes (moralisches) Urteil unter Umständen noch modifiziert wird, dann nämlich, wenn sich noch weitere relevante schuldmindernde oder schuldbegründende Informationen ergeben.[52]

Dabei haben wir im Anschluss an die Bewertung der in den Beispielszenarios enthaltenen Standardverletzungen die Versuchspersonen post hoc gefragt, unter welchen Bedingungen sie ihr Unintegritäts- bzw. Neutralurteil revidieren würden.[53] Die Erhebung erfolgte in Form freier Antworten, wobei in Abhängigkeit von der zuvor abgegebenen Bewertung unterschiedliche Frageperspektiven zu beantworten waren: Wenn die Versuchspersonen zuvor den/die jeweilige/-n Argumentationsteilnehmer/-in als uninteger bewertet hatten, ging es für sie darum, solche schuldmindernden Faktoren anzuführen, bei deren Vorliegen sie ihre Unintegritätsbewertung abschwächen oder gar ganz zurücknehmen würden. Hatten die Versuchspersonen den/die betreffende/-n Sprecher/-in hingegen zunächst neutral bewertet, sollten sie solche schuldbegründenden Umstände oder Bedingungen angeben, bei deren Vorliegen sie die relevante Äußerung als uninteger bewerten würden. Zur Auswertung der erhobenen freien Antworten wurde ausgehend von dem skizzierten Modell der Wertungsstufen moralischer Urteile (s. o. Abb. 4) ein inhaltsanalytisches Kategoriensystem mit den Oberkategorien ‚Entschuldigungen', ‚Rechtfertigungen', ‚Modifikation der Tatbestandsmäßigkeit', ‚weiter reichende schlechte Absichten' (z. B. spezielle Schuldmerkmale wie Rücksichtslosigkeit) erstellt. Zusätzlich

---

[52] CHRISTMANN/SLADEK/GROEBEN, Der Einfluß personaler und interaktiver Kontextinformationen (Fn. 51); CHRISTMANN/MISCHO/GROEBEN, Components of the evaluation of integrity violations (Fn. 51).

[53] NÜSE/GROEBEN/CHRISTMANN/GAULER, Schuldmindernde versus -begründende Zusatzattributionen (Fn. 39).

zu diesen theoretisch direkt aus dem Modell der Wertungsstufen ableitbaren Kategorien wurde als weitere Kategorie die der ‚erhöhten Verantwortlichkeit' expliziert. Mit dieser Kategorie sollte der Tatsache Rechnung getragen werden, dass einem/einer Sprecher/-in auch die mangelnde Verantwortlichkeit für seine/ihre Handlungen bzw. die Unwissentlichkeit der Herbeiführung des Handlungsergebnisses als solche zum Vorwurf gemacht werden kann (s. o. das Konzept der sekundären Fahrlässigkeit; so ist z. B. einem Professor für formale Logik ein unwissentlicher Fehlschluss zur Last zu legen, weil gerade einem solchen Professor so etwas nicht passieren darf). Die fünf Oberkategorien lassen sich sowohl auf schuldmindernde als auch schuldbegründende Faktoren anwenden, wenn man jeweils eine negative und eine positive Ausprägung der Kategorien ansetzt. Das heißt, das Vorliegen von Entschuldigungen ist schuldmindernd, das Fehlen derselben schuldbegründend. Im nächsten Schritt wurden den fünf deduktiv abgleiteten Oberkategorien 12 induktiv auf der Grundlage der freien Antworten der Versuchspersonen gewonnene Einzel- bzw. Unterkategorien zugeordnet, die verschiedene argumentationsspezifische Arten von Entschuldigungen, Rechtfertigungen etc. zusammenfassen. Das vollständige System schuldmindernder und schuldbegründender Umstände zeigt Abbildung 5 (nächste Seite).[54]

Unter der Oberkategorie ‚*Entschuldigungen*' sind solche Bedingungen zusammengefasst, die das Vorliegen bzw. Nicht-Vorliegen von ‚mildernden Umständen' oder Schuldausschlussgründen thematisieren. Dazu gehört in schuldmindernder Weise die *mangelnde Kompetenz*, die z. B. dann vorliegt, wenn ein/-e Sprecher/-in unerfahren ist oder vom Thema nicht viel Ahnung hat, die *emotionale Beeinträchtigung*, wenn ein/-e Sprecher/-in emotional erregt ist oder unter großer Anspannung steht, sowie *themenrelevante Sensibilitäten*, wenn etwa ein im Nationalsozialismus Verfolgter über den Holocaust diskutiert. Die Oberkategorie ‚*Rechtfertigungen*' bezieht sich auf das Vorliegen bzw. Nicht-Vorliegen von Rechtfertigungsgründen, die die ‚Rechtswidrigkeit' einer tatbestandsmäßigen Handlung betreffen. So hat man beispielsweise durchaus das Recht, einem/-r Diskussionspartner/-in die Kompetenz abzusprechen, wenn diese/-r wirklich keine Ahnung vom Thema hat, und eine Notlüge mag gerechtfertigt sein, wenn es gilt, höhere Werte zu schützen.

---

[54] Vgl. NÜSE/GROEBEN/CHRISTMANN/GAULER, Schuldmindernde versus -begründende Zusatzattributionen (Fn. 39), 185.

Oberkategorien	**schuldmindernde Umstände**	**schuldbegründende Umstände**
Entschuldigungen	mangelnde Kompetenz	keine mangelnde Kompetenz
	emotionale Beeinträchtigung	keine emotionale Beeinträchtigung
	themenrelevante Sensibilitäten	keine themenrelevanten Sensibilitäten
Rechtfertigungen	interaktionale Rechtfertigung	keine interaktionale Rechtfertigung
	inhaltliche Rechtfertigung	keine inhaltliche Rechtfertigung
	Rechtfertigung im eigentlichen Sinn (z.B. gute Absicht)	keine Rechtfertigung im eigentlichen Sinn (z.B. keine gute Absicht)
Modifikation der Tatbestandsmäßigkeit	Nicht-Eintreten negativer Effekte	Eintreten negativer Effekte
	niedrige Intensität	hohe Intensität
	Korrektur	keine Korrektur
	Abschwächung der subjektiven Tatbestandsmäßigkeit	Erhöhung der subjektiven Tatbestandsmäßigkeit
weiter reichende Absichten	keine schlechten Absichten	schlechte Absichten
Erhöhte Verantwortlichkeit	keine erhöhte Verantwortlichkeit	erhöhte Verantwortlichkeit

Abb. 5: Schuldmindernde und schuldbegründende Umstände

Als Unterkategorien unterscheiden wir hier *interaktionelle Rechtfertigungen,* die z. B. dann vorliegen, wenn ein/-e Sprecher/-in provoziert worden ist oder sich gegen Übergriffe des Gegners wehren muss; *inhaltliche Rechtfertigungen,* wenn jemand z. B. tatsächlich inkompetent ist, und *Rechtfertigungen im eigentlichen Sinn,* wenn ein/-e Sprecher/-in durch einen Regelverstoß die Zuhörer/-innen z. B. auf ein spezielles Problem aufmerksam machen will. Zur Oberkategorie *‚Modifikation der Tatbestandsmäßigkeit'* gehören alle Umstände, die die objektiven und subjektiven Tatbestandsmerkmale abschwächen oder verschärfen. Eine Abschwächung liegt bei *Nicht-Eintreten negativer Effekte* vor, wenn also z. B. allen Teilnehmer/-innen einer Argumentation klar ist, dass der Angegriffene doch kompetent ist, das Diskreditieren also ins Leere läuft; bei *niedriger Intensität* besteht die Abschwächung darin, dass es sich z. B. um einen einmaligen Ausrutscher handelt, bei *Korrektur,* dass der/die Sprecher/-in sich in irgendeiner Form entschuldigt oder seine Äußerung zurücknimmt. Die *Abschwächung der subjektiven Tatbestandsmäßigkeit* liegt vor allem vor, wenn ein argumentativer Regelverstoß unabsichtlich begangen wird. Die Oberkategorien *‚weiter reichende schlechte Absichten'* (für die keine Einzelkategorien expliziert wurden) bezieht sich auf das Vorliegen/Nicht-Vorliegen spezieller Schuldmerkmale. So würde man beispielsweise einem/-r Sprecher/-in, der/die gerne drastisch-pointiert formuliert, bei einer Übertreibung oder einer Sinnenstellung keine unlauteren Motive unterstellen. Beabsichtigt ein/-e Argumentationsteilnehmer/-in hingegen, den Gegner in der Sache gezielt auszuschalten, um die Zuhörer/-innen für die eigene Position einzunehmen, dann wäre das vorwerfbar. Unter der Oberkategorie *‚erhöhte Verantwortlichkeit'* sind solche Umstände subsumiert, die das Vorliegen/Nicht-Vorliegen einer über die speziellen subjektiven Tatbestandsmerkmale hinausgehenden erhöhten Verantwortlichkeit thematisieren. So würde man vielleicht einem/-r Sprecher/-in, der/die leichtfertig nicht stringent argumentiert, zugute halten, dass er/sie unerfahren ist, und deshalb die Standardverletzung entschuldigen; handelt es sich hingegen um eine/-n Politiker/-in oder eine Entscheidungsträger/-in, dann hätte er/sie sich eben besser vorbereiten müssen. Die ‚Unerfahrenheit' wäre in diesem Fall also eher schuldbegründend.[55]

Den Einfluss dieser schuldmindernden bzw. schuldbegründenden Umstände auf die (Un-)Integritätsbewertung haben wir in mehreren

[55] Ausführlich: NÜSE/GROEBEN/CHRISTMANN/GAULER, Schuldmindernde versus -begründende Zusatzattributionen (Fn. 39).

Untersuchungsreihen auch empirisch-experimentell gesichert.[56] Dabei wurden nach einer ersten Beurteilung von Argumentationsbeispielen mit Standardverletzungen schuldmindernde oder -begründende Zusatzinformationen gegeben. So wurde beispielsweise unter der Bedingung ‚Korrektur+' die Information gegeben, dass der Sprecher sich entschuldigt und seine Äußerung zurücknimmt, während unter der Bedingung ‚Korrektur–' die Information gegeben wurde, dass die Sprecherin ein Monitum des Gesprächspartners eindeutig zurückweist und ihre Äußerung auch nicht zurücknimmt. Im Anschluss an solche Zusatzinformationen sollten die Versuchspersonen unter Berücksichtigung der neuen Information eine zweite Bewertung der Standardverletzung vornehmen. Insgesamt zeigen die Ergebnisse, dass derartige Zusatzinformationen in der Tat das Gewicht der (Un-)Integritätsbewertung (Ersturteile) in schuldmindernder bzw. schuldbegründender Weise modifizieren können. In einem empirischen Gesamt-Modell[57] haben wir dann das Gewicht der einzelnen schuldbegründenden bzw. -mindernden Umstände für die Unintegritätsbewertung bestimmt. Danach haben weiter reichende positive bzw. negative Absichten eines/-r Sprechers/-in das höchste Gewicht, gefolgt von hoher bzw. niedriger argumentativer und inhaltlicher Kompetenz des/der Sprechers/-in, mehrmalige bzw. einmalige Regelverletzung sowie vorliegende bzw. fehlende Korrektur durch den/die Sprecher/-in.

Diese vier Bedingungen stellen die bedeutsamsten Kernfaktoren aus dem Spektrum der ursprünglich 12 empirisch-induktiv gewonnenen möglichen Faktoren dar, die einen Einfluss auf die (Un-)Integritätsbewertung haben können. Sie haben sich als psychisch real in dem Sinne erwiesen, dass Personen besonders häufig auf sie rekurrieren, wenn sie ein ursprüngliches Urteil in schulderhöhender oder -mindernder Weise abändern.[58] Wir vermuten daher, dass es sich um diejenigen Faktoren handelt, die bei der moralischen Bewertung von Integritätsverletzungen in Alltagssituationen am ehesten herangezogen werden, um einen Schuldvorwurf abzuschwächen oder zu erhärten.

Durch diese Einbeziehung auch der schuldmindernden Umstände und des Grads der Bewusstheit als subjektivem Tatbestandsmerkmal bei der Unintegritätsbewertung wird die Gefahr vermieden, durch einen ethischen Rigorismus selbst wiederum Ungerechtigkeiten zu produ-

---

56 CHRISTMANN/SLADEK/GROEBEN, Der Einfluß personaler und interaktiver Kontextinformationen (Fn. 51); CHRISTMANN/MISCHO/GROEBEN, Components of the evaluation of integrity violations (Fn. 51).

57 CHRISTMANN/MISCHO/GROEBEN, Components of the evaluation of integrity violations (Fn. 51).

58 Ebd.

zieren. In der argumentativen Praxis ist damit aber auch das Problem verbunden, dass man bestimmte schuldmindernde (und auch -begründende) Umstände sowie vor allem die Bewusstheitszustände (qua subjektive Tatbestandsmäßigkeit) grundsätzlich nicht direkt feststellen kann, sondern über Indikatoren erschließen muss. Man kann eben den Menschen nicht „in den Kopf (oder die Seele) hineinsehen", sondern muss aus bestimmten Anzeichen auf die intentionalen Zustände des Gegenübers schließen.[59] Da argumentative Kommunikation immer einen sprachlichen Austausch darstellt, sind diese Anzeichen vor allem in der Sprache (einschließlich paraverbalen Aspekten wie Intonation, Pausen etc.) zu finden. Durch entsprechende psycholinguistische Untersuchungen haben wir versucht, sprachliche Hinweise zu identifizieren, von denen aus man schließen kann, dass ein Gegenüber absichtlich gegen die Standards integren Argumentierens verstößt. Das geschah anhand von 5 Talkshow-Ausschnitten und 50 authentischen Konfliktgesprächen zwischen Müttern und ihren jugendlichen Töchtern,[60] die einer umfassenden pragmalinguistischen Analyse unterzogen wurden.[61] Diese umfasste zunächst eine Analyse der Kommunikationssituation (Setting, Gesprächstyp, Teilnehmer/-innen, globale Situationseinschätzung), eine Analyse der Gesprächsstruktur (Verlaufsstruktur und Gesprächsentfaltung) unter thematischer, inhaltlich-interaktiver sowie argumentativer Perspektive sowie die Identifikation und Verortung der in den Gesprächen enthaltenen argumentativen Regelverletzungen (objektive Tatbestandsmerkmale) auf interaktioneller, propositionaler und argumentativer Ebene. Die Gesprächsstellen mit objektiv vorliegenden argumentativen Regelverletzungen stellten den Ausgangspunkt für die folgende Prüfung auf Absichtlichkeit dar.

---

59 Zum Problem der Intentionalitätsindikatoren vgl. umfassend: MARGRIT SCHREIER, *Das Erkennen sprachlicher Täuschung. Über Absichtlichkeitsindikatoren beim unintegren Argumentieren*. Münster 1997; MARGRIT SCHREIER/NORBERT GROEBEN/URSULA CHRISTMANN/RALPH NÜSE/EVA GAULER, Indicators of argumentational integrity in everyday communication, in: *Argumentation* 7 (1993), 205–219; URSULA CHRISTMANN/MARGRIT SCHREIER/NORBERT GROEBEN, War das Absicht? Indikatoren subjektiver Intentionalitätszustände bei der ethischen Bewertung von Argumentationsbeiträgen, in: *Zeitschrift für Literaturwissenschaft und Linguistik* 101 (1996), 70–113.

60 Zur Erhebung der Gespräche vgl. MANFRED HOFER/BIRGIT PIKOWSKY/THOMAS FLEISCHMANN, *Jugendliche unterschiedlichen Alters im argumentativen Konfliktgespräch mit ihrer Mutter*. Arbeiten aus dem SFB 245, Bericht Nr. 36. Mannheim 1991.

61 MARGRIT SCHREIER, *Argumentationsintegrität (XII): Sprachliche Manifestationsformen argumentativer Unintegrität in Konfliktgesprächen*. Arbeiten aus dem SFB 245, Bericht Nr. 65. Heidelberg 1993; MARGRIT SCHREIER/NORBERT GROEBEN, „Also ich glaube, daß wir dieses Thema jetzt abbrechen sollten!" Über das Argumentationshandeln von Müttern und Töchtern in Konfliktgesprächen, in: *Zeitschrift für Entwicklungspsychologie und Pädagogische Psychologie* 29 (1997), 1–25.

Das Prinzip der Analyse bestand darin, die relevanten Gesprächsstellen im Hinblick auf Abweichungen vom charakteristischen Sprechstil des/der Sprechers/-in mit dem Duktus des Gesamtgesprächs zu vergleichen. Dabei wurden drei Gruppen von Indikatoren unterschieden, die einer argumentativen Regelverletzung vorausgehen oder folgen können:[62]

(A) Indikatoren für Sprecher/-innen-Einstellungen. Dazu gehören: (1) interaktionelle Indikatoren (z. B. Ausweichmanöver, Unterlassenshandlungen, Wahl eines image-bedrohenden Themas, Veränderungen in Art und Verteilung von Sprecher/-innen-Wechsel); (2) sprachlich-linguistische Indikatoren (z. B. Unsicherheitsindikatoren wie Hesitationsphänomene, Selbstkorrekturen, ungrammatikalisches Sprechen, mehrfaches Ansetzen); Indikatoren emotionaler Erregtheit; wirkungsorientierte Sprechweise wie rhetorische Frage, lexikalische und syntaktische Parallelismen, Interjektionen etc.; Erzeugung des Eindrucks der Unhinterfragbarkeit der eigenen Position z. B. durch unpersönliche, normative, gebietende, verbietende Formulierungen; Implikatursignale; metakommunikatives Vorabstreiten); (3) inhaltliche Indikatoren (z. B. Steigerung oder Häufung von Negativbewertungen; sich herausreden; (4) argumentative Indikatoren (z. B. mangelnde Stringenz nach einer Regelverletzung; mangelnde Argumentationsbereitschaft wie Nicht-Behandlung von Einwänden des Gegenübers); (5) Komplexbildungen (z. B. Mehrfachverletzung desselben Standards oder zusätzliche Verletzung anderer Standards, Inkonsistenzen auf Sprecher/-innenseite).

(B) Übergreifende Sprecher/-innen-Traits. Darunter fallen Indikatoren, die eine bestimmte Regelverletzung vor dem Hintergrund des jeweiligen Sprechstils einer Person plausibel erscheinen lassen: (1) Konfrontativitätsindikatoren (z. B. Häufung von Unterbrechungen und Vorwürfen, zurückweisende Exklamationen, Unhöflichkeit); (2) Dominanzindikatoren (z. B. hoher Anteil an Normen, Geboten, Verboten; Nicht-Eingehen auf Beiträge des Gegenübers); (3) Indikatoren argumentativ-rhetorischer Kompetenz (z. B. gehäufte Verwendung von komplexen Argumentationsfiguren, wirkungsorientierte Sprechweise, komplexe Formulierungen).

(C) Indikatoren im interaktiven Prozess des Gesprächstyps ‚Argumentation'. Darunter fallen Reaktionen auf Regelverletzungen im weiteren Gesprächsverlauf: (1) Reaktionen des/-r Sprechers/-in auf eigene Realisierung des objektiven Tatbestandsmerkmals (z. B. Versuch das Thema abzuschließen, Autoritätsverweise); (2) direkte Reaktionen des Gegenübers (z. B. Zurückweisung der Regelverletzung); (3) indirekte Reakti-

---

[62] Ausführlich: SCHREIER, Sprachliche Manifestationsformen argumentativer Unintegrität (Fn. 61).

onen des Gegenübers (z. B. Verschiebung des Gesprächsstils). Zusätzlich wurde in jedem einzelnen Fall geprüft, ob etwaige schuldmindernde oder schuldbegründende Umstände vorlagen. Mit diesem Modell wurden sämtliche Talk-Shows und Konfliktgespräche analysiert und im Rahmen der Systematisierung der Analyseergebnisse u. a. auch die Besetzungshäufigkeiten für die einzelnen Indikatortypen bestimmt.[63]

Daraus ergaben sich fünf generelle Dimensionen sprachlicher Manifestationen, die als Indikatoren absichtlicher Standardverletzungen angesetzt werden können:

1. wirkungsorientierte Sprechweise; 2. Unsicherheit als Indikator für Verbergen-Wollen; 3. metakommunikatives Vorabstreiten; 4. Mehrfachverletzung; 5. Konfliktbereitschaft.

Bei der wirkungsorientierten Sprechweise geht es darum, dass das Gegenüber sprachliche Mittel gezielt einsetzt, um die Wirkung der eigenen Argumente zu verstärken. Dies geschieht z. B. durch All-Aussagen oder dadurch, dass ein Eindruck der Unhinterfragbarkeit der eigenen Position erzeugt wird; Letzteres geschieht z. B. durch allgemeine, unpersönliche oder normative Formulierungen (in gehäuftem Ausmaß) wie *man weiß doch, dass ..., niemand bestreitet heute noch ...* etc. Ebenfalls zur wirkungsorientierten Sprechweise gehört der Aspekt der Dominanz, der durch das dominierende ‚wir' oder durch Normen, Gebote und Verbote realisiert wird. (*Ich denke, wir sollten aufhören, uns in dieser Sache etwas vorzumachen.*) Weitere Aspekte wirkungsorientierter Sprechweise bestehen im Einsatz bestimmter rhetorischer Mittel wie Ironie, rhetorische Frage, Parallelismen und Reihungen (z. B. gleiche Satzanfänge). Paraverbal sind außerdem eine besonders akzentuierte Intonation und eine gezielte Pausensetzung zu nennen.

Unsicherheit als Indikator für Verbergen-Wollen bezieht sich darauf, dass vor unintegren Beiträgen häufig Unsicherheit bei dem/der Sprecher/-in besteht, wie die Argumentation fortzuführen ist. Das zeigt sich generell in einem Zögern, auch in zögernden Pausen, in Selbstkorrekturen und in der häufigen Verwendung von salvatorischen Wörtern wie *überhaupt, irgendwo, hm, naja, also* etc. Ein sehr eindrucksvoller Indikator für absichtliche Standardverletzungen, den erfahrene Diskussionsteilnehmer/-innen zumeist aus der eigenen Diskussionspraxis bereits kennen, ist das metakommunikative Vorabstreiten, bei dem argumentative Regelverletzungen mit der Ankündigung eingeleitet werden, gerade nicht gegen die jeweilige Regel zu verstoßen. (*Ich will ja nicht so tun, als ob ich mich nicht irren könnte, aber zweifelsfrei bewiesen ist doch ...*) Eine relativ große Sicherheit bei der Identifizierung der Absichtlichkeit

---

[63] SCHREIER, Sprachliche Manifestationsformen argumentativer Unintegrität (Fn. 61); CHRISTMANN/SCHREIER/GROEBEN, War das Absicht? (Fn. 59).

von Standardverletzungen ist die Mehrfachverletzung, bei der das Gegenüber in kurzer Folge entweder gegen denselben Standard oder auch gegen verschiedene Standards verstößt. Schließlich ist ein genereller Indikator auch die Konfliktbereitschaft, unter der wir die Phänomene zusammengefasst haben, dass jemand ganz offensichtlich und ohne Scheu gegen Argumentationsregeln verstößt oder aber gegenüber den anderen Gesprächsteilnehmern/-innen eine konfrontative Haltung einnimmt.

Wenn man auf solche sprachlichen Indikatoren der Absichtlichkeit von Standardverletzungen zu achten gewohnt ist, resultiert daraus auf lange Sicht doch eine relative Sicherheit bei der Attribution der subjektiven Tatbestandsmäßigkeit, die allerdings selbstverständlich nie eine vollständige Sicherheit sein kann und darf, insofern als es sich immer und unvermeidbar um Schlussfolgerungen von der sprachlichen Realisationsoberfläche auf zu Grunde liegende intentionale Zustände handelt. Da für einen Unintegritätsvorwurf auch noch die schuldmindernden bzw. -begründenden Umstände mit in Betracht gezogen werden sollten, handelt es sich bei der Entscheidung für oder gegen einen Unintegritätsvorwurf immer um eine unsichere Entscheidung. Hier wie generell im Rechtssystem sollte die prinzipielle Regel sein, im Zweifelsfall von einem evtl. ungerechten Schuldvorwurf Abstand zu nehmen. Allerdings, selbst wenn man sich an diese Maxime hält, zeigt die argumentative Praxis, dass – leider – genügend Fälle übrig bleiben, in denen man nach menschlichem Ermessen ausreichend sicher zu einem solchen Unintegritätsvorwurf berechtigt ist.

5. Anwendungsperspektiven des Wertkonzepts ‚Argumentationsintegrität' im Rechtssystem

Das Wertkonzept der Argumentationsintegrität ist, wie in den berichteten empirischen Untersuchungen nachgewiesen, eine Zielvorstellung, die in der Alltagskommunikation für den argumentativen Diskurs vertreten und angestrebt wird. Dabei handelt es sich durchaus – im Sinne Habermas' – um eine ‚kontrafaktische Zielidee', d. h. eine Wertvorstellung, die niemals vollständig realisiert wird, die es aber gleichwohl approximativ anzustreben gilt, um den Sinn des Argumentierens, nämlich den ‚merkwürdig zwanglosen Zwang des besseren Arguments', zu realisieren. Die Approximativität besteht in der Regel schon darin, dass das je individuelle Subjekt in seiner Alltagskonzeption von argumentativer Fairness nicht die Gesamtheit der für das objektive Wertkonzept ‚Argumentationsintegrität' herausgearbeiteten Standards und Strategien kognitiv abbilden kann. Insofern besteht hier ein Aufklärungspotenzial, wie es auch bereits bei der Konzeption der eristischen Dialektik nach Schopenhauer (s. o. Punkt 1) konstatiert worden ist. Dieses Aufklärungspotenzial trifft im Prinzip für alle Bereiche der Alltagskommunikation wie auch der fach- und institutionsspezifischen Kommunikationsdiskurse zu.[64] Dazu zählen vor allem die beiden angesprochenen zentralen Funktionen, nämlich zum einen durch die Aufklärung über (eristische) Strategien der Verletzung von Argumentationsintegrität deren Wirksamkeit zu brechen; zum anderen die Motivation aufzubauen, in den eigenen Argumentationsbeiträgen Verstöße gegen die argumentative Fairness möglichst zu vermeiden. In Bezug auf diese beiden Zielfunktionen gehen wir davon aus, dass sich die Anwendungsperspektiven des Wertkonzepts ‚Argumentationsintegrität' für die Alltagskommunikation und für die Kommunikation innerhalb des Rechtssystems nicht strukturell unterscheiden. Das heißt beide Zielfunktionen sind auch und gerade für die argumentative Auseinandersetzung innerhalb des Rechtssystems uneingeschränkt zu verfolgen.

Allerdings dürfte das Gewicht dieser Zielsetzungen im Rechtssystem noch bedeutender sein als in anderen formellen und informellen Bereichen unserer Gesellschaft. Während nämlich z. B. im wirtschaftlichen Bereich Argumentationsintegrität als Teil einer Unternehmenskultur in spannungsreicher Relation zu anderen Zielsetzungen wie vor allem der Effizienz- und Profitorientierung von Unternehmungen steht,[65] dürfte sich im Rechtssystem der Wert der argumentativen Fairness in einer direkten, kohärenten Relation zum zentralen Ziel der Rechtsfindung befinden. Das gilt nicht nur für das Teilziel der argumentativen Rationalität, in dem die Pflicht zur Begründung festgeschrieben ist, das heißt, dass entsprechende Verantwortlichkeits- bzw. Schuldzuschreibungen durch ‚wahre und relevante Gründe' (einschlägige Tatsachen) belegt werden müssen; es gilt auch für die argumentative Kooperativität, insofern als die Pflicht zur unverzerrten Beteiligung der Parteien qua Möglichkeit, alle aus ihrer Sicht relevanten Gründe vorzubringen, für unser Rechtssystem konstitutiv ist, das heißt zum Beispiel auch in entsprechenden rechtlichen Bestimmungen wie der Prozessordnung

---

[64] NORBERT GROEBEN, Argumentationsintegrität. Psychologisches Wertkonzept – pädagogische Zielperspektive, in: *Carolo-Wilhelmina. Mitteilungen der TU Braunschweig* XXIX (1994), 37–44; NORBERT GROEBEN, Fairness beim Argumentieren – auch in der Politik? in: NORBERT BURGER/JENS-PETER MEINCKE (Hrsg.), *Universität im Rathaus. Bd. 7.* Köln 1999, 48–65; NORBERT GROEBEN/URSULA CHRISTMANN, Argumentationsintegrität als Ziel einer Ethik der Alltagskommunikation, in: *Der Deutschunterricht* 51 (1999), 46–52.

[65] GERHARD BLICKLE, *Kommunikationsethik im Management. Argumentationsintegrität als personal- und organisationspsychologisches Leitkonzept.* Stuttgart 1994; GERHARD BLICKLE, Argumentationsintegrität: Anstöße für eine reflexive Managementethik? in: DIETER WAGNER/HEIKE NOLTE (Hrsg.), *Managementbildung.* München 1997, 151–161.

etc. verankert ist. Diese Übereinstimmung der beiden zentralen Zielideen von argumentativer Rationalität und Kooperativität mit der ratio der Rechtsfindung könnte und müsste sicherlich noch weiter ausgearbeitet und spezifiziert werden. Dadurch wäre im Einzelnen aufzuklären, ob und inwieweit die Standards integren Argumentierens als eine Konkretisierung der Normen unseres Rechtssystems über den formell (z. B. durch die Prozessordnung) geregelten Bereich hinaus für die Kommunikation zwischen streitenden Parteien angesehen und angesetzt werden können.

Diese Spezifizierung für den Rechtsbereich gilt sicherlich in noch verstärkterem Maße für das Problem der Reaktionen auf argumentative Unintegritäten. Für die Alltagskommunikation haben wir ein Kontinuum von Reaktionsklassen empirisch sichern können, das sich zwischen dem Pol der Aufrechterhaltung einer möglichst kooperativen Gesprächsatmosphäre bis zum entgegengesetzten Pol der Konfrontation und impliziten oder expliziten Gesprächsverwiegerung erstreckt. Es handelt sich um folgende elf Reaktionsklassen: 1. kooperatives Übergehen; 2. abwartende Intentionalitätsprüfung; 3. aktive Klärung; 4. Selbstschutz/Verteidigung; 5. defensives Übergehen; 6. indirekte Thematisierung; 7. direkte Thematisierung; 8. konfrontative Diskussion; 9. Unintegrität; 10. innerer Abbruch; 11. offener Abbruch.[66]

Beim kooperativen Übergehen wird eine wahrgenommene Integritätsverletzung des Gegenübers wegen der Konzentration auf den Fortgang der Diskussion nicht weiter beachtet. Der nächste Schritt wäre, abzuwarten und zu prüfen, ob es Indikatoren für die Absichtlichkeit der wahrgenommenen Unintegrität gibt. Mit ‚aktiver Klärung' ist in diesem Zusammenhang gemeint, dass sozusagen der mit einer Standardverletzung belastete Argumentationsschritt noch einmal wiederholt wird, zum Beispiel bei einer Begründungsverweigerung noch einmal – in abgewandelter Form – die Begründungsfrage gestellt wird. Die Reaktion ‚Selbstschutz/Verteidigung' weist die mit einer Standardverletzung verbundene Ungerechtigkeit zurück, ohne das Problem der argumentativen Fairness selbst zu thematisieren. Beim defensiven Übergehen wird zwar ebenfalls die Integritätsverletzung nicht thematisiert, es wird aber auf der eigenen komplementären Argumentation beharrt. Die indirekte Thematisierung besteht darin, dass die (positive) Integritätsanforderung verbalisiert wird (z. B. beim argumentum ad

---

[66] URSULA CHRISTMANN/NORBERT GROEBEN, *Argumentationsintegrität (XIV): Der Einfluß von Valenz und Sequenzstruktur argumentativer Unintegrität auf kognitive und emotionale Komponenten von Diagnose- und Bewertungsreaktionen.* Arbeiten aus dem SFB 245, Bericht Nr. 67. Heidelberg 1993; CHRISTOPH MISCHO, *Reaktionen auf unfaire Argumente: kognitive, emotionale und konative Aspekte.* Lengerich 2000.

personam: *Wenn ich wieder auf die Sachebene zurückkommen darf, möchte ich noch zu bedenken geben...*); die direkte Thematisierung dagegen benennt die Unintegrität und macht sie zum Vorwurf. Bei der konfrontativen Diskussion wird auf diese Art und Weise jede Unintegrität moniert und mit entsprechenden inhaltlichen Gegenargumenten kombiniert. Die Reaktion ‚Unintegrität' ist das ‚Zurückschlagen mit gleichen Waffen', wonach als Steigerung nur noch der Abbruch der Diskussion möglich ist (sei es innerlich als impliziter oder offen verbalisiert als expliziter Abbruch).

In Rollenspielen, die wir innerhalb von einschlägigen Trainings[67] zur Argumentationsintegrität durchgeführt haben, hat sich zumeist gezeigt, dass die mittlere Reaktionsklasse der indirekten Thematisierung[68] die größtmögliche Chance bietet, sowohl eine auf die Weiterführung der Diskussion ausgerichtete Gesprächsatmosphäre aufrechtzuerhalten als auch dem Gegenüber zu signalisieren, dass man mit bestimmten Strategien seinerseits nicht einverstanden ist. Die direkte, explizite Thematisierung von Integritätsverletzungen dagegen impliziert immer einen Vorwurf, der in einer informellen Alltagskommunikation eine erhebliche Belastung darstellt. Dies dürfte nun im doch sehr viel formelleren Bereich der Rechtsfindung und -sprechung deutlich anders sein. Hier ist von der Grundstruktur her eine konfrontative Relation zwischen den Prozessparteien – sei es im Zivil- oder im Strafrecht – anzusetzen, die unter Umständen eine sehr viel größere Explizitheit bei der Thematisierung von Problemen einer Ethik der Kommunikation ermöglicht und verträgt. Dabei sind aber natürlich vor allem auch die unterschiedlichen Rollen zu berücksichtigen: Es dürfte einen erheblichen Unterschied machen, ob Prozessparteien sich gegenseitig argumentative Unintegrität vorwerfen oder ob dies von Seiten des Gerichts geschieht, das damit seiner Pflicht zur korrekten Prozessführung genügt. An dieser Stelle erfordert die Anwendung des Wertkonzepts ‚Argumentationsintegrität' auf den konkreten Interaktionsbereich der Rechtsfindung und -sprechung also auch ein gerütteltes Maß an empirischer Forschung und konzeptueller Spezifizierung. Wir denken aber, dass die angesprochene Kohärenz zwischen den Prinzipien unseres Rechts-

---

67 URSULA CHRISTMANN/CHRISTOPH MISCHO/JÜRGEN FLENDER, Argumentational integrity: a training program for dealing with unfair argumentational contributions, in: *Argumentation* 14 (2000), 339–360; CHRISTOPH MISCHO/NORBERT GROEBEN/URSULA CHRISTMANN/JÜRGEN FLENDER, Konzeption und Evaluation eines Trainings zum Umgang mit unfairem Argumentieren in Organisationen, in: *Zeitschrift für Arbeits- und Organisationspsychologie* 46 (2001), 150–158.

68 URSULA CHRISTMANN/NORBERT GROEBEN/EVA SCHUTE, Zur Ästhetik sprachlicher Verteidigung: Reaktionen auf argumentative Unintegrität, in: *Siegener Periodikum zur Internationalen Empirischen Literaturwissenschaft* (2000), 277–301.

systems und dem Wertkonzept der Argumentationsintegrität so substanziell ist, dass dies ein konstruktives und viel versprechendes Unterfangen sein dürfte.

Literatur

Blickle, Gerhard, Kommunikationsethik im Management. Argumentationsintegrität als personal- und organisationspsychologisches Leitkonzept. Stuttgart 1994.

Blickle, Gerhard, Argumentationsintegrität: Anstöße für eine reflexive Managementethik? in: Dieter Wagner/Heike Nolte (Hrsg.), Managementbildung. München 1997, 151–161.

Blickle, Gerhard/Groeben, Norbert, Argumentationsintegrität (II): Zur psychologischen Realität des subjektiven Wertkonzepts - ein experimenteller Überprüfungsansatz am Beispiel ausgewählter Standards. Arbeiten aus dem SFB 245, Bericht Nr. 29. Heidelberg 1990.

Christmann, Ursula/Groeben, Norbert, Argumentationsintegrität (VI): Subjektive Theorien über Argumentieren und Argumentationsintegrität – Erhebungsverfahren, inhaltsanalytische und heuristische Ergebnisse. Arbeiten aus dem SFB 245, Bericht Nr. 34. Heidelberg 1991.

Christmann, Ursula/Groeben, Norbert, Argumentationsintegrität (XI): Retrognostische Überprüfung der Handlungsleitung Subjektiver Theorien über Argumentations(un-)integrität von Kommunalpolitikern/innen. Arbeiten aus dem SFB 245, Bericht Nr. 64. Heidelberg 1993.

Christmann, Ursula/Groeben, Norbert, Argumentationsintegrität (XIV): Der Einfluß von Valenz und Sequenzstruktur argumentativer Unintegrität auf kognitive und emotionale Komponenten von Diagnose- und Bewertungsreaktionen. Arbeiten aus dem SFB 245, Bericht Nr. 67. Heidelberg 1993.

Christmann, Ursula/Schreier, Margrit/Groeben, Norbert, War das Absicht? Indikatoren subjektiver Intentionalitätszustände bei der ethischen Bewertung von Argumentationsbeiträgen, in: Zeitschrift für Literaturwissenschaft und Linguistik 101 (1996), 70–113.

Christmann, Ursula/Groeben, Norbert/Schute, Eva, Zur Ästhetik sprachlicher Verteidigung: Reaktionen auf argumentative Unintegrität, in: Siegener Periodikum zur Internationalen Empirischen Literaturwissenschaft 2000, 277–301.

Christmann, Ursula/Mischo, Christoph/Groeben, Norbert, Components of the evaluation of integrity violations in argumentative discussions: Relevant factors and their relationships, in: Journal of Language and Social Psychology 19/3 (2000), 315–341.

Christmann, Ursula/Mischo, Christoph/Flender, Jürgen, Argumentational integrity: a training program for dealing with unfair argumentational contributions, in: Argumentation 14 (2000), 339–360.

Christmann, Ursula/Sladek, Udo/Groeben, Norbert, Der Einfluß personaler und interaktiver Kontextinformationen auf die Diagnose und Bewertung argumentativer (Un-)Integrität, in: Sprache und Kognition 3 (1998), 107–124.

Darley, John M./Shultz, Thomas R., Moral rules: Their content and acquisition, in: Annual Review of Psychology 41 (1990), 525–556.

Eemeren, Frans, H. van/Grootendorst, Rob, Speech acts in argumentative discussions. Dordrecht 1984.

Eemeren, Frans H. van/Grootendorst, Rob, Rationale for a pragma-dialectical perspective, in Argumentation 2 (1988), 271–291.

Eemeren, Frans H. van/Grootendorst, Rob/Kruiger, Tjark, Handbook of argumentation theory. A critical survey of classical backgrounds and modern study. Dordrecht 1987.

Eemeren, Frans, H. van/Grootendorst, Rob, A pragma-dialectical perspective on norms, in: Communication and Cognition 24 (1991), 25–42

Eggs, Eckehard, Argumentation, in: Gert Ueding (Hrsg.), Historisches Wörterbuch der Rhetorik. Bd. 1. Tübingen 1992, 914–991.

Frixen, Gisela, Struktur und Dynamik natürlichsprachlichen Argumentierens, in: Papiere zur Linguistik 36 (1987), 45–96.

Gatzemeier, Matthias, Grundsätzliche Überlegungen zur rationalen Argumentation (mit Bezug auf den schulischen Unterricht), in: Rudolf Künzli (Hrsg.), Curriculumentwicklung. München 1975, 147–158.

Geißner, Helmut, Mit Gründen streiten (Argumentationspraxis), in: Diskussion Deutsch 16 (1985), 140–151.

Groeben, Norbert, Argumentationsintegrität. Psychologisches Wertkonzept – pädagogische Zielperspektive, in: Carolo-Wilhelmina. Mitteilungen der TU Braunschweig XXIX (1994), 37–44.

Groeben, Norbert, Fairness beim Argumentieren – auch in der Politik? in: Norbert Burger/ Jens-Peter Meincke (Hrsg.), Universität im Rathaus. Bd 7. Köln 1999, 48–65.

Groeben, Norbert/Nüse, Ralph/Gauler, Eva, Diagnose argumentativer Unintegrität. Objektive und subjektive Tatbestandsmerkmale bei Werturteilen über argumentative Sprechhandlungen, in: Zeitschrift für experimentelle und angewandte Psychologie 39 (1992), 533–558.

Groeben, Norbert/Schreier, Margrit/Christmann, Ursula, Argumentationsintegrität (I): Herleitung, Explikation und Binnenstrukturierung des Konstrukts. Arbeiten aus dem SFB 245, Bericht Nr. 28. Heidelberg, 1990.

Groeben, Norbert/Schreier, Margrit/Christmann, Ursula, Fairness beim Argumentieren: Argumentationsintegrität als Wertkonzept einer Ethik der Kommunikation, in: Linguistische Berichte 147 (1993), 355–382.

Groeben, Norbert/Christmann, Ursula, Argumentationsintegrität als Ziel einer Ethik der Alltagskommunikation, in: Der Deutschunterricht 51 (1999), 46–52.

Habermas, Jürgen, Vorstudien und Ergänzungen zur Theorie des kommunikativen Handelns. Frankfurt am Main 1984.

Hofer, Manfred/Pikowsky, Birgit/Fleischmann, Thomas, Jugendliche unterschiedlichen Alters im argumentativen Konfliktgespräch mit ihrer Mutter. Arbeiten aus dem SFB 245, Bericht Nr. 36. Mannheim 1991.

Klein, Wolfgang, Logik der Argumentation, in: Peter Schröder/Hugo Steger (Hrsg.), Dialogforschung. Jahrbuch 1980 des Instituts für Deutsche Sprache. Düsseldorf 1981, 226–264.

Kopperschmidt, Josef. Rhetorik. Stuttgart, 1973.

Kopperschmidt, Josef. Methodik der Argumentationsanalyse. Stuttgart, 1989.

Lackner, Karl, Strafgesetzbuch, 21. Aufl., München 1995.

Mischo, Christoph, Reaktionen auf unfaire Argumente: kognitive, emotionale und konative Aspekte. Lengerich 2000.

Mischo, Christoph/Groeben, Norbert/Christmann, Ursula/Flender, Jürgen, Konzeption und Evaluation eines Trainings zum Umgang mit unfairem Argumentieren in Organisationen, in: Zeitschrift für Arbeits- und Organisationspsychologie 46 (2001), 150–158.

Nüse, Ralph/Groeben, Norbert/Gauler, Eva, Argumentationsintegrität (V): Diagnose argumentativer Unintegrität – (Wechsel-)Wirkungen von Komponenten subjektiver Werturteile über argumentative Sprechhandlungen. Arbeiten aus dem SFB 245, Bericht Nr. 33. Heidelberg, 1991.

Nüse, Ralph/Groeben, Norbert/Christmann, Ursula/Gauler, Eva, Schuldmindernde versus -begründende Zusatzattributionen in moralischen Handlungsbeurteilungen, in: Gruppendynamik 24 (1993), 165-198.

Pander Maat, Henk, Argumentation. Zur Charakterisierung und Abgrenzung eines Forschungsgegenstandes, in: Studium Linguistik 16 (1985), 1–20.

Perelman, Chaim, Logik und Argumentation. Königstein im Taunus. 1979.

Plate, Monika/Schneider, Hans, Schwereeinschätzungen von Gewalthandlungen. Wiesbaden 1989.

Scheele, Brigitte/Groeben, Norbert, Dialog-Konsens-Methoden. Tübingen 1988.

Scheele, Brigitte (Hrsg.), Struktur-Lege-Verfahren als Dialog-Konsens-Methodik. Münster 1992.

Scheele, Brigitte/Groeben, Norbert/Christmann, Ursula, Ein alltagssprachliches Struktur-Lege Spiel als Flexibilisierungsversion der Dialog-Konsens-Methodik, in: Brigitte Scheele (Hrsg.), Struktur-Lege-Verfahren als Dialog-Konsens-Methodik. Münster 1992, 152–197.

Schönke, Adorf/Schröder, Horst, Strafgesetzbuch. Kommentar. 22. Aufl., München 1985.

Schopenhauer, Arthur. Die Kunst, Recht zu behalten. Frankfurt am Main. 1989.

Schreier, Margrit, Argumentationsintegrität (XII): Sprachliche Manifestationsformen argumentativer Unintegrität in Konfliktgesprächen. Arbeiten aus dem SFB 245, Bericht Nr. 65. Heidelberg 1993.

Schreier, Margrit, Das Erkennen sprachlicher Täuschung. Über Absichtlichkeitsindikatoren beim unintegren Argumentieren. Münster 1997.

Schreier, Margrit, Rhetorische Strategien und Integritätsstandards: Zur Relation von Rhetorik, Dialektik und Argumentationsintegrität. Unveröffentl. Diplomarbeit am Psychol. Institut der Universität Heidelberg 1992.

Schreier, Margrit/Groeben, Norbert, Argumentationsintegrität (III): Rhetorische Strategien und Integritätsstandards. Arbeiten aus dem SFB 245, Bericht Nr. 30. Heidelberg 1990.

Schreier, Margrit/Groeben, Norbert, Ethical guidelines for the conduct in argumentative discussions: an exploratory study, in: Human Relations 49 (1996), 123–132.

Schreier, Margrit/Groeben, Norbert, „Also ich glaube, daß wir dieses Thema jetzt abbrechen sollten!" Über das Argumentationshandeln von Müttern und Töchtern in Konfliktgesprächen, in: Zeitschrift für Entwicklungspsychologie und Pädagogische Psychologie 29 (1997), 1–25.

Schreier, Margrit/Groeben, Norbert/Blickle, Gerhard, The effects of (un-)fairness and (im-)politeness on the evaluation of argumentative communication, in: Journal of Language and Social Psychology 14 (1995), 260–288.

Schreier, Margrit/Groeben, Norbert/Christmann, Ursula, "That's not fair!" Argumentational integrity as an ethics of argumentative communication, in: Argumentation 9 (1995), 267–289.

Schreier, Margrit/Groeben, Norbert/Christmann, Ursula/Nüse, Ralph/Gauler, Eva, Indicators of argumentational integrity in everyday communication, in: Argumentation 7 (1993), 205–219.

Völzing, Paul-Ludwig, Begründen – Erklären – Argumentieren. Heidelberg 1979.

Völzing, Paul-Ludwig, Argumentation. Ein Forschungsbericht, in: Zeitschrift für Literaturwissenschaft und Linguistik 38 (1980), 204–235.

Wessels, Johannes, Strafrecht – Allgemeiner Teil. 18. Aufl., Heidelberg 1988.

ROLF GRÖSCHNER

Justizsyllogismus? Jurisprudenz!

Juristen entscheiden. Ein förmlicher Rechtsentscheid ergeht aber erst am Ende eines Verfahrens der Entscheidungsfindung. Als dessen Muster sind richterliche Urteile Produkte von Prozessen der Urteilsfindung. Trotz aller Selbstverständlichkeit solcher Prozesse nach den Normen des positiven Rechts und den Regeln juristischer Methodologie kommen sie im sogenannten Justizsyllogismus nicht vor. Der syllogistische Dreisatz eines deduktiven Schlusses vom gesetzlichen Tatbestand als Obersatz über den lebensweltlichen Sachverhalt als Untersatz auf die Rechtsfolge als Schlusssatz trägt daher zur Erhellung der Entscheidungsfindung nichts bei; er bietet noch nicht einmal ein adäquates Modell der Entscheidungsbegründung (I.).[1] Die dem Justizsyllogismus entgegengesetzte „Jurisprudenz" ist ein Plädoyer für die Wiedergewinnung des alteuropäischen Horizonts einer juristischen Entscheidungslehre. Vor diesem Horizont bilden die behandelten pragmatischen, diagnostischen, rhetorischen, hermeneutischen und dialogischen Verfahrensweisen ein Ensemble von Momenten praktischer Rationalität der „prudentia iuris" (II.). Da deren Tradition bis zu den Zeiten des Zwölftafelgesetzes (450 v. Chr.) zurückreicht, sollte die juristische Methoden- und Argumentationslehre sich bei aller Interdisziplinarität ein Mindestmaß an intradisziplinärem Selbstbewusstsein bewahren. Kunst und Ethos ihrer prudentiellen „ars boni et aequi" (D. 1, 1, 1 pr.) werden noch manche Mode szientistischer Wissenschaftstheorien überdauern (III.).

I.

Das A und O der Jurisprudenz ist der Fall. Er steht am Anfang der Laienerzählung dessen, was „passierte" und am Ende der Entscheidung über die daraus zu ziehenden rechtlichen Konsequenzen. Weil der juristische Laie diese Konsequenzen aber nicht beurteilen kann, vermag

[1] ROLF GRÖSCHNER, Rechtsfindung, in: *Ergänzbares Lexikon des Rechts*. Neuwied 1988, Gruppe 2/430. Dort auch ein Überblick über die verschiedenen Modelle der Entscheidungsfindung und -begründung.

er allein aus seiner Laiensicht auch nicht festzustellen, was „der Fall" ist. Die Konstituierung des Falles erfolgt nicht durch Feststellung der Fakten einer unabhängig vom Recht existierenden objektiven Wirklichkeit, sondern durch juristische Beurteilung eines lebensweltlichen Geschehens, das zwischen den Beteiligten tatsächlich und rechtlich in Streit steht.[2] Wo Recht gesprochen wird, wird über Fälle gestritten. Das Schema des Justizsyllogismus kennt den Fall freilich nur in jener unstreitigen Form, die er am Ende seiner Konstituierung gefunden hat: in der Form des „konkret-individuellen Sachverhalts" (S), der unter den „abstrakt-generellen Tatbestand" (T) der einschlägigen Rechtsnorm zu subsumieren sei.[3] Auch wenn man zwischen Modellen der Entscheidungsfindung und der Entscheidungsbegründung differenziert, ist der „Syllogismus der Rechtsfolgebestimmung" eine juristisch wie logisch fragwürdige Konstruktion. In der ursprünglichen Fassung der Methodenlehre von Karl Larenz hatte er folgende Gestalt: „1. Wenn T in irgendeinem Sachverhalt verwirklicht ist, gilt für diesen Sachverhalt die Rechtsfolge R (Obersatz). 2. Dieser bestimmte Sachverhalt S verwirklicht T, d. h. er ist ein ‚Fall' von T (Untersatz). 3. Für S gilt R (Schlußfolgerung)."[4] Was ist damit gewonnen, die Schlussfolgerung als eine formal-logische Konklusion aus Ober- und Untersatz darzustellen, wenn die innerhalb des Untersatzes stattfindende Subsumtion ein juristisches Urteil erfordert, das seinerseits von der rechtlichen Würdigung des Obersatzes abhängt? Ist die Subsumtion erst einmal erfolgt, vollzieht sich der Schluss auf die Rechtsfolge von selbst, ohne juristisches Zutun und ohne logische Schwierigkeit. Mehr als ein Kinderspiel der Logik ist der Justizsyllogismus demnach nicht.

Was die juristischen Urteile betrifft, die jeder Subsumtion zugrunde- und jedem Justizsyllogismus vorausliegen, hat Hannah Arendt alles Notwendige kurz und bündig so formuliert: „Mit logischen Operationen – etwa in der Art der folgenden: Alle Menschen sind sterblich, Sokrates ist ein Mensch, also ist Sokrates sterblich – haben Urteile nichts gemein."[5] Außerdem gehört es zum kleinen Einmaleins der formalen Logik, dass ein Syllogismus, dessen Obersatz den Allquantor enthält („Alle A sind B") nach dem Muster des ersten Beispiels, das Aristoteles in seiner Ersten Analytik gibt, mit dem Untersatz „Alle B sind C" fort-

---

[2] JAN SCHAPP, *Hauptprobleme der juristischen Methodenlehre.* Tübingen 1983, 15 ff.: „Der Fall als Teil der Lebenswelt."

[3] ROLF GRÖSCHNER/CLAUS DIERKSMEIER/MICHAEL HENKEL/ALEXANDER WIEHART, *Rechts- und Staatsphilosophie.* Berlin 2000, 58 ff. mit einem kritischen Dialog über die angebliche Abstraktheit gesetzlicher Tatbestände und die vermeintliche Konkretheit lebensweltlicher Sachverhalte.

[4] KARL LARENZ, *Methodenlehre der Rechtswissenschaft.* Berlin 1960, 196 f.

[5] HANNAH ARENDT, *Das Urteilen.* München 1998, 14.

geführt werden muss, um zum Schlusssatz „Alle A sind C" zu gelangen.[6] Hier ein Individualurteil („S verwirklicht T") oder einen Eigennamen („Sokrates") aufzunehmen, ist ganz und gar unsyllogistisch im aristotelischen Sinne.[7] In einem gern gekauften Lehrbuch eines angesehenen Autors der juristischen Methodenlehre heißt es dazu: „Genaugenommen sollte auch die zweite Prämisse allgemein sein, nach dem Muster ‚Alle Athener sind Menschen'. Aber die individualisierende Form hat sich eingebürgert."[8] Ist dies die ironische Konzession eines Logikers an den gesunden Menschenverstand der „Bürger" oder die komplette Kapitulation der Logik vor den Anforderungen der Jurisprudenz? Mit Untersätzen von der Art „Alle Athener sind Menschen" lässt sich der Fall Sokrates ebensowenig lösen wie jeder andere Einzelfall. Deshalb sollte es sich langsam „eingebürgert" haben, Subsumtionen von (Einzel-)Fällen unter das Gesetz als „Urteile" zu begreifen und dafür juristischen Sachverstand und gemeine Menschenvernunft vorauszusetzen. Mit deren Hilfe wird auch der „Syllogismus der Rechtsfolgebestimmung" ohne Denkfehler verlaufen.

II.

Pragmatisches Moment oder Vorbehalt des Falles

In der Praxis professionellen juristischen Entscheidens steht die gesamte Entscheidungsfindung unter dem Vorbehalt des Falles. Mit Argumenten, die zur Lösung des Falles nichts beitragen, wird man deshalb vor Gericht nicht gehört, mögen sie logisch noch so schlüssig dargestellt worden sein. Unter Fallvorbehalt steht aber nicht nur die Logik, sondern auch die Dogmatik der Jurisprudenz. Denn ein unvorhergesehener Fall lässt selbst das schönste dogmatische System leer laufen. Solchermaßen von einem Vorbehalt des Falles ausgehend, ist „Jurisprudenz" Oberbegriff für „Rechtspraxis" einerseits und „Rechtswissenschaft" andererseits, während „Rechtsdogmatik" als Vermittlungsbegriff zwischen beiden fungiert.[9] Konsequenterweise muss der Rechtsdogmatiker dann zugleich Rechtswissenschaftler und Rechtspraktiker sein – am besten mit eigener Praxiserfahrung, die nicht nur aus der Erinnerung an die Referendarzeit gespeist wird. Andererseits darf der

---

[6] Statt aller: WESLEY C. SALMON, *Logik*. Stuttgart 1983, 104 ff. (Kategorische Syllogismen).

[7] JOSEPH M. BOCHENSKI, *Formale Logik*. 4. Aufl., Freiburg 1978, 80 f., 402.

[8] KLAUS ADOMEIT, *Rechtstheorie für Studenten*. 4. Aufl., Heidelberg 1998, 39.

[9] Zu den Begriffen im einzelnen GRÖSCHNER/DIERKSMEIER/HENKEL/WIEHART, Rechts- und Staatsphilosophie (Fn. 3), 2 ff.

Rechtspraktiker dann nicht zum „reinen" Praktiker verkümmern, sondern muss immer auch Rechtsdogmatiker bleiben, während die Herstellung der Bezüge zwischen Rechtsdogmatik und Juristischer Theorie (Rechtsgeschichte, Rechtsphilosophie, Rechtstheorie, Rechtssoziologie) bei den in Forschung und Lehre tätigen Juristen verbleibt. Unter Betonung des Verweisungszusammenhangs zwischen diesen gleichermaßen praktischen wie theoretischen Anforderungen an eine gelingende „iuris prudentia" wird hier vom „pragmatischen" Moment der Jurisprudenz gesprochen. Auf der Grundlage des Verbums „prattein" (handeln), der im Altgriechischen synonymen Adjektive „praktikos" und „pragmatikos" sowie der ebenfalls bedeutungsgleichen Substantive „praxis" und „pragma" führt diese Terminologie dann zu einer „pragmatike techne" („ars pragmatica") des juristischen Entscheidens beziehungsweise richterlichen Urteilens.[10] In Verbindung mit „Kunst" erlaubt das Wort „pragmatisch" keine abwertenden Assoziationen; vielmehr bringt es in der Tradition griechischer „techne" und römischer „ars" den spezifischen Anspruch jedes „Techniten" (oder „Artisten" im alteuropäischen Sinne) zum Ausdruck, zwischen den Vermögen wissenschaftsgeleiteter Theorie (episteme, scientia) und entscheidungsorientierter Praxis (phronesis, prudentia) zu vermitteln.

Diagnostisches Moment oder Kunst der Subsumtion

Was in der Jurisprudenz Subsumtion genannt wird, heißt in der Medizin Diagnose: die Unterordnung eines Falles unter den einschlägigen terminus technicus der jeweiligen Wissenschaft. Mit dem betreffenden Terminus wird der Krankheitsfall medizinisch und der Rechtsfall juristisch „auf den Begriff gebracht". Und wenn Juristen sagen, jener Begriff sei „dogmatisch" so und so definiert, dann verweist dies nicht etwa auf ein „dogma" im theologischen Sinne – also einen mit kirchlicher Autorität verkündeten Glaubenssatz –, sondern auf die wissenschaftsgeschichtlich weit ältere Bestimmung von „dogma" in der hippokratischen Medizin: einen auf Beobachtung beruhenden, durch Verallgemeinerung gewonnenen und in einer Kunstlehre vermittelbaren Erfah-

---

[10] Die Wiederbelebung der „pragmatischen" Dimension der Praxis wird in der gegenwärtigen Philosophie namentlich betrieben von PETER JANICH, *Logisch-pragmatische Propädeutik*. Weilerswist 2001. Eine Brücke zwischen der Philosophie des Charles Sanders Peirce und der deutschen juristischen Methodenlehre baut JOACHIM LEGE, *Pragmatismus und Jurisprudenz*. Tübingen 1999. Den Vorrang der praktischen Ratio in der Politik begründet HANS BUCHHEIM, *Die Rationalität der politischen Vernunft*. Berlin 2004.

rungssatz.[11] Ein solcher Satz gilt nicht qua Verkündung ex cathedra, sondern kraft Anerkennung in einer Zunft von Dogmatikern, die selbst entscheiden, was sie theoretisch für richtig und praktisch für vertretbar halten. Bleibt man sich der Unterschiede zwischen der naturwissenschaftlich fundierten und ingenieurwissenschaftlich kontrollierten (Apparate-)Medizin einerseits und der Jurisprudenz als Kulturwissenschaft andererseits sowie der unterschiedlichen Normbegriffe beider Disziplinen bewusst, kann der Vergleich juristischer Subsumtionen mit ärztlichen Diagnosen den Blick für das methodologisch entscheidende Vermögen schärfen: für die Kunst, im individuellen Einzelfall den dogmatisch generalisierten und im Lehrbuch typisierten Standardfall wiederzuerkennen. Hippokrates kann die juristische Methodenlehre hier vor allem deshalb bereichern, weil er seine dogmatischen Theorien aus den Erfahrungen seiner ärztlichen Alltagspraxis erst entwickeln musste.[12]

In den methodologisch relevanten Schriften des Corpus Hippocraticum (insbesondere in den Büchern I und III der „Epidemien" und im „Prognostikon") wird kein Zweifel daran gelassen, worin die Kunstfertigkeit oder das professionelle Können des Arztes besteht. Diagnostizieren, „diagnoskein" (Epidemien I, 23) heißt dort: anhand der Symptome zu erkennen („gignoskein"), an welcher Krankheit der Patient leidet und den vorliegenden Befund von ähnlichen, medizinisch aber anders zu beurteilenden Befunden zu unterscheiden („dia"-gignoskein). Auf welch genauer Beobachtung die Befunderhebung beruht, wird im zitierten 23. Kapitel des Ersten Epidemienbuches in allen Einzelheiten dargelegt:

> „Die Beobachtungen an den Krankheiten, auf die wir unsere Diagnose gründeten, sind die folgenden: wir machten unsere Schlüsse aus der allgemeinen menschlichen Natur und aus der individuellen Natur eines jeden Kranken ..., aus seinen Reden, seinem Charakter, Schweigen, Gedanken, Schlaf oder Nicht-Schlaf, aus seinen Träumen..., aus dem Raufen des Haares, Jucken, Tränen, aus den Fieberanfällen ..., aus Schweiß, Erkältung, Frieren, Husten, Niesen, Schluckauf, Atmung ... Aus diesen Symptomen und dem, was aus ihnen folgt, muß man seine Schlüsse ziehen."[13]

Nimmt man den ersten und den letzten Satz zusammen und die dazwischen liegende Aufzählung als exemplarisch, hat man das methodolo-

---

11 MAXIMILIAN HERBERGER, *Dogmatik. Zur Geschichte von Begriff und Methode in Medizin und Jurisprudenz*. Frankfurt 1981.

12 Näheres bei ROLF GRÖSCHNER, Hippokratische Techne und richterliche Kunst, in: MICHAEL KILIAN (Hrsg.), *Jurisprudenz zwischen Techne und Kunst: Von Hippokrates bis Heine*. Tübingen 1987, 11 ff.

13 WILHELM CAPELLE, *Hippokrates. Von der Umwelt. Fünf auserlesene Schriften*. Zürich 1955, 171.

gische Charakteristikum der ärztlichen Techne oder Heilkunst: die Beurteilung dessen, was das Erblickte, Erfragte und Erforschte diagnostisch, prognostisch und therapeutisch bedeutet. Die Kunst, die über Jahrtausende gleichgeblieben ist, ist die der generellen medizinischen Beurteilung des jeweils individuellen Befundes. Obwohl die „Epidemien" im Prinzip nichts anderes enthalten als private, für den persönlichen Gebrauch des Arztes Hippokrates – nicht etwa des Theoretikers – angefertigte Erfahrungsberichte, ist Hippokrates gerade aufgrund ihrer und aufgrund der ebenfalls erfahrungsgemäßen, aus der Praxis für die Praxis aufgezeichneten Berichte des „Prognostikon" zum Vater der theoretischen Medizin geworden. Denn es sind nicht wahllos aneinandergereihte Krankengeschichten, die sich dort finden, sondern vergleichend nebeneinandergestellte, im Vergleich das Wesentliche vom Unwesentlichen unterscheidende und darin das Theoretische aus dem Praktischen entwickelnde Krankheitsverläufe. In Lichtenthaelers medizinhistorischem Standardwerk heißt es dazu: „Dieser Einklang von Theorie und Praxis kennzeichnet die höchste denkbare Stufe griechischer medizinischer ‚Techne'."[14] Es ist jener „Einklang", jener gewiss nicht aus Zufall metaphorisch bezeichnete Verweisungszusammenhang zwischen Theorie und Praxis, der alle dogmatisch aufgeklärten „Künste" charakterisiert.

Worauf es dabei ankommt, hat Aristoteles im ersten Abschnitt seiner Metaphysik formuliert: „Techne entsteht, wenn aus vielen Aussagen der Erfahrung (empeiria) eine allgemeine Auffassung über die ähnlichen Einzelfälle wird."[15] Techne oder Kunst in diesem von den „schönen" Künsten wohlunterscheidbaren Sinne entsteht also nur aus Erfahrung, niemals aber allein aus Erfahrung. Vielmehr muss jene „allgemeine Auffassung" hinzukommen, die Aristoteles wie folgt bestimmt:

> „Wenn nun jemand den Begriff (logos) hat ohne Erfahrung und das Allgemeine kennt, den Einzelfall darin aber nicht kennt, wird er sich oft in der Behandlung irren; denn das, was behandelt werden soll, ist der Einzelfall. Aber dennoch glauben wir, daß das Wissen und das Sich-auf-etwas-Verstehen der Techne eher zukommen als der Erfahrung, und wir halten die Techniten für kompetenter als die Erfahrenen, weil sich Kompetenz für alle eher gemäß dem Wissen ergibt: Dies deshalb, weil die einen den Grund wissen, die anderen nicht. Denn die Erfahrenen wissen zwar das Daß, das Warum wissen sie aber nicht; die anderen (nämlich: die Techniten) jedoch kennen das Warum und den Grund."[16]

---

[14] CHARLES LICHTENTHAELER, *Geschichte der Medizin*. Bd. 1, Köln-Lövenich 1974, 158.

[15] ARISTOTELES, *Metaphysik* I 1, 981 a.

[16] Übersetzung (Metaphysik I 1, 981 a) von ALEXANDER WIEHART, in: GRÖSCHNER/DIERKSMEIER/HENKEL/WIEHART, Rechts- und Staatsphilosophie (Fn. 3), 67 f.

Im Sinne der aristotelischen Trias „theorein" (beobachten), „prattein" (handeln) und „poiein" (herstellen) ist der Technit weder reiner Theoretiker noch reiner Praktiker, sondern Vermittler zwischen Theorie und Praxis.[17] „Techne" setzt daher sowohl „episteme" als auch „phronesis" voraus. Im geläufigeren Juristenlatein: „ars" erfordert nicht nur „scientia", sondern auch „prudentia". Oder mit Kant: Erst der Rechtsgelehrte („iurisconsultus"), der „iurisperitus" ist, kann es zur „iurisprudentia" bringen; ohne Erfahrung und Klugheit bleibt das Ganze „bloße Rechtswissenschaft (iurisscientia)."[18] Hier ist Kant unbedingt zuzustimmen: „bloße" iurisscientia macht noch keine Jurisprudenz, ein wissenschaftlicher Kopf noch keinen guten Juristen.

Rhetorisches Moment oder Wiederentdeckung des Enthymems

Die Neuübersetzung und -kommentierung der aristotelischen Rhetorik durch Christof Rapp sollte von der Juristischen Methoden- und Argumentationslehre vor allem hinsichtlich des Enthymems zur Kenntnis genommen werden.[19] „Enthymema" wird dort nämlich nicht nur als abgekürzter Syllogismus paraphrasiert und interpretiert;[20] vielmehr wird die betreffende, geradezu kanonische Kommentierungstradition mit überzeugenden Gründen widerlegt: Erstens sei die logische Unvollständigkeit des enthymematischen Schlusses von Aristoteles nirgendwo als Definition des Enthymems eingeführt worden;[21] zweitens lasse sich die dafür herangezogene Stelle leicht als Fälschung erweisen;[22] und drittens schließlich reiche das syllogistische Argumentationsmodell im System der aristotelischen Rhetorik nicht aus. Aristoteles habe deshalb zusätzlich zu den Syllogismen solche Begründungen zugelassen, „die zwar keine notwendigen Schlüsse enthalten, aber durchaus richtige oder gültige Argumente darstellen."[23] Folgerichtig wird „enthymema" im Glossar als „rhetorische Deduktion" definiert.[24] Die Belegstelle der Rhetorik (1355 a 3-20) macht in Rapps Übersetzung vor allem deutlich, dass „der rhetorische Beweis ein Enthymem" und dieses, „um es gera-

---

[17] ROLF GRÖSCHNER, Verhältnis zwischen Theorie und Praxis in einer dialogisch rekonstruierten Techne der Jurisprudenz, in: *Rechtstheorie* 32 (2001), 213 ff.

[18] IMMANUEL KANT, *Die Metaphysik der Sitten*. Einleitung in die Rechtslehre, AB 31.

[19] ARISTOTELES, *Rhetorik*. Übersetzt und erläutert von CHRISTOF RAPP, 1. Halbbd. Berlin 2002.

[20] ARISTOTELES, Rhetorik (Fn. 19), 323 ff.

[21] Ebd., 359.

[22] Ebd., 360.

[23] Ebd., 361.

[24] Ebd., 454.

deheraus zu sagen, das wichtigste der Überzeugungsmittel" ist. Juristisch besonders zu betonen ist die aristotelische Bestimmung des Enthymems als „eine Art von Deduktion", die aber „Unterschiede zu Deduktionen der Logik aufweist."[25] Der Hauptunterschied liegt im Bezug sämtlicher Enthymeme (des „Protasen"- ebenso wie des „Topen"-Enthymems) auf „anerkannte Meinungen (endoxa)."[26] Die methodologische Pointe der Differenzierung besteht also in einem scharfen Schnitt zwischen den formalen Schlüssen der Logik und den materialen Argumenten der Rhetorik: In den logischen Deduktionen von Syllogismen geht es um die Gültigkeit von Schlüssen aufgrund der Form der beiden Prämissen (praemissa maior und praemissa minor) allein; in den rhetorischen Deduktionen von Enthymemen dagegen darum, mit Meinungen zu argumentieren, die „allen oder den meisten oder den Weisen wahr scheinen, und auch von den Weisen entweder allen oder den meisten oder den bekanntesten und angesehensten."[27] Welcher Jurist würde hier nicht geradezu reflexhaft auf die „allgemeine Ansicht", eine „herrschende Meinung" oder eine „ständige Rechtsprechung" verweisen? Tatsächlich hat schon Aristoteles selbst am Ende der Belegstelle als einziges Beispiel für eine Argumentation mit „endoxa" das „Reden vor Gericht" genannt.[28]

Es war also kein geringerer als der Vater der formalen Logik, der als Spezifikum der Gerichtsrede das Enthymem eingeführt hat, und zwar in ausdrücklicher Verneinung dessen syllogistischer Struktur. Angesichts dieses nunmehr allgemein zugänglichen Befundes sollte die Juristische Methodenlehre sich nicht „logischer" stilisieren wollen als sie im Urteil des logischen Altmeisters Aristoteles erscheint. Denn nicht nur die Gerichtsrede ist rhetorischer Natur geblieben, sondern auch die forensische Entscheidungsfindung. Oder wollte jemand ernsthaft behaupten, der Weg zur Entscheidung sei nicht mit juristischen Argumenten gepflastert, sondern mit logischen Schlüssen? Dennoch sollte die Verabschiedung des Justizsyllogismus nicht den Vertretern der Juristischen Rhetorik überlassen bleiben, die seit einem halben Jahrhundert bemüht sind, das aristotelische Wissen um die Rhetorizität des Rechts für die Jurisprudenz zurückzugewinnen. Theodor Viehweg war im Jahre 1953 noch gut beraten, seine bahnbrechende Schrift „Topik und Jurisprudenz" ohne einen Titelbezug zur aversionsauslösenden „Rhetorik" zu publizieren, obwohl die Topik, wie es schon in der Einleitung heißt, „eine von der Rhetorik entwickelte Techne des Problem-

---

[25] ARISTOTELES, Rhetorik (Fn. 19), 21.

[26] Ebd., 257.

[27] ARISTOTELES, *Topik*, I 1 100 b.

[28] ARISTOTELES, Rhetorik (Fn. 19), 21.

denkens" ist.[29] Inzwischen hat die (Dauer-)Reform der Juristenausbildung jedoch dazu geführt, „Rhetorik" wieder – wie einst im „Trivium" der mittelalterlichen Dom- und Klosterschulen – zu den Pflichtfächern einer allgemeinbildenden Juristenausbildung zu zählen. Nährt dies nicht sogar die Hoffnung, es werde eines Tages wieder „trivial" sein (also zum Grundbestand gesicherten Wissens der Juristenzunft gehören), dass Recht und Sprache zusammengehören und die Jurisprudenz deshalb eine rhetorische Disziplin ist?[30]

Bei all dem geht es um mehr als um Methodenehrlichkeit. Das demonstriert in dramatischer Deutlichkeit der zu trauriger Berühmtheit gelangte Fall eines entführten Kindes, dessen Entführer sich weigerte, den Aufenthaltsort seines Opfers zu verraten.[31] Denn diejenigen, die der Polizei die Befugnis bestreiten, den Entführer durch Androhung oder Ausübung von Gewalt zur Preisgabe des Versteckes zu zwingen, argumentieren – bewusst oder unbewusst – so, als sei ihre Position nichts weiter als eine syllogistisch erschlossene Selbstverständlichkeit: Aus dem Obersatz „Folter ist verboten" und dem Untersatz „Aussageerzwingung ist Folter" folgt der Schlusssatz „Aussageerzwingung ist verboten". Und auf den ersten Blick sieht es ganz so aus, als sei dabei das klassische syllogistische Schema zur Anwendung gekommen: aus praemissa maior „A ist B" und praemissa minor „C ist A" folgt rein formal-logisch die conclusio „C ist B". Jeder ernsthafte Aristoteliker muss sich nun aber die Frage nach dem Status der praemissa maior stellen. Denn nur dann, wenn sie so vorausgesetzt werden kann wie ein Axiom – Aristoteles nennt als Beispiel die „Winkelsumme des Dreiecks"[32] –, handelt es sich um einen formal-logischen Syllogismus; sollte sie dagegen nicht more geometrico demonstriert und damit außer Zweifel gestellt werden können, hinge die Gültigkeit der Deduktion statt von der Form der Prämissen vom Inhalt des Obersatzes ab. Fast auf das Jahr genau fünfzig Jahre nach Viehwegs Erinnerung an die aristotelische Unterscheidung zwischen dem „Wahren" und dem „Meinungsmäßigen"[33] sollte die Jurisprudenz so viel Selbstbewusstsein wiedergewonnen haben, ihre Wissenschaftlichkeit nicht von der „Wahr-

---

[29] THEODOR VIEHWEG, *Topik und Jurisprudenz.* 5. Aufl., München 1974, 14.

[30] Zum „Trivialunterricht" in den Schulen und Universitäten des späten Mittelalters MARCEL SENN, *Rechtsgeschichte – ein kulturhistorischer Grundriss.* 3. Aufl., Zürich 2003, 150 f.

[31] WINFRIED BRUGGER, Vom unbedingten Verbot der Folter zum bedingten Recht auf Folter?, in: *Juristenzeitung* 2000, 165 ff.; JOSEF ISENSEE, *Tabu im freiheitlichen Staat,* Paderborn 2003, 57 ff.

[32] ARISTOTELES, *Nikomachische Ethik,* VI 5 1140 b.

[33] VIEHWEG, Topik und Jurisprudenz (Fn. 29), 20.

heit" ihrer Vordersätze abhängig zu machen. „Folter ist verboten" ist gewiss ein Satz, der aufgrund Art. 3 EMRK („Niemand darf der Folter ... unterworfen werden") auf Zustimmung aller angesehenen Juristen rechnen kann. Sobald seine Anerkennung aber, wie im Entführungsfall, das Opfer eines unschuldigen Kindes zur Folge hat, müssen wegen der staatlichen Schutzpflicht für das Leben zumindest Zweifel am Vorrang des Täterschutzes vor dem Opferschutz erlaubt sein. Wer solche Zweifel auf der Grundlage des Art. 2 Abs. 2 GG („Jeder hat das Recht auf Leben ...") artikuliert, äußert eine wissenschaftlich ebenso wohlbegründete Meinung wie derjenige, der sich auf die Menschenrechte potentieller Folteropfer beruft. Wenn beide Positionen aber keine „wahren", sondern nur „meinungsmäßige" Prämissen im aristotelischen Sinne darstellen, können Schlüsse daraus nur rhetorisch-enthymematische, nicht aber logisch-syllogistische Deduktionen sein.

Hermeneutisches Moment oder Spirale der Entscheidungsfindung

Dank der Breitenwirkung von Hans-Georg Gadamers „Wahrheit und Methode" (1960) gerät heute niemand mehr in Verdacht, einen „circulus vitiosus" verteidigen zu wollen, wenn er vom „hermeneutischen Zirkel" spricht.[34] Weil „Zirkel" aber ein Lehnwort aus dem Lateinischen ist, das in diesem Zusammenhang schlicht „Kreis" (circulus) bedeutet, und Richter sich bei ihrer Entscheidungsfindung nicht im Kreise drehen und immer wieder zum Ausgangspunkt zurückkehren sollten, beschreibt die „hermeneutische Spirale" besser, wie das Verstehen eines Textes als permanenter Prozess der Präzisierung von Vorverständnissen verläuft.[35] Im Kapitel über „Die exemplarische Bedeutung der juristischen Hermeneutik" bezeichnet Gadamer die „Applikation" – die Herstellung der hermeneutischen Spirale zwischen „Auslegung" und „Anwendung" des Rechts – daher treffend als „Konkretisierung des Gesetzes im jeweiligen Fall."[36] Eine reine Texthermeneutik griffe deshalb ebenso zu kurz wie die Vorstellung, der Gesetzestext selbst sei schon die Rechtsnorm. Wie insbesondere die „Strukturierende Rechtslehre" herausgearbeitet hat, gibt der Text nur das „Normprogramm" vor, das durch Hinzunahme des lebensweltlichen „Normbereichs" zur einzelfallentscheidenden Rechtsnorm („Entschei-

---

[34] HANS-GEORG GADAMER, Wahrheit und Methode, in: DERS., *Gesammelte Werke. Bd. 1.* Tübingen 1990, 270 ff.

[35] ROLF GRÖSCHNER, Judiz – was ist das und wie läßt es sich erlernen?, in: *Juristenzeitung* 1987, 903 ff.

[36] GADAMER, Wahrheit und Methode (Fn. 34), 335.

dungsnorm") konkretisiert werden muss.[37] Wo diese Konkretisierung hermeneutisch konzipiert wird, spielt die Sprache („hermeneia"), das sprachliche Vermitteln („hermeneuein") und die an den Götterboten Hermes erinnernde sprachliche Übersetzungsleistung („hermeneus": der Dolmetscher) eine entscheidende Rolle.[38] Richter, die sich in diesem Sinne zum Dolmetscher des Rechts berufen fühlen, werden sowohl die Sprache der Laien zu verstehen versuchen als auch darum bemüht sein, die Fachsprache des Rechts in die Alltagssprache von Nichtjuristen zu übersetzen. Gelingt ihnen diese Kunst der Übersetzung, sind sie als Interpreten des Rechts zugleich dessen beste Botschafter.

Was die Spiralförmigkeit des Interpretationsprozesses betrifft, möge man sich der Anschaulichkeit halber einen önologisch korrekt konstruierten Korkenzieher vor Augen führen, dessen Spirale sich um eine unsichtbare – und deshalb „Seele" genannte – Achse windet. Sollte die hermeneutische Spirale der Urteilsfindung nicht auch eine solche gedankliche Achse haben, die man in metaphorischer Anspielung auf ihre Unsichtbarkeit als „Seele" der Jurisprudenz bezeichnen kann? Und könnte sie von einem anderen Gedanken beseelt sein als von der Idee der Gerechtigkeit? Für Hermeneutiker im Geiste Gadamers gilt, „daß das Urteil des Richters nicht einer unvorhersehbaren Willkür entspringt, sondern der gerechten Erwägung des Ganzen."[39] Daraus folgt: „Die Idee einer vollkommenen Rechtsdogmatik, durch die jedes Urteil ein bloßer Subsumtionsakt würde, ist unhaltbar."

In einer alteuropäisch konzipierten Hermeneutik kommt der Gerechtigkeit als Seele der Jurisprudenz keine Antwortfunktion zu, sondern eine reine Fragefunktion. Gadamer hat dies unter ausdrücklicher Bezugnahme auf die platonische Dialektik den „hermeneutischen Vorrang der Frage" genannt: „Es gehört zu den größten Einsichten, die uns die platonische Sokratesdarstellung vermittelt, daß das Fragen – ganz im Gegensatz zu der allgemeinen Meinung – schwerer ist als das Antworten." Und: „Die Entscheidung der Frage ist der Weg zum Wissen. Wodurch eine Frage entschieden wird, ist das Überwiegen der Gründe für die eine und gegen die andere Möglichkeit; aber die volle Erkenntnis ist das noch nicht. Erst durch die Auflösung der Gegeninstanzen, erst wenn die Gegenargumente in ihrer Unrichtigkeit durchschaut sind, ist die Sache selbst gewußt."[40]

---

37 FRIEDRICH MÜLLER, *Juristische Methodik*. 7. Aufl., Berlin 1997, 172 ff.

38 ROLF GRÖSCHNER, Das Hermeneutische der juristischen Hermeneutik, in: *Juristenzeitung* 1982, 622 ff.

39 GADAMER, Wahrheit und Methode (Fn. 34), 335. Dort auch das folgende Zitat.

40 Ebd., 368, 370.

Die „Sache", um die es in der Jurisprudenz geht, ist dabei – weit mehr als die Gegenstände anderer hermeneutischer Disziplinen – eine „Streitsache". Sehr schön dokumentiert dies die Etymologie, weil die „Sache" ihren Namen vom gotischen Verbum „sakan" hat, und das hieß „streiten".[41] Die Sache der Jurisprudenz ist kein Gegenstand im Sinne der erkenntnistheoretischen Subjekt-Objekt-Relation, sondern eine streitbefangene, durch Streit konstituierte und aus dem Streit zu verstehende Subjekt-Subjekt-Relation. Als Rechtssubjekte sind ihre Subjekte Personen, deren Würde oder Autonomie jede Vergegenständlichung ausschließt und ein interpersonales Verhältnis erfordert. Die dogmatische Figur, in der diese Interpersonalität allen Rechts zum Ausdruck kommt, ist das Rechtsverhältnis.[42] Als materiellrechtliches Verhältnis liefert es die Grundlage der jeweils geltend gemachten Ansprüche, als Prozessrechtsverhältnis den Rahmen für die streitige Verhandlung darüber.[43] Dabei sollte der prozessrechtliche Terminus für die betreffende „Erörterung der Streitsache" in einer pragmatischen Methoden- und Argumentationslehre beim Wort genommen werden. Versteht man „Er-Örtern" nämlich aus der Tradition aristotelischer Enthymematik, geht es um die Suche nach den „Örtern" (topoi), an denen die Argumente zu finden sind, mit denen die Sache zur Entscheidungsreife gebracht werden kann. Mit ständiger Rücksicht auf Sokrates hält die Gerechtigkeitsfrage die Erörterung der Sache in rechtlicher und tatsächlicher Hinsicht so lange offen, bis der Gerechtigkeitsanspruch, der mit jedem Rechtsanspruch artikuliert wird, zur Überzeugung des Gerichts hinreichend Gehör gefunden hat.[44]

Wer den Justizsyllogismus als Methodenmodell der Jurisprudenz verteidigt, wird für Metaphern wie das „Hören" auf die Gerechtigkeitsfrage oder die Gerechtigkeit als „Seele" der Jurisprudenz konsequenterweise keinen Sinn haben. Andererseits darf die metaphorische Rede von der „Seele" in der säkularen Welt des Rechts nicht in Metaphysikverdacht geraten. Insoweit kann man sich an die Verbindung von Recht und Gerechtigkeit halten, die als Selbstverständnis der römischen Jurisprudenz überliefert ist. Das Erste Buch der Digesten formuliert dazu am Anfang des Ersten Titels in lapidarer Schönheit, „ius" sei nach „iustitia" benannt, fügt mit feiner Ironie hinzu, die Juristen seien Priester der Gerechtigkeit („sacerdotes", nicht etwa „pontifices", von denen

---

[41] JAKOB UND WILHELM GRIMM, *Deutsches Wörterbuch. Bd. 8.* Leipzig 1893, 1592.

[42] ROLF GRÖSCHNER, Vom Nutzen des Verwaltungsrechtsverhältnisses, in: *Die Verwaltung* 30 (1997), 301 ff.

[43] KATHARINA SOBOTA, *Das Prinzip Rechtsstaat.* Tübingen 1997, 237 ff.

[44] Die Grundtugend des Richters ist deshalb das Zuhörenkönnen: ROLF GRÖSCHNER, Die richterliche Rechtsfindung: „Kunst" oder „Methode"?, in: *Juristenzeitung* 1983, 944 ff.

die iuris consulti der klassischen römischen Jurisprudenz sich doch gerade emanzipiert hatten) und folgert mit selbstbewusster Emphase, als weltliche Priester der iustitia erstrebten sie „veram philosophiam".[45] Die Pointe dieser „wahren Philosophie" erschließt sich aus Ciceros „Tusculanae disputationes". In deren Fünftem Buch heißt es von Sokrates, er habe als erster die Philosophie vom Himmel herunter gerufen („devocavit e caelo") und sie in seiner eigenen „ratio disputandi" auf das Leben bezogen. „Wir haben davon vor allem dies übernommen, was auch Sokrates, wie wir glaubten, angewandt hat, daß wir unsere eigene Meinung zurückhielten, die Andern aber von ihrem Irrtum befreiten und bei jeder Untersuchung fragten, was der Wahrheit am nächsten käme (quid esset simillimum veri)."[46] So führt der Weg über Rom nach Athen, vom – oft verkannten – Pragmatismus der römischen Juristen zur sokratischen Philosophie des Dialogs.

Dialogisches Moment oder Dialektik der Gerechtigkeitsfrage

Am Anfang aller Dialektik stehen die sokratischen Dialoge Platons. Dort spielt Sokrates die Rolle des „nichtwissenden" Fragestellers im philosophischen Streitgespräch über Themen wie Gerechtigkeit (Thrasymachos: Politeia I), Tapferkeit (Laches), Besonnenheit (Charmides), Freundschaft (Lysis) oder Frömmigkeit (Eutyphron). Wiewohl Platon die lebenslang praktizierten Dialoge seines Lehrers in eine meisterhafte literarische Form gegossen und obgleich er sie – je später, desto mehr – in den Dienst seiner eigenen philosophischen Lehre gestellt hat, atmen die genannten frühen Schriften spürbar sokratischen Geist: den bei jeder ernsthaften Lektüre lebendig werdenden Geist einer streitigen Auseinandersetzung über den „logos" des umstrittenen Gegenstands im „dialogos" zwischen den Streitbeteiligten. Die Art und Weise der Suche nach diesem im Grunde unübersetzbaren „logos", dem passenden Begriff und dem in ihm enthaltenen treffenden Argument, kann man aufgrund der Etymologie des Verbums „dialegesthai" bedeutungsgleich ein „dialektisches" oder „dialogisches" Verfahren nennen.[47] Philosophisches Paradigma aller forensischen Dialogik ist das betreffende Procedere, weil der literarische Sokrates die Basisbedingung einer jeden gelingenden Gerichtsverhandlung in unübertroffener Plastizität

---

45 OKKO BEHRENDS/ROLF KNÜTEL/BERTHOLD KUPISCH/HANS HERMANN SEILER (Hrsg.), *Corpus Iuris Civilis. Bd. 2.* Heidelberg 1995, 91 mit Fußnotenverweisen auf Cicero.

46 CICERO, *Gespräche in Tusculum*, 3. Aufl., München 1976, 324 f.

47 ROLF GRÖSCHNER, *Dialogik und Jurisprudenz.* Tübingen 1982, 134 ff. (zur sokratischen Dialogik).

vor Augen führt: den Verzicht auf monologisches Wissen in der Gerechtigkeitsfrage.

Die sokratischen Dialoge enden in einer Aporie: in der aporetischen (ausweglosen) Situation, das wahre Wesen des dialektisch traktierten Gegenstands nicht gefunden zu haben. Ein solch offenes Ende des jeweiligen Dialogs ist die philosophische Konsequenz des berühmten Wissens um das Nichtwissen. Dieses durch häufigen (Fehl-)Gebrauch abgestumpfte Grundprinzip sokratischen Philosophierens lautet in seiner ursprünglichen Schärfe: Etwas, das ich nicht weiß, glaube und behaupte ich auch nicht zu wissen.[48] Das Nichtwissen besteht also nicht etwa darin, zu „wissen", „nichts" zu wissen (weil weder Sokrates mündlich noch Platon schriftlich sich einen solchen Widerspruch hätten leisten können), und es bezieht sich auch nicht auf alle möglichen Gegenstände eines Dialogs, sondern nur auf Gegenstände von der Art der Gerechtigkeit, der Tapferkeit oder der Freundschaft. Nur von solchen Gegenständen sagt der frühplatonische Sokrates: „Ich suche erst mit dir, was wir uns aufgegeben haben, weil ich es eben selbst nicht weiß."[49]

III.

Übertragen auf die Gegenstände gegenwärtiger Gerichtsverhandlungen verlangt das sokratische Prinzip eine scharfe Zäsur zwischen dem Wissen um dogmatische Richtigkeit und dem Nichtwissen um lebensweltliche Gerechtigkeit. Was die reinen Rechtsfragen betrifft, ändert die juristentypische Uneinigkeit über das richtige Ergebnis und dessen beste Begründung nichts am Prinzip: „iura novit curia" (notabene das Prinzip des § 293 ZPO). Kennt also das Gericht das Recht und weiß der Richter um die Vertretbarkeit juristischer Urteile, artikuliert der Laie mit der Berufung auf sein „gutes" Recht gewöhnlich seinen eigenen Gerechtigkeitsanspruch. Diesem Laienanspruch gegenüber gilt das Prinzip des Nichtwissens, weil Gerechtigkeit in sokratischer und von Aristoteles fortgeführter Tradition ein Gegenstand ist, der sich auf den anderen („pros heteron") bezieht und nur von ihm her verstanden und verhandelt werden kann[50]: so dialogisch das Verstehen, so dialektisch die Verhandlung. Ein Richter, der sich im Besitz monologischen Wissens über „Begriff und Wesen" der Gerechtigkeit wähnte und vorgäbe, daraus auf formallogischem Wege – also ohne inhaltliche Auseinander-

[48] PLATON, *Apologie*, 21 d.

[49] PLATON, *Charmides*, 165 c.

[50] ARISTOTELES, *Nikomachische Ethik*, V 3 1129 b.

setzung mit den explizit oder implizit erhobenen Gerechtigkeitsansprüchen innerhalb seines laufenden Verfahrens – „die" gerechte Entscheidung deduzieren zu können, verstieße sowohl gegen die Verfassung als auch gegen eine Grundforderung juristischer Ethik: gegen das Gebot, „rechtliches Gehör" (Art. 103 Abs. 1 GG) nicht nur zwecks Herbeiführung „gesetzmäßiger und unter diesem Blickpunkt richtiger", sondern „darüber hinaus auch im Rahmen dieser Richtigkeit gerechter Entscheidungen" zu gewähren.[51]

Das bundesverfassungsgerichtliche Bild des „Rahmens" ist gut geeignet, die strikte begriffliche Differenzierung zwischen den unterschiedlichen Anforderungen an Richtigkeit und Gerechtigkeit richterlicher Entscheidungen nicht zu einer methodologisch unhaltbaren „Trennung" werden zu lassen. Denn im Rahmen der gerichtlichen Auseinandersetzung über die „gesetzmäßige" Entscheidung sind die lebensweltlichen Gerechtigkeitsansprüche der Beteiligten immer dann mit dem Gerechtigkeitsanspruch des positiven Rechts in Beziehung zu setzen, wenn letzterer im Einzelfall als lebensweltlich ungerecht empfunden werden muss. Die römische „Kunst des Guten und Gerechten" (D. 1, 1, 1 pr.) und ihre innere Ethik des sokratischen Dialogs verbieten es einer alteuropäisch gebildeten Juristenpersönlichkeit, sich diesem Konflikt zu entziehen. Dessen mögliche Dramatik und die Unmöglichkeit einer syllogistischen Lösung zeigen sich im erwähnten Beispielsfall. Konzipiert man den Entführungsfall nämlich als Schutzpflichtenfall, führt der Justizsyllogismus nicht zum Verbot der Folter, sondern zum Gebot einer lebensrettenden Aussageerzwingung. Aus den Vordersätzen „Lebensrettung ist geboten" und „Aussageerzwingung ist Lebensrettung" folgt „Aussageerzwingung ist geboten". Dieser Schluss ist formallogisch ebenso richtig wie der oben dargestellte Schluss vom Folterverbot auf das Verbot der Aussageerzwingung. Das Ergebnis darf nicht überraschen: Syllogismen sind tautologisch, erschließen also nichts außerhalb ihrer eigenen Prämissen. Syllogistische Logik ist und bleibt eine formale, von Inhalten abstrahierende Logik des richtigen Schließens. Die Kunst des richtigen Urteilens liegt ihr nicht nur hinsichtlich der Interpretation des Obersatzes voraus, sondern auch hinsichtlich der Bestimmung des Untersatzes. Im Sinne der anfänglichen Überlegungen zum („pragmatischen") Vorbehalt des Falles kommt es primär auf dessen richtige Konstituierung an. Insoweit ist der Logiker nicht besser gestellt als der sonstige juristische Laie: Er bedarf der Jurisprudenz.

---

[51] BVerfGE 42, 64 ff., 73. Vor dem Hintergrund der Gerechtigkeitsphilosophie römischer Jurisprudenz (Fn. 45) ist dies eine eindeutige Absage an rechtspositivistische Methodenkonzeptionen.

KATI HANNKEN-ILLJES

„Keine Logik!“

Das Aufeinandertreffen verschiedener Argumentationsfelder in strafrechtlichen Verfahren

> Eine Hauptverhandlung am Amtsgericht. Dem Angeklagten wird vorgeworfen, einer älteren Dame die Telefonkarte entrissen zu haben. Die Frau hielt die Karte fest, wurde zu Boden gezerrt, jedoch nicht verletzt. Nun sagt sie als Zeugin aus. Als sie ihre Aussage beendet hat, wendet sie sich an den Angeklagten: „Ich möchte, dass sie mich in Ruhe lassen. Es ist gang und gäbe, dass man einen an die Löffel kriegt, wenn man ausgesagt hat.“ Der Angeklagte sichert ihr zu, dass sie keine Angst haben müsse. Daraufhin schaltet sich der Richter ein: niemand müsse Angst haben, weil er vor Gericht ausgesagt hat.

Die Zeugin in diesem Beispiel argumentiert.[1] Sie richtet eine Bitte an den Angeklagten und begründet diese Bitte. Sie tut dies in einem Strafverfahren, also im juristischen Raum. Handelt es sich hier um juristische Argumentation?

Juristische Argumentation beschäftigt sich mit Begründungshandlungen, denen eine strittige Rechtsfrage zugrunde liegt und/oder die mit Hilfe von Rechtsnormen als Gründen und Schlussregeln geführt werden. Mit juristischer Argumentation ist damit in der Regel das Argumentieren von Juristinnen gemeint, der Begriff weist auf eine Gruppe von Expertinnen hin.[2] Diese kennen die angemessenen Topoi innerhalb des juristischen Feldes, wissen, welche Gründe gute Gründe sind und welche Argumentationsschemata Geltung beanspruchen können.

In juristischen Verfahren argumentieren aber, wie das Eingangsbeispiel zeigt, auch Nicht-Juristinnen und sie tun dies an prominenter Stelle: als Zeuginnen, Sachverständige und Beschuldigte bzw. Angeklagte. Nicht-Juristinnen betreten das juristische Feld häufig ohne eine genaue Vorstellung dessen, was vor Gericht als guter Grund gewertet wird und was nicht. Unbestreitbar gibt es Angeklagte und auch Zeuginnen, die so

---

1 Argumentation wird hier verstanden als das Geben und Nehmen von Gründen in Bezug auf einen strittigen Punkt.

2 Vgl. HANS HOHMANN, Juristische Rhetorik, in: GERT UEDING (Hrsg.), *Historisches Wörterbuch der Rhetorik*. Tübingen 1996, 779–832.

häufig mit der Justiz „zu tun haben", möglicherweise als Straftäterinnen immer wieder mit dem Gesetz in Konflikt geraten, dass sie eine gewisse Kundigkeit in Rechtsfragen erworben haben,[3] aber dies kann nicht vorausgesetzt werden. Unbenommen ist auch, dass viele Sachverständige durch ihre häufige Tätigkeit beispielsweise in Strafverfahren sehr vertraut sind mit juristischer Argumentation. Allerdings werden die Argumente Sachverständiger vor Gericht explizit nicht als juristische gewertet, sind diese doch aufgefordert, sich juristischer Wertungen zu enthalten.

In diesem Sinne widme ich mich im Folgenden nicht juristischer Argumentation, sondern der Argumentation in juristischen Verfahren. Was mich hier interessiert ist, wie in juristischen Verfahren verschiedene Geltungsbereiche interagieren. Die Beschreibung verschiedener Formen des Aufeinandertreffens von Geltungsbereichen stellt einen Versuch dar zu beschreiben, wie Rationalität in Strafverfahren durch die Akteure gemeinsam hergestellt wird.

Im Folgenden soll am Beispiel von Strafverfahren das Verhältnis von verschiedenen Geltungsbereichen zueinander untersucht werden. Als Grundlage für diese Untersuchung nutze ich die Feldtheorie der Argumentation, die ich in ihren Grundzügen kurz diskutieren werde. Daran anschließend werde ich vorschlagen, drei Formen des Aufeinandertreffens von Argumentfeldern und damit Geltungsbereichen zu unterscheiden: Kollision, Nebeneinanderstellung und Zusammenführung. Meine These ist, dass die Beschreibung der unterschiedlichen Argumentationsfelder, die in einem juristischen Verfahren wirksam sind, und ihrer Interaktion eine Möglichkeit darstellt zu zeigen, wie Rationalität im juristischen Verfahren hergestellt wird.

Der Feld-Begriff in der Argumentationstheorie

Was macht einen Grund zu einem guten Grund? Diese Frage ist ebenso schlicht wie fundamental. Die Antworten, die in der Argumentationstheorie gegeben wurden, bewegen sich zwischen zwei gegensätzlichen Positionen: die der deduktiven Logik und die der häufig als rhetorisch benannten. Erstere bestimmt gute Gründe dadurch, dass diese sich als

---

[3] Vgl. MAX TRAVERS, *The Reality of Law Work and Talk in a Firm of Criminal Lawyers*. Aldershot 1997. Travers beschreibt als eine von drei Gruppen von Mandanten in einer Kanzlei die „serious clients". Diese zeichnen sich nicht nur dadurch aus, dass sie schwer wiegender Vergehen angeklagt sind und eine längere kriminelle Karriere haben, sondern auch dadurch, dass sie mit den Abläufen von Strafverfahren sehr vertraut sind (ebd., 68).

deduktiv valides Argument rekonstruieren lassen. Für letztere sind gute Gründe solche, die durch die Adressatin akzeptiert werden. Dies sind die beiden äußersten Punkte auf einem Kontinuum – viele Autorinnen bemühen sich jedoch um eine Verbindung normativer und rhetorischer (oder auch deskriptiver) Elemente.[4]

Eine solche Verbindung zwischen dem Normativen und dem Rhetorischen hat Toulmin[5] vorgeschlagen, indem er zwischen der feldunabhängigen Form von Argumenten und der feldabhängigen Validität unterscheidet. Die feldunabhängige Stärke von Argumenten lässt sich mit Hilfe des Toulmin-Schemas darstellen.[6] Dieses Modell beschreibt Toulmin als universell – der Grad an Stärke eines Arguments konstituiert sich dabei nach Toulmin durch den *warrant*, die Schlussregel, die den Übergang von Grund zu Konklusion ermöglicht. Die Feldabhängigkeit von Argumenten hingegen wird bestimmt durch die Angemessenheit von Kriterien, denen die Schlussregel unterliegt und hat damit ihre Heimat in der Formulierung des *backing*. Diese Zuweisung von Stärke an *warrant* und Kriterien an *backing* ist jedoch nicht vollständig schlüssig, da, wie Toulmin selbst schreibt, das *backing* nicht notwendigerweise zu einer Argumentation zählt. „(A)ny argument can be expressed in the form ‚Data; warrant; so conclusion' and so become formally valid."[7]

Toulmins formales Modell von Argumenten ist intensiv rezipiert worden und diente als Ausgangspunkt für weitere Argumentmodelle.[8] Dennoch bietet es keine vollständige Neubeschreibung der Form von Argumenten, es weist beispielsweise große Ähnlichkeiten mit dem klassischen Epicheirem auf. Ebenso ist ein zentraler Kritikpunkt an Toulmins Modell, dass es auf eine Dreistelligkeit reduzierbar ist und damit den klassischen Argumentformen aus Grund, Konklusion und Schlussregel gleicht.[9]

Die Schlussregel ist nach Toulmin nicht universell – ihre Gültigkeit bestimmt sich nach dem Feld, in dem sie genutzt wird. Das heißt, was als Übergang genutzt werden kann, unterliegt unterschiedlichen „Logiken". Toulmin bestimmt Feld folgendermaßen:

---

4 In einer Reihe von Arbeiten insbesondere der Pragma-Dialektik und der Informalen Logik findet sich als dritter Weg der dialogische (oder auch dialektische) Ansatz. Für die juristische Argumentation vgl. EVELYN T. FETERIS, A Survey of 25 Years of Research on Legal Argumentation, in: *Argumentation* 11 (1997), 355–376.

5 STEPHEN TOULMIN, *The Uses of Argument*. Cambridge 1958.

6 Vgl. TOULMIN, The Uses of Argument (Fn. 5), 126.

7 TOULMIN, The Uses of Argument (Fn. 5), 119.

8 Zu nennen sind hier PAUL-LUDWIG VÖLZING, *Begründen, Erklären, Argumentieren*. Heidelberg 1979, und GÜNTHER ÖHLSCHLÄGER, *Linguistische Überlegungen zu einer Theorie der Argumentation*. Tübingen 1979.

9 Vgl. MANFRED KIENPOINTNER, *Alltagslogik*. Stuttgart 1992, 28.

> „Two arguments will be said to belong to the same field when the data and the conclusion in each of the two arguments are, respectively, of the same logical type: they will be said to come from different fields when the backing or the conclusions in each of the two arguments are not of the same logical types."[10]

Der logische Typus ist bei Toulmin die epistemologische Kategorie, aus der sich die Argumente speisen. So unterscheidet sich ein Augenzeugenbericht von einem mathematischen Beweis und der wiederum von einer taxonomischen Aussage. Insbesondere im deutschsprachigen Raum hat dieser zweite Teil der Toulmin'schen Beschreibung von Argumenten – die Feldabhängigkeit von Argumenten – leider sehr viel weniger Beachtung gefunden als sein Argumentmodell.

Das Konzept unterschiedlicher Geltungsstandards, wie Toulmin es formuliert hat, war für die Rhetorik nicht neu. Durch die Topik – als allgemeine Topik im Sinne von Argumentationsschemata oder als spezielle Topik im Sinne einer materialen Topik[11] – wurde immer betont, dass die Akzeptabilität von Gründen vom Gegenstand und vom angesprochenen Publikum abhängt. Die Argumentationswissenschaft[12] war jedoch über lange Zeit der Logik näher als der Rhetorik, bevor durch Viehweg[13], Toulmin[14] und Perelman/Olbrechts-Tyteca[15] die rhetorische Wende eingeläutet wurde; eine rhetorische Wende, der im Übrigen die juristische Argumentation als Prototyp der Argumentation diente.

Den Feldbegriff[16] im Sinne von verschiedenen logischen Typen hat Toulmin in späteren Arbeiten immer wieder modifiziert und erweitert;[17] der Feldbegriff, den er in *The Uses of Argument* entwickelt hat, hat dabei aber den entscheidenden Einfluss gehabt auf die Entwicklung einer „Feldtheorie". Diese Feldtheorie, die sich in der Argumentationsforschung insbesondere in den USA in Anschluss an die Arbeit von Toul-

---

10 TOULMIN, The Uses of Argument (Fn. 5), 14.

11 Vgl. JOSEF KOPPERSCHMIDT, *Argumentationsanalyse*, Stuttgart 1989, 188.

12 Der Begriff „Argumentationswissenschaft" mag ungewöhnlich klingen – generell wird in diesem Zusammenhang von Argumentationstheorie gesprochen. Doch das, was in Englisch unter *argumentation studies* firmiert, ist weit umfassender als „ausschließlich" Theorie.

13 THEODOR VIEHWEG, *Topik und Jurisprudenz*. München 1953.

14 TOULMIN, The Uses of Argument (Fn. 5)

15 CHAIM PERELMAN/LUCIE OLBRECHTS-TYTECA, *The New Rhetoric*. Notre Dame 1969.

16 Für den deutschen Sprachraum müsste man sagen: welcher Feldbegriff? In der deutschen Übersetzung findet sich *field* als Bereich wiedergegeben, entsprechend wird *field-dependent* als bereichsabhängig übersetzt. Ich werde im Folgenden von Feld und nicht von Bereich sprechen, da mir der Feldbegriff erheblich anschlussfähiger und produktiver erscheint, beispielsweise im Rahmen ethnographischer Forschung.

17 So geht Toulmin in *Human Understanding* von Argumentfeldern als Disziplinen aus, die durch eine gemeinsame Problemstellung verbunden sind, siehe dazu auch JOSEPH WENZEL, On Fields of Argument as Propositional Systems, in: *Journal of the American Forensic Association* 18 (1982), 205 f.

min entwickelte, entfernt sich teilweise sehr weit von dem ursprünglichen Feldbegriff Toulmins. Ihre Entwicklung soll im Folgenden schlaglichtartig dargestellt werden, um dann zu untersuchen, inwieweit sich diese Theorie, oder Teile der Theorie, für die Beschreibung von Geltungsstandards aktueller Argumentation eignen.

Eine Richtung in der Debatte um den Feldbegriff verstand und versteht das Feld als relativ stabil und verknüpft den Begriff stark mit wissenschaftlicher Argumentation. So bindet Wenzel das Feldkonzept an die propositionale Ebene von Argumentation, da Argumentation eine zentrale epistemische Bedeutung hat und Prozess und Prozedur von Argumentation vom propositionalen Gehalt von Argumentation abhängen. Damit folgt er weitgehend Toulmins Definition. Wenzel definiert Argumentfelder dann auch genauer:

> „A field of argument is an integrated complex of concepts, propositions and arguments, persisting over time, directed to share explanatory goals, embodying shared judgemental standards, held consensually by initiates of a discipline. The arguments comprising a field are public, i.e. available for critical examination, they can be catalogued at a given moment in the history of a discipline, but they are subject to change."

Wenzel macht in diesem Zusammenhang eine wichtige Unterscheidung zwischen *arguments-at-large* und *arguments-in-fields*: arguments-at-large „serve ad hoc purposes, then pass away never to be recalled or employed again", arguments-in-fields „are cultivated by persons who share an epistemic purpose."[18] Das heißt, dass Argumentfelder und die in den Argumentfeldern zusammengefassten Topoi ein gewisses Maß an Konstanz aufweisen müssen. Einem ähnlichen Verständnis folgen auch frühe Arbeiten zum juristischen Argumentfeld. Hier wird entweder, wie bei Rieke[19], das Toulmin'sche Verständnis vorausgesetzt, oder aber, wie bei Schuetz[20], von einem Verständnis von Feldern als Disziplinen ausgegangen, deren Argumente durch die Ausrichtung auf eine gemeinsame Problemstellung verbunden sind.

In Wenzels Sinne ließe sich juristische Argumentation sicherlich als ein Argumentfeld fassen. Argumentation in juristischen Verfahren wäre hingegen nicht vollständig einbezogen, da die Argumentation, die Laien in juristische Verfahren einführen, eben nicht notwendigerweise als juristische zu klassifizieren ist und keiner öffentlichen Kritik zugänglich, wie dies beispielsweise in wissenschaftlichen Disziplinen der Fall ist. So wird

---

18 WENZEL, On Fields of Argument as Propositional Systems (Fn. 17), 211, 208 (Hervorhebung durch den Autor).

19 RICHARD RIEKE, Investigating Legal Argument as a Field, in: GEORGE ZIEGELMULLER/ JACK RHODES (Hrsg.), *Dimensions of Argument*. Annandale 1981, 152–158.

20 JANICE SCHUETZ, The Genesis of Argumentative Forms and Fields, in: GEORGE ZIEGELMULLER/JACK RHODES (Hrsg.), *Dimensions of Argument*. Annandale 1981, 274–294.

im Eingangsbeispiel im juristischen Raum argumentiert, es wird jedoch von der Zeugin ein Grund bemüht, der vom Richter explizit abgelehnt wird – ist es aber deshalb ein Grund, der vorübergeht, nie wieder erscheint, also nicht stabiler Teil eines Diskurses ist?

Eine andere Richtung in der Diskussion über den Feldbegriff schlägt Willard[21] ein. Dieser grenzt sich klar von Toulmins Feldbegriff im Sinne logischer Typen ab. Argumentationsfelder sind nach Willard eher durch die Stabilität von argumentativer Praxis gekennzeichnet, als durch logische Typen.

> „I want to say that fields exist in and through the ongoing defining activities of their actors, that they are not things (and that any variant of object language is inappropriate to them). Fields, i. e. are traditions of practices, inferences we make about recurring themes in a group's practices; they are generalizations we make about unifying threads uniting particular activities."[22]

Der begriffliche Wechsel von Argumentfeld zu Argumentationsfeld ist von mir gewählt, da Willard Felder über Praxis, d. h. Aktivität bestimmt. Im Original spricht Willard von *argument fields* – rekurriert aber auf die Bedeutung von *argument* als Aktivität, die im deutschen „Argument" nicht enthalten ist.

Willard unterscheidet drei verschiedene Feldtypen: Beziehungsfelder (*relational fields*), als Felder die sich innerhalb von interpersonalen Beziehungen konstituieren, Begegnungsfelder (*encounter fields*), die in einzelnen Interaktionen entstehen und Gegenstandsfelder (*issue fields*).[23] Gegenstandsfelder sind hier nach Willard nicht als wissenschaftliche Disziplinen zu verstehen, sondern eher als Denkrichtungen. Das heißt, sie sind relativ stabil (im Gegensatz zu Begegnungsfeldern) und haben eine relativ große Reichweite (im Gegensatz zu Beziehungsfeldern).[24]

Die Beziehung zwischen diesen drei Typen von Feldern ist nicht durch Rivalität, sondern durch Integration gekennzeichnet. Gegenstandsfelder werden nach Willard durch die Praxis der Beziehungs- und Begegnungsfelder konstituiert. Folglich sollte, wer etwas über Gegenstandsfelder in Erfahrung bringen will, die Praktiken der anderen beiden Felder untersuchen.

---

[21] CHARLES A. WILLARD, Field Theory: a Cartesian Meditation, in: WILLIAM BENOIT/DALE HAMPLE/PAMELA BENOIT (Hrsg.), *Readings in Argumentation*. Berlin 1992, 437–467 (Original 1982).

[22] WILLARD, Field Theory (Fn. 21), 439.

[23] Ebd., 462 f.

[24] In Hinblick auf Beziehungsfelder und insbesondere Begegnungsfelder verweise ich auf WOUTER H. SLOB, How to Distinguish Good and Bad Arguments: Dialogico-Rhetorical Normativity, in: *Argumentation* 16 (2002), 179–196. Unter der Überschrift einer Dialogischen Rhetorik spricht Slob von einem normativen Feld zwischen Argumentierenden.

„Since issue fields are merely aggregations of encounters and relations, programmatic research into encounters and relations should yield insights into the life processes of issue fields."[25]

Dieser Ansatz von Willard ist insbesondere dann produktiv, wenn der Fokus auf der Beschreibung von Argumentationspraxis liegt. Demnach ergeben sich die Rationalitätsstandards eines Gegenstandsfeldes durch die Praxis in diesem Feld. Dieses Feldverständnis scheint einen Rahmen zu bieten für die Beschreibung der Entwicklung verschiedener Felder und ihrer Interaktion.

Neben diesen unterschiedlichen Auslegungen des Feldbegriffs soll hier noch eine weitere Lesart betrachtet werden. Insbesondere in Hinblick auf die Auffassungen, die Argumentfelder als propositionale Systeme bestimmen, ist der Begriff an sich kritisiert worden. Goodnight hat vorgeschlagen den Feldbegriff durch den der Sphäre (*sphere*) zu ersetzen, da der Feldbegriff sich in erster Linie auf wissenschaftliche Argumentation beziehe und dadurch andere Formen der Argumentation als defizitär markiere.[26] Dabei bindet Goodnight den Begriff der Sphäre, ähnlich wie Willard den des Feldes, an die Praxis. „'Sphere' denotes branches of activity – the grounds upon which arguments are built and the authorities to which arguers appeal."[27] Goodnight unterscheidet drei Sphären: die private, die technische und die öffentliche. Diese unterscheiden sich durch die Reichweite ihrer Geltungsansprüche, die zugelassenen Gegenstände und die Konsequenzen die sich aus der Argumentation ergeben können. Dieser Sichtweise folgend sind die private und öffentliche Sphäre nicht defizitär, sondern different in Hinblick auf die Ansprüche, die an gute Gründe gestellt werden.

Vieles spricht für Goodnights Kritik am Feldbegriff. Durch die Konzeptionalisierung privater Argumentation als different und nicht als defizitär, eröffnet sie die Möglichkeit zur Untersuchung von privater Argumentation nach ihren eigenen Standards, und damit die Beschreibung der Muster und Regeln, die in diesen Argumentationen gelten. Auf der anderen Seite steht das Feldkonzept nicht notwendigerweise im Gegensatz zu Goodnights Sphären. Es kann, so wie Willard es versteht, auf verschiedene Argumentations„gemeinschaften" innerhalb der drei Sphären angewendet werden – eine Familie, ein Freundeskreis, eine Arbeitsgruppe kann als Feld mit (relativ) stabilen Standards für gute Gründe beschrieben werden, ein Feld, das innerhalb der privaten Sphäre liegt.

---

[25] WILLARD, Field Theory (Fn. 21), 464.

[26] Vgl. G. THOMAS GOODNIGHT, The Personal, Technical and Public Spheres of Argument: A Speculative Inquiry into the Art of Public Deliberation, in: *Journal of the American Forensic Association* 18 (1982), 214–227, 223.

[27] GOODNIGHT, The Personal, Technical and Public Spheres of Argument (Fn. 26), 216.

Der Feldbegriff hat einen langen Weg hinter sich gebracht, von einem Verständnis, das insbesondere wissenschaftliche Argumentation in den Blick nimmt und private und öffentliche Argumentation als defizitär konzeptionalisiert, hin zu einer Beschreibung gleichwertiger, nebeneinander existierender Felder. Die letzte Beschreibung ist es auch, die für die Untersuchung aktueller Argumentation ergiebig ist. Sie lenkt den Fokus auf die Praxis der Teilnehmerinnen und strebt an, die Geltungsstandards, an denen sich die Argumentierenden orientieren, zu erfassen.

Argumentationsfelder und Argumentationsanalyse

Die Bildung und Ausprägung von Argumentationsfeldern zu untersuchen heißt, Argumentationsanalyse zu betreiben. Häufig wird unter Argumentationsanalyse eine an logischen Formen orientierte Rekonstruktion verstanden, in der ungeäußerte Prämissen eingesetzt werden.[28] Wie gezeigt lässt ein Konzept des Argumentationsfeldes im Sinne Willards keinen Raum für eine Argumentationsanalyse, die sich auf die Rekonstruktion deduktiv valider Argumente konzentriert. Es zwingt vielmehr dazu, die Geltungsstandards in den Blick zu nehmen, die in der argumentativen Praxis in Kraft sind. Wie lassen sich diese Geltungsstandards nun für die Analyse fassen?

Eine mögliche Herangehensweise bietet die Nutzung eines Regelbegriffs, verbunden mit dem rhetorischen Konzept der Angemessenheit. Für die Analyse kann das Feldkonzept im Sinne von topischen Regeln gefasst werden.[29] Diese topischen Regeln bestimmen, welche Topoi (in erster Linie verstanden als materiale Topoi, nicht als formale im Sinne von Argumentationsschemata) in einem bestimmten Feld angemessen sind und welche nicht. In Feldern der *technical sphere* sind diese Regeln eher explizit und haben einen großen Geltungsbereich. Dies ist beispielsweise der Fall für Argumente, die sich auf juristische Normen beziehen. In interpersonalen Feldern werden topische Regeln eher implizit sein und nur dann offensichtlich, wenn sie verletzt werden. Der Wirkungskreis dieser Regeln beschränkt sich auf die Partnerinnen der interpersonalen Beziehung.

Die Nutzung des Regelbegriffs mag suggerieren, dass es sich hier um statische Geltungsstandards handelt. Das In-Kraft-Setzen und die Verletzung topischer Regeln ist aber eher beschreibbar durch Angemessenheit

---

[28] Vgl. z. B. HELMUT GRUBER, *Streitgespräche*. Opladen 1996, 12.

[29] Vgl. KATI HANNKEN-ILLJES, *Gute Gründe geben*. Frankfurt am Main 2004, 102 f.

– dem wohl rhetorischsten aller rhetorischen Konzepte.[30] Angemessenheit lässt sich durch zwei Kriterien bestimmen: Die Befolgung von Regeln und die interpersonale und situative Bestimmung und Anpassung dieser Regeln.[31] In diesem Sinne hängen Regeln von dem Kontext ab, in dem sie genutzt werden und sind veränderbar. Das heißt, dass Regeln, die bestimmen, was als guter Grund zu gelten habe, der konkreten Argumentationssituation und ihren Erfordernissen angepasst werden. Die Regeln werden auch entsprechend der Argumentationspartnerinnen genutzt – ein guter Grund kann nur einer sein, von dem ich annehmen kann, dass auch meine Partnerin ihn als guten Grund anerkennen kann (auch wenn er sie möglicherweise nicht überzeugt!).

Die Bindung von Angemessenheit an Argumentationsfelder findet sich schon bei Toulmin. Die Feldabhängigkeit von Kriterien bezieht sich sowohl auf die Topik als auch auf die Struktur oder Form der Argumente.[32] Angemessenheit bei Toulmin meint das Nutzen feldadäquater Geltungsgründe und Strukturen innerhalb einer Argumentation. „The question we ask will be how strong each case is when tested against its own appropriate standard."[33] Geltung ist in diesem Fall nicht universell, aber auch nicht beliebig: Innerhalb der einzelnen Felder können bestimmte Formen der Argumentation falsch sein in dem Sinne, dass sie in diesem Feld für diesen Zeitraum keine Geltung beanspruchen können.

Nun mag eingewandt werden, dass in diesem Fall der Regelbegriff an sich nicht greift und Beschränkungen auferlegt, die dann wieder aufgehoben werden müssen. Der Begriff der Regel betont jedoch den normativen Gehalt von Argumentationsfeldern – trotz ihrer Flexibilität sind sie eben nicht willkürlich.

Wie aber können topische Regeln beschrieben werden, ohne von einer rein formallogischen Rekonstruktion von impliziten Prämissen auszugehen? An dieser Stelle zeigt sich die Produktivität des Feldbegriffs. Um Felder beschreiben zu können, müssen Praxis und Kontext untersucht werden, und dies schließt „nicht-argumentative" Praxis und Kontext ein. Eine solche Beschreibung und Untersuchung erlaubt Annahmen über nicht-explizierte Teile der Argumentation. So betonen auch Perelman/Olbrechts-Tyteca mit der Feldabhängigkeit der Argumentation deren Bindung an nicht-argumentative Praxis.

---

30 Vgl. WALTER H. BEALE, Decorum, in: THERESA ENOS (Hrsg.), *Encyclopedia of Rhetoric and Composition*. New York 1996, 168–170.

31 Vgl. BERNHARD ASMUTH, Angemessenheit, in: GERT UEDING (Hrsg.), *Historisches Wörterbuch der Rhetorik, Bd. 1*. Tübingen 1992, 579–604.

32 Vgl. TOULMIN, The Uses of Argument (Fn. 5), 42.

33 TOULMIN, The Uses of Argument (Fn. 5), 38.

„All language is the language of a community, be this a community bound by biological ties, or by the practice of a common discipline or technique. The terms used, their meaning, their definition, can only be understood in the context of the habits, ways of thought, methods, external circumstances, and traditions known to the users of those terms."[34]

An dieser Stelle kann damit das Feldkonzept in ethnographischer Forschung unterstützend wirken. Die Verbindung beider Feldbegriffe erlaubt für die Analyse der Argumentation eine genaue Einbeziehung des Kontextes, in dem Gründe gegeben werden. Dies ermöglicht, die impliziten Anteile von Begründungshandlungen durch die Beschreibung des Feldes im ethnographischen Sinne, als Netz von Praktiken und Aktivitäten, zu konstruieren.

Argumentation im Feld

Von der allgemeinen Argumentationstheorie nun zurück zur Argumentation im juristischen Verfahren. Wie lässt sich der Feldbegriff für das juristische Verfahren handhaben, welche Beschreibungen sind durch ihn möglich? In Strafverfahren wird das (eher explizite) juristische Feld mit den (mehr oder weniger impliziten) Feldern der privaten Alltagsargumentation konfrontiert, ebenso wie mit Argumenten aus anderen disziplinären Feldern (im Sinne der *technical sphere*) und dem öffentlichen Diskurs. Dabei ist schon an dieser Stelle zu bemerken, dass auch beispielsweise die private Argumentation als eine gesehen werden muss, die bereits auf die Situation „juristisches Verfahren" ausgerichtet ist. Auch Laien haben Vorstellungen davon, was vor Gericht geschieht und was dort angemessen und unangemessen ist. Ebenso argumentieren Juristinnen nicht ausschließlich juristisch im oben genannten Sinne – auch hier spielen andere Felder eine Rolle. Ich werde im Folgenden die Interaktion verschiedener Felder beschreiben und schlage vor, drei Feldrelationen zu unterscheiden: Kollision, Nebeneinanderstellung und Zusammenführung.[35]

---

[34] PERELMAN/OLBRECHTS-TYTECA, The New Rhetoric (Fn. 15), 513.

[35] Die Grundlage für die folgenden Ausführungen bieten die Daten der ersten Feldphase der deutschen Fallstudie des Forschungsprojektes „Vergleichende Mikrosoziologie von Strafverfahren". Dieses seit Juli 2003 an der Freien Universität Berlin unter der Leitung von Thomas Scheffer durchgeführte Projekt verbindet durch die vier Wissenschaftler/-innen verschiedene Disziplinen: Soziologie, Rechtswissenschaft, Anthropologie, Kommunikationswissenschaft und Rhetorik. Ziel der Forschungsarbeit ist eine vergleichende, ethnographische Studie zur temporalen Entwicklung von Strafverfahren, also der Verbindung zwischen Vorbereitung und Durchführung von Hauptverhandlungen. In zwei längeren Feldphasen begleiten die Wissenschaftler/-innen Verteidiger/-innen in

Kollision

Das folgende Beispiel ist Teil eines Falls, dem ich in Vorbereitung und Hauptverhandlung folgen konnte.[36]

Zwei Jugendliche sind wegen Raubes angeklagt. Die Anklage gegen beide fußt vornehmlich auf der belastenden Aussage eines Dritten, Mike, der die beiden als Komplizen genannt hatte. Mike selbst ist bereits verurteilt. Am dritten Tag der Hauptverhandlung wird er als Zeuge gehört. Er widerruft seine Aussage und sagt, dass die anderen zwei mit den Sachen nichts zu tun haben. Die Vorsitzende Richterin fragt ihn, warum er erst jetzt mit dieser Information kommt.

Mike: Möchte nicht, dass die beiden unschuldig verurteilt werden

Vorsitzende: Hat Sie vorher doch auch nicht interessiert

Mike: Dachte an meinen eigenen Kopf

Vorsitzende: Nix eigener Kopf, der ist eh hin

Mike: (...) Wie gesagt, wir haben keine kriminellen Taten miteinander begangen

Staatsanwältin: Ich verstehe das noch nicht

Mike: Dachte, es ist besser nicht allein auf der Anklagebank zu sein

Vorsitzende: Macht keinen Sinn. Schwachsinn. Keine Logik.

Mike: Ich versuche zu erklären

Staatsanwältin: Das ist unlogisch. Fünf Mal so ausgesagt. Fünf Mal! Versteh ich nicht. Spätestens die eigene Hauptverhandlung wäre der Zeitpunkt gewesen etwas zu sagen. Es gibt ja Taten und Tatorte.

Das Strittige bzw. die *quaestio* in diesem Austausch zwischen Vorsitzender Richterin, Staatsanwältin und Mike ist, warum er seine Aussage erst zu diesem späten Zeitpunkt korrigiert und es nicht schon eher getan hat. Als ersten Grund bringt er vor, dass er nicht möchte, dass die beiden Angeklagten unschuldig verurteilt werden. Dieser Grund wird von der Vorsitzenden damit gekontert, dass ihn dies bisher nicht interessiert habe. Sie akzeptiert also den Topos der falschen Anschuldigung (ich sage jetzt, dass sie es nicht waren, damit sie nicht verurteilt werden, denn die Anklage beruht auf meinen falschen Anschuldigungen), widerspricht

---

ihrer Arbeit an Straffällen. Die Feldforschung wird in vier Ländern und – im weitesten Sinne – zwei Rechtssystemen durchgeführt: England, USA, Italien und Deutschland.

36 Auf eine Einschränkung in Bezug auf die Daten möchte ich noch hinweisen: Die genannten Beispiele beruhen auf Notizen, die ich während der Verhandlung gemacht habe. Aus diesem Grund mögen manche Beispiele etwas roh erscheinen – sie geben die für das Verständnis leicht redigierte Mitschrift während der Verhandlung wieder.

aber, dass dieser sich auf Mikes Verhalten anwenden lässt. Mike bringt hier einen Grund vor, der sich als dem juristischen Feld zugehörig einordnen lässt – auf diese Hauptverhandlung folgend wird auch ein Verfahren wegen falscher Anschuldigung gegen Mike auf den Weg gebracht.

Mike gibt als nächsten Grund an, dass er nur mit sich selbst beschäftigt war. Diese Aussage kann als ein zweiter Begründungsversuch gesehen werden, nachdem der erste zurückgewiesen wurde. Doch auch dieser Grund wird von der Vorsitzenden nicht akzeptiert. Wie auch schon im ersten Beispiel stellt sie jedoch nicht die Angemessenheit des argumentativen Schlusses „ich habe mich um mich selbst gekümmert, daher habe ich die anderen vergessen" in Frage, sondern widerspricht dahingehend, dass er keinen Grund hatte, mit sich selbst beschäftigt zu sein, da er ja bereits verurteilt war.

Mikes dritter Begründungsversuch zielt darauf ab, dass er dachte, es sei vorteilhaft für ihn, nicht allein auf der Anklagebank zu sitzen. Diese Begründung wird durch die Vorsitzende anders gekontert als die beiden vorhergegangenen. Sie lehnt explizit den Topos ab, den der Zeuge vorbringt: geteilte Schuld. Sie stellt sehr dezidiert fest, dass dies kein guter Grund sei, dieser Topos unangemessen und der Argumentation folglich „keine Logik" zugrunde läge. Der juristische Hintergrund dieser Ablehnung ist offensichtlich – alle Angeklagten werden individuell bestraft. Interessanterweise taucht dieser Grund in diesem aktuellen Verfahren häufig auf und wird auch von einem der beiden Angeklagten bemüht, als er darüber spekuliert, warum Mike gelogen haben könnte. Die topische Regel der geteilten Schuld scheint für die Angeklagten sowie für den Zeugen Mike Geltung zu haben.

Das Beispiel zeigt, wie komplex der Prozess des Findens, Anwendens und Evaluierens von Gründen im Gerichtssaal ist. Mike versucht zweimal, sein Verhalten mit Gründen zu rechtfertigen, die von seinen Interaktionspartnerinnen als gute Gründe akzeptiert werden (es ist wirklich ein guter Grund etwas zu tun, damit anderen keine Ungerechtigkeit widerfährt), aber nicht in seinem speziellen Fall (da es gut ist, etwas zu tun, damit anderen keine Ungerechtigkeit widerfährt, sollte man dies auch so schnell wie möglich tun). Die topischen Regeln werden akzeptiert, aber für die konkrete Situation als unangemessen abgelehnt. Der letzte Versuch der Rechtfertigung zeigt jedoch ein anderes Bild: Hier kollidieren juristische Logik und Alltagslogik; das juristische Feld mit einem speziellen privaten Feld. Mike wollte nicht allein auf der Anklagebank sitzen. Dieses Argument wird auch in der folgenden Befragung immer wieder von ihm gegeben. Dieser Grund wird explizit als unlogisch zurückgewiesen. Würde man die Äußerung der Vorsitzenden wörtlich nehmen, könnte man sagen, dass Mike grundlegende logische Regeln verletzt hat. Allerdings lässt sich Mikes Argument völlig unproblematisch in ein deduktiv valides überführen. Es wurden topische Regeln verletzt – es sind die Prämissen, die in Frage stehen.

Nebeneinanderstellung

Ein Beispiel für die Nebeneinanderstellung von Feldern.

> Eine Berufungsverhandlung. Der Angeklagte soll ein Werkzeug in einem Baumarkt gestohlen haben. Er sagt, dass er das Werkzeug aus Versehen nicht bezahlt habe, da andere Baustoffe auf dem Wagen es verdeckten. Das Amtsgericht hatte den Angeklagten zu einer Geldstrafe von fünf Tagessätzen verurteilt. Er hat Berufung eingelegt und sitzt nun im Gerichtssaal des Landgerichts, die Vorsitzende Richterin eröffnet die Hauptverhandlung. Eine ihrer ersten Bemerkungen ist die Frage, ob der Angeklagte nicht doch noch einmal über die Berufung nachdenken wolle, da diese Verhandlung mit voller Beweisaufnahme ja auch mit Kosten verbunden sei. Direkt daran anschließend sagt sie: „Wir lernen an der Uni immer, Gerechtigkeit unterliegt keiner Effektivitätsbetrachtung."

In dieser kurzen Szene einer Berufungsverhandlung werden zwei unterschiedliche Begründungslinien in Bezug auf das gleiche Strittige (soll die Berufungsverhandlung durchgeführt werden) präsentiert – interessanterweise von der gleichen Akteurin, der Vorsitzenden Richterin. Der erste Grund, den sie für das Zurückziehen der Berufung angibt, ist jener der hohen Kosten eines solchen Verfahrens, falls es zu einer Verurteilung kommen sollte. Dieser Grund wird aber augenblicklich gefolgt durch die Äußerung über eine juristische Norm, die in direkter Opposition zu dem ersten Argument steht. Indem beide Argumente nebeneinander gestellt werden, verhandelt die Vorsitzende, so scheint es, zwischen dem Pragmatischen und dem Dogmatischen.

Wodurch unterscheidet sich diese Feldbeziehung nun von dem Beispiel unter der Überschrift „Kollision"? Ein Unterschied liegt darin, dass der Gegensatz nicht verfolgt, sondern stehen gelassen wird. Ein Topos wird eingeführt (ökonomische Effektivität) und dann für das juristische Feld als unangemessen markiert. Beide topischen Regeln koexistieren also, keine ist explizit strittig. Der Angeklagte entschied sich übrigens dafür, die Berufung aufrechtzuerhalten.

Zusammenführung

Beide vorangegangenen Feldrelationen gehen implizit davon aus, dass Teilnehmerinnen in Strafverfahren ihre Gründe aus dem juristischen oder einem anderen Feld rekrutieren. Demnach wären Argumentationsfelder bestimmbare Sammlungen von Topoi, die sich die Verteidigerin in Form von Strafprozessordnung, Strafgesetzbuch und Kommentaren unter den Arm klemmen kann, und welche die Zeugin oder Angeklagte in ihrem Kopf unter „gute Gründe" abgelegt hat.

Obwohl insbesondere die Beschreibung der Kollision von Feldern einer solchen Lesart Vorschub leisten mag, geht sie doch sowohl am Kern des Feldbegriffs als auch an der Argumentationswirklichkeit vorbei. Wie bereits ausgeführt, sollten topische Regeln aus der rhetorischen Perspektive des Konzepts Angemessenheit gesehen werden. Angemessenheit ist ein Konzept, in dessen Rahmen die Veränderung von Regeln nicht nur legitim, sondern erforderlich ist. Regeln, die angemessen angewandt werden sollen, müssen flexibel sein und ihre Anwendung muss sich an den rhetorischen Erfordernissen der Situation ausrichten.[37]

Deshalb sollten nicht nur private, juristische, und andere Felder in den Blick genommen werden, sondern auch die Situation, in der argumentiert wird. Dies entspricht dem Willardschen *encounter field* als einem der Felder, aus dem sich *issue fields* konstituieren. Die professionellen Teilnehmerinnen einer Hauptverhandlung (Richterinnen, Staatsanwältinnen, Rechtsanwältinnen, Sachverständige, Protokollführerinnen, Justizbeamte, Dolmetscherinnen und Pressevertreterinnen)[38] kennen einander häufig bereits durch frühere Verfahren. Eine Verteidigerin wird häufig antizipieren können, welche Formen der Begründung bei einer bestimmten Richterin funktionieren und welche nicht. Dieses Feld ist sicherlich nicht statisch und wird verändert durch die Anwesenheit juristischer Laien, insbesondere von Angeklagter und Zeugin. Sie bringen ihre eigenen Begründungsmuster in die Verhandlung ein. Dies wird

---

[37] LLOYD F. BITZER, The rhetorical situation, in: *Philosophy & Rhetoric* 1 (1968), 1–14, folgend, kontrastiert Wenzel rhetorische Effektivität mit Effektivität als dem Erreichen persönlicher Ziele: „Rhetorical norms are not concerned merely with effective persuasion of a particular audience on a particular occasion. We can instead, construe the norms of rhetoric in terms of effectiveness in resolving exigencies in problematic situations", JOSEPH W. WENZEL, Relevance – and Other Norms of Argument. A Rhetorical Exploration, in: ROBERT MAIER (Hrsg.), *Norms in Argumentation*. Dordrecht 1989, 85–95, 93.

[38] Es mag plausibler erscheinen, die Teilnehmerinnen in diesem Sinne auf solche zu beschränken, die während der Verhandlung sprechen und argumentieren. Insbesondere die Mischung aus Professionellen- und Laienstatus der letzten drei Gruppen, Protokollführerin, Justizbeamte und Pressevertreter, verdient jedoch besondere Aufmerksamkeit.

dann besonders deutlich, wenn die Angeklagte ohne Verteidigerin auf sich selbst gestellt und Kollisionen wahrscheinlicher werden. Bei der Abstimmung mit einer Verteidigerin kann man jedoch beobachten, dass eine Kollision von Feldern bereits antizipiert und so vermieden werden kann, mit dem Ergebnis, dass die Verteidigerin eine Zusammenführung von Feldern erreicht.

> Mandantengespräch im Gefängnis. Am folgenden Tag wird die Berufungsverhandlung stattfinden. Die Berufung ist auf das Strafmaß beschränkt. Der Angeklagte ist ein Jugendlicher, der schon wegen verschiedener Delikte im Gefängnis saß. Sein Verteidiger erklärt unter anderem, was am nächsten Tag passieren wird. Dann macht er zwei „Vorschläge" für den kommenden Tag. Der eine bezieht sich auf die rechtsextremen Tätowierungen auf der Hand des Mandanten. „Das kann die Richterin richtig gut haben – was wollen Sie denn machen? Die andere Hand drauf legen?" Die andere darauf, dass der Mandant am nächsten Tag ordentlich und frisch zur Verhandlung erscheinen soll. Die Reaktion des Mandanten ist eine eher uninteressierte, allgemeine Zustimmung.

Der Verteidiger weist darauf hin, dass der Mandant Probleme bekommen wird, wenn die Richterin die Tätowierungen sehen sollte. Die Tätowierungen haben nicht die Funktion expliziter Argumente für oder gegen den Sachverhalt. Sie wirken jedoch sehr wohl als Gründe in Bezug auf die Konstruktion des Ethos[39] des Angeklagten. Insbesondere wenn der Sachverhalt unstrittig ist, wie in diesem Fall, ist es wichtig, das Ethos des Angeklagten in den Vordergrund zu stellen. In diesem Fall wirken die Tattoos gegen das Ethos des Angeklagten und damit gegen das implizite Argument, dass er im Grunde ein guter Mensch ist und in Zukunft ein Leben frei von Straffälligkeit leben wird. In der Mandantenbesprechung bemüht sich der Verteidiger darum, den Mandanten dafür zu sensibilisieren, was für diese spezielle Richterin als Grund wirken könnte, an seinem Ethos zu zweifeln. Die Folge war, dass der Angeklagte während der gesamten Verhandlung seine Hände unter dem Tisch hielt.

Das Konzept der Zusammenführung von Feldern verschiebt den Fokus in der Betrachtung von Argumentation vom Stabilen zum Flexiblen, vom Produkt zum Werden. Argumentfelder entstehen durch die Praxis der Teilnehmerinnen. Gleichzeitig referiert jede Praxis bereits auf Felder – jeder Argumentation liegen topische Regeln zugrunde. Für die Analyse wird damit interessant, wie sich Feldrelationen weiterentwickeln.

---

39 Ethos wird hier verstanden im aristotelischen Sinne als der Charakter der Rednerin, einem der drei artifiziellen Beweismittel, vgl. ARISTOTELES, *Rhetorik*. München 1993, 13.

Wo ist das Feld?

Die Argumentation im juristischen Verfahren ist nicht ausschließlich juristische Argumentation. Daher kann Geltung in juristischen Verfahren nicht ausschließlich über juristische Argumentation „im klassischen Sinne" beschrieben werden. Auch die topischen Regeln der Nicht-Juristinnen gehen in das Verfahren ein, werden aufgenommen, akzeptiert oder verworfen.

Es müssen also alle Felder in den Blick genommen werden, aus denen die Beteiligten ihre Gründe beziehen. So werden in ein Verfahren verschiedene Geltungsstandards eingebracht. Diese weisen ein mehr oder weniger starkes Maß an Stabilität auf. Gleichzeitig sind sie in jeder aktuellen Argumentation potentieller Veränderung unterworfen. Damit muss die aktuelle Argumentationssituation selbst als Feld verstanden werden. In der aktuellen Situation wird ausgehandelt, welche Topoi Geltung beanspruchen können und welche nicht. Dabei greifen die einzelnen Akteurinnen bereits auf Geltungsstandards zurück, diese unterliegen aber dem Wandel in der Praxis. In diesem Sinne ist das Verhältnis von Argumentationsfeldern und argumentativer Praxis reziprok.

Der Feldbegriff, von der argumentativen Praxis aus verstanden, kann so dazu dienen, Rationalitätsgefüge in juristischen Verfahren zu erhellen. Wie sich im Laufe eines Strafverfahrens Begründungsstrukturen entwickeln, verändern und wieder verschwinden oder stabilisieren, zeigt, wie – gespeist aus verschiedenen Feldern – Rationalität im Strafverfahren hergestellt wird. Die Sicht auf die temporale Entwicklung von juristischen Verfahren ermöglicht es, die Ausgangsfelder ebenso wie das Verändern von Feldern und das Entstehen neuer Felder zu beschreiben. Jedes Strafverfahren webt sein eigenes Netz von Geltungsstandards. Wer Geltung im juristischen Verfahren beschreiben will, muss so deren Entwicklung beschreiben: der Blick muss auf die Praxis gehen.

Maximilian Herberger

Wie man beim Europäischen Gerichtshof für Menschenrechte von der Logik spricht

Eine erste Sondierung*

I. Methodische Vorbemerkungen

1. Beschränkung der Analyse auf explizite Logik-Bezüge

Wenn man ermitteln will, wie ein Gericht mit der Logik umgeht, gibt es als allgemein zugängliches Material für derartige Forschungen nur die Urteilsbegründungen und (sofern verfahrensmäßig vorgesehen) die Minderheitsvoten. In diesen Texten begegnet uns die Logik zum einen als *explizit* benannte und aufgerufene Instanz, zum anderen aber auch als *implizit* in Bezug genommene Bestimmungsgröße. Im Sinne des Fortschreitens vom Einfacheren zum Schwierigeren empfiehlt es sich, mit einer Analyse der expliziten Logik-Bezüge zu beginnen. Darauf beschränkt sich die vorliegende Studie mit Blick auf die Entscheidungen des Europäischen Gerichtshofs für Menschenrechte, indem sie den Entscheidungskontext der Termini „logic", „logical" und „logically" betrachtet. Das für ein Gesamtbild der Logik-Bezüge notwendige Studium auch der impliziten Logik-Referenzen ist im Unterschied dazu ein äußerst diffiziles und ausgedehntes Forschungsprogramm, das letzten Endes vollständige logische Analysen sämtlicher Entscheidungen erfordern würde.[1]

* Ich widme diesen Artikel Professor Dr. Dr. Dr. h.c. mult. Georg Ress.

[1] Zur Methodologie der Analyse solcher impliziten Methodenreferenzen habe ich erste Hinweise versucht in MAXIMILIAN HERBERGER, Rechtswissenschaftsgeschichte – eine neue Disziplin? in: *Rechtshistorisches Journal* 3 (1984), 150–168.

2. Keine Synthese-Funktion

a. Das Problem

Die Rechtsprechung eines Gerichts stellt eine Entwicklung in der Zeit dar, an der unterschiedliche Spruchkörper mitwirken. Das wirft die Frage auf, ob man Zitate zur Logik aus unterschiedlichen Zeiträumen und von unterschiedlichen Spruchkörpern als Teil eines homogenen Ganzen begreifen darf. Diese Frage ist methodisch nicht einfach zu beantworten. Denn zum einen stellen sich Gerichte mit ihrer Spruchpraxis dem normativen Gebot der Homogenität, denn anders wäre der formelle Gleichbehandlungsgrundsatz nicht gewährleistet.[2] Zum anderen aber lässt sich nicht verkennen, dass es empirisch gesehen reale Dissonanzen bis hin zu Widersprüchen geben kann.

b. Die normative Lektüre

Eine konsequent *normative Lektüre* wäre vor dem angedeuteten Problem-Hintergrund so anzulegen, dass Bedeutungszuschreibungen vorgenommen werden, die mit anderen Bedeutungszuschreibungen wahrnehmbare Widersprüche „beseitigen". In äußerster Zuspitzung könnte man sogar sagen, dass diese Widersprüche in einem Korpus, das als widerspruchsfrei gelesen werden will, gar nicht existieren, es sich also um Schein-Widersprüche handelt.

c. Die empirische Lektüre

Eine konsequent *empirische Lektüre* würde im Unterschied zum normativen Ansatz mit den jeweils den Umständen nach wahrscheinlichsten Bedeutungszuschreibungen operieren. Eine solche Lektüre muss konsequenterweise mit Brüchen und Widersprüchen in der Argumentation rechnen (die es – normativ betrachtet – gar nicht geben darf).

d. Die Methode dieser Studie: Empirische Rekonstruktion und kritische Analyse

Die vorliegenden Überlegungen wählen den zweiten Weg im Sinne eines empirischen Erkenntnisziels: Es soll rekonstruiert (und kritisch diskutiert) werden, wie man im Gericht von der Logik spricht. Der diesbe-

[2] Was das Gericht an logischen Stimmigkeitseigenschaften für die Menschenrechtskonvention normativ postuliert (vgl. unter III.1. Der Systembezug), muss es konsequenterweise auch für das eigene Rechtsprechungskorpus als Forderung gelten lassen.

züglich sehr offene Begründungsstil lässt die Annahme zu, dass jeweils Gedankengänge aus den Beratungen aufgegriffen werden. Dieser Ansatz erlaubt es dann auch, Zitate aus *dissenting opinions* einzubeziehen, was sich beim Versuch der normativen Rekonstruktion des Gesamtkorpus verbieten würde. Es besteht für die *dissenting opinions* die hohe Wahrscheinlichkeit, dass die Verfasser ihre Argumente auch in der Beratung vorgetragen haben, was die Deutung erlaubt, dass diese besprochen und verworfen wurden. Unter Berücksichtigung dieser Gesichtspunkte erscheint die Hoffnung als berechtigt, so dem Gesprächsklima im Gericht „rund um die Logik" in einer ersten Annäherung auf die Spur kommen zu können.

II. „logic",„logical" und „logically": Die Oberfläche

Der Europäische Gerichtshof für Menschenrechte spricht häufig in expliziter und gehaltvoller Weise von „Logik".[3] Dabei fallen verschiedene Aspekte bereits beim ersten Zugriff in sehr direkter Weise auf.

1. Logik: Ein positiv konnotiertes Wort

Wenn der Europäische Gerichtshof für Menschenrechte auf die Logik zu sprechen kommt, geschieht dies oft mit hoher Emphase, immer aber in einem positiven Sinne. Da ist die Rede von

- „logic and truthfulness",
- „logic and fairness",
- „common sense and logic",
- „implacable jurisprudential logic",
- „inescapable logic",
- „natural and logical",
- „logical and convincing",
- „logical and juridically correct",
- „logical necessity",
- „logical and reasonable manner",
- „consistent and logical",
- „clear or logical",

[3] Vgl. dazu die Tabellen im Anhang.

- „logical or rational",
- „logically necessary",
- „logically and legally",
- „logically and jurisprudentially",
- „logically inescapable"

usw.[4]

Die Betrachtung der jeweiligen Kontexte zeigt, dass man es nicht immer mit einer Referenz auf die Logik verstanden im formal-logischen Sinne zu tun hat. Anders ausgedrückt: Es ist ein gut Teil affirmativer Rhetorik mit im Spiel. Trotzdem erlaubt bereits dies eine gehaltvolle Schlussfolgerung zum Status der Logik in diesen Begründungsdiskursen: Die Logik ist innerhalb des Gerichts unstreitig eine anerkannte Instanz. Und weitergehend: Logik-Argumente werden als Argumente nicht nur akzeptiert, sondern zusätzlich als Argumente von besonderem Gewicht eingeordnet.

2. Logik als Kritikinstrument in „separate opinions"

Es ist auffällig, dass die Logik in den „separate opinions" in einem nennenswerten Ausmaße mobilisiert wird. Das Zahlenverhältnis stellt sich für die Termini „logic", „logical" und „logically" wie folgt dar:[5]

	logic	logical	logically
Insgesamt	80	110	47
In den Gründen	66	65	31
In „separate opinions"	14	45	16

Aus diesem Zahlenverhältnis ergibt sich, dass die Logik als explizit aufgerufene kritische Instanz im Gericht eine beachtliche Position innehat.

[4] Vgl. auch dazu die Tabellen im Anhang.

[5] Stand 8.11.2004. Die Datenbank HUDOC verzeichnete zu diesem Zeitpunkt insgesamt 4.735 Urteile des Gerichts (http://cmiskp.echr.coe.int/tkp197/search.asp?skin=hudoc-en).

III. Charakteristische Logik-Aspekte

1. Der Systembezug

Logik hat in der Argumentation des Gerichts einen Systembezug, sie dient der Sicherstellung der systematischen Stimmigkeit. Im Sinne dieser „Logik" muss die Menschenrechtskonvention als Ganzes gelesen werden. Einzelne Feststellungen haben mit der „Logik der Konvention" in „Harmonie" zu stehen. Die „Konsequenz" ist zu beachten, die „Konklusionen" haben „konsistent" zu sein.

Das zentrale Zitat, das dieses Anforderungsprofil zum Ausdruck bringt, entstammt dem Fall LEANDER v. SWEDEN:

> „78. The Court has held that Article 8 did not in the circumstances require the communication to Mr. Leander of the information on him released by the National Police Board ....
>
> The Convention is to be read as a whole and therefore, as the Commission recalled in its report, any interpretation of Article 13 must be in harmony with ***the logic of the Convention***. Consequently, the Court, consistently with its conclusion concerning Article 8, holds that the lack of communication of this information does not, of itself and in the circumstances of the case, entail a breach of Article 13 (see, mutatis mutandis, the above-mentioned Klass and Others judgment, Series A no. 28, pp. 30-31, § 68)."[6]

Das ist insgesamt eine Terminologie, die auf Postulate der fachlich verstandenen Logik verweist *(logic, consequently, consistently with its conclusion, entail)* und diese als normative Bezugsgrößen in die juristische Argumentation inkorporiert. Damit werden Bedingungen postuliert, die generell bei der Interpretation der Menschenrechtskonvention zu gelten haben. Auf diese Weise gewinnt die „Logik der Konvention" auch in einem formal-logischen Verständnis die Bedeutung eines übergeordneten regulativen Prinzips.

2. Der „Justiz-Syllogismus"

Im Kontext einer langwierigen Auseinandersetzung um das Umgangsrecht mit einem Kind hatten die gerichtlichen Verfahren so viel Zeit in

---

[6] CASE OF LEANDER v. SWEDEN, Application Number 9248/81, Date of Judgment 26/03/1987, http://cmiskp.echr.coe.int/tkp197/view.asp?action=html&key=31233&portal=hbkm&source=external&table=285953B33D3AF94893DC49EF6600CEBD49

Anspruch genommen, dass das Gericht einstimmig Art. 6 § 1 der Konvention wegen überlanger Verfahrensdauer als verletzt ansah.[7]

Das Gericht hatte sodann mit vier zu drei Stimmen entschieden, dass Art. 8 der Konvention[8] nicht verletzt sei. Diese Entscheidung sahen die drei überstimmten Richter in ihrem Minderheitenvotum als „logical absurdity" und „circular absurdity" an und begründeten dies wie folgt:

> „Judicial decisions are rendered through ***a logical syllogism*** (or, in the common-law tradition, through *stare decisis* analogy) in which the judge selects a major premise (the norm or the applicable case) depending on how he or she initially perceives the facts. Thereafter, in a process which the French fittingly call *la qualification du cas,* the facts made relevant by the selected norm come into focus. The selected legally relevant facts may modify the previous choice of the applicable major premise, or they may confirm it. Once this dialectic between the norm and the facts is settled, the subsumption of facts under the norm yields a judicial conclusion made explicit in the reasoning of the judgment. If this reasoning is persuasive on appeal, the judgment becomes final. This finality – *res judicata pro veritate habetur!* – implies immutability but above all straight enforceability of the judgment.
>
> It is clear, therefore, that the facts, once selected as relevant – what we usually call 'the truth' – are the independent variable of judicial decision-making. This is why Maat, the goddess of justice, was always portrayed with feathers, the Egyptian symbol of truth. The assumption in all this is, of course, that the facts of the case are a constant, that they are permanently given.
>
> Indeed, in most cases legally relevant facts are irretrievably lost in the past and are therefore not liable to change. The choice of the applicable legal norm thus depends on unchangeable past events. It follows ***logically,*** that legal judgment is *predetermined* by the established veracity of the matter. Such predetermination based on past events, since it excludes arbitrariness, is another cornerstone of the rule of law.
>
> In child custody litigation, however, where the recalcitrant parent delays implementation of the theoretically final judicial decision, the crucial *fact* of time – during which the child is critically and definitely alienated from her own father – changes the whole equation. After a decisive passage of time it is then suddenly no longer in the best interest of the so-alienated child to even recognise her own father ...! Under the same norm, that is, under the

---

[7] CASE OF NUUTINEN v. FINLAND, Application Number 32842/96, Date of Judgment 27/06/2000, http://cmiskp.echr.coe.int/tkp197/view.asp?action=html&key=32450&portal=hbkm&source=external&table=285953B33D3AF94893DC49EF6600CEBD49

[8] *„1 Everyone has the right to respect for his private and family life, his home and his correspondence. 2 There shall be no interference by a public authority with the exercise of this right except such as is in accordance with the law and is necessary in a democratic society in the interests of national security, public safety or the economic well-being of the country, for the prevention of disorder or crime, for the protection of health or morals, or for the protection of the rights and freedoms of others."*

same major premise, the fact changed through the critical passage of time has forced a converse judicial conclusion."[9]

Das sind in mehrfacher Hinsicht äußerst interessante Ausführungen zum „logical syllogism". Die näher erläuterte „dialectic between the norm and the facts" erinnert stark an den Vorgang, der in Deutschland gerne mit der Metapher vom „Hin- und Herwandern des Blicks" erfasst wird. Diese methodische Sicht wird für die angelsächsische Rechtswelt mit der „stare decisis analogy" und für die französische Rechtswelt mit „la qualification du cas" als prinziell einheitlich begriffener Vorgang dargestellt. Das ist – dies sei zwischendurch bemerkt – eine außerordentlich folgenreiche Annahme über eine systemübergreifende Methodenkonsistenz, der selbstständig nachzugehen wäre. Unabhängig davon stellt sich jedoch im vorliegenden Kontext die Frage, woraus aus der Sicht dieses Minderheitenvotums das „logische" Problem resultiert. Der Kern-Anknüpfungspunkt lässt sich in folgender Form zusammenfassen:

Wegen der langen Verfahrensdauer haben sich die Fakten so verändert, dass das, was früher zum Wohl des Kindes anzunehmen gewesen wäre, nun nicht mehr zugrunde gelegt werden kann.

Dieser Anknüpfungspunkt erlaubt es jedoch nicht, von „logical absurdity" und „circular absurdity" zu sprechen. Vielmehr stellen sich Fragen ganz anderer Art wie z. B.: Kann sich diejenige Partei, die in Sorgerechtssachen durch hartnäckige Manöver auf die Verzögerung der gerichtlichen Entscheidung hingewirkt hat, im Zeitpunkt der Entscheidung auf ihr günstige Umstände (wie etwa die mittlerweile eingetretene Entfremdung des Kindes zum anderen Elternteil hin) legitimerweise noch berufen. Es geht also im Grunde um eine Frage des Rechtsmissbrauchs[10] und nicht um eine Frage der Logik.

Es findet sich im hier betrachteten Minderheitenvotum[11] noch eine weitere Unschärfe in der Logik-Terminologie, die in dem folgenden Zitat enthalten ist:

„It may be true that the father in the present case is not an ideal person, but since when is personal perfection a precondition to becoming a father or, consequently, to exercising parental rights? To say that he was aggressive and that the mother was afraid of him, in so far as his aggressiveness was ***a logical consequence*** of the fact that he has been brutally denied access to his

---

[9] CASE OF NUUTINEN v. FINLAND, Application Number 32842/96, Date of Judgment 27/06/2000, DISSENTING OPINION OF JUDGE ZUPANČIČ JOINED BY JUDGES PANŢÎRU AND TÜRMEN, http://cmiskp.echr.coe.int/tkp197/view.asp?action=html&key=32450&portal=hbkm&source=external&table=285953B33D3AF94893DC49EF6600CEBD49

[10] Zu denken wäre an die Maxime „*nemo auditur turpitudinem suam allegans*".

[11] Siehe Fn. 9.

only daughter, is part of the same circular absurdity. Likewise, the Finnish courts' progressively more limited access decisions were a concession to the mother's recalcitrance, made in the hope that perhaps she would be mollified. To claim that this very concession then justifies the ultimately total denial of access is simply not ***logical***."[12]

Zu sagen, dass zunehmende Aggressivität auf Seiten des Vaters die „logische Konsequenz" aus der langjährigen Verweigerung des Umgangsrechts sei, ist nur in einem umgangssprachlichen Sinne von „logisch" (etwa im Sinne von „verständlich", „nachvollziehbar") möglich, was aber mit dem ansonsten im Votum intendierten fachsprachlichen Sinn von „logisch" nicht harmoniert.

So erweist sich am Ende trotz eines methodisch bemerkenswerten Passus zum richterlichen Syllogismus die logikorientierte Kritik am Mehrheitsvotum nicht als fundiert.

3. Das widerspruchsfreie Argumentieren

In CONDRON v. THE UNITED KINGDOM wird mit einem Zitat von Lord Bingham ein Gedanke eingeführt, der Logik und Fairness in einen Zusammenhang bringt, der ‚einer Analyse wert ist. Der entsprechende Passus lautet:

„39. In *R. v. Birchall* ([1999] Criminal Law Reports) Lord Bingham CJ stated, with reference to section 35 of the 1994 Act:

'***Inescapable logic*** demands that a jury should not start to consider whether they should draw inferences from a defendant's failure to give oral evidence at his trial until they have concluded that the Crown's case against him is sufficiently compelling to call for an answer by him. ... There is a clear risk of injustice if the ***requirements of logic*** and fairness are not observed ...'"[13]

Gelten soll also:

Wenn es nicht geboten ist zu antworten, ist es verboten, aus der Weigerung zu antworten belastende Schlüsse zu ziehen.

Dass es unfair wäre, anders vorzugehen, leuchtet ein. Ist es aber auch „unlogisch"?

---

[12] Siehe Fn. 9.

[13] CASE OF CONDRON v. THE UNITED KINGDOM, Application Number 35718/97, Date of Judgment 02/05/2000, http://cmiskp.echr.coe.int/tkp197/view.asp?action=html&key=32512&portal=hbkm&source=external&table=285953B33D3AF94893DC49EF6600CEBD49
Ebenso in: CASE OF BECKLES v. THE UNITED KINGDOM, Application Number 44652/98, Date of Judgment 08/10/2002, Nr. 45, http://cmiskp.echr.coe.int/tkp197/view.asp?action=html&key=34386&portal=hbkm&source=external&table=285953B33D3AF94893DC49EF6600CEBD49

Für die Antwort ist es wesentlich zu sehen, dass der mit der Schweige-Erlaubnis bezweckte Schutz aufgehoben würde, wenn man aus dem Schweigen belastende Schlüsse ziehen wollte. Man würde bei einem solchen Verhalten in Richtung auf den Angeklagten zweierlei sagen:

(P1) Ich gewähre Dir Schutz und stelle Dir deswegen frei zu schweigen.

(P2) Wenn Du aber schweigst, bewerte ich dies zu Deinen Lasten (schütze Dich also nicht).

Mit (P2) setzt man sich zu der vorher in (P1) gegebenen Schutz-Zusage in Widerspruch. Ein derartiges selbst-widersprüchliches Verhalten lässt sich stets mit Mitteln der Logik als nicht-konsequent analysieren. Zugleich wird eine solche Verhaltensweise erfahrungsgemäß immer als besonders unfair empfunden. Es ist also in der Tat so, dass hier Logik und Fairness betroffen sind. Genauer gesagt: Die Logik ist in der Lage, eine besondere Ausprägung des Fairness-Prinzips, nämlich das Verbot selbstwidersprüchlichen Verhaltens,[14] präzise zu analysieren.

4. Die Konsequenzen von Definitionen

Die vom Gericht intendierte Logik kann auch die Logik sein, die aus einer als unstreitig unterstellten definitorischen Prämisse (zusammen mit anderen unstreitigen Annahmen) Schlussfolgerungen zieht. Ein insofern einschlägiges Beispiel findet sich in KLASS AND OTHERS v. GERMANY:

> „55. Review of surveillance may intervene at three stages: when the surveillance is first ordered, while it is being carried out, or after it has been terminated. As regards the first two stages, ***the very nature and logic*** of secret surveillance dictate that not only the surveillance itself but also the accompanying review should be effected without the individual's knowledge. Consequently, since the individual will necessarily be prevented from seeking an effective remedy of his own accord or from taking a direct part in any review proceedings, it is essential that the procedures established should themselves provide adequate and equivalent guarantees safeguarding the individual's rights."[15]

---

[14] Es gehört zum selben Kontext, dass das „venire contra factum proprium" (= selbstwidersprüchliches Verhalten) als ein Fall des Verstoßes gegen das Prinzip von Treu und Glauben gilt.

[15] CASE OF KLASS AND OTHERS v. GERMANY Application Number 5029/71 Date of Judgment 06/09/1978 (http://cmiskp.echr.coe.int/tkp197/view.asp?action=html&key=31224&portal=hbkm&source=external&table=285953B33D3AF94893DC49EF6600CEBD49)

Das Kern-Argument von KLASS AND OTHERS v. GERMANY lautet demgemäß, dass ein sinnvolles Verständnis von „geheimer Überwachung" notwendigerweise bestimmte (logische) Konsequenzen nach sich zieht.

Das Gericht unterscheidet im Rahmen dieser Argumentation drei Phasen der geheimen Überwachung:

- erstens die Anordnung der geheimen Überwachung,
- zweitens die Durchführung der geheimen Überwachung,
- drittens die Phase nach der Beendigung der geheimen Überwachung.

Auf dieser Grundlage wird angenommen, dass in der Phase 1 (Anordnung der geheimen Überwachung) und Phase 2 (Durchführung der geheimen Überwachung) die „Natur und Logik" es „diktieren", dass sowohl die Maßnahme selbst als auch die sie begleitende Kontrolle ohne die Kenntnis des Überwachten zu erfolgen haben. Das ist in der Tat bei dem vorausgesetzten Verständnis von „geheim" eine zwingende Konsequenz. Denn wäre es anders (der Betroffene wäre bei *Anordnung* und *Durchführung* der Maßnahme informiert), könnte man vor dem Hintergrund eines wohl unstreitigen allgemeinen Sprachgebrauchs nicht mehr sinnvollerweise von einer „geheimen" Überwachung sprechen.

Allerdings beweist all das nicht, dass dieses Verständnis von „geheim" auch *in concreto* vorauszusetzen ist. Denn die zu beurteilende Frage ist die, ob eine bestimmte Form von „geheimer Überwachung" als zulässig nach der Menschenrechtskonvention anzusehen ist. Erst wenn man die Prämisse hinzufügt (wofür einiges spricht), dass die Konvention insoweit dem allgemeinen Sprachgebrauch folgt, ist das referierte Argument zwingend ausgestaltet. Konsequenterweise wird man insoweit dem entsprechenden Gedankengang des Gerichts den Charakter eines Enthymems zubilligen dürfen. Es würde ganz im griechischen Sinne die Intelligenz der Leserinnen und Leser beleidigen, wenn man derartige Zusatzerläuterungen dem Verständnis von „geheim" explizit hinzufügen müsste.

IV. Logik und Fehlschluss-Analyse in GOLDER v. THE UNITED KINGDOM

1. Die Ausgangsfrage: Enthält Art. 6 § 1 der Konvention ein „right to access"?

In GOLDER v. THE UNITED KINGDOM[16] gab es eine kontroverse Debatte zu folgender Frage: Gewährt Art. 6 § 1 der Konvention[17], der das Recht auf ein faires Verfahren garantiert, zugleich ein Zugangsrecht („right to access") zu den Gerichten bei noch nicht anhängigem Verfahren? Anders ausgedrückt: Gewährt Art. 6 § 1 der Konvention (auch) das Recht, ein Verfahren anhängig zu machen („the right to go before a court"[18])?

2. Die Argumente der Mehrheitsmeinung für ein „right to access"

a. Das Argument aus der französischen Version der Konvention

Die Mehrheitsmeinung geht davon aus, dass Art. 6 § 1 der Konvention ausdrücklich („in express terms") ein solches Zugangsrecht nicht enthält,[19] dass durch Auslegung aber das Ergebnis gewonnen werden kann, ein solches Zugangsrecht werde durch Art. 6 § 1 der Konvention gewährt. Diese Auslegung stützt sich primär auf den französischen Text:[20]

> „The clearest indications are to be found in the French text, first sentence. In the field of 'contestations civiles' (civil claims) everyone has a right to proceedings instituted by or against him being conducted in a certain way – 'équitablement' (fairly), 'publiquement' (publicly), 'dans un délai raisonnable' (within a reasonable time), etc. – but also and primarily ' à ce que sa cause soit

---

[16] CASE OF GOLDER v. THE UNITED KINGDOM, Application Number 4451/70, Date of Judgment 21/02/1975, http://cmiskp.echr.coe.int/tkp197/view.asp?action=html&key=31210&portal=hbkm&source=external&table=285953B33D3AF94893DC49EF6600CEBD49

[17] *„In the determination of his civil rights and obligations or of any criminal charge against him, everyone is entitled to a fair and public hearing within a reasonable time by an independent and impartial tribunal established by law."*

[18] Siehe Fn. 16, Nr. 40.

[19] Siehe Fn. 16, Nr. 28.

[20] *„Toute personne a droit à ce que sa cause soit entendue équitablement, publiquement et dans un délai raisonnable, par un tribunal indépendant et impartial, établi par la loi, qui décidera, soit des contestations sur ses droits et obligations de caractère civil, soit du bien-fondé de toute accusation en matière pénale dirigée contre elle."*

entendue' (that his case be heard) not by any authority whatever but 'par un tribunal' (by a court or tribunal) within the meaning of Article 6 para. 1."[21]

Die Rede von einem Recht „à ce que sa cause soit entendue ... par un tribunal" legt in der Tat die Annahme nahe, dass hier ein Zugangsrecht im Sinne eines Rechtes auf Anhörung eingeräumt werden soll.

b. Das Nicht-Ausschluss-Argument

Die Mehrheit stützt sodann die Auslegung noch durch ein weiteres Argument:

> „While the right to a fair, public and expeditious judicial procedure can assuredly apply only to proceedings in being, it does not, however, necessarily follow that a right to the very institution of such proceedings is thereby excluded."[22]

Dieses Argument geht von der Annahme aus, dass ein nicht ausdrücklich eingeräumtes Recht deswegen nicht notwendigerweise als ausgeschlossen betrachtet werden muss. Man hat an dieser Stelle den Eindruck, dass eine „mutatio controversiae" stattfindet. Denn die zu entscheidende Frage lautet, ob der zu analysierende Artikel der Konvention *ein Recht gewährt*, nicht aber, ob er *die Gewährung eines solchen Rechts ausschließt*. Es wäre auch aus der Feststellung, dass die Einräumung dieses Rechts nicht ausgeschlossen ist, logisch nichts zu gewinnen für einen Schluss auf die Existenz dieses Rechts: Etwas nicht Verbotenes wird (ohne weitere Zusatzannahmen) nicht zu etwas Gebotenem. Wohl kann bei bestimmten deontischen Grundannahmen etwas nicht Verbotenes zu etwas Erlaubtem werden.[23] Dann würde dieses Argument des Gerichts soweit tragen, dass die gewollte Konsequenz (= *Zugangsrecht zu den Gerichten aus der Konvention)* im Bereich des Nicht-Ausgeschlossenen (= des Erlaubten) liegt. Im Anschluss daran wäre aber noch Begründungsbedarf für den Übergang vom Erlaubtsein zum Gebotensein.

---

[21] Siehe Fn. 16, Nr. 32.

[22] Siehe Fn. 16, Nr. 32. Darauf bezieht sich der zweite „fallacy"-Vorwurf der dissenting opinion.

[23] Vgl. MAXIMILIAN HERBERGER/DIETER SIMON, Wissenschaftstheorie für Juristen. Frankfurt am Main 1980, 184: *„$P(p) \leftrightarrow \neg F(p)$ Genau dann, wenn es erlaubt ist, die durch p beschriebene Handlung zu vollziehen, ist es nicht verboten, die durch p beschriebene Handlung zu vollziehen. (Die Erlaubnis entspricht dem fehlenden Verbot)."*

c. *Das „inconceivable"-Argument*

Das dritte Argument für ein aus der Konvention ableitbares „right to access" wird wie folgt präsentiert:

> „It would be inconceivable, in the opinion of the Court, that Article 6 para. 1 should describe in detail the procedural guarantees afforded to parties in a pending lawsuit and should not first protect that which alone makes it in fact possible to benefit from such guarantees, that is, access to a court. The fair, public and expeditious characteristics of judicial proceedings are of no value at all if there are no judicial proceedings."[24]

Dieses Argument klingt zunächst so, als werde über eine ableitbare notwendige Voraussetzung gesprochen. Die entsprechende Frage würde lauten:

Folgt aus der Garantie für ein faires Verfahren auch die Garantie, ein solches Verfahren überhaupt erst in Gang setzen zu dürfen?

Die Frage so stellen, heißt sie verneinen. Denn man kann sich sinnvollerweise eine Garantie folgender Art vorstellen:

Wenn nationales Recht es erlaubt, ein Verfahren bei Gericht in Gang zu setzen, schreibt die Menschenrechtskonvention für dieses Verfahren die Einhaltung bestimmter Standards vor.

Weil das aber so ist, stellt sich der Gedankengang des Gerichts, man halte so etwas für „unconceivable", isoliert betrachtet als eine *petitio principii* dar.

3. Die Minderheitsmeinung von Sir Gerald Fitzmaurice gegen ein „right to access"

a. *Die Ausgangslage*

Die eben in einigen der tragenden Gründe referierte Mehrheitsentscheidung muss im Gericht hoch kontrovers debattiert worden sein. Dies beweisen die Minderheitsvoten von Verdross, Zekia und Sir Gerald Fitzmaurice. Folgen die Minderheitsvoten von Verdross und Zekia klassischen Mustern der juristischen Interpretation, fällt beim Votum von Sir Gerald Fitzmaurice auf, dass eine explizite Logik-Argumentation in den Vordergrund gerückt wird. Ziel ist es, die „logic of the argument" der Mehrheit einer Kritik zu unterziehen. Der insoweit einschlägige Passus lautet:

> „(b) The argument embodies ***a well known logical fallacy***, in so far as it proceeds on the basis that without a right of access the safeguards for a trial

---

[24] Siehe Fn. 16, Nr. 35.

provided for by Article 6.1 (art. 6-1) would be rendered nugatory and objectless, - so that the one must necessarily entail the other. This is merely to perpetuate the type of fallacy arising out of what is known to philosophers as the 'King of France' paradox, - the paradox of a sentence which, linguistically, makes sense, but actually is absurd, namely the assertion 'the King of France is bald'. The paradox vanishes however when it is seen that the assertion in no way logically implies that there is a King of France, but merely that, rightly or wrongly, if there is one, he is bald. But that there is one must be independently established; and, as is well known, there is in fact no King of France. Similarly, one could provide all the safeguards in the world for the well being of the King of France, did he exist, yet the fact that these would all be rendered nugatory and objectless did he not do so, would in no way establish, or be compelling ground for saying that he did, or must be assumed to. In the same way, the safeguards for a fair trial provided by Article 6.1 (art. 6-1) will operate if there is a trial, and if not, not. They in no way entail that there must be one, or that a right of access must be postulated in order to bring one about. The Judgment also abounds in *the type of logical fallacy* that derives B from A because A does not in terms exclude B. But non-exclusion is not ipso facto inclusion. The latter still remains to be demonstrated."[25]

Diese logikorientierte kritische Analyse greift zwei Themen auf:

- Das „König von Frankreich-Paradox"

und

- Die „non-exclusion/inclusion-fallacy".

Die beiden Themen sind logisch gesehen disparat und werden deswegen im Folgenden getrennt analysiert.

b. Das „König von Frankreich-Paradox"

Das „König von Frankreich-Paradox" dürfte in der in Bezug genommenen Fassung auf Bertrand Russell zurückgehen, der es in seiner Schrift „On denoting" mehrfach als Beispiel verwendet.[26]

---

[25] CASE OF GOLDER v. THE UNITED KINGDOM, Application Number 4451/70, Date of Judgment 21/02/1975, SEPARATE OPINION OF JUDGE SIR GERALD FITZMAURICE, http://cmiskp.echr.coe.int/tkp197/view.asp?action=html&key=31210&portal=hbkm &source=external&table=285953B33D3AF94893DC49EF6600CEBD49

[26] BERTRAND RUSSELL, On denoting, in: *Mind* 1905, 479–493, http://cscs.umich.edu/~crshalizi/Russell/denoting/. Das Beispiel ist seitdem in Logik-Lehrbüchern sehr populär, weswegen sich ohne weitere Auskünfte kaum ermitteln lässt, wo Sir Gerald Fitzmaurice dem Beispiel begegnet sein könnte. Vgl. zur Erläuterung von Russells Auf-

Ausgangspunkt der Überlegungen ist der Satz

„The present King of France is bald."

Diese Aussage wirft deswegen Probleme auf, weil es kein Subjekt gibt, auf das die Kennzeichnung „der gegenwärtige König von Frankreich" zutrifft. Es scheint demgemäß in einer ersten Annäherung nicht sinnvoll zu sein, einem nicht existierenden Objekt Eigenschaften zuzuschreiben (wie etwa im Beispiel die des Kahlseins). Man könnte deshalb geneigt sein, einen solchen Satz schlicht und einfach für Unsinn zu halten. Diese Konsequenz möchte Russell jedoch nicht ziehen, weil er den Satz nach wie vor schlicht und einfach als falsch einstufen möchte.[27] Diese Annahme führt nun aber zu Schwierigkeiten anderer Art:

> „By the law of the excluded middle, either '*A* is *B*' or '*A* is not *B*' must be true. Hence either 'the present King of France is bald' or 'the present King of France is not bald' must be true. Yet if we enumerated the things that are bald, and then the things that are not bald, we should not find the present King of France in either list."[28]

Wie lautet nun – bezogen auf das hier einschlägige Beispiel – der Lösungsvorschlag von Russell? Er besteht in einer Umformulierung der folgenden Art:

> „Thus 'the present King of France is not bald' is false if it means
>
> 'There is an entity which is now King of France and is not bald',
>
> but is true if it means
>
> 'It is false that there is an entity which is now King of France and is bald.'
>
> That is, 'the King of France is not bald' is false if the occurrence of 'the King of France' is *primary*, and true if it is *secondary*. Thus all propositions in which 'the King of France' has a primary occurrence are false: the denials of such propositions are true, but in them 'the King of France' has a secondary occurrence."[29]

---

fassungen zu den Existenzsätzen die knappen und klaren Bemerkungen bei ERNST TUGENDHAT/URSULA WOLF, *Logisch-semantische Propädeutik*. Stuttgart 1993, 189–193.

27 „Hence one would suppose that 'the King of France is bald' ought to be nonsense; but it is not nonsense, since it is plainly false"; RUSSELL, On denoting (Fn. 26).

28 RUSSELL, On denoting (Fn. 26). Als Freund des kaustischen Humors kann sich Russell an dieser Stelle des folgenden Seitenhiebs auf die Hegelianer nicht enthalten: „Hegelians, who love a synthesis, will probably conclude that he wears a wig."

29 RUSSELL, On denoting (Fn. 26). So wird dann – zur Zufriedenheit von Russell – auch die hegelianische Konsequenz vermieden, nach der man dem König das Tragen einer Perücke bescheinigen müsste: „Thus we escape the conclusion that the King of France has a wig."

Wie man sieht, ist es Teil der Lösungsstrategie, die fragliche Aussage so zu rekonstruieren, dass sie eine Existenzbehauptung bezüglich des Königs von Frankreich enthält, die anschließend konjunktiv mit einer Aussage über die Eigenschaft des Kahlköpfigseins verknüpft wird.

An dieser Stelle kann man den Übergang zur oben zitierten Argumentation von Sir Gerald Fitzmaurice erkennen. Diese lautete:

> „The paradox vanishes however when it is seen that the assertion **in no way logically implies** that there is a King of France, but merely that, rightly or wrongly, if there is one, he is bald. But that there is one must be independently established."[30]

Es muss also diesem Gedankengang nach in eigenständiger Weise dargetan werden, dass ein König von Frankreich existiert, bevor man konjunktiv weitere Eigenschaftszuschreibungen damit verknüpfen kann.

Lässt sich diese Überlegung nun mit dem juristischen Thema in Bezug bringen, dass in GOLDER v. THE UNITED KINGDOM zur Erörterung ansteht? Offensichtlich beabsichtigt Sir Gerald Fitzmaurice mit seiner Bezugnahme auf das Beispiel des kahlköpfigen Königs von Frankreich eine parallele Betrachtung der folgenden beiden Feststellungen:

(1) Der gegenwärtige König von Frankreich ist kahlköpfig.

(2) Das nach Art. 6 zu beurteilende gerichtliche Verfahren muss fair sein.

Aus dieser offensichtlich intendierten Parallelisierung ergeben sich konsequenterweise folgende Überlegungen:

So wie man im Beispiel vom kahlköpfigen französischen König dartun muss, dass es eben diesen König gibt, will man ihm in sinnvoller Weise weitere Eigenschaften zuschreiben, muss man im Rahmen von Art. 6 der Menschenrechtskonvention zunächst dartun, dass ein entsprechendes Verfahren existiert, bevor man ihm weitere Eigenschaften zuschreiben kann. So wenig, wie der Satz „Der gegenwärtige König von Frankreich ist kahlköpfig" die Existenz des Königs von Frankreich impliziert, impliziert der Satz „Das nach Art. 6 zu beurteilende gerichtliche Verfahren muss fair sein" die (notwendige) Existenz eines nach Art. 6 zu beurteilenden Verfahrens. Da hat Sir Gerald Fitzmaurice Recht. Aber war dies eigentlich die Ausgangsfrage? Wohl doch nicht. Denn diese lautete: Impliziert die an den Staat adressierte Pflicht, ein gerichtliches Verfahren fair auszugestalten, zugleich notwendigerweise die Pflicht, die Einleitung eines solchen Verfahrens zu ermöglichen? Eine gewisse strukturelle Ähnlichkeit zu der Thematik, die Russell

---

[30] Vgl. oben Fn. 25.

beschäftigte, kann nicht geleugnet werden. Trotzdem erkennt man, dass die zu entscheidende Frage nicht ohne weiteres auf die von Russell behandelte Problemsituation zurückgeführt werden kann. Das von Sir Gerald Fitzmaurice berufene Logik-Beispiel bedürfte weiterer Ausarbeitung, um in der Kern-Thematik des Falles einschlägig werden zu können. Bei aller Freude über die Anknüpfung an eine hochkarätige Logik-Debatte bleibt so doch der zwiespältige Eindruck zurück, dass das auf diese Weise mobilisierte logische Bildungsgut nicht mit der äußersten nötigen Präzision auf die zu entscheidende Problematik hin transponiert wurde. Dieses Defizit hängt wohl entscheidend damit zusammen, dass die beiden gedanklich parallelisierten Sätze

(1) Der gegenwärtige König von Frankreich ist kahlköpfig.

(2) Das nach Art. 6 zu beurteilende gerichtliche Verfahren muss fair sein.

einen gewichtigen Unterschied aufweisen.

- Die Aussage zum König von Frankreich bewegt sich im Bereich der Empirie: Es geht um die Existenz einer Person und dieser Person zugeschriebene Eigenschaften.

- Die Aussage zu Art. 6 der Konvention bewegt sich hingegen im Bereich der Normativität: Es geht um ein *Gebot* für ein Verfahren, hinsichtlich dessen es streitig ist, ob ein *Recht* besteht, dieses Verfahren in Gang zu setzen.

Angesichts der so ersichtlichen Unterschiede wird klar, dass eine nahtlose Parallelisierung der zu Art. 6 geforderten deontischen Debatte mit der existenzlogischen Debatte rund um das „König von Frankreich"-Thema nicht möglich ist. Es bedürfte, wollte man den Vergleichsgesichtspunkt durchhalten, einer Transposition der Argumente zum „König von Frankreich"-Thema in den Kontext einer deontischen Logik. Eine derartige Transposition leistet das Minderheitsvotum nicht. Trotzdem geht man wohl nicht fehl in der Annahme, dass Sir Gerald Fitzmaurice an dieser Stelle intuitiv einem Logik-Thema auf der Spur war, das eine weitere Ausarbeitung verdient.

c. *Die „non-exclusion/inclusion-fallacy"*

Hinsichtlich dieses behaupteten Fehlschlusses begnügt sich das Minderheitsvotum (anders als bei den Ausführungen zum „König von Frankreich-Paradox") mit einem eher knappen Hinweis:

> „The Judgment also abounds in the type of logical fallacy that derives B from A because A does not in terms exclude B. But non-exclusion is not ipso facto inclusion. The latter still remains to be demonstrated."[31]

Im Unterschied zu der Argumentationstradition, die sich beim „König von Frankreich-Paradox" nachweisen ließ, war hier eine klare Verortung der Diskussion, an die angeknüpft wird, nicht möglich. Der logische Tatbestand ist in der Form, wie er in Bezug genommen wird, auch ein problematischer Anknüpfungspunkt. Denn aussagenlogisch betrachtet ist es zwingend möglich, B aus A „abzuleiten", wenn feststeht, dass A zu B nicht im Verhältnis der Exklusion[32] steht:

¬	(	A	/	B	)	→	(	A	→	B	)
w		w	f	w		w		w	w	w	
f		w	w	f		w		w	f	f	
f		f	w	w		w		f	w	w	
f		f	w	f		w		f	w	f	

Nimmt man also Sir Gerald Fitzmaurice beim (aussagenlogisch-orientierten) Wort, ist ein Fehlschluss nicht zu konstatieren. Es geht in dieser Argumentationskonstellation, wie oben dargetan,[33] um einen deontischen Argumentationskontext, der mit der Formulierung „But non-exclusion is not ipso facto inclusion" nicht adäquat beschrieben wird. Die logikorientierte Kritik, man habe es mit einer geläufigen „fallacy" zu tun, wird deswegen der Argumentation der Mehrheit im Gericht nicht gerecht.

---

[31] Vgl. oben bei Fn. 26.

[32] Vgl. dazu HERBERGER/SIMON, Wissenschaftstheorie für Juristen (Fn. 23), 43 f.

[33] Vgl. oben unter IV.2.b. Das Nicht-Ausschluss-Argument.

V. Das „reductio ad absurdum"-Argument in PRETTY v. THE UNITED KINGDOM

In dem tragischen PRETTY v. THE UNITED KINGDOM-Fall, der das Recht an der Grenze des Todes in äußerster Weise herausforderte, gibt es in der Entscheidungsbegründung einen Passus, der die Logik explizit aufruft:

> „5. The Secretary of State has advanced a number of unanswerable objections to this argument which were rightly upheld by the Divisional Court. The starting point must be the language of the Article. The thrust of this is to reflect the sanctity which, particularly in western eyes, attaches to life. The Article protects the right to life and prevents the deliberate taking of life save in very narrowly defined circumstances. An Article with that effect cannot be interpreted as conferring a right to die or to enlist the aid of another in bringing about one's own death. In his argument for Mrs Pretty, Mr Havers QC was at pains to limit his argument to assisted suicide, accepting that the right claimed could not extend to cover an intentional consensual killing (usually described in this context as 'voluntary euthanasia', but regarded in English law as murder). The right claimed would be sufficient to cover Mrs Pretty's case and counsel's unwillingness to go further is understandable. But there is ***in logic no justification*** for drawing a line at this point. If Article 2 does confer a right to self-determination in relation to life and death, and if a person were so gravely disabled as to be unable to perform any act whatever to cause his or her own death, ***it would necessarily follow in logic*** that such a person would have a right to be killed at the hands of a third party without giving any help to the third party and the State would be in breach of the Convention if it were to interfere with the exercise of that right. No such right can possibly be derived from an Article having the object already defined."[34]

Es geht in dieser Argumentation um zwei Konstellationen, nämlich „assisted suicide" und „intentional consensual killing". Der Anwalt von Mrs. Pretty hatte versucht, seine Argumentation auf den Fall der Unterstützung beim Selbstmord zu begrenzen. Das Gericht hält ihm entgegen, dass dies aus Gründen der logischen Konsequenz nicht möglich sei, dass vielmehr unter der Voraussetzung eines Rechts auf Selbstbestimmung hinsichtlich von Leben und Tod auch ein Recht darauf ableitbar sei, sich ohne eine eigene Mitwirkung von einem Dritten töten zu lassen. Wenn man aber dahingehend übereinstimmt, dass „intentional consensual killing" nicht im Schutzbereich der Konvention liegt, steht man logisch betrachtet vor der im Folgenden dargestellten Situa-

---

[34] CASE OF PRETTY v. THE UNITED KINGDOM, Application Number 2346/02, Date of Judgment 29/04/2002, http://cmiskp.echr.coe.int/tkp197/view.asp?action=html&key=34162&portal=hbkm&source=external&table=285953B33D3AF94893DC49EF6600CEBD49

tion. Zugrunde gelegt wird aus Sicht des Gerichts in der Argumentation, die widerlegt werden soll, die folgende Ausgangsprämisse:

(P1) Die Konvention gewährt ein Recht auf Selbstbestimmung hinsichtlich von Leben und Tod.

Wer mit Blick auf dieses Prinzip ein Recht auf „assisted suicide" einfordert, ist nach Auffassung des Gerichts aus Gründen der Konsequenz zugleich gehalten, ein Recht auf „intentional consensual killing" zu postulieren. Dieser Schluss ist berechtigt, denn bei einem umfassend gewährten Recht auf Selbstbestimmung hinsichtlich von Leben und Tod (so dem Gericht nach die Ausgangsprämisse der zu überprüfenden Argumentation) kann es bezüglich des Erlaubtseins auf Tatmodalitäten („assisted suicide", „intentional consensual killing") nicht ankommen. (P1) wäre demgemäß wie folgt zu fassen:

(P1′) Die Konvention gewährt ein Recht auf Selbstbestimmung hinsichtlich von Leben und Tod unabhängig von den gewählten Tatmodalitäten.

Daraus folgt:

(P2) Die Konvention gewährt (auch) ein Recht auf „intentional consensual killing" (da dies eine denkbare Tatmodalität ist).

Außerdem gilt aus Sicht des Gerichts zusätzlich folgende Prämisse:

(P3) „Intentional consensual killing" ist nach der Konvention nicht erlaubt (= verboten).

Aus diesen Prämissen lässt sich schließen, dass die Konvention nicht im Sinne von (P1′) interpretiert werden darf, weil sonst die Erlaubnis von etwas Verbotenem ableitbar wäre, was als deontischer Widerspruch nicht hinnehmbar ist. Das Argumentationsmuster ist eine „reductio ad absurdum".

Es ist leicht ersichtlich, dass diese „reductio ad absurdum" mit der Annahme von (P1′) steht und fällt. Legt man (P1′) zugrunde, ist der vom Gericht ausgearbeitete Schluss als logisch konsequent anzuerkennen. Es stellt sich aber die Frage, ob es logisch nicht doch möglich ist, diesem Verdikt zu entgehen, wie dies offensichtlich der Anwalt von Mrs. Pretty versucht hatte. Er wollte die Ausgangsprämisse wie folgt fassen:

(P1'') Die Konvention gewährt ein Recht auf Selbstbestimmung hinsichtlich von Leben und Tod in der Tatmodalität von Unterstützung beim Selbstmord.

Mit dieser Ausgangsprämisse ist die vom Gericht postulierte „reductio ad absurdum" nicht möglich.

Damit bleibt zweierlei festzuhalten: Das Gericht präsentiert eine klar ausgearbeitete „reductio ad absurdum", die den Ansprüchen an diese Art von Argumentation genügt. Entscheidend für das Ergebnis bleibt aber ein Streit um die Auswahl der Ausgangsprämisse. Nur mit Mitteln der Logik lässt sich nicht dartun, dass die Prämisse (P1') den Vorzug vor Prämisse (P1'') verdient. Insoweit kommt es auf weitere Auslegungsaspekte an, die das Gericht demgemäß auch heranzieht („language of the article" als „starting point").

VI. Logisches Schließen als Pflicht des Beschwerdeführers

In der Sache GEA CATALÁN v. SPAIN[35] hatten Betrugshandlungen des Beschwerdeführers in seiner Rolle als Bankangestellter (Ausstellen von Schecks auf einen falschen Namen und Einkassieren derselben[36]) zu einer Bestrafung geführt. Für die Argumentation des Beschwerdeführers und für die Argumentation des Gerichts spielten zwei Bestimmungen des spanischen Strafgesetzbuches eine „logisch" entscheidende Rolle, die deswegen vom Gerichtshof zitiert werden:

„17. Two provisions of the Criminal Code are relevant to the present case:

Article 528

'Anyone who, with a view to pecuniary advantage, engages in dishonest practices in order to deceive another person into transferring property to the latter's detriment or to the detriment of a third party shall be guilty of the offence of obtaining property by deception.

A person convicted of this offence shall be liable to a term of imprisonment (arresto mayor) [from one month and one day to six months] if the sum involved exceeds 30,000 pesetas. If there are found to be two or more of the aggravating circumstances provided for in Article 529 below or one especially aggravating circumstance, the person convicted shall be sentenced to a

---

[35] CASE OF GEA CATALÁN v. SPAIN, Application Number 19160/91, Date of Judgment 10/02/1995, http://cmiskp.echr.coe.int/tkp197/view.asp?action=html&key=31633&portal=hbkm&source=external&table=285953B33D3AF94893DC49EF6600CEBD49

[36] *„8. In the first months of 1985, taking advantage of his position as an employee of the Bank of Fomento, he caused the bank to discount in his favour a number of bills of exchange that he had himself drawn using false names."*

term of imprisonment (prisión menor) [from six months and one day to six years] ...

Where only one of the aggravating circumstances referred to in Article 529 is found to be established, the term of imprisonment shall be in the range of the maximum sentence available (grado máximo) [from four months and one day to six months]."

Article 529

„The following circumstances shall be deemed to be aggravating circumstances for the purposes of the preceding Article:

1. Where the deception is practised by altering the nature, quality or quantity of staple goods, dwellings or any other goods of recognised social utility.

...

7. Where the deception is particularly serious in terms of the sum involved.'"

Es ist leicht ersichtlich, dass die Qualifizierung der *Nr. 1* im vorliegenden Fall keine Rolle spielen kann, sondern nur die Qualifizierung der *Nr. 7*.

Das Verfahren nahm sodann wie folgt seinen Fortgang:

„14. On 7 November 1990 the Supreme Court (Tribunal Supremo) dismissed his appeal. The discrepancy complained of by Mr Gea Catalán had resulted from a mere clerical error that had been easy to understand and to correct simply as a matter of common sense and logic, given the absurdity of applying paragraph 1 of Article 529 to the facts in issue."

In Folge eines Schreibfehlers war also im Urteil *Artikel 529 Paragraph 1* mit *Artikel 529 Paragraph 7* verwechselt worden. Auf diesen Umstand gründete nun der Beschwerdeführer seine Argumentation wie folgt:

Weil im Urteil auf Artikel 529 Paragraph 1 Bezug genommen worden sei und nicht (wie es richtigerweise hätte sein müssen) Artikel 529 Paragraph 7, sei ihm das rechtliche Gehör bezogen auf Artikel 529 Paragraph 7 verweigert worden.

Man wird – an der sprachlichen Oberfläche – der Argumentation des Beschwerdeführers eines nicht absprechen können, nämlich logische Stringenz. Es sieht so aus, als habe gerade dieser ersichtlich artifiziell konstruierte logische Zusammenhang das Gericht herausgefordert, logisch wie folgt zu replizieren:

„29. Having regard to the clarity of the legal classification given to the findings of fact set out in the investigating judge's committal order of 1 July 1986 (see paragraph 9 above), the Court fails to see how Mr Gea Catalán could complain that he had not been informed of all the components of the charge, since the prosecution submissions were based on the same facts (see paragraph 10 above). Furthermore in the instant case it would, as the Supreme Court rightly noted (see paragraph 14 above), have been absurd to have applied paragraph 1 of Article 529 of the Criminal Code, whereas the inference that it was paragraph 7 that applied, although not an automatic conclusion, could at any event have been arrived at ***through minimal recourse to logic***."

Man ist geneigt zu sagen: In der Tat.

VII. Eine logikorientierte Urteilskritik in PRODAN v. MOLDOVA

Das Minderheitsvotum in der Sache PRODAN v. MOLDOVA[37] fällt durch eine besonders häufige[38] Erwähnung von Aspekten der formalen Logik auf. Es verdient insofern exemplarisch eine genauere Analyse.

In der Sache ging es um Entschädigungsansprüche wegen ungerechtfertigter Eigentumsentziehung. Umstritten war nicht der Entschädigungsanspruch als solcher, sondern das dessen Ermittlung zugrunde zu legende Prinzip.

1. Logik-Argument Nr. 1: Die Unterscheidung von „fact" und „supposition"

Der erste Kritikpunkt des Minderheitsvotums geht von folgender Prämisse aus: *Ein Vermögensschaden muss als „legal fact" festgestellt werden, es darf diesbezüglich nicht bei einer „supposition" bleiben.* Damit gewinnt die Unterscheidung von „fact" und „supposition" für das Argument zentrale Bedeutung. In diesem Kontext wird die formale Logik wie folgt ins Spiel gebracht:

> „In my humble view there is a clear distinction, ***from the angle of formal logic***, between the notion of a proven 'fact' and that of a 'supposition'."[39]

Nun hat allerdings dieses Argument nicht primär mit „formaler Logik" zu tun. Vielmehr geht es um die Frage, welche Bedeutung den Termini „(proven) fact" und „supposition" zuzuordnen ist. Das wird auch im Minderheitsvotum sogleich im Anschluss an die Erwähnung der „formalen Logik" dadurch deutlich, dass aus dem „New Oxford Dictionary of English" zitiert wird. Die formale Logik spielt im Anschluss an diese

---

37 CASE OF PRODAN v. MOLDOVA (Application no. 49806/99) 18. Mai 2004, (http://cmiskp.echr.coe.int/tkp197/view.asp?action=html&key=35470&portal=hbkm&source=external&table=285953B33D3AF94893DC49EF6600CEBD49), PARTLY DISSENTING OPINION OF JUDGE PAVLOVSCHI. Richter Stanislav Pavlovschi ist der von Moldova ins Gericht entsandte Richter. Vgl. zur Vita http://www.yam.ro/forum/read.php?f=3&i=36560&t=6989

38 Es wird zehnmal explizit auf die Logik Bezug genommen.

39 Siehe Fn. 37 unter A. GENERAL COMMENTS.

Bedeutungsermittlung eher eine untergeordnete Rolle: Die Definitionen aus dem „New Oxford Dictionary of English" vorausgesetzt folgt zwingend, dass „(proven) fact" und „supposition" zu unterscheiden sind (falls man sich darüber nicht schon vorher im Klaren war).

2. Logik-Argument Nr. 2: Die fehlende Absicht der Geldanlage

In Anknüpfung an das Logik-Argument Nr. 1 (Die Unterscheidung von „fact" und „supposition") wird nun ein Schluss thematisiert, der auf den Nachweis einer in der Vergangenheit liegenden „inneren Tatsache" abzielt:

> „As to the alleged pecuniary damage in the form of the lost opportunity of depositing money with a bank and receiving dividends, I would like to mention the following circumstances. The applicant received compensation for five apartments in the sum of MDL 488,274 on 20 November 2002. So, after that, if we apply here again ***the laws of formal logic***, had the applicant had the intention to deposit the money with a bank, she should have deposited MDL 488,274. That would have given her an opportunity to get interest for a period of one year and five months and would have proved also the 'fact' that she did indeed previously intend to do this. Unfortunately, the applicant failed to produce any evidence to this effect. In all these circumstances it is impossible, ***from the point of view of logic***, to accept as proven beyond a reasonable doubt the 'fact' of her intention to deposit money in the past when she has not done so despite all the necessary conditions being satisfied in the present."

Stellt man für die Frage des Vermögensschadens darauf ab, dass mit Blick auf die Vergangenheit ein Wille zur Geldanlage als *Faktum* nachweisbar sein müsse, so wird bezogen darauf ein einleuchtendes Argument folgender Art konstruiert: *Wer als Entschädigung erhaltenes Geld nicht angelegt hat, hätte dies vermutlich auch mit einer früher erhaltenen anderen Entschädigungszahlung nicht getan.*

Nur fällt wieder auf, dass der einzige Bezug zu den „Gesetzen der formalen Logik" darin besteht, dass die äußere Form des Arguments logisch rekonstruierbar ist. Ansonsten steht und fällt das Argument mit der Plausibilität der Prämisse *„Wer später nicht rentierlich angelegt hat, hätte dies auch früher nicht getan"*. Es sind also nicht die „Gesetze der formalen Logik", die hier geeignet wären, den Streit zu entscheiden – und deswegen können sie auch nicht gegen die Mehrheitsentscheidung aufgerufen werden.

An dieser Stelle findet sich übrigens eine im Kontext der forcierten Betonung der Logik auf den ersten Blick etwas irritierende Bemerkung:

„I do understand that applying ***the laws of formal logic*** is not the best way of approaching judicial cases, but in this particular situation of the lack of any strong evidence to the contrary, their application could have helped the Chamber to take a correct decision."

Man ist geneigt zu fragen: Warum wird die Logik so häufig ins Feld geführt, wenn die Anwendung der Gesetze der formalen Logik gar nicht die beste Art und Weise ist, an gerichtlich zu entscheidende Fälle heranzugehen? Verstehen lässt sich das wohl nur so, dass die Logik voller Verzweiflung fast als eine Art letzter Nothelfer angerufen wird, weil die Mehrheit sich – so wird angenommen – besonders schwer wiegende Logik-Fehler hat zuschulden kommen lassen.

3. Logik-Argument Nr. 3: Präzedenz-bezogener Transformationsfehler

Das Minderheitsvotum hält der Mehrheitsentscheidung – immer noch im Wege der „logischen" Kritik – vor, dass die Umformung einer früher akzeptierten entscheidungstragenden Regel in eine neue Form der Logik zuwiderlaufe:

„I agree entirely with the Court's findings in the Former King of Greece case and namely that the respondent State has:

'a legal obligation to put an end to the breach and make reparation for its consequences in such a way as to restore as far as possible the situation existing before the breach.'

At the same time I find it ***incorrect and contrary to the laws of logic*** to transform the above rule in the present judgment into:

'The reparation should aim at putting the applicant in the position in which she would have found herself, had the violation not occurred.'

Literally speaking, the rule contained in the Former King of Greece case is composed in its turn of the following three linked elements:

i. a legal obligation to put an end to the breach;

ii. reparation for its consequences;

iii. this reparation to be made in such a way as to restore as far as possible the situation existing before the breech.

And these three ***very clear and logical elements*** are now transformed into an ambiguous formula – 'the reparation should aim at putting the applicant in the position in which she would have found herself, had the violation not occurred'."

Gesetzt den Fall, das Gericht habe die Behauptung aufgestellt, die Regel aus dem „King of Greece case" sei *logisch transformierbar* in die aktuell zugrunde gelegte Regel, wäre die Kritik (aus Gründen der Logik) berechtigt. Denn eine solche Transformation ist logisch nicht zwingend möglich. Es spricht aber nichts dafür, dass das Gericht die *in casu* zugrunde gelegte Regel als *logisch zwingende Umformulierung* eines früher formulierten Prinzips verstanden wissen wollte. Wohl stellt sich aus Gründen der Logik die Frage (und da ist das Minderheitsvotum auf einer interessanten Spur), ob die Regel aus dem „King of Greece case" mit der vorliegend formulierten Regel logisch vereinbar ist und ob – für eine gegebenenfalls anzunehmende Abweichung – explizit genügend starke Gründe angegeben werden. Dieser Frage könnte man jedoch nur nachgehen, wenn die *in casu* debattierte Regel nicht zugleich als „ambiguous" deklariert würde.

Resumierend lässt sich demnach als Zwischenergebnis festhalten: Entweder kritisiert man das im Streit befindliche Prinzip für die Ermittlung des Schadens als inkompatibel mit einer früher getroffenen Festlegung (dann muss man das Prinzip für präzise verständlich halten), oder man kritisiert dieses Prinzip aus Gründen der Vagheit (dann kann man die Inkompatibilität mit früher getroffenen Festlegungen nicht ohne weiteres behaupten).

Der stärkste kritische Vorwurf in Richtung der Mehrheitsmeinung deutet darauf hin, dass (vorläufig formuliert) eine potentielle Unklarheit der aktuell zugrunde gelegten Regel der Hauptangriffspunkt ist. Dieser Vorwurf wird wie folgt formuliert:

> „It is worth mentioning that the above-indicated ***amphibology (if not outright illogicality)***, i. e. 'the reparation should aim at putting the applicant in the position in which she would have found herself, had the violation not occurred' presents an English-language modification of the formula used by the 2nd Section in the Popescu Nasta v. Romania case."

Dieser Passus rückt mit der relativierenden Formulierung „if not" den Anspruch der Logik-Kritik im Grunde genommen in den Bereich des „Möglicherweise". Ohne Einschränkung formuliert ist aber der Vorwurf der „amphibology". Darunter zu verstehen ist eine – aus welchen Gründen auch immer – mehrfachen Deutungen zugängige Formulierung, die jedenfalls (im Falle aller mit „Amphibolie" verbundenen Verständnisnuancen) logischen Schlüssen den klaren Anknüpfungspunkt nimmt, weil das Schlussfolgern jeweils an das eine oder das andere Verständnis der Ausgangsprämisse (oder weitere Verständnismöglichkeiten) anknüpfen kann.

Jenseits dieser Kritik deutet das Minderheitsvotum noch ein Thema an, das vertiefte Betrachtung verdient und vielleicht sogar mit einem nicht explizit angeführten Logik-Thema zusammenhängt:

„I would agree that in this particular case, owing to delays in the enforcement of judicial decisions, the applicant missed some opportunities and must be fairly compensated for their loss. But in no wise, from the legal point of view, can compensation for damage, be it damage of a pecuniary or non-pecuniary nature, be treated as 'putting the applicant in the position in which she would have found herself, had the violation not occurred'. Just as it is not possible to enter the same river twice, it is not possible to return to a past situation and even less possible to place the applicant there."

Jenseits der Unmöglichkeit, zweimal in denselben Fluss steigen zu können, wirft nämlich die Formulierung, man müsse die Geschädigten in die Lage versetzen, in der sie sich befunden hätten, wäre das schädigende Ereignis nicht eingetreten, die Frage nach logisch zwingenden Begründungsstrukturen mit Bezug auf derartige hypothetische Konstrukte auf. Dies ist ein aktuell bedeutsames und nicht einfaches Thema der Logik, dem das juristische Denken nicht ausweichen kann, wenn es schlussfolgernd mit derartigen Prinzipien umgehen will. Dem hier diskutierten Minderheitsvotum kommt trotz der einen oder anderen zu kritisierenden Logik-Formulierung das Verdienst zu, diese essentielle Frage aufgeworfen zu haben.

VIII. Schlussgedanken

Bis vor kurzem noch war die Rechtsprechung des Europäischen Gerichtshofs für Menschenrechte aus Sicht der deutschen Gerichte eine eher aus der Ferne wahrgenommene Welt. Es gab sogar die explizite Ablehnung, diese Rechtsprechung zu berücksichtigen. Derartige Distanz- und Distanzierungserwägungen sind nach der Entscheidung des Bundesverfassungsgerichts vom 14. Oktober 2004 obsolet geworden. Dort heißt es:

„Zur Bindung an Gesetz und Recht (Art. 20 Abs. 3 GG) gehört die Berücksichtigung der Gewährleistungen der Konvention zum Schutze der Menschenrechte und Grundfreiheiten ***und der Entscheidungen des Europäischen Gerichtshofs für Menschenrechte im Rahmen methodisch vertretbarer Gesetzesauslegung.*** Sowohl die fehlende Auseinandersetzung mit einer Entscheidung des Gerichtshofs als auch deren gegen vorrangiges Recht verstoßende schematische ‚Vollstreckung' können gegen Grundrechte in Verbindung mit dem Rechtsstaatsprinzip verstoßen."[40]

Die deutschen Gerichte werden in der Konsequenz dieser Entscheidung notwendigerweise auch den Erwägungen beim Europäischen Gerichtshof für Menschenrechte begegnen, die sich mit der Logik und der Fol-

---

[40] BVerfG, 2 BvR 1481/04 vom 14.10.2004, Leitsatz Nr. 1, http://www.bverfg.de/entscheidungen/rs20041014_2bvr148104.html

gerichtigkeit richterlichen Begründens auseinander setzen. Sie werden, wollen sie diese Gedankengänge im Sinne der vom Bundesverfassungsgericht vorgegebenen Leitlinie berücksichtigen, nicht umhin können, sich auch ihrerseits in den Begründungsargumentationen dem Gedanken der logikorientierten Konsequenz zu öffnen, soweit dies nicht ohnehin schon zum Begründungsstandard gehört. Da das Bundesverfassungsgericht nicht eine schematische Pflicht zur Befolgung postuliert, sondern ein methodisch begründetes Abweichen für möglich erachtet, gewinnen die Minderheitsvoten beim Europäischen Gerichtshof für Menschenrechte besondere Bedeutung, sind sie doch mögliche Exempel für ein rational (und möglicherweise logisch) fundiertes Abweichen von der Mehrheitsmeinung.

Am Ende werden die deutschen Gerichte sich mit dem Postulat konfrontiert sehen, das der Europäische Gerichtshof für Menschenrechte zu dem „in Sachen Logik" dominanten erklärt hat:

> „One must constantly keep in mind the original intent of all judicial conflict-resolution, which is to resolve by logic what would otherwise be resolved by arbitrariness, force, etc. The essence of the rule of law is that the logic of private force be replaced by the public force of logic."[41]

Statt Willkür also: Logik. Statt der Logik der privaten Gewalt: Die öffentliche Gewalt der Logik. Ein Ziel „auf's Innigste zu wünschen"?

Jedenfalls ein Ziel, das als normativer Bezugspunkt auch für deutsche Gerichte in Zukunft nicht mehr in Frage gestellt werden kann, falls diese sich mit der Rechtsprechung des Europäischen Gerichtshofs für Menschenrechte auseinander zu setzen haben. Denn was hier als „ultima ratio" der „rule of law" beschrieben wird, ist gemäß der zitierten Entscheidung des Bundesverfassungsgerichts mit Inhalt der „Bindung an Gesetz und Recht" und vermutlich keines der Prinzipien, von dem „im Rahmen methodisch vertretbarer Gesetzesauslegung" abgewichen werden könnte.

Man darf auf weitere Ergebnisse des sich so notwendigerweise anbahnenden inter-jurisdiktionellen Diskurses gespannt sein.

---

[41] CASE OF NUUTINEN v. FINLAND, Application Number 32842/96, Date of Judgment 27/06/2000, http://cmiskp.echr.coe.int/tkp197/view.asp?action=html&key=32450&portal=hbkm&source=external&table=285953B33D3AF94893DC49EF6600CEBD49

Fundstellen für die Stichwörter „logic", „logical" und „logically"

Tabelle 1: Fundstellen für das Stichwort „logic"

KWIC-Zitat	*Fall*	*Aktenzeichen*	*Datum*	*Link*
...24 (art. 24) or 25 (art. 25) and in all **logic** such an Application could only relate to matters prior to ...	CASE OF STÖGMÜLLER v. AUSTRIA	1602/62	10/11/1969	http://cmiskp.echr.coe.int/tkp197/view.asp?action=html&key=31296&portal=hbkm&source=external&table=285953B33D3AF94893DC49EF6600CEBD49&skin=hudoc-fr
...inadmissibility of the petition is, from the standpoint of pure **logic**, one and indivisible. The Commission either has jurisdiction or it ...	CASES OF DE WILDE, OOMS AND VERSYP ("VAGRANCY") v. BELGIUM (MERITS)	2832/66;2835/66;2899/66	18/06/1971	http://cmiskp.echr.coe.int/tkp197/view.asp?action=html&key=31320&portal=hbkm&source=external&table=285953B33D3AF94893DC49EF6600CEBD49&skin=hudoc-fr
...in re sua judex esse potest. Of course, both in **logic** and in law, this could not operate per se to ...for comment under three heads, - those of probability, the **logic** of the argument, and the nature of the operation they ...	CASE OF GOLDER v. THE UNITED KINGDOM	4451/70	21/02/1975	http://cmiskp.echr.coe.int/tkp197/view.asp?action=html&key=31210&portal=hbkm&source=external&table=285953B33D3AF94893DC49EF6600CEBD49&skin=hudoc-fr
...As regards the first two stages, the very nature and **logic** of secret surveillance dictate that not only the surveillance itself ...Article 13 (art. 13) must be in harmony with the **logic** of the Convention. The Court cannot interpret or apply Article ...	CASE OF KLASS AND OTHERS v. GERMANY	5029/71	06/09/1978	http://cmiskp.echr.coe.int/tkp197/view.asp?action=html&key=31224&portal=hbkm&source=external&table=285953B33D3AF94893DC49EF6600CEBD49&skin=hudoc-fr
...Convention, vol. 6, pp. 520-590, at p. 588). However, the **logic** of the system of safeguard established by the Convention sets ...	CASE OF WINTERWERP v. THE NETHERLANDS	6301/73	24/10/1979	http://cmiskp.echr.coe.int/tkp197/view.asp?action=html&key=31311&portal=hbkm&source=external&table=285953B33D3AF94893DC49EF6600CEBD49&skin=hudoc-fr
...than 10,000 [Belgian] francs". From this premise, they described the **logic** of the reasoning followed in the report as "curious", submitting ...	CASE OF DEWEER v. BELGIUM	6903/75	27/02/1980	http://cmiskp.echr.coe.int/tkp197/view.asp?action=html&key=31183&portal=hbkm&source=external&table=285953B33D3AF94893DC49EF6600CEBD49&skin=hudoc-fr
...the individual may sometimes be needed, it is neither in **logic** nor by necessary implication part of the positive freedom of ...	CASE OF YOUNG, JAMES AND WEBSTER v. THE UNITED KINGDOM	7601/76;7806/77	13/08/1981	http://cmiskp.echr.coe.int/tkp197/view.asp?action=html&key=31322&portal=hbkm&source=external&table=285953B33D3AF94893DC49EF6600CEBD49&skin=hudoc-fr
...the fulfilment of these conditions in a given case, the **logic** of the system of safeguard established by the Convention places ...	CASE OF X v. THE UNITED KINGDOM	7215/75	05/11/1981	http://cmiskp.echr.coe.int/tkp197/view.asp?action=html&key=31316&portal=hbkm&source=external&table=285953B33D3AF94893DC49EF6600CEBD49&skin=hudoc-fr
...22 above). It must therefore be asked whether the very **logic** of the Belgian system does not require subsequent judicial review, ...	CASE OF VAN DROOGENBROECK v. BELGIUM	7906/77	24/06/1982	http://cmiskp.echr.coe.int/tkp197/view.asp?action=html&key=31185&portal=hbkm&source=external&table=285953B33D3AF94893DC49EF6600CEBD49&skin=hudoc-fr

KWIC-Zitat	*Fall*	*Aktenzeichen*	*Datum*	*Link*
...decision occasioning it complied with the relevant domestic legislation, the **logic** of the system of safeguard established by the Convention sets ...	CASE OF BARTHOLD v. GERMANY	8734/79	25/03/1985	http://cmiskp.echr.coe.int/tkp197/view.asp?action=html&key=31146&portal=hbkm&source=external&table=285953B33D3AF94893DC49EF6600CEBD49&skin=hudoc-fr
...Rent Acts; whilst it might be argued on grounds of **logic** and consistency that no limit should be set, that would ...	CASE OF JAMES AND OTHERS v. THE UNITED KINGDOM	8793/79	21/02/1986	http://cmiskp.echr.coe.int/tkp197/view.asp?action=html&key=31221&portal=hbkm&source=external&table=285953B33D3AF94893DC49EF6600CEBD49&skin=hudoc-fr
...does not entirely convince the Court either, despite its undeniable **logic**. It may happen that a Contracting State's agents conduct themselves ...this connection, however, is subject to limits inherent in the **logic** of the European system of protection, since it is in ...	CASE OF BOZANO v. FRANCE	9990/82	18/12/1986	http://cmiskp.echr.coe.int/tkp197/view.asp?action=html&key=31162&portal=hbkm&source=external&table=285953B33D3AF94893DC49EF6600CEBD49&skin=hudoc-fr
...a decision which is so outrageous in its defiance of **logic** or of accepted moral standards that no sensible person who ...a decision that is so outrageous in its defiance of **logic** or of accepted moral standards that no sensible person who ...	CASE OF WEEKS v. THE UNITED KINGDOM	9787/82	02/03/1987	http://cmiskp.echr.coe.int/tkp197/view.asp?action=html&key=31308&portal=hbkm&source=external&table=285953B33D3AF94893DC49EF6600CEBD49&skin=hudoc-fr
...Article 13 (art. 13) must be in harmony with the **logic** of the Convention. Consequently, the Court, consistently with its conclusion ...	CASE OF LEANDER v. SWEDEN	9248/81	26/03/1987	http://cmiskp.echr.coe.int/tkp197/view.asp?action=html&key=31233&portal=hbkm&source=external&table=285953B33D3AF94893DC49EF6600CEBD49&skin=hudoc-fr
...or more specific and precise provisions of national law, both **logic** and truthfulness demand that the first step in assessing whether ...	CASE OF BROGAN AND OTHERS v. THE UNITED KINGDOM	11209/84;11234/84;11266/84;11386/85	29/11/1988	http://cmiskp.echr.coe.int/tkp197/view.asp?action=html&key=31164&portal=hbkm&source=external&table=285953B33D3AF94893DC49EF6600CEBD49&skin=hudoc-fr
...a decision which is so outrageous in its defiance of **logic** or of accepted moral standards that no sensible person who ...	CASE OF VILVARAJAH AND OTHERS v. THE UNITED KINGDOM	13163/87;13164/87;13165/87;13447/87; 13448/87	30/10/1991	http://cmiskp.echr.coe.int/tkp197/view.asp?action=html&key=31427&portal=hbkm&source=external&table=285953B33D3AF94893DC49EF6600CEBD49&skin=hudoc-fr
...In such a case I persist in thinking that both **logic** and truthfulness demand that the first step must be to ...compatible with the Convention4. It is not only required by **logic** and truthfulness but also out of fairness to Belgium. The ...	CASE OF BORGERS v. BELGIUM	12005/86	30/10/1991	http://cmiskp.echr.coe.int/tkp197/view.asp?action=html&key=31434&portal=hbkm&source=external&table=285953B33D3AF94893DC49EF6600CEBD49&skin=hudoc-fr
...granting the injunction, the Supreme Court was merely sustaining the **logic** of Article 40.3.3° of the Constitution. The determination by the ...and indeed, as the Government put it, to sustain the **logic** of that provision. Fourthly, there is also a certain proportionality ...	CASE OF OPEN DOOR AND DUBLIN WELL WOMAN v. IRELAND	14234/88;14235/88	29/10/1992	http://cmiskp.echr.coe.int/tkp197/view.asp?action=html&key=31503&portal=hbkm&source=external&table=285953B33D3AF94893DC49EF6600CEBD49&skin=hudoc-fr
...with the Convention. This approach is not only required by **logic** and truthfulness (see my dissenting opinion in the Brogan and ...	CASE OF FEY v. AUSTRIA	14396/88	24/02/1993	http://cmiskp.echr.coe.int/tkp197/view.asp?action=html&key=31522&portal=hbkm&source=external&table=285953B33D3AF94893DC49EF6600CEBD49&skin=hudoc-fr

KWIC-Zitat	*Fall*	*Aktenzeichen*	*Datum*	*Link*
...in the present case must be in harmony with the **logic** of the Convention (see, mutatis mutandis, the Klass and Others ...	CASE OF OTTO-PREMINGER-INSTITUT v. AUSTRIA	13470/87	20/09/1994	http://cmiskp.echr.coe.int/tkp197/view.asp?action=html&key=31611&portal=hbkm&source=external&table=285953B33D3AF94893DC49EF6600CEBD49&skin=hudoc-fr
...a decision which is so outrageous in its defiance of **logic** or of accepted moral standards that no sensible person who ...	CASE OF FAYED v. THE UNITED KINGDOM	17101/90	21/09/1994	http://cmiskp.echr.coe.int/tkp197/view.asp?action=html&key=31604&portal=hbkm&source=external&table=285953B33D3AF94893DC49EF6600CEBD49&skin=hudoc-fr
...and should exercise a certain power of review. However, the **logic** of the system of safeguard established by the Convention sets ...	CASE OF KEMMACHE v. FRANCE (No. 3)	17621/91	24/11/1994	http://cmiskp.echr.coe.int/tkp197/view.asp?action=html&key=31608&portal=hbkm&source=external&table=285953B33D3AF94893DC49EF6600CEBD49&skin=hudoc-fr
...mark "Creacions Orient" is, as a matter of law and **logic**, different from the question whether the later mark "Orient H.W. ...	CASE OF HIRO BALANI v. SPAIN	18064/91	09/12/1994	http://cmiskp.echr.coe.int/tkp197/view.asp?action=html&key=31624&portal=hbkm&source=external&table=285953B33D3AF94893DC49EF6600CEBD49&skin=hudoc-fr
...to correct simply as a matter of common sense and **logic**, given the absurdity of applying paragraph 1 of Article 529 ...any event have been arrived at through minimal recourse to **logic**. 30. In sum, the Court holds the applicant's complaint to ...	CASE OF GEA CATALÁN v. SPAIN	19160/91	10/02/1995	http://cmiskp.echr.coe.int/tkp197/view.asp?action=html&key=31633&portal=hbkm&source=external&table=285953B33D3AF94893DC49EF6600CEBD49&skin=hudoc-fr
...(art. 8). We find it inconsistent and contrary to the **logic** of the Convention system that the constraints of a legal ...	CASE OF McMICHAEL v. THE UNITED KINGDOM	16424/90	24/02/1995	http://cmiskp.echr.coe.int/tkp197/view.asp?action=html&key=31637&portal=hbkm&source=external&table=285953B33D3AF94893DC49EF6600CEBD49&skin=hudoc-fr
...a decision which is so outrageous in its defiance of **logic** or of accepted moral standards that no sensible person who ...	CASE OF AIR CANADA v. THE UNITED KINGDOM	18465/91	05/05/1995	http://cmiskp.echr.coe.int/tkp197/view.asp?action=html&key=31653&portal=hbkm&source=external&table=285953B33D3AF94893DC49EF6600CEBD49&skin=hudoc-fr
...which political and moral values "creep into" academic language and **logic**, the possibilities for extra-curricular communication between teacher and pupils, the ...	CASE OF VOGT v. GERMANY	17851/91	26/09/1995	http://cmiskp.echr.coe.int/tkp197/view.asp?action=html&key=31663&portal=hbkm&source=external&table=285953B33D3AF94893DC49EF6600CEBD49&skin=hudoc-fr
...homicide in respect of the soldiers themselves. That is the **logic** of the situation. You may reach a situation in which ...	CASE OF McCANN AND OTHERS v. THE UNITED KINGDOM	18984/91	27/09/1995	http://cmiskp.echr.coe.int/tkp197/view.asp?action=html&key=31657&portal=hbkm&source=external&table=285953B33D3AF94893DC49EF6600CEBD49&skin=hudoc-fr
...drawn into criminal acts in a way that defies all **logic**. Ronald Ribitsch's version of events, according to which, 'between 3 ...drawn into criminal acts in a way that defies all **logic**" (see paragraph 22 above). (6) The Constitutional Court did not ...	CASE OF RIBITSCH v. AUSTRIA	18896/91	04/12/1995	http://cmiskp.echr.coe.int/tkp197/view.asp?action=html&key=31678&portal=hbkm&source=external&table=285953B33D3AF94893DC49EF6600CEBD49&skin=hudoc-fr

KWIC-Zitat	*Fall*	*Aktenzeichen*	*Datum*	*Link*
...events unambiguous and clear. I initially thought that, following that **logic**, we should also find a breach of the principle of ...	CASE OF BULUT v. AUSTRIA	17358/90	22/02/1996	http://cmiskp.echr.coe.int/tkp197/view.asp?action=html&key=31685&portal=hbkm&source=external&table=285953B33D3AF94893DC49EF6600CEBD49&skin=hudoc-fr
...coldly to ignore their caresses'. Although we quite appreciate the **logic** of this point of view, we have reservations about the ...	CASE OF WINGROVE v. THE UNITED KINGDOM	17419/90	25/11/1996	http://cmiskp.echr.coe.int/tkp197/view.asp?action=html&key=31794&portal=hbkm&source=external&table=285953B33D3AF94893DC49EF6600CEBD49&skin=hudoc-fr
...the privilege against self-incrimination may, as a matter of inherent **logic**, entail that (since no use may be made of the ...	CASE OF SAUNDERS v. THE UNITED KINGDOM	19187/91	17/12/1996	http://cmiskp.echr.coe.int/tkp197/view.asp?action=html&key=31723&portal=hbkm&source=external&table=285953B33D3AF94893DC49EF6600CEBD49&skin=hudoc-fr
...this connection, however, is subject to limits inherent in the **logic** of the European system of protection, since it is in ...	CASE OF LUKANOV v. BULGARIA	21915/93	20/03/1997	http://cmiskp.echr.coe.int/tkp197/view.asp?action=html&key=31736&portal=hbkm&source=external&table=285953B33D3AF94893DC49EF6600CEBD49&skin=hudoc-fr
...without leaving any address. It is contrary to all legal **logic** to interpret that negative behaviour on the part of the ...	CASE OF AYDIN v. TURKEY	23178/94	25/09/1997	http://cmiskp.echr.coe.int/tkp197/view.asp?action=html&key=32085&portal=hbkm&source=external&table=285953B33D3AF94893DC49EF6600CEBD49&skin=hudoc-fr
...account in future fiscal years in accordance with the same **logic**. The voluntary arrangements made no provision for interest to be ...	CASE OF THE NATIONAL & PROVINCIAL BUILDING SOCIETY et. al. v. THE UNITED KINGDOM	21319/93;21449/93;21675/93	23/10/1997	http://cmiskp.echr.coe.int/tkp197/view.asp?action=html&key=31823&portal=hbkm&source=external&table=285953B33D3AF94893DC49EF6600CEBD49&skin=hudoc-fr
...murderers"). 6. I also agree, in general terms, with the **logic** of the American "flag burning" cases where, inter alia, the ...	CASE OF GRIGORIADES v. GREECE	24348/94	25/11/1997	http://cmiskp.echr.coe.int/tkp197/view.asp?action=html&key=31830&portal=hbkm&source=external&table=285953B33D3AF94893DC49EF6600CEBD49&skin=hudoc-fr
ved that the **logic** of the structure of the Convention and of the Court's ...	CASE OF TANRIKULU v. TURKEY	23763/94	08/07/1999	http://cmiskp.echr.coe.int/tkp197/view.asp?action=html&key=32003&portal=hbkm&source=external&table=285953B33D3AF94893DC49EF6600CEBD49&skin=hudoc-fr
...that it was only if the purported justification "outrageously defies **logic** or accepted moral standards" that the court could strike down ...punished the victims of prejudice. The applicants considered that the **logic** of the Government's argument applied equally to the contexts of ...	CASE OF LUSTIG-PREAN AND BECKETT v. THE UNITED KINGDOM	31417/96;32377/96	27/09/1999	http://cmiskp.echr.coe.int/tkp197/view.asp?action=html&key=32121&portal=hbkm&source=external&table=285953B33D3AF94893DC49EF6600CEBD49&skin=hudoc-fr
...that it was only if the purported justification "outrageously defies **logic** or accepted moral standards" that the court could strike down ...punished the victims of prejudice. The applicants considered that the **logic** of the Government's argument applied equally to the contexts of ...	CASE OF SMITH AND GRADY v. THE UNITED KINGDOM	33985/96;33986/96	27/09/1999	http://cmiskp.echr.coe.int/tkp197/view.asp?action=html&key=32122&portal=hbkm&source=external&table=285953B33D3AF94893DC49EF6600CEBD49&skin=hudoc-fr

KWIC-Zitat	*Fall*	*Aktenzeichen*	*Datum*	*Link*
...of the Court's competence according to the Convention. 6. The **logic** of accepting the Government's concession of a violation while refraining ...	CASE OF CABALLERO v. THE UNITED KINGDOM	32819/96	08/02/2000	http://cmiskp.echr.coe.int/tkp197/view.asp?action=html&key=32172&portal=hbkm&source=external&table=285953B33D3AF94893DC49EF6600CEBD49&skin=hudoc-fr
...law", unless it complied with the relevant domestic legislation, the **logic** of the system for safeguarding rights established by the Convention ...	CASE OF L. v. FINLAND	25651/94	27/04/2000	http://cmiskp.echr.coe.int/tkp197/view.asp?action=html&key=32497&portal=hbkm&source=external&table=285953B33D3AF94893DC49EF6600CEBD49&skin=hudoc-fr
...with reference to section 35 of the 1994 Act: "Inescapable **logic** demands that a jury should not start to consider whether ...is a clear risk of injustice if the requirements of **logic** and fairness are not observed ..." 40. In R. v. ...	CASE OF CONDRON v. THE UNITED KINGDOM	35718/97	02/05/2000	http://cmiskp.echr.coe.int/tkp197/view.asp?action=html&key=32512&portal=hbkm&source=external&table=285953B33D3AF94893DC49EF6600CEBD49&skin=hudoc-fr
...public domain alchemise that public information into private data? The **logic** behind this sequence of propositions simply passes me by. 13. ...	CASE OF ROTARU v. ROMANIA	28341/95	04/05/2000	http://cmiskp.echr.coe.int/tkp197/view.asp?action=html&key=32300&portal=hbkm&source=external&table=285953B33D3AF94893DC49EF6600CEBD49&skin=hudoc-fr
...intent of all judicial conflict-resolution, which is to resolve by **logic** what would otherwise be resolved by arbitrariness, force, etc. The essence of the rule of law is that the **logic** of private force be replaced by the public force of **logic**. To render justice is to enforce the satisfaction of the ...	CASE OF NUUTINEN v. FINLAND	32842/96	27/06/2000	http://cmiskp.echr.coe.int/tkp197/view.asp?action=html&key=32450&portal=hbkm&source=external&table=285953B33D3AF94893DC49EF6600CEBD49&skin=hudoc-fr
...pp 32-33, § 33). This constant case-law and the whole **logic** of the system established by the Convention impose reasonable limits ...	CASE OF ELSHOLZ v. GERMANY	25735/94	13/07/2000	http://cmiskp.echr.coe.int/tkp197/view.asp?action=html&key=32477&portal=hbkm&source=external&table=285953B33D3AF94893DC49EF6600CEBD49&skin=hudoc-fr
...than they would otherwise have been. It also accepts the **logic** of dealing with the appeals before dealing with the reference, ...	CASE OF HOWARTH v. THE UNITED KINGDOM	38081/97	21/09/2000	http://cmiskp.echr.coe.int/tkp197/view.asp?action=html&key=32518&portal=hbkm&source=external&table=285953B33D3AF94893DC49EF6600CEBD49&skin=hudoc-fr
...this connection, however, is subject to limits inherent in the **logic** of the European system of protection, since it is in ...	CASE OF WLOCH v. POLAND	27785/95	19/10/2000	http://cmiskp.echr.coe.int/tkp197/view.asp?action=html&key=32607&portal=hbkm&source=external&table=285953B33D3AF94893DC49EF6600CEBD49&skin=hudoc-fr
...p. 2957, § 41). The Court has applied a similar **logic** in cases where the applicant's grievance has been directed at ...	CASE OF KUDLA v. POLAND	30210/96	26/10/2000	http://cmiskp.echr.coe.int/tkp197/view.asp?action=html&key=32634&portal=hbkm&source=external&table=285953B33D3AF94893DC49EF6600CEBD49&skin=hudoc-fr
...events complained of as involving human rights issues. If their **logic** was followed, every leader of a religious community who had ...	CASE OF HASAN AND CHAUSH v. BULGARIA	30985/96	26/10/2000	http://cmiskp.echr.coe.int/tkp197/view.asp?action=html&key=32635&portal=hbkm&source=external&table=285953B33D3AF94893DC49EF6600CEBD49&skin=hudoc-fr

KWIC-Zitat	*Fall*	*Aktenzeichen*	*Datum*	*Link*
...They considered that, as a matter of legal principle and **logic**, the manner of acquisition of a property had no bearing ...	CASE OF THE FORMER KING OF GREECE AND OTHERS v. GREECE	25701/94	23/11/2000	http://cmiskp.echr.coe.int/tkp197/view.asp?action=html&key=32765&portal=hbkm&source=external&table=285953B33D3AF94893DC49EF6600CEBD49&skin=hudoc-fr
...the unjustified attack, which itself must be unprovoked, etc. The **logic** here is similar to the **logic** of extreme emotional distress situations in which the actor is ...the police effecting the arrest, etc.) are satisfied. When this **logic** is applied to executing a lawful arrest, it means that ...	CASE OF REHBOCK v. SLOVENIA	29462/95	28/11/2000	http://cmiskp.echr.coe.int/tkp197/view.asp?action=html&key=32766&portal=hbkm&source=external&table=285953B33D3AF94893DC49EF6600CEBD49&skin=hudoc-fr
...crimes. The majority has not found it offensive to legal **logic** to accept that there existed reasonable fears of 're-offending' when ...	CASE OF N.C. v. ITALY	24952/94	11/01/2001	http://cmiskp.echr.coe.int/tkp197/view.asp?action=html&key=32840&portal=hbkm&source=external&table=285953B33D3AF94893DC49EF6600CEBD49&skin=hudoc-fr
...Giunta, cited above. 7. In order to comply with this **logic**, the Court ought to split its procedure into two phases. ...to the Committee of Ministers to abide by the above **logic**. Consequently, it would be very helpful if our judgments contained ...	CASE OF LUCA v. ITALY	33354/96	27/02/2001	http://cmiskp.echr.coe.int/tkp197/view.asp?action=html&key=32936&portal=hbkm&source=external&table=285953B33D3AF94893DC49EF6600CEBD49&skin=hudoc-fr
...the United Kingdom government to decide to what extent the **logic** of the Court's decision calls either for automatic review or ...	CASE OF KEENAN v. THE UNITED KINGDOM	27229/95	03/04/2001	http://cmiskp.echr.coe.int/tkp197/view.asp?action=html&key=33079&portal=hbkm&source=external&table=285953B33D3AF94893DC49EF6600CEBD49&skin=hudoc-fr
...investigation had killed the individual in question, which defies all **logic**. There is no causal link between the "cause" and the ...	CASE OF TANLI v. TURKEY	26129/95	10/04/2001	http://cmiskp.echr.coe.int/tkp197/view.asp?action=html&key=33086&portal=hbkm&source=external&table=285953B33D3AF94893DC49EF6600CEBD49&skin=hudoc-fr
...not? In the Court's view, there is force and hard **logic** in those submissions. There are also a number of other ...	CASE OF ATLAN v. THE UNITED KINGDOM	36533/97	19/06/2001	http://cmiskp.echr.coe.int/tkp197/view.asp?action=html&key=33234&portal=hbkm&source=external&table=285953B33D3AF94893DC49EF6600CEBD49&skin=hudoc-fr
...not unreasonable for the German courts to assume that the **logic** of the system excluded any German review of confiscation measures ...§ 52). It might even be feasible, following the same **logic**, to deny the "genuine and serious" nature of the dispute, ...	CASE OF PRINCE HANS-ADAM II OF LIECHTENSTEIN v. GERMANY	42527/98	12/07/2001	http://cmiskp.echr.coe.int/tkp197/view.asp?action=html&key=33305&portal=hbkm&source=external&table=285953B33D3AF94893DC49EF6600CEBD49&skin=hudoc-fr
...unwillingness to go further is understandable. But there is in **logic** no justification for drawing a line at this point. If ...his or her own death, it would necessarily follow in **logic** that such a person would have a right to be ...	CASE OF PRETTY v. THE UNITED KINGDOM	2346/02	29/04/2002	http://cmiskp.echr.coe.int/tkp197/view.asp?action=html&key=34162&portal=hbkm&source=external&table=285953B33D3AF94893DC49EF6600CEBD49&skin=hudoc-fr
...2. 4. Thus, in a case of this kind, simple **logic** dictates that the essential task is to establish the "procedural ...right to life under Article 2. Contrary to this legal **logic**, what the Court has done is to list, randomly, a ...	CASE OF SEMSI ONEN v. TURKEY	22876/93	14/05/2002	http://cmiskp.echr.coe.int/tkp197/view.asp?action=html&key=34165&portal=hbkm&source=external&table=285953B33D3AF94893DC49EF6600CEBD49&skin=hudoc-fr

KWIC-Zitat	*Fall*	*Aktenzeichen*	*Datum*	*Link*
...of Article 2. Reasoning of that kind defies all elementary **logic**, in my opinion, and is therefore unacceptable to me. 6. ...being clear and convincing and is in contradiction with legal **logic**. Some people, and the applicant is one, are awarded sums ...	CASE OF ORHAN v. TURKEY	25656/94	18/06/2002	http://cmiskp.echr.coe.int/tkp197/view.asp?action=html&key=34223&portal=hbkm&source=external&table=285953B33D3AF94893DC49EF6600CEBD49&skin=hudoc-fr
...seems to me right as a matter of principle and **logic** to give predominance to psycho**logic**al factors just as it seem ...	CASE OF I. v. THE UNITED KINGDOM	25680/94	11/07/2002	http://cmiskp.echr.coe.int/tkp197/view.asp?action=html&key=34309&portal=hbkm&source=external&table=285953B33D3AF94893DC49EF6600CEBD49&skin=hudoc-fr
...seems to me right as a matter of principle and **logic** to give predominance to psycho**logic**al factors just as it seem ...	CASE OF CHRISTINE GOODWIN v. THE UNITED KINGDOM	28957/95	11/07/2002	http://cmiskp.echr.coe.int/tkp197/view.asp?action=html&key=34310&portal=hbkm&source=external&table=285953B33D3AF94893DC49EF6600CEBD49&skin=hudoc-fr
...however, the second finding is the result of implacable jurisprudential **logic**. In Reinhardt and Slimane-Kai□d v. France (judgment of 31 March ...or in respect of new arguments formulated in terms of **logic** or justice and presented orally to the court with its ...	CASE OF MEFTAH AND OTHERS v. FRANCE	32911/96;35237/97;34595/97	26/07/2002	http://cmiskp.echr.coe.int/tkp197/view.asp?action=html&key=34352&portal=hbkm&source=external&table=285953B33D3AF94893DC49EF6600CEBD49&skin=hudoc-fr
...with reference to section 35 of the 1994 Act: "Inescapable **logic** demands that a jury should not start to consider whether ...is a clear risk of injustice if the requirements of **logic** and fairness are not observed (...)" 46. In R. v. ...	CASE OF BECKLES v. THE UNITED KINGDOM	44652/98	08/10/2002	http://cmiskp.echr.coe.int/tkp197/view.asp?action=html&key=34386&portal=hbkm&source=external&table=285953B33D3AF94893DC49EF6600CEBD49&skin=hudoc-fr
...said to him previously, because, and you will understand the **logic** of that, the information is all coming from one source, ...	CASE OF ALLAN v. THE UNITED KINGDOM	48539/99	05/11/2002	http://cmiskp.echr.coe.int/tkp197/view.asp?action=html&key=34427&portal=hbkm&source=external&table=285953B33D3AF94893DC49EF6600CEBD49&skin=hudoc-fr
...their case had been decided on the basis of the **logic** applied before the amendment to the Code of Civil Procedure ...	CASE OF ZVOLSKY AND ZVOLSKA v. CZECH REPUBLIC	46129/99	12/11/2002	http://cmiskp.echr.coe.int/tkp197/view.asp?action=html&key=34463&portal=hbkm&source=external&table=285953B33D3AF94893DC49EF6600CEBD49&skin=hudoc-fr
...provided no justification, as a matter of legal principle and **logic**, for reducing the amount of compensation. Moreover, this argument was ...applicants stressed that, as a matter of legal principle and **logic**, any privileges or tax exemptions that were available to members ...	CASE OF THE FORMER KING OF GREECE AND OTHERS v. GREECE	25701/94	28/11/2002	http://cmiskp.echr.coe.int/tkp197/view.asp?action=html&key=34511&portal=hbkm&source=external&table=285953B33D3AF94893DC49EF6600CEBD49&skin=hudoc-fr
...Ress in his separate opinion. However, I would take the **logic** of the arguments – as I did in Cable and ...	CASE OF SIGURDSSON v. ICELAND	39731/98	10/04/2003	http://cmiskp.echr.coe.int/tkp197/view.asp?action=html&key=34734&portal=hbkm&source=external&table=285953B33D3AF94893DC49EF6600CEBD49&skin=hudoc-fr

KWIC-Zitat	*Fall*	*Aktenzeichen*	*Datum*	*Link*
...The Court understands the spirit of this rule and the **logic** on which it is based: the duties of Government Commissioner ...	CASE OF YVON v. FRANCE	44962/98	24/04/2003	http://cmiskp.echr.coe.int/tkp197/view.asp?action=html&key=34767&portal=hbkm&source=external&table=285953B33D3AF94893DC49EF6600CEBD49&skin=hudoc-fr
...which was free of mistakes in law and errors of **logic**. No link can be established, and moreover no link was ...	CASE OF PERNA v. ITALY	48898/99	06/05/2003	http://cmiskp.echr.coe.int/tkp197/view.asp?action=html&key=34789&portal=hbkm&source=external&table=285953B33D3AF94893DC49EF6600CEBD49&skin=hudoc-fr
...of things because all the conditions are right. The usual **logic** of hitting one person in order to teach a hundred ...	CASE OF CRAXI (No. 2) v. ITALY	25337/94	17/07/2003	http://cmiskp.echr.coe.int/tkp197/view.asp?action=html&key=34943&portal=hbkm&source=external&table=285953B33D3AF94893DC49EF6600CEBD49&skin=hudoc-fr
...Once the case had begun with one judge, efficiency and **logic** dictated that it remain with him and, in any event, ...	CASE OF DORAN v. IRELAND	50389/99	31/07/2003	http://cmiskp.echr.coe.int/tkp197/view.asp?action=html&key=34991&portal=hbkm&source=external&table=285953B33D3AF94893DC49EF6600CEBD49&skin=hudoc-fr
...grounds of personal hardship was in accordance with the underlying **logic** of the treaty, which the Court has found to strike ...	CASE OF SLIVENKO v. LATVIA	48321/99	09/10/2003	http://cmiskp.echr.coe.int/tkp197/view.asp?action=html&key=35048&portal=hbkm&source=external&table=285953B33D3AF94893DC49EF6600CEBD49&skin=hudoc-fr
...without reservation on that finding; but I believe that the **logic** and cogency of the judgement would have benefited had the ...	CASE OF NACHOVA AND OTHERS v. BULGARIA	43577/98;43579/98	26/02/2004	http://cmiskp.echr.coe.int/tkp197/view.asp?action=html&key=35362&portal=hbkm&source=external&table=285953B33D3AF94893DC49EF6600CEBD49&skin=hudoc-fr
...disenfranchising prisoners and the objectives is not empirically demonstrable, reason, **logic** and common sense, as well as extensive expert evidence, support ...	CASE OF HIRST v. THE UNITED KINGDOM (No. 2)	74025/01	30/03/2004	http://cmiskp.echr.coe.int/tkp197/view.asp?action=html&key=35394&portal=hbkm&source=external&table=285953B33D3AF94893DC49EF6600CEBD49&skin=hudoc-fr
...that they are either contradicted by other evidence or defy **logic**. The Court therefore considers that the evidence given by Celal ...	CASE OF AHMET OZKAN AND OTHERS v. TURKEY	21689/93	06/04/2004	http://cmiskp.echr.coe.int/tkp197/view.asp?action=html&key=35410&portal=hbkm&source=external&table=285953B33D3AF94893DC49EF6600CEBD49&skin=hudoc-fr
...trustee was in conformity with his legal duties and the **logic** of the situation. According to domestic law (section 50, sub-section ...	CASE OF NARINEN v. FINLAND	45027/98	01/06/2004	http://cmiskp.echr.coe.int/tkp197/view.asp?action=html&key=35511&portal=hbkm&source=external&table=285953B33D3AF94893DC49EF6600CEBD49&skin=hudoc-fr

KWIC-Zitat	*Fall*	*Aktenzeichen*	*Datum*	*Link*
...there is a clear distinction, from the angle of formal **logic**, between the notion of a proven "fact" and that of ...that, if we apply here again the laws of formal **logic**, had the applicant had the intention to deposit the money ...circumstances it is impossible, from the point of view of **logic**, to accept as proven beyond a reasonable doubt the "fact" ...present. I do understand that applying the laws of formal **logic** is not the best way of approaching judicial cases, but ...say that I am unable to accept this line of **logic**, which is far from the general standards of the theory ...I find it incorrect and contrary to the laws of **logic** to transform the above rule in the present judgment into: ...is the case, and if we accept the laws of **logic**, in the present situation, we are bound to follow previous ...	CASE OF PRODAN v. MOLDOVA	49806/99	18/05/2004	http://cmiskp.echr.coe.int/tkp197/view.asp?action=html&key=35470&portal=hbkm&source=external&table=285953B33D3AF94893DC49EF6600CEBD49&skin=hudoc-fr
...and Former King of Greece and Others, § 87). This **logic** applies to such fundamental changes of a country's system as ...satisfaction has rather absurd results. This follows the crucial legal **logic** according to which the right and the remedy must be ...Convention itself, any additional legal rationalisation to legitimise its principled **logic**, and especially if it is to seek that legal basis ...deriving from the same cause." The true reason for the **logic** started in Scozzari and Giunta and continued in Assanidze v. ...	CASE OF BRONIOWSKI v. POLAND	31443/96	22/06/2004	http://cmiskp.echr.coe.int/tkp197/view.asp?action=html&key=35541&portal=hbkm&source=external&table=285953B33D3AF94893DC49EF6600CEBD49&skin=hudoc-fr
...whether the Russian Federation has jurisdiction it preferred the opposite **logic** in holding that there is "jurisdiction" because there is "responsibility". ...	CASE OF ILASCU AND OTHERS v. MOLDOVA AND RUSSIA	48787/99	08/07/2004	http://cmiskp.echr.coe.int/tkp197/view.asp?action=html&key=35599&portal=hbkm&source=external&table=285953B33D3AF94893DC49EF6600CEBD49&skin=hudoc-fr

Tabelle 2: Fundstellen für das Stichwort „logical"

KWIC-Zitat	*Fall*	*Aktenzeichen*	*Datum*	*Link*
...off the list as he found this solution to be **logical** and reasonable if one took into account that, in these ...date was not contrary to the Convention, the Commission, in **logical** consequence of these premises, declared that it would not wish ...	CASE OF DE BECKER v. BELGIUM	214/56	27/03/1962	http://cmiskp.echr.coe.int/tkp197/view.asp?action=html&key=31147&portal=hbkm&source=external&table=285953B33D3AF94893DC49EF6600CEBD49&skin=hudoc-fr
...justified by the principle of economy of proceedings, by the **logical** sequence in which the various questions arise and by the ...	CASE "RELATING TO CERTAIN ASPECTS OF THE LAWS ON THE USE OF LANGUAGES IN EDUCATION IN BELGIUM" v. BELGIUM	1474/62;1677/62;1691/62;1769/63;1994/63;2126/64	09/02/1967	http://cmiskp.echr.coe.int/tkp197/view.asp?action=html&key=31238&portal=hbkm&source=external&table=285953B33D3AF94893DC49EF6600CEBD49&skin=hudoc-fr

KWIC-Zitat	*Fall*	*Aktenzeichen*	*Datum*	*Link*
...proceedings leading to the final judgment. It seems natural and **logical** that this protection is secured to him by the application ...	CASE OF WEMHOFF v. GERMANY	2122/64	27/06/1968	http://cmiskp.echr.coe.int/tkp197/view.asp?action=html&key=31309&portal=hbkm&source=external&table=285953B33D3AF94893DC49EF6600CEBD49&skin=hudoc-fr
...(art. 14+P1-2) of the Convention. This opinion follows from a **logical** application of the principles formulated by the Court, in particular, ...does not imply any positive obligation of the State. A **logical** interpretation of Article 2 (P1-2) leads to the same result. ...grounded. The negative interpretation adopted by the Commission is both **logical** and consistent with the wording of Article 2 (P1-2). Article ...	CASE "RELATING TO CERTAIN ASPECTS OF THE LAWS ON THE USE OF LANGUAGES IN EDUCATION IN BELGIUM" v. BELGIUM (MERITS)	1474/62;1677/62;1691/62; 1769/63;1994/63;2126/64	23/07/1968	http://cmiskp.echr.coe.int/tkp197/view.asp?action=html&key=31239&portal=hbkm&source=external&table=285953B33D3AF94893DC49EF6600CEBD49&skin=hudoc-fr
...the one hand such a waiver appeared to be a **logical** consequence of the whole arrangement and, on the other hand, ...	CASE OF NEUMEISTER v. AUSTRIA (ARTICLE 50)	1936/63	07/05/1974	http://cmiskp.echr.coe.int/tkp197/view.asp?action=html&key=31257&portal=hbkm&source=external&table=285953B33D3AF94893DC49EF6600CEBD49&skin=hudoc-fr
...feeling, attitude, or even policy, rather than correct legal or **logical** argument, there is scarcely a solution along those lines either. ...that is, access to a court". As a matter of **logical** reasoning however, this is a complete non-sequitur. It might perhaps ...best highly exaggerated. (b) The argument embodies a well known **logical** fallacy, in so far as it proceeds on the basis ...one about. The Judgment also abounds in the type of **logical** fallacy that derives B from A because A does not ...	CASE OF GOLDER v. THE UNITED KINGDOM	4451/70	21/02/1975	http://cmiskp.echr.coe.int/tkp197/view.asp?action=html&key=31210&portal=hbkm&source=external&table=285953B33D3AF94893DC49EF6600CEBD49&skin=hudoc-fr
...of Article 5 (art. 5) in the Convention and its **logical** link with Article 6 (art. 6), are an indication that ...	CASE OF ENGEL AND OTHERS v. THE NETHERLANDS	5100/71;5101/71;5102/71; 5354/72;5370/72	08/06/1976	http://cmiskp.echr.coe.int/tkp197/view.asp?action=html&key=31193&portal=hbkm&source=external&table=285953B33D3AF94893DC49EF6600CEBD49&skin=hudoc-fr
...satisfied. I regard these safeguards as necessary and indeed the **logical** sequence of the principles laid down in the Lawless case. ...	CASE OF IRELAND v. THE UNITED KINGDOM	5310/71	18/01/1978	http://cmiskp.echr.coe.int/tkp197/view.asp?action=html&key=31220&portal=hbkm&source=external&table=285953B33D3AF94893DC49EF6600CEBD49&skin=hudoc-fr
...negative vote on questions 1 and 2, it was only **logical** that I should also give a negative vote on questions ...	CASE OF KÖNIG v. GERMANY	6232/73	28/06/1978	http://cmiskp.echr.coe.int/tkp197/view.asp?action=html&key=31226&portal=hbkm&source=external&table=285953B33D3AF94893DC49EF6600CEBD49&skin=hudoc-fr
...assert in the last place that it would not be **logical** to exempt a convicted person from payment of the interpretation ...	CASE OF LUEDICKE, BELKACEM AND KOÇ v. GERMANY	6210/73;6877/75;7132/75	28/11/1978	http://cmiskp.echr.coe.int/tkp197/view.asp?action=html&key=31244&portal=hbkm&source=external&table=285953B33D3AF94893DC49EF6600CEBD49&skin=hudoc-fr
...a necessary truth. Rights of inheritance and disposal are not **logical** concomitants of the right to have and to hold. They ...	CASE OF MARCKX v. BELGIUM	6833/74	13/06/1979	http://cmiskp.echr.coe.int/tkp197/view.asp?action=html&key=31248&portal=hbkm&source=external&table=285953B33D3AF94893DC49EF6600CEBD49&skin=hudoc-fr

KWIC-Zitat	*Fall*	*Aktenzeichen*	*Datum*	*Link*
...designed to ensure that the course of the proceedings is **logical** and orderly. The function of sifting which Articles 26 and ...	CASE OF ARTICO v. ITALY	6694/74	11/05/1979	http://cmiskp.echr.coe.int/tkp197/view.asp?action=html&key=31138&portal=hbkm&source=external&table=285953B33D3AF94893DC49EF6600CEBD49&skin=hudoc-fr
...it, two aspects of the same freedom. There is no **logical** link between the two. The positive freedom of association safeguards ...	CASE OF YOUNG, JAMES AND WEBSTER v. THE UNITED KINGDOM	7601/76;7806/77	13/08/1981	http://cmiskp.echr.coe.int/tkp197/view.asp?action=html&key=31322&portal=hbkm&source=external&table=285953B33D3AF94893DC49EF6600CEBD49&skin=hudoc-fr
...being for Mr. P. Van de Walle's attention, it is **logical** to suppose that he knew that that judicial officer had ...	CASE OF PIERSACK v. BELGIUM	8692/79	01/10/1982	http://cmiskp.echr.coe.int/tkp197/view.asp?action=html&key=31271&portal=hbkm&source=external&table=285953B33D3AF94893DC49EF6600CEBD49&skin=hudoc-fr
...(art. 5-4) of the Convention, I do not consider it **logical** that the applicant should, in the same judgment, be granted ...	CASE OF SANCHEZ-REISSE v. SWITZERLAND	9862/82	21/10/1986	http://cmiskp.echr.coe.int/tkp197/view.asp?action=html&key=31285&portal=hbkm&source=external&table=285953B33D3AF94893DC49EF6600CEBD49&skin=hudoc-fr
...of Article 6 (art. 6), I do not consider it **logical** - as I said in my dissenting opinion annexed to ...	CASE OF H. v. BELGIUM	8950/80	30/11/1987	http://cmiskp.echr.coe.int/tkp197/view.asp?action=html&key=31215&portal=hbkm&source=external&table=285953B33D3AF94893DC49EF6600CEBD49&skin=hudoc-fr
...on the exact content of these requirements'." 4. In purely **logical** terms I find it very difficult to regard the fines ...	CASE OF MÜLLER AND OTHERS v. SWITZERLAND	10737/84	24/05/1988	http://cmiskp.echr.coe.int/tkp197/view.asp?action=html&key=31201&portal=hbkm&source=external&table=285953B33D3AF94893DC49EF6600CEBD49&skin=hudoc-fr
...that case send me your report', which would have been **logical** if the assignment had been to obtain information, but says ...	CASE OF SCHENK v. SWITZERLAND	10862/84	12/07/1988	http://cmiskp.echr.coe.int/tkp197/view.asp?action=html&key=31286&portal=hbkm&source=external&table=285953B33D3AF94893DC49EF6600CEBD49&skin=hudoc-fr
...There is also a second series of difficulties, which are **logical** rather than legal in nature. Can it normally be expected ...	CASE OF CIULLA v. ITALY	11152/84	22/02/1989	http://cmiskp.echr.coe.int/tkp197/view.asp?action=html&key=31174&portal=hbkm&source=external&table=285953B33D3AF94893DC49EF6600CEBD49&skin=hudoc-fr
...from telephone tapping, notably searches and seizure of property. Although **logical** in itself, such "extrapolation" does not provide sufficient legal certainty ...	CASE OF HUVIG v. FRANCE	11105/84	24/04/1990	http://cmiskp.echr.coe.int/tkp197/view.asp?action=html&key=31341&portal=hbkm&source=external&table=285953B33D3AF94893DC49EF6600CEBD49&skin=hudoc-fr
...in the analyses. It considered the latter's opinion to be **logical** and convincing, in particular because it was consistent with Mr ...examined the findings of the proceedings in detail, in a **logical** and coherent manner in relation to the evidence, and had ...	CASE OF BRANDSTETTER v. AUSTRIA	11170/84;12876/87;13468/87	28/08/1991	http://cmiskp.echr.coe.int/tkp197/view.asp?action=html&key=31397&portal=hbkm&source=external&table=285953B33D3AF94893DC49EF6600CEBD49&skin=hudoc-fr

KWIC-Zitat	*Fall*	*Aktenzeichen*	*Datum*	*Link*
...Convention in the present case, I do not consider it **logical** to join in the conclusion of the majority that the ...	CASE OF B. v. FRANCE	13343/87	25/03/1992	http://cmiskp.echr.coe.int/tkp197/view.asp?action=html&key=31484&portal=hbkm&source=external&table=285953B33D3AF94893DC49EF6600CEBD49&skin=hudoc-fr
...69. As regards the application of the "proportionality" test, the **logical** consequence of the Government's argument is that measures taken by ...a declaration to that effect, the injunction followed as a **logical** consequence. The source of the injunction was to be found ...	CASE OF OPEN DOOR AND DUBLIN WELL WOMAN v. IRELAND	14234/88;14235/88	29/10/1992	http://cmiskp.echr.coe.int/tkp197/view.asp?action=html&key=31503&portal=hbkm&source=external&table=285953B33D3AF94893DC49EF6600CEBD49&skin=hudoc-fr
...the Constitution over any contrary statute. He pointed to the **logical** and legal difficulty of drawing any even remotely clear dividing-line ...	CASE OF KOKKINAKIS v. GREECE	14307/88	25/05/1993	http://cmiskp.echr.coe.int/tkp197/view.asp?action=html&key=31541&portal=hbkm&source=external&table=285953B33D3AF94893DC49EF6600CEBD49&skin=hudoc-fr
...of the Judicial Code (see paragraph 32 above) establishes a **logical** sequence for the formalities to be completed in order to ...to the profession of advocate. The applicant had disregarded that **logical** sequence and had thus acted erratically. This had made it ...	CASE OF DE MOOR v. BELGIUM	16997/90	23/06/1994	http://cmiskp.echr.coe.int/tkp197/view.asp?action=html&key=31591&portal=hbkm&source=external&table=285953B33D3AF94893DC49EF6600CEBD49&skin=hudoc-fr
...come into consideration. 3. In my opinion this is the **logical** and juridically correct approach for a reading of Article 14 ...	CASE OF KARLHEINZ SCHMIDT v. GERMANY	13580/88	18/07/1994	http://cmiskp.echr.coe.int/tkp197/view.asp?action=html&key=31594&portal=hbkm&source=external&table=285953B33D3AF94893DC49EF6600CEBD49&skin=hudoc-fr
...of the mandatory life licence was thus, in reality, the **logical** corollary of the discretionary sentence. In the alternative, he maintained ...	CASE OF WYNNE v. THE UNITED KINGDOM	15484/89	18/07/1994	http://cmiskp.echr.coe.int/tkp197/view.asp?action=html&key=31600&portal=hbkm&source=external&table=285953B33D3AF94893DC49EF6600CEBD49&skin=hudoc-fr
...the obligation of the arrested person to carry out a **logical** exercise so that he will thereby know of the charge ...	CASE OF MURRAY v. THE UNITED KINGDOM	14310/88	28/10/1994	http://cmiskp.echr.coe.int/tkp197/view.asp?action=html&key=31609&portal=hbkm&source=external&table=285953B33D3AF94893DC49EF6600CEBD49&skin=hudoc-fr
...Spanish State, provides for "guarantees to appear for trial". A **logical**, purposive interpretation of that Article (art. 5) in the context ...	CASE OF VAN DER TANG v. SPAIN	19382/92	13/07/1995	http://cmiskp.echr.coe.int/tkp197/view.asp?action=html&key=31660&portal=hbkm&source=external&table=285953B33D3AF94893DC49EF6600CEBD49&skin=hudoc-fr
...with Article 10 (art. 10). The injunction was only a **logical** consequence of this finding and was framed precisely to prevent ...	CASE OF TOLSTOY MILOSLAVSKY v. THE UNITED KINGDOM	18139/91	13/07/1995	http://cmiskp.echr.coe.int/tkp197/view.asp?action=html&key=31661&portal=hbkm&source=external&table=285953B33D3AF94893DC49EF6600CEBD49&skin=hudoc-fr

KWIC-Zitat	*Fall*	*Aktenzeichen*	*Datum*	*Link*
...para. 35), has interpreted this Article (art. 11) in its **logical** sense that this negative right of association - the right ...In my opinion, however, the majority has not reached the **logical** consequence of this premise, namely that the facts adduced by ...	CASE OF GUSTAFSSON v. SWEDEN	15573/89	25/04/1996	http://cmiskp.echr.coe.int/tkp197/view.asp?action=html&key=31707&portal=hbkm&source=external&table=285953B33D3AF94893DC49EF6600CEBD49&skin=hudoc-fr
...Court has already had occasion to note, it is a **logical** consequence of the principle that laws must be of general ...	CASE OF CANTONI v. FRANCE	17862/91	15/11/1996	http://cmiskp.echr.coe.int/tkp197/view.asp?action=html&key=31782&portal=hbkm&source=external&table=285953B33D3AF94893DC49EF6600CEBD49&skin=hudoc-fr
...we took on the preliminary objection, we should as a **logical** consequence have found that there had been a violation of ...	CASE OF AKSOY v. TURKEY	21987/93	18/12/1996	http://cmiskp.echr.coe.int/tkp197/view.asp?action=html&key=31717&portal=hbkm&source=external&table=285953B33D3AF94893DC49EF6600CEBD49&skin=hudoc-fr
...which is based on other provisions. 1. It is **logical** that if the person concerned is detained only for the ...	CASE OF SCOTT v. SPAIN	21335/93	18/12/1996	http://cmiskp.echr.coe.int/tkp197/view.asp?action=html&key=31724&portal=hbkm&source=external&table=285953B33D3AF94893DC49EF6600CEBD49&skin=hudoc-fr
...and no charges may be brought against them ...'. A **logical** and systematic interpretation of the aforesaid provision suggests that [what ...	CASE OF LUKANOV v. BULGARIA	21915/93	20/03/1997	http://cmiskp.echr.coe.int/tkp197/view.asp?action=html&key=31736&portal=hbkm&source=external&table=285953B33D3AF94893DC49EF6600CEBD49&skin=hudoc-fr
...the present judgment is neither within these lines nor a **logical** continuation thereof, while on the other hand the facts of ...	CASE OF VAN MECHELEN AND OTHERS v. THE NETHERLANDS	21363/93;21364/93;21427/93;22056/93	23/04/1997	http://cmiskp.echr.coe.int/tkp197/view.asp?action=html&key=31744&portal=hbkm&source=external&table=285953B33D3AF94893DC49EF6600CEBD49&skin=hudoc-fr
...were incurred by the applicants (that would appear to be **logical**) and that it is they, the applicants, who must be ...	CASE OF MENTES AND OTHERS v. TURKEY	23186/94	28/11/1997	http://cmiskp.echr.coe.int/tkp197/view.asp?action=html&key=31834&portal=hbkm&source=external&table=285953B33D3AF94893DC49EF6600CEBD49&skin=hudoc-fr
...of the interpretation of Article 6 in both historical and **logical** terms. 4. The second idea was developed in connection with ...	CASE OF HUBER v. FRANCE	26637/95	19/02/1998	http://cmiskp.echr.coe.int/tkp197/view.asp?action=html&key=31845&portal=hbkm&source=external&table=285953B33D3AF94893DC49EF6600CEBD49&skin=hudoc-fr
...found the evidence of the witnesses to be exhaustive and **logical** and their statements consistent. 10. The applicant filed an appeal ...	CASE OF BELZIUK v. POLAND	23103/93	25/03/1998	http://cmiskp.echr.coe.int/tkp197/view.asp?action=html&key=31859&portal=hbkm&source=external&table=285953B33D3AF94893DC49EF6600CEBD49&skin=hudoc-fr
...independence and impartiality cannot be regarded as objectively justified. The **logical** consequence of asserting the contrary would be to cease to ...	CASE OF INCAL v. TURKEY	22678/93	09/06/1998	http://cmiskp.echr.coe.int/tkp197/view.asp?action=html&key=31911&portal=hbkm&source=external&table=285953B33D3AF94893DC49EF6600CEBD49&skin=hudoc-fr

KWIC-Zitat	*Fall*	*Aktenzeichen*	*Datum*	*Link*
...Unfortunately, the majority of the Court have not drawn the **logical** consequences from those findings and observations. 6. In my opinion, ...	CASE OF SHEFFIELD AND HORSHAM v. THE UNITED KINGDOM	22985/93;23390/94	30/07/1998	http://cmiskp.echr.coe.int/tkp197/view.asp?action=html&key=31926&portal=hbkm&source=external&table=285953B33D3AF94893DC49EF6600CEBD49&skin=hudoc-fr
...appeal on the ground that the investigating judge had given **logical** and sufficient reasons for his decision. The court noted that ...	CASE OF CONTRADA v. ITALY	27143/95	24/08/1998	http://cmiskp.echr.coe.int/tkp197/view.asp?action=html&key=31931&portal=hbkm&source=external&table=285953B33D3AF94893DC49EF6600CEBD49&skin=hudoc-fr
...the decision to retire him on grounds of invalidity, a **logical** consequence of the rules. In its judgment of 31 May ...	CASE OF COUEZ v. FRANCE	24271/94	24/08/1998	http://cmiskp.echr.coe.int/tkp197/view.asp?action=html&key=31934&portal=hbkm&source=external&table=285953B33D3AF94893DC49EF6600CEBD49&skin=hudoc-fr
...parties. The unacceptability of delay in private litigation is a **logical** consequence of the fact that the first act of the ...to bellum omnium contra omnes, i.e., anarchy. It is, therefore, **logical** that the calculation of delay in such cases should depend ...been very small. Apart from that, it would not be **logical** to require them to object to expropriation as such. As ...wholly in conflict with the actual reality. This is only **logical**, since the intent of irrebuttable presumptions is in effect to ...particular situation, would seem to me to be the only **logical** answer to the fact that litigation over this aspect of ...	CASE OF PAPACHELAS v. GREECE	31423/96	25/03/1999	http://cmiskp.echr.coe.int/tkp197/view.asp?action=html&key=32005&portal=hbkm&source=external&table=285953B33D3AF94893DC49EF6600CEBD49&skin=hudoc-fr
...the identity of those who had written them. No persuasive **logical** explanation of this was given to the Court.	CASE OF SELMOUNI v. FRANCE	25803/94	28/07/1999	http://cmiskp.echr.coe.int/tkp197/view.asp?action=html&key=32001&portal=hbkm&source=external&table=285953B33D3AF94893DC49EF6600CEBD49&skin=hudoc-fr
...the interests of national security. This, I think, is the **logical** connotation of the principle that in assessing the pressing social ...	CASE OF LUSTIG-PREAN AND BECKETT v. THE UNITED KINGDOM	31417/96;32377/96	27/09/1999	http://cmiskp.echr.coe.int/tkp197/view.asp?action=html&key=32121&portal=hbkm&source=external&table=285953B33D3AF94893DC49EF6600CEBD49&skin=hudoc-fr
...the interests of national security. This, I think, is the **logical** connotation of the principle that, in assessing the pressing social ...	CASE OF SMITH AND GRADY v. THE UNITED KINGDOM	33985/96;33986/96	27/09/1999	http://cmiskp.echr.coe.int/tkp197/view.asp?action=html&key=32122&portal=hbkm&source=external&table=285953B33D3AF94893DC49EF6600CEBD49&skin=hudoc-fr
...22 April 1992 the Court of Cassation had drawn the **logical** conclusion from the finding that the index which served as ...	CASE OF ZIELINSKI AND PRADAL & GONZALEZ AND OTHERS v. FRANCE	24846/94;34165/96;34173/96	28/10/1999	http://cmiskp.echr.coe.int/tkp197/view.asp?action=html&key=32306&portal=hbkm&source=external&table=285953B33D3AF94893DC49EF6600CEBD49&skin=hudoc-fr
...law expressed in the Preamble to the Convention to its **logical** conclusion. It is obviously prudent to avoid an actio popularis. ...	CASE OF ATHANASSOGLOU AND OTHERS v. SWITZERLAND	27644/95	06/04/2000	http://cmiskp.echr.coe.int/tkp197/view.asp?action=html&key=32274&portal=hbkm&source=external&table=285953B33D3AF94893DC49EF6600CEBD49&skin=hudoc-fr

KWIC-Zitat	*Fall*	*Aktenzeichen*	*Datum*	*Link*
...The witness said that he was unable to give a **logical** explanation as to the fact that six people had maintained ...	CASE OF ERTAK v. TURKEY	20764/92	09/05/2000	http://cmiskp.echr.coe.int/tkp197/view.asp?action=html&key=32913&portal=hbkm&source=external&table=285953B33D3AF94893DC49EF6600CEBD49&skin=hudoc-fr
...ledgers. While this would indeed appear to have been a **logical** step in an investigation of this nature, it is nevertheless ...	CASE OF TIMURTAS v. TURKEY	23531/94	13/06/2000	http://cmiskp.echr.coe.int/tkp197/view.asp?action=html&key=32615&portal=hbkm&source=external&table=285953B33D3AF94893DC49EF6600CEBD49&skin=hudoc-fr
...for a system of preliminary questions, it was reasonable and **logical** for the court dealing with an application for a reference ...	CASE OF COEME AND OTHERS v. BELGIUM	32492/96;32547/96;32548/96;33209/96;33210/96	22/06/2000	http://cmiskp.echr.coe.int/tkp197/view.asp?action=html&key=32908&portal=hbkm&source=external&table=285953B33D3AF94893DC49EF6600CEBD49&skin=hudoc-fr
...June 1992, Series A no. 238, p. 18, § 34). **Logical** conclusions flow from that definition. (a) Firstly, only "victims" within ...	CASE OF ILHAN v. TURKEY	22277/93	27/06/2000	http://cmiskp.echr.coe.int/tkp197/view.asp?action=html&key=32448&portal=hbkm&source=external&table=285953B33D3AF94893DC49EF6600CEBD49&skin=hudoc-fr
...by the final judicial decision, the problem metamorphoses into a **logical** absurdity. How does this absurdity arise? Judicial decisions are rendered through a **logical** syllogism (or, in the common-law tradition, through stare decisis analogy) ...of him, in so far as his aggressiveness was a **logical** consequence of the fact that he has been brutally denied ...justifies the ultimately total denial of access is simply not **logical**. The distinguishing characteristic of the case we have decided today ...	CASE OF NUUTINEN v. FINLAND	32842/96	27/06/2000	http://cmiskp.echr.coe.int/tkp197/view.asp?action=html&key=32450&portal=hbkm&source=external&table=285953B33D3AF94893DC49EF6600CEBD49&skin=hudoc-fr
...of proceedings before the Commission and the former Court was **logical** and orderly; the function of sifting which former Articles 26 ...	CASE OF DIKME v. TURKEY	20869/92	11/07/2000	http://cmiskp.echr.coe.int/tkp197/view.asp?action=html&key=32465&portal=hbkm&source=external&table=285953B33D3AF94893DC49EF6600CEBD49&skin=hudoc-fr
...family be implemented in an effective and coherent manner. No **logical** purpose would be served in deciding that visits may take ...	CASE OF SCOZZARI AND GIUNTA v. ITALY	39221/98;41963/98	13/07/2000	http://cmiskp.echr.coe.int/tkp197/view.asp?action=html&key=32466&portal=hbkm&source=external&table=285953B33D3AF94893DC49EF6600CEBD49&skin=hudoc-fr
...witnesses. As to the date of the rape, it was **logical** to deduce that it was immediately prior to R.'s refusal ...	CASE OF MATTOCCIA v. ITALY	23969/94	25/07/2000	http://cmiskp.echr.coe.int/tkp197/view.asp?action=html&key=32478&portal=hbkm&source=external&table=285953B33D3AF94893DC49EF6600CEBD49&skin=hudoc-fr
...solely in respect of information concerning civil-party applications. From a **logical** standpoint, moreover, I find it odd that the majority should ...	CASE OF DU ROY AND MALAURIE v. FRANCE	34000/96	03/10/2000	http://cmiskp.echr.coe.int/tkp197/view.asp?action=html&key=32543&portal=hbkm&source=external&table=285953B33D3AF94893DC49EF6600CEBD49&skin=hudoc-fr
...court dismissed this request, holding, inter alia: "... It is **logical** that [the applicant] should be released after bail is paid. ...	CASE OF KUDLA v. POLAND	30210/96	26/10/2000	http://cmiskp.echr.coe.int/tkp197/view.asp?action=html&key=32634&portal=hbkm&source=external&table=285953B33D3AF94893DC49EF6600CEBD49&skin=hudoc-fr

KWIC-Zitat	*Fall*	*Aktenzeichen*	*Datum*	*Link*
...in company X. Given that he had resigned, it was **logical** to release him. The Judge for the Preliminary Investigations, however, ...	CASE OF N.C. v. ITALY	24952/94	11/01/2001	http://cmiskp.echr.coe.int/tkp197/view.asp?action=html&key=32840&portal=hbkm&source=external&table=285953B33D3AF94893DC49EF6600CEBD49&skin=hudoc-fr
...running for the purposes of appeal? That is not very **logical**. In the present case, admittedly, there is room for genuine ...	CASE OF VAUDELLE v. FRANCE	35683/97	30/01/2001	http://cmiskp.echr.coe.int/tkp197/view.asp?action=html&key=32881&portal=hbkm&source=external&table=285953B33D3AF94893DC49EF6600CEBD49&skin=hudoc-fr
...Court of Cassation by persons convicted in absentia was a **logical** consequence of the nature of the judgment, which by its ...	CASE OF KROMBACH v. FRANCE	29731/96	13/02/2001	http://cmiskp.echr.coe.int/tkp197/view.asp?action=html&key=32925&portal=hbkm&source=external&table=285953B33D3AF94893DC49EF6600CEBD49&skin=hudoc-fr
...trial continues to sit in prison. Pecuniary just satisfaction is **logical** only if we set out from the premise that gravely ...in Section I of [the] Convention". It would not be **logical** to assume that this obligation simply ceases to exist, perhaps ...	CASE OF LUCA v. ITALY	33354/96	27/02/2001	http://cmiskp.echr.coe.int/tkp197/view.asp?action=html&key=32936&portal=hbkm&source=external&table=285953B33D3AF94893DC49EF6600CEBD49&skin=hudoc-fr
...of legality has to do with objective, rigorous semantic and **logical** legal restrictions (lex certa) on the State's power to punish. ...	CASE OF STRELETZ, KESSLER AND KRENZ v. GERMANY	34044/96;35532/97;44801/98	22/03/2001	http://cmiskp.echr.coe.int/tkp197/view.asp?action=html&key=33067&portal=hbkm&source=external&table=285953B33D3AF94893DC49EF6600CEBD49&skin=hudoc-fr
...seemingly paradoxical, but – to my mind – simple and **logical**, way of arriving at the conclusions of the judgment would ...2 but not of Article 3. There is thus no **logical** hierarchy between them. Admittedly, the practice is to follow the ...	CASE OF KEENAN v. THE UNITED KINGDOM	27229/95	03/04/2001	http://cmiskp.echr.coe.int/tkp197/view.asp?action=html&key=33079&portal=hbkm&source=external&table=285953B33D3AF94893DC49EF6600CEBD49&skin=hudoc-fr
...a whole. There is, as the majority judgment recognises, a **logical** relationship between the public nature of the proceedings and the ...	CASES OF B. v. THE UNITED KINGDOM AND P. v. THE UNITED KINGDOM	36337/97;35974/97	24/04/2001	http://cmiskp.echr.coe.int/tkp197/view.asp?action=html&key=33136&portal=hbkm&source=external&table=285953B33D3AF94893DC49EF6600CEBD49&skin=hudoc-fr
...South Africa" (Pleadings, vol. II, p. 503). These statements, by **logical** necessity, must be taken to extend to decisions taken by ...	CASE OF CYPRUS v. TURKEY	25781/94	10/05/2001	http://cmiskp.echr.coe.int/tkp197/view.asp?action=html&key=33168&portal=hbkm&source=external&table=285953B33D3AF94893DC49EF6600CEBD49&skin=hudoc-fr
...judge to the jury in the summing up, provides a **logical** and complete answer to the complaint based on Steiner's alleged ...	CASE OF ATLAN v. THE UNITED KINGDOM	36533/97	19/06/2001	http://cmiskp.echr.coe.int/tkp197/view.asp?action=html&key=33234&portal=hbkm&source=external&table=285953B33D3AF94893DC49EF6600CEBD49&skin=hudoc-fr
...criteria for determining what is "civil" are applied in a **logical** and reasonable manner – and that may make it necessary ...	CASE OF FERRAZZINI v. ITALY	44759/98	12/07/2001	http://cmiskp.echr.coe.int/tkp197/view.asp?action=html&key=33303&portal=hbkm&source=external&table=285953B33D3AF94893DC49EF6600CEBD49&skin=hudoc-fr

KWIC-Zitat	*Fall*	*Aktenzeichen*	*Datum*	*Link*
...by the applicant and had reached the conclusion, supported by **logical** argument, that there had not been any infringement of her ...	CASE OF PELLEGRINI v. ITALY	30882/96	20/07/2001	http://cmiskp.echr.coe.int/tkp197/view.asp?action=html&key=33318&portal=hbkm&source=external&table=285953B33D3AF94893DC49EF6600CEBD49&skin=hudoc-fr
...finding that there had not been a violation, because the **logical** consequence of the conclusion reached by the majority would be ...within the meaning of Article 6 § 1 would, by **logical** implication, amount to finding that all military courts contravene Article ...	CASE OF SAHINER v. TURKEY	29279/95	25/09/2001	http://cmiskp.echr.coe.int/tkp197/view.asp?action=html&key=33380&portal=hbkm&source=external&table=285953B33D3AF94893DC49EF6600CEBD49&skin=hudoc-fr
...finding that there had not been a violation, because the **logical** consequence of the conclusion reached by the majority would be ...within the meaning of Article 6 § 1 would, by **logical** implication, amount to finding that all military courts contravened Article ...	CASE OF ARI v. TURKEY	29281/95	25/09/2001	http://cmiskp.echr.coe.int/tkp197/view.asp?action=html&key=33381&portal=hbkm&source=external&table=285953B33D3AF94893DC49EF6600CEBD49&skin=hudoc-fr
...finding that there had not been a violation, because the **logical** consequence of the conclusion reached by the majority would be ...within the meaning of Article 6 § 1 would, by **logical** implication, amount to finding that all military courts contravened Article ...	CASE OF MEHMET ALI YILMAZ v. TURKEY	29286/95	25/09/2001	http://cmiskp.echr.coe.int/tkp197/view.asp?action=html&key=33382&portal=hbkm&source=external&table=285953B33D3AF94893DC49EF6600CEBD49&skin=hudoc-fr
...finding that there had not been a violation, because the **logical** consequence of the conclusion reached by the majority would be ...within the meaning of Article 6 § 1 would, by **logical** implication, amount to finding that all military courts contravened Article ...	CASE OF FIKRET DOGAN v. TURKEY	33363/96	25/09/2001	http://cmiskp.echr.coe.int/tkp197/view.asp?action=html&key=33383&portal=hbkm&source=external&table=285953B33D3AF94893DC49EF6600CEBD49&skin=hudoc-fr
...finding that there had not been a violation, because the **logical** consequence of the conclusion reached by the majority would be ...within the meaning of Article 6 § 1 would, by **logical** implication, amount to finding that all military courts contravened Article ...	CASE OF TAMKOC v. TURKEY	31881/96	25/09/2001	http://cmiskp.echr.coe.int/tkp197/view.asp?action=html&key=33385&portal=hbkm&source=external&table=285953B33D3AF94893DC49EF6600CEBD49&skin=hudoc-fr
...finding that there had not been a violation, because the **logical** consequence of the conclusion reached by the majority would be ...within the meaning of Article 6 § 1 would, by **logical** implication, amount to finding that all military courts contravened Article ...	CASE OF GUNES v. TURKEY	31893/96	25/09/2001	http://cmiskp.echr.coe.int/tkp197/view.asp?action=html&key=33387&portal=hbkm&source=external&table=285953B33D3AF94893DC49EF6600CEBD49&skin=hudoc-fr

KWIC-Zitat	*Fall*	*Aktenzeichen*	*Datum*	*Link*
...finding that there had not been a violation, because the **logical** consequence of the conclusion reached by the majority would be ...within the meaning of Article 6 § 1 would, by **logical** implication, amount to finding that all military courts contravened Article ...	CASE OF ARAP YALGIN AND OTHERS v. TURKEY	33370/96	25/09/2001	http://cmiskp.echr.coe.int/tkp197/view.asp?action=html&key=33388&portal=hbkm&source=external&table=285953B33D3AF94893DC49EF6600CEBD49&skin=hudoc-fr
...finding that there had not been a violation, because the **logical** consequence of the conclusion reached by the majority would be ...within the meaning of Article 6 § 1 would, by **logical** implication, amount to finding that all military courts contravened Article ...	CASE OF SELCUK YILDIRIM v. TURKEY	30451/96	25/09/2001	http://cmiskp.echr.coe.int/tkp197/view.asp?action=html&key=33389&portal=hbkm&source=external&table=285953B33D3AF94893DC49EF6600CEBD49&skin=hudoc-fr
...finding that there had not been a violation, because the **logical** consequence of the conclusion reached by the majority would be ...within the meaning of Article 6 § 1 would, by **logical** implication, amount to finding that all military courts contravened Article ...	CASE OF YAKIS v. TURKEY	33368/96	25/09/2001	http://cmiskp.echr.coe.int/tkp197/view.asp?action=html&key=33390&portal=hbkm&source=external&table=285953B33D3AF94893DC49EF6600CEBD49&skin=hudoc-fr
...witnesses' questioning. It held that the statements were consistent and **logical** and were corroborated by each other and by other evidence ...	CASE OF SOLAKOV v. THE FORMER YUGOSLAV REPUBLIC OF MACEDONIA	47023/99	03/12/1998	http://cmiskp.echr.coe.int/tkp197/view.asp?action=html&key=33583&portal=hbkm&source=external&table=285953B33D3AF94893DC49EF6600CEBD49&skin=hudoc-fr
...a suitable home to an adopted child which was the **logical** corollary of the reference to such an interest reflected a ...of the Convention. This interpretation of Article 14 is the **logical** consequence of what it actually states: "The enjoyment of the ...	CASE OF FRETTE v. FRANCE	36515/97	26/02/2002	http://cmiskp.echr.coe.int/tkp197/view.asp?action=html&key=33882&portal=hbkm&source=external&table=285953B33D3AF94893DC49EF6600CEBD49&skin=hudoc-fr
...the terms of detention on remand are not clear or **logical** [because] calculating the terms depends on various circumstances, including access ...	CASE OF STASAITIS v. LITHUANIA	47679/99	21/03/2002	http://cmiskp.echr.coe.int/tkp197/view.asp?action=html&key=34051&portal=hbkm&source=external&table=285953B33D3AF94893DC49EF6600CEBD49&skin=hudoc-fr
...Paris, 1986, pp. 87-88: "The Court of Cassation drew the **logical** conclusions from the fact that the two legal systems are ...	CASE OF S.A. DANGEVILLE v. FRANCE	36677/97	16/04/2002	http://cmiskp.echr.coe.int/tkp197/view.asp?action=html&key=34146&portal=hbkm&source=external&table=285953B33D3AF94893DC49EF6600CEBD49&skin=hudoc-fr
...the risk of serious non-violent offending. It would not be **logical** or rational if he was unable to refuse to order ...	CASE OF STAFFORD v. THE UNITED KINGDOM	46295/99	28/05/2002	http://cmiskp.echr.coe.int/tkp197/view.asp?action=html&key=34200&portal=hbkm&source=external&table=285953B33D3AF94893DC49EF6600CEBD49&skin=hudoc-fr
reached a number of **logical** conclusions (extracts from pages 148-227): "Having thus far referred strictly to the contents of the case file without drawing any **logical** 'inferences', the court considers that it must now set forth two **logical** and legal considerations whose importance is far from secondary. [p. ...	CASE OF PISANO v. ITALY	36732/97	24/10/2002	http://cmiskp.echr.coe.int/tkp197/view.asp?action=html&key=34420&portal=hbkm&source=external&table=285953B33D3AF94893DC49EF6600CEBD49&skin=hudoc-fr

KWIC-Zitat	*Fall*	*Aktenzeichen*	*Datum*	*Link*
...entry into force of that law. ... it follows from **logical** and systematic interpretation of Section 5 (1) of the Extra-Judicial ...	CASE OF KOPECKY v. SLOVAKIA	44912/98	07/01/2003	http://cmiskp.echr.coe.int/tkp197/view.asp?action=html&key=34571&portal=hbkm&source=external&table=285953B33D3AF94893DC49EF6600CEBD49&skin=hudoc-fr
...on the applicant's application, the Conseil d'Etat dismissed it on **logical** grounds, thereby indicating that the dispute had not been resolved ...	CASE OF CHEVROL v. FRANCE	49636/99	13/02/2003	http://cmiskp.echr.coe.int/tkp197/view.asp?action=html&key=34655&portal=hbkm&source=external&table=285953B33D3AF94893DC49EF6600CEBD49&skin=hudoc-fr
...view, Article 2 still permits death penalty in wartime. The **logical** conclusion would then be that the death penalty constitutes a ...	CASE OF OCALAN v. TURKEY	46221/99	12/03/2003	http://cmiskp.echr.coe.int/tkp197/view.asp?action=html&key=34693&portal=hbkm&source=external&table=285953B33D3AF94893DC49EF6600CEBD49&skin=hudoc-fr
...national proceedings would seem to be the appropriate, if not **logical**, outcome of such a judgment. The Committee of Ministers has ...together with the compensation for damage (damnum emergens), provides a **logical** remedy in cases where there can be no restitution of ...	CASE OF SIGURDSSON v. ICELAND	39731/98	10/04/2003	http://cmiskp.echr.coe.int/tkp197/view.asp?action=html&key=34734&portal=hbkm&source=external&table=285953B33D3AF94893DC49EF6600CEBD49&skin=hudoc-fr
...to the applicant's representative's question: "How can you explain this **logical** contradiction: Mr Yusev had no micro-bacterial growth but after a ...	CASE OF KHOKHLICH v. UKRAINE	41707/98	29/04/2003	http://cmiskp.echr.coe.int/tkp197/view.asp?action=html&key=35301&portal=hbkm&source=external&table=285953B33D3AF94893DC49EF6600CEBD49&skin=hudoc-fr
...left it open to the viewers to decide, between various **logical** explanations, as to who was responsible for the failures in ...left it open to the viewers to decide, between various **logical** explanations, as to who was responsible for the failures in ...left it open to the viewers to decide, between various **logical** explanations, as to who was responsible for the failures in ...	CASE OF PEDERSEN AND BAADSGAARD v. DENMARK	49017/99	19/06/2003	http://cmiskp.echr.coe.int/tkp197/view.asp?action=html&key=34882&portal=hbkm&source=external&table=285953B33D3AF94893DC49EF6600CEBD49&skin=hudoc-fr
...appreciation" (see § 123 of the judgment). 10. It is **logical** that there be an inverse relationship between the importance of ...interferes with the rights of others. However, it is not **logical** to infer from this that the proportionality doctrine of inverse ...	CASE OF HATTON AND OTHERS v. THE UNITED KINGDOM	36022/97	08/07/2003	http://cmiskp.echr.coe.int/tkp197/view.asp?action=html&key=34902&portal=hbkm&source=external&table=285953B33D3AF94893DC49EF6600CEBD49&skin=hudoc-fr
...The judgment in Stafford v. the United Kingdom was a **logical** step in a rather lengthy development whereby certain guarantees of, ...	CASE OF EZEH AND CONNORS v. THE UNITED KINGDOM	39665/98;40086/98	09/10/2003	http://cmiskp.echr.coe.int/tkp197/view.asp?action=html&key=35047&portal=hbkm&source=external&table=285953B33D3AF94893DC49EF6600CEBD49&skin=hudoc-fr
...majority the award of compensation to the applicants was the **logical** consequence of finding a violation, nevertheless, in the light of ...	CASE OF SLIVENKO v. LATVIA	48321/99	09/10/2003	http://cmiskp.echr.coe.int/tkp197/view.asp?action=html&key=35048&portal=hbkm&source=external&table=285953B33D3AF94893DC49EF6600CEBD49&skin=hudoc-fr

KWIC-Zitat	*Fall*	*Aktenzeichen*	*Datum*	*Link*
...entail and to regulate their conduct. However, it is a **logical** consequence of the principle that laws must be of general ...	CASE OF GORZELIK AND OTHERS v. POLAND	44158/98	17/02/2004	http://cmiskp.echr.coe.int/tkp197/view.asp?action=html&key=35351&portal=hbkm&source=external&table=285953B33D3AF94893DC49EF6600CEBD49&skin=hudoc-fr
...by the majority in the present case: "It is a **logical** consequence of the principle that laws must be of general ...	CASE OF MAESTRI v. ITALY	39748/98	17/02/2004	http://cmiskp.echr.coe.int/tkp197/view.asp?action=html&key=35352&portal=hbkm&source=external&table=285953B33D3AF94893DC49EF6600CEBD49&skin=hudoc-fr
...respect for the rule of law, there is no clear, **logical** link between the loss of vote and the imposition of ...seen as part of a prisoner's punishment, there is no **logical** justification for it to continue in the case of the ...	CASE OF HIRST v. THE UNITED KINGDOM (No. 2)	74025/01	30/03/2004	http://cmiskp.echr.coe.int/tkp197/view.asp?action=html&key=35394&portal=hbkm&source=external&table=285953B33D3AF94893DC49EF6600CEBD49&skin=hudoc-fr
...has taken what to my mind represents a welcome and **logical** step forward from the aforementioned restitution of property cases, as, ...	CASE OF ASSANIDZE v. GEORGIA	71503/01	08/04/2004	http://cmiskp.echr.coe.int/tkp197/view.asp?action=html&key=35588&portal=hbkm&source=external&table=285953B33D3AF94893DC49EF6600CEBD49&skin=hudoc-fr

Tabelle 3: Fundstellen für das Stichwort „logically"

KWIC-Zitat	*Fall*	*Aktenzeichen*	*Datum*	*Link*
...whether the Belgian State has fulfilled its obligations, it is **logically** necessary for the Court to give a decision on the ...	CASE "RELATING TO CERTAIN ASPECTS OF THE LAWS ON THE USE OF LANGUAGES IN EDUCATION IN BELGIUM" v. BELGIUM	1474/62;1677/62;1691/62;1769/63;1994/63;2126/64	09/02/1967	http://cmiskp.echr.coe.int/tkp197/view.asp?action=html&key=31238&portal=hbkm&source=external&table=285953B33D3AF94893DC49EF6600CEBD49&skin=hudoc-fr
...Article 24 or Article 25 (art. 24, art. 25) and, **logically**, such an application could deal only with events prior to ...that their arguments, based on Article 26 (art. 26), led **logically** to the conclusion that the period of detention to be ...	CASE OF MATZNETTER v. AUSTRIA	2178/64	10/11/1969	http://cmiskp.echr.coe.int/tkp197/view.asp?action=html&key=31251&portal=hbkm&source=external&table=285953B33D3AF94893DC49EF6600CEBD49&skin=hudoc-fr
...no room for the application of that Article (art. 6-1). **Logically** therefore, this part of the case must, for me, and ...Opinion, a term could, so far as I am concerned, **logically** be put to the question of the effect of Article ...when it is seen that the assertion in no way **logically** implies that there is a King of France, but merely ...was comprised by Article 6.1 (art. 6-1). This argument is **logically** correct, but is not completely watertight since Articles 5.4 and ...	CASE OF GOLDER v. THE UNITED KINGDOM	4451/70	21/02/1975	http://cmiskp.echr.coe.int/tkp197/view.asp?action=html&key=31210&portal=hbkm&source=external&table=285953B33D3AF94893DC49EF6600CEBD49&skin=hudoc-fr

KWIC-Zitat	*Fall*	*Aktenzeichen*	*Datum*	*Link*
...(art. 6) for a criminal court. The converse seems both **logically** and legally difficult. If a penalty occasioning deprivation of liberty ...for the reasons given in 1 (a) above, I should **logically** conclude that there was a violation of Article 5 para. ...	CASE OF ENGEL AND OTHERS v. THE NETHERLANDS	5100/71;5101/71;5102/71; 5354/72;5370/72	08/06/1976	http://cmiskp.echr.coe.int/tkp197/view.asp?action=html&key=31193&portal=hbkm&source=external&table=285953B33D3AF94893DC49EF6600CEBD49&skin=hudoc-fr
...of the Court's judgment. 12. But the reverse is not **logically** true: indeed, precisely because the one can exist irrespective of ...	CASE OF MARCKX v. BELGIUM	6833/74	13/06/1979	http://cmiskp.echr.coe.int/tkp197/view.asp?action=html&key=31248&portal=hbkm&source=external&table=285953B33D3AF94893DC49EF6600CEBD49&skin=hudoc-fr
...purposes of Article 6 (art. 6). This being so, it **logically** follows, as is in fact accepted in the judgment, that ...	CASE OF CAMPBELL AND FELL v. THE UNITED KINGDOM	7819/77;7878/77	28/06/1984	http://cmiskp.echr.coe.int/tkp197/view.asp?action=html&key=31170&portal=hbkm&source=external&table=285953B33D3AF94893DC49EF6600CEBD49&skin=hudoc-fr
...worked unjustly for the reasons suggested by the Government, then **logically** it must work unjustly in respect of all tenants, regardless ...irrational. In particular, although the argument of "moral entitlement" was **logically** capable of being applied across the board, Parliament cannot be ...paragraph 49 above). On the view that Parliament took, it **logically** follows that "in equity" the tenant should only be required ...	CASE OF JAMES AND OTHERS v. THE UNITED KINGDOM	8793/79	21/02/1986	http://cmiskp.echr.coe.int/tkp197/view.asp?action=html&key=31221&portal=hbkm&source=external&table=285953B33D3AF94893DC49EF6600CEBD49&skin=hudoc-fr
...in a form which allowed different conclusions. It was therefore **logically** impossible for the defendant to establish that the only possible ...of assessing Mr. Kreisky's behaviour and that it could not **logically** be proved that one interpretation was right to the exclusion ...	CASE OF LINGENS v. AUSTRIA	9815/82	08/07/1986	http://cmiskp.echr.coe.int/tkp197/view.asp?action=html&key=31237&portal=hbkm&source=external&table=285953B33D3AF94893DC49EF6600CEBD49&skin=hudoc-fr
...were plausible and credible; their account of the incident was **logically** coherent. The applicant's previous convictions showed that conduct like that ...	CASE OF UNTERPERTINGER v. AUSTRIA	9120/80	24/11/1986	http://cmiskp.echr.coe.int/tkp197/view.asp?action=html&key=31302&portal=hbkm&source=external&table=285953B33D3AF94893DC49EF6600CEBD49&skin=hudoc-fr
...chooses. This "inner circle" concept presupposes an "outside world" which, **logically**, is not encompassed within the concept of private life. Upon ...	CASE OF BELDJOUDI v. FRANCE	12083/86	26/03/1992	http://cmiskp.echr.coe.int/tkp197/view.asp?action=html&key=31481&portal=hbkm&source=external&table=285953B33D3AF94893DC49EF6600CEBD49&skin=hudoc-fr
...unjustified and, secondly, that the response was necessary and measured. **Logically**, on account both of the presumption of innocence and of ...Article 8 (art. 8) in respect of the first applicant, **logically** I had to consider that there had also been one ...	CASE OF KLAAS v. GERMANY	15473/89	22/09/1993	http://cmiskp.echr.coe.int/tkp197/view.asp?action=html&key=31540&portal=hbkm&source=external&table=285953B33D3AF94893DC49EF6600CEBD49&skin=hudoc-fr
...from their own desire to see obscene publications, it would **logically** be necessary to punish private showings of such films too. ...	CASE OF SCHERER v. SWITZERLAND	17116/90	25/03/1994	http://cmiskp.echr.coe.int/tkp197/view.asp?action=html&key=31586&portal=hbkm&source=external&table=285953B33D3AF94893DC49EF6600CEBD49&skin=hudoc-fr

KWIC-Zitat	*Fall*	*Aktenzeichen*	*Datum*	*Link*
...had been identical to those established by the investigating judge. **Logically** only paragraph 7 could apply to those facts. 28. Like ...	CASE OF GEA CATALÁN v. SPAIN	19160/91	10/02/1995	http://cmiskp.echr.coe.int/tkp197/view.asp?action=html&key=31633&portal=hbkm&source=external&table=285953B33D3AF94893DC49EF6600CEBD49&skin=hudoc-fr
...of the Regulation of 7 July 1987. They argued that, **logically**, the association should not have had to pay any fine ...	CASE OF PROCOLA v. LUXEMBOURG	14570/89	28/09/1995	http://cmiskp.echr.coe.int/tkp197/view.asp?action=html&key=31658&portal=hbkm&source=external&table=285953B33D3AF94893DC49EF6600CEBD49&skin=hudoc-fr
...the true position in law. But adopt it I do. **Logically**, I regard it as the only defensible stance, certainly now ...	CASE OF C.R. v. THE UNITED KINGDOM	20190/92	22/11/1995	http://cmiskp.echr.coe.int/tkp197/view.asp?action=html&key=31669&portal=hbkm&source=external&table=285953B33D3AF94893DC49EF6600CEBD49&skin=hudoc-fr
...the true position in law. But adopt it I do. **Logically**, I regard it as the only defensible stance, certainly now ...	CASE OF S.W. v. THE UNITED KINGDOM	20166/92	22/11/1995	http://cmiskp.echr.coe.int/tkp197/view.asp?action=html&key=31679&portal=hbkm&source=external&table=285953B33D3AF94893DC49EF6600CEBD49&skin=hudoc-fr
...appeal court conclusively that there was a situation which could **logically** explain why the police interviews degenerated into criminal behaviour. Moreover, ...	CASE OF RIBITSCH v. AUSTRIA	18896/91	04/12/1995	http://cmiskp.echr.coe.int/tkp197/view.asp?action=html&key=31678&portal=hbkm&source=external&table=285953B33D3AF94893DC49EF6600CEBD49&skin=hudoc-fr
...applicant did not make use of either of these remedies. **Logically**, the applicant's subsequent inaction by no means proves that if ...	CASE OF HAMER v. FRANCE	19953/92	07/08/1996	http://cmiskp.echr.coe.int/tkp197/view.asp?action=html&key=31712&portal=hbkm&source=external&table=285953B33D3AF94893DC49EF6600CEBD49&skin=hudoc-fr
...than answers which themselves will support a conviction. It must **logically** embrace all answers which would furnish a link in the ...	CASE OF SAUNDERS v. THE UNITED KINGDOM	19187/91	17/12/1996	http://cmiskp.echr.coe.int/tkp197/view.asp?action=html&key=31723&portal=hbkm&source=external&table=285953B33D3AF94893DC49EF6600CEBD49&skin=hudoc-fr
...the interview had taken place and summoned journalists as witnesses. **Logically**, therefore, the Court should have taken the view that the ...	CASE OF ZANA v. TURKEY	18954/91	25/11/1997	http://cmiskp.echr.coe.int/tkp197/view.asp?action=html&key=31829&portal=hbkm&source=external&table=285953B33D3AF94893DC49EF6600CEBD49&skin=hudoc-fr
...to depend on the first one. Surely it follows – **logically** and juridically – that the breach of the reasonable time ...	CASE OF PAFITIS AND OTHERS v. GREECE	20323/92	26/02/1998	http://cmiskp.echr.coe.int/tkp197/view.asp?action=html&key=31855&portal=hbkm&source=external&table=285953B33D3AF94893DC49EF6600CEBD49&skin=hudoc-fr
...stood accused of, and whether he was dangerous. Two experts **logically** had to start from working hypothesis that he had committed ...he was. The two specialists appointed by the investigating judge **logically** had to start from the working hypothesis that the applicant ...	CASE OF BERNARD v. FRANCE	22885/93	23/04/1998	http://cmiskp.echr.coe.int/tkp197/view.asp?action=html&key=31875&portal=hbkm&source=external&table=285953B33D3AF94893DC49EF6600CEBD49&skin=hudoc-fr

KWIC-Zitat	*Fall*	*Aktenzeichen*	*Datum*	*Link*
...of expression may be justified in extreme circumstances only, since **logically** such a measure would seem to be counterproductive. 6. Even ...	CASE OF AHMED AND OTHERS v. THE UNITED KINGDOM	CASE OF AHMED AND OTHERS v. THE UNITED KINGDOM	02/09/1998	http://cmiskp.echr.coe.int/tkp197/view.asp?action=html&key=31936&portal=hbkm&source=external&table=285953B33D3AF94893DC49EF6600CEBD49&skin=hudoc-fr
...State ought to provide for a retrial. It cannot be **logically** maintained that a conviction and sentence in a criminal case ...	CASE OF CABLE AND OTHERS v. THE UNITED KINGDOM	24436/94;24582/94;24583/94;24584/94 et. al.	18/02/1999	http://cmiskp.echr.coe.int/tkp197/view.asp?action=html&key=31925&portal=hbkm&source=external&table=285953B33D3AF94893DC49EF6600CEBD49&skin=hudoc-fr
...State ought to provide for a retrial. It cannot be **logically** maintained that a conviction and sentence in a criminal case ...	CASE OF HOOD v. THE UNITED KINGDOM	27267/95	18/02/1999	http://cmiskp.echr.coe.int/tkp197/view.asp?action=html&key=32627&portal=hbkm&source=external&table=285953B33D3AF94893DC49EF6600CEBD49&skin=hudoc-fr
...of their families, who consented to undergo deprogramming tests which **logically** required them to be physically isolated initially. That isolation lasted ...	CASE OF RIERA BLUME AND OTHERS v. SPAIN	37680/97	14/10/1999	http://cmiskp.echr.coe.int/tkp197/view.asp?action=html&key=32035&portal=hbkm&source=external&table=285953B33D3AF94893DC49EF6600CEBD49&skin=hudoc-fr
...with the Convention and, secondly, applies that answer rigorously but **logically** to the present case. 1. On the general question the ...	CASE OF ZIELINSKI AND PRADAL & GONZALEZ AND OTHERS v. FRANCE	24846/94;34165/96;34173/96	28/10/1999	http://cmiskp.echr.coe.int/tkp197/view.asp?action=html&key=32306&portal=hbkm&source=external&table=285953B33D3AF94893DC49EF6600CEBD49&skin=hudoc-fr
...procedural safeguards afforded on that account to civil servants must **logically** be the same as those applicable to other types of ...	CASE OF PELLEGRIN v. FRANCE	28541/95	08/12/1999	http://cmiskp.echr.coe.int/tkp197/view.asp?action=html&key=32116&portal=hbkm&source=external&table=285953B33D3AF94893DC49EF6600CEBD49&skin=hudoc-fr
...becomes a matter of public knowledge and the right can **logically** and legally be asserted, since it would be absurd and ...	CASE OF MIRAGALL ESCOLANO AND OTHERS v. SPAIN	38366/97;38688/97;40777/98;40843/98; 41015/98; et. al.	25/01/2000	http://cmiskp.echr.coe.int/tkp197/view.asp?action=html&key=32165&portal=hbkm&source=external&table=285953B33D3AF94893DC49EF6600CEBD49&skin=hudoc-fr
...excluded under the Convention system, with all the consequences that **logically** follow. It is for that reason that the Court has ...	CASE OF MAHMUT KAYA v. TURKEY	22535/93	28/03/2000	http://cmiskp.echr.coe.int/tkp197/view.asp?action=html&key=32237&portal=hbkm&source=external&table=285953B33D3AF94893DC49EF6600CEBD49&skin=hudoc-fr
...excluded under the Convention system, with all the consequences that **logically** follow. It is for that reason that the Court has ...	CASE OF KILIC v. TURKEY	22492/93	28/03/2000	http://cmiskp.echr.coe.int/tkp197/view.asp?action=html&key=32238&portal=hbkm&source=external&table=285953B33D3AF94893DC49EF6600CEBD49&skin=hudoc-fr
...legal norm thus depends on unchangeable past events. It follows **logically**, that legal judgment is predetermined by the established veracity of ...	CASE OF NUUTINEN v. FINLAND	32842/96	27/06/2000	http://cmiskp.echr.coe.int/tkp197/view.asp?action=html&key=32450&portal=hbkm&source=external&table=285953B33D3AF94893DC49EF6600CEBD49&skin=hudoc-fr
...reads as follows: "General condition good. ... Able to communicate **logically**. He stated that this had not been his first attempt ...	CASE OF KUDLA v. POLAND	30210/96	26/10/2000	http://cmiskp.echr.coe.int/tkp197/view.asp?action=html&key=32634&portal=hbkm&source=external&table=285953B33D3AF94893DC49EF6600CEBD49&skin=hudoc-fr

KWIC-Zitat	*Fall*	*Aktenzeichen*	*Datum*	*Link*
...perform the essential fact-finding function for the Court. It follows **logically** that the Court will have to adapt to this new ...	CASE OF REHBOCK v. SLOVENIA	29462/95	28/11/2000	http://cmiskp.echr.coe.int/tkp197/view.asp?action=html&key=32766&portal=hbkm&source=external&table=285953B33D3AF94893DC49EF6600CEBD49&skin=hudoc-fr
...memory, the powers of concentration or the ability to reason **logically**". 23. On 27 August 1996 the guardianship judge heard the ...	CASE OF VAUDELLE v. FRANCE	35683/97	30/01/2001	http://cmiskp.echr.coe.int/tkp197/view.asp?action=html&key=32881&portal=hbkm&source=external&table=285953B33D3AF94893DC49EF6600CEBD49&skin=hudoc-fr
...Before the Court awards pecuniary just satisfaction, this critical phrase **logically** (argumento a contrario) presupposes that the High Contracting Party's legal ...any] ... reparation to be made". This, however, does not **logically** imply that the internal legal system cannot react and correct ...the court of appeal is empowered to grant the retrial. **Logically** then, the "reparation to be made" need not be "partial" ...	CASE OF LUCA v. ITALY	33354/96	27/02/2001	http://cmiskp.echr.coe.int/tkp197/view.asp?action=html&key=32936&portal=hbkm&source=external&table=285953B33D3AF94893DC49EF6600CEBD49&skin=hudoc-fr
...of a judge rapporteur who with his specialised knowledge was **logically** called upon to hear evidence. Moreover, his activities could be ...	CASE OF D.N. v. SWITZERLAND	27154/95	29/03/2001	http://cmiskp.echr.coe.int/tkp197/view.asp?action=html&key=33078&portal=hbkm&source=external&table=285953B33D3AF94893DC49EF6600CEBD49&skin=hudoc-fr
...does not imply any personal right to retribution. It follows, **logically**, that the issue in this case is not whether the ...	CASE OF CALVELLI AND CIGLIO v. ITALY	32967/96	17/01/2002	http://cmiskp.echr.coe.int/tkp197/view.asp?action=html&key=34043&portal=hbkm&source=external&table=285953B33D3AF94893DC49EF6600CEBD49&skin=hudoc-fr
...of the Convention. In their submission, the minister's reasoning should **logically** have led the court to find, in the light of ...	CASE OF STES COLAS EST AND OTHERS v. FRANCE	37971/97	16/04/2002	http://cmiskp.echr.coe.int/tkp197/view.asp?action=html&key=34145&portal=hbkm&source=external&table=285953B33D3AF94893DC49EF6600CEBD49&skin=hudoc-fr
...that were pending at that stage. Lastly, the authorities had **logically** enough, in view of the high degree of uncertainty over ...	CASE OF S.A. DANGEVILLE v. FRANCE	36677/97	16/04/2002	http://cmiskp.echr.coe.int/tkp197/view.asp?action=html&key=34146&portal=hbkm&source=external&table=285953B33D3AF94893DC49EF6600CEBD49&skin=hudoc-fr
...most publicity, fall into the latter category. (5) It is **logically** and jurisprudentially wrong to require judges to sentence all categories ...particular circumstances of the case before them. (6) It is **logically** and constitutionally wrong to require the distinction between the various ...	CASE OF STAFFORD v. THE UNITED KINGDOM	46295/99	28/05/2002	http://cmiskp.echr.coe.int/tkp197/view.asp?action=html&key=34200&portal=hbkm&source=external&table=285953B33D3AF94893DC49EF6600CEBD49&skin=hudoc-fr
...much in its decision in the instant case. It followed **logically** that the refusal by the Netherlands courts to allow the ...	CASE OF YOUSEF v. THE NETHERLANDS	33711/96	05/11/2002	http://cmiskp.echr.coe.int/tkp197/view.asp?action=html&key=34437&portal=hbkm&source=external&table=285953B33D3AF94893DC49EF6600CEBD49&skin=hudoc-fr

KWIC-Zitat	*Fall*	*Aktenzeichen*	*Datum*	*Link*
...served two thirds of his sentence. 12. It is thus **logically** compelling that the denial of early release cannot be interpreted ...	CASE OF EZEH AND CONNORS v. THE UNITED KINGDOM	39665/98;40086/98	09/10/2003	http://cmiskp.echr.coe.int/tkp197/view.asp?action=html&key=35047&portal=hbkm&source=external&table=285953B33D3AF94893DC49EF6600CEBD49&skin=hudoc-fr
...more absolute terms than the principle in the preceding sentence **logically** allows. For, if it is accepted that there are many ...	CASE OF MAESTRI v. ITALY	39748/98	17/02/2004	http://cmiskp.echr.coe.int/tkp197/view.asp?action=html&key=35352&portal=hbkm&source=external&table=285953B33D3AF94893DC49EF6600CEBD49&skin=hudoc-fr
...processing his application before the Court. In addition, he claimed, **logically** in my view, that he incurred certain office expenses (such ...	CASE OF AMIHALACHIOAIE v. MOLDOVA	60115/00	20/04/2004	http://cmiskp.echr.coe.int/tkp197/view.asp?action=html&key=35430&portal=hbkm&source=external&table=285953B33D3AF94893DC49EF6600CEBD49&skin=hudoc-fr
...The consubstantiality of the language of Articles 41 and 46 **logically** implies that the internal law of the HighContracting Party must ...other words, in Scozzari and Giunta we came to the **logically** inescapable conclusion that a restitutio in integrum should be required ...	CASE OF BRONIOWSKI v. POLAND	31443/96	22/06/2004	http://cmiskp.echr.coe.int/tkp197/view.asp?action=html&key=35541&portal=hbkm&source=external&table=285953B33D3AF94893DC49EF6600CEBD49&skin=hudoc-fr
...been laid by Fourteenth Army personnel, but merely contended that **logically** work of such a technical level could only have been ...	CASE OF ILASCU AND OTHERS v. MOLDOVA AND RUSSIA	48787/99	08/07/2004	http://cmiskp.echr.coe.int/tkp197/view.asp?action=html&key=35599&portal=hbkm&source=external&table=285953B33D3AF94893DC49EF6600CEBD49&skin=hudoc-fr

Die vorstehenden Tabellen zu den Zitaten mit den Stichwörtern „logic", „logical" und „logically" wurden von MARIE HERBERGER erstellt.

EKKEHARD HOFMANN

Formale Sprachen im Recht

Zur Durchschaubarkeit komplexer staatlicher Entscheidungen

I. Einführung

Staatliche Maßnahmen zu rechtfertigen, ist nicht selten eine schwierige Aufgabe. Nur ausnahmsweise werden die Entscheidungsträger in Legislative, Exekutive und Judikative eine Handlungsalternative ermitteln können, die im Falle ihrer Verwirklichung nur Vorzüge hätte und keinerlei Nachteile mit sich brächte. Mit solchen Pareto-Verbesserungen beschäftigt sich der vorliegende Beitrag nicht. Vielmehr soll das Interesse solchen Entscheidungen gelten, die zwar einerseits bestimmte Rechtsgüter fördern, andere hingegen beeinträchtigen. Das ist Gegenstand und Ziel der Abwägung: eine vergleichende Betrachtung der Handlungsmöglichkeiten und ihrer Folgen mit dem Ziel eines möglichst schonenden Ausgleichs der konfligierenden Interessen.[1] Als komplex gelten den nachstehenden Ausführungen all diejenigen Entscheidungen, in denen drei oder mehr Belange abzuwägen sind.

Im Einzelnen ist zunächst näher zu klären, in welchen Bereichen das von der Rechtsprechung entwickelte und gesetzlich vielfach angeordnete Gebot gerechter Abwägung ausdrücklich oder auch nur implizit-tatsächlich zur Anwendung kommt. Es wird sich zeigen, dass kaum ein Rechtsanwendungs- oder Rechtsetzungsvorgang um die Bewältigung von Abwägungsproblemen herumkommt. Dementsprechend bedeutsam ist die Frage, welche Methodik zur Herstellung juristischer Entscheidungen und zur Darstellung von Entscheidungsgründen eingesetzt wird.

In der Praxis gängig ist hierfür ein rein natürlich-sprachliches Vorgehen. Prognosen werden mit Begriffen wie „wahrscheinlich" oder „unwahrscheinlich", Bewertungen als „gering" oder „gewichtig" beschrieben. Die natürlich-sprachliche Methodik ist zur Kommunikation

---

[1] BVerfGE 93, 1 ff., 21.

von Entscheidungsgründen im Staat-Bürger-Verhältnis wie auch zwischen den staatlichen Organen fast unumstritten. Nur ganz vereinzelt wird beklagt, über die Verbalisierung von Wertungen komme man im Recht nicht hinaus.[2]

Die nachfolgende Analyse der pragmatischen Aspekte der überlieferten Darstellungstechnik muss zunächst klären, ob und inwieweit den von der Rechtsprechung herausgearbeiteten Anforderungen an die Sorgfalt der Entscheidungsherstellung und ihrer Dokumentation durch eine natürlich-sprachliche Begründung wirklich entsprochen werden kann (II. und III.). Die dabei festzustellenden Defizite (IV.) führen zu der Frage, ob nicht vielleicht die Heranziehung numerisch–formaler Instrumente ratsam wäre (V. und VI.) Der Klarstellung halber sei schon an dieser Stelle gesagt, dass die nachstehend erörterte Kosten-Nutzen-Analyse (KNA) als Instrument der Herstellung staatlicher Entscheidungen und ihrer Darstellung in Gestalt von Entscheidungsgründen nichts mit der Unterwerfung unter irgendein Wohlfahrtskriterium zu tun hat oder gar die Annahme eines bestimmten Effizienzkriteriums, etwa das der Reichtumsmaximierung, meint. Die KNA in dem hier diskutierten Sinn ist ein rein formales Instrument zur rationalen Bewältigung komplexer Entscheidungssituationen und als solches gerechtigkeitsindifferent.[3]

In einigen Sachbereichen kommen schon jetzt numerische Instrumente zum Einsatz (VI.1.). Das darf aber nicht darüber hinwegtäuschen, dass trotz der eindeutigen Vorzüge, die formalen Entscheidungsherstellungsmethoden insbesondere hinsichtlich der Durchschaubarkeit der einer Entscheidung zugrunde liegenden Gedankengangs zu Eigen sind (VI.2.), große Vorbehalte gegen ihre Verwendung in rechtlichen Zusammenhängen bestehen. Ihnen wird abschließend nachzugehen sein (VI.3.).

---

[2] JOSEF ESSER, Argumentations- und Stilwandel in höchstrichterlichen Zivilentscheidungen, VI, in: *Études logiques juridique* 1976, 53 ff., 61; ebenfalls kritisch zur Verbalisierung von Wertungen NIKLAS LUHMANN, *Das Recht der Gesellschaft*. Frankfurt am Main 1993, 398 – nicht nachprüfbare formelhafte Verbalisierung.

[3] Zur Unterscheidung der verschiedenen Bereiche der normativen Ökonomik ANNE VAN AAKEN, *„Rational Choice" in der Rechtswissenschaft. Zum Stellenwert der ökonomischen Theorie im Recht.* Baden-Baden 2003, 183.

II. Die Grundstruktur komplexer Entscheidungen im Recht: Das Gebot gerechter Abwägung

Wie eingangs gesagt, ist die Bewältigung gegenläufiger Interessen bei Rechtsanwendung und Rechtsetzung die alltägliche Regel. Eine ausgefeilte Dogmatik zur Lösung solcher Problemstellungen liegt in Gestalt des Abwägungsgebots vor, das in erster Linie mit der Ausübung von Ermessen im technischen Sinn verknüpft sein dürfte (1.). Nicht übersehen werden darf aber, dass auch die Auslegung unbestimmter Rechtsbegriffe Abwägungen verlangt (2.).

1. Das Abwägungsgebot als Handlungsanweisung und als Kontrollmaßstab

Das Gebot gerechter Abwägung trägt einen Januskopf: Es ist zwar als Kontrollmaßstab für Rechtsnormen entwickelt worden, lässt sich aber zwanglos als Handlungsanweisung *ex ante* rekonstruieren, die allgemeine Geltung beanspruchen darf.[4] Seine ursprüngliche bauplanungsrechtliche Herkunft hat das Abwägungsgebot längst verlassen.[5] Es gilt nach der weithin gebilligten Rechtsprechung des Bundesverwaltungsgerichts nicht nur im Falle seiner ausdrücklichen gesetzlichen Anordnung, sondern für alle planungsrechtlichen Entscheidungen,[6] und seine Ableitung aus dem Rechtsstaatsprinzip durch das Bundesverwaltungsgericht legt seine Anwendung auf Sachbereiche außerhalb des Planungsrechts nahe.[7] Das kann wegen der engen Verwandtschaft des

---

[4] HANS-JOACHIM KOCH/REINHARD HENDLER, *Baurecht, Raumordnungs- und Landesplanungsrecht.* 3. Aufl., Stuttgart 2001, 229; allgemein zur Doppelfunktionalität mancher Kontrollmaßstäbe im öffentlichen Recht KLAUS SCHLAICH/STEFAN KORIOTH, *Das Bundesverfassungsgericht. Stellung, Verfahren, Entscheidungen. Ein Studienbuch.* 6. Aufl., München 2004, Rz. 515–518.

[5] Grundlegend insoweit BVerwGE 34, 301 ff., 304.

[6] BVerwGE 48, 56 ff., 63; BVerwGE 61, 295 ff., 301; BVerwG NJW 1982, 1473; zuletzt BVerwGE 111, 276 ff., 280; ausdrücklich zustimmend FERDINAND KOPP/WOLF-RÜDIGER SCHENKE, Verwaltungsgerichtsordnung. 13. Aufl., München 2003, § 47 Rz. 115 (Bearbeiter: WOLF-RÜDIGER SCHENKE); ATHANASSIOS D. TSEVAS, *Die verwaltungsgerichtliche Kontrollintensität bei der materiell-rechtlichen Nachprüfung des Planfeststellungsbeschlusses für raumbeanspruchende Großprojekte.* Berlin 1992, 124 ff.; sowie RUDOLF STEINBERG/THOMAS BERG/MARTIN WICKEL, *Fachplanung.* Baden-Baden 2000, 203, jeweils mit weiteren Nachweisen.

[7] BVerfGE 85, 36 ff., 36 entgegen der Auffassung des BVerwG (BVerwGE 70, 318 ff., 327 f.); BVerwGE 70, 346 ff., 350 f. – Hochschulkapazitätsverordnung –; VGH München BayVBl. 1994, 690 ff., 691, m. w. N. – kommunale Schulsprengelverordnung –. Für nicht verallgemeinerungsfähige Einzelfälle hält dies trotz Anerkennung der Verankerung des

Gebots gerechter Abwägung mit dem Grundsatz der Verhältnismäßigkeit auch nicht verwundern.

Die Rechtsetzung ist keineswegs völlig frei von solchen Anforderungen: Während das Abwägungsgebot bereits qua ausdrücklicher Anordnung für bauplanungsrechtliche Satzungen und damit für die Herstellung von Rechtsnormen gilt (§ 1 Abs. 7 BauGB), ergibt die Analyse der Haltung des Bundesverfassungsgerichts ein zweideutiges Bild. Einerseits werden die Richter nicht müde, die Entscheidungsfreiheiten der Legislative hervorzuheben.[8] In ihrer Entscheidung vom 27. Mai 1992 befinden sie in diesem Sinne in dankenswerter Klarheit, der Gegenstand der verfassungsgerichtlichen Überprüfung sei allein die Entscheidung des Gesetzgebers.[9] Andererseits stellt manches Judikat des Bundesverfassungsgerichts an legislative Abwägungsvorgänge ganz ähnliche Anforderungen wie das Bundesverwaltungsgericht an Planfeststellungsbeschlüsse.[10]

Nach der mittlerweile konsolidierten Dogmatik des Abwägungsgebots muss die Herstellung komplexer staatlicher Entscheidungen mit der Zusammenstellung des Abwägungsmaterials beginnen. Nach den Maßgaben der höchstrichterlichen Rechtsprechung unterliegt dies einem Gebot der Vollständigkeit, indem sie fordert, dass alle Belange zu ermitteln seien, die der Sache nach in die Abwägung eingestellt werden müssen.[11] Darüber hinaus sind die zur Verfügung stehenden Handlungsoptionen zu ermitteln (Alternativen).[12] Üblicherweise werden auch die notwendigen Prognosen über die hypothetischen Folgen der zur Verfügung stehenden Alternativen zum Abwägungsmaterial gerechnet.[13] Abschließend sind die Auswirkungen der möglichen Maß-

---

Abwägungsgebots im Rechtsstaatsprinzip KOPP/SCHENKE, Verwaltungsgerichtsordnung (Fn. 6), § 47 Rz. 116.

[8] BVerfGE 4, 7 ff., 17 f.; BVerfGE 25, 1 ff., 17 f.; BVerfGE 30, 250 ff., 263; BVerfGE 38, 61 ff., 82; BVerfGE 39, 210 ff., 226; BVerfGE 47, 109 ff., 117; BVerfGE 50, 290 ff., 336 ff.; BVerfGE 57, 139 ff., 159; BVerfGE 62, 1 ff., 50; BVerfGE 65, 116 ff., 126; BVerfGE 76, 1 ff., 51; BVerfGE 89, 155 ff., 181; BVerfGE 92, 26 ff., 41 ff.

[9] BVerfGE 86, 148 ff., 241.

[10] BVerfGE 76, 107 ff., 121 – rationale Abwägung des Normgebers; BVerfGE 86, 90 ff., 117 – die für und gegen die geplante Regelung sprechenden Gründe müssten in zutreffender Weise gegeneinander abgewogen werden.

[11] BVerwGE 34, 301 ff., 309; BVerwGE 45, 309 ff., 314; BVerwG DVBl 1988, 844; BVerwG NVwZ-RR 1991, 118; BVerwG NuR 1992, 377; BVerwGE 100, 238 ff., 251; BVerwG DVBl. 1996, 925 ff., 927; BVerwGE 59, 87 ff., 101 ff.; BVerwGE 90, 96 ff., 101.

[12] St. Rspr.; siehe nur BVerwG UPR 1998, 382 ff., 383; BVerwGE 100, 238 ff., 249; BVerwGE 104, 144 ff., 149; BVerwGE 104, 236 ff., 245.

[13] Fehler bei der Erstellung von Prognosen werden von Kühling/Herrmann als „Ermittlungsfehler" bezeichnet, denen „Bewertungsfehler" gegenübergestellt werden: JÜRGEN KÜHLING/NIKOLAUS HERRMANN, *Fachplanungsrecht*. Düsseldorf 2000, 120.

nahmen zu gewichten und in bilanzierender Art und Weise[14] abwägend zu vergleichen. Als Handlungsanweisung zielt das Abwägungsgebot damit, kurz gesagt, auf die vollständige Ermittlung der berührten Belange und Handlungsoptionen, die Durchführung vernünftiger Prognosen und die angemessene Gewichtung der Belange. Das Ergebnis eines solchen Vorgangs ist eine gerechte Abwägung. Sie beinhaltet den Anspruch der Entscheidungsträger, eine Einzelfallmaßnahme angeordnet oder eine Rechtsnorm erlassen zu haben, deren gesellschaftliche Vorteile insgesamt größer sind als ihre Nachteile.

Das Abwägungsgebot ist aber nicht nur Handlungsanweisung, sondern auch und gerade ein Kontrollmaßstab. Die Gerichte räumen der Verwaltung bei der Abwägung Spielräume dadurch ein, dass die Prognosen nur „vertretbar" und die Gewichtungen „nicht offensichtlich fehlsam" sein müssen, um vor der gerichtlichen Überprüfung zu bestehen.[15] Die planerische Gestaltungsfreiheit habe da ihre Grenze, wo einer der beteiligten Belange in geradezu unvertretbarer Weise zu kurz komme.[16] Dabei ist von einigem Interesse, dass das Bundesverwaltungsgericht nicht nur auf das Abwägungsergebnis als Kontrollgegenstand blickt,[17] sondern auf den Abwägungsvorgang und in dessen Rahmen auf die Gewichtung einzelner Belange: Der Ausgleich zwischen den betroffenen privaten und öffentlichen Belangen sei so vorzunehmen, dass er zur objektiven Gewichtigkeit einzelner Belange (!) nicht außer Verhältnis stehe.[18] Die planerische Gestaltungsfreiheit habe da ihre Grenze, wo einer (!) der beteiligten Belange in geradezu unvertretbarer Weise zu kurz komme.[19] Das Gericht geht offenbar davon aus, dass es für eine gerechte Abwägung auf die Gewichtung einzelner Belange ankommt. Darauf wird zurückzukommen sein.

---

[14] Früh schon BVerwGE 75, 214 ff., 254; BVerwGE 104, 236 ff., 251; aus jüngerer Zeit BVerwGE 112, 140 ff., 164; BVerwG NVwZ 2001, 1050 (2. LS. – zum Begriff des Wohls der Allgemeinheit nach § 165 Abs. 3 Satz 1 Nr. 2 BauGB); BVerwG v. 20.2.2002, 4 B 12/02 (zum Begriff des Gemeinwohls in § 20c Abs. 2 1 BNatSchG).

[15] Bezüglich der vom Gericht (und damit mittelbar auch von der Verwaltung) zu respektierenden gesetzgeberischen Wertungen BVerwGE 117, 138 ff., 139.

[16] BVerfGE 24, 367 ff., 406.

[17] BVerwGE 45, 309 ff., 315. Die damit zusammenhängende Problematik von Veränderungen der Sachlage in der Zeit zwischen Erlass eines Bebauungsplans und der gerichtlichen Entscheidung braucht hier nicht vertieft zu werden (siehe im Einzelnen KOCH/HENDLER, Baurecht, Raumordnungs- und Landesplanungsrecht (Fn. 4), 245–248 m. w. N.).

[18] St. Rspr., beginnend mit BVerwGE 34, 301 ff., 309 und BVerwGE 45, 309 ff., 314 ff.; für das Fachplanungsrecht BVerwGE 48, 56 ff., 64; BVerwGE 56, 110 ff., 123.

[19] BVerwGE 45, 309 ff., 326.

2. Die Auslegung unbestimmter Rechtsbegriffe

Doch nicht nur im Bereich des Ermessens im technischen Sinn, sondern auch bei der Auslegung unbestimmter Rechtsbegriffe sind regelmäßig konfligierende Interessen zu einem Ausgleich zu bringen. Ein prominentes Beispiel dürfte der Begriff des Wohls der Allgemeinheit in Art. 14 Abs. 3 GG sein, dessen Konkretisierung anerkanntermaßen im Rahmen von fachplanungsrechtlichen Genehmigungsentscheidungen erfolgt, die ohnehin dem Abwägungsgebot unterliegen. Vorbehaltlos gewährte Grundrechte führen gleichfalls zu der Auslegungsaufgabe, nach einem möglichst schonenden Ausgleich zwischen den widerstreitenden Rechtspositionen zu suchen.[20] Um ganz ähnliche Auslegungsprobleme geht es bei den Beispielen der gewerberechtlichen Unzuverlässigkeit[21] oder der Nutzungsänderung einer baulichen Anlage (§ 35 Abs. 4 Nr. 1 BauGB).[22]

Bei näherer Betrachtung ergibt sich ferner, dass die Auslegung unbestimmter Rechtsbegriffe wegen ihrer Struktur funktional der Ermessensausübung überaus vergleichbar ist.[23] Soweit es bei der Behandlung unbestimmter Rechtsbegriffe um die Ermittlung des semantischen oder der Festsetzung des pragmatischen Gehalts vager Ausdrücke geht und man von in der juristischen Diskussion viel beachteten Frage der Letztentscheidungskompetenz einmal absieht, so sind vage Ausdrücke in einer in der Sprachphilosophie üblichen Betrachtungsweise Begriffe, für die gilt: (1) Es gibt Gegenstände, die unzweifelhaft unter den Begriff fallen (positive Kandidaten); (2) es gibt Gegenstände, die unzweifelhaft nicht unter den Begriff fallen (negative Kandidaten); (3) es gibt schließlich Gegenstände, hinsichtlich derer nicht ohne weiteres entschieden

---

20 BVerfGE 93, 1 ff., 21 – Kruzifix (Reichweite der Glaubensfreiheit).

21 EKKEHARD HOFMANN, Die Abwägung konfligierender Interessen in Recht und Wohlfahrtstheorie, in: ANNE VAN AAKEN/STEFANIE SCHMID-LÜBBERT (Hrsg.), *Beiträge zur ökonomischen Theorie im Öffentlichen Recht.* Wiesbaden 2003, 135 ff., 138–140.

22 HANS-JOACHIM KOCH, Die normtheoretische Basis der Abwägung, in: WILFRIED ERBGUTH/JANBERND OEBBECKE/HANS-WERNER RENGELING/MARTIN SCHULTE (Hrsg.), *Abwägung im Recht. Symposium und Verabschiedung von Werner Hoppe am 30. Juni 1995 in Münster aus Anlaß seiner Emeritierung.* Köln 1996, 9 ff., 13 f.

23 Siehe im Einzelnen HANS-JOACHIM KOCH, *Unbestimmte Rechtsbegriffe und Ermessensermächtigungen im Verwaltungsrecht. Eine logische und semantische Studie zur Gesetzesbindung der Verwaltung.* Frankfurt am Main 1979, 136 ff. Auf den dort herausgearbeiteten Unterschied zwischen der Auslegung vager Begriffe und Ermessensausübung, dass in dem einen Fall konjunktive Verknüpfungen, im anderen disjunktive Verknüpfungen gebildet werden, kommt es für unsere Betrachtung nicht weiter an.

werden kann, ob sie unter den Begriff fallen oder nicht („neutrale" Kandidaten).[24]

Die Bestimmung, ob ein neutraler Kandidat im konkreten Fall unter den gegebenen Umständen zu den positiven oder zu den negativen Kandidaten zählen soll, ist jedenfalls dann ein Abwägungsvorgang, wenn jede mögliche Auslegungsalternative gleichzeitig Vor- und Nachteile aufweist. Das ist der juristischen Literatur nicht entgangen.[25]

Darüber hinaus ist für unsere Überlegung von Bedeutung, dass auch die natürlich-sprachliche Beschreibung von Bewertungen im Rahmen der Begründung von Verwaltungsentscheidungen – etwa als „hohe Beeinträchtigung" oder „außerordentlicher Vorzug" von vagen Begriffen im erläuterten Sinn Gebrauch macht. Für Dritte ist nicht ohne weiteres erkennbar, welcher genaue Gehalt den Wertbegriffen zugewiesen wurde. Das spielt hinsichtlich von Begründungsanforderungen eine Rolle, auf die nunmehr einzugehen ist.

III. Begründungsanforderungen

Nimmt man die vorstehenden Überlegungen zusammen, so ergibt sich folgendes Bild: Ob Rechtsanwendung oder Rechtsetzung, komplexe hoheitliche Entscheidungen unterliegen grundsätzlich dem Abwägungsgebot. Selbst die zunächst als wenig problematisch erscheinende Auslegung vager Begriffe stellt sich in analytischer Betrachtungsweise als Abwägungsvorgang dar. Je deutlicher aber Prognose- und Bewertungsfragen eine Rolle bei der Entscheidungsherstellung spielen, desto dringlicher ist das Bedürfnis nach der Nachvollziehbarkeit des Abwägungsvorgangs. Daher überrascht es nicht, wenn etwa fachplanungsrechtlichen Genehmigungsentscheidungen umfängliche Erläuterungen der Entscheidungsgründe beigefügt werden. Betrachten wir daher zunächst die Rechtslage in Bezug auf das Verwaltungsrecht, wo schriftliche Verwaltungsakte in der Regel zu begründen sind (1.). Hingegen stellen Begründungspflichten der Normgeber aus deutscher Sicht eher ein auf das Satzungsrecht beschränktes Kuriosum dar (2.). Entwicklun-

---

24 STEPHAN KÖRNER, *Erfahrung und Theorie. Ein wissenschaftstheoretischer Versuch.* Frankfurt am Main 1970, 44, 49 (engl. Original 1966: *Experience and theory; an essay in the philosophy of science*).

25 CLAUS DIETER CLASSEN, Die Europäisierung der Verwaltungsgerichtsbarkeit. Eine vergleichende Untersuchung zum deutschen, französischen und europäischen Verwaltungsprozeßrecht. Tübingen 1996, 135. Die auf Alexy zurückgehende Deutung Kochs, Abwägungen zielten auch bei der Auslegung vager Begriffe auf Zustände, die mehr oder minder verwirklicht werden könnten, drückt denselben Gedanken aus, siehe KOCH, Die normtheoretische Basis der Abwägung (Fn. 22), 20.

gen im Europäischen Gemeinschaftsrecht deuten allerdings auf eine Ausdehnung solcher Instrumente in Zukunft hin (3.).

1. Begründungspflichten von Verwaltungsbehörden

Nach § 39 Abs. 1 S. 2 VwVfG hat die Behörde bei schriftlichen oder schriftlich bestätigten Verwaltungsakten die wesentlichen tatsächlichen und rechtlichen Gründe ihrer Entscheidung in einer Begründung mitzuteilen. Bei Ermessensentscheidungen soll sie auch die Gesichtspunkte erkennen lassen, von denen sie bei der Ausübung ihres Ermessens ausgegangen ist (§ 39 Abs. 1 S. 3 VwVfG).[26]

In dem Begründungszwang liegt nach ganz herrschender Auffassung ein formelles Erfordernis, das die sachliche Richtigkeit der Begründung nicht erfasst.[27] Eine Darlegung der Erwägungen der Behörde, die den Anforderungen des § 39 Abs. 1 VwVfG entspräche, sei daher schon dann gegeben, wenn die von der Behörde gegebene Begründung mit ihren tatsächlichen Gründen übereinstimme.[28] Hat die Behörde keine oder nicht sorgfältige Überlegungen angestellt, so verpflichtet sie danach § 39 VwVfG lediglich dazu, dies zu dokumentieren.[29] Stets müssten jedoch der zugrundegelegte Sachverhalt und die angewandten Rechtsvorschriften dargelegt werden.[30]

Der Begründungspflicht werden im Wesentlichen drei Funktionen zugeschrieben: Sie solle die Behörden zunächst zu sorgfältigen Ermittlungen und zur Auseinandersetzung mit dem Vorbringen der Beteiligten zwingen.[31] Insofern bemerken Koch/Rüßmann zu Recht, dass Dar-

---

[26] § 39 Abs. 1 Satz 2 und 3 VwVfG findet auch bei Verwaltungsakten Anwendung, die im förmlichen Verwaltungsverfahren ergehen (§ 69 Abs. 2 Satz 1 VwVfG) und gilt auch für Planfeststellungsbeschlüsse (§ 74 Abs. 1 Satz 2 iVm § 69 Abs. 2 Satz 1 VwVfG).

[27] HANS JOCHAM KNACK (Hrsg.), *Verwaltungsverfahrungsgesetz. Kommentar.* 8. Aufl., Köln 2004, § 39 Rz. 4 (Bearbeiter: HANS-GÜNTER HENNEKE); FERDINAND KOPP/ULRICH RAMSAUER (Hsrg.), *Verwaltungsverfahrensgesetz.* 8. Aufl., München 2003, § 39 Rz. 2 (Bearbeiter: ULRICH RAMSAUER); PAUL STELKENS/HANS JOACHIM BONK/MICHAEL SACHS (Hrsg.), *Verwaltungsverfahrensgesetz. Kommentar.* 6. Aufl., München 2001, § 39 Rz. 9 (Bearbeiter: PAUL STELKENS/ULRICH STELKENS); KLAUS OBERMAYER/ROLAND FRITZ (Hrsg.), *Kommentar zum Verwaltungsverfahrensgesetz.* 3. Aufl., Neuwied 1999, § 39 Rz. 2 (Bearbeiter: STEFAN LIEBETANZ).

[28] KOPP/RAMSAUER, Verwaltungsverfahrensgesetz (Fn. 27), § 39 Rz. 2.

[29] Zur Ausnahme der mündlichen Verwaltungsakte siehe UWE KISCHEL, *Die Begründung.* Tübingen 2002, 237 ff.

[30] KNACK, Verwaltungsverfahrensgesetz (Fn. 27), § 39 Rz. 26, 28; STELKENS/BONK/SACHS, Verwaltungsverfahrensgesetz (Fn. 27), § 39 Rz. 24 f.

[31] BSGE 17, 79 ff., 83; BVerwG BayVBl 1993, 439 ff., 440 f.; FRANZ BECKER, *Das allgemeine Verwaltungsverfahren in Theorie und Gesetzgebung. Eine rechtsvergleichende Untersuchung.*

stellungspflichten mehr als jedem moralischen Appell eine disziplinierende Wirkung zukommt.[32] Die Begründungspflicht zielt mithin erstens auf eine Erhöhung der Ergebnisqualität, der materiellen Richtigkeit staatlicher Entscheidungen. Eine Begründung eröffne zweitens die Chance, die Betroffenen von der Richtigkeit der Entscheidung zu überzeugen (Befriedungs- oder Akzeptanzerhöhungsfunktion).[33] Drittens erlaube den Betroffenen erst eine nähere Begründung, wirksamen Rechtsschutz im Sinne von Art. 19 Abs. 4 GG zu erlangen (Rechtsschutzfunktion).[34] Für Gerichte und andere Kontrollinstanzen stelle eine Begründung ebenfalls eine Erleichterung ihrer Tätigkeit dar (Kontrollfunktion); insofern komme der Begründung auch eine Klarstellungs- und Beweisaufgabe zu.[35]

2. Begründungspflichten der Normgeber

Mit Ausnahme von bauplanungsrechtlichen Satzungen (§ 9 Abs. 8 BauGB)[36] ist dagegen nach der ganz herrschenden Ansicht in Lehre und Rechtsprechung vom Normgeber keine Darstellung der Entscheidungsgründe zu verlangen. Der parlamentarische Gesetzgeber schulde nichts anderes als das Gesetz.[37] Dem folgt das Bundesverfassungsgericht.[38]

Stuttgart 1963, 55 f.; KOPP/RAMSAUER, Verwaltungsverfahrensgesetz (Fn. 27), § 39 Rz. 2a.

32 HANS-JOACHIM KOCH/HELMUT RÜßMANN, *Juristische Begründungslehre*. München 1982, 372; ebenso KISCHEL, Die Begründung (Fn. 29), 13.

33 KNACK, Verwaltungsverfahrensgesetz (Fn. 27), § 39 Rz. 5. Weiterführend zu dieser individuellen Funktion der Begründung belastender Entscheidungen CHRISTOPH ENGEL, Offene Gemeinwohldefinitionen, in: *Rechtstheorie* 32 (2001), 23 ff, 36-40.

34 BVerfGE 6, 32 ff., 44; BVerwGE 75, 215 ff., 239; BVerwGE 83, 345 ff., 356; BVerwGE 84, 374 ff., 388; BVerwGE 91, 262 ff., 265; KOPP/RAMSAUER, Verwaltungsverfahrensgesetz (Fn. 27), § 39 Rz. 2a, 4; KNACK, Verwaltungsverfahrensgesetz (Fn. 27), § 39 Rz. 5; CHRISTIAN HOFMANN, Der Beitrag der neueren Rechtsprechung des BVerfG zur Dogmatik des Beurteilungsspielraums, in: *NVwZ* 1995, 740 ff., 744.

35 OBERMAYER/FRITZ, Verwaltungsverfahrensgesetz (Fn. 27), § 39 Rz. 9.

36 Vom Satzungsrecht ausgehend will Kloepfer Mindestanforderungen an staatliche Normen ableiten, was in erster Linie auf das Abwägungsgebot zielt, aber wohl eine Begründungspflicht impliziert (MICHAEL KLOEPFER, Abwägungsregeln bei Satzungsgebung und Gesetzgebung. Über Regelungen für den Erlaß von Rechtsnormen, in: *DVBl* 1995, 441 ff, 443–446.

37 SCHLAICH/KORIOTH, Das Bundesverfassungsgericht (Fn. 4), Rz. 542; KLAUS SCHLAICH, Die Verfassungsgerichtsbarkeit im Gefüge der Staatsfunktionen, in: *VVDStRL* 39 (1981), 96 ff., 109; KLAUS SCHLAICH, Das Bundesverfassungsgericht – Stellung, Verfahren, Entscheidung. 5. Teil: Das BVerfG im Gefüge der Staatsfunktionen, in: *JuS* 1982, 597 ff., 602 f.; WILLI GEIGER, Gegenwartsprobleme der Verfassungsgerichtsbarkeit aus deutscher Sicht, in: THOMAS BERBERICH/WOLFGANG HOLL/KNUT JÜRGEN MAAß (Hrsg.), *Neue Entwicklungen im öffentlichen Recht. Beiträge zum Verhältnis von Bürger und Staat aus Völ-*

Die teilweise geradezu apodiktische Ablehnung von normbezogenen Begründungspflichten – der moderne Gesetzgeber dürfe das Wörtchen „weil" niemals in den Mund nehmen[39] – mag mit der Praxis im deutschen Faschismus zu tun haben, Gesetzen umfängliche Präambeln voranzustellen, die dann bei der Rechtsanwendung dem Normtext als Ausdruck des Führerwillens durchaus vorgehen konnten.[40]

Im demokratischen Rechtsstaat wäre aber eine Erläuterung der Entscheidungsgründe nicht bereits als solches anrüchig. Bei nüchterner Betrachtung ist vielmehr zu beobachten, dass die im Rahmen des Verwaltungsrechts festzustellenden Vorzüge von Begründungen weitgehend auf die parlamentarische und die exekutivische Rechtsetzung übertragbar sind.[41] Auch Gesetze könnten von einer nachvollziehbaren Begründungen profitieren, sei es hinsichtlich der Akzeptanz der getroffenen Regelungen, sei es als Anreiz, sorgfältig überlegte Entscheidungen zu treffen oder zur Unterstützung der gerichtlichen wie politischen Kontrolle. Besonders dann, wenn man mit der Wilhelmshaven-Entscheidung des Bundesverfassungsgerichts eine „nachvollziehbare Abwägung" des Normgebers fordert,[42] tritt dies deutlich zu Tage.

Greifbare Vorteile alleine reichen jedoch nicht aus, um eine verfassungsrechtliche Pflicht zur Begründung von Gesetzen zu bewirken. Die Vorzüge müssten sich schon so eindeutig verdichten, dass das Absehen von einer Begründung als Verfassungsverstoß erscheint. Angesichts einiger beachtlicher Nachteile einer Begründungspflicht für Akte des Gesetzgebers dürfte das aber nicht anzunehmen sein.[43]

Ohne in Einzelheiten gehen zu können, ist folgende besondere Schwierigkeit der Rechtsetzung durch nach dem Mehrheitsprinzip arbeitende Kollegialorgane hervorzuheben. Wie leicht zu sehen ist, hätte die Pflicht zur Angabe von Gründen eine gewisse entscheidungshemmende Wirkung, was einerseits zugunsten einer Begründungspflicht spräche, andererseits aber auch allgemeinwohlförderliche Maßnahmen verhindern kann. Das lässt sich auf folgenden Umstand zurückführen. Im Falle einer fehlenden Begründungspflicht kommt es zum Erlass eines Gesetzes schon dann, wenn eine ausreichende Mehrheit der Ab-

---

kerrecht, Verfassungsrecht und Verwaltungsrecht. Stuttgart 1979, 131 ff., 141 f.; CHRISTOPH GUSY, Das Grundgesetz als normative Gesetzgebungslehre, in: *ZRP* 1985, 291 ff., 298.

38 BVerfGE 86, 148 ff., 241.

39 GUSTAV RADBRUCH, *Einführung in die Rechtswissenschaft.* 9. Aufl., Stuttgart 1952, 45.

40 KONRAD REDEKER/ULRICH KARPENSTEIN, Über Nutzen und Notwendigkeiten, Gesetze zu begründen, in: *NJW* 2001, 2825 ff., 2827 m. w. N.

41 Vgl. die ausführliche Darstellung von PANAGIOTIS SKOURIS, *Die Begründung von Rechtsnormen,* Baden-Baden 2002, 119–175, und seine Thesen 177–180.

42 BVerfGE 76, 107 ff., 121.

43 KISCHEL, Die Begründung (Fn. 29), 299 ff.

geordneten es *im Ergebnis* befürwortet. Sind die Gründe für das Gesetz hingegen ebenfalls anzugeben, so ist nicht auszuschließen, dass trotz hinreichender Parlamentsmehrheit in Bezug auf das Ergebnis wegen Uneinigkeit hinsichtlich der Gründe das Gesetz nicht verabschiedet wird.

Das bedeutet zwar nicht ohne weiteres, dass eine Begründungspflicht nicht dennoch alles in allem auch bei der parlamentarischen Normsetzung ein sinnvolles Instrument wäre. Für exekutivische Rechtsverordnungen gilt das ausgeführte Argument ohnehin nicht. Nur ist eine verfassungsrechtliche Pflicht zur Erläuterung der Entscheidungsgründe nicht anzuerkennen.

3. Begründungspflichten im Europäischen Gemeinschaftsrecht

Das Gemeinschaftsrecht verlangt dagegen auch für Rechtsetzungsakte die Angabe von Gründen (Art. 253 EGV). Sieht man mit der Rechtsprechung des EuGH und der ihm mehrheitlich folgenden Literatur in Art. 253 EGV eine wesentliche Formvorschrift im Sinne des Art. 230 Abs. 2 EGV, so macht ein Verstoß gegen die Begründungspflicht den Rechtsakt anfechtbar und kann zu seiner Nichtigkeit führen.[44] Allerdings lösen nur solche Begründungsmängel die Nichtigkeitsfolge aus, die bei Abwägung aller Umstände als schwer wiegend erscheinen.[45]

In aller Regel erfolgt die Begründung von Rechtsakten in Gestalt der Richtlinien und Verordnungen vorangestellten Erwägungsgründe. Weit darüber hinaus dürfte der Ansatz der Kommission gehen, in Zukunft alle größeren Initiativen des Arbeitsprogramms der Kommission einer Folgenabschätzung zu unterziehen.[46] Zwar wird betont, die Folgenabschätzung sei Hilfsmittel der Entscheidungsfindung, kein Ersatz für politische Entscheidungen.[47] Dennoch wird die Europäische Folgenabschätzung mit einem Abschätzungsbericht genannten Dokument abgeschlossen werden, das die Wahl der Handlungsalternative *rechtfer-*

---

44 EBERHARD GRABITZ/MEINHARD HILF (Hrsg.), *Das Recht der Europäischen Union.* Altband II, Art. 137–248 (Maastrichter Fassung), München 1999, Art. 190 Rz. 7 (Bearbeiter: EBERHARD GRABITZ).

45 EuGH, Rs. 18/57 (Nold), Slg. 1958/59, 89 (116); Rs. 158/80 (Rewe), Slg. 1981, 1805, Rz. 19, 26 f.; CHRISTIAN CALLIESS/MATTHIAS RUFFERT, Kommentar des Vertrages über die Europäische Union und des Vertrages zur Gründung der Europäischen Gemeinschaft. 2. Aufl., Neuwied 2002, Art. 253 Rz. 26 (Bearbeiter: CHRISTAN CALLIESS).

46 Mitteilung der EU-KOMMISSION über Folgenabschätzung vom 5. Juni 2002, KOM (2002) 276 endg.

47 EU-KOMMISSION, KOM (2002) 276 endg., 3.

tigt – und nicht nur illustriert.[48] Darin kann eine Begründung gesehen werden, die in ihrem Anspruch die Anforderungen des § 39 Abs. 1 VwVfG sogar übertrifft.

4. Zwischenbilanz

Es ist somit festzuhalten, dass mit dem Gebot gerechter Abwägung ein anspruchsvolles Entscheidungsprogramm als sachgerecht akzeptiert worden ist. Wie sogleich zu zeigen sein wird, erreicht die Verwirklichung des Abwägungsgebots schnell die Grenzen der Leistungsfähigkeit rein natürlich-sprachlicher Darstellungen (III.). Es entfaltet wegen seiner Abstammung vom Rechtsstaatsprinzip seine Geltung selbst ohne ausdrückliche fachgesetzliche Anordnung und im Prinzip auch in Bezug auf Rechtsetzungsakte.

Dem entspricht die Pflicht verschiedener Hoheitsträger in Deutschland und Europa, die Entscheidungsgründe, den Abwägungsvorgang, nachvollziehbar zu dokumentieren. Im Unterschied zu parlamentarischen und exekutivischen Gesetzgebern sind Verwaltungsbehörden, Satzungsgeber und die Organe der Europäischen Gemeinschaften regelmäßig gehalten, die der Entscheidung zugrunde liegenden Erwägungen zu erläutern.

IV. Defizite der natürlich-sprachlichen Darstellung

1. Entscheidungsherstellung

Die Entscheidungsherstellung und -begründung erfolgt in der Praxis weitestgehend mit Hilfe einer rein natürlich-sprachlichen Methodik. Für die Beschreibung der Prognosen werden Ausdrücke wie „wahrscheinlich", „unwahrscheinlich" oder „es kann ausgeschlossen werden, ..." eingesetzt, und für die Artikulation von Bewertungen werden Begriffe wie „erheblich", „sehr gewichtig" oder „außerordentlich" ver-

[48] EU-KOMMISSION, KOM (2002) 276 endg., 10. Die deutsche Fassung des Richtlinienvorschlags spricht von „begründet", die Fassungen in den romanischen Sprachen und der Gesamtkontext der Richtlinie lassen jedoch erkennen, dass dies im Sinne einer Rechtfertigung gemeint sein dürfte (Spanisch: *justificara*, Französisch: *justifiera*; Italienisch: *giustificherà*).

wendet.[49] Wegen der vom Bundesverwaltungsgericht angemahnten bilanzierenden Betrachtungsweise[50] – der abschließenden Gesamtabwägung – müssen dann Belange, Prognosen und Bewertungen auf irgendeine Art und Weise verknüpft werden. In dieser Hinsicht wird vielfach lediglich festgestellt, die getroffene Entscheidung beruhe auf einer gerechten Abwägung.[51]

Die zur Artikulation von Prognosen und Gewichtungen eingesetzten natürlich-sprachlichen Bezeichnungen sind nicht nur vage, was mit Blick auf das Gebot, eine nachvollziehbare Begründung der Entscheidung zu geben,[52] bereits als solches nicht unproblematisch ist, sie erlauben darüber hinaus nicht die Durchführung der unausweichlich gebotenen Gesamtabwägung. Begriffe wie „gering", „mittel" oder „groß" werden in der behördlichen Praxis in ihrem (Wert-)Verhältnis nicht genau beschrieben, so dass das Ergebnis der Entscheidungsherstellung, die Gerechtigkeit der Abwägung, nicht viel mehr als eine Behauptung bleibt, die zwar wegen des von den zuständigen Behörden gewissenhaft durchgeführten Verfahrens sicher ein gerüttelt Maß an Legitimität für sich in Anspruch nehmen kann, aber letztlich nicht nachvollziehbar ist. Was etwa wäre die Summe von „gering" und „groß"?

Die Überzeugungskraft der Begründung leidet überdies, wenn, wie im Fachplanungsrecht vielfach zu beobachten, segmentiert abgewogen wird.[53] So wird regelmäßig ein Nachteil nach dem anderen abgearbeitet mit dem jeweiligen Schluss, zwingende gesetzliche Abwägungsgrenzen seien nicht verletzt und der gegebenenfalls verbleibende Teil Gegenstand der Abwägung.[54] Dabei wird der jeweilige belastete Teilbereich mit den Gesamtvorteilen des Projektes verglichen.[55] Ein solches Vorgehen ist schon im Ansatz nicht geeignet, einen Nachweis für die mit der Entscheidung zumindest implizit aufgestellte Behauptung eines gerechten Abwägungsergebnisses zu erbringen.

---

49 FREIE UND HANSESTADT HAMBURG (FHH), *Planfeststellungsbeschluß DA-Erweiterung vom 8. Mai 2000*: „Außerordentliche Bedeutung" (75), „sehr gewichtige Gründe" für das Vorhaben (67), sehr hohe, hohe, mittlere, geringe Beeinträchtigung (67 ff.).

50 Siehe die Nachweise in Fn. 14.

51 Ein typisches Beispiel liefert FHH, *Planfeststellungsbeschluß DA-Erweiterung vom 8. Mai 2000*, 75.

52 Vertiefend KISCHEL, Die Begründung (Fn. 29), 338–354.

53 FHH, *Planfeststellungsbeschluß DA-Erweiterung vom 8. Mai 2000*, 99–476, sowie REGIERUNGSPRÄSIDIUM STUTTGART, *Planfeststellungsbeschluß Landesmesse vom 12. März 2003*, 118–171.

54 FHH, *Planfestellungsbeschluß DA-Erweiterung*, 155 (nachteilige Auswirkungen auf wasserwirtschaftliche Belange).

55 REGIERUNGSPRÄSIDIUM STUTTGART, *Planfeststellungsbeschluß Landesmesse vom 12. März 2003*, 162 (Folgen für die Landwirtschaft und Bedeutung des Vorhabens).

Abgesehen von dieser Schwäche fehlt es generell an einem nachvollziehbaren Aggregationsmodus für die Gesamtabwägung aller betroffenen Belange. Der Hinweis, die jeweiligen verbleibenden Belastungen seien Gegenstand der Abwägung, würde dies jedenfalls nicht zu leisten vermögen. Wenn solche oder ähnliche Aussagen mehr als eine bloße Ausflucht sind, so lassen sich die wenig gehaltvollen Bemerkungen vielleicht mit der gewählten natürlich-sprachlichen Darstellungsweise erklären, die gerade bei der gestellten Aggregationsaufgabe versagt. Dabei ist die zu beobachtende gewisse Hilflosigkeit der Planfeststellungsbehörden nicht auf die mangelhafte Anwendung eines an sich voll tauglichen Instruments in der Praxis der einen oder anderen Dienststelle zurückzuführen. Vielmehr ist das dem unbefriedigenden Verweis auf den Gegenstand der Abwägung zugrunde liegende Defizit einer natürlich-sprachlichen Entscheidungsherstellung prinzipieller Natur. Das bedarf der Erläuterung.

Stellen wir uns vor, die Behörden würden im Gegensatz zur gegenwärtigen Übung angeben, welche Wert*verhältnisse* mit den gewählten vagen Bezeichnungen artikuliert werden sollen. Es liegt auf der Hand, dass Begriffe wie „erhebliche Belastung" oder „hohe Beeinträchtigung" keine punktgenauen Veränderungen der gesellschaftlichen Wohlfahrt durch das Projekt ausdrücken würden. Sie würden vielmehr schon wegen ihrer Vagheit eine gewisse Spanne abbilden. Gerade in der damit verbundenen Reduzierung von Komplexität läge eventuell ihr Sinn.

Je geringer die Zahl der Abstufungen ist, desto größer sind jedoch die dabei in Bezug genommenen Intervalle. Bezeichnete man etwa Wohlfahrtsveränderungen zwischen 0 und 10 % als „gering", solche zwischen 10 und 20 % als „mittel", solche zwischen 20 und 30 % als „groß" sowie alles darüber als „überragend", so ließe sich die Frage, ob zwei „mittlere" Vorteile durch einen „großen" Nachteil aufgewogen würden, nicht eindeutig beantworten. Es kann sein, dass sie schwerer wiegen als eine „große" Verschlechterung. Es kann aber auch das Gegenteil zutreffen. Zwei „mittlere" Verbesserungen können sogar schwerer wiegen als eine „überragende" Verschlechterung, es kann aber ebenfalls umgekehrt sein. Mit dem 4-Stufen-System ist es also möglich, zwei sich widersprechende Ergebnisse zu begründen. Es wäre daher logisch inkonsistent und in diesem Sinne irrational.[56]

[56] Es ist allerdings nicht auszuschließen, dass in manchen Fällen mit Hilfe eines Stufenmodells eine in sich stimmige und eindeutige Rechtfertigung gelingen könnte. Das obige Beispiel verdeutlicht nur die prinzipiellen Schwierigkeiten, die mit der Wahl von Intervallen verbunden sind.

Das Problem verschärft sich weiter, nimmt man die natürlich-sprachliche Repräsentation von Prognosen hinzu. Im Grunde sind sich Verwaltungsrechtsprechung und Literatur einig, dass die zur Bewältigung von Prognosen eingesetzte Methodik „angemessen und einwandfrei",[57] „korrekt"[58] oder „wissenschaftlich vertretbar"[59] sein muss. Auch das Bundesverfassungsgericht teilt diesen Ansatz.[60] Welche Kriterien die gewählten Methoden aber erfüllen müssen, um diesem Anspruch zu genügen, bleibt weitgehend offen. Ohne dies hier vertiefen zu können, spricht mit den vorstehenden Überlegungen einiges dafür, dass natürlich-sprachliche Methoden auch in Bezug auf Prognosen in komplexen Fällen den gestellten Anforderungen nicht wirklich entsprechen können.

2. Gerichtliche und politische Kontrolle komplexer staatlicher Entscheidungen

Einen ganz wesentlichen weiteren Nachteil bringen natürlich-sprachliche Methoden für ihre gerichtliche wie politische Kontrolle mit sich. Der bereits erwähnte Ansatz des Bundesverwaltungsgerichts, die verhältnismäßige Gewichtung auch einzelner Belange hinsichtlich des Abwägungsvorgangs zu überprüfen, ist nicht durchführbar, versteht man ihn als die Prüfung, ob die getroffene Maßnahme durch die gegebene Begründung tatsächlich in vertretbarer Weise gerechtfertigt wurde. Die hierfür notwendige nachvollziehbare Gesamtabwägung, die Aggregation der betroffenen Belange, ist mit natürlich-sprachlichen Mitteln in komplexen Fällen nicht zu bewältigen. Damit sperrt sich die Begründung in essentiellen Teilen gegen den gerichtlichen Zugriff. Auch der demokratischen Kontrolle ist der Abwägungsvorgang als Kontrollgegenstand entzogen.

Den Gerichten wie der Öffentlichkeit bleibt daher nur eine Begründbarkeits- oder Ergebniskontrolle, also die Prüfung, ob sich die Maßnahme vernünftig rechtfertigen ließe. Bei den hier durch die Verwaltungsrechtsprechung gewährten Spielräumen läuft das auf einen milden Prüfmaßstab hinaus, der erstens nicht mehr viel mit dem Anspruch der Gerichte zu tun hat, auch die objektive Gewichtigkeit einzelner Belange zu überwachen. Zweitens unterläuft die praktizierte milde Variante der

---

57 BVerwGE 56, 110 ff., 121; BVerwGE 69, 256 ff., 272; BVerwGE 72, 282 ff., 286; BVerwGE 75, 214 ff., 234; BVerwGE 87, 332 ff., 355; siehe auch KÜHLING/HERRMANN, Fachplanungsrecht (Fn. 13), 120.

58 KÜHLING/HERRMANN, Fachplanungsrecht (Fn. 13), 120.

59 STEINBERG/BERG/WICKEL, Fachplanung (Fn. 4), 235.

60 BVerfGE 88, 40 ff., 60.

Begründbarkeitsprüfung die verwaltungsrechtlichen Begründungspflichten, was letztlich eine bedenkliche Verkürzung des verfassungsrechtlich gebotenen effektiven Rechtsschutzes bedeutet (Art. 19 Abs. 4 GG).

Im deutschen Verfassungsrecht gibt es hingegen gegenwärtig keine Begründungspflicht der Gesetzgeber, was die Gerichte und Öffentlichkeit von vornherein auf eine Ergebniskontrolle beschränkt. Das mag mit Gewaltenteilungsargumenten zu rechtfertigen sein, ist jedoch keineswegs zwingend, wie die Beispiele des bauplanungsrechtlichen Satzungsrechts und der Rechtsetzung der Europäischen Gemeinschaften zeigen.

V. Formale Sprachen als Lösungsbeitrag?

Angesichts der aufgezeigten prinzipiellen Schwächen der natürlichen Sprache fragt sich, ob die gestellten Aufgaben – vernünftige Bewältigung konfligierender Interessen und deren nachvollziehbare Darstellung – nicht mit Hilfe formaler Notationen besser zu begreifen oder gar zu bewältigen sind. Formale Sprachen haben aber im Recht einen schweren Stand.

1. Symbolische Logik als analytisches Instrument

Das gilt bereits für die symbolische Logik, deren analytisches Potential nur von vereinzelten methodisch orientierten Beiträgen erkannt wurde.[61] Noch kleiner ist der Kreis der Autoren in der juristischen Literatur, der die Verwendung numerischer Instrumente zum Umgang mit Bewertungen ausdrücklich befürwortet.[62]

Auch wenn für unsere Überlegung die symbolische Logik nicht im Mittelpunkt des Interesses steht, so ist eine Betrachtung der gegen ihre Heranziehung angeführten Argumente aufschlussreich. Bei Verwendung einer Symbolsprache träten Übersetzungsprobleme auf.[63] Übersetzungsvorgänge enthielten notwendigerweise Wertungen und ande-

---

[61] KOCH, Unbestimmte Rechtsbegriffe und Ermessensermächtigungen im Verwaltungsrecht (Fn. 23), 36 ff.; RÜDIGER RUBEL, *Planungsermessen*. Frankfurt am Main 1982, 30 ff.; KOCH/HELMUT Juristische Begründungslehre (Fn. 32), 14 ff.; ROBERT ALEXY, *Theorie der Grundrechte*. 1. Aufl., Frankfurt am Main 1986, 143 ff.; BERNHARD SCHLINK, *Abwägung im Verfassungsrecht*. Berlin 1976, 181 ff.; NILS JANSEN, *Die Struktur der Gerechtigkeit*. Baden-Baden 1998, insb. 59 ff.

[62] HEINRICH HUBMANN, *Wertung und Abwägung im Recht*. Köln 1977, insb. 166 f.; ERNST LUDWIG NELL, *Wahrscheinlichkeitsurteile in juristischen Entscheidungen*. Berlin 1983, 153 ff.

[63] BERND RÜTHERS, *Rechtstheorie*. München 1999, 111.

re Fehlerquellen,[64] die das mit der Formalisierung verfolgte Ziel einer größeren Denk- oder Ausdrucksgenauigkeit in Frage zögen.[65] Zweitens müssten juristische Begründungen für die Mehrheit der Rechtsgenossen durchschaubar und nachprüfbar sein. Dem entspreche die Verwendung der natürlichen Sprache. Logische Symbolsprachen seien dagegen undurchschaubar.[66]

Dem lässt sich Verschiedenes entgegenhalten. Zunächst scheint in Bezug auf den hier interessierenden Kontext verkannt zu werden, dass es sich bei der Bewältigung konfligierender Interessen, also der Suche nach einer gerechten Abwägung, ohnehin in einem gewissen Sinn um einen „Übersetzungsvorgang" handelt. Die Frage ist allein, welche Form der Übersetzung sich mit Blick auf die gestellte Aufgabe als überlegen darstellt.

Darum verfehlt auch der Vorwurf der Undurchschaubarkeit jedenfalls dann sein Ziel, wenn man ihn nicht relativiert. Sicher bedarf es bestimmter Kenntnisse, die formale Notation der symbolischen Logik oder auch der normativen Entscheidungstheorie nachvollziehen zu können. Das ist jedoch für natürlich-sprachliche Ausdrucksweisen ebenso der Fall, mögen die hierfür erforderlichen Fähigkeiten auch unter Rechtsanwendern und Rechtsbetroffenen weiter verbreitet sein als formale – es gibt sozusagen nicht den „direkten" Zugriff auf die Gedanken der Entscheidungsträger.

Bei näherem Hinsehen ist mit den vorstehenden Überlegungen bezüglich vager Begriffe zur Artikulation von Bewertungen oder Prognosen ferner zu erkennen, dass die von Rüthers angenommene Durchschaubarkeit und Nachprüfbarkeit natürlich-sprachlicher Ausdrucksweisen aus normstrukturellen Gründen nicht durchgängig gegeben sein dürfte. Wo immer die Existenz neutraler Kandidaten nicht ausgeschlossen werden kann, ist für Dritte unabhängig von ihrem Sachverstand nur ungefähr erkennbar, was gemeint ist. Anders als bei formalen Sprachen, die zumindest die Chance eröffnen, dass die getroffenen Aussagen insbesondere hinsichtlich von Prognosen und Bewertungen von Gerichten oder der Öffentlichkeit verstanden werden können, versperrt eine natürlich-sprachliche Darstellungsweise aus unüberwindlichen sprachtheoretischen Gründen den Zugriff auf das Gemeinte.

---

[64] KLAUS ADOMEIT, Buchbesprechung zu Maximilian Herberger/Dieter Simon, Wissenschaftstheorie für Juristen, in: *NJW* 1981, 213.

[65] RÜTHERS, Rechtstheorie (Fn. 63), 111.

[66] Ebd.

2. Die formale Sprache der normativen Entscheidungstheorie zur Modellierung von Abwägungsvorgängen

In der von der Volkswirtschaftslehre geprägten Entscheidungstheorie wird jedoch in der Tat nicht die symbolische Logik zur Modellierung von Prognosen und Bewertungen eingesetzt. Hierzu kommen andere mathematische Verfahren zum Einsatz, so vor allem die Bildung einer Verrechnungseinheit, des so genannten Basisguts oder *Numéraires*.[67]

Sie erfolgt in bikriteriellen Fällen nach dem Muster „Die Schaffung eines Arbeitsplatzes A rechtfertigt die Reduzierung der Anzahl einer geschützten Tierart, etwa von Löffelenten Lö, um mindestens x Exemplare". Die beschriebene Aussage entspricht in formaler ökonomischer Schreibweise

$$1\, W_A \geq x\, W_{Lö}$$

Mit anderen Worten, der Wert eines Arbeitsplatzes beträgt, ausgedrückt in Löffelenten:

$$\geq x \left[\frac{Lö}{A} \right]$$

Sie stellt eine Umrechnung von Arbeitsplätzen in Löffelenten dar, wobei die Dimension („Löffelenten pro Arbeitsplatz") in eckigen Klammern steht. Wer sich unter Löffelenten nicht so recht etwas vorzustellen vermag, hingegen vom Wert eines Arbeitsplatzes eher ein Bild hat, kann genauso gut umgekehrt in Arbeitsplätzen rechnen. Die entsprechende Aussage lautet, der Wert einer Löffelente beträgt, ausgedrückt in Arbeitsplätzen:[68]

$$\geq x \left[\frac{Lö}{A} \right]$$

Die aufgezeigte Struktur der Bildung von Wertverhältnissen gilt genauso auch für komplexe („multikriteriellen") Entscheidungssituatio-

---

[67] Siehe nur die Monographien von ROSWITHA MEYER, *Entscheidungstheorie.* 2. Aufl., Wiesbaden 2000; PETER DÖRSAM, *Grundlagen der Entscheidungstheorie anschaulich dargestellt.* 3. Aufl., Heidenau 2001, und HELMUT LAUX, *Entscheidungstheorie.* 5. Aufl., Heidelberg 2003.

[68] Eine technischere Darstellung dieses Vorgangs offerieren MATTHEW D. ADLER/ERIC A. POSNER, Rethinking Cost-Benefit Analysis, in: 109 *Yale Law Journal* (1999), 175 ff., 177–187.

nen, in denen dann für jeden Belang zu prüfen ist, welche Gewichtung er relativ zu den anderen entscheidungsrelevanten Interessen erhalten soll. Da der Ausdruck von Werten in „Arbeitsplätze pro Löffelente" oder „Löffelenten pro Arbeitsplatz" ungewohnt ist, empfiehlt sich für komplexe Entscheidungssituationen die Verwendung eines gesellschaftlich vertrauteren Basisguts – etwa einer Geldeinheit –, um die Wertverhältnisse unter allen betroffenen Belangen zu artikulieren. Der Klarstellung halber sei noch darauf hingewiesen, dass mit dem Rückgriff auf einen *Numéraire* eine lineare Bewertungsfunktion impliziert wird, gleichwohl aber mit einem *Numéraire* alle möglichen Bewertungen zum Ausdruck gebracht werden können.

Die in der Entscheidungstheorie übliche Verwendung eines Basisguts verleiht dem im Rahmen der Herstellung einer Entscheidung unausweichlichen Bewertungsvorgang eine präzise und kalkulatorisch belastbare Form. In der Neigung zur formalen Darstellung von Entscheidungsproblemen liegt denn auch ein Hauptunterschied zwischen normativer Entscheidungstheorie und juristischer Herangehensweise.

Darin erschöpfen sich die Differenzen allerdings nicht. Während das Forschungsinteresse der Entscheidungstheorie vorwiegend auf die Modellierung von Entscheidungsherstellungsvorgängen gerichtet ist (*„ex ante"*-Perspektive), beschäftigt sich die Rechtswissenschaft in erster Linie mit Fragen der gerichtlichen Kontrolle (*„ex post"*).

Dennoch weisen beide Ansätze auffällige Parallelen auf. Was in der Ausdrucksweise des Abwägungsgebots „Zusammenstellung des Abwägungsmaterials" genannt wird, heißt, ohne dass damit ein inhaltlicher Unterschied gemeint wäre, in der Entscheidungstheorie „Ermittlung der Ressourcenausstattung",[69] die Prognosen erfolgen im Rahmen der entscheidungstheoretisch so benannten Produktionsfunktion, und schließlich bezeichnen beide Traditionen den letzten Schritt als Bewertung.[70] Es drängt sich daher die Frage auf, inwieweit die formalen Mittel der normativen Entscheidungstheorie zur Bewältigung komplexer Abwägungsaufgaben eingesetzt werden könnten.

---

69 Brim bezeichnet den ersten Schritt als „obtaining necessary information", was die Nähe beider Ansätze sehr deutlich macht (ORVILLE G. BRIM, *Jr.*, *Personality and decision processes. Studies in the social psychology of thinking.* Stanford 1962, 9).

70 BRIM, Personality and decision processes (Fn. 69), 9.

VI. Rationalitäts- und Transparenzgewinne durch numerisch-formale Instrumente der Entscheidungsherstellung?

In der durch Rechtsanwendung oder Rechtsetzung charakterisierten Praxis von Behörden, Parlamenten und Gerichten kommen formale Bewertungsmethoden nur am Rande vor. Allerdings sind bei näherer Analyse einige interessante Ausnahmen festzustellen.

1. Rechtsanwendung und Rechtsetzung mit Hilfe numerischer Methoden

Betrachten wir zunächst die Ebene der Rechtsanwendung, wo die Handhabung der naturschutzrechtlichen Eingriffsregelung durch Punktesysteme unterstützt wird (§§ 18–21 BNatSchG). Etwas verkürzt gesagt, verlangt die Eingriffsregelung bei erheblichen und unvermeidbaren Beeinträchtigungen der Leistungs- oder Funktionsfähigkeit des Naturhaushalts von Behörden und Projektträgern eine gleichwertige Kompensation für den Eingriff zu ermitteln (§ 19 Abs. 2 BNatSchG). Es ist leicht zu erkennen, dass der Begriff der „Gleichwertigkeit" nach Bewertungen verlangt, wobei man sich hinsichtlich des Schwierigkeitsgrades der Aufgabe nicht dadurch täuschen lassen darf, dass relativ ähnliche Dinge – ein Biotop mit anderen Biotopen – zu vergleichen sind. Geboten ist wiederum eine bilanzierende Betrachtungsweise.[71]

Wie aber findet man angesichts der Vielfältigkeit natürlicher Biotopformen eine Kompensationsfläche, die der Voraussetzung der Gleichwertigkeit genüge tut? Die Hamburgische Verwaltung hat hierzu ein numerisches System entwickelt, mit dem Biotope nach jeweiliger Schutzwürdigkeit in Klassen unterteilt werden. Den Klassen werden wiederum eine bestimmte Punktzahl pro Quadratmeter zugeordnet, mit deren Hilfe trotz fehlender Identität von Eingriffs- und Ausgleichsfläche die Gleichwertigkeit der Kompensation ermittelt werden kann.[72] So ist es zum Beispiel möglich, einen Quadratmeter der höchst bewerteten Biotopklasse durch eine bestimmte Anzahl Quadratmeter einer weniger schutzwürdigen Biotopklasse aufzuwiegen. Damit hilft das Modell, die gesetzlich gestellte Aufgabe der Kompensationsflächenermittlung nachvollziehbar und konzeptionell überzeugend zu bewälti-

---

[71] ERICH GASSNER, *Bundes-Naturschutzgesetz*, München 2003, Rz. 23 (Bearbeiter: ERICH GASSNER).

[72] FREIE UND HANSESTADT HAMBURG, *Umweltbehörde*. Dienstliche Handreichung aus dem Staatsräte-Arbeitskreis am 28. Mai 1991 („Staatsrätemodell").

gen. Es kann damit festgehalten werden, dass das Punktesystem der Durchführung einer komplexen Aggregationsaufgabe dient.

Die Bewertung von Prüfungsleistungen stellt einen weiteren Sachbereich dar, in dem von numerischen Methoden zur Aggregation von Einzelbewertungen Gebrauch gemacht wird. Man denke nur an die Erste Juristische Staatsprüfung, bei der seit Jahrzehnten die Gesamtnote mit Hilfe eines gesetzlich vorgegebenen Kalkulationsmodus errechnet wird.[73] Auch hier wird deutlich, dass gerade in der Ziehung einer „Bilanz" eine große Stärke formaler Evaluationsmethoden liegt.

Bei einer anderen Verwaltungsaufgabe dürfte hingegen die Transparenz im Vordergrund stehen. Europäische Kommission und Europäisches Parlament haben nunmehr eine Richtlinie verabschiedet, nach der öffentliche Stellen, die Leistungen auf den Gebieten der Wasser-, Energie und Verkehrsversorgung im Wege einer Auftragsvergabe in Anspruch nehmen wollen, bereits in der Ausschreibung die Gewichtung der Kriterien angeben müssen, die der Zuschlagsentscheidung zugrunde gelegt werden.[74] Dies soll regelmäßig mit Hilfe einer zahlenmäßigen Angabe erfolgen. Nur ausnahmsweise ist die Angabe einer (schlichten) Rangfolge zulässig.[75]

Blickt man auf die Ebene der Rechtsetzung, so ist an erster Stelle die Bundesverkehrswegeplanung zu nennen. Bevor der Bundestag über die Verkehrsinfrastrukturausbaugesetze beschließt, ermittelt das Bundesverkehrsministerium anhand einer Kosten-Nutzen-Analyse, an welchen Verbindungen in welchem Ausbaustadium ein öffentlicher Bedarf besteht, wobei auch raumplanerische Effekte und Auswirkungen auf die Umwelt in den Blick genommen werden.[76] Die KNA erfolgt genauso formal-numerisch wie die Artikulation der sonstigen Auswirkungen. Dass die Veröffentlichungen des BMV noch transparenter sein könnten, was die einzelnen Projektbewertungen angeht, interessiert für unsere Betrachtung hingegen nicht weiter.

---

[73] Vgl. etwa § 35 Hamburgisches Juristenausbildungsgesetz (JAG v. 11. Juni 2003, Hmb. GVBl. 2003, 156).

[74] Der Entwurf der Kommission (KOM (2000) 276 endg./2, 2000) ist mittlerweile nach einigen für unser Argument unwesentlichen Änderungen durch das Europäische Parlament mit Beschluss vom 29. Januar 2004 angenommen worden und steht vor seiner Veröffentlichung im Amtsblatt der EG.

[75] KOM (2000) 276 endg./2, 2000, 38, Nr. 54.2.

[76] BUNDESMINISTERIUM FÜR VERKEHR, BAU- UND WOHNUNGSWESEN (Hrsg.), *Bundesverkehrswegeplan 2003. Grundzüge der gesamtwirtschaftlichen Bewertungsmethodik.* Berlin 2002, 69. Bei der Umweltrisikoeinschätzung gilt eine analoge Skalierung von „1" bis „5", wodurch Abstufungen von einem „geringen" Umweltrisiko bis zu einem „sehr hohen" Umweltrisiko artikuliert (siehe ebd., 59).

Erwähnenswert ist ferner die nach § 44 GGO vorgesehene Gesetzesfolgenabschätzung für Gesetzgebungsvorhaben der Bundesregierung, wenngleich das Instrument wohl in erster Linie auf die Ermittlung von haushaltsmäßigen Auswirkungen der ins Auge gefassten Gesetze zielt.[77]

In jeder Hinsicht umfassender ist der Ansatz der Europäischen Kommission, ihrem eigenen Richtlinienvorschlag zufolge zukünftig alle größeren Vorhaben ihres Arbeitsprogramms der „Europäischen Folgenabschätzung" zu unterwerfen.[78] Die Europäische Folgenabschätzung wird mit einem „Abschätzungsbericht" abschließen, der darstellt, welche Gründe aus Sicht der Kommission die vorgeschlagene Maßnahme rechtfertigen.[79] Auch wenn sich die Kommission nicht auf einen bestimmten Typ der Formalisierung festlegt, so ist doch klar ersichtlich, dass eine rein natürlich-sprachliche Evaluation regelmäßig als nicht ausreichend betrachtet wird.

Möglicherweise hat sich die Kommission dabei von der Praxis der US-Regierung inspirieren lassen, die schon seit den Zeiten von Präsident Reagan Gesetzgebungsvorhaben in formaler Art und Weise überprüfen lässt, wenn sie einen bestimmten Schwellenwert hinsichtlich ihrer volkswirtschaftlichen Auswirkungen überschreiten.[80] Dass die Kosten-Nutzen-Analysen des Office of Management and Budget (OMB) in Bezug auf die methodisch sorgfältige Ermittlung von Gesetzesfolgen und ihrer Bewertung hilfreich sind, wird mittlerweile nicht mehr bestritten.

Bilanziert man die referierten Anwendungsfelder numerischer Methoden, so ist zu beobachten, dass sie nur zum Teil Hilfsmittel zur Bewältigung konfligierender Interessen darstellen. Das Punktesystem zur Operationalisierung der Eingriffsregelung und das Prüfungswesen beschäftigen sich dem ersten Anschein nach nicht mit dem Verhältnis von Vorteilen und Nachteilen der erwogenen Alternativen. Abwägungsfragen sind insoweit nicht unmittelbar angesprochen. Deutlicher ist der Bezug zur Abwägung bei der Gesetzesfolgenabschätzung nach § 44 GGO, der beabsichtigten Europäischen Folgenabschätzung und der Cost-Benefit-Analysis der US-Regierung.

Die angeführten Beispiele zeigen also einerseits, dass die zahlenmäßige Entscheidungsherstellung durchaus in die Rechtsanwendung wie

---

[77] GMBl. 2000, 526 ff.

[78] Mitteilung der EU-KOMMISSION über Folgenabschätzung vom 5. Juni 2002, KOM (2002) 276 endg.

[79] Mitteilung der EU-KOMMISSION über Folgenabschätzung vom 5. Juni 2002, KOM (2002) 276 endg., 10. Siehe dazu auch die Nachweise in Fn. 48.

[80] Ursprünglich Exec. Order No. 12, 291, 3 C.F.R. 127 (1982), wiedergegeben in 5 U.S.C. § 601 (1988). Diese Verordnung wurde ersetzt durch Exec. Order No. 12866, 3 C.F.R. 638 (1994), wiedergegeben in 5 U.S.C. 601 (2000), nunmehr Exec. Order No. 13258, 67 Fed. Reg. 9385 (Feb. 28, 2002).

die Rechtsetzung Eingang gefunden hat. Andererseits ist in der Praxis eine große Zurückhaltung in Bezug auf die Verwendung formaler Kosten-Nutzen-Analysen als Instrument der Rechtfertigung rechtsverbindlicher Entscheidungen zu konstatieren, was aber jedoch nicht den Blick auf die prinzipiellen methodischen Vorzüge formaler Evaluationsmethoden versperren sollte.

2. Die Vorzüge formaler Darstellungsweisen

Insoweit ließ bereits die vorstehende kursorische Untersuchung der Verwendung formaler Bewertungsmethoden für die Rechtsanwendung und zur Vorbereitung von Rechtsetzungsakten erkennen, dass die Vorteile formaler Methoden besonders dann zum Tragen kommen, wenn Gesamtbetrachtungen angestellt werden müssen und es auf die Transparenz der Rechtfertigung der getroffenen Maßnahme ankommt. Das kann nach der obigen Analyse der Defizite rein natürlich-sprachlicher Herangehensweisen auch nicht verwundern. Im Gegensatz zur gängigen Methodik lassen formale Notationen eine rationale Aggregation der betroffenen Belange in komplexen Fällen zu, die den kontrollierenden Zugriff von Dritten gestattet, so dass auch die Bewertung einzelner Belange – wie nach dem Ansatz des Bundesverwaltungsgerichts gefordert – der gerichtlichen Überprüfung unterworfen ist.

3. Die (möglichen) Nachteile der Verwendung numerisch-formaler Methoden

Obgleich sich hier erhebliche Rationalitäts- und Transparenzgewinne andeuten, begegnen formale Methoden zur Operationalisierung von Abwägungsproblemen großen Vorbehalten, deren Stichhaltigkeit nachfolgend zu überprüfen ist. Die Darstellung beschränkt sich auf wesentlich erscheinende Punkte und erhebt keinen Anspruch auf Vollständigkeit.

a) Der Aufwand zur Generierung des Modells: ein Vorschlag zur Beschränkung des Anwendungsbereichs

Ein erster beachtlicher Einwand gegen die Verwendung einer numerischen Methodik bezieht sich auf den Aufwand zur Generierung der hierfür erforderlichen Modelle.[81] Wer die Kosten-Nutzen-Analyse als

---

[81] So erscheint Davids die Verwendung einer numerische Methodik als aufwendiger und komplizierter Formalismus, der triviale Ergebnisse produziere, zu denen der gesunde

Instrument der staatlichen Entscheidungsherstellung befürwortet, kann dies schlüssigerweise nur tun, wenn die Vorteile einer solchen Übung ihre Nachteile überwiegen würden. Im Grundsatz empfiehlt sich eine Formalisierung, wenn viel auf dem Spiel steht, erhebliche Aggregationsprobleme zu bewältigen sind und die gegebene Rechtfertigung auch insoweit nachvollziehbar sein soll. Besonders in Frage kommen hierfür planungsrechtliche Genehmigungsentscheidungen. Aber auch dann, wenn eine Vielzahl ähnlicher Fälle nach gleichen Kriterien zu entscheiden ist – wie im Rahmen der naturschutzrechtlichen Eingriffsregelung oder im Prüfungswesen – kann ein konzeptionell ausgearbeitetes Herangehen in zahlenmäßiger Art und Weise Verwaltungsabläufe unterstützen.

Auf Rechtsetzungsaufgaben ließe sich derselbe Gedanke mit Gewinn übertragen, berücksichtigt man die amerikanischen Erfahrungen mit der prospektiven KNA für Regulierungsakte des Präsidenten. Der durch die Executive Order 12866 als Schwelle definierte Wert von volkswirtschaftlichen Auswirkungen von mehr als 100 Millionen USD wäre leicht an europäische oder deutsche Verhältnisse anzupassen.

b) Scheinrationalität?

Während den gegenüber dem Aufwand für die formale Modellierung bezogenen Bedenken durch die Eingrenzung des Anwendungsbereichs noch relativ einfach begegnet werden kann, stehen hinter der Ablehnung numerischer Methoden im Recht vermutlich weitaus fundamentalere Gründe. Auf den vielleicht wichtigsten unter ihnen – den Vorwurf der Scheinrationalität – ist nun einzugehen.

Auch wenn es, soweit ersichtlich, nicht offen ausgesprochen wird, erscheint manchen Beobachtern die Verwendung von Zahlen zur Artikulation von Prognosen oder gar Bewertungen intellektuell unredlich – was man nicht genau wissen könne, könne und dürfe man daher auch nicht mit der Genauigkeit von Zahlen ausdrücken. Wer es dennoch tue, handele in dem Sinne scheinrational, dass er sich selbst und anderen die nicht vorhandene Präzision vorspiegele. Der Einwand dürfte, soweit er sich auf Bewertungen bezieht, auf der erkenntnistheoretischen Annahme objektiver Werte beruhen und ist selbst in diesem Rahmen

---

Menschenverstand einfacher und schneller gelangen könne (PETER DAVIDS, Möglichkeiten und Grenzen des produktionsintegrierten Umweltschutzes, in: *Immissionsschutz* 1999, 134 ff., 136; zustimmend KLAUS HANSMANN, Integrierter Umweltschutz durch untergesetzliche Normsetzung, in: *ZUR* 2002, 18 ff., 22 l. Sp.).

nicht überzeugend, wie nun erläutert werden soll.[82] Die vergleichbare Problematik hinsichtlich von Prognosen wird im Folgenden außer Betracht bleiben.

Bereits seit der Zeit antiker griechischer Philosophen gibt es in der Moralphilosophie starke Strömungen, die von der Existenz des objektiv Guten ausgehen.[83] Der so genannte moralische Realismus (oder Objektivismus) hat im Laufe der Zeit Ausfächerungen erfahren, um die es für unsere Betrachtung nicht geht. Gemeinsam ist den Ansätzen, in Werten Tatsachen zu sehen, die im Zuge von Erkenntnisverfahren ermittelt werden können. Dass dies häufig nicht genau gelingt, wird in der Betrachtungsweise des moralischen Objektivismus nicht als Hinweis auf die Fragwürdigkeit der eigenen Grundannahme gedeutet, sondern als schwieriges Erkenntnisproblem angesehen, das sich prinzipiell nicht von anderen Erkenntnisproblemen unterscheidet.[84] Für den moralischen Realisten liegt es daher nahe, den zahlenmäßigen Ausdruck von Wertverhältnissen abzulehnen.

Dagegen stehen die Anhänger des moralischen Subjektivismus (oder Skeptizismus) den „moralischen Tatsachen" skeptisch gegenüber.[85] Für moralische Subjektivisten werden Bewertungen nicht erkannt, sondern gefällt. Aus dieser Sicht ist kein erkenntnistheoretisches Veto gegen die Verwendung von Zahlen zur Artikulation von Bewertungen zu erwarten – wenn Gewichtungen qua Entscheidungsakt entstehen, so können sie prinzipiell auch genau gefällt werden. Dass wir uns dabei des Öfte-

---

[82] Das epistemische Argument steht vermutlich hinter der Ablehnung numerischer Verfahren zur Durchführung von § 12 UVPG. Nach Nr. 0.6.2.1 der Allgemeinen Verwaltungsvorschrift zur Ausführung der genannten Bestimmung beruht die gesetzlich geforderte medienübergreifende Bewertung von Umweltauswirkungen eines Vorhabens „mangels Verrechnungseinheiten auf qualitativen Gesichtspunkten, die zueinander in Beziehung zu setzen" sind.

[83] Möglicherweise lässt sich so die Rede des Bundesverwaltungsgerichts von der „objektiven Gewichtigkeit" verstehen (BVerwGE 75, 214 ff., 254; BVerwGE 117, 149 ff., 160). Kritisch HORST SENDLER, (Un)erhebliches zur planerischen Gestaltungsfreiheit, in: JÖRG BERKEMANN (Hrsg.), *Planung und Plankontrolle. Otto Schlichter zum 65. Geburtstag*, Köln 1995, 71; KÜHLING/HERRMANN, Fachplanungsrecht (Fn. 13), 107 (die Rede von der objektiven Gewichtigkeit gäbe Rätsel auf).

[84] HILARY PUTNAM, Are moral and legal values made or discovered? in: 1 *Legal Theory* 1995, 5 ff., 16 ff.

[85] Einer der Gründer des moralischen Skeptizismus, wie der Subjektivismus auch bezeichnet wird, ist David Hume (grundlegend DAVID HUME, *An Enquiry concerning the principles of morals*. London 1751, Appendix I). Einer der einflussreichsten Moralphilosophen des 20. Jahrhunderts, Robert Nozick, spricht in diesem Sinne von „bestowing weights" (ROBERT NOZICK, *Philosophical Explanations*. Oxford 1981, 298). Einflussreich sind ebenfalls GILBERT HARMAN, *Explaining value and other essays in moral philosophy*. Oxford 2000, 77, JOHN LESLIE MACKIE, *Ethics: inventing right and wrong*. 7. Aufl., London 1990, 15, und ALLAN GIBBARD, *Wise choices, apt feelings: a theory of normative judgment*. Oxford 1990.

ren nicht sicher sind, steht auf einem ganz anderen Blatt. Im Kontext hoheitlicher Entscheidungen wird jedoch mit dem Erlass eines Verwaltungsakts oder eines Gesetzes implizit kundgetan, dass man sich sicher genug gewesen ist, um zu einer Entscheidung zu gelangen. Wer dies tun würde, ohne gleichzeitig anzugeben, auf welchem Wege er zu der Entscheidung gelangt ist, könnte zu Recht gefragt werden, woher er denn seine Sicherheit bezüglich des Ergebnisses nehme. Der pauschale Verweis auf die Legitimität etwa eines Parlaments kann hierbei nur begrenzt überzeugen, da nach der schon wegen Art. 1 Abs. 3 GG zutreffenden Rechtsprechung des Bundesverfassungsgerichts auch grundrechtsbelastende Gesetze dem Verhältnismäßigkeitsgrundsatz unterliegen.

Damit kommen wir zu dem ursprünglichen Einwand gegen die Verwendung formaler Herangehensweisen zurück, ihre Heranziehung sei wegen erkenntnistheoretischer Begrenzungen scheinrational. Selbst wenn man moralischer Realist ist, lassen sich Bewertungsunsicherheiten formal ausdrücken. Die Aussage, die Schaffung eines Arbeitsplatzes rechtfertige die Reduzierung der Löffelenten um *mindestens* eine bestimmte Zahl, räumt einen großen Bereich der Unsicherheit ein und drückt sie klar aus:

$$1\,\mathrm{W_A} \geq x\left[\frac{L\ddot{o}}{A}\right]$$

Mit anderen Worten steht der ontologische Charakter von Bewertungen als Teil der der Erkenntnis zugänglichen Wirklichkeit der formalen und damit im Grundsatz präzisen Notation von Wertverhältnissen nur auf den ersten Blick entgegen.

c) Unangemessene Transparenz?

Schließlich könnte gegen die Präzision numerischer Ausdrücke eingewandt werden, sie gefährde die integrative Wirkung rechtlicher Entscheidungen. Vor allem in Bezug auf Bestimmungen des Verfassungsrechts ist dies erwogen worden. Der Staat müsse als kollektives Sinnerlebnis verstanden werden, das ein Wert-, Güter- und Kultursystem darstellt.[86] Die Verfassung sei daher Teil eines Integrationsrozesses und damit mehr als bloß eine Norm oder abstrakte Regelung. Es ist leicht zu sehen, dass eine Begründungspflicht für Akte des Gesetzge-

[86] RUDOLF SMEND, *Verfassung und Verfassungsrecht*. München 1928, 80 ff., 163; instruktive Einordnung der Lehre Smends in geschichtliche Entwicklungen m. w. N. WILHELM HENNIS, Integration durch Verfassung. Rudolf Smend und die Zugänge zum Verfassungsproblem nach 50 Jahren unter dem Grundgesetz, in: *JZ* 1999, 485 ff., 488–493.

bers eine solche Wirkung beeinträchtigen könnte, was für Begründungen in numerischer Form wegen deren Transparenz bezüglich der einzelnen Wertungen und des eingesetzten Aggregationsmodus in besonderer Weise gelten würde.

Dem wäre zunächst einmal entgegenzuhalten, dass sich Smends Überlegung auf Verfassungstexte, nicht auf das einfache Parlamentsgesetz bezog. Ob die Integrationslehre wirklich in der Lage ist, den hohen Abstraktionsgrad solcher Normen zu erklären oder gar zu rechtfertigen, erscheint zwar alles andere als ausgeschlossen, kann aber im Rahmen der vorliegenden Überlegungen letztlich dahinstehen. Hinsichtlich des hier im Zentrum stehenden einfachen Gesetzesrechts ist generell festzustellen, dass sich einerseits detaillierte und klare Regelungen für weite Anwendungsbereiche schon aus demokratieprinzipiellen Gründen im Vergleich mit vagen Generalklauseln empfehlen können.[87] Andererseits können mit Hilfe abstrakter Generalklauseln unvorhergesehene Fälle entsprechend der vom Gesetzgeber für die vorhergesehenen Fälle gewollten Lösung entschieden werden. Soweit also vage Begriffe diese Funktion erfüllen sollen, impliziert das aber keineswegs auch eine schwammige natürlich-sprachliche Methodik des Rechtsetzungsvorgangs. In der Rechtsanwendung schließlich muss ohnehin dann wieder präzise angegeben werden, welche Bedeutung den vagen Begriffen unter den konkreten Umständen gegeben wurde. Das kann im Übrigen auch im Zuge von ermessenslenkenden Verwaltungsvorschriften erfolgen.

Schließlich wäre die These von der größeren integrativen Kraft abstrakter Ausdrücke bereits als solches fraglich, übertrüge man sie auf einfaches Gesetzesrecht und seine Anwendung. Ob und inwieweit Partizipation und Integration im Sinne Smends gelingen, hängt nicht nur von einer fairen Verfahrensgestaltung, sondern wesentlich davon ab, ob sich die Betroffenen auch in der Rechtfertigung der Endentscheidung wiederfinden. Insoweit bietet eine formale Methodik gegenüber der bloßen Verbalisierung ein großes Potential.

---

87 LOUIS KAPLOW, General Characteristics of Rules, in: BOUDEWIJN BOUCKAERT/GERRIT DE GEEST (Hrsg.), *Encyclopedia of Law and Economics*. Bd. IX, Cheltenham 2000, 502 ff., 510 m. w. N.

VII. Fazit

Die Rechtswissenschaft ist in weiten Teilen eine Entscheidungstheorie, die sich gerade bei der Lösung komplexer Fälle zu bewähren hat. Das von der Rechtsprechung weithin anerkannte Abwägungsgebot gibt insoweit die Grundstruktur vor, nach der staatliche Entscheidungen herzustellen sind. Sie deckt sich – bislang wenig bemerkt – weitgehend mit den Ansätzen der volkswirtschaftlich geprägten normativen Entscheidungstheorie.

Zur Bewältigung konfligierender Interessen setzen Rechtspraxis und Rechtswissenschaft mit wenigen, allerdings aufschlussreichen Ausnahhen im Unterschied zur normativen Entscheidungstheorie auf eine rein natürlich-sprachliche Darstellungsweise, obwohl die natürliche Sprache erhebliche Schwächen hinsichtlich ihrer kalkulatorischen Eigenschaften und der Nachvollziehbarkeit gegebener Rechtfertigungen aufeist.

Die in vielen Bereichen des Verwaltungsrechts anzufertigende Dokumentation des Abwägungsvorgangs bleibt daher in wesentlichen Teilen undurchschaubar. Eine natürlich-sprachliche Artikulation von Prognosen und Bewertungen führt darüber hinaus dazu, dass das vom Bundesverwaltungsgericht entwickelte Kontrollprogramm, in dessen Rahmen die objektive Gewichtigkeit einzelner Belange in bilanzierender Art und Weise nach Verhältnismäßigkeitskriterien zu berücksichtigen ist, nicht in seiner ganzen Schärfe realisiert werden kann. Vielmehr werden Gerichte und Öffentlichkeit auf eine Begründbarkeitsprüfung verwiesen. Der hieraus resultierende sehr milde Kontrollmaßstab führt zu einer weit gehenden Immunisierung von Abwägungsvorgängen.

Auch in Bezug auf die Rechtsetzung könnten Begründungen gute Dienste leisten, obgleich das deutsche Verfassungsrecht eine Begründungspflicht nicht enthalten dürfte. Im Europäischen Gemeinschaftsrecht sind hingegen nicht nur Einzelentscheidungen, sondern auch Legislativakte zu begründen. Die Praxis gibt sich jedoch bislang mit Präambeln in natürlicher Sprache zufrieden. Möglicherweise führt die Europäische Folgenabschätzung aber in Zukunft zu einer breiteren Anwendung numerischer Darstellungen.

Nimmt man die rechtsstaatlichen Anforderungen an die Herstellung staatlicher Entscheidungen im Sinne des Abwägungsgebots und ihrer nachvollziehbaren Dokumentation ernst, so ist angesichts der Schwächen einer rein natürlich-sprachlichen Herangehensweise nicht recht verständlich, wieso formale Sprachen im Kontext rechtlich verbindlicher Maßnahmen und in der Rechtswissenschaft einen so geringen Stellenwert besitzen. Die vorstehende Auseinandersetzung mit einigen

Einwänden ergab zunächst, dass sich eine Heranziehung numerischer Methoden nur dann empfiehlt, wenn die Komplexität des Sachbereichs und die Transparenz einer zu gebenden Begründung dies gebieten. Besonders gute Kandidaten sind insoweit das Planungsrecht und Normierungsvorhaben ab einer bestimmten Größe.

Epistemische Bedenken konnten dagegen nicht überzeugen. Wenn es möglich ist, „erheblich" als Ergebnis eines Bewertungsvorgangs zu artikulieren, dann lässt sich der Gedanke – so ungenau sein Gehalt auch sein mag – auch formal ausdrücken mit der Folge der besseren Durchschaubarkeit und eines höheren kalkulatorischen Potentials. Schließlich erwiesen sich Bedenken, die sich auf die integrative Funktion des Rechts stützen, als nicht durchgreifend. Eine klare und zumindest prinzipiell auch durchschaubare formale Rechtfertigung staatlicher Maßnahmen dürfte langfristig dem Anliegen der Integration und Partizipation mehr dienen als natürlich-sprachliche Vorgehensweisen, da mit Zahlen klar und gehaltvoll ausgedrückt werden kann, dass der Hoheitsträger die gegebenenfalls vorgebrachten Bedenken ernst genommen hat.

Die vorstehende Auseinandersetzung mit möglichen Bedenken gegen die Verwendung numerischer Methoden zur Rechtfertigung rechtsverbindlicher Entscheidungen war sicher nicht erschöpfend. Wer dem Plädoyer zu ihren Gunsten nicht folgen mag und an der natürlich-sprachlichen Herangehensweise als Grundansatz festhalten will, erklärt sich mit einer Methodik einverstanden, die im Falle komplexer Entscheidungen erhebliche Rationalitätsdefizite aufweist und die Gerichte im Wesentlichen auf eine Begründbarkeitskontrolle beschränkt. Die weitere Diskussion wird zeigen müssen, ob sich dieser Preis nicht als zu hoch erweist.

Literatur

Aaken, Anne van, ‚Rational Choice' in der Rechtswissenschaft. Zum Stellenwert der ökonomischen Theorie im Recht. Baden-Baden 2003.

Adler, Matthew D./Posner, Eric A., Rethinking Cost-Benefit Analysis, in: Yale Law Journal 109 (1999), 165 ff.

Adomeit, Klaus, Buchbesprechung zu Maximilian Herberger/Dieter Simon, Wissenschaftstheorie. 1980, in: NJW 1981, 213.

Alexy, Robert, Theorie der Grundrechte. 1. Aufl., Frankfurt am Main 1986.

Becker, Franz, Das allgemeine Verwaltungsverfahren in Theorie und Gesetzgebung. Eine rechtsvergleichende Untersuchung. Stuttgart 1963.

Brim, Orville G., Jr., Personality and decision processes. Studies in the social psychology of thinking. Stanford 1962.

Calliess, Christian/Ruffert, Matthias (Hrsg.), Kommentar des Vertrages über die Europäische Union und des Vertrages zur Gründung der Europäischen Gemeinschaft. Neuwied 2002.

Classen, Claus Dieter, Die Europäisierung der Verwaltungsgerichtsbarkeit. Eine vergleichende Untersuchung zum deutschen, französischen und europäischen Verwaltungsprozeßrecht. Tübingen 1996.

Davids, Peter, Möglichkeiten und Grenzen des produktionsintegrierten Umweltschutzes, in: Immissionsschutz 1999, 134 ff.

Dörsam, Peter, Grundlagen der Entscheidungstheorie anschaulich dargestellt. 3. Aufl., Heidenau 2001.

Engel, Christoph, Offene Gemeinwohldefinitionen, in: Rechtstheorie 2001, 23–52.

Esser, Josef, Argumentations- und Stilwandel in höchstrichterlichen Zivilentscheidungen, in: Études logiques juridique 1976, 53–77.

Gassner, Erich (Hrsg.), Bundes-Naturschutzgesetz. München 2003.

Geiger, Willi, Gegenwartsprobleme der Verfassungsgerichtsbarkeit aus deutscher Sicht, in: Thomas Berberich/Wolfgang Holl/Knut-Jürgen Maaß (Hrsg.), Neue Entwicklungen im öffentlichen Recht. Beiträge zum Verhältnis von Bürger und Staat aus Völkerrecht, Verfassungsrecht und Verwaltungsrecht. Stuttgart 1979, 131–142.

Gibbard, Allan, Wise choices, apt feelings. A theory of normative judgment. Oxford 1990.

Grabitz, Eberhard/Hilf, Meinhard (Hrsg.), Das Recht der Europäischen Union. Altband II, Art. 137–248 (Maastrichter Fassung), München 1999.

Gusy, Christoph, Das Grundgesetz als normative Gesetzgebungslehre, in: ZRP 1985, 291 ff.

Hansmann, Klaus, Integrierter Umweltschutz durch untergesetzliche Normsetzung, in: ZUR 2002, 18 ff.

Harman, Gilbert, Explaining value and other essays in moral philosophy. Oxford 2000.

Hennis, Wilhelm, Integration durch Verfassung. Rudolf Smend und die Zugänge zum Verfassungsproblem nach 50 Jahren unter dem Grundgesetz, in: JZ 1999, 485 ff.

Hofmann, Christian, Der Beitrag der neueren Rechtsprechung des BVerfG zur Dogmatik des Beurteilungsspielraums, in: NVwZ 1995, 740–745.
Hofmann, Ekkehard, Die Abwägung konfligierender Interessen in Recht und Wohlfahrtstheorie, in: Anne van Aaken/Stefanie Schmid-Lübbert (Hrsg.), Beiträge zur ökonomischen Theorie im Öffentlichen Recht. Ökonomische Analyse des Rechts. Wiesbaden 2003, 135–148.
Hubmann, Heinrich, Wertung und Abwägung im Recht. Köln 1977.
Hume, David, An Enquiry concerning the principles of morals. London 1751.
Jansen, Nils, Die Struktur der Gerechtigkeit. Baden-Baden 1998.
Kaplow, Louis, General Characteristics of Rules, in: Boudewijn Bouckaert/ Gerrit De Geest (Hrsg.), Encyclopedia of Law and Economics. Bd. IX, Cheltenham 2000, 502–528.
Kischel, Uwe, Die Begründung. Zur Erläuterung staatlicher Entscheidungen gegenüber dem Bürger. Tübingen 2002.
Kloepfer, Michael, Abwägungsregeln bei Satzungsgebung und Gesetzgebung. Über Regelungen für den Erlaß von Rechtsnormen, in: DVBl. 1995, 441 ff.
Knack, Hans Joachim (Hrsg.), Verwaltungsverfahrensgesetz (VwVfG). Kommentar, Köln 2004.
Koch, Hans-Joachim, Unbestimmte Rechtsbegriffe und Ermessensermächtigungen im Verwaltungsrecht. Eine logische und semantische Studie zur Gesetzesbindung der Verwaltung. Frankfurt am Main 1979.
Koch, Hans-Joachim, Die normtheoretische Basis der Abwägung, in: Wilfried Erbguth/Janbern Oebbecke/Hans-Werner Rengeling/Martin Schulte (Hrsg.), Abwägung im Recht. Symposium und Verabschiedung von Werner Hoppe am 30. Juni 1995 in Münster aus Anlaß seiner Emeritierung, Köln 1996, 9–24.
Koch, Hans-Joachim/Hendler, Reinhard, Baurecht, Raumordnungs- und Landesplanungsrecht. 3. Aufl., Stuttgart 2001.
Koch, Hans-Joachim/Rüßmann, Helmut, Juristische Begründungslehre. München 1982.
Körner, Stephan, Erfahrung und Theorie. Ein wissenschaftstheoretischer Versuch. Frankfurt am Main 1970.
Kopp, Ferdinand/Schenke, Wolf-Rüdiger (Hrsg.), Verwaltungsgerichtsordnung. 13. Aufl., München 2003.
Kühling, Jürgen/Herrmann, Nikolaus, Fachplanungsrecht. Düsseldorf 2000.
Laux, Helmut, Entscheidungstheorie. 5. Aufl., Heidelberg 2003.
Liebetanz, Stefan (Hrsg.), Verwaltungsverfahrensgesetz. Neuwied 1999.
Luhmann, Niklas, Das Recht der Gesellschaft. Frankfurt am Main 1993.
Mackie, John Leslie, Ethics. Inventing right and wrong. 7. Aufl., London 1990.
Meyer, Roswitha, Entscheidungstheorie. Ein Lehr- und Arbeitsbuch. 2. Aufl., Wiesbaden 2000.
Nell, Ernst Ludwig, Wahrscheinlichkeitsurteile in juristischen Entscheidungen. Berlin 1983.
Nozick, Robert, Philosophical explanations. Oxford 1981.
Putnam, Hilary, Are moral and legal values made or discovered?, in: Legal Theory 1995, 5 ff.

Radbruch, Gustav, Einführung in die Rechtswissenschaft. 9. Aufl., Stuttgart 1952.
Ramsauer, Ulrich (Hrsg.), Verwaltungsverfahrensgesetz. München 2003.
Redeker, Konrad/Karpenstein, Ulrich, Über Nutzen und Notwendigkeiten, Gesetze zu begründen, in: NJW 2001, 2825–2831.
Rubel, Rüdiger, Planungsermessen. Norm- und Begründungsstruktur. Frankfurt am Main 1982.
Rüthers, Bernd, Rechtstheorie. Begriff, Geltung und Anwendung des Rechts. München 1999.
Schlaich, Klaus, Das Bundesverfassungsgericht – Stellung, Verfahren, Entscheidung. 5. Teil. Das BVerfG im Gefüge der Staatsfunktionen, in: JuS 1982, 597–604.
Schlaich, Klaus/Korioth, Stefan, Das Bundesverfassungsgericht. Stellung, Verfahren, Entscheidungen. Ein Studienbuch. 6. Aufl., München 2004.
Schlink, Bernhard, Abwägung im Verfassungsrecht. Berlin 1976.
Sendler, Horst, (Un)erhebliches zur planerischen Gestaltungsfreiheit, in: Jörg Berkemann (Hrsg.), Planung und Plankontrolle. Otto Schlichter zum 65. Geburtstag. Köln 1995, 55 ff.
Skouris, Panagiotis, Die Begründung von Rechtsnormen. Baden-Baden 2002.
Smend, Rudolf, Verfassung und Verfassungsrecht, München 1928.
Steinberg, Rudolf/Berg, Thomas/Wickel, Martin, Fachplanung. Baden-Baden 2000.
Stelkens, Paul/Stelkens, Ulrich (Hrsg.), Verwaltungsverfahrensgesetz. Kommentar. München 2001.
Tsevas, Athanassios D., Die verwaltungsgerichtliche Kontrollintensität bei der materiell-rechtlichen Nachprüfung des Planfeststellungsbeschlusses für raumbeanspruchende Großprojekte. Berlin 1992.

GREGOR KALIVODA

Juristische Rhetorik

Systematische, historische und interdisziplinäre Aspekte der forensischen Beredsamkeit

Anknüpfend an Blumenbergs anthropologische Auffassung von Rhetorik[1] und Österreichs Konzept einer Fundamentalrhetorik[2] lässt sich feststellen, dass der Mensch ein Mängelwesen ist, dem unbezweifelbare Evidenzen oder logisch-axiomatische Ableitungen von Handlungsgründen nicht zur Verfügung stehen. Dennoch muss er, um in geordneten Verhältnissen überleben zu können, Handlungs- und Orientierungssicherheit erreichen. Im Rahmen geschichtlicher und gesellschaftlicher Kontingenzen und Alternativen ist der Mensch darauf verwiesen, Handlungsanleitung über Kommunikations- und Aushandlungsprozesse zu gewinnen, d. h. was gelten soll, ist eine provisorische Moral gesellschaftlicher Konsenspraxis, die nur rhetorisch hergestellt werden kann. Also gilt nach Blumenberg: „Alles, was diesseits der Evidenz übrig bleibt, ist Rhetorik."[3] Im Rahmen jeweils offener Optionen und sich wandelnder Entscheidungs- und Handlungsbedingungen ist die Rhetorik der Weg zur praktischen Vernunft des *homo rhetoricus*, ist sie „das vernünftige Arrangement mit der Vorläufigkeit von Vernunft."[4] Die Rhetorik als perpetuierte Diskurs- und Konsenspraxis rechtfertigt das Mandat zu handeln und zu entscheiden, weil sie das existentielle Dilemma zwischen Handlungsunsicherheit und Handlungsnotwendigkeit in ein sozial akzeptiertes Sprachhandeln mit plausiblen Ergebnissen übersetzt und somit einen oratorischen Lösungsmechanismus anbietet. Und dieser Mechanismus ist wesentlich argumentativ definiert und mehrheitsbildend ausgerichtet: Daher konstatiert schon Aristoteles in einem definitorischen Zugriff auf die Qualität und Funktion des rhetorischen Procedere, dass die Rhetorik praktisch nützlich ist und dass

---

1 Vgl. HANS BLUMENBERG, Anthropologische Annäherung an die Aktualität der Rhetorik, in: DERS., *Wirklichkeiten, in denen wir leben*. Stuttgart 1981.

2 Vgl. PETER LOTHAR ÖSTERREICH, *Fundamentalrhetorik. Untersuchungen zu Person und Rede in der Öffentlichkeit*. Hamburg 1990.

3 BLUMENBERG, Anthropologische Annäherung an die Aktualität der Rhetorik (Fn. 1), 110 f.

4 Ebd., 130.

es nicht ihre Aufgabe ist zu überreden, sondern das rhetorische *officium* besteht vielmehr darin, das, was an der jeweils verhandelten Sache glaubwürdig ist, herauszufinden.[5] Das Glaubwürdige ist jedoch nicht das philosophisch oder theologisch Wahre, sondern die mit sprachlich-rhetorischen Mitteln hergestellte Plausibilität, die natürlich selbst wieder zu einem neuen Umstrittenen, zu einer neuen *quaestio* werden kann, die in einem erneuten Pro und Kontra handlungsanleitend zu bearbeiten ist. Nach Aristoteles macht dies die Theorie der Beredsamkeit zu einem korrespondierenden Gegenstück der Dialektik[6] und damit zu einer Methode des sprachlichen Aushandelns, der überfachliche Bedeutung zukommt.

Vor diesem Hintergrund kann man neben der anthropologisch-bedürfnisdisponierten Genese des Rhetorischen eine zweite Genese aus dem antagonistischen Grundverhältnis des Überzeugens in Rechnung stellen. Denn: Begründete und akzeptierte Handlungs- und Entscheidungsanleitung ist weder aus Pseudoevidenzen noch aus einfachen argumentativen Ableitungsformeln wie Induktion oder Deduktion zu gewinnen, sondern ihre Relevanz und Gültigkeit muss aus einem institutionalisierten, prozedural geregelten und kompetitiv geprüften Meinungsbildungsprozess vorläufig und abstimmungsgesichert resultieren. Es entscheidet also ein Situationsmächtiger (wie das Parlament oder ein Richterkollegium) über die Gültigkeit von Handlungskoordinaten.

Zu den gesellschaftlichen Kontingenzfeldern mit einem rhetorisch gewonnenen, gesicherten oder zu verändernden Regelwerk gehört sowohl die Politik mit der Aufgabe der Zukunftsgestaltung als auch die Jurisdiktion mit der Aufgabe der Vergangenheitsbewertung. Damit verbunden sind Urteile über die individuelle und gesellschaftliche Wirklichkeit, denen eine basale Aufgabe zukommt: Für die Politik ist es die Sicherung des Gemeinwohls und der sozialen Stabilität, für die Jurisdiktion die Gewährleistung von Rechtsfrieden und Rechtssicherheit. Die Einlösung dieser Aufgabenprofile kann als rhetorisch induzierte Kontingenzreduktion gelesen werden, wobei den Erkenntnissen von Rechts- und Politikwissenschaft eine jeweils spezifische materiale und funktionale Rolle in diesem argumentativen Verfahren zukommt: Fachinhalte und rhetorische Methode ergänzen sich konstitutiv in der vernünftigen Herstellung eines plausiblen Urteils.

Basale Kontingenzen und das Problem der rationalen Begründbarkeit von Urteilen im Bereich gesellschaftlichen Handelns sowie ethisch-rechtlicher Normen, wo strenge wissenschaftlich-logische Beweise nicht

---

5 ARISTOTELES, *Rhetorik*. Übersetzt von FRANZ G. SIEVEKE. 2. Aufl., München 1987, I, 1, 14 und I, 2, 1.

6 ARISTOTELES, Rhetorik (Fn. 5), I, 1, 1.

zu haben sind, machen also Argumentationen über Fragen der praktischen Vernunft notwendig, die sich im semiotischen Dreieck von Sache (Rechtsfall, Tat), Redner (Ankläger, Verteidiger) und Auditorium (Richter, Geschworene) als plausibel und glaubwürdig erweisen müssen. Vernünftigkeit, Angemessenheit und Akzeptabilität des Urteils sind dabei auf einen je gegebenen gesetzlichen und gesellschaftlichen Kontext zu beziehen. Der Gerichtsprozess als, so Theodor Viehweg, „komplexe Kommunikationssituation im Rahmen von und mit Texten"[7] kann als praktischer Ernstfall einer rhetorischen Rechtstheorie gelten, insofern die Rechtsfindung mitbestimmt ist von

- inventorischen Strategien zur Fallbestimmung (Status),
- rhetorisch-topischer Argumentation (Beweisführung),
- hermeneutisch-exegetischen Techniken (Gesetzesauslegung),
- oppositiv-dialektischen Bearbeitungsschritten (Anklage, Verteidigung),
- persuasiven Strategien (Überzeugung, Plausibilität),
- Entscheidungszentriertheit (Iudicatio, Geltung),
- gesellschaftlich-sittlichen Erwartungen (Moral),
- gefühlsmäßiger Betroffenheit (Schmerz, Mitleid, Abscheu) und
- Mündlichkeit des Verfahrens (Rede, Plädoyer).

Im Hinblick auf diese rhetorische Dimension des Rechtlichen, in der die grundlegenden oratorischen Wirkungsfunktionen von *lógos, éthos* und *páthos* virulent werden, scheiden sich auch zwei prinzipielle Auffassungen des Rechts voneinander: 1. Die Bestimmung des Rechts und der Rechtsprechung als apodiktisch-logischer, systematisch-rigider Ableitungsformalismus für Urteile – quasi eine juristische Subsumtionsmaschine, die von jeder Kontingenz und Rhetorik absieht, oder: 2. Die Auffassung des Rechts als situativer Verständigungsprozess, in dem in Konfliktsituationen durch prudentielle, fachliche und argumentative Mittel in einem rechtsförmigen Verfahren Entscheidungen getroffen werden – mit dem also eine rhetorische Kommunikation gegeben ist.

Eine andere Trennlinie zwischen unterschiedlichen Rechtsauffassungen verläuft sowohl innerhalb der Rhetorik als auch in der Jurisprudenz: Es sind zwei Standpunkte, die ich als *radikale* und *relative* Position bezeichne: Im Anschluss an Theodor Viehwegs Begriff von einer *topisch-rhetorischen Rechtstheorie* geht die radikale Variante davon aus, dass Recht Rhetorik ist, dass Recht rhetorisch hergestellt wird, dass nicht nur die forensische Rede durch Rhetorizität gekennzeichnet ist, sondern auch die Ideen und Systeme der Rechtsdogmatik, der Rechts-

[7] THEODOR VIEHWEG, *Topik und Jurisprudenz*. 5. Aufl., München 1974, 114.

philosophie und der Methodenlehre. Im Unterschied dazu geht die relative Position davon aus, dass Recht nur aus der vernünftigen und angemessenen Zusammenschau und Anwendung von rhetorischer Methode und juristischem Fachwissen gewonnen werden kann, wobei sich das Rhetorische wesentlich auf inventorisch-topische, argumentative, strukturelle und exegetische Eigenschaften des Gerichtsprozesses bzw. der Gerichtsrede bezieht – eine Position, die sich durchaus auch mit Cicero und Quintilian plausibel vertreten lässt.[8]

Von der fraglosen Verwiesenheit der Jurisprudenz und der Rhetorik aufeinander zeugen nicht nur die Kontingenzen gesellschaftlicher Aktionsräume, sondern auch fachspezifische Fragen, Dilemmata, Imponderabilien, Unklarheiten und Ambiguitäten, die formallogisch nicht zu lösen sind. So gilt z. B. für einen Strafprozess,

- dass das Geschehene nicht ad hoc erkennbar ist (was vor allem bei fehlenden Zeugen, Geständnissen, Tatwaffen gilt) → *quaestio, res dubia*
- dass das Geschehene aus verschiedenen Anhaltspunkten plausibel rekonstruiert werden muss → *indicium, signum; Statusfragen*
- dass die Parteien ein und dieselbe Tat in unterschiedlicher und sich widersprechender Darstellung rekonstruieren → *pro/contra, in utramque partem, utile, in dubio pro reo*
- dass diese Darstellungen vom Richter geprüft und miteinander (und nicht mit einer verborgenen Wahrheit) verglichen werden müssen, wobei die innere Kohärenz und Widerspruchsfreiheit der Darstellungen sowie die Glaubwürdigkeit der Vortragenden wichtige Kriterien sind → *ratio, virtutes, auctoritas, ethos*
- und dass Eloquenz, Geschick, Erfahrung der Redner, die Abfolge der Plädoyers und die Aufmerksamkeit, Kritikfähigkeit, Unvoreingenommenheit, Gewissenhaftigkeit des Richters eine entscheidende Rolle spielen können → *scientia, ars, prudentia*

---

[8] Vgl. dazu auch MANFRED FUHRMANN, Die Tradition der Rhetorik-Verachtung und das deutsche Bild vom ‚Advokaten' Cicero, in: *Jahrbuch Rhetorik* 8 (1989), 43–55 und DERS., Die zivilrechtlichen Beispiele in Ciceros „Topik", in: THOMAS SCHIRREN/GERT UEDING (Hrsg.), *Topik und Rhetorik. Ein interdisziplinäres Symposium.* Tübingen 2000; CARL JOACHIM CLASSEN, *Recht – Rhetorik – Politik.* Darmstadt 1985; CHRISTOFF NEUMEISTER, *Grundsätze der forensischen Rhetorik, gezeigt an Gerichtsreden Ciceros.* München 1964; WILFRIED STROH, *Taxis und Taktik – Die advokatische Dispositionskunst in Ciceros Gerichtsreden.* Stuttgart 1975; DOROTHEA BERGER, *Cicero als Erzähler – Forensische und literarische Strategien in den Gerichtsreden.* Frankfurt am Main 1978; FRIEDRICH MÜLLER/RALPH CHRISTENSEN, *Juristische Methodik.* 9. Aufl., Berlin 2004, Rn. 112 ff.

Solche hier exemplarisch genannten Inhalts- und Verfahrensfragen, die sich als fallzentrierte, persönlichkeitszentrierte, gesetzeszentrierte und ethoszentrierte Probleme der juristischen Entscheidungsfindung zeigen, konstituieren eine wesentlich rhetorische Verhandlungssituation. Dabei fließen sowohl fachliche Topoi (z. B. Präzedenz-/Vergleichsfall, Analogie, *scriptum/voluntas*) als auch erfahrungspraktische (z. B. Mutter-Kind-Beziehung, Charakter, Beruf) und sachlogische Topoi (Kategorien wie Äquivalenz, Relation, Kausalität) neben gesetzestextlichen Normen und Rechtstraditionen in den Entscheidungsprozess ein. Kann angesichts solcher rhetorisch zu lösenden Bedingungen des Gerichtsverfahrens keine bestmögliche argumentative Begründung und kein angemessener Bezug auf das aktuelle Sinnerleben einer Rechtsgemeinschaft hergestellt, also *ius* und *aequitas*, Recht und Billigkeit nicht erzielt werden, dann entsteht eine Gerechtigkeitsproblematik, die sich negativ auf Rechtsfrieden und Rechtssicherheit auswirken kann.

Bei der Prüfung und Diskussion solcher juristischen Problemlagen soll nicht verschwiegen werden, dass nicht nur der Justizirrtum, die falsche Indizienbewertung, der Entscheidungszwang, der Druck der Öffentlichkeit oder die affektische Voreingenommenheit des Richters Quellen falscher Entscheidungen sein können, sondern dies kann auch die rhetorische Vermittlung selbst sein, die ja ein vernünftiges juristisches Procedere sicherstellen soll. Überspitzt lässt sich dies so ausdrücken: Eine gut vorgetragene und technisch versierte Rede kann dem Angeklagten helfen, auch wenn sie Lügen und Tatsachenverdrehungen enthält, und eine ungeschickt komponierte und schlecht präsentierte Rede kann dem Angeklagten schaden, auch wenn sie der Wahrheit entspricht.[9] Vor einem solchen Missbrauch der Rhetorik kann nur ein kompetentes argumentatives Für und Wider, das berufliche Ethos des Juristen sowie die Prüfung, Anfechtbarkeit und Revidierbarkeit der Prozesskonstituenten schützen. Interessanterweise werden die Möglichkeit und Fähigkeit der Rechtsorgane zu Wahrheitsfindung und Gerechtigkeit schon vom antiken Praktiker Antiphon sehr nüchtern eingeschätzt: Angesichts der relativen Konturlosigkeit des antiken Gerichtsprozesses in der griechischen Polis, der Laienhaftigkeit des Richtergremiums, der begrenzten Verhandlungsdauer, des apodiktisch festgelegten Strafmaßes, des Entscheidungsdrucks und der Unwiderruflichkeit des Urteils kommt der Rhetorik und den Plädoyers eine lebenswichtige Bedeutung zu – dass dies zur Anwendung aller eristischer Tricks und rednerischer Finten verführt, liegt für Antiphon auf der

---

9 Vgl. THOMAS ZINSMAIER, Wahrheit, Gerechtigkeit und Rhetorik in den Reden Antiphons, in: *Hermes* 4 (1998) 398–422, 401, 414, 419 f.

Hand.[10] Insgesamt stehen dem Winkeladvokatentum das rhetorische Tugendprinzip des *vir bonus*, das Fachwissen, die Berufserfahrung, die Klugheit und Gewissenhaftigkeit[11] sowie das Ziel entgegen, die Richtigkeit und Angemessenheit des Urteils nach einer professionellen Verhandlungsführung mit – so die Formel – „an Sicherheit grenzender Wahrscheinlichkeit" zu gewährleisten. Und dies ist gut verstandene Rhetorik. Sie hilft nicht nur gegen den Missbrauch oratorischer Mittel, sondern schützt auch vor einem innerjuristischen Übel, das mit der Sentenz „summum ius summa iniuria" (rigid-kompromissloses Recht ist das größte Unrecht) knapp und prägnant bezeichnet ist. Denn nur aus der rhetorischen Reflexion von *díkaion* und *epieikés*, von recht und billig, resultiert das Gerechte.[12]

Thematisiert man die historische Dimension von Rhetorik und Jurisprudenz, so rückt sowohl die Geschichte der beiden Einzelfächer als auch ihre interdisziplinäre Verflechtung und Interdependenz ins Blickfeld: Für die Rhetorik ist das ein historischer Prozess, der von der praktischen Gerichtserfahrung im antiken Sizilien des 5. Jh. v. Chr. und in der antiken griechischen Polis ausgeht (siehe Abb. 1).

Die Systematisierung, Theoretisierung und Übertragung dieser Erfahrung auf andere Gattungen führt zur Ausbildung einer Fachwissenschaft, die in ihrer oratorischen Grundkonzeption dem juristischen Musterfall folgt (das rhetorisch gesicherte Urteil als *télos*). Variationen und Abweichungen ergeben sich da, wo der klassisch-argumentative (also der juristische) Kern von *ornatus*-orientierten Konzepten verdrängt wird (wie in der Poetik des Mittelalters oder Barocks), oder wo die *argumentatio* (also Topik und *dispositio*) aus der Rhetorik extrahiert und der Logik/Dialektik zugeschlagen wird, wie dies in ramistischen und rationalistischen Theorien der frühen Neuzeit der Fall ist. Dies ändert sich wiederum, als im 20. Jh. (etwa zur Zeit der pragmatischen Wende in Philosophie und Linguistik) die Rhetorik als Argumentationswissenschaft sowie praktische Diskurs- und Entscheidungstheorie wiederentdeckt wird – quasi ein *rhetorical turn*, der auch erneutes juristisches Interesse an der klassischen Redelehre weckt.

---

[10] Vgl. ZINSMAIER, Wahrheit, Gerechtigkeit und Rhetorik in den Reden Antiphons (Fn. 9), 415 und ERNST HEITSCH, *Antiphon aus Rhamnus*. Wiesbaden 1984.

[11] QUINTILIAN, *Institutionis oratoriae libri XII*. Herausgegeben und übersetzt von HELMUT RAHN. 2. Aufl., Darmstadt 1988, XII, 1, 1 – XII, 9, 21.

[12] CICERO, *De officiis*. Herausgegeben und übersetzt von KARL BÜCHNER. 4. Aufl., München 2001, 1, 33; vgl. JOHANNES STROUX, *Römische Rechtswissenschaft und Rhetorik*. Potsdam 1949, 9 ff. und 16.

génos dikanikón
genus iudiciale

älteste rhetorische Gattung (*parádeigma*)
aus dem Gebrauch entwickelt (*empeiría, práxis*)
systematisch ausgearbeitet (*téchne*)

Korax, Teisias (*Praxis, Anleitung*) 5. Jh. v. Chr.
Antiphon (*fingierte Praxis, Praxiskritik*) 480 – 411
Anaximenes (*ars, Theorie*) 4. Jh. v. Chr.
Aristoteles (*ars, Gattung*) 384 – 322
Hermagoras (*Statuslehre*) 2. Jh. v. Chr.
Cicero (*Topik, inventio*) 106 – 43
Quintilian (*Lehrbuch, Praxis*) 53 – ca. 100 n. Chr.

beweiszentriert (*probatio, refutatio*)
oppositiv (*controversia*)
parteilich (*utile*)
entscheidungsorientiert (*sententia*)
wahrscheinlichkeitsbezogen (*verisimile*)
öffentlich, mündlich (*coram publico*)
topisch strukturiert (*quaestio, loci*)
problemorientiert (*res dubia*)

agonistische Genese des Rhetorischen

argumentatio
[Rechtsstreit]

Tat (*prágma*): Motive, Art, Folgen
Person (*prósopon*): Charaktereigenschaften
Umstände (*tópos, chrónos*): Ort und Zeit

↓

accusatio (*kategoría*) } *sententia*
defensio (*apología*)

Abb. 1: Juristische Rhetorik

Für die Jurisprudenz wiederum gilt, dass sie sich aus der rhetorisch profilierten Laienpraxis der griechischen Polis und der fachlich konsequenteren römischen Rechtslehre zu einer Wissenschaft entwickelt, die neben der Philosophie und später der Theologie auf der Vorschule der *artes liberales* aufbaut. Ihre Fachgeschichte kann man als Geschichte der *interpretatio iuris*[13] rekonstruieren, die von der mündlichen, forums- und einzelfallgebundenen Rechtstradition zum überzeitlichen und generell fixierten Rechtsgebäude mit entsprechender Lehre und Theoriebildung transformiert wird.

Die *auctoritas* von *iuris consultus* und *advocatus* beruht damit im republikanischen Rom auf der Rechtskenntnis und der rhetorischen Prozesskompetenz (vor allem im großen Straf- und Staatsprozess).[14] Die zentrale Schnittmenge von Recht und Rhetorik zeigt sich insbesondere in der Statuslehre des Hermagoras von Temnos, mit der die Bestimmung des Rechtsfalles, die Zuordnung von Fall und Gesetz sowie die Inventorik parteilicher Argumente systematisch und plausibel ermöglicht werden.[15]

Für Rom kann dabei gelten, dass das alte Recht der Zwölf Tafeln und der Quiriten (Vollbürger) verwandelt worden ist

- durch die Veränderung der politischen, ideologischen und ökonomischen Verhältnisse,
- durch die Adaption der griechischen Rhetorik als neues Bildungswissen und bevorzugte Methode der *interpretatio iuris* sowie
- durch die Adaption des Codex Iustinianus und die Ausgestaltung des Corpus iuris.

Das römische Recht wird damit zugleich fachwissenschaftlicher und rhetorischer. Einflussreiche Werke wie die *Topica* und *De legibus* von Cicero, die *Institutio* von Quintilian oder berühmte Rechtsfälle wie die „Causa curiana" (vertreten durch Crassus)[16] befördern diesen Prozess. Zugleich ist dies in der römischen Rechtsgeschichte eine Tendenz vom *ius strictum* mit akribisch-rigider *sententia* zur abwägenden Tradition des rhetorisch induzierten *aequum et bonum* in einem Zeitraum vom 5. Jh. vor bis zum 6. Jh. nach Chr. Dabei lässt sich für die jeweilige fachgeschichtliche Entwicklung folgendes konstatieren: Während um 100 v. Chr. das rhetorische System vollständig ausgebildet und zentraler Bildungsbestandteil auch der juristischen Eliten ist, ist das Rechtssystem

---

[13] STROUX, Römische Rechtswissenschaft und Rhetorik (Fn. 12), 13.

[14] Vgl. ebd., 25 ff.

[15] Vgl. LUCIA CALBOLI-MONTEFUSCO, La dottrina degli „status" nella retorica greca e romana. Bologna 1984.

[16] STROUX, Römische Rechtswissenschaft und Rhetorik (Fn. 12), 54.

prozedural, institutionell und terminologisch zu dieser Zeit noch unzureichend entwickelt. Dagegen kann die Rhetorik um 100 v. Chr. schon als eine systematisch konturierte, klare und relativ erschöpfende Theorie der Rechtsauslegung (*interpretatio*) und Prozessgestaltung (*actio, applicatio*) gelten.[17] Und dies befördert auch die Verwissenschaftlichung und Versachlichung der Jurisprudenz. Allerdings hat an dieser fachlichen Profilierung nicht nur die Rhetorik einen gewichtigen Anteil, sondern auch die stoische Grammatik und die praktische Philosophie – von spektakulären Reden eines Gorgias oder Antiphon ganz zu schweigen. Die Grammatik induziert Reflexionen zu Etymologie, Begriffsbildung, *definitio* und Korrektheit der sprachlichen Form, zum *recte dicendi* und zur systematischen *divisio (dihaíresis)* von Fall und Kontext; die Philosophie (wie die aristotelische *Ethica Nicomachea*) spezifiziert die moralischen Normen und Erwartungen im Hinblick auf das Gemeinwohl und das individuelle Glücksstreben.[18] Beide Disziplinen liefern damit wesentliche Bausteine für rechtssprachliche Gültigkeit und rechtsstaatliche Akzeptanz bzw. für sittlich fundierte Gerechtigkeit.

Die Tendenz zur Symbiose und gegenseitigen Stabilisierung von Recht und Rhetorik zeigt allerdings schon in der Antike eine konfliktträchtige Konkurrenzqualität: Formalisierungsinteressierte und am römischen Recht geschulte Juristen wenden sich gegen eine diskursgestützte rhetorische Hermeneutik, Rhetoren bemängeln die oratorische Laienhaftigkeit und interpretatorische Borniertheit der Advokaten. Als konfliktauslösend erweist sich dabei der Umstand, dass die griechische Rechtsrhetorik der Laien als Bildungsimport auf ein relativ rhetorikfreies, selbstbewusstes und zum Teil äußerst rigides Fachjuristentum (vor allem des Praetors) trifft, das an eine eigene Tradition anknüpfen kann. Solche Konkurrenz- und Konfliktlagen führen im Lauf der Fachgeschichte zu *rhetorikaffinen* und *rhetorikrepugnanten* Varianten des Rechtsdenkens – um eine moderne terminologische Kennzeichnung von P. L. Österreich zu verwenden.[19] Tendenzen zum Ausschluss der Rhetorik zeigen sich im Mittelalter und in der Neuzeit, wenn es um geheime, schriftliche und strikt legalistische Konzepte geht; Tendenzen zur Im-

---

[17] STROUX, Römische Rechtswissenschaft und Rhetorik (Fn. 12), 102; GUALTIERO CALBOLI, Die Rhetorik der römischen Spätantike, in: GERT UEDING (Hrsg.), *Rhetorik zwischen den Wissenschaften*. Tübingen 1991, 9–20; DERS., Die Topik in Jurisprudenz und Rhetorik, in: THOMAS SCHIRREN/GERT UEDING (Hrsg.), *Topik und Rhetorik. Ein interdisziplinäres Symposium*. Tübingen 2000, 555 ff.; ARTUR STEINWENTER, Rhetorik und römischer Zivilprozess, in: *ZRG RA* 65 (1947) 69 ff.; HANS HOHMANN, Artikel „Gerichtsrede" und „Juristische Rhetorik", in: GERT UEDING (Hrsg.), *Historisches Wörterbuch der Rhetorik. Bd.* 3 *und* 4. Tübingen 1996 und 1998.

[18] STROUX, Römische Rechtswissenschaft und Rhetorik (Fn. 12), 87 ff. und 97 ff.

[19] ÖSTERREICH, Fundamentalrhetorik (Fn. 2), 1 ff.

plikation der Rhetorik sind erkennbar, wenn die Kunst des Rhetors gesellschaftlich intensiviert wird, wie in der Renaissance, der Französischen Revolution oder in der Moderne, wenn Mündlichkeit, Öffentlichkeit, *aequitas* und die Kombination von rhetorisch-topischen (dialektisch-parteiliche Beweisführung) und juristisch-sachlogischen Techniken (Scriptum, Subsumtion, Analogie, Präzedenz) in einem konstitutiven Verhältnis stehen und für vernünftige juristische Entscheidungen bürgen. Dass selbst rhetorikrepugnante disziplinäre Konzepte der Jurisprudenz, Theologie oder Philosophie den rhetorischen Erkenntnissen nicht entgehen können, zeigen z. B. die homiletischen Konzepte des Augustinus, die juristischen Konzepte der mittelalterlichen *ars dictaminis* oder die verhandlungspraktischen Konzepte der philosophischen Ethik. Ein kleines Beispiel für die oratorisch-juristische Ausdrucksseite dieser komplexen und prekären Fachbeziehung liefert die Podestà-Rhetorik bzw. die *protestatio de iustitia* in den italienischen Stadtstaaten der frühen Neuzeit.[20]

Eine spezifische Amalgamierung von rhetorischer Argumentationslehre, Dialektik, Topik und Statuslehre einerseits und juristischem Fachwissen andererseits lässt sich nicht nur in der Moderne beobachten und an den beweistheoretischen, topischen und exegetischen juristischen Rhetoriken etwa von Viehweg, Ballweg, Perelman, Alexy oder von Schlieffen ablesen, sondern in einem vor-rhetorischen Sinne auch schon an der Praxis römischer Juristen, die zwar noch nicht an den griechischen *heúremata* partizipierten, aber dennoch und dem common sense entsprechend status- und argumentationstechnische Überlegungen anstellten. Und dies wäre auch ein Beleg für die eingangs skizzierte anthropologische Fundierung des *homo rhetoricus* in der Rolle des Gerichtsredners. Vor der Folie dieser komplizierten Fachgeschichte kann für die Theoretisierung und Beschreibung der Gerichtsrede zusammenfassend folgender Erkenntnisgang angenommen werden:

Zunächst:

1) Praxisbeobachtung und Praxisteilnahme im Rahmen von Entscheidungsnotwendigkeit und geregelter Entscheidungsfindung (*empeiría*)

2) Modellfall-Analyse und Generalisierung rekursiver Konstituenten (*exégesis, téchne, auctoritas, regula, ordo*)

[20] Vgl. EMILIO SANTINI, La Protestatio de Iustitia nella Firenze Medicea del sec. XV, in: *Rinascimento* 10 (1959), 33 ff.

3) Beispielsammlungen von faktischen und fiktiven Gerichtsreden
(*exempla*)

4) Übung fiktiver Fälle (*declamatio, exercitatio*)

Dann:

1) Systematisierung und Theoretisierung (*doctrina*)

2) Lehrbuchgattungen und Lehre (*disciplina*)

3) Gesetzessammlungen als Codices, Corpora, Pandekten, Digesten und Novellen (*Normen*)

4) Rhetorische und juristische Ausbildung nach einer gestuften Fachdidaktik (*studium, eruditio*).

Im Rahmen der römischen Bildung bedeutet dies, dass politische, juristische und philosophische Eliten auf gleiche Bildungsinhalte mit entsprechender gemeinsamer Fundierung und anschließender fachlicher Differenzierung zurückgreifen können und dass mit diesem kongruenten Kanon ein Diskurs- und Verständigungshorizont eröffnet wird, in dem gesellschaftsbestimmende Kommunikationsprozesse auch juristischer Natur regelgeleitet und intersubjektiv nachvollziehbar funktionieren können.

Diese bildungsgeschichtlichen Überlegungen leiten über zu einem lehrbuchbezogenen *locus classicus*, an dem die Ausbildung zum politischen, panegyrischen oder juristischen Rhetor und Fachmann exemplarisch studiert und auf seine historische Fruchtbarkeit hin geprüft werden kann: Es ist die *Institutio oratoria* des Quintilian, seine 12 Bücher über die Ausbildung des Redners, die dezidiert – wie schon die aristotelische Rhetorik – den Leit- und Erkenntnisprinzipien der juristischen *quaestio* folgen: der Rechtsfall ist für Quintilian der rhetorische Ernst- und Bewährungsfall. Quintilians Werk – entstanden im 1. Jh. n. Chr. – ist *summa* und Kulminationspunkt des antiken rhetorischen Wissens und damit Spiegel eines zentralen Bestandteils antiker Bildungsansprüche. Die *Institutio* basiert auf den praktischen Erfahrungen des Rhetors Quintilian und sie sammelt, systematisiert und illustriert auch die vorgängigen rechtstheoretischen und rechtspraktischen Überlegungen und Traditionen aus der Sicht eines Lehrers.

Für den juristischen Diskurs fungiert sie bis heute als eine aufschlussreiche und fachsystematische Quelle: Die umstrittene Ausgangslage im Straf- und Zivilprozess (*quaestio, causa*), die Fallanalyse und die Gesetzesauslegungen (*status*), die oppositiven Begründungsreden (*accusatio, defensio*) und die Urteilsfindung (*sententia*) durch Richter oder Geschworene werden bei Quintilian erkenntnisleitend, praxisprägend und mit Berücksichtigung von Rechtsphilosophie und Rechtskultur (*ethos, aequitas*) am Exempel thematisiert. Der von Quintilian besprochene Stoff forensischer Beredsamkeit sei hier durch die Benennung der darin enthaltenen rhetorischen Einzellehren gegliedert und zugeordnet:

Ausgehend von der Tradition juristischer Vernunfts- und Gesetzeserwägungen lässt sich in der *Institutio* zunächst eine auf den Rechtsfall bezogene *Erkenntnislehre* abheben, in der Quintilian definitorisch z. B. an seinen Vorgänger Apollodoros von Pergamon (1. Jh. v. Chr.) anknüpft: „Ein Rechtsfall ist ein Geschäft (*negotium*), dessen Ziel eine Streitfrage ist" und: „Ein Geschäft ist eine Verbindung von Personen, Örtlichkeiten, Zeitverhältnissen, Ursachen, Umständen, Zufällen, Handlungen, Reden, schriftlich Fixiertem und Nichtschriftlichem."[21] Ähnlich definiert Cicero in den *Topica*. Erkenntnisleitend ist dabei die *quaestio finita* (*hypóthesis*), die auf den allgemeinen Begriffshorizont einer *quaestio infinita* (thésis) bezogen werden muss.

Die jeweils aktuelle Rechtsfrage ist im Rahmen der *Statuslehre* (siehe Abb. 2) zu klären und der *status causae* ist zu bestimmen: zunächst in den *status rationales* die Tatfragen, d. h. im Konjektural- oder Vermutungsstatus (*coniectura, suspicio*) die Tatfeststellung, im Definitionsstatus (*finitio*) die Tatart, im Beschaffenheitsstatus (*qualitas*) die Tatbewertung und im Rechtsfragestatus (*translatio*) die Ordnungsmäßigkeit des Verfahrens. Dann sind in den *status legales* die Gesetzesfragen zu klären und zwar auf der Ebene oppositiver Bezüge, die von den Kontrahenten ausgespielt werden können: Stützen sich die Parteien auf den Wortlaut (*scriptum*) oder auf Sinn und Intention des Gesetzes (*voluntas*), beziehen sie sich auf widersprüchliche Gesetze (*leges contrariae*), legen sie ein Gesetz verschieden aus (*ambiguitas*) oder werden Gesetzeslücken eingeklagt, die ergänzende Analogisierungen und Schlussverfahren erfordern (*ratiocinatio*)? In diesen Frageformeln finden sich aristotelische Kategorien (wie Wesenheit, Quantität, Relation) ebenso wieder wie Aspekte der juristischen Ontologie („ob es sei, was es sei, wie es sei"). Keine Rechtsfrage kann ohne Definition, Bestimmung von Tat und Tatbeschaffenheit, Vermutungen über den Tatbestand und die Korrelation dieser Aspekte mit den Gesetzestexten entwickelt werden. Zugleich stehen die Konstituenten der beiden Statusebenen in einem komplexen Zusammenhang, der nur durch ein rhetorisch und sachlogisch geordnetes Procedere vernünftig austariert werden kann. Auch sind diese Konstituenten einzeln problematisierbar und Gegenstand des Pro und Kontra.

---

[21] QUINTILIAN, Institutionis oratoriea libri XII (Fn. 11), III, 5, 1 – III, 11, 28; V, 1, 1 – V, 14, 35; VII, 1, 1 – VII, 10, 17 und II, 5, 17.

Rechtsordnung und Rechtsverfahren

Status-Lehre des

Hermagoras von Temnos (2 Jh. v. Chr.)

(1) ***genus rationale*** (materia, inventio)

- status coniecturalis (Tatfrage)
- status finitionis (rechtl. Zuordng.)
- status qualitatis (Umstände)
- status translationis (Rechtmäßigkeit des Verfahrens)

(2) ***genus legale*** (interpretatio, applicatio)

- scriptum et voluntas (Wortlaut u. Sinn des Gesetzes)
- leges contrariae (sich widersprechende Gesetze)
- ambiguitas (Mehrdeutigkeit der Gesetze)
- ratiocinatio (Analogieschluss bei Gesetzeslücke)

Basale Parameter

der Gerichtsrede

Rhetorik und

Jurisprudenz

- Wahrheit, Wahrscheinlichkeit
- Tatsachen, Indizien, Begründungen
- Ratio und Affekt
- Lex, Kanon, Codex und Rede
- Laie, Geschworener, Richter, Anwalt, Verteidiger, Ankläger
- Gerechtigkeit, Billigkeit (iustitia, aequitas)

- *Parteilichkeit* des Verfahrens (quaestio, causa) (oppositive Struktur)
- *Mündlichkeit* des Verfahrens (Rede, Rhetorik, Argumentation)
- *Öffentlichkeit* des Verfahrens (Kontrolle, Ethos/Gemeinwesen, Rechtskultur)

- *doctrina, dogma, auctoritas*
- *interpretatio iuris, applicatio*
- *iudicatio, sententia*

Fakten: **Wahrheitsfrage** (veritas/verisimile)
Gleichheit: **Gerechtigkeitsfrage** (ius aequabile)

Abb. 2: Rechtsordnung und Rechtsverfahren

Teil des quintilianischen Werkes ist auch eine *Gattungslehre*, in der die Strukturen und Funktionen der Gerichts- bzw. Prozessrede modellhaft erarbeitet werden: Eine rechtliche *quaestio simplex* oder *coniuncta* löst die entsprechenden inventorisch-topischen, dispositionellen und argumentativen Zugriffe aus, die redestrukturell als *exordium* (Anrede), *narratio* (Fallschilderung), *argumentatio* (Beweisführung) und *peroratio* (Schlusswort) manifest werden. Hauptofficia der Rede sind Anklage und Verteidigung (*accusatio*, *defensio*) und die plausible Ableitung des Spruches *sons* oder *insons*, schuldig oder unschuldig.

Dies leitet über zur quintilianischen *Argumentationslehre*, die zunächst und in klassischer Form zwischen den *probationes inartificiales* (untechnische Beweise wie Anzeigen, Gerüchte, Eide, Urkunden, Folter, Tatwaffen) und den *probationes artificiales* (technische Beweise wie Syllogismus, Enthymem, Analogie, Beispiel oder Indizienbeweis) unterscheidet. Hierbei handelt es sich nicht um die schematische Anwendung einer gelernten Mechanik, sondern um die erfahrungsbasierte Anpassung und Modifikation des rhetorischen Schemas nach dem je gegebenen Fall. Geübt werden argumentative Techniken an der Reproduktion und Amplifikation von Beispielen und im Rahmen so genannter Deklamationen und *exercitationes*. Komplikationsgrade bilden dabei z. B. die Abfolge von Klage, Gegenklage und Gegengegenklage (*antikategoría*, Drittwiderbeklagte), die angemessene argumentative Prüfung von Motivstrukturen wie Hass, Gewinnsucht, Affekt, Kalkül und Rache oder die Differenzierung von *causa* und Rechtsempfinden im Rahmen der Vertretbarkeitsgrade (*genera causarum*). Als solche gelten:

- das *genus honestum* (dem Rechtsempfinden entsprechend)
- das *genus dubium* (das Rechtsempfinden in Frage stellend)
- das *genus admirabile* (das Rechtsempfinden schockierend)
- das *genus humile* (das Rechtsempfinden nicht berührend, Bagatelle)
- das *genus obscurum* (das Rechtsempfinden durch die Komplikation des Falles belastend).

Arrondiert wird die Gerichtsrhetorik durch eine *Tugend-* und *Bildungslehre*, die als sittliche und fachliche Grundlage der Redekunst aufgefasst werden kann. Für die Prozessbeteiligten gilt dabei in ethischer Hinsicht die von Cato formulierte „vir bonus dicendi peritus"-Doktrin, d. h. die Doktrin vom zugleich ehrenhaften und sprachmächtigen Bürger. Die sittliche Ausbildung und die rednerischen Tugenden, die moralphilosophische Tradition und der beispielhafte Lebenslauf sollen die Erreichung dieses idealtypischen Ziels gewährleisten. Impliziert ist hier ein Widerstand gegen den Missbrauch der Redegabe und die charakterlose Vorteilsnahme, denn die Rhetorik hat als Begleiterin der Unschuld, der

Gesetzestreue und der Wahrhaftigkeit zu gelten und damit der Gesellschaft einen Dienst zu erweisen.

Hinsichtlich der Bildungslehre Quintilians ist anzumerken, dass nicht nur die Inhalte der *artes liberales* anzueignen sind, sondern der Jurist hat auch Kenntnis zu nehmen vom bürgerlichen Recht, von den geltenden Sitten und Kultbräuchen sowie von den Grundlagen des Staatswesens. Damit verbunden ist der Einblick in die Rechtsgeschichte, d. h. in die Fülle von Beispielen, Aufzeichnungen und mündlich tradierten Rechtsfällen, in die Rechtsgüter und Codices, in die Schulbildungen und Novellen, aber auch in die politische und gesellschaftliche Geschichte. Auf diesem Tugend- und Bildungskanon beruht die Entscheidung darüber, ob man einen Fall übernehmen soll, wie man sich in einen Fall einarbeitet, welche fachlichen Stoffe eine Rolle spielen, mit welchen möglichen Einwänden zu rechnen ist und ob andere als gerichtliche Lösungsmöglichkeiten zur Verfügung stehen.

Schließlich versäumt es Quintilian nicht, als Pädagoge auch Verhaltenshinweise für die gerichtliche *actio* und Präsentation zu geben: Hierbei geht es um die Sicherheit des Auftretens, die gepflegte Erscheinung, das höfliche Benehmen sowie die Vermeidung von Selbstdarstellung und Beifallssucht, von Schauspielerei und Prunkrhetorik. Gefragt ist das Engagement für das Recht, wichtig sind berufliche Eigenschaften wie Sorgfalt, Reaktionsfreude und Leichtigkeit im Umgang mit wechselnden Umständen (*diligentia* und *facilitas*) und erwartet wird die rhetorische Bescheidenheit (*modestia*) in der Bearbeitung des Falles.

Zu den sprachlich-stilistischen Tugenden schließlich gehören die Angemessenheit (*aptum*), die Sprachrichtigkeit (*latinitas*), die Klarheit des Ausdrucks (*perspicuitas*) und der Redeschmuck (*ornatus*). Der Sprachgebrauch der Gebildeten (*consuetudo*) gilt dabei als wichtige Leitinstanz. Die Schulung von Stimme und körperlicher Beredsamkeit ergänzen diesen Bildungs- und Erziehungskatalog.

Die hier genannten sprachlich-rhetorischen und persönlich-psychologischen Tugenden bilden insgesamt die Grundlage für die Einlösung der gerichtsrednerischen *officia* im Hinblick auf *interpretatio* und *oratio*, nämlich die Beförderung der eigenen Sache (*probatio*, Partei-*utilitas*), die Widerlegung der gegnerischen *interpretatio* (*refutatio*) und die Überzeugung der Richter und Geschworenen (*persuasio*) in einem regelkonformen Verfahren. Sie liefern einen systematischen und relativ erschöpfenden Lösungsvorschlag für das Problem, in einem hochkomplexen gesetzes- und tatbezogenen Zusammenhang zu einer eindeutigen Entscheidung zu gelangen. Und dies gilt natürlich in Sonderheit für den Straf- und Zivilprozess. Vorgebeugt werden soll damit auch einer *interpretatio iuris*, die unangemessen (*improprium*), widersinnig (*absurdum*), nutzlos (*inutile*) oder unbillig (*iniquum*) ist. Inwiefern mit einer systematischen Verbindung von rechtswissenschaftlichen und rhetorischen Kenntnissen innerfachliche Kämpfe in der Jurisprudenz zwischen unterschiedlichen Theorien (z. B. Naturrecht, Gewohnheitsrecht oder Vernunftrecht), zwischen formalistischen und hermeneutischen Positionen oder zwischen literaler und intentionaler Gesetzesauslegung befriedet werden könnten, müsste gesondert untersucht werden. Jedenfalls ist davon auszugehen, dass es eine Kongruenz zwischen juristischen und rhetorischen Intentionen gibt, wenn es um die Stabilisierung der Rechtskultur, um sprachlich und fachlich angemessene Fallbehandlung und um die Plausibilität, Nachvollziehbarkeit und Akzeptanz richterlicher Entscheidungen geht. Andererseits gilt aber auch, dass der theoretischen Auffassung vom Recht als einem reinen, unkorrumpierbaren, formalen System von Sätzen die Erfahrung von der rhetorisch-topisch-situativen Anwendung und Prozesshaftigkeit des Rechts entgegensteht. Ein dogmatisch-formales System von Sätzen als ein von der Realität abgezogenes abstraktes Gebäude kann erst durch rhetorisch-hermeneutische Techniken wieder praktisch anwendbar und einzelfalltauglich gemacht werden – Recht ist kein mechanisch-deduktiver Output und Recht spricht sich nicht selbst.

Stellt man aus heutiger Sicht Überlegungen zum Verhältnis von Jurisprudenz und Rhetorik an und sucht dazu die Formulierungen der antiken Lehrbücher auf, so ist dies sicher ein Akt der kulturellen *memoria* im Sinne der Erinnerung an die ungebrochene Relevanz vorgängiger rhetorischer Erkenntnisse zu den Modalitäten der Rechtsfindung und ein Akt der Bewusstmachung immer schon und mit Selbstverständlichkeit angewendeter rhetorischer Techniken (was von der Rechtswissenschaft oftmals verdrängt wird). Juristische Exegesen, Schlussformen, Sprachstile und Verfahrensweisen sind eminent rhetorisch geprägt – und dies sollte in der juristischen Ausbildung wieder deutlich thematisiert werden. Rhetorische, topische und sprachwissenschaftliche Zugänge zum Rechtsfall können erst dann ihre regulierende, rationalisierende und entscheidungssteuernde Kraft entfalten, wenn ihre Standards nicht unbewusst, oftmals verzerrt, rudimentär und unproduktiv subkutan mitgeschleppt werden, sondern wenn sie als Bildungsgut und Anwendungswissen systematisch und methodisch in das juristische Ausbildungs- und Berufsbild integriert werden. Dass dies aus rhetorischer – und wohl auch aus linguistisch-grammatischer Sicht – vor allem für folgende Fragen gilt, liegt auf der Hand.

Es sind dies:

- die Fragen der *Gesetzesexegese*, wo es um Wortsinn, Zusammenhang, Geschichte und Zweck geht,
- die Fragen der *Schlussformen*, wo die Techniken der Induktion und Deduktion, der Analogie und des Syllogismus, der freien Beweisführung, der *argumenta a persona* und *a re*, der Topoi und Kategorien sowie der Indizien-, Fakten-, Zeugen- und Geständnisschlüsse zu behandeln sind,
- die Fragen der *oratio*, wo die Gerichtsrede in ihrer strukturellen, funktionalen und elocutionellen Dimension zu thematisieren ist, und schließlich betrifft es
- die Fragen des *juristischen Sprachstils*, zu denen Aspekte wie Sachlichkeit, Begrifflichkeit, Fachlexik, Formalismus, Kohärenz, Professionalität, Technizität, Objektivität, Passivkonstruktion, Nominalstil, Leerformel, rituelle Muster, Jargonismus, Dialogmaximen, Verständlichkeit, syntaktische Muster und Dokumentstrukturen gehören.

Zur Diskussion stehen dabei auch

- die Interaktion zwischen inner- und außergerichtlicher Öffentlichkeit,
- der spektakuläre meinungsbildende Prozess,
- die Rechtskultur und das Rechtsgefühl,
- der bürgerliche Erwartungshorizont und die Rechtsgleichheit,
- die Rolle und Kompetenz von Anklage und Verteidigung,
- der inkriminierte Handlungstyp und das zu begründende Strafmaß,
- der Entscheidungsdruck und die Psychologie der Richterrolle und schließlich
- die Rechtserfahrung und die verfügbaren Entscheidungsmodelle.

Abschließend sei hervorgehoben, dass der komplexe, komplizierte und dennoch usuelle Diskurs über Recht und Gerechtigkeit kein formallogisches Gehäuse richterlicher Systematizität ist, sondern eine eminent rhetorische Sprech- und Handlungssituation, die nur mit den klassischen Mitteln von juristischem Fachwissen und rednerischer Klugheit zu einem befriedigenden Ende gebracht werden kann. Illustriert sei dieser juristisch-gesellschaftliche Aktionsraum mit einer Graphik, in der seine wesentlichen Konstituenten zusammengefasst sind und der Ort der Rhetorik bestimmt ist (siehe Abb. 3 auf der nächsten Seite).

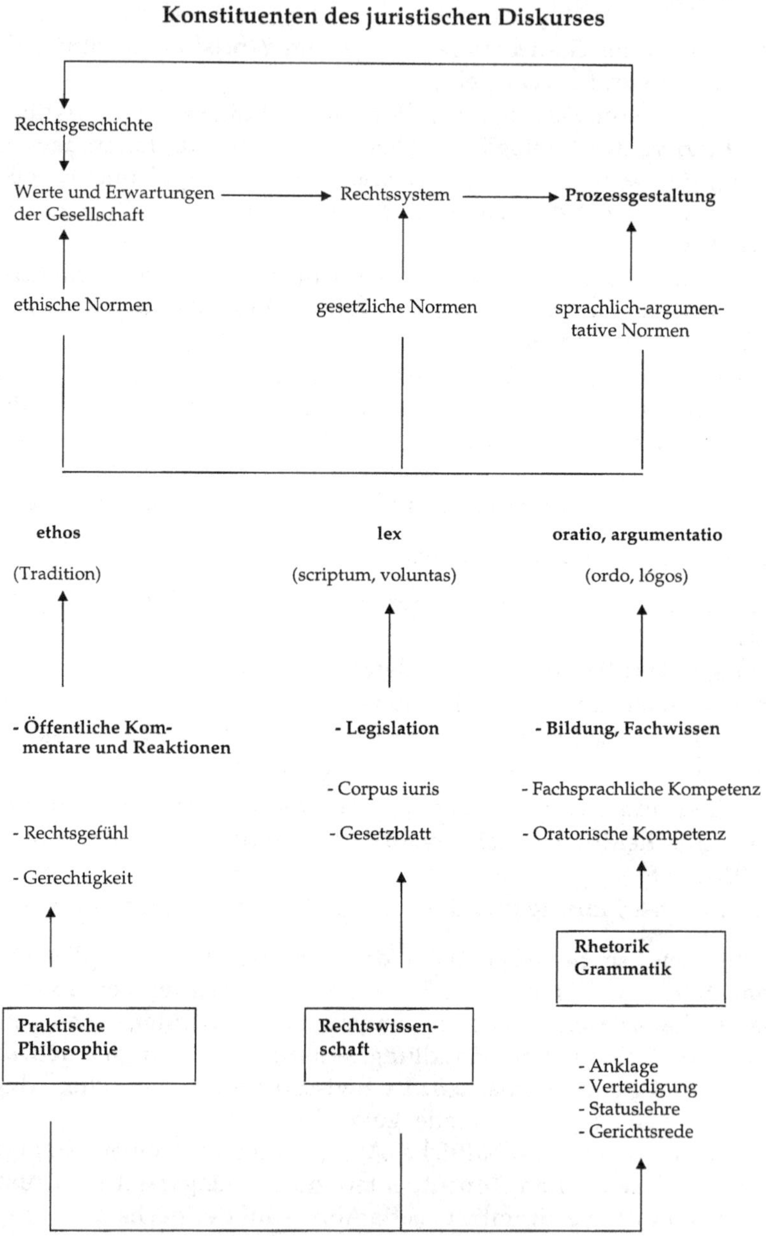

Abb. 3: Konstituenten des juristischen Diskurses

Literatur

I. Ausgewählte Quellen

1. Antike

Anaximenes, Ars rhetorica. Hrsg. von Manfred Fuhrmann. Leipzig 1966.
Antiphon von Rhamnus, Tetralogien. Herausgegeben von F. Decleva Caizzi. Mailand 1969.
Aristoteles, Nikomachische Ethik. Herausgegeben und übersetzt von Franz Dirlmeier. Stuttgart 1990.
Aristoteles, Rhetorik. Übersetzt von Franz G. Sieveke. 2. Aufl., München 1987.
Hermagoras von Temnos, Testimonia et fragmenta. Herausgegeben von Dieter Matthes. Leipzig 1962.
Cicero, Topica. Herausgegeben und übersetzt von Karl Bayer. München 1993.
Cicero, De legibus. Herausgegeben und übersetzt von Rainer Nickel. 2. Aufl. Düsseldorf 2002.
Cicero, De inventione. Herausgegeben und übersetzt von Theodor Nüßlein. Düsseldorf 1998.
Cicero, De officiis. Herausgegeben und übersetzt von Karl Büchner. 4. Aufl., München 2001.
Quintilian, Institutionis oratoriae libri XII. Herausgegeben und übersetzt von Helmut Rahn. 2. Aufl., Darmstadt 1988.
Hermogenes von Tarsos, De statibus / Perí stáseon. Hrsg. von G. Kowalski. Breslau 1947.

2. Mittelalter – Neuzeit

Boncompagno da Signa, Rhetorica novissima. 1235, in: Augusto Gaudenzi (Hrsg.), Bibliotheca iuridica medii aevi, Vol. 2. Bologna 1892.
Hegendorff, Christoph, Libri dialecticae legalis novem. Mainz 1531.
Hegendorff, Christoph, Rhetorica legalis: libri duo. Frankfurt am Main 1541.
Mallinckrodt, Arnold Andreas Friedrich, Über Beredsamkeit überhaupt, und über geistliche, Staats- und gerichtliche Beredsamkeit insbesondere. Schwelm 1821.
Ortloff, Hermann F., Die gerichtliche Redekunst. Berlin 1887.
Schickard, Martin, Logica iuridica, hoc est Regulae, Praecepta, et modus Argumentandi per inductiones et interpretationes Legum. Herborn 1615.
Vigelius, Nicolaus, Dialectices iuris civilis libri tres. Basel 1573.
Wolff, Oscar Ludwig Bernhard, Lehr- und Handbuch der gerichtlichen Beredsamkeit. Jena 1850.

Zachariä von Lingenthal, Karl Salomo, Anleitung zur gerichtlichen Beredsamkeit. Heidelberg 1810.

II. Ausgewählte Sekundärliteratur

Alexy, Robert, Theorie der juristischen Argumentation. 2. Aufl., Frankfurt am Main 1991.

Ballweg, Ottmar/Seibert, Thomas-Michael (Hrsg.), Rhetorische Rechtstheorie. Zum 75. Geburtstag von Theodor Viehweg. Freiburg 1982.

Ballweg, Ottmar, Analytische Rhetorik als juristische Grundlagenforschung, in: Archiv für Rechts- und Sozialphilosophie, Beiheft 44 (1991).

Becker, Hans-Jürgen, Artikel „Forensische Beredsamkeit", in: Gert Ueding (Hrsg.), Historisches Wörterbuch der Rhetorik, Bd. 3. Tübingen 1996.

Berger, Dorothea, Cicero als Erzähler – Forensische und literarische Strategien in den Gerichtsreden. Frankfurt am Main 1978.

Blumenberg, Hans, Anthropologische Annäherung an die Aktualität der Rhetorik, in: Hans Blumenberg, Wirklichkeiten, in denen wir leben. Aufsätze und eine Rede. Stuttgart 1981.

Calboli, Gualterio, Die Rhetorik der römischen Spätantike, in: Gert Ueding (Hrsg.), Rhetorik zwischen den Wissenschaften. Tübingen 1991.

Calboli, Gualterio, Die Topik in Jurisprudenz und Rhetorik, in: Thomas Schirren/Gert Ueding (Hrsg.), Topik und Rhetorik. Ein interdiziplinäres Symposium. Tübingen 2000, 555 ff.

Calboli-Montefusco, Lucia, La dottrina degli „status" nella retorica greca e romana. Bologna 1986.

Classen, Carl Joachim, Recht – Rhetorik – Politik. Darmstadt 1985.

Crook, John Anthony, Legal Advocacy in the Roman World. London 1995.

Diederichsen, Uwe, Rechtswissenschaft und Rhetorik, in: Carl Joachim Classen/Heinz-Joachim Müllenbrock (Hrsg.), Die Macht des Wortes. Aspekte gegenwärtiger Rhetorikforschung. Marburg 1992, 205–236.

Fuhrmann, Manfred, Die Tradition der Rhetorik-Verachtung und das deutsche Bild vom ‚Advokaten' Cicero, in: Jahrbuch Rhetorik 8 (1989) 43–55.

Fuhrmann, Manfred, Die zivilrechtlichen Beispiele in Ciceros „Topik", in: Thomas Schirren/Gert Ueding (Hrsg.), Topik und Rhetorik. Ein interdisziplinäres Symposium. Tübingen 2000.

Garrn, Heino, Zur rhetorischen Begründungsfunktion juristischer Topik, in: Thomas Schirren/Gert Ueding (Hrsg.), Topik und Rhetorik Ein interdisziplinäres Symposium. Tübingen 2000, 499 ff.

Gast, Wolfgang, Juristische Rhetorik. Auslegung, Begründung, Subsumtion. 3. Aufl., Heidelberg 1997.

Haft, Fritjof, Juristische Rhetorik. 6. Aufl., München 1999.

Heitsch, Ernst, Antiphon aus Rhamnus. Wiesbaden 1984.
Hohmann, Hans, Artikel „Gerichtsrede" und „Juristische Rhetorik", in: Gert Ueding (Hrsg.), Historisches Wörterbuch der Rhetorik. Bd. 3 und 4. Tübingen 1996 und 1998.
Müller, Friedrich/Christensen, Ralph, Juristische Methodik. 9. Aufl., Berlin 2004.
Neumeister, Christoff, Grundsätze der forensischen Rhetorik, gezeigt an Gerichtsreden Ciceros. München 1964.
Österreich, Peter Lothar, Fundamentalrhetorik. Untersuchungen zu Person und Rede in der Öffentlichkeit. Hamburg 1990.
Perelman, Chaim/L. Olbrechts-Tyteca, La nouvelle rhétorique. Traité de l´argumentation. 3. Aufl., Paris 1976.
Perelman, Chaim, Das Reich der Rhetorik. Rhetorik und Argumentation. München 1980.
Santini, Emilio, La Protestatio de Iustitia nella Firenze Medicea del sec. XV, in: Rinascimento 10 (1959) 33 ff.
Schlieffen, Katharina von, Artikel „Rhetorische Rechtstheorie", in: Gert Ueding (Hrsg.), Historisches Wörterbuch der Rhetorik. Bd. 7. Tübingen 2005.
Sellert, Wolfgang, Mündlichkeitsprinzip und Beredsamkeit vor Gericht, in: Carl Joachim Classen/Heinz-Joachim Müllenbrock (Hrsg.), Die Macht des Wortes. Aspekte gegenwärtiger Rhetorikforschung. Marburg 1992, 1991, 181–203.
Sobota, Katharina, The Rhetorical Construction of Law, in: International Journal for the semiotics of Law V/13 (1992) 39–54.
Steinwenter, Artur, Rhetorik und römischer Zivilprozess, in: ZRG RA 65 (1947) 69 ff.
Stroh, Wilfried, Taxis und Taktik – Die advokatische Dispositionskunst in Ciceros Gerichtsreden. Stuttgart 1975.
Stroux, Johannes, Römische Rechtswissenschaft und Rhetorik. Potsdam 1949.
Struck, Gerhard, Topische Jurisprudenz. Argument und Gemeinplatz in der juristischen Arbeit. Frankfurt am Main 1971.
Viehweg, Theodor, Topik und Jurisprudenz. 5. Aufl., München 1974.
Zinsmaier, Thomas, Wahrheit, Gerechtigkeit und Rhetorik in den Reden Antiphons, in: Hermes 4 (1998) 398–422.

III. Rhetorische Standardwerke, Handbücher

Conley, Thomas M., Rhetoric in the European Tradition. Chicago 1994.
Kennedy, George A., The Art of Persuasion in Greece. Princeton 1963.
Kennedy, George A., The Art of Rhetoric in the Roman World. Princeton 1972.
Lausberg, Heinrich, Handbuch der literarischen Rhetorik. 3. Aufl., München 1990.

Martin, Josef, Antike Rhetorik. Technik und Methode. München 1974.
Ueding, Gert (Hrsg.), Historisches Wörterbuch der Rhetorik. Bd. 1 ff. Tübingen 1992 ff.
Volkmann, Richard, Die Rhetorik der Griechen und Römer in systematischer Übersicht. Leipzig 1885. Nachdruck Hildesheim 1987.

MATTHIAS KLATT

Die Wortlautgrenze

Nach einer in der juristischen Methodenlehre weit verbreiteten Auffassung ist jede Anwendung einer Norm entweder Interpretation oder Fortbildung des Rechts.[1] Die Grenze zwischen beiden wird durch den Wortlaut der Norm markiert. Jede Anwendung, die innerhalb des Wortlautes einer Norm liegt, ist Interpretation. Jede Anwendung, die über den Wortlaut hinausgeht, ist Rechtsfortbildung.

Das Problem der Wortlautgrenze[2] betrifft die Frage, ob der Wortlaut diese ihm zugeschriebene Abgrenzungsfunktion erfüllen kann. Diese Frage scheint auf den ersten Blick nur eine unter den vielen zu sein, die zwischen den verschiedenen Theorien der juristischen Argumentation umstritten sind. Tatsächlich jedoch bündeln sich im Problem der Wortlautgrenze fundamentale rechtstheoretische Differenzen wie in einem Brennglas.

Das rechtstheoretische Kernproblem der Wortlautgrenze ist die sprachphilosophische Frage nach Struktur und Erkenntnis von Bedeutung. Die Diskussion über die Wortlautgrenze ist ein Paradebeispiel für die – je nach Standpunkt – gescheiterte oder gelungene Zusammenarbeit von Juristen, Linguisten und Sprachphilosophen sowie für Möglichkeit und Grenzen von Interdisziplinarität überhaupt.

Insbesondere für linguistisch und sprachphilosophisch basierte Ansätze ist die Wortlautgrenze ein beliebtes Angriffsziel, scheint sich doch in der überkommenen Lehre ein antiquiertes Sprachverständnis der

---

1 ROBERT ALEXY, *Theorie der juristischen Argumentation. Die Theorie des rationalen Diskurses als Theorie der juristischen Begründung*. 3. Aufl., Frankfurt am Main 1996, 288 ff; HANS-JOACHIM KOCH/HELMUT RÜẞMANN, *Juristische Begründungslehre. Eine Einführung in Grundprobleme der Rechtswissenschaft*. München 1982, 182; KARL LARENZ/CLAUS-WILHELM CANARIS, *Methodenlehre der Rechtswissenschaft*. 3. Aufl., Berlin 1995, 143; GERHARD HASSOLD, Strukturen der Gesetzesauslegung, in: CLAUS-WILHELM CANARIS/UWE DIEDERICHSEN (Hrsg.), *Festschrift für Karl Larenz zum 80. Geburtstag*. München 1983, 211, 219; KARL ENGISCH, *Einführung in das juristische Denken*. 9. Aufl., Stuttgart 1997, 100 Fn. 47, 121 Fn. 47; WOLFGANG FIKENTSCHER, *Methoden des Rechts in vergleichender Darstellung. Band IV: Dogmatischer Teil*. Tübingen 1977, 301; JÖRG NEUNER, *Die Rechtsfindung contra legem*. München 1992, 184.

2 Zur Problemgeschichte siehe MATTHIAS KLATT, *Theorie der Wortlautgrenze. Semantische Normativität in der juristischen Argumentation*. Baden-Baden 2004, 40 ff.

Juristen zu offenbaren.[3] Dem ist entgegenzuhalten, dass das platonistische Ideal der Begriffsjurisprudenz, welches Begriffe als ewiggleiche, unveränderbare Entitäten betrachtet, in der Theorie der juristischen Argumentation schon seit langem einhellig verabschiedet ist. Es hat sich die Erkenntnis durchgesetzt, dass jede Interpretationstheorie auf den Fundamenten einer sprachphilosophisch fundierten Theorie sprachlicher Bedeutung aufbauen und mithin die pragmatische Wende, welche Bedeutung jedenfalls auch auf konkrete Verwendungspraktiken einer Sprachgemeinschaft zurückführt, zur Kenntnis nehmen muss. Umstritten ist nicht diese sprachliche Basis jeglicher juristischer Methodik, sondern die Schlussfolgerungen, die aus ihr zu ziehen sind.

Ohne Frage kritikwürdig ist die herkömmliche Terminologie. Der Begriff „Wortlautgrenze" ist in dreifacher Weise falsch. Erstens legt die neuere Sprachphilosophie überzeugend dar, dass propositionale Bedeutung gegenüber begrifflicher analytisch vorrangig ist.[4] Die Bedeutung einzelner Wörter leitet sich von der ganzer Sätze ab, nicht umgekehrt. Folglich geht es bei der Frage der Grenze der Gesetzesbedeutung nicht in erster Linie um das einzelne *Wort*. Zweitens beschäftigt sich die Theorie der juristischen Argumentation zu Recht nicht mit der Phonetik, sondern mit der Semantik einer Norm.[5] Irreführend ist daher der Terminus Wort*laut*. Drittens kann auch von einer *Grenze* keine Rede sein, suggeriert dieser Begriff doch eine absolute Sperrwirkung, die für die meisten Rechtsgebiete gerade nicht gegeben ist: Die Grenzüberschreitung durch Rechtsfortbildung ist weit überwiegend zulässig.

Zu Recht wird auch die Verwendung des Begriffes *möglicher* Wortsinn kritisiert.[6] Bedeutung kommt Worten nur im Kontext bestimmter Sprechakte zu.[7] Deshalb ist nicht auf eine lexikalisch mögliche Bedeu-

---

[3] FRIEDRICH MÜLLER, *Juristische Methodik*. 7. Aufl., Berlin 1997, Rn. 533–535; DIETRICH BUSSE, *Juristische Semantik. Grundfragen der juristischen Interpretationstheorie in sprachwissenschaftlicher Sicht*. Berlin 1993, 127 ff., 225 f., 251; RALPH CHRISTENSEN, *Was heißt Gesetzesbindung? Eine rechtslinguistische Untersuchung*. Berlin 1989, 285; OTTO DEPENHEUER, *Der Wortlaut als Grenze. Thesen zu einem Topos der Verfassungsinterpretation*. Heidelberg 1988, 40; MANFRED HERBERT, *Rechtstheorie als Sprachkritik. Zum Einfluß Wittgensteins auf die Rechtstheorie*. Baden-Baden 1995, 239 f.

[4] Zu dieser Priorität siehe KLATT, Theorie der Wortlautgrenze (Fn. 2), 144 f. Vgl. LON L. FULLER, Positivism and fidelity to law. A reply to Professor Hart, in: *Harvard Law Review* 71 (1958), 630, 663, der feststellt: „Even in the case of statutes, we commonly have to assign meaning, not to a single word, but to a sentence, a paragraph, or a whole page or more of text."

[5] So schon JOACHIM HRUSCHKA, *Das Verstehen von Rechtstexten. Zur hermeneutischen Transpositivität des positiven Rechts*. München 1972, 28.

[6] KOCH/RÜßMANN, Juristische Begründungslehre (Fn. 1), 194.

[7] Dies betont auch MARK VAN HOECKE, *Norm, Kontext und Entscheidung. Die Interpretationsfreiheit des Richters*. Leuven 1988, 236.

tung, sondern auf die aktuelle Bedeutung der Worte des Gesetzes abzustellen.

Aufgrund dieser Schwächen der herkömmlichen Bezeichnung ist es vorzuziehen, statt von „Wortlautgrenze" von „semantischer Grenze" zu sprechen. Dabei werden zwei der drei Ungenauigkeiten vermieden. Die Verwendung des Terminus „semantisch" meint dabei nicht den Gegensatz zu „pragmatisch". Vielmehr wird hier von einem intrinsischen Zusammenhang zwischen Semantik und Pragmatik ausgegangen. Im Kontext des methodologischen Pragmatismus kann man einzelne sprachliche Phänomene nicht mehr zuverlässig als entweder pragmatisch oder semantisch voneinander unterscheiden.[8] Wie zu zeigen sein wird, besteht auch nicht nur eine semantische Grenze, sondern es gibt mehrere.

Abgesehen von der Terminologie ist jedoch dem Ausgangspunkt der überwiegenden Auffassung ausdrücklich beizupflichten: Semantische Grenzen sind eine unverzichtbare Grundlage der juristischen Methodik (I). Angesichts dessen bedarf die sprachphilosophische und linguistische Kritik (II) am Postulat semantischer Grenzen einer sorgfältigen Revision. Dabei zeigt sich, dass kein Anlass besteht, sich von dem Postulat semantischer Grenzen zu verabschieden. Im Gegenteil: Ein neues System semantischer Grenzen ist möglich (III).

I. Semantische Grenzen als unverzichtbare Grundlage juristischer Methodik

Die bereits erwähnte Hauptfunktion[9] semantischer Grenzen – die Abgrenzung von Interpretation und Rechtsfortbildung – ist kein juristisches Glasperlenspiel, sondern unverzichtbare Grundlage des juristischen Arbeitens.[10] Dies gilt insbesondere für das Strafrecht:[11] Hier ist

---

8 ROBERT B. BRANDOM, *Making It Explicit. Reasoning, Representing, and Discursive Commitment.* Cambridge (MA) 1994, 592; MICHAEL DUMMETT, What is a theory of meaning? (II), in: MICHAEL DUMMETT (Hrsg.), *The Seas of Language.* Oxford 1993, 34, 36, 51; MICHAEL DUMMETT, What does the appeal to use do for the theory of meaning?, in: MICHAEL DUMMETT (Hrsg.), *The Seas of Language.* Oxford 1993, 106, 108, 115; AKEEL BILGRAMI, Meaning, holism and use, in: ERNEST LEPORE (Hrsg.), *Truth and Interpretation. Perspectives on the Philosophy of Donald Davidson.* Oxford 1986, 101, 119 f.

9 Zu den weiteren Funktionen siehe KLATT, Theorie der Wortlautgrenze (Fn. 2), 19–22.

10 Siehe hierzu und zum Folgenden auch KLATT, Theorie der Wortlautgrenze (Fn. 2), 22–26. Zum Zusammenhang mit der Frage der Objektivität juristischer Argumentation siehe MATTHIAS KLATT, Semantic Normativity and the Objectivity of Legal Argumentation, in: *Archiv für Rechts- und Sozialphilosophie* 90 (2004), 51, 52.

11 Zur Bedeutung der Wortlautgrenze im einfachen Recht sowie zu weiteren Analogieverboten siehe KLATT, Theorie der Wortlautgrenze (Fn. 2), 23–25.

dem Richter die Überschreitung der semantischen Grenzen durch das verfassungsrechtliche Analogieverbot gem. Art. 103 II GG verboten.

Auch über das Analogieverbot hinaus kann die verfassungsrechtliche Bedeutung semantischer Grenzen nicht hoch genug eingeschätzt werden. Die Verwirklichung fundamentaler Strukturentscheidungen des Grundgesetzes hängt von der Existenz semantischer Grenzen ab. Dies gilt vor allem für die Gesetzesbindung der richterlichen Gewalt gemäß Art. 20 III GG. Wegen der *open texture of law*, die nach Rawls zu den *burdens of reason* zählt,[12] und wegen der Vagheit[13] der Sprache haben Richter einen Spielraum bei der Rechtsanwendung. Semantische Grenzen haben die Aufgabe, diesen Spielraum durch die Bedeutung des Gesetzes einzuengen. Auf diese Weise werden Freiheit und Bindung des Richters gegenüber dem positiven Recht in ein angemessenes Verhältnis gebracht. Semantische Grenzen sind damit ein wesentliches Fundament für Legitimität und Objektivität juristischer Entscheidungen.

Semantische Grenzen sind notwendige Bedingung für die Gewaltenteilung gem. Art. 20 II 2 GG und damit auch für das Demokratieprinzip gem. Art. 20 I GG. Interpretation bedeutet immer, dass der Richter seine Entscheidung als aus dem Gesetz ableitbar darstellen kann. Auf diese Weise wird die Verantwortung für die Entscheidung ein Stück weit auf den demokratisch legitimierten Gesetzgeber delegiert. Für die Rechtsfortbildung dagegen wird eine besondere Begründung verlangt, die über rein interpretatorische Argumente hinausgeht. Der Richter muss z. B. für eine Analogie nachweisen, dass eine Lücke im Recht besteht und dass der Zweck der analog angewendeten Norm auch auf seinen Fall zutrifft.[14] Aufgrund dieses Unterschiedes in den Begründungsanforderungen kann die Begründung einer juristischen Entscheidung nur beurteilt werden, wenn die Rechtsanwendung als Interpretation oder als Rechtsfortbildung qualifiziert wird. Dafür sind semantische Grenzen entscheidend. Gleiches gilt für die Grundsätze der Rechtssicherheit und des Vertrauensschutzes. Das Postulat semantischer Grenzen stellt eine der wichtigsten Schnittstellen zwischen tra-

---

[12] JOHN RAWLS, *Political Liberalism*. New York 1996, 56.

[13] Nach Alexy ist Vagheit „der praktisch bedeutsamste Fall eines semantischen Spielraums", siehe ROBERT ALEXY, Die logische Analyse juristischer Entscheidungen, in: ROBERT ALEXY, *Recht, Vernunft, Diskurs. Studien zur Rechtsphilosophie*. Frankfurt am Main 1995, 13, 24. Vgl. auch JEREMY WALDRON, Vagueness in law and language. Some philosophical issues, in: *California Law Review* 1994, 509, 512. Zur Bedeutung der Vagheit im Recht siehe TIMOTHY A. O. ENDICOTT, Law is necessarily vague, in: *Legal Theory* 7 (2001), 379; ROY SORENSEN, Vagueness has no function in law, in: *Legal Theory* 7 (2001), 387; JOSEPH RAZ, Sorensen: Vagueness has no function in law, in: *Legal Theory* 7 (2001), 417.

[14] KOCH/RÜẞMANN, Juristische Begründungslehre (Fn. 1), 260.

genden Grundentscheidungen der Verfassung und der juristischen Methodenlehre dar.

Geboten kann allerdings nur etwas sein, das möglich ist. Wenn hier von semantischen Grenzen als „unverzichtbarer" Grundlage gesprochen wird, so ist damit zunächst nur bezweckt, die verfassungskräftigen Gründe für das Postulat semantischer Grenzen wieder in den Blick zu rücken. Trotz dieser Gründe wäre das Postulat semantischer Grenzen aufzugeben, wenn es sich sprachphilosophisch als haltlos herausstellte. Damit kommt es auf die Überzeugungskraft der sprachphilosophischen und linguistischen Kritik an.

II. Sprachphilosophische und linguistische Kritik

In dem Maße, in dem sich die Aufmerksamkeit der juristischen Methodenlehre auf die außergesetzlichen Bedingungen der Entscheidungsfindung richtete,[15] wurde das Postulat der semantischen Grenzen als wirkungslos verurteilt. Es sei ein bloßes „Verbalbekenntnis"[16], Ausdruck rein „symbolische[r] Treue"[17] und spiegele ein unzeitgemäßes Richterbild.[18] Von Autoren des Arbeitskreises Rechtslinguistik um Friedrich Müller stammen ernst zu nehmende Einwände, in denen sprachphilosophisch argumentiert wird. Die zentrale These lautet, dass die Bedeutung einer Norm kein vor der Rechtsanwendung feststehender Maßstab sei, mithin diese nicht begrenzen könne.[19]

Die Ansicht, dass die Fixierung auf Gesetzestexte auf einer Überschätzung sprachlicher Ausdrucksmöglichkeiten beruht und dass der

---

[15] Vgl. INGEBORG MAUS, Zur Problematik des Rationalitäts- und Rechtsstaatspostulats in der gegenwärtigen juristischen Methodik am Beispiel Friedrich Müllers, in: DIETER DEISEROTH (Hrsg.), *Ordnungsmacht. Über das Verhältnis von Legalität, Konsens und Herrschaft*, Frankfurt am Main 1981, 153. Für die amerikanische Verfassungsauslegung zieht Schefer das Fazit, dass sich die engen sprachlichen Ansätze, die den Interpreten an den Text binden wollen, vor dem Hintergrund der Kritik von Fish als haltlos erwiesen haben. MARKUS CHRISTIAN SCHEFER, *Konkretisierung von Grundrechten durch den U.S.-Supreme Court. Zur sprachlichen, historischen und demokratischen Argumentation im Verfassungsrecht*. Berlin 1997, 154.

[16] Vgl. MATTHIAS KRAHL, *Die Rechtsprechung des Bundesverfassungsgerichts und des Bundesgerichtshofs zum Bestimmtheitsgrundsatz im Strafrecht (Art. 103 II GG)*. Frankfurt am Main 1986, 412.

[17] REGINA OGOREK, Der Wortlaut des Gesetzes. Auslegungsgrenze oder Freibrief, in: PETER FORSTMOSER (Hrsg.), *Rechtsanwendung in Theorie und Praxis. Symposion zum 70. Geburtstag von Arthur Meyer-Hayoz*. Basel 1993, 21, 31.

[18] OGOREK, Der Wortlauf des Gesetzes (Fn. 17), 33.

[19] MÜLLER, Juristische Methodik (Fn. 3), Rn. 533–535. Zur Sprache der Richter aus Sicht der forensischen Linguistik siehe LAWRENCE M. SOLAN, *The Language of Judges*. Chicago 1993.

Richter kein macht- und willenloses Sprachrohr des Gesetzgebers ist, ist keineswegs neu. Sie findet sich schon in der Freirechtslehre.[20] Auch die Hermeneutik hat den Einfluss des Vorverständnisses des Interpreten betont.[21] Die Argumente der ontologischen Hermeneutik kehren in der Strukturierenden Rechtslehre Friedrich Müllers wieder, allerdings in sprachphilosophischer Gestalt.[22] Die Betonung der Normoffenheit durch den Arbeitskreis Rechtslinguistik steht in einem engen Zusammenhang mit rechtssoziologischen Ansätzen[23] einerseits und mit dem sprachphilosophischen Bedeutungsskeptizismus andererseits.

Die wesentlichen Argumente[24] gegen das Postulat semantischer Grenzen sind sprachphilosophischer Natur. Insbesondere das hier sogenannte Sprachspielargument[25] verweist im Gefolge des späten Wittgenstein auf die Offenheit von Bedeutung innerhalb von Sprachspielen. Die Verwendung von Sprache sei nicht durch feste Grenzen limitiert.[26] Die Mitglieder eines Sprachspiels könnten dessen Regeln ständig verändern. Konventionen eigneten sich nicht als Instrument der Disziplinierung.

Daher sei auch die von der analytischen Methodenlehre[27] als (bloße) Fest*stellung* einer Sprachregel bezeichnete Operation in Wirklichkeit kein Erkenntnis-, sondern ein Gestaltungsakt, mithin stets Fest*setzung* von Bedeutung.[28] Die empirische Ermittlung von Bedeutung sei un-

---

[20] Vgl. MAUS, Problematik (Fn. 15), 154. Siehe auch OGOREK, Der Wortlaut des Gesetzes (Fn. 17), 22.

[21] JOSEF ESSER, *Vorverständnis und Methodenwahl in der Rechtsfindung. Rationalitätsgrundlagen richterlicher Entscheidungspraxis.* 2. Aufl., Frankfurt am Main 1972, 41 f.; HRUSCHKA, Das Verstehen von Rechtstexten (Fn. 5), 102; MARTIN KRIELE, *Theorie der Rechtsgewinnung. Entwickelt am Problem der Verfassungsinterpretation.* Berlin 1967, 233, 311; ARTHUR KAUFMANN, *Das Verfahren der Rechtsgewinnung. Eine rationale Analyse: Deduktion, Induktion, Abduktion, Analogie, Erkenntnis, Dezision, Macht.* München 1999, 92. Kritisch aus Sicht einer neuen subjektiven Auslegungstheorie auch RAINER HEGENBARTH, *Juristische Hermeneutik und linguistische Pragmatik. Dargestellt am Beispiel der Lehre vom Wortlaut als Grenze der Auslegung.* Königstein im Taunus. 1982, 17, 24–27; DEPENHEUER, Der Wortlaut als Grenze (Fn. 3), 33–40; HERBERT, Rechtstheorie als Sprachkritik (Fn. 3), 250.

[22] Vgl. dazu im Einzelnen KLATT, Theorie der Wortlautgrenze (Fn. 2), 102, Fn. 617.

[23] MARTIN MORLOK/RALF KÖLBEL/AGNES LAUNHARDT, Recht als soziale Praxis. Eine soziologische Perspektive in der Methodenlehre, in: *Rechtstheorie* 31 (2000), 15, 30 f.

[24] Eine Zusammenstellung aller gegen das Postulat der Wortlautgrenze vorgebrachten Argumente gibt KLATT, Theorie der Wortlautgrenze (Fn. 2), 99–102.

[25] Zum Sprachspielargument und seinen vier Varianten siehe KLATT, Theorie der Wortlautgrenze (Fn. 2), 100 f.

[26] HERBERT, Rechtstheorie als Sprachkritik (Fn. 3), 239 f.

[27] ALEXY, Theorie der juristischen Argumentation (Fn. 1), 288–291; KOCH/RÜẞMANN, Juristische Begründungslehre (Fn. 1), 163.

[28] HEGENBARTH, Juristische Hermeneutik und linguistische Pragmatik (Fn. 21), 51; PETER SCHIFFAUER, *Wortbedeutung und Rechtserkenntnis. Entwickelt an Hand einer Studie zum Verhältnis von verfassungskonformer Auslegung und Analogie.* Berlin 1979, 102–104;

möglich. Wenn die herrschende Methodenlehre so tue, als ob Bedeutung vorgefunden werde und feststellbar sei, führe dies zu „freier Dezision" und Willkür.[29] Die Bedeutung einer Norm werde vom Rechtsanwender nicht vorgefunden und könne nicht rein semantisch bestimmt werden, sie werde vielmehr vom Rechtsanwender selbst im hermeneutischen Zirkel erst normiert.[30]

Diese Erschütterung der Theorie semantischer Grenzen ist von erheblicher Tragweite. Wenn die Bedeutung einer Norm nicht nur nicht feststeht, sondern die Rechtsanwendung nicht einmal steuern kann, dann sind die genannten verfassungsrechtlichen Grundsätze nicht zu realisieren. Der nahe liegende Hinweis, die juristische Interpretation sei durch Regeln begrenzt, die innerhalb einer Interpretationsgemeinschaft gelten,[31] wird von den kritischen Positionen nicht akzeptiert. Bloße Konventionen böten keine Richtigkeitsgewähr, sondern unterlägen dem Generalverdacht einer ideologisch infiltrierten, projektionistischen Interessendurchsetzung.

Angesichts dieser dekonstruktivistischen Herausforderung ist eine analytische Rekonstruktion der Voraussetzungen semantischer Grenzen erforderlich. Dafür muss die Rechtstheorie auf sprachphilosophische Bedeutungstheorien zurückgreifen.

III. Analytische Rekonstruktion semantischer Grenzen

Die Basis für eine analytische Rekonstruktion semantischer Grenzen bildet semantische Normativität (1). Deren Voraussetzungen und Möglichkeiten sind Gegenstand der Kritik, die aber zurückzuweisen ist (2). Demgemäß ist auf der Basis von Wortgebrauchsregeln und einer Theorie semantischer Fehler ein neues System semantischer Grenzen möglich (3), das an einem Beispiel erläutert wird (4).

HERBERT, Rechtstheorie als Sprachkritik (Fn. 3), 240 f.; MÜLLER, Juristische Methodik (Fn.3), Rn. 184; CHRISTENSEN, Was heißt Gesetzesbindung? (Fn. 3), 198.

29 CHRISTENSEN, Was heißt Gesetzesbindung? (Fn. 3), 180 f.; BUSSE, Semantik (Fn. 3), 130.

30 CHRISTENSEN, Was heißt Gesetzesbindung? (Fn. 3), 75; DIETRICH BUSSE, Was ist die Bedeutung eines Gesetzestextes? Sprachwissenschaftliche Argumente im Methodenstreit der juristischen Auslegungslehre – linguistisch gesehen, in: FRIEDRICH MÜLLER (Hrsg.), *Untersuchungen zur Rechtslinguistik. Interdisziplinäre Studien zu praktischer Semantik und Strukturierender Rechtslehre in Grundfragen der juristischen Methodik.* Berlin 1989, 93, 100; Busse spricht insoweit von „Willkür", siehe BUSSE, Semantik (Fn. 3), 130 f.; ESSER, Vorverständnis und Methodenwahl in der Rechtsfindung (Fn. 21), 41 f.; KLAUS F. RÖHL, *Allgemeine Rechtslehre. Ein Lehrbuch.* Köln 1995, 630, 657; REINHOLD ZIPPELIUS, *Juristische Methodenlehre. Eine Einführung.* 7. Aufl., München 1999, 47 f.

31 So etwa OWEN M. FISS, Objectivity and interpretation, in: *Stanford Law Review* 34 (1982), 739, 762.

1. Semantische Normativität als Fundament semantischer Grenzen

Die Frage der Normativität sprachlicher Bedeutung ist ein auch in der neuesten sprachphilosophischen Literatur äußerst kontrovers diskutiertes Problem.[32] Grundlegend für alle Normativitätstheorien ist die Erwägung, dass es unmöglich ist, überhaupt etwas Bedeutungsvolles zu sagen, solange es nicht möglich ist, Worte falsch zu verwenden.[33] Die auf diesem sehr generellen Normativitätsbegriff aufbauende *allgemeine Normativitätsthese* lautet:[34]

> Es kann in einer intersubjektiv gültigen Weise zwischen einem korrekten und einem inkorrekten Gebrauch von sprachlichen Ausdrücken unterschieden werden.

Der Streit um diese Normativitätsthese dreht sich um zwei Fragen: Wie kann die jeder Normativität inhärente Vorstellung einer kontext-transzendentalen Objektivität mit der Pluralität existierender Sprachspiele und Weltkonzepte in Einklang gebracht werden? Und wie kann die intuitiv plausible Ansicht, dass Bedeutung in der konventionellen Praxis einer Sprachgemeinschaft entsteht, einbezogen werden, ohne Bedeutung zugleich auf Quines „common-sense platitudes"[35] zu reduzieren?

Die gegenwärtig bedeutsamste Verteidigung sprachlicher Normativität hat Robert Brandom mit *Making it Explicit* vorgelegt.[36] Seine Bedeutungstheorie basiert auf einer Variante des Konventionalismus, geht

---

[32] Der These von der Normativität sprachlicher Bedeutung stehen kritisch gegenüber: AKEEL BILGRAMI, Norms and meaning, in: RALF STOECKER (Hrsg.), *Reflecting Davidson. Donald Davidson Responding to an International Forum of Philosophers*. Berlin 1993, 121, 144; KATHRIN GLÜER/PETER PAGIN, Rules of meaning and practical reasoning, in: *Synthese* 118 (1999), 207, 224 f.; ASA MARIA WIKFORSS, Semantic normativity, in: *Philosophical Studies* 102 (2001), 203, 220; PAUL HORWICH, Meaning, use and truth, in: *Mind* 104 (1995), 355, 357; PAUL COATES, Kripke's Sceptical Paradox: Normativeness and Meaning, in: *Mind* 95 (1986), 77, 78. Für Normativität: PAUL ARTIN BOGHOSSIAN, The rule-following considerations, in: *Mind* 98 (1989), 507, 532, 548; SIMON BLACKBURN, The individual strikes back, in: *Synthese* 58 (1984), 281, 291; JOHN MCDOWELL, Wittgenstein on following a rule, in: *Synthese* 58 (1984), 325, 329; CRISPIN WRIGHT, Kripke's account of the argument against private language, in: *Journal of Philosophy* 81 (1984), 759, 771 f.; MARK NORRIS LANCE/JOHN O'LEARY-HAWTHORNE, *The Grammar of Meaning. Normativity and Semantic Discourse*. Cambridge 1997, 13; ERIC H. GAMPEL, The normativity of meaning, in: *Philosophical Studies* 86 (1997), 221.

[33] Zum Begriff semantischer Normativität sowie zu den Bedingungen semantischer Normativitätstheorien siehe KLATT, Theorie der Wortlautgrenze (Fn. 2), 122–138.

[34] BOGHOSSIAN, The rule-following considerations (Fn. 32), 513; MCDOWELL, Wittgenstein on following a rule (Fn. 32), 359 Fn. 3. Vgl. auch KATHRIN GLÜER, *Sprache und Regeln. Zur Normativität von Bedeutung*. Berlin 1999, 38; KATHRIN GLÜER, Sense and Prescriptivity, in: *Acta Analytica* 14 (1999), 111, 121.

[35] WILLARD VAN ORMAN QUINE, *The Pursuit of Truth*. Cambridge (Mass.) 1990, 13.

[36] BRANDOM, Making it Explicit (Fn. 8).

über diesen jedoch hinaus. Die Regularität im Sprachverhalten einer Gemeinschaft wird durch einen diskurstheoretischen Anspruch auf Richtigkeit überwölbt.

Wie bereits der programmatische Titel des Werkes zeigt, sieht Brandom es als Aufgabe seiner Philosophie, auszudrücken und damit explizit zu machen, was in unseren Praktiken bereits implizit vorliegt. Die zentrale These Brandoms lautet: Unsere diskursive Praxis ist implizit normativ strukturiert. Ihr wesentliches Merkmal ist die Möglichkeit, Sprechakte als richtig oder falsch, als angemessen oder unangemessen zu bewerten:

> „The practices that confer propositional and other sorts of conceptual content implicitly contain norms concerning how it is *correct* to use expressions, under what circumstances it is *appropriate* to perform various speech acts, and what the *appropriate* consequences of such performances are."[37]

Insgesamt bietet Brandom eine groß angelegte Apologie der oben genannten allgemeinen Normativitätsthese. Indem Brandom den Zusammenhang zwischen dem begrifflichen Inhalt einer Handlung und dem praktischen Kontext ihres Bezugs ausarbeitet, entwickelt er eine ausgesprochen elaborierte Fassung der sonst häufig zum Schlagwort reduzierten Gebrauchstheorie der Bedeutung nach Wittgenstein.[38]

Das zentrale Paradox sprachlicher Bedeutung ist die Frage, wie es möglich ist, dass die sprachliche Praxis semantischen Normen unterworfen ist, die sie selbst entwickelt. Schon die Existenz des Streites über die Bedeutung vieler Begriffe wird als Widerlegung der These, semantische Normen könnten intersubjektiv oder gar interkulturell gelten, verstanden. Wie Brandom treffend bemerkt, lebt die sprachliche Praxis

> „in dieser Spannung zwischen der praktischen Übereinstimmung, daß für uns alle dieselben Normen bindend sind, auf der formalen Seite, und der Uneinigkeit darüber, was diese Normen sind, auf der inhaltlichen Seite."[39]

Brandom widmet sich diesem Paradox der Entstehung sprachlicher Normen in der Praxis in seiner normativen Pragmatik. Damit ist nicht der Pragmatismus Rortys gemeint, der Argumentation zum Gespräch degradiert und angesichts der Sprachspielgebundenheit von Bedeutung interkonzeptionelle Diskurse von vornherein für unmöglich hält.[40]

---

[37] BRANDOM, Making it Explicit (Fn. 8), XIII (Hervorhebungen im Original).

[38] Ebd., XII f.

[39] ROBERT B. BRANDOM, Von der Begriffsanalyse zu einer systematischen Metaphysik. Interview von Susanna Schellenberg, in: *Deutsche Zeitschrift für Philosophie* 1999, 1005, 1019.

[40] Vgl. ALBRECHT WELLMER, Der Streit um die Wahrheit. Pragmatismus ohne regulative Ideen, in: MIKE SANDBOTHE (Hrsg.), *Die Renaissance des Pragmatismus. Aktuelle Verflechtungen zwischen analytischer und kontinentaler Philosophie.* Weilerswist 2000, 253; WOLFGANG WELSCH, Richard Rorty: Philosophie jenseits von Argumentation und Wahrheit?, in:

Vielmehr geht es um eine pragmatisch fundierte Bedeutungstheorie, die das Problem des Zusammenhangs von Wahrheit und Rechtfertigung aufnimmt und die Rolle versteht, die der Wahrheitsbegriff in der diskursiven Praxis spielt.

In einer pragmatischen Untersuchung des Gebrauchs von Begriffen klärt Brandom, was Handelnde tun müssen, damit ihre Praktiken als spezifisch sprachliche gelten können. Ausgangspunkt ist ein in der Tradition Kant stehendes anthropologisch-handlungstheoretisches Verständnis, demzufolge der Mensch sich gerade durch seine Urteils- und Handlungsfähigkeit auszeichnet. Menschliches Urteilen und Handeln hat stets mit Gründen zu tun, und es ist spezifisch begriffliche Tätigkeit.[41] Damit kommt begrifflich strukturiertem Tun ein normativer Charakter zu, für den Brandom den Begriff des normativen Status einführt.[42] Intentionales Handeln unterliegt wesentlich der Beurteilung anhand der „Kraft des besseren Grundes". Diese Relevanz von Gründen bei der Beurteilung von Sprechakten innerhalb eines Sprachspiels verleiht den Sprechakten eine normative Dimension.

Diese normative Dimension kann nur mittels eines normativen Vokabulars adäquat erfasst werden. Nach Brandom werden Normen in der sozialen Praxis implizit konstituiert. Diese These kann als *Prinzip der sozioempraktischen Instituierung des Normativen* bezeichnet werden.[43] Wesentlich für diese Instituierung sind normative Beurteilungseinstellungen der Beteiligten. Wiederum auf der Basis von Kant zeigt Brandom, dass rationale Wesen nicht einfach gemäß Regeln handeln, sondern wesentlich gemäß ihren *Vorstellungen* von Regeln. Sprachliche Normen zwingen wie alle Handlungsnormen nicht naturgesetzlich und unmittelbar, sondern erst aufgrund der normativen Anerkennung durch das handelnde, sprechende Subjekt. Diese Anerkennung (oder auch Zurückweisung) beruht auf der Bewertung von Sprechakten als richtig oder falsch anhand von normativen Einstellungen.

MIKE SANDBOTHE (Hrsg.), *Die Renaissance des Pragmatismus. Aktuelle Verflechtungen zwischen analytischer und kontinentaler Philosophie.* Weilerswist 2000, 167.

[41] BRANDOM, Making it Explicit (Fn. 8), 8. Kritisch zur Verbindung von Rationalität und Sprache vor allem MacIntyre, der für die „Animalität" des Menschen argumentiert, siehe ALASDAIR MACINTYRE, *Dependent Rational Animals. Why Human Beings Need the Virtues.* London 1999, 5–8.

[42] BRANDOM, Making it Explicit (Fn. 8), 16–18.

[43] Vgl. SEBASTIAN KNELL, Die normativistische Wende der analytischen Philosophie. Zu Robert Brandoms Theorie begrifflichen Gehalts und diskursiver Praxis, in: *Allgemeine Zeitschrift für Philosophie* 2000, 225, 235 f. GIDEON ROSEN, Who makes the rules around here?, in: *Philosophy and Phenomenological Research* 57 (1997), 163, 170.

Die Rede von normativen Einstellungen ruft den Einwand[44] hervor, es handele sich dabei selbst wieder um expliziten propositionalen Gehalt. Die als normativ bezeichneten Einstellungen wären dann nichts anderes als reguläre Verhaltensmuster, die rein deskriptiv beschrieben werden könnten, also Normativität gerade nicht erklärten.

Brandom zeigt jedoch die Möglichkeit eines impliziten Verständnisses der Einstellungen, das diesem Regresseinwand nicht ausgesetzt ist. Denn die Tätigkeit des Beurteilens von Sprechakten besteht wesentlich in Sanktionen. Sprechakte werden dadurch als richtig oder angemessen beurteilt, dass sie belohnt werden, und dadurch als unrichtig oder unangemessen, dass sie bestraft werden. Die sozialen Konstellationen solcher Sanktionsdispositionen haben zwar eine konformistische Struktur, können aber – und dies ist entscheidend – nicht rein deskriptiv als Verhaltensregularitäten beschrieben werden.

Brandom erläutert dieses Problem am Beispiel einer archaischen Gesellschaft. Eine in dieser geltende Norm besagt, dass eine bestimmte Hütte nur betreten werden darf, wenn man ein Blatt eines bestimmten Baumes vorzeigt. Die Verletzung der Norm wird mit Stockhieben sanktioniert. Hier ist die beurteilende Reaktion vollständig in nichtnormativen Begriffen beschreibbar, nämlich in der Verweigerung des Hüttenzugangs und in Stockhieben, wenn das Blatt nicht vorgezeigt wird. Die Bestrafung kann jedoch auch darin bestehen, dass andere Handlungen für unangemessen erklärt werden, beispielsweise indem bei Verletzung der Hüttenzutrittsnorm die Teilnahme am wöchentlichen Dorffest verweigert wird. Brandom führt aus:

> „In such a case, the normative significance of transgression is itself specified in normative terms (of what is appropriate [or] the transgressor is entitled to do). The punishment for violating one norm is an alteration in other normative statuses. Acting incorrectly alters what other performances are correct and incorrect."[45]

Dieses Beispiel zeigt, dass die nichtnormative Beschreibbarkeit von Einstellungen und Sanktionen kontingent ist und jedenfalls nicht alle Normen erklären kann. Selbst wenn die unangemessene Teilnahme am Dorffest ebenfalls mit Stockhieben bestraft wird, ist nur diese Teilnahmenorm selbst nichtnormativ intelligibel. Für die Hüttenzutrittsnorm gilt dennoch, dass sie in Begriffen von Einstellungen intelligibel ist, die durch Sanktionen ausgedrückt werden, die ihrerseits vollständig in normativen Begriffen, nämlich in der Berechtigung zum Festbesuch, angegeben werden können.

---

44 Zu diesem Einwand des Regulismus siehe KLATT, Theorie der Wortlautgrenze (Fn. 2), 141.

45 BRANDOM, Making it Explicit (Fn. 8), 43.

Die normativen Einstellungen bestehen in Vorstellungen von Handlungsnormen und führen zur Bewertung von Handlungen durch Sanktionen bzw. zu entsprechenden Bewertungsdispositionen. Diese Beurteilungseinstellungen haben eine soziale Struktur. Daher sind die Praktiken, in denen Normen implizit enthalten sind, als soziale Praktiken aufzufassen. Eine Beschreibung dieser Normen setzt demnach Regularitäten des Verhaltens und der Dispositionen voraus. Regularitäten sind notwendige, aber nicht hinreichende Bedingungen für normatives Vokabular.[46] Das Richtigsein besteht nicht in der bloßen Übereinstimmung.

Brandom entwickelt die normative Pragmatik zu einem Modell diskursiver Praxis, welches für die Theorie sprachlicher Bedeutung wichtig ist.[47] Im Mittelpunkt der sprachlichen Praxis steht danach das Spiel des Gebens und Forderns von Gründen.[48] Dessen Hauptelemente sind Behauptungssprechakte. Behauptungen übernehmen in der normativen Pragmatik eine doppelte Funktion: Einerseits legt sich der Behauptende auf einen bestimmten Inhalt fest, andererseits kann nach anderen Behauptungen gefragt werden, welche den Sprecher zu dieser Behauptung berechtigen. Festlegung und Berechtigung sind die deontischen Status einer Behauptung. Sie spielen eine entscheidende Rolle bei der Beurteilung eines Sprechaktes als richtig oder falsch und konstituieren damit dessen Bedeutung.

Um die besondere Beziehung von Sprechakten, deontischen Status und semantischem Gehalt zu erläutern, entwickelt Brandom ein Modell deontischer Kontoführung.[49] Die Grundidee dieses Modells lautet, dass die Teilnehmer eines Sprachspiels über die Einstellungen, Festlegungen und Berechtigungen einzelner Sprecher wechselseitig quasi Buch führen. Auf diese Weise entsteht ein Bild davon, was in der Gemeinschaft als richtiger und was als falscher Sprechakt gilt.

Alle Behauptungen einer Sprache sind auf diese Weise intern miteinander vernetzt. Daher beruht die Bedeutungstheorie Brandoms neben der normativen Pragmatik auf einer inferentiellen Semantik.[50] Grundlage sprachlicher Bedeutung sind inferentielle Relationen zwischen den Propositionen einer Sprache. Dieses Verständnis beruht auf der Auffassung, dass begriffliche Tätigkeit wesentlich im Fordern und Liefern von Gründen besteht, die eine Behauptung rechtfertigen. Demgemäß ist

---

46 BRANDOM, Making it Explicit (Fn. 8), 46.

47 Siehe dazu und zum Folgenden KLATT, Theorie der Wortlautgrenze (Fn. 2), 147–154.

48 BRANDOM, Making it Explicit (Fn. 8), 159.

49 Ebd., 181 ff.

50 Zur inferentiellen Semantik Brandoms siehe KLATT, Theorie der Wortlautgrenze (Fn. 2), 144–147.

eine Aussage verstanden, wenn ihre inferentielle Rolle innerhalb eines Netzes von Aussagen, die jeweils untereinander Definitionen und Begründungen liefern, erfasst ist.[51]

Die impliziten Normen, welche die inferentiellen Rollen von Aussagen festlegen, können als Punktestandfunktionen explizit gemacht werden, sodass sich die Sprachpraxis insgesamt in Begriffen einer deontischen Kontoführung erfassen lässt.[52] Durch die Praxis der Kontoführung verleihen die Teilnehmer eines Sprachspiels bestimmten Äußerungen propositionalen Gehalt. Das von Brandom vorgelegte Modell diskursiver Praxis ermöglicht damit eine in rein normativen Begriffen gehaltene Analyse propositionaler Bedeutung.

Die normative Pragmatik Brandoms zeigt, dass das Sprachspielargument die Offenheit von Bedeutung überbetont. Sprachliche Handlungsnormen einer Sprachgemeinschaft reduzieren diese Offenheit. Daher ist auch die Unterscheidung von Feststellung und Festsetzung von Bedeutung keineswegs von vornherein unmöglich.[53] Denn wenn es implizite Normen der diskursiven Praxis gibt, ist nicht verständlich, warum diese nicht auch empirisch feststellbar sein sollten. Die Gleichsetzung von Feststellung und Festsetzung von Bedeutung ist nicht gerechtfertigt.

All dies gilt aber nur, wenn die normative Pragmatik ihrerseits der Kritik standhält.

2. Kritik

Die wichtigsten Einwände gegen jede Normativitätstheorie sprachlicher Bedeutung haben Kripke und Quine formuliert. Beide bestreiten, dass die Bedeutung eines Ausdrucks die Möglichkeit seines richtigen und falschen Gebrauchs determiniert.[54]

Kripke stützt seine Indeterminismusthese auf eine radikal skeptische Lesart von Wittgensteins Überlegungen zum Regelfolgen.[55] Kripkes vergebliche Suche nach einem Bedeutungsfaktum lässt sich mit einer antinaturalistischen Strategie widerlegen. Jeder naturalistische Versuch,

---

[51] BRANDOM, Making it Explicit (Fn. 8), 89–91.

[52] Ebd.,181.

[53] MATTHIAS KLATT, Semantic Normativity and the Objectivity Claim of Legal Argumentation, in: *Associations* 7 (2003), 115, 122; KLATT, Theorie der Wortlautgrenze (Fn. 2), 226–234.

[54] KLATT, Semantic Normativity and the Objectivity of Legal Argumentation (Fn. 10), 57 f.

[55] Vgl. JULES L.COLEMAN/BRIAN LEITER, Determinacy, objectivity, and authority, in: ANDREI MARMOR (Hrsg.), *Law and Interpretation. Essays in Legal Philosophy.* Oxford 1995, 203, 219–223.

die Normativität von Bedeutung auf Tatsachen zurückzuführen, muss daran scheitern, dass auf diese Weise nur unterschiedliche Weisen des Gebrauchs von Sprache festgestellt werden können, nicht aber richtige und falsche Verwendungsweisen. Kripkes zentrales Argument lautet, dass jedes sprachliche Zeichen seinerseits in seinem Gebrauch gerechtfertigt werden müsse. Daher führe der Versuch, sprachliche Regeln festzustellen, notwendig in einem infiniten Begründungsregress.

Kripke übersieht, dass in der Praxis des Argumentierens *prima facie*-Berechtigungen bestehen. Der normative Status der Berechtigung ist implizit in den sozialen Praktiken des Gebens und Verlangens von Gründen enthalten. Demgemäß werden bestimmte Behauptungen als solche angesehen, zu denen die Sprecher *prima facie* berechtigt sind. Dieser *prima facie*-Status ist weder dauerhaft noch unerschütterbar. Vielmehr kann er durch Zweifel angefochten werden. Bis zu ihrer Anfechtung rechtfertigen *prima facie*-Berechtigungen jedoch bestimmte Verwendungsweisen eines Wortes, während sie andere als falsch ausschließen. Brandom spricht insoweit von der Vorschuss- und Anfechtungsstruktur der Berechtigung.

> „Claims such as 'There have been black dogs' and 'I have ten fingers' are ones to which interlocutors are treated as prima facie entitled. They are not immune to doubt in the form of questions about entitlement, but such questions themselves stand in need of some sort of warrant or justification."[56]

Durch *prima facie*-Berechtigungen wird ein vorläufiges Ende der Rechtfertigungsspirale erreicht. Der Einwand Kripkes, der den Sprachgebrauch an externen objektiven Kriterien zu messen verlangt, ist damit hinfällig. Bedeutungsdeterminismus kann auf die Praxis einer Sprachgemeinschaft bezogen relativ sein.[57]

Quines semantischer Holismus basiert wesentlich auf dem Reversibilitätsargument. Es besagt, dass jeder Satz einer Sprache auf der Basis von Erfahrungen veränderbar ist. Wenn dieses Argument zutrifft, ist ein Modell Brandom'scher Prägung, das von normativ festgelegten, inferentiellen Relationen zwischen Propositionen ausgeht, unhaltbar. Nach Dummetts Analyse argumentiert Quine mit seiner Reversibilitätsthese wie folgt gegen die Annahme inferentieller Relationen:

> „The principles governing deductive connections themselves form part of the total theory, which, as a whole, confronts experience. ... But, in that case, there is nothing for the inferential links between sentences to consist in. They cannot be replaced by superinferential links, compelling us, if we accept certain logical principles, to accept the consequences under those principles of

---

[56] BRANDOM, Making it Explicit (Fn. 8), 177.

[57] Zur triadischen Relativität der Analytizität siehe KLATT, Theorie der Wortlautgrenze (Fn. 2), 190–193.

other sentences we accept: for any such superlogical laws could in turn be formulated and considered as sentences no more immune to revision than any other."[58]

Der zentrale Aspekt von Quines Reversibilitätsthese liegt in der Annahme, dass *sämtliche* Sätze einer Sprache der Möglichkeit der Revision unterliegen. Quine zufolge kann nicht auf vermeintlich feststehende Sätze, etwa die der Logik, zurückgegriffen werden, um sie als Metaregeln für inferentielle Relationen zu verwenden. Vielmehr, so Quines Argument, sind auch logische Sätze reversibel, sodass die Zuschreibung von Wahrheitswerten zu Behauptungen letzthin nur von der Gesamtheit aller Behauptungen einer Sprache gesteuert wird. Diese jedoch sei uns nicht zugänglich: „No speaker of a language can make fully explicit the principles underlying her linguistic practice."[59]

Natürlich kann nicht geleugnet werden, dass *viele* Zuschreibungen von Wahrheitswerten zu Sätzen einer Sprache im Lichte neuer Welterfahrung geändert werden. Für die Gültigkeit der Quine'schen Argumentation ist es jedoch erforderlich, dass diese Änderungen prinzipiell *alle* Sätze einer Sprache erfassen.[60] Diese notwendige Bedingung ist nicht erfüllt, wenn in einer Sprache stets ein bestimmtes Set an Sätzen immun gegen Änderungen ist.

Auf der Basis einer solchen limitierten Reversibilität ist gegen den Quine'schen radikalen Holismus ein moderater Holismus geltend zu machen. Er beruht auf der These, dass nicht alle Sätze einer Sprache in gleichem Maße reversibel sind. Es spricht nämlich viel für die Annahme, dass es in jeder Sprachpraxis einige Sätze gibt, die *prima facie* revisionsimmun sind. Dazu gehören z. B. die Regeln der Logik. Ihre Revisionsimmunität beruht auf den normativen Einstellungen der Sprecher einer Sprachgemeinschaft. Logische Sätze sind demnach immun, weil sie von der Sprachgemeinschaft als solche behandelt werden. Die Revisionsimmunität ist an der deontischen Kontoführung ablesbar. Es spricht sogar viel dafür, dass jede Sprache notwendig ein Set an *prima facie* immunen Sätzen enthalten muss, damit es Kommunikation und Bedeutung überhaupt geben kann.[61]

Natürlich ist es denkbar, dass auch *prima facie* revisionsimmune Sätze geändert werden. Dies ist jedoch nicht möglich, ohne dass das Sprach-

---

58 MICHAEL DUMMETT, *Frege. Philosophy of Language*. London 1973, 596.

59 Vgl. SANFORD SHIEH, Some senses of holism: An anti-realist's guide to Quine, in: RICHARD HECK (Hrsg.), *Language, Thought and Logic. Essays in Honour of Michael Dummett*. Oxford 1997, 71, 90.

60 Vgl. CHRISTOPHER PEACOCKE, Holism, in: BOB HALE/CRISPIN WRIGHT (Hrsg.), *A Companion to the Philosophy of Language*. Oxford 1997, 227, 233.

61 Zu dieser These von der notwendigen Inkorporation immuner Sätze siehe KLATT, Theorie der Wortlautgrenze (Fn. 2), 180.

und Argumentationsverhalten einer Sprachgemeinschaft eine völlig neue Struktur bekommt. Das hier entscheidende Argument lautet: Eine Änderung der fundamentalen Sätze unserer Sprache, der Logik, wäre als äußerst wesentliche Veränderung erkenn- und beschreibbar.[62] Es entstünde eine andere Sprache mit einem anderen Begriff propositionaler Bedeutung.

Brandoms Analyse zeigt, dass sich im Gebrauch der Sprache notwendig ein explikatives Instrumentarium herausbildet, das eine *normative* Bewertung der Gültigkeit bestimmter Inferenzen ermöglicht. Der Unterschied, den Sprecher in ihren normativen Einstellungen zwischen ohne weiteres reversiblen und *prima facie* revisionsimmunen Propositionen machen, wird von Quine ignoriert. Für ihn sind alle Behauptungen, die in einer Sprache geäußert werden, in gleicher Weise unsicher. Für Quine unterliegen sie in demselben Maß der Möglichkeit der Revision. Wenn demgegenüber nicht alle Sätze einer Sprache in gleichem Maße reversibel sind, ist es gerechtfertigt, von der normativ festgelegten Existenz inferentieller Relationen zwischen Behauptungen zu sprechen. Der moderate Holismus führt deshalb nicht zu den weit reichenden bedeutungsskeptischen Konsequenzen, die aus einem radikalen Holismus Quine'scher Prägung gezogen werden. Damit sind die beiden wesentlichen Argumente des Bedeutungsskeptizismus widerlegt.

3. Wortgebrauchsregeln und semantische Fehler

Bevor das Gesagte anhand eines Beispiels erläutert werden kann, sind noch einige theoretische Ergänzungen erforderlich. Auf der Basis der oben verteidigten Normativität sprachlicher Bedeutung kann ein System semantischer Grenzen entwickelt werden, welches anhand einer neuen Terminologie eine differenzierte Analyse juristischer Entscheidungen ermöglicht. Statt von „der" Wortlautgrenze zu sprechen, ist zwischen acht allgemeinen und fünf besonderen semantischen Grenzen zu unterscheiden.[63]

Ausgangspunkt für dieses System semantischer Grenzen sind die normativ ausgezeichneten inferentiellen Relationen zwischen Behauptungen, wie sie hier anhand von Brandoms Theorie verteidigt wurden.

---

[62] Kritisch zu einer solchen Strategie zur Rettung der Revisionsimmunität der Logik durch ein Sprachspiel- oder Konventionsargument: HILARY PUTNAM, Analyticity and apriority: Beyond Wittgenstein and Quine, in: PAUL K. MOSER (Hrsg.), *A priori Knowledge*. Oxford 1987, 85, 110.

[63] Zum System semantischer Grenzen siehe KLATT, Theorie der Wortlautgrenze (Fn. 2), 236–264 mit weiteren Beispielen.

Alexy hat diese Relationen als „Wortgebrauchsregeln" analysiert.[64] Diese Regeln werden in der internen Rechtfertigung[65] juristischer Entscheidungen als sprachliche Regeln über die Bedeutung von Ausdrücken gebraucht, die in vorangegangenen Begründungsschritten verwendet wurden. Wortgebrauchsregeln geben an, welche Eigenschaften (M) ein Objekt (x) erfüllen muss, damit es unter einen Gesetzesbegriff (T) fällt.

Die Basisstruktur einer Wortgebrauchsregel W lautet: Für alle Objekte x gilt: Wenn x die Eigenschaften M hat, dann ist x unter den Gesetzesbegriff T zu subsumieren. Formalisiert:

$$W: (x)\,(Mx \rightarrow Tx)$$

Es ist eine Leitidee der hier vorgestellten Theorie, dass diese Wortgebrauchsregeln eine Art der impliziten Normen sind, welche nach Brandom sprachliche Bedeutung konstituieren.[66] Sie zählen die Merkmale auf, die aufgrund der Bedeutung eines Ausdrucks erfüllt sein müssen, damit der Ausdruck auf ein Objekt richtigerweise angewendet wird. Die Geltung dieser Regeln kann durch die normative Pragmatik Brandoms erklärt werden. Wortgebrauchsregeln sind in der alltäglichen Sprachpraxis implizit vorhanden. Sie werden durch die Einstellungen und Bewertungshandlungen der Teilnehmer eines Sprachspiels hervorgebracht, also sozioempraktisch instituiert.

Semantische Grenzen werden durch semantisch fehlerhafte Verwendung sprachlicher Ausdrücke überschritten. Die Verwendung eines sprachlichen Ausdrucks ist fehlerhaft, wenn die ihr zugrunde liegende Wortgebrauchsregel nicht mit der in der Sprachgemeinschaft tatsächlich geltenden, d. h. normativ als richtig ausgezeichneten Wortgebrauchsregel übereinstimmt. In einem solchen Fall formuliert der Sprecher die Wortgebrauchsregel falsch.[67] Betrachtet man die oben erläuterte Struktur von Wortgebrauchsregeln, so ist deutlich, dass sich eine solche falsche Formulierung entweder auf die rechte oder auf die linke Seite des Konditionals beziehen kann. Entweder der Sprecher verwendet für einen Gesetzesbegriff T_1 einen falschen Merkmalkatalog M_2, oder er verwendet zwar das richtige M_1, verbindet dieses aber mit einem anderen Gesetzesbegriff T_2.

---

64 ALEXY, Theorie der juristischen Argumentation (Fn. 1), 288.

65 Zum Begriff der internen Rechtfertigung siehe ebd., 274.

66 Dies wird näher ausgeführt bei KLATT, Theorie der Wortlautgrenze (Fn. 2), 237 f.

67 Neben den hier dargestellten Fehlerarten, die auf einer falschen Formulierung der Wortgebrauchsregel beruhen, gibt es auch Grenzüberschreitungen, die bei richtig formulierter Wortgebrauchsregel quasi auf einem Subsumtionsirrtum beruhen. Diese spielen hier jedoch keine Rolle. Siehe im Einzelnen KLATT, Theorie der Wortlautgrenze (Fn. 2), 238 ff.

Hier soll nur die zweite Fehlerart interessieren, d. h. die Verwendung eines falschen Gesetzesbegriffes.[68] Dieser semantische Fehler hat zur Folge, dass ein Individuum a aufgrund der Merkmale M_1 unter T_2 anstatt unter T_1 subsumiert wird. Der aufgrund der Merkmale zutreffende Begriff wird dagegen übersehen. Der entscheidende semantische Fehler lautet formalisiert:

$$W: (x) (M_1x \rightarrow T_2x)$$

4. Das Geldwäsche-Urteil des Bundesverfassungsgerichts

Ein Beispiel für die Überschreitung der soeben charakterisierten semantischen Grenze bildet das kürzlich ergangene Geldwäsche-Urteil des Bundesverfassungsgerichts.[69] In diesem Verfassungsbeschwerdeverfahren war die Frage zu entscheiden, ob und unter welchen Voraussetzungen sich Strafverteidiger wegen Geldwäsche gem. § 261 Abs. 2 Nr. 1 StGB strafbar machen können, wenn sie von ihren Mandanten ein Honorar annehmen, das diese aus einer rechtswidrigen Vortat erlangt hatten.

Nach dem Wortlaut der Norm ist diese auch auf Strafverteidiger anwendbar, im Gesetz sind keine Ausnahmen vorgesehen. Dies ist jedoch aus verfassungsrechtlichen Gründen problematisch, weil die drohende Strafbarkeit in die Berufsausübungsfreiheit der Strafverteidiger eingreift und die rechtsstaatliche Bedeutung der Institution der Strafverteidigung beachtet werden muss. Insofern besteht zwischen dem Zweck des § 261 StGB, rechtswidrig bereicherte Straftäter durch das Verbot der Geldwäsche wirtschaftlich zu isolieren, einerseits und dem Recht des Beschuldigten, sich einen Verteidiger zu wählen und diesen zu bezahlen, sowie dem Recht des Verteidigers auf freie Berufsausübung andererseits ein Zielkonflikt.[70]

Zur Lösung dieses Konfliktes werden unterschiedliche Lösungen diskutiert.[71] Das Bundesverfassungsgericht hat sich mit seinem Urteil vom 30. März 2004 der sogenannten Vorsatzlösung[72] angeschlossen.

---

[68] Diese semantische Grenze kann als konsequentielle Festlegungsgrenze bezeichnet werden, siehe KLATT, Theorie der Wortlautgrenze (Fn. 2), 244–252 mit weiteren Beispielen.

[69] BVerfG NJW 2004, 1305–1313.

[70] Vgl. OLG HAMBURG, NJW 2000, 673; OSKAR KATHOLNIGG, Kann die Honorarannahme des Strafverteidigers als Geldwäsche strafbar sein?, in: *NJW* 2001, 2041 f.

[71] Überblick bei HERBERT TRÖNDLE/THOMAS FISCHER, *Strafgesetzbuch*. 51. Aufl., München 2003, § 261 Rn. 33–33d m. w. N.

[72] GERHARD GRÜNER/KLAUS WASSERBURG, Geldwäsche durch die Annahme des Verteidigerhonorars?, in: *Goltdammer's Archiv für Strafrecht* 2000, 430, 438 ff.; HOLGER

Hiernach machen sich Strafverteidiger gem. § 261 Abs. 2 Nr. 1 StGB nur dann strafbar, wenn sie im Zeitpunkt der Annahme ihres Honorars *sichere Kenntnis* von dessen Herkunft hatten.

Methodisch stützt das Bundesverfassungsgericht dieses Ergebnis auf eine sogenannte verfassungskonforme Auslegung. Wegen des Grundsatzes der Verhältnismäßigkeit sei der durch die Strafandrohung bewirkte Eingriff in die Berufsausübungsfreiheit nur dann gerechtfertigt, wenn die Norm einschränkend ausgelegt werde. Durch diese einschränkende Auslegung erhöht das Bundesverfassungsgericht die Anforderungen, die an den Vorsatz der Strafverteidiger zu stellen sind. Bedingter Vorsatz, d. h. Für-möglich-Halten und billigende Inkaufnahme, reicht nicht aus. Vielmehr ist direkter Vorsatz, d. h. sicheres Wissen von der Herkunft des Geldes erforderlich.

Eine verfassungskonforme Auslegung ist immer dann möglich, wenn eine Norm mehrere Auslegungen, die teils zu einem verfassungswidrigen Ergebnis und teils zu einem verfassungsmäßigen Ergebnis führen, zulässt. Die Norm ist dann verfassungskonform auszulegen. Jede verfassungskonforme Auslegung findet ihre Grenze aber am Wortlaut des Gesetzes.[73] Durch diesen allgemein anerkannten Grundsatz werden die einleitend genannten verfassungsrechtlichen Grundsätze sichergestellt. Insbesondere soll vermieden werden, dass durch eine verfassungskonforme Auslegung an die Stelle einer gesetzlichen Vorschrift inhaltlich eine andere Vorschrift gesetzt wird. Dies wäre ein für die Justiz unzulässiger Akt der Rechtssetzung, der nur dem Gesetzgeber zukommt.[74]

Das Bundesverfassungsgericht ist der Meinung, dass die vorgenommene restriktive Auslegung nicht gegen die semantischen Grenzen der Norm verstößt. Diese Auffassung ist falsch, wie im Folgenden zu zeigen ist.

Der hier als Norm N_1 bezeichnete § 261 Abs. 2 Nr. 1 StGB besteht aus Tatbestand und Rechtsfolge. Der Tatbestand nennt für die Rechtsfolge der Bestrafung (hier als R bezeichnet) fünf Voraussetzungen, welche hier als T_1 bis T_5 bezeichnet werden: Wer einen in Absatz 1 bezeichneten Gegenstand (T_1) sich oder einem Dritten verschafft (T_2) und – so ist über den reinen Normtext hinaus zu ergänzen[75] – dies vorsätzlich (T_3), rechtswidrig (T_4) und schuldhaft (T_5) tut, ist zu bestrafen. Diese Vor-

---

MATT, Geldwäsche durch Honorarannahme eines Strafverteidiger, in: *Goltdammer's Archiv für Strafrecht* 2002, 137, 145.

[73] BVerfGE 2, 398 ff.; BVerfGE 18, 111 ff.; BVerfGE 54, 277 ff., 299 f.; BVerfGE 71, 81 ff., 105; BVerfGE 90, 263 ff., 275; BVerfGE 95, 64 ff., 93; BVerfGE 101, 312 ff., 329.

[74] Vgl. BVerfGE 2, 406.

[75] Die Merkmale T3 bis T5 werden in dem Normtext nicht explizit genannt. Sie stellen jedoch allgemeine Voraussetzungen der Strafbarkeit dar, die im Allgemeinen Teil des Strafgesetzbuchs genannt werden und bei jeder Strafnorm zu ergänzen sind.

aussetzungen müssen kumulativ vorliegen. Wenn ein Objekt x alle fünf Voraussetzungen erfüllt, ist es geboten, die Rechtsfolge auf x anzuwenden. Dies lässt sich in der von Alexy eingeführten Schreibweise[76] wie folgt formalisieren:

$$N_1: (x)\ (T_1x \wedge T_2x \wedge T_3x \wedge T_4x \wedge T_5x \rightarrow ORx)$$

Der hier entscheidende Tatbestandsbegriff ist T_3, also der Vorsatz. Für diesen Begriff gilt in der juristischen Fachsprache die Wortgebrauchsregel W_1: Vorsätzlich handelt, wer entweder mit direktem (M_6) oder mit bedingtem Vorsatz (M_7) handelt. Beide Vorsatzarten unterscheiden sich, wie erwähnt, dadurch, dass der direkte Vorsatz sichere Kenntnis von der Verwirklichung des Tatbestandes voraussetzt, während der bedingte Vorsatz ein Für-möglich-Halten mit billigender Inkaufnahme genügen lässt. Diese Wortgebrauchsregel lässt sich wie folgt formalisieren:

$$W_1: M_6x \vee M_7x \rightarrow T_3x$$

Das Bundesverfassungsgericht verwendet demgegenüber, soweit Strafverteidiger betroffen sind, für den Gesetzesbegriff T_3 nicht W_1, sondern eine andere, engere Wortgebrauchsregel W_2. Nach dieser liegt Vorsatz nur in der Form des direkten Vorsatzes, d. h. bei sicherem Wissen vor:

$$W_2: M_6x \rightarrow T_3x$$

Dadurch wird nach Auffassung des Bundesverfassungsgerichts eine semantische Grenze nicht überschritten. Zur Begründung verweist das Bundesverfassungsgericht in seinem Urteil darauf, dass § 261 Abs. 2 Nr. 1 StGB selbst keine Umschreibung der Voraussetzungen vorsätzlichen Handelns enthalte. Das Gesetz überlasse es Rechtsprechung und Literatur zu bestimmen, was „Vorsatz" im Einzelnen bedeute.

Dies überzeugt nicht. Denn die vom Gesetz offen gelassene Definition des Begriffes „Vorsatz" und die unterschiedlichen Vorsatzarten sind in Rechtsprechung und Literatur seit langem geklärt. Es besteht eine feste fachsprachliche Konvention, über die nicht einfach hinweggegangen werden darf. Diese Konvention zum Wortgebrauch setzt einer völlig neuen Begriffsbestimmung Grenzen. Wenn das Gesetz eine Beschränkung des Vorsatzes auf die Form der Wissentlichkeit in anderen Normen explizit macht (vgl. §§ 257, 258 StGB), folgt daraus *e contrario*, dass in allen übrigen Fällen auf die allgemeinen Vorsatzformen zurückzugreifen ist. Es entspricht allgemeiner Meinung, dass jede

---

[76] Zur Erläuterung der Symbolik siehe ALEXY, Theorie der juristischen Argumentation (Fn. 1), 274.

Form des Vorsatzes ausreicht, wenn sich aus dem Gesetz selbst nichts anderes ergibt.[77] Dies ist bei § 261 Abs. 2 Nr. 1 StGB der Fall.

Hinzu kommt, dass § 261 Abs. 2 Nr. 2 StGB als zusätzliches Merkmal die positive Kenntnis von der Herkunft des Geldes fordert.[78] Dieses zusätzliche Merkmal ist aber in Nr. 1 gerade nicht aufgenommen worden. Schließlich ist auch § 261 Abs. 5 StGB zu bedenken, welcher die Strafbarkeit über den Vorsatz hinaus sogar auf Fahrlässigkeit ausdehnt.[79] Mithin ist bedingter Vorsatz erst recht erfasst. Entgegen dem Bundesverfassungsgericht ist daher von der Geltung von W_1 auszugehen; W_2 ist abzulehnen.

Steht W_2 aber nicht zur Verfügung, so ist deutlich, dass das Bundesverfassungsgericht der Sache nach den Gesetzesbegriff T_3 durch einen neuen Gesetzesbegriff T_8 ersetzt. Das Bundesverfassungsgericht verbindet das aus der Wortgebrauchsregel W_1 stammende Merkmal M_6 (sichere Kenntnis) mit dem Gesetzesbegriff T_3 und ignoriert dabei das ebenfalls in W_1 disjunktiv enthaltene M_7 (Für-möglich-Halten). Auf diese Weise tauscht das Gericht T_3 gegen einen neuen Begriff T_8 aus. Exakt in dieser falsch formulierten Wortgebrauchsregel besteht der semantische Fehler. Das Bundesverfassungsgericht legt sich auf einen anderen Gesetzesbegriff T_8 fest, der in der Norm N_1 nicht enthalten ist, anstatt die Wortgebrauchsregel für den Gesetzesbegriff T_3 zu beachten. Die falsch formulierte Wortgebrauchsregel lautet formalisiert:

$$W_3: (x) (M_6x \rightarrow T_8x)$$

Der Sache nach formuliert das Bundesverfassungsgericht auf der Basis der Wortgebrauchsregel W_3 eine neue Norm N_2. Diese hat zwei Alternativen. Die erste Alternative entspricht der Norm N_1, enthält also das richtige T_3, wird aber um das negative Merkmal ergänzt, dass der Betroffene nicht Strafverteidiger ist ($\neg T_9x$). Diese erste Alternative gilt also für alle Personen, die nicht Strafverteidiger sind. Für sie bleibt es bei der normalen Vorsatzdefinition. Die zweite Alternative gilt dagegen für Strafverteidiger. Hier wird statt der normalen Vorsatzdefinition T_3 der neue, engere Vorsatzbegriff T_8 verwendet.

---

[77] Vgl. TRÖNDLE/FISCHER, Strafgesetzbuch (Fn. 71), § 15 Rn. 5.

[78] Dieses zusätzliche Merkmal in Nr. 2 wird allerdings von der herrschenden Meinung als irrelevant interpretiert, sodass auch für Nr. 2 bedingter Vorsatz ausreiche, siehe DREHER/FISCHER, Strafgesetzbuch (Fn. 71), § 261 Rn. 26 a mit der unzutreffenden Feststellung, der Wortlaut sei „unklar". Diese Interpretation wirft gleichfalls Probleme im Hinblick auf die Wortlautgrenze auf, was hier aber nicht vertieft werden soll.

[79] Vgl. STEPHAN BARTON, Sozial übliche Geschäftstätigkeit und Geldwäsche (§ 261 StGB), in: *Strafverteidiger* 1993, 156, 159.

Diese neue Norm N_2 lautet formalisiert:

$$N_2{:}(x)\ (T_1x \land T_2x \land T_3x \land T_4x \land T_5x \land \neg T_9x) \lor$$

$$(T_1x \land T_2x \land T_8x \land T_4x \land T_5x \land T_9x) \rightarrow ORx$$

Der entscheidende Fehler des Bundesverfassungsgerichts liegt darin, dass diese Prozedur nicht offengelegt wird. Vielmehr wird diese Neuformulierung der Norm N_2 gerade als Auslegung von N_1 bezeichnet. Das Bundesverfassungsgericht schränkt den Anwendungsbereich der Norm ein, indem es für Strafverteidiger mit T_8 einen engeren Begriff als T_3 verwendet. Die als „einschränkende Auslegung" bezeichnete Operation des Bundesverfassungsgerichts ist in Wirklichkeit eine Rechtsfortbildung in Form einer teleologischen Reduktion. Denn das Bundesverfassungsgericht nimmt in die Norm die zusätzlichen Begriffe T_8 und T_9 auf. Es hält den vorhandenen Gesetzesbegriff T_3 für zu weit, weshalb es den restriktiveren Begriff T_8 in die Norm aufnimmt. Dies ist eine Ergänzung der gesetzlichen Tatbestandsmerkmale, die sich aufgrund der für den Begriff T_3 geltenden Wortgebrauchsregel W_1 gerade nicht mehr im Rahmen des Wortlautes hält. Die semantischen Grenzen der Norm werden daher überschritten. Das Bundesverfassungsgericht legt § 261 Abs. 2 Nr. 1 StGB nicht aus, sondern formuliert ihn um. Damit überschreitet es die Grenzen verfassungskonformer Auslegung.

Es muss betont werden, dass das Bundesverfassungsgericht für sein *Ergebnis* überzeugende Gründe vorzuweisen hat. Es spricht viel dafür, dass der Wortlaut des § 261 Abs. 2 Nr. 1 StGB tatsächlich zu weit ist und aus den dargelegten verfassungsrechtlichen Gründen der Einschränkung bedarf. Dies gilt insbesondere für den erstrebten Schutz der Strafverteidigung. Diesen Gründen soll hier keineswegs widersprochen werden. Die hier geübte Kritik bezog sich allein auf das *methodische* Vorgehen des Gerichts. Zu zeigen war ausschließlich, dass das Bundesverfassungsgericht an einer verfassungskonformen Auslegung durch die semantische Grenze des Begriffes „vorsätzlich" gehindert war.[80] Es hätte demnach richtigerweise die Verfassungswidrigkeit der Norm konstatieren müssen. Allein der Gesetzgeber ist berufen, die Norm durch die Einführung eines expliziten Verteidigerprivilegs nachzubessern.

---

[80] Im Ergebnis ebenso HANS-CHRISTOPH SCHAEFER/GÜNTER WITTIG, Geldwäsche und Strafverteidiger, in: *NJW* 2000, 1387, 1388; ARMIN BURGER/JENS PEGLAU, Geldwäsche durch Entgegennahme „kontaminierten" Geldes als Verteidigerhonorar, in: *Zeitschrift für Wirtschafts- und Steuerstrafrecht* 2000, 161; WOLFGANG HETZER, Geldwäsche und Strafverteidigung, in: *Zeitschrift für Wirtschafts- und Steuerstrafrecht* 2000, 281, 288. Vgl. auch MATT, Geldwäsche durch Honorarannahme eines Strafverteidiger (Fn. 72), 145. Diese Autoren beziehen sich alle auf Entscheidungen des OLG Hamburg bzw. des BGH, in denen die Frage der verfassungskonformen Auslegung des § 261 Abs. 2 Nr. 1 StGB allerdings wie hier im Mittelpunkt stand.

Es ist daran zu erinnern, dass dieser semantische Fehler nur eine Art der Überschreitung semantischer Grenzen darstellt. Abschließend sollen noch einmal die wesentlichen Merkmale der hier erläuterten semantischen Grenze dargestellt werden. Diese Grenze wird überschritten, wenn die angebliche Auslegung auf eine *Textkorrektur* durch den Rechtsanwender hinausläuft. Es handelt sich nicht nur um eine restriktive Interpretation, sondern um eine teleologische Reduktion. Der Normtext wird durch einen vom Rechtsanwender formulierten Quasi-Normtext ersetzt. Eine solche Rechtsfortbildung wird als Auslegung deklariert, wenn so getan wird, als gehe es um Merkmale für einen Begriff des gesetzlichen Tatbestandes, während die Zuordnung dieser Merkmale zu diesem Begriff in Wirklichkeit an der semantischen Grenze dieses Begriffes scheitert. Tatsächlich wird daher vom Rechtsanwender ein zweiter Tatbestandsbegriff in die Norm eingefügt, diese daher verändert.[81]

Diese Veränderung der Norm wird verschleiert, wenn so getan wird, als gehe es um die Definition des Begriffes der Norm. Das wesentliche Merkmal der Überschreitung dieser Art semantischer Grenzen ist dieses: Die Wortgebrauchsregel, die für die Subsumtion herangezogen wird, wird insofern falsch formuliert, als nicht der von der Gesetzesnorm vorgegebene Begriff gewählt wird, sondern ein anderer Begriff. Die Aufnahme zusätzlicher Tatbestandsmerkmale in die Norm kann zu einer Einschränkung oder Ausweitung ihres Anwendungsbereiches führen. Hier handelte es sich um eine Einschränkung, also um eine teleologische Reduktion.

IV. Ergebnis

Anhand der Bedeutungstheorie Brandoms wurde die Normativität sprachlicher Bedeutung gegen sprachphilosophische und linguistische Kritik verteidigt. Sodann wurde auf dieser Basis ein neues System semantischer Grenzen angedeutet und eine Art dieser Grenzen anhand des Geldwäsche-Urteils des Bundesverfassungsgerichts erläutert. Dabei zeigte sich, dass die hochkomplexen sprachphilosophischen Überlegungen zur Normativität sprachlicher Bedeutung mit dem Instrumentarium der analytischen Methodenlehre verbunden und für die Analyse gerichtlicher Entscheidungen fruchtbar gemacht werden können.

---

81 Vgl. MANFRED SEEBODE, Wortlautgrenze und Strafbedürfnis. Die Bedeutung des Wortlauts der Strafgesetze am Beispiel eigennütziger Strafvereitelung, in: *JZ* 1998, 781, 782.

Auch die hier vorgestellte Theorie semantischer Grenzen zeigt nicht, wo diese in jedem Einzelfall verlaufen.[82] Insofern sind keine allgemeingültigen Aussagen über einzelne Begriffe möglich, weil sprachliche Bedeutung eine holistische Struktur hat. Sie ist zu Hintergrundfestlegungen einzelner Sprecher und ganzer Sprachgemeinschaften relativ.[83] Es bleibt daher bei der Notwendigkeit, einen sprachanalytischen Diskurs zu führen.

Die wesentliche Argumentform dieses Diskurses ist der Verweis auf Wortgebrauchsregeln. Der Nutzen der hier vorgestellten Theorie liegt darin, dass erstmals die Unterscheidung zwischen verschiedenen Arten semantischer Grenzen möglich ist. Mit der hier vorgestellten Terminologie kann der sprachanalytische Diskurs um die Geltung von Wortgebrauchsregeln und die Struktur der Bedeutung von Gesetzesbegriffen differenzierter und präziser geführt werden.

Jede Theorie semantischer Grenzen basiert auf einer Einschätzung der Leistungsfähigkeit und Steuerungskraft der Semantik. Mit dem Problem semantischer Grenzen wird daher zugleich der Stellenwert der semantischen Argumentation im Recht erörtert. Dass von dem Ergebnis der semantischen Interpretation aus guten Gründen abgewichen werden darf,[84] hat viele Autoren veranlasst, den Stellenwert der semantischen Argumentation als gering einzustufen.[85] Im Hinblick auf die vehemente Kritik an theoretischen Versuchen, das Kontinuum sprachlicher Bedeutung durch Kategorien und Strukturen zu analysieren, sowie im Hinblick auf die anerkannten Schwierigkeiten in Fällen semantischer Unklarheit wurde die semantische Argumentation von der juristischen Methodenlehre zunehmend mit Unbehagen, wenn nicht mit Geringschätzung betrachtet. Die extreme Position wird von der These gekennzeichnet, dass semantische Argumentation keinen eige-

---

[82] Vgl. KLATT, Semantic Normativity and the Objectivity of Legal Argumentation (Fn. 10), 64 f.

[83] Vgl. KLATT, Theorie der Wortlautgrenze (Fn. 2), 190-193, 205–207.

[84] FREDERICK SCHAUER, *Playing by the Rules. A Philosophical Examination of Rule-Based Decision-Making in Law and in Life.* Oxford 1991, 215–218; DAVID O. BRINK, Semantics and legal interpretation (further thoughts), in: *Canadian Journal of Law and Jurisprudence* 1989, 181 ff., 186 f.

[85] In diesem Sinne BRIAN BIX, *Law, Language, and Legal Determinacy.* Oxford 1993, 178–182; ESSER, *Vorverständnis* (Fn. 21), 103 f.; ARTHUR KAUFMANN, *Analogie und „Natur der Sache". Zugleich ein Beitrag zur Lehre vom Typus.* 2. Aufl., Heidelberg 1982, 42; KRIELE, *Theorie* (Fn. 21), 311; HRUSCHKA, Das Verstehen von Rechtstexten (Fn. 5), 102; HANS-MARTIN PAWLOWSKI, *Methodenlehre für Juristen. Theorie der Norm und des Gesetzes.* 3. Aufl., Heidelberg 1999, Rn. 458, 507.

nen Stellenwert habe, die Bedeutung des Gesetzes sich vielmehr ausschließlich aus anderen juristischen Argumentformen ergebe.[86]

Demgegenüber können die hier vorgestellten Strukturen der Semantik als Grundstein für eine neue Theorie der semantischen Interpretation begriffen werden. Insgesamt kann daher von einer Rehabilitierung der semantischen Interpretation für das Recht gesprochen werden, die auch für den Streit um die Rangfolge der Auslegungskriterien von Bedeutung ist.[87] Die Sprachpraxis ist nicht im Sinne einer unverbindlichen *façon de parler* aufzufassen, die von grenzenloser sprachlicher Willkür geprägt wäre, wie dies dekonstruktivistische Positionen annehmen. Vielmehr sind in der Praxis implizite Normen vorhanden, deren Struktur mit der hier vorgestellten Terminologie analysiert und rekonstruiert werden kann. Auf diese Weise werden die Strukturen zugänglich, in denen sich begrifflicher Gehalt in einer Sprachgemeinschaft herausbildet. Hierdurch können auch die rechtstheoretischen Unterscheidungen zwischen schwierigen und leichten Fällen der Interpretation sowie zwischen Feststellung und Festsetzung von Bedeutung gerechtfertigt werden.[88]

Die Interpretation von Gesetzen hat insgesamt Diskurscharakter. Interpretationen sind Behauptungen über die Bedeutung eines vom Gesetz verwendeten Begriffes. Diese Behauptungen werden vom Rechtsanwender mit dem Anspruch auf Richtigkeit und unter Angabe von Gründen geäußert. Innerhalb der Klasse dieser Gründe ist semantische Normativität eigenständig. Dies wird hier als Externalität der Sprache für das Recht bezeichnet.[89] Semantische Normativität wird in der juristischen Argumentation in einem eigenständigen, von den übrigen Argumentformen zu trennenden sprachanalytischen Diskurs zur Geltung gebracht.

Die Externalität der Sprache für das Recht bedeutet, dass Zahl und Art der Argumente im sprachanalytischen Diskurs beschränkt sind. Es sind nur solche Gründe zugelassen, die sich auf Semantik beziehen. Nach der hier verfolgten Grundidee ist der Diskurs, der nach Brandom durch die expressive Rolle des logischen Vokabulars ermöglicht wird, mit dem sprachanalytischen Diskurs im Sinne Alexys identisch. Der sprachanalytische Diskurs hat die Funktion, Bedeutung dadurch festzustellen, dass er vorhandene Normen explizit macht. Es handelt sich

---

[86] So SCHEFER, Konkretisierung von Grundrechten durch den U.S.-Supreme Court (Fn. 15), 154.

[87] KLATT, Semantic Normativity and the Objectivity Claim of Legal Argumentation (Fn. 53), 127.

[88] Ebd., 121 f.

[89] Ebd., 126.

um einen Diskurs über die Berechtigung einzelner Sprecher zu Festlegungen und über die deontischen Status einzelner Sprechakte. Die hier vorgestellte Bedeutungstheorie stellt ein ausgearbeitetes terminologisches System zur Verfügung, das die bisherigen sprachanalytischen Modelle der juristischen Methodenlehre vertieft und ergänzt.

ULFRID NEUMANN

Wahrheit statt Autorität

Möglichkeit und Grenzen einer Legitimation durch Begründung im Recht

I. Begründung als Rechtfertigung

1. Legitimationsbedürfnisse

Wozu, so könnte ein Skeptiker fragen, bedarf es einer Begründung gerichtlicher und anderer rechtlicher Entscheidungen? Entweder das Urteil ist richtig: dann ist die Begründung überflüssiges Beiwerk, Zeitverschwendung, Vergeudung von Ressourcen, eine zusätzliche Belastung der ohnehin überforderten Justiz. Oder aber das Urteil ist falsch: dann kann die Begründung entweder nur gleichfalls fehlerhaft oder unschlüssig sein; schlimmstenfalls dient sie der Fassadenlegitimation, verdeckt gleisnerisch die Fehlerhaftigkeit der Entscheidung selbst. Rechts- und ideengeschichtlich versiert könnte sich der Skeptiker weiter auf das berühmte Diktum eines prominenten Vertreters der Freirechtsschule berufen, schließlich verlange der Gläubige ja auch vom Jüngsten Gericht keine Entscheidungsbegründung.[1] – Was würde ein Verteidiger der gerichtlichen Begründungspraxis dem Skeptiker entgegenhalten?

Vermutlich würde er, anstatt sofort die Tragfähigkeit einer radikalen Trennung von Entscheidungsrichtigkeit und Begründungsrichtigkeit in Zweifel zu ziehen,[2] zunächst den Hinweis auf das Jüngste Gericht dankbar aufgreifen. Denn der Vergleich von göttlichem und irdischem Gericht spielt ihm die zentralen Argumente in die Hand. Dabei ist nicht einmal entscheidend, dass das Jüngste Gericht in den Händen eines allwissenden Richters liegt, dessen Urteile nicht qua Begründung als

---

[1] GNAEUS FLAVIUS (= HERMANN KANTOROWICZ), *Der Kampf um die Rechtswissenschaft*. Heidelberg 1906, 42.

[2] Näher dazu ULFRID NEUMANN, Theorie der juristischen Argumentation, in: ARTHUR KAUFMANN/WINFRIED HASSEMER/ULFRID NEUMANN (Hrsg.), *Einführung in Rechtsphilosophie und Rechtstheorie der Gegenwart*. 7. Aufl., Heidelberg 2004, 333 ff., 341 f.

richtig erwiesen werden müssen. Entscheidend ist, dass schon die Erwartung einer Begründung, das Verlangen nach einer Rechtfertigung des Urteils, Blasphemie wäre. Die Vorstellung einer Begründungspflicht wäre hier ebenso abseitig wie die einer Anfechtbarkeit des Urteils im Wege von Berufung oder Revision. Ein „Jüngstes Gericht zweiter Instanz" hätte, ebenso wie Salomos Urteil zweiter Instanz,[3] seinen Platz nur in der Satire.

Das Beispiel des Jüngsten Gerichts macht deutlich, dass es bei der Begründung von Entscheidungen immer auch um deren Rechtfertigung geht. Im Englischen wie im Französischen spiegelt schon die Terminologie („justification" als Begründung wie als Rechtfertigung) diesen Zusammenhang. Entscheidungsbegründungen decken einen Legitimationsbedarf, der im Verhältnis zwischen dem Entscheider einerseits und den von der Entscheidung unmittelbar oder mittelbar in ihren Interessen Betroffenen andererseits besteht.

2. Begründungspflichten im demokratischen Rechtsstaat

Danach ist einsichtig, dass Akte der staatlichen Rechtssetzung grundsätzlich der Rechtfertigung durch Begründung bedürfen. Sowohl die generelle (Gesetzgebung) als auch die singuläre Rechtssetzung (Gerichtsurteil, Verwaltungsakt) greift regelmäßig in Interessen betroffener Personen ein. Tatsächlich unterliegen jedenfalls die Gerichte und weithin auch die Verwaltungsbehörden (§ 39 VwVfG) in Deutschland heute bei ihren Entscheidungen einem Begründungszwang. Dass es hier gleichwohl nicht um Selbstverständlichkeiten geht, zeigen die hier zu notierenden Einschränkungen. Denn zum einen gilt der Begründungszwang nicht für den Gesetzgeber, dessen Entscheidungen die Basis für die ihrerseits begründungspflichtigen Gerichtsurteile und Verwaltungsakte bilden. Eine Pflicht zur formellen Begründung der von den Parlamenten des Bundes und der Länder beschlossenen Gesetze besteht nicht. Zum anderen ist eine Begründungspflicht für gerichtliche Entscheidungen (und erst recht für Akte der Verwaltung) historisch erst neueren Datums. Die umfassende Begründungspflicht, der Gerichtsurteile heute in Deutschland unterliegen, ist eine Errungenschaft des 19. Jahrhunderts. Das Kanonische Recht lehnte noch bis zum In-Kraft-Treten des Codex iuris canonici (1918) eine Begründung der richterlichen Entscheidung für den Regelfall ab.[4]

---

[3] EPHRAIM KISHON, *Salomos Urteil – zweite Instanz. Neue Satiren*. 14. Aufl., München 1990.

[4] HELMUT SCHNIZER, Die Entscheidungsbegründung im Kirchenrecht, in: RAINER SPRUNG/ BERNHARD KÖNIG (Hrsg.), *Die Entscheidungsbegründung in europäischen Verfahrensrechten*

Die Erklärung für diese Zurückhaltung liegt in einer konstitutionellen Spannung zwischen Autorität und Argumentation, der eine weitgehende Suspendierung von Begründungspflichten im Rahmen von Autoritätsverhältnissen korrespondiert. Wenn „begründen" zugleich „rechtfertigen" bedeutet, dann setzt eine Begründungspflicht voraus, dass der Verpflichtete dem Empfänger der Begründung eine Rechtfertigung schuldet. Diese Vorstellung aber ist im Rahmen autoritärer Denkmodelle, im Bereich des „sic volo, sic jubeo" nicht akzeptabel. Solange die staatlichen Instanzen nicht als durch den Volkswillen legitimierte (Art. 20 Abs. 2 Satz 1 GG) Institutionen, sondern als eine von Gott gesetzte Obrigkeit verstanden wurden, war für den Gedanken einer gegenüber den betroffenen Bürgern („Untertanen") bestehenden Begründungspflicht kein Raum. Eine Pflicht zur Begründung richterlicher Entscheidungen konnte dann allenfalls der Kontrolle der Rechtsprechung durch den Landesherrn dienen. Es ist kein Zufall, dass die begründungsfeindliche Tradition des theologischen Staatsdenkens in der Zeit der NS-Diktatur im Werke Carl Schmitts eine zeitgemäße Wiederbelebung erfuhr.[5]

Auf der anderen Seite zeigt sich der Zusammenhang zwischen Begründungspflicht und dem jeweiligen Stand der Rechtskultur (und damit der politischen Kultur) an den Anforderungen, die heute in der Rechtsordnung der Bundesrepublik an die Begründung gerichtlicher Entscheidungen gestellt werden. Die gesetzlichen Bestimmungen zur weithin statuierten, wenn auch nicht lückenlosen[6] Pflicht zur Begründung richterlicher Entscheidungen (§ 313 ZPO; § 267 StPO; § 117 VwGO) sind aus der Sicht heutiger Rechtsprechung und -wissenschaft nur ein Minimalprogramm. Die Anforderungen, die von den Gerichten höherer Instanz und vom Bundesverfassungsgericht[7] gestellt werden, gehen darüber teilweise erheblich hinaus.

Das betrifft zum einen die tatsächlichen Feststellungen. So ist nach den Bestimmungen der Strafprozessordnung das Gericht nicht verpflichtet darzulegen, weshalb es von einem bestimmten Sachverhalt ausgeht, beispielsweise also gerade den Angeklagten für den Täter eines Raubmords hält. Lediglich im Falle eines Indizienbeweises sollen

---

und im Verfahren vor internationalen Gerichten. Wien 1974, 27 ff., 27. Heute gilt der Codex iuris canonici in der Fassung von 1983.

[5] CARL SCHMITT, *Donoso Cortes in gesamteuropäischer Interpretation.* Köln 1950. Vgl. dazu MARTIN KRIELE, *Theorie der Rechtsgewinnung.* 2. Aufl., Berlin 1976, 184.

[6] So braucht ein Beschluss, in dem das Rechtsmittel der Revision von dem Revisionsgericht einstimmig als offensichtlich unbegründet verworfen wird, im Strafverfahren nicht begründet zu werden (§ 349 Abs. 2 StPO).

[7] Exemplarisch BVerfGE 34, 269 ff., 287 (Gründung der Entscheidung auf rationaler Argumentation als verfassungsrechtliche Vorgabe).

(nicht: müssen) auch die entsprechenden Indizien angeführt werden (§ 267 Abs. 1 Satz 2 StPO). Diese Regelung ist nach heute einhelliger Ansicht unzureichend und deshalb verfehlt.[8] Die Rechtsprechung verlangt deshalb über § 267 Abs. 1 StPO hinaus eine erschöpfende Beweiswürdigung.[9] Die dafür gegebene Begründung ist unter dem Gesichtspunkt des Verhältnisses von Entscheidung und Argumentation höchst aufschlussreich. Die Vorschrift, auf die man sich zur Statuierung einer weitgehenden Begründungspflicht beruft, besagt, dass das Gericht bei der Feststellung des tatsächlichen Geschehens nach seiner freien, „aus dem Inbegriff der Verhandlung geschöpften Überzeugung" *entscheidet* (§ 261 StPO). Von Begründung ist dort nicht die Rede. Dass der Richter diese erschöpfende Würdigung in den Urteilsgründen darzulegen hat, ist eine Forderung der heutigen Rechtswissenschaft und -praxis. Diese Erweiterung von Vorgaben korrekten Entscheidens (umfassende Beweiswürdigung) zu Begründungspflichten ist kennzeichnend für eine Entwicklung, die Entscheidungen staatlicher Instanzen einer stärkeren Kontrolle durch die Betroffenen, die Öffentlichkeit oder andere Instanzen unterzieht. Dieser Entwicklung entspricht eine Verlagerung des Interesses von einer juristischen Methodenlehre als einer Lehre richtigen Entscheidens hin zu einer Theorie der juristischen Argumentation als einer Disziplin, die sich mit den Standards korrekten juristischen Begründens befasst.

Es betrifft zum anderen auch die rechtliche Würdigung des festgestellten Sachverhalts. Auch in diesem Punkt gehen die heutigen Standards in Rechtspraxis und -wissenschaft über das Minimalprogramm des Gesetzes deutlich hinaus. So beschränkt die Strafprozessordnung die Pflicht des Richters, seine rechtliche Bewertung des Sachverhalts zu begründen, auf die Angabe der entsprechenden Bestimmungen der Strafgesetze (§ 267 Abs. 3 Satz 1 StPO). Der Richter muss also nach dem Gesetz nicht darlegen, warum er die Tat des Angeklagten gerade als Betrug wertet – auch dann nicht, wenn in Rechtsprechung und Wissenschaft umstritten ist, ob es sich bei der fraglichen Fallkonstellation rechtlich um einen Betrug oder aber um einen Diebstahl handelt. Auch hier setzt die Rechtspraxis heute andere Maßstäbe. Umstrittene Rechtsfragen werden ausführlich diskutiert, oftmals in Auseinandersetzung mit kritischen Stimmen im wissenschaftlichen Schrifttum, und argumentativ entschieden.

---

[8] Statt aller CLAUS ROXIN, *Strafverfahrensrecht*. 25. Aufl., München 1998, 401.

[9] Nachweise bei LUTZ MEYER-GOßNER, *Strafprozessordnung*. 47. Aufl., München 2004, § 267 Rn. 12.

II. Möglichkeiten und Grenzen einer Rechtfertigung durch „Richtigkeit"

Argumentation erbringt Rechtfertigungsleistungen, weil und soweit sie beansprucht, Entscheidungen (im weiteren Sinne auch Behauptungen) als richtig zu erweisen. Wo Entscheidungen (Richter) oder Entscheidungsvorschläge (Staatsanwalt, Verteidiger) begründet werden, setzt man nicht auf *auctoritas,* sondern auf *veritas.*[10] Juristisches Argumentieren zielt *idealiter* auf Legitimation durch Wahrheit (Richtigkeit). Die Einwände, die aus der nüchternen Perspektive der forensischen Praxis gegen diesen Anspruch erhoben werden können, sind zahlreich. Sie betreffen insbesondere den rhetorischen Aspekt juristischen Argumentierens (1.), die Mehrdeutigkeit des Richtigkeitskriteriums (2.), den nicht zwingenden Charakter der juristischen Argumentation (3.) sowie den Unterschied von Entscheidungsfindung und Entscheidungsbegründung (4.)

1. Juristische Rhetorik oder juristische Argumentation?

Rechtliche Entscheidungen werden nicht nur durch rationale Argumentation beeinflusst. Der Strafverteidiger kann – oft mit Aussicht auf Erfolg – an das Mitleid, der Staatsanwalt an die Kriminalitätsangst des Richters appellieren. Beide können (und werden) die Gesichtspunkte, die für die eigene Position sprechen, rhetorisch herausstreichen und Gegenargumente herunterspielen. Das Ergebnis der Abwägung von Argumenten kann durch die simple Umstellung der Argumente manipuliert werden. „Dies würde dem Willen des Gesetzgebers entsprechen, hat aber im Gesetz keinen Ausdruck gefunden" akzentuiert dieselbe Argumentekonstellation anders als die logisch äquivalente Formulierung: „Dies hat im Gesetz keinen Ausdruck gefunden, entspricht aber dem Willen des Gesetzgebers"[11].

Die Frage, in welchem Umfang der Jurist zu „rhetorischen" Mitteln greifen darf (oder muss), ist zwischen dem topisch-rhetorischen Lager einerseits,[12] den Vertretern einer eher konventionellen Methodenlehre andererseits umstritten. Innerhalb des Lagers der juristischen Rhetorik geht die Auffassung am weitesten, die der Vorstellung von einem in der Sache liegenden Richtigkeitskriteriums juristischen Argumentie-

---

[10] Ausführlich dazu ULFRID NEUMANN, *Wahrheit im Recht.* Baden-Baden 2004, 41 ff.

[11] KATHARINA SOBOTA, Rhetorisches Seismogramm – eine neue Methode in der Rechtswissenschaft, in: *JZ* 1992, 231 ff.

[12] Näher dazu ULFRID NEUMANN, *Juristische Argumentationslehre.* Darmstadt 1986, 54 ff.

rens widerspricht und insbesondere die Möglichkeit einer regelorientierten Fallentscheidung und -begründung bestreitet.[13]

Die juristische Rhetorik kann das Verdienst für sich in Anspruch nehmen, die pragmatische Dimension rechtlichen Argumentierens wieder in Erinnerung gerufen zu haben. Argumentationen beziehen sich nicht nur auf bestimmte Gegenstände, sondern richten sich auch an bestimmte Personen. Allgemein formuliert: Reden ist nicht nur immer Reden über etwas, sondern auch Reden miteinander. Dieser kommunikative Aspekt des Redens und Argumentierens, seine pragmatische Dimension,[14] ist in der juristischen Methodenlehre lange Zeit vernachlässigt worden. Die Betonung der pragmatischen Dimension durch die juristische Rhetorik erinnert daran, dass der Verlauf, die Struktur, die Gestalt von Argumentationen immer auch von den Dispositionen der Argumentationsbeteiligten und ihrem Verhältnis zueinander geprägt ist. In diesem Punkt ist der juristischen Rhetorik uneingeschränkt zuzustimmen.

Die juristische Rhetorik schießt aber über das Ziel hinaus, wenn sie aus dieser pragmatischen Einbindung allen Redens und Argumentierens die Konsequenz zieht, juristische Argumentationen allein am Maßstab ihres Erfolgs zu messen.[15] Denn juristische Argumentationen erheben notwendigerweise den Anspruch auf sachliche, das heißt: von den individuellen Präferenzen, Interessen und weltanschaulichen Prägungen der Adressaten unabhängige Überzeugungskraft. Ohne diesen Anspruch auf eine adressatenindifferente Überzeugungskraft, also auf *sachliche* Richtigkeit, wäre der argumentative Verbund zwischen verschiedenen Gerichten, zwischen Rechtspraxis und Rechtswissenschaft, zwischen Staatsanwaltschaft und Strafverteidigung nicht vorstellbar. Die juristische Argumentation ist jedenfalls der Idee nach die gemeinsame Währung von Personen mit höchst unterschiedlichen, individuellen oder institutionell (Perspektive des Prozessvertreters einerseits, des Richters andererseits) geprägten Dispositionen.

Teilt man den Ausgangspunkt der rhetorischen Perspektive, dass Argumentationen grundsätzlich auf ein bestimmtes Auditorium zielen, könnte man sagen: Adressat juristischer Argumentationen ist nicht ein spezifisches Publikum mit einer spezifischen, selektiven Aufnahmefä-

---

[13] FRITJOF HAFT, *Juristische Rhetorik*. 5. Aufl., Freiburg 1995, 11 f. Kritisch dazu ARTHUR KAUFMANN, *Das Verfahren der Rechtsgewinnung*. München 1999, 25, und aus dem rhetorischen Lager WOLFGANG GAST, *Juristische Rhetorik. Auslegung, Begründung, Subsumtion*. 3. Aufl., Heidelberg 1997, 55 ff., 126 ff.

[14] Vgl. etwa CHARLES W. MORRIS, *Grundlagen der Zeichentheorie. Ästhetik der Zeichentheorie*. Frankfurt am Main 1988, 52 ff. (Original 1938).

[15] Vgl. etwa FRITJOF HAFT, Strafrecht und Rhetorik, in: *JuS* 1981, 718 ff., 719, zur Chance eines – faktischen – Konsenses als Richtigkeitsriterium.

higkeit für Argumente, sondern ein ideales Auditorium, das nur durch rationale juristische Argumente überzeugt werden kann. Der belgische Philosoph Perelman hat für ein Auditorium, das nur durch rationale Argumente überzeugt werden kann, den Begriff des „universalen Auditoriums" geprägt.[16] Entsprechend könnte man sagen: Juristische Argumentation richtet sich nicht an ein konkretes Publikum, sondern an das universale juristische Auditorium. Die Frage ist dabei freilich, ob man von einer universalen, kulturübergreifenden Vorstellung von Rationalität (einschließlich einer spezifischen juristischen Rationalität) ausgehen kann, oder ob man unterschiedlichen Kulturen, unterschiedlichen Lebensformen das Recht auf eine je eigenständige Definition der rationalen Argumentation zugestehen muss.[17] Dieses Problem, das im Bereich der praktischen Philosophie unter den Stichworten „Universalismus" und Kommunitarismus" diskutiert wird,[18] spielt gegenwärtig insbesondere in der Diskussion um die universale Verbindlichkeit der Menschenrechte eine wichtige Rolle. Sind die in Europa und Nordamerika Ende des 18. Jahrhunderts formulierten und seitdem weiterentwickelten Menschenrechte auch in ideengeschichtlich ganz anders geprägten Teilen der Welt, in China, Indien, Zentralafrika verbindlich? Oder ist es eine spätkolonialistische Anmaßung des Westens, diesen Regionen die jedenfalls im Ursprung spezifisch westlichen Menschenrechte aufzwingen zu wollen? Diese Frage kann hier nicht näher erörtert werden. Im vorliegenden Zusammenhang muss die Feststellung genügen, dass jedenfalls die Rechtsgemeinschaft, die durch eine bestimmte Rechtsordnung konstituiert wird, weithin über gemeinsame Rationalitätsstandards verfügt. Soweit es um Urteilsbegründungen, Schriftsätze oder sonstige juristische Argumentationen im Rahmen dieser Rechtsgemeinschaft geht, ist das Modell eines universalen Auditoriums als Adressat juristischer Argumentation überzeugend. Die Richtigkeit der vom Gericht gefällten oder von einem Beteiligten beantragten Entscheidung ist eine Funktion der Argumentation, die das universale Auditorium überzeugen würde.

---

[16] CHAIM PERELMAN, *Juristische Logik als Argumentationslehre*. Freiburg 1979, 141; DERS., *Justice, Law and Argument*. Dordrecht 1980, 71 ff.

[17] Vgl. dazu einerseits AULIS AARNIO, *Denkweisen der Rechtswissenschaft*. Wien 1979, 157 ff. und AULIS AARNIO/ROBERT ALEXY/ALEKSANDER PECZENIK, The Foundation of Legal Reasoning, in: *Rechtstheorie* 12 (1981), 423 ff., 439 ff.; andererseits ROBERT ALEXY, Aarnio, Perelman und Wittgenstein. Einige Bemerkungen zu Aulis Aarnios Begriff der Rationalität der juristischen Argumentation, in: ALEKSANDER PECZENIK/JYRKI UUSITALO (Hrsg.), *Reasoning on Legal Reasoning*. Helsinki 1979, 121 ff.

[18] Vgl. hier nur AXEL HONNETH (Hrsg.), *Kommunitarismus. Eine Debatte über die moralischen Grundlagen moderner Gesellschaften*. 3. Aufl., Frankfurt am Main 1995.

2. Die Mehrdimensionalität der „Richtigkeit" rechtlicher Entscheidungen

Es liegt auf der Hand, dass damit nur ein formales und damit unzureichendes Richtigkeitskriterium angegeben ist. Denn es schließt sich zwangsläufig die Frage an, unter welchen Voraussetzungen eine Entscheidung bzw. ihre Begründung für das universale Auditorium Überzeugungskraft besitzt. Die Antwort „wenn sie auf rationalen Gründen beruht" würde offensichtlich in einen Zirkel führen. Es müssen materiale Kriterien formuliert werden, anhand deren sich die Richtigkeit beurteilen lässt. Tatsächlich gibt es solche Kriterien. Sie lassen sich in negative und positive Richtigkeitskriterien einteilen. Die negativen sind jedenfalls grundsätzlich allgemein anerkannt, die positiven teilweise umstritten.

a) Negative Voraussetzung ist die Abwesenheit von Störfaktoren, die die Objektivität der Entscheidung und der Argumentation beeinträchtigen könnten. Das heißt: die Entscheidung darf nicht parteilich sein, sich nicht an rechtlich irrelevanten Faktoren, insbesondere nicht an persönlichen Loyalitäten des Richters (oder anderer zur Entscheidung berufener Personen) orientieren. Sie darf nicht private, d. h. in der Rechtsordnung bzw. der Rechtskultur nicht allgemein anerkannte Präferenzen und Überzeugungen des Richters widerspiegeln. Diese Forderung nach Neutralität versteht sich keineswegs von selbst.[19] Demgegenüber ist in modernen Rechtssystemen, die auf einer strikten Trennung von Person und Amt basieren, die Pflicht zur Neutralität gegenüber durch persönliche Bindungen begründeten Loyalitäten immun.

Die Forderung nach Neutralität hat einen persönlich-institutionellen und einen argumentationstheoretischen Aspekt. Hinsichtlich der Person des Entscheidenden ist Unparteilichkeit als persönliche Haltung, als psychologische Disposition, wenn man will: als juristische „Tugend" gefordert. Liegen Umstände vor, unter denen diese Unparteilichkeit ausnahmsweise gefährdet erscheint, ist ein Richter von der Befassung mit der fraglichen Sache ausgeschlossen. Obwohl für die Beamten der Staatsanwaltschaft insofern keine bundesgesetzlichen Regelungen existieren, wird man diese Bestimmungen grundsätzlich auch auf den Staatsanwalt anzuwenden haben. Das folgt nicht nur aus dem Gebot der Unparteilichkeit, das (in Grenzen) auch für den Staatsanwalt gilt (z. B. § 160 Abs. 2 StPO), sondern aus dem rechtsstaatlichen Prinzip des Verbots der Tätigkeit in eigener Sache. Demgegenüber ist der Verteidi-

---

[19] Vgl. NIKLAS LUHMANN, *Rechtssoziologie*. 2. Aufl., Opladen 1983, 177.

ger, da er (obwohl das Gesetz den Rechtsanwalt als „Organ der Rechtspflege" bezeichnet) keine staatliche Macht ausübt, entsprechenden Regeln nicht unterworfen.

Das bedeutet aber nicht, dass für den Verteidiger – oder den Rechtsanwalt generell – andere *Argumentationsregeln* gelten würden als für den Richter und andere in staatliche Entscheidungsprozesse eingebundenen Juristen. Der Rechtsanwalt darf und muss die Interessen seiner Mandanten vertreten, aber er darf sich nicht einfach auf diese Interessen berufen. Dass der Angeklagte ein Interesse an einem Freispruch oder jedenfalls an der Vermeidung einer Freiheitsstrafe hat, ist nachvollziehbar, aber kein Argument für eine entsprechende gerichtliche Entscheidung. Der Anwalt muss deshalb darlegen, dass das von ihm beantragte Urteil dem Recht, nicht: dass er den Interessen seines Mandanten entspricht. Die Argumente, auf die es dabei zurückgreifen kann, sind identisch mit denen, deren sich das Gericht zur Begründung eines entsprechenden Urteils bedienen kann. Um juristische Relevanz zu erhalten, müssen Interessen in die gemeinsame Währung juristischer Argumente konvertiert werden. Damit werden gleichzeitig divergierende und grundsätzlich nicht ausgleichbare Interessen in grundsätzlich lösbare Rechtsprobleme transformiert. An einem Beispiel: Wenn jeder Elternteil nach der Scheidung das gemeinsame Kind bei sich behalten will, dann ist das weder auf der einen noch auf der anderen Seite ein Argument für die Zuerkennung des Sorgerechts. Rechtlich relevant ist vielmehr allein die Frage, bei wem das Kind am besten aufgehoben ist (Kriterium des Kindeswohls, § 1671 Abs. 2 BGB). Die Anwälte beider Elternteile müssen sich deshalb unparteilich geben und ihre Anträge auf die – zu begründende – Behauptung stützen, das Kind habe bei dem Vater (der Mutter) die besseren Entwicklungsbedingungen. Unparteilichkeit und Sachlichkeit ist nicht nur eine Tugend des Richters, sondern die „rhetorische Kunst" des Juristen.[20]

b) Diese negative Voraussetzung der Un-Parteilichkeit ermöglicht, so das Modell, eine Orientierung der Entscheidung und der juristischen Argumentation allein an den Kriterien, nach denen sich die Richtigkeit einer Entscheidung positiv bestimmt. Die Frage, wann eine rechtliche Entscheidung richtig ist, setzt den Juristen allerdings in Verlegenheit. Denn die nahe liegende Antwort, richtig sei eine Entscheidung, wenn sie mit den maßgeblichen rechtlichen Regeln, insbesondere den Geset-

---

[20] KATHARINA SOBOTA, *Sachlichkeit. Rhetorische Kunst der Juristen*. Frankfurt am Main 1990.

zen, übereinstimme,[21] ist zwar nicht falsch, aber unzureichend. Dies aus einem trivialen und einem nichttrivialen Grund. Der triviale Grund: Die verbindlichen Regeln sind nur teilweise in den gesetzlichen Bestimmungen vorgegeben, weil auch der unermüdlichste Gesetzgeber nicht imstande ist, für alle in der Praxis auftretenden Fälle hinreichend präzise Regeln zu formulieren. Das geschieht erst in der Rechtspraxis und im wissenschaftlichen Schrifttum. Die Kriterien, anhand derer sich diese Regelbildung vollzieht, sind aber heterogen und lassen sich weder durch harmonisierende Deutungen („Auslegungsmethoden" als unselbstständige Teilmomente eines ganzheitlichen Interpretationsvorgangs) noch durch Versuche der Bildung klarer Rangfolgen zu einem konsistenten „Gesamtkriterium" fügen. Das heißt: Für die Entscheidung der Frage, ob eine bestimmte Entscheidungsregel der Rechtsordnung entspricht, gibt es typischerweise keine konsensfähigen Kriterien.

Der nichttriviale Grund liegt darin, dass die juristische Entscheidung unter einer zweiten Richtigkeitsvorgabe steht. Sie soll nicht nur dem Gesetz entsprechen, sondern auch vernünftig, gerecht, kurz: auch „sachlich" richtig sein. Beide Richtigkeitskriterien können einander widersprechen. Die gesetzmäßige Entscheidung kann ungerecht, sachlich verfehlt, unsinnig sein. Das kann verschiedene Gründe haben: Das Gesetz war von Anfang an verfehlt, weil handwerklich nicht durchgearbeitet. Oder: Es wurde durch die technische Entwicklung überholt. Oder: Es entspricht nicht mehr den heutigen Vorstellungen von einer gerechten Regelung. In all diesen Fällen muss sich der Jurist entscheiden, ob er dem Gesetz oder der Vernunft folgt. Genauer: *inwieweit* er sich an den gesetzlichen Vorgaben und *inwieweit* er sich an dem Kriterium sachlicher Richtigkeit (das seinerseits unterschiedlicher Gesichtspunkte, Gerechtigkeits- ebenso wie Folgenerwägungen, umfasst), orientiert. Hier eine Position des „Alles-oder-Nichts" einzunehmen zu wollen, wäre naiv. Die Vorstellung, der Richter könne die heroische Attitüde des treuen Gesetzesdieners einnehmen und vor den Folgen die Augen verschließen, ist abwegig. Umgekehrt kann der Richter nicht das Gesetz zur *quantité négligeable* erklären und im Stile der Kadi-Justiz die in concreto „vernünftigste" Entscheidung am Gesetz vorbei treffen. Erst beide Anforderungen zusammen, die der Gesetzmäßigkeit der Entscheidung und die ihrer sachlichen Richtigkeit, bilden das Koordinatensystem juristischen Argumentierens. Versuche, beide Richtigkeits-

---

[21] Zum Richtigkeitskriterium der Gesetzmäßigkeit der Entscheidung vgl. BVerfGE 54, 117 ff., 125. Dazu DIRK LOOSCHELDERS/WOLFGANG ROTH, *Juristische Methodik im Prozess der Rechtsanwendung*. Berlin 1996, 1.

kriterien über Brückenkonstruktionen miteinander zu verbinden,[22] können die Spannung punktuell mildern, nicht aber strukturell beseitigen.

3. Begründung, Beweis, Evidenz

Rechtswissenschaft ist keine Mathematik. Das bedeutet: Juristisches Argumentieren ist etwas anderes als die stringente Ableitung unbezweifelbarer Ergebnisse aus einer Menge von Axiomen (wobei hier dahingestellt bleiben kann, ob diese Charakterisierung der Mathematik für alle Bereiche der Disziplin zutrifft). Andernfalls wäre die Bibliotheken füllende Vielzahl juristischer Streitfragen nicht oder nur mit der mangelnden fachlichen Kompetenz einer großen Zahl juristischer Autoren zu erklären. Tatsächlich geht es bei juristischen Argumentationen nicht um Beweise, sondern um Begründungen. Der Unterschied zwischen Beweis und Begründung bezieht sich dabei auf die unterschiedliche Kraft der Folgerung: Während sich bei einem Beweis die Schlussfolgerung (Konklusion) zwingend aus den Prinzipien ergibt, formulieren die zur argumentativen Begründung einer These vorgetragenen Argumente lediglich gute Gründe für deren Anerkennung.[23] Mit anderen Worten: Wer die Prämissen eines Beweises akzeptiert, muss auch die Konklusion akzeptieren. Dagegen zwingt die Anerkennung der sachlichen Richtigkeit von Argumenten nicht notwendig zur Anerkennung der fraglichen These. Ob jemand den Schritt von den Argumenten zu der durch sie gestützten Behauptung vollzieht oder nicht, ist in diesem Sinne seine Sache. An einem Beispiel: Die Richtigkeit der Fermat'schen Vermutung kann nicht mehr bezweifelt werden, nachdem inzwischen der Beweis gelungen ist. Dafür, dass im Strafrecht die Abgrenzung zwischen Täterschaft und bloßer Teilnahme nach objektiven statt nach subjektiven Kriterien vorzunehmen ist („Tatherrschaft" statt „Täterwille"), sprechen zwar gute Gründe; beweisen lässt sich ihre Richtigkeit indes nicht. Man kann dem Bundesgerichtshof, der sich zu einer subjektiven Abgrenzung bekennt, deshalb nicht das Festhalten an einer erwiesenermaßen falschen Rechtsauffassung vorwerfen.

---

22 Etwa in der hermeneutischen Unterstellung der Vernünftigkeit des Gesetzes und/oder im Wege der objektiv-teleologischen Gesetzesauslegung (dazu etwa ULRICH SCHROTH, Hermeneutik, Norminterpretation und richterliche Normanwendung, in: KAUFMANN/HASSEMER/NEUMANN, Einführung in Rechtsphilosophie und Rechtstheorie der Gegenwart (Fn. 2), 270, 284 ff.

23 CHAIM PERELMAN, *Das Reich der Rhetorik. Rhetorik und Argumentation*. München 1980, 56. Dazu und zum Folgenden schon NEUMANN, Juristische Argumentationslehre (Fn. 12), 67.

Wenn im Bereich der juristischen Argumentation von „Beweis" die Rede ist, dann bezieht sich das typischerweise nicht auf die rechtliche Würdigung, sondern auf die Feststellung des fraglichen Sachverhalts. Insbesondere die Prozessgesetze verwenden den Begriff des Beweises fast ausschließlich in dieser Weise. Der Begriff wird in diesem Zusammenhang natürlich nicht im Sinne eines mathematischen Beweises verstanden. Im Bereich der Empirie ist mathematische Gewissheit nicht zu erlangen. Auch wenn der Angeklagte mittels eines genetischen Tests mit einer Wahrscheinlichkeit von 1 : 5 Millionen als Täter eines Sexualmordes überführt wurde, bleibt die Möglichkeit seiner Unschuld. Vorausgesetzt, es stehen keine anderen Beweismittel zur Verfügung, wird – statistisch gesehen – jedes fünfmillionste Urteil ein Fehlurteil sein.[24] Kein Richter kann sicher sein, dass es sich nicht gerade bei dem vorliegenden Fall um dieses fünfmillionste Urteil handelt. Für den Beweis im Sinne der gerichtlichen Tatsachenfeststellung genügt deshalb, dass vernünftige Zweifel an dem fraglichen Sachverhalt nicht bestehen und das Gericht subjektiv von der Richtigkeit dieser Tatsachenfeststellung überzeugt ist.

Allerdings wird der Begriff des Beweises gelegentlich nicht auf die Tatsachenfeststellung beschränkt, sondern auf die Begründung der rechtlichen Beurteilung des Sachverhalts bezogen. In diesem Zusammenhang wird unter „Beweis" eine logisch zwingende Deduktion (analog dem mathematischen Beweis) verstanden. Die These, der Rechtsprozess sei als logischer Beweis zu verstehen,[25] widerspricht dem oben Gesagten nur scheinbar. Denn natürlich kann der Richter eine Rechtsregel formulieren, die es ihm zusammen mit der Sachverhaltsfeststellung erlaubt, die Rechtsfolge logisch abzuleiten. Das ändert aber nichts daran, dass die entscheidenden Schritte, nämlich die Bildung der Regel und die Feststellung des Sachverhalts, sich nicht in Gestalt eines Beweises vollziehen. An einem Beispiel: *Wenn* der Richter festgestellt hat, dass die Zerstörung einer Langlaufloipe eine Sachbeschädigung (§ 303

---

[24] Diesen Zusammenhang muss man sich klarmachen, wenn man für die Verurteilung eines Angeklagten einen prozentual bestimmten Wahrscheinlichkeitsgrad verlangt bzw. genügen lässt. So bedeutet der Vorschlag, den Angeklagten bei „mindestens 96-prozentiger Schuldwahrscheinlichkeit" zu verurteilen (ANDREAS HOYER, Der Konflikt zwischen Beweiswürdigungsfreiheit und in-dubio-reo-Prinzip, in: *ZStW* 105 (1993), 523 f., 555), dass, statistisch gesehen, jeder fünfundzwanzigste Verurteilte Opfer eines Justizirrtums sein könnte. Geht man von einer gleichmäßigen Verteilung der Fehlerquelle auf alle Verurteilten aus, würde eine entsprechende Justizpraxis bedeuten, dass von den etwa 50.000 in Deutschland im Strafvollzug einsitzenden Personen 2.000 unschuldig sein könnten.

[25] JÜRGEN RÖDIG, *Theorie des gerichtlichen Erkenntnisverfahrens*. Berlin 1973, 3; HAJIME YOSHINO, Zu Ansätzen der juristischen Logik, in: ILMAR TAMMELO (Hrsg.), *Strukturierungen und Entscheidungen im Rechtsdenken*. Wien 1978, 277 ff., 282.

StGB) darstellt, und *wenn* er festgestellt hat, dass der Angeklagte eine Langlaufloipe zerstört hat, dann ergibt sich die Schlussfolgerung, dass der Angeklagte eine Sachbeschädigung begangen hat, im Wege einer logischen Deduktion (eines logischen Beweises). Die entscheidenden Probleme liegen natürlich, was niemand bestreitet, bei der Begründung der Prämissen. Die Behauptung, der Rechtsprozess habe die Struktur eines logischen Beweises, ist deshalb zwar nicht falsch, verdeckt aber die Schwerpunkte juristischer Entscheidungs- und Begründungstätigkeit. Sie legt insbesondere bei unbefangenem Begriffsverständnis die Vorstellung nahe, das Ergebnis dieses logischen Beweises dürfe als mit Sicherheit erwiesen gelten. In Wirklichkeit lassen sich nicht nur unterschiedliche, sondern miteinander unvereinbare Ergebnisse „logisch beweisen". Man muss dazu lediglich die Prämissen entsprechend variieren.

4. Argumentation und Entscheidung, Herstellung und Darstellung

Die Urteilsbegründung, die hier stellvertretend für die juristische Argumentation stehen kann, soll darlegen, dass die getroffene Entscheidung – in einem noch zu präzisierenden Sinne – „richtig" ist. Sie soll und kann nicht beweisen, dass der Richter die Entscheidung aus den „richtigen" Motiven heraus getroffen hat. Ob der Richter am Amtsgericht Höxter in einem Urteil über den Grenzwert der absoluten Fahruntüchtigkeit[26] deshalb von der ständigen Rechtsprechung des BGH abweicht, weil er sie für grundsätzlich verfehlt hält, oder aber weil er seinem Amtsgericht die Aufmerksamkeit der wissenschaftlichen Öffentlichkeit sichern will, ist für die Qualität des Urteils ohne Bedeutung. Es zählen nicht die Motive, sondern allein die Argumente. Ein argumentativ schwaches Urteil wird durch die hochherzigen Motive des Entscheiders nicht besser, ein überzeugend begründetes Urteil nicht dadurch schlechter, dass der Richter es aus Motiven politischer Opportunität heraus gefällt hat. Mit einem Wort: Die juristische Argumentation soll nicht Entscheidungsmotive und -prozesse aufdecken, sondern überzeugende Gründe für die Entscheidung anführen.

Aus der Perspektive der Argumentationstheorie ist also scharf zwischen dem Prozess der Herstellung des Urteils (der Rechtsfindung) einerseits und der Darstellung (der Rechtfertigung) andererseits zu un-

[26] AG Höxter StV 1990, 268.

terscheiden.[27] Das bedeutet aber nicht, dass beide Bereiche voneinander isoliert werden könnten. Denn der Entscheidungsprozess (Herstellung) bleibt mit der Entscheidungsbegründung in einer doppelten Weise verbunden. Zum einen markiert die Grenze der Begründbarkeit zugleich die Grenze möglichen Entscheidens. Nur Entscheidungen, die begründet werden können, dürfen getroffen werden. Beispiel: Erweist sich das Rückwirkungsverbot (Art. 103 Abs. 2 GG) als ein unüberwindbares argumentatives Hindernis bei dem Versuch, die Strafbarkeit der „Mauerschützen" und ihrer militärischen und politischen Vorgesetzten zu begründen, dann können keine Verurteilungen erfolgen, so sehr auch Rechtsgefühl und Gerechtigkeitsverlangen dafür sprechen mögen. Der Bereich möglicher Entscheidungen wird durch den Vorbehalt der Begründbarkeit begrenzt.

Die Beziehung zwischen Herstellung und Darstellung der juristischen Entscheidung lässt sich aber nicht auf diese externe und negative Bedeutung des Begründbarkeitserfordernisses reduzieren. Denn die Entscheidungsbildung ist kein irrationaler Prozess, dessen Produkte erst nachträglich in die beengenden Formen juristischer Rationalität gepresst würden.[28] Vielmehr wird regelmäßig schon der Entscheidungsprozess (auch) von jenen Gesichtspunkten sachlicher Richtigkeit und rechtlicher Regelhaftigkeit geleitet, die im Rahmen der Urteilsbegründung die Aufgabe der Legitimation der Entscheidung übernehmen. Zumindest *sollte* der Richter sich schon bei seiner Entscheidung an den rechtlich relevanten Kriterien orientieren.[29] Das ist nicht etwa ein leeres Postulat. Denn es eröffnet die Möglichkeit der Kritik an Scheinbegründungen in der juristischen Argumentation. Versteht man den Prozess der Entscheidungsbildung mit Isay als einen irrationalen Akt, dann ist jede Entscheidungsbegründung per definitionem (da Anspruch auf Rationalität erhebend) eine Scheinbegründung. Der Begriff verliert damit

---

[27] WINFRIED HASSEMER, Rechtssystem und Kodifikation: Die Bindung des Richters an das Gesetz, in: KAUFMANN/HASSEMER/NEUMANN (Hrsg.), Einführung in Rechtsphilosophie und Rechtstheorie der Gegenwart (Fn. 2), 251 ff., 268.

[28] So aber die Vorstellung von Vertretern der sog. Freirechtsschule: nur die Kontrolle, nicht die Entstehung der Entscheidung soll sich auf rationalem Weg vollziehen. Die Entstehung der Entscheidung wird auf das (irrationale) Rechtsgefühl zurückgeführt. Vgl. HERMANN ISAY, *Rechtsnorm und Entscheidung*. Berlin 1929.

[29] Die Frage, inwieweit die Entscheidung selbst schon das Produkt kontrollierten Vorgehens sein kann, ist im Schrifttum zur juristischen Methodenlehre und Argumentationstheorie umstritten. Vgl. einerseits (skeptisch) JOSEF ESSER, *Vorverständnis und Methodenwahl*. Frankfurt am Main 1970, 18 f.; BERNHARD SCHLINK, Bemerkungen zum Stand der Methodendiskussion in der Verfassungsrechtswissenschaft, in: *Der Staat* 1980, 73 ff., 91; andererseits KARL LARENZ/CLAUS WILHELM CANARIS, *Methodenlehre der Rechtswissenschaft*. 3. Aufl., Berlin 1995, 168 ff.; LOOSCHELDERS/ROTH, Juristische Methodik (Fn. 21), 83.

seine diskriminierende Kraft. Anders, wenn grundsätzlich eine Orientierung schon der Entscheidung an den Kriterien rechtlicher Richtigkeit zu fordern ist. In diesem Fall unterliegt die aus „sachfremden" Motiven getroffene Entscheidung der Kritik – nicht seitens der Argumentationstheorie, wohl aber von Seiten einer normativen Theorie richterlichen Entscheidens.

III. Dezision oder Kognition?

Die Entscheidung einer umstrittenen Rechtsfrage vollzieht sich nicht im Wege eines reinen Erkenntnisaktes. Erkenntnis ist ohne Alternative, genauer: ohne gleichwertige Alternative. Die Alternative zur Erkenntnis ist der Irrtum. Wer als Anhänger des ptolemäischen Weltbilds der Auffassung ist, die Planeten bewegten sich auf epizyklischen Bahnen, vertritt nicht einfach eine Mindermeinung, sondern unterliegt einem Irrtum. Wer dagegen die Position vertritt, dass Notwehr (§ 32 StGB) auch gegen Angriffe von Tieren zulässig sei, irrt nicht, sondern vertritt eine Mindermeinung.[30] Wenn es aber bei umstrittenen Rechtsfragen nicht um Erkenntnis geht: Folgt daraus, dass es die Rechtswissenschaft lediglich mit (Willens-)Entscheidungen zu tun hat?

Diese Konsequenz wird teilweise gezogen.[31] Folgerichtig ist dann nicht von der Richtigkeit einer umstrittenen Rechtsauffassung die Rede, sondern nur von dem Grad ihrer faktischen Anerkennung, ihrer „Zertität"[32]. Juristische Auseinandersetzungen sind dann Kämpfe um Zertitätswerte. Der Grad der Akzeptanz der eigenen Auffassung soll erhöht, der der gegnerischen entsprechend vermindert werden. Das ist sicher eine realistische Perspektive. Nur bleibt die Frage unbeantwortet, mit welcher Begründung der Jurist, um ein höheres Maß an Zustimmung werben kann, wenn ihm die Behauptung verboten sein soll, seine Auffassung sei eben die richtige, aber jedenfalls die richtigere, die besser begründete etc. Offensichtlich kann auch jenseits der Vorstellung einer bloßen Erkenntnis des „Richtigen" auf normative Differenzierungen („richtiger", „besser begründet") nicht verzichtet werden.

---

30 GÜNTER SPENDEL, § 32 StGB, in: *Leipziger Kommentar zum StGB*. 11. Aufl., Berlin 1992, § 32 StGB, Rn. 38 ff.

31 KLAUS ADOMEIT, *Rechtstheorie für Studenten*. 4. Aufl., Heidelberg 1998, 9. Für eine scharfe Alternative von Erkenntnis und Entscheidung unter Ablehnung von „kognitiven Zwischenstufen" etwa auch FRANZ JÜRGEN SÄCKER, Einleitung, in: *Münchener Kommentar zum BGB*. 4. Aufl., München 2001, Bd. 1, Einl., Rn. 94. Kritisch dazu HANS-MARTIN PAWLOWSKI, *Methodenlehre für Juristen*. 3. Aufl., Heidelberg 1999, Rn. 184 m. Fn. 18.

32 ADOMEIT, Rechtstheorie für Studenten (Fn. 31), S. 23 ff.

Auf der anderen Seite lässt sich das Problem nicht dadurch lösen, dass man die Grenzmarkierung zwischen Dezision (Entscheidung) und Kognition (Erkenntnis) verwischt und bestimmte Rechtsentscheidungen als „Akte schöpferischer Erkenntnis" qualifiziert.[33] Aus der Sicht der Argumentationstheorie löst sich das Problem durch die Einsicht, dass Entscheidung nicht notwendig Willkür bedeutet. Auch dort, wo der kognitive Bereich überschritten ist, geht es im Bereich des Rechts nicht um pure Dezision, sondern um begründetes Entscheiden. Die Entscheidung für eine bestimmte Rechtsauffassung kann durch bessere oder weniger gute, durch zahlreiche oder weniger zahlreiche Argumente gestützt werden. Wer für eine bestimmte Auffassung plädiert, nimmt damit explizit oder implizit in Anspruch, dass diese Auffassung im Vergleich zu ihren Konkurrentinnen die besseren Argumente auf ihrer Seite hat und insofern die „richtige" ist. Die Idee der Richtigkeit wird damit zur Waffe der institutionell Schwachen (konkret: der Vertreter der akademischen Rechtswissenschaft) gegenüber den Institutionen, die sich mit der Anerkennung einer Begründungslast auf die Idee der Legitimation von Entscheidungen durch Richtigkeit (statt durch Entscheidungskompetenz und institutionelle Autorität) eingelassen haben.[34] Argumentation ist die Kommunikationsform der demokratisch verfassten Rechtsgesellschaft.

---

33 LARENZ/CANARIS, Methodenlehre der Rechtswissenschaft (Fn. 29), 222 in Bezug auf die „erstmalige Auffüllung einer Gesetzeslücke im Wege der Analyse oder einer teleologischen Reduktion".

34 Näher dazu NEUMANN, Wahrheit im Recht (Fn. 10), 48 ff.

ZSUZSA PARÁDI

Zum Verwechseln unähnlich

Ein sprachwissenschaftlicher Beitrag zur Argumentation in Markenrechtsurteilen

No name, no gain.[1]

I. Argumentation im Markenrecht

Argumentationen bilden das Fundament für Urteile in der Rechtsprechung. Das Medium der Argumentation – und somit der Urteile – ist die Sprache. Sprache kann darüber hinaus aber auch der *Gegenstand* von Urteilen sein, so etwa im Strafrecht, wenn es um den Tatbestand der Beleidigung oder der üblen Nachrede geht (vgl. §§ 185, 186 StGB). In besonderem Maße fungiert Sprache als Gegenstand von Argumentation im Markenrecht, denn im Rahmen der Beurteilung der Verwechslungsgefahr zweier oder mehrerer Markennamen werden sprachliche Zeichen – meist Wörter – verglichen und Aussagen über den Ähnlichkeitsgrad dieser sprachlichen Zeichen getroffen. Ob und in welchem Maße zwei oder mehrere Marken einander ähnlich sind, entscheidet dabei der Richter. Betrachtet man Urteile aus dem Markenrecht nun mit der „linguistischen Brille", so zeigt sich, dass sprachwissenschaftliche Erkenntnisse und linguistisches Fachwissen kaum eine Rolle spielen. Demzufolge gibt die Stringenz juristischer Argumentationen Linguisten nicht selten Anlass zu Bedenken.

In der Rechtsprechung wird die Ähnlichkeit zweier Markennamen innerhalb des Tatbestands der zeichenrechtlichen Verwechslungsgefahr betrachtet. So ist es gemäß § 14 Abs. 2 Satz 2 Markengesetz Dritten untersagt,

> „ohne Zustimmung des Inhabers der Marke im geschäftlichen Verkehr ein Zeichen zu benutzen, wenn wegen der Identität oder Ähnlichkeit des Zeichens mit der Marke und der Identität oder Ähnlichkeit der durch die Mar-

---

[1] GAJUS JOLLER, *Verwechslungsgefahr im Kennzeichenrecht: Eine rechtsvergleichende Untersuchung der Anforderungen an die Unterscheidbarkeit von Kennzeichen im Marken-, Firmen-, Lauterkeits- und Namensrecht*. Bern 2000, V.

ke und das Zeichen erfaßten Waren oder Dienstleistungen für das Publikum die Gefahr von Verwechslungen besteht, einschließlich der Gefahr, daß das Zeichen mit der Marke gedanklich in Verbindung gebracht wird."

Dieser Tatbestand bildet das markenrechtlich-theoretische Fundament für Urteilsbegründungen zur Verwechslungsgefahr sprachlicher Zeichen. Der Begriff der Verwechslungsgefahr ist gesetzlich nicht definiert. Der Rechtsprechung des EuGH zufolge ist Verwechslungsgefahr gegeben, wenn die Öffentlichkeit glauben könnte, dass die betreffenden Waren oder Dienstleistungen aus demselben Unternehmen oder jedenfalls aus wirtschaftlich verbundenen Unternehmen stammen.[2] Die Annahme von Verwechslungsgefahr hängt von mehreren Umständen ab, insbesondere vom Bekanntheitsgrad der Marke am Markt und dem Grad der Ähnlichkeit zwischen den betroffenen Zeichen und den damit gekennzeichneten Waren oder Dienstleistungen. Die Verwechslungsgefahr ist zudem stets unter Berücksichtigung aller Umstände des Einzelfalls umfassend hinsichtlich der Ähnlichkeit der betreffenden Marken oder Zeichen zu beurteilen. Dabei ist auf einen informierten, aufmerksamen Durchschnittsverbraucher der betreffenden Warenart und auf sein (evt. unvollkommenes) Erinnerungsbild abzustellen.[3] Weiterhin muss die Wechselwirkung zwischen der Kennzeichnungskraft der älteren Marke, der Ähnlichkeit der Marken und der Ähnlichkeit der Waren und Dienstleistungen betrachtet werden. Ein geringerer Grad an Ähnlichkeit der gekennzeichneten Waren oder Dienstleistungen kann dabei durch einen höheren Grad der Ähnlichkeit der Marken ausgeglichen werden und umgekehrt.[4] Die Kennzeichnungskraft der älteren Marke bestimmt ihren Schutzumfang, sie bemisst sich nach der Einprägsamkeit und/oder der Bekanntheit der Marke.[5]

Bei dem Begriff der Verwechslungsgefahr handelt es sich insoweit um einen funktionalen Rechtsbegriff, als die rechtlichen Funktionen der Marke die Bezugsgrößen einer am Normzweck orientierten Auslegung sind.[6] Da die Gefahr von Verwechslungen einen zukünftigen und somit prognostischen Aspekt beinhaltet, handelt es sich bei der Verwechslungsgefahr um einen normativen und nicht um einen empiri-

---

[2] EuGH GRUR 1998, 922, 924, Tz. 29 – *Canon;* EuGH GRUR 1998, 387, 389, Tz. 16-18 – *SABEL/Puma.*

[3] EuGH GRUR Int. 2000, 875, 877 – *Davidoff.*

[4] BGH GRUR 2001, 164, 165 – *Wintergarten.*

[5] Vgl. statt vieler WILHELM NORDEMANN/AXEL NORDEMANN/JAN BERND NORDEMANN, *Wettbewerbs- und Markenrecht.* 9. Aufl., Baden-Baden 2002, Rn. 2341 ff.

[6] KARL-HEINZ FEZER, *Markenrecht: Kommentar zum Markengesetz, zur Pariser Verbandsübereinkunft und zum Madrider Markenabkommen; Dokumentation des nationalen, europäischen und internationalen Kennzeichenrechts.* 3. Aufl., München 2001, § 14 Rn. 104.

schen Rechtsbegriff.[7] Die Gefahr von Verwechslungen zweier kollidierender Marken wird somit nicht anhand von tatsächlichen Verwechslungen in den relevanten Verkehrskreisen, sondern aufgrund von an Einzelfällen herausgebildeten Erfahrungssätzen entschieden. Diese Praxis soll eine Kontinuität der Rechtsprechung und einen gewissen Grad an Rechtssicherheit in Markenkollisionsfragen gewährleisten.[8] Tatsächliches Vorkommen von Verwechslungen ist demnach lediglich ein starkes Indiz für das Vorliegen von Verwechslungsgefahr.

Der Begriff der Verwechslungsgefahr muss demnach vorrangig teleologisch, also nach dem Sinn und Zweck der Vorschrift, ausgelegt werden.[9] Doch auch wenn der normativen Auslegung das letzte Wort gehört, darf die grammatische Auslegung nicht vernachlässigt werden, da stets alle vier Kanones zur Auslegung heranzuziehen sind. Selbst wenn man gewohnt sein mag, dass die Erkenntnisse der eigenen Disziplin von anderen nicht oder kaum wahrgenommen werden, sollte man nicht resignieren, sondern versuchen, den interdisziplinären Austausch zu fördern. In diesem Sinne stehen bei den folgenden Ausführungen die grammatische Auslegung sowie der Vergleich von Zeichen hinsichtlich ihrer sprachlichen Gemeinsamkeiten und Unterschiede im Mittelpunkt.

In Urteilsbegründungen für oder wider eine Annahme der Verwechslungsgefahr trifft man regelmäßig auf Aussagen über die phonetisch-phonologische, morphologische, semantische und graphemati-

---

7 Zu Beginn des 20. Jahrhunderts wurde die Verwechslungsgefahr vom Reichsgericht noch als Tatfrage angesehen, vgl. RG MuW 1912, 194; seit den 40er Jahren geht die Rechtsprechung aber davon aus, dass es sich bei der Verwechslungsgefahr um einen Rechtsbegriff handelt, vgl. FEZER, Markenrecht (Fn. 6), § 14 Rn. 83 ff. mit weiteren Nachweisen. Der BGH ist diesbezüglich allerdings angesichts des Ausmaßes, in dem er auf die „Erheblichkeit" der Verwechselbarkeit für den Verkehr abstellt, nicht ganz konsequent, vgl. INGE SCHERER, Normative Bestimmung von Verwechslung- und Irreführungsgefahr im Markenrecht, in: *GRUR* 2000, 273, 274. Siehe darüber hinaus ALEXANDER ESSLINGER/EKKEHARD WENNING, Die Prägung des Gesamteindrucks einer Marke – Tatfrage oder Rechtsfrage?, in: *WRP* 1997, 1019 ff., FRIEDRICH-KARL BEIER, Gedanken zur Verwechslungsgefahr und ihrer Feststellung im Prozess, in: *GRUR* 1974, 514–522; GERHARD HEIL/PETER KUNZ-HALLSTEIN, Beurteilung der Verwechslungsgefahr im Markenrecht, in: *GRUR Int.* 1995, 227–231; WOLF PANDER, Die Verwechslungsgefahr als Tat- und Rechtsfrage, in: *Gewerblicher Rechtsschutz – Urheberrecht – Wirtschaftsrecht. Mitarbeiterfestschrift für Eugen Ulmer.* Köln 1973.

8 Vgl. SCHERER, Normative Bestimmung von Verwechslung- und Irreführungsgefahr im Markenrecht (Fn. 7), 1019.

9 Angelehnt an Friedrich Carl von Savigny erfolgt die Gesetzesauslegung der klassischen Rechtslehre nach dem Wortlaut des Gesetzes (*grammatische Auslegung*), nach dem Bedeutungszusammenhang der Norm oder des Rechtsbegriffs mit anderen Normen oder Rechtsbegriffen (*systematische Auslegung*), nach der Entstehungsgeschichte der Norm (*historische Auslegung*) und nach dem Sinn und Zweck des Gesetzes (*teleologische Auslegung*).

sche Ähnlichkeit von Wörtern. Juristen argumentieren somit in Bereichen, mit denen sich traditionell die Disziplin der Sprachwissenschaft beschäftigt. Aussagen über die Verwechselbarkeit von Markennamen erstrecken sich zudem auf die Psycholinguistik, da es bei der Verwechslung von sprachlichen Zeichen um Prozesse geht, die während der kognitiven Verarbeitung von Wörtern stattfinden.[10] Um die aus sprachwissenschaftlicher Sicht zu kritisierenden Argumentationsweisen innerhalb ausgewählter juristischer Urteilsbegründungen aufzuzeigen, werden zunächst in aller Kürze die juristischen Grundlagen und das theoretische Fundament des Markenrechts sowie seine Konzepte und Begrifflichkeiten dargestellt.[11]

II. Markenfähigkeit und Markenschutz

Die Marke dient der Individualisierung einer Ware oder einer Dienstleistung, sie identifiziert und kommuniziert auf dem Markt. Unter vielen Produkten gleicher bzw. ähnlicher Beschaffenheit soll die Marke dem Verbraucher ermöglichen, die ihm angebotenen Waren oder Dienstleistungen nach ihren Eigenschaften und Qualitätsmerkmalen einem bestimmten Unternehmen zuzuordnen. Einfallsreichtum, Phantasie und Originalität sind bei der Kreation eines Markennamens gefragt, denn oft unterscheiden sich Produkte nur geringfügig hinsichtlich ihrer Eigenschaften und Qualitäten. Nicht umsonst fließt ein beträchtlicher Teil des Marketingbudgets zunächst in die Findung eines originellen, treffenden und einprägsamen Markennamens.[12] Durch konstante Qualität und effiziente Werbung ist eine Marke geeignet, über Kundenbindung die Wettbewerbsposition eines Herstellers/Unternehmens merkbar zu steigern. Sie stellt somit einen wichtigen Vermögenswert dar und billigt

---

[10] Die Psycholinguistik als fachübergreifendes Forschungsgebiet befasst sich mit den Prozessen der Sprachproduktion, des Sprachverstehens und des Spracherwerbs; zu Einzelheiten siehe z. B. HADUMOD BUßMANN, *Lexikon der Sprachwissenschaft*. 3. Aufl., Stuttgart 2002.

[11] Weitergehende Ausführungen und die detaillierte Analyse mehrerer Urteilsbegründungen aus dem Markenrecht finden sich in ZSUZSA PARÁDI, *Markennamen. Eine sprachwissenschaftliche Betrachtung der Rechtsprechung zur Verwechslungsgefahr*. Unveröffentl. Magisterarbeit, Humboldt-Universität zu Berlin 2002.

[12] Im Jahr 2001 wurde mit Hilfe einer (natürlich auch der Werbung dienenden) Plakataktion der amerikanischen Firma Anheuser-Busch öffentlich dazu aufgefordert, sich an der Namenskreation für ihr bekanntes Bierprodukt zu beteiligen, das bis dato unter dem Namen *Budweiser* verkauft wurde. Das Unternehmen unterlag zuvor in einem Rechtsstreit dem tschechischen Traditionsunternehmen Budejovicky Budvar, das für Deutschland den Markennamen *Budweiser* für sich allein beansprucht.

ihrem Inhaber das ausschließliche Recht zu, Mitbewerber an einer Benutzung gleicher oder ähnlicher Kennzeichen zu hindern.

Marken gibt es seit alters her: Im Zeitalter des Merkantilismus dienten sie in erster Linie der staatlichen Kontrolle einer Einhaltung bestimmter Fabrikationsregeln. Sie kamen in Form von Schauzeichen, Meisterzeichen, Fabrikzeichen und Qualitätszeichen vor. Die ersten Zeicheneintragungen datieren auf das 15. Jahrhundert zurück, wo die Marken der privilegierten Zünfte, Verbände, Familien und Personen dem Gewerbe- und Kunstschutz dienten. Die Wurzeln des Markenwesens liegen also im echten Ursprungszeichen, das als Haus- und Hofmarke den Warenverkehr bestimmte. Mit der Einführung der Gewerbefreiheit durch die Gewerbeordnung von 1869, dem Beginn der Privatautonomie, der Möglichkeit der freien Wahl einer eigenen Marke durch den Unternehmer und der Eintragung der Marke in ein Register (Depot) wurde das Markenrecht als Zivilrecht Teil des Wettbewerbsrechts und mündete im Warenzeichengesetz (WZG) von 1874. Seit dem 1. Januar 1995 ist der Schutz der Marke im Markengesetz[13] (MarkenG) geregelt. Das bis dato geltende Warenzeichenrecht wurde grundlegend reformiert und die erste Richtlinie der Europäischen Union vom 21. Dezember 1988 zur Angleichung der Markenrechte der Mitgliedsstaaten in das deutsche Recht umgesetzt. Der ungehinderte Fluss von Waren und Dienstleistungen sollte durch die Existenz unterschiedlicher nationaler Markengesetze nicht gehindert, der Integrationsprozess aller europäischen Länder gefördert werden. Die Markenfähigkeit von Zeichen ist in § 3 Markengesetz geregelt:

> „Als Marke können alle Zeichen, insbesondere Wörter einschließlich Personennamen, Abbildungen, Buchstaben, Zahlen, Hörzeichen, dreidimensionale Gestaltungen einschließlich der Form der Ware oder ihrer Verpackung sowie sonstige Aufmachungen einschließlich Farben und Farbzusammenstellungen geschützt werden, die geeignet sind, Waren oder Dienstleistungen eines Unternehmens von denjenigen anderer Unternehmen zu unterscheiden."

Definiert wird die Marke also durch ihre Unterscheidungskraft. Nach § 8 Abs. 2 Nr. 1 Markengesetz sind demzufolge solche Marken von der Eintragung ausgeschlossen, denen für die Waren oder Dienstleistungen jegliche Unterscheidungskraft fehlt. Auch Zeichen, die ausschließlich aus Zahlen (z. B. *4711*) oder nur aus Buchstaben (z. B. *ADAC, DB, BMW*) bestehen, können seit Inkrafttreten des neuen Markengesetzes eingetragen werden. Diese Erweiterung des Markenbegriffs birgt über

[13] Gesetz über den Schutz von Marken und sonstigen Kennzeichen (Markengesetz – MarkenG) vom 25.10.1994 (BGBl. I, 3082, Ber. BGBl. 1995 I, 156).

die gängigen Wortzeichen hinaus ein weiteres Potential für die Gefahr von Verwechslungen.

Ein zwingendes Erfordernis der Markenfähigkeit ist die graphische Darstellbarkeit der Marke; aus diesem Grunde können beispielsweise Gerüche, Empfindungen und Gefühle nicht geschützt werden. Inhaber einer Marke können natürliche Personen, juristische Personen oder Personengesellschaften sein.

III. Absolute und relative Schutzhindernisse

Im Regelfall wird der Markenstatus durch Anmeldung beim Patentamt erreicht. Dort wird die Eintragung der Marke auf absolute Schutzhindernisse (vgl. § 8 Abs. 2 MarkenG) geprüft und beispielsweise ausgeschlossen, wenn es sich bei dem betroffenen Zeichen um eine „beschreibende Angabe" handelt, für die im Allgemeininteresse ein aktuelles „Freihaltebedürfnis"[14] vorliegt, oder wenn die Marke ausschließlich aus Zeichen oder Angaben besteht, die im allgemeinen Sprachgebrauch zu üblichen Gattungsbezeichnungen, also zu Appellativa[15] geworden sind. Auch „sittenwidrige" oder „Ärgernis erregende" Markennamen sind von der Eintragung ausgeschlossen.[16] Hier gilt der Duden mit seinen aktuellen Einträgen und Neuaufnahmen als Richtlinie für die Akzeptanz von Zeichen. Aus sprachwissenschaftlicher Sicht erscheint es jedoch bedenklich, allein den Duden zur Qualifizierung von Markennamen als „sittenwidrig" oder „Ärgernis erregend" heranzuziehen – denn bereits auf dieser Beurteilungsebene kann die Linguistik alternative Verfahrensweisen anbieten: Für eine stichhaltige Argumentation müssten die korrelierenden Produktnamen innerhalb ihrer jeweiligen Kommunikationssituation und ihrer potentiellen Verkehrs-

---

[14] „Beschreibende Angaben" könnte man im juristischen Sinne als „Wort des alltäglichen Sprachgebrauchs" bezeichnen. Ein Freihaltebedürfnis hat das BPatG beispielsweise für die Wortmarke *CHANGE* festgestellt, BPatG GRUR 1996, 303. Auch der Begriff *MEGA* als Marke für Zigaretten wurde als eintragungsunfähig beurteilt, BGH GRUR 1996, 770.

[15] So z. B. bei *Tempo* für Taschentücher, *Knirps* für Taschenregenschirme oder *Cellophan* für durchsichtige Folie.

[16] Als nicht eintragbar wurden z. B. *Anarchist* für Fleckenreinigungsmittel (KPA MuW 1906, 46) und *Busengrabscher* bzw. *Schlüpferstürmer* als Etikettaufschrift für Liköre beurteilt (DPMA Mitt 1985, 215; BGH GRUR 1995, 592). Im Vergleich zur deutschen Rechtsprechung offenbaren die schweizerischen und österreichischen Entscheidungen ein strengeres Maß; so wurden in der Schweiz *Kidnapper* für Likör (AGE SchMitt 1944, 82) und *Amato* für WC-Papier (AGE SchMA 36/1974, 199) als sittenwidrig sowie in Österreich *Pax* für Zigaretten (BMH GRUR 1932, 1122) und *Pfaffenkreuz* für Weine und Spirituosen (ÖPA ÖPBl, 1979, 123) als eintragungsunfähig erklärt.

kreise betrachtet und analysiert werden. In diesem Rahmen kann die Sprachwissenschaft Sachwissen aus den Bereichen Semantik und Pragmatik beisteuern sowie die synchronen und diachronen Entwicklungen von Wörtern zur Beurteilung heranziehen. Bezüglich der Beurteilung „sittenwidriger" und „Ärgernis erregender" Zeichen könnten außerdem sozio- und varietätenlinguistische Erkenntnisse (z. B. über geschlechtsspezifische Varietäten oder über die Jugendsprache) einbezogen werden.

Neben den absoluten Schutzhindernissen, die die Eintragung der betroffenen Marke verhindern, können entgegenstehende Rechte Dritter in Form von relativen Schutzhindernissen die Löschung einer bereits eingetragenen Marke bewirken. Dazu zählt auch der Unterlassungsanspruch des Inhabers einer prioritätsälteren Marke gegen den Inhaber der jüngeren Marke, wenn Verwechslungsgefahr i.S.d. § 14 Abs. 2 Satz 2 Markengesetz vorliegt.

IV. Die verschiedenen Formen der Verwechslungsgefahr

Die Verwechslungsgefahr wird in der Rechtswissenschaft – wie bereits anfangs ausgeführt – in einem beweglichen System verschiedener Beurteilungskriterien betrachtet, für das dem BGH in ständiger Rechtsprechung[17] zufolge die Kennzeichnungskraft der sich gegenüberstehenden Zeichen, deren Ähnlichkeitsgrad und die Warennähe bzw. Branchennähe der beteiligten Unternehmen von entscheidender Bedeutung sind. Dabei ist in jedem Fall auf den Gesamteindruck der betroffenen Zeichen abzustellen und die Auffassung der beteiligten Verkehrskreise zu berücksichtigen. Da von Verbrauchern nicht erwartet werden kann, sie würden sich eine Marke genau einprägen, muss auf ein mehr oder weniger genaues Erinnerungsbild abgestellt werden, bei dem der Verbraucher nur einzelne, als eigentümlich empfundene Bestandteile oder Wesenszüge der Marke behält.

Hier muss der Linguist hellhörig werden, denn bezüglich der juristischen Beurteilungskriterien „Ähnlichkeit" und „Kennzeichnungskraft" von Markennamen sowie der Berücksichtigung der Erinnerungsleistung des Verbrauchers an „als eigentümlich empfundene Bestandteile" von Marken könnte die Sprachwissenschaft der Rechtswissenschaft sowohl mit linguistischen als auch kognitionswissenschaftlichen Erkenntnissen zur Seite stehen.

---

[17] Zum Beispiel BPatG GRUR 1995, 584.

Die Rechtsprechung unterscheidet mehrere Arten von Verwechslungsgefahr, nämlich die im engeren Sinne von der im weiteren Sinne, die nach der Markenrechtsreform in der Literatur als „assoziative Verwechslungsgefahr" bezeichnet wird. Die Verwechslungsgefahr im engeren Sinne unterteilt sich wiederum in die der unmittelbaren und die der mittelbaren Form. Eine Verwechslungsgefahr im engeren Sinne liegt in ihrer unmittelbaren Form vor, wenn für die beteiligten Verkehrskreise (i. e. die Verbraucher) die Möglichkeit besteht, gekennzeichnete Waren irrtümlich einem anderen Unternehmen zuzurechnen und sie sich damit über deren Herkunft täuschen.

Marken können durch ihren Klang, ihr (Schrift-) Bild oder ihren Sinn wirken. Demzufolge kann sich eine unmittelbare Verwechslungsgefahr zweier oder mehrerer Zeichen aus klanglicher, (schrift-)bildlicher oder begrifflicher Ähnlichkeit ergeben. Als klanglich verwechselbar wurden beispielsweise die Markennamen *arko/HARKOS, Bally/BALL, dipa/dib, van Holden/Horten* und *FOCUS/LOGOS* beurteilt, als nicht verwechslungsfähig die Zeichen *Epro/Aero, Boxin/Froxi, AVEL/Vela* sowie *Wella.*[18] Aufgrund ihrer schriftbildlichen Ähnlichkeiten wurden z. B. die Markennamen *Brisk/Brisa, apetito/apitta* sowie *Pei/Rei* als verwechselbar beurteilt, wohingegen *babalu/BALUBA* sowie *PATRIC LION/LIONS* nicht verwechselbar sind.[19] Dem Sinn nach verwechslungsfähig sind Zeichen, die denselben Begriff verkörpern. So wurden die Markennamenpaare *Zeus/Jupiter, Gnom/Kobold* sowie *Lange Kerls/Pfundskerle, Botschafter/Ambassadeur* und *Calimbo/CALYPSO* als verwechselbar beurteilt. Abgelehnt wurde die Verwechslungsgefahr bei *Gemini/Zwilling, HOM/HOMBRE, Ventura/Fortune.*[20] Es genügt, wenn die Ähnlichkeit in einer dieser drei – rechtlich gleichwertigen – Erscheinungsformen gegeben ist. Liegt sie in mehreren Richtungen vor, so kann sich die Verwechslungsgefahr verstärken oder diese auch erst begründen („komplexe Verwechslungsgefahr").[21]

---

[18] BGH GRUR 1961, 535 – *arko/HARKOS;* BGH GRUR 1992, 130, 132 – *Bally/BALL;* BGH NJW 1992, 695, 696 – *dipa/dib;* BPatGE 34, 137 – *van Holden/Horten;* BPatG BlPMZ 1995, 326 – *FOCUS/LOGOS;* BPatGE 4, 178 – *Epro/Aero;* BGH GRUR 1976, 356 – *Boxin/Froxi,* BPatG Mitt 1992, 30 – *AVEL/Vela* und *Wella.*

[19] BPatG Mitt 1970, 132, 133 – *Brisk/Brisa;* BGH WRP 1993, 694, 695 – *apetito/apitta;* BPatGE 1, 203 – *Pei/Rei;* BPatGE 36, 123 – *babalu/BALUBA;* BPatG GRUR 1996, 879 – *PATRIC LION/LIONS.*

[20] OLG Dresden MuW 1930, 322 – *Zeus/Jupiter, Gnom/Kobold;* OLG Düsseldorf GRUR 1983, 772, 773 – *Lange Kerls/Pfundskerle;* BPatG Mitt 1976, 233 – *Botschafter/Ambassadeur;* Beschluss des 26. Senats vom 25. August 1993 – 26 W (pat) 138/92 – *Calimbo/CALYPSO;* BPatG Mitt 1971, 111 – *Gemini/Zwilling,* BPatGE 21, 147 – *HOM/HOMBRE,* BPatG Mitt 1973, 166 – *Ventura/Fortune.*

[21] Vgl. FEZER, Markengesetz (Fn. 6), § 14 Rn. 160.

Verwechslungsgefahr im engeren Sinn in mittelbarer Form liegt vor, wenn der Verbraucher zwar nicht die Zeichen an sich verwechselt, sie aber aufgrund ihrer Ähnlichkeit – z. B. als Verkleinerungsform, als Abkürzung oder als Modernisierung – für mehrere Zeichen desselben Unternehmens hält. So wurden beispielsweise *Marina* und *Marinella, Jenny* und *Jennifer* sowie *schwarze Johanna* und *schwarze Jo* als verwechslungsfähig beurteilt.[22]

Dieser Schutz von Markenfamilien in Form von Serienzeichen ist auch linguistisch betrachtet ein interessantes Feld. Als Serienzeichen bezeichnet die Rechtswissenschaft verschiedene Marken eines Markeninhabers, die als Identifikationsnachweis alle einen gemeinsamen Zeichenbestandteil enthalten. Dies kann laut Fezer je nach Zeichenart ein „Wortstamm, Bildstamm oder auch ein Hörstamm"[23] sein. Fezer gebraucht „Wortstamm" dabei nicht im Sinne eines linguistischen Terminus der Morphologie, sondern führt an, dass dieser Stamm durch „Voranstellen, Anhängen oder Weglassen von Wortsilben" modifiziert werden kann.[24] Stammzeichen müssen nach ständiger Rechtsprechung *wesensgleich*, d. h. identisch oder nahezu identisch sein, bloße Ähnlichkeit reicht nicht aus.[25] Wie sich aber ein nahezu identisches von einem nur ähnlichen Stammzeichen unterscheidet, ist nicht definiert. Auch die Urteilspraxis bringt kein Licht ins Dunkel: so wird z. B. die Wesensgleichheit in Stammzeichen bejaht bei *Roche* und *Rochusan* für Arzneimittel, *Hobynil* und *Hobby* für Tierheilmittel, *Diego* und *Digocyclin* für Arzneimittel. Als nicht wesensgleich dagegen wurden die Stammzeichen in *Dolmyxin* und *Yxin* sowie *Innovadiclophlont* und *Diclophlogont* für Arzneimittel oder *Rhemolub* vs. *Rhenoline* für Schmierfette beurteilt. *Wolff* und *-nolf* für Arzneimittel wiederum sind den Urteilen zufolge verwechselbar.[26] Betrachtet man diese Markennamenpaare, so gewinnt man den Eindruck einer eher inkonsistenten, jedenfalls nicht systematischen Gruppierung nach der „Wesensgleichheit des Stammzeichens".

Als dritte mögliche Form kann die Verwechslungsgefahr im weiteren Sinn vorliegen, wenn Markennamen gedanklich in Verbindung gebracht werden und somit eine assoziative Verwechslungsgefahr zwischen ihnen besteht. Die Assoziierung einer Marke mit einer anderen

---

22 BPatGE 2, 135, 136 – *Marina/Marinella;* BGH Mitt 1992, 17 – *Jenny/Jennifer,* DPMA Mitt 1957, 234, 235 – *Schwarze Johanna/Schwarze Jo.*

23 FEZER, Markengesetz (Fn. 6), § 14 Rn. 220.

24 Ebd., § 14 Rn. 220.

25 Ebd., § 14 Rn. 228.

26 DPMA Mitt 1958, 199 – *ROCHUSAN/ROCHE,* DPMA Mitt 1959, 56 – *Hobynil/Hobby;* BPatGE 9, 248 – *Diego/Digocyclin;* BPatGE 23, 199, 202 – *Dolmyxin/Yxin;* BGH GRUR 1996, 200 – *Innovadiclo-phlont/Diclophlogont;* BPatGE 6, 248 – *Rhenoline/ Rhemolub;* München GRUR 1989, 589 – *Wolff/ -nolf.*

kann eine Irreführung des Verkehrs über das Bestehen von Unternehmensverbindungen zwischen den an der Markenkollision beteiligten Unternehmen zur Folge haben. Abgelehnt wurde die Verwechslungsgefahr im weiteren Sinne z. B. für *Rebenstolz/Rebenstern, Green Point/Der grüne Punkt* und *König Stephan Wein/Stephanskrone,* weil die gedanklichen Verbindungen dem BPatG zufolge mehrere Gedankenschritte oder sogar die Übersetzung aus einer Fremdsprache erforderten und somit nicht in den direkten Assoziationsbereich fielen. Als verwechslungsfähig wurden dagegen z. B. *Gelbe Seiten/Blaue Seiten, RACOON/DRAGON* und *QUEEN'S CLUB/QUEEN'S GARDEN* beurteilt.[27] Als Begründung, die zum Schmunzeln einlädt, wurde bei letzterem Markennamenpaar die gleichförmige Wortbildung und das „gemeinsame britische Flair" angeführt.

Albrecht weist auf ein evidentes Problem hin, das sich im Bereich der assoziativen Verwechslungsgefahr aus linguistischer Perspektive ergibt:[28] Assoziationen lassen sich nur in begrenztem Maße (z. B. durch Wortfelder, die sich durch gleiche Stammmorpheme ihrer Mitglieder auszeichnen) objektiv bestimmen; in der Regel handelt es sich um subjektive Verknüpfungen zwischen mentalen Konzepten eines jeden Individuums. Wie kann also die entscheidende Instanz diese gedanklichen Verknüpfungen für einen relevanten Teil des betroffenen Verbraucherkreises rechtsverbindlich einschätzen? Tatsache ist, dass Assoziationen sich nicht vorhersagen lassen, es sei denn, sie basierten auf gemeinsamen menschlichen Erfahrungen, wie Albrecht mit Ironie beschreibt:

> „Das BPatG sieht als solche [Assoziation, Anm. d. Verf.] offenbar auch die mit dem Wetter. Weil Winde aus West in Deutschland meist anderes Wetter bringen als die aus Nordwest, verneint es eine assoziative Verwechslungsgefahr zwischen *North West* und *West.*"[29]

---

[27] BPatGE 36, 39 – *Rebenstolz/Rebenstern;* 37, 67 – *Green Point/Der grüne Punkt;* BPatG GRUR 1996, 417 – *König Stephan Wein/Stephanskrone;* OLG Frankfurt am Main. GRUR 1997, 52 – *Gelbe Seiten/Blaue Seiten;* BPatG GRUR 1996, 414 – *RACOON/ DRAGON;* BPatGE 35, 212 – *QUEEN'S CLUB/QUEEN'S GARDEN.*

[28] Vgl. FRIEDRICH ALBRECHT, *Sprachwissenschaftliche Erkenntnisse im markenrechtlichen Registerverfahren.* Münster 1999, 78.

[29] BPatG, Beschluss vom 6. November 1998, 33 W (pat) 224/97.

V. Die klangliche Verwechslungsgefahr in der Rechtsprechung

Dem Kollisionstatbestand zweier Zeichen aufgrund ihrer klanglich ähnlichen Struktur kommt im Wettbewerb eine große Bedeutung zu. Die Verbreitung von Marken erfolgt in Funk und Fernsehen oder auch im Supermarkt über akustische Signale, an Verkaufstheken wird mündlich bestellt, und auch die Order über das Telefon kann für auditives Verwechslungspotential sorgen. Eine klangliche Verwechslungsgefahr ist auch dann möglich, wenn sich die Zeichen bezüglich ihrer Schriftbilder unterscheiden, so beurteilt z. B. bei den Kaffeemarken *arko* und *HARKOS*.[30]

Für die Beurteilung der Ähnlichkeit zweier sprachlicher Zeichen ist der Gesamteindruck maßgeblich. Dies gilt auch für die klangliche Verwechslungsgefahr. Bei der Ähnlichkeitsanalyse dürfen demzufolge nicht nur einzelne akustische Teile von Markennamen gegenübergestellt werden, sondern der Name muss in seiner Gesamtheit betrachtet werden. Die klangliche Ähnlichkeit kann sich nach Fezer ergeben aus:

> „der gleichen Folge von Vokalen und Konsonanten, einzelnen Silben oder Lauten wie vornehmlich am Anfang oder Ende der Wortmarke, dem hellen oder dunklen, deutlich oder schwer wahrnehmbaren Klang, der Anzahl und Gliederung der Silben und Buchstaben, der Betonung, dem Klangrhythmus, wie vor allem der im Verkehr üblichen Sprachweise."[31]

Die von der Rechtswissenschaft verwendeten Kriterien betreffen zum einen die segmentalen Einheiten von sprachlichen Zeichen (Anzahl der Buchstaben, Übereinstimmung von Vokal- und Konsonantenfolge). Zum anderen werden die phonologischen Segment-, Silben- und Betonungsstrukturen, also die suprasegmentalen Eigenschaften der Ähnlichkeitsprüfung zugrunde gelegt, wobei den unterschiedlichen Positionen innerhalb eines Wortes unterschiedliche Relevanz beigemessen wird.

In der Rechtsprechung werden die oben angeführten Kriterien keineswegs immer konsequent angewandt, wie die Beurteilung von Vokal- und Konsonantenfolge zeigt: Aufgrund gleicher Vokalfolge (und gleicher Silbenstruktur) wurden *Indorektal* und *Indohexan* sowie *Tachofix* und *Rakofix* als verwechslungsfähig beurteilt, *Avel* und *Vela* hingegen nicht. *Biovital* und *revital* wurden allerdings trotz Unterschieden in der

---

[30] BGH GRUR 1961, 535 – arko/HARKOS.

[31] FEZER, Markengesetz (Fn. 6), § 14 Rn. 179.

Vokalfolge sowie unterschiedlicher Segmentstruktur bezüglich der ersten Silbe(n) als verwechslungsfähig angesehen.[32]

Konsonanten scheinen im Vergleich zu Vokalen häufig eine untergeordnete Rolle einzunehmen: Während *Kaktus* und *Kadus* aufgrund der divergierenden Konsonantenabfolge als verwechselbar beurteilt wurden, entschied man im Falle *Ostro* vs. *Osmo* gegen eine Verwechslungsgefahr. Bei überwiegenden Übereinstimmungen in der Vokalfolge sind der Rechtsprechung zufolge Konsonantenunterschiede im Wortinnern nicht geeignet, Wörter zuverlässig voneinander zu unterscheiden (*Olevita* deshalb verwechselbar mit *Oliviva*). Die Konsonantenunterschiede müssten die Wörter schon in besonderem Maße prägen, um eine Verwechslungsgefahr zu verhindern. Bei *CALYPSO* und *Calimbo* sei dies beispielsweise für [pz] und [mb] nicht der Fall.[33]

Stimmen hingegen die Konsonanten überein, bräuchten die Vokalfolgen für einen ausreichenden Zeichenabstand keine markanten Unterschiede aufzuweisen. Deshalb sind *Kyvin* und *Kivon* als nicht verwechslungsfähig beurteilt worden. Das BPatG führt zu diesem Urteil aus: „Häufig übt die Vokalfolge einen stärkeren Einfluss auf den Gesamteindruck der Markenwörter aus als das Konsonantengerüst."[34] Dem kann so uneingeschränkt nicht zugestimmt werden. Zwar bilden Vokale im Deutschen in der Regel den Silbengipfel und weisen innerhalb des Segmentinventars die größte Sonorität (Schaltfülle) auf,[35] doch bestimmt sich der klangliche Eindruck eines Wortes ebenso nach den Konsonanten, die im Silbenonset und in der Silbencoda auftauchen.[36]

Welche Bedingungen Konsonanten erfüllen müssen, damit zwei Markennamen trotz gleicher Vokalfolge nicht verwechselbar sind, bleibt in der Rechtsprechung unklar. Dies führt zu Begründungen wie in dem wohl am häufigsten zitierten Beispiel zur klanglichen Verwechslungsgefahr: Die Markennamen *Castora* und *Valora* glichen sich zwar hinsichtlich ihrer Vokalfolge, doch werde der Gesamtklang einmal als

---

[32] BGH GRUR 1995, 50 – *Indorektal/Indohexal*; BPatGE 10, 74 – *Tachofix/Rakofix*; BPatG Mitt 1992, 30 – *AVEL/Vela* und *Wella*; OLG Köln GRUR 1984, 874 – *Biovital/Revital*.

[33] BPatG, Beschluss vom 23. September 1998, 28 W (pat) 148/96 – *Oliviva/Olevita*; BPatGE 34, 76 – *Calimbo/Calypso*.

[34] BPatG, Beschluss vom 14. Juli 1998, 24 W (pat) 248/97 – *Cactus/Kadus*; BPatG, Beschluss vom 7. Februar 1996 – *Ostro/Osmo*. BPatG, Beschluss vom 12. November 1998, 25 W (pat) 144/97 – *Kyvin/Kivon*.

[35] Vgl. z. B. RICHARD WIESE, *The Phonology of German*. Oxford 1996, 260.

[36] Silbenonset: Silbenkopf, Silbenanfang; Silbennukleus: Silbengipfel, in der Regel durch Vokal als Silbenträger gebildet; Silbencoda: Schlusssegment(e) der Silbe. Nukleus und Coda werden auch zum Silbenreim zusammengefasst. Für den klanglichen Eindruck, der bei gleichbleibenden Vokalen und unterschiedlichen Konsonanten entsteht, vgl. beispielsweise die Markennamen *Tumarol* und *Duradol, Tapiderm* und *Saniderm, Renovex* und *Rhenoblend*.

„hart und markant“, einmal als „weich und farblos“ empfunden.[37] Solche „impressionistischen“ Beschreibungen[38] können zwar intuitiv nachvollzogen werden, sind jedoch nicht Bestandteil einer systematischen Wortanalyse in der Sprachwissenschaft. Eine aus linguistischer Sicht nachvollziehbare Bewertung von Segmentähnlichkeiten erfordert vielmehr eine theoretische und empirische Grundlage. Aussagen über subjektive und objektive Ähnlichkeiten von Lauten erhält man beispielsweise durch die Betrachtung auditiver Ähnlichkeitsgruppen, artikulatorischer Konsonantenklassifikation und theoretisch-phonologischer Merkmalsspezifizierung.[39] Im Ergebnis zeigt sich, dass Laute, die den gleichen Artikulations*ort* aufweisen, seltener verwechselt werden, als solche, die sich in ihrer Stimmhaftigkeit unterscheiden. Laute, die die gleiche Artikulations*art* aufweisen, bergen das größte Potential an Verwechslungsgefahr.[40]

Würde die Rechtswissenschaft die korrelierenden Zeichen systematisch phonologisch untersuchen (lassen), dann wären folgende inkonsequente Urteile zu vermeiden: *Phenola* und *Senola* wurden als klanglich nicht verwechselbar beurteilt, obwohl sich beide in ihrem initialen Segment nur hinsichtlich des Merkmals [± stimmhaft] unterscheiden. Bei *Puradelt* und *Jurapect* hingegen wurde eine Verwechslungsgefahr bejaht, obwohl sich die drei korrelierenden Konsonanten hinsichtlich ihrer Merkmale deutlich unterscheiden.[41]

Selbst wenn auch zukünftig in Markenrechtsurteilen zur klanglichen Verwechslungsgefahr vermutlich eher selten auf die Erkenntnisse der Sprachwissenschaft hinsichtlich der perzeptiv-phonetischen Oberflächenstruktur von Zeichen zurückgegriffen wird, so könnten doch die von der Rechtsprechung aufgestellten und aus linguistischer wie psycholinguistischer Sicht als relevant erachteten Ähnlichkeitsparameter systematischer untersucht werden.

---

37 BPatG Mitt 1970, 233.

38 KAI-UWE STOLL, *Markennamen. Sprachliche Strukturen, Ähnlichkeit und Verwechselbarkeit. Ein Beitrag zur forensischen Linguistik des Markenrechts.* Frankfurt am Main 1999, 145.

39 Vgl. z. B. die Experimente von HANS WÜTHRICH, *Das Konsonantensystem der deutschen Hochsprache. Eine auditiv-phonetische Klassifizierung.* Berlin 1974; EIKE THÜRMANN, Phonetische Ähnlichkeit, distinktive Merkmale und auditive Dimensionen. Ein Bericht. In: *Hamburger phonetische Beiträge 13* (1974), 163–182; sowie die Merkmalshierarchie und die Merkmalsmatrix der deutschen Konsonanten nach WIESE, The Phonology of German (Fn. 35), 27ff., 164.

40 Mögliche Artikulationsarten: Plosive, Frikative, Nasale, Laterale/Vibranten. Mögliche Artikulationsorte: labial, dental, alveolar, palatal, velar, uvular, laryngal; vgl. BUßMANN, Lexikon der Sprachwissenschaft (Fn. 10), 370.

41 Beide Beispiele aus HEINZ A. DANIELS, *Warenzeichenverwechselbarkeit.* 2. Aufl., München 1960.

Die folgende Tabelle soll dies beispielhaft für die konkurrierenden Markennamen *dipa* und *dib*[42] illustrieren:

	dipa	**dib**	**Übereinstimmungen**
Segmentanzahl	4	3	-
Segmentfolge	/di:pa/	/dɪp/	3 von 4 Segmenten
Vokalanzahl	2	1	-
Vokalfolge	i:, a	ɪ	1 von 2 Vokalen
Konsonantenanzahl	2	2	+
Konsonantenfolge	[d], [p]	[d], [p]	beide Konsonanten
Silbenanzahl	2	1	-
Silbenstruktur	[di:.pa]	[d ɪ p]	-
CV-Struktur	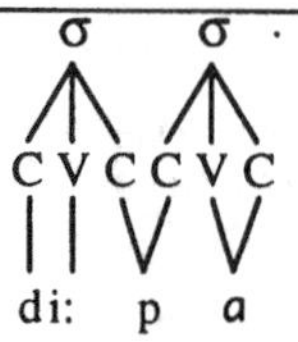		-
Akzentmuster	['di:pa]	[dɪp]	-

Der Fall *dipa/dib* soll darüber hinaus im Folgenden als Beispiel für eine unzureichende bis fehlerhafte Argumentation der Instanzen im Rahmen der klanglichen Verwechslungsgefahr dienen. Die klangliche Verwechslungsgefahr für die beiden Markennamen wird vom Berufungsgericht und vom BGH unterschiedlich bewertet: Das Berufungsgericht meint, wegen der unterschiedlichen Vokalquantität des Vokals /i/ (lang in *dipa*, kurz in *dib*) bestehe keine klangliche Verwechslungsgefahr. Der BGH dagegen ist der Auffassung, der Verkehr würde den Vokal /i/ in *dib* ebenfalls lang oder bei *dipa* beide Silben kurz aussprechen, somit sei die klangliche Verwechslungsgefahr durchaus gegeben.

Aus linguistischer Sicht ist die Annahme des BGH zu bezweifeln. Nach den Grundregeln der Silbentrennung werden Zeichen nach folgenden Prinzipien getrennt: „Zwischen Vokalgraphemen liegt eine Trennstelle. Sind Konsonantgrapheme vorhanden, dann wird vor dem

---

42 BGH NJW 1992, 695 – *dipa/dib*. Die jeweiligen Inhaber der Bezeichnungen *dipa* und *dib* vertreiben schalldämmende und schocksichere Befestigungselemente im Bereich von Rohrbefestigungen für Hoch-, Industrie-, Schiffs- und Schutzraumbau. Der Inhaber des Markennamens *dipa* (prioritäts-älter) klagt gegen den Inhaber des Markennamens *dib*.

letzten getrennt."[43] Demnach besteht <dipa> aus den Schreibsilben <di–pa>. Wendet man nun die Phonem-Graphem-Korrespondenzregeln der deutschen Sprache an (und da es sich um der deutschen Sprache geläufige Graphemfolgen handelt, ist trotz Phantasie- bzw. Kurzwörtern die Anwendung dieser Regeln angebracht), so erhalten die Schreibsilben folgende lautliche Strukturen: <di–pa> ⇨ [di:.pa]. Das /i/ kann nur lang ausgesprochen werden, da es im Reim der Silbe Nukleus und Coda einnimmt und das /p/ den Onset der zweiten Silbe bildet (Längenausgleich, Onsetmaximierung[44]). Eine kurze, ungespannte Aussprache des /i/ ergäbe sich nur, wenn die Coda der ersten Silbe von <di-pa> mit einem Konsonanten besetzt wäre. Dies wiederum wäre nur möglich, wenn es sich beim /p/ um ein Silbengelenk handelte, das aber im Schriftbild einer Geminate (Doppelkonsonant) entsprechen würde. Da jedoch im Schriftbild nur ein Graphem <p> auftaucht, nimmt dieser Konsonant den Onset der zweiten Silbe ein. Die erste Silbe ist somit offen, der Vokal durch seine Betonung gespannt und demzufolge lang. Eine kurze Aussprache des /i/ ist für die Verbraucher nicht ohne weiteres anzunehmen.

Auch der Behauptung, in <dib> könne das /i/ lang gesprochen werden, kann aus linguistischer Sicht nicht zugestimmt werden. Das Zeichen <dib> besteht aus einer Silbe. Silbenkerne im deutschen Einsilber sind in der Regel Vokale. Diese können im Allgemeinen gespannt oder ungespannt (lang oder kurz) realisiert werden, jedoch gilt für das /i/ eine Ausnahme: Soll es lang gesprochen werden, so wird es in aller Regel markiert, nämlich durch ein hinzugefügtes <e> (<Dieb> ⇨ [di:p]) oder ein Dehnungs-h (<ihn> ⇨ [i:n]). Ein ungespanntes /i/ hingegen wird <i> geschrieben.[45] Die von der zweiten Instanz angenommene Aussprache [di:p] ist deshalb unwahrscheinlich. Nun ist natürlich nicht davon auszugehen, dass den Verbrauchern diese Aussprache*regeln* bewusst sind, doch werden sie sich bei der Aussprache an anderen, ihnen vertrauten Wörtern orientieren, die ebenfalls diesen Regelmäßigkeiten folgen (z. B. *mit, fit* bzw. *Lisa, Rita, Kita, Pisa*).

Im gleichen Fall stützt das Berufungsgericht seine Annahme der klanglichen Unverwechselbarkeit beider Zeichen auf die Behauptung, die Worte seien wegen der Unterschiede bei den „Buchstaben" (gemeint sind Laute!) /b/ und /p/ „weit voneinander entfernt."[46] Diese

---

[43] PETER EISENBERG, *Grundriß der deutschen Grammatik. Bd.1: Das Wort.* Stuttgart 1998, 313.

[44] Vgl. TRACY ALLAN HALL, *Phonologie: Eine Einführung.* Berlin 2000, 217–219.

[45] Ausnahme: das Lid. Vgl. EISENBERG, Grundriß der deutschen Grammatik (Fn. 43), 303; DROSDOWSKI, GÜNTHER (Hrsg.), *Duden. Rechtschreibung der deutschen Sprache.* 21. Aufl., Mannheim 1996, Rn. 80.

[46] BGH NJW 1992, 695, 696.

Aussage ist schlichtweg falsch, denn sie missachtet die phonologische Regel der Auslautverhärtung im Deutschen: Obstruenten am Silbenende werden stets stimmlos realisiert, das Phonem /b/ in *dip* wird also im Auslaut als /p/ gesprochen und verliert sein distinktives Merkmal der Stimmhaftigkeit.

VI. Die Kennzeichnungskraft

Die Kennzeichnungskraft eines Zeichens ist im juristischen Sinne seine Eignung, das mit ihm bezeichnete Produkt bzw. Unternehmen im Verkehr von anderen Waren oder Dienstleistungen *unterscheidbar* zu machen und ist somit Teil der Unterscheidungskraft. Die Kennzeichnungskraft eines Markennamens ist abhängig (1) von seinem Bekanntheitsgrad im Verkehr, der wiederum den Schutzumfang eines Zeichens bestimmt sowie (2) von den prägenden Bestandteilen eines Zeichens. Der Bekanntheitsgrad als kennzeichnungskraft-bestimmender Faktor kann durch demoskopische Gutachten ermittelt werden. Die Qualifizierung von Zeichenbestandteilen als „prägend" wird hingegen durch die sprachliche Analyse von Zeichen vorgenommen und setzt demzufolge Kenntnisse über die Struktur von Wörtern voraus.

Linguistisches Wissen zur Bestimmung der Kennzeichnungskraft von Markennamen kann also nur in begrenztem Maße von Nutzen sein, nämlich wenn es um „prägende Bestandteile" von Zeichen geht. Ein Bestandteil kann juristischer Terminologie zufolge „prägend" sein, wenn er aufgrund „seiner Kürze und seiner Stellung innerhalb der Marke besonders auffällt."[47] Er kann sich deshalb eignen, die „Erinnerung des Verkehrs an das Gesamtzeichen wachzurufen."[48] Analysiert wird ein Zeichen dabei „nach der dem Sprachgefühl entsprechenden natürlichen Silbengliederung und Vokalfolge der Marke, einzelne Buchstaben oder Buchstabengruppen dürfen nicht willkürlich aus dem sprachlichen Zusammenhang herausgerissen werden."[49] In diesen relativ kurzen Zitaten erfolgt ein linguistischer Rundumschlag, der zwar einige Bereiche der Sprachwissenschaft (in erster Linie phonologische und graphematische, aber – wenn es um die Erinnerung sprachlicher Zeichen geht – auch psycholinguistische Aspekte) berührt und doch – weil nicht konsequent und tiefgreifend genug – kein Licht in das Dunkel der Qualifizierung von Zeichenbestandteilen bringt. Morphologi-

---

47 BGH GRUR 1961, 628, 630 – *Umberto Rosso.*

48 NORDEMANN/NORDEMANN/NORDEMANN, Wettbewerbs- und Markenrecht (Fn. 5), Rn. 2354.

49 FEZER, Markengesetz (Fn. 6), § 14 Rn. 159.

sche Analysen oder semantische Inhalte von Markennamen werden zudem völlig außer Acht gelassen.

Das folgende Zitat von Ullmann veranschaulicht, *warum* die Sprachwissenschaft – nicht nur hinsichtlich „prägender Zeichenbestandteile“ – Schwierigkeiten hat, mit ihrer Kritik an linguistisch unzureichenden Urteilsbegründungen auf offene Ohren zu stoßen:

> „Die Feststellung des (geprägten) Gesamteindrucks eines Zeichens obliegt im Grundsatz dem Richter, der auch mit der tatsächlichen Sicht der Dinge befaßt ist. [...] Die Beurteilung des Gesamteindrucks einer Marke [beruht] im wesentlichen auf Erfahrungssätzen, welche dem Bereich der Rechtsanwendung zugerechnet werden. Die Handhabung der Erfahrungssätze zum Eindruck eines Zeichens und damit zur Verwechslungsgefahr erfordert richterliche Erfahrung und Fingerspitzengefühl. Kommt dem Wort gegenüber dem Bildbestandteil vorrangig Bedeutung zu, welche Vokalfolge gibt dem Zeichen seinen Sprachrhythmus oder sein schriftbildliches Erscheinungsbild, in welchem Maß dürfen beschreibende Angaben vernachlässigt werden, das sind Fragen, die im Einzelfall zu beantworten sind.“[50]

Aus der Sicht der Sprachwissenschaft scheint es äußerst bedenklich, dass „richterliche Erfahrung“ und „Fingerspitzengefühl“ genügen sollen, um nicht nur bezüglich der sprachlichen Merkmale eines Zeichens („Vokalfolge“, „Sprachrhythmus“[51]), sondern auch auf dem weiten Feld der Sprachverarbeitung („Eindruck eines Zeichens“, „Verwechslungsgefahr“) kompetente Aussagen fällen zu können. Dies wird im Folgenden am Streitfall der Marken *ALKA-SELTZER/TOGAL-SELTZER*[52] illustriert, in dem die Bestimmung der Kennzeichnungskraft maßgeblich für die Urteilsbegründung ist.

In der Argumentation beider Instanzen steht der Gesamteindruck und die Prägung der Zeichen durch die Betonung bestimmter Zeichenteile im Mittelpunkt. Das Berufungsgericht beurteilt den Namensteil *SELTZER* als prägend. Es begründet seine Meinung zum einen mit dem Akzentmuster der Zeichen, demzufolge in beiden Markennamen *SELTZER* betont werde, und zum anderen mit dem richterlichen Erfahrungssatz, dass Sortenbezeichnungen in Arzneimittelnamen prägend seien. Es sei deshalb von einer Verwechslungsgefahr auszugehen. Der BGH ist der Auffassung, dass, auch wenn die Betonung bei *TOGAL-SELTZER* auf *SELTZER* liege, dieser Teil *nicht* das gesamte Zei-

---

50 EIKE ULLMANN, Prägend – was sonst, in: *GRUR* 1996, 712, 714.

51 Anmerkung zum Zitat: Vokalfolge allein begründet nicht den Sprachrhythmus!

52 BGH GRUR 1998, 942 f. – *ALKA-SELTZER/TOGAL-SELTZER*: Die Klägerin ist Inhaberin der Marke *ALKA-SELTZER* für säurebindende brausende Präparate für medizinische und pharmazeutische Zwecke. Unter dem Markennamen wird ein Schmerzmittel mit dem Wirkstoff Acetylsalicylsäure verkauft. Die Beklagte vertreibt das Schmerzmittel *TOGAL-SELTZER* mit dem gleichen Wirkstoff in Form von Brausetabletten.

chen präge. Beide Zeichenteile seien vielmehr als gleichwertig zu erachten. *ALKA* trete nicht in den Hintergrund, das Berufungsgericht hätte bei seiner Beurteilung des Gesamteindrucks das Zeichen in unzulässiger Weise zergliedert und den Wortanfang nicht genügend beachtet. Darüber hinaus nimmt der BGH nur unter einer Bedingung an, dass die Sortenbezeichnung für den gesamten Namen prägend sei: Erweist sich der Bekanntheitsgrad des Herstellernamens als überdurchschnittlich hoch, kennzeichne die Sortenbezeichnung den Namen, da sie zwischen mehreren Produkten des gleichen Herstellers unterscheide. Dies sei für *TOGAL-SELTZER*, zutreffend. Der Bestandteil *ALKA* stehe dagegen gleichwertig neben dem Bestandteil *SELTZER*.

Es zeigt sich also, dass in den Urteilsbegründungen der einzelnen Instanzen unterschiedlich verfahren wird: Während eine Instanz die Akzentmuster als Argument heranzieht, zählen für die andere Instanz die Gesamteindrücke der Zeichen. Die Namensart spielt ebenfalls eine Rolle, jedoch bezüglich Gattungsbezeichnungen laut BGH nur in Verbindung mit einem bekannten Herstellernamen.

Aus den Argumentationen beider Instanzen lassen sich folgende Fragestellungen abstrahieren, die im Rahmen von psycholinguistischen Experimenten untersucht werden könnten: (1) Welchen Einfluss haben gleiche bzw. unterschiedliche Wortanfänge (Segmente, Segmentcluster, Morpheme, bei aus mehreren Wörtern bestehenden Namen: Wörter) auf die Verwechselbarkeit von Markennamen? (2) Inwiefern wirkt sich das Akzentmuster auf die Kennzeichnungskraft bei Markennamen mit übereinstimmenden Bestandteilen aus? Verändert sich die Verwechslungsgefahr, wenn der Hauptakzent nicht auf dem übereinstimmenden Teil liegt? Ist es dabei von Belang, ob der übereinstimmende Teil ein eigenes Wort darstellt oder sich in einer gemeinsamen Silbe äußert? Spielt es eine Rolle, ob dieses eigene Wort – wenn es betont ist – eine Gattungsbezeichnung ist? (3) Können Gattungsbezeichnungen wie *Seltzer, Franzbranntwein, Arnika* der Verwechslungsgefahr entgegenwirken und rechtfertigen sie dadurch ihren Status in der Rechtswissenschaft, „prägend" zu sein? (4) Treffen die Ergebnisse nur auf Arzneimittel zu (wie von der zweiten Instanz behauptet)?

Zusammenfassend ist festzustellen, dass sich für die Beurteilung der Kennzeichnungskraft nur zum Teil linguistische Kenntnisse (z. B. Betonung, Namensart, Namensbildung) heranziehen lassen, denn zum einen erweist sich der Bekanntheitsgrad eines gesamten Namens oder eines Zeichenteils als starker Beurteilungsfaktor und zum anderen kommen in den Urteilen maßgeblich die „richterlichen Erfahrungssätze" zum Tragen. Für eine Überprüfung dieser Erfahrungssätze könnten allerdings psycholinguistische Experimente entsprechend der oben dargelegten Fragestellungen durchaus hilfreich sein.

Betrachtet man die Ausführungen zur „Prägnanz" und zum „Gesamteindruck" in den Kommentaren zum Markenrecht, in den Urteilen und in der juristischen Literatur, so lässt sich aus linguistischer Sicht keine geschlossene Menge an Parametern zur diesbezüglichen Beurteilung der Zeichen finden. Dies ist allerdings auch nicht verwunderlich, denn wie sollte in der Rechtswissenschaft auf dem Gebiet der Kognition Klarheit und Übereinstimmung herrschen, wenn dieser Gegenstand in der Psycholinguistik nach wie vor unzählige Fragen aufwirft?

VII. Fazit

In den Urteilsbegründungen zur Verwechslungsgefahr findet sich eine Reihe an Aussagen über die sprachlichen Eigenschaften von Markennamen und ihr Verwechslungspotential aufgrund ähnlicher formaler oder semantischer Strukturen. Die von der Rechtswissenschaft angewandten Parameter zur Feststellung der Verwechslungsgefahr erweisen sich dabei als sinnvolles Instrument, allerdings sollten sie systematischer verwendet werden. Eine konsequente Analyse der einzelnen Strukturebenen von sprachlichen Zeichen wäre wünschenswert. Dabei steht außer Frage, dass von Juristen keine terminologisch perfekte Argumentation erwartet werden kann. Andererseits sollten Juristen, deren „Werkzeug" ja die Sprache darstellt, nicht meinen, ihre sprachliche Kompetenz umfasse auch uneingeschränkt die Kompetenz, *über* Sprache zu urteilen. Da weder die Vorhersagbarkeit von Verwechslungen möglich, noch der Vorgang der Verwechslung selbst der Introspektion zugänglich ist, sollten die Kriterien der Ähnlichkeitsprüfung linguistisch und psycholinguistisch fundiert sein und für die Verwendung durch Juristen aufbereitet werden.

Problematisch ist sicherlich, dass das juristische Konzept der Kennzeichnungskraft nur schwer mit (psycho-)linguistischen Inhalten zu füllen ist und es darüber hinaus genügend offene Fragen hinsichtlich der kognitiven Verarbeitung von ähnlichen Zeichenstrukturen gibt. Dennoch könnten psycholinguistische Experimente zur Beantwortung dieser Fragen beitragen und im Idealfall die Ableitung genereller Prinzipien ermöglichen. Lassen sich auch auf diesem Wege bezüglich mancher Fragestellungen keine Antworten erzielen, bliebe immer noch die experimentell kontrollierte Überprüfung des Einzelfalls. Innerhalb einer markenrechtlichen Entscheidung wird ein solches psycholinguistisches Gutachten zwar eher selten Anwendung finden, da durch Sachverständigengutachten oder Verkehrsbefragungen der Richter die Rechtsfindung Dritten überlassen würde – darüber hinaus handelt es sich ja um die *Gefahr* von Verwechslungen und nicht um ihr tatsächliches Vorkommen. Doch auch wenn (psycho-)linguistische Gutachten nicht mit der gleichen Selbstverständlichkeit in Anspruch genommen werden können wie beispielsweise medizinische oder bautechnische Gutachten, so sollten Juristen das Fachwissen und die Forschungsergebnisse aus Sprachwissenschaft und Psycholinguistik nicht völlig außer Acht lassen. Eine intensivere Zusammenarbeit der Disziplinen könnte zum Ziel haben, Argumentation im Rahmen des Markenschutzes transparenter, kompetenter und vor allem stringenter zu gestalten.

KATHARINA GRÄFIN VON SCHLIEFFEN

Zur topisch-pathetischen Ordnung juristischen Denkens

Resultate empirischer Rhetorikforschung

Recht ist Rhetorik: so lautet eine ergiebige Prämisse der rechtswissenschaftlichen Grundlagenforschung.[1] Sie wird von der Analytischen Rhetorik[2] vertreten, die man auch als Rhetorische Rechtstheorie oder „Mainzer Schule" bezeichnet. Am Anfang dieser Denkrichtung stand Theodor Viehwegs „Topik und Jurisprudenz"[3], eine knappe, essayistisch anmutende Abhandlung, die trotz ihres zurückhaltenden Stils einen kühnen Versuch unternahm: der Rechtswissenschaft ihr geistiges Fundament zurückzugeben, ihre Tradition als bewusst topisch, und damit spezifisch rhetorisch organisierte Jurisprudenz.

A. Theorienstreit: Ist Recht eine topisch organisierte rhetorische Praxis?

Die bei Viehweg zunächst nur anklingende Verbindung von Recht und Rhetorik[4] entwickelten seine Schüler in den folgenden Jahrzehnten zu der These, dass das Recht eine besondere rhetorische Praxis sei. Rhetorizität zeichnet nicht nur die forensische Debatte aus, sondern auch die Ideen und Systeme der Rechtsdogmatik, Rechtsphilosophie und Me-

---

1 THEODOR VIEHWEG, Rechtsphilosophie als Grundlagenforschung, in: DERS., *Rechtsphilosophie und Rhetorische Rechtstheorie. Gesammelte kleine Schriften.* Hrsg. von HEINO GARRN. Baden-Baden 1995, 45–60; OTTMAR BALLWEG, Rechtsphilosophie als Grundlagenforschung der Rechtswissenschaft und der Jurisprudenz, in: *Rechtstheorie als Grundlagenwissenschaft der Rechtswissenschaft. Jahrbuch für Rechtssoziologie und Rechtstheorie. Bd.* 2. Düsseldorf 1972, 43–49.

2 Der Begriff wurde eingeführt von OTTMAR BALLWEG, Entwurf einer analytischen Rhetorik, in: HELMUT SCHANZE/JOSEF KOPPERSCHMIDT (Hrsg.), *Rhetorik und Philosophie.* München 1989, 229–247.

3 THEODOR VIEHWEG, *Topik und Jurisprudenz.* 5. Aufl., München 1974 (Erstauflage 1954).

4 VIEHWEG, Topik und Jurisprudenz (Fn. 3), 11, 29 f., 63 f., 114.

thodenlehre.[5] Damit ist die Annahme verbunden, dass Rechtstexte rhetorisch, also wirkungsbezogen und durch den Einsatz rhetorischer Mittel hergestellt werden.[6]

Diese Sehweise steht im Gegensatz zu dem *Selbst*bild der Rechtslehre, das sie seit Anbruch der Neuzeit zu entwerfen beginnt. Damals kommt der „neue", später cartesianisch genannte Denkstil in Mode.[7] Er bemüht sich um ein möglichst geschlossenes, vollständig axiomatisiertes System, in das alle Betrachtungsobjekte mit Hilfe der Logik und exakter Begrifflichkeit auf Dauer eingefügt und auf wahre, unbezweifelbare Prinzipien zurückgeführt werden können. Nach diesem Vorbild soll die Rechtslehre *more geometrico* geordnet und zur Wissenschaft erhoben werden. Im 19. Jh. setzt sich dieses Konzept weitgehend durch und verfestigt sich zum juristischen Selbstverständnis. Dies ist keineswegs auf die akademische Wissensorganisation, also Begriffs- und Systembildung, beschränkt; auch die Rechtserkenntnis im Einzelfall soll ihrem Ideal entsprechen. So verfestigen sich Methodenlehren, nach denen die Entscheidung des Rechtsanwenders als begrifflich eindeutige, logische Ableitung aus einem logisch systematisierten Rechtssatz erscheinen; nach heutigem Verfassungsverständnis müsste es sich dabei letztlich um ein Gesetz handeln.

Viehweg hingegen stellte vor fünfzig Jahren die These auf, dass das juristische Vorgehen durch alle Jahrhunderte dem alten topischen, und damit rhetorischen Denkstil entspricht. Diese Vermutung wurde zunächst ignoriert, anschließend einige Jahre heftig bekämpft und schien sich beinahe dadurch zu erledigen, dass es für eine Generation ein Karrierehindernis wurde, sie zu vertreten.[8] Außerdem mochte seit Beginn der neunziger Jahre kaum noch einer über rechtsmethodische Probleme nachdenken; Reflexion war unpopulär geworden. Langsam entwickeln sich jedoch Möglichkeiten, den erbitterten Methodenstreit zu versachlichen und die Diskussion wieder zu beleben.

---

[5] BALLWEG, Rechtsphilosophie als Grundlagenforschung der Rechtswissenschaft und der Jurisprudenz (Fn. 2), 239 f.; KATHARINA SOBOTA, *Sachlichkeit, Rhetorische Kunst der Juristen*. Frankfurt am Main 1990, 3 ff.

[6] KATHARINA SOBOTA, The Rhetorical Construction of Law, in: *International Journal for the Semiotics of Law* V (1992) 39–54.

[7] VIEHWEG, Topik und Jurisprudenz (Fn. 3), 13 ff.

[8] KATHARINA SCHLIEFFEN, Rhetorische Analyse des Rechts: Risiken, Gewinn und neue Einsichten, in: ROUVEN SOUDRY (Hrsg.), *der macht die worte*. Grasberg 2004, 101–130, 104.

B. Erste Hagener Studie zu Rhetorik und Rechtsmethodologie

Bislang wurde die These von der Rhetorizität des Rechts vor allem durch philosophische und historische Überlegungen untermauert. Inzwischen scheint auch der Versuch erfolgreich, sich auf empirische Befunde zu stützen. Mit ihrer Hilfe gelingt es nun ebenfalls zu erklären, warum die Rhetorik das bislang erklärungsstärkste Modell ist, wenn man die Jurisprudenz und die juristische Arbeitsweise verstehen möchte. Ein Beispiel ist die Erste Hagener Studie zu Rhetorik und Rechtsmethodologie.[9] Dabei handelt es sich um eine umfängliche, von der VW-Stiftung finanzierte Untersuchung, bei der 20 bzw. 50 Gerichtsentscheidungen[10] nach rhetorischen Kriterien analysiert werden.

I. Annahmen der empirischen Untersuchung

Die Hagener Studie baut auf dem theoretischen Konzept der Analytischen Rhetorik. Prämisse ist also, dass Rechtstexte rhetorisch sind. Sie werden wirkungsbezogen durch den Einsatz rhetorischer Mittel hergestellt.[11]

1. Vorannahme: *Die Rhetorik liefert Analysekategorien, die für die Jurisprudenz ergiebig sind.*

Die hier untersuchten Urteilsbegründungen gehören zu einer besonders zivilisierten Gattung der Rhetorik, deren Wirkungserfolg mit dem Kriterium der *Plausibilität* erfasst wird.[12]

Im alten Wortsinn bedeutet Plausibilität, dass der Redner danach trachtet, Applaus zu bekommen.[13] In der Realität der gerichtlichen und bürokratischen Verfahren wandelt sich das Streben nach Beifall in das Bemühen, nicht auf Ablehnung zu stoßen; Plausibilität zeigt sich, mit Luhmann gesprochen, in der Regel in Nicht-Protest.

---

[9] Die Verfasserin wurde unterstützt von Frau Andrea Heups, Herrn Andreas Lyra und Herrn Stefan Baufeld.

[10] Es handelte sich um 50 möglichst kurze Entscheidungen aus den unterschiedlichsten Rechtsgebieten, die vom Gericht zur Veröffentlichung freigegeben oder dem Projekt zu Analysezwecken zur Verfügung gestellt worden waren. Die hier vorab publizierten quantitativen Ergebnisse beziehen sich auf eine Gesamtheit von 20 Texten.

[11] WALDEMAR SCHRECKENBERGER, *Rhetorische Semiotik. Analyse von Texten des Grundgesetzes und von rhetorischen Grundstrukturen der Argumentationen des Bundesverfassungsgerichts.* München 1978, 36 f.; SOBOTA, The Rhetorical Construction of Law (Fn. 6), 39–54.

[12] KATHARINA SOBOTA, Rhetorisches Seismogramm – Eine neue Methode in den Rechtswissenschaften, in: *JZ* 1992, 231–237.

[13] WOLFGANG BAYER, *Plausibilität und juristische Argumentation.* Mainz 1976.

2. Vorannahme: *Rechtstexte zielen auf Plausibilität. Diesem Wert sind alle anderen Sollvorgaben untergeordnet. Dies gilt insbesondere für die Vorstellung, es ginge bei juristischen Entscheidungsbegründungen primär um die Anwendung von Gesetzen, um die Rückführung auf universalisierbare Prämissen oder um logische oder rationale Rechtfertigungen.*

Nach Aristoteles versucht der Redner auf drei Wirkebenen Plausibilität zu erzielen: mit den Mitteln des Logos, des Ethos und des Pathos.[14] Logos zielt gleichsam auf den Kopf, Pathos ins Herz und Ethos berührt die soziale Haut der Zuhörer. Inspiriert von der klassischen Rhetoriklehre, zum Teil aber auch abweichend und auf den Untersuchungsgegenstand zugeschnitten, definiert die Studie mit ihrer Analysemethode bestimmte Textmerkmale, welche sich den drei rhetorischen Wirkungsebenen zuordnen und Strukturen der Plausibilitätsstiftung erkennen lassen. Bedenkt man die enge Verbindung zwischen Rhetorik und Rechtsdidaktik, wie sie im alten Griechenland und seit Gründung der ersten Universitäten über Jahrhunderte bestand,[15] beginnt man zu verstehen, warum sich diese Herangehensweise als gegenstandsadäquat erweist.

3. Vorannahme: *Plausibilität wird in Rechtstexten durch ein Spek-trum von Wirkmitteln erstrebt, das man durch die klassischen Begriffe Logos, Ethos und Pathos beschreiben kann.*

(1) Dies bedeutet nicht, dass das Projekt die entsprechenden Textmerkmale ihrem Wesen nach dem „Logos", „Ethos" oder „Pathos" zugehörend behandelt. Die Zuordnungen zwischen Texteigenheiten und den klassischen Oberbegriffen für rhetorische Wirkmittel ist lediglich konventioneller Art, um die Verständigung über Zusammenhänge zu erleichtern. (2) Nach dem Verständnis der Studie wurde nur ein *Teil* derjenigen Wirkmittel erhoben, die den situativ erheblichen rhetorischen Wirkdimensionen zuzuweisen sind. Besonders lückenhaft ist die Analyse im Bereich Ethos und Pathos; hier sind viele rhetorische Momente außerhalb des Textes zu finden, z.B. Gesten, Sitzordnung, Zeiteinteilung. Man musste sich jedoch zunächst mit der großen Datenmenge, die die Texte selber liefern, begnügen. In weiterer Zukunft wäre es erstrebenswert, die gesamte Situation der Textherstellung zu berücksichtigen (Prozessakten, Prozessbeobachtung, Interviews, Hintergrundrecherchen[16]). (3) Wie erwähnt, stimmt der durch die Studie vorgeschlagene Gebrauch der rhetorischen Termini nur zum Teil mit der klassischen Literatur überein. Besonders die pauschale Identifikation der rhetorischen Figuren

---

[14] ARISTOTELES, *Rhetorik*, I. 2., 3., II. 1. 3., II. 12.

[15] Siehe z. B. HANS HOHMANN, Juristische Rhetorik, in: GERT UEDING (Hrsg.), *Historisches Wörterbuch der Rhetorik. Bd. 4.* Tübingen 1998, 779–832, 794; KATHARINA SCHLIEFFEN, Rhetorik, in: VOLKER RÖMERMANN/CHRISTOPH PAULUS (Hrsg.), *Schlüsselqualifikationen für Jurastudium, Examen und Beruf.* München 2003, 192–230, 194.

[16] Mühsame, oft vergebliche Arbeit, die vielleicht im Zusammenspiel mit der rhetorischen Textanalyse einen neuen Aufschwung erhalten würde.

> und Tropen (kurz: Figuren) mit „Pathos" weicht von der alten Begrifflichkeit ab. Ausschlaggebend für die hier verwendete Zuordnung ist jedoch nicht Tradition und philologische Exaktheit, sondern die Ergiebigkeit für die Rekonstruktion der Textherstellung und die Fasslichkeit der Begriffe nach heutigem Verständnis. Danach schien es z. B. passend, die Plausibilitätsstiftung, die durch rhetorische Figuren und Tropen bewirkt wird, wegen des Sensuellen, Ästhetischen, das den Adressaten überzeugt, der Dimension des Gefühls, also dem Pathos – in Abgrenzung zum Logos und Ethos – zuzuweisen.[17]

Der Ansatz, der seit nunmehr fünfzehn Jahren verfolgt wird, zunächst in Mainz und seit 1996 in Hagen, hat einige Wandlungen durchlebt. Anfangs waren, entsprechend der juristischen Prägung, einzig die Ergebnisse der Verfahren wichtig; inzwischen gibt es Momente, in denen alle Projektbeteiligten der Auffassung sind, dass der größte Gewinn des – an Irrungen und Mühen reichen – Forschungsprojektes die Entwicklung der Analyseverfahren ist. Dabei ist allerdings nicht zu übersehen, dass die Methodenentwicklung wesentlich durch die Ergebnisse bestimmt wird, die mit ihr zu erzielen sind.

Unter den Oberbegriffen Logos, Ethos und Pathos werden im Wesentlichen zwei rhetorische Phänomene analysiert: Enthymeme (argumentative Stützungen) und rhetorische Figuren (i. e. rhetorische Figuren und Tropen).

Mittel zur Stiftung von Plausibilität		
Logos	**Ethos**	**Pathos**
Enthymeme (Argumentative Stützungen)		Figuren (Stilmittel)
z. B. Kodifikations-, Dogmen- oder Alltagsargument, oder Argument mit Rechts- oder Tatsachenaussage	Autoritätsargument, Quellenangabe	z. B. Metaphern, Emphasen, Parenthesen.

Tab. 1: Einteilung der rhetorischen Wirkmittel

[17] Über diese Einteilung lässt sich natürlich streiten; so gibt es bekanntlich rhetorische Figuren, die an das Gemeinschaftsgefühl (Ethos) appellieren oder verwendet werden, um intellektuelles Vergnügen zu bereiten (Logos). Besonders seltsam wirkt es, wenn wir bei auffälliger Knappheit, Spröde oder Distanziertheit eines Textes von „Pathos" reden; allein: Es gibt auch ein Pathos der Sachlichkeit; vgl. SCHLIEFFEN, Rhetorik (Fn. 15), 216 f.

II. Pathos als rhetorisches Wirkmittel

Die rhetorisch-rechtsmethodologischen Analysen begannen mit der Entdeckung, dass Richter in einem erstaunlichen Umfang rhetorische Figuren einsetzen. Deshalb stand die Suche nach rhetorischen Figuren von Beginn an im Mittelpunkt der Studien und dürfte bis auf weiteres das einzige Kriterium für den Einsatz von Pathos bei Textanalysen im definierten Sinne bleiben.

1. Was ist Pathos nach den Projektkriterien?

Als Pathos gilt der Einsatz rhetorischer Figuren. Rhetorische Figuren sind stilistische Auffälligkeiten, die man nach einer handlichen Formel findet: Hätte man das nicht auch einfacher oder gewöhnlicher ausdrücken können? Dabei ist vom allgemeinen Sprachgebrauch auszugehen. Daraus ergab sich für die textauswertenden Mitarbeiter des Forschungsprojektes (Codierer) folgende Aufgabe: Sie mussten bei einer satzweisen Analyse der Entscheidungen stilistische Auffälligkeiten auffinden, einem Figurtyp zuordnen sowie die Intensität (also den Grad der Wirkung auf den Leser) und das Analyseergebnis tabellarisch festhalten.[18]

Dies hat zur Folge, dass z. B. Fachausdrücke unter Kollegen, merkwürdige Formalien oder eingeschliffene Skurrilitäten der Kommunikation durchaus registriert werden – wenn sie auch den Beteiligten selbst nicht mehr auffallen und insofern systemintern vielleicht kaum noch Wirkung entfalten. Sollte der Codierer meinen, dass die rhetorische Figur unter Juristen allerdings wirkungsneutral ist, wie z. B. das wiederholte Abkürzen eines Gesetzestitels, das vermutlich in erster Linie das Schreiben vereinfachen sowie den Text und die Bezüge zwischen den Normen übersichtlicher machen soll, kann er dem durch eine abgeschwächte Intensitätsbewertung, ggf. sogar durch die Wertung Null, Rechnung tragen (dazu unten II. 2.). Die erste Abkürzung eines Ausdrucks erscheint jedoch nie ohne Intensität; das Abkürzen ist der Stil der schnörkellosen, nicht selten autoritären Bürokratie und Agitation.

Zu den rhetorischen Figuren zählt die Studie auch die Tropen, die sog. Sinnfiguren wie Metaphern oder Metonymien. Hier einige stilistische Überzeugungsmittel, wie sie Juristen nutzen.

1. **Lautfiguren** wie die Alliteration, also eine wohlklingende Wiederholung des Anfangslauts („gute Gründe ...", „der von der Anlage abgegebene Alarm"); 2. **Wortfiguren** wie die auffällige Wiederholung eines Wortes („Ei-

---

[18] Vgl. zu den Einzelheiten dieses Verfahrens den Abschlussbericht der *Ersten Hagener Studie zu Rhetorik und Rechtsmethodologie*, der demnächst als Band 3 der Schriftenreihe „Recht und Rhetorik" im Verlag Peter Lang erscheint.

ne Versammlung bleibt eine Versammlung!") und die in Rechtstexten besonders vielfältigen, gleichsam unter der Oberfläche wirkenden (3.) **Satzfiguren** wie die Inversion, d. h. die Umstellung des üblichen Satzbaus („Zutreffend geht er davon aus ..."; „Im Übrigen ergibt sich dies auch aus ..."; „Entgegen der Auffassung ..."), die Differenzierung („Maßgeblich sind *einerseits* die Straßenverhältnisse, *anderseits* die Fähigkeit des Fahrzeugführers...); die Restrictio („Eine Abmahnung ist nie erfolgt; *gleichwohl* ist davon auszugehen ..."), die Antithese („Im Gegensatz dazu") und die Litotes, also die doppelte Verneinung („die Maßnahme darf *nicht ungeeignet* sein"; „es *fehlt nicht* an einer gesetzlichen Grundlage"). **4.** Zu den auffälligsten rhetorischen Figuren zählen die **Sinnfiguren**. Im Mittelpunkt steht hier die Metapher („Grundrechtskern"; „Versickern der Geldquelle"; „Regime des Vertrages"), die Metonymie, das Hendiadyoin („Grund und Boden", „Schmerzen und Leiden"), Ironie und Zitat. **5.** Außerdem finden sich **Handlungsfiguren** wie die bekannte Rhetorische Frage und eine Reihe praktischer Interventionen, von denen die Projektmitarbeiter zunächst annahmen, dass sie bei den Urteilstextanalysen keine Rolle spielen würden, wie z. B. der Apologismus, mit dem der Redner dem Gegner etwas einräumt, wovon er weiß, dass dieser es nicht gebrauchen kann oder die Paralipse, mit welcher der Redner behauptet, über etwas nicht sprechen zu wollen, dann aber doch daraufeingeht. **6.** Erwähnung finden sollten auch die **Schriftfiguren**, wie sie besonders eindrücklich aus der Werbung bekannt sind.

Rhetorische Figuren überzeugen – im Gegensatz zu den Enthymemen (Argumenten) – durch ihre sinnliche Qualität: als Ästhetikum. Ihre Wirkung kann in zwei Richtungen zielen: Bekannt ist das hohe, mitreißende Pathos, das Ausdruck von Begeisterung, Verehrung oder Leidenschaft ist. Außerdem kennen wir das Pathos der Sachlichkeit, das durch Kühle, Glätte und die Schönheit steriler, geometrischer Ordnung besticht. Das Pathos der Sachlichkeit wirkt versteckter, denn es besteht offenbar vor allem aus Satzfiguren, also aus Abweichungen von den Regeln der Grammatik, worauf der Zuhörer vielleicht unbewusst stärker reagiert als bewusst.

2. Ermittlung des Pathoswerts

Mit etwas Übung kann eigentlich jedermann die ungefähre Menge der rhetorischen Figuren in einem Text finden. Um das Vorgehen zu standardisieren, möglichst wenig Figuren zu übersehen und den fachlichen Besonderheiten der Texte Rechnung zu tragen, wurde nach einem definierten Verfahren analysiert. Hierzu gehörte, dass die Codierer trainiert waren und einigen juristischen Fachverstand aufwiesen.

Das Analyseverfahren verläuft wie folgt: Hat ein Codierer eine Figur gefunden, trägt er die Wendung – dem Satz zugeordnet – in die Tabelle ein, klassifiziert sie ungefähr – zu internen Verständigungszwecken – nach den Bezeichnungen der klassischen Kataloge (z. B. Metapher, Emphase, Restrictio) und bewertet ihre Intensität. Die Intensitätsskala reicht von Null bis zur Wertung als volle Figur über die Stufen 1 bis 3. Außerdem wird das Textmerkmal nach der Art des Pathos qualifiziert: engagiert, poetisch, sachlich, fachlich, Blüte, usw. Um den Einsatz rhetorischer Figuren vergleichbar zu machen, wurde ein Maßstab eingeführt, der Figurenanteil (FA). Der FA benennt das Verhältnis von Wörtern und Figuren.[19]

Die Entwicklung der Figurenverwendung über die Sätze oder Absätze eines Textes hinweg wird durch eine Darstellung verfolgt, die sich rhetorisches Seismogramm nennt (konkret: Pathoskurve). Die Kurven illustrieren in der Zeitdimension, an welcher Stelle der Verfasser mit welcher Häufigkeit oder Intensität rhetorische Figuren eingesetzt hat. Eine Pathoskurve lässt sich mit einer Logos- bzw. Ethoskurve kombinieren, sodass das Zusammenspiel der rhetorischen Wirkmittel in den Textpassagen sichtbar wird.

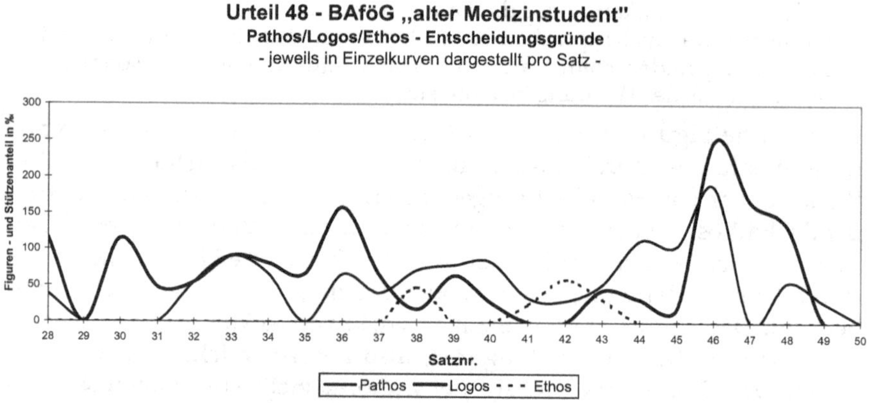

Abb. 1: Beispiel für ein rhetorisches Seismogramm – BaföG-Bescheid (VG)
[Entscheidungsgründe: im Mittel FA 52]

[19] Da wir ungern mit Dezimalstellen arbeiten, entspricht der FA einer Tausendstel-Angabe. Ein FA von 120 bedeutet deshalb im Prinzip, dass in 1.000 Wörtern 120 rhetorische Figuren vorkommen (bzw. in einem Text von 100 Wörtern 12 Figuren bzw. in einem Satz von 25 Wörtern 3 Figuren). Diese Grundformel, bei der man aus Textlänge und Figurenmenge sofort den FA kalkulieren konnte, wird in einem zweiten Schritt allerdings differenziert. Inzwischen wird jede Figur nach ihrer Wirkungsintensität gewichtet; die meisten gehen nur mit einem Bruchteil in die Gesamtbewertung ein. Damit sind es bei einem FA von 120 oft sehr viel mehr als 120 Figuren auf 1.000 Wörter, denn die meisten Stilauffälligkeiten, die wir finden, sind in ihrer Intensität zu schwach, um mit einem ganzen Punkt notiert zu werden.

Damit verfügt man über ein stabiles Analyseverfahren zur Zählung, Gewichtung und Darstellung des Pathos (rhetorische Figuren und Tropen), das sich für Texte aller Art eignet. Einige Fragen bleiben freilich noch immer ungelöst.

1. These: *Richter verwenden regelmäßig rhetorische Figuren.*
Im Durchschnitt setzen die Gerichte in den untersuchten verwaltungsgerichtlichen Entscheidungsgründen[20] rhetorische Figuren mit einem Anteil (FA) von 54 ein.[21] Im Tatbestand, d. h. der Schilderung der für die Entscheidung erheblichen Fakten des Rechtsstreits, liegt der Wert genauso hoch (FA 55).[22] Bestimmt man das Pathos des gesamten Textes, erfasst also auch das in der formalen Gestaltung ausdrucksstarke Rubrum und die Rechtsbehelfsbelehrung, kommt man auf einen mittleren FA von 66.

Die richterliche Neigung, Pathos in den Entscheidungsgründen zu verwenden, scheint relativ gleichmäßig verteilt zu sein. Die Daten bewegen sich in einem engen Korridor, die höchsten Werte betragen FA 92 (Text Nr. 51 *Kommunalaufsicht*) und FA 82 (Text Nr. 7 *Wehrdienst*), die niedrigsten FA 29 (Text Nr. 42 *Beschluss Wahlwerbesendung*) und FA 39 (Text Nr. 34 *Alarmsirene*). Die Standardabweichung beträgt lediglich 14. Etwas größer ist bereits die stilistische Spannbreite, mit der die Gerichte die *Tatbestände* vortragen. Bei einer Standardabweichung von 27 verteilen sich die Werte zwischen FA 19[23] und FA 105 (wiederum *Kommunalaufsicht*). Bei dieser Bandbreite gewinnt man bereits den Eindruck, dass die Texte unterschiedlichen Pathoslagen zugehören: während Tatbestände mit einem FA zwischen 19 und 22 das Prädikat „staubtrocken" verdienen und wohl kaum mehr als das pathetische Grundrauschen bieten, ohne das eine Darstellung inkonsumerabel wird, dürfte ein FA-Mittelwert über 90 bereits auf eine bewegt-affektive Textgestaltung hindeuten.

---

20 Bei Urteilen werden der Tatbestand und die Entscheidungsgründe (also die juristische Begründung der Entscheidung) in getrennten Abschnitten dargestellt. Beschlüsse erhalten eine einheitliche Begründung, in der die notwendigen Tatbestandsangaben innerhalb der Begründung erwähnt werden.

21 Da die Arbeiten an der Studie noch nicht abgeschlossen sind, handelt es sich bei dieser Angabe und allen folgenden Angaben um vorläufige Werte, die aber von den endgültigen Werten nur geringfügig abweichen dürften.

22 Hier fehlten drei Werte, da es sich in diesen Fällen um die Analyse von Beschlüssen, also Rechtstexten ohne gesonderten Tatbestand handelte.

23 FA 19 bezieht sich auf Text Nr. 31 (*Anschlusszwang*), wird gefolgt von den Texten Nr. 13 (*Baugenehmigung Werbeanlage*) und 48 (*BAföG – alter Medizinstudent*, s. Abb. 4) mit FA 22, Spitzenreiter hinter Text Nr. 51 ist Text Nr. 2 (*Altlasten*) mit FA 95.

	Durchschnittlicher FA (Pathos) in verwaltungsgerichtlichen Entscheidungen	
	Tatbestand	*Entscheidungsgründe*
FA	55	54
Standardabweichung	27	14

Tab. 2: Durchschnittliche FA-Werte

Warum manche Tatbestände so lebhaft abgefasst werden und andere so nüchtern, darüber kann nur spekuliert werden. Zum Teil liegt es sicherlich am Gegenstand, wobei allerdings ein weiter Gegenstandsbegriff am Platze wäre, der die situativen Umstände einbezieht, z. B. das Schlichtungsstreben des Gerichts, aus dem heraus dem (lebhaften) Parteienvortrag breiter Raum gelassen wird. Die sog. reinen Tatsachen könnte das Gericht, wie auch immer beschaffen, unabhängig vom Thema auf sachliche, figurenarme Weise vortragen. Wie in einer Voruntersuchung gezeigt wurde, gelingt es durchaus – etwa der Deutschen Presseagentur (dpa) –, sogar Tatbestände schockierender oder anrührender Art, also Informationen mit „der Sache nach" höchst emotiven Inhalten mit einem Mindestmaß an rhetorischen Figuren mitzuteilen. Es gibt keine pathetischen Dinge, es gibt nur eine pathetische Darstellung von Dingen.

Möglicherweise ist es sinnvoll, die Tatbestände der verwaltungsgerichtlichen Entscheidungen in zwei Gruppen zu teilen, solche mit niedrigem und solche mit höherem FA. Vermutlich liegt den Texten der beiden Gruppen – wenigstens teilweise – ein unterschiedliches Funktionsverständnis zugrunde: die Verfasser der Texte der pathosintensiveren Gruppe verfolgen mit ihren Tatbestand wohl zu den institutionsinternen und rechtsdogmatischen noch allgemein pragmatische Ziele, z. B. Befriedung der Konfliktparteien. Insofern kann man für die Schwankungsbreite der Werte, welche die Tatbestände erzielen, auch eine Erklärung anbieten. Im Übrigen indiziert ein hoher Figurenaufwand im Tatbestand keinen entsprechenden Stil in den Gründen; fast die Hälfte der Entscheidungen senkt das Pathos im zweiten Teil, besonders, wenn der Tatbestand figurenreich ist.

Insgesamt ist festzustellen, dass die Gerichte in den Entscheidungsbegründungen im Mittel in recht ähnlichem Umfang rhetorische Figuren einsetzen; keine Begründung unterschreitet einen FA von 29 (ein Beschluss ohne gesonderte Gründe) bzw. 39 (reguläre Entscheidungsgründe). Tatbestände lassen sich mit geringerem FA abfassen (FA 19), der niedrigste Wert, den Entscheidungsgründe erreichen, beträgt FA 28.[24] Folglich halten sich Verwaltungsgerichte – wohl unbewusst – an eine Regel, nach der sie für die angeführten Textsorten ein Mindestmaß an Pathos pro Text im Durchschnitt nicht unterschreiten, aber auch nicht überschreiten. Dies führt zur

2. These: *Verwaltungsrichter verwenden rhetorische Figuren nach einer ihnen unbewussten Vorgabe in ähnlichem Umfang, wobei die Vorgabe ein Durchschnittswert ist, der in Höhe und Bandbreite nach Textsorte differiert.*

Mit der Gegenüberstellung der FA-Werte in Tatbestand und Gründen beginnt man, unterschiedliche Textsorten miteinander zu vergleichen. Auf diese Weise bekommt man einen Eindruck, ob ein Text versucht, mehr in der Dimension des Pathos rhetorisch zu wirken als ein anderer. In der ersten Pilotstudie der Verfasserin wurden Entscheidungen des Bundesverfassungsgerichts untersucht und mit Analysen von Pressetexten unterschiedlicher Gattung verglichen. An den Gerichtsentscheidungen fiel zunächst auf, dass sie im Durchschnitt einen deutlich höheren Wert erzielten als die äußerst nüchternen Meldungen der Deutschen Presseagentur (dpa) und die Zeitungsartikel, die im Wesentlichen diese Meldungen paraphrasierten. Der Figurenanteil (FA) der Verfassungsgerichtstexte entsprach dem Wert, den die – im Ton moderat bis lebendigen – politischen Berichte auf der ersten Seite der großen überregionalen Zeitungen erreichten.[25] Er lag nie unter einem Wert, den man als moderates Pathos bezeichnen würde. Hinzukam, dass in jedem Text einzelne Passagen eine Figurendichte aufwiesen, wie sie für die Boulevardpresse charakteristisch ist; die Spannweite hinsichtlich der FA-Werte innerhalb der Entscheidungen war sehr groß. Bedauerlicherweise lassen sich die Zahlen aus der damaligen Studie nicht ohne weiteres mit den nunmehr gewonnen Werten aus der Verwaltungsgerichtsbarkeit vergleichen, da die Analysemethode im Laufe der Jahre optimiert und folglich auch verändert wurde.[26] In vorsichtiger Schätzung kann man allerdings alte und neue Befunde insofern auf eine Ebene bringen, als aus heutiger Sicht die alten Daten nach oben korrigiert werden müssten. In diesem Licht lautet die

3. These: *Verwaltungsrichter neigen dazu, ihre Entscheidungsgründe mit wenig Pathos abzufassen. Hier besteht ein deutlicher Gegensatz zu den Urtei-*

---

[24] FA 28 für die Begründung: Nr. 42 (*Wahlwerbesendung*), Höchstwert von FA 82: Text Nr. 7 (*Wehrdienst*).

[25] Dazu zählten nicht die sog. Leitartikel oder Kommentare, die ihrem Figurenanteil nach bereits in eine Gruppe mit höherem Pathos fallen.

[26] Es würde sich deshalb lohnen, die Vergleichsstudien (Rechtstexte – Pressetexte) mit der inzwischen verfeinerten Methode zu wiederholen.

len des Bundesverfassungsgerichts. Tatbestände verwaltungsgerichtlicher Entscheidungen können einen höheren Anteil rhetorischer Figuren aufweisen.

Obwohl das Problem der pathosgeladenen Tatbestände eine Vertiefung verdiente, musste sich die Studie auf die Gründe der Entscheidung beschränken. Hier ist nicht nur in den Durchschnittswerten ein Unterschied zur Rechtsprechung des Bundesverfassungsgerichts festzustellen, sondern auch bei den einzelnen Werten innerhalb jeder Entscheidung, bildlich gesprochen: dem Verlauf der Pathoskurven.

4. These: *Pathoskurven verlaufen nach bestimmten Mustern.*
Betrachtete man die Pathoskurven der Entscheidungen des Bundesverfassungsgerichts, wie sie in den früheren Studien ermittelt wurden, bekommt man den Eindruck, dass sie einer bestimmten Grundform folgen. Dazu gehören ein flacher Beginn und leiser Ausklang sowie meist zwei Gipfelmassive, oft beginnend in der zweiten Kurvenhälfte, wo die brisanten Probleme des Falles abgehandelt werden. Dieser Typ ist bei den verwaltungsgerichtlichen Entscheidungen nicht ausgeprägt. Er findet sich beispielsweise bei dem VG-Bescheid über den Seniorstudenten in Abbildung 1. Von den 20 näher untersuchten Pathos-Kurven erfüllen nur vier folgende Kriterien: Beginn und Ende (1. und 7. Siebtel) der Kurve verlaufen relativ flach, erreichen also FA-Werte, die dem Durchschnitt der Entscheidungsgründe nahe kommen, während es in der Mitte, mit einer Verschiebung nach hinten, ein oder zwei erkennbare Höhepunkte gibt. Zwei weitere Kurven weisen ebenfalls einen flachem Beginn und leisen Ausklang auf. Der relativ flache Verlauf setzt sich jedoch bis zum vierten Drittel fort, so dass die beiden Höhepunkte – gegenüber den eingangs geschilderten Kurven – nach hinten verschoben erscheinen.

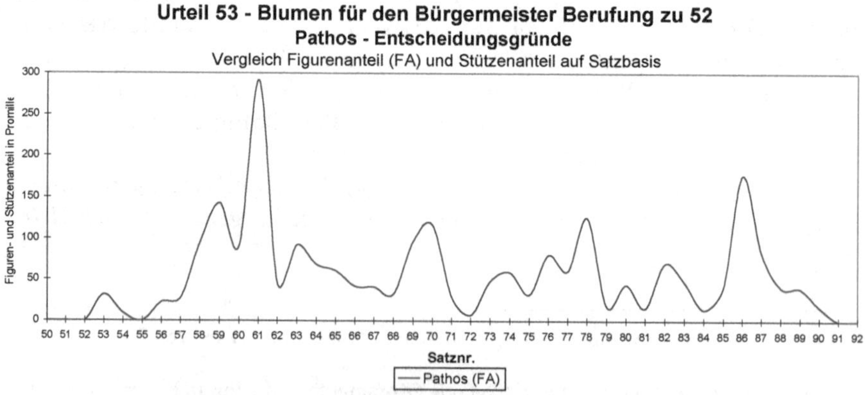

Abb. 2: Beispiel für flachen Beginn und Ausklang mit zwei Gipfeln

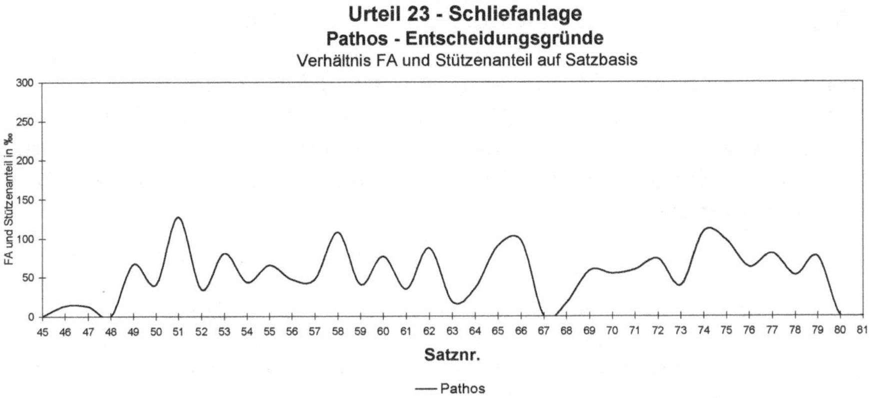

Abb. 3: Beispiel mit flackernder Pathoskurve ohne Klimax

Bei acht anderen Kurven ist keine Klimax festzustellen. Man denkt vielmehr an ein regelmäßiges Flimmern. Es gibt Spitzen und Senken, nichts davon schlägt aber auffällig aus; die Höhepunkte liegen verstreut, nicht in der Mitte und im letzten Drittel, sondern auch bereits am Anfang des Begründungsteils.

Die Gründe hierfür dürften vor allem methodischer Art sein. So musste wegen der kurzen Texte, die im Begründungsteil oft nur zwei Seiten füllen, der Figurenanteil *pro Satz* dargestellt werden, was – im Gegensatz zu einer Erfassung pro Absatz oder Denkabschnitt – immer ein unruhiges, relativ unakzentuiertes Bild vermittelt. Andererseits kann es auch an den Texten selbst liegen: Es handelt sich fast nur um rechtlich unauffällige Entscheidungen, unangestrengt wirkende Routine, auch einige Bescheide von Einzelrichtern, markant allenfalls hin und wieder wegen einer Pointe im Tatbestand. Möglicherweise ist der Schluss zu ziehen, dass sich das Pathos in einem so kleinen Entfaltungsrahmen wie in diesen kurzen Entscheidungsbegründungen nicht zu den Höhen aufschwingen kann wie in den großen, dutzende Seiten umfassenden Urteilen des Bundesverfassungsgerichts. Der Aufbau der hohen Gipfelpunkte benötigt einen thematischen und stilistischen Anlauf, für den hier Raum und Anlass fehlten.

5. These: *Wenn es juristisch wichtig wird, erhöht sich der Figurenanteil.*
Zu den Hypothesen des Projekts zählte auch eine Annahme, die auf schmaler Datenbasis aus der BVerfG-Studie stammte: Dort hatte sich gezeigt, dass der Figurenanteil in den Passagen, die das Urteil trugen,

deutlich höher lag als im Rest der Entscheidung. Bei den BVerfG-Entscheidungen wurde das deshalb greifbar, weil die Leitsätze – die offenbar die Kernaussagen enthielten – auch die Sätze mit dem meisten Pathoswerten waren und deshalb im Kontext der richterlichen Begründung die Gipfel der FA-Kurve markierten. Diese These konnte in Bezug auf Entscheidungen der Verwaltungsgerichtsbarkeit teilweise bestätigt werden; hier lag der FA bei der Mehrzahl der Entscheidungen im juristisch wichtigen Teil der Entscheidungen über dem der restlichen Entscheidungsteile.

Zwei versierte Volljuristen, die vorher keine Projektberührung hatten,[27] ermittelten in der Rolle eines aufmerksamen, aber zügigen Lesers ohne weiterführende Literatur unabhängig von einander, welche Entscheidungspassagen sie für juristisch wichtig hielten.[28] In Diskussionen wurde das Mittel als jeweils „relevante Zone" gewonnen und der durchschnittliche Figurenanteil mit dem Durchschnitts-FA der restlichen Begründung verglichen.

Das Ergebnis war, dass in 60 % der Entscheidungen in den juristisch wichtigsten Passagen mehr Figuren als im Rest eingesetzt wurden. Außerdem war bei 25 % der Figurenanteil in den relevanten und den weniger relevanten Teilen nahezu gleich. Zu dieser Gruppe kann man auch noch einige Entscheidungen rechnen, bei denen der FA im juristisch wichtigen Teil nur ganz geringfügig niedriger als in dem restlichen Begründungstext war. Damit erhält man nur 15 %, bei denen der Verfasser das Pathos deutlich gedrosselt hat, als er zu dem rechtsinhaltlich maßgeblichen Punkt der Begründung gelangte.

	FA (Pathos) ist in juristisch wichtigen Passagen ...		
	höher als in der übrigen Begründung	*in etwa genauso hoch*	*niedriger*
Anteil der Texte	60 %	25 %	15 %

Tab. 3: Der Figurenanteil ist in den juristisch wichtigen Passagen gegenüber dem restlichen Begründungstext mehrheitlich erhöht.

27 Einer der beiden wurde nach dieser juristischen Bewertung ständiger Projektmitarbeiter.

28 Die Kongruenzen (und Inkongruenzen) in der Wichtigkeitseinschätzung wären bereits ein Forschungsprojekt eigener Art.

Dabei sollte man bedenken, dass juristische Wichtigkeit sowohl abstrakt als auch situativ-pragmatisch bemessen werden kann. Bei den BVerfG-Entscheidungen fielen diese Gesichtspunkte nahezu zusammen: die großen, in der Pilotstudie analysierten Entscheidungen sind, wie immer man sie dogmatisch ausweisen mag, abstrakt-generelle Setzungen in Gestalt einer Rede an die Öffentlichkeit, deren situativer Hintergrund im Wesentlichen jeder aus den Medien erfahren kann. Bei den Verfahren vor den Verwaltungsgerichten verhält es sich anders. Sie beziehen nur einen Personenkreis ein, der aus eigener Erfahrung – mittelbar oder unmittelbar – mit den Lebensumständen vertraut ist; die Begründungen werden für die Beteiligten, deren Rechtsvertreter und die Kontrollinstanz verfasst. Analysiert man diese Texte ohne Situations- und gar Aktenkenntnis, werden dem Leser wesentliche Information entgehen. So kann man den kritischen Punkt einer Entscheidung nur abstrakt mit Hilfe der Lebenserfahrung und den Praxiskenntnissen aller Projektmitarbeiter gemeinsam bestimmen. Trotzdem bleibt es wahrscheinlich, dass die ausgewerteten Begründungen noch weitere Angelpunkte haben, die dem situationsfremden Leser verborgen geblieben sind, oder der Analytiker etwas für wichtig gehalten hat, was nur zum Schein aufgebaut wurde, um vom eigentlichen Konflikt abzulenken. Dies mögen diejenigen Passagen sein, an denen aus unerklärlichen Gründen stilistischer Aufwand betrieben oder nicht betrieben wurde; aber die Deutungsmöglichkeiten dieser Studie müssen sich mit ihren Grenzen zufrieden geben.[29]

Zu den Rechtstexten, die quantitativ bestätigten, dass der juristische Angelpunkt der Entscheidung einen höheren Figurenanteil als der Rest hatte, gehörte der „BAföG-Bescheid". Hier geht es um einen 62-jährigen Kläger, einst Oberschüler, dann Bauarbeiter, Taxifahrer und Taxiunternehmer, der mit 58 Jahren das Abitur besteht und ein Medizinstudium beginnt. Die beantragte Ausbildungsförderung wird ihm wegen seines Alters und dem jugendpolitischen Charakter des BAföG verweigert. Unstreitig ist, dass sein Fall (erst berufstätig, dann kürzlich Abitur) dem Wortlaut des § 10 III BAföG unterfällt, der die Alterbegrenzung der Ausbildungsförderung aufhebt. Die figurenreichste und zugleich wohl juristisch erheblichste Passage des Bescheids lautet: „Nach Auffassung der Kammer ist die Bestimmung des § 10 III BAföG teleologisch dahingehend zu reduzieren, dass Ausbildungsförderung jedenfalls dann zu versagen ist, wenn der Auszubildende bei Anschluss seiner Ausbildung voraussichtlich das 65. Lebensjahr vollendet und damit die allgemeine Altersruhegrenze erreicht hat. Ab diesem Alter kann im Allgemeinen auch unter Berücksichtigung der Möglichkeiten eines Freiberuflers nicht

---

[29] Wegen der fehlenden Kenntnis des pragmatischen Feldes ist zu vermuten, dass sich unter den Entscheidungen noch eine „Dunkelziffer" befindet, bei denen die wichtige Passage nicht aus dem Text selbst zutreffend ermittelt werden konnte.

mehr davon ausgegangen werden, dass die eben erst abgeschlossene Ausbildung zur Ausübung einer Berufstätigkeit führt, die eine tragfähige Grundlage für eine wirtschaftliche Existenz bildet. So liegt es hier." Höhepunkt der Begründung ist die ergebnisgerechte, teleologische Reduktion der Norm, die von einer Vielzahl stilistischer Untermalungen und zum Schluss mit einem Faustschlag auf den Richtertisch „So liegt es hier" beendet wird.[30]

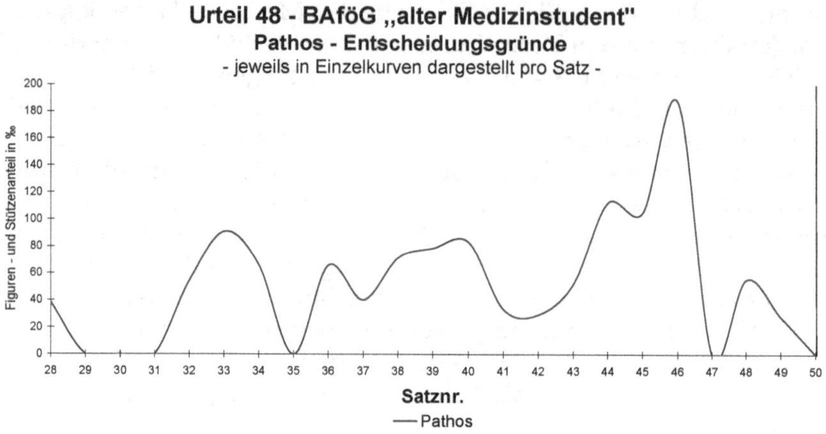

Abb. 4: Entscheidungsgründe von Urteil Nr. 48 mit hohem Pathos-Anteil an der juristisch entscheidenden Textstelle

Bei Texten, bei denen die juristisch erhebliche Passage ohne Pathos formuliert wurde, ist auch der Schluss zulässig, dass die Verfasser allein ihren Argumenten vertrauten, sie also diesen Punkt oder die gesamte Sache für so wenig brisant hielten, dass sie glaubten, auf Stilmittel verzichten zu können.

6. These: *Wo es viele Figuren gibt, wird wenig argumentiert (und umgekehrt).*

Wie in den Voruntersuchungen zeigte sich auch bei der Analyse der Verwaltungsgerichtsentscheidungen, dass zwischen der Verwendung der Pathos- und der Logos- bzw. Ethosmittel eine Wechselbeziehung besteht: Hohes Pathos korrespondiert mit niedrigem Logos, niedriger Logos mit einem hohen Aufwand an Stilmitteln.

Damit erhärtet die VW-Studie die These von der spiegelbildlichen Entwicklung der Pathos- und der Logoskurven[31] auf größerer Daten-

[30] Der FA im letzten Satz ist so hoch, weil auf nur vier Wörter zwei Figuren zu 75 % kommen: 1. Die Versachlichung (Es liegt, nicht: so sehen wir es), 2. Prägnanz: ungewöhnliche, auffällige Kürze und Nachdrücklichkeit in einem Urteil.

[31] Erstmals SOBOTA, Rhetorisches Seismogramm (Fn. 12); sodann: DIES., Logos, Ethos, Pathos: A Quantative Analysis on Arguments and Emotions in Law, in: MIKAEL

grundlage. Die Verfasser der Begründungen kennen unbewusst ein Maß, das ihnen sagt, wie und wo Pathos und Logos reziprok zu verteilen sind.

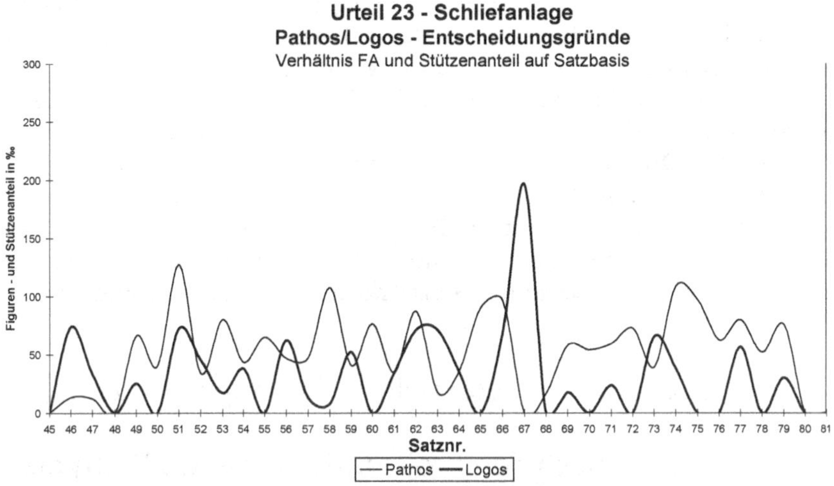

Abb. 5: Beispiele für die Gegenläufigkeit von Pathos und Logos

Einschränkend ist zu sagen, dass es auch Begründungen gibt, bei denen in den relevanten Passagen der Logosanteil nicht zurückgeht und der Pathosanteil nicht zunimmt. Das Gegenteil trifft aber auf 65 % bzw. 75 % aller Fälle zu.

	Der Argumentanteil (Logos) ist in juristisch wichtigen Passagen …		
	niedriger als in der übrigen Begründung	*in etwa genauso hoch*	*höher*
Anteil der Texte	65 %	10 %	25 %

Tab. 4: Der Argumentanteil ist in den juristisch wichtigen Passagen gegenüber dem restlichen Begründungstext mehrheitlich niedriger.

MELLQVIST/MIKAEL PERSSON (Hrsg.), *Rhetorik & Rätt.* Uppsala 1994, 155–171; DIES., Argumente und stilistische Überzeugungsmittel in Entscheidungen des Bundesverfassungsgerichts, in: JOACHIM DYCK/WALTER JENS/GERT UEDING (Hrsg.), *Rhetorik. Ein Internationales Jahrbuch. Bd. 15: Juristische Rhetorik.* Tübingen 1996, 115–136; DIES., Rhetorische Muster der Rechtsgewinnung am Beispiel einer Entscheidung des OVG Münster, in: THOMAS SCHIRREN/GERT UEDING (Hrsg.), *Topik und Rhetorik.* Tübingen 2000, 521–541.

Diese Ergebnisse können allerdings nicht so interpretiert werden, dass juristische Urteile einem pathetischen Crescendo gleichkommen. Ein Vergleich zwischen den Pathos-Werten der jeweiligen Tatbestände der Entscheidungen und der Entscheidungsgründe macht diesen Befund deutlich. Etwa zwei Drittel der untersuchten Entscheidungen verwendeten in der Entscheidungsbegründung weniger oder gleich viel rhetorische Figuren wie im Tatbestand. Sobald sie von der beschreibenden in die rechtfertigende Haltung wechselten, zügelten sie also ihr Pathos. Das restliche Drittel der Texte verwendete in den Gründen *mehr* rhetorische Figuren als im Tatbestand. Dabei fanden sich einige Fälle, wo es – im Gegensatz zu der anderen Textgruppe – eine harsche Diskrepanz zwischen dem beschreibenden und dem begründenden Teil gab: auf den nüchternen Tatbestand folgte eine hochpathetische Argumentation.[32]

C. Logos als rhetorisches Wirkungsmittel

I. Was ist Logos nach den Projektkriterien – das Enthymem

Unter den Begriff Logos fasst die Studie ein rhetorisches Mittel, das Aristoteles wohl nicht zu Unrecht für diejenige Intervention hält, die am stärksten auf den Verstand des Adressaten wirkt: das Enthymem. Enthymeme sind kaum erforscht; die vorliegende Untersuchung hat das Wissen über ihre Struktur und Funktion um einiges erweitert. Es ist zu vermuten, dass dem Enthymem in den nächsten Jahren – nach einer Ära der Verdrängung – die Rolle als einer der führenden Deutungsfiguren der Argumentationsanalyse bevorsteht. Die im Folgenden dargestellten Ergebnisse der VW-Studie zeigen, dass juristische Begründungen enthymematisch strukturiert sind und eine Rückbesinnung auf die Figur des Enthymems an der Zeit ist.

Ein Enthymem ist, was man im Alltag oder auch in der Jurisprudenz landläufig als *Argument* bezeichnet. Es stützt eine Behauptung.

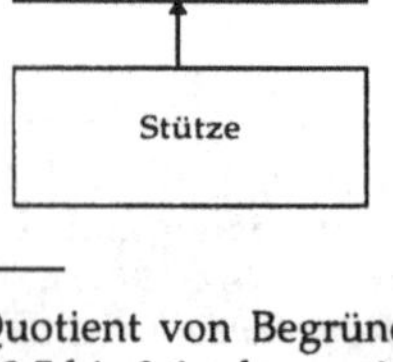

[32] In Zahlen ausgedrückt: Der FA-Quotient von Begründung und Tatbestand konzentriert sich entweder um Werte von 0,5 bis 0,6 oder – mit einer auffälligen Lücke dazwischen – um 1,8 bis 2,4; Beobachtung von Stefan Baufeld.

Enthymeme unterscheiden sich von Syllogismen in mehrfacher Hinsicht.

(1) Der Syllogismus ist ein dreigliedriger Schluss.

Obersatz	Alle Menschen sind sterblich.
Untersatz	Sokrates ist ein Mensch.
Schlusssatz	Sokrates ist sterblich.

Das Enthymem besteht aus zwei oder weniger Gliedern; was fehlt, wird im Geist (en thymos) ergänzt. Die gängige Erklärung für die Verkürzung im Verhältnis zum Syllogismus lautet: Der Redner lässt alle Sätze aus, die selbstverständlich sind.

Beispiel: „Sokrates ist sterblich, denn er ist ein Mensch" (der selbstverständliche Obersatz „Alle Menschen sind sterblich" fehlt) oder: „Alle Menschen sind sterblich, also auch Sokrates" (der selbstverständliche Untersatz fehlt).

Zwar ist es richtig, dass das Enthymem Selbstverständliches weglässt und impliziert. Trotzdem scheint es problematisch, diese Auslassungen vor dem Hintergrundschema eines vollständigen Syllogismus und stringenter, vollständiger Syllogismusketten zu erklären. Nach den Einsichten, die bei der Entwicklung des Analyseverfahrens gewonnen wurden, ergeben die Enthymeme, auch wenn ihre Implikationen explizit gemacht werden, oft keine Syllogismen. Noch unwahrscheinlicher ist es, dass sie sich in der argumentativen Abfolge als Syllogismusketten verstehen lassen.

7. These: *Das Enthymem ist kein verkürzter Syllogismus. Zu vermuten ist vielmehr, dass er als einfache, zweigliedrige, handlungsbezogene Stützung die Grundform aller Argumentation ist.*

Erst mit Aristoteles wird diese schlichte Begründungsform auf die anspruchsvolle Matrix des Syllogismus gezogen.

8. These: *Der Syllogismus ist ein elaboriertes Enthymem.*

Natürlich lässt sich mit viel Auslegungskunst jedes Enthymem in einen dreigliedrigen Schluss umdeuten. Manchmal mag das sogar vom Verfasser beabsichtigt sein; oft tut man ihm aber Zwang an.

Die Umdeutung funktioniert meist recht gut, wenn die Behauptung mit einer Regel gestützt wird; nach den Ergebnissen der Studie werden Enthymeme aber nicht nur mit (endoxischen) Regeln, sondern auch mit Einzelaussagen begründet. Noch schwieriger ist die Umdeutung in Syllogismen, wenn Enthymeme hintereinander geschaltet, und somit auch eine unbestimmte Vielzahl von Implikationen, aber auch Gedankensprüngen und Platzhaltern im Spiel sind, z. B. „Setz´ Dich, es ist kalt!". – Hier dürfte es zu Missverständnissen kommen, wenn man dem Sprecher die Implikation der Regel unterstellte: „Wenn es kalt ist, soll man sich hinsetzen". Vielmehr muss unter Rücksicht auf den pragmatischen Zusammenhang von einer ganzen Kaskade angedachter Prämissen ausgegangen werden, die man nicht genau rekonstruieren kann. Vielleicht ging es darum, dass ein Adressat aufgefordert wird, doch noch ein wenig zu bleiben und sich einen Stuhl zu nehmen, da es draußen, von wo er her kommt, kalt und ungemütlich ist. *Ein* Enthymem – und wieviele Syllogismen?

(2) Ein weiterer Unterschied zum Syllogismus, den man seit Aristoteles wiederholt, sei die Beschaffenheit der Obersätze. Während der Syllogismus von *wahren* Sätzen ausgehe, seien die Prämissen des Enthymems nur Angaben über *Wahrscheinliches.*[33] Dieses Kriterium trifft sicher auf das Enthymem zu: seine Stützungen geben keine Wahrheiten wieder. Es eignet sich aber vermutlich nicht zur Unterscheidung der beiden Schlussformen, denn aus heutiger Sicht stehen auch für Syllogismen keine wahren Prämissen zur Verfügung.

Wahre Prämissen erhält man nur, wenn man in ein kunstsprachliches Bezugssystem wechselt, aber Aristoteles dachte ja an die ontischen Grundwahrheiten der Philosophie und Naturwissenschaft, aus denen man insbesondere mit Hilfe des topischen Syllogismus wahre Schlüsse ziehen sollte.

Für die Auswahl der Stützungen, die der Redner zur Bildung eines Enthymems verwenden darf, gibt es so gut wie keine Vorgaben. Es ist denkbar, dass eine Einzelaussage durch eine Regel oder durch eine weitere Einzelaussage gestützt wird, oder eine Regel eine andere Regel begründet oder auch Einzelaussagen Regeln stützen; jede Kombination ist denkbar. Die Einzelaussagen lassen sich in Rechtsaussagen oder Tatsachenangaben einteilen, die Regeln unterscheiden sich nach ihrem Bezug zu bestimmten Handlungszusammenhängen (z. B. Recht oder Alltag).

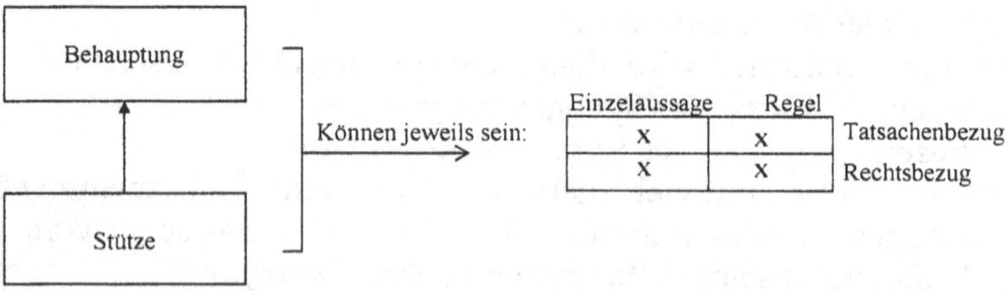

[33] Eine Mittelstellung nimmt hier der topische Syllogismus ein, er operiert mit wahren, aber auch mit nur wahrscheinlichen Sätzen.

Das rhetorische Kriterium, das über die Qualität eines Enthymems entscheidet, ist die Plausibilität.

Begründungskonzepte, wie sie Hempel-Oppenheim oder Toulmin aufgestellt haben, werden von einer enthymematischen Argumentation nicht beachtet. Es mag sein, dass ein Redner phasenweise Elemente dieser Vorgaben aufgreift; die Auswahl der Stützen erfolgt jedoch (im besten Fall) nach professionellen und (überwiegend) nach situativen Kriterien.

(3) Ein weiterer Unterschied zum Syllogismus, der bislang wenig beachtet wurde, ist – um es in einem Bild auszudrücken – die Richtung des Denkens. Der Syllogismus geht vom gesicherten Obersatz aus und bewegt sich hin zum Schluss. Das Enthymem beginnt vom Grundsatz mit einer Behauptung, also mit dem Schlusssatz, und sucht anschließend Stützen, die dem Ober- oder dem Untersatz entsprechen würden. Der Justizsyllogismus soll die Ableitung aus einer Norm sein (Deduktion), das Enthymem ist die begründete Entscheidung.

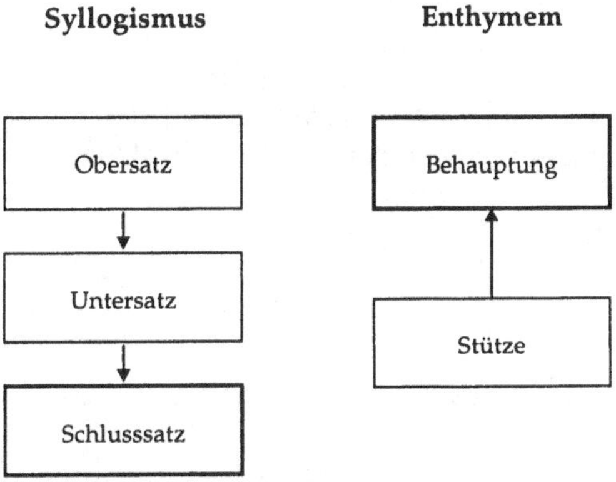

Bei Unklarheiten führen diese gegenläufigen Bewegungen zu unterschiedlichen Gedankennetzen. Eine Syllogismuskette muss sich Satz für Satz explizieren und begründen lassen. Da dies für die praktische Orientierung zu kompliziert und zu komplex ist, sind bislang alle Versuche gescheitert, auf diese Weise Argumentationsanalysen mit Texten aus dem Justizleben durchzuführen. Das Enthymem hingegen argumentiert im Regelfall nur mit einer stützenden Aussage, sodass die Untermauerung dieser Begründung meist nur in eine Richtung – gewissermaßen nach unten – erfolgt.

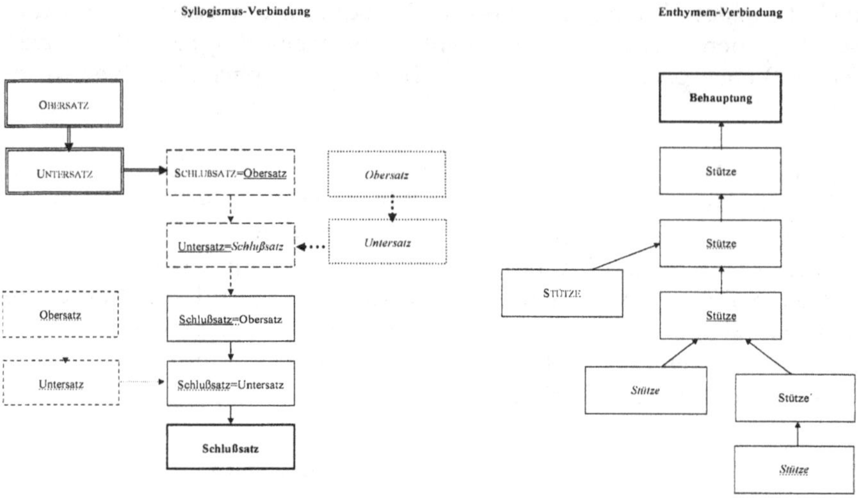

9. **These:** *Ein Argumentationsgeflecht, das aus nur zweigliedrigen Elementen wie den Enthymenen besteht, kann Probleme flexibler erfassen.*

II. Forschungsergebnis im Umriss

Da Enthymem-Ketten in der Struktur und Länge überschaubar sind (siehe IV.3.) und in den untersuchten Texten wohl eher korrekt als fehlerhaft argumentiert wurde, konnten erstmals mit Hilfe des Schemas Enthymem die Argumentationsstruktur einer Vielzahl von begründenden Rechtstexten vollständig erfasst werden.

10. **These:** *Es gibt eine Grammatik juristischen Begründens; diese kann die Analytische Rhetorik mit Hilfe der Kategorie des Enthymems weitgehend sichtbar machen. Zum vollständigen Verständnis der Logos-Dimension bedarf es allerdings noch zweier weiterer Instrumente, die ebenfalls von der klassischen Rhetorik entwickelt wurden, dem Rückgriff auf die Topik und die pragmatischen Figuren* (dazu unten IV.3.).

III. Das Verfahren der Logosanalyse

Das langwierigste und unspektakulärste Resultat des Projekts war die Entwicklung eines tauglichen Verfahrens zur Analyse des rhetorischen Wirkmittels Logos. Nach tabellarischer Aufbereitung zerlegen die Codierer jeden Satz in sog. Aussagen. Als Aussagen werden diejenigen Teile des Satzes erfasst, die vermutlich in der Argumentation selbstständig als Stütze fungieren sollen bzw. eine Einheit bilden, die gestützt wird.

Schnürt man das Aussagenbündel zu groß, wird das Beziehungsgeflecht der Stützungspfeile zu komplex; sind die Aussagen zu kleinteilig, hat man mit Wiederholungen und einer Vervielfachung der Inhalte zu kämpfen. Die Formulierung der Aussage ist eigentlich erst durch „das Hin- und Herwandern des Blickes" zwischen Aussage und Stützung – dann aber auch immer zweifelsfrei – zu gewinnen.

Die Aussagen werden ihrem jeweiligen Satz zugeordnet, untereinander gereiht (z. B. 17b ist die zweite Aussage – b – in Satz 17) und qualifiziert. Folgende Kategorien können die Codierer vergeben:

Kodifikationsargument, **D**ogma/Herrschende Meinung, **Gen**eralisierte Einzelmeinung, **A**lltagssatz, **T**atsachenangabe, **R**echtliche Einzelaussage, **Aut**oritätsargument, **Q**uellenangabe, **W**iderlegung. Die Plausibilität wird aus der Perspektive eines imaginären qualifizierten Publikums bewertet. Dabei war zu analysieren, wie plausibel eine Aussage nach der Meinung der Mehrheit der tonangebenden (juristisch gebildeten) Leserschaft ist. Als Bewertungsmaßstab wurde eine Skala von 0 bis 4 zur Verfügung gestellt, wobei sehr plausible Aussagen mit 4 und unplausible Aussagen mit 0 bewertet wurden.

Neben den expliziten Aussagen versuchen die Codierer auch die *implizierten* Aussagen in die Tabelle einzutragen. Jede Implikation wird einem Satz zugeordnet (wird z. B. als 17c geführt) und genauso wie eine explizite Aussage qualifiziert. Ursprünglich wurde innerhalb der Tabelle versucht, die Stützungsbeziehungen zwischen den Aussagen zu ermitteln. Dies führte zu erheblichen Schwierigkeiten.

Da Sätze häufig aus mehreren Aussagen bestehen, haben die Tabellen eine erhebliche Länge; sobald eine Stützungsbeziehung über mehrere Sätze reicht, es Rück- oder Parallelbewegungen gibt, verliert man unweigerlich die Übersicht. Dadurch ermittelten die ersten Codierer mit diesem Verfahren auch nur eine Abfolge mehrerer Argumentationszusammenhänge, deren Stützungsbeziehungen zueinander und zum Ergebnis häufig nicht erkannt wurden.

Dies änderte sich erst beim Wechseln von der tabellarischen Erfassung zu einer grafischen Darstellung (Stützungsbäume, siehe unten III.1.).[34] Die Anschaulichkeit dieser Darstellung hat zu den wesentlichen Einsichten des Projekts verholfen.

Haben die Codierer die Stützungsbeziehungen ermittelt, ist deren Stringenz zu bewerten (Skala 0–4). Stringenzmängel verringern den Zählwert einer Stützung genauso wie eine Geringschätzung der Plausibilität der beteiligten Aussagen.

Der Rekonstruktionsprozess der Enthymeme erfordert eine fachlich versierte und verständnisvolle Ko-Autorenschaft mit dem Gericht. Es reicht nicht, dass man in der Rechtsmaterie bewandert ist. Außerdem muss man ein Gespür für die Beziehung zwischen den Prozessbeteiligten haben, sodass es einem gelingt, wo nötig Unausgesprochenes inventiv zu explizieren. Schließlich muss man aus Erfahrung, Wissen oder Ahnung die Architektur der gesamten Entscheidung vor Augen haben, um sich über Lücken wegzuhelfen.[35]

1. Arbeitsmöglichkeiten auf Grund der Logosanalyse

Das bezeichnete Mittel Logos kann als quantitative und qualitative, textliche und grafische Information aufbereitet werden. Quantitative Angaben erlauben einen zahlenmäßigen *Vergleich* zwischen der Verwendung des definierten Mittels Pathos und des definierten Mittels Logos in unterschiedlichen Texten oder in unterschiedlichen Passagen desselben Textes sowie einen Vergleich zwischen dem Einsatz von Pathos und dem Einsatz von Logos in einem Satz oder einer anderen Textmenge. Der Einsatz von Logos und Pathos wird in der Zeitdimension der textlichen Entwicklung grafisch-quantitativ in Gestalt von zwei Kurven dargestellt (Rhetorisches Seismogramm).[36] Das Verhältnis der Kurven zueinander kann beschrieben und berechnet werden; im Vordergrund steht jedoch die illustrative und heuristische Funktion. Will man die Struktur einer Argumentation als statisches Gesamtbild, ggf. mit einer Vielzahl inhaltlicher Details überblicken, eignen sich die Stützungsbäume. Sie sind nicht nur Medium der Rekonstruktion der Enthymeme, sondern erscheinen auch als idealer Hintergrund, um

---

34 Dieses Verfahren benötigt nur noch etwa ein Viertel der Zeit, ist weniger fehleranfällig, leichter zu kontrollieren und kann vor allem auch in größerem Kreis diskutiert werden.

35 Vgl. zu den Einzelheiten dieses Verfahrens den Abschlussbericht der VW-Studie, der demnächst als Band 3 der Schriftenreihe „Recht und Rhetorik" im Verlag Peter Lang erscheint.

36 Vgl. als Beispiel das rhetorische Seismogramm oben in Abb. 1.

kritisch oder didaktisch über eine Begründung zu diskutieren.[37] Das hölzerne Skelett des Logos, dem der Stützungsbaum entspricht, lässt sich durch Pathos ergänzen. So kann die Figurenintensität verschiedener Passagen durch unterschiedlich starke Einfärbung deutlich gemacht werden.[38] Interessant ist die Verbindung der *Verlaufsform* des rhetorischen Seismogramms mit dem *statischen* Überblick, den der Stützungsbaum erlaubt. Mit beiden Hilfsmitteln zusammen bekommt eine Urteilsanalyse oder eine didaktische Diskussion eine anschauliche, quantitativ ermittelte Grundlage, die recht neutral und detailfreudig ist und mit einer gleichmäßigen, rhetorischen Tiefenschärfe ansetzt, weshalb anschließende Textinterpretationen auf einem höheren Niveau beginnen können.

Dies soll nicht heißen, dass man ohne Seismogramm oder Stützungsbaum nicht mehr in der Lage ist, rhetorisches Verständnis für eine Argumentation zu entwickeln. Beides sind, wie gesagt, bewährte Hilfsmittel für eine gründliche Textbetrachtung. Umgekehrt sind die Grafiken kein Abbild des Textes, des Urteils oder der rhetorischen Intervention. Sie zeigen Daten, die im Rahmen der Studie nach eigener Definition gewonnen wurden.

2. Wissenschaftsverständnis des Verfahrens

Die erarbeiteten Tabellen und Grafiken enthalten eine Vielzahl Daten. Jedes Datum korrespondiert mit einer definierten Entität, z. B. „Kodifikationsargument" oder „Figurenanteil". Die Daten haben wissenschaftliche Aussagekraft, insofern sie Relationen identisch definierter Entitäten wiedergeben, z. B. dass im Urteil Nr. 11 die Kodifikationsargumente mit 13 % vertreten sind, in Urteil Nr. 48 mit 10 %, also weniger, oder dass im 44. Satz des Urteils 11 eine Figur vorkommt, im 47. Satz hingegen drei, also eine Steigerung vorliegt. Warum ausgerechnet die Entität „Kodifikationsargument" ausgezählt wurde, warum – im Rahmen einer anderen Entitätengruppe – die „Kodifikationsargumente" mit „Dogmen", „Alltagssätzen" usw. in Beziehung gesetzt werden sollen: dies ist eine Entscheidung, die auf einer Wertung beruht. Dieser Teil des Verfahrens ist nicht in demselben Sinne wissenschaftlich, wie das quantitativ fassbare Zählen und Relationieren. Die Wertung, die zur Bildung der Entitäten führt, steuert letztlich die Datengewinnung. Wenn man bestimmte Absichten verfolgen würde, könnte man über die Entitätenbildung das quantitative Ergebnis beeinflussen.

---

[37] Als Anlage sind diesem Beitrag zwei Stützungsbäume als Beispiele beigefügt.

[38] Dies ist im beigefügten Stützungsbaum des Urteils 11 erfolgt.

Wollte man z. B. die Prozentzahl für die Kodifikationsargumente niedrig halten, könnte man die Entität aufspalten in Gesetzes- und Verfassungsnormargumente. Der Bezug auf die Verfassung würde sich vermutlich im 1- oder 2-%-Bereich bewegen, aber insgesamt hätte der ehemalige Ausschnitt Kodifikationsargumente, der ohnehin ein kleines Segment ist (Durchschnitt von 10 %), einen Teil verloren.

Die Bildung der Entitäten wurde vorliegend mit Rückgriff auf die klassische Rhetorik und die Rhetorische Rechtstheorie vorgenommen. Außerdem erzwang die Neuheit des Verfahrens in einigen Punkten eine ständige Anpassung während des Projekts: An den Ergebnissen konnte man noch lange Zeit erkennen, dass nicht alle Kategorien zufrieden stellend formuliert waren. Damit sind weitere Kriterien für die Wertung bei der Entitätenbildung offen gelegt: Die Kategorien müssen zu einer Rekonstruktion verhelfen, die als vollständig und stimmig empfunden wird. Das Merkmal „vollständig" ließe sich möglicherweise noch quantifizieren; mit dem Merkmal „Stimmigkeit" gelangt man in den Bereich des Ästhetischen (auch in der Wissenschaft geht es natürlich nicht ohne Pathos).

IV. Resultate der Logosanalyse im Einzelnen

1. Verteilung von Logos und Ethos

Wie schon im Falle des Pathos lässt sich auch bei Logos und Ethos vermuten, dass die Richter ihre rhetorischen Mittel in jedem Text und nach Textsorte getrennt wie nach einem vorbestimmten Maß – und nicht in beliebig variierender Menge – eingesetzt haben.

11. These: *Die Verfasser von Urteilen haben ein kollektives Gespür für die Enthymem-Dichte pro Text, die im Mittel erreicht werden muss.*

Der durchschnittliche Enthymem-Anteil (EA) in den Entscheidungsgründen wird mit geringen Schwankungen von allen Gerichten beachtet. Der Logosanteil, der im Durchschnitt erzielt wird (53), entspricht genau dem mittleren Figurenanteil (54), die Standardabweichung von 13 stimmt ebenfalls mit dem Pathoswert überein. Ob dies dem Zufall geschuldet ist oder die intuitiv gewählten Maßeinheiten (FA, EA einschließlich Gewichtungen) mit einer zwischen Logos und Pathos ausbalancierten Wirklichkeit korrespondieren, kann man vorerst noch nicht sagen. Kaum bestreitbar ist jedoch, dass die Gerichte ein ziemlich gleichbleibendes Quantum an Enthymemen pro Texteinheit verwenden.

Durchschnittlicher Enthymemanteil (Logos und Ethos)		
In Entscheidungsgründen	*Logos*	*Ethos*
Enthymem-Anteil	53	8
Mittelwertabweichung	13	5
Im Tatbestand	*Logos*	*Ethos*
Enthymem-Anteil	25	1
Standardabweichung	11	1

Tab. 5: Durchschnittlicher Enthymem-Anteil

2. Kategorisierung der Aussagen

Eine der ersten Aufgaben der Codierer war es, die einzelnen Aussagen bestimmten Kategorien zuzuweisen. Dazu wurde wieder zwischen dem Gesamttext der Entscheidung und der Entscheidungsbegründung unterschieden; bei den Beschlüssen waren diese Teile identisch. In den Begründungen der untersuchten Entscheidungen treten die unterschiedlichen Kategorien von Aussagen in folgender durchschnittlicher Häufigkeit auf: Es überwiegen rechtliche Einzelaussagen mit 23 %, gefolgt von Dogmen mit 16 %, Tatsachenfeststellungen mit 23 %, Alltagssätzen mit 6 %, kodifizierten Normen mit 9 %, Quellenangaben mit 7 %, Autoritätsargumenten mit 5 %, generalisierten Einzelmeinungen mit 6 % und Widerlegungsauftakten mit 2 %. Betrachtet man lediglich die stützenden Aussagen (also solche Aussagen, die in Enthymemen die Funktion von Begründungen einer Behauptung erfüllen), zeigt sich folgendes Bild: Rechtliche Einzelaussagen werden mit 27 % am häufigsten eingesetzt, auf sie folgen Dogmen mit 15 %, Tatsachenargumente mit 15 %, Alltagsargumente mit 9 %, Kodifikationsargumente mit 9 %, Quellenangaben mit 7 %, Autoritätsargumente mit 5 %, generalisierte Einzelmeinungen mit 6 % und Widerlegungsauftakte mit 2 %. In der Hälfte der Fälle begründen die Gerichte damit ihre Behauptungen mit rechtlichen Einzelaussagen, also offenbar nahe am Fall. Stützen sie eine Behauptung mit einer Regel, handelt es sich am häufigsten (15 %) um einen juristischen Lehrsatz, ein sog. Dogma, oder einen Alltagssatz (9 %). Auf kodifizierte Normen wird eine Aussage selten gestützt (9 %).

	Vorkommen der einzelnen Argumenttypen (Enthymeme)								
Typ	*Kodifikation*	*Dogma*	*Generalisierte Meinung*	*Alltagsregel*	*Rechtsaussage Einzelfall*	*Tatsachenfeststellung*	*Autoritätsverweis*	*Quellenangabe*	*Widerlegungsauftakt*
%	8	15	6	9	27	15	5	7	2

Tab. 6: Vorkommen einzelner Argumenttypen

12. These: *Gerichte argumentieren kaum mit dem Gesetz, häufiger mit juristischen Lehrsätzen. Die Hauptlast fachgerichtlicher Begründungen tragen rechtliche und tatsächliche Einzelfallaussagen. Ergänzt wird dieser Komplex durch ein Bündel Alltagsargumente und generalisierter Einzelmeinungen sowie durch Ethos-Stützen in Gestalt von Autoritäts- und Quellenverweisen. Dies wirkt nicht rechtswissenschaftlich, sondern wie eine rechtskluge (jurisprudentielle) Anreicherung mit Gesichtspunkten aus der konkreten rechtlichen Situation und dem allgemeinen Leben.*

Der Umstand, dass Gesetze selten als Prämisse herangezogen werden, muss noch nicht der herrschenden Methodenlehre widersprechen. Ihr zufolge würde bereits ein einziges Kodifikationsargument genügen – allerdings nicht irgendwo, sondern als oberste Begründungsnorm im Stützungsbaum. Ob die wenigen Kodifikationsargumente, die in den Gründen gefunden wurden, diese hervorgehobene Stelle einnehmen, soll der nächste Analysepunkt klären.

Vorerst ist jedoch festzustellen, dass die richterlichen Entscheidungsbegründungen mit Blick auf die bloße Häufigkeit der Argumenttypen dem Leitbild einer Juris*prudentia*, also *Klugheits*lehre, und nicht einer Rechts*wissenschaft*[39] entsprechen. Die Gesichtspunkte, die Plausibilität erzeugen sollen, werden kaum aus einem abstrakten, akademischen System, sondern überwiegend aus dem konkreten Fall bezogen. – Das Autoritätsargument steht für die seit Urzeiten bewährte Orientierung: Was die Hochgestellten, Angesehenen und Weisen machen, ist richtig. – Mit dem Alltagsargument verlässt das Gericht nicht nur den akademischen, sondern auch den juristischen Diskurs; hier wird besonders deutlich, dass es bei der Plausibilitätsstiftung nicht um eine juristische Abstraktion geht, sondern um eine limitierte Anreicherung mit Gesichtspunkten, die mit dem Streit und seiner Lösung in rechtli-

[39] Zum Unterschied zwischen „Rechtswissenschaft und Jurisprudenz" OTTMAR BALLWEGS gleichnamige Monographie, Basel 1970.

cher und tatsächlicher Weise zusammenhängen können. – Die wissenschaftlichste Aura umgibt vielleicht noch das Quellenargument. In der heute üblichen Präsentation handelt es sich um eine relativ neue Form der Glaubhaftmachung. Es besagt: Diese Behauptung stimmt, weil dies da und dort geschrieben steht. Eine Grundlage für diese Plausibilisierungstaktik dürfte der Mythos der frühen Verschriftlichungen bilden (z. B. Gesetzestafeln), aber auch der moderne Glaube an die Publikationskultur. Was davon noch jurisprudentiell, also rechtsklug oder gar wissenschaftlich ist, und was nur rituell absolviert wird und damit allenfalls rational in dem Sinne erscheint, als es gezielt eingesetzt wird, um einem Bedürfnis der Adressaten zu entsprechen, soll hier nicht beantwortet werden. Ein Befund, der weiterer Diskussion bedarf, ist der hohe Anteil an Stützen, die vom Verfasser als rechtliche Allgemeinaussagen vorgestellt werden, aber nicht zu den Lehrsätzen zu zählen sind. Stattdessen handelt es sich um Aussagen, die nicht zum Repertoire der juristischen Regeln gehören und sich auch nicht aus ihnen ergeben. Dies liegt entweder daran, dass diese Prämissen – offenbar in Ermangelung einer weiterführenden Begründung – schlicht die Einzelfallaussage, die sie stützen sollen, unzulässig verallgemeinern (petitio principii) oder dass sich das Gericht ad hoc eine Rechtsregel ausdenkt, die gut auf den Fall passt, von der die Fachgemeinschaft aber noch nie etwas gehört hat und, würde sie davon Kenntnis nehmen, nur ihre mangelnde Konsistenz mit anderen Regeln feststellen könnte. Derartige, wie man sieht, keineswegs außergewöhnlich seltenen eristischen Prämissen dürften ein Bindeglied zur dünnen Decke der abstrakt-rechtlichen Entscheidungsbegründung liefern.

13. These: *Verwaltungsgerichte erfinden manchmal (6 %) Prämissen, die für sich genommen juristisch unplausibel und rhetorisch als eristisch zu qualifizieren sind, um konkrete Aussagen durch rechtliche Allgemeinaussagen stützen zu können.*

Es wäre interessant zu wissen, ob Gerichte, die bewusst und frei von Zeitdruck arbeiten, ohne den vom Projekt herausgestellten Argumenttyp „Generalisierte Einzelmeinung" auskommen, oder ob diese eristischen Prämissen unerlässlich sind, um jedes Mal auf's Neue in der Situation den Bogen vom Konkreten zum Abstrakten zu schlagen.

3. Die Stützungsstruktur einer Argumentation

14. These: *Die Enthymeme einer juristischen Begründung fügen sich zu einem erkennbaren Muster.*

Der übliche Auftakt einer richterlichen Argumentation ist die schlanke Enthymem-Kette. Jede Behauptung wird mit *einer* Aussage begründet, an die sich wieder eine Begründung anschließt. So stellt sich der Jurist den Urteilsstil vor, und solange es sich um routinemäßig abgehandelte Prozess- und Rahmenfragen handelt, kann dies das Gericht auch durchhalten. Grafisch erkennt man diese unproblematische Eingangspassage als Stamm eines Baumes, der auf dem Kopf steht, also ein Gebilde, das mit einer Vertikalen beginnt, von der sich dann nach unten Verzweigungen – wie die Äste und Zweige eines Baumes in die Höhe gehen – in die Breite und Tiefe ausdehnen.[40] Hin und wieder treibt, bevor das eigentliche Astwerk des Stützungsbaums beginnt, ein Zweig hervor, manchmal gibt es aber schon auf dieser Höhe einen richtigen Stützungszusammenhang, so z. B. wenn sich das Gericht länger mit einem Zulässigkeitsproblem befasst, aber insgesamt weisen von allen Entscheidungen, die grafisch aufbereitet wurden, als Eingangsbild 80 % die durchlaufende Enthymem-Kette auf (welche bei Urteilen aus mindestens fünf Gliedern besteht, bei Beschlüssen aber bis auf drei Glieder reduziert sein kann).

Wenn eine Aussage für die jeweilige Argumentation Gewicht bekommt, wird sie häufig durch *mehrere* Aussagen *nebeneinander* gestützt. In diesem Moment verliert sich die vertikale Kettenform; die Darstellung, die jeder Aussage ein Feld einräumt, geht in die Breite. Handelt es sich um einen argumentativen Schwerpunkt, werden die stützenden Aussagen ihrerseits gestützt, manchmal mehrfach. So ballen sich Argumente an einem Ort (griech. *Topos*), in der Baumstruktur bilden sich abgrenzbare Nester.

Komplexe Argumentationen führen dazu, dass sich innerhalb von Nestern weitere Nester zusammenfügen. Die Anzahl und der Umfang der Nester scheint im Idealfall in einer Proportion zum Text und zueinander zu stehen.

---

[40] In den als Beispiel beigefügten Stützungsbäumen findet sich die schlanke Eingangskette beim Urteil 11 in der Kette von Satz 42 bis 54a und im Urteil 48 von Satz 30c bis 37a.

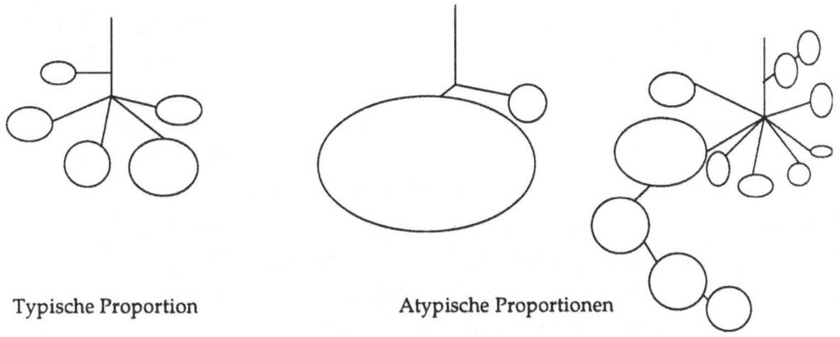

In der Regel baut ein kleines Urteil etwa vier bis sieben derartige Problemzentren auf. Ein typisches Nest enthält regelmäßig zwischen fünf bis neun Sätze, die in einem Stützungsgeflecht angeordnet sind (*Baufeld*'sche Zahl). Seltener traten größere Nester von elf bis zu sechzehn untereinander gestützten Sätzen auf. Hierbei war zu beobachten, dass es auch einem Experten schwer fiel, derartige Stützungsketten zu rekonstruieren. Der Begründungsstrang war über diese lange Distanz nicht mehr zu überschauen; die Argumentation wirkte nicht mehr stringent.[41]

Die Nester entsprechen zum Teil den Merkmalen des gesetzlichen Tatbestands, der nach der Lehre einschlägig ist. Sie sind aber nicht darauf beschränkt. Fast immer finden sich außergesetzliche Gesichtspunkte, die genauso ausgiebig wie die kodifizierten Aussagen gestützt werden. Zu diesen Argumentationsnestern zählen unter anderem:

- die Prüfung von Punkten, welche die Dogmatik vorgibt (z. B. ungeschriebene Tatbestandsmerkmale, Ausnahmetatbestände),
- die Diskussion von Merkmalen, die einzig nach dem Rechtsverständnis des Gerichts eine Rolle spielen,
- die entscheidungsstützende Auseinandersetzung mit den Argumenten einer Partei,
- die Auseinandersetzung mit dem Vortrag der unterlegenen Seite, um ihr – in offensichtlich rechtsbefriedender Intention – Reverenz zu erweisen,

[41] Die grafische Aufbereitung von Entscheidungsbegründungen ist das bloße Nachzeichnen der Sinnbezüge zwischen mehreren Aussagen. Die grafische Methode ist damit die Vergegenständlichung des Prozesses, der als Verstehen eines Argumentationszusammenhanges vom Leser einer Entscheidung durchzuführen ist. Somit können die Defizite beim Erfassen längerer Argumentationsketten nicht methodisch bedingt sein, sondern haben ihre Ursache im Verstehensprozess selbst. Wo die Ursachen für diese kognitiven Defizite liegen, bedarf weiterer interdisziplinärer Forschung. Nach ihrem methodischen Ansatz vermag die VW-Studie nicht, hierfür Gründe zu ermitteln.

- die abstrakte Diskussion bestimmter Rechtsfragen, die etwa für künftige Fälle oder die Verwaltungspraxis relevant werden könnten.

Stützungszusammenhänge wie diese, ohne kodifizierten Aufhänger, unterscheiden sich weder im Umfang noch im Rang oder in der Art der Zusammensetzung von den Argument-Nestern, in denen unter ein gesetzliches Tatbestandsmerkmal subsumiert wird. Insofern kann man feststellen, dass die Gesetzesanwendung bei der Urteilsbegründung strukturell keine herausragende Stellung im Vergleich zu anderen Argument-Konglomeraten einnimmt.

Der Richter folgt bei der Stützung seiner Entscheidung einer Ordnung. Hierzu gehört, dass in einem gewissen Umfang vorhersehbar ist, was in den einzelnen Nestern abgehandelt wird. Dies gilt jedoch nur für den Beginn einer Entscheidungsbegründung; gegen Ende wird die Auswahl der Themen immer freier und unvorhersehbarer. Die striktesten Vorgaben sind prozessualer Art; es folgt gegebenenfalls eine Prüfung der gesetzlichen Tatbestandsmerkmale und als abstrakter Merkposten die Diskussion kritischen Parteienvorbringens. Wenn ein Gericht viele gleichartige Fälle zu bearbeiten hat (Anträge auf Asyl, Anträge nach dem Vermögensgesetz, Anträge auf Hochschulzulassung), wird es bereits nach einer spezielleren Problemliste vorgehen. In jedem Fall werden diese Prüfungskataloge angesichts der Anforderungen der konkreten Situation ergänzt, meist durch Anhänge verlängert.

Skizze der zugrunde gelegten Prüfungskataloge im Verwaltungsprozess

Prozessuale Fragen (Zulässigkeit), z. B.: Beteiligte Widerspruch eingelegt? usw.	**Dogmatischer Bestand**
Materiellrechtliche Fragen (Begründetheit)	
§ 113 VwGO: Verwaltungsakt rechtmäßig (+) keine Rechtsverletzung (+) Rechtsgrundlage § XY Tatbestandsmerkmal 1 Tatbestandsmerkmal 2? usw.	Von **positivem** Recht präformiert
Ggf. „ungeschrieben"? Ggf. Ausnahme (-) Ggf. Gegenargument (-) Ggf. Es ist dem Beklagten zuzubilligen Ggf. Es kann dahinstehen usw.	**Tradition forensischer Rhetorik: Invention,** vom Fall abhängig

Damit wird die Funktion des Gesetzes in der argumentativen Dimension deutlich: Es liefert einige der Elemente, aus denen man die wichtigen Knotenpunkte der Argumentation gewinnt, gleichsam besonders legitimiert und im Stück vorgefertigt. Dagegen bietet die Norm nicht die hauptsächliche Stütze, das Kernargument oder die Regel, aus der die rechtliche Lösung abgeleitet wird.

Dieser Grundsatz wird freilich eingeschränkt, wenn man versucht, einem Gesetz in einer einfach formulierten Frage eine einfache Antwort zu entnehmen und dabei die Pragmatik von Argument und Gegenargument ausblendet. In diesen Fällen können auch *Rechts*normen wie überzeitliche, quasi technisch-naturwissenschaftliche Regeln wirken, die sich zwecks Streitentscheidung „anwenden" lassen.

Man stellt z. B. die Frage: Darf ein Schriftsatz in englischer Sprache eingereicht werden? Anwort: Nein, denn dies ergibt die Anwendung der gesetzlichen Regel gemäß § 184 GVG, nach dem die Gerichtssprache deutsch ist.

Diese Betrachtung verfehlt jedoch die pragmatische Einbettung der Rechtsgewinnung in die jeweilige Situation. Bei einigen technischen und verfahrensmäßigen Normierungen des positiven Rechts ist dieser Mangel an situativer Pragmatik unschädlich und für die – unter Abstraktionszwängen stehenden – rechtspolitischen Modelle des Gesetzgebers sogar erforderlich. Im Übrigen dürfte es eine Fehlvorstellung sein, dass die Gerichte ihre Fälle durch Anwendung eines Gesetzes lösen. Die Redeweise von der Anwendung des Gesetzes beruht zum Teil auf einer mangelnden Unterscheidung zwischen der Makroebene des Normgebers, der mit dem Gesetz als Steuerungseingabe und einem idealisierten Einzelfallkonzept arbeiten muss, und der konkreten Argumentationssituation der Rechtsgewinnung, die vorliegend analysiert wird. Ein weiteres Missverständnis wäre es, wenn man die richterliche Tätigkeit auf eine technoid programmausführende, gar eindeutig normbestimmte Operation reduzierte. Die Gründe gegen diese Sicht sind eingehend insbesondere von der Hermeneutik dargelegt und durch das Scheitern der aufwändigen Formalisierungsversuche seit den 1970er Jahren bewiesen worden. Bedenkt man diese Ergebnisse, so kann man zumindest eines festhalten: Bei der Rechtsgewinnung handelt es sich um einen interindividuellen, institutionell und professionell formierten, von einer Reihe außerrechtlicher Zwänge bestimmten Prozess sprachlicher Gestaltung. Er ist dem Kommunikativen, oder – um Anschluss an die hier verwendeten Kategorien zu finden – dem Rhetorischen zugewiesen, und die Rhetorik ist es auch, die zum Bild der „Anwendung des Gesetzes" das Gegenmodell bereithält.

15. These: *Die Praxis juristischen Begründens entspricht strukturell der Topik, wie sie von Aristoteles beschrieben wurde.*

Über kaum eine Disziplin kursieren – unwillentlich oder willentlich – unter Juristen mehr Missverständnisse. Gängig ist die Vorstellung, dass mit einem topischen Begründungsmodell Beliebigkeit Einzug hält; eine Beschäftigung mit der Topik zeigt jedoch, dass sie vor allem die innere *Ordnung* der Rechtslehre beschreibt. Die Topik ist zwar ein doppelsinniges Verfahren: Sie dient der Bändigung, aber auch der Flexibilisierung eines Entscheidungs- und Begründungsprozesses. Berücksichtigt man jedoch den pragmatischen Kontext, unter anderem die institutionellen Bindungen und Dialoggebote der richterlichen Redesituation, wird deutlich, wie stark der Ordnungsaspekt überwiegen muss und wie wenig Inventionsmöglichkeiten dem rhetorisch agierenden Gericht bleiben. Aus diesem Grunde ist die Topik, die z. B. für den – um einen Einfall ringenden – Festredner fast ausschließlich eine Erfindungs-, also *Inventions*lehre sein mag, für den Juristen primär eine *Ordnungs*lehre: freilich eine, die zu einer *situativ angepassten* Argumentation anleitet.

Vor der kurzen Erläuterung der Topik sei angemerkt, dass Aristoteles sein Verfahren für recht unterschiedliche Wissensfelder mit entsprechenden Modifikationen empfohlen hat, sein Modell also sowohl für die akademische Problemlösung in philosophischen oder naturwissenschaftlichen Gesprächen als auch für die Suche von Argumenten für die politische Beratung oder die Volksrede Anwendung finden sollte. Im Folgenden soll Topik auf die zuletzt genannten, praxisbezogenen Aspekte beschränkt werden; sie entsprechen der Situation der juristischen Entscheidungsbegründung und scheinen, weil sie ein problemorientiertes, zugleich sprachgeordnetes und kulturamplifizierendes anschauliches Denkverfahren beschreiben, von zeitübergreifender Gültigkeit.

Nach dem aristotelischen Ansatz ist die Topik das Verfahren, das dem Juristen hilft, Argumente zu finden, mit denen er eine Entscheidung stützen kann. Allgemeiner gesagt, ist die Topik das Verfahren, mit dem man zu jedem Problem Aussagen findet, die denkbare Lösungen stützen können.[42] Auf diese Weise werden im Wechselspiel der Begründungen alle maßgeblichen Gesichtspunkte bedacht und Entscheidungsreife erzielt. Die Stützungen, die Aristoteles mit Hilfe der Topik aufspüren will, sind die sogenannten Endoxa. Formal bilden Endoxa in einem Enthymem die stützende Aussage. Qualitativ handelt es sich um einen Allgemeinsatz, der eine wahrscheinliche bzw. anerkannte Meinung wiedergibt. Das Endoxon ist ein Begriff, eine Ansicht oder eine Regel,

---

42 ARISTOTELES, *Topik*, I, 1.

die plausibel ist, also den Beifall eines realen oder vorgestellten Auditoriums finden kann. Nach Aristoteles sind Endoxa Sätze,

> „die allen oder den meisten oder den Weisen wahr scheinen, und auch von den Weisen wieder entweder allen oder den meisten oder den bekanntesten und angesehensten."[43]

Nach Viehwegs These verläuft die Rechtsgewinnung unausgesprochen nach dem von Aristoteles beschriebenen topischen Verfahren. Nicht nur die praktische Urteilsfindung, sondern auch die sie unterstützende Rechtswissenschaft sei durch das Bemühen gekennzeichnet, Behauptungen durch Endoxa zu stützen. Tiefe und Dichte der Erörterung hängen davon ab, dass möglichst viele und einschlägige Endoxa in Sicht kommen. Auf diese Weise gelingt es, in der Ungewissheit der menschlichen Angelegenheiten ein Gefühl der Sicherheit zu erzeugen und tunliches Handeln vorzubereiten.[44]

Passende Endoxa werden mit Hilfe von Suchformeln gefunden, die Aristoteles „Topoi" (topos, Ort), die spätere Bildungstradition „Loci" (loci communis, Gemeinplätze) nennt.

> Topoi sind nach Aristoteles allgemeine Gesichtspunkte, aus denen sich endoxische Prämissen gewinnen lassen, wie z. B. der Satz vom Gegensatz, die Regel von der gleichen Behandlung gleicher Fälle oder Schlüsse über Mehr und Minder.[45] Im selben Sinn spricht Quintilian von den Loci als den sedes argumentorum, den Orten, welche die Argumente beherbergen.[46] Die Rhetorische Rechtstheorie übernimmt dieses Verständnis und beschreibt Topoi als Suchformeln oder heuristische Gesichtspunkte, mit deren Hilfe sich juristische Begründungen finden, sammeln und katalogisieren lassen.[47]

---

[43] ARISTOTELES, *Topik*, I, 1.

[44] OTTMAR BALLWEG, Rhetorik und Res humanae, in: ROBERT HAUSER/JÖRG REHBERG/GÜNTER STRATENWERTH (Hrsg.), *Gedächtnisschrift für Peter Noll*. Zürich 1984, 13–25.

[45] ARISTOTELES, *Rhetorik*, II. 23, 4.

[46] QUINTILIAN, *Ausbildung des Redners: zwölf Bücher*. Hrsg. von HELMUT RAHN, 2. Aufl., Darmstadt 1988, V, 10, 20.

[47] VIEHWEG, Topik und Jurisprudenz (Fn. 3), 24, 35; OTTMAR BALLWEG, Phronetik, Semiotik und Rhetorik, in: OTTMAR BALLWEG/THOMAS-MICHAEL SEIBERT (Hrsg.), *Rhetorische Rechtstheorie*. Freiburg 1982, 27–71, 42.

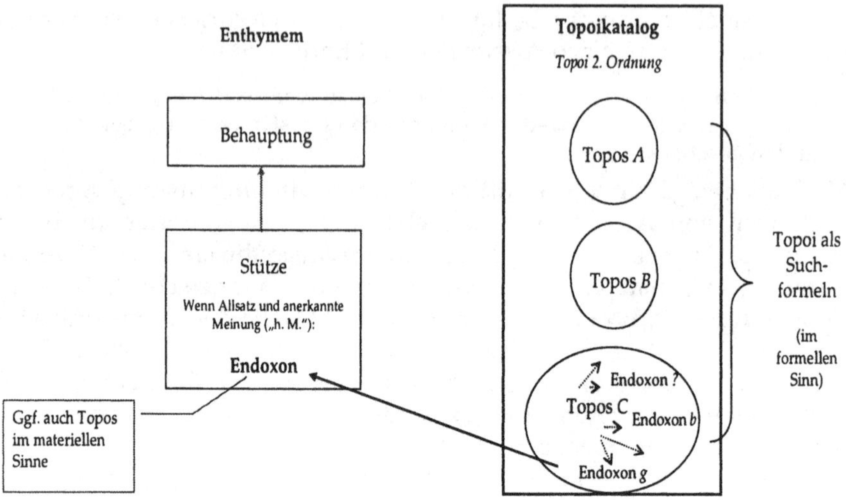

Vielfach werden aber auch die speziellen, konkret stützenden Endoxa als Topoi bezeichnet, vor allem wenn es sich um stehende Begriffe oder einprägsame Regeln handelt. Als Bestandteil von Topoi-Katalogen gelten damit sowohl die formellen Topoi im Sinne der überall verwendbaren Gesichtspunkte und Suchformeln, als auch – in Überschneidung mit dem Endoxa-Begriff – die materialen Topoi im Sinne von speziellen prämissentauglichen Meinungen zu besonderen Problemgruppen.[48]

Bezogen auf die Jurisprudenz zeigen sich damit folgende Topoi-Typen: Zum einen die formellen, für die fachliche Heuristik geschaffenen Endoxa-Sammelstellen, wie z. B. die allgemeinen und fachspezifischen Denkregeln (z. B. argumentum e contrario, de minore ad maius), der Interpretationskanon, die Präferenzordnungen (z. B. lex specialis derogat legi generali), Gliederungsschemata, Verfahrensvorschriften (z. B. Zulässigkeits- vor Begründetheitsprüfung, et audiatur altera pars), die Paragraphen der Gesetze, unter denen die Kommentarliteratur die einschlägigen Leitsätze ordnet oder auch die Tatbestände der gesetzlichen Vorschriften, die als Suchpunkt für Typen von Lebenssachverhalten dienen.[49] Zum anderen die endoxischen Prämissen selber, so z. B. Standardargumente (z. B. Vertrauensschutz, Treu und Glauben, Verhältnismäßigkeit), Wertformeln (z. B. Menschenwürde, Gleichheit), Rechtssprichworte und berühmte Leitsätze, bewährte Sachgesichtspunkte (z. B. Verkehrssitte), allgemeine Lebensregeln und Stereotypen (z. B. der

[48] VIEHWEG, Topik und Jurisprudenz (Fn. 3), 36.

[49] HEINO GARRN, Zur rhetorischen Begründungsfunktion juristischer Topik, in: THOMAS SCHIRREN/GERT UEDING (Hrsg.), *Topik und Rhetorik – Ein interdisziplinäres Symposium. Rhetorikforschungen Bd. 13*. Tübingen 2000, 499–519, 502; BALLWEG, Phronetik, Semiotik und Rhetorik (Fn. 47), 45.

treue Diener; Kinder und Tiere sind unberechenbar; wer einmal lügt ...) sowie schließlich sämtliche Rechtsbegriffe und Sätze der Rechtsdogmatik.[50]

Wie in der Topik beschrieben, ist an den Begründungszusammenhängen der richterlichen Entscheidungstexte erkennbar, dass es um die problembezogene Stützung einer (bzw. mehrerer Teil-)entscheidungen geht. Dabei ist der Richter ganz nach der Grundannahme des Aristoteles bestrebt, auch gegenläufige Begründungsmöglichkeiten in Sicht zu bekommen, nicht nur, um verschiedene Ergebnisvarianten oder die Ökonomie unterschiedlicher Lösungswege durchzuspielen, sondern schon deshalb, weil er dem kontradiktorischen Vorbringen der Prozessbeteiligten Rechnung tragen, sich also mit Gegenargumenten auseinander setzen muss. Beständig ist der juristische Geist auf der Suche nach Gesichtspunkten, die im konkreten Fall *für* den anstehenden Punkt oder *gegen* ihn sprechen; so eröffnet er sich Optionen. Für die Gewinnung der Optionen hat er eine Reihe expliziter und impliziter Techniken erlernt. Sie alle verhelfen ihm, ganz allgemein gesagt, über *Topoi* im Sinne von Suchformeln die *Endoxa,* und damit plausible Argumente (Enthymeme) zu finden. Gängige Suchformeln sind z. B. die Schritte im prozessualen Prüfungsaufbau. Wenn die Abfolge der Punkte kanonisiert wird oder wenigstens Katalog-Status erlangt, spricht Viehweg von „Topoi zweiter Ordnung".[51]

16. These: *Die Auswahl der Argument-Nester orientiert sich an den Topoi zweiter Ordnung.*

Betrachtet man den Prüfungskatalog, der den untersuchten Begründungen implizit zugrunde liegt, so wird deutlich, dass die einzelnen Prüfstationen die Funktion der besagten Suchformeln bzw. (formellen) Topoi zweiter Ordnung erfüllen. Das Gesetz selber erscheint, wie bereits ausgeführt, als ein formeller Gesichtspunkt, der hier neben prozessualen und dialogischen Topoi nahezu gleichgewichtig abgehandelt wird und lediglich als Zugang zu anderen argumentationsrelevanten Endoxa dient. Erst dort, in den „Nestern", findet die eigentliche materielle Auseinandersetzung mit dem Problem statt – dies dann aber meist ohne Bezug auf eine kodifizierte Norm.

Ebenfalls treffend beschreibt die Topik, dass es bei der Auswahl der Prämissen auf die Plausibilität ankommt und diese mit der jeweils anerkannten und wahr scheinenden Meinung korreliert. Anders als manches idealisierte Kriterium, was die Rechtstheorie oder -philosophie entworfen hat, beschreibt Aristoteles exakt, was in der juristischen

---

[50] VIEHWEG, Topik und Jurisprudenz (Fn. 3), 104; GARRN, Zur rhetorischen Begründungsfunktion (Fn. 49), 502–504; GERHARD STRUCK, *Topische Jurisprudenz. Argument und Gemeinplatz in der juristischen Arbeit.* Frankfurt am Main 1971, 20 ff.

[51] VIEHWEG, Topik und Jurisprudenz (Fn. 3), 35.

Praxis Akzeptanz findet: die herrschende Meinung. Nicht der Konsens, die Rationalität, demokratische Legitimation oder Universalisierbarkeit entscheiden über die abstrakte Qualität einer Stützung, sondern deren Plausibilität nach der herrschenden Meinung. Dies wird dadurch bestätigt, dass die Letztbegründungen in den meisten Fällen der Verweis auf eine Autorität nebst Quelle (25 %) bestanden.

Infolgedessen beruht es auf einer theoriegeleiteten Verengung zu meinen, der Jurist würde als Erstes ins Gesetz schauen. Dass dies nicht so ist, mag man bedauern und muss in der Ausbildung immer wieder angemahnt werden, da das Gesetz selbstverständlich die wichtigste Funktion bei der Argumentgewinnung übernimmt. Im Übrigen muss jedoch die Funktion der Rechtsprechung von der der Exekutive unterschieden werden: Die Judikative soll nicht nur aktuelle politische Steuerungsvorgaben umsetzen, sondern hat zudem eine Befriedungsfunktion, in der sie nach bewährten rhetorischen Mustern mit interindividuellen Konflikten umzugehen hat.

D. „Grüne Pfeile"

Am Ende der Studie blieb ein drängendes Problem ungelöst. Zwar konnte man nun alle Argumente erheben und ein vollständiges Tableau mit allen einzelnen Stützungszusammenhängen zeichnen – für manche Argumentnester ließ sich jedoch keine Anbindung an den Stamm oder die übrigen Stützungszusammenhänge finden. Sie wirkten aus der Logosperspektive isoliert. Sie hatten eine unterstützende Beziehung zur restlichen Argumentation, aber keine stützende im Sinne eines Enthymems.

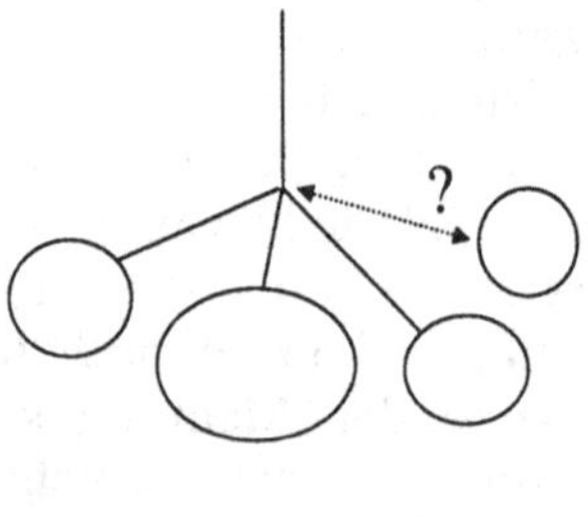

In sich normales Nest mit rätselhafter Anbindung

Beispiele für eine derartige nicht-stützende Anbindung sind: „Zwar ist dem Kläger zuzugeben, ..., aber ..."; „Es kann dahinstehen, ob ... (es folgt eine ausführliche Beschäftigung mit dieser Frage); oder: es wird ein Grundsatz festgestellt, der dann aber sofort eingeschränkt wird.

Ohne Zweifel ist die Verbindung zwischen der obersten Aussage in einem Argumentions-Nest und dem Hauptstrang mit der Formulierung „Es kann dahinstehen" nicht begründend im Sinne einer normalen Stütze. Mit dieser sprachlichen Anbindung lässt sich kein Enthymem bilden. Trotzdem stellt sich der Eindruck ein, dass der Argumentationszusammenhang das Ergebnis, wenn nicht stützt, so doch unterstützt. Unter reinen Logos-Gesichtspunkten ist das Nest vom Stamm isoliert, die Gesamtbetrachtung legt dennoch eine argumentative Verbindung nahe.

Diese Art von Beziehungen war bei der früheren tabellarischen Analyse einfach übergangen worden und hatte bei der grafischen Darstellung mit den Stützungsbäumen große Schwierigkeiten verursacht. Es war festzustellen, dass es sich nicht um ein Enthymem handelte, dass die Gerichte aber diese Argumentationsnester in Beziehung zu anderen Nestern setzen wollten. Eine zusätzliche Schwierigkeit bestand darin, dass sich diese Anbindungen keiner einheitlichen Kategorie zuordnen lassen. Offensichtlich, so stellte sich im Verlaufe der Studie heraus, gab es Unterkategorien – aber wovon? Bis diese Entitäten gefunden waren, wurde für jede dieser ungeklärten Relationen im Stützungsbaum ein „grüner Pfeil" gezogen. Alles, was sich nicht unter Logos-Gesichtspunkten als Stütze einordnen ließ, kam unter die Rubrik „grüner Pfeil". Das war der Weg zum Ziel – um vieles besser, als das Weglassen oder in Argumente umdeuten.

Die Lösung war, dass die scheinbar isolierten Enthymem-Zusammenhänge durch bestimmte rhetorische Figuren angebunden waren; diese rhetorischen Figuren gehören zu der bislang kaum beachteten Gruppe der pragmatischen Figuren.

Wie unter oben „B. Pathos, I. Projektbezogene Merkmale" beschrieben, fielen im Projekt zuvor besonders die Wort-, Satz- und Sinnfiguren ins Auge. Die einzige pragmatische Figur, die schon einmal in einem Urteil registriert wurde, war die rhetorische Frage; pragmatische Figuren schienen ein Mittel für den mündlichen Auftritt zu sein. Dies legten auch die dramatischen Beispiele nahe: z. B. Aposiopese (Verschweigung): Gespieltes Abbrechen, wobei man dem Hörer die Ergänzung überlässt, um entweder Besorgnis und Scheu oder Zorn auszudrücken; Apophase (Leugnung): der Redner erwähnt etwas, obwohl er vorgibt, darüber schweigen zu wollen, z. B. „Aus Gründen, die Geschmack und Anstand gebieten, will ich hier nicht auf den Lebenswandel der Zeugin zu sprechen kommen."

17. These: *Rhetorische Figuren der pragmatischen Art übernehmen genauso wie Enthymeme (Logos) die Anbindung von Argument-Nestern. Pathos erfüllt eine quasi-logische Funktion.*

Folgende rhetorische Figuren übernahmen nach den bisherigen Erfahrungen strukturelle Funktionen in juristischen Argumentationszusammenhängen:

Mit dem *Apologismus* räumt der Redner dem Empfänger etwas ein, wovon er weiß, dass dieser es nicht gebrauchen kann. In den Urteilstexten finden sich Beispiele, in denen dem unterlegenen Kläger etwas eingestanden wird, obwohl dieser aus anderen (später erörterten) Gründen unterliegt. So wird im Urteil 48 (Alter Medizinstudent) zugunsten des Antragstellers zunächst festgestellt, dass eine ihm vorteilhafte Norm eingreift; danach wird diese Norm zum Nachteil des Antragstellers einschränkend ausgelegt. Im Urteil 11 (Wiesen in Belitz) wird zunächst, entgegen der Ansicht der Beklagten und die Klägeransicht bestätigend, die Zulässigkeit des Antrages festgestellt, obwohl dieser danach als unbegründet angesehen wird.[52] Man sieht, dass der Apologismus verwendet wird, um den Unterlegenen zu beschwichtigen, damit er bereit ist, den tragenden Argumenten des Gerichts zuzustimmen. Mit der *Paralipse* behauptet der Redner, etwas übergehen zu wollen, obwohl er danach ausführlich darauf eingeht. Gerichte verwenden diese Figur, um das durch andere Argumente gestützte Ergebnis der Entscheidung zu unterstreichen. So wurde in einem Urteil mehrfach betont, dass das Vorliegen einiger Tatbestandsmerkmale dahinstehen kann. Sodann wird aber ausführlich diskutiert, dass diese wohl erfüllt sind. Damit will das Gericht seine tragende Argumentation unterstützen, indem es aufzeigt, dass nicht nur die tragende Begründung gegen das Klägerbegehren spricht. Zugleich kann damit auch ein außerhalb des Rechtsstreits liegender Streit befriedet werden. Künftige Streitfälle aufgrund dieser anderen Tatbestandsmerkmale können so vermieden werden. Mit der *Epitrope* räumt der Redner etwas vorläufig und nur zum Schein ein. Dies scheint in juristischen Texten ein Mittel für das Ablehnen gegenteiliger Rechtsansichten zu sein. So findet sich in u. a. im Urteil 48 (Alter Medizinstudent) folgende Konstruktion: Zunächst wird eine Rechtsansicht dargestellt, die dem Kläger günstig wäre; grundsätzlich sei die Ausbildungsförderung nicht davon abhängig, dass der Antragsteller noch genügend lange erwerbstätig sein kann. Sogleich wird diese Meinung abgelehnt und die Ablehnung begründet; es sei aber denkbar, dass Ausbildungsförderung ausnahmsweise nicht zu gewähren sei, wenn eine Erwerbstätigkeit nach dem Ende der Ausbildung praktisch ausgeschlossen erscheint. Diese Ansicht wird mit dem

---

[52] Im Entscheidungsbaum des Urteils 11 ist dies das mit Satz 45 beginnende Argumentationsnest.

Sinn und Zweck des Gesetzes begründet.[53] Nicht selten ließ sich auch die Figur der *amplificatio ad faciendam fidem* nachweisen. Sie dient der Verstärkung von bereits vorher gestifteten Überzeugungen. Zu diesem Zwecke werden, nachdem ein Ergebnis schon begründet wurde, weitere Begründungen ausgeführt. Dieses Muster fand sich in drei der näher untersuchten Urteile.

Interessant war, dass in zwei Entscheidungen (Nr. 52 und 53) ein Berufungssenat eine pragmatische Figur, welche das Gericht der ersten Instanz eingesetzt hatte, bei strukturähnlicher Begründung in ein echtes, tragfähiges Enthymem verwandelte. Was das Verwaltungsgericht noch „dahinstehen" ließ, war in der zweiten Instanz geeignet, eine Aussage stringent zu stützen. Pathos verformt sich zu Logos: eine bezeichnende Metamorphose. Beide Instanzen verwendeten denselben Topos; der Aufbau der Argumentationen wich ebenfalls kaum ab. Deutlich wird daraus auch, dass nicht der Inhalt einer Aussage bestimmt, ob sie als Pathos- oder Logosargument eingesetzt wird, sondern dass der Rhetor diese Einordnung nach pragmatischen Gesichtspunkten vornimmt.

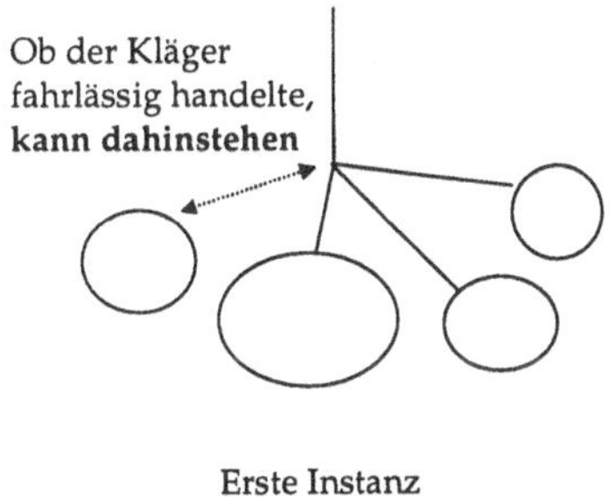

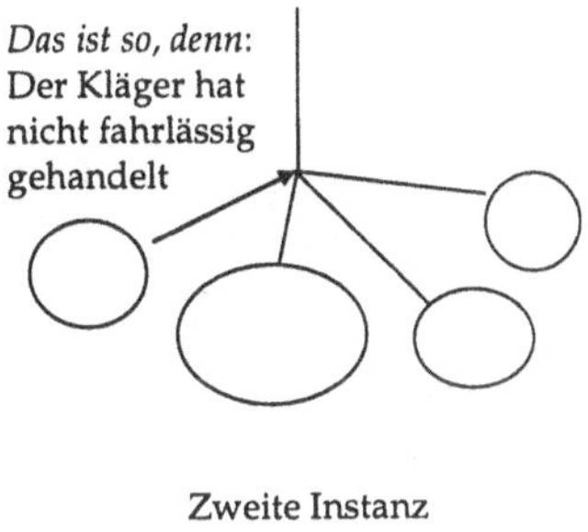

An dieser Verwandlung erkennt man nicht nur, dass die Übergänge zwischen Pathos und Logos im Fluss sind, sondern auch, dass rhetorische Figuren eine quasi-logische Funktion übernehmen können. Aus der Sicht des Logos wirken sie wie das Randphänomen eines Arguments: ein Verstärker, Verzögerer, Platzhalter, Versteck, Abbild oder eine Spiegelung. Logos muss Logos in das Zentrum rücken: Die rhetorische Figur ist allenfalls das quasi-logische Mittel. Aus der Sicht des Pathos hingegen genügen sich die rhetorischen Figuren selbst. Sie sind keine „schlechten Argumente" oder rhetorische Unlauterkeiten, sondern die Grundeinheiten der Grammatik des Begründens. So kennt die

[53] Im Entscheidungsbaum des Urteils 48 ist dies das aus den Sätzen 41–43 bestehende Argumentationsnest, das die teleologische Auslegung in Satz 44a stützt.

klassische Figurenlehre auch die *Ätiologie,* die Angabe von Gründen, sodass sich die Logosdimension vollkommen im Medium des Pathos abbilden ließe. Dies führt zu der

18. These, *dass es sich beim Enthymem um eine – mit seiner Basis weiterhin eng verwobene – nicht ausgehärtete, pragmatisch flüchtige Ausdifferenzierung der rhetorischen Figuren handelt.*

Juristen, die etwas über die Grammatik des Begründens erfahren wollen, müssen damit zwei Schritte zurücklegen. Es reicht nicht aus, das Konzept des Syllogismus hinter sich zu lassen und gegen das Leitbild des Enthymems einzutauschen. Erst wenn man die Interdependenz von Enthymem und rhetorischer Figur in ihrer pragmatischen Eingebundenheit versteht, erschließt sich die Kunst juristischer Rhetorik.

Auf den folgenden zwei Seiten finden Sie die Stützungsbäume für das Urteil 11, Restitutionsurteil „Wiesen in Belitz" sowie den Bescheid 48, BAföG „Alter Medizinstudent", die hier stark verkleinert wiedergegeben werden, um einen Überblick über die Grundstruktur juristischer Begründungen zu ermöglichen.

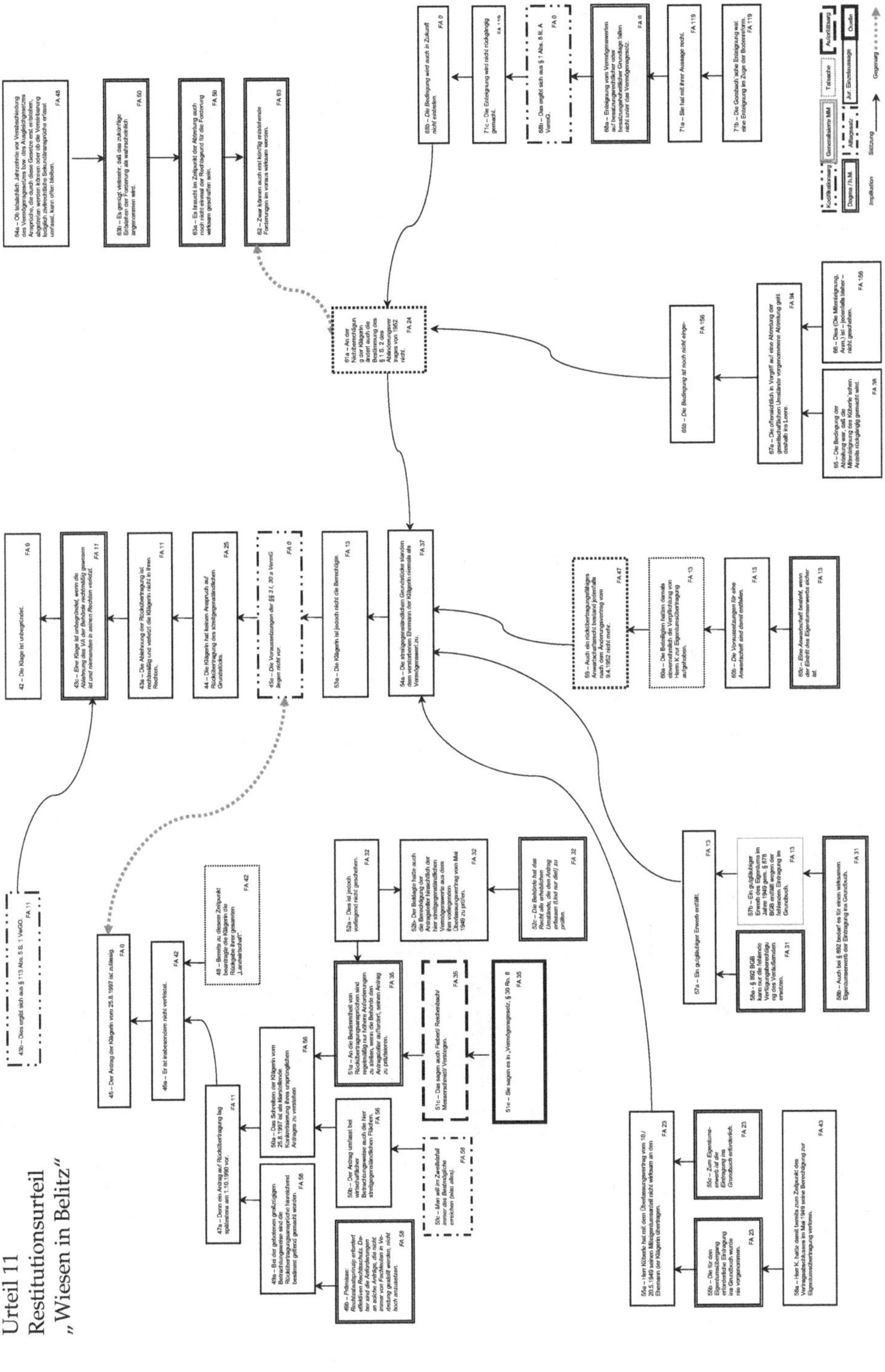

Urteil 11
Restitutionsurteil
„Wiesen in Belitz"

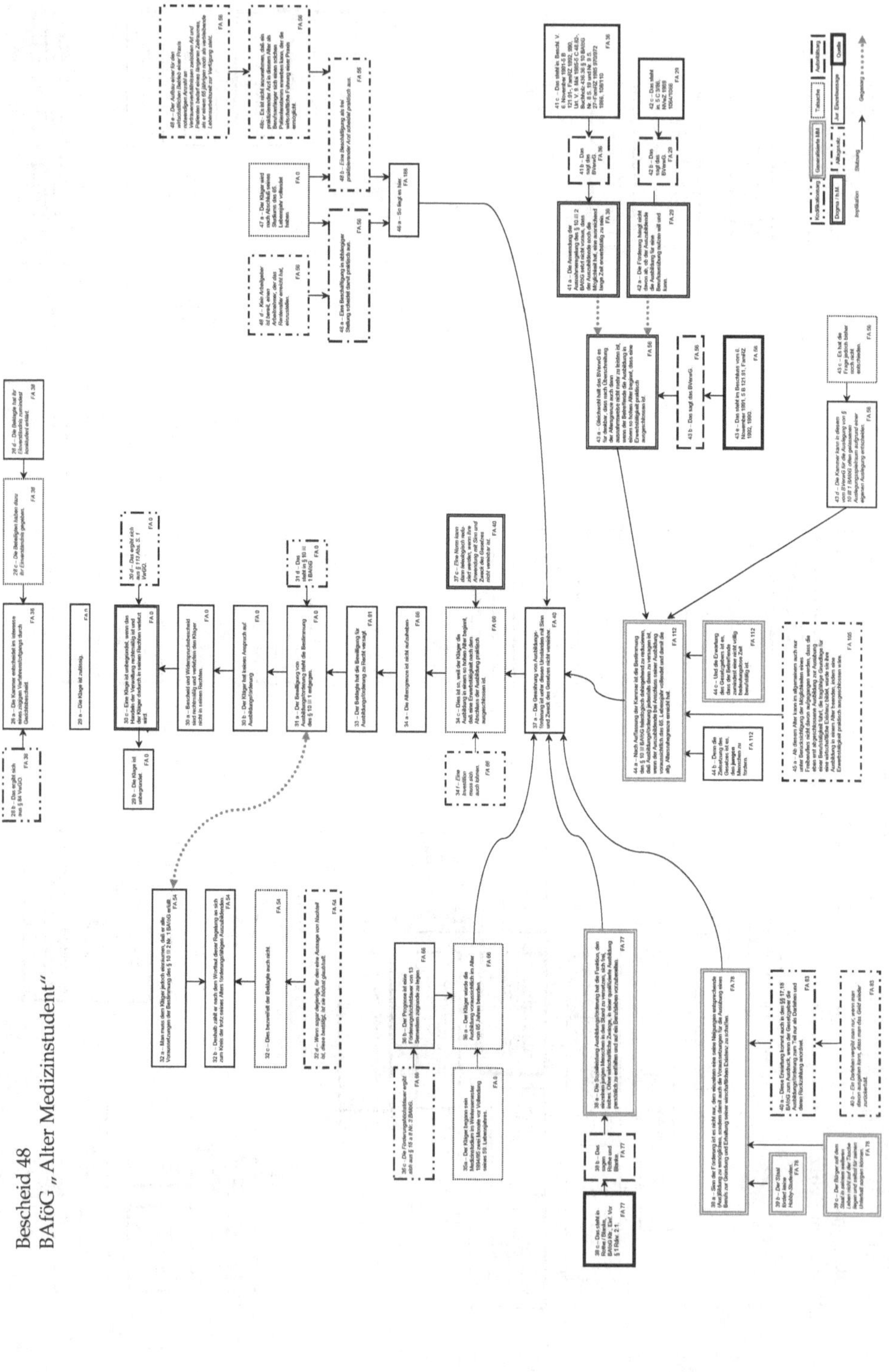

Bescheid 48
BAföG „Alter Medizinstudent“

Jeannette Schmid

Wie man den Eindruck von Glaubhaftigkeit erweckt

Psychologische Anmerkungen zur Sachverhaltsdarstellung

I. Einleitung

Grundlage für diesen Entwurf einer kleinen Abhandlung über die verschiedenen Facetten der Glaubhaftigkeit im juristischen Kontext waren zum einen Überlegungen zu den verschiedenen Quellen der Sachverhaltsdarstellung, in denen Glaubhaftigkeitsprobleme auftreten können, sowie zum anderen zu den Möglichkeiten, diese zugeschriebene Eigenschaft (der Glaubhaftigkeit) gezielt zu verändern. In dieser Arbeit geht es also erstens um eine Differenzierung verschiedener ‚Glaubhaftigkeiten', zweitens um Möglichkeiten ihrer Veränderung und drittens schließlich um Methoden, diese wissenschaftlich zu belegen. Dabei wird ein Bogen von der Lüge zum Irrtum zur strategischen Überredung geschlagen, indem zunächst aktuelle Ansätze sozialpsychologischer Lügendetektionsforschung kurz angerissen werden und dann auf die Möglichkeiten sprachbasierter Manipulation eingegangen wird. Daraus leiten sich sowohl die Fragestellungen für empirische Projekte als auch ihre Untersuchungsmethodik ab.

1. Glaubhaftigkeit

Der Begriff der Glaub*würdigkeit* ist insofern unscharf, als er sich einerseits darauf bezieht, ob man einer bestimmten Aussage Glauben schenken sollte (ob sie also verlässlich ist), als andererseits darauf, ob eine bestimmte Person das generelle Persönlichkeitsmerkmal ‚Ehrlichkeit' besitzt. Letzteres würde bedeuten, dass es situationsübergreifende Verhaltensähnlichkeiten gäbe und dass eine Person, die trotz lockender Gelegenheit nicht mogelt oder stiehlt, auch Fragen wahrheitsgemäß beantwortet. Nun zeigte sich aber in den bisherigen Studien zu diesem

Persönlichkeitsmerkmal ‚Ehrlichkeit', dass die jeweilige Situation einen so starken Einfluss auf das Verhalten hat, dass Vorhersagen aus früheren Beobachtungen nur schlecht möglich sind. Dies führte dazu, dass man in der Psychologie die Idee eines derartigen Persönlichkeitsmerkmals aufgab (auch wenn es in der Laiensicht nach wie vor sehr prominent und ein wichtiger Beurteilungsmaßstab für die Mitmenschen ist). In der Folge nahm man daher auch von dem Begriff ‚Glaubwürdigkeit' Abstand und entschied sich für den schärferen, lediglich auf die spezifische Aussage bezogenen Begriff der ‚Glaubhaftigkeit'.[1] Eine Aussage ist dann verlässlich, wenn sie weder auf einer willentlichen (Lüge) noch unwissentlichen (Irrtum) Verfälschung der Tatsachen beruht.

2. Prozessbeteiligte

Unter dem Blickwinkel der Verlässlichkeit zeigen sich bezogen auf die verschiedenen Rollen in einem Gerichtsprozess unterschiedliche Facetten der Fragestellung. Bei den Tatverdächtigen, die von einer bestimmten Gerichtsentscheidung profitieren, liegt die Prüfung einer absichtlichen Verfälschung nahe. Bei den Zeugen, sofern sie nicht selbst etwas vom Prozessausgang haben, wird eher die Möglichkeit eines Irrtums im Vordergrund stehen. Bei den beteiligten Anwälten hingegen, denen man weder eine Lüge unterstellt noch einen Irrtum (als Indikator mangelnder Kompetenz) zuschreiben möchte, bleibt zumindest ein Restverdacht auf manipulierte Darstellung von Tatsachen. Vergleicht man nun diese unterschiedlichen Möglichkeiten, verfälschend über Tatsachen zu kommunizieren, so ergibt sich die Frage, ob hinter diesen unterschiedlichen Möglichkeiten auch unterschiedliche psychische Prozesse vermutet werden müssen. Wie auf den folgenden Seiten ausgeführt wird, spricht Einiges dafür.

II. Lügendetektion

Lügendetektion ergibt sich aus zwei Kategorisierungsleistungen: Lügen müssen richtig als solche erkannt werden und wahrhaftige Aussagen müssen ebenfalls richtig als wahrhaftig beurteilt werden. Diese beiden Fehler sind teilweise voneinander abhängig, was sich am einfachsten am Beispiel eines Detektors erläutern lässt, der alle Aussagen samt und sonders als erlogen klassifiziert. Damit wird zweifelsfrei

---

[1] GÜNTER KÖHNKEN, *Glaubwürdigkeit: Untersuchungen zu einem psychologischen Konstrukt.* München 1990.

erreicht, dass 100 % der darin enthaltenen Lügen richtig zugeordnet werden. Der Preis ist jedoch auch, dass alle wahrhaftigen Aussagen fälschlich als Lügen eingeordnet werden. Je empfindlicher man solche Instrumente auf der Lügenseite konzipiert, desto größer ist das Risiko der unabsichtlichen Fehlzuordnungen von wahrhaftigen Aussagen. Die Grundlage für die Anwendung von Detektionsverfahren ist zunächst, dass bestimmte beobachtbare Merkmale am Verhalten des Aussagenden in einen rechnerischen Zusammenhang mit der Lügen-Wahrscheinlichkeit gebracht werden können. Für reine Erregungsmaße, auf denen der Kontrollfragentest als Variante des Polygraphen basiert, ist der wissenschaftliche Nachweis dieses Zusammenhanges bislang nicht erfolgt,[2] was 1998 zu einem BGH-Urteil führte, das den Einsatz des Kontrollfragentests als Beweismittel im Strafverfahren für unzulässig erklärte.[3] Die Lügendetektion im Alltag kann nicht auf physiologische Messungen zurückgreifen. Mögliche Merkmale entstammen hier der Gestik, Mimik, den paraverbalen Anteilen und dem Inhalt der Aussage.

1. Das Linsenmodell der Lügendetektion

Die Verbindung zwischen der Ursache für die Veränderung von Hinweisreizen auf der einen Seite (hier: der Zusammenhang zwischen der Wahrhaftigkeit einer Aussage und den Aussagemerkmalen) und der Wahrnehmung dieser Hinweisreize auf der anderen Seite (hier: der Zusammenhang zwischen den Aussagemerkmalen und dem Wahrheitsurteil) lässt sich in dem Linsenmodell von Brunswik[4] darstellen, bei dem wie in einer optischen Linse Strahlen zunächst gestreut und dann gebündelt werden. In Abbildung 1 sind in diesem Modell verbale Hinweisreize eingetragen, die in einem rechnerischen Zusammenhang mit der Wahrhaftigkeit der Aussage stehen. Sie entstammen einer Überblicksarbeit von Zuckerman und Driver[5] und wurden in Labor-Untersuchungen erhoben.

---

[2] KLAUS FIEDLER, Gutachterliche Stellungnahme zur wissenschaftlichen Grundlage der Lügendetektion mithilfe sogenannter Polygraphentests, in: *BGH-Gutachten Psychophysiologische Aussagebeurteilung. Praxis der Rechtspsychologie* 9 – *Sonderheft* (1999), 5–44; KLAUS FIEDLER/JEANNETTE SCHMID/TERESA STAHL, What is the current truth about polygraph lie detection? in: *Basic and Applied Social Psychology* 24 (2002), 313–324.

[3] Urteil des Bundesgerichtshofes vom 17. Dezember 1998 – 1 StR 156/98 – LG Mannheim.

[4] EGON BRUNSWIK, *Perception and the representative design of psychological experiments.* Berkeley 1956.

[5] MIRON ZUCKERMAN/ROBERT E. DRIVER, Telling lies: Verbal and nonverbal correlates of deception, in: ARON W. SIEGMAN/STANLEY FELDSTEIN (Hrsg.), *Multichannel integrations of nonverbal behaviour.* Hillsdale (N.J.) 1985, 129–148.

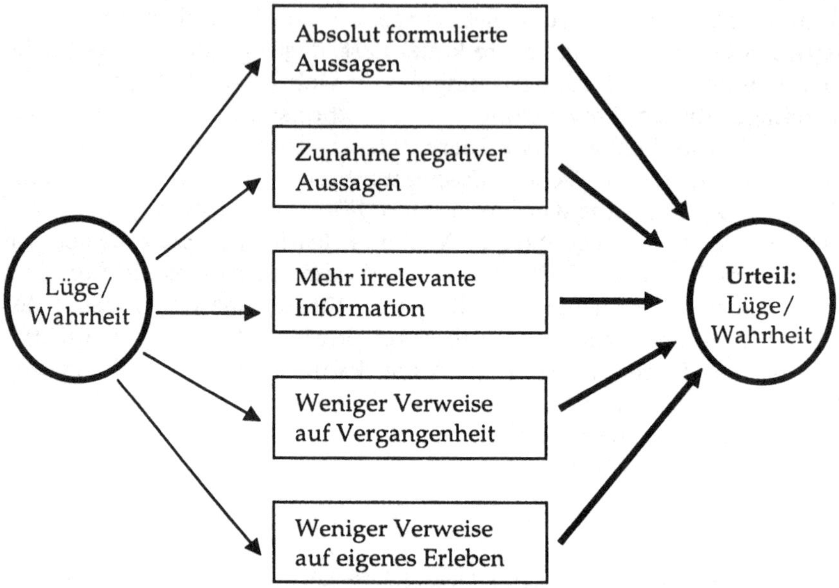

Abbildung 1: Linsenmodell der Lügendetektion (verbale Hinweise)

Eine Aussage ist eher verfälscht als korrekt, wenn sie mehr absolut formulierte Aussagen enthält, wenn sie mehr negative Aussagen enthält, wenn sie mehr irrelevante Information enthält, wenn sie weniger Verweise auf die Vergangenheit oder auf eigenes Erleben enthält. Hier wird also grundsätzlich verglichen, wie sich die wahrhaftigen Aussagen ein und derselben Person zu den verfälschten Aussagen verhalten. Die rechnerischen Zusammenhänge zwischen Wahrhaftigkeit und den Kennzeichen sind dabei im Allgemeinen geringer als die Zusammenhänge zwischen Wahrheits*urteil* und Kennzeichen. Mit anderen Worten: Kennt man die Ausprägung der Hinweise in einer Aussage, lässt sich das Urteil der Beobachter besser vorhersagen als die tatsächliche Wahrhaftigkeit sich bestimmen lässt. Alle Zusammenhänge sind probabilistischer Natur. Es gibt keinen Hinweis, der immer mit einer Lüge (oder einem Irrtum) verbunden ist und es gibt auch keinen Hinweis, der immer mit einer wahrhaftigen Aussage verbunden ist. Daher ist Lügendetektion (sowohl im forensischen wie auch im Alltagsbereich) ausgesprochen schwer und im Labor werden selten Ergebnisse erzielt, die über die bloße Ratewahrscheinlichkeit hinausgehen.

Vor Gericht geht es, überspitzt gesagt, letztendlich nicht um Lügendetektion, sondern um Wahrhaftigkeitsdetektion. Denn es ist ebenso unangenehm, einer absichtlichen wie einer unabsichtlichen (Gedächtnis-) Täuschung zum Opfer zu fallen. Daher befasst sich die moderne Aussagepsychologie nicht mehr in erster Linie damit, etwaige Motive für das Lügen zu prüfen, sondern forscht nach, ob die geschilderten Sachverhalte eine reale Erlebnisgrundlage gehabt haben können.[6]

2. Das Wahrheits-Postulat

Für den Alltag wird angenommen, dass die meisten Behauptungen, denen ein Mensch begegnet, nicht hinterfragt, sondern bis auf weiteres akzeptiert werden. Ein ständiger Verdacht würde viel zuviel kognitive Kapazität erfordern, außerdem ist es ein Verstoß gegen die Alltagsgepflogenheiten, ohne nachvollziehbaren Anlass Misstrauen zu äußern.[7] Nur unter ganz bestimmten Umständen wird im Alltag die Wahrhaftigkeit einer Aussage einer Überprüfung unterzogen: a) wenn für den Betroffenen sehr viel von der Verlässlichkeit einer Aussage abhängt, b) wenn es eine Vorwarnung gab (z. B. entspricht die Situation einer stereotypen Lügen-Situation, z. B. Wahlrede oder Gebrauchtwagenkauf), c) wenn der Sprecher/Schreiber sich unerwartet verhält, z. B. nicht zum Inhalt passende Gefühlsregungen zeigt. Anstatt also beim Wahrheits-Postulat zu bleiben, wird Energie und Zeit dafür eingesetzt zu prüfen, ob die Aussage verlässlich ist.

3. Das Fokus-Modell

Es macht offenbar einen Unterschied, was die Person letztendlich zu finden erwartet. Ist ihr Misstrauen geweckt, so erhöht sich auch die Wahrscheinlichkeit, dass sie die Aussage am Schluss als verfälscht beurteilt. Der vermittelnde Prozess scheint eine Konzentration auf die Person des Senders zu sein – statt lediglich zu fragen ‚Glaube ich dies?' wird nun zusätzlich die Frage aufgeworfen: ‚Weshalb will er/sie, dass ich dies glaube?' und die Möglichkeit einer Lüge erscheint immer plausibler. Anders verhält es sich, wenn die Person zunächst bemüht ist zu

---

[6] KLAUS FIEDLER/JEANNETTE SCHMID, Gutachten über die Methodik und Bewertungskriterien für Psychologische Glaubwürdigkeitsgutachten, in: *Praxis der Rechtspsychologie* 9 (1999), 5–45.

[7] JEANNETTE SCHMID, *Lügen im Alltag – Zustandekommen und Bewertung kommunikativer Täuschungen*. Münster 2000.

verstehen, was mit der Aussage ausgesagt werden soll, wenn also ein ‚Verständnis-Fokus' vorherrscht.[8] Abbildung 2 zeigt die zwei Richtungen, die die Detektion einschlagen kann. Die Urteile, die optisch hervorgehoben sind, sind jeweils die wahrscheinlicheren.

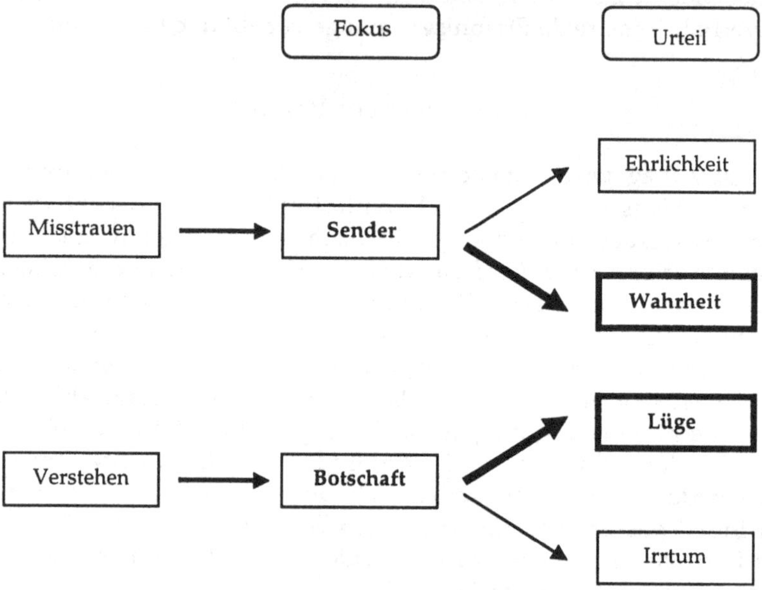

Abb. 2: Fokus-Modell der Lügendetektion

4. Hinweis-Nutzung

Überdies können, je nach Fokus, die gleichen Hinweisreize zu genau gegensätzlichen Urteilen führen. Ein Beispiel ist das Merkmal ‚Detailreichtum'. Personen mit einem Botschafts-Fokus kommen zu dem Schluss, dass sich der Sprecher nicht diese Menge an Details selbst ausgedacht haben könne, während Personen mit Sender-Fokus mit jedem neuen Detail ihr Misstrauen steigern.[9] Ähnlich könnte es sich mit dem beobachteten Lächeln verhalten – möchte der Empfänger verstehen,

[8] KLAUS FIEDLER/JEANNETTE SCHMID, Wahrheitsattribution: Ein neuer theoretischer und methodischer Ansatz der Lügenforschung, in: ALBERT SPITZNAGEL (Hrsg.), *Geheimnis und Geheimhaltung: Erscheinungsformen – Funktionen – Konsequenzen*. Bern 1998, 167–180.

[9] KLAUS FIEDLER/JEANNETTE SCHMID/STEPHANIE KURZENHÄUSER/VOLKER SCHRÖTER, Lie detection as an attribution process: The anchoring effect revisited, in: *Hypnosis International Monographs* 4 (2000), 113–136.

nimmt er das Lächeln vielleicht als Zeichen einer entspannten, Vertrauen einflößenden Haltung, ist er hingegen misstrauisch, vermutet er hinter dem Lächeln die Freude des Sprechers darüber, ihn erfolgreich zu täuschen. Für die Frage ‚Wie man den Eindruck von Glaubhaftigkeit erweckt' lässt sich aus den bisherigen Ausführungen über die Lügendetektion im Alltag folgender Schluss ziehen: *Liegt eine Sachverhaltsdarstellung mit hohem Detailreichtum vor, kann eine Fokus-Veränderung den Glaubhaftigkeits-Eindruck umschlagen lassen.* Will man den Eindruck von Zweifelhaftigkeit forcieren, sollte die Person des Sprechers in den Mittelpunkt der Aufmerksamkeit gerückt werden.

III. Subtile Manipulation: Wortkategorien

Während die Prüfung der Zuverlässigkeit einer Aussage sich auf klassische Anwendungsfelder der Aussagepsychologie bezog, bieten die Sprachpsychologie und die Sozialpsychologie Ansätze, Manipulationen, die nicht eigentlich Falschaussagen sind, auf die Spur zu kommen. Damit kann nun auch das Sprachverhalten der professionellen Prozessbeteiligten untersucht werden.

1. Das Linguistische Kategorien-Modell (LCM)

Das Linguistische Kategorienmodell (Linguistic Category Model – LCM) unterscheidet vier Wortklassen, deren Verwendung Auswirkungen auf die erlebte Zuschreibung von Kausalität, Verschulden und Absichtlichkeit hat. In Tabelle 1 sind diese vier Wortklassen mit Beispielen aufgeführt.

Deskriptive Handlungsverben	**Interpretative Handlungsverben**	**Zustandsverben**	**Adjektive**
boxen	angreifen	hassen	aggressiv
spenden	helfen	mitfühlen	sozial
weglaufen	vermeiden	fürchten	ängstlich
Reine Beschreibung	*Kontextabhängig, wertend*	*Subjektiver Zustand*	*Abstrahiert von Objekten und Situationen*

Tabelle 1: Die Wortklassen des Linguistischen Kategorien-Modells

2. Eigenschaften des LCM

Diese Wortklassen sind auf einer Achse der Abstraktheit angeordnet: Handlungsverben bilden das konkrete Ende des Kontinuums, am abstraktesten sind Adjektive. Je abstrakter die gewählte Wortklasse, umso mehr ergibt sich der Eindruck, dass das Behauptete nicht nachprüfbar und insgesamt wenig glaubhaft sei.[10] *Wer Konkretes vorbringen kann und auf der deskriptiven Ebene verbleiben kann, kann leichter den Eindruck von Glaubhaftigkeit erzielen.* Diese Technik steht Anwälten in der Rolle der Ankläger eher zur Verfügung als Verteidigern.[11]

Neben der Zuschreibung von Glaubhaftigkeit sind die Wortklassen im juristischen Bereich auch durch ihre Folgen für die Zuschreibung von Verschulden interessant. Wird eine Handlung, die ein Täter an einem Opfer vornimmt, mit Hilfe eines Handlungsverbs ausgedrückt, ergibt sich der Eindruck von (Allein)Schuld des Täters. Wird der gleiche Vorgang mit einem Zustandsverb beschrieben, ergibt sich der Eindruck von einem (Mit)Verschulden des Opfers.[12] *Wer über die Zustände des Täters spricht, impliziert damit eine Mitschuld des Opfers. Allerdings ist dies weniger glaubhaft.*

Bei einer Vernehmung vor Gericht wird als dritte Eigenschaft der Wortklassen bedeutsam, dass es Gesetzmäßigkeiten ihrer Abfolge gibt. Werden Begründungen gegeben (es wird immer wieder nach dem ‚warum' gefragt), wechseln Handlungs- und Zustandsverben sich ab. Enthält also die Frage des Anwalts ein Handlungsverb, erhöht sich die Wahrscheinlichkeit, dass der Zeuge mit einem (weniger glaubhaften) Zustandsverb antwortet.[13] *Durch die Wahl der Wortkategorie in der Frage*

---

[10] KLAUS FIEDLER/GÜN REFIK SEMIN, On the causal information conveyed by different interpersonal verbs, in: *Social Cognition* 6 (1988), 21–39.

[11] JEANNETTE SCHMID/KLAUS FIEDLER, Language and implicit attributions in the Nuremberg Trials: Analyzing Prosecutors' and Defense Attourneys' closing speeches, in: *Human Communication Research* 22 (1996), 371–398; JEANNETTE SCHMID/KLAUS FIEDLER, The backbone of closing speeches: The impact of Prosecution versus Defense language on juridical attributions, in: *Journal of Applied Social Psychology* 28 (1998), 1140–1172; JEANNETTE SCHMID, Perspective-dependent attributions in court: An investigation into closing speeches with the Linguistic Category Model, in: WERNER KALLMEYER/CARL FRIEDRICH GRAUMANN (Hrsg.), *Perspectivity and Perspectivation* (*Human Cognitive Processing Series*). Amsterdam 2002, 287–303.

[12] GÜN REFIK SEMIN/KLAUS FIEDLER, The cognitive functions of linguistic categories in describing persons: Social cognition and language, in: *Journal of Personality and Social Psychology* 54 (1988), 558–568.

[13] GÜN REFIK SEMIN/MONICA RUBINI/KLAUS FIEDLER, The answer is in the question: The effect of verb causality on locus of explanation, in: *Personality and Social Psychology Bulletin* 21 (1995), 834–841.

lässt sich die Wortkategorie der Antwort und damit ein bestimmendes Element ihrer Glaubhaftigkeit beeinflussen.

Die Eigenschaften dieser Wortklassen sind bislang für die folgenden Landessprachen nachgewiesen worden: Englisch, Französisch, Deutsch, Niederländisch, Spanisch, Griechisch, Italienisch, Türkisch.

IV. Direkte Manipulation: Heuristiken

In der sozialpsychologischen Persuasionsforschung befassen sich sogenannte duale Theorien damit, auf welcher Basis Kommunikatoren die Empfänger von der Stichhaltigkeit ihrer Argumente überzeugen können. Die Grundannahme ist dabei, dass nur dann die Argumente wirklich gewürdigt und bedacht werden, wenn der Empfänger befähigt und auch gewillt ist, dies zu tun.[14] Der Wille (die Motivation) kann dann gegeben sein, wenn diese Mitteilung als sehr wichtig erachtet wird, z. B. weil die Person selbst betroffen ist. Die Befähigung kann von Situation zu Situation wechseln. Wenn die Person gleichzeitig andere kognitiv aufwändige Leistungen bringen muss bzw. abgelenkt ist, hat sie nicht die volle notwendige Kapazität zur Verfügung. Daher ergeben sich zwei Verarbeitungswege, je nachdem, ob optimale Voraussetzungen herrschen oder nicht. Ist die Kapazität eingeschränkt, bleibt dem Beurteiler immerhin noch die Nutzung von Daumenregeln (Heuristiken). So kommt es, dass Meinungen, für die viele Argumente angeführt werden, für stichhaltiger gehalten werden (egal, ob die Argumente gut sind oder nicht). Auch die Vertrautheit der Argumente wird positiv gewertet, ebenso wie der Expertenstatus des Sprechers oder auch die Sympathie gegenüber dem Sprecher.

Aus diesen Persuasions-Modellen lässt sich ableiten, dass man, wenn man keine an sich überzeugenden Argumente hat, trotzdem einen Meinungsumschwung bei den Zuhörern erzielen kann, wenn es einem gelingt, ihre Verarbeitungskapazität einzuschränken (durch Ablenkung und/oder Überforderung) und gleichzeitig bewährte Heuristiken anzubieten.

---

[14] SHELLEY CHAIKEN, Heuristic versus systematic information processing and the use of source versus message cues in persuasion, in: *Journal of Personality and Social Psychology* 39 (1980), 752–766; RICHARD E. PETTY/JOHN T. CACIOPPO, *Communication and persuasion: Central and peripheral routes to attitude change*. New York 1986.

V. Möglichkeiten der Argumentation

Aus den bisherigen Ausführungen lässt sich sowohl für die Herstellung des Glaubhaftigkeits-Eindrucks wie auch des Unglaubhaftigkeits-Eindrucks ein Fazit ziehen:

1. Eindruck von Glaubhaftigkeit

Es stehen mindestens drei Möglichkeiten offen, einen Sachverhalt als glaubhaft erscheinen zu lassen:

- indem man den Fokus auf die Botschaft richtet, was das Urteil ‚wahr' nahelegt
- indem man deskriptiv-konkrete (daher glaubhafte) Wortkategorien verwendet
- indem man die Verarbeitungskapazität herabsetzt und Heuristiken anbietet

2. Eindruck von Unglaubhaftigkeit

Akteure im Rechtssystem können Gegenmeinungen als weniger glaubhaft erscheinen lassen:

- indem sie Misstrauen wecken und für den Vertreter der Gegenmeinung einen Sender-Fokus aufbauen
- (im Dialog) indem sie zusätzlich zum Senderfokus zur Produktion vieler Details anregen
- (im Dialog) indem sie durch eigene Verwendung von Handlungsverben in Fragen an die Gegenseite (weniger glaubhafte) Zustandsverben in den Antworten forcieren.

VI. Fragestellungen

Aus den bisherigen Ausführungen ergeben sich mehrere Ansätze für empirische Untersuchungen zur juristischen Argumentation:

- Welche Heuristiken sind spezifisch für Sachverhaltsdarstellungen im Rechtssystem?
- Nutzen Akteure im Rechtssystem die Heuristiken (insbesondere dann, wenn ihnen der Erfolg aufgrund der Qualität ihrer Argumente unwahrscheinlich erscheint)?

Und schließlich gibt es auch noch eine Akteurs-Gruppe, die bislang unerwähnt blieb, aber in mehrsprachigen Prozessen zur Glaubhaftigkeit der Sachverhaltsdarstellung Entscheidendes beitragen könnte:

- Passen Übersetzer den Grad der Glaubhaftigkeit der vermittelten Botschaft an den erwarteten Prozessausgang an?

Für jedes dieser Forschungsvorhaben sind Beobachtungen im Feld durchzuführen, an die sich experimentelle Laborstudien anschließen sollten. Die Heuristiken, die im Feld gefunden werden, müssen zunächst kategorisiert und dann an Empfängern getestet werden, um sicherzustellen, dass es sich hier wirklich um Heuristiken handelt, die in der vorhergesagten Weise funktionieren. Der Nachweis ist dann gegeben, wenn (nur) bei Kapazitätseinschränkung das Urteil in die durch die Heuristik vorgegebene Richtung beeinflusst werden wird.

Für das Experiment mit den Sendern (Anwälten) wären Szenarien zu entwickeln, in denen die subjektive Einschätzung der Güte der eigenen Argumente manipuliert werden kann. Beobachtet wird anschließend, ob bei Vorhandensein von subjektiv als schlecht eingeschätzten Argumenten vermehrt Heuristiken eingesetzt (und Kapazitätseinbußen bei den Empfängern hergestellt) werden.

Für die Arbeit mit den Dolmetschern wären parallele Situationen zu entwickeln, die sich lediglich in den Erfolgsaussichten der vom Dolmetscher übersetzten Partei unterscheiden. Gemessen würden die Übersetzungs-Unterschiede dann mit Hilfe des Linguistischen Kategorien-Modells.

Literatur

BGH, Urteil des Bundesgerichtshofes vom 17. Dezember 1998 – 1 StR 156/98 – LG Mannheim.

Brunswik, Egon, Perception and the representative design of psychological experiments. Berkeley 1956.

Chaiken, Shelley, Heuristic versus systematic information processing and the use of source versus message cues in persuasion, in: Journal of Personality and Social Psychology 39 (1980), 752–766.

Fiedler, Klaus, Gutachterliche Stellungnahme zur wissenschaftlichen Grundlage der Lügendetektion mithilfe sogenannter Polygraphentests, in: BGH-Gutachten Psychophysiologische Aussagebeurteilung. Praxis der Rechtspsychologie 9 – Sonderheft (1999), 5–44.

Fiedler, Klaus/Schmid, Jeannette, Wahrheitsattribution: Ein neuer theoretischer und methodischer Ansatz der Lügenforschung, in: Albert Spitznagel (Hrsg.),

Geheimnis und Geheimhaltung: Erscheinungsformen – Funktionen – Konsequenzen. Bern 1998, 167–180.

Fiedler, Klaus/Schmid, Jeannette, Gutachten über die Methodik und Bewertungskriterien für Psychologische Glaubwürdigkeitsgutachten, in: Praxis der Rechtspsychologie 9 (1999), 5–45.

Fiedler, Klaus/Schmid, Jeannette/Kurzenhäuser, Stephanie/Schröter, Volker, Lie detection as an attribution process: The anchoring effect revisited, in: Hypnosis International Monographs 4 (2000), 113–136.

Fiedler, Klaus/Schmid, Jeannette/Stahl, Teresa, What is the current truth about polygraph lie detection? in: Basic and Applied Social Psychology 24 (2002), 313–324.

Fiedler, Klaus/Semin, Gün Refik, On the causal information conveyed by different interpersonal verbs, in: Social Cognition 6 (1988), 21–39.

Köhnken, Günter, Glaubwürdigkeit: Untersuchungen zu einem psychologischen Konstrukt. München 1990.

Petty, Richard E./Cacioppo, John T., Communication and persuasion: Central and peripheral routes to attitude change. New York 1986.

Schmid, Jeannette, Lügen im Alltag – Zustandekommen und Bewertung kommunikativer Täuschungen. Münster 2000.

Schmid, Jeannette, Perspective-dependent attributions in court: An investigation into closing speeches with the Linguistic Category Model; in: Werner Kallmeyer/Carl Friedrich Graumann (Hrsg.), Perspectivity and Perspectivation (Human Cognitive Processing Series). Amsterdam 2002, 287–303.

Schmid, Jeannette/Fiedler, Klaus, Language and implicit attributions in the Nuremberg Trials: Analyzing Prosecutors' and Defense Attourneys' closing speeches, in: Human Communication Research 22 (1996), 371–398.

Schmid, Jeannette/Fiedler, Klaus, The backbone of closing speeches: The impact of Prosecution versus Defense language on juridical attributions, in: Journal of Applied Social Psychology 28 (1998), 1140–1172.

Semin, Gün Refik/Fiedler, Klaus, The cognitive functions of linguistic categories in describing persons: Social cognition and language, in: Journal of Personality and Social Psychology 54 (1988), 558–568.

Semin, Gün Refik/Rubini, Monica/Fiedler, Klaus, The answer is in the question: The effect of verb causality on locus of explanation, in: Personality and Social Psychology Bulletin 21 (1995), 834–841.

Zuckerman, Miron/Driver, Robert E., Telling lies: Verbal and nonverbal correlates of deception, in: Aron W. Siegman/Stanley Feldstein (Hrsg.), Multichannel integrations of nonverbal behaviour. Hillsdale (N. J.) 1985, 129–148.

THOMAS-MICHAEL SEIBERT

Aktuelle Stile der Gerichtsrede

Rhetorisch wahrgenommen wird die Gerichtsrede ausschließlich in Form des Plädoyers, in § 158 der Strafprozessordnung „Schlussvortrag" genannt. Angeklagte sollen nur auf Grund mündlicher Vorträge des Anklägers und des Verteidigers verurteilt werden. Der Schlussvortrag vor dem Gericht wird zum wesentlichen Mittel der Verfahrenszusammenfassung. Aber das Mündlichkeitsprinzip soll auch für das Gericht selbst gelten. Das Gericht soll alle wesentlichen Prozessergebnisse öffentlich und mündlich darstellen. Nur solange die Justiz beschäftigt sei, ihr Werk zu vollbringen, dürften Geheimnisse Platz haben, denn was der Staat durch seine Behörden unternehme – befand die Königlich Preußische Immediat-Justizkommission im Jahre 1819 –, „muß geheim seyn, so lange daran gearbeitet und geschaffen wird; aber was dadurch hervorgebracht worden ist, das seinen Bürgern zu verhehlen, giebt es keinen Vorwand".[1] Der Ort dafür sind öffentliche Verhandlungen und öffentliche Urteilsbegründungen. Merkwürdigerweise hat es in den folgenden 150 Jahren weder eine juristisch-prozessuale noch soziologisch-linguistische Nachschau über diese Darstellungserwartungen gegeben. Zwar wissen Soziologen, die Aktenanalyse treiben, dass die Aktenform durch das Mündlichkeitsprinzip nicht außer Kraft gesetzt worden ist;[2] und Juristen, die Prozesse führen, erfahren, dass – wer im Verfahren etwas bewirken will – mit dem Plädoyer zu spät kommt. Der entscheidende Einsatzpunkt liegt früher. Aber wo? kann man fragen, wenn man rechtslinguistische Diskursanalyse zu Rate zieht.[3] Wie man den Einsatz gestaltet, bleibt heute dem praktischen Witz und einigen Mo-

---

[1] Feuerbach zitiert den Verfasser des amtlichen Berichts, einen Regierungsrat Grävellin; vgl. ANSELM VON FEUERBACH, *Betrachtungen über die Öffentlichkeit und Mündlichkeit der Gerechtigkeitspflege*. Gießen 1821, 27.

[2] „Akten und Stimme treten in Medienkonkurrenz zueinander", CORNELIA VISMANN, *Akten. Medientechnik und Recht*. Frankfurt am Main 2000, 232.

[3] Dazu exemplarisch: STEPHAN WOLFF/ELISABETH ENGELMEYER/HEINZ MESSMER/HERMANN MÜLLER, *Kompetente Skepsis. Konversationsanalytische Untersuchungen zur Glaubwürdigkeit als Handlungs- und Darstellungsproblem in Strafverfahren*. Hildesheim 1997; LUDGER HOFFMANN (Hrsg.), *Rechtsdiskurse. Untersuchungen zur Kommunikation in Gerichtsverfahren*. Tübingen 1989; JO REICHERTZ (Hrsg.), *Sozialwissenschaftliche Analysen jugendgerichtlicher Interaktion*. Tübingen 1984.

den überlassen, und wer dabei dominiert oder „wer gewinnt", kann nicht mehr an der Oberfläche des Dialogs beobachtet werden. Dazu ist eine Beobachtungs- und Lehrform notwendig, die ich als „Verfahrensrhetorik" bezeichne, weil ihre Figuren mögliche wirkliche Weichenstellungen im Prozess darstellen.

1. Stil und Verfahren

Der Stil umschreibt eine Einheit von Rhetor, Problem und Darstellung, über die zu diskutieren ist. Ich unterscheide den vorherrschenden Stil der „Sachlichkeit"[4] von einer neuen Form ciceronianischer Amplifikationsrhetorik[5] (bedingt durch Erscheinungsformen der Konfliktverteidigung) und dem heute nicht gelehrten, aber – wie man als Jurist erfährt – einzig erfolgreichen Paradigma „informaler Prozessrhetorik"[6] (mit der Erscheinungsform des *deal*). Aus einer größeren Anzahl von mir notierter Verfahrenslagen habe ich drei mögliche wirkliche Prozesssituationen zur Veranschaulichung, vorbereitenden Lektüre und aktuellen Diskussion ausgewählt und möchte sie einer vorläufigen Klassifikation mit kleinem Kommentar voranstellen. Dabei geht es zunächst um die typisch juristische Art der Definition, die mit bestimmter Zweckrichtung vollzogen wird, sodann um die schwierige Aufgabe der Kooperation im Verfahren und schließlich um bewusste Regelverletzungen und die möglichen Reaktionen darauf – alles Fragen des Stils.

Das auf Wahrheitsermittlung gerichtete Verfahren normiert zwar die Erledigungsform durch Urteil, das Verfahren kennt aber daneben vielfältige Formen der Beendigung, die kein Urteil voraussetzen. Im Strafverfahren ist das die Einstellung. Sie bestimmt die Verfahrenspraxis mehrheitlich. Die Einstellung wegen geringer Schuld ist dabei eine Sonderform mit Verfahrensgeschichte, die modern durch die Einstellung unter Auflagen abgelöst worden ist. Über deren normative Begrenzungen kann disponiert werden. Nimmt man den Normtext, wie er geschrieben ist, dann könnten Verbrechensanklagen nicht eingestellt werden. Das geschieht aber doch, und es kann zwar nicht vorhergesehen,

---

[4] Vgl. die gleichnamige Arbeit von KATHARINA SOBOTA, *Sachlichkeit. Rhetorische Kunst der Juristen.* Frankfurt am Main 1990, mit einer rhetorischen Rekonstruktion der „Sachlichkeitsattitüde" (ebd., 12).

[5] Vgl. theoretisch LOTHAR BORNSCHEUER, *Topik. Zur Struktur der gesellschaftlichen Einbildungskraft.* Frankfurt am Main 1976.

[6] Zu der WOLFF/ENGELMEYER/MESSMER/MÜLLER, Kompetente Skepsis (Fn. 3), die meisten Beispiele liefern.

aber doch durch Reden im geeigneten Moment hergestellt werden. Das leisten implizite Definitionen.

(1) Definitionssache

Es ist Anklage wegen schweren Raubes erhoben worden. Das Opfer ist durch einen Schlag mit der Bierflasche betäubt worden, und der Angeklagte hat dann eine Geldbörse mit geringem Inhalt weggenommen. Er räumt den Tatvorwurf in der Hauptverhandlung ein. Die Tat hat sich im Männerwohnheim abgespielt. Täter und Opfer kennen sich, streiten sich oft, trinken aber auch wieder zusammen. So geschah es am Tattage, und man habe sich auch wieder gestritten. Der Angeklagte erklärt, auf die Idee mit der Geldbörse sei er erst gekommen, als das Opfer so dagelegen habe. Er habe das Geld zurückgegeben und wolle auch etwas arbeiten. Das Opfer – als Zeuge geladen – erscheint nicht. Der Staatsanwalt regt eine Einstellung an. Man könne den Schlag mit der Bierflasche auch als gefährliche Körperverletzung auffassen und dann von einem zeitlich nur nachfolgenden Diebstahl ausgehen. So geschieht es. Das Verfahren wird gegen eine Arbeitsauflage eingestellt.

Dogmatisch ist die beobachtete Praxis unproblematisch, und sie wird dutzendfach angewandt. Eine Tat des Verbrechens (nämlich der Einsatz einer Bierflasche zum Zweck der Wegnahme) wird in zwei unabhängige Vergehen der Körperverletzung und des nachfolgenden Diebstahls umdefiniert. Das kann sogar wahr sein, weil es an der Zueignungsabsicht im Moment des Gewalteinsatzes fehlte. Aber das ist für die Verfahrensrhetorik nicht entscheidend. Sie orientiert sich an Umstandsmomenten, die dogmatisch ohne Bedeutung wären und hier lauten: Männerwohnheim, gemeinsames Trinken zuzüglich Ausbleiben des Tatopfers als Zeuge im Termin. Den Ausschlag mag der letzte Umstand geben: Wer zum Termin nicht erscheint, gibt damit zu erkennen, dass er einem der Sache nach in seinem Interesse geführten Verfahren keine Bedeutung beimisst. Das System drängt auf Erledigung und setzt sich mit einer für den Angeklagten freundlichen Lösung durch. Alle Beteiligten gehen zufrieden auseinander, denn der eine, der sich dagegen hätte wenden können, schweigt.

Kooperation unter den Beteiligten prägt die Verfahrensrhetorik. Um kooperieren zu können, werden Meinungen gebildet, angenommen und gewechselt. Dabei ist Meinungswandel schwer zu üben. Das gilt für die Umgebung, die Meinungswandel erlebt und erträgt, wie für den Meinungsträger selbst, der sich ändern soll oder muss. Aber Meinungswandel ist so unvermeidlich wie Formulierungsänderungen, und beide hängen zusammen, wenn das Verfahren fortschreitet. Gerade dann sind kooperative Signale erforderlich, denn ansonsten halten die Beteiligten für klar, was unklar ist, und können die Drittperspektive nicht einschätzen. Was die Prozessbeteiligten denken, welche Ziele sie verfolgen und in welcher Richtung das Gericht die Fragen auflösen wird, kann manchmal vermutet, aber niemals sicher vorhergesagt werden. Das ist ein Problem, das ohne Kooperation zur Lähmung führt.

(2) Hinweis

In der Verhandlung geht es um hohe Freiheitsstrafen. Angeklagt sind über 32.000 angebliche Einzeltaten. Angeklagt ist auch die Gründung einer kriminellen Vereinigung. Die Verteidiger wissen nicht, von wie viel Einzeltaten sich das Gericht in der Hauptverhandlung überzeugt hat oder ob überhaupt von einer kriminellen Vereinigung ausgegangen werden könne. Das Gericht weiß nicht, ob die Hauptverhandlung unendlich lange dauern wird, wenn die Verteidigung realisiert, dass wegen unendlich vieler Taten zu einer nicht abschätzbar hohen Freiheitsstrafe verurteilt werden könnte. Die Ankläger wissen nicht, welche Tatsachen als beweisbedürftig angesehen werden. Die Verhandlung steht still. Niemand weiß so recht, ob man nun einfach weiter spricht, Fragen stellt oder über den Gang der weiteren Verhandlung etwas sagen soll. Plötzlich sagt einer der Verteidiger: „Das Gericht muss einen Hinweis geben. Das Gericht weiß, was es denkt."

Ein solcher Hinweis ist ein erster Schritt zur Kooperation, wenngleich manche Verteidiger das umgekehrt sehen. Sie empfinden den Hinweis als Drohung, dass sein Inhalt sich demnächst verwirklichen werde. Tatsächlich ist das eine mögliche Interpretation, denn die Hinweispflicht obliegt nach den Verfahrensordnungen dem Gericht, das rechtliche Gesichtspunkte benennen soll und muss (§ 265 StPO), an die die Prozessbeteiligten zuvor möglicherweise oder tatsächlich nicht gedacht haben. Auf die voraussichtliche Entscheidung muss aber nicht hingewiesen werden, wenn die Frage gewissermaßen „im Raum steht". Dennoch ist gerade ein solches Richtungssignal für die Beteiligten von Interesse. Es löst das Dilemma auf, wer als Erster zu handeln wagt. Deshalb sind Hinweise über den gesetzlich notwendigen Bereich hinaus willkommen und für die eigene Strategie hilfreich, wenn der Stratege nicht von vornherein alle Erwartungen an den Tatrichter schon aufgegeben hat. Jeder Hinweis enthält Würdigungen – auch und gerade tatsächlicher Streitfragen, also Beweiswürdigungen – vor dem Urteil. Systematisch ist das nicht vorgesehen. Vom Verfahrensablauf her sollen alle Stellungnahmen vor dem Urteil den Schlussvortrag nicht vorwegnehmen, wie es die Vorschrift des § 257 Abs. 3 StPO für die Verteidiger ausdrücklich normiert. Dass Kooperation während des Verfahrens aktiv betrieben werden muss und der Prozess ihrer Herstellung der späteren Darstellung nach dem Gesetz nicht entspricht, muss erst noch realisiert werden.[7] Nur kluge Anwälte wissen das schon länger. In dem Maße, in dem Hinweise in ein „Rechtsgespräch" münden, verändert sich der früher monologische, nachträgliche und damit bloß rekonstruierende Charakter der Gerichtsrede.[8]

Schließlich gibt es Regeln der Verfahrensrhetorik. Wer an ihr teilnimmt, weiß, was er wann wird sagen können und welche Chancen er sich verbaut, wenn etwas am falschen Ort oder zur falschen Zeit gesagt wird. Wer also die Funktion des Wortes als Regelbestandteil kennt, weiß auch, dass er eine Regel verletzt, wenn er ein falsches Wort verwendet, handelt also vorsätzlich. Man kann andere Schlüsse ziehen und meinen, der Affekt des Mandantenschutzes regiere und rechtfertige diese wie andere Entladungen in der Hauptverhandlung. So werden sie jedenfalls entschuldigt, und mit dem Hinweis auf Affektentladungen kann man die Atmosphäre ruhiger Sachlichkeit wiederherstellen, die das Prozessklima im Regelfall prägt. Das Problem ist alt, und seit Cicero denkt der forensische Rhetor darüber nach, „dass etwas Böses von Leuten angerichtet wird, die überhaupt nicht böse sind", sich aber von vermeintlichen Prozessnotwendigkeiten hinreißen lassen und sich damit – wie Cicero es in einem plastisch fingierten Dialog ausdrückt – der eigenen Chancen begeben: „In meinen Augen gibt es jedenfalls gewöhnlich keine größere Schande als die, wenn es nach einem Ausspruch, einer Antwort oder einem Antrag des Redners heißt: ‚Erledigt?' – ‚Sein Gegner?' – ‚Aber nein, er selbst und sein Mandant'".[9] Die Regelbefolgung wird in dem Maße schwieriger, in dem eine Verletzung der Regel als bewusste Beleidigung codiert ist und so aufgefasst werden muss. Solche Verbalangriffe kommen im Gerichtssaal zwar meist nicht vor, aber es gibt sie. Sie gehören zu den klassischen Regel/Ausnahme-Tatbeständen, und ausnahmsweise hört man auf offener Szene auch handfeste Beleidigungen.

(3) Provokation II

Die Anklage beruht auf der Aussage eines Belastungszeugen, der Afrikaner ist. Der Verteidiger versucht, den Zeugen unglaubwürdig zu machen. Er stellt Fragen über viele Stunden, an mehreren Sitzungstagen und fragt dabei auch immer mehr Einzelheiten ab, an die sich normalerweise niemand erinnert. Der Zeuge wiederum entspricht nicht den mitteleuropäischen Vorstel-

[7] THOMAS-MICHAEL SEIBERT, *Gerichtsrede. Wirklichkeit und Möglichkeit im forensischen Diskurs*. Berlin 2004, 59 ff.

[8] Vgl. JOACHIM GOEBEL, *Rechtsgespräch und kreativer Dissens. Zugleich ein Beitrag zur Bedeutung der Sprache in der interpretativen Praxis des Zivilprozesses*. Berlin 2001, 162 ff.

[9] CICERO, *De oratore II*, 302.

lungen eines unparteilichen Beobachters und gibt – gewollt wie ungewollt – auch immer wieder Anlass zu weiteren Fragen. Er äußert sich auf Französisch. Eine Dolmetscherin übersetzt. Nach mehreren Stunden der Befragung äußert er in Bezug auf den Verteidiger: „Il m'emmerde". Die Dolmetscherin übersetzt sogleich: „Der Zeuge erklärt: Er kotzt mich an". Die Hauptverhandlung richtet sich in der Folgezeit vor allem darauf, dass der Verteidiger das Gericht zwingen will, ein Ordnungsgeld gegen den Zeugen zu verhängen. Das geschieht nicht. Der Verteidiger erscheint verzweifelt und fragt den Vorsitzenden: „Sind Sie bereit, das für mich hinzunehmen?" und erhält die Antwort: „Ich würde darüber hinweggehen."

Die Szene vereinigt mehrere Regelverstöße. Natürlich ist es ein bewusster Regelverstoß, den der Zeuge auch so kalkuliert, wenn er den Verteidiger mit einem Gossenausdruck belegt. Andererseits verletzen mehrstündige Befragungen die Regel der Konzentration, sie widersprechen der Maxime, ein Verfahrensbeteiligter solle das Verfahren sachlich fördern. Dennoch kann ein Regelverstoß nicht durch einen anderen kompensiert werden. Auch das widerspräche einer Regel. Schon aus diesem Grund verlangt der Verteidiger Bestrafung und verbindet sein Verlangen mit der persönlichen Umschreibung, der Vorsitzende möge sich an seine Stelle versetzen. Das gibt der Szene allerdings eine empirische Note, die nicht mehr mit normativem Appellwert verstärkt werden kann. Bekanntlich gibt es keine sichere Reaktionsprognose auf Beleidigungen. Im Alltag pflegen sie erwidert oder überhört, hingenommen oder verziehen zu werden; nur im Ausnahmefall wird der Beleidigte förmlich vorgehen. Genau dazu möchte der Verteidiger das Gericht zwingen, und gerade dieser Versuch scheitert – was man hätte voraussehen können. Es besteht kein Anspruch auf formelle Reaktionen gegenüber Beleidigungen. Damit endet eine Befragungsstrategie in einem frustrierten persönlichen Affekt – keine Grundlage für gutes Verhandlungsklima. Wenn das nicht schon vorher der Fall war, dann treten sich spätestens von diesem Zeitpunkt an Gericht und Verteidigung als Gegner im Verfahren gegenüber.

Was Stil ist, darf angesichts der Verfahrensentwicklungen nicht auf Effekte der Wortwahl beschränkt bleiben. Sicher fallen Eigentümlichkeiten in Diktion oder Metaphorik zuerst auf. In Begründungen mag man Stil finden. So handelt Wolfgang Gast in seinem Rhetorik-Entwurf den juristischen Stil unter den rhetorischen Instrumentarien ab und gibt dazu syntaktische wie semantische Eigentümlichkeiten aus der Fachsprache der Juristen an. Von Gast erfährt man, dass nicht „haarscharfe Genauigkeit" ein Merkmal juristischen Stils ist, sondern eher das Vage und Hochabstrakte, auf das man sich viel besser verständigt als auf konkrete Einzelheiten und endgültige Regeln.[10] Die Kunst besteht dann darin, das Ungefähre „klar" erscheinen zu lassen. Es muss formuliert werden und braucht dazu in jedem Fall die Satzform. Deshalb habe ich auch die oben behandelten Beispiele meist auf Sätze zugespitzt, in denen eine bestimmte Wortwahl zum Ausdruck kommt. Aber der Satz hat einen Handlungskontext, und dort wird Stil zum Merkmal einer komplexen, nicht nur sprachgebundenen juristischen Pragmatik. Auf dem Feld der Pragmatik interessiert man sich für die Zielrichtung von Handlungen und deren Instrumentarium. Damit wird die Beziehung wichtig, in der Inhalte situiert werden. Die gewöhnliche Gerichtsrede kennt nur besondere Öffentlichkeiten, die in jedem Verfahren neu ein eigenes Stilgefühl ausbilden. Sie ist partikular und bildet ihren Stil dennoch nicht in jedem Verfahren neu aus. Aus der Fülle der Beispiele entsteht das allgemeine Besondere, in dem neben der Inhalts- auch der Beziehungsebene Ausdruck verliehen wird. Darauf beziehen sich die folgenden Stilformen. Sie dürfen als relativ stabil gelten in dem Sinne, dass es für jede von ihnen manchmal ausgesprochene, teils aber auch nur praktizierte Soll-Vorschriften gibt, die in der Praxis selbst verfestigt, abgewandelt und wieder neu zusammengefasst werden. Rhetorischer Stil ist deshalb nicht nur analytisches Programm, er wird vielmehr geprägt vom Enthusiasmus der Akteure, die ihn üben. Das ist eine Besonderheit der Rhetorik: Sie vereinigt wirkliches Verhalten und mögliche Maximen in einer Form.

2. Der Stil der Sachlichkeit

Es ist schon ein zeitgenössisches Stilmerkmal, die Unterscheidung von Beziehungs- und Inhaltsaspekt überhaupt zu bemerken oder hervorzuheben.[11] Dabei tritt regelmäßig die Sache als Inhalt in den Vordergrund. Das Gespür für Sachen bildet sich insofern neben dem Gefühl für die Wirkung auf den Adressaten und das Auditorium aus. Auch wenn der juristische Redner ermüdend und langweilig wirkt, auch wenn andere ihm Beckmesserei, Pedanterie und andere bürokratische Untugenden zuschreiben, gilt die Kehrseite dieser Nachteile als Vorteil, den man nur in der Rechtsdisziplin antrifft: Das ist Sachlichkeit. Sachlichkeit ist ein Produkt aus der Entwicklung der Rechtsdisziplin, das heute als Stil-

---

[10] WOLFGANG GAST, *Juristische Rhetorik. Auslegung, Begründung, Subsumtion*. Heidelberg 1988, Rz. 386.

[11] Gelehrt, formuliert und eingeführt zuerst von PAUL WATZLAWICK/JANET BEAVIN/DON D. JACKSON, *Menschliche Kommunikation. Formen, Störungen, Paradoxien*. 4. Aufl., Bern 1974, 53 ff.

merkmal für moderne Juristen empfunden wird, auch wenn Professionsvertreter meist nur die Sachlichkeit der Gegenseite einklagen und dabei so unsachlich werden können, dass der Ruf nach Sachlichkeit mehr deren Verschwinden als eine Selbstverständlichkeit anzeigt.

Aber was heißt heute „sachlich"? Wer die Sache sprechen lässt, achtet nicht auf Gefühle – könnte man kurz und bündig behaupten und hätte damit einen wesentlichen Gesichtspunkt in der Rezeption der Sachlichkeit unter Juristen gefunden. So beobachtete Hermann Ortloff im Jahre 1890, zwar bekomme man „in den Schwurgerichtssälen auch heute noch öfters Ansprachen von Seiten der Parteiredner zu hören, welche auf die Erregung der Gemütsbewegung berechnet sind",[12] sie entsprächen aber dem Zeitgeist durchaus nicht: „Das gesunde Urteil der Vernünftigeren will derartige rhetorische Kunstgriffe verbannt wissen, sowie auch alle theatralische Effekthascherei, welche nur allzu leicht herausgefühlt und belächelt wird."[13] Man kann über die äußere Darstellung hinausgehen und überlegen, welche Inhaltsstruktur sich mit Sachlichkeit verträgt. Nicht alles ist dabei erlaubt. Es darf keine Rolle spielen, ob Männer zu Frauen, Weiße zu Farbigen oder Staatsbürger zu Ausländern reden, und jeder Redner muss sich selbst in entsprechend gleichberechtigter Weise anreden lassen. Die Redebeziehung ist also sachlich umkehrbar.[14] Wer sachlich redet, darf seine Argumentation auch nicht allein mit Zeitformeln der bekannten Art schmücken: Das war schon immer so! Das haben wir noch nie so gemacht! Das sachliche Argument soll einen inhaltlichen Grund nennen, wobei diese positive Bestimmung tautologisch ausfällt, so wie die meisten Definitionen der Sachlichkeit sich darauf beschränken, die Sache als Inhalt der Sachlichkeit auszugeben. Zum Erkennungszeichen wird die Form der Rede.[15] Für sie ist wesentlich, dass die Sache aus ihren person-zeitlichen Bindungen gelöst wird und nicht von Gefühlen subjektiver Art, Neugier oder Redundanzphänomenen beeinflusst erscheint. Nur so kann sie zum „Sachverhalt" der Gerichtsrede werden. Man rede knapp, handlungsbezogen und zielorientiert.

Bei der Bestimmung der Sachlichkeit fällt auf, wie normativ sie auftritt und wie wenig Indifferenz die Konstitution einer Sache verträgt. Wenn man einmal die Unterscheidung von Inhalts- und Beziehungsaspekt verstanden hat, dann weiß man allerdings, dass es Inhalte ohne

---

[12] HERMANN ORTLOFF, *Die gerichtliche Redekunst.* Berlin 1890, 580.

[13] ORTLOFF, Die gerichtliche Redekunst (Fn. 12), 582.

[14] Die „Vernunftregeln" der zeitgenössischen Diskurstheorie formuliert Alexy auf dieser Grundlage (ROBERT ALEXY, *Theorie der juristischen Argumentation.* Frankfurt am Main 1978, 238 ff.).

[15] SOBOTA, Sachlichkeit. Rhetorische Kunst der Juristen (Fn. 4), 31 ff.

Beziehungsaspekt niemals gibt. Sachlichkeit variiert insofern nur die Art der Beziehung, sie muss verordnet und geübt, Verstöße dagegen müssen sanktioniert werden. Ansonsten verschwindet Sachlichkeit. Für ihre Inhaltsbestimmung gibt es wenig inhaltliche Merkmale. Alles kann zur Sache werden, und über alles lässt sich sachlich reden. Wenn das je zweifelhaft gewesen sein sollte, dann kann man aus den Verhandlungsmitschriften des Frankfurter Auschwitz-Prozesses entnehmen, dass buchstäblich nichts nicht auch sachlich behandelt werden könnte. Wohl aber gibt es Formmerkmale für den Stil der Sachlichkeit.

Das erste Merkmal jedweder Sachlichkeit ist Gliederung. Schon an ihrer Gliederung kann man juristische Texte erkennen. Manchmal sind sie bis zur Lächerlichkeit untergliedert und tun nur noch so, als ob hinter jedem Satz eine Welt anderer Sätze stünde. Jedenfalls verlangt ein Inhalt eine Punktation, eine „Auflistung" oder eine Merkmalsordnung. Die Methode ist jenseits aller Rechtsfragen hilfreich, produziert aber nur so viel Klarheit, wie zuvor an Unterscheidungskraft in die Merkmale investiert worden ist. Für sachliches Vorgehen noch augenfälliger als Merkmalsgliederungen sind Zeitgliederungen oder anders gesagt: Verfahrensregeln, die noch nicht einmal aus dem Gesetz stammen müssen, dafür aber regelmäßig praktiziert werden. Verfahrensmäßigkeit kann als Erkennungszeichen für Sachlichkeit gelten. Gemeint ist damit die Abfolge von Beiträgen und Themen im Rahmen eines Gesamtkomplexes. Solche Abfolgen setzen voraus, dass man zuvor schon Inhaltsmerkmale differenziert hat. Sie bilden eine Struktur, die über jedes konkrete Problem hinaus Bedeutung hat.[16] Solche Strukturmerkmale, die gleichzeitig juristischen Rang haben, sind die Abfolge von Zulässigkeit und Begründetheit, die Unterscheidung von Betroffenheit und Allgemeininteresse, von Begehren und Begründung oder von Anspruch und Grund. Mit einigen wenigen Formeln gelingt es auf jedem Sachgebiet, eine aktuelle Diskursordnung zu praktizieren, deren Struktur den Diskursteilnehmern nicht von Anfang an den Eindruck vermittelt, das inhaltliche Ergebnis und damit die Meinung, die sich durchsetzten, stünden von vornherein fest. Das macht überhaupt Sachlichkeit aus: Zurückhaltung mit Meinungen und Ergebnissen üben.

Dementsprechend ist Ruhe für einen sachlichen Stil unverzichtbar. Wer nervös Gliederungen erstellt und mit Ungeduld durch welchen Programmablauf auch immer hetzt, mag alles Mögliche vermitteln, nur Sachlichkeit nicht. Wenn die Botschaft einer Ablaufstruktur darin besteht, dass ein Ergebnis noch offen und die Beiträge dazu noch zu erbringen seien, dann gehören Ruhe und Gelassenheit zum Programm.

---

[16] Was insbesondere FRITJOF HAFT, *Juristische Rhetorik*. 6. Aufl., Freiburg 1999, 25 ff. betont hat.

Der gelassene Ablauf mag etwas offenbaren, was man mit Spannung nicht für möglich gehalten hätte. „Gelassenheit" reklamierte Scheuerle als notwendige Tugend für Vorsitzende. Der Gelassene bewahre Gleichmut, „da er dem Schicksal keinen Widerstand leistet".[17] Man kann diese Philosophie weniger voraussetzungsreich zu der These verkürzen, Sachlichkeit vertrage sich jedenfalls nicht mit einer Eile, die auf ein anderes Ziel als die Sache schließen lässt. Sie ist ein Darstellungsmittel.

Auch Meinungen interessieren in ihrem Darstellungswert. Sachlich werden sie toleriert, überzeugen aber nicht aus sich heraus, etwa wegen ihrer Übereinstimmung mit allgemeinem Konsens. Sie müssen vertreten und begründet werden, alles andere würde „der Sache" vorgreifen.[18] Was sachlich gelten soll, muss in jedem Fall einen Tatsachengehalt haben, der zutrifft. Jedermann pflegt Meinungen zu begründen, in einen Zusammenhang zu stellen und ihre mehr oder weniger große Bedeutung hervorzuheben. Der sachliche Stil sieht Meinungen als Anlass der Streits, nicht das Bestehen oder Fehlen von Tatsachen, mit denen daher Streitigkeiten geklärt und Ansprüche bewiesen oder widerlegt werden können. Meinungen müssen im Stil der Sachlichkeit durch tatsächliche Daten begründet werden, sonst bleiben sie wirkungslos. Man hat sie selten für sich genommen, sondern – gerade das ist der Appell der Sachlichkeit – sie sollen durch andere Tatsachen bestärkt oder widerlegt werden können. Als grundlegender Unterschied wird die Darstellung einer Partei – mündlich oder in einem Schriftsatz – im Verhältnis zum Inhalt einer möglichen Beweisaufnahme angesehen. Auf diese Differenz muss man achten, und doch greift das eine nicht selten in das andere über. Im Umgang mit Meinungen muss Vorsicht geübt werden, so auch mit der Meinung, was eine Tatsache sei. Die Mehrheit, deren Meinung man noch nicht kennt, könnte die eigene Ansicht nicht teilen. Wenn man in dieser Weise meinungsmäßig zurückgenommen und in Hinblick auf Faktenbehauptungen ergebnisoffen auftritt, gerät die sachliche Einstellung merkwürdig inhaltsleer und fast wortkarg. Der sachlich argumentierende Jurist müsste verstummen, könnte er nicht auf ein Argumentationsmittel zurückgreifen, das ihm Überlegenheit über alle anderen Ansichten durch scheinbar formale Darstellungsmittel gewährte. Das ist die Fehlerargumentation.

Auch die Sachlichkeit selbst produziert Fehler, aber sie speist sich umgekehrt vom Auffinden solcher Fehler bei anderen. Davon gibt es eher hundert als einen, wenn man Fehler sucht. Fehler entstehen allge-

---

17 WILHELM SCHEUERLE, *Vierzehn Tugenden für vorsitzende Richter*. Berlin 1983, 175.

18 „Das Kunstwerk ‚Rechtsrede' lässt sich in der Dimension seiner selbstreferentiellen Idealisierung betrachten"; vgl. SOBOTA, Sachlichkeit. Rhetorische Kunst der Juristen (Fn. 4), 149.

mein aus für verpflichtend gehaltenen Gliederungsvorgaben (Begriffsfehler), aus der Differenz von Tatsache, Meinung und Schlussform (Subsumtionsfehler) wie auch aus dem Richtigkeitsanspruch bestimmter Meinungen (Rechtsfehler). Nur vor deren Hintergrund lässt sich die Behauptung aufstellen, dass es richtiges und falsches Recht gebe. Die Unterscheidung selbst ermöglicht erst den Fehleraufweis. Zum Stil der Sachlichkeit gehört es, eine logische Überprüfung als Instrument zum Auffinden von Rechtsfehlern zu empfehlen.[19] Zur rhetorischen Praxis gehört es, „Fehler" in der Argumentation der Gegenseite, der Vorinstanz, des zu kommentierenden Urteils oder Textes zu finden. Zwischen „Gründen" und Fehlern sieht Niklas Luhmann ein „qualitatives Dual",[20] das sich von den sonst im Recht üblichen binären Unterscheidungen zwischen Position und Negation, dem Behaupten und dem Bestreiten oder der Existenz und der Nichtexistenz einer Tatsache dadurch absetzt, dass es sich nicht symmetrisch umtauschen lässt. Aus der Negation des einen entsteht nicht etwa das andere; wer einen Fehler beanstandet, hat damit noch keinen Rechtsgrund gefunden. Dennoch ist das Fehlermoment in der Gerichtsrede zentral.[21] Eine Fehlerargumentation kann sich auf interne Regeln des Fachs berufen, auf begriffliche Übungen und anerkannte Gliederungen, die es zu beachten gelte. In jeder wirklichen Rede können viele Fehler aufgewiesen werden – je nach Perspektive des Kommentators, und wer sich auf den Fehleraufweis beschränkt, scheint sich mit der eigenen Meinungsbildung zurückzuhalten. Er erfüllt damit das zentrale Anliegen der Sachlichkeit, ergebnisneutral zu verfahren. Wohlgemerkt: Es handelt sich um rhetorischen Schein, denn die Fehler aufspürende Revisionsbegründung hat nur ein Ergebnis im Sinn: das angefochtene Urteil aufgehoben und abgeändert zu sehen. Damit eignet sich die Argumentation über Fehler hervorragend auch für eine andere, heute wichtige rhetorische Strategie, aus der Ausweitung und Verlängerung von Verfahren resultieren.

---

[19] Vgl. NIKLAS LUHMANN, *Das Recht der Gesellschaft*. Frankfurt am Main 1993, 400 f.

[20] LUHMANN, Das Recht der Gesellschaft (Fn. 19), 342.

[21] Gerade deshalb fällt auf, dass die Autoren der juristischen Methodenlehre dem Fehlerbegriff kein Stichwort widmen. Luhmann stellt ihn an den Anfang seiner Ausführungen zur juristischen Argumentation, LUHMANN, Das Recht der Gesellschaft (Fn. 19), 338 ff.

3. Die moderne Amplifikationsrhetorik

Man kann von der Sachlichkeit und ihrer Fehlerproduktion anderen Gebrauch machen als im Stil der Sachlichkeit. Möglich ist das vor allem dann, wenn der Beziehungsaspekt im Sinne von Freund-/Feind-Verhältnissen festgelegt wird. So definieren einige Beteiligte und ihre Advokaten das Gericht oder die Staatsanwaltschaft als Feind, nicht ausdrücklich (wann immer man den Versuch solcher „Diskursehrlichkeit" macht, wird das angesonnene Feindverhältnis selbstverständlich entschieden zurückgewiesen), aber im Verhalten. „Konfliktverteidigung" heißt ein entsprechender Stil im Strafverfahren. Es waren vor allem Strafverteidiger, die in den sechziger und siebziger Jahren des 20. Jahrhunderts den semantischen Kampf in die Institutionen des Strafprozesses brachten. Sie hatten damals ideologische Gründe, die heute weitgehend in den Hintergrund getreten sind. Geblieben ist der Kampf als solcher. Er definiert die Beziehungsseite jeder prozessualen Handlung, hat heute aber anstelle eines ideologisch-doktrinären durchaus auch sachlichen Gehalt. Allerdings ordnet sich die Sache der vordefinierten Sprecher/Hörer-Beziehung unter. Diese bleibt unverändert feindlich, solange nicht dem eigenen Antrag (meist auf Freispruch, vielleicht aber auch auf Verhängung einer Bewährungsstrafe) entsprochen wird.

Auch unter den Bedingungen des semantischen Kampfes gibt es Sachlichkeit.[22] Hier lässt sie sich sogar positiv bestimmen. Die kämpferische Sachlichkeit stellt Fehler in den Vordergrund, und zwar Fehler der jeweils anderen Seite, wobei – das ist ein charakteristisches Merkmal – dem Gericht ebenfalls eine Parteirolle zugewiesen wird. Durch permanenten Fehleraufweis wird das Verfahren verlängert und erweitert. Es werden Anträge gestellt, Erklärungen abgegeben und Beweisaufnahmen erzwungen. Dabei ist nicht immer klar, ob diese Anträge, Erklärungen und Beweisaufnahmen den Antragstellern und Erklärenden nützen. In auswegloser Lage gehört es zu den Erfolgen der Strafverteidigung, das Nichtstun herbeizuführen. Dafür bieten sich viele Verfahrenswege an, und es stehen wohlklingende Semantiken bereit. Wenn die Menge der Vorwürfe zu groß wird und eine Verteidigung wegen der Vielzahl der Belastungsmomente nicht mehr möglich ist, beantragt man die Aussetzung des Verfahrens zur besseren Vorbereitung der Verteidigung. Benötigt wird dann nur noch ein Umstand, mit dem man deutlich machen kann, dass die fehlende Vorbereitung nicht auf das eigene Nichtstun zurückzuführen ist, die Aussetzung vielmehr

---

[22] Vgl. FRIEDRICH MÜLLER/RALPH CHRISTENSEN/MICHAEL SOKOLOWSKI, *Rechtstext und Textarbeit*. Berlin 1997, 59 f.

aufgrund allgemeiner Fairness im Verfahren geboten ist, welche das Gericht zu üben hat. Wenn sich das Gericht in eine solche Strategie nicht mehr einbinden lässt, wenn es also meint, Gründe zu haben, das Verfahren fortzusetzen, so wird die Aussetzung gegen das erkennende Gericht mit dem Ablehnungsverfahren bestritten. Die Angeklagten machen die Besorgnis der Befangenheit geltend und lassen vortragen, dass angesichts der zu beobachtenden Eile offenbar eine Verurteilung beabsichtigt sei, was – wenn man die Absicht schon erkenne – auf eine unleugbare Voreingenommenheit zurückzuführen sei. Beide Strategien – Aussetzung und Ablehnung – lassen sich kombinieren und auch in kleiner Form gegen jede Frage und jeden Verfahrenszug des Gerichts wenden. Die Verteidigung kann beanstanden, dass ein Zeuge zu direkt gefragt wird, sie kann beanstanden, dass er überhaupt gefragt wird, und sie kann die Fragen, die gestellt werden, ihrem Inhalt nach beanstanden. Damit hat man zwar im Ergebnis meist keinen Erfolg, aber man kann Zeit ablaufen lassen, Aufschub erwirken, eine andere Situation abwarten, vielleicht doch ein anderes Gericht mit einer günstiger gestimmten Umgebung eintauschen. Ein deutsches Amtsgericht hat diese Art der „Konfliktverteidigung" durch einen in der Sache offensichtlich nicht gerechtfertigten Freispruch beendet mit der Begründung:[23]

> Diese Verteidigung ist darauf ausgerichtet, eine ruhige, die Wahrheitsfindung fördernde Gerichtsatmosphäre durch ständigen Widerspruch und Kritik am Gericht, durch Befangenheitsanträge, durch das Fordern von Pausen und schließlich durch eine Vielzahl von Beweisanträgen, wobei Beweisthemen und Beweismittel teilweise erfunden werden, zu verhindern ebenso wie den Abschluss des Verfahrens in angemessener Zeit. Es handelt sich hierbei, von der Öffentlichkeit teilweise noch nicht erkannt, um den Kampf gegen die Rechtsordnung mit den Mitteln des Strafprozessrechts.

Das ist eine in der Begründung markige, im Ergebnis aber kontraproduktive Entscheidung, die belohnt, was sie als verwerflich darstellt. Der ausdrückliche Vorwurf verlässt den Stil der Sachlichkeit. Wenn es um die Sache geht, will und muss man gerade nicht darstellen, was man eigentlich und im Ergebnis für richtig hält. Man lässt auch Nebensachen geschehen, und die Mittel für dieses Geschehenlassen sind auf Seiten der Amtsträger naturgemäß ausgeprägter als auf Seiten der wenigen sogenannten Konfliktverteidiger. Nicht selten verschlechtern weiter durchgeführte Beweisaufnahmen die Aussichten des Antragstellers, aber es scheint so, als spiele das keine Rolle. Im Vordergrund steht der Wille zur Verfahrenserweiterung. Amplifikation ist ein alter, von Cicero auch programmatisch erstrebter Effekt. Gemeinplätze können

[23] LG Wiesbaden NJW 1995, 410.

erst entstehen, wenn das Allgemeine lange genug thematisiert worden ist. In diesem Sinne wurde durch Amplifikation mögliche Verallgemeinerung getestet.[24] Während dieser Test bei Cicero aber im Interesse der *universitas litterarum* und humaner Essentialität stand, verselbstständigt die aktuelle Amplifikationsrhetorik die Technik. Sie kennt ihr Ziel nicht und benutzt Gemeinplätze nur, um Aufmerksamkeit zu gewinnen. Es mag sein, dass die Antragsteller einen weiter ausgeleuchteten Sachverhalt wünschten, tatsächlich aber einen Verfahrensabbruch erzielen, wie es Cicero schon *in Verrem* der Verteidigung unterstellt hat.[25] Vielleicht reicht es sogar aus, wenn der eigene Mandant ermüdet wird und schließlich dem für ihn schlechteren Ergebnis zustimmt, während er das bessere vorher abgelehnt hat. Es wird um des Kampfes willen gekämpft, es wird verlängert und erweitert, mit dem Ziel zu verlängern und zu erweitern.

In der Amplifikationsrhetorik ist die Redebeziehung nicht umkehrbar. Wenn neben der Verteidigung etwa auch die Anklagevertretung die gleichen verlängernden und zweckfernen Strategien verfolgt, ist überhaupt kein Verfahrensende mehr absehbar. Amplifikation auf einer Seite setzt Pragmatik und Sachlichkeit auf der anderen voraus, wenn – was jederzeit möglich ist – die Verlängerungsstrategie konsensuell beendet werden soll. Gegenüber einem Amplifikator wirken keine reduktiven Formeln der Art: Das war schon immer so! oder: Das haben wir noch nie so gemacht! Wird Amplifikation konsequent verwendet, ist sie durchaus erfolgreich, wenn nicht die dafür notwendigen eigenen Mittel – also Geld und Zeit – zu schnell erschöpft werden. So lange das Verfahren andauert, kann auf Verlängerung und Erweiterung nämlich nur mit Sachlichkeit reagiert werden, und gerade diese Sachlichkeit bietet weitere Ansatzpunkte für Verlängerungen und Erweiterungen. Andererseits sind die modernen Amplifikationsstrategien hochgradig anfällig für Misserfolge. Die Rhetoren versäumen es, ihre eigenen Erfolgsbedingungen zu reflektieren, weil nicht selten ein gewisser Verblendungszusammenhang besteht, der verhüllt, ob noch auf dem rhetorischen Felde gegen den aktuellen Gegner Erfolg möglich ist. Käme es darauf an, müsste irgendwann Sachlichkeit einziehen. Häufig verlegt man sich aber darauf, die erwartete negative Entscheidung vor einem Obergericht und einem anderen Forum erfolgreich zu bekämpfen. Dazu sind Rechtsfehler in erster Instanz erforderlich, die zur Aufhebung im Rechtsmittel führen. Empirisch sind die Erfolgsaussichten für solche Fehlerrügen jedoch kaum zuverlässig zu bestimmen. Denn es kommt darauf an, wer die Definitionsherrschaft über die Sache hat,

---

[24] Vgl. NIKLAS LUHMANN, *Die Kunst der Gesellschaft*. Frankfurt am Main 1995, 320 f.
[25] CICERO, *In C. Verrem* I, 53.

und das ist nicht der Rechtsmittelführer, der – möglicherweise voller Überzeugung – den Fehler rügt. Auch an dieser Stelle wird deutlich, wie meinungsabhängig der Fehlerbegriff ist. Will man sich vor den Untiefen und Unschärfen der Fehler retten, bedarf es anderer Mittel als Sachlichkeit und Erweiterung. Man muss mit beidem über beides reden können und braucht dafür eine nicht ganz so ernst gemeinte Form.

4. Die informale Prozessrhetorik

Amplifikation wie Sachlichkeit zehren vom Fehlerbegriff. Wo es im Stil der Sachlichkeit um Fehlervermeidung geht, insistiert die Amplifikation auf Fehlerfeststellung und -ausbeutung, wobei es natürlich immer um die Fehler der Gegenseite geht. Beide Strategien haben noch etwas Weiteres gemeinsam: sie werden auf der Bühne des öffentlichen Verhandlungsgeschehens ausgetragen. Das gilt vor allem für Amplifikationsrhetorik. Ohne die Präsenz aktueller oder virtueller Dritter ist der Prozessausdehnung und -verlängerung die Grundlage entzogen. Es drängt sich geradezu auf, dass es neben diesen auf die öffentliche Verhandlung und ihre sachrichtige Bewältigung bezogenen Darstellungsstilen noch andere Formen geben muss, die ich abkürzend „informal" nenne. Informale Prozessrhetorik wirkt auf den ersten Blick so unmöglich wie der sprichwörtliche schwarze Schimmel. Kann man in einem aufgrund ausdrücklicher Setzung förmlichen Ablauf auch informal handeln? Kann man – wenn Redeformen vorgeschrieben sind – jenseits der Form darüber reden und doch noch einen Prozess mit einem förmlichen Ende herbeiführen? Man kann es nicht nur, man muss es geradezu, und zwar in dem Maße, in dem Sachlichkeit und Amplifikation überhand nehmen.

Das praktische Prozessparadigma dafür ist der *deal*. Im amerikanischen Jury-Prozess notwendig, um das aufwändige Jury-Verfahren zu ersparen, ist die Aushandlung im kontinentalen, vor allem deutschen Strafprozess gängige Praxis geworden,[26] um die extreme Fehleranfälligkeit des amtlichen Untersuchungsgrundsatzes in der Hauptverhandlung zu vermeiden oder die Verhandlung wenigstens teilweise abzukürzen. Wie das amerikanische Vorbild kommt auch das deutsche Plagiat in der Sache ohne Beweisaufnahme aus. Gleichzeitig muss aber – wie es der kontinentale Grundsatz der Sachverhaltsfeststellung verlangt – die Sache erörtert werden, weil die Rechtslaien zwar nicht als

---

[26] Theoretisch und rhetorisch hat Klaus Lüderssen diese Praxis kommentiert und begrüßt; vgl. KLAUS LÜDERSSEN, *Abschaffen des Strafens?* Frankfurt am Main 1995, 323 ff. m. w. N.

Jury, aber in Gestalt der Schöffen in jedem Strafverfahren sitzen, in dem über schwerwiegendere Delikte als Schwarzfahren, Ladendiebstahl oder Rauschgiftbeschaffung verhandelt wird. Aus diesem Grund wird regelmäßig der Inhalt eines Geständnisses ausgehandelt, das für das konkret benannte Verfahrensergebnis gerade ausreicht.

Geredet wird informal, und zwar selbst dann, wenn alle Verfahrensbeteiligten in öffentlicher Verhandlung über das weitere Prozessverhalten debattieren. Öffentliche Debatte wird von manchen Staatsanwälten und Verteidigern empfohlen, ist aber verfahrenssoziologisch eher selten. Wenn in der Verhandlung in Gegenwart des Angeklagten über dessen Erklärungsinhalt im Hinblick etwa auf eine noch mögliche Bewährungsstrafe gesprochen wird, dann gibt es dafür weder Redeformen noch Formregeln. Es hängt von den Umständen ab, ob das Gericht oder die Verteidigung, vielleicht auch die Anklagevertretung einen Vorschlag dazu machen. Es hängt auch von den Umständen ab, ob dazu länger geredet und begründet oder nur Forderungen gestellt werden, sodass es ebenfalls umstandsbedingt schnell zu einem Ergebnis oder zu quälenden und in ihrer Länge nicht vorhersehbaren Verhandlungen kommen kann. Der Ort dafür ist oft nicht der Gerichtssaal, sondern der Gerichtsflur, nicht das Beratungszimmer eines Spruchkollegiums, in dem ungeklärt bleibt, wer sprechen sollte, sondern das Dienstzimmer des Vorsitzenden oder des Anklagevertreters, vielleicht auch die Kanzlei eines Verteidigers.[27] Dazu kann man sich verabreden, aber keine Prozessordnung schreibt vor, mit wem man das tun soll. Es können sich Verteidiger und Anklagevertreter treffen oder der Vorsitzende und der Verteidiger, es können ein oder mehrere Verteidiger dabei sein. Dies bleibt ebenso informal wie Argumente, Stil und Ergebnis solcher Gespräche. Für informale Prozessrhetorik ist das nicht maßgeblich. Nur der Zweck entscheidet über die Tauglichkeit der dafür eingesetzten Mittel, aber auch der Zweck muss sich rhetorische Verschleifungen gefallen lassen. Zwecke wie: frei von Strafe bleiben zu wollen – oder umgekehrt: lebenslängliche Haft erwirken zu wollen, Maximalziele also, eignen sich für Aushandlungen in informaler Prozessrhetorik so wenig wie das Herausarbeiten und Insistieren auf Rechtsfehlern. Hier regieren der Kompromiss, das Gefühl für ein unabhängiges Drittes gegenüber den eigentlichen eigenen Prozesszwecken und ein zeitökonomisch geläutertes Justizverständnis. Natürlich sind nicht alle Verhandlungsformen akzeptabel, mancher rügt gerade hier mangelnden Stil oder vermisst notwendige Professionalität, aber seine Anziehungs-

---

[27] Vgl. meine Bemerkungen über „Wahrheiten im Zwischen-Raum": THOMAS-MICHAEL SEIBERT, *Zeichen, Prozesse. Grenzgänge zur Semiotik des Rechts.* Berlin 1996, 174 f.

kraft bezieht der informale Stil vor allem vom Ergebnis her.[28] Die Ökonomie des Justizverfahrens und sein allgemeiner Gerechtigkeitsanspruch, verbunden mit einem Blick auf wesentliche Rechtsfunktionen, rechtfertigen manche Formverletzung. Damit stehen am Ende ausgerechnet einer informalen Prozessrhetorik Werte, die durch die Formen der Prozessordnung gewahrt werden sollten, durch Nichtbeachtung der Form aber unter Umständen viel besser verwirklicht werden.

Wenn hier im Überblick von Stilen die Rede ist, so wird damit nicht nur jede einzelne Redeweise als Ausprägung eines entsprechenden Inventars verstanden (und man kann – wie hinsichtlich der Praxis der Absprachen geschehen – fragen, ob es sich nicht vielmehr um eine Unsitte handelt), es stellt sich am Ende auch die Frage, welches denn nun der „richtige" Stil sei. Dieses Prädikat würde heute wohl der Sachlichkeit gebühren. Aber es wäre unangemessen, informale oder amplifikatorische Strategien als missbräuchlich, geheimbündlerisch oder einfach nur unsachlich zu verwerfen. Dabei würde übersehen, warum es sie gibt und weiter geben wird. Die Form, Formen zu umgehen, und der Stil, stillos anzugreifen und die Kampfzeit zu verlängern, enthalten Regelwidrigkeiten, die ich schon erörtert habe. Aber in diesem Zusammenhang muss man erkennen, dass Regelverletzungen ihren Grund in der Regelbildung selbst haben und nicht deshalb verschwinden, weil sie gerügt oder nicht geschätzt werden. Vielen Strafverteidigern liegt der Einwand nahe, man könne und dürfe dem Gericht nicht gefallen, wenn man dem Mandanten nützen wolle. Das ist nicht besserwisserisch zu zensieren. Man mag beanstanden, dass die Paradoxie der zwingend gebotenen, aber doch nicht einhaltbaren oder viel zu umständlichen Form im Strafprozess so offen zutage tritt. Dann ist der Redestil aber nur ein Ausdruck solcher tiefer liegenden Strukturverschiebungen. Genügte Sachlichkeit in der Gerichtsrede, würde der Schlussvortrag völlig ausreichen. Tatsächlich tritt er immer mehr zurück, verschwindet im Zivilprozess ganz und besetzt auch im Strafverfahren nur eine Randposition. Jeder Rechtspraktiker weiß oder lernt, dass nicht der Schlussvortrag nach der Tatsachenfeststellung, sondern der Vortrag vor Verfahrensschluss über das Ergebnis entscheidet, und richtet seinen Stil danach. Die Stilistik kommt immer zu spät, um vorzuschreiben. So wie sie – in Hans-Martin Gaugers Wortwahl – Einfügung verlangt (*opting in*), so sehr erlaubt sie *opting out*.[29]

Deshalb gibt es für die Stilistiken des Rechts keine Anleitungen, sondern nur Formularsammlungen. Lehrhaft hat die Sachlichkeit seit Jahr-

---

[28] Beobachtet bei der Bagatell- und Kleinkriminalität von JON A. MEYER/PAUL JESILOW, *„Doing Justice" in the People's Court.* New York 1997, 9 ff.

[29] HANS-MARTIN GAUGER, *Über Sprache und Stil.* München 1995, 194.

zehnten Vorrang.[30] Aber sie bleibt schon in der Verwendung eines Formulars vage, veränderlich und personenabhängig; kaum hat man die Sache beschrieben, stellt sie sich schon wieder anders dar. Ihr Reiz besteht in der stillschweigenden Einführung neuer Formen, deren Neuigkeitsgrad auf den ersten Blick nicht immer erkennbar ist. In dem Moment, wo etwas Neues Ausdruck in einem Redebeitrag findet, hält man ihn für alt und diskutiert ihn in dogmatischen Kategorien von gestern.

[30] Vgl. GAST, Juristische Rhetorik (Fn. 10), Rz. 386 f.

HANS-JOACHIM STRAUCH

Rechtsprechungstheorie

Richterliche Rechtsanwendung und Kohärenz

Der Gerichtssaal ist ein Kommunikationsraum, aber ein Kommunikationsraum eigener Art. Kommuniziert werden Geschichten,[1] Tatsachen- und Rechtsbehauptungen, also Argumente, mit denen Rechtspositionen begründet oder zurückgewiesen werden sollen. Getragen sind sie keineswegs von Motiven „kooperativer Wahrheitssuche" (Habermas) als Bedingung einer idealen Sprechsituation,[2] sondern von der mehr oder minder manipulativen Absicht, auf die „Wahrheitssuche" des Richters Einfluss zu nehmen. Dieser muss sie als Argumente aufnehmen, sie in einen vorhandenen juristischen Argumentationsraum einordnen und sie dann – in den Entscheidungsgründen – argumentativ an die Parteien zurückspielen. Diesen Argumentationsprozess im Rechtsprechungsprozess gilt es aufzuklären, auch in seiner Einbettung in einen Kommunikationsprozess, der nun weder „zwanglos" noch unter „gleichen Teilnehmern"[3] stattfindet, sondern strukturell asymmetrisch ist. Es agieren vornehmlich die Professionals: der Richter, die Anwälte der Parteien, Staatsanwälte, Behördenvertreter. Sie „verstehen" sich – jedenfalls in aller Regel – obwohl sie unterschiedliche Rollen und Interessen haben. Die Überblendung dieser kommunikativen Situation auf die eigentlichen Beteiligten, auf Kläger und Beklagte, Angeklagte, oder auf Zeugen und Zuhörer, führte mit gleicher Regelmäßigkeit zu einer völligen Fehleinschätzung: Die Nicht-Professionellen verstehen von dem Prozessgeschehen meist nur wenig. Sie nehmen an diesem Kommunikationsprozess grundsätzlich nicht gleichberechtigt teil.

Formulieren wir es systemtheoretisch, spiegelt sich in dieser Asymmetrie, dem Misslingen von Kommunikation, genau die Systemdifferenz zwischen dem Rechtssystem und der Gesellschaft. Ob die System-

[1] Dazu näher unten I. 4. und Fn. 78.

[2] JÜRGEN HABERMAS, *Theorie des kommunikativen Handelns. Bd. 1: Handlungsrationalität und gesellschaftliche Rationalisierung*. 4. Aufl., Frankfurt am Main 1987, 48. Ursprünglich hatte Habermas Gerichtsverhandlungen als strategisches Handeln konzipiert, 62.

[3] JÜRGEN HABERMAS, *Die Einbeziehung des Anderen. Studien zur politischen Theorie*. Frankfurt am Main 1999, 48.

Umwelt-Differenz, die da aufscheint, wirklich so autopoietisch und damit gleichsam naturnotwendig ist, wie in der Systemtheorie gemeint, kann hier dahinstehen.[4] Aber sicher scheint doch zu sein, dass der Gerichtssaal deshalb auch nicht als ein Ort des herrschaftsfreien Diskurses verstanden werden kann. Jeder Diskurs im Prozess ist durch das Prozessrecht strukturiert – oder mit anderen Worten: ritualisiert – und er ist wesensmäßig zeitlich begrenzt. Jacques Derrida hat dafür die schöne Formulierung „die Gerechtigkeit wartet nicht" gefunden und die Aporie, die sich dahinter verbirgt, unter der Überschrift „Die Dringlichkeit, die den Horizont des Wissens versperrt"[5] beschrieben.

Eine Analyse der Funktionsweise(n) des Rechtsprechungsprozesses, um die es bei der Entwicklung einer *Rechtsprechungstheorie*[6] geht, wird also nicht bei einer Theorie des kommunikativen Handelns ansetzen können.[7] Das Erkenntnisinteresse liegt auch nicht primär in der Analyse der Funktion(en), die der Rechtsprechung im Rechtssystem zukommt, und noch weniger darin, diese Funktion im Sozialsystem insgesamt zu beschreiben. Ziel ist vielmehr die theoretische Rekon-

---

[4] Zur Kritik an der Übertragung des aus der Zellbiologie gewonnenen Konzepts der Autopoiesis auf soziale und kulturelle Phänomene vgl. HUMBERTO R. MATURANA/BERNHARD PÖRKSEN, *Vom Sein zum Tun. Die Ursprünge der Biologie des Erkennens.* Heidelberg 2002, 109 ff.; ferner etwa WERNER MEINEFELD, *Realität und Konstruktion.* Opladen 1995, 98; MICHAEL WEHRSPAUN, Kommunikation und (soziale) Wirklichkeit, in: GEBHARD RUSCH/SIEGFRIED J. SCHMIDT (Hrsg.), *Konstruktivismus und Sozialtheorie.* Frankfurt am Main 1993, 31 f.

[5] JACQUES DERRIDA, *Gesetzeskraft – der mystische Grund der Autorität.* Frankfurt am Main 1996, 53.

[6] Vgl. zu dem Begriff HANS-JOACHIM STRAUCH, Grundgedanken einer Rechtsprechungstheorie, in: *ThürVBl.* 2003, 1. Dieser Beitrag greift Gedanken auf, für die der Verf. in dem Aufsatz „Wie wirklich sehen wir die Wirklichkeit? – Vom Nutzen des Radikalen Konstruktivismus für die juristische Theorie und Praxis", in: *JZ* 2000, 1020 ff., theoretische Ausgangspunkte dargelegt hat und die er in den Beiträgen „Der Theorie-Praxis-Bruch, aber wo liegt das Problem?" in: WERNER KRAWIETZ/MARTIN MORLOK (Hrsg.), *Vom Scheitern und der Wiederbelebung juristischer Methodik im Rechtsalltag – ein Bruch zwischen Theorie und Praxis?* Sonderheft der Zeitschrift *Rechtstheorie* 32 (2001), 197 ff., und „Die Bindung des Richters an Recht und Gesetz – eine Bindung durch Kohärenz", in: *KritV* 2002, 311 ff. konkretisiert hat. Der vorliegende Text fasst als Art „Werkstattbericht" die bisherigen Überlegungen zusammen und führt sie in Richtung „Methodenlehre" fort.

[7] Feststellung von ROBERT ALEXY, *Theorie der juristischen Argumentation.* Frankfurt am Main 1983, 37 – „daß der juristische Diskurs sich vom allgemeinen praktischen Diskurs dadurch unterscheidet, dass seine Freiheit, kurz gesprochen, durch Gesetz, Präjudiz, Dogmatik und – im Falle des Prozesses – durch Verfahrensgesetze eingeschränkt wird", beschreibt deshalb nicht nur eine Einschränkung, die „vernünftig und erforderlich" erscheint, sondern betrifft die Grundfrage, ob der Prozess seiner Struktur nach von der Habermas'schen Diskurstheorie aus theoretisch erfasst werden kann. Siehe auch oben Fn. 2. Zu einem weiteren grundsätzlichen Einwand vgl. unten 2. b) aus der Kontextgebundenheit von Information, Fn. 45.

struktion des gerichtlichen Klage- oder Urteilsverfahrens, durch das im konkreten Fall bestimmt wird, was rechtens ist.

Die Perspektive ist mithin eine andere, begrenztere als die der Rechtstheorie. Es geht bei der Rechtsprechungstheorie ferner nicht um Rechtsanwendung an sich oder in ihrer ganzen Breite. Rechtsanwendung findet in vielfältigen Zusammenhängen statt, in weltweit kooperierenden Konzernen, in dezentralen Kommunalverwaltungen, in zentralisierten Finanzverwaltungen oder zu Übungszwecken an der Universität. Die Entscheidungsmechanismen und -perspektiven in diesen Organisationen sind strukturell sehr unterschiedlich, und es spricht viel dafür, dass auch die Mechanismen der Rechtsanwendung in diesen Organisationen strukturell sehr viel unterschiedlicher sind, als es die Rechtstheorie üblicherweise (unausgesprochen) annimmt. Deshalb die ausdrückliche Begrenzung auf die *richterliche „Rechtsanwendung"*; die Abhängigkeit der Rechtsanwendung von der Organisation ist zugleich eine zentrale These, die im Folgenden zu entwickeln sein wird. Andererseits lege ich für den Begriff der richterlichen Rechtsanwendung einen sehr weiten Begriffsinhalt zugrunde. Er umfasst (in der traditionellen Terminologie) nicht nur die schlichte Rechtsanwendung, sondern auch die Rechtsfortbildung bis hin zur Rechtschöpfung und die in die Rechtsanwendung eingeschlossene Tatsachenermittlung. Die Unmöglichkeit, hier präzise Differenzierungen vorzunehmen, ist eine weitere These. Statt den Begriff „Rechtsanwendung" zu gebrauchen, der ein „an sich" gegebenes Recht voraussetzt bzw. suggeriert, wäre es insofern besser, von „Rechtsfeststellung" zu sprechen. Schließlich geht es mir nicht um eine *empirische* Beschreibung richterlicher Tätigkeit, sondern darum, das, was traditionell Rechtsanwendung heißt, theoretisch erfassbar zu machen, d. h. die Praxis der Theorie zu erschließen.

Es sind nahezu selbstverständliche Feststellungen, Beobachtungen und Erfahrungen aus dem Alltag der richterlichen Praxis, die für eine solche Erkundung die Wegmarken vorgeben: etwa

- dass ein Blick in den Palandt in der Regel wichtiger ist als ein Blick ins Gesetz;
- dass es zumeist eher der Leitsatz eines Grundsatzurteils als ein Federstrich des Gesetzgebers ist, der juristische Bibliotheken zur Makulatur werden lässt (Neufassungen des BGB und ähnliche Ereignisse natürlich ausgenommen);
- dass das Richterrecht zwar keine dogmatisch anerkannte Rechtsquelle, aber die Quelle ist, aus der Richter das Recht schöpfen;

- dass es zwar der Sachverhalt ist, der rechtlich beurteilt wird, dass dieser jedoch nach Maßgabe unserer rechtlichen Beurteilung generiert wird;
- dass Maßgabe des richtigen Rechts keine Frage der Methode, sondern eine Frage der Instanz ist.

All diese Erfahrungen stehen in einem mehr oder minder offenen Widerspruch zu dem, was als Methodenlehre tradiert ist, passen jedenfalls nicht in den theoretischen Rahmen der immer noch vorherrschenden positivistischen Methodenlehre.[8] Gerade deshalb geben sie aber die Fragen vor, auf die eine Rechtsprechungstheorie Antworten zu geben hat. Wenn „Rechtserkenntnis" offenbar weitgehend anders verläuft, als es sich die Schulweisheit z. T. noch erträumt – wie verläuft sie dann?

Ich will mit Ihnen in der Tradition deutscher Rechtsphilosophie jetzt nicht in ein Fachgeschäft für Philosophie gehen, um zusammen nochmals etwa Wittgenstein, Luhmann oder Habermas zu befragen, wer von ihnen hinreichend brauchbare Analyseinstrumente liefern könnte, um die Mechanismen richterlicher Rechtsanwendung so zu beschreiben, dass diese Mechanismen erklär- und erfassbar werden. Statt dessen will ich mit einer These beginnen, die dann im Folgenden zu belegen sein wird: Eine zeitgenössische Theorie der richterlichen „Rechtsanwendung" muss mit einer grundsätzlichen theoretischen Neuorientierung verbunden sein, und diese ist nur möglich, wenn sie die Erkenntnisse der Wissenschaft aufnimmt, die inzwischen zur neuen Leitwissenschaft geworden ist – der Neurowissenschaft. Dass sich im Ergebnis vieles mit dem trifft, was die Strukturierende Rechtslehre (Friedrich Müller)[9] und Ansätze aus der Topik, der Jurisprudenz als *ars* und *techne,*[10] entwickelt haben, wird nur den wundern, der die Prägekraft juristischer Praxis für *jede* Methodenlehre unterschätzt.[11]

---

[8] Ich habe dies an anderer Stelle ausführlich dargestellt, STRAUCH, Die Bindung des Richters an Recht und Gesetz (Fn. 6), 311 ff. Bezeichnenderweise sucht man etwa in der Methodenlehre von KARL LARENZ/CLAUS WILHELM CANARIS, *Methodenlehre der Rechtswissenschaft.* Berlin 1995, in der *Einführung in Rechtsphilosophie und Rechtstheorie der Gegenwart* von ARTHUR KAUFMANN und WINFRIED HASSEMER (Hrsg.), 6. Aufl., Heidelberg 1994, oder in der *Theorie der juristischen Argumentation* von ALEXY (Fn. 7) im Register das Stichwort „Rechtsprechung" vergeblich.

[9] Grundlegend FRIEDRICH MÜLLER, *Normstruktur und Normativität.* Berlin 1966; ausgearbeitet vor allem in FRIEDRICH MÜLLER/RALPH CHRISTENSEN, *Juristische Methodik.* 9. Aufl., Berlin 2004.

[10] ROLF GRÖSCHNER, Verhältnis von Theorie und Praxis in einer dialogisch rekonstruierten Techne der Jurisprudenz, in: KRAWIETZ/MORLOK, Vom Scheitern und der Wiederbelebung juristischer Methodik (Fn. 6), 213 ff., 220 ff.

[11] Vgl. dazu etwa die Feststellungen von WERNER KRAWIETZ, Ausdifferenzierung von Praxis und Theorie in juristischer systemtheoretischer Perspektive, in: KRAWIETZ/

Die Hirnforschung hat in den letzten Jahren unser Wissen darüber, wie wir wahrnehmen, denken und uns erinnern, grundlegend verändert – und dies mit steigender Geschwindigkeit. Während andere Wissenschaften – wie die Linguistik, die Geschichtswissenschaft, die Psychologie und natürlich die Philosophie – hier längst den Dialog mit der neuen Leitwissenschaft aufgenommen haben, sind die Vorstellungen der Juristen über den „Rechtsanwendungsprozess" von diesem neuen Wissen so gut wie unberührt geblieben. Die Praxis, etwa der Tatsachenfeststellung, insbesondere der Zeugenvernehmung, wird die neuen empirischen Befunde der Neurowissenschaften jedoch ebenso wenig außer Acht lassen können, wie die neue Juristenausbildung, die für die im Reformgesetz geforderten „Schlüsselqualifikationen"[12] eine theoretische Basis finden muss. Die neuen Erkenntnisse zwingen uns jedoch vor allem, unsere Vorstellungen über den Erkenntnis- und Wahrnehmungsprozess und damit (auch) den Rechtsprechungsprozess allgemein und grundsätzlich neu zu überdenken – was nicht heißen kann und soll, dass die Rechtswissenschaft ihre Qualität als Kulturwissenschaft verlieren darf. Aber es wird eine Kombination beider Ansätze geben müssen – in einer *neuro-kulturellen* Theorie.

Das wird in einem ersten Abschnitt: „Der Prozess als Erkenntnisverfahren" (I.) wenigstens in Grundgedanken zu skizzieren sein. Wenn der Richter den Prozess als Erkenntnisverfahren betreibt, dann verweist das zwangsläufig auf erkenntnistheoretische Fragestellungen. Der sonach als Erkenntnisprozess zu definierende Rechtsanwendungsprozess lässt sich als Herstellung von Kohärenz beschreiben. Dieser Begriff der Kohärenz ist näher zu erläutern, um anschließend die Kohärenz des Rechtsprechungsprozesses in drei Thesen zu beschreiben (II.). Begreift man Methode als Herstellung von Kohärenz, lässt sich so auch ein Ansatz für eine neue Methodenlehre gewinnen (III.).

I. Der Prozess als „Erkenntnisverfahren"

Der unmittelbare Sinn und Zweck eines Prozesses liegt in der Regel nicht darin, eine Rechtserkenntnis zu gewinnen, sondern in der Lösung eines sozialen Konflikts. „Der Richter soll es richten". Kann er es anders als durch eine „Rechtserkenntnis" – etwa durch einen Vergleich, und viele Dezernate sind so zugeschnitten, dass der Richter anders sein Pensum gar nicht erledigen könnte – bleibt es gleichwohl ein „Erkennt-

---

MORLOK, Vom Scheitern und der Wiederbelebung juristischer Methodik (Fn. 6), 345 ff., 350 ff.

[12] § 5a Abs. 3 Deutsches Richtergesetz, BGBl. I 2002, 2592.

nisverfahren". Der Richter muss den sozialen Konflikt erkennen, ihn jedenfalls aufnehmen, d. h. er muss die Geschichten verstehen, die ihm den Konflikt erzählen sollen. Wenn er sich lege artis verhält, muss er dies auch auf dem Hintergrund „des Rechts", d. h. im juristischen Denk- und Handlungsraum tun[13]. Bei aller möglichen Verschiedenheit konkreter Erkenntnisinteressen bleibt das Urteilsverfahren mithin – als pragmatisches, nicht als wissenschaftliches (!) – ein (auf das Recht ausgerichtetes) *„Erkenntnisverfahren"*. Selbst unter dem Druck, dass „die Gerechtigkeit nicht wartet", muss sich seine Entscheidung ins Recht „einpassen". Gegebenenfalls ist dies Aufgabe der Rechtsmittelinstanz.

1. Der prozessrechtliche Einstieg

So wundert es nicht, dass – wenn auch nicht in erkenntnistheoretischer Absicht – in der Prozessrechtslehre das Urteils-, Klage- oder Entscheidungsverfahren üblicherweise und ganz selbstverständlich als „Erkenntnisverfahren" bezeichnet wird.[14] Bezogen auf den Zivilprozess heißt es beispielsweise bei Blomeyer:

> „Das Erkenntnisverfahren ist der Rechtsstreit zweier Parteien, des *Klägers* und des *Beklagten*, vor dem *erkennenden Gericht*. Sie sind die *Subjekte* des Verfahrens."[15]

Weitere Reflektionen auf den Begriff des „Erkenntnisverfahrens" erfolgen in der Prozessrechtsliteratur nicht; man behandelt ihn mit Selbstverständlichkeit ausschließlich im Begriffsfeld der Prozessrechtsterminologie,[16] d. h. zur Abgrenzung vom Vollstreckungs- und Arrestverfahren.[17] Eine theoretische Reflektion muss jedoch genau an dieser Stelle einsetzen und sich klar machen, dass eine Theorie des „Erkenntnisprozesses"[18] immer auch und unhintergehbar die Frage nach den erkenntnistheoretischen Bedingungen und Voraussetzungen von Sachverhaltsermittlung und Rechtserkenntnis stellt. Das Erkenntnisverfahren zielt zwar auf „die" Entscheidung, „das" Erkenntnis, wie es in Ös-

---

[13] Auch wenn zu betonen ist, dass die Akzeptanz einer bestimmten Entscheidung/Konfliktlösung keineswegs eine Funktion methodisch sauberer Falllösung ist. Vgl. dazu STRAUCH, Der Theorie-Praxis-Bruch, aber wo liegt das Problem? (Fn. 6), 198 ff.

[14] Vgl. etwa LEO ROSENBERG/KARL HEINZ SCHWAB, *Zivilprozessrecht*. 11. Aufl., München 1974, IV 1 § 1; OTHMAR JAUERNIG, Zivilprozessrecht. 27. Aufl., München 2002, § 2 I; ARWED BLOMEYER, *Zivilprozessrecht: Erkenntnisverfahren*. 2. Aufl., Berlin 1985, § 3, 1.

[15] BLOMEYER, Zivilprozessrecht (Fn. 14).

[16] Eine wesentliche Ausnahme macht die Schrift von JÜRGEN RÖDIG, *Die Theorie des gerichtlichen Erkenntnisverfahrens*. Berlin 1973, dem es um die Untersuchung des Rechtsanwendungsprozesses „in seinen logischen Strukturen" geht.

[17] Vgl. die in Fn. 14 genannten Autoren.

[18] ROSENBERG/SCHWAB, Zivilprozessrecht (Fn. 14), 3.

terreich heißt; der Weg dorthin ist jedoch sowohl in der Selbstbeschreibung als auch im philosophischen bzw. epistemologischen Sinn ein „Erkenntnisprozess", in dem es um „Wahrheitsfindung"[19] geht. „Das Urteil kann nur dann gerecht ausfallen, wenn der vom Gericht festgestellte Sachverhalt der Wirklichkeit entspricht", formuliert z. B. Blomeyer[20] und nimmt mit dieser Formel von der „Übereinstimmung der Erkenntnis mit ihrem Gegenstande" (Kant) die klassische Wahrheitsdefinition auf. Auch in der Methodenlehre war dieser Zusammenhang stets gegeben. Hermeneutik und Positivismus, die Lehre vom „wertorientierten Denken" (Larenz) und die Interessenjurisprudenz schlossen ausnahmslos auch erkenntnistheoretische Positionen ein und bauten auf ihnen auf. Selbst die mittelalterlichen Vorstellungen zum Gottesurteil als „Wahrheitsfindungsverfahren" bestätigen hier nur die Regel.

Nehmen wir die Beschreibung des Prozesses als „Erkenntnisverfahren" begrifflich und theoretisch ernst, stehen am Anfang einer Rechtsprechungstheorie mithin zwei Grundfragen: Wie „erkennt" das Gericht den Sachverhalt und wie „erkennt" es das Recht. Weiterhin ist zu überlegen: Sind das zwei parallele, streng zu trennende „Erkenntnisvorgänge" oder handelt es sich um verzahnte Prozesse? Was bedeutet es schließlich, wenn – wie in dem Eingangszitat von Blomeyer – von dem „erkennenden Gericht" als dem Subjekt des Verfahrens gesprochen wird?

2. Der neuro-kulturelle Ansatz

Ist aus prozessrechtlicher Sicht von dem „erkennenden Gericht" die Rede, wird nur Selbstverständliches formuliert. Erkenntnistheoretisch ist diese Formulierung aber durchaus anstößig – geht es doch in der traditionellen Erkenntnistheorie immer nur um das „Ich" als Erkenntnissubjekt. Wenn wir von dem „erkennenden Gericht" als dem Subjekt des Verfahrens sprechen, ist also bereits eine erkenntnisphilosophische Grundposition verschoben. Aus der Frage, wie erkennt das denkende „Ich", werden Überlegungen zur Frage: Wie denken und erkennen In-

---

19 Vgl. die alte Gleichsetzung von „Urteil" und „Wahrspruch"; das Wort „Urteil" stammt aus der Rechtssprache und hat erst danach eine Bedeutung in der Logik und Philosophie bekommen; siehe die Nachweise im Grimm'schen Wörterbuch. Luther spricht von „dem Bawm des (!) Erkentnis", MS II. 15, und verwendet „Erkentnis" auch i. S. von Richterspruch.

20 BLOMEYER, Zivilprozessrecht (Fn. 14), 111. Daran ändert auch das Prinzip der sog. formellen Wahrheit im Zivilprozess nichts; wenn Beweis erhoben wird, kommt es wieder auf die „Übereinstimmung" an.

stitutionen?[21] Anders wird man Antworten auf die Funktionsweise des gerichtlichen, also eines institutionellen Erkenntnisverfahrens, auch kaum gewinnen können. Angesprochen ist damit der sozio-kulturelle Ansatz, ohne den ein Verständnis der menschlichen Kognition nicht gelingen kann. Was das bedeutet, wird im Folgenden noch näher zu untersuchen sein.

Das wird freilich nicht die einzige Abkehr von Vorstellungen und philosophischen Grundlagen der herkömmlichen Methodenlehre bleiben können. Vor allem erscheint mir im Blick auf ein Grunddogma der Erkenntnisphilosophie ein Bruch mit dem Tabu unumgänglich, dass man „doch um Himmels Willen auf erkenntnistheoretische Fragen keine empirischen Antworten geben könne"[22].

Bereits 1894 hatte der Neukantianer Wilhelm Windelband in seiner berühmten Straßburger Rektoratsrede den schroffen Gegensatz von Naturwissenschaften und Geisteswissenschaften, von „Natur und Geist", in Zweifel gezogen – und sich dabei als Beleg nicht zuletzt auf die empirische Disziplin der Psychologie bezogen, die ihrem Gegenstand nach als geisteswissenschaftlich zu charakterisieren sei, ihrer Methode nach aber naturwissenschaftlich vorgehe.[23] Mit diesem Rekurs sollen Unterschiede in Methodik zwischen Naturwissenschaften und (sogenannten) Geisteswissenschaften nicht geleugnet werden. Aber dem Gegensatzpaar: Natur/Geist entspricht offenbar kein empirisch *und* theoretisch feststellbarer Grundsatzgegensatz von Gehirn und Geist, Gehirn und Denken mehr[24]. Das will nicht bedeuten, dass Erkenntnistheorie in Empirie aufgehen könnte. Aber eine zeitgemäße Erkenntnistheorie muss das, was wir aus den Neurowissenschaften über unsere Erkenntnisvorgänge wissen oder nach deren Wissen jedenfalls ausschließen können, ebenso aufnehmen wie Erkenntnisse aus der Sozialanthropologie. Anders gesagt: unsere erkenntnistheoretischen Ansätze und (theoretisch-philosophischen) Erklärungsmodelle müssen zu dem, was wir über die Mechanismen und Bedingungen unseres Erkennens (empirisch) wissen, *kohärent* sein – und sie müssen sich an den jeweils zu analysierenden Gegenständen bewähren.

Wenden wir uns zunächst a) der neurowissenschaftlichen Perspektive zu, so besagt der neuro-kulturelle Ansatz, dass unser Denken ab-

---

[21] So – ohne Fragezeichen – der Titel des Buches von MARY DOUGLAS, *Wie Institutionen denken*. Frankfurt am Main 1991.

[22] Vgl. MARTIN SEEL, Kapriolen des Konstruktivismus, in: *Merkur* 2001, 50, 56.

[23] WILHELM WINDELBAND, Geschichte und Naturwissenschaft, in DERS., *Präludien, Aufsätze und Reden zur Philosophie und ihrer Geschichte. Bd.* 2. 9. Aufl., Tübingen 1924, 142 ff.

[24] Zur grundsätzlichen Frage von Dualismus oder Monismus von Gehirn und Bewusstsein vgl. die übersichtliche Darstellung bei MICHAEL PAUEN, *Grundprobleme der Philosophie des Geistes*. 3. Aufl., Frankfurt am Main 2002, 17 ff.

hängig von unserem Gehirn und der Wirklichkeit ist, die es uns schafft. Bezogen auf den gerichtlichen Prozess lässt sich der zu analysierende Zusammenhang am besten über ein Prozessverständnis verdeutlichen, das den Prozess als Handlungs- und Kommunikationssystem begreift und den Informationsbegriff zum Ausgangspunkt nimmt. Dieser wird dann b) auch unter sozio-kultureller Perspektive zu behandeln sein.

a) Das Gehirn und seine Wirklichkeit

Der Prozess stellt nach diesem Verständnis ein auf Rollenebene integriertes Interaktionssystem dar; Ziel der Interaktion ist die „Beschaffung und Verarbeitung von Informationen, aus denen die Entscheidung gewonnen werden soll."[25] Was aber ist in unserem Zusammenhang – d. h. für die Wirklichkeit, die unser Gehirn schafft – eine Information?

Ich will mit dem Versuch, darauf eine Antwort zu geben, ganz elementar ansetzen, beim *Informationsbegriff.* Information ist zunächst nur ein Reiz,[26] der zum Beispiel durch elektromagnetische Wellen bestimmter Wellenlänge/Photonen oder durch Luftdruckdifferenzen ausgelöst wird; es entsteht ein Sinneseindruck. Er wird codiert und im Gehirn dann weiter verarbeitet. Selbst das Farbensehen basiert nicht auf einer festen Zuordnung von Lichtwellenlänge und Farbempfindungen.[27] Das menschliche Gehirn enthält ca. 100 Milliarden Nervenzellen.[28] Nur ein verschwindender Bruchteil davon sind Sinneszellen, Zellen, die den Außenkontakt herstellen. So sind ca. 2 Millionen Zellen mit der Aufnahme optischer Reize beschäftigt (die Optikusfasern beider Augen) – während 170 Milliarden Neuronen mit der Auswertung, dem Vergleich mit Gedächtnisinhalten und mit Aktivitäten von anderen Sinnessystemen und vom Motorsystem „beschäftigt" sind. Das ergibt ein Verhältnis von Sinneszellen zu „Verarbeitungszellen" von 1 : 85.000. In anderen Sinnessystemen – wie etwa beim Hören – ist die Divergenz noch viel eindrucksvoller. Hier senden lediglich 2 x 3.000 sensorische Zellen (innere Haarzellen des Innenohrs) Erregungen zu den auditorischen des Hirnstammes, des Mittel- und Zwischenhirns und zu min-

---

[25] JOACHIM MARTENS, *Die Praxis des Verwaltungsprozesses.* München 1975, 6, unter Hinweis auf Niklas Luhmann. Dass diese Beschreibung nicht explizit macht, dass der Prozess auch und vor allem eine Veranstaltung ist, bei der es um Konflikte und Emotionen geht, muss an dieser Stelle auf sich beruhen.

[26] Dazu, dass noch weitere Bedingungen/Differenzen nötig sind, „um ausgewählten Irritationen den Sinn von Informationen zu geben", wie es NIKLAS LUHMANN, *Die Gesellschaft der Gesellschaft.* Frankfurt am Main 1997, 46, formulierte, siehe unten I.2.b) und Fn. 43.

[27] GERHARD ROTH, *Das Gehirn und seine Wirklichkeit.* Frankfurt am Main 1997, 115 ff.

[28] GERHARD ROTH, *Aus der Sicht des Gehirns.* Frankfurt am Main 2003, 12.

destens einigen Milliarden Zellen in das auditorische Cortexareal. Alles, was wir an Geräuschen, Musik und Sprache wahrnehmen, basiert auf der zentralen Verrechnung der Aktivität dieser 2 x 3.000 Zellen, plus der im auditorischen und linguistischen Gedächtnis beheimateten Informationen.[29] Man kann so durchaus sagen, dass wir gegenüber Änderungen unserer inneren Umwelt 100.000 Mal empfänglicher sind als gegenüber Änderungen in unserer äußeren Umwelt.[30] Noch anders gesagt: Wir „denken" sehr viel mehr als wir „wahrnehmen". Wenn das kognitive System im herkömmlichen Sprachgebrauch „erkennt" oder „wahrnimmt", dann „rechnet" es. Es führt also kein Weg an der Feststellung vorbei: Das Gehirn bildet Wirklichkeit nicht ab, sondern errechnet Wirklichkeit nach seinen eigenen Gesetzen. Das macht deutlich, worauf es ankommt, nämlich auf die Frage, *wie* das Hirn den Reiz verarbeitet, welche *Bedeutung* es ihm beimisst. Nur der Reiz, der in einem Kontext ankommt, ist eine Information. Dieser Gedanke wird zu Beginn des nächsten Abschnittes b) wieder aufzugreifen sein.

Wie haben wir uns unter diesen Voraussetzungen die Organisation unserer Wahrnehmung, unserer Erkenntnis vorzustellen? Zunächst negativ: Das Gehirn ist kein hierarchisch organisiertes Organ; es gibt, wie die Neurowissenschaftler sagen, keine „Großmutterzellen", d. h. Zellen, denen ganz konkrete Inhalte zuzuordnen sind. Bis heute ist allerdings nicht genau geklärt, wie eigentlich z. B. Gedächtnisinhalte gespeichert werden. Wir wissen aber, dass eine Erinnerung letztlich nicht als Ganzes, sondern in Teilkomponenten an ganz verschiedenen Orten im Gehirn abgelegt wird.[31] So ist eine Kaffeetasse eben nicht einfach eine Kaffeetasse, sondern unsere Vorstellung entsteht, wenn etwa die Neuronen der Farbe braun, die Neuronen für die Form und das Wort Tasse feuern, aber auch diejenigen aktiv sind, die im Geruchszentrum das Kaffeearoma vertreten und solche, die für die emotionalen Kaffeewünsche aus dem limbischen System zuständig sind. Wir wissen auch, dass wir unsere Wahrnehmungen durch Vorwissen ergänzen. Wir könnten gar nicht überleben, wenn wir nicht allein bei unserer Motorik, sondern auch für den größten Teil unseres Wahrnehmens und Denkens

---

[29] DERS., Das konstruktive Gehirn: neurobiologische Grundlagen von Wahrnehmung und Erkenntnis, in: SIEGFRIED J. SCHMIDT, *Kognition und Gesellschaft. Der Diskurs des radikalen Konstruktivismus* 2. Frankfurt am Main 1992, 277 ff., 307.

[30] HEINZ V. FOERSTER, Das Konstruieren einer Wirklichkeit, in: PAUL WATZLAWICK (Hrsg.), *Die erfundene Wirklichkeit*. 2. Aufl., München 1985, 39 ff., 51.

[31] GUILLÉN FERNÁNDEZ/BERND WEBER, Fische fangen im Erinnerungsnetz, in: *Gehirn & Geist* 2 (2003), 68, 72

auf automatisierte Schemata zugreifen könnten.[32] Es sind Gedächtnisinhalte, die unsere Wahrnehmungsfragmente zu kompletten Wahrnehmungen nach solchen Schemata und Kohärenzprinzipien ergänzen. Dass hier die besondere Problematik von Zeugenaussagen liegt, liegt auf der Hand.

Unser Gehirn arbeitet mithin weder wie ein Fotoapparat, noch speichert unser Gedächtnis wie eine Digitalkamera – deshalb sind etwa auch alle Vorstellungen falsch, ein Zeuge habe seine Erinnerungen wie auf einer Festplatte gespeichert. Wahrnehmen, Denken, Erleben und Sich-Erinnern vollziehen sich in einem Prozess des „Feuerns" unzähliger Neuronen in unterschiedlichen Hirnarealen. Bildgebende Verfahren ermöglichen es heute, solches Zusammenspiel auch sichtbar zu machen.[33] Eine der zentralen Fragen der Hirnforschung wird damit deutlich: Wie werden diese diversifizierten neuralen Aktivitäten so organisiert, dass wir uns das Erkennen bestimmter Gegenstände oder die Erinnerung an bestimmte Ereignisse vorstellen können;[34] wie werden aus einem „Fließgeschehen"[35] Geschichten? Nach dem heute wohl überwiegend anerkannten Modell ist der wesentliche Mechanismus darin zu sehen, dass die Neuronen im Ensemble nicht nur gleichzeitig feuern, sondern in dieser Aktivität auch eine *temporal kohärente Struktur*[36] bilden. In dieser temporal kohärenten Struktur liegt dann zugleich ein zentraler Schlüssel zum Verständnis unseres Denkens und unseres Erkennens.[37]

---

32 HANS-LUDWIG KRÖBER, in: *Gehirn & Geist* 2 (2003), 13; zu den Feldern des Gehirns, die für die Sprache relevant sind, siehe etwa RICHARD F. THOMPSON, *Das Gehirn*. 3. Aufl., Heidelberg 2001, 451 ff.

33 THOMAS F. MÜNTE/HANS-JOCHEN HEINZE, Beitrag moderner neurowissenschaftlicher Verfahren zur Bewußtseinsforschung, in: MICHAEL PAUEN/GERHARD ROTH, *Neurowissenschaften und Philosophie*. München 2001, 298 ff.

34 Vgl. etwa FRIEDRICH-WILHELM DENEKE, *Psychische Struktur und Gehirn*. 2. Aufl., Stuttgart 2001, 73 ff.

35 DENEKE, Psychische Struktur und Gehirn (Fn. 34), IX.

36 THOMAS METZINGER, Ganzheit, Homogenität und Zeitkodierung, in: THOMAS METZINGER (Hrsg.), *Bewußtsein – Beiträge aus der Gegenwartsphilosophie*. 3. Aufl., Paderborn 1996, 595 ff., 609, unter Hinweis auf Wolf Singer. Hier insbesondere WOLF SINGER, Hirnentwicklung oder die Suche nach Kohärenz, in: SYBILLE KRÄMER (Hrsg.) *Geist – Gehirn – künstliche Intelligenz. Zeitgenössische Modelle des Denkens*. Berlin 1994, 165 ff.

37 In der Fortsetzung dieses Gedankens wird man aber wohl auch folgende Hypothese wagen können: Nicht anders als bei Musikern, die beim Üben spezifische Aktivierungsmuster in den „Hörregionen" wie auch den „Greifregionen" ihres Gehirns erkennen lassen, die bereits nach fünf Wochen Training zu *stabilen* neuronalen Vernetzungen führen, – vgl. ECKART ALTENMÜLLER, Musik im Kopf, in: *Gehirn & Geist* 1 (2002), 18, 23 ff. – dürften sich auch „typische" juristische und richterliche Denkweisen ausprägen und dann verfestigen.

Die anschauliche Darstellung, die der renommierte Neurowissenschaftler Ramachandran dem Verarbeitungsprozess unseres Gehirns gegeben hat, mag diese Grundlagen, so hoffe ich, auch plastisch vorstellbar machen:

> „In jedem Augenblick des Wachseins wird unser Gehirn mit einer erdrückenden Fülle von sensorischen Input-Daten überschwemmt, die alle einer kohärenten Perspektive eingegliedert werden müssen. Wir verdanken sie unseren gespeicherten Erinnerungen und dem, was sie uns als wahr im Hinblick auf uns selbst und die Welt mitteilen. Um kohärente Handlungen hervorzubringen, muss das Gehirn dieses Übermaß an Einzelheiten sichten und es zu einem verlässlichen und in sich schlüssigem ‚Überzeugungssystem' ordnen – zu einer Geschichte, die angesichts der zur Verfügung stehenden Indizien einen Sinn ergibt. Jedes Mal, wenn eine neue Information eintrifft, fügen wir sie bruchlos in unsere bereits vorhandene Weltansicht ein."

Doch was tun wir, fragt er den Leser, wenn uns etwas begegnet, was nicht recht in die Geschichte passt? Eine Möglichkeit wäre,

> „die Geschichte vollkommen umzuschreiben, so dass ein neues Modell von der Welt und von Ihnen entstünde. Doch würden Sie bei jeder bedrohlichen Information dergestalt verfahren, würde Ihr Verhalten rasch chaotisch und instabil werden. Sie würden verrückt werden. Stattdessen nimmt Ihre linke Hemisphäre die Anomalie überhaupt nicht zur Kenntnis oder verändert sie so, dass sie in das vorhandene Bezugssystem passt und die Stabilität erhalten bleibt. Diese alltäglichen Abwehrmechanismen sind keineswegs das Ergebnis einer Fehlanpassung, sondern verhindern, dass das Gehirn angesichts der ‚kombinatorischen Explosion' möglicher Geschichten, die sich aus dem den Sinnen dargebotenen Stoff konstruieren ließen, in hoffnungslose Unentschlossenheit verfällt. Der Nachteil liegt natürlich darin, dass Sie sich selbst ‚belügen', doch das ist ein vertretbarer Preis, den Sie für die Kohärenz und Stabilität des Gesamtsystems bezahlen."[38]

Andererseits wäre das System nicht überlebensfähig, würde es sich prinzipiell neuen Informationen verschließen. Hier ist es die rechte Gehirnhälfte, die die Aufgabe hat, die bestehende Sicht oder das bisherige Modell gegebenenfalls einer grundlegenden Revision zu unterziehen und neu aufzubauen.[39]

b) Erkenntnis als soziokultureller Prozess

Die Stimmigkeit, die Kohärenz, die unser Gehirn in eben der Weise herstellt, wie von Ramachandran beschrieben, hat freilich immer schon

---

[38] VILAYNUR S. RAMACHANDRAN/SANDRA BLAKESLEE, *Die blinde Frau, die sehen kann – Rätselhafte Phänomene unseres Bewusstseins*. Hamburg, 2001, 223 ff.

[39] RAMACHANDRAN/BLAKESLEE, Die blinde Frau, die sehen kann (Fn. 38), 225 ff.; zur Hemisphären-Spezialisierung dort 442 ff.

auch die soziale, kulturelle Umwelt einbezogen. Erkenntnis ist stets ein neuro-kultureller, ein neuro-sozialer Vorgang. Wir konstruieren unsere Welt nicht isoliert, sondern wir konstruieren uns im Sozialen eine *gemeinsame* Welt. Betrachten wir den Erkenntnisvorgang nur vom Individuum aus, greift das zu kurz; es bedarf einer notwendigen Ergänzung durch die soziokulturelle Dimension der menschlichen Kognition. Der Titel der berühmten Schrift von Berger und Luckmann „Die gesellschaftliche Konstruktion der Wirklichkeit"[40], macht die Fragestellung deutlich, um die es geht.

Dieser Zusammenhang, den man auch dahin formulieren kann, dass das Gehirn ein „soziales Organ" ist, ein Organ, das auf Vernetzung mit Anderen hin, d. h. auf Sozialität und Kulturalität angelegt ist, markiert eine wesentliche Ergänzung zu den üblichen Ansätzen des sogenannten „Radikalen Konstruktivismus". Ich habe diese Grundposition an anderer Stelle näher dargelegt,[41] wie ich auch versucht habe, aus diesem Ansatz konkret den Mechanismus erklärbar zu machen, über den wir die Bindung des Richters an Recht und Gesetz analysieren können[42]. Die Bindung stellt sich eben nicht dadurch her, dass der Richter jeweils individuell – „allein mit dem Gesetz" – die Regeln der Methodik befolgt und so gleichsam hermeneutisch gebunden (oder auch ungebunden) ist, sondern dadurch, dass er in spezifischer Weise in eine Gerichtsorganisation eingebunden ist. Für den folgenden Gedankengang kann ich mich deshalb auf eine Skizzierung einiger wesentlicher (und zusätzlicher) Aspekte beschränken, unter denen Phänomene und Mechanismen sozio-kultureller Kognition beschrieben werden.

Im vorangegangenen Abschnitt bin ich für den Einstieg von einer sehr einfachen Vorstellung von Information (Information gleich Reiz)[43] ausgegangen. Information gibt es aber nicht an sich; sie ist immer nur relativ, d. h. sie ist, „in Bezug auf einen bereits informationstragenden

---

40 PETER L. BERGER/THOMAS LUCKMANN, *Die gesellschaftliche Konstruktion der Wirklichkeit. Eine Theorie der* Wissenssoziologie. 5. Aufl., Frankfurt am Main 1977.

41 STRAUCH, Wie wirklich sehen wir die Wirklichkeit? (Fn. 6), 1025 ff. Inzwischen hat sich zu dieser m. E. ganz entscheidenden Perspektive – des Gehirns als „soziales Organ" – eine neue Forschungsdisziplin herausgebildet, die „Social Cognitive Neuroscience" – SCN –, die auf einer ersten Konferenz 2001 ihre Forschungsziele formulierte; vgl. TANIA SINGER/ULRICH KRAFT, Zum Mitfühlen geboren, in: *Gehirn & Geist* 4 (2004), 32.

42 STRAUCH, Die Bindung des Richters an Recht und Gesetz (Fn. 6), in: *KritV* 2002, 311 ff.

43 Zur Komplexität des Begriffes vgl. etwa MICHAEL BARTH, Artikel „Kommunikation", in: GERHARD STRUBE (Hrsg.), *Wörterbuch der Kognitionswissenschaften*. Stuttgart 1996; zum Informationsbegriff in der Theorie sozialer Systeme NIKLAS LUHMANN, *Soziale Systeme*. Frankfurt am Main 1984, 68 ff., 102 ff., zum Kommunikationsbegriff dort 191 ff.; siehe auch oben Fn. 26.

Kontext definiert".[44] Die Frage stellt sich also, wie informationsreich ein Kontext sein muss, damit er die von ihm empfangene Information „verstehen" kann. Und die Antwort lautet, dass die zum Verständnis nötige Information „wenigstens denselben Komplexitätsgrad besitzen muss, wie die Information, die verstanden werden soll".[45]

Um dies an einem Beispiel zu demonstrieren, vergleiche man die beiden folgenden Buchstabenreihen:

KVS-TG-BNJ-WA-RDL-GMD-RJZZD-FBG-HVG
KV-STGB-NJW-ARD-LG-MDR-JZ-ZDF-BGH-VG

Beide Reihen haben bei gleicher Buchstabenfolge nur unterschiedliche Interpunktionen. Die Erste ist willkürlich. Das schließt nicht aus, dass sie in mir unbekannten Kontexten einen Sinn haben kann, heißt aber, dass wir etwas nur verstehen, wenn wir es in bekannte Kontexte einordnen können und uns üblich auch nur etwas merken (können), wenn wir es verstanden haben, d. h. wenn wir auf Kontexte zurückgreifen können. Die Andere ist jedenfalls für einen (deutschen) Juristen (hoffentlich) sofort klar; er kann sie in einen Kontext einordnen. Allgemein: will ich, der ich mit einem Anderen spreche, von diesem verstanden werden, muss ich mich auf das Wissen, die Erwartungen und die Perspektiven meines Gesprächspartners einstellen. Ich muss die Ausdrücke wählen, die ich mit ihm „teile", d. h., auf einen gemeinsamen Kommunikationskontext Bezug nehmen. Symbole und Symbolwelten (z. B. moralische Regeln und Weltbilder) beruhen in diesem Sinne auf „Teilhabe". Kommunikation ist nur in einem gemeinsamen Kontext möglich, der jedenfalls insofern gemeinsam sein muss, als er dem Zuhörer diejenigen Informationen zur Verfügung stellt, die nötig sind, um die „Botschaft", die Information des Sprechenden, zu decodieren.

Fragen wir nach den *anthropologischen* Voraussetzungen des zentralen menschlichen Kommunikationsmediums, unserer Sprache, so sieht sie der Anthropologe Tomasello (dem ich in dem hier entscheidenden Gedankengang folge) darin, dass Menschen schon früh in ihrer Ontogenese ihre atypischen kognitiven, sozio-kognitiven und kulturellen Lernfähigkeiten einsetzen, um die Sprachkonstruktionen zu verstehen und sich anzueignen, die ihre jeweilige Kulturen über einen historischen Zeitraum durch Prozesse der Soziogenese geschaffen haben.[46]

---

[44] BERND-OLAF KÜPPERS, Der semantische Aspekt von Information und seine evolutionsbiologische Bedeutung, in: *Nova Acta Leopoldiana* NF 72, Nr. 294 (1996), 195, 211.

[45] KÜPPERS, Der semantische Akt (Fn. 44), 215.

[46] MICHAEL TOMASELLO, *Die kulturelle Entwicklung des menschlichen Denkens*. Frankfurt am Main 1999, 161.

Das Kind lernt Worte wie Sprachkonstruktionen in und aus konkreten Situationen. Tomasello nennt sie „Szenen gemeinsamer Aufmerksamkeit"[47] und nimmt dabei ausdrücklich Bezug auf Wittgenstein und den so wichtigen Zusammenhang von Sprache und Lebensform.[48] Sobald Kinder andere Personen als intentionale Akteure wie sie selbst zu verstehen beginnen, können sie auch beginnen, die Intentionen zu verstehen, mit denen Erwachsene zuerst Gegenstände benennen und dann über sie Aussagen machen. Es sind die unterschiedlichsten Kontexte: im Spiel, eine alltägliche oder besondere Situation, in denen das Kind die *Perspektivität* sprachlicher Symbole lernt und lernt, dass sie gegenüber der Gegenstandswelt auch eine eigenständige, von der konkreten Wahrnehmung losgelöste Bedeutung haben (z. B. eine „Tasse" als Gegenstand, als Aufforderung zum Trinken und als Symbol für Hut).[49]

Sprachliche Referenz entsteht also nur im Kontext sozialer Interaktionen und nur in diesem Kontext kann sie verstanden werden.[50] Und das gilt – in der Grundstruktur – für (z. B.) den Juristen nicht anders als für das Kleinkind. Das professionelle Verstehen der Juristen untereinander und das grundsätzliche Nichtverstehen der „Laien" hat dann seine Erklärung nicht zwingend in einer Systemdifferenz, sondern darin, dass sich durch Studium, Ausbildung und Beruf in einer fortlaufenden Kette von „Szenen gemeinsamer Aufmerksamkeit" ein (gemeinsamer) Kontext für Begriffe, Kategorien, Theorien, Lösungen, Herangehensweisen etc. gebildet hat. Wir haben damit nicht nur die Erklärung für den Kommunikationsraum eigener Art, von dem in der Einleitung die Rede war, sondern hier erscheinen auch die Grundkoordinaten für den *Argumentations-* und *Denkraum,* in dem Rechtserkenntnis sich vollzieht und von dem unten (II.1 und III.1.) ausführlicher die Rede sein wird.

Den entscheidenden anthropologischen Grund für die Sprach-, allgemeiner: die Kulturfähigkeit des Menschen sieht Tomasello – wie gesagt – in seiner einzigartigen Fähigkeit, seine Artgenossen als ihm ähnliches Wesen zu verstehen.[51] Das heißt, der Mensch versteht sich nicht nur selbst als intentionaler Akteur (mit Zielen, Absichten, Vorstel-

---

[47] TOMASELLO, Die kulturelle Entwicklung (Fn. 46), 117 f., 170.

[48] Ebd., 130; zu WITTGENSTEIN und dem Zusammenhang „Philologie" und Methode vgl. näher unten III.2.c) und Fn. 122 ff.

[49] TOMASELLO, Die kulturelle Entwicklung (Fn. 46), 155.

[50] Ebd., 117.

[51] Ebd., 15.

lungen), sondern eben auch den Anderen als intentionales Wesen.[52] Er kann sich in den Anderen hineinversetzen.

Kulturelles Lernen ist wesentlich „Imitationslernen"[53] und es scheint nun so, dass es für die beschriebene anthropologische These auch einen hirnorganischen Befund gibt, der in den sogenannten *Spiegelneuronen* liegen könnte, bei denen es sich um eine Art „Imitationsneuronen" handelt.[54] Ihre Besonderheit liegt darin, dass sie nicht nur an sensorischen und motorischen Funktionen des Gehirns beteiligt sind, wie dies etwa bei Schmerzzellen der Fall ist, sondern in der Lage sind, zugleich Vorgängen, die wir in unserer Umgebung beobachten, in einer Art neuronaler Simulation nachzuspielen. Damit könnte (!) – es sind hier noch Grundfragen offen[55] – nicht nur für die Empathie, das Einfühlungsvermögen, das eine wesentliche Voraussetzung für die Fähigkeit zu strategischem Denken des Menschen ist,[56] die hirnorganische Grundlage gefunden sein, sondern auch, wie der bereits oben zitierte Neurowissenschaftler Ramachandran meint, der Angelpunkt für die Entwicklung der kulturellen Evolution.[57]

Schließlich könnte hier auch ein Zusammenhang zu einem anderen Befund bestehen, der schon lange zum festen Bestandteil der Sozialpsychologie gehört: zu dem Phänomen der „Gruppenkohärenz".[58] Werner Herkner hat es in seinem Lehrbuch so charakterisiert:

> „In jeder Gruppe besteht [als Bedingung für das Funktionieren von Gruppenaktivitäten und für das Weiterbestehen der Gruppe, Anm. d. Verf.] ein gewisses Ausmaß an Konformität, d. h. die Verhaltensweisen, Einstellungen und Meinungen der Mitglieder stimmen weitgehend oder teilweise überein."[59]

Die Einfügungs- und Anpassungsmechanismen, die hier wirken, sind durch zahlreiche Experimente belegt;[60] ich habe das in anderem Zu-

---

[52] Nach TOMASELLO, Die kulturelle Entwicklung (Fn. 46), im Gegensatz zu nichtmenschlichen Primaten.

[53] Ebd., 172.

[54] Vgl. GERHARD ROTH, *Fühlen, Denken, Handeln.* Frankfurt am Main 2001, 385; HUBERTUS BREUER, Zellen, die Gedanken lesen, in: *Gehirn & Geist* 2 (2002), 70 f.

[55] „Entdeckt" wurden die Spiegelneuronen erst in der zweiten Hälfte der 90er Jahre, vgl. GERHARD ROTH, Fühlen, Denken, Handeln (Fn. 54), 205 m. w. N.

[56] Siehe etwa ALFRED GIERER, *Im Spiegel der Natur erkennen wir uns selbst.* Hamburg 1998, 197 ff.

[57] BREUER, Zellen, die Gedanken lesen (Fn. 54), 71.

[58] MANFRED SADER, *Psychologie der Gruppe.* 8. Aufl., Weinheim 2002, 88 ff.

[59] WERNER HERKNER, *Lehrbuch Sozialpsychologie.* 5. Aufl., Bern 1991/1996, 453.

[60] Berühmt geworden sind hier die Experimente zur Konformität, die Salomon Asch in den frühen 50er Jahren durchführte; siehe die Darstellung von EDDIE VON AVERMAET, Sozialer Einfluss in Kleingruppen, in: WOLFGANG STROEBE/KLAUS JONAS/MILES HEWSTONE (Hrsg.), *Sozialpsychologie.* Berlin 2003, 451 ff. Im Negativen entsteht anderenfalls

sammenhang bereits ausführlich dargestellt.[61] Sie gelten jedoch (wenn dann auch nicht mehr unter Laborbedingungen nachweisbar) weit über die klassischen Kleingruppen – für die übrigens eine Kammer oder ein Senat ein nahezu typisches Beispiel wäre – hinaus. Aus soziologischer Sicht hat Mary Douglas, gestützt auf Ansätze von Emil Durkheim und Ludwik Fleck zu einer soziologischen Epistemologie, die sich mit den Begriffen „Denkstil" und „Denkwelt" charakterisieren lässt, diese Mechanismen für Institutionen (im weitesten Sinn) nachgewiesen. Auch wenn Institutionen „keinen eigenen Verstand haben" können,[62] so „steuern" sie jedoch

> „unmittelbar das individuelle Gedächtnis und lenken unsere Wahrnehmung in Bahnen, die mit den von ihnen autorisierten Beziehungen verträglich sind;"[63]

wie sie etwa auch bestimmen, was als gleich gelten kann und das Klassifizieren besorgen.[64] Auch Mary Douglas beschreibt diese Phänomene als „Kohärenz"[65] – etwa wenn Theorien sich aufgrund ihrer Kohärenz mit anderen Theorien durchsetzen[66] oder Rechts- und Moralsysteme auch in Notfällen, z. B. bei Hungersnöten, Dank ihrer Kohärenz ihre Struktur beibehalten."[67]

Für die nachfolgenden Überlegungen sind diese Befunde in dreifacher Hinsicht von Bedeutung: *Erstens* für eine Theorie der Kohärenz (I.4.), *zweitens* für das Verständnis der Mechanismen, durch die in der Organisation Justiz Kohärenz hergestellt wird (II., 2. These), und *drittens* für die Verschränkung und Verzahnung von gesellschaftlicher und juristisch-argumentativer Kohärenz (III.2.c)

3. Rechtsprechungslehre und Rechtsprechungstheorie

Korrespondierend zur Verwaltungs- und Gesetzgebungslehre hatte es Norbert Achterberg in den 80er Jahren unternommen, eine *Rechtspre-*

---

das, was der Anthropologe RUDOLF BILZ „Disgregations-Angst" genannt hat, die Angst, die Herde (= grex) zu verlieren, *Studien über Angst und Schmerz. Paläoanthropologie. Bd. I/2*. Frankfurt am Main 1974, 29 ff.

[61] STRAUCH, Wie wirklich sehen wir die Wirklichkeit? (Fn. 6), 1026, 1028.

[62] DOUGLAS, Wie Institutionen denken (Fn. 21), 26 ff.

[63] Ebd., 151.

[64] Ebd., 93 ff. und 149 ff.

[65] Ebd., 147.

[66] Ebd., 79, 126.

[67] Ebd., zu Gerechtigkeit und Kohärenz, 192 ff.

chungslehre zu entwickeln.[68] Und es wird in der Tat Aufgabe einer Rechtsprechungslehre sein, aus den neuen Erkenntnissen, die die Neurowissenschaften insbesondere seit den 90er Jahren mit zunehmender Geschwindigkeit gewonnen haben, oder etwa auch aus dem Wissen über interkulturelle Kommunikation Folgerungen für eine wissenschaftlich angeleitete Praxis zu ziehen. Der Richter, der einen Zeugen vernimmt, sollte wissen, wie das Gehirn mit den Teilen arbeitet, die wir Gedächtnis nennen,[69] oder was die Herkunft von Prozessbeteiligten aus einem fremden Kulturkreis für das Kommunikationsverhalten bedeuten kann. Einer zeitgenössischen *Rechtsprechungstheorie* geht es demgegenüber nicht primär um praktische Anleitung, sondern darum, den Rechtsprechungsprozess theoretisch erfassbar zu machen. Sie muss dieses Wissen zusammenführen und fokussieren können, wenn sie mehr als ein Bündel von Einzelwissenschaften sein will.[70] In den unterschiedlichen einzelwissenschaftlichen Phänomenen gilt es, ein vergleichend formales Prinzip der Strukturbildung aufzufinden. Die gleichsam fokussierende Perspektive, aus dem dies geleistet werden könnte, sehe ich in einer allgemeinen Theorie der Kohärenz.

4. Erkenntnisprozess und Kohärenz

Eine Theorie der Kohärenz muss folglich zunächst die beiden Verwendungen des Kohärenzbegriffes zusammenführen, von denen bisher wie selbstverständlich ausgegangen worden ist: den empirisch-wissen-schaftlichen und den theoretisch-philosophischen.

Für die philosophische Verwendung kann und brauche ich an dieser Stelle nicht näher auf die umfassende Diskussion um die Kohärenz-

---

[68] NORBERT ACHTERBERG, Rechtsprechungslehre – Desiderat der Wissenschaft, in: DERS. *Theorie und Dogmatik des Öffentlichen Rechts*. Berlin 1980, 178 ff. Vgl. insbesondere die Sammelbände von NORBERT ACHTERBERG (Hrsg.), *Rechtsprechungslehre. Internationales Symposium*. Köln 1986, und WERNER HOPPE/WERNER KRAWIETZ/MARTIN SCHULTE (Hrsg.), *Rechtsprechungslehre. Zweites Internationales Symposium 1988*. Köln 1992. Es handelt sich freilich bisher keineswegs um eine Disziplin mit gesicherter Struktur und Funktion; siehe dazu etwa HORST SENDLER in seiner kritischen Besprechung des zweiten Tagungsbandes, Auf dem Weg zu einer „Rechtsprechungslehre"? in: *DVBl* 1993, 1050.

[69] Vgl. zum Einstieg etwa ROBERT JAFFARD, Das facettenreiche Gedächtnis, in: *Spektrum der Wissenschaft. Spezial: Gedächtnis* 1 (2002), 6 ff., GERHARD ROTH, *Aus der Sicht des Gehirns*. Frankfurt am Main 2003, 87 ff., DANIEL L. SCHACTER, *Wir sind Erinnerung. Gedächtnis und Persönlichkeit*. Reinbek 1999.

[70] Die „erkenntnistheoretische Offenheit", die ACHTERBERG für die Rechtsprechungslehre forderte (Fn. 68), 4, muss m. a. W. an dieser Stelle aufgegeben werden.

theorie als Wahrheitstheorie eingehen.[71] Von Bedeutung ist in unserem Zusammenhang die Kohärenz als Kriterium für die Wahrheit, schlichter: für die Richtigkeit einer Aussage bzw. einer Begründung. Allgemein gesagt geht es um die Konstituierung einer (auch nur partiellen) Einheit durch einen stimmigen Zusammenhang ihrer Teile. Entscheidend für diesen Ansatz ist die Prägung, die der Kohärenzbegriff in den Diskussionen des für die neuere Philosophie so wichtigen Wiener Kreises bekommen hat und wie er 1931 von einem der kreativsten Mitglieder des Kreises, von Otto Neurath, formuliert wurde.

Zu verstehen ist der Grundgedanke am besten vor dem Hintergrund der Auseinandersetzung dieses Kreises aus Philosophen, Mathematikern, Sozial- und Naturwissenschaftlern um die Verifikationstheorie und der damit verbundenen Korrespondenztheorie der Wahrheit, die der Kreis (hier vor allem Carnap und Schlick) von Wittgenstein übernommen hat.[72] Der Idee, dass es „eine Art letzter Erkenntnis gäbe" mit dem Ziel eines geschlossenen Erkenntnissystems,[73] hatte Neurath stets widersprochen. Seiner Ansicht nach, schrieb Carnap rückblickend,

> „war die Gesamtheit des Wissens von der Welt immer ungewiss und bedurfte ständiger Verbesserung und Umwandlung, wie bei einem Schiff, für das es kein Trockendock gibt, und das deshalb auf offener See repariert und umgebaut werden muss."[74]

Theoretisch brachte Neurath den Grundgedanken seiner Position auf folgende Formel:

> „*Richtig heißt eine Aussage dann, wenn man sie eingliedern kann.* Was man nicht eingliedern kann, wird als unrichtig abgelehnt. Statt die neue Aussage abzulehnen, kann man auch, wozu man sich im allgemeinen schwer entschließt, das

---

[71] Vgl. dazu HEINER COOMANN, *Die Kohärenztheorie der Wahrheit*. Frankfurt am Main 1983, und SUSANNE BRACKER, *Kohärenz und juristische Methode*. Baden-Baden 2000; allgemeiner: KUNO LORENZ, Artikel „Wahrheitstheorien", in: JÜRGEN MITTELSTRAß (Hrsg.), *Enzyklopädie Philosophie und Wissenschaftstheorie. Bd. 4*. Mannheim 1980–1996, 595, 598; LOTHAR KREISER/PIRMIN STEKELER-WEITHOFER, Wahrheit/Wahrheitstheorien, in: HANS JÖRG SANDKÜHLER (Hrsg.), *Enzyklopädie Philosophie*. Hamburg 1999.

[72] Vgl. hierzu COOMANN, Kohärenztheorie (Fn. 71), 72 f.

[73] RUDOLF CARNAP, *Mein Weg in die Philosophie*. Stuttgart 1993, 88.

[74] CARNAP, Mein Weg (Fn. 73), 89. Vgl. dazu auch seine Schilderung einer Begegnung mit Einstein, in der es um Einsteins Einwand gegen den Positivismus zur Frage der Realität der physikalischen Welt ging. Er kritisierte „die auf Ernst Mach zurückgehende Ansicht, dass Sinnesdaten die einzige Realität seien, oder, allgemeiner, jede Ansicht, die eine absolut gewisse Grundlage der Erkenntnis beanspruche. Ich erklärte ihm, dass wir diese früheren positivistischen Auffassungen aufgegeben hätten und nicht mehr an eine „felsenfeste Grundlage der Erkenntnis" glaubten; ich erwähnte Neuraths Gleichnis, wonach es unsere Aufgabe ist, das mitten im Ozean schwimmende Schiff zu reparieren. Dieser Metapher und der dahinter stehenden Auffassung stimmte er begeistert zu", ebd., 60.

ganze bisherige Aussagesystem abändern, bis sich die neue Aussage eingliedern lässt."[75]

In dieser Definition ist strukturell nicht nur die zitierte Beschreibung, die Ramachandran den Verarbeitungsprozessen unseres Gehirns gegeben hat (I.2.a)), erfasst; gleichsam leitsatzartig sind mit dieser Definition von Kohärenz im Kern zugleich auch Anforderungen und Funktionen des richterlichen Begründungsgeschäftes formuliert. Darauf wird zurückzukommen sein; die Tragfähigkeit der Formel für die Methodenlehre soll im letzten Abschnitt (III.) bewiesen werden. Zunächst gilt es, den Zusammenhang mit den Verwendungen im oben behandelten empirischen Bereich herzustellen.

Fassen wir dazu nochmals zusammen: Sowohl die Neurowissenschaften als auch die Sozialpsychologie beschreiben über den Begriff der „Kohärenz" zentrale Phänomene unseres Erkennens. In den Neurowissenschaften kommt dem Kohärenzbegriff insofern eine ganz zentrale Bedeutung zu, als es um die Frage geht, wie aus der Flut von Reizen und den eigenen Kontexten kohärente Bilder, Gedanken, Vorstellungen und Handlungsanweisungen entstehen. Er beschreibt also einen Elementarvorgang unseres Denkens, Erkennens und – übrigens untrennbar verwoben – unseres Fühlens. In der Sozialpsychologie und Soziologie bezeichnet er die Mechanismen, durch die Individuen in Gruppen zu gemeinsamen Überzeugungen, zum Konsens, ja zu einem gemeinsamen Weltbild kommen.

Damit ist allerdings zunächst nicht mehr gesagt, als dass in einem Problemfeld (den Mechanismen unsers Erkennens), zwei wichtige Phänomene mit demselben Begriff beschrieben werden. Es handelt sich aber um mehr als nur um Analogien oder gar nur um eine Äquivokation. Das Zusammenführen der Kohärenzphänomene in der Sozialpsychologie der Neurowissenschaften und auf der Metaebene der Begründungs- und Wahrheitstheorie zu einer Theorie der Kohärenz heißt zwar nicht, dass die genannten Phänomene aufeinander zurückgeführt

---

[75] OTTO NEURATH, Einheitssprache des Physikalismus, 1931, wieder abgedruckt in: *Gesammelte philosophische und methodologische Schriften.* Hrsg. v. RUDOLF HALLER und HEINER RUTTE. Wien 1981, Bd. 2, 541. Damit sollen jedoch weder explizit noch implizit Grundgedanken der von Neurath vertretenen Form des „Physikalismus" übernommen werden. Zur philosophiegeschichtlich umstrittenen, aber in unserem Zusammenhang nicht wesentlichen Frage, ob Neurath wirklich zu den Vätern des Kohärenzgedankens gerechnet werden kann, siehe zur damaligen Diskussion CARL GUSTAV HEMPEL, „Schlick und Neurath: Fundierung versus Kohärenz in der wissenschaftlichen Erkenntnis", in: RUDOLF HALLER (Hrsg.), *Schlick und Neurath – Ein Symposion.* Amsterdam 1982; vgl. auch den Gesamtüberblick bei COOMANN, Kohärenztheorie (Fn. 71), 76 ff. und BRACKER, Kohärenz und juristische Methode (Fn. 71), 32 ff. Gebräuchlich war der Begriff zuvor schon in der Wahrnehmungs- und Gestaltpsychologie; vgl. etwa ERNST CASSIRER, *Philosophie der symbolischen Formen. Bd.* 3. 2. Aufl., Darmstadt 1954, 375.

werden sollen. Es liegt kein gemeinsamer Ursachen- und Wirkungszusammenhang vor und Kohärenz ist nichts Substantielles. Was der Begriff im Auge hat, ist aber, wie bereits gesagt, die Gemeinsamkeit in der Form- und Strukturbildung.[76] Ein bestimmter Gedanke, ein konkretes Gefühl, eine gemeinsame gesellschaftliche Überzeugung, wie auch eine Entscheidungsbegründung in einem bestimmten Fall haben – negativ – keine Substanz und sind auch nicht aus dem jeweiligen System errechenbar. Die Beispiele verdeutlichen aber die drei entscheidenden Momente der Gemeinsamkeit in der Form- und Strukturbildung: a) eine Vielzahl von Elementen (z. B. Informationen, Neuronen, Mitglieder), die b) in einem komplexen System (z. B. Gehirn, Organisation, Gesellschaft) stehen und c) durch Interaktion eine jedenfalls momentane Einheit bilden. Kohärenz bedeutet so das Zusammenwirken von Elementen eines komplexen Systems zu einer kontingenten (partiellen) Einheit. Oder konstruktivistisch gewendet: Kohärenz konstituiert ein Zusammenwirken von Elementen, den Knoten eines Netzes zu einer solchen Einheit. Ein Fließgeschehen wird zu einer Geschichte, einem Gedanken, einem Konsens. Wir können dann, um die Formulierung von Metzinger aufzugreifen,[77] von einer „temporär kohärenten Struktur" sprechen. Auch Begründungen sind solche temporär kohärenten Strukturen: Eine Menge an Daten, Überzeugungen, Prämissen, Grundsätze sind in einer Sprache, einer Wissenschaft, dem Recht oder einem anderen (nicht hierarchisch organisierten) System vernetzt und müssen konkret durch Kohärenz zu einer Einheit gebracht werden. In einem Prozess wird ein Prozessergebnis fixiert.

Als Fazit ergibt sich ein doppelter theoretischer Zusammenhang. Er besteht zum einen zwischen der dargestellten Kohärenztheorie und einer konstruktivistischen Erkenntnistheorie; die hier entwickelte strukturelle Kohärenztheorie ist eine Erkenntnistheorie aus konstruktivistischem Ansatz. Und er besteht zum anderen zwischen der hier vertretenen Methodenlehre und einer nicht-ontologischen Rechtslehre. Wenn von einer kohärenten Begründung oder Argumentation die Rede ist, dann steht dahinter kein Verständnis von Recht, das als richtiges Recht immer schon da ist und als solches nur noch erkannt werden will, sondern ein Recht, das konkret erst konstituiert werden muss. Auf den gerichtlichen Prozess als „Erkenntnisverfahren" übertragen, be-

---

[76] Eine Einordnung dieser Begriffsbildung in eine Entwicklung, die ERNST CASSIRER in seinem Werk *Substanzbegriff und Funktionsbegriff*. Berlin 1910, beschrieben hat, muss hier offen bleiben; ebenso eine Auseinandersetzung mit der Lehre von den „Strukturbegriffen" – vgl. dazu BERND-OLAF KÜPPERS, Die Strukturwissenschaften als Bindeglied zwischen Natur- und Geisteswissenschaften, in: DERS (Hrsg.), *Die Einheit der Wirklichkeit: zum Wissenschaftsverständnis der Gegenwart*. München 2000, 89 ff.

[77] Vgl. dazu oben I. 2.a) und Fn. 36.

deutet dies, dass von einem mehrschichtigen komplexen Kohärenzzusammenhang auszugehen ist: Der Sachverhalt, der im Kopf als Ergebnis eines neuronalen Prozesses entsteht, wird im Prozess als mehr oder minder kohärente Geschichte[78] erzählt. Erzählt wird die Geschichte von der Partei als Argument, d. h. zur Begründung der gestellten Anträge; sie soll zu diesen Anträgen – also zum behaupteten Recht oder zur geleugneten Rechtsverletzung – kohärent sein. Die Bildung der „richtigen Geschichte" (des Sachverhaltes) durch das Gericht steht damit immer schon in einem Rückkopplungsverhältnis zu dem Rechtsprechungsprozess im engeren Sinne, d. h. zu dem Kohärenzzusammenhang, den das Gericht zwischen der Rechtsfindung und den Gründen seiner Entscheidung herzustellen hat.

II. Die Kohärenz des Rechtsprechungsprozesses in drei Thesen

In diesem Kohärenzzusammenhang geht es um die oben schon formulierte Ausgangsfrage: Wie „erkennt" das Gericht „den" Sachverhalt und „das" Recht. Die Antwort will ich in drei Thesen zu geben versuchen: bezogen auf das „Recht", das „Gericht" und den „Sachverhalt". Vortragen muss ich sie nacheinander, richtig darzustellen wären sie als Kreis von drei Aspekten der Kohärenz – und zwar auch in der Parallelität von argumentativer Stimmigkeit, institutionellen Handlungssystemen und Konsensphänomenen.

1. **These**: *Die Richtigkeit einer Entscheidung wird nicht durch die Übereinstimmung mit dem wirklichen oder mutmaßlichen Willen des Gesetzgebers oder des Gesetzes bestimmt, sondern durch Kohärenz der Begründung innerhalb eines als hinreichend akzeptierten Norm- und Prämissenrahmens.*

Diese These macht zunächst stutzig – widerspricht sie doch der traditionellen Vorstellung der Bindung des Richters an das Gesetz. Aber schon ein Blick in die tägliche Praxis lässt Zweifel an dieser Vorstellung aufkommen: Man stelle sich einen Amtsgerichtsdirektor vor, der gleichsam zur Amtseinführung dem jungen Proberichter jeweils mit auf den Weg gibt: Vergessen Sie den Palandt, den Baumbach und den BGH – ein Jurist braucht nur das Gesetz und eine gute Methodenlehre. Anders gefragt: Was vollzieht sich im Denken des Richters, wenn er mit einem „Fall" konfrontiert wird?[79] Zunächst wird er eine Einordnung in ein

---

[78] Zu „Geschichten" als Stoff des Verfahrens vgl. RALPH CHRISTENSEN/HANS KUDLICH, *Theorie richterlichen Begründens*. Berlin 2001, 210 ff.

[79] Vgl. auch die anschauliche Beschreibung von HORST SENDLER, Die Methoden der Verfassungsinterpretation – Rationalisierung der Entscheidungsfinder oder Camoufla-

Rechtsgebiet vornehmen müssen, dann kommt es zu einem „Zoomen“: Auf die relevant erscheinenden Normen, die „Normtexthypothesen“ (Friedrich Müller)[80], auf Regeln, die deren Relevanz abgrenzen, auf allgemeine oder spezielle Grundsätze oder Differenzierungskriterien, vor allem aber, wenn hinreichend konkrete Normen nicht zur Verfügung stehen, auf Fälle, Präjudizien, die die genannten Topoi paradigmatisch zu einem Argumentationsraum gefügt und geordnet haben. Man sucht, wo man den Fall „andocken“ kann. Je größer die Falldichte, desto strukturierter ist dieser *Denkraum*, in dem die Rechtsfindung stattfindet. Fehlt das Paradigma, ist der Raum in der Regel noch unstrukturiert und in seinen Grenzen noch offen. Was auch heißt, dass es sich nicht um Denkräume mit festen Wänden handeln kann; sie sind unterschiedlich, je nach Gegenstand und Rechtsgebiet, beweglich und verschiebbar wie Bühnenräume auf Drehbühnen. Um es an dem Beispiel eines geradezu klassischen Paradigmenwechsels zu konkretisieren: Bis zum Lüth-Urteil[81] war der Denkraum, in dem Boykottaufrufe zivilrechtlich zu qualifizieren waren, durch die formelle Interpretation der „allgemeinen Gesetze“ in Art. 5 Abs. 2 GG klar vom Verfassungsrecht abgegrenzt; mit dem Lüth-Urteil war der Denkraum weit ins Verfassungsrecht geöffnet und musste neu strukturiert werden.[82] Ein anderes Beispiel wäre die Strukturierung des Planungsermessens durch das Bundesverwaltungsgericht.[83] Es ist das Paradigma[84], aus dem sich bestimmt, was kohärent ist.

Methodik, so lässt sich danach schlussfolgern, ist die Rekonstruktion des Denkraumes eines bestimmten Rechtsbereiches, in dem die Richter argumentieren und zu einer als kohärent angesehenen Entscheidung

---

ge der Dezision? in: *Staatsphilosophie und Rechtspolitik. Festschrift für Martin Kriele zum 75. Geburtstag*. München 1997, 457 ff., 471 ff.

80 FRIEDRICH MÜLLER, *Strukturierende Rechtslehre*. 2. Aufl., Berlin 1994, 264 f.

81 BVerfGE 7, 198; siehe näher auch unten Fn. 108.

82 Vgl. die Feststellung von DIETER GRIMM: „Keine Entscheidung hat den Grundrechtsschutz ... so nachhaltig ausgeweitet wie das Lüth-Urteil von 1958“, Das Grundgesetz nach 50 Jahren, in: *Bewährung und Herausforderung: Dokumentation zum Verfassungskongress „50 Jahre Grundgesetz – 50 Jahre Bundesrepublik Deutschland“*. Opladen 1999, 39 ff., 47; siehe auch FRIEDRICH KÜBLER, Lüth: eine sanfte Revolution, in: *KritV* 2000, 313.

83 BVerwGE 34, 301; WERNER HOPPE, Entwicklung von Grundstrukturen des Planungsrechts durch das BVerwG, in: *DVBl* 2003, 697 ff.; Hoppe spricht von „richterliche Rechtsschöpfung der planerischen Abwägung“, WERNER HOPPE/SUSAN GROTEFELS, *Öffentliches Baurecht*. 3. Aufl., München 1995, § 7 Rdn. 8.

84 Der Ausdruck ist bewusst im Anschluss an Thomas Kuhn gebraucht, der ausdrücklich die Parallele zu anerkannten juristischen Entscheidungen zieht. Siehe THOMAS KUHN, *Die Struktur wissenschaftlicher Revolutionen*. Frankfurt am Main 1973, 44: „Es ist vielmehr, einer anerkannten juristischen Entscheidung im allgemeinen Recht ähnlich, ein Objekt für weitere Präzisierung und Spezifizierung unter neuen oder strengeren Voraussetzungen.“ Vorstellbar ist, dass das Präjudiz für Kuhns Theorie sogar Pate stand.

kommen. Aufgabe wäre es, diesen Denkraum in seinen Konstruktionselementen und in den Elementen seiner Dynamik[85] zu erfassen sowie die Argumentationsmuster – Auslegungsregeln, rhetorische Überzeugungsfiguren, Topoi – zu analysieren, durch die die Kohärenz hergestellt werden soll.

2. These: *Die Kohärenz des juristischen Denkens ist keine subjektiv-individuelle Leistung des denkenden Ichs. Sie ist abhängig von der Kohärenz in den institutionellen Strukturen der Justiz, von ihrer Organisation.*

Das Denken des Einzelnen ist, wie oben bereits gesagt, in soziale Kohärenz eingebunden, folgt Mechanismen sozialer Kognition.[86] Daraus sind für die Methodentheorie Konsequenzen zu ziehen. Die Mechanismen sozialer Kognition, die wir zu analysieren haben, um juristische Interpretation durch den Richter zu beschreiben, der ein Gesetz auszulegen und das Ergebnis in einer Entscheidung als Recht festzustellen hat, sind andere als die, die wirksam sind, wenn ein Leser z. B. einen Text von Hegel, Handke oder Hölderlin liest und auslegt. Es geht bei der „Gesetzesauslegung" eben nicht nur „vor allem um die Rolle des interpretierenden Subjekts im Prozess des Verstehens sprachlicher Äußerungen", wie es Arthur Kaufmann formuliert hat[87] und der Richter unterscheidet sich von dem Literaturwissenschaftler keineswegs nur dadurch, dass die Auslegung die im Gesetz festgelegten Zwecke zu verwirklichen hat, wie Rüthers meint.[88] Eine Theorie der richterlichen Praxis wird mithin den Begrenzungen der Subjektphilosophie in cartesianischer Tradition entkommen müssen, ohne allerdings das „Ich", hier den Richter als handelndes und denkendes Subjekt, sogleich in einem systemtheoretischen Autopoiesis-Konzept vollends verschwinden zu lassen.[89] Denn was nach dem oben zum Erkenntnisprozess Gesagten (I.2.) nicht zweifelhaft sein kann: Der individuelle Denkraum

---

[85] Das Phänomen, dass Vorschriften durch Gerichte „in evolutiv-dynamischer Weise" ausgelegt werden (BVerwG NVwZ 2000, 810, 811), ist nicht nur auf den Europäischen Gerichtshof für Menschenrechte beschränkt.

[86] Dazu STRAUCH, Wie wirklich sehen wir die Wirklichkeit? (Fn. 6), 1026 ff. und oben I. 2. b).

[87] ARTHUR KAUFMANN, *Analogie und „Natur der Sache". Zugleich ein Beitrag zur Lehre vom Typus*. 2. Aufl., Heidelberg 1982, 77 ff.; vgl. dazu auch MÜLLER/CHRISTENSEN, Juristische Methodik (Fn. 9), 25.

[88] BERND RÜTHERS, *Rechtstheorie*. München 1999, Rdn.160.

[89] Die Ansätze, die nach dem (manchmal aber wohl eher überschätzten) Zusammenhang von Richterbiographie und Entscheidungsfindung fragen (siehe hierzu JEANNETTE SCHMID, Richterliches Entscheidungsverhalten. Theorien und Befunde, in JEANNETTE SCHMID/THOMAS DROSDECK/DETLEF KOCH, *Der Rechtsfall - Ein richterliches Konstrukt*. Baden-Baden 1997, 57 ff.) haben mithin ebenso ihre Funktion wie es andererseits dem hier vertretenen Ansatz entspricht, nach den Unterschieden von Gericht zu Gericht zu fragen; vgl. WOLFGANG LANGER, *Staatsanwälte und Richter*. Stuttgart 1994.

des Richters (mit seinen persönlichen Strukturen und eben auch mit seinen Vorurteilen) ist von dem juristischen nicht durch stabile Wände getrennt.

Der Ansatz, von dem auch eine Rechtsprechungstheorie auszugehen hat, liegt in der Frage: „Wie Institutionen denken", um nochmals als These den Titel eines Buches von Mary Douglas[90] aufzugreifen. Richterliches Denken ist wie jedes professionelle Denken nicht individuelles, sondern institutionelles (gebundenes) Denken. Informationen und Verarbeitungsregeln, Denkstile und Prämissen, die in gerichtliche Entscheidungen eingehen sollen, müssen in der Organisation, dem Gericht, im Instanzenzug „netzwerkfähig" sein, das heißt, sie müssen in einem inter-subjektiv vorgegebenen Denkraum einen Platz und Relevanz haben, um kommunizierbar zu sein und Aussicht zu haben, akzeptiert zu werden. Die Kohärenz der Begründung (1. These) – so zeigt sich an dieser Stelle – ist unmittelbar abhängig von der Kohärenz in der Organisation der Justiz.

Für die Praxis war dieser Zusammenhang immer selbstverständlich. Instanzenzug und das Rechtsmittelrecht sind eindeutig auf die Kohärenz des Rechts ausgerichtet, die die Methodenlehre allein eben nicht leisten kann. Beispiele ließen sich unzählige anführen; ein prägnantes ist der Bericht der Reflexionsgruppe über die Zukunft des Gerichtssystems der Europäischen Gemeinschaften, in dem expressis verbis der Vorschlag gemacht wird, „zur Wahrung der Kohärenz der Rechtsprechung" ein Kollegium zu schaffen, das

> „in regelmäßig und häufig stattfindenden Sitzungen über die Kohärenz der Urteilsentwürfe der einzelnen Spruchkörper des EuGH (wacht) und ggf. die Übertragung bestimmter Rechtssachen an das Plenum (beschließt)."[91]

Aus diesem Organisationsbezug von Rechtsanwendung, jetzt bezogen auf den Wechsel der Gerichtszweige, erklären sich umgekehrt auch einschneidende Paradigmenwechsel in der Rechtsprechung. Wenn mit dem Lüth-Urteil, der Nassauskiesungsentscheidung[92] oder der Entscheidung des EuGH zum Wehrdienst von Frauen[93] bislang selbstverständliche Begründungs- und Akzeptanzrahmen grundlegend verändert und verschoben wurden, dann geschah dies unter der Perspektive „Wie Institutionen denken" nicht von ungefähr durch Gerichte mit spezifischer Rekrutierung der Richter, mit eigener Organisationsstruktur, vor allem eigener Aufgabenstellung im Sinne spezifischer Rechts-

---

90 Siehe Fn. 21.

91 Zukunft des Gerichtssystems der EG. Abschlussbericht der Reflexionsgruppe. Sonderbeilage zu Heft 19/2000 der *NJW*, 13.

92 BVerfGE 58, 300.

93 Urteil in der RS C-285/98 – Tanja Kreil – vom 26. Oktober 1999, DÖV 2000, 421.

schutzfokussierung und entsprechend eigenen Denkräumen. Die Fachgerichte haben jeweils andere Entscheidungsperspektiven als das BVerfG als „Hüter der Verfassung" und dieses wiederum andere als der EuGH in seiner Funktion des „Hüters des europäischen Einigungsprozesses". Mit traditioneller juristischer Methodik sind diese Paradigmenwechsel nicht erklär- und nicht erfassbar.

3. These: *Der Sachverhalt muss in dem Argumentations- und Denkraum generiert werden, in dem auch die Rechtsfindung erfolgt. Hier liegt eine weitere, dritte Kohärenzbedingung. Generiert wird er nicht aus „der" Wirklichkeit, sondern aus den Wirklichkeiten der Akteure und nicht zuletzt auch aus den „Normwirklichkeiten".*

Der Sachverhalt ist – unabhängig davon, dass er das Ergebnis eines durch das Prozessrecht weitgehend formalisierten Informationsverarbeitungsverfahrens ist – eine höchst komplexe „Geschichte": eine „Schichtung" aus mindestens fünf bzw. sieben Wirklichkeiten. Da sind zunächst die Wirklichkeiten der Parteien, und nicht nur in Ehe- und Familiensachen ergibt sich nicht selten für einen Außenstehenden allein aus dem gemeinsamen Rubrum und Aktenzeichen, dass es sich um den gleichen „Fall" handeln muss. Prozessbevollmächtigte gestalten aus dem, was ihnen ihre Mandanten erzählen und auf Befragen antworten, mit eigenen Wirklichkeitsbildern ihren Sachvortrag. Zeugen speichern und bilden nicht Realität ab, sondern erzählen ihre Sicht der Dinge. Schließlich erarbeitet der Richter mit eigenen Schemata aus alledem sein professionelles Konstrukt der Wirklichkeit, den Sachverhalt. Er muss sowohl den Bedingungen „narrativer Kohärenz"[94] genügen als auch die Wahrnehmungen und Informationen auf das normativ Relevante hin fokussieren.

Die Vorstellung von *dem* „Lebenssachverhalt" verdeckt demgegenüber, dass wir es zunächst nur mit den unterschiedlichen Wirklichkeiten derer zu tun haben, die an dem Gerichtsverfahren beteiligt sind; sie verschleiert auch, dass es sich um ein professionelles Konstrukt handelt, das sich zumeist gerade nicht zu dem verhält, was für die Beteiligten in ihrer Sicht „wirklich" wichtig ist. Die „Normtexthypothese", von der in der ersten These im Anschluss an Friedrich Müller die Rede war, ist nicht vollziehbar, ohne zuvor eine „Sachverhaltshypothese" zu haben. Das, was der Fall war, muss sich dem Richter als *Rechtsfall* „zusammenreimen", im „Sachverhalt" muss er die Sache in ein Verhältnis zum Recht setzen. Dieser Zusammenhang von Norm und Sachverhalt gilt nicht nur für die Anfangshypothesen, sondern auch für die Entscheidung: Sachverhalt und Entscheidungsgründe müssen als „Grün-

---

[94] Vgl. BRACKER, Kohärenz und juristische Methode (Fn. 22), 157 ff.; OTA WEINBERGER, Juristische Entscheidungslogik, in: *Rechtsprechungslehre* (Fn. 68), 139.

de" des Urteils eine Einheit bilden, in sich nicht nur konsistent im Sinne von widerspruchsfrei, sondern auch kohärent sein, d. h. sich gegenseitig argumentativ stützen.

Im Bild des „Hin- und Herwandern des Blickes" zwischen Sachverhalt und Norm ist dieser Abhängigkeitszusammenhang in der Methodik vielfach thematisiert.[95] Dahinter steht aber ein weiteres Kohärenzphänomen, auf das hier näher einzugehen ist. Es betrifft die generelle Ebene von Norm und Wirklichkeit.[96] Die Norm ist in ihrer Funktion, soziale Konflikte zu regeln und zu lösen, auf die „Lebenswelt", nicht auf den Rechtsfall bezogen. Hinter jeder Norm steht ein vom Gesetzgeber gewollter bzw. vom Interpreten vorgestellter Wirkungszusammenhang, der als wertbezogenes Funktions-Modell zu begreifen ist,[97] wie eben diese Norm die Wirklichkeit regulierend entweder ändern oder stabilisieren soll. Man kann hier von *Realitätskoordinaten* des oben beschriebenen Argumentations- und Denkraumes[98] sprechen. Sie werden oft nicht sichtbar, in anderen Fällen müssen sie explizit gemacht werden, etwa wenn es um die Verhältnismäßigkeit geht[99] oder um gesetzliche Instrumente der Wirtschaftslenkung, die ohne das zugrunde liegende volkswirtschaftliche Modell nicht interpretierbar sind.[100] Es gilt jedoch allgemein: Die „Normarbeit" gewinnt an dieser Schnittstelle ihre Verankerung in den gesellschaftlichen Realitätsbezügen. Paradigmenwechsel und neue Leitentscheidungen haben so zumeist ihren Grund auch darin, dass bisherige Wirklichkeitsvorstellungen und Wirklichkeitsmodelle nicht mehr akzeptiert und durch zeitgemäßere ersetzt werden.

---

95 Vgl. nur LARENZ/CANARIS, Methodenlehre (Fn. 9), 102; im Anschluss an KARL ENGISCH, *Logische Studien zur Gesetzesanwendung*. Heidelberg 1963.

96 Siehe hierzu auch MÜLLER/CHRISTENSEN, Juristische Methodik (Fn. 9) 154.

97 Typisches Beispiel ist die Funktionsbeschreibung der Freiheit der Berichterstattung durch den Rundfunk gemäß Art. 5 Abs. 1 Satz 2 GG (Rundfunkfreiheit) und ebenso der Pressefreiheit, der Freiheit der Meinungsäußerung und der Informationsfreiheit als „schlechthin konstituierend für die freiheitlich-demokratische Grundordnung" (BVerfGE 35, 202 ff., 221 und BVerfGE 7, 198 ff., 208; BVerfGE 20, 56 ff., 97 f.); in der Konsequenz ist deshalb auch zu untersuchen, ob Maßnahmen „geeignet sind, zu bewirken, was Art. 5 Abs. 1 GG gewährleisten will", BVerfGE 57, 295 ff., 320.

98 Illustrieren lässt sich dies etwa anhand der Beschreibung und Analyse des Planungsvorganges für die Strukturierung des Planungsermessens durch das BVerwG; siehe HOPPE/GROTEFELS, Öffentliches Baurecht (Fn. 83), § 7 Rdn 8.

99 Vgl. hier die Materialsammlung von KLAUS J. PHILIPPI, *Tatsachenfeststellungen des Bundesverfassungsgerichts*. Köln 1971, 28 ff., 56 ff.

100 Ein besonders anschauliches Beispiel war die Auseinandersetzung um das Tatbestandsmerkmal „volkswirtschaftlich besonders förderungswürdig" in § 1 Abs. 4 InvZulG 1969; vgl. dazu etwa einerseits VG Köln, BB 1972, 870, andererseits BVerwGE 48, 211.

III. Kohärenz und Methode

Das Bild des *Denk- und Argumentationsraumes* habe ich bewusst auch als Gegenbild zu einem Modell gebraucht, das sich Rechtsfindung als sukzessives Abarbeiten eines linearen Prüfprogrammes oder -schemas vorstellt, wie wir es aus den „Kochbüchern" zur Methodik der Fallbearbeitung kennen und gewöhnt sind. Die Prüfung des Diebstahltatbestandes mag mit einem linearen Prüfungsmodell noch beschreibbar sein (so man Abgrenzungsprobleme und Wertungen, z. B. bei Gewahrsam oder Zueignung außer Acht lässt), die Überlegungen, die zur Strafzumessung anzustellen und dann darzustellen sind, sind es sicherlich nicht mehr. Es scheint auf die einfache Routinesache noch zu passen, nicht aber auf den sog. „schwierigen Fall" („hard cases"). Jeder Praktiker weiß jedoch, dass dieser Unterschied (oft) nur ein graduell praktischer ist und die Argumentationstiefe davon abhängig ist, wie stark der Fall problematisiert wird und wie „tief" der Richter einsteigen will und kann oder auch dazu genötigt ist, weil der bislang *als hinreichend akzeptierte Norm- und Prämissenrahmen* brüchig geworden ist. Das wiederum ist nicht zuletzt eine Frage der Instanz, die als „höhere" institutionell gerade dann aufgerufen ist, wenn eine vertiefte Problemlösung verlangt, ein „Einzelfall ohne besondere Bedeutung" zu einem mit „grundsätzlicher Bedeutung" wird. Dieses Problem der methodisch nicht sicher angebbaren „Tiefenschärfe" ist jedoch nur ein Ausschnitt aus einem grundsätzlichen Dilemma. Wenn man sich darauf verständigt hat, dass Rechtsanwendung kein reines Geschäft der Deduktion ist, das man auch einem Computer überlassen könnte – dann bedarf es dessen, was Juristen „Judiz" nennen. Das ist ein Geschäft der Urteilskraft. Sie ist das „Mittelglied der Verknüpfung und des Überganges" zwischen Theorie und Praxis (Kant).[101] Doch das Judiz im Besonderen und die Urteilskraft im Allgemeinen, das heißt den vernünftigen Gebrauch von Regeln, kann man nicht in Regeln fassen, weil das ins Unendliche gehen würde. Das ist das Grunddilemma von Methode und sie ist bereits etymologisch vorgegeben. Methode bedeutet „im Nach-Gang" (meta-hodos), und so gibt es Probleme, wenn die Entscheidung nicht im Nachgehen eines bereits vorbegangenen Weges, sondern im Voranschreiten in noch unwegsamem Gelände, d. h. im Prozess getroffen werden muss. Einen Zugang für die Analyse und für die Reflektion

---

[101] Ein Problem, auf das Kant gleich zu Beginn seiner Schrift *Über den Gemeinspruch: Das mag in der Theorie richtig sein, taugt aber nicht für die Praxis*, zu sprechen kommt, in: IMMANUEL KANT, *Rechtslehre. Schriften zur Rechtsphilosophie.* Hrsg. v. HERMANN KLERNER. Berlin 1988, 240 ff., 243. Siehe auch HANS-GEORG GADAMER, Hermeneutik als theoretische und praktische Aufgabe, in: *Rechtstheorie* 17 (1978), 257, 263.

des für die Rechtsanwendung so zentralen Problems sehe ich in der „Anschauungsform" des „Denkraums": Die Vermittlung von Theorie und Praxis, die in Regeln nicht zu fassen ist, vollzieht sich in einem Denkraum, der eben durch Theorie und Praxis konstituiert wird oder konkreter: durch Wissen und Erfahrung, dogmatische Strukturen und Fallwissen, juristische Sprache und Sprachgebrauch, gelungene Einübung und Misserfolge, Regel und Anwendungsintuition.

1. Der juristische Denk- und Argumentationsraum

Diesen Denkraum gilt es in seinen Konstruktionselementen und in den Elementen seiner Dynamik zu erfassen sowie die Argumentationsmuster – einschließlich rhetorischer Überzeugungsfiguren – zu analysieren, durch die Kohärenz hergestellt wird oder werden soll. Wir können ihn in seiner Struktur aber nur erfassen, wenn wir uns klar machen, dass wir es nie mit einem neuen oder gar selbst geschaffenen Raum zu tun haben. Als Beleg und zur Veranschaulichung sei an die Überlegungen und Untersuchungen zum Spracherwerb (I.2.b) erinnert, oder mit anderen Worten: Dieser Denkraum ist in Grundstrukturen immer schon da, wenn der Jurastudent oder der Berufsanfänger ihn betritt oder der Praktiker in ihm arbeitet. Das ist die historische Struktur des Rechts (als Teil der kulturellen Evolution). Und in dieser Struktur gründet auch die Unhintergehbarkeit der Rechtsgeschichte für einen methodisch-rationalen Umgang mit dem Recht: für die Rechtswissenschaft als Kulturwissenschaft.[102] Das liegt für die Dogmatik des Zivilrechts, des Strafrechts oder öffentlichen Rechts auf der Hand und kann auch aus Raumgründen hier nicht weiter ausgeführt werden – wie auch eine weitere wichtige Konsequenz: Eine konkrete Methodenlehre kann immer nur eine *bereichsspezifische Methodenlehre* sein.[103] Aufzuweisen ist aber der Zusammenhang von Kohärenz und historischen Strukturen.

2. Begründung und Kohärenz

Die Formel Neuraths: „Richtig ist eine Aussage dann, wenn man sie eingliedern kann", stellt auf das „Eingliedern" ab, mithin auf etwas,

---

[102] Siehe die Bemerkung von DIETER SIMON, Es ist, wie es ist, in: *Naturwissenschaft, Geisteswissenschaft, Kulturwissenschaft: Einheit – Gegensatz – Komplementarität?* Göttingen 2000, 79 ff., 94.

[103] Vgl. in diesem Sinn PETER HÄBERLE, Laudatio Konrad Hesse, in: HANS-PETER SCHNEIDER/ RUDOLF STEINBERG (Hrsg.), *Verfassungsrecht zwischen Wissenschaft und Richterkunst. Konrad Hesse zum 70. Geburtstag*. Heidelberg 1990, 67.

was als Gegliedertes bereits da ist; entscheidende Vorgaben sind so durch das „bestehende Aussagesystem“ immer schon erfolgt, rechtstheoretisch gewendet: der Rechtsraum ist durch den historischen Bestand ein stets (mindestens vor-)strukturierter Denkraum. Eine neue „Aussage“ – ein neuer Rechtsgedanke oder ein neuer Fall – kann entweder eingegliedert werden oder er muss verworfen werden oder er zwingt zum Umbau des Systems. Aber eben nicht ab ovo. Neuraths Metapher vom Schiff, „für das es kein Trockendock gibt, und das deshalb auf offener See repariert und umgebaut werden muss“, die Einstein so begeisterte,[104] trifft so gleichsam im Kern die praktische Verfahrensweise von Rechtsprechung, wie es besser nicht beschrieben werden könnte. Auch Grundsatzurteile entstehen „auf offener See“.

Das bedeutet für den Zusammenhang von Begründung und Kohärenz: Formuliert man das Kohärenzproblem allgemein von einem System von „Aussagen“ aus, so stellt sich die Frage, ob sich die Aussage in ein Aussagesystem eingliedern lässt; formuliert man es vom Fall aus, so geht es darum, ob sich alle Gesichtspunkte, die für die Entscheidung relevant sind, in das Rechtssystem eingliedern lassen – oder ob dieses eben partiell umgebaut werden muss. Um die Kriterien für eine Methode als Herstellung von Kohärenz näher zu differenzieren – und auch stärker zu schematisieren – kann auf das 3-Elemente-Konzept zurückgegriffen werden, wie es in der philosophischen Diskussion um die Kohärenz entwickelt wurde: Der Begriff der Kohärenz schließt danach zunächst den der Konsistenz im Sinne von *Widerspruchsfreiheit* ein. Widerspruchsfreiheit ist jedoch nur ein Merkmal; daneben treten zweitens die *Umfassendheit* oder Vollständigkeit der Daten oder Gesichtspunkte und drittens die *Stimmigkeit*, der positive Zusammenhang der zu berücksichtigenden Elemente. Oft wird (nur) zur Qualifizierung dieses Zusammenhangs der Ausdruck kohärent verwendet.[105]

Die folgende Darstellung wird auf diesen drei Elementen – Widerspruchsfreiheit, Umfassendheit und Stimmigkeit – aufbauen. Nur wenn eine Begründung diese drei Bedingungen erfüllt, kann sie methodisch richtig sein. Zugleich muss es sich erweisen, dass es gelingt, in diesem Schema auch den herkömmlichen Auslegungsgrundsätzen und methodischen Regeln einen theoretisch abgesicherten Ort zuzuweisen. Klarzustellen ist allerdings, dass es sich bei diesen drei Elementen nicht um trennbare Stufen einer kohärenten Begründung, sondern um Kriterien handelt, die falltypisch aufeinander bezogen und quantitativ und qualitativ voneinander abhängig sind. Das zeigt sich bereits an dem

---

[104] Vgl. oben Fn. 74.

[105] Das Material der begrifflich-logischen Diskussion ist ausführlich dargestellt bei BRACKER, Kohärenz und juristische Methode (Fn. 71).

Element, das auf den ersten Blick ebenso selbstverständlich wie unproblematisch erscheint, an dem Kriterium der Widerspruchsfreiheit.

a) Widerspruchsfreiheit

Für die Beurteilung einer Entscheidung auf die Schlüssigkeit ihrer Gründe hin dient die „Widerspruchsfreiheit" als Maßstab für die Konsistenz der Argumentation. Widerspruchsfreiheit wie auch „saubere Deduktion", wie Juristen eine sie überzeugende Argumentation oft nennen, sind allerdings nicht viel wert, wenn die in Betracht zu ziehenden Gesichtspunkte nicht umfassend berücksichtigt werden. Es dürften nicht nur Ausnahmefälle sein, in denen die Relevanz von Gesichtspunkten, die Frage, ob man sie zur Sprache bringt oder nicht, danach beurteilt wird, ob sie sich widerspruchsfrei in eine Begründung einfügen lassen oder nicht. Konsistenz wird mit anderen Worten im Zuge des Rechtsfeststellungs- und Begründungsprozesses erst hergestellt.

Der Prozess ist ein Verfahren zur Lösung sozialer Konflikte. Entscheidungsgründe haben es mithin in ihrem Ausgangspunkt und in ihrer Grundfunktion mit Widersprüchen zu tun. *Ein* Verfahren, soziale Widersprüche in „Gründen" logisch widerspruchsfrei aufzulösen, liegt in der *Hierarchisierung* von Entscheidungsnormen und der entscheidungserheblichen Topoi. Hier hat die Rechtsquellenlehre ihren systematischen Ort; sie wird vollzogen über Kollisionsnormen, insbesondere die Grundsätze, dass die neue der alten, die spezielle der allgemeinen Norm vorgeht.[106] Der *andere* Weg ist der, den Widerspruch gleichsam in die Norm selbst hineinzunehmen und ihn als *Abwägungsproblem* zu handhaben. Hierfür steht paradigmatisch die Grundrechtsanwendung über den Verhältnismäßigkeitsgrundsatz, eingeleitet durch das Lüth-Urteil.[107] Hatten nach der aus der Weimarer Zeit überkommenen Grundrechtslehre Gesetzesvorbehalt und konkret formulierte Schranken klare Trennfunktion, die Meinungsfreiheit mithin eine klare Grenze in der „Ehre" oder den „allgemeinen Gesetzen"[108], so bedeutet der Verhältnismäßigkeitsgrundsatz mit dem Abwägungsgebot, dass „die allgemeinen Gesetze ... in ihrer das Grundrecht beschränkten Wirkung

[106] Die unterschiedlichen Lösungen des bekannten Schweinemäster-Falls (OVG Münster, OVGE 11, 250, DVBl 1957, 867) mögen das am Beispiel illustrieren – sehr gut nachvollziehbar etwa in der Abfolge der verschiedenen Auflagen des Lehrbuches zum Polizeirecht von VOLKMAR GÖTZ, *Allgemeines Polizei und Ordnungsrecht*, vgl. 7. Aufl., Göttingen 1982, 108 ff., 8. Aufl. 1985, Rn. 218 ff., 10. Aufl. 1991, Rn. 218 ff.

[107] BVerfGE 7, 198; vgl. dazu auch oben Fn. 82.

[108] Also allen Gesetzen, die sich nicht gegen eine bestimmte Meinung als solche richteten, vgl. GERHARD ANSCHÜTZ, *Die Verfassung des Deutschen Reiches vom 11. August 1919.* Neudruck der 14. Aufl., Berlin 1933, Bad Homburg 1987, 454.

ihrerseits im Lichte der Bedeutung dieses Grundrechtes gesehen werden" müssen,[109] nicht nur, dass die Grenze zwischen Gesetzesrecht und Verfassungsrecht und folglich auch diejenige zwischen dem Bundesverfassungsgericht und den übrigen Gerichtsbarkeiten unscharf wurde, wie es Grimm formulierte,[110] sondern auch eine Verschiebung im logischen Verfahren von der *Norm-Abgrenzung/Hierarchisierung* zur *Abwägung*. Evident wird so aber auch, dass die Unterscheidung, ob Konsistenz oder Widerspruch nicht selten eine Frage der Perspektive ist und es sich oft erst ab einem gewissen Entwicklungsstand der Diskussion zeigt, dass und ob ein Zusammenhang von Aussagen konsistent oder inkonsistent ist.[111]

Die Frage *Hierarchisierung oder Abwägung* macht auch den Kern des klassischen Methodenstreites um Kanon und Rangordnung oder Stufenfolge der Auslegungsgrundsätze aus: Gibt es über den herkömmlichen Kanon der vier Auslegungselemente (grammatisches, logisches, historisches, systematisches) weitere Interpretationsregeln (z. B. Folgenorientierung, verfassungskonforme Auslegung) oder ist die Zahl zulässiger Interpretationsgesichtspunkte gar prinzipiell unbegrenzt?[112] Eine verbindliche Antwort im Sinne eines festen Kanons und eindeutiger Prioritätsregeln[113] wird sich für diese Frage ebenso wenig geben lassen, wie es für die *Abwägung* einen festen, geschlossenen Kanon möglicher und zulässiger (Abwägungs-)Gesichtspunkte geben kann. Denn hier wie dort wird durch solche „Regeln" die *Stimmigkeit* (s. u.) zwischen juristischer und, worauf noch einzugehen sein wird, gesellschaftlicher Kohärenz hergestellt. Das bedeutet nicht Beliebigkeit. Konkrete Eingrenzungen müssen über die nachfolgenden „Stufen" erfolgen, wenn eine Entscheidung nicht den Vorwurf auf sich ziehen will, „de lege artis" nicht kohärent zu sein. Methodisch ist das Problem des

---

[109] BVerfGE 7, 198, 208.

[110] GRIMM, Das Grundgesetz (Fn. 82), 48.

[111] Siehe dazu mit Beispielen aus den Naturwissenschaften ULRICH CHARPA, *Grundprobleme der Wissenschaftsphilosophie*. Paderborn 1996, 188 f.

[112] ARTHUR KAUFMANN, Rechtsphilosophie, Rechtstheorie, Rechtsdogmatik, in: KAUFMANN/HASSEMER, Rechtsphilosophie (Fn. 8), 125.

[113] Vgl. HASSEMER, Rechtssystem und Kodifikation, in: KAUFMANN/HASSEMER, Rechtsphilosophie (Fn. 8), 262 f.; ferner ALEXY, Theorie der juristischen Argumentation (Fn. 7), 303 ff. und – enger – MÜLLER/CHRISTENSEN, Juristische Methodik (Fn. 9), 248 ff; aus schweizerischer Perspektive: ERNST A. KRAMER, *Juristische Methodenlehre*. München 1998, 39 ff., 127 f. Dass sich die Rechtsprechung (konsequent) hütet, diese Frage konsistent zu thematisieren – vgl. etwa ULFRID NEUMANN, Der „mögliche Wortsinn" als Auslegungsgrenze, in: EIKE VON SAVIGNY (Hrsg.), *Juristische Dogmatik und Wissenschaftstheorie*. München 1976, 50 f. – wäre ein eigenes Thema, ist aber Bedingung, die Rechtsprechung insgesamt kohärent zu halten.

Umfanges des Auslegungsrepertoires zunächst ein solches der Umfassendheit.

b) *Umfassendheit*

Das Kriterium der Umfassendheit oder Vollständigkeit lässt sich zunächst uneingeschränkt wörtlich als all-umfassend begreifen und umschließt so jeden denkbaren Gesichtspunkt und auch jeden denkbaren Gegeneinwand, der im Zusammenhang der Entscheidungsfindung und Begründung nicht ausgeschlossen werden kann.

Mit dieser Definition wäre der Begriff freilich praktisch völlig unbrauchbar. Der Richter hat oft schon Schwierigkeiten genug, etwa den Beteiligten klar zu machen, dass es für die Entscheidung nicht auf alle ihnen persönlich wichtigen Gesichtspunkte ankommt – geschweige denn, dass eine theoretische Totalität aller Gesichtspunkte handelbar wäre. Mit einem solchen Inhalt führt der Begriff auch theoretisch nicht weiter. Wirklichkeit und Theorien als *tools for handling*[114] werden perspektivisch konstruiert aus der jeweiligen geistigen, sozialen, kulturellen Situation; „Gesichtspunkte" sind schon nach schlichtem Sprachverständnis immer selektiv. Entsprechend begrenzt sind unsere Argumentations- und Denkräume.[115] Das Kriterium der Umfassendheit oder Vollständigkeit des Interpretationsmaterials kann in unserem Zusammenhang mithin nur auf die Untermenge derjenigen Normen und Interpretationsgesichtspunkte bezogen sein, die sich als die relevanten, „in Betracht zu ziehenden Gesichtspunkte" bezeichnen lassen. Systemtheoretisch formuliert geht es um die möglichen und zulässigen Kriterien für die „Reduktion von Komplexität".

Plastisch lässt sich der Grundsatz entsprechend der im Planungsrecht üblichen Formel so fassen: Es sind die Gesichtspunkte in die Argumentation einzustellen, die nach Lage des Falles in sie eingestellt werden müssen.[116] Das ist nicht neu. Es geht um nichts anderes als um die „Techne des Problemdenkens" (Viehweg); das ist im Sinne der rhetorischen Tradition die Phase des Auffindens von Argumenten, die

---

[114] Vgl. dazu im allgemeineren Zusammenhang STRAUCH, Wie wirklich sehen wir die Wirklichkeit? (Fn. 6), 1027.

[115] Das Gebot der Widerspruchsfreiheit ist deshalb auch nur innerhalb dieser Denkräume relevant. Von einem Begründungszusammenhang zu sagen, er sei kohärent, kann nur bedeuten, dass er *in sich* und in dem Denkraum, in dem er generiert wird, widerspruchsfrei ist.

[116] Vgl. die Grundsatzentscheidung BVerwGE 34, 301.

„ars inveniendi".[117] Wesentliche „topoi" seien hier aufgezählt: beginnend mit dem

- „Normtext"[118] folgen
- die „klassischen" Auslegungsregeln (canones)
- Sachbereichsstruktur: Wirklichkeitsmodelle der Norm
- Auslegungsnormen (z. B. Art. 103 Abs. 2 GG)
- sonstige (normative) Auslegungsvorgaben (z. B. aus dem Gebot der Rechtssicherheit)
- Dogmatik
- Vergleichsfälle, Richterrecht
- Lehrmeinungen

Dieser „Katalog" wäre auszubauen (z. B. hinsichtlich von – bereichsspezifischen – Abwägungsmodellen und -Gesichtspunkten) und zu verfeinern. Wesentlich ist, dass Vergleichsfälle, Fallreihen und Richterrecht einen systematischen Ort bekommen. Und dies in den Grundfunktionen von Methodik und Bindung: Bindung kann rational nur durch Methodik hergestellt werden. Genau wie diese auch Grundbedingung einer gerechten Entscheidung ist, nämlich Gleiches gleich zu behandeln. Der Richter, der bei der Behandlung oder Bewertung zweier Fälle in unterschiedlicher Weise vorgeht oder entscheidet, muss angeben können, worin der Unterschied liegt, der ihn in diesem Fall zu dieser und in jenem Fall zu jener Entscheidung veranlasst hat.[119] Anders handelt er willkürlich und ungerecht. Das heißt aber, dass er den Weg, den er bei seiner Entscheidung gegangen ist, gedanklich nachgehen können muss – und nichts anderes bedeutet bekanntlich ins Griechische rückübersetzt „methodisch".

---

[117] Vgl. THEODOR VIEHWEG, *Topik und Jurisprudenz*. 5. Aufl., München 1974, § 8 I. Es ist vielfach kritisiert worden, dass zwischen der Phase des Auffindens von Argumenten, der „ars inveniendi" und der des Bewertens, der „ars judicandi" (Ciceros Topica, § 6) zu differenzieren ist; vgl. hierzu insbesondere LOTHAR BORNSCHEUER, *Topik. Zur Struktur der gesellschaftlichen Einbildungskraft*. Frankfurt am Main 1976, 115 ff., auch JOACHIM LEGE, *Pragmatismus und Jurisprudenz*. Tübingen 1999, 432 ff. m. w. N. – Nach der hier vertretenen Konzeption hat die Phase des Bewertens, der „ars judicandi", ihren Ort in der Phase, in der die Topoi auf ihre Tragfähigkeit als „Gründe" hin zu überprüfen sind, d. h. in der sie stimmig – kohärent – in die Argumentation eingepasst werden müssen.

[118] Im Sinne von MÜLLER/CHRISTENSEN, Juristische Methodik (Fn. 9), 154 ff.; siehe auch DERS., Virtualität im Rahmen der strukturierenden Rechtslehre, in: KRAWIETZ/MORLOK (Hrsg.), Vom Scheitern und der Wiederbelebung juristischer Methodik (Fn. 6), 359, 367 f.

[119] Vgl. hierzu auch den Gedankengang bei ALEKSANDER PECZENIK, *Grundlagen der juristischen Argumentation*. Wien 1983, 169.

Dieses „Nachgehen" ist das Einordnen in den Denk- und Argumentationsraum, in dem die tragenden Gesichtspunkte, die entscheidungserheblichen Normen und Topoi zugleich auch als Kriterien darüber entscheiden, ob es sich um einen „vergleichbaren" oder ähnlich gelagerten Fall handelt. Aus der Einordnung in die Fall-Reihe ergibt sich so umgekehrt auch ein „Katalog" der relevanten Gesichtspunkte. Gerade bei abweichenden Entscheidungen müssen mit anderen Worten die Gesichtspunkte und Argumente vorangegangener Entscheidungen aufgegriffen werden.

Wird eine Entscheidung nicht im Wege der logisch-deduktiven Operation getroffen, sondern im Wege der Abwägung der Topoi, bedeutet dies auch, dass diese „verhandelt" werden müssen. Hier ist die Methodik unmittelbar mit dem Grundsatz des fairen Verfahrens, des rechtlichen Gehörs, verklammert. Da es eben keinen numerus clausus der relevanten Gesichtspunkte gibt, muss auch und zumeist vor allem darüber verhandelt werden, was nach Lage des Falles als Gesichtspunkt in die Argumentation einzustellen ist und was nicht. Die „Umfassendheit" beantwortet sich mithin nicht nur materiell (nach Lage der Dinge), sondern auch prozedural: als Erkenntnis durch Verfahren.

c) Stimmigkeit

Wenn das Gericht seine Entscheidung zu begründen hat, ist damit augenscheinlich nicht nur gefordert, dass die wesentlichen Gesichtspunkte berücksichtigt und in einen widerspruchslosen Zusammenhang gebracht werden; die Sätze und Argumente müssen auch in einem qualifizierten – positiven – Zusammenhang stehen, um als Begründung akzeptiert zu werden. Und diese Akzeptanz hat zwei Bedingungen: Zum einen müssen sie (im engeren Sinn) *begründungslogisch kohärent* sein; damit sind keine Begrenzungen auf das gemeint, was heute als mathematische oder formale Logik bezeichnet wird, sondern zunächst alle Schlussformen und Regeln, die von der *Argumentationstheorie* umfasst werden.[120] Und zum anderen müssen sich die Sätze und Behaup-

[120] Zum Überblick über die allgemeinen Argumentationtheorien vgl. CHRISTOPH LUMER, Argumentation/Argumentationstheorie, in: *Enzyklopädie Philosophie* (Fn. 71), Bd. 1, 88. Zu den unterschiedlichen Ansätzen der juristischen Argumentationstheorien siehe JOCHEN SCHNEIDER/ULRICH SCHROTH, Sichtweisen juristischer Normanwendung: Determination, Argumentation und Entscheidung, in: KAUFMANN/HASSEMER, Rechtsphilosophie (Fn. 8), 480 ff. Zur Funktion der Kohärenz in der Begründungslogik siehe insbes. ROBERT ALEXY, Juristische Begründung, System und Kohärenz, in: OKKO BEHRENDS/MALTE DIEßELHORST/RALF DREIER (Hrsg.), *Rechtsdogmatik und praktische Vernunft. Symposion zum 80. Geburtstag von Franz Wieacker.* Göttingen 1990, 95 ff.; zuvor PECZENIK, Grundlagen der juristischen Argumentation (Fn. 119), 176 ff.; vgl. dazu

tungen in einen sozialen Kontext einfügen, also anschlussfähig bzw. im oben beschriebenen Sinn *sozial kohärent* sein. Dies macht es aus, wenn es in der 1. These zur Kohärenz heißt, dass die Richtigkeit einer Entscheidung durch Kohärenz der Begründung innerhalb eines *als hinreichend akzeptierten Norm- und Prämissenrahmens* bestimmt wird.

Dieser Rahmen fordert unabweisbar – soweit auch immer einer vorhanden ist – eine Auseinandersetzung mit dem Normtext. Die Gesetzestafeln Moses, die „Zwölf Tafeln" der Römer, die Gesetze Solons oder auch etwa die Kodifikationen des 18. Jahrhunderts verweisen uns hier auf den mythischen und historischen Zusammenhang von lex scripta und den Kampf um Gleichheit und Rationalität des Rechts. Für den Juristen reicht ein kurzer Hinweis auf Art. 20 Abs. 3 und Art. 97 Abs. 1 GG. Kohärenz ist mit anderen Worten ohne präzise und stimmige Arbeit am Gesetzestext nicht herstellbar. Und für diese Arbeit am Text haben die klassisch genannten Auslegungsregeln nach wie vor ihre hervorragende Bedeutung. Nur handelt es sich im Wesentlichen nicht um deduktive Operationen, auch nicht entscheidend um solche, „wie sie z. B. in der Philologie geübt" werden (Savigny).[121] Dieser – philologische – Weg ist seit dem Paradigmenwechsel in der Sprachphilosophie gleichsam verbaut.[122] Fragen wir nach der Bedeutung eines Wortes, so ist die „Bedeutung des Wortes ... das, was die Erklärung der Bedeutung erklärt", heißt es bei Wittgenstein.[123] Nehmen wir seinen Satz hinzu: Eine „Sprache vorstellen heißt, sich eine Lebensform vorstellen",[124] ist Bedeutung zu verstehen als das, was durch die „Lebensform" bedingt, als Erklärung akzeptiert wird.[125] Oder ganz konkret: Das Deutsch des BGB oder des StGB ist Fachsprache, nicht Umgangssprache; deshalb haben Lehrer und Juristen auch die grundsätzlichen Probleme miteinander. Für die juristische Textarbeit gilt mithin, wie es Friedrich Müller formuliert hat, dass „der Normtext, wie übrigens jeder

---

BRACKER, Kohärenz und juristische Methode (Fn. 71), 103 ff. Im vorliegenden Zusammenhang, in dem es nur um die Grundstrukturen von „Stimmigkeit" gehen kann, ist es leider nicht möglich (und auch nicht zwingend), eine – notwendiger Weise sehr detaillierte – Auseinandersetzung mit den einzelnen Ansätzen zu führen. Von zentraler Bedeutung wäre hier insbesondere die These Toulmins, Logik sei verallgemeinerte Jurisprudenz, STEPHEN TOULMIN, *Der Gebrauch von Argumenten*. 2. Aufl., Weinheim 1996, 12.

121 FRIEDRICH CARL V. SAVIGNY, *System des heutigen römischen Rechts*. Bd. 1, 2. Neudruck der Ausgabe Berlin 1840, Aalen 1981, 213.

122 EDMUND BRAUN (Hrsg.), *Paradigmenwechsel in der Sprachphilosophie*. Darmstadt 1996.

123 LUDWIG WITTGENSTEIN, *Philosophische Untersuchungen*. Frankfurt am Main 1984, Abschn. Nr. 560.

124 WITTGENSTEIN, Philosophische Untersuchungen (Fn. 123), Nr. 19.

125 JOSEF SIMON, *Sprachphilosophie*. Freiburg 1981, 106; Vgl. auch TOMASELLO, Die kulturelle Entwicklung (Fn. 46), 130.

Text, nicht ohne Bezug zum ihn begleitenden Wirklichkeitsmodell verstanden werden kann."[126] So geht es etwa bei der historischen Interpretation ebenso wie bei der teleologischen zumeist um solche Wirklichkeitsmodelle und Wirklichkeitsinterpretationen (II., 3. These).[127] Andererseits sind z. B. die Konkretisierungen von Tatbestandselementen Probleme des Einfügens in das Rechtssystem des für relevant gehaltenen Rechtsbereichs. Wenn der Jurist, z. B. bei einem Grenzfall zwischen Diebstahl und Betrug, Literatur und Rechtsprechung zum Begriff der „Wegnahme" zusammensucht – und anders kann er professionell gar nicht arbeiten! – dann ist dies keine Textauslegung, sondern ein Einordnen in die rechtlichen Strukturen, die – gebildet aus Begriffen, Grundsätzen, der Rechtsprechung mit typischen Problemlösungen etc. – das Gefüge eines Rechtsgebiets ausmachen. Und es muss im Gesamtzusammengang unserer Überlegungen auch nicht mehr ausdrücklich betont werden, dass auch bei der Zuordnung von Gesetzeswortlaut und Wirklichkeitsmodellen Kohärenzen hergestellt werden. Nur wenn und soweit Präjudizien, Fallreihen, Dogmatik einem Begriff (= einem Wort in einem Normtext) einen bestimmten (auch im konkreten Streitfall nicht in Zweifel gezogen!) Inhalt gegeben haben, haben wir es – scheinbar – mit einem deduktiven Vorgehen zu tun. Deduktion aus nicht weiter interpretationsbedürftigen Begriffen macht also eben nicht den Kern der Arbeit am Gesetzestext aus. Gleichwohl liegt es nahe, mit derjenigen Formung von Stimmigkeit zu beginnen, die gleichsam „Kohärenz größter Dichte" bedeutet.

(1) Von der Logik zur Rhetorik

In der Sprache der Logiker wäre Kohärenz etwa mit folgender Formel zu bestimmen: Wenn „p" „q" unterstützt, sind „p" und „q" miteinander kohärent.[128] Die unterschiedliche Beziehung kann dabei einmal deduktiv sein, d. h. „q" wird von „p" logisch impliziert. Diese Beziehung ist der Kern sowohl der Urteilslehre in der traditionellen Logik als auch der traditionellen juristischen Subsumtionslehre. Die unterstützende Beziehung kann aber auch nicht-deduktiv sein. Damit ist das angesprochen, was die Logiker „Induktion" oder „Abduktion" nennen. Bei der „Induktion" handelt es sich um den Schluss vom Besonderen auf das Allgemeine, um die Verallgemeinerung eines Falles zu einer Regel, bei der weiteren synthetischen Schlussform um den

[126] MÜLLER/CHRISTENSEN, Juristische Methodik (Fn. 9), 154.
[127] Vgl. auch MÜLLER/CHRISTENSEN, Juristische Methodik (Fn. 9), 151.
[128] Vgl. näher PECZENIK, Grundlagen der juristischen Argumentation (Fn. 119), 176.

Schluss von einer angenommenen Regel auf den Fall.[129] Doch in unserem Zusammenhang interessiert nicht allein die Diskussion logischer Schlussformen.

„Nicht-deduktiv" ist vor allem auch das breite Arsenal rhetorischer Stilmittel, der rhetorischen Figuren, mit denen das Gericht von der Richtigkeit seiner Entscheidung überzeugen will, insbesondere die rhetorischen Syllogismen (Enthymeme), also Wahrscheinlichkeitsschlüsse, „Beweise" im umgangssprachlichen Sinn, bei denen Behauptung zusammen mit einer Begründung, Sentenzen mit Gründen vorgebracht werden[130], traditionell oft verstanden im Sinne eines unvollständigen Syllogismus, bei dem die Prämisse ausgelassen und vom Zuhörer bzw. Leser ergänzt wird.[131] Empirische Urteils-Text-Analysen haben inzwischen deutlich gemacht, was wir eigentlich alle schon immer wussten: richterliche Entscheidungen arbeiten viel mehr und ausgiebiger mit rhetorischen Figuren als mit auch nur halbwegs sauber ausgearbeiteten logischen Schlüssen.[132]

Zur Veranschaulichung der Bedeutung, die einer Verschränkung begründungslogischer und rhetorischer Elemente mit politisch-gesellschaftlichen Überzeugungen in der Kohärenz einer Begründung zukommt, sei nochmals das Lüth-Urteil als Beispiel aufgegriffen. Die grundlegende Äußerung lautet:

> „Das Grundrecht auf freie Meinungsäußerung ist als unmittelbarster Ausdruck der menschlichen Persönlichkeit in der Gesellschaft eines der vornehmsten Menschenrechte überhaupt (‚un des droits les plus précieux de l'homme' nach Artikel 11 der Erklärung der Menschen- und Bürgerrechte von 1798). Für eine freiheitlich-demokratische Staatsordnung ist es schlechthin konstituierend, denn es ermöglicht erst die ständige geistige Auseinandersetzung, den Kampf der Meinungen, der ihr Lebenselement ist (BVerfGE 5, 85 ff., 205). Es ist in gewissem Sinn die Grundlage jeder Freiheit überhaupt, ‚the matrix, the indispensable condition of nearly every other form of freedom' (Cardozo)." [133]

Wenn etwas „konstitutiv" ist, trägt ein beigefügtes „schlechthin" zur argumentativen Präzisierung nichts bei; beigefügt ist es offenbar, um

[129] Beispiel für die *Induktion*: Diese Bohnen sind aus diesem Sack – diese Bohnen sind weiß – alle Bohnen in diesem Sack sind weiß. Für die *Hypothese*: Alle Bohnen aus diesem Sack sind weiß – diese Bohnen sind weiß – diese Bohnen sind aus diesem Sack. Vgl. dazu LEGE, Pragmatismus und Jurisprudenz (Fn. 117), 32 f., 438; siehe auch 87, 128.

[130] Siehe dazu jetzt ARISTOTELES, *Rhetorik*, übersetzt und erläutert von CHRISTOF RAPP, 1. Halbband, Berlin 2002, 223 ff.

[131] Siehe dazu ØIVIND ANDERSEN, *Im Garten der Rhetorik. Die Kunst der Rede in der Antike.* Darmstadt 2001, 139 ff., 149 ff.

[132] Siehe insbesondere die Arbeiten von KARIN SOBOTA, hier: „Rhetorisches Seismogramm – eine neue Methode der Rechtswissenschaft", in: *JZ* 1992, 231.

[133] BVerfGE 7, 198 ff., 208.

dem Konstitutivum *rhetorisch* ein schlechthin überzeugendes Gewicht zu verleihen. Noch deutlicher wird die Verschränkung von begründungslogischen Elementen mit gesellschaftlichen Anschauungen und Standards.

(2) Kohärenz und gesellschaftliche Anschauungen

Damit kommen wir zu einer wesentlichen zweiten Ebene: der sowohl notwendigen als auch immer wieder problematischen Verankerung der juristischen Argumentation in das in der Gesellschaft herrschende oder angestrebte Wertesystem. An der Lüth-Entscheidung lässt sich dieser Zusammenhang paradigmatisch verdeutlichen und verallgemeinern. Inhaltlich wird Kohärenz dadurch hergestellt, dass das Bundesverfassungsgericht sowohl die „grundlegende Bedeutung der Meinungsäußerungsfreiheit" demokratietheoretisch begründet, als auch die Umformung der Grundrechtsdogmatik von einem formalen Schrankensystem zu einem Abwägungssystem demokratietheoretisch absichert. Die Basis dieser Argumentation liegt in der Grunderfahrung der Machtergreifung durch das NS-Regime mit der Erkenntnis, dass Rechtsstaat und Demokratie strukturell unlösbar miteinander verbunden sind. Die Positionen in dem dogmatisch-methodischen Streit um die Grundrechtsinterpretation hingen insoweit nicht zuletzt entscheidend davon ab, ob man diese Erfahrung teilte oder im Sinne des 19. Jahrhunderts an der Vorstellung einer Trennbarkeit, wenn nicht gar eines prinzipiellen Widerspruches von Demokratie und Rechtsstaat festhielt.[134]

Der Einwand Böckenfördes, die grundrechtlichen Freiheiten würden mit der Wertinterpretation der Grundrechte im Ergebnis dem Zugriff des jeweils vorherrschenden – und im 20. Jh. erfahrungsgemäß schnell wechselnden – gesellschaftlichen Wertebewusstsein ausgesetzt, „der Charakter des rechtlich Vorausliegenden" sei damit entfallen,[135] liegt auf der Hand, verweist aber auf den Kern und das Grundproblem jeder

---

[134] Repräsentativ ERNST FORSTHOFF mit seiner These, „daß sich die verfassungspolitische Funktion des Art. 5 gerade dann – und nur dann – erfüllt, wenn man den Artikel so auslegt, wie man ihn von jeher verstanden hat", in: *VVDStRL* 22 (1965) 189 f. (Diskussionsbeitrag). Vgl. auch DERS., Die Umbildung des Verfassungsgesetzes, in: HANS BARION/ERNST FORSTHOFF/WERNER WEBER (Hrsg.), *Festschrift für Carl Schmitt*. Berlin 1959, 35 ff., wieder abgedruckt in: ERNST FORSTHOFF, *Rechtsstaat im Wandel. Verfassungsrechtliche Abhandlungen 1950 bis 1964*. Stuttgart 1964, 147 ff.

[135] ERNST-WOLFGANG BÖCKENFÖRDE, Grundrechtstheorie und Grundrechtsinterpretation, in: *NJW* 1974, 1529, wieder abgedruckt in: ERNST-WOLFGANG BÖCKENFÖRDE, *Staat, Gesellschaft, Freiheit. Studien zur Staatstheorie und zum Verfassungsrecht*. Frankfurt am Main 1976, 221, 234.

Methodenlehre. Eine Entscheidung begründen heißt immer auch, die Bindung an einen Grund zu suchen und die Notwendigkeit einer solchen Verankerung zu akzeptieren. Wo und in welcher Tiefe der Grund liegt, ist jedoch präzise nicht bestimmbar. So wenig wie es einen Numerus clausus der relevanten Gesichtspunkte oder ein rechtlich oder methodisch allgemeines Kriterium für die Unterscheidung zwischen relevanten und nicht relevanten Topoi gibt, lässt sich materiell eine methodisch gebotene „Begründungstiefe" ermitteln. Hat sich zu Rechtsfragen eines Problem- und Konfliktbereiches eine ständige Rechtsprechung (mit dem Gütesiegel: h. M.) herausgebildet, kann man vergleichbare Fälle unschwer „eingliedern"; man braucht den bisherigen Begründungen nur nachgehen, um „methodisch" zu sein und insoweit ist dann auch die „Begründungstiefe" vorgegeben. Der „als hinreichend akzeptierte Norm- und Prämissenrahmen" (1. These) wird aber nicht nur durch das „rechtlich Vorausliegende" bestimmt, von dem Böckenförde spricht. Der „Grund" des Rechtsstreites ist ein sozialer Konflikt. Je unmittelbarer eine gerichtliche Entscheidung gesellschaftliche Institutionen und Konfliktfelder berührt, wird sie – um der sozialen Kohärenz willen – den juristischen Norm- und Prämissenrahmen über als akzeptiert angesehene gesellschaftliche Standards in diesen Standards verankern oder jedenfalls absichern (müssen). Wie oben zur 3. These bereits ausgeführt: Hinter den Normen stehen vom Gesetzgeber gewollte bzw. vom Interpreten vorgestellte Wirkungszusammenhänge, die als (vielfach wertbezogene) Funktions-Modelle zu begreifen sind, wie eben diese Normen die Wirklichkeit regulierend entweder ändern oder stabilisieren sollen.[136] Werden die bisherigen Vorstellungen und Modelle nicht mehr akzeptiert, verändern sich auch die „Kohärenzbedingungen"; Paradigmenwechsel und neue Leitentscheidung haben zumeist in diesem Mechanismus der Herstellung *gesellschaftlicher* Kohärenz ihren Grund. Es handelt sich hier um nicht hintergehbare Mechanismen des Juristischen.[137]

Das „Rein-Juristische" lässt sich demgegenüber auch durch juristische Methode nicht retten. Wie alle Erfahrung lehrt, ist die Methodik selbst nur Teil dieses Prozesses, Kind eben jenes Zeitgeistes, vor dem sie schützen soll. Nichts belegt hier den Zusammenhang von Kohärenz und Methode beispielhafter als die Kohärenz, die zwischen dem juristischen Positivismus, den zeitgenössischen wissenschaftstheoretischen Standards und den politischen Anforderungen bestand, die an die posi-

---

136 Zu den Nachweisen vgl. oben Fn. 97 und 100.

137 RÜTHERS, Rechtstheorie (Fn. 88), 367, spricht von der „Illusion der geschichtslosen Rechtsanwendung".

tivistische Methode gestellt waren und denen sie genügte.[138] Aber diese zu reflektieren, ist unverzichtbare Aufgabe der juristischen Methodenlehre.

138 Zu diesem Zusammenhang insbesondere PETER VON OERTZEN, *Die soziale Funktion des staatsrechtlichen Positivismus*. Frankfurt am Main 1974.

Gerhard Struck

Eristik für Juristen
Konzeptuelle Überlegungen und praktische Beispiele

1. Anlass und Funktion der Ausführungen

1.1 Was ist Eristik?

Während man normalerweise davon ausgehen kann, dass das für Juristen breite Literaturangebot jedem Studierenden ermöglicht, etwas zu seinem Bedarf Passendes in allen Sachgebieten zu finden, gibt es eine Lücke, nämlich die Eristik. Die Schwierigkeiten beginnen mit der Definition. In erster Annäherung: Eristik ist die Lehre von der Kunst, mit Worten erfolgreich zu streiten. Kunst im Sinne dieser Definition kann man mit „Handwerk" oder „Technik" gleichsetzen. Man kann auch die Bewusstheit des zielstrebigen Wortstreits ohne jede ethische Bindung an Wahrheit und Richtigkeit der wissenschaftlichen oder sozialen Ergebnisse in den Vordergrund der Begriffsbestimmung rücken. Um einen Streit im harten Sinne muss es sich nicht handeln; ein Disput muss es schon sein, ein bloßer Dialog genügt nicht.

Wissenschaftlich ist Eristik ein Niemandsland zwischen Argumentationstheorie, Logik, Philosophie, wirtschaftswissenschaftlichen Verhandlungslehren, Rhetorik etc. Es gibt ganz wenig Literatur, und diese setzt sehr unterschiedlich an. Als wichtigsten Text stufe ich ein Manuskript Schopenhauers ein, das nach seinem Tode unter dem Namen „Eristik" oder „Eristische Dialektik"[1] veröffentlicht worden ist. Er ist auf allgemeine und auf philosophische Debatten bezogen, nicht auf juristische; zudem ist er so sehr mit Bildungsgut aus der Antike angefüllt,

---

[1] ARTHUR SCHOPENHAUER, *Eristik,* unter www.gutenberg2000.de; siehe auch die Reproduktion der Ausgabe von Frauenstädt 1864 als Anhang zu BRIGITTE FRANK-BÖHRINGER, *Rhetorische Kommunikation*. Quickborn 1963, und die seit kurzem als CD leichter zugängliche Ausgabe der Paul-Deussen-Edition *Schopenhauer im Kontext*. Die Nummerierung der Kunstgriffe verschiebt sich in verschiedenen Ausgaben um eine Ziffer und verschiedene Herausgeber haben verschiedene Titel gewählt. Das muss für den hier verfolgten Zweck nicht näher beschrieben werden; es wird nach der problemlos zugänglichen Quelle zitiert.

dass man ihn ohne selektierende Bearbeitung nicht auf die Gegenwart beziehen kann.

Der Begriff Eristik muss im Zusammenspiel mit zwei anderen Begriffen gesehen werden. Der Begriff der Argumentation kann mehr oder minder stark mit Logik identifiziert werden; je mehr das letztere geschieht, umso wichtiger ist es, die Augen vor dem Wirklichkeitsbereich Eristik nicht zu verschließen und einen selbstständigen Begriff zu konturieren. Ein anderer Nachbarbegriff ist Rhetorik. Je stärker man den Begriff der Rhetorik von der instrumentellen Redekunst entfernt und zu einem ziemlich diffusen Oberbegriff für alles mögliche macht, desto eher wird man Eristik als einen Unterfall von Rhetorik begreifen können, wobei dann aber mit der Einordnung der Eristik als Teilgebiet der Rhetorik kein nennenswerter Erkenntnisfortschritt verbunden sein dürfte.

1.2 Zur Zielsetzung und Vorgehensweise

Ziel dieses Beitrags ist es, gewissermaßen durch die Empirie vorzuzeigen, dass mit Eristik ein ernst zu nehmender Bereich der Jurisprudenz gekennzeichnet werden kann. Damit soll ein Anstoß gegeben werden, fernerhin auch Theoriezugänge zu analysieren. Was von diesem Stück der Wirklichkeit lässt sich besser verstehen, wenn man die Sozialpsychologie, die linguistische Pragmatik, die Politologie etc. dazu befragt? Man kann vermuten, dass in Deutschland die starke Tradition der „Dogmatik" als Verselbständigung und Abschottung der Rechtswissenschaft den Blick auf Phänomene wie die Eristik verstellt, und solche historisch gewachsenen Wissenschaftskulturen – Paradigmen im Sinne Kuhns – werden nicht durch einen Aufsatz aus der Welt geschafft. Beispiele, und namentlich witzige Beispiele, können aber manchmal mehr in den Köpfen bewegen als richtige Beweisführungen.

Die Exempel sind heterogen, aber gerade das ist auch Absicht. Eristik findet im gesamten Leben ihre Anwendung und lässt sich nicht zuordnen zu Bürgerlichem Recht, Öffentlichem Recht etc.

Das Weitere soll eher durch das Beispielsmaterial deutlich werden als durch abstrakte Ausführungen. Um die Selbstständigkeit der Disziplin Eristik zu betonen und zu verstärken, wird im Folgenden ausschließlich mit schon nachlesbaren Typisierungen und Texten gearbeitet. Außerdem soll dadurch beiläufig eine Einführung in die ziemlich disparate Literatur erreicht werden. Man darf sich bei diesem Thema nicht scheuen, auch Veröffentlichungen mit marktschreierischem Titel[2] oder mit populärwissenschaftlicher Zielsetzung[3] nach brauchbaren Anregungen abzusuchen. Wichtig ist, dass die präsentierten Beispiele für jeden ein wenig einschlägig vorgebildeten Leser immer überprüfbar sind und Anlass geben, selbst auch die Gedankenfäden weiter zu spinnen.

Als abstraktere Thesen lassen sich vorweg nennen:

(a) Es ist sinnvoll, Eristik als einen Forschungsgegenstand und als eine Bezeichnung für eine Manier des Argumentierens wieder stärker zu thematisieren und zu untersuchen.

(b) Für eine juristische Eristik speziell lässt sich bereits durch Typisierungen, nämlich durch einige Dutzend Typen (im Folgenden Muster genannt), eine instruktive Basis für die Beschäftigung mit dem Thema gewinnen.

(c) Im Umgang mit typischen, der juristischen Praxis entnommenen Beispielen ergeben sich vielerlei Anknüpfungspunkte für weitere Forschungen und Querverbindungen zu aktuellen wissenschaftlichen Diskursen.

(d) Eine letzte These ließe sich formulieren: Die Arbeit mit Material, das der juristischen Praxis entnommen ist, bietet wenigstens die so wünschenswerte Chance, dass sich lernende und praktizierende Juristen mit diesem Gebiet der Rechtstheorie beschäftigen.

Dazu seien einige Klarstellungen vorweg gegeben.

Zur Terminologie: Die Bezeichnung der vorgenommenen Typisierungen als „Muster" erhebt keinen Anspruch auf theoretische Dignität, sondern es soll nur der praktische Gesichtspunkt der Wiedererkennbarkeit in anderen Zusammenhängen betont werden.

Ferner zum Verhältnis von allgemeiner und juristischer Eristik: In der Jurisprudenz findet sich viel Material zur Eristik, aber schon in der Aufzählung Schopenhauers lässt sich zeigen, dass mancher wichtige Kunstgriff hier nicht angängig ist. Man vergleiche:

> „Ein Gutsbesitzer behauptet die Vortrefflichkeit des Maschinenwesens in England, wo eine Dampfmaschine vieler Menschen Arbeit tuth. – Man gebe ihm zu verstehen, dass bald auch die Wagen durch Dampfmaschinen werden gezogen werden, wo dann die Pferde seiner zahlreichen Stuterei sehr im Preise sinken müssten; – und man wird sehen."[4]

---

2 Beispiel: WOLF RUEDE-WISSMANN, *Satanische Verhandlungskunst – und wie man sich dagegen wehrt.* 5. Aufl., München 2000.

3 Beispiel: CHRISTOPH BÖRDLEIN, *Das sockenfressende Monster in der Waschmaschine. Eine Einführung ins skeptische Denken.* Aschaffenburg 2002.

4 SCHOPENHAUER, Eristik (Fn. 1), Kunstgriff 35.

Dieses „Den Gegner bei seinen materiellen Interessen packen!" ist in der beruflichen Arbeit der Richter und Rechtsanwälte zumindest in schriftlichen Texten vernachlässigbar.

Eine letzte Vorbemerkung. Eine strukturelle Schwierigkeit für die Erarbeitung einer juristischen Eristik liegt in der Tatsache, dass Eristik eine viel größere Bedeutung in der mündlichen Kommunikation hat als in der schriftlichen. Aber solange wir in der deutschen Juristenausbildung und -praxis keine entwickelte Kultur der Redeübungen, Rollenspiele und Supervisionen haben, ist die Beschäftigung mit dem lehrenden Exempel aus geschriebenen Texten wenigstens ein weiterführender Ansatz. So wird ein wenig dazu getan, die mit Wirkung vom 1.7.2003 gesetzte Anforderung in § 5 a Abs. 3 S. 1 Deutsches Richtergesetz nach Rhetorik-Ausbildung mit Leben zu erfüllen. Im Übrigen ist leider zu befürchten, dass die hochtrabenden Worte des Gesetzgebers hohle Programmatik bleiben, und so ist ein Anfang bei geschriebenen Texten besser als nichts.

2. Exempel

Eristisches Muster 1: Zielstrebige Wortwahl

Dieses sehr geläufige Mittel der Eristik hat schon Schopenhauer in folgende Anweisung gefasst:

> „Ist die Rede über einen Allgemeinbegriff, der keinen eigenen Namen hat, sondern tropisch durch ein Gleichnis bezeichnet werden muss, so müssen wir das Gleichnis gleich so wählen, dass es unserer Behauptung günstig ist... Z. B. hat der Gegner irgendeine Veränderung vorgeschlagen, so nenne man sie ‚Neuerung', denn dies Wort ist gehässig. Was ein ganz absichtsloser und unparteiischer etwa ‚Kultus' oder ‚Öffentliche Glaubenslehre' nennen würde, das nennt einer, der für sie sprechen will, ‚Frömmigkeit', ‚Gottseligkeit' und ein Gegner desselben ‚Bigotterie', ‚Superstition'. Im Grunde ist dies eine feine petitio principii: Was man erst da tun will, legt man zum Voraus ins Wort, in die Benennung, aus welcher es dann durch ein bloß analytisches Urteil hervorgeht ... Unter allen Kunstgriffen wird dieser am häufigsten gebraucht, instinktmäßig ..."[5]

Die dafür tauglichen Worte sind natürlich zeitgebunden, wie gerade das Beispiel „Neuerung" in diesem Text der Ära um 1830 zeigt.

Wegen der Häufigkeit des Kunstgriffs sei nur ein einziges krasses Beispiel aus der Gegenwart erzählt: Im Schwäbischen stritt ein Land-

---

[5] SCHOPENHAUER, Eristik (Fn. 1), Kunstgriff 12.

ratsamt mit dem Erbauer eines kleinen Bauwerks in einem landschaftlich sehr schönen Außenbereich, in dem sehr viele Eigentümer von Grundstücken versuchten, unerlaubte Freizeithütten zu errichten. In der Akte fand sich die Darstellung des Eigentümers, es handele sich um eine Fischerhütte, die für die beiden Fischteiche auf den Grundstücken nötig sei, um Fischereigeräte aufzubewahren. Einige Seiten später war die Stellungnahme der zuständigen Försterei zu lesen. Der Förster hatte bei der Besichtigung nach seiner Darstellung ein Wochenendhaus und zwei Kinderplanschbecken vorgefunden. Das schließt sich gegenseitig nicht aus, denn in einem Wochenendhaus können durchaus auch Angeln und Netze aufbewahrt werden und in einem größeren Kinderplanschbecken in der freien Natur werden sich durchaus Fische ansiedeln. Was man wahrnimmt, ist mehr eine Frage der Wortwahl, und die Wahl der beschreibenden Worte ist nicht nur – wie es üblicherweise gesehen wird – der zweite Schritt nach der Wahrnehmung eines Phänomens.

Das Beispiel gibt Anlass zu einer weiteren Überlegung: Für die Zwecke der Lehre wäre es sehr angenehm, man könnte einen scharfen Gegensatz bilden: Einerseits eristische, manipulative, böse Wortwahl – und das Gegenteil, also offenbar vernünftige, sachliche, argumentative Wortwahl. Dem ist aber nicht so. Ob wir einen Stil des Argumentierens, eine bestimmte argumentative Wendung gut oder schlecht finden, darüber müssen wir uns wieder verständigen, indem wir Argumente für und wider die genannten Einschätzungen geltend machen. Die Verständigung zeigt dieselbe Zirkelstruktur wie das Verstehen, und eine abwertende Aussage wie „Manipulation!“ muss selbst erarbeitet werden in kulturellen Kontexten, wenn man nicht seinen Vorverständnissen blind befangen bleiben will.

Eristisches Muster 2:
Bagatellisieren, Aufblähen, hard case

Bagatellisieren kann man sicherlich als Unterfall des „manipulativen“ Wortgebrauchs ansehen, aber es hat doch einen eigenen Charakter zumindest im Unterschied zu affirmativer oder pejorativer Wortwahl.

Ein Beispiel: Bei der Schaffung des modernisierten Leistungsstörungsrechts im BGB ist die richterrechtliche Garantiehaftung für das anfängliche Unvermögen umstritten gewesen. Canaris und ihm folgend der Gesetzgeber haben diese Fallgruppe den anderen Fällen der Verschuldenshaftung angeglichen. Ein Argument von Canaris lautete:

> „Ebenso wenig leuchtet es ein, dass der Verpächter eines Grundstücks, der als Eigentümer im Grundbuch eingetragen ist, dem Pächter vielleicht für Jahrzehnte Schadensersatz wegen Nichterfüllung zu zahlen hat, wenn sich herausstellt, dass aufgrund eines jüngeren Testaments in Wahrheit nicht er, sondern ein anderer der Erbe und damit Eigentümer des Grundstücks ist ..."[6]

Ein harter Fall, in dem der Leser leicht davon überzeugt wird, dass derjenige, der sich arglos kraft der Testamentsurkunde des Erbes erfreut hatte, nicht in einen Abgrund von Schadensersatzforderungen gestürzt werden darf. Dem hat Altmeppen entgegengesetzt:

> „In diesem Fall liegt in Wirklichkeit sehr nahe, dass der schuldlose Verpächter ein außerordentliches Kündigungsrecht haben muss ... Das Kündigungsrecht ergibt sich letztlich aus § 242 ... Wegen dieses Extremfalles braucht man aber gewiss nicht die Jahrtausende alte Struktur der Haftung wegen ursprünglichen Unvermögens als eine Garantiehaftung in eine ... culpa-Haftung zu verwandeln."[7]

Von den eristischen Elementen dieser Ausführungen (z. B. auch Beanspruchung der Sicherheit der „Wirklichkeit", wo es um diskutierbare Rechtsmeinungen geht) interessiert hier besonders die Berufung auf den seltenen „Extremfall". Der Disputant kann keine Zahlen vorweisen, wie häufig der stillschweigend im Hintergrund unterstellte Normalfall ist, der dann geeignet sein könnte, den Extremfall zu definieren. Das macht die Diskussion nur noch lebhafter!

Eine aufblähende Redeweise liegt in der Berufung auf Jahrtausende, wo es um deren zweie geht, und das auch nur bei großzügiger Zählweise.

Das Beispiel gibt Anlass, eine generelle Frage aufzuwerfen: Inwieweit sind die handwerklichen Künste des Bagatellisierens, Aufblähens, usw. als bewusste Vorgehensweisen einzuschätzen und abzulehnen. Eine solche Frage ist nach meinem Dafürhalten aber falsch gestellt. Der Aspekt der Bewusstheit ist meistens nicht klärbar und vor allen Dingen für die weitere Beschäftigung mit dem Thema Eristik irrelevant. Ein psychologisches Experiment würde sicherlich dazu führen, festzustellen, dass die Menschen in der Eigeneinschätzung dazu tendieren, sich selbst Sachlichkeit zu bescheinigen. Selbst wenn ein Individuum (man könnte sich dies leicht bei einem Rechtsanwalt vorstellen) sich offensiv dazu bekennte zu bagatellisieren, harte Fälle einzusetzen etc., dann wissen wir dadurch noch nicht, ob sein Verhalten vorbildlich oder abschreckend wirken sollte.

---

6 CLAUS-WILHELM CANARIS, Die Reform des Rechts der Leistungsstörungen, in: *JZ* 2001, 499 ff., 506.

7 HOLGER ALTMEPPEN, Untaugliche Regeln zum Vertrauensschaden und Erfüllungsinteresse im Schuldrechtsmodernisierungsentwurf, in: *DB* 2001, 1399 ff., 1402, Fn. 34.

Eristisches Muster 3: Dramatisieren

Die Besonderheit des Dramas und des Dramatisierens ist die emotionale Komponente.[8] Das Auditorium und der anders denkende Diskutant sollen bereits die Fähigkeit verlieren, rational zu antworten. So verwandelt sich die schlichte Folgendiskussion bei den sog. Kabelbruch-Fällen beim Oberlandesgericht München in ein dramatisches Ereignis: „Unzulässig und untragbar" wäre die Schadensersatzfolge.[9] Die biblische Sintflut als Grundmuster des dramatischen Ereignisses in der abendländischen Kulturtradition wird beschworen, wenn „Uferlosigkeit droht". Dies wäre z. B. der Fall gewesen, wenn man in weiterem Umfang Schadensersatz für ästhetische Beeinträchtigungen anerkannt hätte; so jedenfalls der BGH.[10]

Auch das gibt Anlass zu einer weiterführenden Bemerkung: Der emotionale Effekt der Dramatisierung ist nur durch die dafür angemessene Nachbar-Wissenschaft genauer zu fassen. Uferlosigkeit ist nicht ein beliebiger Topos. Theweleit hat in seinem Versuch, gesamtgesellschaftliche Effekte aus individualpsychologischen Gegebenheiten zu erklären, den disziplinierten soldatischen Mann und das flutende, chaotische, entgrenzte Weib als Kristallisationskerne von gesamtgesellschaftlich relevanten Grundvorstellungen geschildert.[11] Es gibt in der Tat einleuchtende Gründe, derentwegen seinerzeit die sowjetische Rote Armee als die rote Flut aufgefasst wird, und nicht, was Theweleit auch erwägt, als Orkan oder als Eiszeit. Genauso lässt sich analysieren, warum der deutsche Bildungsbürger so leicht mit Statistik zu düpieren ist. Die Eristik braucht nicht zur bloßen Einübung von Wortformen zu werden, sondern kann neue interdisziplinäre Bezüge der Jurisprudenz aufzeigen.

Eristisches Muster 4: Ridikülisieren

Mit dem etwas ungeläufigen Terminus ist die eristische Regel gemeint: „Verknüpfe den anstehenden Fall spöttisch mit solchen aktuellen

---

[8] WOLFGANG GAST, *Juristische Rhetorik. Auslegung, Begründung, Subsumtion*. 3. Aufl., Heidelberg 1997, Rn. 261.

[9] OLG München NJW 1956, 1719.

[10] BGH NJW 1969, 1209.

[11] KLAUS THEWELEIT, *Männerphantasien – Frauen, Fluten, Körper, Geschichte*. Reinbek bei Hamburg 1980, passim, z. B. 236 ff.

Scherzen, die deiner Absicht entgegenkommen, die Sache ins Lächerliche zu ziehen."[12]

Ein Beispiel ist zu besichtigen in der richterrechtlichen Fallkette zu § 823 Abs. 1 BGB, die man die „Verfolgungsfälle" nennt. In welchem Umfang ist ein Flüchtender dafür verantwortlich, dass ein Verfolger in der Hektik stürzt und zu Schaden kommt? Ein Fall dieser Entscheidungskette warf folgendes Problem auf: Ist ein junger Mann, der dem Haftrichter vorgeführt worden war, einem Polizisten für einen Schaden ersatzpflichtig, der dadurch entstand, dass der junge Mann flüchtete und der Polizist ihn verfolgend aus einem Fenster auf den 4 m tiefer liegenden Boden sprang und sich dabei verletzte?[13] Die Revision hielt dem BGH eine Vorgängerentscheidung vor; dort war ein Polizist 4,05 m tief hinter dem Flüchtenden hinterher gesprungen und hatte sich dabei verletzt, ohne dass der Bundesgerichtshof im Ergebnis den Fliehenden zum Schadensersatz verurteilt hatte. Der BGH nennt zuerst Gründe, derentwegen die beiden Fälle nicht vergleichbar seien. Wörtlich folgt dann:

> „Bei der Frage nach der objektiven Zurechnung kann in Fallgestaltungen der hier vorliegenden Art auch aus anderen Gründen nicht allein auf die Höhe der Absprungstelle und insoweit dann etwa gar auf eine bestimmte Anzahl von Zentimetern abgestellt werden."[14]

Man beachte, dass der Satzabschnitt, in dem die cm genannt werden, sachlich das Vorangegangene nur verdoppelt, also nur eristische Funktion haben kann.

Womit man lächerlich macht, ist je nach den Umständen ganz unterschiedlich. Ist die Vorstellung, man könne Gerechtigkeit in cm messen, nur absurd, so wird man manchmal auch durch einen Verweis auf exotische Lebensverhältnisse die bürgerlichen Mitjuristen beeindrucken. So jedenfalls kann man Heinrichs Ausführungen zur Frage interpretieren, ob frustrierte Aufwendungen durchgängig nach allgemeinem Schadensersatzrecht ersetzt werden sollen.

> „Die Frustrationsthese wird mit Recht von der Rechtsprechung und der herrschenden Lehre abgelehnt. Die Ersatzpflicht kann nicht auf Schäden erstreckt werden, die auch bei einem pflichtgemäßen Verhalten des Schuldners entstanden wären ... Die praktischen Konsequenzen der Frustrationslehre sind wenig einleuchtend: ... Bei einem aufwendigen Lebensstil (Düsen-

---

[12] GAST, Juristische Rhetorik (Fn. 8), Rn. 402 unter Hinweis auf WILLIAM GERARD HAMILTON, *Das Streitgespräch*. Herausgegeben von GERD ROELLECKE, 2. Aufl., Heidelberg 1965, 34. Der Terminus ist ein zweites Mal erfunden worden von BERND LATOUR, *Um keine Antwort verlegen*. Stuttgart 2000, 82.

[13] BGHZ 132, 164 ff.

[14] BGHZ 132, 164–175.

jet, Butler, mehrere Villen) ergeben sich fast schon groteske Schadenspositionen."[15]

Als Leser fragt man sich, wieso der beschriebene Ersatzberechtigte nicht gleich mehrere Düsenjets und einen Harem hat, wie es sich für einen Ölscheich im Witzblatt gehört. Auch der Butler als Beispiel für Hauspersonal ist ridikül, weil er in der Bundesrepublik des Jahres 2002 nur Erinnerungen an englische Kriminalromane der ersten Hälfte des 20. Jahrhunderts heraufbeschwört. Auch Sherlock Holmes lässt grüßen, stellt der Leser schmunzelnd fest und tut sich schwer, die Frustrationstheorie nach dieser Argumentation noch ernst zu nehmen.

Eristisches Muster 5: Anonymisierung als Immunisierung gegen Kritik

Die deutlichste Literaturstelle, die sich mit Anonymisierung beschäftigt, stammt von einem Nicht-Juristen. Der Sprachwissenschaftler Latour ist sensibel für die Art, wie gesetzesgebundene Richter und Beamte mit dem Bürger umgehen.[16] Der Richter oder Beamte nimmt häufig Anonymisierungen vor, um einen überpersönlichen Standpunkt zu behaupten. Sein Beispiel lautet: „Ihrem Antrag konnte nicht stattgegeben werden." Der Bürger, der so beschieden wird, wird über eine Sachlage informiert, die quasi naturnotwendig ist. Es wird niemand genannt, der als persönlich verantwortlich auftritt. Das macht einen wichtigen Unterschied aus zu Texten, die auch lauten könnten: „Ich kann ihrem Antrag nicht stattgeben." Der Adressat der subjektlosen Sprachkonstruktion soll hilflos gemacht werden, weil er nicht in einer durch Gleichheit bestimmten Sprechsituation agiert. Das Nicht-Subjekt verneint die Unterstellung, die in allen Diskussionen um die ideale Sprechsituation für so wichtig erklärt wurde: Wer mit dem anderen kommuniziert, muss ihn zumindest als Kommunikationspartner auf der Basis der Gleichheit akzeptiert haben. Das Passiv und die Subjektlosigkeit wirken im Gegensatz dazu wie die Stimme aus dem Off im Kino, die einer anderen, höheren Welt zuzugehören scheint. Einen anderen Aspekt hat der Rechtsanwalt Braunschneider dem jungen Juristen ins Stammbuch geschrieben. Seine Anweisung an die Studierenden des 1. Semesters lautet:

---

[15] PALANDT, *Bürgerliches Gesetzbuch*. 61. Aufl., München 2002, Vorbemerkung vor § 249, Rn. 33 (Bearbeiter: Helmut Heinrichs).

[16] LATOUR, Um keine Antwort verlegen (Fn. 12), 59.

> „Wir schreiben nie: ‚Ich bin der Auffassung ...'. Stattdessen quälen wir uns über ein ‚Richtigerweise ist hier festzuhalten ...' bis zu einem ‚Man muss also festhalten, dass ...' "[17]

Er fügt hinzu:

> „Ich glaube, dass die Vermeidung des Wortes ‚Ich' damit zu tun hat, dass die Vermeider sich vor der Verantwortung drücken. Darin haben die Deutschen viel Erfahrung."

Wenn der Antrag abgelehnt werden muss, dann kann das Opfer dieser Ablehnung den Akteur nicht so leicht in die mitbürgerliche Pflicht nehmen und ihn fragen: „Herr Müller, haben Sie sich eigentlich überlegt, was Ihre Entscheidung für mich als betroffenen Menschen bedeutet?" Natürlich wird man manchmal sagen können, der gesetzgebundene Richter und Beamte habe so entscheiden müssen, aber muss man deswegen die Entscheidung so darstellen, als habe die dritte Gewalt keine Gewalt und als habe die Verwaltung kein Ermessen und keine Beurteilungsspielräume? Das mag im Einzelfall so sein, aber dann muss man eben diesen Sachverhalt dem Bürger verdeutlichen. Anonymisierung, insbesondere durch Passivgebrauch, beansprucht regelmäßig mehr Macht als dem Richter und Beamten zusteht. Erst recht ist sie dann eristisches Muster, wenn sie in Klausuren eingeübt wird und in Aufsätzen wie ein Stilelement fungiert.

An dieser Stelle lässt sich noch einmal das Thema der Einübung von Mustern aufnehmen: Eristik muss nicht eingeübt und ritualisiert werden, aber eine mächtige Institution kann so funktionieren. Wenn Juristen eine hinreichend große und mächtige Gruppe mit einer hinreichend starken Ausbildung von Ritualen sind, dann vermögen sie beiläufig auch einzelne eristische Techniken als Konventionen einzuüben.

Eristisches Muster 6: Zuschreibungen, namentlich von Ideologien

Schon bei Schopenhauer findet sich der

> „Kunstgriff 32. Eine uns entgegenstehende Behauptung des Gegners können wir auf eine kurze Weise dadurch beseitigen oder wenigstens verdächtig machen, daß wir sie unter eine verhaßte Kategorie bringen, wenn sie auch nur durch eine Ähnlichkeit oder sonst lose mit ihr zusammenhängt: z. B. ‚...das ist Idealismus; das ist Spinozismus; das ist Pantheismus; das ist Naturalismus; das ist Atheismus; das ist Rationalismus; ...; usw.' – Wir nehmen dabei zweierlei an: 1. daß jene Behauptung wirklich identisch oder wenigstens enthalten sei in jener Kategorie, rufen also aus: oh, das kennen

[17] HARTMUT BRAUNSCHNEIDER, *Das Skript – BGB-AT*. 8. Aufl., Köln 2000, 43 f.

wir schon! – und 2. daß diese Kategorie schon ganz widerlegt sei und kein wahres Wort enthalten könne."[18]

Der von ihm beschriebene Effekt ist seit Schopenhauers Zeit nur stärker geworden, weil man sich in vielen Fällen angewöhnt hat, solche Kategorien wie Idealismus und Rationalismus als Ideologien zu begreifen, also als etwas Böses. Salopp gesagt: Ein Insistieren des Sprechers auf einer Grundidee hat immer schon die Vermutung der Falschheit für sich, weil wir Heutigen nur noch in Abwägungen, Verhältnismäßigkeiten, Konkordanzen, etc. denken. So kann man das individualistische Rechtsdenken dafür verantwortlich machen, dass es das Institut der Lebenspartnerschaft gibt, und man kann „letztlich" eine Gefährdung der Demokratie durch den Individualismus als Teufel an die Wand malen.[19] Nicht irgendein pragmatisches Argument oder der beabsichtigte Schutz vor Diskriminierung tragen das neue Gesetz, sondern die gegen Familie und Staat gerichtete Ideologie des Individualismus.

Zuschreibungen von bösen Motiven sind im Alltagsgeschehen eine wichtige Form von Eristik. Sie sind die mikrosoziologische Parallele zu makrosoziologisch relevanten Ideologien. Derjenige, dem Motive zugeschrieben werden, hat es immer außerordentlich schwer darzulegen, dass seine Innenwelt anders beschaffen ist, als der Angreifer behauptet. Solche bösen Motive sucht sich der Angreifer aus, und mit der nötigen Geschicklichkeit wird er immer diejenigen ausmachen, die den anderen in die Bredouille bringen. In den schriftlichen Texten der professionell arbeitenden Juristen sind solche Motivzuschreibungen allerdings sehr selten. Vor Gericht ist es eher vorstellbar, dass ein Anwalt argumentiert: Der Beklagte als zahlungsunwilliger Käufer reitet nur deshalb auf angeblichen Mängeln der Kaufsache herum, weil er aktuell finanziell nicht liquide ist.

Eristisches Muster 7: Sich auf die Argumente des Gegners begrenzen!

Auch diese Verfahrensweise ist schon bei Schopenhauer geschildert.[20] In juristischen Texten ist diese Vorgehensweise so häufig, dass ich keine Beispiele geben will. Sie wird von Anfang an in der Juristenausbildung bei Klausuren und Hausarbeiten eingeübt. Dabei mag es für die ersten Semester richtig sein, dass das Ersinnen eigener Argumente

---

[18] SCHOPENHAUER, Eristik (Fn. 1), Kunstgriff 32.

[19] Siehe MARTIN LIPP, Rezension zu Johann Braun, Ehe und Familie am Scheideweg, in: *JZ* 2002, 348.

[20] SCHOPENHAUER, Eristik (Fn. 1), Kunstgriff 37.

nicht erwartet oder verlangt werden kann. Dafür gilt dann die Regel, die die Tutoren weitergeben: Wenn du pro-argumentieren willst, beginne mit der Auflistung der Kontra-Argumente in Literatur und Rechtsprechung; gehe dann die dortigen Pro-Argumente durch und ende mit dem Pro-Argument, dass du dann für zwingend erklärst! Über diesen Stand kommen viele Autoren lebenslang nicht hinaus.

Eristisches Muster 8: Die Prämissen des Gegners verwirren!

Wenn der Vertreter einer anderen Meinung in dichter Anlehnung an logische Grundformen übersichtlich aus Prämissen argumentiert, dann ist die von Gast genannte Technik der Prämissenverwirrung wichtig.[21] Dazu ein aktuelles Beispiel. Heinrichs[22] ist ersichtlich kein Freund des „Gesetzes zur Regelung der Rechtsverhältnisse der Prostituierten (Prostitutionsgesetz – ProstG)". Daher wohl kommt es ihm darauf an, so viel wie möglich von der alten Lehre zu retten, Prostitution sei der klassische Fall der Sittenwidrigkeit. Wörtlich:

> „Die gegenteiligen Auslassungen in der Gesetzesbegründung ... gehen fehl. ... Ist die Handlung vorgenommen, oder die in § 1 Satz 2 ProstG umschriebene Leistung erbracht worden, entsteht aus dem Vertrag mit Wirkung ex nunc ein Entgeltanspruch, auch wenn nicht alle zur Wirksamkeit eines Vertrages erforderlichen Voraussetzungen vorliegen."

Hat der Leser an dieser Stelle schon Schwierigkeiten, die „Wirksamkeit" zu verstehen, wenn „nicht alle Voraussetzungen der Wirksamkeit" vorliegen, dann setzt sich dieses Verwirrspiel im Sonderfall der beschränkten Geschäftsfähigkeit fort. Zu den Einwendungen als Thema von § 2 ProstG setzt Heinrichs mit der Unterscheidung von nicht ausgeschlossenen und ausgeschlossenen an. Man liest:

> „Auf ... beschränkte Geschäftsfähigkeit ... kann sich der Freier trotz des scheinbar entgegenstehenden Wortlauts der Sätze 2 und 3 berufen. Ein Ausschluss dieser Einwendungen wäre auch verfassungswidrig ... Ausgeschlossen ist der Einwand der Schlechterfüllung ... Der Freier kann nach dem Schutzzweck der Norm auch keine Rechte daraus herleiten, dass die Willenserklärung der Prostituierten wegen beschränkter Geschäftsfähigkeit unwirksam war."

Der Leser, der die Position des Gesetzgebers teilt, muss sich selbst erst die unterschiedlichen Konstellationen zurechtlegen und es bleibt ihm

[21] GAST, Juristische Rhetorik (Fn. 8), Rn. 273.

[22] PALANDT, Bürgerliches Gesetzbuch (Fn. 15), Anhang zu § 138 (Bearbeiter: Helmut Heinrichs).

auch die Frage überlassen, welcher Artikel des Grundgesetzes eigentlich den ausdrücklichen Texten des ProstG beiseite rücken soll. Vollends unklar ist, welche Bedeutung der scheinbar entstehende Wortlaut des einfachen Gesetzes hat, und warum die Verfassung nur Reserveargument ist. Der Schutzzweck der Norm wird zwar am Ende der Ausführungen genannt als Begriff, aber er strukturiert nicht inhaltlich. Der Hinweis auf die Verfassung, der als Prämisse in einem juristischen Text natürlich auch Prämisse des Gesetzgebers sein müsste, bleibt ebenso konturlos, sodass er mehr verwirrt als klärt. Der Kommentator hält dadurch seine Hintergrundthese durch: Dieses Gesetz sollte man nicht ernst nehmen.

Eristisches Muster 9: Die Mehrheit, die Autorität, die Tradition

Die Übergänge zwischen Autorität, Mehrheit und Tradition sind fließend, denn für die Tradition steht gewöhnlich die Mehrheit, und in der Mehrheit gibt es gewöhnlich genug Personen, die einander bescheinigen, dass sie Autoritäten seien. Dies geschieht oft ohne schlechtes Gewissen, weil die allgemeine Meinung ein im sozialen Zusammenleben unentbehrlicher Ausgangspunkt des gemeinsamen Handelns ist. Häufig allerdings steht die Berufung auf Autoritäten da, wo bessere Argumente notwendig gewesen wären.

Ein Beispiel: In der Soraya-Entscheidung hat das Bundesverfassungsgericht die für das politische System der Bundesrepublik Deutschland höchst wichtige Grenzziehung zwischen dem Kompetenzbereich der Ersten und der Dritten Gewalt vorgenommen.[23] Es ging um die Frage, ob der Bundesgerichtshof ohne Verstoß gegen Art. 20 III GG bei Verletzung des allgemeinen Persönlichkeitsrechts auf einen dem Schmerzensgeld ähnlichen Schadensersatz erkennen könnte, oder ob es insoweit bei der vom Gesetzgeber des BGB gewollten Folgenlosigkeit bleiben solle.

> „Die Rechtsprechung stand vor der Frage, ob sie diese Lücke mit den hier zu Gebote stehenden Mitteln schließen oder aber das Eingreifen des Gesetzgebers abwarten solle. Wenn die Gerichte den ersten Weg wählten, so sahen sie sich darin von gewichtigen Stimmen des juristischen Schrifttums bestärkt (siehe etwa Nipperdey im Handbuch „Die Grundrechte" Bd. II, 1954, S. 46)."

Das Wort Nipperdeys zählt offenbar bei der Schaffung von Richterrecht, das parlamentarische Entscheidungen verdrängt, mehr als das Wort anderer Juristen. Angesichts seiner Biographie hätte durchaus

---

[23] BVerfGE 34, 269.

Anlass bestanden, die Autorität Nipperdeys zu hinterfragen. Wer denn die anderen „gewichtigen Stimmen" waren, erfährt der Leser gar nicht, sodass hier noch stärker der Effekt eintritt: Die Autorität erzeugt Ehrfurcht, aber ein rational überprüfbares Argument kann durch sie hier nicht genannt werden.

Die Art und Weise, wie die Mehrheiten zustandekamen, kann man sofort im Anschluss im nächsten Satz des Bundesverfassungsgerichts im Soraya-Beschluss besichtigen:

> „Die entsprechenden Entscheidungen des BGH und anderer Gerichte haben deshalb von Anfang an weitgehende Zustimmung in der Rechtswissenschaft gefunden (vgl. etwa Maunz-Dürig-Herzog, Grundgesetz, Art. 2 Abs. 1 Rn. 27; Nipperdey, a. a. o., S. 855 f.; Werner in Staudinger, Komm. BGB, Anmerkung 7 zu § 253)".

Schon in diesem kurzen Textstück wird der Name Nipperdey gleich doppelt gezählt und der Verdacht begründet, dass die „weitgehende" Zustimmung in der Rechtswissenschaft nicht unproblematisch war. Man mag über das Institut der herrschenden Meinung unterschiedlich denken,[24] aber der Minimalstandard sollte doch wohl sein, dass Selbstzitate und doppelte Zählung von Belegen nicht angängig sind.[25] Außerdem: Nipperdey war zur fraglichen Zeit Präsident des Bundesarbeitsgerichts und hätte zumindest ebenso als Praktiker wie als Wissenschaftler gezählt werden können. Der Unterschied ist für folgendes relevant: Als Präsident des Bundesarbeitsgerichtes war Nipperdey kein Unbeteiligter, wenn es darum ging, was Fachgerichte der höchsten Ebene an Entscheidungskompetenz haben. So zeigt dieser kurze Text allein schon, wie leicht die Grenzlinie des vernünftigen Argumentierens hin zum Heischen von Ehrfurcht und zum Überwältigen durch behauptete Mehrheiten überschritten ist.

Wegen der Selbstverständlichkeit in der juristischen Literatur soll hier aus dem Komplex Mehrheitsmeinung/Tradition nur noch ein interessantes Detail genauer beleuchtet werden: „Die im Vordringen begriffene Meinung." Diese Redewendung fungiert als Gütesiegel. Offenbar ist es so, dass sich Rechtsmeinungen nicht durch Revolutionen ändern, sondern mehr von Lagern vertreten werden, deren Angehörige sich in jahre- und jahrzehntelangen Grabenkämpfen gegenüberstehen;[26] wer in der bedrängten Minderheit ist, kann seine Hoffnung darauf set-

---

[24] Locus classicus: UWE WESEL, h. M., in: *Kursbuch* 56 (1979), 88 ff. (neu abgedruckt in: UWE WESEL, *Aufklärungen über Recht. 10 Beiträge zur Entmythologisierung*. Frankfurt 1981, 14 ff.).

[25] Vgl. hierzu ALEXANDER LÜDERITZ, Recht von anonymen Richtern?, in: *AcP* 1968, 329 ff.

[26] Vgl. den erschütternden Bericht zur Anscheinsvollmacht bei THOMAS DROSDECK, *Die herrschende Meinung – Autorität als Rechtsquelle*. Berlin 1989, 63.

zen, dass sich kleine Geländegewinne im langandauernden Kampf zum endgültigen Sieg zusammenfügen. Die Rationalität solcher Vorstellungen ist aber dieselbe wie die Rationalität der deutschen Heeresführung in der Mitte des Jahres 1918, als an der Westfront noch einmal deutsche Truppen in grauenhaften Kämpfen Richtung Paris vordrangen. Über die Erreichung des Ziels und den Sieger sagt das Vordringen eben nichts aus.

Das aber ist alles vielleicht viel zu ernst gedacht. Ist die „im Vordringen befindliche Meinung" in Wahrheit nur das, was man heutzutage mit „Trend" bezeichnet? Verbirgt sich hinter der Zukunftsvision des Vordringens nichts anderes als die Mode, die sich selbst verstärkend Anhänger findet, bevor sie von der nächsten Mode abgelöst wird?

Das eine ist so irrational wie das andere, aber häufig und wirksam.

Eristisches Muster 10: argumentum ad hominem, ad personam

Das alltägliche Musterbeispiel für die unerlaubte und trotzdem weit verbreitete Eristik ist das Argument, das die Person und nicht die Sache trifft. In vielen Fällen ist es so durchsichtig, dass es am ehesten noch in der Hektik professionellen Arbeitens als mündliches Argument durchgeht, ohne scharf gerügt zu werden. Die Spitze des Eisbergs allerdings wird auch in dem Material sichtbar, mit dem sich die obergerichtliche Rechtsprechung, die Wissenschaft und die Ausbildung beschäftigen. Es lassen sich Beispiele zeigen, in denen wohl in den unteren Instanzen und auch vielleicht sogar in der Beratung Erwägungen zur Person Eingang gefunden haben, die mit der Rechtsfrage nichts zu tun hatten. Wie sonst soll man es verstehen, wenn der Bundesgerichtshof einen Sachverhalt, der für die Erörterung der Zurechnungslehre im Deliktsrecht sehr wichtig ist, in folgender Weise wiedergibt:

> „Der an Bluthochdruck leidende Kläger hatte als Fahrer des PKW seiner Ehefrau am 28. 04. 1984 gegen Mitternacht einen Verkehrsunfall. Das von ihm gesteuerte Fahrzeug stieß mit einem von Ibrahim M. gelenkten PKW zusammen, dessen Halter bei dem Beklagten haftpflichtversichert ist. Im zeitlichen Anschluss an den Unfall und die Unfallaufnahme durch die Polizei erlitt der Kläger einen Schlaganfall. ... Dazu hat er vorgetragen: Der infolge einer Gefäßruptur und einer darauf beruhenden Gehirnblutung entstandene Schlaganfall sei durch die Aufregung ausgelöst worden, in die er durch das an den Verkehrsunfall anschließende Verhalten des M. und seiner Mitfahrer ... versetzt worden sei. Nach dem Unfall seien M. und die Mitinsassen seines Fahrzeugs in drohender Haltung auf ihn zugegangen; einer

der Mitfahrer sei geradezu auf ihn ‚zugeschossen' und habe geschrieen, er sei, was nicht zutreffe, zu schnell gefahren ...".[27]

Die Entscheidung des BGH lautet letztendlich, dass die Haftpflichtversicherung für den zeitlich nach dem Unfall eingetretenen Schlaganfall nicht einzutreten braucht. Aber welche Funktion hat die Angabe des Vornamens des Beteiligten M., nämlich Ibrahim? Man sieht die Szene förmlich vor sich: auf der einen Seite den älteren deutschen Bürger, auch nicht mehr ganz gesund, verheiratet, schuldlos in einen Unfall verwickelt, und dann auf der Gegenseite Ibrahim M. als einen von vier jungen (schwarzhaarigen? sicherlich!) Männern, die nach dem mitternächtlichen Unfall schreien und aufgeregt und hektisch agieren. Zur Klärung der Rechtsfrage trägt diese Suggestion nichts bei. Auch wenn das Ergebnis der Entscheidung für Ibrahim M. nicht ungünstig ist, wird immerhin der Versuch sichtbar, im Vorfeld persönliche Eigenschaften anstelle von sachlichen Argumenten für die Überzeugungsbildung zu instrumentalisieren.

Ebenso aussagekräftig wie der Name kann manchmal eine Berufsangabe sein. In allen Kommentaren und überall da, wo überhaupt vom Namensrecht des § 12 BGB die Rede ist, wird immer wieder die zentrale Entscheidung des Reichsgerichts[28] zitiert. Der Sache nach stritten ein Ehemann und seine Ehefrau um die Folge der Tatsache, dass der Ehemann in einem auswärtigen Gasthof mit einer anderen Frau genächtigt hatte und dort im Fremdenbuch durch eine Eintragung den Anschein erweckt hatte, er sei mit seiner Begleiterin verheiratet. Auch hier ist der Tatbestand des § 12 BGB vom Reichsgericht vorurteilsfrei interpretiert, aber man fragt sich doch, was als einzelnes Element in der Entscheidung eine Berufsangabe für eine der drei beteiligten Personen bedeutet. Schon anfangs wird mitgeteilt, dass die Begleiterin jenes verheirateten Mannes von Beruf Tänzerin war. Was tut der Beruf zur Sache, zur Entscheidung der namensrechtlichen Frage? Die Antwort kann nur lauten: „Tänzerin" steht im Code der Zeit für bezahlte Liebe, und also für, wenn nicht die rechtliche, so doch die moralische Verurteilung. Es wäre schon erstaunlich, wenn dieses Element, das sich bis in die Druckfassung des Urteils des Reichsgerichts in der amtlichen Sammlung hinein erhalten hat, vorher ohne jede Bedeutung gewesen wäre.

Deutlichere Versuche, zur Person zu argumentieren statt zur Sache, finden sich erwartungsgemäß in rechtspolitischen Zusammenhängen. So berichtet ein Kritiker der Schuldrechtsmodernisierung den Hergang in einem Teilelement:

---

[27] BGHZ 107, 360.

[28] RGZ 108, 230.

„Am 17.01.2001 war eine ‚Kommission Leistungsstörungrecht' eingesetzt worden, der u. a. Prof. Dr. Wolfgang Däubler, Bremen, und Prof. Dr. Claus-Wilhelm Canaris, München, als Vorsitzender angehörten."[29]

In auffälliger Weise wird die Aufmerksamkeit des Lesers auf das Kommissionsmitglied Wolfgang Däubler gelenkt, das noch vor dem Vorsitzenden und als einziges neben dem Vorsitzenden genannt wird. Suggeriert wird: Er gehörte eben zum Lager seiner Ehefrau Hertha Däubler-Gmelin, die seinerzeit Justizministerin war. Den Argumenten der Kritiker, so erfährt man im weiteren, „entgegneten die Ministerin der Justiz und alle, die sich um sie versammelt hatten, schlagwort- und gebetsmühlenartig...".[30] Der Leser weiß nicht recht, ob er mehr die Tätigkeit des durch Ehe als Person befangenen Wissenschaftlers kritisieren soll, oder ob er mehr die bedrängte Justizministerin bedauern soll, die sogar noch ihren Ehemann mit seinen Schlagworten gegen die Übermacht der Vernünftigen aufbieten musste. Der Zusammenklang von Schlagworten oder -waffen und der geschilderten Lage, die an diejenige von Varus umgeben von seinen letzten Legionären im Teutoburger Wald erinnert, setzt die Ministerin in ein schlechtes Licht. Der Text zeigt also nicht nur Personalisierung, sondern auch die Kunst der beabsichtigten Konnotation.

Eristisches Muster 11:
Es bleibt immer etwas hängen!

Wegen der Bekanntheit dieser Technik nur ein Beispiel:Bei der Auseinandersetzung um die Verfassungsmäßigkeit des Lebenspartnerschaftsgesetzes hat sich der Prozessvertreter der Länder Sachsen und Thüringen im anhängigen Normenkontrollverfahren[31] u. a. in folgender Weise bemüht, die Aufwertung der Homosexualität durch Anerkennung der Lebenspartner zugleich als Aufwertung der Pädophilie darzustellen:

„Ein Blick auf die Fakten ... Was die Frage angeht, in welchem Verhältnis pädophile Männer hetero- oder homosexuell orientiert sind, ... Ein Blick in die polizeiliche Kriminalstatistik für 2000 zeigt, dass beim Verdacht des sexuellen Missbrauchs von Kindern 23,7 % der Tatopfer männlichen Geschlechts waren. Angesichts des geringen weiblichen Täteranteils scheint also der Bestandteil der Schwulen unter den Pädophilen signifikant höher zu

---

[29] HORST EHMANN/HOLGER SUTSCHET, *Modernisiertes Schuldrecht*. München 2002, 4.

[30] EHMANN/SUTSCHET, Modernisiertes Schuldrecht (Fn. 29), 5.

[31] Vgl. MANFRED BRUHNS, Erwiderung auf Johann Braun: „Ein neues familienrechtliches Institut" (JZ 2002, 23), in: *JZ* 2002, 291, 294 Fn. 12.

> sein, als der Anteil der Schwulen unter den Männern überhaupt. Die Kriminalstatistik für 2000 weist insoweit 4.673 Fälle aus ...".[32]

Ist man schon verwundert darüber, dass unter der Überschrift „Fakten" grundlegend mit einer Statistik zu Verdachtsfällen argumentiert wird, so muss man sich erst recht fragen, was jetzt eigentlich durch die Zahlen bewiesen sein soll. Der Schluss von der Geschlechtsverteilung bei den Tatopfern auf die ferneren sexuellen Neigungen des Täters ist völlig unklar. Vielleicht soll der Basissatz lauten: Wenn heterosexuelle Männer pädophil sind, dann gilt ihre Neigung weiblichen Kindern und Jugendlichen. Man muss sich aber auf die Zahlen einlassen, um die unbewiesenen Prämissen aufzudecken, und dies tun viele Juristen bei der Lektüre nicht. Durch die voraussehbare Abneigung eines deutschen Lesers, sich auf Statistiken und Zahlenüberprüfungen einzulassen, ist Statistik ein hervorragendes Instrument für haltlose, aber nachhaltige Verdächtigungen.

Beiläufig zeigen solche Überlegungen zur Statistik, dass eine heutige Eristik nicht bei Schopenhauer oder Quintilian stehen bleiben kann. Eigentlich sollte man in einer juristischen Ausbildung ein klein wenig Zeit dafür finden, Büchlein wie: „So lügt man mit Statistik?"[33] zu lesen. Eines der Bücher dieser Art hatte eine hervorragende Einführung in der Gestalt, dass auf dem Deckblatt unter dem Titel zu lesen war: „Hinter diesem Buch stehen 127 Jahre Erfahrung", wobei dann allerdings ein Sternchen hinzugefügt war, und zu dem Sternchen gehörte ein Fußnotentext, und die kleingedruckte Fußnote lautete: „wenn man das Alter des Autors, des Verlagslektors und der Druckereiputzfrau zusammenzählt." Solcher Spott ändert aber nichts daran, dass Zahlenangaben wie die hier referierte in unserer Realität immer noch eine enorme Suggestion der Richtigkeit der Schlussfolgerungen verbreiten. Da sie aber für den weiteren Disput typischerweise nicht sorgfältig aufgearbeitet werden, bildet das scheinbar so moderne Mittel der Statistik das ideale Substrat für die alte Weisheit: Semper aliquid haeret.

Eristisches Muster 12: Verführerische Bildersprache

Aus dem Alltag ist die Macht der Metaphorik bekannt. Zu manipulativen Zwecken eignet sie sich deshalb, weil es nach unseren kulturellen Konventionen recht unüblich ist, die Aussagekraft von Bildern zu hinterfragen. Man denke an den geläufigen Satz, die Familie sei die Keim-

---

32 JOHANN BRAUN, Schlußwort, in: *JZ* 2002, 294.

33 WALTER KRÄMER, *So lügt man mit Statistik.* Frankfurt am Main 1991.

zelle des Staates. Denkt man genauer nach, welcher Staat schon je aus einer Familie entstanden ist, dann muss man bis in die alttestamentarische Stammesgesellschaft zurückgehen, damit das Bild einigermaßen sinnvoll ist. Die Bürger eines Staates bilden nun einmal nicht eine Familie, die sich auf eine Keimzelle zurückführen ließe, wie das entwickelte Individuum das tut. Von derselben Qualität war die in der Geschichte der Bundesrepublik Deutschland höchst wichtige Metapher „Boden des Grundgesetzes", auf dem man stehen musste, wenn man nicht als Extremist seine Stelle im öffentlichen Dienst verlieren wollte. Die rechtliche Zentralstelle findet sich in der Entscheidung des Bundesverfassungsgerichts. Sie beschreibt die Anforderungen an den Beamten:

> „Unverzichtbar ist aber, dass der Beamte den Staat ... und die geltende verfassungsrechtliche Ordnung, so wie sie in Kraft steht, bejaht, sie als schützenswert anerkennt, in diesem Sinne sich zu ihnen bekennt und aktiv für sie eintritt. Der Beamte, der dies tut, genügt seiner Treuepflicht und kann von diesem Boden aus seine Kritik äußern."[34]

Die Metapher „auf dem Boden stehen" ist rundherum positiv besetzt und verdrängt etwas die Frage, inwiefern denn ein Bekenntnis, eine Haltung, ein Geist solch ein Boden sein kann.

An diesem Beispiel lässt sich eine allgemeinere Beobachtung machen: Die Verkettungen von eristischen Manövern lassen sich typisieren. Schlechte Bildersprache lädt allerdings dazu ein, auf demselben Niveau mit Ridikülisierung zu antworten. Man nimmt das Bild als Realität, oder man mischt verschiedene Metaphern. Als die Jusos des Linksabweichlertums bezichtigt wurden, machten sie geltend, sie ständen so sehr und so lange auf dem Boden des Grundgesetzes, dass sie davon schon Plattfüße hätten.

Metaphern haben nicht nur die Chance, Unerwartetes zu erreichen, sondern lassen sich auch leicht nutzen, um den Kontrahenten zum Trottel zu stempeln. Man kann sie nämlich ernst nehmen, was dann immer zu argumentativem Durcheinander führen muss.[35] Man kann sie auch verwirren. Sprichwörtlich ist beinahe schon die Mixtur: „Das setzt dem Fass die Krone auf!"

Das Beispiel gibt weiterhin Anlass, die besondere Eignung bestimmter Muster und Kunstgriffe für bestimmte Zwecke zu überlegen. Man wird sagen können, dass eine gelungene Metapher besonders geeignet ist, eine fest vorgegebene Norm auszuhebeln. Erstens verblüfft sie und

---

[34] BVerfG NJW 1975, 1642.

[35] Vgl. hierzu den Parallelfall der ernst genommenen juristischen Fiktion in der Reichtagsrede Bebels 1896 zu § 1589 Abs. 2 BGB, nachgewiesen bei GERHARD STRUCK, „Die Menschenwürde gilt als unantastbar". Zur Rhetorik der juristischen Fiktion, in: *Zeitschrift für Semiotik* 12 (1990), 179 ff.

zweitens wechselt sie die Diskussionsebene, sodass jedenfalls nicht mehr weiter nach Prämissen und Konklusionen zur Widerlegung der vorhandenen Norm gesucht werden muss.

Dafür ist ein hervorragendes Beispiel die Verteidigungsrede der Donna Filippa in einer Novelle im Dekameron,[36] die hier exkursorisch angeführt werden soll. Donna Filippa ist Bürgerin einer Stadt, in der eine in flagranti angetroffene Ehebrecherin mit dem Tode auf dem Scheiterhaufen bestraft wird. Als sie sich aus eben diesem Anlass vor Gericht verantworten muss, argumentiert Donna Filippa zuerst materiell demokratisch: Das Gesetz sei unbillig, weil es von den Frauen nicht mitbeschlossen worden sei. Abraham Lincoln hätte es auch nicht deutlicher zeigen können. Zu jener Zeit aber durfte sich Donna Filippa offenbar nicht auf die Überzeugungskraft verlassen. Deshalb stellt sie nun klar, dass ihr Ehemann mit ihr jederzeit so viel an Sexualität habe ausleben können, wie ihm genehm gewesen sei. Daran knüpft ihre Metapher an. Wie eine gute Hausfrau das übrig bleibende Essen nicht den Hunden unter der (mittelalterlichen!) Tafel zuwirft, sondern es anderen hungrigen Menschen gibt, so musste Donna Filippa doch auch nach ihrem Ehemann ihren Liebhaber zufrieden stellen dürfen. Die metaphorische Verwandlung der Ehebrecherin in eine haushälterische, treu sorgende Hausfrau entfaltet eine Komik, die die Situation aufbricht. In der Novelle ist die Metapher dann hinreichend überzeugungskräftig, um das Auditorium des Gerichts, das zugleich die Gesamtheit der Bürger ist, zum Beschluss eines konträren neuen Gesetzes zu bewegen: Donna Filippa wird der erste Anwendungsfall der neu beschlossenen Straffreiheit.

Eristisches Muster 13:
Falsches Dilemma

Der (sonst eher populärwissenschaftlich und hauptsächlich zu einem anderen Thema argumentierende) Autor Börtlein charakterisiert das Muster recht gut:

> „Der Argumentierende stellt die Sachlage so dar, als ob es nur zwei Wahlmöglichkeiten gäbe: ‚Wer nicht für mich ist, ist gegen mich!' Ein weiteres Beispiel ist der Spruch ‚Lieber tot als rot!', mit dem zu Zeiten des kalten Krieges die nukleare Rüstung gerechtfertigt wurde. In der Tat gab es aber noch mehr Möglichkeiten als die Wahl zwischen der Hochrüstung und der

---

[36] GIOVANNI BOCCACCIO, *Das Dekameron*. 6. Tag, 7. Novelle. Leipzig 1989.

damit verbundenen Gefahr, im Falle eines Krieges gleich tot zu sein, und dem Sich-Ergeben, wie die Politik der Annäherung gezeigt hat ...".[37]

Bei ideologisch so hoch besetzten Themen findet sich das falsche Dilemma auch in gedruckten Texten. Der BGH hat in der Borax-Entscheidung den Verkauf von möglicherweise militärisch brauchbarem Borax in die DDR für sittenwidrig erklärt, weil er gegen „lebenswichtige" Belange der Bundesrepublik Deutschland verstoßen habe; „lebenswichtig" gibt in jedem Text nur Sinn, wenn man das falsche Dilemma „Lieber tot als rot" internalisiert hat.[38] Manchmal kann es auch die Verfestigung dogmatischer Strukturen sein, die ein falsches Dilemma in lange diskutierten Zusammenhängen in schriftlichen Texten überleben lässt. Ein Beispiel dafür ist die Frage, ob die Ehe ein absolutes oder ein relatives Recht sei. Diese Frage scheint für den deliktsrechtlichen Schutz der Ehe wichtig zu sein und unter der Vorgabe des Artikel 6 Grundgesetz scheint die Bejahung der Ehe als absolutem Recht zwingend. Lipp[39] hat zu Recht näher dargestellt, dass die vermögensrechtliche Dogmatik absolut/relativ der Ehe nicht angemessen ist.[40]

Das Hauptfeld des falschen Dilemmas bleibt allerdings das gesprochene Wort, in dem sich die Suggestion des entweder/oder sehr viel leichter praktizieren lässt. Gerade da allerdings sollte die Aufmerksamkeit besonders wach sein. Bekannt ist schließlich der Strafrichter, der den Zeugen anfährt: „Haben Sie nun den Tatverdächtigen am Tatort gesehen – ja oder nein?" – und der dann erfahren muss, dass der Zeuge den Tatverdächtigen nur gehört hat, aber seine Stimme sicher erkannt hat. Es steckt doch einige Weisheit in § 69 Abs. 1 Satz 1 StPO und § 396 I ZPO, nach denen der Zeuge „im Zusammenhang" darstellen soll. Das falsche Dilemma ist einsetzbar als zielstrebige Negierung eben dieses Zusammenhangs.

Eristisches Muster 14:
Perspektivenwechsel nach Bestätigung der Gegenposition

Perspektivenwechsel ist eine Normalform guter Argumentation. Es droht allerdings das unverbindliche Nebeneinander oder schließlich sogar der beharrende Schlagabtausch. Der Trick ist nun, dass man bessere Ergebnisse erzielt, wenn man die Konsequenzen der Grundannah-

---

37 BÖRDLEIN, Das sockenfressende Monster in der Waschmaschine (Fn. 3), 79.

38 BGHZ 34, 177.

39 MARTIN LIPP, *Die eherechtlichen Pflichten*. Bielefeld 1988, 272 ff.

40 Früher schon GERHARD STRUCK, „Räumlich-gegenständlicher Bereich der Ehe" oder Gemeinsamkeit der Wohnung, in: *JZ* 1976, 160 ff.

men seines Gegenübers lobt und seine Perspektive bestätigt – um dann die eigene Perspektive dagegen zu setzen und mit dazu passenden Teil-Argumentationen so lange zu stärken, dass sich ihre Vorrangigkeit ergibt.[41] Die Bestätigung der Position des anderen legt ihn fest und lullt ihn ein und macht ihn wehrloser gegen den Angriff. Bekommt man Recht im Sinne der Religion, dann kann man leichter ganz am Ende der Debatte anerkennen, dass hier aber die wissenschaftliche Betrachtung Vorrang habe.

Der so beschriebene Mechanismus eignet sich, eine schwierige Entscheidung des großen Senats in Strafsachen[42] zu analysieren. Die heikle Situation bestand darin, dass zwei Strafsenate zu einem klassischen Auslegungsproblem unterschiedlicher Meinung waren. Der große Senat hatte die geschickte Idee, darauf abzuheben, dass die Meinung des einen Senates die Untergerichte in ihrem Differenzierungsvermögen überforderte. Mochte die Meinung jenes Strafsenates auch richtig sein – so lässt der Trick karikieren – so war in der Praxis des institutionellen Alltags diese Meinung weniger geeignet, sich bei den Untergerichten durchzusetzen. Die BGH-Richter beider Senate verstanden ihr Handwerk der Auslegung des Gesetzes gut, aber ein Dritter bestimmte das Ergebnis durch seine reale Beschränktheit. So ist die Kontroverse unter Gesichtswahrung der Anwesenden aus der Welt geschafft.

Ein anderes Beispiel ist die Entscheidung des Amtsgerichts Passau, in der festgelegt wurde, dass die Katze des einen Nachbarn das Grundstück des anderen Nachbarn nicht betreten darf.[43] Die Frage war drängend: Wie, wenn nicht durch Einschläfern, sollte der Katzeneigentümer seine Katze daran hindern, ihre gewohnte Freiheit über die Gartengrenzen hinweg auszuleben? Der Amtsrichter leitete sein Ergebnis aus den Gesetzen und der juristischen Standardliteratur her und fuhr fort: „Dieses rechtlich bindende, menschlich nicht voll befriedigende Ergebnis war im konkreten Falle ... nicht abzuwenden." Der Beklagte fühlt sich menschlich verstanden, so war es die Hoffnung des Richters, und wird eher bereit sein, das Urteil als juristisch zu akzeptieren.

---

[41] KARL-HEINZ ANTON, *Mit List und Tücke argumentieren*. 2. Aufl., Wiesbaden 2001, 109.
[42] BGH NJW 2001, 2276 ff.
[43] AG Passau NJW 1983. 2855 f.

Eristisches Muster 15:
Diffamierung der Theorie

Der Gegensatz von Theorie und Praxis und der Gegensatz von Theoretikern und Praktikern hat in Deutschland eine lange und eigenartige Geschichte. Über ihre gesellschaftspolitischen Hintergründe ist hier nicht zu reden. Für die Zwecke der Eristik brauchbar ist der leider in sehr weiten Kreisen verbreitete Irrtum, Theorie sei mit Irrealität gleichzusetzen. Erdmann hat im Anschluss an Schopenhauer[44] herausgearbeitet, dass die verführerische Kraft der Abwertung von Theorie auch auf der Geläufigkeit der umgangssprachlichen Ausdrucksweise beruht, mit der schließlich manchmal sinngemäß etwas richtiges gesagt sein kann.[45] Die Kehrseite wird meist weniger deutlich formuliert, aber sie läuft auf eine Gleichsetzung von Wirklichkeit, Aktualität, Praxis etc. heraus. So ist der Alltagswortgebrauch „theoretisch = irreal" in der juristischen Literatur zu finden: „Nicht schon jede bloß theoretische Möglichkeit einer Gefährdung löst Sicherungspflichten aus."[46] Steigerungsfähig ist die Irrealität einer kritisierten Position, wenn sie denn „rein theoretisch möglich ist".[47] In ähnlicher Weise wie „Theorie" können auch „Logik", „Begriff" oder sogar „formal" und „Technik" fungieren. In der Auseinandersetzung zwischen der Naturrechtsrenaissance der Nachkriegszeit und den Gegenströmungen hat der Bundesgerichtshof z. B. gesagt:

> „Was danach eine Verletzung oder Beeinträchtigung der Gesundheit ist, kann nicht mit den logischen Begriffen der Rechtstechnik bestimmt werden, sondern ist, wie das Lebensgut der Gesundheit selbst, von Schöpfung und Natur vorausgegeben ..."[48]

Dieses bemerkenswerte Zitat besteht in der zweiten Hälfte aus einem Satz, der nur in der problematischen Naturrechtsrenaissance der Nachkriegszeit verständlich war; ob er damals für viele Menschen überzeugend gewesen ist, ist schwer zu entscheiden. Jedenfalls ist der erste Satzteil mit seinem zentralen „kann nicht" nur dann ein Argument, wenn zugleich dargetan wird, dass aus der Verneinung des einen etwas für die Bejahung des anderen folgt. Dazu wird nun nichts gesagt

---

44 SCHOPENHAUER, Eristik (Fn. 1), Kunstgriff 33.

45 KARL OTTO ERDMANN, *Die Kunst Recht zu behalten*. 3. Aufl., Leipzig 1924, 140 ff.

46 MAXIMILIAN FUCHS, *Deliktsrecht*. 3. Aufl., Berlin 2001, 87, unter Hinweis auf BGH NJW 1990, 1236/1237.

47 Vgl. BARBARA DAUNER-LIEB/ARND ARNOLD/WOLFGANG DÖTSCH/VOLKER KITZ, *Fälle zum neuen Schuldrecht*. Heidelberg 2002, Fall 3, zur Differenz von §§ 275 Abs. 1 und Abs. 2 BGB, 13 f.

48 BGHZ 8, 248.

und es lässt sich wohl auch nichts dazu sagen. Das Sprechen von Begriff und Logik hat also mehr die Funktion, den Leser positiv einzustimmen und dann auch zur Akzeptanz des weiteren zu verführen.

Überzeugungskräftig ist ein solcher Satz natürlich nur, wenn man sich in einigem Umfang darauf verlassen kann, dass der Leser den negativen Affekt gegen Theorie, Logik, etc. teilt, und dass andere Bedenken zurückgedrängt werden.

Die Diffamierung der Theorie gibt zur Überlegung Anlass, ob die Ausarbeitung einer Eristik, wie sie hier ansatzweise vorgeführt wird, nicht zur Selbstaufhebung führen muss. Wenn man sich vorstellt, Argumentationstheorie, Rhetorik und darunter auch Eristik wären ein wichtiges Gebiet des Lernens in Schulen und an juristischen Fachbereichen, so könnte man sich weiter Dispute vorstellen, in denen öfters die folgende Einlassung vorkommt: „Das ist nun Trick 17, den wir alle in letzter Zeit viel zu oft gehört haben, als dass er Effekt haben könnte." Vermutlich ist die Vorstellung unrealistisch. Erstens ist nicht zu erwarten, dass noch in absehbarer Zeit Eristik zu einem so stark wahrgenommenen Phänomen in Schulen und Universitäten wird, aber zweitens ist die Zahl von Mustern und die fallspezifische Einkleidung derartig wechselnd, dass die Arbeit daran nicht zu einem toten Punkt führen wird.

Eristisches Muster 16: Verdoppelung durch Zirkel

Der zirkuläre Schluss, die petitio principii, ist allgemein bekannt und in vielen Fällen leicht durchschaubar. Als eristisches Muster hat sie trotzdem ziemliche Bedeutung, weil das Durchlaufen des Zirkels eine Umfänglichkeit der Argumentation vortäuscht, die eine eigene Dynamik entfaltet. So hatte das Bundesverfassungsgericht sich in einer sehr kontrovers diskutierten Rechtsfrage mit der Auslegung des Tatbestandsmerkmales „Volk" zu befassen, weil nach seiner Rechtsmeinung dieses Tatbestandsmerkmal in Art. 20 Abs. 1 GG jede Möglichkeit des Wahlrechtes für Ausländer verhinderte. Die Alternative war das Verständnis von „Volk" als „alle, die in Deutschland leben und schon längere Zeit ihren Lebensmittelpunkt in Deutschland haben". Für seine Gleichsetzung von „Volk" und „Inhaber deutscher Personalausweise" beruft sich das Bundesverfassungsgericht auch auf die Art. 56 GG und darüber hinaus auf Art. 64 Abs. 2 GG, also auf den Amtseid von Bundespräsident und Bundeskanzler, in dem vom deutschen Volke die Rede ist.[49] Sinn macht das nur, wenn man die Grundfrage in beiden Fällen, also beim Amtseid und in Art. 20 Abs. 1 GG, in gleicher Richtung entscheidet. Ein Ableitungs- oder ein Bestätigungszusammenhang gibt dem Argument eine höhere Weihe und verdoppelt scheinbar die Zahl der Argumente, wo in Wahrheit nur ein Gedanke vorliegt. Die inhaltliche Testfrage lautet: Bedeutet der Schwur des Bundespräsidenten wirklich, dass er nur den Nutzen der Menschen mit deutschen Personalausweisen zu mehren verpflichtet ist, und gehe es auch auf Kosten der schon lebenslang in Kreuzberg lebenden Menschen mit türkischem Pass?

Eristisches Muster 17: Das Unwissbare wissen!

Mit dieser hübschen Formulierung bezeichnet Bördlein[50] ein aus Alltagsdiskussionen sehr geläufiges Phänomen: Mit einigem Erfolg werden Behauptungen gebraucht, deren Zutreffen völlig unüberprüfbar ist. Dabei unterscheiden sich falsche Angaben überraschend von basislosen Behauptungen. Die Falschangabe ist nicht kritik-immun, aber die bloße Behauptung kann nicht durch das sicher gewusste Gegenteil entkräftet werden und ist insofern eine stabilere Argumentation.

Wer meint, so etwas könne es in der Juristerei nicht geben, der denke einmal über die Genugtuungsfunktion des Schmerzensgeldes nach. Diese in unendlich vielen Entscheidungen und Literaturstellen beschworene Genugtuung ist ein Phänomen, das der Beobachtung nicht zugänglich ist. Sein massenhaftes Auftreten ist nicht überprüft. Eine operationale Definition ist nicht ersichtlich. Im schwierigen Feld der psychischen Phänomene aber ersetzt die Behauptung die Realität, die eigentlich für Tatbestandsmerkmale von dogmatischen Ausdifferenzierungen einzufordern wäre.

Eristisches Muster 18: Wuchtige Worte

Wuchtige Worte sind ein Beispiel für einen Grenzfall des eben noch nicht sehr gefestigten Begriffs einer Eristik. Der BGH hat in der Borax-Entscheidung, in der es um den Verkauf eines möglicherweise kriegsre-

[49] BVerfG NJW 1991, 163.

[50] BÖRDLEIN, Das sockenfressende Monster in der Waschmaschine (Fn. 3), 85.

levanten Materials Borax in die DDR ging, an die zentrale Stelle folgende Sequenz gesetzt:

> „Ist es bereits als wenig anständig, als unsauber und als mit den Übungen des ‚ehrbaren' Kaufmannsstandes unvereinbar anzusehen, wenn ..., so ist es unanständig, unsauber und mit den Übungen des ‚ehrbaren' Kaufmannsstandes unvereinbar, wenn ..."[51]

Der Text ist gekennzeichnet durch Redundanz und Wiederholung. Der erste Zitatteil gibt für den zu entscheidenden Fall nichts her, und zweimal erscheint die Wiederholung in Gestalt von „unanständig/unsauber". Im Ergebnis wird eine Zusammenballung von abwertenden Adjektiven erreicht, die ich wuchtige Worte nenne.

In der Gerichtsrede des alten Roms hätte eine solche Anhäufung von Worten sicherlich eine Funktion gehabt, aber wenn man den Begriff einer Eristik nicht vollständig aus der Nachbarschaft zur Argumentation entfernen will, dann wird man betonen, dass hier nur noch eine Entscheidung mitgeteilt wird und die Worte nur die Funktion haben, jeden Zweifel „platt zu machen". Die beabsichtigte reale Einschüchterung signalisiert einen Grenzfall sprachlichen Handelns, so wie in der Gremientechnik des Filibusterns die Sprache auch nur noch die Funktion des realen Zeitschindens hat.

3. Ausblick

Man könnte aus dem Zettelkasten der eristischen Muster noch Diverses herausziehen. Aber auch mit dem hier dargestellten beschränkten Material lässt sich die Hoffnung verbinden, dass Diskussionen in andere Richtungen initiiert werden.

Der Leser wird fragen, wieso hier nur der Versuch unternommen worden ist, eine Typologie aufzubauen, oder anders gewendet: Muss nicht der Zugang gewählt werden über die Theorie, also über die Logik, die Linguistik, die Sozialpsychologie?

Die Entscheidung für diesen Zugang erfolgt nicht aus Theoriefeindschaft oder Theorieunkenntnis, sondern lässt sich wohl am besten durch einen biographischen Hinweis und die Konsequenz daraus begründen.

Der Schreiber dieser Zeilen hat im Hörsaal gesessen, als Helmut Coing sein Naturrecht vertrat; er hat in München Eric Voegelin zur praktischen Philosophie sprechen hören, und in den Vorlesungen von Karl Larenz dürfte das Wort Rechtsidee gefallen sein; in Frankfurt ha-

---

[51] BGHZ 34, 177 f.

ben Kollegen im Umkreis von Rudolf Wiethölter versucht, ihm den historischen Materialismus nahe zu bringen, und im Anschluss daran hat er fünf Jahre lang fast täglich mit Josef Esser über Hermeneutik gesprochen; aus dieser Zeit her rührt eine Freundschaft mit Gunther Teubner, deren wissenschaftlicher Anteil die Diskussion über das autopoietische Rechtssystem ist. Soweit die Biographie, und nun die Schlussfolgerung daraus: Von allen genannten Theoriekonstrukten weiß man, dass sie die Lernenden und Studierenden in den juristischen Fakultäten und die Richter und Rechtsanwälte schlicht überhaupt nicht erreicht haben. Mit der Arbeit am Material verbindet sich im Gegensatz dazu die Hoffnung, Rechtstheorie könne in diesem Fall über den akademischen Betrieb hinaus wahrgenommen werden und es könne sich ein Effekt der Aufklärung der Praxis über sich selbst herstellen. Es fällt leicht, diese Hoffnung ins Reich der Illusionen zu verweisen, aber ich gebe sie trotzdem nicht auf.

HARALD WOHLRAPP

Argumente stehen in einem Text nicht wie Gänseblumen in der Wiese herum

Eine Kritik an Katharina Sobotas empirischer Rechtstextanalyse

1. Einleitung

Es ist eine verbreitete Ansicht, dass Sprache und Denkweise der Juristen trocken, nüchtern und besonders rational seien. Das dürfte wohl mit der Erwartung zusammenhängen, dass die Bestimmung von Recht und Gerechtigkeit, gerade weil es hier um Sachverhalte geht, die von starken und stärksten Emotionen getragen sind, sich selbst aller gefühlsmäßigen Beteiligung enthalten sollte. Nun ist immerhin denkbar, dass es sich dabei um ein Postulat handelt, das der Jurisprudenz von außen, von den Anhängern einer missverstandenen Moderne, auferlegt worden ist, ein Postulat, von dem aber Insider wissen, dass es sich gar nicht erfüllen lässt, ja, mehr noch, dass eigentlich auch der Versuch seiner Erfüllung nicht wünschenswert wäre, weil dadurch das Recht zu einem Hort weltfremder Ideale würde. Ein Wahrnehmen der tatsächlichen Rechtspraxis mit ihrer lebensweltlichen Emotionalität und ihrer traditionseingebetteten Wandelbarkeit würde auf diese Weise durch die Illusion einer zeitlosen Verstandesreinheit verfälscht und vereitelt.

Soweit dieser Gedanke berechtigt ist, wäre es verdienstvoll, ja es wäre eine Aufgabe recht verstandener Aufklärung, den rationalen Mythos, der das Recht umgibt, aufzudecken und die Wirklichkeit, wie sie ist, darzustellen. (Ob diese dann so bleiben sollte, wäre natürlich anschließend durchaus noch zu fragen.)

Mit dieser möglicherweise aufklärerischen Aufgabe ist in etwa das Anliegen umschrieben, für das sich die Rechtstheoretikerin Katharina Sobota vor ca. anderthalb Jahrzehnten einzusetzen begann. Sie hat dazu einiges veröffentlicht; drei Studien, die ihre Arbeiten zum Thema darstellen, habe ich studiert, sie sind die Basis dieser kritischen Auseinandersetzung.[1] In den Arbeiten sind Methoden entwickelt worden, um juristische Texte, besonders höchstrichterliche Urteilsbegründungen, auf Rationalität, Emotionalität und Traditionsbindung zu untersuchen. Dabei kommt heraus, dass die Rationalität keineswegs überwiegt, sondern dass, im Gegenteil, gerade die wichtigsten, weil rechtsfortbildenden Passagen in solchen Urteilen sich weniger durch rationale Argumente als durch Gefühlsappell und Traditionseinbettung auszeichnen. Die Analysemethoden sind nun, und das ist das Besondere und Erstaunliche an Sobotas Arbeit, nicht die einer hermeneutisch-interpretatorischen Textarbeit, sondern sie sind empirisch. Es werden also Daten erhoben, es wird gezählt und gemessen, dann wird ausgewertet und erklärt, was man gefunden hat. Dieser Ansatz ist es, der mein skeptisches Interesse erregt. Gewiss können wir in Texten rationale von nichtrationalen Aspekten unterscheiden und unter Umständen auch ein Überwiegen der Letzteren konstatieren. Solange das umgangssprachlich-intuitiv, also ohne einen wissenschaftlichen Anspruch auf intersubjektive Nachprüfbarkeit geschieht, ist es harmlos. Es geht dann um subjektive Eindrücke und Anmutungen, die mehr oder weniger berechtigt sein können. Sobota behauptet aber, sie könne die rationalen Anteile eines Textes im Verhältnis zu den nichtrationalen regelrecht quantitativ bestimmen, habe sie gemessen und habe festgestellt, dass in den höchstrichterlichen Urteilsbegründungen gerade an den entscheidenden Stellen die Letzteren überwiegen.

Wenn das möglich ist, dann lässt sich eine Menge „weicher" text-, diskurs- und argumentationsanalytischer Arbeit, deren Wege mühsam und deren Resultate fallibel sind, einsparen bzw. durch harte, objektive Empirie ersetzen. Es fragt sich aber: Ist das wirklich möglich? Können wir Argumentation im Verhältnis zum Gefühlsappell quantitativ erfassen? Ist das, was in Sobotas Studien vorgeführt wird, empirische Forschung? Dieser Frage werde ich in der folgenden Schrift nachgehen. Ich werde dazu zunächst Sobotas Arbeiten und Ergebnisse referieren. An-

[1] KATHARINA SOBOTA, Rhetorisches Seismogramm – eine neue Methode in der Rechtswissenschaft, in: *Juristenzeitung* 1992, 231–237; KATHARINA SOBOTA/OTTO BENKERT/HANS MATHIAS KEPPLINGER, *Psychopharmaka im Widerstreit. Eine Studie zur Akzeptanz von Psychopharmaka – Bevölkerungsumfrage und Medienanalyse.* Berlin 1995; KATHARINA SOBOTA, Argumente und stilistische Überzeugungsmittel in Entscheidungen des Bundesverfassungsgerichts. Eine Rhetorik-Analyse auf empirischer Grundlage, in: *Jahrbuch Rhetorik* 15 (1996), 115–136. Die jüngste dieser Studien ist acht Jahre alt, aber die darin vorgestellten Auffassungen werden von der Autorin, inzwischen Katharina Gräfin von Schlieffen, weiterhin vertreten, so etwa auf dem Symposium „Juristische Argumentation" vom 8.–10. November 2002 in Schloss Blankensee; vgl. auch ihren Beitrag in diesem Band, den ich für meine Auseinandersetzung nicht mehr berücksichtigen konnte. Um möglichst klarzustellen, dass meine Kritik nicht auf die Person, sondern auf Texte zielt, habe ich deren Autorin hier durchgehend bei ihrem damaligen Namen benannt.

schließend präsentiere ich eine kritische Auseinandersetzung mit dem Ansatz und zwar zunächst mit dem begrifflichen Fundament und dann mit den wissenschaftstheoretischen Vorstellungen. Als Hauptschwäche wird sich ein untauglicher und veralteter Argumentationsbegriff zeigen. Insgesamt demonstriert die Kritik, dass Sobotas Anspruch auf empirische Erfassung der rhetorischen und der argumentativen Aspekte von Texten zu Unrecht erhoben wird. Den Schluss des Aufsatzes bildet ein Ausblick, in dem der wahre Kern des Ansatzes herausgestellt und einige Hinweise zu seiner aussichtsreicheren Entwicklung gegeben werden.

2. Darstellung

2.1. Die 92er-Studie

Schon in dieser ersten Arbeit formuliert Sobota ihr Anliegen, das Rationalitätsideal der Jurisprudenz zu überprüfen und, da die Überprüfung enttäuschend ausfällt, dieses Ideal in den „Bereich der juristischen Selbstdarstellung" zu verweisen. Sie möchte stattdessen eine „ehrliche", „bescheidenere" Rechtsreflexion in Gang zu setzen, welche die gefühlsappellativen, traditionalen und „irrationalen" Seiten der Rechtspraxis besser zu würdigen weiß (92/237).[2]

Wie gesagt, hat sie zu diesem Zweck juristische Texte im Hinblick darauf untersucht, wie viel Lebenswirklichkeit und Emotionalität neben der auch von ihr durchaus als wahrnehmbar konzedierten Rationalität sich dort ausmachen lässt. Für derartige Untersuchungen wird bekanntlich ein theoretischer Apparat gebraucht, der das erfassen kann, woraufhin der Gegenstand analysiert werden soll. Woher kann ein solcher kommen? Wie lassen sich Gefühlsappell und Traditionseinbettung in Texten dingfest machen? Worin soll sich die Rationalität vergegenständlichen? Für die Erfassung der rationalen Seite glaubt Sobota einen Argument-Begriff zu brauchen, der die Argumente als einzeln zählbare Einheiten modelliert. Dies wird aber jetzt noch als zu schwierig befunden und daher einstweilen zurückgestellt:

> „Der Grund dafür ist, dass in juristischen Texten die wenigsten Schritte einer argumentativen Gedankenfolge explizit erwähnt werden: das meiste wird nur angedeutet." (92/233)

---

[2] Die drei in Fußnote 1 genannten Studien werden hier im laufenden Text ständig zitiert und zwar in der Form: (Jahreszahl/Seitenzahl). (92/237) bedeutet also: KATHARINA SOBOTA, Rhetorisches Seismogramm etc., Seite 237.

Für die emotionale Seite glaubt sie sich jedoch auf festem Boden zu befinden, denn hier kann sie sich auf die Rhetoriktradition stützen. Sie versteht die Kanones der traditionellen Rhetorik als Sammlungen von emotionsaffizierenden Text-Vorkommnissen, und weil sie in juristischen Texten offenbar eine erstaunliche Menge derartiger Vorkommnisse antrifft, konstruiert sie ihren Apparat zur Erfassung der emotionalen Textaspekte aus jenem rhetorischen Erbe. Sie systematisiert die überkommenen Sammlungen rhetorischer Topoi, Loci und Redeverzierungen für ihre speziellen Zwecke, indem sie 30 „rhetorische Figuren" auswählt, charakterisiert und soweit möglich als isolierbare Text-Vorkommnisse intersubjektiv identifizierbar zu machen sucht. Zur begrifflichen Bestimmung wird die rhetorische Figur abgegrenzt gegen das Argument. Während jenes „auf den ‚Kopf' des Zuhörers zielt, wendet sich die Figur an sein ‚Herz'" (92/232). Um zu zeigen, was sie meint, bringt sie allerlei Beispiele von Wendungen aus Rechtstexten, in denen rhetorische Figuren vorkommen (ebd.). Das Charakteristikum des Herz- bzw. Gefühlsappells wird einigermaßen nachvollziehbar, wenn es sich um plastische Metaphern, Steigerungen, Übertreibungen, Wortumstellungen oder Wiederholungen (von Buchstaben oder Wörtern) handelt. Derartige Figuren würden, so formuliert sie es dann als regelrechte „Hypothese" (ebd.), „nicht nur ausnahmsweise (auftreten, H. W.), sondern ganz allgemein ein wichtiges juristisches Überzeugungsmittel darstellen" (ebd.). Die Verifikation dieser Hypothese soll darin bestehen, jene allgemeine Wichtigkeit als eine überdurchschnittliche Häufigkeit nichtrationaler Überzeugungsmittel in juristischen Texten erfahrbar zu machen. Um jedoch die Erwartungen des Auditoriums an eine empirische Verifikation ihrer Hypothese in die richtigen Bahnen zu lenken, räumt sie ein, dass die Figuren eher „ungewisse Muster" seien, die sich nur „annäherungsweise festlegen lassen" (ebd.). Dennoch sei es möglich, an Texten regelrechte Auszählungen durchzuführen und die Auszählergebnisse durch Bezugnahme auf Texteinheiten (500 Wörter, 1.000 Wörter, ½ Seite) zu Maßzahlen für die „Figurendichte" bzw. die „rhetorische Intensität" (ebd.) einer Textpassage zu machen.

Mit diesem Instrument ausgerüstet, kann sie dann nicht nur in Rechtstexten, sondern in beliebigem Material, z. B. in Zeitungsartikeln, sogar der Regenbogenpresse, die rhetorische Intensität messen und Vergleiche anstellen. Es finden sich in der Tat merkwürdige und interessante Verhältnisse. Ich nenne die drei hervorstechendsten. Zum ersten: Die Texte des BVerfG, also eines doch wirklich ausgestellten Produzenten juristischer Prosa, weisen eine deutlich höhere rhetorische Intensität auf als die Artikel in Lokalzeitungen (92/233, Abb. 1). Dies muss jeden, der beim BVerfG mit besonderer Trockenheit und Nüchternheit gerechnet hatte, überraschen. Das zweite bedenkliche Ergebnis ist Folgendes: Die rhetorische Intensität der BVerfG-Texte ist in den verschiedenen Abschnitten (Leitsätze, Urteilskopf, Entscheidungsformel) verschieden hoch, die Höhenunterschiede lassen sich in Kurven darstellen. Wenn nun die für verschiedene Urteile, um ganz verschiedene Sachverhalte, ermittelten Kurven verglichen werden, dann zeigt sich, dass diese Kurven „alle ein gemeinsames Muster" haben (92/234). Dieses Muster wird von Sobota als die „rhetorische Handschrift des BVerfG" bezeichnet (ebd.). Die dritte Überraschung ist die beunruhigendste. Sie betrifft die Inhalte. Die Autorin stellt nämlich fest, „dass an denjenigen Stellen der Gründe, die nach allgemeiner juristischer Auffassung als die ‚inhaltlich entscheidenden' angesehen werden dürften, der Figurenaufwand auffällig gesteigert wird" (92/235). Also nicht etwa größere logische Durchdringung, so erweisen diese „Messungen", nicht eine Zunahme an Deutlichkeit, Stärke, Anzahl der Argumente ist an den kritischen Stellen zu beobachten, sondern eine Zunahme der rhetorischen Intensität.

Von den gefundenen Forschungsergebnissen lässt sich Sobota zu weit reichenden Feststellungen verleiten: Da „das Streben nach Sinn, Gewissheit und Gerechtigkeit in eine Dimension verweist, die mit rationalen Mitteln nur ungenügend zu erfassen" sei (92/237), „(könnten) die ‚irrationalen' Formen der Wirklichkeitskonstruktion, zu denen auch die rhetorischen Figuren zählen, ... hier tragfähiger sein als rationale Konstrukte" (ebd.). Würde das bedacht, dann sei ein Hintergrund eröffnet, vor dem der Stil des BVerfG ‚nicht nur als adäquat, sondern auch als vorbildlich" erscheine (ebd.). Gleichwohl soll diese 1992 publizierte Studie aber „lediglich explorative, keine konfirmative Funktion" haben (92/233).

2.2. Die 95er-Studie

Um aus dem Explorationsstadium herauszukommen, bearbeitet sie weiter ihr „Messgerät" für rhetorische Dichte und publiziert 1995 zusammen mit zwei Koautoren eine Studie, in der Texte aus der Presseberichterstattung über Psychopharmaka untersucht werden. Hier werden jetzt erst einmal ausführliche Reflexionen zum Wesen und zur Funktion der „rhetorischen Figur" angestellt. Die Autoren schreiben:

> „... gegen rhetorische Kunstgriffe scheint man (anders als bei Argumenten, H. W.) kaum etwas ausrichten zu können ... Vermutlich liegt das daran, dass rhetorische Figuren überwiegend an das Gefühl appellieren ... Wenn es auch nicht sinnvoll ist, zwischen Verstand und Gefühl eine genaue Trennungslinie zu ziehen, so kann man doch tendenziell sagen, dass sich gefühlsmäßige

Dinge im Gegensatz zu Verstandesangelegenheiten nur schwer beobachten und noch schwerer mit Bewusstsein analysieren, kontrollieren und parieren lassen. Aus diesem Grund kann ein Autor über den Stil seiner Darstellung oft versteckte und damit besonders nachdrückliche Effekte erzielen. Der Leser ist dieser Beeinflussung ausgeliefert. Selbst wenn er die Art der Rhetorik begreift, hat sie schon gewirkt; man kann sie durch keine nachträgliche Analyse ungeschehen machen." (95/79)

Mit derartigen Beobachtungen ist, so ließe sich denken, doch wohl eines unmissverständlich klar gestellt: rhetorische Figuren sind nicht etwa Mittel der Klärung und Verdeutlichung in Texten, sondern der Beeinflussung und Manipulation. Wäre es also nicht eigentlich angebracht, den Gebrauch rhetorischer Figuren sehr kritisch zu sehen? Die Autoren finden das nicht:

„Unhaltbar wäre ... stilistisches Pathos ... als Versuch sachfremder Manipulation zu verurteilen. Stilmittel, selbst wenn sie allein der Affektsteigerung dienen, können einer Sache durchaus nützlich sein" (95/94)

Es werden vier nützliche Effekte angeführt: Die Aufmerksamkeit des Adressaten werde erhöht, die Botschaft werde besser behalten, die intendierten Wertungen würden emotional verstärkt und schließlich brauche man sich weniger um Argumente zu kümmern: „Wo der Autor Stilmittel häuft, muss er weniger argumentieren" (ebd.). Es klingt hier der besondere Argumentbegriff an, mit dem Sobota arbeitet. Argumente sind offenbar durch rhetorische Stilmittel ersetzbar. Beide scheinen also im Grunde dieselbe Funktion für einen Text zu haben. Und die rhetorischen Figuren scheinen diese Funktion einfacher, sicherer und aufwandsärmer wahrnehmen zu können als die Argumente. Um was für eine Funktion es sich dabei handelt, das lehrt der Oberbegriff „Überzeugungsmittel". Doch was ist dabei „Überzeugen"? Ich werde dieser Frage unten im Abschnitt 3.1.3. nachgehen. An dieser Stelle bietet es sich an, die Aussage, der Adressat könne gegen die rhetorische Vereinnahmung „kaum etwas ausrichten", mit der anderen, dass es sich aber dennoch nicht um „sachfremde Manipulation" handele, zu kombinieren. Das liefe auf die Bestimmung hinaus, dass es beim rhetorischen „Überzeugen" um eine Art sachdienlicher Manipulation ginge. Ob dergleichen zu befürworten ist, das hängt sicherlich von der Sache ab, um die es dabei geht. Doch selbst wenn das eine „gute Sache" wäre, ist eine Methode, die den Betroffenen unbemerkt zu etwas veranlasst, nicht einfach gutzuheißen. Der Zweck heiligt nun einmal nicht die Mittel.

Was den theoretischen Apparat für die empirische Forschung betrifft, so ist der eigene Figurenkanon nun von 30 auf 37 Figuren erweitert. Es wird eine detaillierte Beschreibung mit exemplarischen Illustrationen publiziert (95/202–208) und anhand beigelegter Analysen einiger Zeitungsartikel gezeigt, wie die Figuren im Textmaterial identifiziert werden (95/82–83). Ferner werden innerhalb des „Pathos" – dies ist jetzt der Titel für die rhetorischen Figuren bzw. für deren unterstellte Wirkung – zwei verschiedene Qualitäten unterschieden. Es gibt jetzt „engagiertes, praktisches Pathos" (z. B. als Kommentar zu einer Krawatte: „Wie scheußlich!") und „raffiniertes, distanzierendes Pathos" (in der gleichen Situation: „Im Prinzip ist diese Krawatte nicht hässlich, sie passt nur nicht zu den roten Streifen in deinem Anzug.") (95/89)

Als generelles Resultat der Untersuchung wird gefunden: In Presseberichten über Psychopharmaka „häufen sich rhetorische Stilmittel, die den Leser gefühlsmäßig ansprechen. Bei einem anderen, vergleichbaren Thema (Mittel gegen Herz-Kreislauf-Erkrankungen) ist dies in deutlich geringerem Umfang der Fall" (95/93). Die durchschnittliche Figurendichte ist bei den Psychopharmaka 92, bei den Herz-Kreislauf-Mitteln ist sie 72 (95/84). Zum Vergleich: Bei höchstrichterlichen Urteilen hatte Sobota eine durchschnittliche Figurendichte von 46,5 gefunden (92/234). Was mit diesem Resultat also jedenfalls erreicht ist, das ist eine Konsolidierung ihrer Methode und eine gewisse Plausibilisierung ihrer Ergebnisse.

2.3. Die 96er-Studie

1996 wird eine weitere Publikation zur Thematik vorgelegt. Mittlerweile hat die rationale Rechtstheorie Verstärkung von der Philosophie bekommen, und zwar von der Diskurstheorie, also jener von Habermas und seinen Mitstreitern promovierten Lehre, die menschliche Vernunft artikuliere sich wesentlich im argumentierenden Diskurs; dieser sei der Ort der Entscheidung über die Vernünftigkeit jedweder sozial relevanter Problemlösung, und insbesondere auch der Auseinandersetzungen um den Rechtsstaat.[3] Die Frage, wie viel von diesem Ansatz in welcher Weise für die Jurisprudenz fruchtbar zu machen sei, hat seither zahlreiche Diskussionen und Publikationen hervorgebracht. Für Sobota ist damit eine neue Stellung an der Front, an der sie streitet, eröffnet worden, und sie wirft sich mit Verve ins Gefecht. Da werden, schreibt sie, Systeme konstruiert, die

> „... existieren ... nur in der Theorie. Sie regulieren nichts außerhalb des Akademiebetriebs, sind also nicht ‚sozial effektiv'. Bewusst wenden sie sich von den gelebten Ordnungen ab und entwerfen ein unempirisches Normenwerk, nach dessen Bild sich die Wirklichkeit formen soll." (96/117)

---

[3] Vgl. JÜRGEN HABERMAS, Faktizität und Geltung. *Beiträge zur Diskurstheorie des Rechts und des demokratischen Rechtsstaats.* Frankfurt am Main 1992.

Das Ganze sei kantianischer Idealismus. Um mit der Theoriebildung wirklichkeitsnah zu bleiben, sei aber auf Aristoteles zurückzugreifen. Bei dem ginge es nämlich nicht um abstrakte Vernünftigkeit, sondern um Lebensklugheit, Bestimmung des konkret Angemessenen.

> „Die Einübung ins Angemessene verlangt nicht nur ein Verstandestraining, sondern eine Schule der Gefühle ... Nicht nur Kognition entscheidet, sondern auch Moral und Tradition, Ästhetik und Emotion. Dieses Zusammenspiel erfasst Aristoteles mit der Trias ‚Logos – Ethos – Pathos'." (96/118)

Die Entdeckung dieses „Zusammenspiels", bzw. die Entwicklung der Kategorien „Logos" und „Ethos", das ist das Neue gegenüber den bisherigen Arbeiten und es erlaubt, die bisher produzierten Resultate ganz erheblich deutlicher zu formulieren und noch weit reichender zu interpretieren.

‚Logos' ist der Titel für Text-Vorkommnisse, bei denen es um Argumente geht. Dabei wird „der Begriff Argument ... sehr weit verstanden" (96/120). Gleichwohl müssen Argumente eindeutig identifizierbar sein, denn sie sollen ja gezählt (und den rhetorischen Figuren gegenübergestellt) werden. Sobota erläutert ihre Definition wie folgt:

> „Als Logos-Argument gelten Aussagen oder Andeutungen, die man ... nach dem Schema formulieren könnte ‚das ist so, weil ...'. Außerdem muss bei dieser Konstruktion – x, weil X – das begründende X zum behaupteten x als die weitere Begrifflichkeit erscheinen, etwa wie sich eine Regel ... zu einer Einzelgegebenheit verhält." (96/120)

Es werden „Kodifikationsargumente", „Rechtsargumente" und „Alltagsargumente" unterschieden, dann noch „Folgerungen", die zwar eigentlich „keine Argumente" seien, aber dennoch als solche gezählt würden „um sicherzugehen, dass alle Argumente erfasst wurden. Doppelbewertungen werden dabei in Kauf genommen" (ebd.). Was das Erfassen selbst betrifft:

> „Jedes Argument zählt gleich. Für jede Begründung gibt es einen Punkt. Sind zwischen Behauptung und Begründung offenbar noch weitere Prämissen eingeschaltet, zählen diese nur, wenn sie im Text Anklang gefunden haben."(96/120)

Man ahnt, dass das Identifizieren so verstandener „Argumente" schwieriger und weniger eindeutig sein könnte, als man sich das vielleicht wünscht. Und in der Tat, dieses argumentative Geschehen kann

> „nur von einem sachkundigen, gutwilligen Leser erfasst werden. Der Codierer muss mit juristischem Wissen, Intuition und Phantasie rekonstruieren, was die Richter vielleicht gemeint haben *könnten*." (ebd., Hervorhebung im Text)

Die zweite Kategorie ist „Ethos". Der Ausdruck ist der Titel für Vorkommnisse, bei denen „auf die Sitten, die Institutionen und prägenden

Wertvorstellungen" Bezug genommen wird (96/121). Ausdrücklich gemacht werden drei Arten solcher Bezüge: „Autoritätsargumente (dieses ist so, weil jener – eine respektable Person oder Institution – das sagt), Textargumente (dies ist so, weil es geschrieben steht) und Quellenangaben (dort genau steht es)" (ebd.). Nun können ja derartige Bezüge, selbst nach einem landläufigen Verständnis, durchaus „argumentativ" sein. Offenbar ist also „Ethos" eigentlich nur eine Untergruppe von „Logos", wobei der Traditionsbezug das Spezifikum sein soll. Wenn Sobota in ihren Schaubildern die Anteile von Logos und Ethos in Säulen übereineinder stapelt (die dann von der imposanten Zackenkette des Pathos-Gebirges überwölbt werden), dann wird auch in der Anschauung nahe gelegt, dass Logos und Ethos *zusammen* das argumentative Geschehen in einem Text erfassen sollen („Der y-Wert der Säulen entspricht der jeweiligen Häufigkeit von Logos und Ethos (=Argumentanteil)" (96/123). Ganz konsequent ist das aber eigentlich nicht, denn in der „Trias Logos – Ethos – Pathos" sollte ja „Ethos" eine Traditionseinbettung betiteln, die sich offenbar im Logos nicht darstellen könnte. Wozu brauchte es sonst überhaupt einen dritten Oberbegriff, der anscheinend gleichrangig neben „Logos" und „Pathos" steht? Sobota scheint dieses Problem zu sehen. Sie schreibt einräumend:

> „Der hier verwendete Ethos-Begriff ist ein vorläufiges Konstrukt, um Messungen durchführen zu können. Folgt man der Rhetoriklehre, kann man annehmen, dass dadurch einige, aber keinesfalls alle Aspekte des juristischen Ethos beleuchtet werden." (96/121)

Die Frage, wie sich weitere Aspekte erfassen lassen, und zwar in zählbaren Einheiten, bleibt offen. Der Leser muss sich mit dem Eingeständnis der Vorläufigkeit dieser „Kategorie" begnügen und hoffen, dass sie keinen theoretischen Schaden anrichtet.

„Pathos" ist in dieser Arbeit der Titel für die rhetorischen Figuren, die jetzt charakterisiert werden als „nicht-argumentative Stilmittel" bzw. „Überzeugungsmittel, die nach den modernen, rationalistischen Rechtstheorien tabu sind" (96/121). Wie schon zuvor unterscheidet sie 37 verschiedene Figuren (die teilweise auch noch Varianten haben können). In der Darstellung dieser 96er-Studie zählt sie nochmals einige besonders eindrucksvolle auf, so dass die Frage nach ihrer möglichen Funktion wieder sehr nahe liegt. Von Alliteration, Inversion, Metapher ist es leicht nachvollziehbar, dass diese mit Affekten, Gefühlen, meinetwegen auch mit dem „Herzen" zu tun haben. Weit weniger einleuchtend ist das bei den an dieser Stelle (96/121 f.) auch angesprochenen Figuren der Differenzierung (einerseits – andererseits), der Restrictio (zwar – aber) oder der Polarisierung (Antithese). In welchem Sinne sollten die eher das Fühlen als das Verstehen ansprechen? Und selbst wenn das vorkommen mag, ist es nicht eher abhängig von den Inhalten, um die es dabei geht? Auch wenn diese Frage beantwortbar wäre, läge dahinter noch die Frage, in welchem Sinne derartige „Stilmittel" denn eigentlich „Überzeugungsmittel" sein sollen. Es ist nun einmal nicht alles, was gesagt und vorgetragen wird, überzeugend. Und selbst wenn ein Überzeugungszweck unterstellt werden könnte, ist noch lange nicht sicher, dass alles, was unter diesem Zweck veranstaltet wird, ihm auch in der Tat dient. Auf diese Frage werde ich unten in der Kritik ausführlich zu sprechen kommen. Sobota bescheidet ihre Leserschaft einstweilen mit dem Hinweis, „das Verfahren der Pathos-Feststellung [habe sich] ... in einer Untersuchung an über 300 Texten als reliabel erwiesen". Zwischen der gemessenen Pathos-Intensität (d. h. also der Figurendichte) und der verspürten Emotionalität bestehe eine hohe Korrelation (0.93, an zwei Probanden gefunden, 96/122).

Die in der Untersuchung erzielten Ergebnisse bestätigen, differenzieren und vervollständigen die der vorangegangenen Studien. Das erste Resultat, dass also Pathos ein ganz übliches Überzeugungsmittel auch und gerade in der Jurisprudenz sei, das ist nun schon beinahe selbstverständlich. Das dritte Resultat, dass an den entscheidenden Stellen eine besondere Häufung von rhetorischen Figuren zu finden sei, wird aber jetzt, wegen der exakteren Konfrontationsmöglichkeit mit den argumentativen Vorkommnissen, schärfer formulierbar:

> „In den eigentlichen Entscheidungsgründen, den eigenen Rechtserwägungen des Gerichts, tritt ... Logos in den Hintergrund. Die entscheidenden Stellen, die sich bei den gewichtigen Entscheidungen regelmäßig in den Leitsätzen wiederfinden, werden mit hohem und höchstem Pathos vorgetragen." (96/122 f.)

Ergänzend kann die Autorin im Hinblick auf das Verhältnis von Logos, Ethos und Pathos feststellen,

> „dass Logos und Ethos zu Pathos in einem reziproken Verhältnis stehen: Viel Pathos – wenig Logos, wenig Pathos – viel Logos. Für den Einsatz von Ethos gilt dies mit der Maßgabe, dass nicht nur Pathos, sondern auch Logos den Verweis auf Autoritäten und Quellen entbehrlich macht." (96/123)

Was schließlich das zweite Resultat, also die Charakteristika der Pathos-Kurven, betrifft, bekommt die in der 92er-Studie sogenannte „Handschrift des BVerfG" eine noch ausgeprägtere Gestalt. In der "typischen Überzeugungsstruktur eines Urteils" (96/130) zeigt sich die eben schon erwähnte Reziprozität von Logos bzw. Ethos und Pathos „so konsequent, dass man geradezu an eine Spiegelung (Krebsbewegung, Interferenz) denken muss" (96/125). Gegen Ende der Pathos-Kurve gibt es „den häufig zu beobachtenden Doppelgipfel (Twin Peak) ..., der wie üblich mit den entscheidenden Schritten der Gedankenführung zusammenfällt" (96/124). Diese Gestalt der Pathos-Kurve scheint so augenfällig zu sein, dass einer von Sobotas Mitstreitern es für angemessen befunden hat, sie nach ihrer Entdeckerin als die „Sobota-Spule" zu bezeichnen.[4]

Mit diesen Resultaten ist sie sich der Vermutungen, die 1992 noch „explorativ" vorgestellt worden waren, so sicher, dass sie sie als Munition gegen die rationalistischen Rechtstheorien und besonders gegen Habermas sowie die „Postulate der Egalität, Modernität und Intellektualität" (96/133) richten kann: „Rechtssysteme sind weithin ‚unmodern', nämlich rituell, symbolisch, traditional und hierarchisch strukturiert." (96/133) Doch irgendwie scheinen ihr dann doch Bedenken zu kommen, welchen Kräften sie da das Wort reden könnte. Jedenfalls wendet sie sich auch ausdrücklich gegen ein „Recht der Affekte" (96/135), stellt fest: „Rechtstexte sind deutlich logos-orientiert" (96/134) und warnt: „Ein Gerichtswesen, das sich nicht vorrangig auf kodifizierten Logos stützt, wird über kurz oder lang von anderen Sozialsystemen aufgesogen." (96/135) Ist also das Ganze letztlich nichts weiter als ein Plädoyer dafür, dass das argumentative Geschehen in der Jurisprudenz auch eine affektive Seite hat?

Die Quaestio crucis dabei ist ja wohl: Was soll im Zweifels- oder im Streitfall den Ausschlag geben, Argumente oder Gefühlsappelle? Und darauf antwortet sie am Ende dann doch mit Formulierungen, die sich kaum anders denn als Bekenntnis zu Tradition und Gefühl als Entscheidungsinstanzen lesen lassen:

> „Wenn es sich auch um ein bedauerliches Fortschrittshindernis handeln sollte: die Grammatik des Überzeugens ist älter und sitzt vermutlich tiefer als alle ‚postkonventionelle' Theorie. Ob dies allerdings immer von Nachteil sein muss, ist noch nicht erwiesen." (96/135)

Und dann noch:

> „Was der Logiker als Unvollkommenheit erlebt, dass sich nämlich in allen längeren Rechtfertigungsketten Risse auftun, die der Richter mit rhetorischen Figuren überbrücken muss, könnte sich also als der gesuchte Weg zu Inhalten erweisen, die als gerecht und tugendhaft empfunden werden. Kriterien für Gerechtigkeit lassen sich vielleicht verlässlicher in verbreiteten Gefühlen als in generalisierbaren Sätzen finden." (ebd.)

---

[4] Vgl. PAUL ROBERTSHAW, Das richterliche „Summing up" im Fall Jeffrey Archer, in: *Rhetorik Jahrbuch* 15 (1996), 96–114, 109.

3. Kritik

3.1. Begriffsanalytische Kritik

Jede wissenschaftliche Forschung braucht ein Minimum an sprachphilosophischem Gedankengut. Es muss klar sein, dass in den Wissenschaften Wörter nicht einfach aus der Umgangssprache aufgegriffen und verwendet werden können, sondern dass durch Definitionen und Normierungen ausdrücklich Termini gebildet werden müssen: Die Wörter der Umgangssprache haben keine strikten Verwendungsgrenzen, sie können für immer neue und auch immer wieder abgewandelte Sachverhalte eingesetzt werden. Diese „Lebendigkeit" der Sprache hat zur Folge, dass sich kaum jemals ganz klar und eindeutig entscheiden lässt, ob ein aus umgangssprachlichen Wörtern zusammengesetzter Satz als wahr und gültig oder ob er als falsch und ungültig zu beurteilen ist. Für die wissenschaftliche Forschung ist eine solche Beurteilungsmöglichkeit aber unverzichtbar, denn in ihr geht es genau darum, was wahr ist und was nicht. Ohne klare und strikte Definitionen gibt es daher keine wissenschaftliche Erfassung von Sachverhalten. Wir müssen wissen, was wir mit den Wörtern meinen. Wenn man Wörter im Hinblick auf ihre – gebenenfalls explizit zu klärende – Bedeutung „Begriffe" nennt, dann ist das Bereitstellen eines theoretischen Apparats für wissenschaftliche Forschung wesentlich „Begriffsbildung". Begriffsbildung ist das systematische Fundament aller Wissenschaft. Obwohl die Wissenschaft sich damit nur eher ausnahmsweise beschäftigt – in der sogenannten Grundlagenforschung – hängt von der Klugheit und Sorgfalt, die auf die Konstruktion des begrifflichen Fundaments gewendet wird, weitgehend ab, was für einen Sinn eventuell gefundene Forschungsergebnisse haben.

Sobota möchte mit ihrer Begriffsbildung an Aristoteles anschließen. Dort findet sie die Wörter Logos, Ethos, Pathos vor. Sie greift sie auf und verwendet sie, aber, wie ich zeigen werde, in einem nur vage ausmachbaren Sinn. Die notwendige begriffliche Präzisierung und Schärfung, die kriegt man durch den Verweis auf den klassischen Autor eben nicht geschenkt. Bei Aristoteles sind Logos, Ethos und Pathos nicht so strikt getrennt, als drei separate „Überzeugungsmittel" – wie drei verschiedene Taschen, in denen irgendwelche Inhalte zum Adressaten transportiert würden.[5] Überhaupt sind dort die Wörter nicht so

[5] Sobota verweist (96/118) für ihre „Trias" aus Logos, Ethos und Pathos auf fünf Stellen in der Rhetorik des Aristoteles, an keiner dieser Verweisstellen ist dergleichen zu finden. Für die Hochschätzung der Lebensklugheit bzw. der guten Mitte zwischen den Extremen wird zu Recht die Nikomachische Ethik aufgeboten. Die dabei von Sobota

definiert, wie wir das in unseren heutigen wissenschaftlichen Standards fordern. Das kann man dem Philosophen nicht anlasten. Im vierten vorchristlichen Jahrhundert sah „die Wissenschaft" noch etwas anders aus als heute. Allgemein gesagt kann die Anknüpfung an einen antiken Denker die eine oder andere wichtige Unterscheidung und Einsicht in gewisse Grundverhältnisse vorgeben, aber die eigene begriffliche Anstrengung niemals komplett ersetzen. Ich möchte in diesem ersten Teil der Kritik drei Ausdrücke, die für Sobotas Ansatz zentral sind, auf ihren begrifflichen Gehalt hin überprüfen: Pathos bzw. rhetorische Figur, Logos, bzw. Argument und Überzeugung bzw. Überzeugen.

3.1.1. Pathos – Die rhetorische Figur

Gleich zu Beginn ihrer Studie von 92 gibt Sobota zu verstehen, dass es mit der Begriffsbestimmung zur rhetorischen Figur nicht zum Besten steht: „Wie alle Erscheinungen auf dem Gebiet der Künste und praktischen Fertigkeiten entzieht sich die rhetorische Figur einer exakten Definition." (92/232) Nun ist es nicht wahr, dass das für „alle" derartigen Erscheinungen gälte (Gegenbeispiel ist etwa der „goldene Schnitt"), und eigentlich werden in der Wissenschaft auch überhaupt keine „Erscheinungen", sondern allenfalls Wörter oder Termini definiert, aber akzeptieren wir einstweilen, was hier gesagt wird. Es gibt also keine exakte Definition, aber vielleicht doch eine partielle, ein Kriterium oder wenigstens eine umrisshafte Angabe, die sich durchhalten ließe? Sie sei ein „rhetorisches Überzeugungsmittel" (ebd.), wird gesagt. Wüssten wir jetzt, was genau „Überzeugen" sein soll – ich beschäftige mich damit unter (3.1.3.) – dann wären wir weiter. Da wir es nicht wissen, hören wir weiter zu und lassen uns als Nächstes über die Figuren sagen, sie wendeten sich ans „Herz" des Zuhörers (92/232). Dort „bezaubern sie durch ihre Formen: durch Rhythmus, Geometrie, Klang oder Anschaulichkeit" (ebd.). Das ist zweifellos selber sehr anschaulich, sagt aber nicht klipp und klar, was damit gemeint sein soll: Möchte Sobota, wenn sie etwas ‚rhetorische Figur' nennt, die Behauptung aufstellen, der Textautor „wende" sich damit ans Herz des Adressaten? Soll das für jeden Einsetzer einer rhetorischen Figur gelten? Für jede Figur? Impliziert die „Wendung" zum Herzen, dass das Herz getroffen wird?

---

nahe gelegte Ansicht, Aristoteles sei ein Theorieverächter gewesen (ebd.), ist allerdings abenteuerlich. Es ging dem Philosophen darum, dass die Theorie systematisch nicht vor, sondern nach der Praxis kommt. Dann aber ist sie das Größte und Beste, dessen der Mensch überhaupt fähig ist. Über den „bios theoretikos" als die beglückendste Lebensweise gibt das letzte Buch der Nikomachischen Ethik Auskunft.

Manchmal? In der Regel? Immer? Wie reagiert ein Herz, dem sich zugewendet wurde? Damit, dass es nun „überzeugt" ist? Ist es dafür egal, um welche Sachverhalte es beim Einsatz der Figur ging? Ist Überzeugtsein überhaupt ein Zustand, in dem sich ein Herz befinden kann? Und so weiter. Das sind allerlei offene Fragen, ich vermute, dass Sobota sie kleinkariert findet. Sie hat doch zugegeben, eine „exakte Definition" gebe es nicht. Das kann aber nicht heißen, dass mit dem Wort nach Belieben umgesprungen werden kann. Die Forderung, dass der wissenschaftliche Sprachgebrauch über die situative Beliebigkeit der Alltagssprache hinaus sein muss, ist unverzichtbar.

Schauen wir also nach, was sie an weiteren Bestimmungen gibt: Üblich sei es, die „rhetorische Figur" zu erläutern mit „Abweichung von der normalen Sprechweise", wobei aber der „Begriff der Normalität ... nur relativ bestimmt werden" könne (92/232). Schade, das ist wieder mehr eine Ausflucht als eine Erläuterung: ‚Abweichung von der normalen Sprechweise' bedeutet eben nur dann etwas Klares, wenn klar ist, was eine „normale Sprechweise" ist. Das kann, schreibt sie, nur relativ bestimmt werden. Relativ wozu denn? Statt einen Bezugsrahmen anzugeben, stellt sie einen Beispielsatz vor, bei dem die Sache ganz einfach ist, weil der dort gezeigte Unterschied zwischen einer normalen Sprechweise (Sonne scheint) und einer metaphorischen (Sonne lacht, sendet süße Strahlen) offenkundig ist. Wie sich dieses Beispiel auf weitere oder gar alle Figuren übertragen lassen soll, steht in den Sternen. Gerade bei Metaphern ist es in der Regel schwierig zu entscheiden, ob sie als „verbrauchte" bzw. „gesunkene" Metaphern zur normalen Sprechweise gehören (wie z. B. Höflichkeit, Angespanntheit) oder ob dabei wirklich eine Bedeutungsübertragung von einem in einen anderen Bereich stattfindet. Dennoch ließe sich von einer „normalen Sprechweise" ja reden, solange davon nichts abhängt. Wenn nun aber Normalität als Kriterium für irgendetwas dienen soll (wie hier: für Abwesenheit von rhetorischen Figuren), dann sind wir damit rasch am Ende. Alle Sprachabweichungen bei Kindern oder Nicht-Muttersprachlern (die ja auch interessant oder anmutig sein, die auch das „Herz" anrühren können) wären dann „Figuren".

Diese Überlegungen dürften genügen: Weder Definitionen – exakte ohnehin nicht, aber auch keine laschen – noch Kriterien für „rhetorische Figur" sind hier in Sicht. Geben wir also den Versuch, das selbst zu bestimmen auf und halten uns an die Figurenkanones der traditionellen Rhetoriken? Aber da lässt sich sehr vieles haben und weniges mit Gründen ausschließen. Sobota erwähnt selbst die „unübersehbare Menge der klassischen Figuren" (92/233). Tendenziell ist eben jedes irgendwie differenzierte Sprachvorkommnis Figur. Die traditionelle

Rhetorik, daran muss erinnert werden, ist ja auch gar nicht primär spezialisiert auf die Aufgabe, zu „überzeugen", sondern darauf, ein Bewusstsein von den Möglichkeiten sprachlicher Differenzierungen zu erzeugen, das dem allgemeinen Ziel, den Zuhörer zu erreichen, ihm eine Botschaft – und zwar ohne Unterstützung durch optische Medien – zu vermitteln, dienlich ist. Figurenreiche Sprache ist also zunächst einmal nichts weiter als elaborierte, differenzierte Sprache.[6]

Dieses Bedenken muss sich nun gegen Sobota kehren. Sie hat im Zusammenhang mit „rhetorischer Figur", von einem „Überzeugungsmittel" gesprochen. Stellen wir zurück, dass wir noch zu untersuchen haben, was überhaupt ‚Überzeugen' heißen soll, so ist es doch offenbar irgendein Effekt, den die Adressaten verspüren sollten. Das bedeutet aber, hier sind weitreichende Beweislasten zu schultern. Wenn etwas ‚Figur' genannt wird, dann müsste es eine solche Überzeugungswirkung auf den Adressaten haben oder wenigstens müsste beim Autor die Intention unterstellt werden, eine solche zu erreichen. Dass sich das so verhält, lässt sich aber nicht pauschal fordern, sondern müsste für jedes einzelne Ding, das ‚Figur' genannt werden soll, nachgewiesen werden. Davon ist Sobota weit entfernt, weder tut sie das, noch ist zu merken, dass sie eine entsprechende Verpflichtung akzeptieren würde. Was heißt also bei ihr „rhetorische Figur"? Ganz einfach: Das, was sie so nennen will. ‚Rhetorische Figur' ist die Bezeichnung für ein Vorkommnis aus ihrer 37er-Liste. Was ist das Gemeinsame dabei? Wir wissen es nicht, wir wissen nicht einmal, ob es überhaupt etwas Gemeinsames gibt. Jedenfalls ist die Liste so heterogen, dass Unterschiede gerade hinsichtlich der Qualität des Gefühlsappells – die für Sobotas Argumentation die entscheidende ist – ins Auge fallen. Was in aller Welt sollen Parenthese, Periphrase und Zitat mit Metapher, Emphase, Hyperbole usw. gemeinsam haben? Einzig und allein die Tatsache, dass sie in Rhetoriklehrbüchern seit unvordenklichen Zeiten aufgeführt und immer wieder abgeschrieben worden sind!

Ein genaueres Hinsehen entdeckt bei vielen Einträgen dieser 37er-Liste die schiere Willkür: Wie wirkt Ironie – eher vereinnahmend oder eher abstoßend? Lässt sich das wirklich allgemein beantworten? Ist das nicht davon abhängig, wer oder was ironisiert wird, davon, ob die Sache dem Auditorium egal ist, von ihm abgelehnt wird oder ihm etwa

---

[6] Diese Feststellung reicht, um einen Befund, den Sobota für ihre Hypothese ins Feld führt, zu erklären: dass die durchschnittliche Figurendichte der BVerfG-Urteile in der Höhe zwischen den Feuilleton-Artikeln in Lokalblättern und denen in überregionalen Zeitungen liege (92/233). Figurenreichtum ist ein Indikator für den Bildungsstand, der ist bei den überregionalen Journalisten höher als bei den regionalen. Die BVerfG-Richter aber sind gebildeter als die Lokalredakteure und sie schreiben nüchterner und sachlicher als die Feuilletonisten überregionaler Blätter.

besonders am Herzen liegt? Sogar „vielsagendes Schweigen" soll eine Pathos-Figur sein. Werden Gefühle dadurch angesprochen, dass vielsagend geschwiegen wird? Wieso nicht eher Gedanken? Wieso ist „raffiniertes Pathos" überhaupt „Pathos"? (Vgl. das oben zitierte Beispiel mit der Krawatte: „Im Prinzip ist diese Krawatte nicht hässlich, sie passt nur nicht zu den roten Streifen in deinem Anzug." Dies ist ein anständiges ästhetisches Argument; und wenn Kriterien für Farbharmonie etabliert sind, dann kann es sogar auf Gültigkeit überprüft werden.) „Pathos der Sachlichkeit" (96/124), das ist eine Aus- und Überdehnung der für „Pathos" vorgetragenen Charakterisierungen (anschaulich, emotional, bezaubernd) ins genaue Gegenteil. Weiter: Wieso wird die Restrictio überhaupt als rhetorische Figur geführt? Eine Zwar-Aber-Konstruktion wendet sich ganz bestimmt eher an den Verstand als ans Gefühl. Dennoch kann sie eine suggestive Vereinnahmung anbahnen, aber nur dann, wenn die argumentativen Gehalte des Zwar- und die des Aber-Teils eigentlich gleichwertig sind. Beispiel: Man sollte sich einen Hund halten, zwar verursacht er Kosten und erschwert das Reisen, aber er bewacht das Haus und ist der beste Freund des Menschen. So redet, wer seine hundeskeptische Frau für den Hund einnehmen möchte. Und wer seine hundefreundliche Frau vom Hund abbringen will, der dreht die Sache um: Besser keinen Hund! Zwar könnte er das Haus bewachen und sich als guter Freund bewähren, aber er ist teuer und wir können nie mehr verreisen. Derartige Manöver sind aber, wie gesagt, nur möglich, wenn Zwar-Teil und Aber-Teil gleichwertig sind, wenn also die für den Sachverhalt verfügbare theoretische Basis keine Überlegenheit für einen der beiden hergibt. Ist das anders und bringt z. B. der Aber-Teil eine wirkliche Widerlegung oder Integration des Zwar-Teils, dann ist eine solche Konstruktion ein gutes Argument, das einen Einwand aufgreift und ausräumt. Beispiel: Zwar hat Sobota im Grunde etwas Richtiges erkannt, aber sie verfolgt es mit ganz untauglichen Mitteln (für die Ausführung dieses Beispiels vgl. die Schlusspassage dieses Aufsatzes).

Fazit: Sobotas Versuche, einen Begriff der „rhetorischen Figur" zu bilden, sind partiell informativ, anschaulich und suggestiv, scheitern aber im Hinblick auf das Bilden einer stabilen semantischen Einheit. Ihre Erläuterungen wie die Wendung zum Herzen, das Bezaubern, das Überzeugen, das sind lauter Versicherungen, die teils mehr, teils weniger, teils überhaupt nicht plausibel sind und die sie als Charakterisierungen ihrer „Figuren" ungeprüft hinstellt. De facto besteht ihre Definition in einer Aufzählung von 37 Text-Vorkommnistypen, die so heterogen sind, dass die Zusammenstellung beliebig und willkürlich erscheint.

3.1.2. Logos – Das Argument

Die rhetorische Figur entzog sich, wie gesehen, einer „exakten Definition", beim Argument taucht die Frage danach gar nicht erst auf. Wie oben referiert, wird bei Sobota „der Begriff ‚Argument' ... sehr weit verstanden" (96/120). Es sollen nämlich „Aussagen oder Andeutungen" (ebd.) darunter fallen, die sich als „x weil X" lesen lassen, wobei X die „weitere Begrifflichkeit", etwa eine Regel oder ein allgemeiner Wert sein soll. Die Autorin denkt bei Argumenten offenbar an deduktive Schlüsse aus allgemeinen Sätzen, wie sie in Rechts- oder Moralnormen auftreten, auf Einzelsätze, die sich auf konkrete Situationen beziehen. Zur näheren Bestimmung unterscheidet sie bei den allgemeinen Prämissen, aus denen geschlossen werden kann, drei Arten, nämlich „Kodifikationsargumente", deren Prämissen Normen des positiven Rechts sind, „Rechtsgrundsätze", deren Prämissen offenbar Prinzipien für die Ausbildung des positiven Rechts sind, und „Alltagsargumente", die vorliegen, wenn aus generellen Sätzen des Alltagslebens wie Erfahrungen, Sprichwörtern usw. geschlossen wird. Sie hat noch eine vierte Gruppe, nämlich die „Folgerungen", die sie als Argumente zählt, obwohl es keine seien. Es müsse dafür nur „ein sicherer Hinweis auf die Prätention einer Prämisse" (96/120) vorliegen. Wie ist das zu verstehen? Wenn an irgendeiner Stelle im Text der Eindruck entsteht, der jeweilige Satz solle nicht für sich selbst stehen, sondern sei erschlossen aus einer Prämisse, die auch implizit sein kann – es muss nur „ein sicherer Hinweis" darauf vorliegen – dann ist er eine „Folgerung". Und dann wird er gezählt, d. h. es wird ein Punkt für „Logos", bzw. „Argument" gegeben.

Ich fasse zusammen: Argument heißt hier so viel wie „Bestandteil eines logischen Schlusses". Der logische Schluss muss nicht ausformuliert sein, es reichen „Andeutungen". Sind Sätze oder genügend starke Hinweise da, dann zählen die Prämissen als Argumente und die Schlusssätze ebenso. Statt von Prämissen spricht Sobota auch von „Begründungen", wie üblich, ohne genau zu sagen, was sie darunter versteht. Ist der allgemeine Satz, aus dem auf den Einzelsatz geschlossen wird, die „Begründung"? Oder ist es der allgemeine Satz als Oberprämisse plus der konkretisierte Bedingungsteil dieses allgemeinen Satzes als Unterprämisse? Oder soll die „Begründung" das ganze logische Antezedens sein, das für den Schluss nötig ist? Dann würden meistens noch zahlreiche implizite Prämissen, die als gegeben vorausgesetzt werden, insbesondere stets das logische Schlussschema als weitere Oberprämisse dazu gehören. Vermutlich hat Sobota solche Möglichkeiten vor Augen, wenn sie schreibt: „Sind zwischen Behauptung und Begründung offenbar noch weitere Prämissen eingeschaltet, zählen diese nur, wenn sie im Text Anklang gefunden haben" (ebd.). Wie oben bei den „Andeutungen" ist hier mit dem „im Text Anklang finden" nochmals ein breiter Spielraum für verschiedene Lesarten des Textes und damit für das Erfassen von „Argumenten" offen.

Was ist von diesem Argument-Begriff zu halten? Zunächst einmal ist es ganz abwegig zu glauben, der Begriff sei „sehr weit verstanden". Er ist im Gegenteil sehr eng. Er verpflichtet den Leser auf den logischen Schluss, und sogar hier noch auf einen Teilbereich, den nämlich, der das syllogistische Ableiten von generellen auf singuläre Sätze betrifft. Dass schon die klassische Logik (seit der Stoa) viel reicher ist und dass in der gewöhnlichen argumentativen Rede, auch der Jurisprudenz, weit mehr logische Schlüsse vorkommen, das scheint Sobota noch nicht beobachtet zu haben.[7] So elementare Dinge wie der Schluss von einer Konjunktion auf einen der Teilsätze oder von einer Alternative plus der Negation des einen Teilsatzes auf die Affirmation des anderen Teilsatzes würden schon durch ihr Raster fallen. Ganz abgesehen von all dem, was – außerhalb des formallogischen Schlusses – sonst noch mit Sinn als „Argument" bezeichnet wird: Generalisierungen, Analogien, Dammbruchargumente usw. Schließlich gibt es die große Sparte von Text-Vorkommnissen, die überhaupt keine Begründungen (oder Teile von solchen) sind und die dennoch zu Recht „Argumente" heißen, nämlich Einwände gegen die These oder Gegenargumente. (Das kann z. B. so aussehen: ‚das Gericht hatte sich mit folgendem Bedenken auseinanderzusetzen ...' oder: ‚Hier ist der Einwand gebracht worden, dass ...') Wie sollte so etwas mit Sobotas Erläuterungen fassbar sein? Es ist weder eine Prämisse, noch die Prätention einer Prämisse, noch eine Folgerung. Was ist es denn? Es ist das argumentierende Aufgreifen eines Versuchs, die These oder ein schon genanntes Argument als ungültig zu erweisen.

Bis hierhin habe ich lauter Einreden und Gesichtspunkte gebracht, die sich immerhin auf Sobotas Ansatz, also „Argumente" an bestimmten Text-Vorkommnissen festzumachen, einlassen. Es ist aber der Ansatz selbst ganz unzweckmäßig und er muss zu willkürlichen und phantastischen Resultaten führen. Argumente stehen in einem Text nicht wie Gänseblumen in der Wiese herum, sondern Argumente sind pragmatische Strukturen, die einen Text organisieren. Argumente gibt es, wenn Thesen (Behauptungen) aufgestellt sind und als geltend ausgewiesen

[7] Vgl. ULRICH KLUG, *Juristische Logik*. Berlin 1951. Mit diesem Buch, inzwischen in vierter Auflage erscheinend, müsste eigentlich für Juristen seit einem halben Jahrhundert das Klischee von einer juristischen Logik, die sich in der Ableitung aus generellen Normen erschöpfte, veraltet sein.

werden sollen. Argumente sind dann Produkte der sprachlichen Handlungen, die unternommen werden, um diesen Geltungsanspruch einzulösen. Für das Ausführen solcher sprachlicher Handlungen hat ein Autor keine regulären Vorschriften hinsichtlich der Wortwahl oder der Länge des Textes oder seiner Gliederung in Teile. Hat er eine logische Schulung durchlaufen, wird er meistens bestrebt sein, Sätze zu produzieren, die in irgendeinem Sinne als „implizierende" Prämissen für die Behauptung als Konklusion fungieren können. Aber ob er pro Prämisse einen Satz oder zwanzig braucht, das steht in seinem Belieben. Ebenso steht weitgehend in seinem Belieben, wie viele Prämissen er für seine Argumentation braucht. Das wird davon abhängen, was er selber für selbstverständlich hält und was er bei seinen mutmaßlichen Adressaten als gewusst und verstanden unterstellen kann. Das alles ist aber so offen, dass es dazu (richtigerweise) keine regelhaften Festsetzungen gibt. Ferner ist es möglich, dass er den Übergang, den er sich zwischen der Prämissengruppe und der These bzw. Konklusion denkt, durch spezielle Wörter wie ‚weil', ‚daher', ‚deshalb', ‚also' usw. bezeichnet und dadurch verbal kenntlich macht. Doch auch dies ist keineswegs notwendig.

Ein realistischer und sinnvoller Argumentationsbegriff kann nicht in der Syntax oder der Semantik der Sprache, sondern muss in der Pragmatik des Redens ansetzen. Beim Argumentieren wird mit der Sprache etwas getan oder wenigstens zu tun versucht. Das hat zur Konsequenz, dass keine an äußerlichen Textmerkmalen identifizierbare Einheit für „ein Argument" da ist. Und das wiederum hat zur Konsequenz, dass es hier nichts zu zählen gibt, jedenfalls nichts, was eine sachliche Aussagekraft hätte. Ich werde das unter der wissenschaftstheoretischen Kritik noch genauer zeigen.

Das allerwichtigste aber, was bei der Bestimmung eines Argumentbegriffs zu berücksichtigen ist, das ist der Geltungsbezug. Argumente sind, wie gesagt, Versuche, eine These als gültig (wahr) auszuweisen. Da die These nicht zum Wissen gehört, sondern das Wissen überschreitet (überschreitet sie es nicht, braucht nicht argumentiert zu werden, dann lässt sich im Lehrbuch nachschlagen), tragen die Argumente die Last des Ausweises. Diese Last impliziert, dass sie sich gegebenenfalls selbst – als Subthesen – auf ihre Geltung hin ausweisen müssen. Argumente haben einen intrinsischen Geltungsbezug. Wer eine Argumentation analysieren und nicht danach fragen will, wieweit sie als Ganzes und in ihren einzelnen Argumenten die These als gültig oder ungültig ausweist und ob die Argumente selbst gültig oder ungültig sind, der braucht sich nicht zu wundern, wenn er wenig Greifbares und Stabiles zutage fördert. Er hat das Telos des argumentierenden Redens glatt ignoriert. Ein Text ist nicht dadurch rational, dass Sätze verschiedener Formen (generelle, partikulare, singuläre) darin vorkommen und Wörter, die für logische Strukturen symptomatisch sein können, sondern ein Text ist dadurch rational, dass er einen Sachverhalt in einer Kette von Argumenten durchsichtig und richtig darstellt. Dazu müssen diese Argumente aber stimmen oder wenigstens sinnvollerweise als stimmig gemeint sein können. Ein Text, der Scheinargumente und primitive Klischees in einer Prämissen-Konklusions-Struktur präsentiert, ist kein rationaler Text. Wenn Sobota glaubt, die Rationalität von juristischen Urteilen darin zu erfassen, wie sich die von ihr ‚Argumente' genannten Text-Vorkommnisse zu den rhetorischen Figuren verhalten ohne nachzuschauen, ob ihre „Argumente" überhaupt gültig sind, dann zeugt das von einer sehr grundlegenden Konfusion.

Dieser Gesichtspunkt des fehlenden Geltungsbezugs betrifft auch die unter dem Titel „Ethos" abgetrennten Traditionsargumente. Sowohl Autoritäts- als auch Textargumente und Quellenangaben können ja schlicht falsch sein. Bei Zitaten und Quellenangaben ist die Richtigkeit meistens durch einfachen Vergleich überprüfbar. Bei Autoritätsargumenten ist im Zweifelsfall eine Beurteilung des fraglichen Sachverhalts (z. B. ob es dazu überhaupt Expertenwissen gibt) sowie eine Bewertung der Autorität (hinsichtlich Kompetenz und Zuständigkeit für den fraglichen Sachverhalt) nötig, um sie rational akzeptieren oder zurückweisen zu können. Das bloße Faktum des Vorkommens von Autoritätsverweisen, Zitaten oder Quellenangaben spricht noch nicht, wie Sobota glauben machen möchte, für „professionelle Gewissenhaftigkeit, Kontinuitätsbestreben und Achtung vor dem Hergebrachten" (96/121). Das ist vielmehr nur dann der Fall, wenn diese „Ethos-Argumente" auch gültig sind.

Fazit: Sobotas Argumentationsbegriff ist viel zu eng, um das argumentative Geschehen zu erfassen, er ist zu vage, um verfahrensmäßig anwendbar zu sein, und er ist rein äußerlich, hat keine inhaltliche Substanz, weil ihm der Geltungsbezug fehlt.

3.1.3. Das Überzeugen

Der dritte Ausdruck, den ich auf seinen begrifflichen Gehalt prüfen und kritisieren möchte, ist das Überzeugen. Hier ist der Befund in Sobotas Schriften – soweit von mir studiert – einfach: Sie hat gar keinen Begriff vom Überzeugen, sie verwendet das Wort ‚Überzeugen' als sei dabei nichts weiter zu verstehen oder misszuverstehen. Es wird unterstellt, dass die BVerfG-Urteile ‚überzeugen', es wird nicht unterschieden, ob sie das wollen, sollen oder ob sie das vielleicht sogar tun und falls ja, wen sie denn überzeugen. Man könnte sich die Sache leicht machen und verstehen, Texte „überzeugten", insofern sie mit der Intention verfasst worden sind, dass die Rezipienten zustimmen mögen. Dann wäre aber z.B. die ganze kommerzielle und politische Werbung, und zwar mit all ihren widerwärtigen Ausuferungen, „überzeugend".

Sicherlich kann sich Sobota an einen Sprachgebrauch vom „persuasiven" Reden anschließen. Der Ausdruck ist ein Derivat des lateinischen ‚persuadere' und das bedeutete bekanntlich (genauso wie vorher schon das griechische ‚peithein') so etwas wie ‚Glauben machendes Reden'. Aber es waren schon die Philosophen der Antike, ganz besonders der von Sobota bemühte Aristoteles, die die Notwendigkeit erkannten, hier eine Differenzierung einzuziehen. Es muss unterschieden werden, ob bei einer Rede nur irgendwelche oberflächliche Zustimmung oder ob ein reflektiertes Einverständnis mit einer These erreicht wird bzw. ob darauf abgestellt wird. Dass sich mit Fehlschlüssen und rhetorischen Kniffen Zustimmung erzeugen lässt, dass das aber dann ein beklagenswerter Zustand ist, weil es eine schlechte, irregeführte, nicht tragfähige Zustimmung ist, das hat z. B. Aristoteles bewogen, die Manöver der sophistischen Rhetorik zu analysieren und aufzuklären.[8] Das Ergebnis war die erste Sammlung von Fallazien (Argumentationsfehler), die wir besitzen.[9] In der Folge, in der mittelalterlichen Dialektik, ist immer weiter zwischen einer durch Trick und Irrtum hergestellten Scheinüberzeugung und einer der geltungsbezogenen Reflexion standhaltenden wirklichen Überzeugung unterschieden worden. Im Deutschen ist seit Kant dafür der Unterschied zwischen ‚Überreden' und ‚Überzeugen' eingebürgert.[10] Diesen Unterschied einsetzend können wir sagen, dass die Botschaften der Werbung in der Regel überreden wollen und das (leider) oft auch tun. In seriöser Argumentation, also insbesondere in der Jurisprudenz und in der Wissenschaft, wird aber nicht zu überreden, sondern zu überzeugen versucht.

Für einen anspruchsvollen Begriff von ‚Überzeugen' ist, wie für den Argumentationsbegriff, wieder der Geltungsbezug nötig. Ein Text ist überzeugend, wenn ich als Rezipient nach Prüfung und Überdenken zu dem Ergebnis komme, dass die in ihm vorgetragene Botschaft (Behauptung, These) richtig bzw. gültig ist. Dieses Ergebnis gehört damit dann zu meinen Überzeugungen. Die müssen nicht für alle Zeiten stehen

---

8 Vgl. ARISTOTELES, *Sophistische Widerlegungen (Organon VI)*. Übersetzt und mit Anmerkungen versehen von EUGEN ROLFES. Hamburg 1968

9 Im Corpus Aristotelicum gibt es mehrere Listen von Fallazien, bzw. fehlerträchtigen Topoi, die ausführlichste im zweiten Buch der Rhetorik.

10 Vgl. IMMANUEL KANT, Vom Meinen, Wissen und Glauben, in: DERS., *Kritik der reinen Vernunft*. Riga 1781, A 820/ B 848 ff.

können, aber mein gegenwärtiger Stand von Information und Reflexionskompetenz, der drückt sich darin aus. Ich denke, dass wir alle (auch Sobota) glauben oder mindestens hoffen, die Urteile des BVerfG seien in diesem anspruchsvollen Sinne „überzeugend". Wenn das soweit richtig ist, hat es zur Konsequenz, dass sich Argumente und rhetorische Figuren überhaupt nicht unter dem Oberbegriff „Überzeugungsmittel" zusammenfinden können. Wer überzeugen möchte, hat Argumente zu bringen. Wer prüfen will, ob ein Text überzeugend ist, hat die Argumente zu prüfen. Die rhetorischen Figuren können im besten Fall beim Prozess der Prüfung helfen, indem sie das Material beleben, verschönern, schmücken. Für den Unterschied, ob der Text überzeugt oder nur überredet, tragen sie nichts bei.

3.2. Wissenschaftstheoretische Kritik

3.2.1. Basisfeststellungen zur empirischen Forschung in den Sozial- und Textwissenschaften

Sobota behauptet, dass sie ihre Resultate zu der „messbaren Balance" zwischen Logos, Ethos, Pathos, in der sich Rechtstexte und besonders die BVerfG-Urteile befänden, und zur Dominanz von Pathos gegenüber Logos an den entscheidenden Stellen nicht durch „weiche" Verfahren hermeneutischer und interpretierender Textanalyse, sondern durch harte messende Empirie gewonnen habe. Diese Behauptung ist nach der Begriffsbildungskritik fraglich geworden. Sie soll jetzt auch noch wissenschaftstheoretisch beleuchtet werden. Dabei geht es hauptsächlich um die Frage, ob Sobotas Rechtstextanalyse wirklich empirisch ist. Vielleicht ist es ratsam, mit einigen Vergegenwärtigungen und Feststellungen zur Wissenschaftstheorie der Sozial- und Textwissenschaften zu beginnen.

Empirische Forschung ist methodische und intersubjektiv nachvollziehbare Erfassung der äußeren Wirklichkeit. Empirisch erforschen lässt sich z. B., wie sich das Klima in einer bewaldeten Region ändert, wenn der Wald abgeholzt wird; oder wie sich das Wahlverhalten der Anhängerschaft einer bestimmten Partei ändert, wenn bei dieser Partei ein Spendenskandal aufgedeckt wird. Für die Forschung ist es nötig, dass die Frage „Wie ist die Wirklichkeit?" spezifisch eingeschränkt wird, so dass die interessierenden Aspekte klar hervortreten. Dazu wird das Vorverständnis der betroffenen Sachverhalte aktiviert, es werden die relevanten Unterschiede und Verhältnisse begrifflich artikuliert und diese Begriffe sodann so „operationalisiert", dass sich damit „Fragen" stellen lassen, die die Wirklichkeit „beantworten" kann.

Für die präzise Fragestellung wird im Allgemeinen eine Hypothese gebildet, denn die „Antworten" der Wirklichkeit sind nicht gerade prosaisch, sie besagen nur ja/nein oder soundso groß. Begriffliche Artikulation, die Operationalisierung der Begriffe in Parametern, die Bildung einer Hypothese bzw. eines Hypothesengeflechts stellen zusammen einen „theoretischen Apparat" dar, der in einem „Messgerät" gipfelt, mit dem dann Daten erhoben werden können. Bei experimenteller bzw. intervenierender Forschung muss der Apparat reicher sein, er muss auch Sätze über gesetzmäßige Verläufe im Gegenstand enthalten, bei rein rezeptiver Forschung spielt das keine Rolle. Die erhobenen Daten bilden zusammen die „Datenbasis", die dann in Beziehung zur Hypothese gesetzt werden kann. Im einfachen Fall erlaubt sie, die Hypothese auf Gültigkeit (relativ zur Datenbasis) zu beurteilen. Beim Klimaforschungsprojekt hätten wir Begriffe zu bilden, die den Ist-Zustand des Klimas darstellen, und zwar mit veränderlichen Größen, sodann Begriffe, die die „Abholzung des Waldes" erfahrbar machen. Beim Wahlforschungsprojekt müsste „Wahlverhalten" in veränderlichen Größen und „Spendenskandal" in eindeutigen, gegebenenfalls quantitativen Parametern erfasst werden.

Die Bedeutung dieser theoretischen Vorarbeiten zur Herstellung des Messgeräts ist buchstäblich „fundamental". Wenn sich hier Fehler einschleichen, stellen die erhobenen Daten nicht die Wirklichkeit, sondern irgendetwas anderes innerhalb der Relation des Forschers zur Wirklichkeit dar. Um den Wirklichkeitskontakt zu sichern, ist es eine Grundforderung, dass das Messgerät stabil ist, d. h. dass es unter Standardbedingungen unverändert bleibt, und damit Messungen erlaubt, die vom jeweiligen Forscher unabhängig sind.

In den Sozialwissenschaften sind die Messgeräte im Allgemeinen Tests oder Fragebögen. Für deren Stabilität sind drei Standardforderungen etabliert: Objektivität, Reliabilität und Validität. Objektivität bedeutet, dass das Funktionieren des Messverfahrens unabhängig ist vom jeweiligen Forscher, seinen Vorlieben, seiner Lust, Laune usw., so dass seine Resultate prinzipiell von jedem anderen Forscher überprüft werden können. Reliabilität bedeutet, dass die Resultate reproduzierbar sind, also bei Wiederholungen des Verfahrens sich wieder einstellen. Validität bedeutet, dass die Resultate des Verfahrens mit dem, was nach dem Vorverständnis erwartbar war, übereinstimmen. Die drei Forderungen sind hierarchisch gestaffelt. Objektivität ist die grundlegende. Ein Verfahren, das nicht objektiv ist, kann nicht reliabel, eines, das nicht reliabel ist, kann nicht valide sein. Die Unterschiede dieser Forderungen und ihre Rangfolge werden sich gerade für die Einschätzung von Sobotas Ergebnissen als aufschlussreich erweisen.

3.2.2. Überprüfung des Analyseverfahrens

Im Folgenden werde ich den Versuch machen, das Analyseverfahren in einigen exponierten Details nachzuvollziehen. Wenn das Verfahren, wie unterstellt, objektiv ist, müsste es gelingen, die Beispiele, die Sobota in ihren Studien für die Identifikation von Pathos-Stilmitteln und von Logos-, bzw. Ethos-Argumenten gibt, anhand ihrer Definitionen und Beschreibungen als korrekt oder mindestens willkürfrei machbar einzusehen. Diese Identifikationen generieren die Datenbasis für die Auszählergebnisse und die Gegenüberstellung von rhetorischem und argumentativem Gehalt in den synoptischen Kurvendiagrammen. Die Datenbasis müsste intersubjektiv verifizierbar sein, wenn die resultierenden Diagramme als Ergebnisse wissenschaftlicher Forschung akzeptabel sein und wenn deren rechtstheoretische Interpretationen als durch sie gestützt angesehen werden sollen.

Bei den Pathos-Vorkommnissen beschäftige ich mich ausführlich mit der Metapher. Das ist die Figur, die insofern eine exponierte Stellung hat, als sie Sobotas Charakterisierung vom gefühlsappellativen Bezaubern und anschaulichen Beleben des Textes noch am ehesten erfüllt. Für evtl. „bildhafte Qualitäten" eines Textes sind hauptsächlich Metaphern und Analogien verantwortlich, und weil Bilder oft direkter wirken als Gedanken, können Metaphern, jedenfalls wenn sie ungewöhnlich und eindrucksvoll sind, durchaus eine „prima facie"-Eingängigkeit eines Textes besorgen.

Das Ergebnis meines Versuchs, Metaphern-Identifikationen willkürfrei nachzuvollziehen, ist, um das gleich zu sagen, ziemlich entmutigend. Dass das Auffinden und Auszählen von Metaphern durch „Rater" ein objektives Verfahren sein soll, das muss entschieden bezweifelt werden. Damit erweist sich dann eine, wie gesagt, exponierte Figur aus der Liste der „rhetorischen Stilmittel" als wenig tauglich, Sobotas Ziele zu fördern.

Was sodann die Überprüfung der Analyse auf Argument-Vorkommnisse betrifft, so ist die Aufgabe des Nachprüfenden einerseits leichter, andererseits viel schwieriger als bei der Pathos-Analyse. Leichter ist sie, weil sich die von Sobota in ihren Studien erwähnten Logos- (und Ethos-)Vorkommnisse einfach daraufhin befragen lassen, ob sie nach den gegebenen Beschreibungen für „Argumente" willkürfrei identifizierbar sind. Schwieriger ist die Aufgabe, weil ich zunächst nicht weiß, was in den Texten, die analysiert werden und aus denen ich als Leser nur Zitate zu sehen bekomme, tatsächlich an Argumentation stattfindet und welche Funktion also die von Sobota identifizierten „Argumente" für das argumentative Geschehen im Text tatsächlich haben. Um dazu wenigstens einigermaßen urteilsfähig zu werden, habe ich mir an zwei Beispielurteilen, auf die in der 96er-Studie Bezug genommen wird („Senatsbesetzung" und „Solange II"), die zentralen Passagen angeschaut, sie auf die Argumentation hin analysiert. Vor diesem Hintergrund beurteile ich die Angaben, die Sobota macht. Auch hier ist es so, dass von einer eindeutigen oder gar zwingenden Identifikation der Vorkommnisse keine Rede sein kann.

Bevor ich mit der Detailüberprüfung beginne, möchte ich wenigstens kurz andeuten, was Sobota tun müsste, um aus den überlieferten rhetorischen Kanones eine Sammlung von Figuren herzustellen, über deren „Wirkung" sie in einer einlösbaren Weise reden könnte. Zunächst müssten für mögliche „Wirkungen" von sprachlichen Ausdrücken oder Redefiguren differenzierende Termini gebildet werden. Es könnte z. B. zwischen „einnehmenden" und „abstoßenden" Wirkungen unterschieden werden, evtl. mit graduellen Abstufungen. Dann müssten Standardtexte erstellt werden, in denen ein bestimmter Inhalt einerseits mithilfe der zu testenden besonderen Redefigur und andererseits ohne sie ausgedrückt ist. Hierbei wird die Frage, wie verschieden formulierte Texte inhaltsgleich sein können, beantwortet werden müssen und es werden sinnvolle Kriterien für eine „normale" bzw. „neutrale" Ausdrucksweise zu finden sein. Dann müsste die „Wirkung" des neutralen mit der des figurenhaltigen Textes verglichen werden. Ergeben sich signifikante Unterschiede bei den Wirkungen der Texte, die eine besondere Redefigur enthalten, dann hätte man einen Kandidaten für eine „rhetorische Figur" in dem Sinne, den Sobota für ihre 37er-Liste unterstellt hat. Es müssten dann noch Tests zur Stabilisierung und Erhärtung des Wissens über die Wirkung der fraglichen Figur folgen. Solch eine Prozedur wäre für jede Figur einzeln durchzuführen. Sie wäre gegebenenfalls zu ergänzen um Untersuchungen, wie Kombinationen von Figuren wirken. Verändert sich z. B. die Wirkung, wenn eine Metapher wiederholt wird? Schwächt sie sich ab, verstärkt sie sich? Ich kann das hier nur skizzieren, hoffe aber einen Eindruck zu vermitteln von dem Aufwand, den Sobota treiben müsste, wenn sie es mit ihren Behauptungen über den Charakter ihrer rhetorischen Figuren ernst meinte.

Ich will übrigens nicht verhehlen, dass es mich wundern würde, wenn da überhaupt signifikante Ergebnisse zustande kämen. Ich vermute nämlich, dass sich die gesamte überkommene Textschmuckrhetorik mehr und mehr einfach erledigt, seit wir alle dem Trommelfeuer einer Werberhetorik ausgesetzt sind, die ständig und in aller Öffentlichkeit mit immer neuen überraschenden Sprachabweichungen spielt. Möglicherweise wird doch in Zukunft der schlicht formulierte, ganz und gar unprätentiöse Text die größte Aussicht auf ein geneigtes Gehör bekommen. Soviel zu diesem Punkt. Und nun möchte ich mit der Untersuchung der Figuren-Identifikation am Beispiel der Metapher beginnen.

Im Anhang zur 95er-Publikation, in dem die Figuren beschrieben sind, heißt es über die Metapher:

> „Übertragung, bildlicher Ausdruck: Sie verloren sich im Dschungel der Großstadt; sie warf ihm einen glühenden Blick zu; seine Miene versteinerte sich. In der Stadt ist kein Dschungel, im Blick keine Glut, im Gesicht kein Stein: Alle drei Ausdrücke beziehen sich nicht auf das, was sie üblicherweise bezeichnen, sondern werden in einem übertragenen Sinn gebraucht. Zwischen dem Gesagten (versteinern) und dem eigentlich Gemeinten (reglos werden, erstarren, Ablehnung signalisieren) besteht keine tatsächliche, sondern nur eine eingebildete ‚geistige' Ähnlichkeit." (95/205)

Offensichtlich ist diese Erläuterung bemüht, den Unterschied zwischen der übertragenden und der direkten Bedeutung herauszuarbeiten und dafür Beispiele zu geben. Wir dürfen erwarten, dass die Beispiele, da sie als Vorbilder fungieren sollen, nach Auffassung der Autoren wirklich so deutlich wie nur möglich sind. Für den deutschsprachigen Leser bedeutet das z. B. die erstaunliche Eröffnung, der Ausdruck, die Miene versteinert sich, meine „eigentlich", sie werde reglos oder erstarre, signalisiere Ablehnung. Sieht Sobota nicht, wie vertrackt die Unterscheidung zwischen dem Gesagten und dem „eigentlich Gemeinten" schon an diesem Beispiel ist? Wieso ist denn ‚reglos werden' das, was mit dem Reden vom Versteinern eines Gesichts „eigentlich" gemeint ist? Wenn ich von einem Hund oder einem Vorhang gesagt habe, er „rege" sich, dann kann ich, wenn das aufhört, sagen, jetzt sei er „reglos". Aber wieso ist an einer Miene, die sich versteinert, das „Eigentliche", dass sie sich nicht mehr regt? Ob Sobota noch nie eine sich versteinernde Miene gesehen hat? Sie „signalisiert Ablehnung"? Ist es nicht prätentiös, zu behaupten, das sei die „eigentliche" Bedeutung des Versteinerns? Kann es nicht Schrecken sein, oder blitzartige Erkenntnis? Und wieso ist denn ‚Signalisieren' selber keine Metapher? Ist es irgendwie natürlich oder notwendig, eine sich versteinernde Miene als ein „Signal" aufzufassen?

Allgemeiner gesagt, gebraucht Sobota hier den Unterschied zwischen einer normalen und einer besonderen, übertragenden Redeweise. Solch ein Unterschied lässt sich in einer semantisch stabilen, z. B. einer formalen Sprache machen. In der natürlichen Sprache ist er nur unter großen Schwierigkeiten zu haben. Die natürliche Sprache bewegt sich, ändert sich, sie lebt. Und dieses Leben, das bewerkstelligt sie zu einem erheblichen Teil dadurch, dass sie Metaphern normalisiert. Ich habe das ja oben schon angesprochen. „Verbrauchte" oder „gesunkene" Metaphern heißen solche Ausdrücke, die ursprünglich übertragend waren, dann normal wurden. ‚Höflich' benahm man sich, wenn man sich ‚wie bei Hofe' benahm. Nun sind die Höfe schon längst kein Ort einer besonderen Höflichkeit mehr, das Wort ist aber noch da und kann als nunmehr direkte Bezeichnung für ein respektvolles Benehmen gebraucht werden (hier gleich wieder: Respekt heißt Rücksicht, wird bei Rücksicht zurückgesehen?).

Wer sich aufmacht, in einem Text Metaphern zu identifizieren, der hat ständig eine Entscheidung zu treffen zwischen verbrauchter und noch aktiver (d. h. eine Bedeutungsübertragung bewerkstelligender) Metapher. Dabei steht sehr wenig fest, es gibt fast beliebig große Spielräume, so dass sich die Entscheidungen kaum je als Behauptungen begründen lassen. Derartige Behauptungen müssten aber begründbar sein, mehr noch, sich eigentlich von selbst verstehen, wenn die gegebene Charakterisierung der Metapher zur empirischen Erhebung von Metaphern-Vorkommnissen in Texten tauglich sein soll. Werfen wir einen Blick auf das Procedere:

In der Analyse des Beispieltextes „Königin Beatrix. Opfert sie ihr Herz für die Krone?" (95/83) wird im Satz ‚Prinz Claus von Amberg, Hollands amtierender Prinzgemahl, ist zurückgefallen in seine Schwermut' der Ausdruck ‚zurückfallen' als Metapher gezählt. Tja, man „fällt" anscheinend im „eigentlichen Sinne" nicht in eine Krankheit zurück, schließlich ist man selbst doch nicht höher oder weiter als sie? Aber ist das etwa eine sinnvolle Überlegung? Hören wir im Gebrauch des Wortes ‚Rückfall' im Zusammenhang mit einer Krankheit, dass da irgendetwas „fällt"? Und weshalb ist denn dann ‚Schwermut' keine Metapher? Hat ein Mut, hat das Gemüt etwa ein Gewicht? Einige Sätze später heißt es „Die Depression ist bleibend, nur durch Medikamente zu unterdrücken." Dabei wird ‚unterdrücken' als Metapher gezählt. Man darf sich also fragen, wie man „normal" ausdrücken möchte, dass eine Krankheit durch ein Medikament, ja was denn, ‚ertragbar'? – ist das keine Metapher? – wird. Ein Satz später wird über diese Depression gesagt, sie „trifft einen Mann, der nie ein Temperamentsbolzen war ..." und dabei ist dann ‚Temperamentsbolzen' eine Metapher und ‚trifft' ist keine. Wie kann eine Depression einen Mann „treffen"? Wie sich Personen auf der Straße treffen? Wie ein Schütze die Scheibe trifft? Nein, sollen wir hier akzeptieren: Ganz direkt, so wie eben eine Depression einen Mann trifft. Kurz: Die Entscheidungen sind alle irgendwie möglich, aber eindeutig und zwingend ist kaum eine.

Soviel vorerst zur Identifikation der Metaphorik in der Regenbogen-Presse. Kann es sein, dass dort eben lockerer gesprochen wird, also eine

Analyse auch großzügig sein darf – zumal deren Auswertung auch nicht die Brisanz einer rechtstheoretischen Ideologiekritik bekommt?

Schauen wir also zu den Rechtstextanalysen in der 96er-Studie. Hier scheint Sobota am Ziel zu sein. Die Befunde sehen solide aus und sie scheinen die These, dass an wichtigen Stellen der argumentative Gehalt der Texte ab- und der pathetische zunimmt, eindringlich zu belegen. Ich überprüfe zwei Stellen aus höchstrichterlichen Urteilen, an denen die entsprechenden Verhältnisse klar zu sein scheinen.

Die erste Stelle ist aus dem berühmten BVerfG-Urteil „Solange II" vom 22. Oktober 1986. Sobota gibt mehrere Diagramme für das Logos-Ethos-Pathos-Geschehen (96/125, Abb. 2,3; 96/126, Abb. 4) und schreibt kommentierend zu einer besonders brisanten Passage, nämlich dem Abschnitt B.II.1.a) des Urteils, Folgendes:

> „Sobald es (= das Gericht, H. W.) ... zu den Grundrechten der Beschwerdeführer kommt, eskaliert das Pathos bei rapide abnehmender Argumentation. Der vorläufige Höhepunkt wird mit dem Verweis auf Art. 24 Abs. 1 GG erreicht ... von dem es heißt, er ermögliche, die deutsche Rechtsordnung ‚derart zu öffnen (Metapher)', dass ‚Geltung und Anwendbarkeit eines Rechts aus anderer Quelle (Metapher) innerhalb dieses Hoheitsbereichs Raum gelassen wird (Metapher)'." (96/127)

Was wird hier mitgeteilt? Sobota diagnostiziert, es sei kaum Argumentation da, dafür eskaliere das Pathos. Nehmen wir die Behauptung über das eskalierende Pathos zuerst. Sie ist damit begründet, dass hier drei Metaphern fast unmittelbar aufeinander folgen. Bei der Identifikation von Metaphern tritt das oben erörterte Entscheidungsproblem auf. Schauen wir zu, welche Entscheidungen zu akzeptieren sind, damit Sobota Recht hat. Wieso ist das „Öffnen" einer Rechtsordnung eine Metapher? Lässt sich eine Rechtsordnung nicht „öffnen"? Etwa deshalb nicht, weil sie keine Türe hat? Was lässt sie sich denn? Erweitern? Zugänglich machen? Verflixt, ist das nicht auch alles räumlich, insofern metaphorisch? Nehmen wir die nächste Metapher: da wird von einem Recht aus anderer „Quelle" gesprochen. Sehen wir es nicht geradezu sprudeln? Aber nein, niemand weiß mehr, wie eine Quelle aussieht, und jeder versteht direkt, dass „Quelle" hier dasjenige bezeichnet, woher etwas kommt. Ebenso die dritte Metapher: „Raum lassen". Da wird über die Rechtsordnung wieder wie über etwas Räumliches geredet, obwohl sie doch wahrlich nicht räumlich ist.

Aber was für ein „Gegenstand" ist sie denn „eigentlich"? Dies dürfte die Crux bei der Sache sein: Eine Rechtsordnung ist überhaupt kein Gegenstand, der im Raum angetroffen werden kann, sie ist etwas Abstraktes. Und was für ein Vokabular haben wir, um abstrakte Gegenstände zur Sprache zu bringen, ohne dabei „übertragend" zu reden? Oder kommen am Ende Abstrakta in der Normalsprache gar nicht vor? Aber gewiss doch: Es ist ganz normal, dass über abstrakte Gegenstände, z. B. über Pläne, Ziele, Gedanken, Werte usw. gesprochen wird. Und weil die eben nicht konkret sind, wir aber unter Umständen über sie etwas Konkretes sagen wollen, deshalb benutzen wir Prädikate, die ursprünglich einmal übertragend waren, die aber, weil sich andere Möglichkeiten kaum anbieten, ohne weiteres gewöhnlich und direkt verstanden werden. So sind Ziele aussichtsreich (wie Berggipfel?), Gedanken sind klar (wie Wasser?), Werte sind schutzbedürftig (wie Kinder?) und Pflichten sind hart (wie Steine).

Fazit: Die Aussagen, die das Gericht an der von Sobota analysierten Stelle macht, sind ganz normale Prädikationen über den abstrakten Gegenstand „Deutsche Rechtsordnung", in die eine metaphorische Bedeutung nur nachträglich und mit einer gehörigen Portion Eigensinn hinein projizierbar ist. Von dieser Art ist hier die „Pathos-Eskalation".

Gleichzeitig und konterkarierend soll die Argumentation „rapide abnehmen". Wenn ich für diese Aussage den oben diskutierten Argumentbegriff unterstelle, wären also an der zitierten Stelle wenige oder gar keine „x weil X"-Konstruktionen, Kodifikationsprämissen, Rechtsgrundsatzprämissen, Alltagsprämissen oder Folgerungen zu finden. Das ist auch tatsächlich der Fall, es besagt aber leider nichts darüber, wie hier argumentiert wird. Um die Verhältnisse im Text für den Leser möglichst übersichtlich und einschätzbar zu machen, beschreibe ich hier das Wichtigste aus der fraglichen Passage. Wer es nachprüfen möchte, findet den Abschnitt im Anhang abgedruckt.

Zunächst einmal: In demselben Satz, der die drei „Metaphern" enthält, gibt es einen Hinweis auf Art. 24 Abs. 1 GG und nicht weniger als drei Hinweise auf BVerfG-Entscheide. Nach Sobotas Charakterisierungen hätten alle vier Hinweise (einmal Logos, dreimal Ethos) Argumentcharakter. Also in einem Satz, auf fünf Zeilen, wären das vier Argumente gegen die drei Figuren. Ist das „rapide abnehmende Argumentation"? Gleich der nächste Satz enthält wieder einen Hinweis auf 24 Abs. 1 GG, dann folgen 13 Zeilen, in denen bei Befolgung von Sobotas Anweisungen kein Argument zu finden ist. In den letzten 11 Zeilen des Absatzes gibt es dann wieder drei Hinweise auf GG-Artikel, einen Hinweis auf einen Artikel des EWG-Vertrags und am Schluss eine „Folgerung" („Aus dem Rechtsanwendungsbefehl ... ergibt sich ...). Bei Zugrundelegung von Sobotas Argumentbegriff ergeben sich damit insgesamt 10 Argument-Vorkommnisse. Der Abschnitt ist 29 Zeilen, also ca. 290 Wörter lang, es errechnet sich eine Argument-„Dichte" von 34,5 auf 1.000. In Sobotas Darstellung (96/126, Abb. 4) sieht das nun ganz anders aus. Da liegt der Argumentanteil zunächst bei über 20 und fällt dann auf unter 10. Teilweise erklären sich diese Unterschiede wohl daraus, dass sie als Bezugseinheiten die Halbseiten der Originalschrift genommen hat (der von mir benutzte Text ist anders paginiert). Die Halbseite von Solange II hat (in meiner Paginierung) ca. 250 Wörter, und möglicherweise lag der Abschnitt B.II.1.a) bei Sobota in zwei Halbseiten. Zur Gänze erklären sich so erhebliche Differenzen daraus nicht, aber darüber will ich hier nicht weiter rechten. Mein Punkt ist, dass für das Durchschauen der Argumentation der Bezug auf Halbseiten ganz und gar unzweckmäßig ist. Er ist bestens geeignet, das argumentative Geschehen im Text zu verfehlen, da sich dieses nun einmal nicht an irgendeinen zufälligen Satzspiegel hält. Der zitierte Abschnitt B.II.1.a) ist dafür ein deutliches Beispiel. Er enthält eine luzide Argumentation, die sich aber nur erschließt, wenn man den Absatz in seiner Gesamtheit betrachtet und analysiert. Für die Einlösung dieser Behauptung ist es nicht nötig, eine regelrechte, differenzierte Argumentationsanalyse vorzulegen. Es reicht, nur grob die Abfolge der Argumentationsschritte anzugeben. Es sind sieben:

1. Art. 24 Abs. 1 GG ermöglicht die Öffnung des Rechts der BRD.
2. Diese Möglichkeit ist in drei BVerfG-Entscheiden bestätigt und bekräftigt worden.
3. Um diese Möglichkeit zu verwirklichen, bedarf es eines „innerstaatlichen Rechtsanwendungsbefehls".
4. Ein solcher kann auch durch Verträge, die „Hoheitsrechte auf zwischenstaatliche Einrichtungen übertragen", erfolgen.
5. Dieses ist durch die Zustimmung der BRD zum EWGV geschehen.
6. Die Zustimmung ist verfassungskonform gegeben worden.
7. Daraus ergibt sich die „unmittelbare Geltung der Gemeinschaftsverordnungen für die BRD und ihr Anwendungsvorrang gegenüber innerstaatlichem Recht". (Alle Zitate aus: Solange II, Abschnitt B.II.1.a.)

Ich stelle noch einmal fest: Diese Argumentation enthält keine (explizite) „x weil X" – Konstruktion, keine (expliziten) Kodifikations-, Rechtsgrundsatz- oder Alltagsprämissen, aber sie enthält eine Sequenz von Argumentationsschritten, die sich dem verständigen Leser ohne weiteres erschließt. Dass diese Sequenz als Argumentation ausreichend ist, dass sie nicht schwach, nicht „rapide abnehmend" ist, sondern dass sie die anvisierte Konklusion rational erreicht, ist offenbar.

Sobota stellt die Sache so dar, als würde das Resultat gerade nicht durch Argumentation, sondern durch Pathos erreicht. Den Beweis dafür sollen wir zunächst einmal in der besagten Metaphernhäufung sehen. Ich habe oben gesagt, was das für „Metaphern" sind. Aber können etwa diese drei „Metaphern", wenngleich in einem Satz, für die Diagnose „eskalierendes Pathos" ausreichen? Im Diagramm (96/126, Abb. 4) haben wir einen Pathos-Gipfel von über 80. Das bedeutet, es müssten in der Umgebung dieser drei „Metaphern" ca. weitere 20 Figuren zu finden sein! Nur wo? Wenn ich als Normalgebildeter die Passage lese, finde ich überhaupt keine rhetorische Figur. Nehme ich Sobotas Figurenbeschreibungen dazu, dann könnte ich außer den drei besprochenen noch ca. sieben weitere Figuren finden (dazu muss ich dann das „Beimessen" und „Beilegen" eines Vorrangs als zwei Metaphern lesen, ebenso das „Übertragen" von Rechten, das „Sich-Erstrecken" eines Befehls auf einen Sachverhalt und das „Inkorporieren" von Recht; sodann müsste ich evtl. das eingeschobene „auch der hier in Rede stehenden Art" als Parenthese und die Satzumstellung in „Innerstaatliche Geltung usw." als „Figuren" in Sobotas Sinne zählen). Damit käme ich dann auf ca. zehn Figuren, die in der Passage zu finden wären. Es stünde gleichsam 10:10. Sollten diese Figuren wirklich einen Gefühlsappell ausdrücken, wäre der genau gleichstark wie der Verstandesappell. Was für eine Ausgewogenheit – Leib und Geist wären in perfekter Balance! Keine Rede wäre von einer Ersetzung des mangelnden Logos durch Pathos. Und dieses Resultat ergäbe sich, wohlgemerkt, bei weitgehender Übernahme der Vorgaben von Sobota.[11] Ohne diese Vorgaben finden wir in dem fraglichen Abschnitt B.II.1.a) eine sinnvolle Argumentation für eine Subthese innerhalb des Solange II-Urteils, die in einer eher nüchternen, von zahlreichen Hinweisen auf juristische Normen begleiteten Sprache daherkommt. Sie entspricht völlig den üblichen Erwartungen an juristische Texte: trocken, rational, argumentativ.

Die zweite Stelle, die ich im Hinblick auf Sobotas These näher betrachten möchte, stammt aus BVerfGE 65, 9. Hier hat am 11. Oktober 1983 der Erste Senat seine ordnungsgemäße Besetzung behauptet und diese Behauptung auf knapp acht Seiten begründet. In Sobotas 96er-Studie wird dazu ein Logos-Ethos-Pathos-Diagramm gezeigt (96/123, Abb. 1). Im Kommentar zum Diagramm wird erneut die Bestätigung der These festgestellt. Sobota schreibt, dass hier „trotz der prozessualen Thematik, die große Nüchternheit verspricht, ... das Gericht an vielen Stellen häufiger rhetorische Figuren als Argumente einsetzt". (96/124) Allerdings seien das bevorzugt „Stilmittel, die einem Pathos der Sachlichkeit (z. B. Doppelpunkte, Einschübe, betonende Satzumstellungen, emphatischer Satzneubeginn statt Komma)" entsprächen. (ebd.) Als Le-

[11] Genau genommen fällt mein Resultat noch zu Sobotas Gunsten aus, weil meine Berechnungen sich nicht auf eine Halbseite, sondern auf die gesamte (in meiner Paginierung 29 Zeilen lange) Passage bezogen haben.

ser stolpere ich natürlich jetzt wieder über den eigenwilligen Sprachgebrauch: „Statt" Nüchternheit soll es hier rhetorische Figuren, aber keine emotionalen, sondern sachliche geben.

Immerhin käme aber dieses sachliche Pathos mit dem von ihr als typisch befundenen rhetorischen Schwung daher, insbesondere mit einem Doppelgipfel in der Endphase der Pathos-Kurve. Ich nehme jetzt den ersten Höhepunkt dieses Doppelgipfels, er liegt über der Halbseite 156/1, unter die Lupe. Dort soll wieder die Logos- und die Pathos-Dichte besonders weit auseinander klaffen. Inhaltlich befindet sich der Senat bei der Begründung einer Subthese: Der Bundesrat habe *einen* Bundesrichter in den Ersten Senat zu wählen gehabt.

Sobotas Diagramm weist für die Stelle eine Pathos-Dichte von über 60 aus, während Logos (bzw. Ethos) unter 10 steht. Es müssten sich also (hier hat die Halbseite 140 Wörter) acht Figuren und ein Argument finden lassen. Nach Ansicht der Autorin enthält die Passage eine „entscheidende Begründung", diese sei aber zu wenig gestützt, weil hier „nur ... ein Textargument" (96/124) aufgeboten wird. Zur Erinnerung: Ein „Textargument" ist ein Ethos-Argument. Ob ein Ethos-Argument schwächer ist als ein Logos-Argument, das ist in Wahrheit eine inhaltliche Frage; desgleichen ob „ein" Argument schwächer ist als mehrere. An dieser Stelle soll die Schwäche des Arguments darin liegen, dass es kein Gesetz für die Bestimmung gebe, die Aufteilung der Wahlberechtigung von zwei bzw. einem Bundesrichter auf die beiden dafür zuständigen Wahlorgane Bundestag und Bundesrat, solle einfach der weiteren Entwicklung vorbehalten bleiben, sondern nur einen Beschluss des damals befassten Bundestags-Ausschusses. Und diese argumentative Schwäche müsse eben durch stilistischen Nachdruck kompensiert werden.

Was ist davon zu halten? Um die Sache auch hier für den weniger beteiligten Leser nicht unnötig lang zu machen, bringe ich wieder nur eine Beschreibung der Passage. Wer die Sache überprüfen will, findet die Stelle im Anhang abgedruckt.

Zunächst zum argumentativen Gehalt: Die Argumentation für die fragliche Subthese beginnt genau eine Halbseite früher, nämlich am Kopf von Seite 155/2, und reicht über die inkriminierte Passage hinaus bis in die Mitte von Seite 156/2. In der fraglichen Halbseite 156/1 ist, für sich betrachtet, überhaupt keine Argumentation auszumachen. Dort wird berichtet, dass das Gesetz etwas nicht festgelegt hat, was, wie sich der Ausschuss geeinigt hatte, die faktische Entwicklung festlegen sollte. Sodann wird berichtet, wie die faktische Entwicklung verlief. Die argumentative Funktion dieser Berichte für die Begründung der Subthese wird wie gesagt bloß deutlich, wenn die gesamte Argumentation zu dieser Subthese von Anfang 155/2 bis Mitte 156/2 betrachtet und analysiert wird. Es zeigen sich dann sechs Schritte:

1. GG und BVerfGG 1951 hatten festgelegt, dass pro Senat zwölf Richter, davon vier Bundesrichter, von Bundesrat und Bundestag paritätisch zu wählen seien.
2. Das Änderungsgesetz 1956 legte dann fest, dass Bundestag und Bundesrat im Verhältnis 2:1 drei Bundesrichter wählen. Wer aber zwei und wer einen wählt, dazu sagte es nichts.
3. Man hat sich darüber im zuständigen BT-Ausschuss geeinigt: Das Verhältnis solle sich in der tatsächlichen Entwicklung von selbst herausbilden.
4. Die tatsächliche Entwicklung hat es so eingerichtet, dass der Bundesrat das Wahlorgan ist, welchen *einen* Bundesrichter wählt.
5. An dieser Rechtslage hat sich durch das Änderungsgesetz 1970 nichts geändert.
6. Also wählt der Bundesrat *einen* Bundesrichter.

Innerhalb der in Frage stehenden Halbseite 156/1 liegen die Schritte (2) und (3) und ein Teil von Schritt (4). Es gibt zwei Hinweise auf Gesetze und einen auf den Bericht des BT-Rechtsausschusses. Die Frage, weshalb Sobota hier nicht drei, sondern nur ein Argument findet, kann ich nicht beantworten. Zur Frage, weshalb sie ihr einziges gefundenes Argument, nämlich den Hinweis auf den Ausschussbericht, als schwach diagnostiziert, verweist sie auf ein „Positivierungsdefizit". Offenbar soll also ein Beschluss eines BT-Ausschusses ein schwächeres Argument sein als ein Gesetz. Aber ob das so ist oder nicht, das ist, wie schon gesagt, eine Frage, die vollständig von den Inhalten abhängt, um die es dabei geht. Wenn Sobota der Ansicht ist, dass für eine so entscheidende Festlegung ein BT-Rechtsausschuss nicht genügend kompetent ist, dann wäre das ein inhaltlicher Einwand, den sie gegen diese Stelle in der Urteilsbegründung vorbringen würde. Damit der Einwand die Begründung wirklich schwächen oder aushebeln könnte, dazu müsste er inhaltlich richtig sein. Und dieses müsste gezeigt werden. So sieht sie also aus, die Sachlage, bei der Sobota diagnostiziert, es gebe hier ein an formalen Kriterien ("nur ein Textargument") erkennbares argumentatives Defizit.

Werfen wir noch einen Blick auf die Pathos-Analyse. Es müssten acht Figuren zu finden sein. Wenn ich „Wahlorgan" als Metapher nehme (und, weil das Wort zweimal vorkommt, als zwei Figuren zähle?), sodann die eingeschobene Klammer und den Doppelpunkt berücksichtige, käme ich auf vier Figuren. Mit einem Gefühlsappell, um die vorgeblich mangelnde Rationalität zu kompensieren, haben alle vier kaum etwas zu tun. Und wo sollen die übrigen vier Figuren versteckt sein?

Auch mit Sobotas Vorgaben hätte ich also einen argumentativen Gehalt, der dem Pathos-Gehalt durchaus das Wasser reichen könnte, insbesondere, weil es sich eher um „sachliches Pathos" handelt. Zu dieser speziellen Pathos-Sorte möchte ich bei dieser Gelegenheit noch einmal eine kleine Bemerkung machen: Genau wie schon in der Solange II-Passage ist auch die hier betrachtete Stelle in einem Stil gehalten, den jedes normale Lesen als einen ganz gewöhnlichen juristischen Text identifizieren würde. Es gibt zahlreiche Referenzen auf juristische Normen, es gibt nüchterne, sachliche Aussagen, viele papierene Redewendungen. In der 92er-Studie hatte Sobota eingeräumt, „dass in der Rechtssprache manches als normal erscheint, was in der Umgangssprache schon als abweichend gewertet würde" und dass es insofern bei der Figurenerfassung noch „einige Zweifelsfragen" gebe (92/233). Sollen wir dem etwa entnehmen, dass dem normalgebildeten und normalsprachlichen Leser ein Urteil hinsichtlich der Figurenerfassung in Rechtstexten gar nicht zugestanden werden kann, weil er z. B. keine Ahnung hat, welche Wortfolgen in den Ohren von Juristen normale und welche sachlich-pathetisch umgestellte Sätze sind?

Vielleicht sind ja die Juristen wirklich eine Menschengruppe mit ganz eigenen Sprachgewohnheiten. Sobota möchte glauben machen, das BVerfG habe in seinen Urteilen – über ganz verschiedene Angelegenheiten, zu ganz verschiedenen Zeiten und teilweise von ganz verschiedenen Richtern verfasst – eine „Handschrift", d. h. das Gericht würde in einer bestimmten immergleichen Form rhetorische Figuren über den Urteilstext verteilen. Schon in der 92er-Studie hieß es, die Pathos-Kurven wiesen „alle ein gemeinsames Muster" auf (92/234). Und in der 96er-Studie haben sich die Ansichten über dieses gemeinsame Muster so verfestigt, dass vom „typischen Doppelgipfel" (nebst amerikanischer Benamung als „Twin Peak") der „Sobota-Spule" gesprochen werden kann. Wenn der Leser sich die Kurven anschaut ohne sich von diesen Vorschriften an die Hand nehmen zu lassen, fällt es ihm aber nicht leicht, das zu sehen. Sicher, es ist immer eine Zackenkurve da, die die Pathos-Höhe darstellen soll. Aber um von einem gemeinsamen Muster sprechen zu können, dazu muss man seine Abstraktionskraft schon gehörig anstrengen. Sollte das nicht möglich sein? St. Exupery hat in seiner Erzählung vom „Kleinen Prinzen" an einem amüsanten Beispiel gezeigt, dass bei gehörigem Einsatz von Abstraktionskraft eine so aufregende Sache wie eine Schlange, die einen Elefanten verschlungen hat, einfach einem alten Schlapphut gleicht.

Die Kurven sind, vorsichtig gesagt, doch recht verschieden und auch der typische Doppelgipfel ist nicht immer vorhanden. Das ist der Autorin auch nicht etwa einfach entgangen. Denn wenn die Kurve zu stark vom „gemeinsamen Muster" abweicht, dann sucht sie dafür Erklärungen: In BVerfGE 82, 126 zu „Kündigungsfristen" ist die Kurve deutlich anders (96/130, Abb.7), also der Pathos-Einsatz ist nicht wie angeblich sonst immer verteilt, und zwar weil – man muss ordentlich die Augen aufreißen vor Staunen – „das Gericht von seiner eigenen Arbeit gelangweilt war" (96/131). Tja, wer sich langweilt, der hat keinen Spaß mehr am Einsatz von Stilmitteln, weder von bezaubernden noch von sachlich-distanzierenden? In der Wissenschaftstheorie heißt so etwas eine „Ad hoc-Erklärung": Eine falsifizierende Instanz wird wegerklärt, indem man eine neue Hypothese einführt (hier: Wer sich langweilt, macht keinen ordentlichen Gebrauch von Pathos), die jedoch den Anteil an zu prüfender Theorie nicht senkt, sondern vermehrt. Wer zu solchen Mitteln greift, kann allerdings beim Vormarsch mit seiner Hypothese nicht aufgehalten werden, riskiert aber, dass sein ganzes Forschungsprogramm „degeneriert".[12]

Ich komme zum Fazit dieser Überprüfung des Analyseverfahrens: Bei einer Analyse, die sich nicht auf Sobotas Ziel verpflichtet hat, an wichtigen Stellen möglichst viel Pathos bei möglichst wenig Logos zu sehen, lassen sich ihre Befunde auch nicht annähernd reproduzieren. Es kommt eher das genaue Gegenteil heraus: In den höchstrichterlichen Urteilen ist bei kaum nennenswertem rhetorischen Appell ein durchaus hinreichender argumentativer Gehalt anzutreffen (damit ist allerdings noch nichts darüber gesagt, wieweit die Argumentationen die Urteile, welche sie begründen, auch als gültig ausweisen).

3.2.3. Beurteilung des Analyseverfahrens

Die Überprüfung der von Sobota erhobenen Daten ist hier nur stichprobenartig vorgeführt werden. Dieses Material reicht aber aus, um gravierende methodische Zweifel am Verfahren zu äußern. Das „Messgerät", also die Beschreibungen, Kriterien und Illustrationen, mit denen

---

[12] Der Wissenschaftstheoretiker Imre Lakatos hat das an der schönen Illustration mit dem vor-Einstein´schen Physiker gezeigt, der zur Erklärung einer Gegenevidenz gegen die Newton´sche Mechanik einen Planeten postuliert, dann, als der sich nicht finden lässt, eine kosmische Wolke, die ihn verbirgt usw.; und der niemals zum Aufgeben seiner Hypothese *gezwungen* werden kann. Vgl. IMRE LAKATOS, Falsifikation und die Methodologie wissenschaftlicher Forschungsprogramme, in: IMRE LAKATOS/ALAN MUSGRAVE (Hrsg.), *Kritik und Erkenntnisfortschritt*. Braunschweig 1974, 89–189, dort 98 f.

Textvorkommnisse als Exemplare von „rhetorische Figur" bzw. „Ethos-" oder „Logos-Argument" identifizierbar sein sollen, ist so ungenau, dass sein Einsatz jeweils einen großen Spielraum für Entscheidungen lässt, Entscheidungen, die von Forscher zu Forscher unterschiedlich getroffen werden können. Das kann große Verschiedenheiten bei den erhobenen Daten zur Folge haben, Verschiedenheiten, die es erlauben, in der Auswertung zu anderen, im Extremfalle sogar zu gegenteiligen Einschätzungen zu gelangen. Dieses bedeutet aber: Das Verfahren erfüllt nicht die Objektivitätsforderung, die für wissenschaftliche Messgeräte erhoben wird.

Was hat das für Konsequenzen? Wie schon erwähnt, ist die Objektivitätsforderung die grundlegende. Wenn sie nicht erfüllt ist, sind auch die anderen beiden nicht erfüllt. Ein nicht-objektives Verfahren ist nicht reliabel, ein nicht reliables nicht valide. Nun gibt aber Sobota an, dass zumindest die Pathos-Daten auf Reliabilität und Validität überprüft seien (95/81, 96/122, Anm. 44 und 45).

Wie kann das sein? Meine Erklärungsversuche sind vielleicht nicht sonderlich originell, aber weil mir Interna aus Sobotas Forschungen nicht bekannt sind, muss ich mit nahe liegenden Überlegungen arbeiten: Wenn jemand beim Einsatz eines textwissenschaftlichen Analyseapparats sein Textverständnis und seine Intuitionen aktivieren muss und dabei einen mehr oder weniger großen Spielraum für die Identifikation dessen hat, was er findet, dann dürfen wir annehmen, dass er diesen Spielraum loyal nutzt. Nehmen wir weiter an, dass er die Hypothese kennt, die hier getestet werden soll. Er weiß, dass es um die Widerlegung der rationalen Rechtstheorie geht und dass ganz allgemein Pathos wichtiger sein soll als Logos. Ohne jetzt auch nur die geringsten Täuschungsabsichten zu unterstellen, dürfen wir die folgende Vermutung bilden: Die durch das Verfahren vorgegebenen Spielräume werden dazu führen, dass die „Rater" soweit wie irgend möglich die Textwirklichkeit in etwa so vorfinden werden, wie es die Hypothese besagt.

Diese Überlegung ist schlicht, aber nicht unsinnig, und sie reicht aus, um zu erklären, wie Sobotas Pathos-Messverfahren als reliabel erscheinen kann. Verschiedene „Rater" kommen beim Einsatz des Messgeräts zu ähnlichen „Daten", weil sie sich im Hinblick auf die Kenntnis der Hypothese und die Loyalität mit ihr ähneln. Auf diese Weise können ihre Resultate reproduzierbar werden, doch das ist ein Schein, denn jemand, der nicht loyal mit der Hypothese ist, kann, wie ich oben gezeigt habe, zu ganz anderen Resultaten gelangen.

Es ist aber auch noch zu bedenken, dass diese Reliabilität nicht für das ganze Verfahren, sondern nur für den Pathos-Teil überprüft worden ist. Die Identifikationsvorschriften für Argumente enthalten, wie oben referiert, so große Ermessensspielräume, dass sie genau genommen gar keine Datenerhebung anleiten können, sondern, wie die Autorin selbst sagt, allenfalls eine „Rekonstruktion" dessen, was gemeint sein *könnte*, wobei selbst die noch auf „Intuition", „Phantasie" und den „gutwilligen Leser" angewiesen ist (96/120). Ich vermute daher, dass hier eine Reliabilitätsprüfung, auch wenn die gleichen subjektiven Bedingungen bei den Ratern vorliegen wie bei der Pathoserhebung, bedeutend niedrigere Werte erbringen würde. Wie steht es mit der dritten Forderung, der Validität?

Für den Validitätstest wird geprüft, ob das Verfahren das erfasst, was es erfassen sollte. Weil das, was es erfassen „sollte", mit den begrifflichen Mitteln des Vorverständnisses artikuliert worden ist, besteht die Prüfung im Wesentlichen in einem Vergleich der noch nicht operationalisierten Beschreibung mit der durch das Messverfahren ermöglichten Beschreibung. Sobota gibt an, die Validität, und zwar wiederum die der Pathos-Erhebungen, geprüft zu haben. Sie habe die gemessene Pathos-Dichte von Texten mit der empfundenen Emotionalität vergleichen lassen; und dieser Vergleich habe eine hohe Übereinstimmung erbracht. Es wurden dazu zwei Lesern Texte vorgelegt mit der Aufforderung, deren Emotionalität in einer Skala mit vier Rangstufen (nüchtern, moderat, bewegt, hoch affektiv) einzuordnen. Und es zeigte sich: Beide ordnen in hoher Übereinstimmung in etwa so ein, wie gemessen wurde. (96/122, Anm. 45) Was ist dazu zu sagen?

Wenn ich das so übernehmen müsste, würde es mich verblüffen, ich würde zu überlegen beginnen, ob das Zufall sein soll oder was es bedeuten könnte. Vielleicht muss ich das aber gar nicht übernehmen, wenn ich sehe, dass Sobota selber über die Bewertungen ihrer Pathos-Maßzahlen durchaus unterschiedliche und kaum miteinander verträgliche Aussagen macht.

In der 95er-Studie berichtet sie, es hätten sich folgende Bewertungen ergeben: Eine Pathos-Dichte von 40 würde als „nüchtern" empfunden, eine von 70 als „noch sachlich, aber schon lebendig", eine von 90 als „nicht mehr sachlich, sondern gefühlvoll" und eine von 120 als „hochaffektiv" (95/81). Einige Seiten nach dieser Information werden die Verhältnisse genauso in einem Diagramm abgebildet (95/84, Abb.13). Wieder einige Seiten später findet sie es nicht verwunderlich, dass Presseartikel über die Herz-Kreislauf-Thematik „im Hinblick auf die hohe Affektivität des Stoffes *Herz*" (95/86, Hervorhebung im Text) in „gefühlsstarker Weise berichten" (ebd.). Diese Artikel wiesen „den vergleichsweise hohen Figurenanteil von 36 auf" (ebd.). Was ist jetzt los? Bis 40 sollte es doch „nüchtern" sein? Ist das ein Druckfehler? Aber über den Stil des BVerfG hatte sie auch geschrieben, der weise „eine so hohe rhetorische Intensität ... (auf), dass Prädikate wie ‚trocken' und ‚nüchtern' unangebracht wirken. Der Figurenanteil liegt etwa bei 46,5" (92/233). Also bitte: 46,5, das wäre knapp über „nüchtern", noch sehr weit entfernt von 70 – „noch sachlich, aber schon lebendig" und geradezu meilenweit entfernt von 90 – „nicht mehr sachlich, sondern gefühlvoll". Wie ist das zu erklären? Ich denke folgendermaßen: Die „Figurendichte" ist ein Quotient aus Figurenanzahl : Textlänge (gemessen als Wortanzahl des Textes), welcher auf 1.000 Wörter bezogen wird. Dieser Quotient ergibt natürlich nur dann vergleichbare Werte, wenn die Textlänge gleich ist. Das ist aber (obwohl Sobota sich dieser Problematik bewusst ist, vgl. 92/234, Anm. 19) leider nicht der Fall. Bei den analysierten Presseartikeln ist die (je verschiedene) Länge das Textlängenmaß, bei juristischen Texten ist es die „Halbseite", die 137 bis 150 Wörter habe (das allein ergibt Schwankungen von 10 % !). Wenn sie aber irgendwo besonders viele Figuren entdeckt, dann gefällt es ihr unter Umständen, einen besonders eindrucksvollen Pathos-Wert zu liefern, indem sie eine beliebige Passage aus dem Text herausschneidet. So ermittelt sie einen Pathos-Wert von 110, indem sie einen Satz mit 18 Wörtern auszählt (95/89), oder gar von 357 (!), indem sie aus einem laufenden Text eine Passage von 14 Wörtern, die fünf Figuren enthalten soll, ausschneidet (95/96). Hier bekomme ich dann langsam Zweifel, ob das überhaupt ernst gemeint ist. Es ist doch eine Trivialität, dass sich bei einem Text, in dem man die Figurenanzahl ausgezählt hat, allein dadurch, dass man figurenlose Teile weglässt, die so verstandene „Figuren-Dichte" beliebig erhöhen lässt. Wenn sie von den genannten 14 Wörtern, in denen sie fünf Figuren ermittelt hat, eine Dichte von 357 errechnet, dann könnte sie im letzten Halbsatz dieser 14-Wort-Passage, die nämlich vier Wörter lang ist und zwei von ihren Figuren enthält, also eine Dichte von 500 ermitteln. (Wie das wohl bewertet würde, wenn 120 schon als „hochaffektiv" empfunden wird?)

Mit diesen Hinweisen und Überlegungen hoffe ich hinreichend begründet zu haben, weshalb ich dem erfolgreichen Validitätstest keine sehr große Beweiskraft zuzubilligen bereit bin.

Und damit komme ich zur Beantwortung der in dieser wissenschaftstheoretischen Kritik leitenden Frage, ob Sobotas Rechtstextanalysen empirisch sind. Aus dem Gesagten ergibt sich eine negative Einschätzung. Das Verfahren hat gewisse Ähnlichkeiten mit empirischer Forschung, erreicht aber nicht die Standards und Forderungen, die für die intersubjektive Überprüfbarkeit der Ergebnisse einzuhalten wären.

Mir scheint, Sobota hat geahnt, dass ihre Untersuchungen bei hinreichender Aufmerksamkeit seitens ihrer Leser unter einen solchen Verdacht geraten können. Denn sie bringt mehrere abgeklärt wirkende

Aufforderungen, die Leser mögen die Erwartungen an ihre Forschung zurückschrauben. So heißt es: „... empirische Untersuchungen (können) keine Wahrheiten zutage bringen" (96/119), sondern nur „einige Bezugspunkte definieren, um dann deren Relationen ... zu beschreiben" (ebd.). Das, findet sie, sei „eine sinnvolle Einsicht: Die Beziehungen, die zwischen den Kategorien festgestellt wurden, gelten" (ebd.). Was soll daran sinnvoll sein? Wenn die „Kategorien" so vage und offen bestimmt werden, wie hier bei Sobota die „rhetorische Figur" und das „Argument", dann können in hohem Maße genau solche „Beziehungen" zwischen ihnen „festgestellt" werden, wie man sie sich gewünscht bzw. in seiner Hypothese formuliert hatte. Wenn jemand „Messungen" durchführt mit Maßstäben, die nicht starr sind, also z. B. nicht aus Holz oder Metall bestehen, sondern aus einem elastischen Material, aus Gummi, Teig, Schlingpflanzen (mir fällt das Bild ein, das Lewis Caroll in „Alice im Wunderland" zeichnet, wo ein Krocketspiel stattfinden soll, mit Flamingos als Schlägern, deren Hals sich selbst bewegt, und Igeln als Bällen, die sich selbst fortbewegen), dann sind für mögliche „Messresultate" zwar auch noch gewisse Grenzen angebbar. Doch niemand würde diese Resultate schon deshalb „sinnvoll" nennen.

Eine Erhebung, die Gutwilligkeit, Intuition und Phantasie erfordert, muss nicht grundsätzlich unwissenschaftlich sein, ist aber jedenfalls keine Empirie. Dass dann die erzeugten Ergebnisse in eindrucksvollen Schaubildern dargestellt und über diese Schaubilder weitere Theoreme (Sobota Spule, Twin-Peak-Formation etc.) formuliert werden, das trägt diesen Ergebnissen eine sekundäre, illusionäre Transparenz ein. Daher hat der methodologischen Kritik an der Uneindeutigkeit der „Messergebnisse" eine Kritik an deren Präsentation an die Seite zu treten: Es entsteht ein krasses Missverhältnis zwischen Vagheit, Offenheit und Entscheidungsträchtigkeit bei der Datengenerierung und Eindeutigkeit, Präzision und Regelhaftigkeit bei der Datenpräsentation.

Fazit: Das Verfahren, mit dem Sobota zu ihren Ergebnissen einer Hintanstellung von Argumentation gegenüber Rhetorik kommt, hat einige Ähnlichkeiten mit empirischer Forschung. In der Hauptsache ist es ein Verfestigen von Interpretationsmöglichkeiten im Sinne mitgebrachter Einstellungen und Ambitionen. Die Forderung nach intersubjektiver Nachvollziehbarkeit der Resultate wird an den Stellen, an denen die Identifikation relevanter Textvorkommnisse (Logos oder Ethos-Argumente und Figuren) stattfindet, nicht erfüllt.

4. Schluss: Der wahre Kern in Sobotas Ansatz

Nach so vielen Seiten Kritik und Verwerfung möchte ich den Leser mit dem Geständnis überraschen, dass ich Sobotas Bemühungen nicht in Bausch und Bogen ablehne, sondern dass ich in ihnen ein völlig richtiges bedenkens- und beherzigenswertes Motiv am Werke sehe. Es ist das Anmahnen der Historizität des Rechts, anders gesagt, die Veränderlichkeit des juristisch als richtig und gültig Angesehenen. Die Lebenswirklichkeit ändert sich und mit ihr die theoretische Basis des Rechts. Konkret gesprochen bedeutet das, dass sich unter dem Verfolgen von Zwecken durch Mittel die technischen und sozialen Bedingungen des Handelns und auch die Akteure selbst, also ihre Bewertungen und Einsichten ändern. Derartige Änderungen vollbringen wir nicht als Handlungen, über sie verfügen wir nicht, sondern sie widerfahren uns. Diese Widerfahrnisse zeigen sich nun insbesondere darin, wie argumentiert wird, letztlich darin, welche Argumentationen als richtig und gültig eingesehen und welche als nicht gültig verworfen werden. Eine Änderbarkeit des aufgrund von Argumenten als gültig Einsehbaren kann es aber nur geben, wenn der Begriff der Gültigkeit von Argumenten für so etwas offen ist. Das bedeutet, es muss später etwas als gültig bzw. ungültig einsehbar sein, was früher noch als ungültig bzw. gültig eingesehen worden war; und zwar nicht, indem Fehler berichtigt werden (das gibt es natürlich auch, ist aber der uninteressantere Fall), sondern indem sich die theoretische Basis der Argumentations- und Einsichtskompetenz verschiebt. Für die Jurisprudenz bedeutet das, dass der Normenkodex sich wandelt, indem den Normen bzw. den Begriffen innerhalb der bei der Beurteilung irgendwelcher „neuer" Fälle eingesetzten Normen eine neue Bedeutung zuwächst. Schlichter gesagt: Urteile, die eine neue Interpretation einer Norm als gültig begründen, sind „kreativ".

Wie sollen wir so etwas theoretisch darstellen? Solange Argumentieren deduktiv verstanden wird, kann über Argumente nur erreicht werden, dass das schon Gewusste und als gültig Eingesehene, vielleicht klarer, reproduziert wird. Dies ist leicht gesagt, hat aber eine gravierende Konsequenz: Ein logizistisches Verständnis vom Argumentieren muss an der Lebenswirklichkeit mit ihren Veränderungen und Entwicklungen scheitern. Eine Rechtstheorie, die daran festhält, muss lebens- und praxisfremd werden. Daher ist es richtig und sogar unabdingbar, über das (so verstandene) Argumentieren hinauszugehen.

Dieser zentrale Gedanke als das Hauptmotiv in Sobotas Arbeiten ist, wie gesagt, vollkommen richtig. Man kann sich nur wünschen, dass er anerkannt und verbreitet werde. Doch im nächsten Schritt beginnt Sobota zu irren bzw. ist sie einfach nicht genug über die neuen Anläufe in der Argumentationstheorie[13] informiert. Mit ihrem Argumentationsbegriff befindet sie sich auf dem Stand von Aristoteles und verbindet dessen Theorieanläufe mit anderen, nicht zur Sache gehörenden Motiven (gegen den kantianischen Universalismus und gegen Habermas zu reden, die Rhetorik als Bildungsveranstaltung zu sehen etc.). Daher votiert sie dafür, über die Logik hinaus auf traditionale Bindung und rhetorische Beeinflussung zu setzen. Es ist dies aber kein Weiterkommen über die Logik hinaus, sondern ein Zurückfallen hinter sie, ein Zurückgreifen auf Methoden der Konsensfindung, die sich nicht an die autonome Vernunft wenden, sondern die auf schlichtes Überreden und Vereinnahmen hinauslaufen. Wenn durch den Einsatz rhetorischer Figuren oder durch Bezugnahme auf faktische Traditionen irgendetwas gültig erscheint, was sonst nicht so erschienen wäre, so ist es nicht gültig und richtig, sondern es scheint nur gültig und richtig.

Ein adäquater Argumentationsbegriff muss die Dynamik der argumentativen Prozesse erfassen können. Er muss das Argumentieren als ein sprachliches Handeln modellieren, das in nicht-sprachliche Handlungen eingebettet ist und bei dem es darum geht, gerade für die Situationen und Probleme, die „neu" sind, Orientierungen zu generieren. Dazu ist ein Begriff von argumentativer Gültigkeit nötig, der sich jenseits der Alternative von logischer Wahrheit und rhetorischer Wirksamkeit artikuliert. Argumentieren ist das Ausweisen bzw. Kritisieren des Geltungsanspruches, welcher mit einer Behauptung erhoben wird. Es besteht nicht nur aus Gründen und Begründungsversuchen, sondern auch aus Einwänden und Widerlegungsversuchen. Eine These ist argumentativ gültig, wenn zu ihr eine Begründung konstruiert worden ist, die gegenüber den aktuellen und bekannten Widerlegungsversuchen (und nicht etwa gegenüber allen logisch möglichen Widerlegungsversuchen) gehalten werden kann. Solche Haltbarkeit ist also gleichbedeutend damit, dass es keine offenen Einwände gegen die These oder gegen irgendwelche Teile der Begründung (mehr) gibt. Formelhaft gesagt: Argumentative Geltung ist Einwandfreiheit.[14] Ob eine in diesem Sinne gültige These von einem bestimmten Auditorium akzeptiert wird, das ist eine Frage, die weitere deskriptive und normative Theorie über Strukturen in Orientierungsnetzen (Überzeugungssystemen, belief systems) und die Bedingungen ihrer Veränderung erfordert. (Dazu ist

13 Vgl. FRANS H. VAN EEMEREN ET AL. (Hrsg.), *Fundamentals of Argumentation Theory*. Mahwah (N. J.) 1996; STEPHEN TOULMIN, *The Uses of Argument*. Cambridge 1958; HARALD WOHLRAPP (Hrsg.), *Wege der Argumentationsforschung*. Stuttgart 1995.

14 HARALD WOHLRAPP, Argumentative Geltung, in: DERS. (Hrsg.), *Wege der Argumentationsforschung*. Stuttgart 1995, 280–305.

bislang überhaupt nichts Sinnvolles zu lesen oder zu hören; und ob sich aus der traditionellen Rhetorik irgendetwas für diesen Zweck Brauchbares gewinnen lässt, das ist bis jetzt nicht abzusehen. Besonders optimistisch sollte man aber wohl nicht sein). Der so konzipierte Begriff von argumentativer Gültigkeit erlaubt es nun, und das ist der Gewinn gegenüber sowohl dem logizistischen als auch dem rhetorischen Ansatz, dass die über Argumentationen gewonnenen Einsichten sich entwickeln können. Wenn neue Sachverhalte neue Gründe oder neue Einwände gegenüber einer bislang als gültig bzw. ungültig eingesehenen These zu formulieren erlauben, dann kann die Integration derartiger neuer Argumente die Beurteilung der These ändern, ohne dass diese Beurteilung relativistisch wird. Mit einer solchen Konzeption lässt sich die Historizität des Rechts theoretisch abbilden. Die Rationalität des Rechts müsste nicht länger als ein wirklichkeitsfremder Mythos erscheinen. Vielleicht kann sich auch Sobota nach eingehender Prüfung und Reflexion davon überzeugen.

Anhang

Aus: BVerfGE 73, 339 (Solange II)
Beschluss des Zweiten Senats vom 22. Okt. 1986 – 2 BvR 197/83

B.II.1.a) Art. 24 Abs. 1 GG ermöglicht es, die Rechtsordnung der Bundesrepublik Deutschland derart zu öffnen, dass der ausschließliche Herrschaftsanspruch der Bundesrepublik Deutschland für ihren Hoheitsbereich zurückgenommen und der unmittelbaren Geltung und Anwendbarkeit eines Rechts aus anderer Quelle innerhalb dieses Hoheitsbereichs Raum gelassen wird (vgl. BVerfGE 37, 271 (280); 58, 1 (28); 59, 63 (90). Art. 24 Abs. 1 GG ordnet zwar nicht schon selbst die unmittelbare Geltung und Anwendbarkeit des von der zwischenstaatlichen Einrichtung gesetzten Rechts an, noch regelt er unmittelbar das Verhältnis zwischen diesem Recht und dem innerstaatlichen Recht, etwa die Frage des Anwendungsvorrangs. Innerstaatliche Geltung und Anwendbarkeit sowie ein möglicher innerstaatlicher Geltungs- oder Anwendungsvorrang völkerrechtlicher Verträge – auch der hier in Rede stehenden Art – folgen nicht schon aus dem allgemeinen Völkerrecht. Das gegenwärtige Völkerrecht enthält keine aus übereinstimmender Staatenpraxis und Rechtsüberzeugung entspringende allgemeine Regel dahin, dass Staaten verpflichtet wären, ihre Verträge in ihr innerstaatliches Recht zu inkorporieren und ihnen dort Geltungs- oder Anwendungsvorrang vor innerstaatlichem Recht beizumessen. Ein innerstaatlicher Geltungs- oder Anwendungsvorrang ergibt sich allein aus einem dahingehenden innerstaatlichen Rechtsanwendungsbefehl, und zwar auch bei Verträgen, die ihrem Inhalt zufolge die Parteien dazu verpflichten, den innerstaatlichen Geltungs- oder Anwendungsvorrang herbeizuführen. Art. 24 Abs. 1 GG ermöglicht es indessen von Verfassungs wegen, Verträgen, die Hoheitsrechte auf zwischenstaatliche Einrichtungen übertragen, und dem von solchen Einrichtungen gesetzten Recht Geltungs- und Anwendungsvorrang vor dem innerstaatlichen Recht der Bundesrepublik Deutschland durch einen entsprechenden innerstaatlichen Anwendungsbefehl beizulegen. Dies ist für die europäischen Gemeinschaftsverträge und das auf ihrer Grundlage von den Gemeinschaftsorganen gesetzte Recht durch die Zustimmungsgesetze zu den Verträgen gemäß Art. 24 Abs. 1, 59 Abs. 2 Satz 1 GG geschehen. Aus dem Rechtsanwendungsbefehl des Zustimmungsgesetzes zum EWG-Vertrag, der sich auf Art. 189 Abs. 2 EWGV erstreckt, ergibt sich die unmittelbare Geltung der Gemeinschaftsverordnungen für die Bundesrepublik Deutschland und ihr Anwendungsvorrang gegenüber innerstaatlichem Recht.

Aus: BVerfGE 65, 9 Zur Frage der ordnungsgemäßen Besetzung des Ersten Senats des BVerfG
Zwischenentscheidung des Ersten Senats vom 11. Okt. 1983 – 1 BvL 73/78
Halbseite 155/2
a) Der Bundesrat hat e i n e n Bundesrichter in den Ersten Senat zu wählen.
Das in Art. 94 Abs. 1 Satz 2 GG, § 5 Abs. 1 des Gesetzes über das Bundesverfassungsgericht vom 12. März 1951 (BGBl. I S. 243) – im folgenden BVerfGG 1951 – statuierte Prinzip der paritätischen Berufung der Richter des Bundesverfassungsgerichts durch Bundestag und Bundesrat konnte ursprünglich sowohl für die Bundesrichter als auch für die anderen Mitglieder des Gerichts konsequent durchgeführt werden. Denn nach § 2 Abs. 2, § 4 Abs. 1 BVerfGG 1951 waren in jeden Senat zwölf Richter, davon vier Bundesrichter, zu wählen. Durch das Gesetz zur Änderung des Gesetzes über das Bundesverfassungsgericht vom 21. Juli 1956 (BGBl. I S. 662) – im folgenden: Änderungsgesetz 1956 – wurde die Zahl der Richter je Senat auf insgesamt acht, die Zahl der Bundesrichter auf insgesamt drei herabgesetzt (vgl. § 4 Abs. 1 Satz 1 BVerfGG in der Fassung des Art. 1 Nr. 3 des Änderungsgesetzes 1956). Das bisherige hälftige Verhältnis war daher nicht mehr durchführbar.

Es wurde für die Bundesrichter durch das Verhältnis 2 : 1 ersetzt: § 5 Abs. 1 Satz 2 BVerfGG in der Fassung
Halbseite 156/1
des Art. 1 Nr. 4 des Änderungsgesetzes 1956 bestimmte, dass ein Bundesrichter von dem einen, zwei von dem anderen Wahlorgan in die Senate gewählt werden. Das Gesetz hat jedoch nicht festgelegt, welche Körperschaft zwei und welche einen Bundesrichter zu berufen hat. Die Entscheidung darüber sollte vielmehr der tatsächlichen Entwicklung vorbehalten bleiben (vgl. Schriftlicher Bericht des BT-Rechtsausschusses über den Entwurf eines Gesetzes zur Änderung des Gesetzes über das Bundesverfassungsgericht, BTDrucks. II/2388, S. 2): Art. 3 Satz 1 des Änderungsgesetzes 1956 bestimmte, dass bis zur Verminderung der Zahl der einem Senat angehörenden Bundesrichter auf drei im Falle des Ausscheidens eines dieser Richter ein auf Zeit zu wählender Nachfolger berufen werden sollte, und zwar von demselben Bundesorgan, das den ausgeschiedenen Bundesrichter gewählt hatte. Dieser Fall trat beim Ersten Senat im Jahre 1958 ein, als der vom Bundesrat berufene Bundesrichter Wessel verstarb und von diesem Wahlorgan daher ein Richter auf Zeit als Nachfolger zu wählen war.
Halbseite 156/2

Das hatte nach § 5 Abs. 1 Satz 2 BVerfGG in der Fassung des Art. 1 Nr. 4 des Änderungsgesetzes 1956 zur Folge, dass der Bundesrat künftig nur noch e i n e n Bundesrichter in den Ersten Senat wählen muss. An dieser Rechtslage hat sich durch § 5 Abs. 1 Satz 2 BVerfGG in der Fassung des Art. 1 Nr. 4 des Vierten Gesetzes zur Änderung des Gesetzes über das Bundesverfassungsgericht vom 21. Dezember 1970 (BGBl. I S. 1765) – im folgenden: Änderungsgesetz 1970 – nichts geändert; der sachliche Inhalt der Vorschrift blieb unverändert.

Autoren

Ralph Christensen, Repetitor in Bonn, Köln und Würzburg. Forschungsinteressen: Öffentliches Recht, juristische Methodik und Sprachphilosophie. Ausgewählte Veröffentlichungen: *Was heißt Gesetzesbindung? Eine rechtslinguistische Untersuchung*. Berlin 1989; *Theorie richterlichen Begründens* (mit Hans Kudlich). Berlin 2001; *Juristische Methodik* (mit Friedrich Müller), Band 1: Grundlagen, Öffentliches Recht. 9. Aufl., Berlin 2004, Band 2: Europarecht. Berlin 2003; „Die Worte hör ich wohl ..." – Die Linguistik des juristischen Wortlautarguments (mit Michael Sokolowski), in: Dietrich Busse, Thomas Niehr und Martin Wengeler (Hrsg.), *Brisante Semantik*. Tübingen 2005, 87–102.

Ursula Christmann, Privatdozentin am Psychologischen Institut der Ruprecht-Karls-Universität Heidelberg. Forschungsinteressen: Textverarbeitung, Psychologie des Lesens, Sprach-, Kommunikations-, Denk- und Kognitionspsychologie. Ausgewählte Veröffentlichungen: *Modelle der Textverarbeitung. Textbeschreibung als Textverstehen*. Münster 1989; Psychologie des Lesens (mit Norbert Groeben), in: Bodo Franzmann, Klaus Hasemann, Dietrich Löffler und Erich Schön (Hrsg.), *Handbuch Lesen*. München 1999, 145–223; The efficacy of communicative fairness and rhetorical aesthetics in contributions to argumentation (mit Christoph Mischo), in: *Language and Speech* 43 (2000), 229–259; Lesen, in: Peter Vorderer, Roland Mangold und Gary Bente (Hrsg.), *Lehrbuch der Medienpsychologie*. Göttingen 2004, 419–442.

Norbert Groeben, Professor für Allgemeine Psychologie und Kulturpsychologie an der Universität zu Köln. Forschungsinteressen: Denk- und Sprachpsychologie, Textverarbeitungspsychologie, psychologische Anthropologie, Wissenschaftstheorie, theoretische Psychologie und empirische Literaturwissenschaft. Ausgewählte Veröffentlichungen: *Die Verständlichkeit von Unterrichtstexten*. Münster 1972; *Leserpsychologie (I und II)*. Münster 1982 und 1988; *Metaanalysen für Textwirkungsforschung* (mit Arno Drinkmann). Weinheim 1989; *Lesekompetenz* (Hrsg. mit Bettina Hurrelmann). München 2002; *Medienkompetenz*. München 2002; *Lesesozialisation in der Mediengesellschaft*. München 2004.

Rolf Gröschner, Professor für Öffentliches Recht und Rechtsphilosophie an der Friedrich-Schiller-Universität Jena. Forschungsinteressen: Dogmatik der Verfassungsprinzipien, Theorie des Verfassungsstaates und praktische Philosophie der Jurisprudenz. Ausgewählte Veröffentlichungen: *Dialogik und Jurisprudenz*. Tübingen 1982 (Neuauflage in Vorbereitung); *Menschenwürde und Sepulkralkultur.* Stuttgart 1995; Sozialstaat, in: Horst Dreier (Hrsg.), *Grundgesetz: Kommentar, Bd. 2.* Tübingen 1998, Art. 20; *Rechts- und Staatsphilosophie.* Berlin 2000; Die Republik, in: *Handbuch des Staatsrechts, Bd. 2.* 3. Aufl., Heidelberg 2004, § 23.

Kati Hannken-Illjes, Wissenschaftliche Mitarbeiterin der Emmy-Noether-Gruppe *Vergleichende Mikrosoziologie von Strafverfahren* an der Freien Universität Berlin. Forschungsinteressen: Juristische Rhetorik, juristische Argumentation und Argumentationstheorie. Ausgewählte Veröffentlichungen: Appropriateness and argumentative competence, in: G. Thomas Goodnight (Hrsg.), *Arguing communication and culture.* Washington 2002, 260–266; Meine besten Gründe – Wahrhaftigkeit in interpersonaler Argumentation, in: Lutz Christian Anders und Ursula Hirschfeld (Hrsg.), *Sprechsprachliche Kommunikation. Probleme, Konflikte, Störungen.* Frankfurt am Main 2003, 121–129; *Gute Gründe geben. Ein sprechwissenschaftliches Modell argumentativer Kompetenz und seine didaktischen und methodischen Implikationen.* Frankfurt am Main 2004.

Maximilian Herberger, Professor für Bürgerliches Recht, Rechtstheorie und Rechtsinformatik und Direktor des Instituts für Rechtsinformatik an der Universität des Saarlandes. Forschungsinteressen: E-Commerce, Rechtsdatenbanken, juristische Expertensysteme, EDV-Sicherheit, Internet-Recht, juristische Lernprogramme und Internet-basiertes Lehren und Lernen. Ausgewählte Veröffentlichungen: *Wissenschaftstheorie für Juristen. Logik – Semiotik – Erfahrungswissenschaften* (mit Dieter Simon). Frankfurt am Main 1980; *Dogmatik. Zur Geschichte von Begriff und Methode in Medizin und Jurisprudenz.* Frankfurt am Main 1983; *Rechtswissenschaftliche Texte und elektronisches Publizieren – Zehn Thesen für die deutsche Diskussion.* Berlin 2002.

Ekkehard Hofmann, Wissenschaftlicher Assistent am Fachbereich Rechtswissenschaft der Universität Hamburg. Forschungsinteressen: Umwelt- und Planungsrecht, Rechtsetzungslehre und Rechtstheorie. Ausgewählte Veröffentlichungen: Trade Secrets Versus Cost Benefit Analysis (mit Georg von Wangenheim), in: *International Review of Law and Economics* 22 (2002), 511–524; Die Abwägung konfligierender Interessen in Recht und Wohlfahrtstheorie, in: Anne van Aaken und Stefanie Schmid-Lübbert (Hrsg.), *Beiträge zur ökonomischen Theorie im Öffentlichen Recht.* Wiesbaden 2003, 135–148; Das Wohl der Allgemeinheit als Enteignungsvoraussetzung – Überlegungen zur Methodik der staatlichen Entscheidungsherstellung und ihrer gerichtlichen Kontrolle im Verwaltungs- und Verfassungsrecht, in: Marc Bungenberg et al. (Hrsg.),

Recht und Ökonomik. 44. Assistententagung Öffentliches Recht, Jena 2004. München 2004, 161–188.

Gregor Kalivoda, Wissenschaftlicher Angestellter und Geschäftsführer des DFG-Projektes *Historisches Wörterbuch der Rhetorik* an der Eberhard-Karls-Universität Tübingen. Forschungsinteressen: Politischer Sprachgebrauch, Gerichtsrede, Topik und Argumentation, Rhetorik und Grammatik, Rhetorik und Stilistik. Ausgewählte Veröffentlichungen: *Parlamentarische Rhetorik und Argumentation.* Frankfurt am Main 1986; Sprecherintention und Sprachwirkung, in: *Communications* 15 (1990), 135–147; Parlamentarischer Diskurs und politisches Begehren, in: Rainer Wimmer (Hrsg.), *Das 19. Jahrhundert. Sprachgeschichtliche Wurzeln des heutigen Deutsch.* Berlin 1991, 374–399; Rhetorica antiqua – Rhetorica nova, in: *Euphorion* 93 (1999), 127–133.

Matthias Klatt, Wissenschaftlicher Mitarbeiter am Bundesverfassungsgericht und Emmy Noether-Fellow der Deutschen Forschungsgemeinschaft. Forschungsinteressen: Staatsrecht, Grundrechtstheorie, Europäisches Verfassungsrecht, Rechtstheorie und Theorie der juristischen Argumentation. Ausgewählte Veröffentlichungen: *Theorie der Wortlautgrenze: Semantische Normativität in der juristischen Argumentation.* Baden-Baden 2004; Semantic Normativity and the Objectivity of Legal Argumentation, in: *Archive for Social Philosophy and Philosophy of Law* 2004, 51–65.

Kent D. Lerch, Koordinator der interdisziplinären Arbeitsgruppe *Sprache des Rechts. Vermitteln, Verstehen, Verwechseln* an der Berlin-Brandenburgischen Akademie der Wissenschaften. Forschungsinteressen: Rechtsgeschichte, Rechtslinguistik, Rechtstheorie und Rechtsvergleichung. Ausgewählte Veröffentlichungen: Vom Bemühen, die Gesetze verständlicher zu machen. Eine unendliche Geschichte, in: *Rechtshistorisches Journal* 20 (2001), 635–643; Das Verschwinden der Unterschiede. Vom Nutzen und Nachteil der rechtsvergleichenden Methode für die Rechtsgeschichte, in: *Rechtsgeschichte* 3 (2003), 38–44; Verständlichkeit als Pflicht? Zur Intransparenz des Transparenzgebots, in: Kent D. Lerch (Hrsg.), *Recht verstehen. Verständlichkeit, Missverständlichkeit und Unverständlichkeit von Recht.* Berlin 2004, 239–283.

Ulfrid Neumann, Professor für Strafrecht, Strafprozessrecht, Rechtsphilosophie, Rechtstheorie und Rechtssoziologie an der Johann Wolfgang Goethe-Universität in Frankfurt am Main. Forschungsinteressen: Strukturen strafrechtlicher und moralischer Zurechnung, Wissenschaftstheorie der Rechtswissenschaft und Theorie der juristischen Argumentation. Ausgewählte Veröffentlichungen: *Rechtsontologie und juristische Argumentation.* Heidelberg 1979; *Zurechnung und Vorverschulden.* Berlin 1985; *Juristische Argumentationslehre.* Darmstadt 1986; *Wahrheit im Recht.* Baden-Baden 2004.

Zsuzsa Parádi, Mitarbeiterin der interdisziplinären Arbeitsgruppe *Sprache des Rechts. Vermitteln, Verstehen, Verwechseln* an der Berlin-Brandenburgischen Akademie der Wissenschaften. Forschungsinteressen: Angewandte Sprachwissenschaft, Textlinguistik und Psycholinguistik. Ausgewählte Veröffentlichungen: *Markennamen. Eine sprachwissenschaftliche Betrachtung der Rechtsprechung zur Verwechslungsgefahr* (in Vorbereitung).

Katharina Gräfin von Schlieffen, Professorin für öffentliches Recht, juristische Rhetorik und Rechtsphilosophie an der FernUniversität in Hagen. Forschungsinteressen: Juristische Rhetorik, Methodenlehre und Rechtslinguistik. Ausgewählte Veröffentlichungen (alle bis auf die letzte erschienen unter dem Namen Katharina Sobota): *Sachlichkeit, Rhetorische Kunst der Juristen.* Frankfurt am Main 1990; Rhetorik: Form ohne Inhalt?, in: *ARSP* 75 (1989), 525–533; Don't Mention the Norm!, in: *International Journal for the Semiotics of Law* 1991, 45–60; Rhetorisches Seismogramm – Eine neue Methode in den Rechtswissenschaften, in: *JZ* 1992, 231–237; Rhetorische Analyse des Rechts: Risiken, Gewinn und neue Einsichten, in: Rouven Soudry (Hrsg.), *der macht die worte.* Grasberg bei Bremen 2004.

Jeannette Schmid, Apl. Professorin an der Ruprecht-Karls-Universität Heidelberg und Lehrbeauftragte an der Deutschen Hochschule für Verwaltungswissenschaften in Speyer. Forschungsinteressen: Sozialpsychologie der Kommunikation, Aggression und Sprachpsychologie. Ausgewählte Veröffentlichungen: *Der Rechtsfall – ein richterliches Konstrukt* (mit Thomas Drosdeck und Detlef Koch). Baden-Baden 1997. *Lügen im Alltag – Zustandekommen und Bewertung kommunikativer Täuschungen.* Münster 2000; Aggressives Verhalten; in: Gert Sommer und Albert Fuchs (Hrsg.), *Krieg und Frieden. Handbuch der Kriegs- und Friedenspsychologie.* Weinheim 2004, 89–102.

Thomas-Michael Seibert, Vorsitzender Richter am Landgericht Frankfurt am Main und Honorarprofessor am Fachbereich Rechtswissenschaft der Johann Wolfgang Goethe-Universität Frankfurt am Main. Forschungsinteressen: Juristische Methodenlehre, Rhetorik und Semiotik des Rechts.

Ausgewählte Veröffentlichungen: *Zur Fachsprache in der Juristenausbildung*. Berlin 1977; *Aktenanalysen. Zur Schriftform juristischer Deutungen*. Tübingen 1981; *Zeichen, Prozesse. Grenzgänge zur Semiotik des Rechts*. Berlin 1996; *Gerichtsrede. Wirklichkeit und Möglichkeit im forensischen Diskurs*. Berlin 2004.

Michael Sokolowski, Grafik-, Web-, Mediendesigner und freier Autor in Heidelberg. Forschungsinteressen: Rechtslinguistik, Sprach- und Bedeutungstheorie. Ausgewählte Veröffentlichungen: *Rechtstext und Textarbeit* (mit Friedrich Müller und Ralph Christensen). Berlin 1997; Die Bedeutung von Gewalt und die Gewalt von Bedeutung (mit Ralph Christensen), in: Friedrich Müller und Rainer Wimmer (Hrsg.), *Neue Studien zur Rechtslinguistik*. Berlin 2001, 203–233; Wie normativ ist Sprache? Der Richter zwischen Sprechautomat und Sprachgesetzgeber (mit Ralph Christensen), in: Ulrike Haß-Zumkehr (Hrsg.), *Sprache und Recht. Jahrbuch 2001 des Instituts für Deutsche Sprache*. Berlin 2002, 64–79.

Hans-Joachim Strauch, Präsident des Thüringer Oberverwaltungsgerichts und Honorarprofessor für Verwaltungsrecht und Rechtstheorie an der Friedrich-Schiller-Universität Jena. Forschungsinteressen: Wissenschafts- und Planungsrecht, Rechtsprechungstheorie und Methodenlehre. Ausgewählte Veröffentlichungen: *Staatliche und akademische Prüfungsordnungen – Verfassungsrechtliche Analyse eines Steuerungsinstruments*. Heidelberg 1978; Stadt – Raum – Recht, in: Dieter Hassenpflug (Hrsg.), *Die Europäische Stadt – Mythos und Wirklichkeit*. 2. Aufl., Münster 2002; Wie wirklich sehen wir die Wirklichkeit? – Vom Nutzen des Radikalen Konstruktivismus für die juristische Theorie und Praxis, in: *JZ* 2000, 1020–1029; Die Bindung des Richters an Recht und Gesetz – eine Bindung durch Kohärenz, in: *KritV* 2002, 311–333.

Gerhard Struck, Professor für Bürgerliches Recht und Rechtstheorie an der Universität Hamburg. Forschungsinteressen: Theorie der Praxis und der Ausbildung. Ausgewählte Veröffentlichungen: *Topische Jurisprudenz – Argument und Gemeinplatz in der juristischen Arbeit*. Frankfurt am Main 1971; Salomonische Gerechtigkeit und dogmatische Rechtswissenschaft, in: *Zivilprozeß und Praxis. Festschrift für Egon Schneider*. Herne 1997; Fachsprachenerwerb, sprachliche Dressur und versteckte Wertungen in der deutschen Juristenausbildung, in: Ulrike Haß-Zumkehr (Hrsg.), *Sprache und Recht. Jahrbuch 2001 des Instituts für Deutsche Sprache*. Berlin 2002, 330–342; Das Gesetz als Kommunikation des Gesetzgebers mit dem Bürger, in: *Rechtstheorie* 32 (2001), 373–391.

Harald Wohlrapp, Professor für Philosophie an der Universität Hamburg. Forschungsinteressen: Argumentationstheorie, Sprachphilosophie, Wissenschaftstheorie, Kulturphilosophie, Menschenrechte. Ausgewählte Veröffentlichungen: Kultur, Religion, Argument. Sieben Thesen zu einem postuniversalistischen Konzept kultureller Integration, in: *Dialektik* 2001, 53–70; Zur Frage des Pluralismus in der Argumentationstheorie, in: *Sprachtheorie und germanistische Linguistik* 13 (2003), 173–193; Sind Menschenrechte aufrechenbar? Darstellung eines Grunddefekts der „Humanitären Intervention", in: Georg Meggle (Hrsg.), *Humanitäre Interventionsethik*. Paderborn 2004, 181–200.

FSC
www.fsc.org
MIX
Papier | Fördert
gute Waldnutzung
FSC® C083411

Kolibri 360 GmbH
Ferdinand-Jühlke-Straße 7
99095 Erfurt, Deutschland
produktsicherheit@kolibri360.de